MEYERS
GROSSES
TASCHEN
LEXIKON

Band 14

MEYERS GROSSES TASCHEN LEXIKON

in 24 Bänden

Herausgegeben und bearbeitet
von Meyers Lexikonredaktion
3., aktualisierte Auflage

Band 14:
Mane – Moni

B.I.-Taschenbuchverlag
Mannheim/Wien/Zürich

Chefredaktion:
Werner Digel und Gerhard Kwiatkowski

Redaktionelle Leitung der 3. Auflage:
Dr. Gerd Grill M.A.

Redaktion:
Eberhard Anger M.A., Dipl.-Geogr. Ellen Astor,
Dipl.-Math. Hermann Engesser, Reinhard Fresow, Ines Groh,
Bernd Hartmann, Jutta Hassemer-Jersch, Waltrud Heinemann,
Heinrich Kordecki M.A., Ellen Kromphardt, Wolf Kugler,
Klaus M. Lange, Dipl.-Biol. Franziska Liebisch, Mathias Münter,
Dr. Rudolf Ohlig, Heike Pfersdorff M.A., Ingo Platz,
Joachim Pöhls, Dr. Erika Retzlaff,
Hans-Peter Scherer, Ulrike Schollmeier, Elmar Schreck,
Kurt Dieter Solf, Klaus Thome, Jutta Wedemeyer, Dr. Hans Wißmann,
Dr. Hans-Werner Wittenberg

CIP-Titelaufnahme der Deutschen Bibliothek
Meyers Großes Taschenlexikon: in 24 Bänden/hrsg. u. bearb.
von Meyers Lexikonred. [Chefred.: Werner Digel
u. Gerhard Kwiatkowski].
Mannheim; Wien; Zürich: BI-Taschenbuch-Verl.
Früher im Bibliograph. Inst., Mannheim, Wien, Zürich.
ISBN 3-411-11003-1 kart. in Kassette
ISBN 3-411-02900-5 (2., neu bearb. Aufl.)
ISBN 3-411-02100-4 (Aktualisierte Neuausg.)
ISBN 3-411-01920-4 (Ausg. 1981)
NE: Digel, Werner [Red.]
Bd. 14. Mane – Moni. – 3., aktualisierte Aufl. – 1990
ISBN 3-411-11143-7

Als Warenzeichen geschützte Namen
sind durch das Zeichen ⓌZ kenntlich gemacht
Etwaiges Fehlen dieses Zeichens bietet keine Gewähr dafür,
daß es sich um einen nicht geschützten Namen handelt,
der von jedermann benutzt werden darf

Das Wort MEYER ist für
Bücher aller Art für den Verlag
Bibliographisches Institut & F.A. Brockhaus AG
als Warenzeichen geschützt

Lizenzausgabe mit Genehmigung
von Meyers Lexikonverlag, Mannheim

Alle Rechte vorbehalten
Nachdruck, auch auszugsweise, verboten
© Bibliographisches Institut & F.A. Brockhaus AG, Mannheim 1990
Druck: Druckhaus Kaufmann, Lahr
Einband: Wilhelm Röck GmbH, Weinsberg
Printed in Germany
Gesamtwerk: ISBN 3-411-11003-1
Band 14: ISBN 3-411-11143-7

Mane

Manege [ma'ne:ʒə; frz., zu lat.-italien. maneggio „Reitbahn" (eigtl. „Handhabung")], meist runde Vorführfläche im Zirkus.

Manegold von Lautenbach, * Lautenbach (Elsaß) um 1030, † Stift Marbach (Elsaß) nach 1103, Propst des Augustinerstifts Marbach (seit 1094). - Theoretiker des Investiturstreites, galt als erster Vertreter der Lehre von der Volkssouveränität; bed. durch seine Schrift „Liber ad Gebehardum" (um 1085).

Manen, Hans van [niederl. 'ma:nə], * Nieuwer-Amstel 11. Juli 1932, niederl. Tänzer und Choreograph. - Tanzte ab 1959 bei R. Petit, war 1960–70 Choreograph und künstler. Kodirektor des Nederlands Dans Theater in Den Haag; 1973–87 Choreograph und Ballettmeister am Nationalballett in Amsterdam. Seine Ballette, die in der Abkehr vom Handlungsballett ein jeweils neues Formproblem zum Mittelpunkt haben, sind entscheidend von den neuesten Strömungen der modernen Kunst beeinflußt.

Manen (Manes), in der röm. Religion seit der Kaiserzeit allg. Bez. für die Totengeister.

Mănescu, Manea, * Brăila 9. Aug. 1916, rumän. Politiker. - Mgl. der Rumän. KP (RKP) seit 1936; 1955–57 Finanzmin.; ab 1960 Mgl. des ZK der RKP, 1965–72 Sekretär des ZK; ab 1968 Mgl. des Exekutivkomitees des ZK, ab 1974 von dessen Ständigem Büro (bis 1980); 1969–72 stellv. Vors. des Staatsrats; 1972–74 einer der stellv. Min.präs. und Vors. des Staatl. Planungskomitees; 1974–79 Ministerpräsident.

Manesse, Rüdiger, † 5. Sept. 1304, Züricher Patrizier. - Ritterl. Ratsmgl., seine reiche Sammlung von mittelhochdt. Liederbüchern bildete wohl den Grundstock der „Großen Heidelberger Liederhandschrift", die deshalb auch *„Manessische Handschrift"* genannt wird.

Manet, Édouard [frz. ma'nɛ], * Paris 23. Jan. 1832, † ebd. 30. April 1883, frz. Maler. - 1850–56 Schüler von T. Couture; kopierte im Louvre und auf Reisen Werke span., venezian. und niederländ. Maler. M. wandte sich gegen die in der Akademiekunst übl. Pose und die der räuml. und plast. Illusion dienende Modellierung zugunsten einer durch Hell-Dunkel-Kontraste spannungsreichen Komposition großer Farbflächen. Durch diese revolutionäre Flächigkeit der Darstellung, aber auch des Themas wegen, erregten seine frühen Meisterwerke, das „Frühstück im Freien" und die „Olympia" (beide 1863, Paris, Louvre) heftige Ablehnung. Trotz der Schwierigkeiten, im offiziellen Salon angenommen zu werden, weigerte er sich, an den Ausstellungen der Impressionisten teilzunehmen, obwohl er mit ihnen befreundet war und sie entscheidend beeinflußte. In seinem Spätwerk steht auch er dem Impressionismus nahe, jedoch bleibt stets die Darstellung des Menschen im Zentrum seines Schaffens (u. a. „Bar in den Folies-Bergères", 1882, London, Courtauld Institute Galleries).
📖 *Henze, A.: E. M. Stg. 1982.* - *Hopp, G.: E. M. Bln. 1968.*

Manetho, ägypt. Geschichtsschreiber des 3. Jh. v. Chr. - Priester in Heliopolis; verfaßte eine ägypt. Geschichte in griech. Sprache. Auf

Édouard Manet, Nana (1877).
Hamburg, Kunsthalle

Manfred

ihn geht die Einteilung der pharaon. Geschichte in 30 Dyn. zurück.
Manfred, männl. Vorname, Nebenform von Manfried (zu althochdt. man „Mann" und fridu „Friede").
Manfred, *1232, ✕ Benevent 26. Febr. 1266, König von Sizilien (seit 1258). - Unehel. Sohn Kaiser Friedrichs II.; erhielt 1250 das Ft. Tarent und die Statthalterschaft in Italien für seinen Halbbruder Konrad IV., für dessen Sohn Konradin er 1254 die Regentschaft übernahm. M. fiel im Kampf gegen Karl von Anjou.
Manfredonia, italien. Hafenstadt in Apulien, 5 m ü. d. M., 53 000 E. Kath. Erzbischofssitz; bed. petrolchem. Industrie; Fischfang. - Mitte des 13. Jh. von König Manfred von Sizilien in der Nähe des durch ein Erdbeben zerstörten **Siponto** (in der Antike **Sipontum**) nach regelmäßigem Plan angelegt; wurde 1258 Bischofssitz; im 17. Jh. von den Osmanen stark zerstört. - Kirche San Domenico (13. Jh.), Kastell (13. Jh.), Dom (17. Jh.).
Mang, Sankt ↑ Magnus, hl.
Manga, La ↑ Mar Menor.
Mangaben [afrikan.] (Cercocebus), Gatt. schlanker, etwa 40–85 cm langer Meerkatzenartiger mit vier Arten in den Regenwäldern des äquatorialen Afrika; mit meist dunkler Ober- und hellerer Unterseite, nahezu körperlangem Schwanz und hellen (z. T. weißen) Augenlidern, die Signalfunktion bei der Verständigung haben; Baumbewohner. Zu den M. gehören die glänzend-schwarze **Schopfmangabe** (Cercocebus aterrimus; mit schopfartig verlängerten Kopfhaaren und bräunl. Backenbart) und die **Halsbandmangabe** (Rotkopf-M., Cercocebus torquatus).
Mangalia, rumän. Stadt am Schwarzen Meer, 27 000 E. Archäolog. Museum, Seebad und Kurort (schwefelhaltige Mineralquellen). - M. liegt an der Stelle des griech. **Kallatis**; im 6. Jh. v. Chr. von kleinasiat. Kolonisten gegr. - Reste röm. Befestigungsanlagen.
Mangalore ['mæŋgəlɔ:], ind. Stadt an der nördl. Malabarküste, Bundesstaat Karnataka, 193 200 E. Kath. Bischofssitz; Colleges. Bed. Exporthafen (auch für die Lakkadiven); Eisengießerei. - Bereits im 14. Jh. bed. Handelsplatz, von lokalen Dyn. regiert; 1596 eroberten die Portugiesen M. und errichteten dort einen Stützpunkt; wurde 1799 britisch.
Mangan [griech.-italien.-frz. (entstellt aus Magnesia)], chem. Symbol Mn, metall. Element aus der VII. Nebengruppe des Periodensystems der chem. Elemente, Ordnungszahl 25, relative Atommasse 54,938, Schmelzpunkt 1 244 °C, Siedepunkt 1 962 °C, Dichte 7,21 g/cm³. Das silberweiße, sehr spröde, unedle Schwermetall löst sich leicht in verdünnten Säuren und langsam in Wasser. In seinen Verbindungen ist es zwei- bis siebenwertig. M. ist nach Eisen das zweithäufigste Schwermetall; es kommt in den oxidischen Erzen („Braunsteine") Braunit, Manganit, Hausmannit sowie im Manganspat und in den Erzen des Eisens vor. In neuerer Zeit wurden auf dem Boden der Ozeane große Mengen sog. ↑ Manganknollen entdeckt. Techn. wird M. nicht rein, sondern im Hochofen als Eisen-M.-Legierung gewonnen und zur Desoxidation von Eisen und Stahl sowie als Legierungsbestandteil verwendet. - M. ist für Mensch, Tier und Pflanze ein notwendiges Spurenelement. Das Einatmen von M.dämpfen oder M.dioxidstaub kann zu schweren Nervenschädigungen führen.
Manganate [griech.-italien.-frz.], Sammelbez. für die als Salze der verschiedenen *Mangansäuren* (Sauerstoffsäuren des Mangans) auffaßbaren Manganverbindungen, in denen das Mangan in anion. Form auftritt. Die verschiedenen Wertigkeitsstufen werden als *Manganate (II), (IV), (V), (VI)* oder *(VII)* gekennzeichnet. Von Bed. ist Kaliumpermanganat, KMnO₄, ein Salz der Mangan-(VII)säure (Permangansäure), als Oxidations- und Desinfektionsmittel.
Manganbakterien, an gleichen Standorten wie die ↑ Eisenbakterien lebende Bakterien (z. B. Brunnenfaden), die durch Oxidation von zwei- zu drei- und höherwertigen Manganionen unlösl. Manganverbindungen ausfällen und vermutl. dadurch Energie gewinnen.
Manganblende (Alabandin), halbmetall. glänzendes Mineral, MnS, Mohshärte 3,5 bis 4, Dichte 4,0 g/cm³.
Manganknollen, am Boden der Tiefsee in konzentr.-schaligen Konkretionen angereicherte Manganerze. Man schätzt im Pazifik 11 kg M. pro 1 m². Förderversuche aus 5 000 m Tiefe verliefen erfolgreich.
Mangano, Silvana, *Rom 23. April 1930, italien. Filmschauspielerin. - Seit 1946 beim Film; seit 1949 ∞ mit D. De Laurentiis, der mit ihr u. a. die Filme „Bitterer Reis" (1949), „Der Bandit Musolino" (1950), „Jovanka und die anderen" (1959) produzierte. - † 16. Dez. 1989.
Manganomelane [griech.] (Kryptomelan-Psilomelan-Gruppe), Sammelbez. für die traubig-nierigen oder feinerdigen, aus kolloidalen Lösungen ausgeschiedenen Mangandioxidminerale. Alle M. gehen in weiche, als *Wad* bezeichnete Massen über, die aus feinsten Lockererden aufgebaut sind. Zu den M. zählen Kryptomelan sowie Todorokit. Als *Manganomelan* selbst werden häufig schwarze, glaskopfartige Massen bezeichnet. Die Vorkommen aller M. liegen in der Oxidationszone manganreicher Minerale; auch dich Manganknollen der Tiefsee gehören dazu.
Manganometrie [griech.], oxidimetr. Verfahren der ↑ Maßanalyse, das die oxidierende Wirkung der Permanganationen (MnO₄⁻-Ionen) zur quantitativen Bestimmung oxidierbarer Substanzen ausnutzt.

Manganoxide, Sammelbez. für die Sauerstoffverbindungen des Mangans. Da das Mangan in verschiedenen Wertigkeitsstufen auftritt, sind mehrere Oxide möglich und bekannt. Das wichtigste M. ist das braunschwarze *Mangan(IV)oxid* (Mangandioxid, *Braunstein*), das zur Herstellung vieler Manganverbindungen, in Taschenlampenbatterien, für Streichholzköpfe und Feuerwerkskörper verwendet wird.

Manganpigmente, Sammelbez. für eine Gruppe von anorgan. Pigmenten, die Mangan chem. gebunden enthalten, wie z. B. Manganschwarz, das aus Manganoxiden besteht.

Mangansäuren ↑ Manganate.

Manganspat (Rhodochrosit, Himbeerspat), Mineral von meist rosa- bis himbeerroter Farbe, $MnCO_3$. Mohshärte 3,5–4,5, Dichte 3,3–3,6 g/cm^3; wichtiges Manganerz.

Manganstähle, Stähle mit Mangangehalten über 0,8 %, die sich durch bes. Festigkeit und Härte auszeichnen.

Mangel, Maschine, in der durch den Druck rollender Walzen Textilien entwässert bzw. geglättet werden; in einfacher Form als *Kalt-M. (Rolle)* mit beschwerten Holzwalzen; heute in Form der *Heiß-M.,* die die Wäsche zugleich trocknet: als *Mulden-M.* mit meist zwei beheizten, polierten Mulden, in denen die glättenden Walzen laufen, als *Zylinder-M.* mit beheiztem Zylinder und einem darangepreßten Druckzylinder oder Tuchgurt.

Mängelhaftung (Gewährleistung), Haftung des Verkäufers, Vermieters, Verpächters oder Unternehmers (↑ Werkvertrag) für Sach- oder Rechtsmängel des Vertragsgegenstandes ohne Rücksicht auf Verschulden. Ein *Sachmangel* liegt vor, wenn der Vertragsgegenstand zu dem gewöhnl. oder dem vereinbarten Gebrauch nicht taugt, ein *Rechtsmangel,* wenn er mit Rechten Dritter belastet ist, die gegen den Vertragsgegner (Erwerber) geltend gemacht werden können. Die M. kann - außer bei Mietverhältnissen über Wohnraum - z. B. durch Vertrag und/oder allg. Geschäftsbedingungen ausgeschlossen werden, soweit der Mangel nicht arglistig verschwiegen wurde. An die Stelle des Anspruchs auf Wandelung oder Minderung wird häufig vertragl. ein Recht auf Nachbesserung gesetzt. Bleibt diese erfolglos, lebt die M. wieder auf. Kennt der Leistungsempfänger beim Abschluß des Vertrags den Mangel, so greift die M. nicht ein, es sei denn, der Leistungsverpflichtete macht eine Garantiezusage, d. h., er erklärt, für alle Mängel einstehen zu wollen, die während einer vereinbarten Garantiezeit bei ordnungsgemäßer Benutzung der Sache eintreten (unselbständige Garantie). Ein dem Leistungsempfänger übergebener **Garantieschein,** welcher vom Produzenten dem Produkt beigegeben worden ist, begründet ein besonderes Rechtsverhältnis zw. ihm und dem Produzenten (z. B. kann sich der Käufer einer Ware bei Mängeln statt an den Verkäufer direkt an den Produzenten wenden. Die M. gegenüber dem Verkäufer bleibt daneben bestehen). Die M. muß durch die **Mängelrüge** innerhalb der ↑ Rügefristen geltend gemacht werden. Die Ansprüche aus der M. verjähren im Interesse einer raschen Abwicklung i. d. R. in sechs Monaten, bei Grundstücken in einem Jahr. Ist bei der unselbständigen Garantie die **Garantiefrist** länger als die gesetzl. Verjährungsfrist, dann ist konkludent die Verjährungsfrist durch Vertrag mindestens bis zum Ablauf der Garantiefrist verlängert, wenn nicht gar die sechsmonatige Verjährungsfrist für jeden innerhalb der Garantiefrist entdeckten Mangel gesondert zu laufen beginnt. Bei der **selbständigen Garantie,** die eine von den übrigen Vertragsregeln losgelöste Garantievereinbarung darstellt und sehr selten ist, gilt eine 30jährige Verjährungsfrist.
Im *östr.* und *schweizer.* Recht bestehen dem dt. Recht im wesentl. entsprechende Regelungen.

Mangelkrankheiten, 1. Krankheiten, die auf eine hinsichtl. Menge und Zusammensetzung unzureichende bzw. fehlerhafte Ernährung zurückzuführen sind (Unterernährung, Avitaminosen, Mineral- und Mineralstoffmangelkrankheiten u. a.); 2. Erkrankungen durch ↑ Malabsorption.

Mängelrüge ↑ Mängelhaftung.

Mangelsdorff, Albert, * Frankfurt am Main 5. Sept. 1928, dt. Jazzmusiker (Posaunist, Komponist). - Gilt mit seinem sehr persönl., techn. virtuosen Stil als einer der besten Posaunisten. Trat in den 1950er Jahren im Bereich des Cool Jazz hervor. Seine techn. und klangl. Neuerungen wirkten stilbildend auf den Free Jazz, z. B. das mehrstimmige Spiel durch raffinierte Verwendung der Obertonreihen, das 5- und 6stimmige Akkorde ermöglicht; seit 1972 auch Solokonzerte.
M., Emil, * Frankfurt am Main 11. April 1925, dt. Jazzmusiker (Saxophonist, Klarinettist, Flötist). - Bruder von Albert M.; Vertreter des Swing und modernen Jazz; seit 1954 eigene Gruppen.

Manger, Jürgen von, * Koblenz 6. März 1923, dt. Schauspieler und Kabarettist. - Populär seit 1962 durch die tragikom. Figur des „Adolf Tegtmeier", mit der er in zahlr. Hörfunk- und Fernsehsendungen sowie auf Gastspielreisen die Denk- und Sprechweise der Menschen aus dem Ruhrgebiet bekanntmachte und allg. menschl. Verhaltensweisen karikierte; fortgesetzt mit „Prof. Mopske".

Mangobaum [Tamil/dt.] (Mangifera), Gatt. der Anakardiengewächse mit rd. 40 Arten im trop. Asien; große, immergrüne Bäume mit ledrigen Blättern. Einige Arten sind als Obstpflanzen in Kultur, darunter der bis in die Subtropen (z. B. Israel) verbreitete Obstbaum *Mangifera indica* (M. im engeren Sinne;

Manierismus

mit bis zu 1000 Kultursorten): bis 30 m hoher Baum mit sehr dichter, kugeliger, breiter Krone. Die wenig haltbaren, pflaumenähnl., saftigen, süßsäuerl. schmeckenden Steinfrüchte *(Mangofrüchte, -pflaumen)* können bis 2 kg schwer werden.

Mangold ↑ Runkelrübe.

Mangoldt, Hans von, * Dresden 9. Juni 1824, † Wiesbaden 9. April 1868, dt. Nationalökonom. - Prof. in Göttingen und Freiburg im Breisgau; seine Hauptleistungen liegen in der Entwicklung einer Theorie des Unternehmergewinns und in der geometr. Behandlung von Problemen der Volkswirtschaftslehre, insbes. der Preistheorie.

Mangostanbaum [malai./dt.] (Mangostane, Garcinia mangostana), Art der Gatt. Garcinia; als Obstbaum in den Monsungebieten sowie in den neuweltl. Tropen angebaut; 20–25 m hoher Baum mit dicken, ledrigen Blättern; Früchte kugelig, bis 7 cm groß; Samen mit fleischiger Außenhülle.

Mangrove [indian.-span.-engl.], amphib. Vegetation im Gezeitenbereich flacher trop. Küsten, ein dichtes Geflecht von hohen Stelzwurzeln, die als Schlickfänger dienen. Bei optimalen Bedingungen entsteht ein 10–20 m hoher, artenarmer Wald (**Gezeitenwald**).

Mangrovebaum (Rhizophora), Gatt. der Mangrovegewächse mit acht trop. Arten; kleine Bäume der ↑ Mangrove mit kurzem Stamm, abstehenden, dicken Ästen und dikken, lederartigen Blättern; mit Atem- und Stelzwurzeln. - Abb. S. 10.

Mangusten [portugies.] (Mungos, Ichneumone, Herpestinae), Unterfam. etwa 25–70 cm langer, vorwiegend tagaktiver Schleichkatzen mit 35 Arten, v. a. in Wäldern, offenen Landschaften und Sümpfen S-Eurasiens und Afrikas; mit meist ziemi. schlankem, häufig kurzbeinigem Körper und oft einfarbig braunem bis grauem (z. T. auch quergestreiftem) Fell. Zu den M. gehören u. a.: **Zebramanguste** (Mungos mungo), fast 50 cm lang (mit Schwanz 75 cm); Fell braungrau, auf dem Rücken rot- und dunkel quergestreift. Die Gatt. **Zwergmangusten** (Helogale) hat 3 rd. 25 cm lange Arten; Schwanz etwas kürzer; Färbung graubraun. Einen hundeähnl. langgestreckten Kopf haben die 3 Arten der Gatt. **Hundemangusten** (Schwarzfuß-M., Bdeogale); 40–60 cm lang, Schwanz 20–40 cm. Außerdem ↑ Ichneumon, ↑ Fuchsmanguste, ↑ Erdmännchen, ↑ Indischer Mungo.

Linke Seite: Manierismus. Oben (von links): El Greco, Die heilige Familie (1594–1604). Madrid, Prado; Agnolo Bronzino, Allegorie (um 1546). London, National Gallery; unten (von links): Iacopo da Pontormo, Bildnis einer Dame in rotem Kleid (um 1533). Frankfurt, Städel; Adriaen de Vries, Merkur und Psyche (1593). Paris, Louvre

Mangyschlak, Halbinsel, Halbinsel an der nördl. O-Küste des Kasp. Meeres, Teil des sowjet. Gebiets **Mangyschlak** (166600 km^2, 303000 E, Hauptstadt Schewtschenko) in der Kasach. SSR.

Manhattan [engl. mæn'hætn], ältester Stadtteil von ↑ New York.

Mani (Manes, Manichaios), * Mardinu oder Afrunya (Babylonien) 14. April 216, † Gundischahpur 26. Febr. 277, babylon. Religionsstifter iran. Herkunft. - Aufgewachsen in Babylonien im Kreis der Elkesaiten, wurde er durch Offenbarung zu selbständiger Lehr- und Missionstätigkeit veranlaßt. Zur Geschichte und zur Lehre seiner Religion ↑ Manichäismus.

Mani, mittlere der südl. Halbinseln der Peloponnes, zw. Lakon. und Messen. Golf, Fortsetzung des Taygetos nach S.

Manichäer, Anhänger des ↑ Manichäismus.

Manichäismus, von ↑ Mani gestiftete gnost. Erlösungslehre, nach der der Weltprozeß und die Entstehung des Menschen durch eine schuldhafte Vermischung von Licht und Materie bedingt sind. Der Mensch muß diese Weltordnung in einem Akt der Erkenntnis durchschauen und die in ihm selbst vorhandenen Lichtteile von der Materie seines Leibes befreien, um seine Seele mit der himml. Lichtwelt zu vereinigen und so der Seelenwanderung zu entgehen. Dieses Erlösungsziel war nur in einem völlig asket. Leben zu erreichen. Deshalb waren die Manichäer eingeteilt in mönch. lebende *Electi* („Auserwählte") und Laien, *Auditores* („Hörer"). Der M. hatte bald nach dem Tod Manis die Verbreitung einer Weltreligion erlangt. In der Spätantike besaß er zahlr. Anhänger im gesamten Mittelmeerraum. Auf seine Blütezeit im 4. Jh. folgte im W ein rascher Verfall. Im O wurde der M. 763 Staatsreligion des zentralasiat. Reiches der Uiguren. Damit genoß er auch diplomat. Schutz in China, wo er erst im 14. Jh. erlosch. ⌑ *Reimann, H.:* M. - das Christentum der Freiheit. Darmst 1980. - Der M. Hg. v. G. Wildengren. Darmst. 1977.

Manie [zu griech. manía „Raserei, Wahnsinn"], urspr. allg. Bez. für alles Außersichsein (Affektivität, Besessenheit, Ekstase, Entrükkung, Raserei, Verrücktheit); heute v. a. psycholog. und psychiatr. Terminus für den abnorm heiter-erregten affektiven Zustand einer Psychose, der bes. durch Enthemmung bzw. Antriebssteigerung und Selbstüberschätzung gekennzeichnet ist und oft in (unterschiedl. andauernden) Phasen auftritt bzw. mit dem psychot. Zustand der Depression wechselt. Eine häufige Form der M. ist die **Hypomanie,** gekennzeichnet durch gehobene, heitere Stimmungslage, Lebhaftigkeit und erhöhten Gedankenreichtum.

Manier [lat.-frz.], Art und Weise, Eigenart; Stil eines Künstlers.

Manier

Mangrovebaum. Rhizophora mucronata

◆ (meist Mrz.) Umgangsform, Sitte, Benehmen.
◆ in der *Musik* svw. ↑ Verzierung.

Maniera greca [italien.], Bez. für den „griech. Kunststil", d. h. die byzantin. geprägte italien. Malerei des 13. Jahrhunderts.

Manieriertheit [lat.-frz./dt.], unnatürl., gekünsteltes Ausdrucksverhalten in Mimik, Gestik oder Sprache; gelegentl. auch als Begleitsymptom einer Geisteskrankheit.

Manierismus [lat.-frz.], von der jüngeren Kunstwiss. geprägter Stilbegriff für die Spätrenaissance. Der M. beginnt etwa um 1520 und endet in Italien gegen Ende des 16. Jh.; nördl. der Alpen reichen seine Ausläufer weit in das 17. Jh. hinein. Ausgangspunkt des M. ist die Hochrenaissance, deren Errungenschaften einzeln oder in verschiedenen Kombinationen aufgegriffen und bis zu ihrem Widersinn verwandelt werden. Die religiösen Spannungen der Zeit und die Auswirkungen der Entdeckungsreisen, die das Weltbild grundlegend änderten, haben wesentl. Anteil an der Auflösung der ausbalancierten Welt der Hochrenaissance. - In der **Architektur** ist die Verwendung antikisierender Formen in antiklass. Sinne kennzeichnend. Anstelle geschlossener Baukörper werden komplizierte Gruppierungen bevorzugt; im Profanbau entwickelt sich der Typ des Galeriebaus mit scheinbar endlosen Raumfluchten. Hauptvertreter sind in Italien der späte Michelangelo, Giulio Romano, B. Peruzzi, G. Vasari, B. Ammanati, B. Buontalenti, M. Sanmicheli, A. Palladio; in Frankr. P. Lescot mit einer spezif. frz. „Klassizität" und P. Delorme; in den Niederlanden C. Floris. - Die **Plastik** entwickelt das Phänomen der „Figura serpentinata", die, selber ohne Hauptansicht, dem Betrachter einen festen Standort verweigert. Bed. Bildhauer sind in Italien Giovanni da Bologna, B. Cellini, V. Danti, B. Ammanati, A. Vittoria; im Norden J. Goujon, G. Pilon, J. Zürn, A. de Vries. - Kennzeichend für die **Malerei** sind überlängte Proportionen, komplizierte Figurenstellungen, jähe Perspektiven, antiklass. Farbkombinationen, Asymmetrie, Verformung des Naturvorbildes, verbunden mit einer Profanierung sakraler Themen oder ekstat. Versenkung in religiöse Bildinhalte. Hauptmeister sind u. a.: in Italien Rosso Fiorentino, Bronzino, Pontormo, Correggio, Parmeggianino, Tizian, Veronese, Tintoretto, F. Barocci; in Spanien El Greco; in Frankr. F. Clouet; in den Niederlanden J. Gossaert, J. Scorel, P. Breughel d. Ä., F. Floris, P. Aertsen, M. van Heemskerck; in Deutschland B. Spranger, Hans von Aachen, H. Rottenhammer und J. Heintz.

Aus der Kunstwiss. wurde der Begriff 1948 in die *Literaturwiss.* übernommen zur Bez. der Übergangsphase von Renaissance zum Barock; er umfaßt die manierist. Stilhaltungen des Marinismus in Italien, des Gongorismus in Spanien, des Euphuismus in England, der frz. preziösen Literatur und einzelne Ausprägungen des dt. Barock. Inhaltl. Hauptkennzeichen sind ein antithet., ambivalentes Weltgefühl, antinaturalist. Affekt, irrationalist. Grundhaltung und exklusives und elitäres Gebaren: die Wirklichkeit wird durch einseitiges Interesse am Problemat.-Interessanten, Bizarren und Monströsen ins Groteske und Phantast. verzerrt, ins Traumhafte aufgelöst und oft zur Überwirklichkeit gesteigert. Sprachl. Kennzeichen sind überreiche Verwendung von Tropen, Metaphern, Concetti und gelehrten mytholog. Anspielungen. - Die Abgrenzung dieses Begriffs (bei manchen Literaturwissenschaftlern seine Notwendigkeit überhaupt) des literar. M. vom teilweise gleichzeitigen Barock ist bis heute umstritten. - Tafel S. 8.

📖 *Bousquet, J.: Malerei des M.* Mchn. ³1985. - *Würtenberger, F.: Der M.* Mchn. u. Wien Neuaufl. 1979. - *Hocke, G. R.: M. in der Lit.* Rbk. 1978.

manifest [zu lat. manifestus, eigtl. „handgreifl. gemacht"], handgreiflich, offenbar; **sich manifestieren,** bekunden, zu erkennen geben.

Manifest [lat.], Grundsatzerklärung, Programm [einer Kunst- oder Literaturrichtung, einer polit. Partei].

Manifestation [lat.], das Zutagetreten, Erkennbarwerden (z. B. von Krankheiten). - In der *Tiefenpsychologie* das Zutagetreten körperl. oder geistiger Wirkungen der sog. verdrängten Komplexe (z. B. Stottern).

Maniküre [frz., zu lat. manus „Hand" und cura „Sorge, Pflege"], Nagel- und Handpflege u. a. durch Reinigen, Beschneiden, Feilen, Zurückschieben der Nagelhaut, Polieren.

Manila, Hauptstadt und größte Stadt der Philippinen, auf Luzon, beiderseits der Mündung des Pasig in die M.bucht, 1,63 Mill. E. Kath. Erzbischofssitz; Akad. der Philippinen, mehrere Univ. (u. a. die Santo-Tomás-Univ., gegr. 1611), Museen (u. a. Nationalmuseum); Goethe-Inst. M. ist der wichtigste Hafen und größter Ind.standort des Landes, in dem etwa $^{1}/_{3}$ der philippin. Ind. konzentriert ist, v. a. die Eisen- und Stahlind. Verkehrsknotenpunkt; internat. ✈. - 1571 gegr.; 1837 allg. dem ausländ. Handel geöffnet; nach Vernichtung der span. Flotte 1898 von den USA erobert; 1942–45 jap. besetzt.; bis 1948 Hauptstadt der Philippinen; im 2. Weltkrieg fast völlig zerstört. - Erhalten sind Teile der Ummauerung der Altstadt und die Klosterkirche San Agustín (1599–1606); wiederaufgebaut die Kathedrale und die neugot. Kirche San Sebastián.

Manilabucht, Bucht des Südchin. Meeres an der W-Küste der philippin. Insel Luzon.

Manilafaser (Abakafaser; unkorrekt auch Manilahanf), die 120–250 cm lange Faser aus den Gefäßbündeln der Blattscheiden des [Schein]stamms der Faserbanane († Bananenstaude) und verwandter Arten; dreimal so reißfest wie Baumwollfaser und doppelt so fest wie Sisal, nicht verspinnbar. Wird v. a. zur Herstellung von Seilen, Tauen, Netzen und Säcken verwendet. Der Abfall aus der Faseraufbereitung dient als Rohstoff für feinstes Papier (**Manilapapier**).

Manin, Daniele, * Venedig 13. Mai 1804, † Paris 22. Sept. 1857, italien. Freiheitskämpfer. - Erneuerte im März 1848 die Republik Venedig und leitete bis Aug. 1849 als Diktator deren Verteidigung gegen die östr. Truppen; begr. 1857 den italien. Nationalverein.

Maniok [indian.-span.-frz.] (M.strauch, Mandiokastrauch, Cassave[strauch], Kassave[strauch], Tapiokastrauch, Wurzelmaniok, Manihot esculenta), mehrjähriges Wolfsmilchgewächs der Gatt. Manihot in S-Amerika, heute allg. in den Tropen in vielen Sorten als wichtige Nahrungspflanze angebaut; bis über 3 m hoher Strauch; die dick-spindelförmigen, rötlichbraunen, bis über 50 cm langen, bis 20 cm dicken, bis 5 kg schweren, stärkereichen, büschelförmig angeordneten Wurzelknollen sind ein wichtiger Kartoffelersatz der Tropenländer (der giftige Milchsaft wird durch Auswaschen geschälter und zerschnittener oder zerstampfter Knollen, durch Trocknen oder Kochen zerstört). Die aus M.knollen gewonnenen Stärkeprodukte (v. a. für Brei, Fladen, Suppen) kommen als **Tapioka** (Manioka, Mandioka, Cassavestärke, Manihotstärke), das **Perltapioka** (verkleisterte, kleine Stärkelümpchen) als **Sago** in den Handel.

Manipel [zu lat. manipulus „eine Handvoll"], Unterabteilung der röm. Legion; in deren Rahmen gelegentl. selbständig operierend (*Manipulartaktik*) und aus 2 Zenturien bestehend.

◆ bis 1969 ein liturg. Ornatstück (schmaler Stoffstreifen am linken Unterarm) der kath. Geistlichen.

Manipulation [frz., zu lat. manipulus († Manipel)], im Bereich der *Biowissenschaften*, bes. der Genetik, die Beeinflussung der Natur - einschließl. der des Menschen - durch den Menschen. Die Möglichkeiten reichen von der künstl. Auslese bzw. Zuchtwahl und der absichtl. Hervorrufung von Mutationen durch Mutagene *(genet. M.)* über die künstl. Besamung und die Gen-M. bis zur Verhaltenssteuerung durch *M. des Bewußtseins und Willens* etwa durch den Einsatz von Drogen oder durch elektr. Reizung bestimmter Gehirnregionen. Als M. sind auch verfrühte oder übertriebene Lernprogrammierungen bzw. Dressuren mit Hilfe von Apparaturen zu bezeichnen oder erzwungene Deformationen von Körperteilen, wie sie bei verschiedenen Naturvölkern üblich sind. Eine Extremform körperl.-geistiger M. ist die † Gehirnwäsche.
⍟ *Patzlaff, R.: Bildschirmtechnik u. Bewußtseinsmanipulation. Stg. 1985. - Die Verführung durch das Machbare. Hg. v. P. Koslowski u. a. Stg. 1983.*

◆ im *psychosozialen Bereich* die Beeinflussung des Menschen (einzeln oder in einer Gruppe), um systemat. und zielgerichtet sein Bewußtsein, seine Denkgewohnheiten und Gefühlslagen zu lenken und zu prägen. M. verhindert selbständige rationale Entscheidung und gefährdet die personale sowie soziale Autonomie der Betroffenen. M. wird begünstigt in gesellschaftl. und polit. Strukturverhältnissen, in denen 1. Menschen auf Informationen „aus zweiter Hand" angewiesen sind; 2. „Reizüberflutung" im Informationsangebot bei der Aufnahme neuer Informationen zu starker Selektion zwingt; 3. ein starkes Informationsgefälle zw. Herrschenden und Beherrschten besteht; 4. bestimmte Massenmedien eine wirtsch. oder polit. Monopolstellung haben.
⍟ *Lay, R.: M. durch die Sprache. Rbk. 1980. - Reboul, O.: Indoktrination. Dt. Übers. Freib. 1979. - Portmann, A.: M. des Menschen als Schicksal u. Bedrohung. Zürich* ^{4}*1973.*

◆ absichtl. Verfälschung von Information durch Zusätze und/oder Auslassungen.

◆ Anpassung von Ware an die Bedürfnisse des Verbrauchers, z. B. durch Sortieren, Mischen, Veredeln (z. B. bei Tabak).

Manipulator [lat.], Vorrichtung zur Handhabung z. B. giftiger, staubempfindl. oder radioaktiver Substanzen aus größerem Abstand oder hinter [Strahlen]schutzwänden. Der M. erlaubt Bewegungen, die einer Hand oder einzelner Finger entsprechen. Beim *Kugel-M.* ermöglicht ein in die Schutzwand eingebautes Kugelgelenk im Arbeitsbereich Längsbewegungen und Schwen-

Manipur

kungen innerhalb eines Kegels von etwa 60° Öffnungswinkel. Beim *Parallel-M.* werden die Bewegungen von Hand und Finger im Maßstab 1:1 auf das Werkzeug übertragen. Treten Hilfskräfte zur Bewegungsübertragung hinzu, so spricht man von einem *Servomanipulator.* Zur Beseitigung radioaktiv verseuchter Stoffe werden auch ferngesteuerte *M.fahrzeuge* eingesetzt.

Manipur, Bundesstaat in Indien, im Bereich der ind.-birman. Grenzgebirge, 22 356 km², 1,43 Mill. E (1981), Hauptstadt Imphal. Den Mittelpunkt des gebirgigen M. bildet ein fast 2 000 km² großes Becken um den See Logtak und den Fluß M. in etwa 800 m Höhe; im N dieses Beckens liegt die Hauptstadt. Im Becken Reisanbau, in den Bergen Brandrodungsfeldbau. - Ehem. Fürstenstaat; 1949 der Ind. Union eingegliedert; 1956–72 von der Zentralreg. verwaltetes Unionsterritorium; seit 1972 Bundesstaat.

Manisa [türk. 'manisa, ma'nisa], türk. Stadt 30 km nö. von İzmir, 60 m ü. d. M., 94 200 E. Hauptstadt des Verw.-Geb. M., landw. Handelszentrum. - M. ist das antike **Magnesia** am Sipylos, 190 v. Chr. Ort der Entscheidungsschlacht zw. Rom und dem Seleukiden Antiochos III. Die byzantin. Stadt wurde 1313 seldschuk., 1398 osman.; bis 1453 wechselnd mit Bursa Sitz der Sultane. - Große Moschee (1366), Hatuniyemoschee (1485), Muradiyemoschee (1583–86) mit Medrese (heute archäolog. Museum); von den Ruinen einer byzantin. Zitadelle überragt.

manisch, krankhaft heiter, erregt, besessen, tobsüchtig; zum Symptomenkomplex einer ↑ Manie gehörend.

manisch-depressives Irresein (manisch-melancholische Krankheit, zirkuläres Irresein, Zyklothymie), von E. Kraepelin eingeführte Bez. für einen der beiden Formenkreise einer [endogenen] Psychose; gilt als eigentl. Gemütskrankheit und ist weniger durch den Wechsel als vielmehr durch (in unterschiedl. Weise vorherrschende) Phasen von Depression oder Manie charakterisiert **(periodisches Irresein).**

Manismus [lat.], svw. ↑ Ahnenkult.

Manitoba [mani'to:ba, engl. mæni-'toʊbə], östlichste der drei kanad. Prärieprov., 650 087 km², 1,07 Mill. E (1985), Hauptstadt Winnipeg.

Landesnatur: M. hat Anteil an mehreren großen Landschaftsräumen. Im NO, am Ufer der Hudsonbai, liegt das etwa 250 km breite, stark versumpfte Hudsontiefland. Über die Hälfte der Prov. wird vom Kanad. Schild eingenommen, einer flachwelligen Landschaft mit zahlr. Seen und Sümpfen. Die Seen im SO des Landes (Lake Winnipeg u. a.) liegen bereits im Bereich der Interior Plains. An der Grenze gegen Saskatchewan liegen die höchsten Erhebungen (bis 831 m ü. d. M.). - Das Klima ist kontinental. Die frostfreie Periode nimmt von S (100 Tage) nach N (60) Tage schnell ab. - Auf Grasland im S folgt ein Parkgürtel, in dem Waldinseln mit offenem Land abwechseln, darauf der geschlossene Wald, der allmähl. in reinen Nadelwald übergeht; an der Hudsonbai Tundra. - In den Wäldern leben Bär, Karibu, Elch, Ren, Biber. Die Flüsse und Seen sind fischreich.

Bevölkerung, Wirtschaft, Verkehr: Nur der südl. Teil ist geschlossen besiedelt. Die Orte im N sind meist Bergbauortschaften. Der Anteil der Indianer an der Gesamtbev. beträgt rd. 3%. Die europ. Einwanderer stammen v. a. von Engländern, Ukrainern, Deutschen, Franzosen, Polen und Holländern ab. Über die Hälfte der Gesamtbev. lebt in der Hauptstadt. M. verfügt über 3 Univ. - Die wichtigsten Wirtschaftszweige sind Landw. (Getreide, Viehzucht), Bergbau (v. a. Kupfer-, Nickel-, Zinkerze, Erdöl), Holzwirtschaft (Zellulose- und Papierfabriken), Fischerei und Pelztierjagd. Die verarbeitende Ind. ist überwiegend in der Hauptstadt konzentriert. - Das Streckennetz der Eisenbahn ist 6 300 km lang, das Straßennetz rd. 19 000 km. Ausfuhrhafen

Manipulatorfahrzeug MF 2, das über Funk nach Fernsehbildern gesteuert wird

ist Churchill an der Hudsonbai. Dem Flugverkehr kommt bes. Bed. zu.
Geschichte: Die ersten Europäer drangen in das Gebiet des heutigen M. von der Hudsonbai her ein; nach Gründung der Hudson's Bay Company (1670) entstanden an den Flußmündungen des Nelson River und des Churchill River Handelsforts. Im 18. Jh. wurde das Gebiet Schauplatz der brit.-frz. Rivalität in Nordamerika. Nach der brit. Eroberung Kanadas (1763) wurde die Siedlung am Red River of the North zur Keimzelle des heutigen M. 1869 kaufte die kanad. Reg. die Territorien der Hudson's Bay Company. 1870 wurde M. als 5. kanad. Prov. errichtet. 1882 und 1912 erweitert.

 Morton, W. L.: M. A history. Toronto ²1967.

Manitoba, Lake [engl. 'lɛɪk mænɪ-'toʊbə], See in Kanada, nw. von Winnipeg, 248 m ü. d. M., 200 km lang, bis 40 km breit.

Manitoulin Island [engl. mænɪ'tuːlɪn 'aɪlənd], mit 2 756 km² größte Binnenlandinsel der Erde, im Huronsee (Kanada); Eisenbahnverbindung zum Festland.

Manitu ↑ Großer Geist.

Maniu, Iuliu, * Şimleul-Silvaniei 8. Jan. 1873, † Sighetul Mamaţiei 3. Jan. 1953 (im Gefängnis), rumän. Politiker. - 1906–10 Abg. im ungar. Reichstag; 1919 am Anschluß Siebenbürgens an Rumänien maßgebl. beteiligt; leitete seit 1926 die Nat. Bauernpartei; 1928–30 und 1932/33 Min.präs.; im 2. Weltkrieg in Opposition zu I. Antonescu; 1947 zu lebenslanger Haft verurteilt.

Manizales [span. mani'sales], Hauptstadt des kolumbian. Dep. Caldas, auf der W-Abdachung der Zentralkordillere, 2 150 m ü. d. M., 327 800 E. Kath. Erzbischofssitz; Univ. (gegr. 1943); Handelszentrum, Fremdenverkehr (Skisport), Eisenbahnendpunkt. - 1848 gegründet.

Mankei, svw. ↑ Alpenmurmeltier.

Manko [italien., zu lat. mancus „unvollständig"], Fehlbetrag, namentl. bei der Kassenführung.

Mankogelder, pauschale Beträge zum Ausgleich von Verlusten, die Arbeitnehmern gewährt werden, die in Kassen- oder Geldzählberufen beschäftigt sind.

Manlius, Name eines röm. Patriziergeschlechts wahrscheinl. etrusk. Herkunft; bed.:
M., Marcus M. Capitolinus, Konsul (392 v. Chr.). - Rettete das Kapitol 387/386 vor den Kelten; 385 wegen Strebens nach der Alleinherrschaft angeklagt.

Mann, Erika, * München 9. Nov. 1905, † Zürich 27. Aug. 1969, dt. Schauspielerin und Schriftstellerin. - Tochter von Thomas M.; 1925–28 ∞ mit G. Gründgens; emigrierte 1933 in die Schweiz; Gründung des antinazist. Kabaretts „Die Pfeffermühle", mit dem sie als Leiterin, Autorin und Darstellerin Europa bereiste; heiratete 1935 W. H. Auden; ab 1936 in den USA als Journalistin; zuletzt in Kilchberg (ZH). Verwaltete den schriftl. Nachlaß ihres Vaters, unterstützte eine Neuausgabe der Werke ihres Bruders Klaus M.; schrieb Jugendbücher, u. a. „Stoffel fliegt übers Meer" (1932), Erzählungen, Essays („Das letzte Jahr. Bericht über meinen Vater", 1956).

M., Golo, * München 27. März 1909, dt. Historiker und Publizist. - Sohn von Thomas M., mit dem er 1933 emigrierte; lehrte ab 1942 an verschiedenen Univ. in den USA. 1960–64 Prof. für Politikwiss. in Stuttgart; lebt in Kilchberg (ZH). Hg. und Mitarbeiter der „Propyläen-Weltgeschichte" (1960–65); Verfasser u. a. von „Dt. Geschichte des 19. und 20. Jh." (1959), „Wallenstein" (1971).

Heinrich Mann

M., Heinrich, * Lübeck 27. März 1871, † Santa Monica bei Los Angeles 12. März 1950, dt. Schriftsteller. - Bruder von Thomas M.; zunächst Buchhändler in Dresden; seit 1893 freier Schriftsteller. 1930 Präs. der Sektion Dichtkunst der Preuß. Akademie der Künste. 1933 Berufsverbot; lebte bis 1940 im frz. Exil, dort antifaschist. Tätigkeit (seit 1935 Präs. der im gleichen Jahr gegr. dt. Volksfront). 1940 Flucht in die USA. Wurde 1949 zum Präs. der neu gegr. Dt. Akademie der Künste Berlin (Ost) berufen, starb jedoch kurz vor Reiseantritt. Als polit. engagierter Schriftsteller vertrat M. in seinen Romanen, Novellen, Essays und Streitschriften gesellschaftskrit. Ideen, gerichtet gegen Kaiserreich, Weimarer Republik und NS-Herrschaft sowie einen vernunftbegründeten „humanist. Sozialismus". Bevorzugte Themen waren die polit. Kultur der Wilhelmin. Ära, Kritik am blinden Untertanendenken wie in der Romantrilogie „Das Kaiserreich" (Bd. 1: „Der Untertan", 1914; Bd. 2: „Die Armen", 1917; Bd. 3: „Der Kopf", 1925) sowie die doppelbödige Moral und Dekadenz des wilhelmin. Bürgertums wie in „Professor Unrat" (R., 1905). Neben seinen zeitkrit. Werken waren es v. a. die Romane mit histor. Themen, z. B. die R.-Trilogie „Die Göttinnen oder Die drei Romane der Herzogin von Assy" (1903) und die beiden im frz.

Mann

Exil entstandenen Romane um Heinrich IV. „Die Jugend des Königs Henri Quatre" (1935) und „Die Vollendung des Henri Quatre" (1938), die ihn für die Theoretiker des sozialist. Realismus und der sozialkrit. Literatur zum repäsentativen Schriftsteller werden ließen.
Weitere Werke: Zw. den Rassen (R., 1907), Die kleine Stadt (R., 1909), Eugénie oder Die Bürgerzeit (R., 1928), Ein Zeitalter wird besichtigt (Autobiogr., 1946), Der Atem (R., 1949), Empfang bei der Welt (R., hg. 1956).
Fest, J. C.: Der unwissende Magier. Über T. u. H. M. Bln. 1985. - H. M. Werk u. Wirkung. Hg. v. R. Wolff. Bonn 1984. - Haupt, J.: H. M. Stg. 1980.

M., Herbert (Herbie) [engl. mæn], * New York 16. April 1930, amerikan. Jazzmusiker (Flötist, Saxophonist, Komponist). - Wurde in den 60er Jahren v. a. durch seine Verknüpfung von Jazzimprovisation mit afrikan. und später brasilian. Rythmen bekannt. Gehört zu den populärsten Vertretern seines Instruments im Jazz.

M., Klaus [Heinrich Thomas], * München 18. Nov. 1906, † Cannes 21. Mai 1949 (Selbstmord), dt.-amerikan. Schriftsteller. - Sohn von Thomas M.; 1925 Theaterkritiker in Berlin; bildete 1925 zus. mit seiner Verlobten Pamela Wedekind, seiner Schwester Erika und ihrem damaligen Mann G. Gründgens ein Theaterensemble, das u. a. auch Stücke von M. aufführte („Anja und Esther", 1925; „Revue zu Vieren", 1926). 1933 Emigration nach Amsterdam, dort (bis 1935) Mithg. der literar. Emigrantenzeitschrift „Die Sammlung"; ab 1936 als Journalist in den USA (amerikan. Staatsbürger). 1938 Beobachter im Span. Bürgerkrieg; kam als amerikan. Soldat und Kriegskorrespondent über Italien nach Deutschland. Sein zw. Dokumentation, Zeitkritik und Satire schwankendes Werk ist z. T. stark von Autobiographischem geprägt, u. a. „Symphonie pathétique" (R., 1935); der Roman „Mephisto" (1936) über eine Theaterkarriere im NS wurde in der BR Deutschland 1968 gerichtl. verboten, weil er Persönlichkeitsrechte G. Gründgens verletze, und konnte erst 1981, nach der Uraufführung einer dramatisierten Fassung in Frankr. (1979), erscheinen.
Weitere Werke: Der fromme Tanz (R., 1926), Kind dieser Zeit (Autobiogr., 1932), Flucht in den Norden (R., 1934), Der Vulkan (R., 1939), Der Wendepunkt (Autobiogr., 1942), Prüfungen. Schriften zur Literatur (hg. 1968), Briefe und Antworten 1922-49 (hg. 1975).

M., Manfred [engl. mæn], * Johannesburg 23. Okt. 1940, brit. Rockmusiker südafrikan. Herkunft (Sänger und Keyboardspieler). - Kam 1961 nach London; hatte erst in einem Jazz-Quartett, dann eine Popmusikgruppe, die zahlr. Hits einspielte; gründete 1969 eine Jazzrock-Band und 1971 schließt. die erfolgreiche Manfred Mann's Earth Band.

M., Otto, * Barmen (= Wuppertal) 30. Mai 1898, dt. Literarhistoriker. - 1949 Prof. in Heidelberg, ab 1961 in Mannheim. Veröffentlichte zahlr. Untersuchungen zur dt. Literatur der Aufklärung und Romantik und v. a. zur Literatur des 20. Jh.; bes. bekannt wurde seine „Geschichte des dt. Dramas" (1960).

M., Thomas, * Lübeck 6. Juni 1875, † Zürich 12. Aug. 1955, dt. Schriftsteller. - Einer der bedeutendsten dt. Erzähler des 20. Jh.; Bruder von Heinrich M.; seit 1894 Mitarbeiter am „Simplicissimus" in München, 1895-97 Italienaufenthalt (zus. mit seinem Bruder); seit 1905 ∞ mit Katja Pringsheim (* 1883, † 1980); emigrierte 1933, erwarb 1936 die tschechoslowak. Staatsbürgerschaft; ging dann in die Schweiz und 1939 in die USA, wurde 1944 amerikan. Staatsbürger, kehrte 1952 nach Europa zurück und lebte seit 1954 in Kilchberg (ZH). M. beschreibt in seinem Werk in kompliziert-hypotakt. und iron.-distanziertem Stil geistig-kulturelle, gesellschaftl. Entwicklungen und Situationen, wobei die Personen eine genaue realist.-psycholog. Darstellung erfahren, z. B. in seinem ersten Roman „Buddenbrooks" (1901), für den er 1929 den Nobelpreis erhielt. Zentrales Thema seiner

Thomas Mann

frühen Erzählungen und Novellen ist der Gegensatz zw. Bürger und Künstler, Leben und Geist, z. B. „Der Tod in Venedig" (Nov., 1913), „Tonio Kröger" (Nov., 1914). Seine beiden großen kulturanalyt. und -krit. Romane sind „Der Zauberberg" (1924) und „Doktor Faustus" (1947). Stoffe des AT sind in dem mytholog. Prosaepos, der R.-Tetralogie „Joseph und seine Brüder" (1933-42) verarbeitet; der stil ist der Kunstprosa angenähert, oft archaisierend. Hierzu gehört auch „Der Erwählte" (1951), eine Nacherzählung des „Gregorius" Hartmanns von Aue. M. nahm auch in zahlr. Essays zu literar., philosoph. und polit. Fragen Stellung (u. a. „Betrachtungen eines Unpolitischen", 1918), bezog jedoch im Ggs. zu seinem Bruder zunächst keinen aktiven, polit. Standpunkt; erst gegen den NS zeigte er offe-

nes Engagement: In einem offenen Brief an den Dekan der Philosoph. Fakultät der Univ. Bonn (1937), die ihm die Ehrendoktorwürde entzogen hatte, warnte er, wie später in zahlr. Rundfunkansprachen und auf Vortragsreisen vor den Machthabern des Dritten Reiches: „Achtung Europa! Aufsätze zur Zeit" (1938). Auch nach 1945 hatte M. als Mahner zur Humanität und Demokratie großen Einfluß. *Weitere Werke:* Königl. Hoheit (R., 1909), Lotte in Weimar (R., 1939), Bekenntnisse des Hochstaplers Felix Krull (Teildruck 1922, vollständige Ausgabe 1954).
📖 *Kurzke, H.: T. M. - Epoche - Werk - Wirkung. Mchn. 1985. - Vaget, H. R.: T. M: Kommentar zu sämtl. En. Mchn. 1984. - Mayer, Hans.: T. M.: Ffm. Neuaufl. 1984. - Hansen, V.: T. M. Stg. 1984. - Bürgin, H./Mayer, Hans: T. M. Eine Chronik seines Lebens. Ffm. Neuaufl. 1975.*

Mann, erwachsener Mensch männl. Geschlechts. - Die Entwicklung des männl. Organismus ist analog der des weibl.; dementsprechend bleibt die XY-Chromosomenkonstellation bei der Geschlechtsdifferenzierung über alle Zellteilungen hinweg erhalten, wodurch die Ausdifferenzierung der männl. Geschlechtsdrüsen bzw. die Bildung der männl. Keimdrüsenhormone bewirkt wird und der Embryo sich in männl. Richtung entwickelt. Aus der Geschlechtsdrüse wird der Hoden, aus der Urniere der Nebenhoden, aus dem Wolff-Gang der Samenleiter, aus dem Geschlechtshöcker der Schwellkörper des Penis, aus den Geschlechtsfalten der Harnröhrenschwellkörper des Penis und aus den Geschlechtswülsten der Hodensack. - Mit der Pubertät setzt - wiederum analog dem weibl. Organismus - durch den Einfluß von Hormonen (v. a. der Androgene), die sekundäre Differenzierung ein. Die geschlechtstyp. Merkmale des M. sind im übrigen nur in Relation zu denen der ↑ Frau zu sehen. - ↑ auch Geschlechtsunterschiede.
Soziologie: Nahezu alle Gesellschaften, bes. aber die vaterrechtl. orientierten (↑ auch Vaterrecht), kannten und kennen die Vorrangstellung des M., die sich auch in der modernen Ind.gesellschaft noch erhalten hat. Diese gesellschaftl. Vorrangstellung ist durch folgende Merkmale gekennzeichnet: 1. Der M. gilt als der Frau körperl. und geistig überlegen. Als hervorstechende männl. Eigenschaften (**Männlichkeit**) gelten u. a. Mut, Stärke, Tapferkeit, planer. Fähigkeiten, sexuelle Aktivität (insbes. Zeugungsfähigkeit); der M. denke sachbezogener und lasse sich weniger von Gefühlen leiten. Diese Vorstellungen von Männlichkeit prägen wesentl. die Sozialisation von Jungen. 2. Autorität des Mannes in Ehe und Familie. Auf Grund tradierter Rollenverteilung ist der M. für die materielle Versorgung der Familie zuständig; er konzentriert sich deshalb i. d. R. auf seine berufl. Karriere außerhalb des Hauses; die Hausarbeit wird von Frau und Kindern erledigt, die den M. und Vater bedienen, der bei Konflikten in der Familie eingreift und Entscheidungen trifft. 3. Fast alle wichtigen Positionen in Wirtschaft, Politik und Kultur werden von Männern besetzt. Aus Rücksicht auf ihre Funktion als Ernährer der Familie werden die Männer, wenn sie im Berufsleben mit Frauen um wichtige Positionen konkurrieren, bevorzugt oder bei gleichwertiger Arbeit oft besser entlohnt als Frauen. In der berufl. Konkurrenz kommt dem M. seine geschlechtsspezif. Sozialisation zugute, in der Härte, Durchsetzungsvermögen und ständige Aktivität als Werte gelten.
Bei *Naturvölkern* dokumentiert sich die Vorrangstellung des M. u. a. im Zusammenschluß der Männer zu **Männerbünden,** deren Gemeinschaftsleben in bes. **Männerhäusern,** zu denen Frauen i. d. R. keinen Zutritt haben, stattfindet. Die Männerbünde verfügen meist über ein streng gehütetes Geheimwissen, das den jungen Männern im Verlauf von Mannbarkeitsriten übermittelt wird. Neben ihrer sozialen Aufgabe, die jungen Männer in die Gesellschaft einzufügen, haben die Männerbünde auch kult. Funktionen. - Auch im *religiösen* Bereich sind in vaterrechtl. ausgerichteten Gesellschaften bestimmte Funktionen dem M. überlassen: Der Haus- und Familienvater war im alten Indien zugleich Priester; nur dem M. sind Königtum, Priestertum oder die Stellung eines Medizinmannes bzw. eines Schamanen vorbehalten. Das Mönchtum, mit dem Keuschheitsopfer verbunden, war schon in seinen Anfängen frauenfeindl.; nur zögernd und später wurden Frauenorden zugelassen, selbst alle sog. höheren Religionen (Judentum, Christentum, Islam) haben dem M. Vorrechte eingeräumt. Die geschlechtsspezif. Vorrangstellung des M. wird jedoch durch klassen- bzw. schichtspezif. Herrschaft durchbrochen; d. h. sie gilt nur auf einer sozialen Stufe; die Frau einer höheren Schicht hat Vorrang vor einem Mann einer niedrigeren Schicht.
Die gesellschaftliche Vorrangstellung des M. bringt ihm aber auch *Nachteile:* Seine *Lebenserwartung* ist niedriger als die der Frau. Obwohl in der BR Deutschland auf 100 Geburten 105 männl. Geburten (Jahresdurchschnitt 1967-76) entfallen, ist in der BR Deutschland - wie v. a. in sämtl. westeurop. Ländern und den USA nachgewiesen - ein Frauenüberschuß festzustellen; so entfielen 1976 auf 100 Frauen 91 Männer. 1920 lag die Lebenserwartung der Frau um 1 Jahr, 1979 um 8 Jahre höher als die des Mannes. Daß diese unterschiedl. Lebenserwartung abhängig von der geschlechtsspezif. Rollenverteilung ist, zeigt die Tatsache, daß die Lebenserwartung berufstätiger Hausfrauen wiederum unter der des M. liegt. Die moderne Psychologie weist zudem darauf hin, daß der

M. durch die Fixierung auf als männl. geltende Verhaltensmuster *emotional* verkümmert. Gefühl wird ersetzt durch grenzenlose Aktivität, Erfolg, sozialen Status und Imponiergehabe.

In den Ind.gesellschaften ist jedoch seit Beginn der Industrialisierung ein allmähl., stetig fortschreitender *Abbau* männl. Dominierens zu beobachten, der durch Autoritätsverfall des M. in der Familie, durch gesellschaftl. Funktionsverluste der Familie und damit einhergehende Tendenz zur Gleichberechtigung der Geschlechter, durch ansteigende Frauenanteile bei der Besetzung höherer Positionen im Beruf und im öffentl. Leben und durch zunehmende weibl. Berufstätigkeit geprägt ist. Parallel dazu vollzieht sich der Bedeutungsverlust geschlechtsspezif. Erziehungsunterschiede.

⌀ *Dierichs, H./Mitscherlich, M.: Männer. Ffm. ⁵1986. - Kloehn, E.: Typ. weibl.? Typ. männl.? - Rbk. ²1982. Familiensoziologie. Hg. v. D. Claessens u. P. Millhoffer. Ffm. ⁵1980. - Leigh, W.: Was macht einen Mann gut im Bett? Dt. Übers. Mchn. 1979. - Ruebsaat, H. J./Hull, R.: Die Wechseljahre des M. Dt. Übers. Bln 1979. - Geschlechtstyp. Verhalten. Hg. v. A. Degenhardt u. H. M. Trautner Mchn. 1979. - Keller, H.: Männlichkeit - Weiblichkeit. Darmst. 1978. - Pross, H.: Die Männer Rbk. 1978. - Lindig, F.: Geheimbünde u. Männerbünde der Prärie- u. der Waldlandindianer Nordamerikas. Wsb. 1970. - Kinsey, A.: u. a.: Das sexuelle Verhalten des M. Dt. Übers. Bln. u. Ffm. ²1970.*

Manna [hebr.], (Man) nach dem Bericht über den Auszug Israels aus Ägypten (2. Mos. 16) wunderbar vom Himmel gefallene Nahrung, wohl ident. mit dem Honigtau der ↑Mannaschildlaus.
◆ zuckerhaltiger, leicht eintrocknender Saft der Mannaesche.
◆ honigartige Ausscheidung der Blätter des Steppen- und Wüstenstrauches Alhagi maurorum.
◆ vom Wind angewehte Thallusteile der ↑Mannaflechte.
◆ die eßbaren Früchte der Röhrenkassie.

Mannaesche ↑Esche.

Mannaflechte (Lecanora esculenta), eßbare Bodenflechte der Steppen und Wüstensteppen N-Afrikas und des Vorderen Orients.

Mannane [hebr.], v. a. in Pflanzensamen vorkommende, zu den Hemizellulosen gehörende Polysaccharide, die aus D-Mannose-Molekülen aufgebaut sind.

Mannar, Golf von [engl. məˈnɑː], Bucht des Ind. Ozeans zw. Indien und Ceylon.

Mannaschildlaus (Trabutina mannipara), auf Tamarisken lebende Schildlaus, deren unter dem Wüstenklima eingedickter Honigtau als Manna gesammelt wird.

Manne, Shelly [engl. mæn], eigtl. Sheldon M, * New York 11. Juni 1920, † Los Angeles 26. Sept. 1984, amerikan. Jazzmusiker (Schlagzeuger, Komponist). - Wurde in den 50er Jahren als einer der Initiatoren des West-Coast-Jazz bekannt; schrieb zahlr. Kompositionen für Film und Fernsehen.

Manneken-Pis [pɪs], in der Nähe der Grand'Place in Brüssel aufgestellte Brunnenfigur eines sein Wasser lassenden Bübchens, ausgeführt nach einer verlorenen Statuette von H. Duquesnoy d. Ä. (1617); wird bei bes. Gelegenheiten festl. uniformiert.

Mannequin [manəˈkɛ̃; ˈmanəkɛ̃; frz., eigtl. „Modellpuppe" (zu niederl. mannekijn „Männchen")], Frau, die Modekollektionen, Modellkleider usw. vorführt. Die männl. Entsprechung ist **Dressman.**

Männerbund, Zusammenschluß der erwachsenen Männer eines Stammes oder einer Siedlung bei Naturvölkern. Dient der Pflege von überlieferten Sitten, hat aber auch militär., polizeil. und religiöse Funktionen.

Männerhaus, Bez. für ein als Junggesellen-, Versammlungs-, Zeremonialhaus bei Naturvölkern weltweit verbreitetes Gebäude, das als soziales und kulturelles Zentrum der Männer dient und sich durch eine bes. Bauweise und Ausstattung auszeichnet.

Mannerheim, Carl Gustaf Emil Freiherr von [schwed. ˈmanərhɛjm], * Villnäs bei Turku 4. Juni 1867, † Lausanne 27. Jan. 1951, finn. Marschall (seit 1933) und Politiker. - Führte 1917/18 im finn. Unabhängigkeitskampf erfolgreich die „weißen" Truppen gegen die finn. Rote Armee; erreichte als Reichsverweser 1918/19 die internat. Anerkennung der finn. Unabhängigkeit; im Finn.-Sowjet. Winterkrieg und im 2. Weltkrieg Oberbefehlshaber der finn. Streitkräfte; mußte als Staatspräs. 1944 mit der Sowjetunion einen Waffenstillstand schließen.

Männerkindbett, svw. ↑Couvade.

Männertreu, volkstüml. Bez. für Pflanzen mit leicht abfallenden Blüten (Ehrenpreis u. a.) oder distelartigem Aussehen (Mannstreu).

Mannesmann, Reinhard, * Remscheid 13. Mai 1856, † ebd. 20. Febr. 1922, dt. Techniker und Industrieller. - Entwickelte zus. mit seinem Bruder *Max M.* (* 1857, † 1915) ab 1884 die Schrägwalzung sowie die Pilgerschrittwalzung zur Herstellung nahtloser Rohre *(M.verfahren).*

Mannesmann AG, dt. Ind.- und Handelsunternehmen, Sitz Düsseldorf, gegr. 1890 in Berlin von R. Mannesmann und seinen vier Brüdern als Dt.-Östr. Mannesmannröhren-Werke durch Fusion mehrerer Vorläuferunternehmen, 1893 Sitzverlegung nach Düsseldorf. Gliederung des Konzerns: Hütten- und Röhrenwerke, Maschinen- und Anlagebau, Chemie und Kunststoffverarbeitung, Handel.

Mannfall ↑Lehnswesen.

Mannheim, Karl, * Budapest 27. März 1893, † London 9. Jan. 1947, brit. Soziologe

Mannheimer Schule

östr. Herkunft. - Schüler M. Webers, emigrierte 1933 nach Großbrit.; Prof. in London. Seine Konzeption des „totalen Ideologiebegriffs", d. h. der generellen „Seinsverbundenheit des Denkens", und seine Vorstellung von einer „geplanten Freiheit" der Gesellschaft durch rational handelnde Eliten waren wichtige Beiträge in der Auseinandersetzung mit dem Marxismus und dem Totalitarismus. - *Werke:* Ideologie und Utopie (1929), Freiheit und geplante Demokratie (hg. 1950), Wissenssoziologie (hg. 1964).

M., Lucie, * Berlin 30. April 1899, † Braunlage 18. Juli 1976, dt. Schauspielerin. - Spielte 1918–33 und 1949–58 v. a. an Berliner Bühnen, v. a. volkstüml. humorvolle Rollen, u. a. als „Göttl. Jette" unter J. Fehling.

Mannheim, Stadt und Stadtkreis an der Mündung des Neckars in den Rhein, Bad.-Württ., 90–112 m ü. d. M., 295 200 E. Univ. (seit 1967), Hochschule für Musik Heidelberg-M., Fachhochschulen für Technik, Sozialwesen, Arbeitsverwaltung, Gestaltung und Bundeswehrverwaltung, Medizin. Fakultät der Univ. Heidelberg, Berufsakad., Inst. für dt. Sprache, psychiatr. Forschungsinstitut; Verwaltungsgerichtshof Bad.-Württ., Nationaltheater (seit 1778), Städt. Reiß-Museum (regionalgeschichtl. und völkerkundl. Sammlungen), Kunsthalle. Wichtigste Ind.zweige sind: Maschinen-, Omnibus-, Landmaschinen- und Motorenbau, elektrotechn., feinmechan., chem., Arzneimittel-, Zellstoff- u. a. Ind., Erdölraffinerie, Verlage; Großkraftwerk; bed. Binnenhafen, Regionalmesse. Eine Besonderheit ist die barocke Stadtanlage mit Schachbrettgrundriß (143 Quadrate; keine Straßennamen, sondern Buchstaben und Ziffern).

Geschichte: 766 erstmals als **Mannenheim** erwähnt (heutige Namensform seit 1262); zunächst Fischer- und Bauerndorf. Bei der um 1275 erbauten pfälz. Zollfeste Rheinhausen und der Zollburg Eichelsheim (1622 zerstört) wurden seit Mitte des 13. Jh. Rhein- und Neckarzölle erhoben. 1606 legte Kurfürst Friedrich IV. von der Pfalz an der Neckarmündung die Feste Friedrichsburg und die befestigte Stadt M. an. 1607 erhielt M. Stadtrecht. 1720 verlegte Kurfürst Karl Philipp seine Residenz von Heidelberg nach M., das 1622 im Dreißigjährigen Krieg und 1689 durch die Franzosen zerstört wurde. Unter Kurfürst Karl Theodor wurde die Residenz 1778 nach München verlegt. Nach Schleifung der Befestigungen (1799–1801) und erneuter Zerstörung kam M. 1802 an Baden.

Bauten: Wiederhergestellt wurden nach dem 2. Weltkrieg das weitläufige barocke, ehem. kurpfälz. Schloß (1720–60, u. a. von A. Galli da Bibiena und N. de Pigage; jetzt v. a. Univ.), die ehem. Jesuitenkirche (1733/38–60, von A. Galli da Bibiena, die Gruppe der Unteren Pfarrkirche und des Alten Rathauses (1701–23), das ehem. Palais Bretzenheim (1782–88) und das ehem. Zeughaus (1777–79; heute Reiß-Museum), beide von P. A. Verschaffelt. Die Jugendstilanlage des Friedrichsplatzes am Wasserturm (1885/86, von G. Halmhuber) von B. Schmitz ist mit Rosengarten (1899–1903, wiederhergestellt, 1969–74 Erweiterungsbau), Arkadenhäusern (1899–1901), der Springbrunnenanlage (1901–02) sowie Kunsthalle (1907, von H. Billing) weitgehend erhalten geblieben. Neuere Bauten: Nationaltheater (1957), von C. Mutschler Ev. Gemeindezentrum Pfingstberg (1960–63) und Multihalle (1975, mit F. Otto).

📖 *Die Kunstdenkmäler des Stadtkreises M. Bearb. v. H. Huth u. a. Mchn. u. Bln. 1982. - Festschr. zum 43. Dt. Geographentag, Mannheim 1981. Mhm. 1981. - Gesch. M.s ... Hg. v. F. Walter. Mhm. 1907. 3 Bde. Nachdr. Ffm. 1977–78. 2 Bde.*

Mannheimer Schule, Bez. für die am Hof des pfälz. Kurfürsten Karl Theodor wir-

Mannheim. Friedrichsplatz mit Springbrunnenanlage

Mannheimer Schulsystem

kende Musiker- und Komponistengruppe, die in enger Verbindung mit der ↑Wiener Schule entscheidende Elemente zur Ausbildung des Wiener klass. Instrumentalstils beitrug. Ihre wichtigsten Vertreter waren J., C. und A. Stamitz, I. Holzbauer, F. X. Richter, A. Filtz, C. G. Toeschi, C. Cannabich, Abbé Vogler, F. Danzi. Bei der Übersiedlung des Kurfürsten nach München (1778) zog der größte Teil der Kapelle mit. Zu den wesentl. Errungenschaften der M. S. gehörte u. a. die definitive Abkehr von der früheren Vorherrschaft des Generalbasses zugunsten der melodieführenden Stimmen.

Mannheimer Schulsystem, von dem Stadtschulrat J. A. Sickinger (*1885, †1930) seit 1901 geschaffenes differenziertes Volksschulsystem. Neben dem achtstufigen Hauptklassensystem wurden ab Klasse 2 ein siebenstufiges Förderklassen- (z. B. für Sprachbehinderte) sowie ein vierstufiges Hilfsklassensystem und eine Anstalt für nur prakt. bildbare Kinder eingerichtet. Für geeignete Schüler wurden Vorbereitungskurse (3. und 4. Klasse) für höhere Schulen und fremdsprachiger Unterricht (6.–8. Klasse) angeboten. Von den Nationalsozialisten aufgehoben.

Mannhund ↑Halbenhund.

Manning, Henry Edward [engl. 'mænɪŋ], *Totteridge (Hertfordshire) 15. Juli 1808, †London 14. Jan. 1892, engl. kath. Theologe und Kardinal (seit 1875). - Zunächst anglikan. Geistlicher: konvertierte 1851 unter dem Einfluß von J. H. Newman und der Oxfordbewegung zum Katholizismus; 1865 Erzbischof von London. Vorkämpfer für die Dogmatisierung der Unfehlbarkeit des Papstes auf dem 1. Vatikan. Konzil.

Mannit [hebr.], in Pflanzensäften (bes. in der Mannaesche) vorkommender, süß schmeckender, kristalliner, sechswertiger Alkohol, der techn. u. a. zur Herstellung von Alkydharzen dient.

männliche Blüten, svw. ↑Staubblüten.

Mannlicher, Ferdinand Ritter von, *Mainz 30. Jan. 1848, †Wien 20. Jan. 1904, östr. Ingenieur. - Konstruierte u. a. das nach ihm ben. Repetiergewehr mit Geradezugverschluß, ab 1886 im östr.-ungar. Heer eingeführt.

männlicher Reim, einsilbiger, auf eine Hebung endender Reim: Tanz–Kranz. - Ggs. weibl. Reim.

männliches Glied ↑Penis.

Männlichkeit ↑Mann.

Mannose [hebr.], der Glucose stereoisomeres Monosaccharid, das als Baustein der ↑Mannane auftritt. Strukturformel:

Mannsschild (Androsace), Gatt. der Primelgewächse mit rd. 100 Arten in Eurasien und im westl. N-Amerika; meist rasen- oder polsterbildende Gebirgskräuter mit rosettenbildenden Blättern und weißen oder roten Blüten. Auf feuchtem, kalkarmem Feinschutt der Z-Alpen bis 4 200 m Höhe wächst der **Alpenmannsschild** (Androsace alpina); 5 cm hoch, mit rosaroten bis weißen Blüten mit gelbem Schlund. In Felsspalten der Kalkalpen kommt der 2–5 cm hohe **Schweizer Mannsschild** (Androsace helvetica) vor; dicht graufilzig behaart, mit keulenförmigen, dicht dachziegelartig beblätterten Ästen; Blüten weiß, in den Blattachseln. Weiße Blüten in doldenartigen Blütenständen hat der **Milchweiße Mannsschild** (Androsace lactea).

Mannstollheit, svw. ↑Nymphomanie.

Mannstreu (Edeldistel, Eryngium), Gatt. der Doldenblütler mit über 200 weltweit verbreiteten Arten; Kräuter, mit dornig-gezähnten, gelappten oder zerschlitzten, meist gräul. oder blaugrünen Blättern; u. a. ↑Alpenmannstreu; **Stranddistel** (Seemannstreu, Eryngium maritinum); 15–50 cm hoch, blaugrün, weißl. bereift; Blüten blau; auf Strandhaferdünen. Eine beliebte Gartenzierpflanze ist die **Elfenbeindistel** (Eryngium giganteum); bis 1 m hoch, weißlich grün; Blüten graugrün. M. symbolisierte im Volksglauben Treue und Heimweh (abgebildet in diesem Sinn z. B. auf A. Dürers Selbstbildnis von 1493).

Manntau, Tauwerk mit Knoten in regelmäßigen Abständen an Rettungsbootsdavits; dient als Sicherheitsleine beim Aussetzen des Bootes bzw. als Notleiter.

Manometer [zu griech. manós „dünn, locker"] (Druckmesser), Gerät zur Messung des Druckes in Flüssigkeiten und Gasen. M. messen stets einen Differenzdruck, meist den Über- oder Unterdruck gegenüber dem Atmosphärendruck; Anzeige heute meist in Bar (bar). Beim *Flüssigkeits-M.* wirken die unterschiedl. Drücke an zwei voneinander getrennten Stellen auf die Oberfläche einer zusammenhängenden Flüssigkeit ein. Der anliegende Differenzdruck bewirkt einen verschiedenen hohen Stand der Flüssigkeitssäulen. Der wesentl. Bestandteil von *Deformations-M.* ist eine elast. Feder, die sich proportional der einwirkenden Kraft verformt; die relativ geringe Verformung wird durch geeignete mechan. oder elektr. Einrichtungen vielfach verstärkt angezeigt. - Zur Messung sehr schnell veränderl. Drücke dient der *Quarzdruckgeber,* bei dem der piezoelektr. Effekt ausgenutzt wird. Der Quarz wird als Dielektrikum in einem Kondensator angebracht und mit einer Kraft, die proportional dem zu messenden Druck ist, belastet; die Spannung am Kondensator ist dann proportional dem Druck. - Abb. S. 20.

Manöver [frz., zu lat. manu operare „mit der Hand bewerkstelligen"], *(militär.)* zwei-

seitige Truppenübungen, höchste Form der Gefechtsausbildung unter annähernd gefechtsnahen Bedingungen.
♦ einem speziellen Zweck dienende Bewegungsänderung eines Schiffes (z. B. Ausweich-M.), eines Luft- oder Raumfahrzeugs (z. B. Kopplungsmanöver).
♦ seemänn. Bez. für eine bestimmte Tätigkeit an Bord, die einen eingeübten Arbeitsablauf erfordert (z. B. Anker-M., Segelmanöver).
♦ übertragen: Ablenkungs-, Täuschungsversuch, Scheinmaßnahme.

Manöverschäden, Schäden, die an Grundstücken, baul. Anlagen, Straßen usw. durch Manöver verursacht werden (vgl. § 77 BundesleistungsG). Im Falle von Zerstörungen ist der gemeine Wert, bei Beschädigungen sind die Kosten der Wiederherstellung zu ersetzen. Bei land- und forstwirtschaftl. Grundstücken ist außerdem die Ertragsminderung, bei allen Grundstücken ein etwaiger Nutzungsausfall zu entschädigen. Für M. verbündeter Streitkräfte gelten dieselben Regelungen auf Grund von Sondervorschriften (NATO-Truppenstatut u. a.).

manque [mã:k; lat.-frz.], die Zahlen 1–18 betreffend (beim Roulett).

Manresa, span. Stadt 45 km nö. von Barcelona, 67 000 E. Einer der wichtigsten Ind.standorte Kataloniens. - Röm. Steinbrücke; spätgot. Kollegiatskirche (14.–16. Jh.); Kirche San Ignacio (17. Jh.).

Mans, Le [frz. lə'mã], frz. Stadt am Zusammenfluß von Sarthe und Huisne, 147 700 E. Verwaltungssitz des Dep. Sarthe; kath. Bischofssitz, Univ.; archäolog., städt. und Automuseum; Autorennstrecke. Fahrzeugbau, Metallverarbeitung; - Das kelt. **Suindunum** war Hauptstadt der Cenomanen, von den Römern daher *Cenomanum* gen.; seit dem 4. oder 5. Jh. Bischofssitz, Stadtrecht im 12. Jh. Hauptstadt der Gft. Maine; wurde im 17. Jh. Prov.-, 1790 Dep.hauptstadt. - Die galloröm. Stadtbefestigung (3. und 4. Jh.) ist weitgehend erhalten; roman. Kathedrale (11.–12. Jh.) mit got. Chor; roman. sind die ehem. Abteikirchen Notre-Dame-du-Pré (11. Jh.), und Notre-Dame-de-la-Couture (11.–13. Jh.); zahlr. Renaissancehäuser.

Mansarde [frz.; nach J. Hardouin Mansart], urspr. svw. Mansarddach, heute für Wohnzwecke ausgebautes Dachgeschoß.
♦ in der Textildruckerei verwendete, mit Heißluft beheizte Vorrichtung zum Trocknen bedruckter Gewebe.

Mansart [frz. mã'sa:r], François, * Paris 23. Jan. 1598, † ebd. 23. Sept. 1666, frz. Baumeister. - Neben Le Vau Schöpfer der klass. frz. Barockarchitektur. - *Werke:* Orléansflügel (oder Gaston-Trakt) von Schloß Blois (1635–38), Schloß Maisons-Laffitte (1642–51). Die Hôtels in Paris sind zerstört oder umgebaut, u. a. Hôtel Mazarin (1643–45; heute Bibliothèque Nationale).

M., Jules Hardouin, eigtl. J. Hardouin, * Paris 16. April 1646, † Marly 11. Mai 1708, frz. Baumeister. - Großneffe und Schüler von François M., dessen Namen er 1668 annahm. Übernahm 1678 die Bauleitung in Versailles als Nachfolger von Le Vau. Hauptvertreter des klass. frz. Hochbarock; elegante, fein abgewogene Proportionen zeichnen sein Werk aus. - *Werke:* In Versailles: Spiegelgalerie (1676), Südflügel (1678–81), Nordflügel (1684–89), Grand Trianon (1687/88), Hofkapelle (1689 bzw. 1699 ff.); in Paris: Invalidendom (1677 ff.), Place Vendôme (1699 ff.).

Manschetten [zu lat.-frz. manchette, eigtl. „Ärmelchen"], aus festem Stoff gearbeiteter Ärmelabschluß an Herrenhemd oder Hemdbluse. Im 17. und 18. Jh. lang überfallende **Spitzenmanschetten. Manschettenknöpfe** seit dem 19. Jh. (Herrenmode).

Manschettendichtung (Stulpdichtung), an Gleitflächen zur Abdichtung gegen Flüssigkeiten verwendetes Maschinenteil, dessen aus Leder, Gummi, Kunststoff oder gummierten Geweben hergestelltes [ringförmiges] Dichtelement *(Manschette)* selbsttätig unter Ausnutzung des an der Dichtstelle auftretenden Drucks abdichtet.

Mansen, Volksstamm am unteren Ob, UdSSR, leben v. a. im westl. Teil des Nat. Kreises der Chanten und M.; sprechen Wogulisch, eine finnisch-ugr. Sprache.

Mansfeld, um 1060 erstmals erwähntes Grafengeschlecht, das im Besitz der Gft. M. am Ostrand des Harzes war. Nach dem Erlöschen des Geschlechts im Mannesstamm 1229 kam die Gft. durch Heirat an die Herren von Querfurt. 1780 fiel die Gft. an Kursachsen und Preußen, die böhm. Allodialgüter an die Fürsten von Colloredo. - Bed. Vertreter:
M., Ernst II., Graf von, * Luxemburg 1580, † Rakovica bei Sarajevo 29. Nov. 1626, dt. Heerführer. - Kämpfte 1618 im Dienst des Hzg. Karl Emanuel I. von Savoyen auf seiten der Aufständischen in Böhmen; behauptete sich 1621 in der Oberpfalz und errang Erfolge gegen die Spanier in der Pfalz. Trat 1622 in die Dienste der Generalstaaten und eroberte mit Moritz von Oranien Ostfriesland. Beim Versuch, in die habsburg. Erblande einzudringen, wurde M. von Wallenstein an der Dessauer Brücke besiegt.

Mansfeld, Michael, eigtl. Eckart Heinze, * Lissa (= Leszno) 4. Febr. 1922, † Rosenheim 26. Mai 1979, dt. Schriftsteller und Drehbuchautor. - Seit 1949 Journalist; bekannt als zeitkrit. Romancier und Dramatiker, u. a. „Sei keinem untertan" (autobiograph. R., 1957), „Einer von uns" (Dr., 1960), „Bonn - Koblenzer Straße" (R., 1967). Auch zahlr. (dokumentar.) Fernsehspiele, u. a. „Max Hölz" (1972), „Preußens Justitia" (1975).

Mansfeld, Stadt im östl. Harzvorland, Bez. Halle, DDR, 240 m ü. d. M., 5 300 E. Baustoffind., Kleiderfabrik. - Bei der 973 erstmals

Mansfelder Kupferschiefer

gen. Rodungssiedlung M. entstand um 1075 die Burg der Grafen von M.; 1409 als Stadt bezeugt. - Spätgot. Schloßkirche (um 1400), spätgot. Stadtkirche (15. Jh.).

Mansfelder Kupferschiefer, schwarzer Tonstein mit feinverteiltem Kupfer, Blei, Zink; früher v. a. bei Mansfeld abgebaut.

Mansfield [engl. 'mænsfi:ld], Katherine, eigtl. Kathleen M.-Beauchamp, * Wellington (Neuseeland) 14. Okt. 1888, † Fontainebleau 9. Jan. 1923, engl. Schriftstellerin. - Heiratete in 2. Ehe 1918 den Literaturkritiker J. Middleton Murry; befreundet mit D. H. Lawrence und A. Huxley; lebte wegen einer Lungenkrankheit überwiegend in Sanatorien. Meisterin der Kurzgeschichte sowie der sensiblen Darstellung von Stimmungen und scheinbar bedeutungslosen Situationen des Alltagslebens, u. a. „Das Gartenfest" (1922).

M., Michael J[oseph], * New York 16. März 1903, amerikan. Politiker. - 1933–42 Prof. für Geschichte an der Staatsuniv. von Montana; 1943–52 Mgl. des Repräsentantenhauses (Demokrat. Partei), 1953–76 Senator für Montana, 1961–76 Führer der demokrat. Mehrheit im Senat; trat häufig mit unorthodoxen Vorschlägen zur Außenpolitik (v. a. in der Berlinfrage) hervor; seit 1977 Botschafter der USA in Tokio.

Mansfield [engl. 'mænsfi:ld], engl. Bergbau- und Ind.stadt im Mauntal, Gft. Nottingham, 58 900 E. Die Ind. entwickelte sich auf Grund der hier abgebauten Kohle; heute ist die Metallverarbeitung der wichtigste Ind.zweig.

Mansholt-Plan [nach dem damaligen Vizepräs. der EWG-Kommission S. L. Mansholt, * 1908] † Europäische Wirtschaftsgemeinschaft.

Mansi, Giovanni Domenico, * Lucca 16. Febr. 1692, † ebd. 27. Sept. 1769, italien. kath. Theologe. - Prof. in Neapel, ab 1764 Erzbischof von Lucca, wo er eine Akad. für Kirchengeschichte gründete. Sein Hauptwerk, eine 31bändige Sammlung von Konzilsakten bis zum Konzil von Florenz (erschienen 1759–98), wurde 1899–1927 bis zum 1. Vatikan. Konzil geführt (55 Bde.).

Manstein, Erich von, eigtl. E. von Lewinski, * Berlin 24. Nov. 1887, † Irschenhausen (= Icking bei Wolfratshausen) 9. Juni 1973, dt. Generalfeldmarschall (seit 1942). - Stabschef der Heeresgruppe Rundstedt 1938–40; eroberte im Rußlandfeldzug als Oberbefehlshaber der 11. Armee die Krim und Sewastopol, scheiterte aber beim Entsatz von Stalingrad; 1944 wegen Kritik an der Wehrmachtführung entlassen; 1949 von einem brit. Militärgericht zu 18 Jahren Gefängnis verurteilt, 1953 entlassen.

Mansur, Al [arab. „dem Gott zum Sieg verholfen hat"] (Almansor), Ehrenname mehrerer arab. Herrscher:

M., Al, Abu Dschafar Abd Allah, * 712, † Bir Maimun bei Mekka 7. Okt. 775, Kalif (seit 754). - Setzte die Herrschaft der Abbasiden endgültig durch, gründete in Bagdad die neue Reichsresidenz und leitete das Aufblühen der arab.-islam. Kultur und Wiss. ein.

M., Al, Muhammad Ibn Abi Amir, * 939, † Medinaceli (Prov. Soria) 10. Aug. 1002, Beherrscher des Omaijadenreiches von Córdoba. - Regent des Kalifen Hischam II., den er völlig entmachtete. Erbaute die Residenz Al Madina As Sahira von Córdoba; begründete die Dyn. der Amiriden.

Manteau [mã'to:; lat.-frz.], Obergewand der Hoftracht der Dame im 17./18. Jh., dessen Rock vorn geteilt und zur Seite gerafft war und hinten in einer Schleppe auslief.

Andrea Mantegna, Sacra conversazione (um 1500). London, National Gallery

Manometer. Flüssigkeitsmanometer:
1 U-Rohr-Manometer, 2 Gefäßmanometer; Deformationsmanometer;
3 Plattenfedermanometer

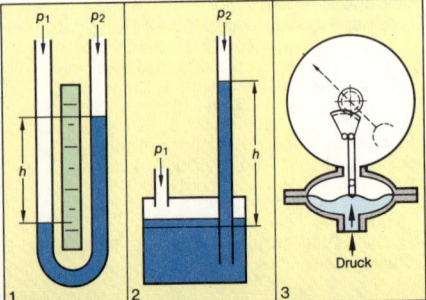

Mantegna, Andrea [italien. man'tɛɲɲa], * Isola di Carturo (Prov. Padua) 1431, † Mantua 13. Sept. 1506, italien. Maler und Kupferstecher. - Wurde - seit 1441 Schüler von F. Squarcione in Padua - unter dem Einfluß der dort nach 1444 tätigen Florentiner Künstler Uccello und Donatello frühzeitig mit den Errungenschaften der Renaissance vertraut und gelangte durch das Studium der Antike zu ausgeprägtem Körper- und Raumgefühl. Er entwickelte einen u. a. auch für Dürer wegweisenden Stil, in dem sich bei lebendiger, aber ausgewogener Farbigkeit und kühner, bis zum Illusionismus geführter Perspektive (Untersicht) die kraftvolle Sprödigkeit der äußerst plast. Figuren oft mit lyr. Momenten der landschaftl. Stimmung verbindet. Seit 1460 war er im Dienste der Markgrafen Gonzaga in Mantua tätig, wo er wohl 1471–74 die berühmten Fresken der Camera degli Sposi im Palazzo Ducale schuf. - *Weitere Werke:* Fresken in der Eremitenkirche in Padua (um 1448–1456), Der tote Christus (Mailand, Pinacoteca di Brera).

Mantel [zu lat. mantellum „Hülle, Decke"], schützendes Übergewand mit Ärmeln, das im 18. Jh. in der Herrenmode als weiter **Surtout** mit großem Kragen und als ↑Redingote zuerst auftrat. Anfang des 19. Jh. kam der **Carrick** (mit mehreren Kragen) auf sowie der Pelzmantel, um die Jh.mitte der sog. **Tweed,** ein wenig taillierter M. mit kurzen Revers, der ↑Havelock wurde 1860 kreiert. ↑Paletot, ↑Ulster und ↑Raglan werden noch heute getragen. Seit 1870 gibt es auch Damenmäntel. Eine neue M.form des 20. Jh. ist der ↑Trenchcoat.
◆ im Journalismus der allg., bei verschiedenen Ausgaben einer Zeitung gleichlautende Teil (v. a. Politik, Wirtschaft, Feuilleton), zu dem der jeweilige Lokalteil hinzukommt.
◆ in der *Technik* Bez. für eine Umhüllung (Ummantelung) von Kabeln, Leitungen, Rohren, Behältern u. a., die vor Beschädigungen schützt und/oder Isolationsaufgaben erfüllt.
◆ ↑Effekten.
◆ (Gesellschaft-M.) im Wirtschaftsleben übl. Bez. für die Gesamtheit der Anteilsrechte (Aktien, Kuxe, GmbH-Anteile) an einer Kapitalgesellschaft, die ohne den Geschäftsbetrieb gekauft und verkauft werden können. Durch den Kauf eines M. kann die Gründung einer neuen Gesellschaft vermieden und die alte Firma weitergeführt werden.
◆ (M.fläche) in der *Mathematik* svw. ↑abwickelbare Fläche; speziell Bez. für den gekrümmten Teil der Oberfläche eines Kegels oder eines Zylinders.
◆ (Erd-M.) Bez. für die Kugelschale der Erde zw. Erdkern und Erdkruste.
◆ (Pallium) bei Weichtieren Hautduplikatur, die die Schale bildet. Zwischen Fuß und M. liegt die *M.höhle,* in der die Kiemen (bei Wassertieren) bzw. ein Blutgefäßnetz (bei Landlungenschnecken) und die Ausführgänge für Darm, Nieren und Geschlechtsorgane liegen.
◆ (Tunica) ↑Manteltiere.

Mantelgeschoß, aus einem Bleikern und einer Umhüllung (Mantel) aus wesentl. härterem Metall (Kupferlegierungen, plattierter Flußstahl) bestehendes Vollgeschoß (↑Munition) für hand- und Faustfeuerwaffen; man unterscheidet insbes. das **Ganz-** oder **Vollmantelgeschoß** und das **Halb-** oder **Teilmantelgeschoß** (auch als Bleispitzgeschoß bezeichnet).

Mantelhöhle ↑Mantel (bei Weichtieren).
Mantelluftschraube ↑Luftschraube.
Mantelpavian ↑Paviane.
Manteltarifvertrag ↑Tarifvertrag.
Manteltiere (Tunikaten, Tunicata, Urochordata), weltweit verbreiteter Unterstamm der Chordatiere mit rd. 2 000 ausschließl. marinen, freischwimmenden oder festsitzenden Arten; Körper von einem manchmal lebhaft buntem *Mantel (Tunica)* aus zelluloseähnl.

Manteltiere.
Bauplan einer Seescheidenlarve (1) sowie einer festsitzenden erwachsenen Seescheide mit Knospe (2)

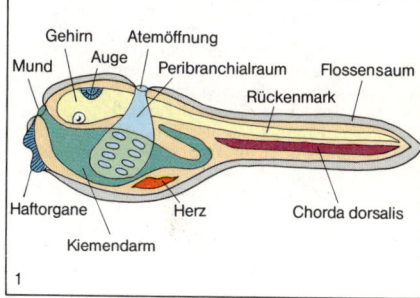

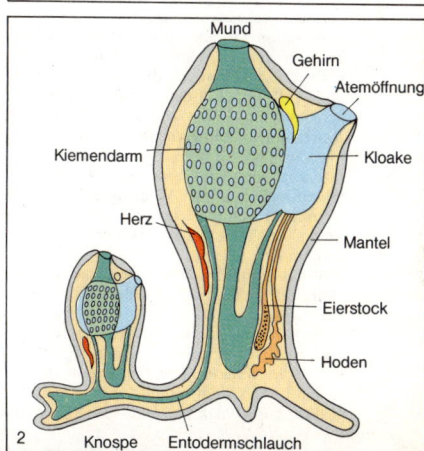

Mantes-la-Jolie

Substanz umgeben. - Sie haben eine Ein- und Ausströmöffnung, für das Atemwasser und die Planktonnahrung. - Einmalig im Tierreich wird bei den M. die Pumprichtung des Herzens in regelmäßigen Abständen umgekehrt. Die M. sind Zwitter, z. T. mit Generationswechsel (bei Salpen). Die kaulquappenartigen Larven haben eine Chorda dorsalis im Schwanz. Die M. umfassen die Klassen ↑Appendikularien, ↑Seescheiden und ↑Salpen.

Mantes-la-Jolie [frz. mɑ̃tlaʒɔ'li], frz. Stadt an der Seine, Dep. Yvelines, 43 600 E. Metallverarbeitende u. a. Ind. - 1944 stark zerstört; got. Kirche Notre-Dame (im 14. Jh. vollendet), spätgot. Maclouturm (15./16. Jh.).

Manteuffel, Edwin Frhr. von, * Dresden 24. Febr. 1809, † Karlsbad 17. Juni 1885, preuß. Generalfeldmarschall (seit 1873). - Seit 1848 Mgl. der „Kamarilla" um König Friedrich Wilhelm IV. von Preußen; maßgebl. an der antiliberalen Heeresreform beteiligt, trat für einen dynast. Staatsstreich ein. Zuletzt war M. Statthalter in Elsaß-Lothringen 1879-85.

M., Otto Theodor Frhr. von, * Lübben/Spreewald 3. Febr. 1805, † Gut Krossen (Ldkr. Lukkau) 26. Nov. 1882, preuß. Politiker. - Vetter von Edwin Frhr. von M.; Verwaltungsjurist; profilierte sich im Vereinigten Landtag 1847 als Hochkonservativer und wurde im Nov. 1848 zunächst Innenmin. (bis 1850), danach Min.präs. und zugleich Außenmin.; er verkörperte den Immobilismus der Reaktionsperiode nach der Olmützer Punktation.

Mantik, ein der Divination nahestehender Begriff für Wahrsagekunst, der sprachl. dem griech. Wort „mántis" („Seher") verwandt ist, das mit „maínomai" („rasen") zusammenhängt. Damit ist speziell eine *Inspirations-M.* bezeichnet, bei der ein Mensch in der Ekstase als Empfänger übernatürl. Wissens gilt. Der Empfang höheren Wissens, das zukünftige Ereignisse und Erfordernisse menschl. Verhaltens betreffen kann, vollzieht sich auch in Träumen und Visionen. Er kann durch Narkotika, Tänze und Fastenübungen herbeigeführt werden, die Mittel der sog. *techn. M.* sind. Auf der Annahme einer Entsprechung zw. Makrokosmos und Mikrokosmos beruhen die *astrolog. M.* und die *Geomantik*, die den Himmelsrichtungen Bed. für menschl. Geschick beimessen. *Chiromantie* (Handlesekunst) ist Wahrsagung aus der menschl. Hand, *Nekromantie* Befragung von Toten. Auch Tiere und Naturerscheinungen dienen der Vermittlung mant. Kenntnisse: z. B. das *Auspicium*, die Vogelschau im alten Rom, die Leberschau, die Beobachtung von Quellwasser, in das Gegenstände geworfen werden *(Hydromantie),* die Beobachtung des Opferfeuers zwecks Erlangung übersinnl. Wissens *(Pyromantie)* und die Weissagung mit Hilfe von Lufterscheinungen *(Aeromantie).*

Mantilla [man'tilja; lat.-span., zu manta „Decke, Umhang"], seit Ende des 16. Jh. von der (vornehmen) Spanierin getragenes Spitzentuch, das, über einen hohen Einsteckkamm gelegt, über Kopf und Schultern fällt.

Mantille [man'tilja; lat.-span.], großes (dreieckiges) Umschlagtuch oder Umhang der Damenmode im 18./19. Jahrhundert.

Mantineia (Mantinea), antike Stadt (gegr. im 6. Jh. v. Chr. oder 460/450) in Arkadien, in der Ebene 12 km nördl. von Tripolis. Berühmt war seine demokrat. Verfassung. Nach Spannungen mit M. erzwang Sparta 385 dessen Auflösung; 370 neu gegr.; 223 Vernichtung durch Antigonos III., neu gegr. als **Antigoneia;** Verödung bei den Slaweneinfällen im 6. Jahrhundert.

Mantis [griech.], Gatt. der ↑Fangheuschrecken mit der Gottesanbeterin als einziger Art.

Mantisse [lat.], Bez. für die hinter dem Komma eines (dekad.) ↑Logarithmus stehenden Ziffern.

Mantler, Michael (Mike), * Wien 10. Aug. 1943, östr. Jazzmusiker (Trompeter, Komponist). - Ging 1962 in die USA; spielte u. a. mit C. Taylor und P. Bley zusammen; gründete 1965 mit C. Bley das „Jazz Composers Orchestra".

Mantrajana [Sanskrit „Mantra-Fahrzeug"] ↑Tantrismus.

Mantua, italien. Stadt in der Lombardei, 20 m ü. d. M., 58 700 E. Hauptstadt der Prov. M.; kath. Bischofssitz; Museum, bed. Kunstsammlung, Staatsarchiv; Erdölraffinerie, chem. Ind. und Maschinenbau.

Geschichte: In der Antike Kleinstadt; seit dem 10. Jh. Hauptort einer Gft., im Besitz der Herren von Canossa und Markgrafen von Tuszien. Nach dem Tod der Markgräfin Mathilde (1115) wurde die Stadt selbständig und trat 1167 dem Lombardenbund bei. 1276 rissen die Bonacolsi, 1328 die Gonzaga (ab 1433 Markgrafen, ab 1530 Herzöge) die Herrschaft an sich; nach deren Aussterben im Mannesstamm 1631 kam es an die Nebenlinie Nevers-Gonzaga, die 1708 ausstarb. M. ging in östr. Besitz über, 1745 mit dem Hzgt. Mailand vereinigt. 1805-14 frz. (1810 wurde A. Hofer erschossen), dann bis 1866 östr., seitdem zu Italien.

Bauten: Palazzo Ducale (13.-16. Jh.), ein großer Gebäudekomplex, im Kastell Fresken Mantegnas (Camera degli Sposi; 1474 vollendet). Aus dem 13. Jh. stammen der Palazzo della Ragione (Gerichtsgebäude) und der Broletto (Stadthaus mit Markthalle). Der Palazzo del Te (1525-35) wurde als Lustschloß für Federico II Gonzaga von Giulio Romano erbaut und freskiert. Die Renaissancekirche Sant' Andrea wurde von L. B. Alberti entworfen (1470), zwei Jahre später begonnen, 1782 mit dem Kuppelbau Iuvaras beendet. Dom (Umbau des 16. Jh.) mit Barockfassade von 1756; Cartiera Burgo von P. L. Nervi.

Mantuanischer Erbfolgekrieg, 1628–31 Auseinandersetzung zw. Frankr. und dem Haus Habsburg um die Nachfolge der Gonzaga in Mantua; endete mit dem Sieg der von Frankr. unterstützten Nebenlinie Nevers-Gonzaga.

Manual [zu lat. manualis „zur Hand gehörig"], die mit den Händen zu spielende Klaviatur der Tasteninstrumente im Gegensatz zum †Pedal. Hammerklaviere haben in der Regel ein M., Cembali häufig zwei, Orgeln bis zu vier Manuale.

Manuel, männl. Vorname, Kurzform von Emanuel.

Manuel, Name von Herrschern:
Byzantinisches Reich:
M. I. Komnenos, * 1120, † Konstantinopel 24. Sept. 1180, Kaiser (seit 1143). - Sein Versuch, das Röm. Imperium im Bund mit dem Papst wieder herzustellen, scheiterte nach anfängl. Erfolgen (1155 Anerkennung der byzantin. Herrschaft von Ancona bis Tarent).
M. II. Palaiologos, * Konstantinopel 1350, † ebd. 21. Juli 1425, Kaiser (seit 1391). - Floh 1391 vom Hofe Sultan Bajasids II., um die Herrschaft anzutreten (sein Reich bestand nur noch aus Konstantinopel und Mistra). 1399 trat er eine dreijährige Reise in den W an, von dem er vergebl. Hilfe gegen Bajasid erhoffte, der 1396–1402 Konstantinopel belagerte. 1424 geriet Byzanz wieder in Abhängigkeit vom Osman. Reich.
Portugal:
M. I. † Emanuel I., König von Portugal.

Manuel, Niklaus, eigtl. Alleman, gen. N. M. Deutsch, * Bern um 1484, † ebd. im April 1530, schweizer. Maler und Dichter. - Seine Dichtungen (Fastnachtsspiele und Dialoge) standen im Dienste der Reformation. In seinen künstler. Werken (Altartafeln, mytholog. Gemälde, Holzschnittfolgen, Zeichnungen) verbinden sich verschiedene Einflüsse (v. a. Burgkmair, Baldung, Dürer) zu einer höchst originellen, von Licht und Raum und expressiver Linienführung bestimmten Darstellungsweise. Sie zählen zu den hervorragendsten Kunstwerken der schweizer. Renaissance; u. a. Antonius-Altar (1520; Bern, Kunstmuseum).

Manuela, weibl. Vorname, Kurzform von Emanuela.

manuell [lat.-frz., zu lat. manus „Hand"], mit der Hand, von Hand [gefertigt].

Manufacturing Belt [engl. mænjʊ-ˈfæktʃərɪŋ ˈbɛlt], größter Ind.ballungsraum Nordamerikas, südl. der Großen Seen, bis Illinois im W und New Jersey im O.

Manufaktur [frz. und engl., zu lat. manus „Hand" und factura „das Machen"], Frühform des kapitalist. industriellen Betriebes, die, zunächst von Großkaufleuten zur Befriedigung des Massenbedarfs bei bestimmten Gütern organisiert, später v. a. Korrelat des Merkantilismus wurde und ihre Blütezeit im 17./18. Jh. hatte. Die Handwerkstechnik blieb im wesentl. erhalten, es erfolgte jedoch eine Freistellung der M. von rechtl. und ständ. Bindungen. Der Produktionsprozeß in der M. ist gekennzeichnet durch Spezialisierung, Arbeitsteilung, Serienfertigung und geringen Einsatz von Maschinen. In Deutschland im 18. Jh. weit verbreitet und gefördert durch fürstl. Geldgeber und Abnehmer, dienten M. der kapitalintensiven, rationellen und oft techn. aufwendigen Produktion von Waren, die techn., sozial oder künstler. von den Zünften nicht bewältigt werden konnte (v. a. Luxusgüter [Gobelins, Fayencen, Porzellan], Konsumgüter [z. B. Nähnadeln, Glaswaren, Stoffe, Lederwaren] oder Waffen). Sozial erfaßte die M. überwiegend die außerzünftige städt. Bevölkerung. Der Übergang zur Industrie ist v. a. in der 1. Hälfte des 19. Jh. fließend.

Manul [mongol.] (Pallaskatze, Steppenkatze, Otocolobus manul), etwa 50–65 cm lange, einschließl. Schwanz bis 1 m messende, gedrungene Kleinkatze, v. a. in Steppen und kalten Hochlagen Z-Asiens; mit kleinem, rundl. Kopf und einigen dunklen Querstreifen auf dem langhaarigen, silbrigen bis ockerfarbenen Fell (Winterfell grauer).

manu propria [lat.], Abk. m. p., eigenhändig.

Manus [lat.], in der *Anatomie* svw. Hand.
♦ im *röm. Recht* Bez. für Schutz und Herrschaft des Paterfamilias über die zu seinem Haus gehörenden Personen (Frau, Kinder, Sklaven) und Sachen.

Manuskript [zu lat. manus „Hand" und scribere „schreiben"], jede Art Druckvorlage, ob handschriftl., maschinengeschrieben oder ein früherer (meist korrigierter) Druck.
♦ handschriftl. Buch der Antike und des MA, oft illuminiert († Buchmalerei) und mit kostbarem Bucheinband versehen.

Manutius, Aldus, d. Ä., eigtl. Aldo Manuzio, * Bassiano bei Velletri 1449, † Venedig 6. Febr. 1515, venezian. Drucker. - Unter dem Einfluß Pico della Mirandolas humanist. gebildet. Gründete um 1493 eine Druckerei in Venedig; sorgfältige Ausgaben lat. und v. a. griech. Klassiker (darunter 31 Erstausgaben, u. a. 5 Bände Aristoteles, vollendet 1498), seit 1501 meist in Kursivschrift und handl. Oktavformat (Aldinen). Sein schönstes Druckwerk ist der Roman „Hypnerotomachia Poliphili" (1499) mit bed. Renaissancegraphik.

Manx [engl. mænks], zur goidel. Gruppe der keltischen Sprachen gehörende Sprache der Bewohner der Insel Man, heute nahezu ausgestorben; hat sich aus dem Altir. entwickelt und galt erst ab dem 14./15. Jh. als eigene Sprache.

Manytschniederung, maximal 30 km breite Senke zw. Asowschem und Kasp. Meer. Bildet die N-Grenze Kaukasiens und eine der konventionellen geograph. Grenzen zw. Europa und Asien.

Manzini

Manzini (bis 1945 Bremersdorp), Stadt sö. von Mbabane, Swasiland, 457 m ü. d. M., 18 800 E. Verwaltungs-, Handels- und Schulzentrum; kath. Bischofssitz; Lehrerseminar; Nahrungsmittelind.; internat. ⚼. - Hier errichtete der dt. Kaufmann Bremer einen Handelsposten, um den ein Dorf entstand, das von 1895 bis 1902 Hauptstadt von Swasiland war.

Manzoni, Alessandro, * Mailand 7. März 1785, † ebd. 22. Mai 1873, italien. Dichter. - Bedeutendster italien. Romantiker; adliger Abkunft; kam 1805 nach Paris, schloß sich aufklärer. Kreisen an, nach 1808 gläubiger Katholik; 1810 Rückkehr nach Mailand, 1860 Senator. - In seinen weniger dynam.-dramat. als lyr. Trauerspielen, u. a. „Der Graf von Carmagnola" (1820), durchbrach M. die starren Formen der frz. Schule und gab der Dramentheorie der Romantik poet. Gestalt. Sein histor., auf Anregung Scotts entstandener, in der Lombardei im 17. Jh. spielender Roman „Die Verlobten" (1827) hatte in seiner Geschlossenheit und bildhaften Schilderung des italien. Volkslebens maßgebl. Einfluß auf die Entwicklung der italien. Schriftsprache und gilt als Beginn der modernen italien. Prosa. Auch bed. Lyrik („Ode auf den Tod Napoleons", 1822).

Manzù, Giacomo [italien. manˈdzu], * Bergamo 22. Dez. 1908, italien. Bildhauer. - Verbindet in seiner figürl. Plastik (wiederkehrende Motive: Kardinal, Tänzerin, Mädchenporträts, Kinder auf Gefährt, Partisan) impressionist. Oberflächenbehandlung (Rodin) mit konzentrierter Formensprache. Auch Bronzetüren, Graphik, Schmuck.

Mao ↑ Mao Tse-tung.

Maoismus (in der VR China: Mao-Tse-tung-Gedanken), 1. die Gesamtheit der von Mao Tse-tung geäußerten Vorstellungen; 2. ideolog. System offizieller Interpreten Maos zur Legitimierung der jeweils für richtig erachteten Politik.

Die Bed. des M. liegt nicht primär auf philosoph. Gebiet, sondern in der prakt.-polit. Umformung des Marxismus-Leninismus durch Mao für China („Sinisierung des Marxismus"). Neben traditionell marxist.-leninist. Vorstellungen ist für den M. charakterist.: 1. ein nationalist. Element, das dem chin. Volk eine führende Rolle in der internat. Revolutionsbewegung zumißt, 2. die Lehre von den gesellschaftl. Widersprüchen, wo der M. auch eine Weiterführung der Klassenkämpfe für das Stadium des Kommunismus nicht ausschließt, 3. die starke Betonung des bewaffneten Aufstandes als bedeutsamstes Instrument der Revolution, 4. die Überzeugung, daß auch nach dem Sieg der kommunist. Partei in einem Lande jede Generation „neue revolutionäre Erfahrungen" sammeln müsse, weil der Fortschritt nur durch „permanente Revolution" erzielt werden könne, 5. die Betrachtung gesellschaftl. Veränderungen tendenziell in erster Linie als Ergebnis der Veränderung des Bewußtseins und erst in zweiter Linie als Ergebnis der Veränderung der Produktionsverhältnisse.

Nach einer Phase der Dogmatisierung des M. in der VR China (ab 1966) werden seit dem Tode Maos seine Vorstellungen auch im eigenen Land der Kritik unterzogen und an einem empir.-pragmat. Wahrheitskriterium gemessen. Nach der Niederschlagung der Studentenproteste im Juni 1989 gewinnen seine Ideen erneut an Bedeutung. - Während der M. von der KPdSU und den meisten europ. kommunist. Parteien als „kleinbürgerl. Putschismus" und „nationalist. Abweichung" kritisiert wird, fühlen sich im internat. Kommunismus die kommunist. Parteien in zahlr. v. a. westeurop. Ländern verbunden.

⌁ *Kruse, J. v.: Der unverstandene Kommunismus. Mainz 1977.* - *M. Hg. v. P. J. Opitz. Dt. Übers. Stg. u. a. 1972.*

Mäonien, svw. ↑ Lydien.

Maori, von den Cookinseln im 14. Jh. nach Neuseeland eingewandertes polynes. Volk (1981: rd. 280 000 M.); hellbraune Haut, schwarzes glattes Haar. Vorwiegend Pflanzbauern, gelegentl. Fischer. Bed. Kunsthandwerk (Schnitzereien, Plastiken). Bearbeitung von Nephrit zu Schmuck und Steinbeilklingen.

Mao Tse-tung (Mao Zedong) [chin. maʊdzʌdʊŋ], * Shaoshan (Prov. Hunan) 26. Dez. 1893, † Peking 9. Sept. 1976, chin. Politiker. - Sohn eines reichen Bauern. 1912/13 an der Mittelschule der Provinzhauptstadt Tschangscha, wo er zum ersten Male intensiv mit westl. Gedankengut in Berührung kam. 1914–18 studierte er dort an einer Lehrerbildungsanstalt. Als Bibliothekshilfskraft beteiligte er sich 1918/19 an der Arbeit marxist. Zirkel in Peking. 1919 nach Hunan zurückgekehrt, unterrichtete er dort an einer Lehrerbildungsanstalt und wurde Direktor der Grundschule in Tschangscha. Neben publizist. und organisator. Aktivitäten nahm er an den Vorbereitungen zur Gründung der Kommunist. Partei Chinas (KPCh) teil. Im Juli 1921 war Mao einer der 13 Delegierten auf dem 1. Parteitag der KPCh in Schanghai. Unter der Voraussetzung der Einheitsfront zw. KPCh und Kuomintang wurde er im Jan. 1924 Kandidat des Zentralen Exekutivkomitees der Kuomintang, in deren Auftrag er die Ausbildungsstätte für Bauernkader gründete und leitete. Von Herbst 1926 bis Mai 1927 organisierte er die Bauernvereinigungen der Kuomintang in Hunan. Nach dem endgültigen Bruch zw. Kuomintang und KPCh im Sommer 1927 führte er im Sept. des gleichen Jahres einen Bauernaufstand in Hunan an, nach dessen Scheitern er mit versprengten Partisanengruppen in das Bergland im Grenzgebiet zw. Hunan und Kiangsi floh. Seit der Vereinigung der von ihm geführten Verbände mit den Truppen des Generals Chu Te im Frühjahr 1928 war er Führer der kommunist. Partisanen- und Rätebewegung in S-China. Kurz danach kam es jedoch zum Konflikt zw. Mao und der in das Rätegebiet geflohenen offiziellen Parteiführung. Mao wurde von ihr aus den polit. Entscheidungsvorgängen verdrängt und erst während des Langen Marsches wieder mit Hilfe der Generäle der Roten Armee auf der Konferenz von Tsunyi im Jan. 1935 in das Politbüro gewählt und zum Vors. der Militärkommission des ZK der KPCh berufen. Im Winter 1935/36 übernahm Mao auch erneut das Amt des Vors. der Reg. der „Chin. Sowjetrepublik" in Yenan (Prov. Schensi, NW-China). Zw. 1937/40 setzte er sich gegen den Widerstand einer mit der Komintern enger verbundenen Fraktion innerhalb der KPCh endgültig als Parteiführer durch. Aus dieser Zeit stammen seine bedeutsamsten militärtheoret. Schriften „Über den Widerspruch" und „Über die Praxis". 1940 entstand schließl. auch seine für die Politik einer zeitweiligen Zusammenarbeit mit der Kuomintang grundlegende Schrift „Über die neue Demokratie".

Mao Tse-tung

Im Mai 1945 wurde er offiziell zum Vors. des ZK und des Politbüros gewählt (Wiederwahl in beide Positionen Sept. 1956 und April 1969, nur zum Vors. des ZK Aug. 1973). Nach dem Sieg im 2. Bürgerkrieg (1945–49) proklamierte er am 1. Okt. 1949 in Peking die Volksrepublik China und übernahm die Ämter des Vors. des Zentralen Volksregierungsrates und des Revolutionären Militärrates. 1954–59 war er als Vors. der VR China Staatsoberhaupt. Ab 1956 trat Mao - zunächst mit dem Liberalisierungsversuch der sog. „Hundert-Blumen-Bewegung", ab Herbst 1957 mit der Einleitung des massenmobilisator. („maoist.") Entwicklungsweges im „Großen Sprung nach vorn" - in wachsenden Widerspruch zur Mehrheit der Parteiführung um seinen 1. Stellvertreter Liu Shao-ch'i. Nach dem Scheitern des „Großen Sprungs" zog sich Mao 1959 aus seinen Staatsämtern zurück. In den innerparteil. Konflikten der Jahre 1960–65 hielt er am massenmobilisator. Entwicklungsmodell fest gegenüber einer Mehrheit der Parteiführung, die einen stärker an volkswirtsch. Wachstumsgesichtspunkten orientierten Entwicklungskurs vertrat. Im Winter 1965/66 leitete Mao gemeinsam mit Lin Piao, Ch'en Po-ta und seiner Frau Chiang Ch'ing die „Große Proletar. Kulturrevolution" ein. Nach deren Ende wurde er im April 1969 in der Parteiführung bestätigt. Neue Fraktionskämpfe führten jedoch im Sept. 1971 zum Sturz und Tode seines designierten Nachfolgers Lin Piao und nach der Übergangskrise von 1973–76 wenige Wochen nach Maos Tod zur Ausschaltung seiner engsten Mitarbeiter, Rehabilitierung seiner Parteifeinde und einer grundsätzl. Revision maoist. Politik.

ƒ *Terrill, R.: M. Dt. Übers. Hamb. 1981. - Suyin, H.: Der Flug des Drachen. M. T. Tung u. die chin. Revolution. Mchn. 1979. - Janssen, K. H.: Das Zeitalter Maos. Mchn. 1979. - Schäfer, Ingo: M. T.-t. Mchn. 1978. - Guikovaty, E.: Mao. Die Wirklichkeit einer Legende. Dt. Übers. Ffm. 1977. - Mao-Chronik. Daten zu Leben u. Werk. Hg. v. T. Scharping. Mchn. 1976. - Cheng Tien-mu: Maos Dialektik des Widerspruchs. Hamb. 1976. - Näth, M. L.: Chinas Weg in die Weltpolitik. Bln. u. New York 1976. - Kuo Heng-yü: Maos Weg zur Macht u. die Komintern. Dt. Übers. Paderborn 1975.*

Mao Tun (Mao Dun) [chin. maʊdʊən], *im Kreis Tunghsiang (Tschekiang) 1896, † Peking 27. März 1981, chin. Schriftsteller und Politiker. - Ging nach dem Putsch Chiang Kai-sheks 1927 nach Schanghai und arbeitete gegen die Kuomintang. Veröffentlichte zahlr. Romane, u. a. „Regenbogen" (1930), „Shanghai im Zwielicht" (1933), „Der Laden der Familie Lin" (E., dt. 1953), Theaterstücke und Kurzgeschichten. 1949–64 Kulturminister der VR China.

Mapai [Kurzbez. für hebr. mipleget poale jisrael „Arbeiterpartei Israels"], führende israel. Arbeiterpartei, 1930 gegr. zur Zusammenfassung der verschiedenen sozialist. Richtungen des Zionismus; vertritt ein gemäßigt sozialist. Programm; von der israel. Staatsgründung bis 1977 und ab 1984 Reg.partei; 1948 spaltete sich die M., 1965 entstand die Rafi-Partei; die Spaltung wurde überwunden mit Bildung der Vereinigten Arbeiterpartei, die 1969 das Wahlbündnis Maarach mit der Mapam abschloß. - † auch Israel (politisches System).

Mapam [Kurzbez. für hebr. mipleget poalim meuchedet „Vereinigte Arbeiterpartei"], sozialist. israel. Arbeiterpartei, 1948 als linke Abspaltung von der Mapai entstanden; vertritt ein Sozialisierungsprogramm und tritt für strikte Neutralität im Ost-West-Konflikt ein; schloß 1969 mit den übrigen Arbeiterparteien das Wahlbündnis Maarach.

Map-chu ↑ Gogra.

Mapimí, Bolsón de, abflußlose Bekkenlandschaft mit Salzseen in N-Mexiko, umfaßt einen großen Teil des nördl. Hochlands.

Mapu, Abraham, * bei Kaunas 30. Dez. 1808, † Königsberg (Pr) 10. Okt. 1867, hebr. Schriftsteller. - Vertreter der osteurop. Haskala und Begr. des modernen hebr. Romans.

Maputo [portugies. mɐˈputu] (früher Lourenço Marques), Hauptstadt von Moçambique, am Ind. Ozean, 785 500 E. Distr.hauptstadt, Sitz eines kath. und eines anglikan. Erzbischofs; Univ. (gegr. 1962), TH, landeskundl., medizin., Baumwollforschungsinst.; naturhistor., ethnolog., geolog. Museum; Bibliotheken; Nahrungsmittelind.; Herstellung von Bekleidung, Schuhen, Gummi-, Tabakwaren, Seife, Flaschen und Farben. Im Transithafen Güterumschlag der benachbarten Staaten, Eisenbahnlinien nach Transvaal, Simbabwe und nach Swasiland; internationaler ✈. - Nach Erkundung der Baía da Lagoa durch Lourenço Marques 1544/45 gründeten die Portugiesen dort einen Stützpunkt; im 18. Jh. für kurze Zeit von Holländern und Briten besetzt; erhielt 1752 die Funktion einer Hauptstadt, 1782 eine Garnison, 1789 eine Festung; 1796 von den Franzosen zerstört, Wiederaufbau ab 1799; 1887 Stadtrecht; 1975 in M. umbenannt.

Maqam [arab. „Ort, Standort"] (Mrz. Maqamat), in der arab.-pers. Kunstmusik Bez. für die im MA entwickelte Lehre von der mündl. Komposition oder der durch Regeln bestimmten Improvisation. Als Maqamat werden bezeichnet: 1. die 14 Grundtöne des altarab. Tonbereichs im Anschluß an das griech. Tonsystem; 2. heute die Modalleitern auf einem dieser Grundtöne; 3. die Liedmodelle oder Konfiguren, aus denen die Modalleitern abgeleitet sind. Die einstige Modellbedeutung des M. verliert sich heute zunehmend unter westl. Einfluß, so daß M. gewöhnl. nur noch Tonleiter bedeutet.

Maquis [maˈkiː; lat.-italien.-frz.], svw. ↑ Macchie.
◆ Bez. für (v. a. frz.) Partisanengruppen, die sich nach 1940 bildeten und in unzugängl. Gebieten Zuflucht suchten.

Mär ↑ Märe.

Mar, Serra do [brasilian. ˈsɛrra du ˈmar], Gebirge in S- und SO-Brasilien, steil zur Küste abfallende Randstufe des Brasilian. Berglands, 1 000 km lang, bis 2 263 m hoch.

Marabotino [span.], svw. ↑ Maravedi.

Marabus [arab.-portugies.-frz., eigtl. „Einsiedler, Asket"] (Kropfstörche, Leptoptilos), Gatt. bis 1,4 m langer Störche (Spannweite fast 3 m) mit drei Arten in Afrika, Indien und SO-Asien. Die in großen Kolonien auf Bäumen oder Felsen brütenden M. sind (auf Grund ihrer ähnl. Lebensweise) wie die Geier „Gesundheitspolizisten".

Marabut ↑ Marbut.

Maracaibo [span. maraˈkaiβo], Hauptstadt des Staates Zulia in NW-Venezuela, 929 000 E. Kath. Erzbischofssitz; 2 Univ. (gegr. 1946 bzw. 1973), naturwiss. Museum; wirtsch. Zentrum des M.beckens; Konsumgüterind., Erdölraffinerie, 8 679 m lange Brücke über die Einfahrt zum M.see, Hafen, internat. ✈. - Nach der Gründung 1529 durch den Deutschen Ambrosius Ehinger verfallen, 1571 wieder gegründet. Rasche Entwicklung seit Beginn der Erdölförderung.

Maracaibosee [span. maraˈkaiβo], flache Lagune in NW-Venezuela, steht mit dem Golf von Venezuela durch einen 8–12 km breiten Durchlaß in Verbindung. Das **Maracaibobecken** ist eines der heißesten Gebiete Südamerikas. Die schon in vorspan. Zeit bekannten Erdölvorkommen werden seit 1918 genutzt.

Maracas [portugies.] (Cabagas, Rumbakugeln), Rasselinstrument indian.-mittelamerikan. Herkunft, mit kugel- oder eiförmigem Hohlkörper und feinkörniger Füllung; wird mit einem am Hohlkörper befestigten Stiel geschüttelt.

Maracay, Hauptstadt des venezolan. Bundesstaats Aragua, in einem Becken der Küstenkordillere, 445 m ü. d. M., 355 000 E. Kath. Bischofssitz; landw. Forschungsinst., bed. Handels- und Ind.zentrum. - 1697 an der Stelle eines indian. Dorfes angelegt.

Maracuja [portugies. marakuˈʒa] ↑ Passionsfrüchte.

Afrikanischer Marabu (Leptoptilos crumeniferus)

Marae [maˈraɪ], dem Ahnenkult dienende polynes. Terrassenbauten, Kultplätze mit Altarplatte an der Schmalseite; meist auch mit Grabstätte.

Márai, Sándor [ungar. ˈmaːrɔi], * Kassa (slowak. Košice) 11. April 1900, ungar. Schriftsteller. - Lebt in den USA. Erzähler, Essayist und Dramatiker. Verarbeitet in seinen Werken Themen wie Flucht, Rebellion, Auflehnung gegen Konvention, bes. in den Romanen „Doch blieb er ein Fremder" (1930), „Die Nacht vor der Scheidung" (1935), „Verzauberung in Ithaka" (1952). - † 22. Febr. 1989.

Marais, Jean [frz. maˈrɛ], eigtl. J. Alfred Villain-M., * Cherbourg 11. Dez. 1913, frz. Schauspieler. - Von J. Cocteau entdeckt und gefördert (spielte in allen Inszenierungen und Filmen Cocteaus), u. a. „Es war einmal" (1946), „Orphée" (1950). Seit den 1970er Jahren häufige Theaterengagements; seit 1974 Präs. der frz. Künstlerunion. - *Weitere Filme:* Der Graf von Monte Christo (1955), Fantomas (1964), Pulverfaß und Diamanten (1971).

Marajó, Ilha de [brasilian. ˈiʎa di maraˈʒɔ], größte Insel im Mündungsgebiet des Amazonas, Brasilien, etwa 48 000 km². Im W trop. Überschwemmungswälder, im O Grasfluren. - Seit etwa 1 000 v. Chr. von Indianern besiedelt; verschiedene archäolog. Kulturen, insbes. die **Marajókultur** mit Siedlungen auf künstl. Hügeln; Grabhügel mit Urnenbestattungen; polychrome Keramik.

Marale [pers.] ↑ Rothirsch.

Maramba (früher Livingstone), Prov.-hauptstadt in Sambia, nördl. der Victoriafälle, 1 000 m ü. d. M., 71 900 E. Kath. Bischofssitz, Nationalmuseum, Tierpark; Wirtschaftszentrum. Bahnknotenpunkt, ✈. - 1905 gegr., 1907-11 Verwaltungssitz von NW-Rhodesien und bis 1935 von N-Rhodesien.

Marampa, Stadt im W von Sierra Leone, 12 000 E. Eisenerzlagerstätte, Erzaufbereitung, 84 km lange Erzbahn zum Exporthafen Pepel.

Maramureș [rumän. maraˈmureʃ], Gebiet in N-Rumänien zw. der ungar. Grenze im W und NW, der sowjet. Grenze im N und Siebenbürgen im S, in den hier bis 1 939 m hohen wald- und erzreichen Karpaten. Ein dem sw. Gebirgsrand vorgelagertes Hügelland leitet zur Theißebene über. Größte Stadt des Verwaltungsgebietes M. ist Baia Mare. - 1368 als Komitat dem ungar. Staat einverleibt; fiel nach 1526 an den späteren Kaiser Ferdinand I., 1553 mit Siebenbürgen vereinigt.

Maranatha [urspr. wohl aram.], fest geprägte Gebetsformel („Herr, komm!" oder „Unser Herr ist gekommen"), die auch im griech. Sprachraum (im N. T. 1. Kor. 16, 22) gebraucht wurde. Drei Deutungen sind mögl.: 1. eschatolog. Gebetsruf; 2. Bekenntnis zur Inkarnation; 3. Glaubensbekenntnis.

Maränen, svw. ↑ Felchen.

Maranhão [brasilian. marɐˈɲɐu], brasilian. Bundesstaat an der N-Küste, 328 663 km², 4,6 Mill. E (1985), Hauptstadt São Luís. M. liegt auf der N-Abdachung des Brasilian. Berglandes, die Küste wird von einem flachen Hügelland begleitet. Die v. a. in den Flußtälern und an der Küste siedelnde Bev. betreibt v. a. Ackerbau und Viehzucht; die Ind. verarbeitet landw. Erzeugnisse. - Frz. Kolonisationsversuche ab 1594; 1612 Gründung von São Luís; 1614 portugies. Besitz.

Marañón, Río [span. ˈrrio maraˈɲɔn], Hauptquellfluß des ↑ Amazonas.

Marañón y Posadillo, Gregorio [span. maraˈɲon i posaˈðiʎo], * Madrid 19. Mai 1887, † ebd. 27. März 1960, span. Schriftsteller. - Prof. für Medizin in Madrid; Mgl. der span. Akademie; schrieb neben medizin. Werken (Endokrinologie) auch bed. histor. und literarhistor. Essays und Biographien u. a. über Tiberius und Don Juan.

Marantengewächse (Marantagewächse, Marantaceae), einkeimblättrige Pflanzenfam. mit rd. 350 Arten in allen wärmeren Zonen; Blüten meist paarweise in Blütenständen; bekannte Gatt. ↑ Korbmarante, bekannte Art die ↑ Pfeilwurz.

marantisch (marastisch) [griech.], verfallend, schwindend (von körperl. und geistigen Kräften).

Maraschino [italien. marasˈkiːno, zu lat. amarus „bitter"], farbloser Likör, aus dalmatin. Maraskakirschen.

Marat, Jean Paul [frz. maˈra], * Boudry (Schweiz) 24. Mai 1743, † Paris 13. Juli 1793, frz. Publizist, Arzt und Revolutionär. - Veröffentlichte bei Ausbruch der Frz. Revolution radikale polit. Pamphlete, gab ab Sept. 1789 die Zeitung „Ami du Peuple" in Paris heraus. Nach dem Sturz der Monarchie schloß er sich den Jakobinern an; als Mgl. des Nat.konvents, Präs. des Jakobinerklubs und radikaler Wortführer der Sansculotten, trug M. wesentl. zur Vernichtung der Girondisten bei. 1793 wurde er von Charlotte de Corday d'Armont ermordet.

Marathen, Volk in Indien; i. e. S. Kastenbez.; i. w. S. alle ↑ Marathi sprechenden Personen.

Marathi, offizielle Sprache des ind. Bundesstaates Maharashtra mit etwa 50 Mill. Sprechern; wird in Dewanagari geschrieben; bildet mit seinen Dialekten die südl. Gruppe der neuindoar. Sprachen.

Marathon, griech. Ort am Petal. Golf, 30 km nö. von Athen, 2 100 E. - 490 v. Chr. siegte ein athen. Heer unter Miltiades in der Ebene von M. über pers. Truppen. Die Siegesnachricht soll durch einen Läufer überbracht worden sein, der in Athen tot zusammenbrach (Geschichtlichkeit ist umstritten).

Marathonlauf, längster olymp. Langstreckenwettbewerb (seit 1896) über 42 195 m, entsprechend der Entfernung Marathon-Athen; seit 1970 auch für Frauen.

Marathos

Marathos ↑ Amrit.
Maratta (Maratti), Carlo, * Camerano (Prov. Ancona) 15. Mai 1625, † Rom 15. Dez. 1713, italien. Maler. - Hauptvertreter des klassizist. röm. Spätbarock.
Maravedi [span.] (Marabotino, Morabitina), Name span. und portugies. Münzen: 1. Nachahmung des [Gold]dinars der Almoraviden im 12./13. Jh.; 2. kastil. Silbermünze im späten 13. Jh.; 3. Kupfermünzen, geprägt vom 16. Jh. bis 1842, Mehrfachwerte noch bis 1855.
Marawi [span. maˈraμi], philippin. Stadt auf Mindanao, 55 500 E. Verwaltungssitz der Prov. Lanao del Sur; Univ. (gegr. 1961); ein Zentrum der islam. Kultur; Marktort.
Marbach am Neckar, Stadt 25 km nö. von Stuttgart, Bad.-Württ., 229 m ü. d. M., 12 200 E. Schiller-Nationalmuseum, Dt. Literaturarchiv; u. a. Möbelind.; Weinbau. - 972 als Herrenhof, 1009 als Markt erwähnt; Stadtgründung zw. 1247/82. - Spätgot. sind die Stadtkirche und die Alexanderkirche.
Marbacher Annalen, im Elsaß angelegtes Annalenwerk zur Reichsgeschichte (631-1230), das zu den wichtigsten Quellen für die Stauferzeit gehört; Entstehungszeit und Verfasser sind umstritten.
Marbacher Bund, 1405 in Marbach am Neckar zw. Erzbischof Johann von Mainz, Markgraf Bernhard I. von Baden, Graf Eberhard III. von Württemberg, der Stadt Straßburg und 17 schwäb. Städten geschlossene Vereinigung zur Sicherung des Landfriedens, v. a. jedoch gegen die Hausmachtpolitik Ruprechts von der Pfalz gerichtet.
Marbeck, Pilgram, * Rattenberg (Tirol) um 1495, † Augsburg 1556, dt. Täufer. - Zunächst luth. gesinnt; schloß sich 1527 den Täufern an und ließ sich 1544 in Augsburg als Brunnenbauer nieder. Er ist für das süddt. Täufertum von großer Bed. wegen seines Versuchs, innerhalb des Täufertums eine Einigung herbeizuführen.
Marbod (lat. Maroboduus), † Ravenna 37 n. Chr., König der Markomannen (seit 8 v. Chr.). - Führte 8-6 v. Chr. die Markomannen nach Böhmen und begr. dort das erste german. Reich. Beteiligte sich nicht am Aufstand des Cheruskers Arminius; an der Auseinandersetzung mit Arminius (17-19) zerbrach sein Reich, und M. floh nach Ravenna.
Marburg, hess. Krst. an der oberen Lahn, 183-371 m ü. d. M., 73 500 E. Verwaltungssitz des Landkr. M.-Biedenkopf; Univ. (gegr. 1527), Dt. Blindenstudienanstalt, Johann-Gottfried-Herder-Inst., Inst. für mitteleurop. Volksforschung, Forschungsinst. für dt. Sprache. - Dt. Sprachatlas, Landesamt für geschichtl. Landeskunde; Dt. Adelsarchiv, Staatsarchiv mit Fachhochschule für Archivwesen; Museen; botan. Garten. U. a. chem.-, pharmazeut., elektrotechn. und metallverarbeitende Industrie.

Geschichte: Die erste Burg wurde auf dem „Augustenruhe" gen. Hügel errichtet. Nach 1122 bauten die Landgrafen von Thüringen in strateg. günstiger Lage (an der Stelle des heutigen Schlosses) eine neue Burg, nach dem Grenzbach (marcbach) am Fuß des Burgberges „die Marbach" gen. und seit 1138/39 belegt. M. entstand als Burgflecken. 1194 bereits als Münzort bezeugt; Stadtrecht seit 1311/57 belegt. 1256 kam M. zur Land-Gft. Hessen und war neben Kassel Residenzstadt und Verwaltungsmittelpunkt des „Ober-Ft.". Einführung der luth. Lehre ab 1526; Gründung der Univ. 1527. Ab 1567 Residenz der Linie Hessen-Marburg, kam 1604 nach deren Aussterben 1604 an Hessen-Kassel, fiel 1866 an Preußen und gehört seit 1946 zum Land Hessen.
Bauten: Die Elisabethkirche ist eine frühe got. Hallenkirche mit Dreikonchenchor, 1235-83 vom Dt. Orden erbaut; reiche Ausstattung, Ausmalung restauriert, Glasfenster und der Elisabethschrein Mitte des 13. Jh.; Marienkirche (14. Jh.) mit landgräfl. Grablege (1590-1728), Univ. (ehem. Dominikanerkirche, 1300-20), zahlr. Fachwerkhäuser des 16.-19. Jh., ein bed. Steinbau ist das Rathaus (16. Jh.), ehem. Deutschordensgebäude, u. a. „Fruchtspeicher" (1515). 19. univ.gebäude des 19. und 20. Jh.; über der Stadt liegt das Schloß der Landgrafen von Hessen, vielfältige Baugruppe mit Hauptschloß (13.-15. Jh.), Saalbau (14. Jh., mit got. Rittersaal) und Wilhelmsbau (1493-97).
M., jugoslaw. Stadt, ↑ Maribor.
Marburg-Biedenkopf, Landkr. in Hessen.
Marburger Artikel ↑ Marburger Religionsgespräche.
Marburger Bund, Zusammenschluß (1947) der angestellten und beamteten Ärzte in der BR Deutschland, u. a. zur Wahrung ihrer berufl. und wirtsch. Interessen.
Marburger Religionsgespräche, Bez. für die theolog. Auseinandersetzung, die auf Veranlassung des Landgrafen Philipp I. von Hessen vom 1. bis 4. Okt. 1529 stattfand, um (polit.) eine Einigung unter den ev. Fürsten gegen die kath. Fürsten und (theolog.) über die Lehre von der Person Christi, vom Abendmahl u. a. zu erzielen. Teilnehmer waren die Wittenberger Theologen (Luther, Melanchthon, Krafft) und die Straßburger und Schweizer Theologen (Bucer, Hedio, Zwingli und Ökolampad). Es gelang jedoch nicht, völlige Einigkeit in allen Punkten herzustellen. Das Gespräch wurde in den 15 **Marburger Artikeln** zusammengefaßt. In 14 Artikeln wird Übereinstimmung über die Trinität, die Person Christi, Rechtfertigung, Obrigkeit und Tradition festgestellt. Der 15. Artikel zeigt die Differenzen in der Auffassung von der Präsenz Christi im Abendmahl (die Wittenberger: *leibl.* Präsenz, die anderen: *geistl.* Präsenz).

Marburger Schule, eine von H. Cohen und P. Natorp begr. und v. a. von E. Cassirer, K. Vorländer und R. Stammler vertretene Richtung des ↑Neukantianismus, die sich insbes. mit Problemen der Erkenntnistheorie innerhalb einer als exakte Wiss. zu konstituierenden Philosophie auseinandersetzte und v. a. um eine wiss.theoret. Grundlegung der Methodologie der exakten Naturwiss. und Mathematik bemüht war.

Marburg-Virus, großes, stäbchenförmiges Virus; Erreger der **Marburger Affenkrankheit,** einer bösartigen, hochfiebrigen Infektionskrankheit, die erstmals 1967 in Europa bei durch Grüne Meerkatzen infizierten Menschen (in Marburg festgestellt) auftrat.

Marbut (Marabut) [arab. „im Kloster lebend"], in N-Afrika gebräuchl. Bez. für Angehörige islam. religiöser Gemeinschaften und ihre Grabstätten, an denen sie verehrt werden.

Marc [mark], frz. Form des männl. Vornamens Markus.

Marc, Franz, * München 8. Febr. 1880, ✕ bei Verdun 4. März 1916, dt. Maler und Graphiker. - Fand in der Begegnung mit Macke und Kandinsky und in der Auseinandersetzung mit dem Kubismus und Delaunay zu einem eigenständigen Stil; 1911 Mitbegr. des „Blauen Reiters". Sein wichtigstes Thema ist das Tier. Seine Kompositionen zeigen bei leuchtender Farbe eine strahlenartige Facettierung der Formen bis zu einer im Spätwerk vollzogenen Abstraktion. - *Werke:* Tierschicksale (1913; Basel, Kunstmuseum), Turm der blauen Pferde (1913; seit 1945 verschollen), Tirol (1913/14; München, Bayer. Staatsgemäldesammlungen).

Marc [frz. ma:r], frz. Tresterbranntwein.

marc., Abk. für: ↑**marc**ato.

Marcantonio, italien. Kupferstecher, ↑Raimondi, Marcantonio.

marcato [italien.], Abk. marc., musikal. Vortragsbez.: markiert, hervorgehoben, betont.

Marceau [frz. mar'so], Félicien, eigtl. Louis Carette, * Kortenberg bei Brüssel 16. Sept. 1913, frz. Schriftsteller belg. Herkunft. - Wurde 1959 in Frankr. naturalisiert. M. schrieb iron.-realist. Gegenwartsromane, u. a. „Kleine Insel Capri" (1951), „Vielgeliebte Gespielin" (1953), „Creezy" (1969), „Le corps de mon ennemi" (1975), erfolgreiche Boulevardstücke und literar. Essays. Seit 1975 Mitglied der Académie française.

M., Marcel, * Straßburg 22. März 1923, frz. Pantomime. - 1947–59 mit einer eigenen Pantomimengruppe Tourneen in der ganzen Welt, danach meist als Solist. Seine „Mimodramen" und Solopantomimen (bes. zahlr. als „Bip") sind meist konzentrierte kleine Handlungsabläufe; u. a. „Duel dans les ténèbres" (1947), „Le manteau" (1951, nach Gogol), „Jugend, Reife, Alter, Tod" (1953).

Marcel [frz. mar'sɛl], aus dem Frz. über-

Franz Marc, Rehe im Walde II (1913/14). Karlsruhe, Staatliche Kunsthalle

Marburg mit dem Schloß im Hintergrund

Marcel

nommener männl. Vorname, frz. Form von Marcellus.

Marcel [frz. mar'sɛl], Étienne, * Paris um 1316, † ebd. 31. Juli 1368, Vorsteher der Kaufmannschaft von Paris. - Forderte eine Reform der Reg. (Unterstellung der Staatsfinanzen unter die Aufsicht einer aus Vertretern der Reichsstände gebildeten Kommission); verband sich mit der Jacquerie und Karl dem Bösen von Navarra gegen den Dauphin Karl (den späteren Karl V.); bei einem Aufstand erschlagen.

M., Eugène, frz. Schriftsteller, † Prévost, Marcel.

M., Gabriel, * Paris 7. Dez. 1889, † ebd. 8. Okt. 1973, frz. Philosoph, Dramatiker und Kritiker. - 1912 Prof. in Vendôme, 1915 in Paris, 1919 in Sens. 1929 Konversion zum Katholizismus. 1939/40 Prof. in Paris, 1941 in Montpellier. 1964 Friedenspreis des Dt. Buchhandels. Hauptvertreter der frz. Existenzphilosophie. Die Denkbewegung seiner Philosophie setzt ein bei der Grunderfahrung einer „zerbrochenen Welt", die nicht durch Absurdität, sondern v. a. durch Sinnlosigkeit gekennzeichnet ist. Als Ursache erkennt M. das neuzeitl. vergegenständlichende [natur-]wiss. Denken, die Verabsolutierung autonomer Subjektivität und das Haben- und Verfügen-Wollen, das Streben nach Besitz und Macht und den Verlust des Bezugs zum Du, das nur noch als Objekt gesehen und behandelt wird. Gegenüber dieser „zerbrochenen Welt" will M. in seiner sog. „konkreten Ontologie" den Bezug zum Sein, das seinem Wesen nach „Geheimnis" ist, in dem der Mensch durch einen „Akt der Sammlung" teilhat, wiederherstellen. Diese „Teilhabe" am Sein ist wesentl. Teilhabe am personalen Du des Mitmenschen. - *Werke:* Zerbrochene Welt (Dr., 1933), Philosophie der Hoffnung (Essay, 1945), Der Mensch als Problem (Essay, 1955), Die Menschenwürde als existentieller Grund (Essay, 1963).

Marcello [italien. mar'tʃɛllo], italien. Form des männl. Vornamens Marcellus.

Marcellus (Marzellus), männl. Vorname lat. Ursprungs, Weiterbildung zu Markus.

Marcellus II., * Montefano bei Macerata 6. Mai 1501, † Rom 1. Mai 1555, vorher Marcello Cervini, Papst (seit 9. April 1555). - Seit 1545 einer der Präsidenten des Konzils von Trient; führende Persönlichkeit der röm. Reformgruppe. Sein Pontifikat bedeutet den endgültigen Durchbruch der kath. Erneuerung an der Kurie.

Marcellus, Beiname des plebej. Zweiges der Claudier; bed. Vertreter:

M., Marcus Claudius, * um 268, ⚔ Petelia bei Venosa 208 v. Chr., röm. Feldherr im 2. Pun. Krieg. - Besiegte 222 die Kelten bei Clastidium (= Casteggio) und eroberte 212 Syrakus, das zur röm. Prov. Sizilien kam.

Marcellusflut † Dollart.

March, Arthur, * Brixen 23. Febr. 1891, † Bern 17. April 1957, östr. Physiker. - Prof. in Innsbruck, 1934–36 auch in Oxford; arbeitete v. a. über die Quantentheorie; führte als neue Naturkonstante die Elementarlänge ein.

M., Frederic [engl. mɑːtʃ], eigtl. F. McIntyre Bickel, * Racine (Wis.) 31. Aug. 1897, † Los Angeles 14. April 1975, amerikan. Schauspieler. - Bedeutender Charakterdarsteller; seine bekanntesten Filme sind „Tod eines Handlungsreisenden" (1952), „Der Mann im grauen Flanell" (1956), „Die Eingeschlossenen von Altona" (1962), „Man nannte ihn Hombre" (1967). 1973 spielte er in der Verfilmung von E. O'Neills „Der Eismann kommt".

March, linker Nebenfluß der Donau, entspringt im Glatzer Schneegebirge, bildet auf etwa 80 km die Grenze zw. der ČSSR und Österreich, mündet unterhalb von Hainburg, 352 km lang, 130 km schiffbar.

Marchais, Georges [frz. mar'ʃɛ], * La Hoguette (Calvados) 7. Juni 1920, frz. Politiker. - Seit 1947 Mgl. der KPF, seit 1959 Mgl. des ZK und des Politbüros; 1961–70 als ZK-Sekretär mit der Organisationsarbeit betraut; 1970–72 stellv. Generalsekretär; betrieb als Generalsekretär der KPF (seit 1972) das Wahlbündnis mit Sozialisten und linken Radikalsozialisten (Union de la Gauche) und unter Betonung des nat. Charakters der KPF deren vorsichtige Distanzierung von der Sowjetunion; seit 1979 Mgl. des Europ. Parlaments.

Marchantia [nach dem frz. Botaniker N. Marchant, † 1678], über die ganze Erde verbreitete Gatt. der Lebermoosordnung *Marchantiales* mit rd. 50 Arten. Bekannt ist das an feuchten Orten wachsende **Brunnenlebermoos** (Marchantia polymorpha) mit lappig verzweigtem Thallus.

Marchäschwan [hebr.] (meist nur Cháschwan), 8. Monat des jüd. Jahres (Okt./Nov.) mit 29 oder 30 Tagen.

Marche [italien. 'marke] † Marken.

Marche [frz. marʃ], histor. Gebiet in M-Frankreich, umfaßt den überwiegenden Teil des Limousin, den westlichsten Teil des Bourbonnais und den südlichsten des Berry; Zentrum ist Guéret. - Die im 10. Jh. gebildete Gft. kam 1199 an das Haus Lusignan, 1308 (endgültig 1527) an die frz. Krone.

Marchegg [mar'çɛk], niederöstr. Stadt an der March, 140 m ü. d. M., 2 700 E. Zentrum des östl. Marchfeldes, Grenzbahnhof an der Strecke Wien–Preßburg. - M. wurde 1268 von Ottokar II. als Grenzfestung angelegt.

Märchen [zu Mär (von althochdt. mären „verkünden, rühmen")], kürzere unterhaltende Prosaerzählung mit wunderbar-phantast. Inhalt, der jedoch aus dem Geist der gedachten Welt des M. glaubwürdig erscheint, obwohl ein realer zeitl.-räuml. Bezug fehlt. Die beiden Hauptformen der Gatt. sind Volks- und Kunst-M. Das **Volksmärchen** in seinen

verschiedenen Ausformungen weist i. d. R. eine einsträngige, mehr episod. Handlung mit glückl. Ausgang auf. Man unterscheidet verschiedene Typen: Bei den **Zauber-** und **Wundermärchen** steht das phantast. Geschehen im Mittelpunkt; bei den **Schwankmärchen** dominiert dagegen das Komisch-Scherzhafte; **Tiermärchen** haben meist dankbare und hilfreiche Tiere zum Erzählgegenstand; **Schicksalsmärchen** handeln vom vorausgesagten Geschick der Helden; **Schreckmärchen** haben vorrangig eine didakt. Funktion. Eine bes. Gruppe von M. bilden die **Formelmärchen**, die von der variierenden Wiederholung eines Motivs leben: so im **Frage-** und **Neckmärchen**, das durch absurde Fragespiele meist der Unterhaltung von Kindern dient; ähnl. sind als **Kettenmärchen** aufgebaut; eine Steigerung des Neckmärchens ist das **Vexiermärchen**. - Die **Naturvölkermärchen**, die Erzählstoffe schriftloser Kulturen tradieren, zeigen eine starke Bindung an Mythos und Religion und enden häufig tragisch.
Im Ggs. zu all diesen Formen steht das **Kunstmärchen**, das bisweilen auch eng am Volks-M. orientiert sein kann, häufig aber betont artifiziell gebaut, psycholog.-philosoph. ausgerichtet und schriftl. fixiert ist, und in jedem Fall als das Werk eines namentl. bekannten Autors begegnet.
Die zunächst nur für Erwachsene erzählten oder geschriebenen Volks-M. sind inzwischen auch Literatur für Kinder geworden; gegenwärtig wird ihr pädagog. Wert intensiv und krit. diskutiert: Gegner wenden sich insbes. gegen die Darstellung von Grausamkeiten, tiefenpsycholog. Interpretationen dagegen sehen im M. die Möglichkeit gegeben, Ängste zu bewältigen und den menschl. Reifungsprozeß zu fördern.
Geschichte: Märchenhafte Züge finden sich in Schriftzeugnissen aller frühen Hochkulturen, so im babylon.-assyr. Bereich, Ägypten und Griechenland. Eine vermittelnde Rolle zw. den alten Erzähltraditionen des Fernen Ostens und des Vorderen Orients wird Indien zugeschrieben, als wichtigste Quellen gelten das im 3. Jh. n. Chr. entstandene „Pantschatantra" und das „Kathāsaritsāgara". - Von großer Bed. für die europ. M.tradition war der Orient. Sowohl in jüd. wie in arab.-islam. Texten findet sich eine Fülle von auch in Europa bekannten M.motiven. Die älteste profane Sammlung von europ. Bed. war die „Gesta Romanorum" aus dem 14. Jh.; M.stoffe finden sich auch in geistl. Exempelbüchern und Novellensammlungen; M.zyklen aus z. T. mündl. Quellen schufen im 16. und 17. Jh. die Italiener F. Straparola und G. Basile. Frz. Sammlungen wie die von C. Perrault beeinflußten die dt. Tradition im 18. Jh., z. B. C. M. Wieland und Musäus, die ihre Vorlagen im galanten Stil bearbeiteten. Erst die dt. Romantiker wandten sich der Aufzeichnung mündl. tradierter Erzählstoffe zu. Die „Kinder- und Hausmärchen" (2 Bde., 1812 und 1815) der Brüder Grimm wurden das Vorbild aller späteren Sammlungen; sie enthielten neben reinen Zaubermärchen auch Legendenmärchen, Fabeln und Schwänke. Die zahlr., z. T. in Mundart aufgezeichneten M.sammlungen des 19. und 20. Jh. zeigen bei aller Vielfalt eine begrenzte Zahl relativ konstanter Typen, wobei sich die Varianten aus wechselnden Kombinationen von Motivgruppen und lokalen Besonderheiten ergaben.
Forschung: Anstöße zur wiss. Beschäftigung mit M. gaben die Brüder Grimm. In deren Nachfolge dominierten zunächst naturmytholog. Deutungen, die um die Mitte des 19. Jh. durch literaturwiss.-vergleichende Forschungen abgelöst wurden. T. Benfey, Übersetzer des „Pantschantra", führte die westl. M.tradition auf ind. Herkunft zurück, dem setzten Ethnologen und Anthropologen (E. B. Tylor, W. Wundt) ihre Theorie der Elementargedanken und der Mehrstehung (Polygenese) entgegen (aus gleichen Erlebnissen und Erfahrungen entstehen - unabhängig voneinander - gleiche Erzählstoffe). Die sog. Finn. Schule versuchte im frühen 20. Jh. mit ihrer histor.-geograph. Methode, die Theorie der Monogenese zu stützen (Herleitung der verschiedenen Märchenformen aus je einer Urform). Auch wurden, angeregt durch die Lehre S. Freuds, tiefenpsycholog. Deutungen in die M.forschung einbezogen. Die volkskundl. M.forschung befaßt sich v. a. mit den Wechselwirkungen zw. mündl. und literar. Tradierung, von Erzählern und Erzählsituationen, Struktur-, Form- und Stilfragen sowie mit der Phänomenologie und den Realitätsbezug des Märchens.
📖 *Lüthi, M.: Das europ. Volks-M. Bern u. Mchn.* [8]*1985. - Töpper, F.: Das Geheimnis des Brunnens. Versuch einer Mythologie des M. Düss. 1985. - Scherf, W.: Lex. der Zaubermärchen. Stg. 1982. - Petzold, D.: Das engl. Kunstmärchen im 19. Jh. Tüb. 1981. - Tismar, J.: Das dt. Kunstmärchen im 20. Jh. Stg. 1981. - Randak, D.: Das M. Ein Spiegelbild der Grunderfahrungen der religiösen Dimension des Menschen. Düss. 1980. - Lüthi, M.: M. Stg.* [7]*1979. - Röhrich, L.: M. u. Wirklichkeit. Wsb.* [4]*1979. - Enzyklop. des M. Hg. v. K. Ranke. Bln. 1977 ff; geplant 12 Bde.; bis 1986 sind 5 Bde. erschienen. - Richter, D./Merkel, J.: M., Phantasie u. soziales Lernen. Bln. 1974.*

Märchenschach (Fairy chess) ↑Schach.
Marchese [marˈkeːzə; italien.] ↑Marquis.
Marchfeld, Schotterebene (140–180 m ü. d. M.) im O von Niederösterreich, zw. der March, der Donau-Aue und einem deutl. Bekkenrand im W und N; Anbau von Weizen, Zuckerrüben und Mais sowie Gemüse; Erdöl- und Erdgasfelder. - Zur Schlacht auf dem M. 1278 ↑Dürnkrut.

Marchwitza, Hans [març'vɪtsa, 'mar...], *Scharley bei Beuthen O. S. 25. Juni 1890, † Potsdam 17. Jan. 1965, dt. Schriftsteller. - Bergarbeiter, 1920 KPD-Mgl.; emigrierte 1933 (Schweiz, Frankr., Spanien), nahm am Span. Bürgerkrieg auf republikan. Seite teil; 1941–46 in den USA. 1946 Rückkehr nach Deutschland; schrieb v. a. polit. und sozialkrit. Erlebnisromane, u. a. „Sturm auf Essen" (1930), „Die Kumiaks" (1934), „Die Heimkehr der Kumiaks" (1952), „Die Kumiaks und ihre Kinder" (1959).

Marcia ['martʃa], italien. Bez. für ↑Marsch; **Marcia funebre,** svw. Trauermarsch. - ↑auch alla marcia.

Marcianus, byzantin. Kaiser, ↑ Markian.

Marcion (Markion), *Sinope um 85, † um 160, frühchristl. häret. Theologe. - Von Beruf Reeder; wurde von seinem Vater, dem Bischof von Sinope, im Streit um judaist. Überreste in der Kirche exkommuniziert; kam 138/139 nach Rom und wurde hier - wahrscheinl. 144 - ebenfalls aus der Gemeinde ausgeschlossen. Darauf begann er die marcionit. Gegenkirche aufzubauen, der er - unter dem Einfluß des syr. Gnostikers Kerdon (?) - als Ersatz für das A. T. eine eigene hl. Schrift schuf. Dazu verfaßte er „Antithesen", in denen er die Widersprüche zw. dem A. T. und der Religion der Liebe darlegt. Der paulin. Ggs. Gesetz-Evangelium bringt M. zu der Annahme zweier Götter, dem Weltschöpfer (Demiurg; Judengott) und dem vor Christus völlig unbekannten Gott der Liebe. Dieser fremde, gute Gott sandte aus Gnade Christus in einem Scheinleib als Welterlöser. M. verwirft die Wiederkunft Christi und die Auferstehung des Fleisches. - M. begr. seine Kirche der **Marcioniten** mit einer der christl. Kirche ähnl. Organisation. Sie war von der Rhone bis zum Euphrat verbreitet.

Marcks, Erich, *Magdeburg 17. Nov. 1861, † Berlin 22. Nov. 1938, dt. Historiker. - Vetter von Gerhard M.; ab 1893 Prof., zuletzt (ab 1922) in Berlin; schrieb bed. psycholog. Biographien (u. a. „Königin Elisabeth von England und ihre Zeit", 1897; „Bismarck", Bd. 1, 1909) und Essays (u. a. „Männer und Zeiten", 1911); konservativer Gegner der Weimarer Republik.

M., Gerhard, *Berlin 18. Febr. 1889, † Burgbrohl (Eifel) 13. Nov. 1981, dt. Bildhauer u. Graphiker. - Vetter von Erich M.; lehrte u. a. 1919–25 am Bauhaus und (seit 1950) an der Kölner Werkkunstschule; figürl. Plastik von strenger Formauffassung und expressiver Ausdruckssteigerung; u. a. „Totenengel" (1952) für die Jesuitenkirche in Mannheim. Auch bed. Tierplastik.

M., Marie, *Berlin 25. August 1922, dt. Karikaturistin. - Wählt für ihre Cartoons Themen aus dem familiär-pädagog. und auch gesellschaftspolit. Bereich; meist zeichnet sie kleine Bildgeschichten mit Dialogen.

Marco, italien. und span. Form des männl. Vornamens Markus.

Marconi, Guglielmo Marchese, *Bologna 25. April 1874, † Rom 20. Juli 1937, italien. Ingenieur und Physiker. - M. begann 1895 mit Versuchen zur drahtlosen Übermittlung von Radiowellen. Mit seinen Sendern gelang M. die drahtlose Überbrückung stetig größerer Entfernungen (1899 über den Ärmelkanal, 1901 über den Nordatlantik). Später befaßte sich M. auch mit der Anwendung von Kurzwellen und entdeckte 1931 die Möglichkeit des Empfangs von Dezimeterwellen jenseits des opt. Horizonts. Für seine Pionierleistungen auf dem Gebiet der drahtlosen Nachrichtenübermittlung erhielt M. (mit K. F. Braun) 1909 den Nobelpreis für Physik.

Marco Polo ↑Polo, Marco.

Marco-Polo-Gebirge ↑Kunlun.

Marcos, Ferdinando Edralin, *Sarrat (Prov. Ilocos Norte) 11. Sept. 1917, philippin. Jurist und Politiker. - 1960–64 Vors. der Liberalen Partei; trat 1964 zur Nationalist. Partei über und wurde Parteivors.; unterstützte als Staatspräs. (1965–86) und als Premiermin. (1973–81) die Politik der USA in O-Asien. Anhaltende Proteste der Bevölkerung gegen seine Amtsführung zwangen ihn 1986, das Land zu verlassen. - † 28. Sept. 1989.

Marcus, Siegfried, *Malchin 18. Sept. 1831, † Wien 30. Juni 1898, dt. Mechaniker. - Eröffnete 1860 in Wien eine mechan. Werkstatt; machte dort zahlr. Erfindungen; baute angebl. 1875 den ersten Kraftwagen mit Benzinmotor, der allerdings erst 1898 in Wien vorgestellt wurde.

Marcus Aurelius Antoninus, Name röm. Kaiser, ↑ Mark Aurel, ↑ Caracalla, ↑ Commodus.

Marcuse, Herbert, *Berlin 19. Juli 1898, † Starnberg 29. Juli 1979, amerikan. Sozialphilosoph dt. Herkunft. - Nach der Emigration (1933) Mitarbeiter von M. ↑ Horkheimer;

Hans von Marées, Ausfahrt der Fischer (1873). Fresko in der Bibliothek der zoologischen Station in Neapel

1954 Prof., seit 1965 an der University of California, San Diego. Von Hegel, Freud und Marx beeinflußt, zählt M. zu den bedeutendsten Vertretern der krit. Theorie. Seine Arbeiten zur spätkapitalist. Wohlstandsgesellschaft lieferten eine theoret. Basis für die Studentenbewegungen der 1960er Jahre und für die ↑ Neue Linke. - *Werke:* Vernunft und Revolution (1941), Triebstruktur und Gesellschaft (1956), Der eindimensionale Mensch (1964), Psychoanalyse und Politik (1968), Konterrevolution und Revolte (1973), Zeitmessungen (1975), Die Permanenz der Kunst (1976).

M., Ludwig, Pseud. Heinz Raabe, *Berlin 8. Febr. 1894, †München 2. Aug. 1971, dt. Literaturkritiker, Philosoph und Journalist. - Emigrierte 1933 nach Frankreich, 1938 in die USA; 1963 Rückkehr in die BR Deutschland; schrieb zahlr. populärwissenschaftl. Bücher über Schriftsteller, Philosophen und Musiker. Berühmtheit erlangte er mit seinem provokativen Buch „Obszön. Geschichte einer Entrüstung" (1962).

Mar del Plata, argentin. Hafenstadt und Seebad am Atlantik, in der Prov. Buenos Aires, 424 000 E. Kath. Bischofssitz; Univ. (gegr. 1961), kath. Univ. Stella Maris, Inst. für Fischereiwirtschaft; Nahrungsmittel-, Papier-, Tabak- und Schuhind.; Spielkasino.

Marder (Mustelidae), mit rd. 70 Arten weltweit verbreitete Fam. etwa 15–150 cm langer urspr. Raubtiere (♂♂ größer als ♀♀); Körper meist schlank und langgeschwänzt (z. B. bei Zobel, Edel-, Stein- und Charsamarder), z. T. auch gedrungen und mit kurzem Schwanz (z. B. beim Dachs); stets mit kurzen Beinen und mit ↑ Afterdrüsen. Einige Arten liefern wertvolles Pelzwerk (z. B. Skunks, Otterfelle).

Marderbär, svw. ↑ Binturong.
Marderbeutler, svw. ↑ Beutelmarder.
Marderhaie, svw. ↑ Glatthaie.
Marderhund (Enok, Waschbärhund, Nyctereutes procyonoides), etwa 60 cm langes, waschbärähnl., nachtaktives Raubtier (Fam. Hundeartige), urspr. in den Gebirgswäldern O-Asiens, von dort westwärts nach Europa eingewandert; Allesfresser mit kurzen Beinen, langhaarigem, graubräunl. Fell und schwarzen Augenringen. Der M. hält als einziger Hundeartiger Winterruhe in verlassenen Fuchsbauen. Sein Fell ist sehr begehrt, es wird im Handel als *Japanfuchs (Seefuchs)* bezeichnet.

Mardin, türk. Stadt 80 km sö. von Diyarbakır, 1 150 m ü. d. M., 39 100 E. Hauptstadt des Verw.-Geb. M., Handelszentrum eines Agrargebiets, Eisenbahnendpunkt. - M. geht zurück auf die röm. Festungsstadt **Marida,** die 640 n. Chr. von den Arabern erobert wurde. - Große Moschee (1176); 15 km östl. das Ananiaskloster, 1166–1945 Sitz des jakobit. Patriarchen.

Mardonios (altpers. Marduniya), ✕ bei Plataä 479 v. Chr., pers. Feldherr. - Beendigte erfolgreich den Ion. Aufstand 494 und unterwarf 492 Thrakien. Als Befehlshaber des 480/479 überwinternden Landheeres suchte M. vergebl. durch Verhandlungen mit Athen die griech. Front zu sprengen und zerstörte 479 Athen.

Marduk [zu sumer. amar-utuk „Jungrind des Sonnengottes"] (im A. T. Merodach), Stadtgott von Babylon (seit 2000), später auch Reichsgott Babyloniens und Rivale des assyr. Reichsgotts Assur, in der Spätzeit als „Götterherr" unter dem Namen Bel verehrt. Hauptkultort war Babylon mit dem Tempelturm Etemenanki (↑ Babylonischer Turm).

Mare [lat. „Meer"] (Mrz. Maria), charakterist. Oberflächenformation des Mondes.

Märe (Mär), im MA Bez. für Heldenepos, höf. Roman, dessen Stoff oder Überlieferung, aber auch für andere Formen des ep. Erzählens. In der neueren Forschung Gattungsbez. für mittelhochdt. Schwankerzählungen höf.-galanten oder moral.-exemplar. Inhalts aus der Zeit zw. 1250 und 1500.

Maréchal [frz. mare'ʃal], Joseph, *Charleroi 1. Juli 1878, †Löwen 11. Dez. 1944, frz. Philosoph. - Jesuit; 1919–35 Prof. in Löwen. Konfrontierte richtungweisend den Neuthomismus mit Kant und dem Idealismus; bed. Studien zur Psychologie der Mystiker.

M., Maurice, *Dijon 3. Okt. 1892, †Paris 19. April 1964, frz. Violoncellist. - Seit 1912 weltweit anerkannter Solist und Kammermusiker (z. T. im Trio mit A. Cortot und J. Thibaud); seit 1942 Lehrer am Pariser Conservatoire.

Maréchal Niel [frz. mareʃal'njɛl; nach dem frz. Marschall A. Niel, *1802, †1869], eine Noisette-Kletterrose (↑ Rose).

Marées, Hans von [ma're:], *Elberfeld (= Wuppertal) 24. Dez. 1834, †Rom 5. Juni 1887, dt. Maler. - Ging 1857 nach München, 1864 nach Rom, wohin er nach Aufenthalten u. a. in Dresden, Berlin, Neapel (Fresken in der Zoolog. Station, 1873/74) und Florenz 1875 endgültig übersiedelte. Von einer flüchtigen, fleckenhaften Malweise in der Frühzeit ausgehend, gelangte M. in seinem Bestreben nach einem idealen, allg. gültigen Ausdruck zu einer heroisch-schwermütigen Monumentalität. Er wollte die Einheit von Mensch und Kosmos, wie er sie in der Antike verwirklicht sah, bildhaft gestalten.

Werke: Bayer. Staatsgemäldesammlungen, München: Bildnis des Vaters (1862), Doppelbildnis mit Lenbach (1863), Diana im Bade (1863), Hesperiden (1884), Drei Reiter (1885–87), Werbung (1885–87), Entführung des Ganymed (1887); neue Nationalgalerie, Berlin: Die Lebensalter (1873; überarbeitet 1877/78).

Marek, Kurt W., dt. Schriftsteller, ↑ Ceram, C. W.

Maremmen

Maremmen, Küstenebenen und -höfe an der italien. W-Küste zw. La Spezia und Salerno. Die im Altertum besiedelten M. versumpften in der röm. Kaiserzeit und waren gefürchtete Malariaherde. Seit dem 19. Jh. Meliorierungsarbeiten, heute intensiv genutzte Ackerbaulandschaft.

Marengo, Ort in Italien, heute Teil von Alessandria. Hier gelang Napoléon Bonaparte im 2. Koalitionskrieg am 14. Juni 1800 ein Entscheidungssieg über die Österreicher.

Marenholtz-Bülow, Bertha von [...lo], * Küblingen (= Schöppenstedt) 5. März 1810, † Dresden 9. Jan. 1893, dt. Pädagogin. - Ab 1849 Mitarbeiterin von F. Fröbel; setzte 1860 die Aufhebung des preuß. Kindergartenverbots durch und verschaffte Fröbels Kleinkindpädagogik und dem Kindergarten internat. Geltung.

Mare nostro [italien. „unser Meer"], im imperialist. Italien des 19. Jh. und bei G. D'Annunzio Bez. für die Adria; von G. Faschismus erweitert auf das Mittelmeer.

Marenzio, Luca, * Coccaglio bei Brescia 1553 oder 1554, † Rom 22. Aug. 1599, italien. Komponist. - Neben Gesualdo und Monteverdi der bedeutendste Meister des italien. Madrigals. - *Kompositionen:* 18 Bücher Madrigale (1580–99), 5 Bücher Villanellen (1584–87), Motetten (1585).

Marga, weibl. Vorname, Kurzform von Margarete.

Margam [engl. 'mɑ:gəm], Stadtteil von † Port Talbot, Wales.

Margareta von Antiochia, hl., frühchristl. Märtyrerin. - Sichere histor. Nachrichten fehlen. M. soll in Antiochia (Pisidien) unter Kaiser Diokletian das Martyrium erlitten haben. Ihre Verehrung reicht in der griech. Kirche weit zurück, in der lat. Kirche seit dem 7. Jh. verbreitet; seit dem MA zu den 14 Nothelfern gezählt, wird bes. in Geburtsnöten angerufen. - Fest: 20. Juli.

Margarete (Margareta), aus dem Lat. übernommener weibl. Vorname, eigtl. „Perle" (zu lat. margarita „Perle" von griech. margarítēs); engl. Margaret, schwed. Margareta, italien. Margherita, frz. Marguerite.

Margarete, Name von Herrscherinnen:
Dänemark:
M. I., * Søborg (Seeland) März 1353, † Flensburg 28. Okt. 1412, regierende Königin von Dänemark, Norwegen und Schweden (seit 1387/89). - Tochter Waldemars IV. von Dänemark; 1363 ∞ mit König Håkon VI. Magnusson von Norwegen und Schweden; führte für ihren Sohn Olaf die Regentschaft in Dänemark, nach dem Tod Håkons (1380) auch in Norwegen. Nach dem Tod Olafs 1387 wurde M. 1388 in beiden Ländern zur Herrscherin gewählt und konnte sie 1389 auch in Schweden gegen König Albrecht (von Mecklenburg) durchsetzen. Ließ ihren Großneffen Erich (VII.) 1389/96 zum König der drei Reiche erheben und strebte nach dauernder Vereinigung der skand. Königreiche, die ihr 1397 mit dem Abschluß der Kalmarer Union gelang.

M. II. (Margrethe II.), * Kopenhagen 16. April 1940, Königin von Dänemark (seit 1972). - Tochter König Friedrichs IX.; seit 1967 ∞ mit Graf Henri de Laborde de Monpezat (* 1934; jetzt Prinz Henrik von Dänemark); hervorgetreten auch als Archäologin.
England:
M. von Anjou, * Pont-à-Mousson (Meurthe-et-Moselle) 23. März 1429, † Dampierre-sur-Loire (Marne-et-Loire) 25. April 1482, Königin. - ∞ seit 1445 mit Heinrich VI. von England; von großem Einfluß auf den seit 1453 geistig umnachteten König; suchte die Thronfolge ihres Sohnes Eduard gegen die Ansprüche des in den Rosenkriegen 1460/61 siegreichen Hauses York zu sichern. Ihr Versuch, Eduard IV. vom Thron zu verdrängen, scheiterte mit dem Tod ihres Sohnes in der Schlacht von Tewkesbury 1471 und der Absetzung ihres Gemahls.
Frankreich:
M. von Valois, gen. la reine Margot, * Saint-Germain-en-Laye 14. Mai 1553, † Paris 27. März 1615, Königin von Navarra und Frankr. - Ihre Hochzeit mit Heinrich von Navarra (Heinrich IV. von Frankr.) gab den Anlaß zur Bartholomäusnacht; 1599 wurde die Ehe vom Papst geschieden.
Navarra:
M. von Navarra (M. von Angoulême), * Angoulême 11. April 1492, † Odos (Hautes-Pyrénées) 21. Dez. 1549, Hzgn. von Alençon, Königin. - 1509 ∞ mit Herzog Karl IV. von Alençon († 1525), 1527 ∞ mit Heinrich von Albret, König von Navarra († 1555). M. förderte, ohne selbst den Glauben zu wechseln, die Reformiertenkreise, gewährte auch an ihrem Hof in Nérac und Alençon Glaubensflüchtlingen Asyl. Durch ihre Tochter Johanna von Albret war M. die Großmutter König Heinrichs IV. V. a. bekannt durch ihr literar. Hauptwerk, die in Anlehnung an Boccaccio gestaltete Novellensammlung „Das Heptameron" (1559).
Niederlande:
M. von Österreich, * Brüssel 10. Jan. 1480, † Mecheln 1. Dez. 1530, Statthalterin (seit 1507). - Tochter Kaiser Maximilians I.; 1507 von ihrem Vater zur Regentin und Erzieherin des späteren Kaisers Karl V. berufen; auf habsburg. Seite Verhandlungsführerin des Damenfriedens von Cambrai (1529).

M. von Parma, * Oudenaarde 1522, † Ortona 18. Jan. 1586, Statthalterin (1559–67). - Natürl., legitimierte Tochter Kaiser Karls V.; in 2. Ehe (1538) ∞ mit Ottavio Farnese, Hzg. von Parma und Piacenza. Von Philipp II. von Spanien als Regentin in den Niederlanden eingesetzt, konnte dort den Aufstand nicht verhindern und trat nach der Bevollmächtigung des Hzg. von Alba zurück.

Margarine

Norwegen:
M., Königin, † Margarete I., Königin von Dänemark.
Schweden:
M., Königin, † Margarete I., Königin von Dänemark.
Tirol:
M. Maultasch, * 1318, † Wien 3. Okt. 1369, Gräfin (seit 1335). - Tochter Hzg. Heinrichs VI. von Kärnten, nach dessen Tod sie die Gft. Tirol erbte. In 2. Ehe ∞ mit Ludwig d. Ä. von Brandenburg; 1363 übergab sie Tirol an Hzg. Rudolf IV. von Österreich.

Margaret Rose [engl. 'mɑːgərɪt 'roʊz], * Schloß Glamis (Tayside Region, Schottland) 21. Aug. 1930, Prinzessin von Großbrit. und Nordirland, Countess of Snowdon. - Schwester Königin Elisabeths II.; 1960–78 ∞ mit A. Armstrong-Jones, Earl of Snowdon; ihre Regentschaftsrechte wurden 1953 auf Philip, Herzog von Edinburgh, übertragen.

Margarine [frz.; zu acide margarique „Margarinsäure" (von lat. acidus „sauer" und griech. márgaron „Perle")], aus Pflanzenfetten (z. B. Kokosfett, Erdnuß-, Sonnenblumen-, Sojaöl) bestehende Speisefettzubereitung. M. ist eine Wasser-in-Öl-Emulsion, wobei die Fettphase aus etwa 20 % hochschmelzenden und 80 % niedrigschmelzenden Fetten (mit einem hohen Anteil essentieller Fettsäuren), die wäßrige Phase aus Wasser und/oder gesäuerter Magermilch besteht. Durch Erhöhung des Anteils hoch- bzw. niedrigschmelzender Fette können härtere oder streichfähigere Produkte entstehen. Als Emulgatoren werden Eigelb, Lezithin oder Kasein verwendet. Als Aromastoff wird z. B. Diacetyl zugesetzt und die Emulsion mit Karotin gefärbt. Zur Konservierung ist Sorbinsäure zugelassen, ferner werden meist die Vitamine A und D_2 zugegeben. Die Herstellung der M. erfolgt in Kratzkühlern, in denen das zunächst voremulgierte Gemisch emulgiert, gekühlt (kristallisiert) und geknetet wird. Die M. wird dann maschinell gewogen, geformt und verpackt. Ernährungsphysiolog. erfüllt M. alle Bedingungen eines Speisefetts. Ihrem Gehalt an ungesättigten Fettsäuren wurde lange Zeit eine wesentl. Rolle bei der Senkung des Blutcholesterinspiegels zugeschrieben. Nach neueren Erkenntnissen wird jedoch durch diese Fettsäuren nur der Gehalt einer bestimmten Lipoproteinfraktion (sog. High-density-Lipoproteine; HDL) erniedrigt.

Wirtschaft: In der BR Deutschland wurden 1988 472 000 t M. im Wert von 1 167 Mill. DM produziert.

Margarine. Schematische Darstellung der Margarineherstellung

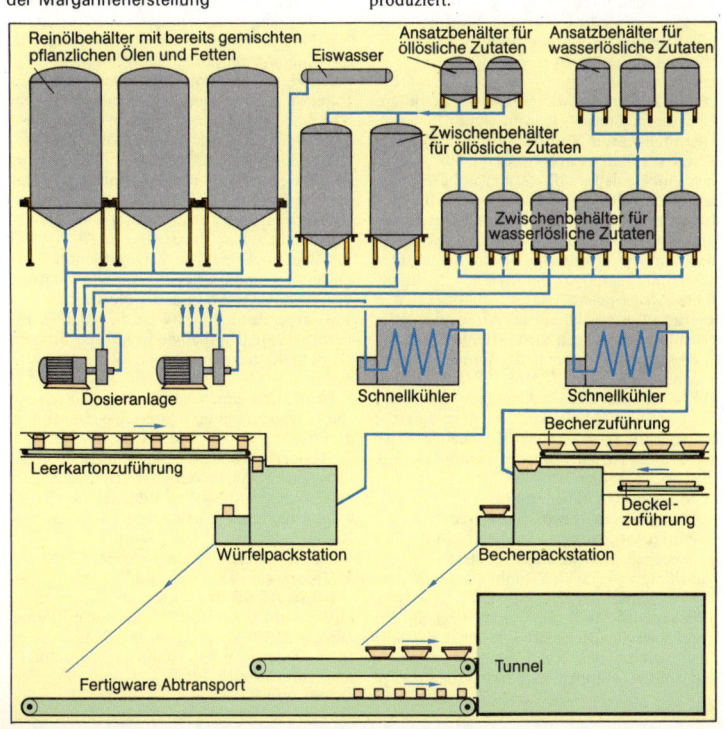

Margarinsäure

Geschichte: Das erste M.produkt wurde von dem frz. Lebensmittelchemiker H. Mège-Mouriès (*1817, †1880) auf Grund eines Preisausschreibens Napoleons III., der einen billigen Butterersatz suchte, entwickelt. Er erkannte, daß der niedrigschmelzende Anteil des Rindertalgs, das *Oleomargarin*, eine Ähnlichkeit mit dem Butterfett aufweist. Durch Emulgieren des Oleomargarins mit Magermilch gelang es ihm, ein butterähnl. Produkt zu erhalten. Nach Erfindung der Fetthärtung konnten auch Pflanzenöle zu M. verarbeitet werden.

Margarinsäure, CH_3-$(CH_2)_{15}$-COOH, Carbonsäure, die als Fettsäure mit ungerader Anzahl von Kohlenstoffatomen nicht in natürl. Fetten vorkommt.

Margarita, Isla [span. 'izla marya'rita], venezolan. Insel der Kleinen Antillen vor der venezolan. N-Küste, 1 085 km², Hauptort La Asunción. - 1498 von Kolumbus entdeckt.

Marge ['marʒə; lat.-frz. „Rand, Spielraum"], 1. im Sinne einer Gewinnspanne der Unterschied zw. An- und Verkaufskursen (z. B. Gold- und Devisenhandel) oder Soll- und Habenzinsen bei der Arbitrage an verschiedenen Börsenplätzen, Kursspanne bei Nettogeschäften; 2. im Sinne einer Risikospanne der Unterschied zw. dem Wert eines Pfandes und dem darauf gewährten Vorschuß; 3. Einschuß, der bei Wertpapiergeschäften oder im Warentermingeschäft als Sicherheit zu leisten ist.

Margerite [frz., zu griech. margarítēs „Perle"], (Wiesen-M., Wiesenwucherblume, *Chrysanthemum leucanthemum*) Wucherblumenart in Europa, Sibirien und in den Kaukasusländern, in N-Amerika und Australien eingeschleppt; bis 60 cm hohe Staude; Blütenkörbchen mit weißen Zungen- und gelben Röhrenblüten; in mehreren Unterarten und Formen auf Wiesen, auch in lichten Wäldern und an Hängen. Die M. wird in mehreren Sorten als Zierpflanze kultiviert, v. a. die gefüllte *Edelweißmargerite*.
◆ Bez. für verschiedene Arten der Wucherblume, bes. auch für Gartenformen.

Marggraf, Andreas Sigismund, *Berlin 3. März 1709, †ebd. 7. Aug. 1782, dt. Chemiker. - Mgl. der Preuß. Akademie der Wiss.; M. gewann 1747 Zucker aus dem Saft der Runkelrübe (von seinem Mitarbeiter F. C. Achard industriell verwertet); entdeckte u. a. die Ameisensäure.

Marghera [italien. mar'gɛːra] ↑ Venedig.
Margherita, Lago ↑ Abajasee.
Margilan, sowjet. Stadt im südl. Ferganabecken, Usbek. SSR, 120 000 E. Seidenforschungsinst., Seidenkombinat. - Seit dem 8. Jh. bekannt.

marginal [lat.], am Rande liegend, den Rand betreffend; beiläufig, ohne Einfluß; auch von an den Rand einer Gesellschaft gedrängten Gruppen oder Individuen gesagt.

Marginalglosse ↑ Glosse, ↑ Marginalien.
Marginalien [zu lat. margo „Rand"], Randbemerkungen: 1. handschriftl. ↑ Glossen, krit. Anmerkungen usw. in Handschriften, Akten, Büchern; 2. auf den Rand einer Buchseite *(marginal)* gedruckte Verweise (Quellen, Zahlen, Inhaltsangaben zum Text).

Marginalprinzip (Grenzprinzip), in der Wirtschaftstheorie die Methode, Änderungen von Größen bei unendlich kleinen Änderungen der sie beeinflussenden Größen zu untersuchen. Die mathemat. Behandlung erfolgt nach den Regeln der Differentialrechnung.

Margit, weibl. Vorname, Kurzform von Margarete.

Margot, aus dem Frz. übernommener weibl. Vorname, gebildet zu Marguerite (↑ Margarete).

Margret, weibl. Vorname, Kurzform von Margarete.

Margulies-Spirale [...liːs; nach dem zeitgenöss. amerikan. Frauenarzt L. Margulies], spiraliges Intrauterinpessar aus Polyäthylen (↑ Empfängnisverhütung).

Marheineke, Philipp Konrad, *Hildesheim 1. Mai 1780, †Berlin 31. Mai 1846, dt. ev. Theologe. - Prof. in Erlangen, Heidelberg und Berlin. M. zählt zu den Vertretern der spekulativen Theologie und ist ein Vorläufer der Vermittlungstheologie; versuchte, Glaube und Wissen, Offenbarung und Vernunft in Einklang zu bringen, und bemühte sich um die Einigung der christl. Konfessionen.

Mari, altoriental. Stadt am mittleren Euphrat, heute Ruinenstätte Tall Hariri bei Abu Kamal in O-Syrien. Gegr. in der 1. Hälfte des 3. Jt., im 18. Jh. Hauptstadt eines bed. altbabylon. Reichs, zerstört 1696 v. Chr. durch Hammurapi von Babylon. Freigelegt wurden u. a. unter A. Parrot frühdynast. Reste (Ischtartempel, altsumer. Palast) sowie die riesigen altbabylon. Palastanlagen (19./18. Jh.) mit Wandmalereien. Bei keiner oriental. Ausgrabung wurden so zahlr. vorzügl. Statuen gefunden wie in M. (u. a. die Göttin mit dem wasserspendenden Gefäß, 18. Jh. v. Chr.), außerdem 25 000 altbabylon. Keilschrifttafeln der polit. Korrespondenz und Wirtschaftsverwaltung.

Mari, finn.-ugr. Volk in der UdSSR, Sprache ↑ Tscheremissisch. Unterschieden werden drei Gruppen: Berg-M. (v. a. am rechten Wolgaufer), Wiesen-M. (am linken Wolgaufer) und Ost-M. (in der Baschkir. ASSR und im Gebiet Swerdlowsk). - Bildeten vom 5. bis 8. Jh. Stammes-Ft., kamen im 13. Jh. zu den Kama-Bulgaren, in der 2. Hälfte des 13. Jh. durch die Mongolen unterworfen; Mitte des 16. Jh. Anschluß an Rußland.

Mari, ASSR der, autonome Sowjetrepublik innerhalb der RSFSR, an der mittleren Wolga, 23 200 km², 722 000 E (1984; Russen, Mari, Tataren u. a.), Hauptstadt Joschkar-Ola. Im NO eine bis 275 m hohe hügelige

Maria

Ebene, im W eine versumpfte Niederung (50–100 m ü. d. M.). Das Klima ist gemäßigt kontinental. Wälder bedecken etwa die Hälfte der Landesfläche. Torf wird als Brennstoff abgebaut. 34 % des Territoriums werden landw. genutzt (Ackerbau und Viehzucht). Wichtige Ind.zweige sind Maschinen- und Elektroapparatebau sowie Holz-, Zellstoff- und Papierind., Glasfabriken. Schiffahrt wird auf der Wolga und der Wetluga betrieben. - Bildung eines Autonomen Gebietes der Mari im Nov. 1920; im Dez. 1936 in eine ASSR umgewandelt.

Maria, aus der Bibel übernommener weibl. Vorname, griech. und lat. Form von hebr. Mirjam, dessen Bed. ungeklärt ist; engl. Mary, italien. Maria, span. María, frz. Marie, ir. Maura, russ. Marija.

Maria, Name von Herrscherinnen:
Hl. Röm. Reich:
M. Theresia, Kaiserin, ↑Maria Theresia, Königin von Böhmen und Ungarn.
Böhmen und Ungarn:
M. Theresia, * Wien 13. Mai 1717, † ebd. 29. Nov. 1780, Königin (seit 1740), Kaiserin. - M. T. behauptete die gemäß der Pragmat. Sanktion übernommene Gesamtherrschaft des Hauses Österreich gegen den Widerstand des vom bourbon. Frankr. und Spanien unterstützten bayr. Wittelsbachers, des späteren Kaisers Karl VII. Albrecht, und gegen Friedrich II. von Preußen (1740–48 Schles. Kriege und Östr. Erbfolgekrieg) unter Verlust von Schlesien und Parma-Piacenza. Die Kaiserwahl ihres Gemahls Franz I. Stephan konnte den östr.-preuß. Dualismus im Hl. Röm. Reich nicht mehr überwinden. Auf die Erschütterung der Monarchie 1740 reagierte M. T. mit einer Heeresreform (durch L. Graf Daun und F. M. Graf von Lacy) und einer Staats- und Verwaltungsreform (1749–61; maßgebl. geleitet von F. W. Graf Haugwitz). Sie setzte gegen ständ. Widerstand den absolutist. Staat mit landesfürstl. Bürokratie und Zentralverwaltung durch. Trotz der gesteigerten Leistungsfähigkeit des Staates scheiterte der Plan des Staatskanzlers Kaunitz, durch Bündniswechsel die 1748 verlorenen Gebiete wiederzugewinnen, im Siebenjährigen Krieg. Die Gewinnung Galiziens 1772, der Bukowina 1775 und des Innviertels 1779 geschah gegen den Willen von M. T. auf Initiative Kaunitz' und des Mitregenten und Kaisers (seit 1765) Joseph II. Im Ggs. zu diesem war die tief religiöse Kaiserin nur zögernd bereit, einer wohlfahrtsstaatl. Politik der kath. Aufklärung zu folgen.

  📖 *Tapie, V. L.: M. T. Die Kaiserin u. ihr Reich. Dt. Übers. Graz 1980. - M. T. u. ihre Zeit. Hg. v. W. Koschatzky. Salzburg Neuaufl. 1980. - Mraz, G./Mraz, G.: M. T. Ihr Leben u. ihre Zeit in Dokumenten u. Bildern. Mchn. 1979.*

Burgund:
M., * Brüssel 13. Febr. 1457, † Brügge 27. März 1482, Hzgn. (seit 1477). - Erbtochter Karls des Kühnen; ∞ 1477 mit dem späteren Kaiser Maximilian I., gegen den Willen der Stände, denen sie das Große Privileg zugestehen mußte. Durch ihren frühen Tod fiel ihr burgund. Erbe an das Haus Österreich.
England:
M. I. Tudor, gen. „die Katholische", * Greenwich (= London) 18. Febr. 1516, † London 17. Nov. 1558, Königin (seit 1553). - Tochter Heinrichs VIII. und Katharinas von Aragonien, folgte ihrem Halbbruder Eduard VI. nach Ausschaltung der Lady Jane Grey auf den Thron. Seit 1554 ∞ mit Philipp II. von Spanien, führte eine schroffe Rekatholisierungspolitik durch. Ihr Eingreifen in den frz.-span. Konflikt führte zum Verlust von Calais.
M. II. Stuart, * London 30. April 1662, † Kensington Palace (= London) 27. Dez. 1694, Königin (seit 1689) - Tochter Jakobs II.; seit 1677 ∞ mit Wilhelm III. (von Oranien). Nach der Vertreibung Jakobs nahm sie mit ihrem Gemahl den Antrag des Konventionsparlaments zur Übernahme der Krone an.
Frankreich:
M. von Medici, * Florenz 26. April 1573, † Köln 3. Juli 1642, Königin, Regentin (1610–17). - Tochter des Groß-Hzg. Franz von Toskana; ∞ seit 1600 mit Heinrich IV. von Frankr., nach dessen Ermordung Regentin für ihren unmündigen Sohn Ludwig XIII., der sie nach der Ermordung ihres Hauptratgebers Ancre (1617) entmachtete; kehrte 1622 in den königl. Rat zurück, wo sie Richelieu zunächst begünstigte, dann ihn bekämpfte und schließl. von ihm verdrängt wurde. 1631 verließ sie Frankreich.
M. Antoinette (Marie Antoinette) [frz. marjătwa'nɛt], * Wien 2. Nov. 1755, † Paris 16. Okt. 1793 (hingerichtet), Königin. - Tochter Maria Theresias, ∞ seit 1770 mit dem späteren König Ludwig XVI. Lebensfroh und vergnügungssüchtig, wirkte sie als Gegnerin einer Reformpolitik einen z.T. verhängnisvollen polit. Einfluß aus; zu Unrecht in die ↑Halsbandaffäre verwickelt. Nach dem Ausbruch der Frz. Revolution knüpfte sie zur Rettung der Monarchie Verhandlungen mit Mirabeau an und veranlaßte den Fluchtversuch der königl. Familie (Juni 1791); 1792 inhaftiert und hingerichtet.
M. Louise (Marie Louise) [frz. mari'lwi:z], * Wien 12. Dez. 1791, † Parma 17. Dez. 1847, Kaiserin. - 2. Gattin Napoleons I. (seit 1810); ging nach dessen Absetzung mit ihrem Sohn, dem Hzg. von Reichstadt, nach Schönbrunn bei Wien. 1816 übernahm sie die Reg. der ihr 1815 übertragenen Hzgt. Parma, Piacenza und Guastalla. 1822 schloß sie eine morganat. Ehe mit A. A. Graf Neipperg.
Niederlande:
M. von Ungarn, * Brüssel 17. Sept. 1505, † Cigales (Prov. Valladolid, 18. Okt. 1558, Köni-

Maria

gin von Ungarn und Böhmen, Statthalterin (1531-55). - Schwester Karls V.; 1522 ∞ mit König Ludwig II. von Ungarn und Böhmen; nach dessen Tod (1526) setzte sie sich für die Nachfolge Ferdinands (I.) ein.

Schottland:

M. von Guise, * Bar-le-Duc 22. Nov. 1515, † Edinburgh 11. Juni 1560, Regentin (seit 1554). - Bemühte sich zunächst um prot. Unterstützung für die Thronfolge ihrer Tochter M. Stuart, gab beim Reg.antritt Elisabeths I. von England ihre tolerante religionspolit. Haltung auf.

M. Stuart ['stu:art; engl. 'stjʊət], * Linlithgow (Schottland) 7. (8.?) Dez. 1542, † Fotheringhay Castle (Northamptonshire) 8. Febr. 1587 (hingerichtet), Königin (1542-67). - Tochter Jakobs V. und der Maria von Guise; seit 1558 ∞ mit dem späteren König Franz II. von Frankr. († 1561). Nach ihrer Rückkehr in das ref. Schottland war M. S., religionspolit. zunächst neutral, als Urenkelin Heinrichs VII. um Durchsetzung ihres Anspruchs auf den engl. Thron bemüht. Die Eheschließung mit ihrem kath. Vetter Lord †Darnley (1565) gab Anlaß zu einem Aufstand der prot. Lords; nach dessen Niederwerfung plante M. S. die Rekatholisierung ihres Landes und ein bewaffnetes Vorgehen gegen England. Nach der Geburt des Thronfolgers verständigte sie sich mit den Adligen; daraufhin wurde Darnley im Febr. 1567 ermordet. Im Mai heiratete M. S. nach prot. Ritus den allg. als Mörder Darnleys geltenden Earl of Bothwell, mit dem sie seit langem in enger Verbindung gestanden hatte. Nach einem gegen Bothwell gerichteten Adelsaufstand mußte M. S. zugunsten ihres Sohnes abdanken. 1568 nach England geflüchtet, wurde sie von Elisabeth I. in Haft genommen und nach mehreren Verschwörungen (zuletzt jene A. Babingtons) zum Tode verurteilt. - F. von Schiller gelang in seinem

Maria Laach, Abteikirche

Drama (1801) die Verschmelzung von menschl. Problem und histor. Vorgang.

📖 *Fraser, A.: M., Kgn. der Schotten. Dt. Übers. Hamb. u. Düss. 1971.* - *Doublier, G.: M. S. Ihr Leben als Kgn. u. Frau. Graz u. Köln 1959.*

Spanien:

M. Luise von Bourbon, * Parma 9. Dez. 1751, † Rom 2. Jan. 1819, Königin. - Seit 1765 auf Grund des Bourbon. Familienpakts von 1761 ∞ mit dem späteren König Karl IV.; bestimmte wesentl. die span. Politik, u.a. durch ihr Verhältnis zu Godoy und die Feindschaft zu ihrem Sohn Ferdinand (VII.).

M. Christine von Bourbon, * Neapel 27. April 1806, † Sainte-Adresse (Seine-Maritime) 23. Aug. 1878, Königin, Regentin (1833-40). - Ab 1829 4. Gattin Ferdinands VII. von Spanien; nach dessen Tod Regentin für ihre Tochter Isabella II. Von Espartero zum Rücktritt gezwungen; ab 1854 im Exil.

Maria, hl., in den synopt. Evangelien des N. T. Name der Mutter Jesu von Nazareth. - Histor. Nachrichten über M. finden sich nur in den kurzen Notizen Mark. 3, 31 und 6, 3, Apg. 1, 14 sowie nur zum geringen Teil in den legendar. Kindheitsgeschichten des N. T. (Matth. 1 ff., Luk. 1 ff.)). Demnach scheint Jesus der erste Sohn M. und ihres Mannes Joseph gewesen zu sein, außer ihm hatte M. mit großer Wahrscheinlichkeit noch weitere Kinder († Brüder Jesu). Das (wohl judenchristl.) Theologumenon von der Jungfrauengeburt wird in die histor. Berichte eingetragen, wobei sich jedoch Brüche und widersprüchl. Aussagen ergeben. - Die Aussagen des Johannesevangeliums, das die Mutter Jesu nie beim Namen nennt, sind nicht histor. zu verstehen. Nach Joh. ist M. die Jüngerin, die den Unverstand der übrigen Welt im Blick auf Jesu wahres Wesen teilt, und ist damit in das Johanneische Bild Jesu als des „verborgenen Offenbarers" eingezeichnet. - Zur Theologie †Mariologie. - †auch Marienfeste, †Marienverehrung, †Mariendarstellungen, †Mariendichtung.

📖 *Beinert, W., u.a.: M. - Eine Ökumen. Herausforderung. Regensburg 1984.* - *Feld, H.: M. Düss. 1977.*

Maria von Bethanien, Frauengestalt im N. T.; Schwester der Martha und des Lazarus; nach Joh. 12, 1-8 salbt sie Jesus die Füße und trocknet sie mit ihren Haaren.

Mariage [mari'a:ʒə; lat.-frz., eigtl. „Heirat"], bei verschiedenen Kartenspielen Bez. für das Zusammentreffen von König und Dame einer Farbe in der Hand eines Spielers.

Maria Laach, Benediktinerabtei mit bed. roman. Abteikirche (1093 bis um 1230) am SW-Ufer des Laacher Sees, Rhld.-Pf., 1093 gegr., 1802 aufgehoben, 1863-73 von Jesuiten, seit 1892/93 von Benediktinern besetzt. Bis zum 2. Vatikan. Konzil war M. L. ein Mittelpunkt der dt. †liturgischen Bewegung.

Maria Magdalena (Maria aus Magdala), eine der in Luk. 8, 2 gen. galiläischen Frauen, die Jesus von bösen Geistern und Krankheiten geheilt hatte; in allen vier Evangelien unter den Frauen beim Tode Jesu und in den synopt. Evangelien auch beim Begräbnis Jesu erwähnt; gilt in der Evangelienüberlieferung als Zeugin des Auferstandenen. In der späteren Tradition wird M. M. irrtüml. mit Maria von Bethanien und mit der namenlosen „Sünderin" (Luk. 7, 37–50) gleichgesetzt. - Fest: 22. Juli.

Mariamne, *Jerusalem um 60, †29 v. Chr. (?). - Gemahlin Herodes I., d. Gr., wegen angebl. Ehebruchs hingerichtet.

Mariana [brasilian. maˈri̯ɐna], brasilian. Stadt 80 km sö. von Belo Horizonte, 697 m ü. d. M., 7 500 E. Kath. Erzbischofssitz; Handelszentrum eines Agrargebiets; - M., gegr. um 1700, ist die älteste Stadt in Minas Gerais. Ihre Entstehung verdankt sie der Entdeckung noch heute genutzter Goldlagerstätten. - Mehrere Barockkirchen, u. a. São Francisco (1763–94). Die Casa Capitular (1770–90) ist eines der schönsten Rokokohäuser Brasiliens.

Marianen, Inselgruppe im w. Pazifik, 953 km², 118 000 E (1972; v. a. Mikronesier und Mischlinge); bildet (mit Ausnahme von Guam) das *Commonwealth of the Northern Mariana Islands* (479 km², 19 600 E), Verwaltungssitz Saipan (auf Saipan). Die M. sind teils Vulkan-, teils Koralleninseln. Hauptwirtschaftsprodukt ist Kopra.
Geschichte: 1521 von Magalhães entdeckt, seit 1565 span.; nach dem Span.-Amerikan. Krieg wurde Guam 1898 an die USA abgetreten, 1899 verkaufte Spanien an das Dt. Reich die übrigen Inseln, die 1920–45 jap. Mandat waren und seit 1947 unter Treuhandverwaltung der USA stehen. Nach dem 1975 zw. den USA und dem Distrikt M. des amerikan. Treuhandgebiets Pazif. Inseln geschlossenen Assoziationsvertrag wurden die M. 1978 in ein mit den USA assoziiertes Commonwealth (Status ähnl. wie Puerto Rico) umgewandelt, nachdem die Bev. des Distr. sowie die Reg. und der Kongreß der USA 1975 und 1976 in diesem Sinne entschieden hatten.

Marianengraben, Tiefseegraben im westl. Pazifik, östl. und südl. der Marianen, bis 10 924 m u. d. M.

Marianische Kongregationen ↑Gemeinschaften Christlichen Lebens.

Marianisten (Marienbrüder, eigtl. Gesellschaft Mariä, lat. Societas Mariae, Abk. SM), kath. Kongregation für Priester und Laien, 1817 in Bordeaux gegr.; in religiöser Erziehung und pastoralen Diensten tätig; 2 800 Mgl. (dt. Niederlassung in Fulda).

Marianne, weibl. Vorname, Doppelname aus Maria und Anna.

Marianne, nat. Personifikation (in Frauengestalt) der Frz. Republik; urspr. Name einer sozialist. Geheimgesellschaft der Restaurationszeit; mit der Symbolgestalt der Freiheit verschmolzen, zumeist mit Jakobinermütze dargestellt.

Mariano, Charles Hugo (Charlie) [engl. maˈjænəʊ], *Boston (Mass.) 12. Nov. 1923, amerikanischer Jazzmusiker (Saxophon). - Spielte in den 1950er Jahren u. a. bei S. Kenton und S. Manne. Seit 1959 ∞ mit der Pianistin und Komponistin Toschiko Akijoschi (*1929). Gründete 1967 mit „Osmosis" seine eigene (Jazz-Rock-)Gruppe. Arbeitet heute v. a. mit jungen europ. Gruppen zusammen.

Mariánské Lázně [tschech. ˈmarjaːnskɛː ˈlaːznjɛ] ↑Marienbad.

Maria Saal, östr. Marktgemeinde in Kärnten, nnö. von Klagenfurt, 504 m ü. d. M., 3 200 E. Die Propstei- und Wallfahrtskirche ist ein spätgot. Bau (15. Jh.) an Stelle von Vorgängerbauten seit dem 8. Jh., nach Mitte des 15. Jh. zur Kirchenburg ausgebaut, der Karner (1416) um 1500 mit Umgang versehen; bed. spätgot. Gnadenbild (um 1425).

Maria-Theresien-Orden, 1757 von der Kaiserin Maria Theresia für bes. Tapferkeit und Kriegsverdienste gestifteter, höchster östr. Militärorden. 1918 aufgehoben.

Mariatheresientaler. Vorderseite (links) und Rückseite (Originaldurchmesser 4 cm)

Mariatheresientaler, 1741–80 mit Bild und Titel der Kaiserin Maria Theresia geprägter Konventionstaler Österreichs und der Nebenländer, seit 1858 außer Kurs; erreichte als Handelsmünze das größte Verbreitungsgebiet (von Ost-Afrika bis Z-Asien, als wichtigster der Levantetaler); erst seit 1945 zunehmend im Rückgang begriffen. Laufende Nachprägung (bis 1977 rd. 335 Mill. Stück) macht den M. zur am längsten einheitl. ausgeprägten Münze der Münzgeschichte.

Mariaviten (poln. Mariawici), Angehörige einer romfreien, urspr. kath., poln. Religionsgemeinschaft (seit 1893), die sich der bes. Verehrung Marias widmete. Die Gemeinschaft wurde vom poln. Episkopat und der röm. Kurie 1906 unterdrückt. Der Anschluß an die altkath. Kirche (1909) wurde 1924 wegen nationalist. und schwärmer.-sektierer. Tendenzen wieder aufgehoben. Seither selbständige kirchl. Gemeinschaft. 1977 etwa 20 000 Mitglieder.

Maria Wörth

Maria Wörth, östr. Gemeinde in Kärnten, auf einer Insel am S-Ufer des Wörther Sees, 458 m ü. d. M. 1 000 E. Spätgot. ehem. Stiftskirche mit roman. Teilen und bed. spätgot. Muttergottes (Mitte 15. Jh.); roman. Winterkirche mit Fresken (12. Jh.).

Mariazell, östr. Stadt in der Steiermark, 870 m ü. d. M., 1900 E. Bedeutendster Wallfahrtsort M-Europas. - M. ist seit 1342 Markt, seit 1948 Stadt. - Die urspr. roman., got. erneuerte Pfarr- und Wallfahrtskirche wurde 1644–1704 barock umgebaut; in der Gnadenkapelle (um 1653) die spätroman. Mariazeller Gnadenmutter.

Marib, Ortschaft im heutigen Jemen, ehem. Hauptstadt des Reiches Saba; Reste des 15 m hohen Staudammes (erbaut Anfang des 1. Jt. v. Chr.; erneuert 8./7. Jh. v. Chr.; Ende des 6. Jh. zerstört) und 4 km sö. ein Tempel des 8./7. Jh. v. Chr.

Maribor (dt. Marburg), jugoslaw. Stadt an der Drau, 274 m ü. d. M., 104 700 E. Handels-, Verwaltungs- und Kulturzentrum des nö. Sloweniens; kath. Bischofssitz; Univ. (gegr. 1975), Museum, Theater. Omnibus- und LKW-Bau, Textil-, Holz- und Nahrungsmittelind.; Bahnknotenpunkt - **Marburg** (abgeleitet von Markburg, einer Grenzfestung der Markgrafen der Pettauer Mark) wurde 1200 Markt, 1254 Stadt. Der slowen. Name Maribor kam im 19. Jh. auf. - Spätgot. umgebauter Dom (12. und 16. Jh.), Renaissancerathaus (16. Jh.); zahlr. Bauten des 18. Jh., Burg (1744, umgestaltet); Türme der ma. Stadtbefestigung.

Marie de France [frz. marid'frã:s], frz. Dichterin der 2. Hälfte des 12. Jh. - Älteste bekannte frz. Dichterin; lebte am Hof Heinrichs II. von England, dem sie 12 um 1167 oder um 1189 entstandene Versnovellen widmete; ihre Dichtungen, die Stoffe der breton. Spielmannsepik verwenden, gestalten Wunderbares und Traumhaftes.

Marie Antoinette [frz. marjãtwa'nɛt], Königin, ↑ Maria (Frankr.).

Marie-Byrd-Land [engl. mə'ri: 'bə:d], Teil der Westantarktis, zw. dem Ellsworthhochland und dem Ross-Schelfeis. Von R. E. ↑ Byrd erforscht und 1929 nach seiner Frau benannt.

Marie-Galante [frz. mariga'lã:t], Insel im frz. Überseedep. ↑ Guadeloupe.

Mariehamn (finn. Maarianhamina), Hauptstadt der finn. Verw.-Geb. Åland, einzige Stadt der Ålandinseln, 9 600 E. Åland-Museum, Seefahrtsmuseum; Fremdenverkehr.

Mariella, aus dem Italien. übernommener weibl. Vorname, Koseform von Maria.

Marie Louise [frz. mari'lwi:z], Kaiserin, ↑ Maria (Frankr.).

Marie Luise, Königin, ↑ Maria (Spanien).

Marienbad (tschech. Mariánské Lázně), Stadt am S-Fuß des Kaiserwalds, ČSSR, 628 m ü. d. M., 18 400 E. Theater; Museum (im Goethehaus); Heilbad mit 40 Quellen (Glaubersalzsäuerlinge) und Moorbädern. - Die Heilkraft der Quellen von M. war bereits im 17. Jh. bekannt; 1805 wurde das Heilbad begr.; seit 1865 Stadt. - Klassizist. Brunnentempel.

Marienberg, Krst. im mittleren Erzgebirge, Bez. Karl-Marx-Stadt, DDR, 600 m ü. d. M., 11 500 E. Metallwaren-, Holz- und Spielwarenind. - 1521 von Hzg. Heinrich V. von Sachsen zur Stadt ausgebaute Bergmannssiedlung. - Spätgot. Pfarrkirche (Wiederaufbau nach einem Brand 1616); Renaissancebürgerhäuser.

M., Landkr. im Bez. Karl-Marx-Stadt, DDR.

Marienbrüder ↑ Marianisten.

Marienburg, Deutschordensschloß, ↑ Marienburg (Westpr.).

Marienburg (Westpr.) (poln. Malbork), Stadt sö. von Danzig, Polen*, am rechten Ufer der Nogat, 34 000 E. Museum; Maschinenbau, Textil-, Nahrungsmittelindustrie. - Sw. der 1274 gegr. **Marienburg** entstand der gleichnamige Ort, der 1276 Culmer Stadtrecht erhielt. 1309 wurde die Burg Hauptsitz des Dt. Ordens, kam 1466 mit dem Ort an Polen, 1772 durch die 1. Teilung Polens an Preußen. - 1945 fast völlig zerstört. Erhalten sind Teile der Stadtbefestigung, das spätgot. Rathaus (14. Jh.). Das Ordensschloß wurde wiederaufgebaut, es ist eine ausgedehnte, von einer Ringmauer mit Türmen umgebene Anlage mit Hochschloß (Konventshaus; Ende 13. Jh.) mit Wehrturm (nach 1344) und der bis 1344 fertiggestellten Marien- und Annenkapelle und kolossalem Stuckrelief der Muttergottes, Mittelschloß (Hochmeisterpalast, vollendet um 1400, großer Remter, um 1320) sowie Vorburg.

Mariendarstellungen, bildl. Darstellungen Marias, der Mutter Jesu, erscheinen bereits im 2. Jh. in röm. Katakomben. Die byzantin. Darstellungstypen wurden bes. in der russ. Ikonen tradiert, und auch in der westl. Kunst war bis ins 13. Jh. die hierat. strenge, thronende *Nikopoia* mit frontal in der Mitte sitzendem Kind vorherrschend, in Italien im 13. und 14. Jh. als *Maestà* von Engeln umgeben, oft als Stadtpatronin mit Lokalheiligen. In der Gotik, hat die stehende Madonna im Typ der *Hodegetria* (das Kind sitzt auf dem linken Arm Marias) bevorzugte, wandelte sich die Marienauffassung. Maria erhält liebenswürdig-menschl. Züge, das Kind wird spieler. frei bewegt (erstmals an den frz. Kathedralportalen des 13. Jh.). Einen Höhepunkt dieser Entwicklung bilden die *Schönen Madonnen* des Weichen Stils um 1400. In den gleichzeitigen kleinformatigen Tafelbildern wird die Marienidylle dargestellt (Maria im Paradiesgärtlein, Maria im Rosenhag). Die italien. Hochrenaissance führt den im 15. Jh. entwickelten Typ der *Sacro conversazione* (Maria mit dem Kind und Heilige im Gespräch) und dem im 14. Jh. entstandenen Typus *Anna selbdritt* (Anna, Maria und das Jesuskind, z. T. mit dem Johannesknaben) in der Landschaft zu künstler. Höhe und entwickelt den Typus der *Madonna in himml. Sphäre* mit Wolken und Putten. Diesem liegen apokalypt. Vorstellungen zugrunde, ebenso der *Mondsichelmadonna* oder der (schwangeren) *Maria im Ährenkleid*. Im Barock überwiegt die Darstellung der *Immaculata*, der Maria der Unbefleckten Empfängnis, bzw. der *Maria vom Siege* auf der Weltkugel. - Seit dem 12. Jh. wurden auch Zyklen des Marienlebens gemalt, auch einzelne Szenen daraus (Tempelgang, Marientod), im Spät-MA wurden u. a. sieben Schmerzen und sieben Freuden Mariä zusammengefaßt (Verkündigung, Heimsu-

Mariendarstellungen. Schöne Madonna aus Krumau (um 1400). Wien, Kunsthistorisches Museum

chung, Geburt Christi, Anbetung der Hl. Drei Könige, Begegnung mit Simeon, Wiedersehen im Tempel, Marienkrönung). Es lösten sich einzelne Darstellungstypen heraus, so die †Mater Dolorosa, die Annunziata (†Verkündigung Mariä) und das Vesperbild (†Pieta).
🕮 *Bloch, P.: Madonnenbilder. Bln. ²1984. - Hawel, P.: Schöne Madonnen. Würzburg 1984. - Schiller, G.: Ikonographie der christl. Kunst. Bd. 4, 2: Maria. Gütersloh 1980. - Kolb, K.: Mariengnadenbilder. Tauberbischofsheim 1978. - Lange, R.: Das Marienbild der frühen Jh. Recklinghausen 1970.*

Mariendichtung, poet. Darstellungen um Maria, die Mutter Jesu, in allen Gatt., Stilen und Tendenzen von liturg. distanzierter Verehrung bis zum volkstüml. Schwankhaften. Die Stoffe entstammen hauptsächl. den Apokryphen des N. T., die Bilder und Symbole der mariolog. Dogmenauslegung (Augustin, 5. Jh.), der Marienpredigt und -mystik (insbes. ab dem 12. Jh.).

Marienfeste, in den christl. Kirchen die Hauptform der liturg. Marienverehrung. - Im *kath. dt.* Sprachgebiet seit 1971: Mariä Heimsuchung (2. Juli), Mariä Himmelfahrt (15. Aug.), Mariä Geburt (8. Sept.), Unbefleckte Empfängnis (8. Dez.); Lichtmeß (2. Febr.) und Mariä Verkündigung (25. März) sind Herrenfeste, die in den *Ostkirchen* ebenfalls als M. begangen werden. Der *ev.* Festkalender nennt als bibl. M. Mariä Verkündigung und Mariä Heimsuchung (oft auch Lichtmeß).

Mariengras (Hierochloe), Gatt. der Süßgräser mit 13 (kumarinhaltigen) Arten in den gemäßigten und kalten Gebieten der Erde. In M-Europa kommen das **Wohlriechende Mariengras** (Hierochloe odorata; in Flachmooren und Bruchwäldern) und das **Südl. Mariengras** (Hierochloe australis; in Wäldern) vor.

Marienkäfer (Herrgottskäfer, Glückskäfer, Coccinellidae), mit rd. 4 000 Arten weltweit verbreitete Fam. 1-12 mm großer, gut fliegender Käfer, davon rd. 70 Arten in Deutschland; Körper hoch gewölbt, nahezu halbkugelig; Oberseite meist mit lebhafter Flecken- und Punktzeichnung. Die Imagines und Larven der meisten Arten sind nützlich; sie fressen Blattläuse, Schildläuse und andere kleine Insekten. M. wurden schon mehrfach erfolgreich in der biolog. Schädlingsbekämpfung eingesetzt. Bekannte heim. Arten: **Siebenpunkt** (Coccinella septempunctata), 6-8 mm lang, Flügeldecken rot, mit meist sieben schwarzen Punkten. **Vierzehnpunkt** (Propylaca quatuordecimpunctata), bis 4,5 mm lang, gelb mit schwarzen, z. T. miteinander verschmolzenen Flecken. **Zweipunkt** (Adalia bipunctata), etwa 3-5 mm lang, Halsschild schwarz mit hellem Rand, Flügeldecken schwarz mit je einem roten Punkt oder umgekehrt.

Marienmünster, Stadt im SO der Stein-

Marienschwesternschaft

heimer Börde, NRW, 200 m ü. d. M., 5 000 E. Textilind., Holzverarbeitung. M. entstand durch Zusammenschluß der Städte **Bredenborn** und **Vörden** sowie von 11 Gem. - 1128 wurde das Benediktinerkloster M. gegr. (1803 aufgelöst), dessen Abt im 14. Jh. zwei Burgen errichtete, um die sich Bredenborn und Vörden bildeten. Vörden bekam 1582 Stadtrecht, Bredenborn 1929. - Die kath. Pfarrkirche wurde ab 1661 unter Einbeziehung roman. Bauformen barock umgebaut, mit Orgel von J. P. Möller (18. Jh.; wiederhergestellt).

Marienschwesternschaft (Ev. M.; bis 1. Juli 1964 Ökum. M.), ev. Kommunität, gegen Ende des 2. Weltkriegs in Darmstadt aus dem Zusammenschluß junger Frauen hervorgegangen, am 30. März 1947 offiziell als Kommunität zur Buße und zum gemeinsamen Gebet, zur Fürbitte und Verkündigung gegr.; Sitz Darmstadt-Eberstadt.

Mariental, Gem. 5 km nnw. von Helmstedt, Nds., 1 200 E. Ehem. Zisterzienserabtei (1136–38 gegr., 1509 aufgehoben), fast vollständig erhaltene Anlage mit roman. Pfeilerbasilika (Mitte des 12. Jh.).

Marienverehrung, Sammelbez. für alle Formen der privaten oder öffentl. Verehrung Marias, v. a. in der kath. Kirche und in den Ostkirchen, die einerseits inhaltl. die offizielle Mariologie geprägt haben, andererseits von der Mariologie theolog. ausformuliert und eingegrenzt wurden, sowie für solche Formen der Verehrung, die von einer von der Theologie weitgehend unabhängigen [Volks]frömmigkeit getragen werden. - Die M. entstand im Osten, von wo sie allmähl. in die westl. Kirche übernommen wurde. Seit dem 6. Jh. Übernahme von Marienfesten; seit dem 12. Jh. wurde das Ave Maria das neben dem Vaterunser am weitesten verbreitete Gebet († auch Rosenkranz), verbunden mit dem seit der Jt.wende aufgekommenen Glauben an die Wirksamkeit von Gebeten. Neben vielen anderen Formen der M. wurde seit dem 19. Jh. v. a. das nach Marienerscheinungen wie in Lourdes oder Fátima entstandene Pilgerwesen auch für Nichtkatholiken sichtbarer Beweis für die Lebendigkeit der Marienverehrung. An die Wallfahrtsstätten schließen sich vielfach Gründungssagen und Heilungsmirakel an. Angerufen wurde Maria in vielfältigen Lebensnöten. Die † Marienfeste galten als bäuerl. Arbeitstermine und Lostage, und manche Bräuche schließen sich an sie an, z. B. die Kräuterweihe.

📖 *Sperber, H.: Unsere Liebe Frau. 800 Jahre Madonnenbild u. M. Regensburg 1979. - Fries, A.: M. heute. Köln 1979.*

Marienwerder (poln. Kwidzyn), Stadt am O-Rand der unteren Weichselniederung, Polen▼, 14–100 m ü. d. M., 31 000 E. Nahrungsmittelind. - 1233 errichtete der Dt. Orden die Burg **Insula sanctae Mariae;** die gleichzeitig entstandene Stadtanlage erhielt 1236 Culmer Recht; 1254–1527 Sitz der Bischöfe von Pomesanien; kam 1526 an das neue Hzgt. Preußen; seit 1772 Sitz der Reg. Westpreußens. - Das ehem. Kapitelschloß (14. Jh.), S- und O-Flügel 1798 abgetragen; jetzt Museum) und der ehem. Dom (Mitte des 14. Jh.) bilden einen einheitl. architekton. Komplex (z. T. wiederhergestellt).

Marietta, aus dem Italien. übernommener weibl. Vorname, Koseform von Maria.

Marignac, Jean Charles Galiscard de [frz. mariˈɲak], * Genf 24. April 1817, † ebd. 15. April 1894, schweizer. Chemiker. - Entdeckte die Elemente Ytterbium (1878) und Gadolinium (1880).

Marignano [italien. mariɲˈɲaːno], früherer Name der italien. Stadt † Melegnano.

Marihuana [mex., vermutl. gebildet aus dem span. Vornamen María und Juana] † Haschisch.

Marika, aus dem Ungar. übernommener weibl. Vorname, Koseform von Maria.

Marillac, Louise de [frz. mariˈjak], hl., verh. Le Gras, * Paris 12. Aug. 1591, † ebd. 15. März 1660, frz. Ordensstifterin. - Gründete zus. mit Vinzenz von Paul die Vereinigung der † Vinzentinerinnen; 1960 zur Patronin der Sozialarbeiter[innen] erhoben. - Fest: 15. März.

Marillen [lat.-roman.] † Aprikosenbaum.

Marilyn [engl. ˈmærɪlɪn], engl. weibl. Vorname, Koseform von Mary.

Marimba [afrikan.-span.], xylophonartiges Schlaginstrument mit Holzplatten verschiedener Größe und Stimmung, die auf einem Rahmen liegen und unter denen sich in der Regel je ein Resonator (früher Kürbis, dann aus Holz, heute meist eine Metallröhre) befindet. Die Platten werden mit Hämmerchen angeschlagen. Die M. ist ein altes afrikan. Instrument, das mit den Negersklaven nach Mittelamerika kam. Die Platten sind klaviaturartig in zwei Reihen angeordnet. Der Umfang des modernen, **Marimbaphon** genannten Instruments reicht von c–c^4 oder bis c^5. Es wird in der Tanz- und Unterhaltungsmusik verwendet, seit etwa 1950 auch in der Konzertmusik.

marin [zu lat. mare „Meer"], im Meer lebend.

Marina, aus dem Italien. übernommener weibl. Vorname (zu Maria oder Marinus).

Marinade [lat.-frz., eigtl. „in Unterwasser Eingelegtes"] (Beize), aus Essig, Zitronensaft oder Wein und Kräutern und Gewürzen hergestellte Flüssigkeit, in der Lebensmittel zur Konservierung und/oder Geschmacksverbesserung eingelegt (gebeizt) werden.
◆ durch Zugabe von Essig und Kochsalz gegartes, begrenzt haltbares Fischprodukt.
◆ Salatsoße.

Marine [frz., zu lat. mare „Meer"], 1. Bez. für das See- bzw. Flottenwesen eines Staates; 2. svw. Kriegsmarine. - In der dt. Bundeswehr unterstehen dem Inspekteur der M., der für die Einsatzbereitschaft der Teilstreitkraft verantwortl. ist, als höhere Kommandobehörden das **Flottenkommando**, das Instrument zur Führung der Flotte, das **Marineamt**, das für Ausbildung, Ausrüstung und Sanitätsdienst zuständig ist, sowie das **Marineunterstützungskommando**, dessen Aufgabe v. a. die Logistik der M. umfaßt.

Marineattaché [...taʃe:] ↑Militärattaché.

Marineinfanterie, für den Einsatz an Land, meist als Teil der amphib. Streitkräfte ausgebildete und ausgerüstete Truppe der Kriegsmarine (das *Marinekorps* der USA von [1985] 198 000 Mann ist eine selbständige Teilstreitkraft), häufig Elitetruppe.

Marineleitung ↑Admiralität.

Marinemalerei, Malerei, die See und Meer, Flüsse und Küsten, Häfen, z. T. mit Schiffen, Seeschlachten darstellt. Bilder dieser Gattung heißen *Marinen* oder *Seestücke*. Selbständige Gattung in der niederl. Malerei v. a. des 17. Jh.; am Beginn steht P. Breughel d. Ä., Höhepunkte erreichte sie bei A. Cuyp, J. van Goyen, S. van Ruysdael und J. van Ruisdael, W. van de Velde d. J. sowie bei Guardi, C. D. Friedrich, W. Turner und J. Constable, im 20. Jh. bei E. Nolde, O. Kokoschka.

Mariner [engl. 'mærɪnə], Name einer Serie unbemannter Raumsonden der USA, die von 1962 (M. 1 und M. 2) bis 1973 (M. 10) zur Erforschung der Planeten Venus, Mars und Merkur gestartet wurden.

Marineschulen, militär. Ausbildungsstätten der Teilstreitkraft Marine; in der Bundeswehr (1985): Marineschule Mürwik (Flensburg), Marineunteroffizierschule (Plön), Marineversorgungsschule (List), Techn. Marineschule (Kiel und Bremerhaven), Marinewaffenschule (Eckernförde und Kappeln), Marinefernmeldeschule (Flensburg), Marineküstendienstschule (Großenbrode), Marineortungsschule (Bremerhaven), Seemannschaftslehrgruppe (Borkum), Marinefliegerlehrgruppe (Westerland), U-Boot-Lehrgruppe (Neustadt in Holstein).

Marinetti, Filippo Tommaso, * Alexandria 22. Dez. 1876, † Bellagio 2. Dez. 1944, italien. Schriftsteller. - Gründete 1905 die literar. Zeitschrift „Poesia". Veröffentlichte am 20. Febr. 1909 im „Figaro" sein erstes futurist. Manifest, mit dem er zum Begründer des Futurismus wurde. M. forderte den Bruch mit allen Stil- und Denkformen der Vergangenheit, zumal mit dem literar. Ästhetizismus. Er versuchte eine neue Syntax zu schaffen und ein Vokabular, das der Entwicklung von Technik und Zivilisation angemessen sei. Später Anhänger des Faschismus, bes. in seiner Schrift „Futurismo e fascismo" (1924).

Marineunterstützungskommando ↑Marine.

Marini, Giambattista, italien. Dichter, ↑Marino, Giambattista.

M., Marino, * Pistoia 27. Febr. 1901, † Viareggio 6. Aug. 1980, italien. Bildhauer, Maler und Graphiker. - M. gelangte zu seiner Kunst über das Studium der antiken, ägypt. und etrusk. Skulptur; neben Aktfiguren konzentriert sich M. auf das Thema Pferd und Reiter. - ↑auch Abb. Bd. 10, S. 353.

Marinismus, italien. literar. Ausprägung des Manierismus; gekennzeichnet durch eine irrationalist. Grundhaltung und gewollte esoter. Künstlichkeit, sprachl. v. a. durch verrätselte Metaphorik, die reiche Verwendung von dunklen Anspielungen, Antithesen und alog. Bildern. Benannt nach G. Marino, dessen lyr. und ep. Werke viel bewundert und nachgeahmt (insbes. von den **Marinisten** C. Achillini [* 1574, † 1640] und G. Lubrano [* 1619, † 1693]) wurden und von gesamteurop. Einfluß waren (v. a. auf den dt. Barock).

Marinismus [lat.-frz.], um 1900 aufgekommene Bez. für das Streben nach Aufbau und Unterhaltung einer möglichst starken Flotte.

Marino (Marini), Giambattista, * Neapel 18. Okt. 1569, † ebd. 25. März 1625, italien. Dichter. - Ab 1608 am Hof des Herzogs von Savoyen in Turin, 1615-22 in Paris, lebte ab 1623 in Rom. Sein Hauptwerk, das allegor. Epos „Adone" (1623), schildert in 20 Gesängen (45 000 Verse) mit vielen Abschweifungen die Geschichte von Venus und Adonis; die dabei verwendeten Stilmittel und dargebote-

Marino Marini, Reiter „Miracolo" (1953). Mannheim, Kunsthalle

Marinus

nen Inhalte wurden als ↑Marinismus in ganz Europa nachgeahmt.

Marinus, männl. Vorname lat. Ursprungs, eigtl. „der zum Meer Gehörende".

Mario, männl. Vorname, italien. Form von Marius.

Mariologie [hebr./griech.], in den christl. Kirchen die im Zusammenhang mit der Christologie (↑Jesus Christus) erfolgende theolog. Begriffs- und Lehrbildung zur Gestalt ↑Marias und ihrer Verehrung (↑Marienverehrung). Die Reflexion der ersten christl. Jh. über die göttl. und die menschl. „Natur" in Jesus Christus führte zu der analogen Aussage, daß die Mutter Jesu beide „Naturen" geboren habe, die schließl. auf dem 3. allg. Konzil in Ephesus (431) in dem Titel Marias als *Gottesgebärerin* ihren dogmat. [und apologet.] Ausdruck fand. Ebenfalls sehr früh bildete sich in der Volksfrömmigkeit (erstmals bezeugt im ↑Jakobusevangelium) die Überzeugung von der *immerwährenden Jungfräulichkeit* Marias (↑auch Jungfrauengeburt). - Die *kath. Theologie* dogmatisierte diese Überzeugung auf dem Tridentinum (1555). Im Zusammenhang mit der [Erb]sündlosigkeit Jesu findet sich etwa seit dem 12. Jh. die Auffassung, auch Maria sei ohne Erbsünde, also *unbefleckt empfangen;* sie wurde von Pius IX. in der Bulle „Ineffabilis Deus" am 8. Dez. 1854 zum Dogma erhoben. Das bislang letzte Mariendogma ist das Dogma von Marias *leibl. und seel. „Aufnahme in die himml. Glorie"* (Himmelfahrt oder Aufnahme Marias), das von Pius XII. am 1. Nov. 1950 in der Apostol. Konstitution „Munificentissimus Deus" proklamiert wurde. - Trotz der intensiven Marienverehrung in den *Ostkirchen* wird dort nur das Dogma von der Gottesmutterschaft Marias anerkannt. - Die *ev. Theologie* lehnt jede Dogmatisierung und kult. Verehrung Marias als bibl. nicht begründbar ab.

Marion, aus dem Frz. übernommener weibl. Vorname (zu frz. Marie).

Marionette [frz., eigtl. „kleine Marienstatue" (zu Marion, der Verkleinerungsform von Marie)], Figur des Puppentheaters mit bewegl. Gliedern. Die M. ist an Fäden bzw. Drähten befestigt, wobei die einfachsten Figuren einen Führungsfaden im Rücken, einen je Kopfseite und je einen an Hand- und Kniegelenken haben. Die Fäden sind an einem Führungskreuz befestigt. - **M.theater** gelangten aus Griechenland und Rom nach Mittel- und Westeuropa, im MA wurden sie auf Jahrmärkten vorgeführt; im 17.–19. Jh. gab es zahlr. Wanderbühnen. Man spielte Historien, Rühr- und Heimatstücke, bes. Komödien mit der Figur der ↑Pulcinella und anderen volkstüml. kom. Typen. 1858 in München erstes festes M.theater, gegr. durch Leonhard Schmid und Franz Graf Pocci. Im 20. Jh. werden Wien, Salzburg, München, Augsburg Zentren des M.theaters. In der BR Deutschland gibt es etwa 15 M.theater, z. T. mit avantgardist. Experimenten (Göttingen).

♦ übertragen: Mensch ohne eigenen Willen, der einem anderen fraglos [als Werkzeug] dient.

Mariotte, Edme [frz. ma'rjɔt], * Dijon (?) um 1620, † Paris 12. Mai 1684, frz. Physiker. - Mgl. der Académie des sciences; fand bei seiner Suche nach einer barometrischen Höhenformel (unabhängig von R. Boyle) 1679 das nach ihm und Boyle benannte Gasgesetz. Bei seinen Arbeiten zur Optik entdeckte er im menschlichen ↑Auge den blinden Fleck und fand die Erklärung der Höfe um Sonne und Mond.

Maris, Jacob[us] [Hendricus], * Den Haag 25. Aug. 1837, † Karlsbad 7. Aug. 1899, niederl. Maler. - Mit zart getönten, stimmungsvollen Landschaften einflußreicher Vertreter der sog. Haager Schule. Sein Bruder *Matthijs M.* (* 1839, † 1917) lebte seit 1877 in London und malte traumhafte und symbol. Figuren- und märchenhafte Genrebilder, der jüngste der Brüder, *Willem M.* (* 1844, † 1910) war v. a. Tiermaler.

Marisat [engl. 'mærɪsæt; Kw. aus lat.-engl. **mari**ne und **sat**ellite], für den Schiffsfunk (Sprechfunk und Telexverkehr mit Schiffen) entwickelte, mit drei Relaissendern ausgerüstete amerikan. Kommunikationssatelliten.

Marismas [span. ma'rizmas], südspan. Marschgebiet in Niederandalusien, am Mündungsgebiet des Guadalquivir, etwa 490 km².

Maristen (Gesellschaft Mariens, lat. Societas Mariae, Abk. SM), kath. Priesterkongregation; 1816 in Belley gegr.; kirchl.-pastorale Aufgaben sowie Mission. 1977: rd. 2000 Mgl. (dt. Provinzialhaus: Meppen).

Maristen-Schulbrüder (lat. Institutum Fratrum Maristarum a Scholis, Abk. FMS), 1817 von dem Maristenpriester M.-J.-B. Champagnat gegr. Kongregation kath. Laienbrüder für den christl. Unterricht. 1977: rd. 7200 Mgl. (dt. Provinzialhaus: Furth bei Landshut).

Marita, span. weibl. Vorname (zu María).

Maritain, Jacques [frz. mari'tɛ̃], * Paris 18. Nov. 1882, † Toulouse 28. April 1973, frz. Philosoph. - 1914–40 Prof. am Institut catholique in Paris; 1945–48 Botschafter Frankr. beim Vatikan; seit 1948 Prof. an der Princeton University (USA). Führender Vertreter des Neuthomismus; versuchte eine schoiast. Neubegründung der Metaphysik. Sein Ziel war ein erneuerter christl. Humanismus.

maritim [zu lat. mare „Meer"], das Meer, die Seefahrt betreffend.

maritime Provinzen (Seeprov., atlant. Prov., engl. Maritimes), die am und im Atlantik gelegenen kanad. Prov. Nova Scotia, New Brunswick und Prince Edward Island (neuerdings auch Newfoundland); von den Franzosen Akadien genannt.

maritimes Klima, svw. ↑Seeklima.

Maritza, Fluß auf der Balkanhalbinsel, entspringt in der Rila, Bulgarien, bildet westl. von Edirne für wenige Kilometer die bulgar.-griech. und dann die türk.-griech. Grenze; mündet östl. von Alexandrupolis in das Ägäische Meer, 514 km lang.

Marius, männl. Vorname lat. Ursprungs, eigtl. „der aus dem Geschlecht der Marier".

Marius, Gajus, *Cereatae bei Arpinum 156, † Rom 13. Jan. 86, röm. Konsul (107, 104–100, 86) und Feldherr. - Plebejer; kämpfte 109 als Legat im Jugurthin. Krieg, den er als Oberbefehlshaber 105 siegreich beendete; schuf ein Berufsheer; schlug die Teutonen 102 bei Aquae Sextiae (= Aix-en-Provence) und die Kimbern 101 bei Vercellae (= Vercelli). Um seine Veteranen zu versorgen, verbündete er sich 103 mit dem Volkstribunen Lucius Appuleius Saturninus, mußte aber wegen der entstandenen Unruhen den Ausnahmezustand gegen ihn verhängen. Ab 88 Bürgerkrieg gegen Sulla, den Oberbefehlshaber im 1. Mithridat. Krieg. M. mußte nach Afrika fliehen, kam 87 zurück und bekämpfte die Optimaten.

Marius, Simon, eigtl. S. Mayr (Mair, Mayer), *Gunzenhausen 10. Jan. 1573, † Oettingen i. Bay. oder Ansbach 5. oder 6. Jan. 1625, dt. Astronom. - Ab 1605 Hofastronom in Ansbach; verfaßte zahlr. astrolog. Kalender; entdeckte den Andromedanebel und (unabhängig von G. Galilei) die ersten vier Jupitermonde sowie die Venusphasen und Sonnenflecken.

Marivaux, Pierre Carlet de Chamblain de [frz. mari'vo], *Paris 4. Febr. 1688, † ebd. 12. Febr. 1763, frz. Schriftsteller. - Seine psycholog. fein motivierten Komödien, bes. Liebeskomödien, behandeln das Entstehen der Liebe in immer neuen Versionen, u. a. „Das Spiel von Liebe und Zufall" (1730), „Die falschen Vertraulichkeiten" (1738) und fesseln durch witzigen, sprachl. ausgefeilten Dialog. Auch Verf. (unvollendeter) Romane.

Marjutsee, Lagune am NW-Rand des Nildeltas, Ägypten, rd. 250 km². Auf der Nehrung, die den M. vom Mittelmeer trennt, liegt Alexandria.

Mark, männl. Vorname, Kurzform entweder von Markus oder von dt. Namen, die mit „Mark-" gebildet werden.

Mark, ehem. Gft. und Grafengeschlecht in Westfalen, entstanden 1160/61 durch die Bildung einer Nebenlinie der Grafen von Berg. Graf Adolf III. († 1394) erwarb durch Heirat die Gft. (später Hzgt.) Kleve. Beide Territorien wurden 1511/21 in Personalunion mit Jülich, Berg und Ravensberg verbunden; durch den Jülich-Klevesche Erbfolgestreit (1609–14) fiel Kleve-M. an Brandenburg.

Mark [zu mittelhochdt. marc „Silber- oder Goldbarren mit amtl. Zeichen"], Bez. für verschiedene alte Gewichts- oder Rechnungseinheiten im Geldwesen und Münzen. Als Gewichtsname ist M. für Skandinavien seit dem 9. Jh., für Deutschland (zuerst am Niederrhein) seit dem 11. Jh. bezeugt. Unklaren Ursprungs, steht sie zu gleichzeitigen Pfundgewichten in ungleichem Verhältnis. Die ma. M.werte schwanken zw. 186 und 281 g, auch die Einteilung differiert; in Deutschland vielfach 1 M. = 4 Ferto (Ferding) = 16 Lot = 64 Quentchen = 256 Richtpfennige, diese seit dem 16. Jh. weiter unterteilt. Die größte Bed., weit über Deutschland hinaus, erlangte die *Kölner M.;* sie war für Edelmetalle und daher im Münzwesen bis 1857 in Gebrauch (zuletzt 233,856 g). - Aus der Gewichts-M. war zunächst die ungemünzte Anzahl von Münzen zu prägen. Diese fixierte sich als Rechnungsmünze und wurde beibehalten, als das Münzgewicht durch Abwertung sank (**Zählmark**). Mit fortschreitender Abwertung wurde die Darstellung der Rechnungsmünze M. auch als einzelnes Geldstück mögl. (**Münzmark;** bis ins 19. Jh. nur in Silber). Bed. hatte in Deutschland v. a. die vom Wend. Münzverein geschaffene *lüb. M.* = ¹/₁₃ Gewichts-M. köln., seit 1571 = ¹/₂, seit 1624 = ¹/₃ Taler gerechnet. Als dieser Kurs sich nicht mehr halten ließ, wurde sie im Bankverkehr als Idealmünze gewahrt, die nach dem *Hamburger Bankofuß* von 1619 berechnete *M. Banco* (anfangs = ¹/₂₇ köln. M. Feinsilber; 1873: 100 M. Banco = 150 M. Reichswährung). An die Stelle der Münz-M. trat die stärker abgewertete **Kurantmark** (1724 = ¹/₃₄ köln. M. Feinsilber; 1871: 16 ²/₃ Kurant-M. = 20 M. Reichswährung). Im Dt. Reich bot sich die M. als bisherige Rechnungsgrundlage mit polit. unbed. Hansestädten 1871 als geeigneter Kompromiß zw. dem preuß.-norddt. Taler- und dem südd. Guldenblock zur Schaffung der M. zu 100 Pfennigen durch Reichsgesetz vom 4. 12. 1871, erstmals in Goldwährung, entsprechend dem Gegenwert von ¹/₃ des bisherigen preuß.-sächs. Talers. Die M. wurde 1873–1916 durch Scheidemünzen in Silber vertreten; Nachfolgereformen: Rentenmark, Reichsmark, Dt. Mark. - Die *lüb. M.* wurde im 16. Jh. auch in Skandinavien übernommen, wo sie sich als Rechnungsmünze bis ins 19. Jh. hielt. Weitere Ableger der lüb. M. sind die *Finn-M.* (seit 1860), die *estn. M.* (1918–28) und die *poln. M.* (1917–23).

Mark [zu althochdt. marg, eigtl. „Gehirn"], (Medulla) in der *Anatomie* Bez. für den zentralen, meist weicheren Teil von bestimmten Organen, der sich histolog. und funktionell vom peripheren Organteil (z. T. als Rinde bezeichnet) unterscheidet; z. B. Nebennieren-M., Knochen-M., Rücken-M., verlängertes Mark.

◆ in der *Botanik:* Grundgewebsstrang (Parenchym) im Zentrum pflanzl. Sprosse, durch † Markstrahlen mit dem Rindengewebe verbunden; dient als Reservestoff- und Wasserspeicher.

Mark

Mark [zu althochdt. marcha „Grenze"], (Grenzmark) in karoling. und otton. Zeit Bez. für Grenzräume im Vorland des eigtl. Reiches, die der militär. Sicherung des Reichsgebietes dienten. Unter den ersten Karolingern entstanden im W die Breton. M., im SW die Span. M. sowie im SO die M. Friaul und die Pannon. (Awar.) Mark. Die Einfälle der Slawen und Ungarn seit dem Ende des 9.Jh. veranlaßten Otto d. Gr., das M.system zu erneuern und v. a. im O auszubauen. Im N wurde die Elb-M. gebildet, die dann in die N-Mark, die sächs. O-Mark und die M. Meißen geteilt wurde. Aus der N-Mark entstand die M. Brandenburg, deren M.grafen seit dem 13. Jh. zu den Kurfürsten gezählt wurden. Aus der bayer. O-Mark entstand die Mark-Gft. (ab 1156 das Hzgt.) Österreich. Die M. unterstanden **Markgrafen**, die auf Grund ihrer Machtbefugnisse zu herzogähnl. Stellung aufsteigen konnten.
◆ Bez. für die Feldmark, nach älterer Auffassung in german.-frühma. Zeit gemeinschaftl. genutzt.

Marka (früher Merca), Stadt in Somalia, an der südl. Küste, 70 000 E. Chem.-pharmazeut. Labor des Landes; Nahrungsmittelind.; Fischerei. - Late arab. Niederlassung; im 16./17.Jh. portugies., gehörte dann zum Sultanat Oman; Anfang des 19. Jh. vom Sultan von Sansibar erworben, gehörte 1905–60 zu Italien.-Somaliland.

Mark Anton (Mark Antonius) ↑Antonius, Marcus (röm. Feldherr).

Markasit [arab.-mittellat.], metall. glänzendes, gelbes Mineral, FeS_2; orthorhomb. Modifikation des Pyrits. Mohshärte 6-6,5; Dichte 4,8-4,9 g/cm^3. M. bildet neben flachen oktaedr. Kristallen speerspitzenähnl. Zwillinge und Vierlinge *(Speerkiese)* und kammähnl. Gruppen *(Kammkiese)*, ferner grobstrahlige bis feinfaserige Aggregate *(Strahlkies)* und dichte Massen *(Leberkies)*. Vorkommen auf Erzgängen oder in Ton, Kalk und Kohle.

Mark Aurel (Marcus Aurelius Antoninus), eigtl. Marcus Annius Verus, * Rom 26. April 121, † wohl Vindobona (= Wien) 17. März 180, röm. Kaiser (seit 161). - 138 durch Antoninus Pius adoptiert. Seine Reg. war der Beginn des röm. Niedergangs: 162–166 Partherkrieg, Verbreitung der Pest durch zurückkehrende Soldaten; ab 166 unablässige Vorstöße der Völker jenseits der Donau (v. a. Markomannen, Kostoboken, Bastarner). Bei Neuaufleben des *Markomannenkrieges* (177) seit 178 wieder im N, starb M. A. wahrscheinl. an der Pest. M. A. war philosoph. gebildet, seine „Selbstbetrachtungen" sind erhalten. Ein **Reiterstandbild** (Original) steht auf dem Kapitolsplatz in Rom (Abb. Bd. 5, S. 130).

Mark-Aurel-Säule, 180–193 in Rom (Piazza Colonna) zu Ehren Mark Aurels errichtete Säule.

Mark der Deutschen Demokratischen Republik, Abk. M, Währungseinheit in der DDR; 1 M = 100 Pfennig (Pf).

Mark der Deutschen Notenbank, Abk. MDN, vom 1. Aug. 1964 bis zum 31. Dez. 1967 Bez. für die Währungseinheit der DDR.

Markdorf, Stadt unweit des N-Ufers des Bodensees, Bad.-Württ., 453 m ü. d. M., 10 400 E. Metallverarbeitende, Textil- u. a. Ind.; Weinbau. - M. wird 807 erstmals erwähnt. Die Stadtgründung erfolgte südl. der gleichnamigen Burg (geringe Reste) um 1250. - Spätgot. Pfarrkirche (14.Jh.), barocke Spitalkirche (17. Jh.), Friedhofskapelle mit spätgot. Wandmalereien; Altes Schloß (14. Jh., umgebaut).

Marke [korn. „Pferd"], in der Sage von Tristan und Isolde König von Cornwall, Tristans Onkel. M. wird von seiner Frau Isolde durch ihr Liebesverhältnis zu Tristan betrogen.

Marke [german.-frz.], eingeprägtes, aufgestempeltes oder auf sonstige Weise an einer Sache angebrachtes Zeichen von rechtl. Beweiswert, das Eigentumsverhältnisse, Herkunft und/oder Güte der Sache bezeugt (z. B. Grenzzeichen, Hausmarke, Handelsmarke, Fabrikmarke, Warenzeichen [Brand; engl.]). Im *Kunsthandwerk* urspr. Garantie-M. bei den Goldschmieden und den Zinngießern, Zeichen für den Feingehalt der Metallegierung. Sie erlauben heute in den meisten Fällen, die Herkunft, den Meister und - bei Jahresstempel - auch die Entstehungszeit anzugeben. Weniger erforscht sind die M. der Waffen-, Klingen-, Zirkel- und Rotschmiede.
◆ (lat. merellus, frz. méreau, engl. token, lat.-italien. tessera) in der *Numismatik* münzähnl. Stück aus minderem Metall, ausgegeben als Berechtigungs-, Quittungs-, Kontroll- oder Erkennungszeichen, vielfach durch nicht münzberechtigte Institutionen (Banken) oder Private zur vorläufigen Abgeltung von geringfügigeren Ansprüchen zwecks späterer Einlösung.

Markelius, Sven Gottfrid, * Stockholm 25. Okt. 1889, † Danderyd b. Stockholm 24. Febr. 1972, schwed. Architekt. - Führte den ↑ internationalen Stil in Schweden ein: Ausstellungsbauten Stockholm (1930), Konzerthaus in Hälsingborg (1932), schwed. Pavillon der Weltausstellung New York (1939); vorbildl.: Stadtteil Vällingsby, Stockholm (1953–59).

Marken (italien. Marche), italien. Region und Großlandschaft am Adriat. Meer, 9694 km^2, 1,424 Mill. E (1985), Regionshauptstadt Ancona. M. erstreckt sich vom Apenninenhauptkamm bis zur Adriaküste. Weidewirtschaft in den höheren Gebirgsteilen, im Apenninenvorland Ackerbau; Ind. nur in den Küstensiedlungen. - In der Antike von Picentern und Kelten (Ager Gallicus) besiedelt; fiel im 3. Jh. v. Chr. an Rom, das Gebiet südl. von

Markgröningen

Ancona später in langobard. Hand; die vordem byzantin. Pentapolis kam in der 2. Hälfte des 8. Jh. an die Päpste. Erst im 10. Jh. erscheint der Name M. als Bez. für das Grenzgebiet des kaiserl. Einflußbereichs. Seit dem 13. Jh. bildeten sich mehrere Signorien in den M., die im 16. Jh. an den Kirchenstaat kamen, 1808–13 zum Napoleon. Kgr. Italien, dann erneut zum Kirchenstaat, seit 1860 zum geeinten Italien gehörten.

Markenartikel (Markenwaren, engl. branded good), durch Markierung mit einem Warenzeichen oder gleichbleibende Ausstattung gekennzeichnete Waren, für die *gleichbleibende Qualität* (nicht ident. mit bester Qualität), *gleichbleibende Mengenabpackung* [und gleicher Preis] verbürgt werden. Regelmäßig handelt es sich bei M. um standardisierbare Erzeugnisse für den differenzierten Massenbedarf. Ferner liegt bei den Konsumenten zumeist ein gefestigtes Image vor, auch die Vorstellung, daß es sich um Erzeugnisse gleichbleibender Güte (nach Verkehrsgeltung) handele. Die vertikale Preisempfehlung ist bei M. zulässig.

Marker, Chris, eigtl. Christian-François Bouche-Villeneuve, * Peking 27. Juli 1921, frz. Filmregisseur. - Dreht Kurz- und Dokumentarfilme. - *Filme:* Der schöne Mai (1962), Am Rande des Rollfeldes (1962), Sans Soleil - Unsichtbare Sonne (1983).

Marker svw. ↑ Markierungsfeuer.
♦ Filzschreiber mit bes. breitem [Filz]docht.

Märker, Bez. für die Bewohner der ehem. Mark Brandenburg.

Markerbse ↑ Saaterbse.

Marketender [zu lat.-italien. mercatante „Händler"], bis zum Beginn des 20. Jh. Bez. für Händler, die die Truppen bei Manövern und im Krieg begleiteten und Nahrungs-, Genußmittel sowie Bedarfsartikel verkauften; von großer Bed., solange die Soldaten ihre Verpflegung selbst beschaffen mußten.

Marketerie [frz.] ↑ Intarsien.

Marketing [engl. 'maːkɪtɪŋ] ↑ Absatz.

Marketing-mix [engl. 'maːkɪtɪŋ 'mɪks] ↑ Absatz.

Markewitsch, Igor, * Kiew 27. Juli 1912, † Antibes 7. März 1983, russ. Dirigent und Komponist. - Schüler von A. Cortot und N. Boulanger; als Dirigent Interpret v. a. zeitgenöss. Musik; 1965 Leiter des Sowjet. Staatsorchesters und Prof. am Konservatorium in Moskau; 1968–73 Leiter des Nationalorchesters von Monaco, 1973–75 Leiter von Chor und Orchester der Accademia Nazionale di Santa Cecilia in Rom.

Markfruchtbaum (Herzfruchtbaum, Ostind. Tintenbaum, Semecarpus anacardium), Anakardiengewächs in Vorderindien bis zum Himalaja; bis 10 m hoher Baum mit lederartigen Blättern und großen, bis 2,5 cm langen und bis 2 cm breiten, zusammengedrückt-eiförmigen Steinfrüchten, den **Marknüssen.**

Markgenossenschaft, nach einer quellenmäßig nicht belegten Theorie ein Siedlungsverband sippenrechtl. Art, der den landw. genutzten Boden (Mark) als Gemeineigentum besaß. Seit dem MA durch die Grundherrschaft zersetzt und zurückgedrängt.

Markgraf ↑ Mark (Grenzmark).

Markgräfler Land, Landschaft in Bad.-Württ., erstreckt sich südl. des Breisgaus bis zum Rheinknie bei Basel und umfaßt im SO auch den Dinkelberg; Ackerbau in der Ebene, in der Vorbergzone Weinbau (**Markgräfler,** vorwiegend leichte Weine [↑ Gutedel]).

Markgröningen, Stadt am Rande des

Markasit. Strahlkies in linsenförmiger Konkretion mit radialer Struktur, eingewachsen in stahlblauen Tonschiefer

Marktformenschema

Nachfrager / Anbieter	einer	wenige	viele
einer	bilaterales Monopol	beschränktes Monopol	Monopol
wenige	beschränktes Monopson	bilaterales Oligopol	Oligopol
viele	Monopson	Oligopson	Polypol (Polypson)

Markian

Strohgäus, Bad.-Württ., 281 m ü. d. M., 12400 E. Werkzeug- und Maschinenbau, Polster-, Kolben- und Zylinderfabrik. - 779 Ersterwähnung; Stadt und dazu gehörende Burg um 1240 gegr.; bis ins 18. Jh. Oberamtsstadt. - Got. ev. Stadtkirche (14. und 15.Jh.) mit Wand- und Deckenmalereien der Gotik und Renaissance, Fachwerkrathaus (15. und 16. Jh.).

Markian (Markianos, Marcianus), * in Thrakien um 392, † Konstantinopel 26. Jan. 457, byzantin. Kaiser (seit 450). - Berief 451 das 4. ökumen. Konzil von Chalkedon ein; brach den Widerstand der Monophysiten in Palästina und Ägypten.

markieren [german.-frz., eigtl. „mit einer Marke versehen"], kenntlich machen; hervorheben; so tun, als ob.

Markierergene (Markierungsgene), Gene, deren Lokalisation auf dem Chromosom und deren Wirkung bekannt sind und von denen aus die Lage und Verteilung der anderen Gene festgelegt werden können oder durch die ein bestimmtes Chromosom nachgewiesen werden kann.

Markierung [zu ↑markieren], die Kennzeichnung eines an chem., biolog. und anderen Vorgängen beteiligten stabilen Elements durch Beimischen eines Radioisotops dieses Elements als Indikator *(radioaktive M.)* oder durch Zugabe des Elements in anderer Isotopenzusammensetzung. - ↑auch Indikatormethode.

Markierungsfeuer (Marker), Funkfeuer, die senkrecht nach oben oder senkrecht und seitlich strahlen und als Einflugzeichen (für Instrumentenlandungen) oder Ortskennzeichen dienen.

Markierverhalten, in der Verhaltensforschung Bez. für Verhaltensweisen zur Kennzeichnung und Abgrenzung eines Territoriums *(Reviermarkierung;* kann opt., akust. und durch Absetzen von Duftmarken erfolgen), bei Säugetieren vielfach auch zur Kennzeichnung von Artgenossen (insbes. Jungtiere und Geschlechtspartner).

Märkisch-Brandenburgisch, niederdt. Mundart; ↑deutsche Mundarten.

Märkischer Kreis, Kreis in NRW.

Märkische Schweiz, bewaldete und seendurchsetzte Hügellandschaft im Bez. Frankfurt, DDR.

Markise [frz., eigtl. „Marquise" (soldatensprachl. Bez. für das Zeltdach über den Offizierszelten)], aufrollbares oder zusammenfaltbares Sonnendach (v. a. über Fenstern oder Balkonen).

Markisett ↑Marquisette.
Markkohl, svw. ↑Markstammkohl.
Markland ↑Vinland.
Marknagelung, svw. ↑Küntscher-Nagelung.

Markneukirchen, Stadt am Fuß des Elstergebirges, Bez. Karl-Marx-Stadt, DDR, 504 m ü. d. M., 8 300 E. Musikinstrumentenbau. - M., 1274 erstmals bezeugt, erhielt um 1340/50 Stadtrecht (1360 belegt). In der Mitte des 17.Jh. brachten böhm. Glaubensflüchtlinge den Geigenbau nach M. - Barockes Paulusschlößl (18. Jh.; heute Museum für Musikinstrumente).

Marknüsse ↑Markfruchtbaum.

Marko Kraljević [serbokroat. 'ma:rkɔ ˌkra:ljɛvitɕ], bulgar. Krali Marko, * um 1335, † 17. Mai 1395, serb. Fürst. - Held der südslaw. Volksepik; der Sage nach von grenzenloser Stärke; soll in einer Höhle schlafen, um einst zu neuen Taten zu erwachen.

Markomannen, zu den Sweben gehörender german. Stamm, der 8–6 v. Chr. von Marbod nach Böhmen geführt wurde. Nach dem Zusammenbruch des Marbodreiches (17–19 n. Chr.) standen die M. in loser Abhängigkeit von Rom. Als sie im Zuge der 1. german. Völkerwanderung die Donau überschritten, kam es 166–175 und 177–180 zu den **Markomannenkriegen,** die trotz des röm. Sieges nicht verhindern konnten, daß die M. ab 253 und bes. 357 wieder die Donau überschritten. 433 kamen sie unter die Herrschaft der Hunnen.

Markos Eugenikos, Taufname Manuel, * Konstantinopel 1391 oder 1392, † ebd. 23. Juni 1444 oder 1445, byzantin. Theologe und Metropolit von Ephesus. - Haupt der Unionsgegner auf dem Konzil von Florenz (1439), an dem er als Vertreter des Patriarchen von Antiochia teilnahm; wird in der Orthodoxie als Heiliger verehrt.

Marković [serbokroat. 'ma:rkɔvitɕ], Ante, * Konjic 1924, jugoslaw. Politiker. - Elektroingenieur; 1961–86 Generaldirektor des Zagreber Multikombinats „Rade Končar"; 1982–86 Min.präs. der Teilrepublik Kroatien; seit 1986 Mgl. des ZK des Bundes der Kommunisten Jugoslawiens; seit März 1989 Min.präsident.

M., Franjo, * Križevci bei Zagreb 26. Juli 1845, † Zagreb 15. Sept. 1914, kroat. Dichter. - Vertreter der bürgerl. Romantik; schrieb Epen, histor. Dramen und Lyrik; hatte als Ästhetiker und Literaturtheoretiker richtungweisenden Einfluß auf die kroat. Literatur.

M., Svetozar, * Zaječar 9. Sept. 1846, † Triest 26. Febr. 1875, serb. Schriftsteller. - Begründer des serb. Sozialismus; Hg. der ersten sozialist. Zeitschrift Serbiens (1871/72); bed. polit. Publizist; stellte sich gegen die nat. gestimmte Romantik, förderte Positivismus und literar. Realismus.

Markow, Andrei Andrejewitsch, * Rjasan 14. Juni 1856, † Petrograd 20. Juli 1922, russ. Mathematiker. - Prof. in Petersburg; lieferte wichtige Untersuchungen zur allg. Analysis und gab in der Wahrscheinlichkeitstheorie korrekte Beweise für klass. Grenzwertsätze.

Markownikow, Wladimir Wassiljewitsch, * Knjaginin 25. Dez. 1837, † Moskau

11. Febr. 1904, russ. Chemiker. - Prof. in Kasan, Odessa und Moskau; erforschte die Isomerie und entdeckte die Naphthene; stellte die ↑Markownikowsche Regel auf.

Markownikowsche Regel [nach W. W. Markownikow], Regel über die Anlagerung von Molekülen (insbes. Halogenwasserstoffen) in der organ. Chemie; der kation. Teil der Moleküle wird an das wasserstoffreichere, der anion. Teil an das wasserstoffärmere Kohlenstoffatom eines unsymmetr., ungesättigten Kohlenwasserstoffs gebunden.

Marksburg ↑Braubach.

Markscheidekunde, bergbaul. Vermessungskunde.

Markschwamm, undifferenzierte weiche Krebsgeschwulst mit relativ geringem Anteil an Bindegewebe. - Ggs. ↑Szirrhus.

Markstammkohl (Baumkohl, Markkohl, Winterkohl, Pommerscher Kohl), Form des Gemüsekohls mit bes. kräftiger Sproßachse; als Gemüse und Viehfutter verwendet.

Markstrahlen, radial angeordnete Grundgewebsstränge in pflanzl. Sprossen; verbinden Mark und Rinde und ermöglichen den Stoff-, Wasser- und Gasaustausch zw. inneren und äußeren Geweben des Sprosses.

Markt [zu lat. mercatus „Handel, Messe"], Platz, an dem Verkäufer und Käufer, Erzeuger und Verbraucher sich zu Handelszwecken treffen. In der antiken Stadtkultur war der **Marktplatz** (Agora, Forum) Standort von Veranstaltungen des öffentl. Lebens. Die M.plätze bildeten den Mittelpunkt der Stadt, dort wurden die wichtigsten öffentl. Gebäude errichtet, dort stand in der ma. Stadt als Wahrzeichen der Marktfreiheit das **Marktkreuz,** ein mit Handschuhen und Schwertern als Symbolen des **Marktrechts** geschmücktes Kreuz. Seit fränk. Zeit verlieh der König das Recht, einen Markt abzuhalten (**Marktregal**). Der Ort und die Besucher standen unter einem bes. Recht, insbes. dem **Marktfrieden.** Streitigkeiten aus dem M.verkehr wurden vor den **Marktgerichten** verhandelt. Der **Marktherr** (König, Bischof, Fürst) garantierte den freien Handelsverkehr und die Sicherheit der Wege (Geleit). Er hatte auch das Recht, unter Strafandrohung zu bestimmen, daß bestimmte Waren innerhalb der städt. Bannmeile nur auf dem M. gehandelt werden durften (**Marktzwang**). Zum Entgelt erhob er einen **Marktzoll** auf die gehandelten Waren. Etwa seit dem 11. Jh. wurde das M.recht ohne zeitl. Beschränkung für alle Bewohner und Besucher gültig und damit eine der wichtigsten Wurzeln des Stadtrechts.

♦ in den Wirtschaftswiss. der ökonom. Ort des Tauschs bezügl. eines bestimmten Gutes unter dem Aspekt der Preisbildung, ohne daß eine örtlich oder zeitlich feststehende M.veranstaltung vorzuliegen braucht. Der M. für ein bestimmtes Gut (z. B. Arbeits-M.) zerfällt im allg. auf Grund räuml. und zeitl. Beschränkungen, denen Angebot und Nachfrage unterliegen, in zahlr. Teilmärkte. Merkmal für die Zugehörigkeit von Wirtschaftssubjekten zu einem bestimmten (Teil-)M. ist, daß eine Wechselbeziehung zw. ihnen besteht, die so eng ist, daß ihre ökonom. Entscheidungen sich gegenseitig beeinflussen und das Zustandekommen von Preisen (und der zu diesen Preisen umgesetzten Mengen) nur aus der Gesamtheit dieser Entscheidungen erklärt werden kann. - Zur Einteilung der M. ↑Marktformen.

Marktabgabe (Standgeld), Benutzungsgebühr, die durch Gemeinden von Benutzern öffentl.-rechtl. geregelter Märkte erhoben wird.

Marktanalyse (Marktforschung), meist mit statist. Methoden der ↑Meinungsforschung durchgeführte systemat. Untersuchung des Beschaffungs-, Finanzierungs- oder Absatzmarktes einzelner Güter eines Unternehmens oder eines branchenspezif. Verbandes.

Marktanpassung, Reaktionen der Marktteilnehmer auf veränderte Marktbedingungen. - ↑auch Spinnwebtheorem.

Marktanteil, die auf ein einzelnes Unternehmen entfallende Menge abgesetzter Güter sowie deren Wert im Verhältnis zum gesamten Umsatz der Konkurrenzunternehmen, der Branche oder der gesamten Volkswirtschaft.

marktbeherrschende Unternehmen, Unternehmen, die als Anbieter oder Nachfrager ohne wesentl. Wettbewerb sind oder eine überragende Marktstellung haben; sie unterstehen der Mißbrauchsaufsicht der Kartellbehörde. Nutzen m. U. ihre marktbeherrschende Stellung auf dem Markt mißbräuchl. aus, so kann die Kartellbehörde das mißbräuchl. Verhalten untersagen und Verträge für unwirksam erklären.

Marktformen, nach verschiedenen qualitativen Kennzeichen und nach der Quantität der Anbieter und Nachfrager vorzunehmende Einteilung der Märkte in M. mit unterschiedl. Art der Preisbildung. Nach qualitativen Merkmalen ist v. a. zu unterscheiden zw. vollkommenen und unvollkommenen Märkten. Ein Markt ist „vollkommen", wenn die entsprechenden Güter gleichartig (homogen) sind, die Marktteilnehmer keine persönl. Präferenzen für bestimmte (Ver-)Käufer haben, weder räuml. noch zeitl. Differenzierungen zw. den Marktteilnehmern bestehen und alle Marktteilnehmer über alle von den genannten Bedingungen (z. B. Preisvorstellungen) informiert sind (vollständige *Markttransparenz*). Auf einem solchen *vollkommenen Markt,* dem in der Praxis die Börse am nächsten kommt, kann es nur einen Preis geben. Fehlt eine der Voraussetzungen, so handelt es sich um einen *unvollkommenen Markt,* fehlt lediglich die Voraussetzung der

49

Marktforschung

Transparenz, um einen *temporär unvollkommenen Markt*. Andere qualitative Unterteilungen sind nach dem Zugang in *geschlossene Märkte* (ein Zugang ist nicht möglich, z. B. durch ein Niederlassungsverbot), Märkte mit beschränktem (z. B. durch bes. hohe Kapitalanforderungen) und unbeschränktem Zugang sowie in organisierte Märkte mit festen Regeln für das Marktgeschehen (z. B. Börsen) und unorganisierte Märkte. – Bei der quantitativen Einteilung der Märkte nach der Zahl der Anbieter und Nachfrager ergibt sich bei einer Unterteilung in „einer", „wenige" und „viele" ein Marktformenschema mit neun verschiedenen M. – Weitere mögl. Kriterien für die Unterteilung von M. sind verschiedene Elastizitätskoeffizienten, z. B. die Kreuzpreis-Elastizität (↑ Elastizität). – Abb. S. 47.

Marktforschung ↑ Marktanalyse.

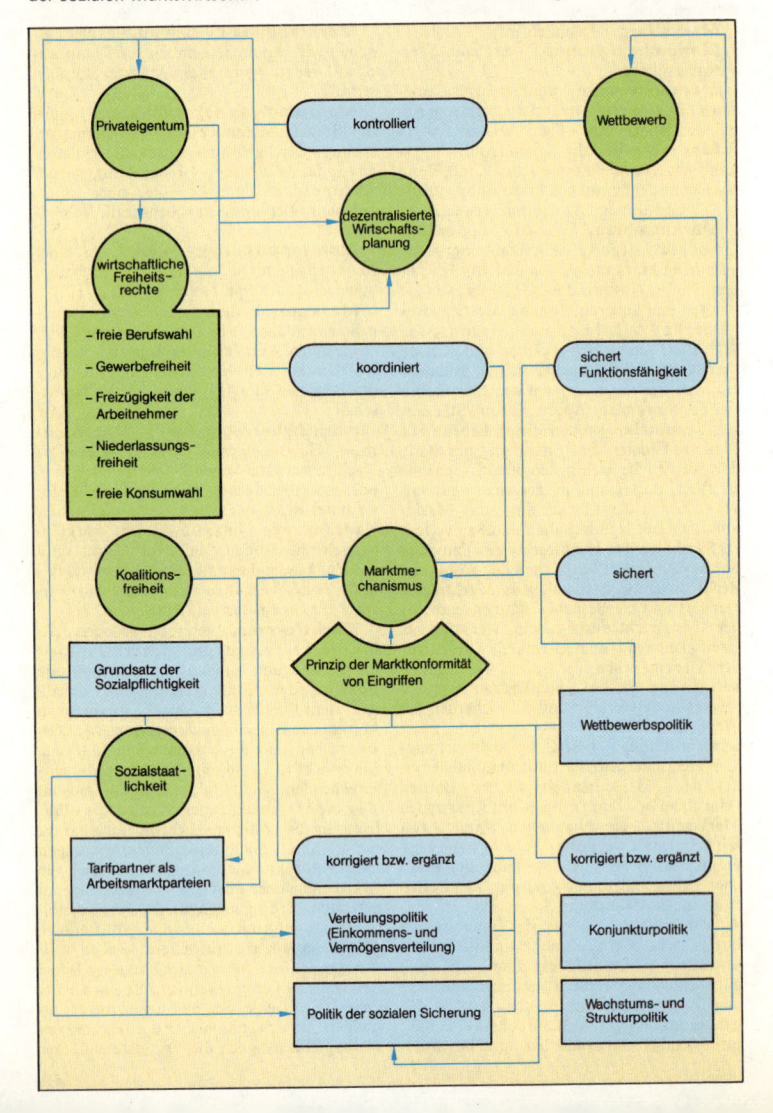

Marktwirtschaft. Wesentliche Elemente der sozialen Marktwirtschaft

Marktwirtschaft

Marktkreuz ↑ Markt.
Marktmechanismus (Preismechanismus), in der Wirtschaftstheorie der automat. Preisbildungsprozeß bei atomist. Konkurrenz (sehr viele kleine Anbieter), die freilich nur auf wenigen Märkten anzutreffen ist (↑auch Marktformen, ↑ Marktwirtschaft). Sind Angebots- und Nachfragemengen eines Gutes vom Preis abhängig und verlaufen die damit gegebenen Angebots- und Nachfragefunktionen normal, so existiert im allg. im Schnittpunkt der beiden Funktionen eine eindeutige, gleichgewichtige Preis-Mengen-Kombination, bei deren Preis die Anbieter gerade die Menge anbieten, die die Nachfrager zu diesem Preis zu kaufen wünschen. Bieten die Anbieter weniger (mehr) an, so ergeben sich, entsprechend der Verlauf der Nachfragefunktion, höhere (niedrigere) Preise, die die Anbieter veranlassen, ihr Angebot auszuweiten (einzuschränken), so daß sich die Gleichgewichtslage stets automat. wieder einstellt. In gewissen Fällen kann es allerdings zu konstanten oder zunehmenden Schwankungen um das Gleichgewicht kommen (↑ Spinnwebtheorem).

Marktoberdorf, Krst. in Bay., nahe der oberen Wertach, 727–790 m ü. d. M., 15 500 E. Verwaltungssitz des Landkr. Ostallgäu; Traktoren- und Schlepperbau, Metallwaren-, Textil- und Schmuckind. - Seit 1453 Markt, seit 1953 Stadt. - Barocke Pfarrkirche (1732) mit Rokokostukkaturen, klassizist. Grabkapelle (1823) von Klemens Wenzeslaus von Sachsen, Jagdschloß der Augsburger Bischöfe (18. Jh.).

Marktordnung, 1. in der *Wirtschaftstheorie* die strukturelle Verfassung eines Marktes im Rahmen einer prinzipiell marktwirtschaftl. Grundorientierung; 2. in der *Wirtschaftspolitik* ↑ Wettbewerbspolitik.

Marktpreis, in der klass. Nationalökonomie der sich kurzfristig aus Angebot und Nachfrage ergebende Preis im Ggs. zum **natürl. Preis,** der als langfristiger Gleichgewichtspreis bei vollständiger Konkurrenz gerade die Produktionskosten deckt; langfristig tendiert der M. immer zum natürl. Preis. - Bei Bewertungsfragen ist M. der gegenwärtig am Markt erzielbare Preis, im Ggs. zum Anschaffungspreis.

Marktrecht ↑Markt.
Marktredwitz, Stadt im Fichtelgebirge, Bay., 727 m ü. d. M., 18 900 E. Metall-, Keramik-, Textil-, chem. und Elektroind.; Verkehrsknotenpunkt. - Um 1135 erstmals erwähnt; im MA bed. Eisenerzbergbau; seit 1907 Stadt. - Ev. Pfarrkirche (14. und 16. Jh.), kath. Pfarrkirche (18. Jh.), Rathaus (16. und 17. Jh.).

Markt Sankt Florian, oberöstr. Marktgemeinde 10 km sö. von Linz, 4100 E. Jagdmuseum, Gemäldegalerie, Brucknerhaus; Metallgießerei, Orgelbau. - Augustiner-Chorherrenstift Sankt Florian, heutige Bauten barock (1686–1751) mit berühmter Freitreppe; Stiftskirche mit „Brucknerorgel".

Markttheorie ↑Geldtheorie.
Markttransparenz ↑Marktformen.
Mark Twain [engl. 'maːk 'twɛɪn], eigtl. Samuel Langhorne Clemens, * Florida (Mo.) 30. Nov. 1835, † Redding (Conn.) 21. April 1910, amerikan. Schriftsteller. - Drucker, dann 1857–60 Lotse auf dem Mississippi; nahm am Sezessionskrieg auf seiten der Konföderierten teil; unternahm zahlr. Studien- und Vortragsreisen, v. a. nach Europa, wo er als Schriftsteller zunehmende Anerkennung fand. Als Humorist war er einerseits der amerikan. Tradition des „Western humour" verpflichtet, griff jedoch andererseits Anregungen der europ. und der europ. orientierten amerikan. Literatur auf. Sein Hauptwerk, der v. a. als Jugendbuch verstandene Roman „Abenteuer und Fahrten des Huckleberry Finn" (1884), die Fortsetzung des Romans „Die Abenteuer Tom Sawyers" (1876), wird zu den hervorragendsten Werken der amerikan. Prosaliteratur des ausgehenden 19. Jh. gezählt. Zu seinen [autobiograph. beeinflußten] Hauptwerken gehört auch der Bericht „Leben auf dem Mississippi" (1883). Sein skept. Verhältnis zu Europa wird deutl. in dem Roman „Ein Yankee am Hofe des Königs Artus" (1889). Wachsende Vorbehalte gegenüber amerikan. Zuständen zeigt der Roman „Querkopf Wilson" (1894); im Spätwerk überwiegt die pessimist. Satire.
📖 Breinig, H.: *M. T. Mchn.* 1985. - Jens, T.: *M. T. Mchn.* 1985. - Schirer, T.: *M. T. and the theatre.* Nürnberg 1984.

Marktwert, svw. ↑Tageswert.
Marktwirtschaft (Verkehrswirtschaft), Wirtschaftsordnung, in der Art und Umfang der Produktion und die Verteilung der Produktionsergebnisse primär über den Markt und die dort erfolgende Preisbildung gesteuert werden. Wesentliche Bestandteile einer M. sind Gewerbe- und Vertragsfreiheit, freie Wahl des Berufs- und Arbeitsplatzes (Bestehen eines Arbeitsmarktes) sowie freier Wettbewerb; dies setzt auch das Privateigentum an Produktionsmitteln mit voraus. Historisch gesehen waren damit u. a. die Beseitigung von Leibeigenschaft und Zunftordnungen Voraussetzung für die Durchsetzung einer M. als Wirtschaftsordnung. Im klass. Idealmodell einer *freien M.* führt das auf persönl. Vorteil gerichtete ökonom. Verhalten der einzelnen über freie Konkurrenz zugleich zum höchsten Wohlstand für die Gesellschaft. Eine freie M. in diesem idealtyp. Sinne existiert freilich ebenso wenig wie das gegensätzliche Modell einer Planwirtschaft. Die Funktionsmechanismen einer solchen freien M. führen selbst zur Beseitigung ihrer Grundlagen, z. B. durch das Entstehen wirtschaftl. Machtgruppen, die die Wettbewerbsordnung zumindest partiell in

Marktzwang

ihrer Wirkungsweise zu beeinträchtigen imstande sind. Dies war zugleich einer der ausschlaggebenden Hintergründe für das von der sog. „Freiburger Schule" und anderen dt. Nationalökonomen des Ordoliberalismus († Neoliberalismus) entwickelte Modell einer *sozialen M.*, das dem ökonom. Wiederaufbau in der BR Deutschland als Ordnungsprinzip zugrunde lag. In diesem Modell kommt dem Staat die Aufgabe zu, sozial unerwünschte Ergebnisse der M. zu korrigieren. Insbesondere hat der Staat den freien Wettbewerb gegen seine Gefährdung z. B. durch Kartelle zu sichern, die Einkommens- und Vermögensverteilung im Interesse der nicht am Wirtschaftsprozeß beteiligten Gruppen zu korrigieren, die Möglichkeiten der Privatinitiative übersteigende Aufgaben zu übernehmen (z. B. Strukturpolitik, Bildungspolitik) sowie Konjunkturschwankungen durch seine Konjunkturpolitik zu dämpfen.

Von Kritikern dieser sozialen M. wird - unter Hinweis auf ökonom. Ineffizienz, wie sie z. B. in Arbeitslosigkeit zu Tage trete - ein weitergehendes Eingreifen des Staates in das Wirtschaftsgeschehen für erforderlich gehalten, insbes. eine stärkere staatl. Beeinflussung von Art, Richtung und Umfang der Investitionen. Solche Modellvorstellungen werden auch, sofern sie nicht letzten Endes auf die Schaffung einer Zentralverwaltungswirtschaft († Planwirtschaft) abzielen, als *sozialist. M.* bezeichnet. - Von marxist. Seite wird die Einteilung von Wirtschaftsordnungen nach den alternativen Regelungsmechanismen in M. und Planwirtschaft zumeist als oberflächlich, weil die Klassenverhältnisse verdeckend abgelehnt zugunsten der Begriffe † Kapitalismus und † Sozialismus bzw. Kommunismus.

📖 *Grundtexte zur sozialen M.* Hg. v. *W. Stützel u. a.* Stg. 1981. - *Müller-Armack, A.: Genealogie der sozialen M.* Bern ²1981. - *Böhm, F.: Freiheit u. Ordnung in der M.* Baden-Baden 1980. - *Recktenwald, H. C.: Markt u. Staat.* Gött. 1980. - *Kapp, K. W.: Soziale Kosten der M.* Ffm. 1979. - *Nick, H.: M., Legende u. Wirklichkeit.* Bln. ²1979.

Marktzwang † Markt.

Markus, männl. Vorname lat. Ursprungs, eigtl. etwa „der Kriegerische" (zum Kriegsgott † Mars).

Markus, hl. (M. der Evangelist), nach altkirchl. Tradition Autor des † Markusevangeliums. Papias nennt ihn „Dolmetscher des Petrus" und kennzeichnet so die Apostolizität des Evangeliums. Identifiziert wird dieser M. mit dem *Johannes M.* der Jerusalemer Urgemeinde, dem Missionshelfer von Paulus und Barnabas. Spätere Legende machte ihn zum Märtyrerbischof von Alexandria, dessen Leiche nach Venedig gebracht worden sein soll. Bildsymbol: Löwe. - Fest: 25. April.

Markusevangelium, das älteste und kürzeste der kanon. Evangelien. Im M. wird zum ersten Mal der Weg des ird. Jesus von der Taufe über sein Wirken in Galiläa bis zu Passion, Tod und Auferstehung in Jerusalem geschildert. Dabei ist es nicht an einem (histor.) „Leben Jesu" interessiert. Vielmehr wird im Kontrast zum „Weg Jesu" das Scheitern der ersten Jünger in der Nachfolge auf diesem Weg geschildert und als unverständiges, blindes und ungläubiges Verhalten getadelt. Das M. nimmt zahlr. ältere Überlieferungsstücke auf, gestaltet sie um und fügt sie der Absicht seiner Erzählung ein. So entsteht die wirkungsgeschichtl. bedeutsame Gatt. „Evangelium". Das Matthäus- und Lukasevangelium haben das M. auch als literar. Quelle benutzt. Der Autor des M. ist unbekannt († Markus). Abgefaßt wurde es in einfachem Griechisch kurz nach 70 n. Chr. vermutl. im palästin.-syr. Raum.

Markuslöwe, Tiersymbol des Evangelisten Markus, als Wappentier von der Stadt und der früheren Republik Venedig übernommen: ein geflügelter Löwe mit Heiligenschein, der mit seinen Pranken ein Buch hält.

Markward (Markwart), alter dt. männl. Vorname (zu althochdt. marcha „Grenze" und wart „Schützer").

Marl, Stadt im nw. Ruhrgebiet, NRW, 40-65 m ü. d. M., 87200 E. Inst. für Medienforschung; Skulpturen- und Regionalmuseum. Steinkohlenbergbau (heute rückläufig), Massenproduktion von Halbfertigerzeugnissen der chem. Ind.; Häfen am Wesel-Datteln-Kanal. - Erstmals um 900 belegt; gehörte 1803 zum kurköln. Vest Recklinghausen, seit 1815 zu Preußen; seit 1937 Stadt. - Modernes Stadtzentrum, u. a. Rathaus (1962-65).

Marlborough, John Churchill, Earl of (seit 1689), Hzg. von (seit 1702) [engl. 'mɔːlbərə], Reichsfürst von Mindelheim (seit 1710), * Ashe (Devonshire) 26. Mai 1650, † auf Cranbourne Lodge (New Windsor) 16. Juni 1722, brit. Feldherr und Politiker. - Von Jakob II. bei der Niederwerfung des Monmouth-Aufstandes 1685 zum General erhoben und geadelt; 1688 ging M. zu Wilhelm von Oranien über. Wegen Verbindungen zu Jakob II. 1692 seiner Ämter enthoben und für kurze Zeit inhaftiert, aber 1701 mit der Führung der brit. Truppen in Flandern und mit der Aushandlung der antifrz. Haager Großen Allianz beauftragt. Unter Königin Anna, auf die seine Frau, Sarah Jennings (*1660, †1744), als Hofdame großen Einfluß hatte, übernahm er als Leitender Min. (1702-10) zus. mit dem Tory S. Godolphin die Reg.; im Span. Erbfolgekrieg glänzende Siege (z. T. zus. mit Prinz Eugen): bei Höchstädt a. d. Donau 1704, Ramillies-Offus 1706, Oudenaarde 1708, Malplaquet 1709. Nach der innenpolit. Wende in Großbrit. zugunsten der für die Beendigung des Krieges eintretenden Tories (1710) wurden Godolphin entlassen u. die Hzgn. gestürzt; M. verlor 1711 alle Ämter.

Marlene, weibl. Vorname, Doppelname aus Maria und Magdalena.

Marlies (Marlis), weibl. Vorname, Doppelname aus Maria und Elisabeth bzw. Luise.

Marlitt, E[ugenie], eigtl. Eugenie John, * Arnstadt 5. Dez. 1825, † ebd. 22. Juni 1887, dt. Schriftstellerin. - Zunächst Sängerin; veröffentlichte (zunächst in der Zeitschrift „Die Gartenlaube") viele z. T. gesellschaftskrit. Unterhaltungsromane, u. a. „Goldelse" (1867), „Das Geheimnis der alten Mamsell" (1868), „Die zweite Frau" (1874), „Im Hause des Commerzienrathes" (1877).

Marlowe, Christopher [engl. 'mɑːloʊ], * Canterbury 6. Febr. 1564, † Deptford (= London) 30. Mai 1593, engl. Dramatiker. - Bedeutendster engl. Dramatiker vor Shakespeare. Sohn eines Schuhmachers; stand zeitweise unter der Anklage des Atheismus; wurde bei einem Wirtshausstreit erstochen. Schrieb u. a. Übersetzungen der Elegien Ovids, lyr. Gedichte und pathet. Dramen, in denen er erstmals den Blankvers verwendete, bes. in „Eduard II." (1594), „Doctor Faust" (hg. 1604), „Der Jude von Malta" (hg. 1633).

Marlspieker [niederdt.], seemänn. Bez. für einen Stahl- oder Hartholzdorn (Pfriem) zum Spleißen von Tauwerk und anderen seemänn. Arbeiten.

Marmara, türk. Insel im W des Marmarameers, 75 km^2, bis etwa 600 m hoch; ehem. bed. Marmorbrüche.

Marmarameer, türk. Binnenmeer, trennt Europa von Asien, etwa 200 km lang, bis 80 km breit, bis 1355 m tief, über die Dardanellen mit dem Ägäischen Meer und über den Bosporus mit dem Schwarzen Meer verbunden. - Hieß in der Antike **Propontis.**

Marmarika, Küstenlandschaft am östl. Mittelmeer (Libyen und Ägypten), halbwüstenhafte Karstlandschaft.

Marmelade [portugies., zu marmelo „Quitte"], durch Einkochen von mehreren Obstsorten und/oder Früchten mit Zucker gewonnener streichfähiger Brotaufstrich. - ↑ auch Konfitüre.

Mar Menor, 164 km^2 großes Haff an der span. Mittelmeerküste, nö. von Cartagena. Auf der Nehrung **La Manga** modernes Ferienzentrum; Salinen; Fischerei.

Marmion, Simon [frz. mar'mjõ], * Amiens (?), † Valenciennes 15. Dez. 1489, frz. Maler. - Schuf Tafelbilder, den Hochaltar von Saint-Bertin in Saint-Omer (1455-59; Berlin-Dahlem und London, National Gallery) und Miniaturen („Grandes chroniques de France", 1454-59; Leningrad, Staatsbibliothek); verbindet fläm. Realismus mit frz. Eleganz und Klarheit; frühe Interieur- und Landschaftsszenen, klare Farbgebung.

Marmontel, Jean-François [frz. marmõ'tɛl], * Bort-les-Orgues (Corrèze) 11. Juli 1723, † Ablonville bei Saint-Aubin-sur-Gaillon (Eure) 31. Dez. 1799, frz. Schriftsteller. - Berühmt durch seine Tragödien, kom. Opern und den philosoph. Roman „Belisar" (1766). Ab 1763 Mgl., ab 1783 Sekretär der Académie française; ab 1771 Historiograph von Frankreich.

Marmor [zu griech. mármaros „Felsblock, gebrochener Stein"], durch Metamorphose von Kalken entstandenes mittel- bis grobkörniges, überwiegend aus Calciumcarbonat bestehendes Gestein.

Marmorgips, doppelt gebrannter, zw. den beiden Brennvorgängen mit Alaun getränkter Gips. M. erreicht größere Härten als Stuckgips und ist schleif- und polierfähig; dient zum Verfugen von Fliesen und zur Herstellung von Kunstmarmor.

marmoriert [griech.], 1. marmorartig bemalt, geädert (z. B. Stuckdekorationen); 2. bei Tieren marmorähnl. mit unregelmäßigen, feinen bis gröberen Bändern, Adern und Flecken versehen; bei Katzen und Hunden spricht man auch von **gestromt.**

Marmormolch (Triturus marmoratus), etwa 15 cm langer, oberseits grün und schwarz marmorierter Wassermolch in stehenden Süßgewässern SW-Europas; ♂♂ während der Paarungszeit mit hohem, schwarz und weißl. quergebändertem Rückenhautsaum; Rückenmitte der ♀♀ mit orangeroter Längslinie; beliebtes Terrarientier.

Marmorzement, veraltete Bez. für ↑ Marmorgips.

Marmorzitterrochen ↑ Zitterrochen.

Marmosetten [frz.] (Callithricinae), Unterfam. etwa 15-25 cm langer, langschnäuziger Krallenaffen mit zehn Arten in Wäldern S-Amerikas; Färbung variabel; Fell dicht behaart, mit verlängerten Haarbüscheln an Ohren und Kopfseiten. Zu den M. gehören u. a. Pinseläffchen, Silberäffchen und Zwergseidenäffchen.

Marmoutier [frz. marmu'tje] ↑ Maursmünster.

Marne [frz. marn], Dep. in Frankreich.
M. ['marnə, frz. marn], rechter Nebenfluß der Seine, entspringt auf dem Plateau von Langres, mündet sö. von Paris, 525 km lang; schiffbar ab Saint-Dizier.

Marmormolch

Marnekultur, nach Fundgruppen im Flußgebiet der Marne ben., in der Champagne verbreitete Kulturgruppe der frühen und mittleren La-Tène-Zeit (5.–2. Jh.); u. a. Vogelkopffibeln, bemalte Drehscheibenkeramik.

Marner, der, † um 1270, mittelhochdt. Lieder- und Spruchdichter. - Fahrender Sänger aus Schwaben. Verfaßte neben lat. Gedichten v. a. Minne-, Tage- und Tanzlieder, Sprüche über Religion, Politik, Kunst, Sitte. Seine Lieder - zw. 1230 und 1267 datierbar - sind u. a. in der Großen Heidelberger Liederhandschrift und der Colmarer Liederhandschrift überliefert.

Marneschlacht, für die Anfangsphase des 1. Weltkriegs und v. a. für den Übergang vom Bewegungs- zum Stellungskrieg entscheidende Schlacht in N-Frankr. vom 6.–9. Sept. 1914. Im Verlauf der M. scheiterte die im † Schlieffenplan konzipierte rasche Umfassung und Vernichtung der Masse des frz. Feldheeres. Die strateg. Niederlage in der M. führte zur Ablösung H. von Moltkes durch E. von Falkenhayn als Generalstabschef des Feldheeres.

Marnix, Philips van, Heer van Sint Aldegonde, * Brüssel 1540, † Leiden 15. Dez. 1598, niederl. Staatsmann und Schriftsteller. - Studierte u. a. bei Calvin; schloß sich 1565 dem niederl. Adelsbund gegen die Religionsedikte Philipps II. an. Literar. trat M. v. a. durch die Satire gegen die kath. Kirche hervor („De byencorf der h. Roomsche kercke" [Der Bienenkorb der hl. Röm. Kirche], 1569); übersetzte auch Teile der Bibel.

Maro, hl. † vor 423, syr. Mönch. - Lebte in Syrien. Seine zahlr. Schüler gründeten an seinem Grab ein Kloster, das zu den bedeutendsten Mönchssiedlungen Syriens zählte († Maroniten).

marode [zu frz. maraud „Lump"], urspr. soldatensprachl. für: marschunfähig, dann allg. für ermattet, erschöpft. **Marodeur,** soldatensprachl. für: plündernder Nachzügler einer Truppe; **marodieren,** als Nachzügler einer Truppe plündern.

Marokko

(amtl.: Al Mamlaka Al Maghribijja), Kgr. in Nordwestafrika, zw. 27°40' und 35°56' n. Br. sowie 1° und 13°12' w. L. **Staatsgebiet:** M. grenzt im W an den Atlantik, im N an das Mittelmeer, im O und SO an Algerien, im S an die Westsahara. **Fläche:** 458 730 km². **Bevölkerung:** 21,5 Mill. E (1984), 46,8 E/km². **Hauptstadt:** Rabat. **Verwaltungsgliederung:** 35 Prov., 2 Stadtpräfekturen, zugügl. 4 Prov. in der Westsahara. **Amtssprache:** Arabisch. **Staatsreligion:** Islam. **Nationalfeiertage:** 3. März und 14. Aug. **Währung:** Dirham (DH) = 100 Centimes. **Internat. Mitgliedschaften:** UN, OAU, Arab. Liga; der EWG teilassoziiert. **Zeitzone:** MEZ − 1 Std.

Landesnatur: Große Teile des Landes werden durch das Gebirgssystem des Atlas bestimmt. Parallel der Mittelmeerküste erhebt sich der bis 2 456 m hohe Rifatlas. Zw. diesem und dem Mittleren Atlas (bis 3 343 m ü. d. M.) verläuft eine Talfurche, die die wichtigste O-W-Verbindung des Landes darstellt. Mittlerer und Hoher Atlas schließen das sog. atlant. M. ein, das von der Küstenebene allmähl. zur zentralen Meseta, einem weitflächigen Hoch- und Bergland ansteigt. Jenseits des von SW nach NO verlaufenden Hohen Atlas, der 4 165 m Höhe erreicht, liegt das sog. transmontane M.; zu ihm zählen das Becken des Oued Sous, der Antiatlas, die nordsahar. Hammadas und die ostmarokkan. Hochplateaus.

Klima: M. liegt im Übergangsbereich vom mediterranen zum saharisch-kontinentalen Klima. Die Niederschlagsmenge nimmt nach SO hin rasch ab. Über 1 000 m ü. d. M. fällt der Niederschlag oft als Schnee, der im Hohen Atlas 4–5 Monate liegen bleibt.

Vegetation: Die urspr. Pflanzenwelt im beregneten Teil sind Wald (stark dezimiert) u. die mediterrane Strauchvegetation. Die Waldgrenze liegt bei 3 150 m ü. d. M. Im südl. Küstenbereich wachsen Arganien (Marokkan. Eisenholzbaum) und Jujuben. In der Halbwüste des transmontanen M. ist der Pflanzenwuchs nur spärl.; in den Oasen finden sich ausgedehnte Dattelpalmhaine. Im NO des Landes tragen weite Flächen Alfagras.

Tierwelt: Die urspr. Tierwelt wurde stark dezimiert. In der Sahara kommen Gazellen, Fenek, Eidechsen u. a. vor.

Bevölkerung: Über 50 % sind Araber, rd. 40 % Berber, von denen etwa die Hälfte sprachl. arabisiert ist, außerdem leben Franzosen, Spanier und Algerier in M.; rd. 99 % sind Muslime. Die Bev. ist ungleich über das Land verteilt, im S und SO nur 1–10 E/km². Etwa 1/3 der Bev. lebt in Städten, z. T. in sog. Bidonvilles. Größte Stadt ist Casablanca. Nur ein Teil der schulpflichtigen Kinder besucht die Schule. Die Analphabetenquote ist hoch, v. a. der weibl. Bev.; M. verfügt über 6 Univ. Etwa 1 Mill. Marokkaner leben als Gastarbeiter in Frankr., Libyen und der BR Deutschland.

Wirtschaft: In der Landw. herrschen Kleinbetriebe zur Selbstversorgung vor. Exportorientiert ist der Anbau von Zitrusfrüchten, Erdbeeren, Wein, Baumwolle, Ölbäumen. Schafe, Ziegen, Rinder, Esel, Pferde, Kamele und Geflügel werden gehalten. Das Alfagras ist Rohstoff für Papierherstellung und Flechtwaren. Die Fischgründe an der Atlantikküste sind sehr fischreich. Rd. 85 % der Fänge werden industriell weiterverarbeitet. An Bodenschätzen verfügt M. über reiche Phosphatlagerstätten, über Mangan-, Kobalt-, Blei-, Zink- und Kupfererze, über Baryt, Steinkohle, Erdöl und Erdgas. Nahrungsmittel- und Textilind.

Marokko

sind die wichtigsten Ind.zweige, v. a. als Klein- und Mittelbetriebe. An Großbetrieben gibt es nur ein Chemiekombinat, eine Zellulosefabrik sowie Erdölraffinerien. Das traditionelle Handwerk spielt eine bed. wirtsch. Rolle, ebenso der Fremdenverkehr.

Außenhandel: Ausgeführt werden Phosphate, Zitrusfrüchte, Gemüse, Erze, Sardinenkonserven, Teppiche u. a., eingeführt mineral. Brennstoffe, nichtelektr. und elektr. Maschinen, Apparate und Geräte, Getreide u. a. Nahrungsmittel, Eisen und Stahl, Kfz., Holz und Holzkohle, Kaffee, Tee, Gewürze, Düngemittel, Kunststoffe u. a. Wichtigste Handelspartner sind die EG-Länder (bei denen Frankr. an 1. Stelle steht, gefolgt von Spanien und der BR Deutschland), Saudi-Arabien, die USA, Polen u. a.

Verkehr: Das Eisenbahnnetz ist 1 768 km lang, das Straßennetz 57 530 km (im S des Landes v. a. Pisten). Wichtigster Hafen ist Casablanca. Die nat. Fluggesellschaft Royal Air Maroc fliegt 14 Länder an und versieht den Inlandsdienst. Die wichtigsten internat. ✈ in der Hauptstadt und in Casablanca.

Geschichte: In dem von selbständigen Berberstämmen bewohnten Bereich des heutigen M. haben phönik., später karthag. Niederlassungen Bed. gehabt. Um 40 n. Chr. erfolgte die Zusammenfassung mit einem Teil des westl. Algerien zur röm. Prov. **Mauretania Tingitana.** Im 5. Jh. machten die Vandalen der röm. Vorherrschaft ein Ende. Byzanz eroberte das Gebiet im 6. Jh.; 705–708 geriet M. in arab. Hand, doch gelang den Arabern die polit. Unterwerfung nicht. 789 begründete der Alide Idris I. die Herrschaft der Idrisiden mit Fes als Residenz. Auch Almoraviden (1061–1147) und Almohaden (1147–1269) vereinigten M. und die südl. Pyrenäenhalbinsel unter ihrer Herrschaft. 1269 eroberte die berber. Dyn. der Meriniden die Hauptstadt Marrakesch. 1554 kamen die Saaditen zur Macht, denen 1669 die noch heute herrschenden Hassaniden folgten. Mulai Ismail (1672–1727) schuf eine neue Verwaltung, die das Land z. T. der Zentralgewalt unterstellte, z. T. der indirekten Herrschaft der Stammesfürsten überließ. Im 16. und 17. Jh. begannen enge polit. Beziehungen zu Frankr., das seine Vormachtstellung in M. im brit.-frz. Abkommen 1904 endgültig festigen konnte. 1911 protestierte Deutschland gegen die frz. Kolonialpolitik in M.; 1912 wurde M. frz. Protektorat, Spanien erhielt das Rifgebiet. Als sich nach dem 1. Weltkrieg islam. und nationalist. Strömungen entwickelten, verfolgte Frankr. ab 1930 eine „Berberpolitik", die den uneinheitl. Berberblock zu separieren versuchte. Die Verschärfung der Ggs. führte zu Unruhen und zur Verbannung Sultan Muhammads V. (1953) durch Frankr.; 1955/56 wurden das frz. und das span. Protektorat aufgehoben, im März 1956 erlangte M. seine Unabhängigkeit und wurde wenig später zum Kgr. unter Muhammad V. proklamiert. In der Folgezeit war es das Ziel der marokkan. Politik, v. a. nach dem Reg.antritt König Hassans II. 1961, die dringenden wirtsch. und sozialen Probleme des Landes zu lösen. Zu scharfen Auseinandersetzungen mit den Nachbarländern Algerien und Mauretanien kam es 1975/76, als die Span. Sahara entkolonialisiert wurde und M. seine Ansprüche durch einen „Friedensmarsch" (Nov. 1975) durchzusetzen versuchte. Im April 1976 einigten sich Mauretanien und M. in einem Grenzabkommen über die Grenze in der W-Sahara; Algerien brach die diplomat. Beziehungen wegen des marokkan. Vorgehens ab. Nachdem Mauretanien am 5. Aug. 1979 mit der FPOLISARIO einen Friedensvertrag in Algier abgeschlossen hatte und auf territoriale oder sonstige Ansprüche auf die W-Sahara verzichtet hatte, gliederte den von Mauretanien abgetretenen Teil der W-Sahara dem marokkan. Staatsgebiet an. Auseinandersetzungen zwischen marokkan. Truppen und der FPOLISARIO dauern an. 1984 vereinbarten M. und Libyen enge polit. und militär. Zusammenarbeit. Soziale Unruhen 1981 und 1984 wurden unterdrückt.

Politisches System: Nach der Verfassung vom 1. März 1972 ist M. ein islam. Staat, der die Form einer konstitutionellen, demokrat. und sozialen Monarchie hat. *Staatsoberhaupt* und oberster Inhaber der *Exekutive* ist der König (seit 1961 Hasan II.); er ernennt die Reg., kann den Ausnahmezustand verhängen, das Parlament auflösen, durch Dekrete regieren und ist Oberbefehlshaber der Streitkräfte. Die Reg. unter Leitung des Premiermin. ist gegenüber König und Parlament verantwortlich. Im Nationalen Verteidigungsrat sind die wesentlichen politischen Kräfte vertreten. Die *Legislative* wird vom Repräsentantenhaus ausgeübt, dessen 306 Mgl. auf 6 Jahre gewählt werden, ⅔ in allg. und direkter Wahl, ⅓ indirekt durch Prov.versammlungen und Berufskammern. Stärkste *Partei* ist die regierungsnahe Rassemblement National des Indépendents (RNI; gegr. 1978). Bedeutendste *Gewerkschafts*organisationen sind die „Union Marocaine du Travail" (700 000 Mgl.) und die „Union Générale des Travailleurs du Maroc" (673 000 Mgl.). Das marokkan. *Recht* ist islamisiertes frz. Recht. Das Gerichtswesen hat 3 Instanzen mit einem Obersten Gericht. Auf unterster Ebene fungieren noch islam. Gerichte. Die *Streitkräfte* umfassen 191 500 Mann (Heer 170 000, Luftwaffe 15 000 und Marine 6 500). Paramilitär. Kräfte sind rd. 35 000 Mann stark. - Karte S. 56.

📖 *Köhler, M.:* M. Köln ³1985. - *Hugot, H. J./ Bruggmann, M.:* M. Dt. Übers. Luzern 1979. - *Miège, J.-L.:* Le Maroc. Paris ⁶1977. - *Cesco, F.: M. Zw. Tradition u. Wandel. Bern u. Stg. 1976. - Le Tourneau, R.: The modern history of Morocco. New York 1973. - Noin, D.: La popula-*

55

Marokkokrisen

tion rurale du Maroc. Paris 1970. 2 Bde. - Spillmann, G.: Du protectorat à l'indépendance: Maroc 1912–1955. Paris 1967. - Bernard, S.: Maroc 1943–1956. Le conflit franco-marocain, 1943–1956. Brüssel 1963. 3 Bde.

Marokkokrisen, internat. Krisen, ausgelöst durch das gleichzeitige Bestreben Deutschlands und Frankr. der friedl. Durchdringung v.a. Marokkos. Der Versuch der dt. Reg., mit der Landung Kaiser Wilhelms II. in Tanger 1905 die seit dem brit.-frz. Abkommen von 1904 verstärkt einsetzende frz. Expansion in Marokko zu verhindern, führte zur **1. Marokkokrise**; sie hatte die Festigung der Entente cordiale und die Isolierung des Dt. Reichs auf der Konferenz von Algeciras 1906 zur Folge. Nach der Besetzung von Fes 1911 durch frz. Truppen löste die dt. Reg. durch die Entsendung des Kanonenbootes „Panther" (sog. **Panthersprung nach Agadir**) nach Agadir die **2. Marokkokrise** aus, die durch das Marokko-Kongo-Abkommen 1911 beigelegt wurde. Dieses besiegelte das frz. Protektorat über Marokko und gestand Deutschland die Vergrößerung Kameruns durch Teile Frz.-Äquatorialafrikas zu.

Maromokotro, mit 2876 m höchste Erhebung Madagaskars.

Maron [ma'rõː; frz.] ↑Buschneger.

Maronen [italien.-frz.], svw. ↑Edelkastanie.

Maronenröhrling (Braunhäuptchen, Xerocomus badius), von Juni bis November in Kiefernwäldern des Flachlandes vorkommender Röhrenpilz; Hut kastanienbraun, mit matter, samtiger Oberfläche; Röhren grünlichgelb, bei Druck blau werdend; schmackhafter Speisepilz.

Maroni, Grenzfluß zw. Surinam und Frz.-Guayana, entspringt nahe der brasilian. Grenze, mündet in den Atlantik, über 700 km lang.

Maroni [italien.] ↑Edelkastanie.

Maroniten, Anhänger der einzigen geschlossen mit Rom unierten oriental. Kirche. Die Ursprünge gehen auf das syr. Kloster des hl. ↑Maro zurück. Dort sammelten sich ab 675 Christen. Durch die Araber wurden sie in den Libanon abgedrängt. 1181/82 Aufnahme offizieller Beziehungen zu Rom. Das Konzil von Florenz (1445) bestätigte die Union. Ein Patriarch leitet heute zus. mit den Bischöfen die rd. 1,3 Mill. im Nahen Osten (v.a. im Libanon) und in der ganzen Welt zerstreuten Maroniten.

Maroquin [maro'kɛ̃ː; frz. „marokka-

Marokko. Wirtschaftskarte

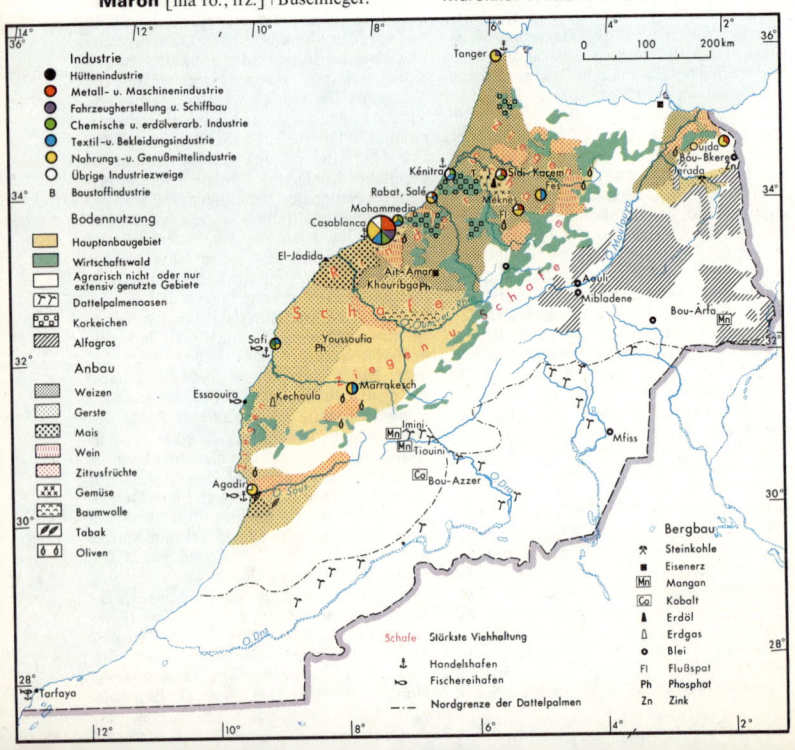

nisch"] (Maroquinleder), feines, genarbtes Leder aus Fellen von Kap- oder nordafrikan. Ziegen; z. B. für Bucheinbände.

Maros [ungar. 'mɔrɔʃ], linker Nebenfluß der Theiß, entspringt in den Ostkarpaten (Rumänien), durchfließt das siebenbürg. Bekken, mündet bei Szeged (Ungarn), 749 km lang.

Marot, Clément [frz. ma'ro], *Cahors (Lot) 23. Nov. 1496, † Turin 10. (12.?) Sept. 1544, frz. Dichter. - Am Hof Franz' I.; als Hugenotte mehrfach verfolgt; schrieb eine berühmte, von Calvin übernommene Psalmenübersetzung (1541–43); bed. Lyriker (Epigramme, Episteln, Balladen, Sonette im italien. Stil).

Marotta, Giuseppe, *Neapel 5. April 1902, † ebd. 10. Okt. 1963, italien. Schriftsteller. - Schrieb realist., humorvolle Romane u. Novellen über Neapel, dessen Bewohner und deren soziale Probleme, u. a. „Das Gold von Neapel" (Nov., 1947), „Die Götter des Don Federico" (R., 1952); auch Drehbücher.

Marotte [frz., urspr. Bez. für eine kleine Heiligenfigur zu Marie „Maria")], Schrulle, Laune, merkwürdige Angewohnheit.

Maroua, Dep.hauptstadt in N-Kamerun, 400 m ü. d. M., 81 900 E. Forschungsstation für Baumwollanbau, Veterinärstation, ethnolog. Regionalmuseum; Verarbeitung landw. Erzeugnisse; Kunsthandwerk.

Marozia, * um 892, † nach 932, röm. Patrizierin. - In 3. Ehe 932 ∞ mit König Hugo von Italien; beherrschte mit ihrer Fam. Rom und das Papsttum; 932 zus. mit ihrem von ihr zum Papst erhobenen Sohn Johannes XI. durch ihren Sohn Alberich II. gestürzt.

Marpurg, Friedrich Wilhelm, *Gut Seehof bei Seehausen (Altmark) 21. Nov. 1718, † Berlin 22. Mai 1795, dt. Musiktheoretiker und Komponist. - Einer der bedeutendsten Musiktheoretiker der Aufklärung; gab Liedersammlungen und Klavieranthologien (mit eigenen Werken) heraus; schrieb u. a. „Abhandlung von der Fuge" (1753/54, Nachdr. 1970).

Marquand, J[ohn] P[hillips] [engl. mɑːˈkwɔnd], *Wilmington (Del.) 10. Nov. 1893, † Newburyport (Mass.) 16. Juli 1960, amerikan. Schriftsteller - Journalist; Verf. von Detektivgeschichten, abenteuerl. Fortsetzungsromanen für die Presse und bes. von satir. Romanen über Neuengland, v. a. „Der selige Mr. Apley" (1937).

Marquesasinseln [marˈkeːzas], Gruppe von 12 gebirgigen Vulkaninseln im Pazifik, zu Frz.-Polynesien, insgesamt 1 274 km².

Marquess [engl. ˈmɑːkwɪs] † Marquis.

Marquet, Albert [frz. marˈkɛ], *Bordeaux 27. März 1875, † Paris 14. Juni 1947, frz. Maler. - Malte u. a. Stadt- und Hafenbilder, u. a. die Seinekais von Paris. Einfach und fest aufgebaute Kompositionen, häufig in leicht nebliger Atmosphäre.

Marquette, Jacques [frz. marˈkɛt], *Laon (Aisne) 10. Juni 1637, † Ludington (Mich.) 18. Mai 1675, frz. kath. Theologe, Jesuit (seit 1654). - Missionierte seit 1666 die Huronen am Sankt-Lorenz-Strom (Kanada) und die Algonkin; bereiste 1673 erstmals den Mississippi von Wisconsin bis zum Arkansas; erforschte die Indianersprachen.

Márquez, Gabriel García † García Márquez, Gabriel.

Marquis [marˈkiː; frz.], frz. Adelstitel (weibl. Form *Marquise*), im Rang zw. Graf und Hzg.; entsprechende Titel sind in Italien *Marchese (Marchesa)*, in Spanien *Marqués (Marquesa)* und in Großbrit. *Marquess*.

Marquisette [markiˈzɛtə; frz. (zu † Markise)] (Markisett), feinfädiger, gitterartiger Gardinenstoff, aus Baumwolle oder Chemiefäden; vorwiegend in Dreherbindung; weiß, getönt oder gemustert; mit fester Webkante.

Marra, Gabal, vulkan. Massiv im zentralen W der Republik Sudan, bis 3 071 m hoch.

Marrakesch [ˈmarakɛʃ, maraˈkɛʃ], marokkan. Prov.hauptstadt am N-Fuß des Hohen Atlas, 465 m ü. d. M., 439 700 E. Univ.; Verarbeitung landw. Erzeugnisse, Teppichknüpfereien, Handelszentrum; Fremdenverkehr; Eisenbahnendpunkt, ✈. - 1062 vom Almoravidenherrscher Jusuf Ibn Taschfin gegr.; Hauptstadt unter den Almoraviden und Almohaden bis 1269. - In der von einer 12 km langen Mauer (12. Jh.) umgebenen Medina liegt der Platz Dschama Al Fana, anschließend die Suks. Wahrzeichen von M. ist die Kutubijja-Moschee (12. Jh.) mit 69 m hohem Minarett. Bed. u. a. die Medrese Ibn Jusuf (im 16. Jh. ausgebaute Koranschule), die Grabstätten der Saditen (16. Jh.), die Ruine des Badi-Palastes, der Königs- und der Bahia-Palast. Westl. der Medina liegt die seit 1913 von den Franzosen angelegte Neustadt.

Marranen (Maranen), Schimpfname für die seit dem „hl. Krieg" (1391) bis zur Inquisition (1478) und der endgültigen Vertreibung aus Spanien (1492) und Portugal (1496–98) zwangstaufen Juden Spaniens, die heiml. am Judentum festhielten. Die Bez. wird entweder von dem schon frühchristl., als Fluchformel mißverstandenen Maranatha oder von dem span. „marrano" („Schwein, Gauner") abgeleitet. Größere Zentren bildeten sich in Amsterdam, Hamburg und London in den „Portugiesengemeinden". Die heute noch in N-Portugal und auf den Balearen existierenden M.gemeinden haben jeden Zusammenhang mit dem Judentum verloren.

Marryat, Frederick [engl. ˈmærɪət], *London 10. Juli 1792, † Langham (Norfolk) 9. Aug. 1848, engl. Romancier. - Kapitän; schilderte in seinen zahlr. Romanen und Jugendbüchern Seeabenteuer, denen meist eigene Erlebnisse zugrunde lagen. In Deutschland wurde bes. der Roman „Sigismund Rüstig" (1841) bekannt.

Mars

Mars, röm.-italischer Agrar- und Kriegsgott, trotz großer Verschiedenheit in Wesen und Funktion dem griech. Ares gleichgesetzt. Vater der Zwillinge Romulus und Remus und somit Ahnherr des röm. Volkes („Marspiter"); bildete zus. mit Jupiter und Quirinus eine archaische Götterdreiheit. Das Priesterkollegium der Salier feierte ihn in dem nach ihm benannten Monat März und im Oktober durch Waffentänze.

Mars [nach dem röm. Gott], astronom. Zeichen ♂; der erste der äußeren Planeten unseres Sonnensystems, dem phys. Aufbau nach ein terrestr. (erdähnl.) Planet. – Die Umlaufszeit des M. um die Sonne beträgt 687 [Erd]tage. Seine Entfernung von der Erde schwankt je nach Stellung der beiden Planeten auf ihren Bahnen zw. 2,67 AE ($\approx$ 400 Mill. km) und 0,38 AE ($\approx$ 56 Mill. km; alle 15–17 Jahre); die Änderungen des scheinbaren Winkeldurchmessers des M. zw. etwa 3" und 25" sind durch die Änderungen der Distanz zur Erde bedingt. – Der M.tag ist nur wenig länger als ein Erdentag (24 h 37 min). Die Neigung der Äquatorebene gegen die Bahnebene (25° 10') führt wie bei der Erde zu einem Wechsel des Einfallswinkels der Sonnenstrahlen und damit zu Jahreszeiten. Der M. hat 2 Satelliten, die beiden M.monde Deimos und Phobos. Der M. ist (neben der Erde) der einzige Planet mit durchsichtiger Atmosphäre. Bei Betrachtung durch ein Teleskop treten die weißen Kappen an den Polen in Erscheinung, die entsprechend den Jahreszeiten gegen den Äquator wandern oder sich zurückziehen. Die Südkappe kann bis 60° s. Br., die Nordkappe bis auf 70° n. Br. vordringen. Weitere Oberflächendetails, die von der Erde mit Teleskopen beobachtet werden, sind die hellen und dunklen Gebiete auf der M.oberfläche. Die hellen Gebiete (Albedo 0,15 bis 0,20), sog. *Wüsten*, sind orange bis rötl. gefärbt und bedecken zwei Drittel der Oberfläche. Die zahlr. opt. Beobachtungen des Planeten sind heute von geringer Bedeutung, nachdem verschiedenen Raumflugsonden (Mariner 4, 6 und 7) Aufnahmen gelungen sind, die Krater und Ringgebirge sowie einige Krater mit Zentralbergen, d. h. Formationen, wie sie vom Erdmond her bekannt sind, zeigen. Nachdem 1971/72 mit dem M.orbiter Mariner 9 eine vollkommene photograph. Er-

Mars. Aus 1 500 Aufnahmen von Mariner 9 (1971/72) entstand mosaikartig ein globales Bild des Planeten (oben der von einer Eiskappe überzogene Nordpol)

fassung der M.oberfläche gelungen war, zeigte sich jedoch, daß N- und S-Halbkugel sehr verschiedene Oberflächenstrukturen besitzen. Die N-Halbkugel ist weitgehend frei von durch Meteoriteneinschläge entstandenen Impaktkratern, hier dominieren flache Ebenen, Schildvulkane (Nix Olympica mißt z. B. an der Basis 500 km und überragt seine Umgebung um 22 km), große Cañons und flußbettähnl. Gebilde. Die entdeckten Kanäle und Rillen sind jedoch sicherl. nicht ident. mit den von G. V. Schiaparelli teleskop. gesehenen Liniensystemen. Die größten Kanäle haben Breiten von 200 km, die Längen der sehr verzweigten Systeme können bis 1500 km betragen. Mehrere Arten von „Flußläufen" lassen sich unterscheiden. Kanäle an den Vulkanflanken sind sicherl. durch Lavaflüsse entstanden, Sandstürme sind schon teleskop. beobachtet worden und konnten durch Mariner-9-Aufnahmen bestätigt werden. Zahlr. sind dementsprechend die auf der M.oberfläche beobachteten durch Winderosion entstandenen Formen. Messungen der Marssonden Viking 1 und 2 (Landung 1976) ergaben für die chem. Zusammensetzung der Atmosphäre folgende Werte: Kohlendioxid (CO_2) rd. 95 %, molekularer Stickstoff (N_2) rd. 2,7%, Argon (Ar) rd. 1,6%, molekularer Sauerstoff (O_2) weniger als 0,4%, ferner Spuren von Kohlenmonoxid (CO), atomarem Sauerstoff (O) und Wasserdampf (H_2O). Im Äquatorgebiet wurde eine Mittagstemperatur von 240 K (= −33 °C) registriert. Die tiefste Temperatur betrug 134 K (= −139°C), unmittelbar am Südpol, der zu dieser Zeit in der lokalen Winterperiode war. Werte unterhalb von 148 K waren nicht erwartet worden, da dies die Grenztemperatur für die Sublimation gefrorenen Kohlendioxids bei einem mittleren Oberflächendruck von 6,1 mbar ist. Die gefundene tiefste Temperatur bedeutet, daß über dem Winter-Polgebiet atmosphär. Kohlendioxid ausfriert und sich niederschlägt. Die Nordpol-Sommertemperatur betrug 205 K (= −68 °C); demnach dürfte die permanente Sommer-Polkappe aus normalem Wassereis bestehen und nicht - wie früher angenommen - aus CO_2-Schnee.

Die Viking-Landeeinheiten lieferten nicht nur Bilder der mit Stein- und Felsbrocken übersäten Böden in der Umgebung ihrer Landeplätze, sondern auch chem. Analysen der Böden. Danach kann angenommen werden, daß die Oberfläche eine Mischung aus folgenden Verbindungen darstellen könnte: etwa 80 % eisenreicher Ton, 10 % Magnesiumsulfat, 5 % Carbonate und 5 % Eisenoxide (u. a. Hämatit, Magnetit). Primäres Ziel der molekularen Analysen der M.proben war die Suche und Identifizierung von organ. Molekülen: Es sollte die Frage nach der mögl. Existenz von Leben auf diesem Planeten beantwortet werden. Komplexe organ. Moleküle mit mehr als zwei Kohlenstoffatomen konnten nicht gefunden werden; auch biolog. Experimente erbrachten keinen Hinweis auf Organismen. An der Erforschung des M. wird z. Z. intensiv gearbeitet, so daß auch in den kommenden Jahren mit neuen oder revidierten Ergebnissen zu rechnen ist. - ↑ auch Planeten.

☐ *Burgess, E.: To the red planet. New York 1978. - Köhler, H. W.: Der M. Bericht über einen Nachbarplaneten. Braunschweig 1978. - Moore, P.: Guide to M. New York 1978.*

Mars, Name unbemannter sowjet. Raumsonden zur Erforschung des Planeten Mars. Mit M. 3 gelang 1971 das Absetzen einer Meßgerätekapsel auf dem Planeten.

Mars [niederdt.], früher Mastkorb, heute Plattform als Abschluß des Untermastes (Marssaling), gleichzeitig Fuß für die **Marsstenge** (2. Maststufe), an der die Rahen für die **Marssegel** (Unter-, Obermarssegel; 2. bzw. 3. Segel von unten) angebracht sind.

Marsa, La, tunes. Stadt am Golf von Tunis, 35100 E.; Seebad; 4 km sö. von La M. lag ↑ Karthago.

Marsa Al-Buraika, Hafenort an der Großen Syrte, Libyen, 5000 E. Erdölexporthafen mit Raffinerie und Erdgasverflüssigungsanlage; petrochem. Werk und Fakultät für Erdölwiss. und- technik in Bau.

Marsala, italien. Hafenstadt an der W-Küste Siziliens, 12 m ü. d. M., 79200 E. Weinbauschule; Zentrum des westsizilian. Weinbaus. - M. liegt an der Stelle des von den Karthagern gegr. **Lilybaeum** (griech. Lilybaion). Die starke (niemals eingenommene) Seefestung kam 241 v.Chr. an die Römer und blieb als Kriegs- und Handelshafen eine der bedeutendsten Städte Siziliens; nach dem Ende des Weström. Reichs verfallen; als **Marsa Ali** („Hafen Alis") von den Sarazenen wieder aufgebaut. 1860 landete hier Garibaldi mit 1000 Freiwilligen, um Sizilien und Unteritalien von der Bourbonenherrschaft zu befreien. - Röm. Thermen (3.Jh. v.Chr.) und Reste der antiken Stadtmauer sind erhalten; normann. Dom (barock umgestaltet).

Marsala [nach der gleichnamigen Stadt], süße und schwere (18 Vol.-%) Dessertweine Siziliens aus Moscato- und Malvasiertrauben.

Marsa Matruh ['marza ma'tru:x] ↑ Matruh.

Marsberg, Stadt im östl. Sauerland, NRW, 250 m ü. d.M., 21600 E. Metall-, Glas-, Holz-, Textilind.; 1975 durch Zusammenlegung der Städte **Obermarsberg** und **Niedermarsberg** wurde mit 15 Gem. gebildet. - Das als Handelsplatz im Schutz der Eresburg entstandene Niedermarsberg wurde wohl im 11.Jh. Stadt. - Stiftskirche (13.Jh.) auf dem Obermarsberg mit barocker Ausstattung.

Marsch [niederdt.] (Marschland), an Flachmeerküsten mit starker Gezeitenwirkung verbreitete, aus Schlick aufgebaute, fruchtbare Niederungen (**Seemarschen**), die

Marsch

an den Trichtermündungen der Flüsse weit ins Hinterland reichen (**Flußmarschen**); etwa in Höhe des Meeresspiegels zw. Watt und Geest gelegen, wobei sich am Geestrand im allg. das niedrigere, oft versumpfte oder vermoorte **Sietland** befindet, das nur als Grünland genutzt werden kann. - Die großflächige Besiedlung der höher gelegenen M. der dt. Nordseeküste begann in der ausgehenden Bronzezeit. Etwa ab 1000 n. Chr. begann man, das Land durch einzelne Deiche zu schützen. Ab 1100 wurde das unerschlossene Sietland durch M.hufenkolonien planmäßig erschlossen. Seit dem 16. Jh. erfolgte eine großräumige, geschlossene Eindeichung und die Anlegung von Poldern oder Kögen.

Marsch [frz., zu marcher „gehen, marschieren"], 1. die Bewegung (das Marschieren) in geordneten Gruppen, Verbänden; 2. das Zurücklegen einer längeren Wegstrecke zu Fuß (meist in relativ schnellem Tempo [**Eilmarsch**]).
◆ ein Musikstück, das durch gleichmäßige metr. Akzente, zumeist in geradem Takt, und einfachen Rhythmus den Gleichschritt einer Gruppe anregt und lenkt. So verschieden wie der jeweilige Anlaß ist auch der Charakter der Marschmusik; feierlich getragen (Trauer-M., Priester-M.), festl. beschwingt (Hochzeits-M.), optimist., kämpfer., aggressiv (Armeemarsch). - Schon die griech. Antike kannte vom Aulos begleitete marschartige Umzüge und, damit verwandt, den feierl. Auftritt und Abgang des Chors in der Tragödie. Auch im MA wurden Prozessions- und Landknechtslieder gern mit Instrumenten (Pauken, Trommeln, Pfeifen, Trompeten) verstärkt. Seit dem 16. und 17. Jh. entwickelte sich, z. T. unter dem Einfluß der Janitscharen, eine regelrechte Militärmusik mit unterschiedl. Formen und Typen in den europ. Ländern (Preußische Märsche, Märsche der Frz. Revolution usw.). Der M. besteht gewöhnl. aus 2 Teilen zu je 8-16 Takten, oft ergänzt durch ein andersartiges Trio. In der Kunstmusik wird der M. vielfach verwendet, v. a. in der Oper und im Ballett, aber auch in der Instrumentalmusik des Barock und der Klassik als Satz der Suite, der Kassation, der Serenade, des Divertimentos. F. Schubert komponierte Märsche für Klavier (vierhändig). Übertragen und stilisiert gibt es häufig in anderen Kompositionsgatt. Teile mit M.charakter. In der Musik des 20. Jh. gelegentl. Mittel der Parodie.

Marschak, Samuil Jakowlewitsch, * Woronesch 3. Nov. 1887, † Moskau 4. Juli 1964, russ.-sowjet. Schriftsteller. - Freund Gorkis; gilt als Begründer der sowjet. Kinderliteratur und Förderer des Jugendtheaters; verfaßte auch formstrenge Lyrik und Epigramme.

Marschall [zu mittellat. marescallus, eigtl. „Pferdeknecht" (von althochdt. marah „Pferd" und scalc „Knecht")], einer der Inhaber der 4 german. Hausämter (Zeichen: der Stab), zuständig für die Stallungen und die Versorgung der Pferde; seine Befugnisse wurden schließl. ausgedehnt auf Quartierbeschaffung für den gesamten Hofstaat (Hofmarschall) und mit dem Aufkommen der Ritterheere auf den Oberbefehl im Krieg. Als *Erz-M.* erscheint seit dem Ende des 12. Jh. der Hzg. von Sachsen, dem 1199 auch das Schwertträgeramt übertragen wurde. Unter den Reichserbämtern hat das des *Erb-M.* die größte Bed. erlangt. *Land-M.* bezeichnete im Ständewesen bis 1918 das vom Hofamt abgeleitete Amt des Landtagspräs. in einigen dt. Territorien (Mecklenburg, Brandenburg).

Marschallstab, Zeichen eines hohen Truppenführers (Marschall, Feldmarschall, Generalfeldmarschall, Großadmiral).

Marsch auf Rom ↑ Faschismus.

Marschflugkörper, svw. ↑ Cruise Missile.

Marschhufendorf, z. Z. der ma. Kolonisation in Marschengebieten entstandene Reihensiedlung (↑ auch Dorf) mit gereihten Hufen, die jeweils Hofanschluß besitzen.

Marschner, Heinrich, * Zittau 16. Aug. 1795, † Hannover 14. Dez. 1861, dt. Komponist. - 1831-59 Hofkapellmeister in Hannover; komponierte Kammer- und Klaviermusik, Lieder und Chöre sowie zahlr. romant. Opern, die Wagner beeinflußten, u. a. „Der Vampyr" (1828), „Der Templer und die Jüdin" (1829), „Hans Heiling" (1833).

Marseillaise [marsɛˈjɛːzə, frz. ...ˈjɛːz], frz. Nat.hymne. Urspr. „Kriegslied der Rheinarmee", von C. J. Rouget de Lisle im April 1792 verfaßt und vertont; erstmals am 30. Juli 1792 von einem Freiwilligenbataillon aus Marseille beim Einzug in Paris gesungen.

Marseille [frz. marˈsɛj], frz. Hafenstadt am Golfe du Lion, 874 400 E. Verwaltungssitz des Dep. Bouches-du-Rhône und Hauptstadt der Region Provence-Alpes-Côte d'Azur. Kath. Erzbischofssitz; 2 Univ. (mit der Univ. in Aix-en-Provence verbunden), Forschungsinst.; Observatorium; Museen; Theater, Oper; Börse; Messe. M., größter Hafen von Frankr., war früher dominierend im Handel mit Nordafrika und den Mittelmeerländern und ist heute einer der wichtigsten Erdölhäfen Europas. Da im urspr. Hafengebiet keine Ausbaumöglichkeiten mehr bestanden, wurde das Gebiet des westl. von M. gelegenen, allerdings nur bis 9 m tiefen Étang de Berre bereits während des 1., verstärkt nach dem 2. Weltkrieg ausgebaut. Durch Schließung des Sueskanals war M. in Gefahr, seine beherrschende wirtsch. Rolle im Mittelmeerraum zu verlieren. Als Gegenmaßnahme wurde seit 1961 der Golf von Fos zu einem der wichtigsten Hafen- und Ind.standorte Frankreichs ausgebaut (↑ auch Fos-sur-Mer). Neben den Raffinerien u. der petrochem. Ind. ist v. a. Schwerind. vertreten (Erzhafen, z. T. Verlegung von Gesellschaften aus dem lothring. Ind.revier).

Marshallplanhilfe

Mit dem Ausbau verknüpft sind eine starke Bev.zunahme und die Anlage von Neubauvierteln im Ballungsraum, der sich im W bis Port-Saint-Louis-du-Rhône erstreckt. Außerdem sind Schiffbau und Nahrungsmittelind. von Bed., ebenso der Passagier- und der Fischereihafen. Fremdenverkehr; internat. ⚓.
Geschichte: Ion. Griechen gründeten um 600 v. Chr. die Kolonie **Massalia** (lat. **Massilia**), die sich bald zur bedeutendsten Hafenstadt des westl. Mittelmeeres entwickelte. Im 5. Jh. v. Chr. gründete M. selbst Kolonien (u. a. Monoikos [= Monaco], Nikaia [= Nizza], Antipolis [= Antibes], Emporion [= Ampurias]) und schuf sich ein Herrschaftsgebiet bis weit ins Binnenland. Wurde 49 v. Chr. Teil der Prov. Narbonensis. Im 1. Jh. christianisiert, seit dem 4. Jh. Bischofssitz (zeitweise Erzbischofssitz; Bistum 1801 aufgehoben, 1921 wiedererrichtet). M. behielt im MA sein röm. Stadtrecht. Stadtherr war in der Oberstadt der Bischof, in Teilen der Unterstadt der Abt der 419 gegr. Abtei Saint-Victor. 1192 wurde M. Stadtrepublik. 1252 durch den Grafen von der Provence, Karl von Anjou, unterworfen. Mit der Provence kam M. 1481 an die frz. Krone. Der Aufstieg (1599 Gründung der Handelskammer, 1669 Freihafen) wurde gehemmt durch die Pest von 1720 (40000 Tote) und die Napoleon. Kontinentalsperre (1806-14), dann v. a. begünstigt durch die frz. Erwerbungen in N-Afrika ab 1830. Der Hafen wurde ab 1844 ausgebaut.
Bauten: Antike Kanalisations-, Hafen- und Dockanlagen wurden 1967-75 ausgegraben; im 12. Jh. im roman.-provenzal. Stil erbaute Alte Kathedrale La Major, Basilika Saint-Victor (Neubau 1. Hälfte des 13. Jh.), Wallfahrtskirche Notre-Dame-de-la-Garde (1864 geweiht). Das Wohnhochhaus Unité d'Habitation (1947-52) ist die Verwirklichung von Le Corbusiers Idee einer „Wohnmaschine".
▱ *Histoire de M. Hg. v. E. Baratier. Toulouse 1973. - Pierrein, L.: M. et la région marseillaise. Marseille 1966. - Straihammer, K.: Stadt u. Hafen M. als Wirtschaftsgebiet. Wien 1955. - Histoire du commerce de M. Hg. v. G. Rambert. Paris 1949-59. 6 Bde.*

Marser (lat. Marsi), altitalisches, zu den Sabellern gehörendes Hirtenvolk mit dem Hauptort Marruvium am Fuciner See. 91-89 erhoben sich die M. im Bundesgenossenkrieg (**Marsischer Krieg**) und erhielten anschließend das röm. Bürgerrecht.

Marsfeld, (lat. Campus Martius) im antiken Rom Ebene zw. dem Tiberbogen und der Via Flaminia, die als Exerzierplatz für die röm. Miliz und als Versammlungsplatz für die Zenturiatkomitien diente.
M., (frz. Champ de Mars) urspr. Paradeplatz in Paris, seit 1867 Ausstellungsgelände (Weltausstellungen). 1889 wurde auf dem M. der Eiffelturm errichtet.

Marsh, Dame (seit 1966) Ngaio Edith [engl. mɑːʃ], * Christchurch (Neuseeland) 23. April 1899, † ebd. 18. Febr. 1982, engl. Schriftstellerin. - Schrieb Kriminalromane, oft um die Gestalt des Inspektors Alleyn, u. a. „Das Todesspiel" (1934), „Bei Gefahr Rot" (1943), „Im Preis ist Sterben inbegriffen" (1970), „Der Tod eines Schneemanns" (1972).

Marshall [engl. ˈmɑːʃəl], Alfred, * Clapham (= London) 26. Juli 1842, † Cambridge 18. Juli 1924, brit. Nationalökonom. - Prof. in Bristol und Cambridge. M. gilt als Begründer der Neoklassik († klassische Nationalökonomie); in seinem Hauptwerk „The principles of economics" (1890) faßte er die Lehren der brit. Klassiker sowie der dt. histor. Schule zusammen und systematisierte und formalisierte sie durch mathemat. Formulierung. Wichtige Beiträge leistete M. auch zur Wertlehre (Einführung zeitl. Komponenten) und zur Geldtheorie.
M., Bruce, * Edinburgh 24. Juni 1899, schott. Schriftsteller. - Seine von undogmat.-kath. Weltsicht geprägten, Zeiterscheinungen krit. analysierenden Romane behandeln vorzugsweise Existenzprobleme der kath. Kirche in einer rationalisierten Welt; bes. bekannt wurde „Das Wunder des Malachias" (1931). - † 18. Juni 1987.
M., George Catlett, * Uniontown (Pa.) 31. Dez. 1880, † Washington 16. Okt. 1959, amerikan. General und Politiker. - Leitete als Generalstabschef 1939-45 den Ausbau der US-Streitkräfte und die strateg. Planungen; versuchte in einer Sondermission in China 1945/46 vergebl., einen Kompromiß zw. Chiang Kai-shek und den Kommunisten zu erreichen; verfolgte als Außenmin. 1947-49 die Politik des Containment, deren militär. Seite er durch wirtsch. Hilfsmaßnahmen († Marshallplanhilfe) zu ergänzen suchte; 1951/52 Verteidigungsmin.; erhielt 1953 mit A. Schweitzer den Friedensnobelpreis.

Marshallinseln [engl. ˈmɑːʃəl], Inselgruppe im westl. Pazifik, Teil des US-Treuhandgebiets Pazif. Inseln. Die M. bestehen aus zwei Ketten von Atollen, der östl. **Ratakgruppe** (16 Atolle), Hauptatoll *Majuro* mit dem Verwaltungssitz der M., und der westl. **Ralikgruppe** (18 Atolle) mit dem Atoll *Kwajalein*, dessen rd. 90 Inseln eine der größten Lagunen der Erde umschließen, und den durch Atombombenversuche bekannt gewordenen Atollen † *Bikini* und *Eniwetok*. Koprageewinnung und -export, Fischerei. - 1529 entdeckt, 1885 dt. Schutz-, 1920 jap. Mandatsgebiet, seit 1947 unter Treuhandverwaltung der USA. Im Mai 1982 schlossen die USA und die M. ein Autonomieabkommen, wonach Washington für wenigstens 15 Jahre die Verteidigung, die Reg. in Majuro die Innen- und Außenpolitik übernimmt.

Marshallplanhilfe [engl. ˈmɑːʃəl; nach G. C. Marshall] (European Recovery Program), amerikan. Hilfsprogramm für Euro-

pa, am 3. April 1948 vom Kongreß verabschiedet und wegen der Ablehnung der Mitarbeit durch die Ostblockländer auf polit. Partner der USA beschränkt: Belgien, die BR Deutschland, Dänemark, Frankr., Griechenland, Großbrit., Irland, Island, Italien, Luxemburg, die Niederlande, Norwegen, Österreich, Portugal, Schweden, die Schweiz, Spanien und die Türkei. Die M. umfaßte Sachlieferungen (Waren, Dienstleistungen, techn. Hilfe), v. a. Geschenke von Lebensmitteln und Rohstoffen, sowie Kredite. Die Verteilung der Hilfsleistungen erfolgte auf Vorschlag der OEEC in Paris, die Durchführung und Verwaltung lag bei der **Economic Cooperation Administration** (ECA) in Washington. Die Bereitstellung der Mittel und die Abwicklung des Zahlungsverkehrs zw. den ERP-Ländern erfolgten durch multilaterale Verrechnung über die Europ. Zahlungsunion. In der BR Deutschland, die dem Abkommen am 15. Dez. 1949 beitrat, wurde für Angelegenheiten des Marshallplans ein eigenes Bundesministerium errichtet. In den ERP-Ländern wurden die Gegenwerte für die empfangenen Hilfen in inländ. Zahlungsmitteln auf Gegenwertkonten bei der jeweiligen Zentralbank gesammelt. So entstanden in den einzelnen Ländern investierbare Fonds. Der DM-Fonds bei der Bank dt. Länder wurde v. a. für Investitionen in den Grundstoffind., in der Landwirtschaft, im Verkehrswesen, in der Forschung, in der Exportförderung und im Wohnungsbau verwendet. Westeuropa erhielt bis Ende 1951 von den USA insgesamt etwa 13 Mrd. $; die BR Deutschland und Berlin (West) erhielten bis Ende 1957 insgesamt 1,7 Mrd. $.
1972 errichtete die BR Deutschland die Stiftung **„German Marshall Fund of the United States: A Memorial of the Marshall Plan"**, Sitz Washington (D. C.), der jährlich aus dem Bundeshaushalt 10 Mill. DM zugeführt werden. Ziel der Stiftung ist es, „Einzelpersonen u. Organisationen in den USA, in Europa und anderswo beim Verständnis und der Lösung ausgewählter Probleme moderner Ind.gesellschaften, sowohl nat. als auch internat. Art, behilfl. zu sein".
📖 *Der Marshall-Plan u. die europ. Linke.* Hg. v. O. N. Haberl u. L. Niethammer. Ffm. 1986. - Brähler, R.: *Der Marshallplan.* Köln 1983.

Marshall Space Flight Center [engl. 'mɑːʃəl 'speɪs 'flaɪt 'sɛntə] (George C. Marshall S. F. C.), eines der bedeutendsten amerikan. Forschungs- und Erprobungszentren der Raumfahrt in Huntsville (Ala.); befaßt sich v. a. mit der Entwicklung großer Trägerraketen (u. a. „Saturn"); ursprüngl. militär. Versuchszentrum, seit 1960 der NASA unterstellt.

Marshsche Probe [engl. mɑːʃ; nach dem brit. Chemiker J. Marsh, * 1794, † 1846], in der Gerichtsmedizin wichtiges Verfahren zum Nachweis geringster Mengen von Arsen.

Die arsenhaltige Probe wird mit atomarem Wasserstoff behandelt und zu Arsenwasserstoff reduziert. Nach Erhitzen und term. Zersetzung bildet sich reines Arsen, das sich als metall. glänzender **Arsenspiegel** absetzt.

Marsilius von Padua, eigtl. Marsilio dei Mainardini, * Padua um 1275, † München 1342 oder 1343, italien. Staatstheoretiker. - 1313 Rektor der Univ. Paris; Kontakt mit dem Averroisten Johannes von Jandun, unter dessen Einfluß der „Defensor pacis" entstand (1324), eine Schrift, in der eine auf der Lehre von der Volkssouveränität fußende antiklerikale Staatstheorie entwickelt wird, verbunden mit Forderungen nach Unabhängigkeit der staatl. Gewalt von der kirchl., Unabhängigkeit der Bischöfe vom Papst und nach einem allg. Konzil. 1327 wurden fünf Thesen des „Defensor pacis" für häret. erklärt und M. als Ketzer verurteilt.

Marsischer Krieg ↑ Bundesgenossenkrieg, ↑ Marser.

Marssegel ↑ Mars.

Marsstenge ↑ Mars.

Marstall [urspr. „Pferdestall" (zu althochdt. marah „Pferd")], Reit- und Fahrstall einer fürstl. Hofhaltung.

Marstrander, Carl, * Kristiansand 26. Nov. 1883, † Oslo 23. Dez. 1965, norweg. Indogermanist und Keltologe. - 1909 Prof. in Dublin, ab 1913 in Oslo; arbeitete über Runen und Runeninschriften und bes. über die kelt. Sprachen und deren Beziehungen zu den Nachbarsprachen.

Marsupialia [griech.-lat.], svw. ↑ Beuteltiere.

Marsupium [griech.-lat.], svw. ↑ Brutbeutel.

Marsyas, Gestalt der griech. Mythologie. Athena hat den von ihr erfundenen Aulos (Oboe) als ihr Gesicht entstellend wieder weggeworfen. Der Satyr M. findet das Instrument, gelangt auf ihm zur Meisterschaft und fordert den Kithara spielenden Apollon zum musikal. Wettkampf. Unterliegend besiegt den Vermessenen, hängt ihn an einem Baum auf und zieht ihm bei lebendigem Leib die Haut ab.

Martell, Karl ↑ Karl Martell.

martellato [italien.], musikal. Vortragsbez.: gehämmert, abgestoßen († staccato) und stark betont.

Martello (Martelli), Pier Iacopo, * Bologna 28. April 1665, † ebd. 10. Mai 1727, italien. Dichter. - 1698 Mgl. der Accademia dell'Arcadia, ab 1707 Prof. in Bologna; früher Vertreter des klassizist. Dramas nach frz. Mustern und Erfinder des „Martellian." Verses (paarweise reimende Vierzehnsilber, sog. „italien. Alexandriner").

Martens, Valérie von, eigtl. V. Pajér Edle von Mayersperg, * Lienz 4. Nov. 1904, † Riehen bei Basel 7. April 1986, östr. Schauspielerin. - Trat ab 1924 vorwiegend in Komödien und Filmen ihres Mannes C. Goetz auf; vollendete dessen Memoiren („Die Memoiren des Peterhans von Binningen", 1960); veröffentlichte „Curt's Geschichten. Kurzgeschichten von und über Curt Goetz" (1972).

M., Wilfried, * Sleidinge bei Gent 19. April 1936, belg. Politiker. - Rechtsanwalt; 1972–79 Vors. der fläm. Christelijke Volkspartij (CVP), 1979–April 1981 und seit Dez. 1981 Min.präs.

Marterl (Marter) [zu griech. mártyr „(Blut)zeuge"] ↑ Bildstock.

Martersteig, Max, * Weimar 11. Febr. 1853, † Köln 3. Nov. 1926, dt. Regisseur und Theaterhistoriker. - Intendant in Mannheim (1885–90), Köln (1905–11) und Leipzig (1912–18). Bed. ist sein Hauptwerk „Das dt. Theater im 19. Jh." (1904).

Martha (Marthe), aus der Bibel übernommener weibl. Vorname hebr. Ursprungs, eigtl. „Herrin".

Martha, hl., Schwester der Maria von Bethanien und des Lazarus; nahm Jesus häufig in ihr Haus auf; in der kath. Kirche Patronin der Hausfrauen. - Fest: 29. Juli.

Martí, Kurt, * Bern 31. Jan. 1921, schweizer. ref. Theologe und Schriftsteller. - Pfarrer; begann 1959, Gedichte zu schreiben (u. a. „Boulevard Bikini", 1959), die ihre Wirkung v. a. durch Schawitz und Aggressivität erzielen; in seinem „polit. Tagebuch" („Zum Beispiel: Bern 1972", 1973) gibt er eine Analyse des polit. Klimas in der Schweiz und warnt vor antiliberalen Tendenzen. - *Weitere Werke:* Leichenreden (1970), Die Riesin (R., 1975), Wort und Antwort. Meditationstexte (1978), Tagebuch mit Bäumen (1985).

M., Walter, * Zürich 10. Juli 1923, schweizer. Filmregisseur. - Drehte bedeutende gesellschaftsanalyt. Filme wie „Im Schatten des Wohlstandes" (1961) über falsch erzogene Kinder, „Ursula oder das unwerte Leben" (1966) über schwerbehinderte und psych. gestörte Kinder. - *Weitere Filme:* Die Selbstzerstörung des Walter Matthias Diggelmann (1974), Gebet für die Linke (1975), Heritage (1980), Schule des Flamenco (1985).

Martí, José [span. mar'ti], * Havanna 28. Jan. 1853, † Boca de Dos Ríos (Kuba) 19. Mai 1895, kuban. Schriftsteller. - Lebte u. a. in Spanien, Paris, Mexiko, Guatemala, New York und Venezuela; Vorkämpfer der kuban. Unabhängigkeit; starb im Kampf gegen die Spanier. Trat bes. mit sehr persönl., einfachen lyr. Gedichten, Dramen sowie zahlr. journalist. Artikeln und krit. Studien hervor. Gilt heute in Kuba als erster bed. Ideologe des antiimperialist. Freiheitskampfes in Lateinamerika.

Martial (Marcus Valerius Martialis), * Bilbilis (beim heutigen Calatayud, Spanien) um 40, † ebd. um 103, röm. Dichter. - Etwa 64–98 in Rom als Klient reicher Gönner, denen er literar. Huldigungen darbrachte; von den Kaisern Titus und Domitian gefördert. M. hat ausschließl. Epigramme verfaßt: „Liber spectaculorum" (zur Einweihung des Kolosseums), „Xenia" und „Apophoreta" (Aufschriften für Saturnaliengeschenke), 12 Bücher „Epigrammata". Vorherrschende Kennzeichen sind Witz und Satire in prägnanter, pointierter Form. Reiche Wirkung in MA und Neuzeit, bes. auf Lessing, Schiller und Goethe.

martialisch [zu lat. martialis „zu Mars gehörend"], kriegerisch, grimmig, wild, verwegen.

Martianus Capella, heidn. lat. Schriftsteller des 5. Jh. aus Karthago. - Einer der wichtigsten Lehrmeister des MA. Verfaßte (in Prosa und Versen) eine Enzyklopädie der Sieben Freien Künste (9 Bücher) mit dem Titel „De nuptiis Mercurii et Philologiae".

Martigny [frz. marti'ɲi], Hauptort des schweizer. Bez. M., Kt. Wallis, im Rhonetal, 467 m ü. d. M., 12 000 E. Düngemittelherstellung, Metallverarbeitung, Weinhandel. - Reste aus röm. Zeit; Pfarrkirche (1680); Rathaus (19. Jh.). Über der Stadt der Bâtiazturm (13. Jh.).

Martin, männl. Vorname lat. Ursprungs, eigtl. „der Kriegerische" (zum Kriegsgott ↑ Mars).

Martin, Name von Päpsten:

M. IV., * Brion bei Angers, † Perugia 28. März 1285, vorher Simon de Brion, Papst (seit 22. Febr. 1281). - Wirkte maßgebl. daran mit, daß Karl I. von Anjou Sizilien erhielt; durch dessen Einfluß gewählt und von ihm völlig abhängig; suchte vergebl., den Anjou nach dem Aufstand der Sizilianer († Sizilianische Vesper) 1282 Sizilien zu erhalten; bannte Peter III. von Aragonien und den byzantin. Kaiser Michael VIII.; dadurch endgültiger Zerfall der Union von Lyon (1274).

M. V., * Genazzano bei Rom 1368, † Rom 20. Febr. 1431, vorher Oddo Colonna, Papst (seit 11. Nov. 1417). - Gewählt auf dem Konstanzer Konzil und allg. anerkannt; damit Ende des Abendländ. Schismas. M. beendete das Konzil rasch, ging energ. an den Wiederaufbau des Kirchenstaates, restaurierte in Rom Basiliken und Vatikan, betrieb kirchl. Reformen; berief Konzilien und verhalf so dem Papsttum zu neuem Ansehen.

Martin von Tours, hl., * Savaria (= Szombathely, Ungarn) 316 oder 317, † Candes (= Candes-Saint-Martin, Indre-et-Loire) 8. Nov. 397, Bischof von Tours und Apostel Galliens. - Sohn eines röm. Tribuns; Soldat; ließ sich mit 18 Jahren taufen, trat aus dem Heer aus und wurde Schüler des Hilarius von Poitiers. 361 gründete er in Ligugé das erste Kloster auf gall. Boden. 371 zum Bischof von Tours gewählt, gründete er 375 das Kloster Marmoutier bei Tours, dessen Schule bald Bed. gewann. Sein Grab, über dem im 5. Jh. eine Kapelle erbaut wurde - später erweitert zur Abtei Saint-Martin -, war bis ins späte MA Wallfahrtsort und fränk. Nationalheilig-

Martin

tum. Von Chlodwig zum Schutzpatron der Frankenkönige erklärt. - Fest: 11. Nov.
Die häufigste *bild. Darstellung* zeigt den Heiligen als Reiter mit dem Bettler zu Füßen, mit dem er den Mantel teilt, eine Szene aus der Legende, nach der M. noch als röm. Soldat am Stadttor von Amiens einem frierenden Bettler die Hälfte seines Soldatenmantels gegeben haben soll.

📖 *Thull, M.: M. v. T. Aschaffenburg 1985. - Nigg, W./Loose, H. N.: M. v. Tours. Freib.* ²*1978.*

Martin von Troppau (Martinus Polonus), *Troppau (= Opava), † Bologna 12. Juni 1278, dt. Chronist. - Dominikaner; 1278 Erzbischof von Gnesen; verfaßte ein als Nachschlagewerk der Papst- und Kaisergeschichte gedachtes, wiss. bedeutungsloses „Chronicon" (bis 1277), das oft fortgesetzt und kopiert wurde *(Martinschroniken)*.

Martin, Archer [engl. 'mɑːtɪn], *London 1. März 1910, brit. Biochemiker. - Mitglied des National Institute for Medical Research in London; Arbeiten zur chem. Analyse, insbes. zur Chromatographie; erhielt 1952 (mit R. L. M. Synge) für die Erfindung der Verteilungschromatographie den Nobelpreis für Chemie.

M., Dean [engl. 'mɑːtɪn], eigtl. Dino Crocetti, *Steubenville 17. Juni 1917, amerikan. Filmschauspieler und Sänger. - Bekannt als „smarter" Heldendarsteller in Sexkomödien wie „Wer war die Dame?" (1960), „Immer in einem anderen" (1964), Western wie „4 für Texas" (1963), Spionageparodien und Katastrophenfilmen („Airport", 1970), „Auf dem Highway ist wieder die Hölle los" (1984).

M., Frank [frz. mar'tɛ̃], *Genf 15. Sept. 1890, † Naarden 21. Nov. 1974, schweizer. Komponist. - Ging zunächst von impressionist. Klangtechniken aus, verwendete seit den 1930er Jahren die Zwölftontechnik (Streichtrio, 1935; Streichquartett, 1936), fand aber zu einer eigenen Stilsynthese durch spätere Verbindung mit traditioneller Harmonik (Oratorium „Le vin herbé", 1941). Komponierte u. a. *Opern:* „Der Sturm" (1956), „Monsieur de Pourceaugnac" (1963); *Ballette; Bühnenmusiken; Oratorien:* „Et in terra pax" (1944), „Golgatha" (1948), „Pilatus" (1964); *Gesänge; Orchesterwerke:* „Petite symphonie concertante" (1945), Klavier-, Violin-, Cembalo- und Cellokonzert; *Kammer- und Klaviermusik.*

M., Hansjörg ['--], *Leipzig 1. Nov. 1920, dt. Schriftsteller. - Arbeitete nach 1945 als Clown, Dekorateur und Bühnenbildner. 1955 Redakteur und Dramaturg in Hamburg; seit 1963 freier Schriftsteller. Verf. zahlr. Kriminalromane, u. a. „Gefährl. Neugier" (1965), „Schwarzlay und die Folgen" (1974), „Die lange, große Wut" (1977), „Der Kammgarnkiller" (1979), „Gegen den Wind" (1985).

M., Helmut ['--], *Heide 14. Aug. 1918, dt. Hämatologe. - Prof. in Frankfurt am Main. M. gelang der Nachweis von Heparin in den Mastzellen des menschl. Blutes. Arbeiten u. a. auch über die Chemotherapie bösartiger Erkrankungen, insbes. der Hämoblastosen.

M., Karl Heinz ['--], *Freiburg im Breisgau 6. Mai 1888, † Berlin 13. Jan. 1948, dt. Regisseur. - Mitbegr. der „Tribüne" in Berlin (1919); einer der führenden Regisseure des Expressionismus; 1927-31 Direktor des Berliner Volkstheaters, an dem er auch nach 1945 arbeitete.

M., Kenneth [engl. 'mɑːtɪn], *Sheffield 13. April 1905, brit. Plastiker. - Mit Metallarbeiten früher Vertreter der ↑kinetischen Kunst.

M., Sir (seit 1957) Leslie [engl. 'mɑːtɪn], *Manchester 17. Aug. 1908, brit. Architekt. - 1953-56 Architekt des London County Council und Chefarchitekt der Wohnsiedlung Roehampton bei London; Plan für Whitehall (1964/65); Univ.bauten in Cambridge, Leicester, Oxford und Hull.

M., Pierre [Emile] [frz. mar'tɛ̃], *Bourges 18. Aug. 1824, † Fourchambault (Nièvre) 25. Mai 1915, frz. Ingenieur und Industrieller. - Entwickelte 1864 das Herdfrischverfahren, das unter Verwendung des von F. Siemens gebauten Regenerativflammofens rasch in der Stahlind. Eingang fand (Siemens-Martin-Verfahren).

M., Rudolf ['--], *Zürich 1. Juli 1864, † München 11. Juli 1925, dt. Anthropologe. - Prof. in Zürich und München; grundlegende Arbeiten zur modernen naturwiss. Anthropologie und Anthropometrie; Begründer des Standardwerks „Lehrbuch der Anthropologie in systemat. Darstellung..." (1914).

Martin, Stadt im Mittelslowak. Gebiet, ČSSR, 400 m ü. d. M., 59 900 E. Kulturzentrum der Slowaken mit slowak. Nationalmuseum und slowak. Nationalbibliothek; bed. Ind.stadt. - Got. Hauptkirche Sankt Martin (13. und 16. Jh.), spätbarocke ev. Kirche (1784). - Bed. Funde der Urnenfelderkultur (13.-8. Jahrhundert).

Martina, weibl. Vorname (zu ↑Martin).

Martina Franca, italien. Stadt in Apulien, 431 m ü. d. M., 43 500 E. Weinbauzentrum, Mittelpunkt der Pferde- und Eselzucht im südl. Apulien.

Martín Artajo, Alberto [span. mar'tin ar'taxo], *Madrid 2. Okt. 1905, † ebd. 31. Aug. 1979, span. Politiker - Jurist; sozialpolit. in der „Kath. Aktion" tätig; führte als Außenmin. (1945-57) Spanien aus der Isolierung, bes. durch den Stützpunktvertrag mit den USA von 1953.

Martin du Gard, Roger [frz. martɛ̃dy'gaːr], *Neuilly-sur-Seine 23. März 1881, † Bellême (Orne) 22. Aug. 1958, frz. Schriftsteller. - Schrieb psycholog. Romane, Erzählungen und Dramen; schildert in seinem Hauptwerk, dem 8teiligen Romanzyklus „Die Thibaults" (1922-40) mit distanzierter Objektivität den Niedergang einer Pariser Bürgerfamilie; 1937 Nobelpreis für Literatur.

Martinet [frz. marti'nɛ], André, * Saint-Alban-des-Villards (Savoie) 12. April 1908, frz. Sprachwissenschaftler. - 1938 Prof. in Paris, 1947 in New York, seit 1955 an der Sorbonne. Ausgehend von F. de Saussure betont er die getrennte Behandlung von Synchronie und Diachronie und eine funktionelle Sprachbetrachtungsweise. - *Werke:* Grundzüge der allg. Sprachwiss. (1960), Synchron. Sprachwiss. (1965), Studies in functional syntax (1975).

M., Jean-Louis, * Sainte-Bazeille (Lot-et-Garonne) 8. Nov. 1912, frz. Komponist. - Schüler von O. Messiaen und R. Leibowitz; komponierte Zwölftonwerke, wandte sich jedoch später einer mehr populären, neoromant. Tonsprache zu; Werke für Orchester (u. a. „Orphée", 1945), Chorwerke und Lieder.

Martínez Barrio, Diego [span. mar'tinɛð 'βarrjo], * Sevilla 25. Nov. 1883, † Paris 1. Jan. 1962, span. Politiker (Linksrepublikaner). - 1931–34 mehrfach Min., 1933 und 1936 Min.präs., 1936 interimist. Staatspräs.; ab 1935 Präs. der Cortes; ab 1939 im Exil, ab 1945 Staatspräs. der span. Exilregierung.

Martínez de Campos, Arsenio [span. mar'tinɛð ðe 'kampɔs], * Segovia 14. Dez. 1831, † Zarauz (Prov. Guipúzcoa) 23. Sept. 1900, span. General und Politiker. - Bekämpfte 1869–72, 1876–78, 1895/96 die Aufständischen in Kuba; nach Abschluß der Karlistenkriege 1876 Generalkapitän; 1879 Min.präs., 1881–83 Kriegsminister.

Martínez de la Rosa, Francisco [span. mar'tinɛð ðe la 'rrɔsa], * Granada 10. März 1787, † Madrid 7. Febr. 1862, span. Politiker und Schriftsteller. - 1814–20 wegen liberaler Veröffentlichungen nach Afrika verbannt, 1822 Außenmin., 1823–31 in Frankr., 1834/35 Reg.chef, später Gesandter in Paris und Rom, 1852 Cortespräs., 1858 Staatsratspräs.; trat mit einem der frühesten romant. Dramen der span. Literatur hervor.

Martínez Estrada, Ezequiel [span. mar'tines es'traða], * San José de la Esquina (Prov. Santa Fe) 14. Sept. 1895, † Bahía Blanca 3. Nov. 1964, argentin. Schriftsteller. - Sprachvirtuose, z. T. neobarocke Lyrik, Erzählungen und Theaterstücke; bed. v. a. seine kultur-, gesellschafts- und literaturkrit. Essays, die u. a. eine Analyse der ungelösten soziokulturellen Probleme Argentiniens vornahmen.

Martínez Montañés, Juan [span. mar'tinɛð mɔnta'ɲes], ≈ Alcalá la Real 16. März 1568, † Sevilla 18. Juni 1649, span. Bildhauer. - 1588 Meister in Sevilla. Sein farbig gefaßtes, an der italien. Renaissance geschultes Werk bedeutet einen Höhepunkt span. Barockskulptur; u. a. Hochaltar des Konvents Santa Clara in Sevilla (1622 ff.).

Martínez Ruiz, José [span. mar'tinɛð 'rrui̯θ], span. Schriftsteller, † Azorín.

Juan Martínez Montañés, Der büßende heilige Hieronymus (um 1610). Figur im Mittelfeld des Hochaltars in San Isidoro del Campo in Santiponce bei Sevilla

Simone Martini, Verkündigung (1333). Florenz, Uffizien

Martínez Sierra, Gregorio [span. marˈtinɛθ ˈsjɛrra], * Madrid 6. Mai 1881, † ebd. 1. Okt. 1947, span. Schriftsteller. - 1915 Theaterleiter; 1931–47 in Hollywood; begann mit lyr. Gedichten, Novellen und Romanen; erfolgreiche betont lyr. Dramen von großer Sensibilität.

Martin-Horn ⓌⒹ (umgangssprachl. auch Martinshorn) [nach dem Namen der Herstellerfirma], mit Preßluft betriebene akust. Warnsignalanlage an Einsatzfahrzeugen von Polizei, Feuerwehr, Krankenwagen u. a.

Martini, Ferdinando, * Florenz 30. Juli 1841, † Monsummano Terme (Pistoia) 24. April 1928, italien. Dramatiker. - War Lehrer, Journalist, liberaler Abg., 1892/93 Unterrichtsmin., 1897–1900 Statthalter von Eritrea, 1915/16 Kolonialmin., ab 1923 Senator. Gibt in seinen Komödien ein typ. Bild der bürgerl. Gesellschaft des 19. Jh. wieder; schrieb auch Romane, Erzählungen, Essays, Erinnerungen und Theaterkritiken.

M., Francesco di Giorgio, * Siena 23. Sept. 1439, ☐ ebd. 29. Nov. 1502, italien. Baumeister, Bildhauer, Maler und Kunsttheoretiker. - Als Maler der sienes. Tradition noch stark verhaftet; als Bildhauer und Baumeister gelang ihm die Übernahme des florentin. Renaissancestils. 1477–82 Festungsbaumeister in Urbino. Hier schrieb er auch den „Trattato dell'architettura civile e militare" (1482). - *Bauwerke:* Kirche Madonna del Calcinaio in Cortona (1484 ff.), Palazzo della Signoria in Ancona (1484) und Iesi (1486).

M., Fritz, * Magdeburg 5. Sept. 1909, dt. Literarhistoriker. - Seit 1943 Prof. in Stuttgart. Geistesgeschichtl. orientiert, stellt F. die Entwicklung der Literatur im histor. Zusammenhang dar, bes. in „H. von Kleist und die geschichtl. Welt" (1940), „Dt. Literaturgeschichte von den Anfängen bis zur Gegenwart" (1949), „Dt. Literatur im bürgerl. Realismus: 1848–1898" (1962), „Lustspiele und das Lustspiel" (1974).

M., Giovanni Battista, gen. Padre M., * Bologna 24. April 1706, † ebd. 3. Aug. 1784, italien. Musiktheoretiker und Komponist. - Franziskaner (1729 Priester); Musiktheoretiker und Lehrer, u. a. von J. C. Bach und W. A. Mozart, und angesehener Komponist (Messen, Oratorien, Konzerte, Orgelsonaten, Kammerduette, Kanons); schrieb u. a. „Storia della musica" (1757–81), „Esemplare sia saggio fondamentale practico di contrappunto" (1773–75).

M., Simone, * Siena zw. 1280/85, † Avignon 1344, italien. Maler. - Zuerst durch das Fresko mit der „Maestà" im Palazzo Pubblico in Siena dokumentiert (1315). Schuf 1322–26 sein Hauptwerk, die Fresken der Cappella di San Martino in San Francesco in Assisi. Auch zahlr. Altarbilder. Seit 1336 am päpstl. Hof in Avignon. M. gab der Sieneser Malerei (im Anschluß an Giotto) rationale Klarheit in Raumordnung und Figurengestaltung, andererseits Anmut, aristokrat. Eleganz und ornamentale Kostbarkeit. - Abb. S. 65.

Martini ↑ Martinstag.

Martiniapfel ↑ Äpfel (Übersicht).

Martinique [frz. martiˈnik], Insel der Kleinen Antillen, frz. Überseedepartement, 1 080 km² (1 100, 1 102 oder 1 106 km² nach anderen Angaben), 327 100 E, Hauptstadt Fort-de-France. Die Vulkane der gebirgigen Insel sind z. T. noch aktiv († Pelée, Montagne). Die Luvseiten der Gebirge tragen dichten Regenwald, die Leelagen Dornstrauchsavannen. Etwa ¼ des Landes ist Kulturland. Hauptanbauprodukte sind Zuckerrohr, Bananen, Ananas, Kakao und Kaffee; bed. Viehzucht. Die Ind. verarbeitet landw. Erzeugnisse; Erdölraffinerie; Fremdenverkehr; bed. Export von Zucker und Rum.

Geschichte: Als Kolumbus 1502 M. entdeckte, waren die Aruak schon von den Kariben verdrängt worden, die ihrerseits nach frz. Inbesitznahme von M. 1635 durch Kriege und Krankheiten ausgerottet wurden. 1674 frz. Kronkolonie. Im 17. und 18. Jh. kämpften Briten und Niederländer mit den Franzosen um M., das 1816 endgültig frz. Besitz wurde. 1848 Sklavenbefreiung. 1767, 1839, 1891, 1903 und 1928 verheerten Wirbelstürme die Insel, 1902 kamen bei Ausbruch des Vulkans Montagne Pelée 40 000 Menschen ums Leben. 1854 erhielt M. eine Verfassung mit einer gewissen inneren Autonomie; seit 1946 frz. Überseedepartement.

Martinon, Jean [frz. martiˈnõ], * Lyon 10. Jan. 1910, † Paris 1. März 1976, frz. Dirigent und Komponist. - Schüler von A. Roussel und C. Münch; komponierte Orchester- und Kammermusik sowie die Oper „Hécube" (1956); 1959 Chefdirigent des Israel Philharmonic Orchestra, 1960–66 Generalmusikdirektor in Düsseldorf, 1963–68 Chefdirigent des Chicago Symphony Orchestra, danach beim ORTF in Frankreich.

Martinschroniken [...s-kro...] ↑ Martin von Troppau.

Martinson, Harry, * Jämshög (Blekinge) 6. Mai 1904, † Stockholm 11. Febr. 1978, schwed. Schriftsteller. - Vertritt in seinen stark autobiograph. gefärbten Werken einen vitalen Primitivismus; neben modernem Romantizismus steht eine tiefe Skepsis, die der richtigen Nutzung des techn. Fortschritts durch die Menschen gilt, so in dem Epos um ein Raumschiff, „Aniara" (1956). 1949 Mgl. der schwed. Akademie; erhielt 1974 (zus. mit E. Johnson) den Nobelpreis für Literatur. - *Weitere Werke:* Die Nesseln blühen (R., 1935), Der Weg nach Glockenreich (R., 1948).

M., Moa, eigtl. Helga Maria M., geb. Swartz, * Vårdnäs (Östergötland) 2. Nov. 1890, † Södertälje 5. Aug. 1964, schwed. Schriftstellerin. - 1929–40 in 2. Ehe ∞ mit Harry Martinson. Radikale Sozialistin; die Wirkung ihres erzähler. Werkes beruht v. a. auf humorvoller und mitfühlender Gestaltung von Problemen der verelendeten Landarbeiter und des Großstadtproletariats ihrer Heimat; u. a.: „Mutter heiratet" (Autobiogr., 1936), „Die Frauen von Kolmården" (R., 1937), „Weg unter Sternen" (R., 1940).

Martinstag (Martini), Tag des hl. Martin von Tours (11. Nov.); urspr. wichtiger Brauch-, Rechts- und Wirtschaftstermin innerhalb des christl. Kalenders. Der M. war Beginn des Wirtschaftsjahres und wurde durch den *Martinsschmaus* (Martinsgans) gefeiert. Heute Volksfeiertag bes. in den Niederlanden, Flandern und Luxemburg. Am Vorabend werden *Martinsfeuer* abgebrannt und Umzüge von Kindern und Erwachsenen mit Martinslampen (bzw. -laternen) abgehalten.

Martinů, Bohuslav [tschech. 'martjinu:], *Polička (Ostböhm. Gebiet) 8. Dez. 1890, † Liestal 28. Aug. 1959, tschech. Komponist. - Ausbildung als Geiger, später Schüler von J. Suk und A. Roussel; sein alle Gattungen umfassendes Werk (12 Opern, u. a. „Griech. Passion", 1954–58, „Mirandolina", 1959; Ballette; Orchesterwerke, u. a. „Half-Time", 1924, „Sinfonia concertante", 1932; Kammermusik, Chorwerke und Lieder) ist dem Neoklassizismus zuzuordnen, wobei Einflüsse der tschech. Folklore und des Jazz hinzukommen.

Martinus Polonus ↑ Martin von Troppau.

Martos, Iwan Petrowitsch, *Itschnja (Gebiet Tschernigow) 1754, † Petersburg 17. April 1835, russ. Bildhauer ukrain. Herkunft. - 1774–79 in Rom; mit Denk- und Grabmälern einer der führenden russ. klassizist. Bildhauer.

Martow, L., Pseud. Juli Ossipowitsch Zederbaum, *Konstantinopel 24. Nov. 1873, † Schömberg (Landkreis Calw) 4. April 1923, russ. Politiker (Menschewik). - Agitierte 1895 mit Lenin in Petersburg; 1897–1900 verbannt; lebte nach Teilnahme an der russ. Revolution von 1905 wieder im Exil; 1917 Rückkehr nach Rußland, das er jedoch bereits 1920 als einer der entschiedensten Gegner Lenins wieder verließ.

Martyn, Edward [engl. 'ma:tın], Pseud. Sirius, *Tulira (Galway) 31. Jan. 1859, † Dublin 15. Dez. 1923, ir. Dramatiker. - M., dessen Dramen der ir.-kelt. Renaissance verpflichtet sind, war 1899 Mitbegründer des Irish Literary Theatre und gründete 1914 das Irish Theatre in Dublin.

Märtyrer (Martyrer, Blutzeuge) [zu griech. mártys „(Blut)zeuge"], urspr. Bez. für denjenigen, der seinen christl. Glauben dadurch „bezeugt", daß er dessentwegen schweres körperl. Leid oder den Tod auf sich nimmt (**Martyrium**). - Seit dem 1. Jh. gebräuchl. für Christen, die trotz der Christenverfolgungen an ihrem Glauben festhielten; seit dem 2. Jh. eingeschränkt auf diejenigen, die aus demselben Grund den Tod erlitten. Die schon früh einsetzende Verehrung der M. wurde im 4. Jh. von Julian Apostata mit dem Hinweis auf analoge Formen des „Götzendienstes" kritisiert, gleichwohl wurde seitdem von der kath. Kirche diese Identifizierung mit der Unterscheidung von *Latria* und *Dulia* († Heiligenverehrung) zurückgewiesen. - Auch allg. Bez. für diejenigen, die für eine Überzeugung Leid oder Tod auf sich nehmen.

Märtyrerakten (Acta Martyrum), Bez. für die gerichtl. Akten der Prozesse gegen Christen sowie für die Aufzeichnungen über Leiden und Tod der Märtyrer; seit der Mitte des 2. Jh. im Gottesdienst verlesen.

Martyrium [griech.] ↑ Märtyrer.

Martyrologium (Mrz. Martyrologien) [griech.], in der kath. Kirche zusammenfassendes Verzeichnis von Heiligen und Seligen, die in den verschiedenen Orts- und Teilkirchen verehrt werden.

Marulić, Marko [serbokroat. 'marulitɕ], *Split 18. Aug. 1450, † ebd. 5. Jan. 1524, kroat. Dichter. - Begründer der kroat. Renaissanceliteratur; verfaßte mit „Judita" (1521) das erste religiöse Epos der kroat. Literatur.

Marullo, Michele, gen. Tarcaniota (nach dem Familiennamen der Mutter), *Konstantinopel 1453 (?), † im Fluß Cecina (Toskana) 11. April 1500 (ertrunken), italien. Humanist. - Seine lat. Lyrik ist ein Höhepunkt der italien. Humanistendichtung (Liebesgedichte, Elegien, Hymnen).

Marvin, Lee [engl. 'ma:vın], *New York 19. Febr. 1924, amerikan. Filmschauspieler. - Wurde internat. bekannt als Darsteller brutaler, mürrisch-zäher. Typen wie in „Heißes Eisen" (1953), „Die Comancheros" (1961), „Der Mann, der Liberty Valance erschoß" (1962), „Cat Ballou" (1965). - *Weitere Filme:* „Das dreckige Dutzend" (1967), „Monte Walsh" (1970), „Dog Day" (1984). - † 29. Aug. 1987.

Marx, Adolf Bernhard, *Halle/Saale 15. Mai 1795, † Berlin 17. Mai 1866, dt. Musiktheoretiker. - 1830 Prof. in Berlin, 1832 auch Univ.musikdirektor, 1850 Mitbegr. des Sternschen Konservatoriums; schrieb u. a. „Die Lehre von der musikal. Komposition" (1837–47); komponierte u. a. Klavierwerke, Chöre und Lieder.

M., Joseph Rupert Rudolf, *Graz 11. Mai 1882, † ebd. 3. Sept. 1964, östr. Komponist. - 1914–52 Kompositionslehrer an der Wiener Musikakademie (1922–25 Direktor). Komponierte Orchester- und Kammermusik, Chorwerke und Lieder in nachromant.-impressionist. Stil. Schriften: „Betrachtungen eines romant. Realisten" (1946), „Weltsprache Musik" (1964).

M., Karl, *Trier 5. Mai 1818, † London 14. März 1883, dt. Philosoph und Politiker. - Aus einer jüd., 1824 zum Protestantismus übergetretenen Familie; studierte 1835 in Bonn und ab 1836 in Berlin zuerst Rechtswiss., später -

Marx

von Hegels Philosophie und von den Junghegelianern beeinflußt - Philosophie und Geschichte; Promotion 1841 in Jena mit einer Arbeit über die „Differenz der demokrit. und epikureischen Naturphilosophie". Nach erfolglosem Bemühen um einen Lehrstuhl 1842/43 Mitarbeiter und Redakteur bei der „Rhein. Zeitung"; nach Heirat mit Jenny von Westphalen (* 1814, † 1881) am 12. Juni 1843 ging M. nach Paris, wo er mit A. Ruge den einzigen Band der „Dt.-Frz. Jahrbücher" (1844) herausgab, durch Vermittlung von F. Engels die brit. Nat.ökonomie (A. Smith und D. Ricardo) kennenlernte, sich mit den Theorien der frz. Frühsozialisten (u. a. L. Blanc, P. J. Proudhon) auseinandersetzte und Kontakte zu den russ. Anarchisten (v. a. M. A. Bakunin) aufnahm. Unter dem Einfluß des Feuerbachschen Materialismus wandte er sich zu dieser Zeit von der Philosophie Hegels ab („Kritik der Hegelschen Rechtsphilosophie. Einleitung", 1844). Auf Betreiben der preuß. Reg. 1845 aus Paris ausgewiesen, schrieb M. in Brüssel zus. mit Engels „Die Heilige Familie" (1845; gegen den Linkshegelianismus), „Die dt. Ideologie" (1845/46; veröffentlicht 1932; gegen Feuerbach u. a.) sowie im Auftrag des Londoner „Bundes der Kommunisten" das 1848 erschienene „Kommunist. Manifest". Die Februarrevolution 1848 ermöglichte M., der im März 1848 aus Belgien ausgewiesen wurde, die Reise nach Paris; von dort aus kehrte er im April 1848 nach Köln zurück, um die „Neue Rhein. Zeitung" herauszugeben, die sich für den linken Flügel der Demokraten engagierte. Nachdem diese im Mai 1849 verboten wurde, ging M. über Paris im Aug. 1849 nach London ins Exil, wo ihm Engels häufig aus äußersten finanziellen Schwierigkeiten half. Hier entstanden seine Hauptwerke, in denen er die kapitalist. Produktionsweise krit. analysierte, um der internat. Arbeiterbewegung durch den Nachweis der „Bewegungsgesetze der kapitalist. Produktion" eine wiss. Grundlage für ihren Emanzipationskampf zu geben: „Zur Kritik der polit. Ökonomie" (1859) und „Das Kapital" (1. Band 1867; Aufzeichnungen für den geplanten 2. und 3. Band wurden von Engels geordnet, überarbeitet und 1885 bzw. 1894 hg.). Mit diesen beiden Werken begründete M. den wiss. Sozialismus († Marxismus). M. mußte seine wiss. Fundierung des Sozialismus häufig gegen konkurrierende theoret. Strömungen verteidigen; so wandte er sich 1847 gegen den Proudhonismus („Das Elend der Philosophie", 1847); in der 1864 gegr. Internat. Arbeiterassoziation (IAA), der Ersten Internationalen, war M. A. Bakunin sein Hauptgegner, den er entschieden bekämpfte. M. versuchte, gegen den Widerstand Bakunins die IAA straff zu zentralisieren und die nat. Sektionen zur Bildung nat. polit. Arbeiterparteien anzuhalten, was zur Spaltung und

Karl Marx (1880)

zum Niedergang der IAA führte. Weltweite Beachtung fand die IAA durch seine Gedenkschrift über die Pariser Kommune („Der Bürgerkrieg in Frankr.", 1871), in der er deren Verfassung als erste Erscheinungsform der „Diktatur des Proletariats" und deren - wenn auch vorübergehenden - Sieg als Erfolg der IAA darstellte. Einen wichtigen Teil seines polit. Kampfes bestritt M. mit zahlr. Zeitungsartikeln für die „New York Daily Tribune", für brit. Chartistenblätter, die „Neue Oder-Zeitung" und andere Organe. Dort lieferte er wie in seiner Schrift „Der achtzehnte Brumaire des Louis Bonaparte" (1851) glänzende Analysen, die undogmat. und scharfsinnig die Zusammenhänge zw. sozioökonom. und polit. Phänomen herausarbeiteten. Die Verbindung mit der sich nach 1871 rasch entwickelnden dt. Arbeiterbewegung wurde durch briefl. und persönl. Kontakte mit deren Führern und durch krit. Anmerkungen wie die „Kritik des Gothaer Programms" (1875) hergestellt.
📖 *Euchner, W.: K. M. Mchn. 1983. - Friedenthal, R.: K. M. Sein Leben u. seine Zeit. Mchn. 1983. - Fromm, E.: Das Menschenbild bei M. Dt. Übers. Bln 1982. - Raddatz, F. J.: K. M. Eine polit. Biogr. Hamb. 1975. - McLellan, D.: K. M. Leben u. Werk. Dt. Übers. Mchn. 1974. - M., K./ Engels, F.: Werke. Bln. $^{2-12}$1972–80. 39 Bde. in 41 Büchern u. 1 Erg.-Bd. in 2 Tln. - Hartmann, K.: Die Marxsche Theorie. Bln. 1970. - Bloch, E.: K. M. u. die Menschlichkeit, utop. Phantasie u. Weltveränderung. Rbk. 1969.*

M., Karl, * München 12. Nov. 1897, † Stuttgart 8. Mai 1985, dt. Komponist und Musikpädagoge. - Schüler u. a. von C. Orff; lehrte in München und Graz, 1946–66 an der Stuttgarter Musikhochschule; einer der wichtigsten Vertreter der Jugendmusik mit zahlr., dem

Volkslied nahen Liedern, Kantaten und Kammermusikwerken.
M., Wilhelm, * Köln 15. Jan. 1863, † Bonn 5. Aug. 1946, dt. Jurist und Politiker (Zentrum). - 1899–1918 Mgl. des preuß. Abg.-hauses. 1910–18 und 1920–32 MdR, 1919 Mgl. der Weimarer Nat.versammlung und der preuß. Landesversammlung; 1921–23 Fraktions-, 1922–28 Parteivors.; 1923–25 Reichskanzler; Jan.–April 1925 peuß. Min.präs.; unterlag als Kandidat des Volksblocks bei den Reichspräsidentenwahlen 1925 Hindenburg; 1926 Reichsjustizmin., 1926–28 erneut Reichskanzler.

Marx (1765–1928 dt. Katharinenstadt, 1928–42 dt. Marxstadt), sowjet. Stadt an der Wolga, Gebiet Saratow, RSFSR, 21 000 E. Landw.-, Maschinenbautechnikum, Dieselmotorenbau. - 1765 als Kolonie der Wolgadeutschen gegr. und zu Ehren von Katharina II. ben., die die Kolonisten ins Land rief; Umbenennung 1928 zu Ehren von K. Marx.

Marx Brothers [engl. 'mɑːks 'brʌðəz], amerikan. [Film]komikergruppe, bestehend aus: *Groucho* (eigtl. Julius Marx, * 1895, † 1977 [Gitarre, Klavier, Mandoline]), *Chico* (eigtl. Leonhard Marx, * 1891, † 1961 [Kornett, Zither, Violine]), *Harpo* (eigtl. Arthur Marx, * 1893, † 1964 [Harfe, Flöte, Posaune]), *Zeppo* (eigtl. Herbert Marx, * 1901, † 1979, Mgl. der Gruppe bis 1933 [Saxophon, Cello]) und *Gummo* (eigtl. Milton Marx, * 1897, † 1977, Mgl. der Gruppe bis 1919). Die Filme der M. B. zeichnen sich durch surreale, groteske Slapstick-Komik aus, bes. „The coconuts" (1929), „Affentheater/Die M. B. auf See" (1931), „Blühender Blödsinn" (1932), „Entensuppe" (1933), „Skandal in der Oper/Die M. B. in der Oper" (1935), „Love happy" (1949). Danach löste sich die Gruppe auf.

Marx Brothers. Von links: Groucho, Chico, Harpo

Marxismus, Gesamtheit der Lehren von K. ↑Marx und F. ↑Engels, die sich inhaltl. in 1. den *histor. Materialismus,* 2. *Kritik der polit. Ökonomie* (krit. Darstellung der dialekt. Struktur und Bewegungsgesetze der kapitalist. Produktionsweise), 3. den *wiss. Sozialismus* (Aussagen über die künftige Gesellschaftsordnung und über die Kampfweise zu ihrer Durchsetzung), 4. den *dialekt. Materialismus* (materialist. Dialektik) gliedern lassen. Der **historische Materialismus** ist das zeitl. erste und sachl. entscheidende Lehrstück der marxist. Gesellschafts- und Geschichtstheorie, das in den Grundpositionen von Marx bereits in seinen Frühschriften formuliert worden ist. Als *histor. Prinzip* läßt sich die von Marx gegen die Linkshegelianer erhobene Forderung verstehen, die Sachverhalte nicht nur auf ihr Bestehen oder Nichtbestehen, sondern insbes. auch darauf hin zu beurteilen, *wie, zu welchen* und *zu wessen Zwecken* sie herbeigeführt werden; als *materialist. Prinzip* läßt sich die gegen die „Idealisten", insbes. Hegel, gerichtete Forderung bestimmen, in der Geschichte nicht die Entwicklung eines „Geistes" oder Entwicklung von „Begriffen", sondern die Handlungen „wirkl." Menschen zu sehen, die zur Befriedigung ihrer Bedürfnisse arbeiten und durch ihre Arbeit und deren gesellschaftl. Organisation ihre eigenen Lebensbedingungen (v. a. die *sozialen Verhältnisse*) schaffen. Diese Verhältnisse spiegeln sich in den herrschenden Meinungen über sie, in „gesellschaftl. Bewußtsein" wider: „Nicht das Bewußtsein bestimmt das Leben, das Leben bestimmt das Bewußtsein", bzw.: „Das Bewußtsein kann nie etwas anderes sein als das bewußte Sein, und das Sein des Menschen ist ihr wirkl. Lebensprozeß" (Marx/Engels: „Dt. Ideologie", 1845/46; veröffentlicht 1932). Marx geht in seiner Theorie von der materialist. *Basis,* d. h. von der Art und Weise aus, wie die Menschen sich selbst und ihre Lebensbedingungen produzieren. Diese Tätigkeit ist bedingt durch die Angewiesenheit der Menschen auf die Natur: Als ein Naturwesen ist der Mensch abhängig von einem ihn erhaltenden natürl. Milieu, das er (im Regelfall) bearbeiten muß, um menschl. existieren zu können. Die Grundlage für die histor. Einheit einer Epoche (und einer Gesellschaft) ist daher nach Marx die Art und Weise, wie die Menschen ihren Lebensunterhalt produzieren. Zu diesem *Wie* der Produktion gehören nicht nur **Produktionsmittel** (Gesamtheit der Produktionsinstrumente [Angel, Pfeil und Bogen, Pflug, Mühle, Maschinen usw.] und der Rohstoffe), sondern das jeweilige natürl. Milieu und die Art der Produktionsmittel bedingt sind („Die Handmühle ergibt eine Gesellschaft mit Feudalherren, die Dampfmühle

Marxismus

eine Gesellschaft mit industriellen Kapitalisten" [„Das Elend der Philosophie", 1847]). Dabei können bestimmte soziale Organisationsformen die Entwicklung der **Produktivkräfte** (Gesamtheit des naturwiss. Wissens und seiner techn. Nutzung) von einem bestimmten Zeitpunkt an hemmen, so daß diese Organisationsformen durch eine bewußte revolutionäre Aktion beseitigt werden müssen. Diese sozialen Organisationsformen bilden die Gesamtheit der Rechts-, Eigentums- und Herrschaftsverhältnisse, die die Bedingungen des Zugangs zu bzw. des Ausschlusses von der Anwendung und Nutzung der gesellschaftl. Produktivkräfte darstellen, und werden **Produktionsverhältnisse** genannt. Produktivkräfte und Produktionsverhältnisse bilden die **Produktionsweise** (Art und Weise, wie die für eine Gesellschaft lebensnotwendigen Güter gewonnen werden), die eine „reale Basis" darstellt, auf der sich ein polit., jurist., kultureller und religiöser „*Überbau*" erhebt und der bestimmte gesellschaftl. Bewußtseinsformen entsprechen. Dabei bestimmt zwar die ökonom. Basis den Überbau, beide verhalten sich jedoch dialekt. zueinander und stehen miteinander in Wechselbeziehung. Den histor. bzw. noch bestehenden Gesellschaftsformationen (mit Ausnahme des Urkommunismus) ist gemein, daß die Menschen je nach ihrer Verfügungsmöglichkeit über die Produktionsmittel Klassen bilden, die i.d.R. in 2 Grundklassen einzuteilen sind: die herrschende und die beherrschte Klasse. Marx und Engels haben ihre Theorie v.a. an Hand der Geschichte der bürgerl. Klassengesellschaft (↑ Klasse) entwickelt; erst später hat Engels auch die antike, feudale sowie die asiat. Gesellschaft mit untersucht. Marx und Engels zufolge verlangte im ausgehenden Feudalismus die auf Grund der techn. Entwicklung nichtagrar. Produktionsweisen wirtsch. erstarkte Bourgeoisie die Aufhebung wirtsch. und rechtl. Privilegien der herrschenden Klasse der Feudalherren. Die eigtl. (unbewußte) histor. Triebkraft hinter diesem Ereignis war nach Marx der Widerspruch zw. dem bereits „bürgerl." Charakter der Produktionskräfte und dem feudalen Charakter der Produktionsverhältnisse (z.B. Verbot der unbeschränkten Akkumulation von Kapital [durch Begrenzung der Zahl der Gesellen in den Zunftordnungen], Einschränkungen des freien Konsums [z.B. durch Kleiderordnungen], Behinderung des Binnen- und Außenhandels [durch Binnenzölle, Exportverbote usw.], Verbot oder Erschwerung der Heirat zw. Bürgerlichen und Adligen). All diese Normierungen und Beschränkungen behinderten aber nicht nur die Entwicklung der Wirtschaft, sondern wurden auch zunehmend als ungerecht und widernatürl. empfunden. Das bürgerl. Naturrecht war ein ideolog. Kampfmittel des aufsteigenden Bürgertums gegen die Normen des Ancien régime. Die realen Kämpfe zw. den Klassen (Feudaladel-Bourgeoisie) spiegelten sich im Bewußtsein der am Kampf Teilnehmenden als Auseinandersetzungen zw. Ideen: zw. der fortschrittl. Ideologie des Naturrechts, der religionskrit. Philosophie der Aufklärung usw. auf einer Seite und der Lehre vom Gottesgnadentum und dem kirchl. Absolutheitsanspruch auf der anderen. Die Verwechslung der realen Ursachen der sozialen Konflikte mit ihren ideellen Erscheinungsformen („Reflexen") nannte Marx „ideolog. Bewußtsein". In diesem ideolog. Bewußtsein des Bürgertums waren die begrenzten Ziele der Klasse zu allg.-menschl. Zielen überhöht: Der Kampf galt nicht der Durchsetzung der Interessen der kapitalist. Produktionsweise und ihrer Träger, sondern der Herstellung von „Freiheit, Gleichheit und Brüderlichkeit", um nach der Zerschlagung des Feudalismus die erlangte wirtsch. Freiheit zur Entwicklung der kapitalist. Produktionsweise (↑ Kapitalismus) zu nutzen, die durch den **Grundwiderspruch** von Kapital und Arbeit gekennzeichnet ist und damit neue Abhängigkeit und Herrschaftsverhältnisse schaffte. Die von Marx entwickelte Methode des histor. Materialismus ermöglicht es, - ausgehend von einer krit. Analyse der Gegenwart- die geschichtl. Entwicklung als Weg zu dieser Gegenwart in ihrer Bewegung zu rekonstruieren. Marx wollte die Einheit histor. Epochen (feudales MA, bürgerl. Neuzeit) aus ihrer Produktionsweise erklären und die Übergänge von einer Epoche zur anderen aus den in ihnen entstehenden Widersprüchen ableiten.

Ziel der „materialist. Auffassung der Geschichte" ist für Marx, alle Verhältnisse umzuwerfen, in denen der Mensch ein erniedrigtes, geknechtetes, verlassenes Wesen ist. Die Marxsche Gesellschafts- und Geschichtstheorie soll zu diesem Zweck die Menschen über die undurchschaubaren Zwänge aufklären, die sich aus den von ihnen selbst geschaffenen gesellschaftl. Verhältnissen ergeben. In seinen Schriften zur **Kritik der politischen Ökonomie** versucht Marx entsprechend seiner materialist. Grundforderung die Produktionsverhältnisse einer Gesellschaft in ihren Wirkungen auf die allg. gesellschaftl. Verhältnisse genauer zu analysieren. Diese Analysen („Zur Kritik der polit. Ökonomie", 1859 und „Das Kapital", Bd. 1, 1867) kann man als eine Anwendung der Prinzipien des histor. Materialismus verstehen. Auch unter Einbeziehung der von Engels aus dem Marxschen Nachlaß edierten Bände 2 (1885) und 3 (1894) des „Kapitals" bleibt sein Werk ein Fragment. Namentl. den Zusammenhang von Staat und Ökonomie, die Rolle des Weltmarkts usw. hat er nicht mehr behandeln können. Was vorliegt, ist die theoret. Rekonstruktion der Funktionsweise des Kapitals im allgemeinen. Keimzelle

Marxismus

des Wirtschaftssystems ist die *Ware*, in ihr sind im kleinen alle Strukturverhältnisse des Ganzen enthalten. Waren sind Güter (oder Dienste), die für den Markt produziert werden. Sie sind Gebrauchswerte (für irgendeinen Zweck) und werden, entsprechend ihrem *Wert* (Tauschwert), eingetauscht. In einer entfalteten warenproduzierenden Wirtschaft dient das Geld als allg. Wertäquivalent der Waren. Werden nun Waren im Durchschnitt gemäß ihrem Wert getauscht, dann kann dabei auch im Durchschnitt (insgesamt) kein Überschuß entstehen. Profit kommt aber nicht nur bei einzelnen Unternehmern, sondern bei der Gesamtheit der Warenproduzenten heraus.
Marx erklärt den Ursprung dieses Überschusses wie folgt: Der Wert von Waren bestimmt sich durch die zu ihrer Herstellung gesellschaftl. notwendige Arbeitszeit (↑ Arbeitswertlehre). In einer entfalteten kapitalist. Wirtschaft sind nicht nur Güter Waren, sondern auch die **Arbeitskraft** (des Lohnarbeiters) selbst. Ihr Wert wird wie der aller anderen Waren am Wert der Arbeit gemessen, die zur Produktion der Waren notwendig ist, die ein Lohnarbeiter zur Herstellung seiner Arbeitskraft benötigt (Nahrung, Kleidung, Wohnung, elementare kulturelle Bedürfnisse). Die Zusammensetzung dieses Warenkorbs ist eine histor. variable Größe, aber in bestimmten Gesellschaften und Epochen relativ konstant. Ist zu seiner Herstellung z. B. im Durchschnitt ein Arbeitsaufwand von 6 Stunden notwendig, dann würde der Wert der Ware Arbeitskraft 6 Stunden betragen und ihr Preis durchschnittl. diesem Wert entsprechen. Die Länge der von der Arbeitskraft tatsächl. geleisteten Arbeitszeit hat aber nichts mit ihrem Wert zu tun. Sie ist vielmehr abhängig vom Kräfteverhältnis der Klassen.
In der Frühphase des Kapitalismus sucht die Klasse der Produktionsmittelbesitzer mit allen Mitteln die Arbeitszeit zu verlängern und auf diese Weise den eigenen Überschuß zu vergrößern. Marx nennt das den *absoluten Mehrwert*, der aus der *absoluten Mehrarbeit* resultiert. Die Zeit, während der ein Arbeiter ledigl. seinen eigenen Wert (von z. B. 6 Stunden) durch Bearbeitung des ihm gelieferten Rohstoffs ersetzt, nennt Marx *notwendige Arbeit*, den darüberhinausgehenden Teil des Arbeitstages *Mehrarbeit*. Das Verhältnis der Mehrarbeit zur notwendigen Arbeit gibt die *Mehrwertrate* (oder den Ausbeutungsgrad) der Arbeit an (↑ auch Ausbeutung). Durch den Konkurrenzmechanismus unter den einzelnen Unternehmen wird die Produktivität der Arbeit ständig erhöht. In einem techn. fortschrittl. Betrieb wird z. B. in 4 Stunden das Resultat erzeugt, das durchschnittl. nur in 6 Stunden hergestellt werden kann. In diesem Fall kann der Unternehmer einen Extraprofit erwirtschaften, von dem er sogar einen Teil an seine Arbeiter weitergeben könnte, ohne Schaden zu nehmen. In dem Augenblick aber, wo generell die neue Technik eingeführt worden ist, müßte die so erzeugte Ware entsprechend billiger werden. Damit geht der Extraprofit regelmäßig wieder verloren. Dafür hat aber die Verbilligung der Waren dann wieder eine für die kapitalist. Unternehmer insgesamt vorteilhafte Folge, wenn es sich um Produkte handelt, die in den Warenkorb der Arbeiterfamilie eingehen. In diesem Falle würde näml. die „notwendige Arbeitszeit" entsprechend verkürzt (ein Warenkorb gleicher Größe würde z. B. in 5 statt 6 Stunden erzeugt). Damit könnte bei gleichbleibender Länge des Arbeitstages dennoch die Mehrwertrate erhöht werden. In diesem Falle spricht Marx vom *relativen Mehrwert*.
Ehe es jedoch zu einer kapitalist. Produktion kommen kann, muß eine *urspr. Akkumulation* stattgefunden haben, die auf der einen Seite *Kapital* (Geldmittel, die die Verfügung über Arbeitsinstrumente, Rohstoffe und Lebensmittel für Lohnarbeiter ermöglichen) und auf der anderen Seite eigentumslose Proletarier erzeugt hat. Als Musterfall einer solchen urspr. Akkumulation nennt Marx die Vertreibung der brit. Bauern und Pächter, v. a. Mitte des 18. Jh., um die Verwandlung von Ackerland in Schafdriften durchzusetzen. Ist aber einmal das Kapitalverhältnis hergestellt, dann wird das Kapital durch die Arbeit der Lohnarbeiter ständig vermehrt. Diese erweiterte Akkumulation des Kapitals ist eine Notwendigkeit, die sich aus dem Konkurrenzsystem ergibt. Zwar entspringt aller Kapitalprofit allein aus der Mehrarbeit der Ware Arbeitskraft, aber in seinen Berechnungen bezieht der einzelne Kapitalist doch seinen Profit auf das Gesamtkapital, das er für Rohstoffe, Maschinen, Arbeitskräfte ausgelegt hat. In dem Maße, in dem der Kapitalanteil wächst, für Maschinen, Rohstoffe und Energie aufgewandt wird, verringert sich die Profitrate bei gleichbleibender Mehrwertrate. Der Kapitalist muß daher versuchen, den **Fall der Profitrate** durch Erhöhung der *Ausbeutungsrate* (Mehrwertrate) auszugleichen. Zugleich wird sich in dieser Lage der Konkurrenzkampf verschärfen, weil der große Unternehmer (jedenfalls vorübergehend) auf die durchschnittl. Profitrate verzichten kann, um den kleineren durch Konkurrenzkampf auszuschalten. Seine Profitmasse bleibt auch bei verringerter Rate noch ausreichend groß, um die Erweiterung der Produktion und den eigenen Konsum sicherzustellen. Auf diese Weise kommt zur Akkumulation die ↑ Konzentration des Kapitals hinzu. Für die Höhe der *Durchschnittsprofitrate* ist allein die durchschnittl. *organ. Zusammensetzung des Kapitals* (Anteil an Aufwendungen für Maschinen) innerhalb einer Volkswirtschaft maßgebend. Sektoren der Wirtschaft mit höherer organ. Zusammensetzung des Kapitals können daher über

Marxismus

dem individuellen Wert ihrer Produkte, solche mit niedrigerer müssen mit einem Preis unter dem individuellen Wert verkaufen. Der Verkaufspreis setzt sich aus den Faktoren *Produktpreis* (Aufwand für konstantes und variables Kapital, d. h. für Maschinen, Rohstoffe usw. und Arbeitskräfte) plus *Durchschnittsprofit* zusammen. In dem Maße, wie eine Volkswirtschaft insges. auf dem Wege zu höherer organ. Zusammensetzung des Kapitals fortschreitet, tendiert daher die Durchschnittsprofitrate dazu, zu fallen. Diese Tendenz kann durch Einbeziehung überseeischer und sonstiger Gebiete mit niedrigerer organ. Zusammensetzung aufgehalten oder verlangsamt werden; auf lange Sicht setzt sie sich aber doch durch. Deshalb nahm Marx an, daß die Dynamik der kapitalist. Produktionsweise in absehbarer Zeit erlahmen werde.

Wissenschaftlicher Sozialismus: Marx leistet in seiner „Kritik der polit. Ökonomie" eine Analyse und Kritik der zu seiner Zeit bestehenden gesellschaftl. Verhältnisse und deckt die inneren Widersprüche der kapitalist. Wirtschaftsordnung auf. Auf Grund dieser Widersprüche verzichtet er auf die „Einsicht aller" und stellt die Arbeiterklasse (↑ Proletariat) als Träger des Klassenkampfes dar. Für die Gestaltung einer *zukünftigen Gesellschaft* stellten Marx und Engels lediglich. *Grundsätze* auf: Die Menschen sollen in die Lage versetzt werden, ihre eigenen Vergesellschaftungsformen bewußt und vernünftig zu bestimmen, d. h. ihre Beziehungen zueinander sollen nicht von „fremden Sachgesetzlichkeiten" (z. B. des Marktes), sondern von ihren Wünschen abhängen; diese „freie Assoziation der Produzenten" soll die ökonom. Abhängigkeit einzelner von anderen sowie die Ausbeutung menschl. Arbeitskraft durch andere Menschen abschaffen; alle werden für alle tätig und durch diese Tätigkeit befriedigt sein. Die vereinigten Produzenten sollen ‚ihren Stoffwechsel mit der Natur" auf die rationellste Art regeln; dazu gehören z. B. die Vermeidung von Raubbau an der Natur, von Zerstörung lebensnotwendiger Umwelt und überflüssiger Arbeit und Produktion. Infolge des Verschwindens von Ausbeutung und ökonom. Abhängigkeit entfällt die Notwendigkeit staatl. Gewalt. Die Begriffe Sozialismus und Kommunismus wurden von Marx und Engels noch synonym für die angestrebte *klassenlose Gesellschaft* bzw. für deren Vorstufe verwendet. In der „Kritik des Gothaer Programms" (1875) unterscheidet Marx 2 Phasen nachrevolutionärer Gesellschaftsentwicklung: Die 1. Phase, die *sozialist. Gesellschaft*, gilt als ein Übergangsstadium, das sich durch das Prinzip der ↑ Diktatur des Proletariats auszeichnet und in dem noch der Grundsatz „Jeder nach seinen Fähigkeiten, jedem nach seiner Leistung" gilt, im Gegensatz zum Grundsatz der *kommunist. Gesellschaft*, der 2. Phase: „Jeder nach seinen Fähigkeiten, jedem nach seinen Bedürfnissen". Zur polit. Organisation der *Übergangsgesellschaft* hat Marx in seiner Schrift über die Pariser Kommune („Der Bürgerkrieg in Frankr.", 1871) Ausführungen gemacht, die 1905 und 1917 durch das Entstehen von Arbeiterräten in Rußland wieder aktualisiert wurden. Kernstück dieser Kommuneverfassung ist die Errichtung einer direkten Demokratie: Von unten (vom Arbeitsplatz und Wohnviertel) aufsteigend sollen gewählte und jederzeit von ihren Wählern abberufbare Räte gebildet werden, die Gesetzgebung und Verwaltung leiten. Die staatl. Zentralisation soll nicht von oben erzwungen, sondern von unten aufsteigend realisiert werden (↑ auch Rätedemokratie).

Über den Weg, wie die sozialist. Revolution herbeizuführen sei, ist v. a. während der Zeit der Zweiten Internationale heftig gestritten worden. Gemeinsam war allen marxist. Sozialisten stets die Überzeugung, daß das Proletariat Träger dieser Revolution sein werde und sich zu diesem Zweck in einer selbständigen Partei organisieren müsse.

Der dialekt. Materialismus wurde in seinen Grundzügen bereits von Engels, der die Naturgeschichte und -vorgänge nach dialekt. Bewegungssätzen ordnen wollte, in seiner Schrift „Herrn Eugen Dührings Umwälzung der Wiss." (1878) entworfen. Er faßt die Natur als eine in ihrer Materialität begründete Einheit auf, die sich von der niedrigsten Form materiellen Seins, der toten Materie, über die lebende bis zur bewußtseinsfähigen Materie entwickelt. Der Übergang von einer Stufe zur nächsten erfolgt durch einen *qualitativen Sprung* (Quantitative Veränderungen [z. B. Wärmezufuhr] innerhalb einer bestimmten Qualität [z. B. Wasser] führen, wenn ein bestimmtes Maß überschritten wird, zu einem sprunghaften Übergang in eine andere Qualität [z. B. von Flüssigkeit zu Dampf]). Die Entstehung von Leben (und später Bewußtsein) wird durch das allmähl. Entstehen hierfür erforderl. chemophysikal. Bedingungen ermöglicht; die Tatsache des Entstehens selbst bleibt trotz einer hohen statist. Wahrscheinlichkeit zufällig. Da jedoch - nach Engels - die Lebensbedingungen auf der Erde nur eine begrenzte Zeit erhalten bleiben, ist auch der Entwicklung der Menschen und ihrer Gesellschaft eine Frist gesetzt. Aus dieser naturwiss. Hypothese folgert Engels ein Gesetz des ewigen Kreislaufs, durch das sich die dialekt. Entwicklungstheorie letztl. in einer materialist. Kreislauftheorie von der Lehre von der „Ewigkeit der Materie und aller ihrer Attribute" wieder aufhebt. Die histor. Funktion der dialekt.-materialist. Entwicklungstheorie bestand v. a. in der ideolog. Bestätigung des Fortschrittsglaubens der Arbeiterbewegung. Während der Epoche der Zweiten Internationale (1889–1914), als der

MÄRZREVOLUTION 1848/49 IN MITTELEUROPA

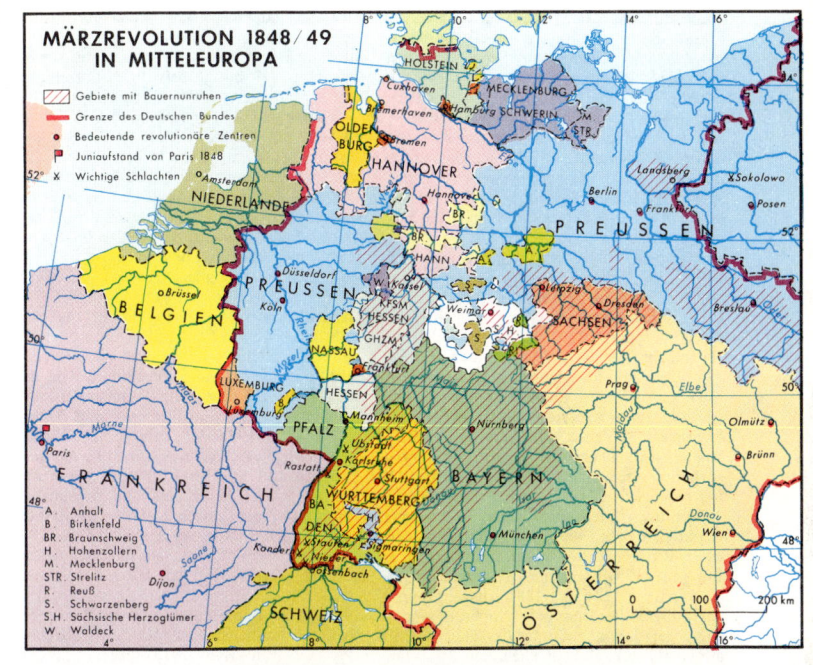

Legende:
- Gebiete mit Bauernunruhen
- Grenze des Deutschen Bundes
- Bedeutende revolutionäre Zentren
- Juniaufstand von Paris 1848
- Wichtige Schlachten

A. Anhalt
B. Birkenfeld
BR. Braunschweig
H. Hohenzollern
M. Mecklenburg
STR. Strelitz
R. Reuß
S. Schwarzenberg
S.H. Sächsische Herzogtümer
W. Waldeck

dt. Nat.parlaments führte. In Preußen dauerten die revolutionären Ereignisse vom 19. März bis zur Wahl einer preuß. Nat.versammlung (1. Mai); in Österreich setzte seit dem Sturz Metternichs (13. März) eine stärkere Radikalisierung bis zu den bürgerkriegsähnl. Maiaufständen 1848 ein. Eine zusätzl. Belastung bedeutete die gleichzeitig einsetzende ungar. Revolution und die dem ungar. Beispiel folgende M. in Böhmen. In Frankfurt am Main tagte - vorbereitet durch Vorparlament und 50er-Ausschuß - seit 18. Mai 1848 die Frankfurter Nat.versammlung und begann, eine gesamtdt. Verfassung und einen Nat.staat zu schaffen.
Die 2. Phase der M., die **Septemberrevolution**, erwuchs aus der Radikalisierung der sozialen Unterströmung der M., deren militär. Niederwerfung (bis 25. Sept. 1848) den unüberwindbaren Dualismus Preußens und Österreichs wieder aufleben ließ und die „Gegenrevolution" (in Österreich nach der Niederwerfung der Wiener „Oktoberrevolution" [6. bis 31. Okt. 1848]) förderte. In Österreich kam keine Intervention der Frankfurter Reichsgewalt gegen die gegenrevolutionäre Entwicklung nicht zustande; in Preußen scheiterte sie mit der Auflösung der preuß. Nat.versammlung und der Verkündung einer oktroyierten Verfassung durch Staatsstreich (5. Dez. 1848). Noch ehe in den **Maiaufständen** 1849 in Sachsen, in der Rheinpfalz, in Hessen und v. a. in Baden nach dem Scheitern der Frankfurter Nat.versammlung in der Kaiserfrage die Reg. zur Anerkennung der Frankfurter Reichsverfassung gezwungen werden konnten, war in Wien eine oktroyierte Verfassung (4. März 1849) erlassen worden. Nach Auflösung des Stuttgarter Rumpfparlaments (18. Juni 1849) sicherte die wiedererstarkte östr. Kaisermacht im Aug. 1849 ihre Herrschaft in Lombardo-Venetien und mit russ. Hilfe in Ungarn. Der Versuch preuß.-kleindt. Unionspolitik scheiterte mit der Wiederherstellung des Dt. Bundes. Die Bundesintervention 1850 in Kurhessen und Holstein, das Einschwenken der dt. Staaten auf den Reaktionskurs, in Österreich der Widerruf der oktroyierten Verfassung durch Staatsstreich vom 20. Aug. 1851 und die Einleitung des Neoabsolutismus bezeichnen das Ende der Revolutionsbewegung.

Masaccio [italien. ma'zattʃo], eigtl. Tommaso di Ser Giovanni di Simone Guidi Cassai, *San Giovanni Valdarno (Prov. Arezzo) 21. Dez. 1401, †Rom vor dem 21. Dez. 1428, italien. Maler. - Ab 1422 in Florenz bezeugt, seit 1425 Arbeit (zus. mit Masolino) an Fresken in Santa Maria del Carmine, v. a. in der Brancaccikapelle (ihm zugeschrieben: „Der Zinsgroschen", „Szenen aus dem Leben Petri", „Almosenspende", „Petrus, Kranke

Masada

durch seinen Schatten heilend" u. a.). 1426–28 Fresko der „Dreifaltigkeit" in Santa Maria Novella. Sein Altarwerk für Santa Maria del Carmine in Pisa (Tafeln u. a. in London, National Gallery und Neapel, Museo e Gallerie Nazionali di Capodimonte) begann er ebenfalls 1426. Gehört zu den Begründern der italien. Renaissance. Kraftvolle, großzügige und naturalist. Darstellungsweise mit perspektiv. erfaßten Räumen, plast. Körperlichkeit und großem Ernst und Stärke des Ausdrucks.

Masada (hebr. Mezada), Ruinenstätte 440 m über dem W-Ufer des Toten Meeres, nö. von Arad, Israel. Eine vorhandene Festungsanlage wurde 36–30 v. Chr. von Herodes d. Gr. ausgebaut; nach der Eroberung Jerusalems unter Titus letzter Stützpunkt (bis 73 n. Chr.) der jüd. Glaubensgruppen der Zeloten und Essener. Zahlr. Gebäude wurden freigelegt und restauriert, u. a. der dreifach terrassierte N-Palast (mit Fresken), der Befestigungswall mit etwa 30 Türmen, Wasserversorgungssystem mit 12 Zisternen. Seit 1971 führt eine Seilbahn vom Toten Meer hinauf.

Masan, Hafenstadt an der S-Küste der Republik Korea, 440 800 E. Verwaltungssitz einer Prov.; Textil-, Nahrungsmittel- u. a. Ind. - 668–935 Anlage einer Befestigung gegen die Japaner; 1274 und 1281 Ausgangspunkt der mißglückten mongol. Eroberungsversuche gegen Japan; Öffnung des Hafens 1899 auf Jap. Druck; 1904/05 nach dem Russ.-Jap. Krieg von Japan aus militär. Gründen bis 1945 geschlossen.

Masandaran [pers. mɑzændæ'rɑːn], Landschaft in N-Iran, umfaßt das südkasp. Küstentiefland und die anschließende N-Flanke des Elbursgebirges (als Verw.-Geb. außerdem die östl. anschließenden Steppengebiete), Hauptstadt Sari.

Masanobu, Okumura, * 1687, † Edo (Tokio) 1764 oder 1768, jap. Maler und Holzschnittmeister des Ukijo-E. - Schuf Buchillustrationen und kolorierte Holzschnitte, v. a. Theaterszenen, mit großen klaren Einzelfiguren. Schuf die ersten Zweifarbendrucke.

Masaryk [tschech. 'masarik], Jan, * Prag 14. Sept. 1886, † ebd. 10. März 1948, tschechoslowak. Politiker. - Sohn von Tomáš Garrigue M.; 1925–39 Gesandter der ČSR in London, 1940 Außenmin. der Exilreg., ab 1945 Außenmin. der neubegr. ČSR; kam nach dem kommunist. Staatsstreich K. Gottwalds unter ungeklärten Umständen ums Leben.

M., Tomáš Garrigue, * Hodonín 7. März 1850, † Schloß Lány bei Prag 14. Sept. 1937, tschechoslowak. Soziologe, Philosoph und Politiker. - Ab 1882 Prof. für Philosophie an der tschech. Univ. in Prag. Sein „krit. Realismus" basierte auf einer Verbindung von dt. Idealismus und westeurop. Positivismus, auf starkem sozialem Engagement, polit. Pragmatismus sowie der Ablehnung einer Mystifizierung der Geschichte. Als akadem. Lehrer, Publizist und Politiker kämpfte er gegen die weithin populären romant. und panslawist. Strömungen der tschech. Nat.bewegung, aber auch gegen das Papsttum, Habsburg, die Aristokratie, die Vorherrschaft der Deutschen und Magyaren. Mgl. des östr. Reichsrats: 1891–93 als Vertreter der Jungtschechen, 1907–14 als Repräsentant der von ihm gegr. Realistenpartei. Als Gründer des Tschechoslowak. Nat.rats (Nov. 1915), Organisator der Tschech. Legion in Rußland (ab Mai 1917) und Einiger der tschech. und slowak. Emigranten in Amerika konnte er schließl. die Zustimmung der alliierten Politiker zur Auflösung der Habsburgermonarchie und zur Errichtung eines selbständigen tschechoslowak. Staates gewinnen. 1918, 1920, 1927 und 1934 zum Staatspräs. gewählt („Präs.-Befreier"), trat 1935 aus Altersgründen zurück. - *Werke:* Der Selbstmord als soziale Massenerscheinung der modernen Zivilisation (1881), Die philosoph. und soziolog. Grundlagen des Marxismus (1899), Das neue Europa (1918), Die Weltrevolution (1925).

Masaya [span. ma'saja], Stadt in Nicaragua, am S-Rand des Tieflands zw. den großen Seen, 78 300 E. Hauptstadt des Dep. M.; Nahrungsmittelind., Zentrum des indian. Handwerks; Bahnstation.

Masbate, philippin. Insel zw. Panay und der sö. Halbinsel von Luzon, 3 269 km², bis 750 m hoch, Hauptstadt M., an der NO-Küste (etwa 11 000 E).

Mascagni, Pietro [italien. mas'kaɲɲi], * Livorno 7. Dez. 1863, † Rom 2. Aug. 1945, italien. Komponist. - Schüler von A. Ponchielli in Mailand, 1929 Nachfolger Toscaninis als Direktor der Mailänder Scala. Leitete mit seiner Oper „Cavalleria rusticana" (1890), die ein Welterfolg wurde, den musikal. Verismus ein.

Maschenwaren. 1 Zungennadel (a) und Spitzennadel (b), 2 Aufbau einer Masche,

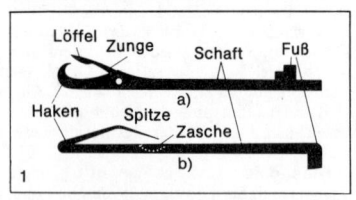

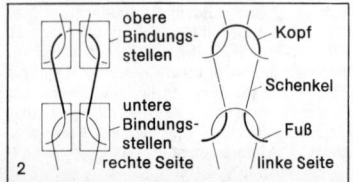

1: Löffel, Zunge, Schaft, Fuß, Haken, Spitze, Zasche; a), b)

2: obere Bindungsstellen, Kopf, Schenkel, untere Bindungsstellen, Fuß; rechte Seite, linke Seite

Maschenwaren

Mascara, alger. Stadt am N-Fuß des Tellatlas, 580 m ü. d. M., 62 300 E. Hauptstadt des Verw.-Geb. M., Zentrum eines bed. Weinbaugebiets; Eisenbahnendpunkt. - 16.–18. Jh. Residenz der türk. Beis, die die Spanier aus Oran vertrieben hatten; 1832 Hauptstadt unter Emir Abd El Kader, 1835 von den Franzosen zerstört, 1838 von Abd El Kader zurückerobert, 1841 endgültig frz. besetzt.

Maschallạh! [arab. „was Gott will"], in islam. Ländern übl. Ausruf der Verwunderung (svw. „wie großartig!").

Masche, allg. svw. Schlinge (innerhalb eines größeren Gefüges), eigtl. svw. Knüpfung, Knoten.
◆ geschlossene Verbindung mehrerer Stromkreiszweige in einem elektr. Netzwerk.

Maschenwaren, textile Flächengebilde, die durch Wirken oder Stricken hergestellt werden. Auf Wirk- und Strickmaschinen wird ein Faden mit Hilfe von Zungen- oder Spitzennadeln, die in Nadelbarren oder -betten der Maschinen gelagert sind, zu Maschen geformt. Die rechte Maschenseite ist durch die Maschenschenkel, die linke durch den Maschenkopf (Maschenbogen) gekennzeichnet. Die in Längs- und Querrichtung ineinanderhängenden Maschen bilden Maschenreihen und Maschenstäbchen. Beim *Wirken* wird der Faden gleich nach dem Legen kuliert (in eine Schleife gelegt) und damit die Maschengröße bestimmt; beim *Stricken* erfolgt die Maschenbildung durch einzeln bewegl. Zungennadeln nacheinander; das Kulieren beendet den Maschenbildungsvorgang. Nach der Art der Herstellung teilt man die M. in zwei große Gruppen ein: 1. **Kuliergewirke** *(Kulierware)* **und Gestricke:** Hier wird ein Faden allen arbeitenden Nadeln so zugeführt, daß er quer durch die Ware verläuft; ein Warenstück kann aus einem einzigen Faden bestehen, der wieder aufgezogen werden kann. 2. **Kettengewirke** *(Kettenware):* Zur Herstellung kann wie beim Weben eine Kette verwendet werden, jedoch ohne Schußfäden. Die Kette besteht aus so vielen Einzelfäden, wie Maschenstäbchen vorhanden sind. Jeder Faden wird als Schleife über den Nadelschaft gelegt, aus der dann die Masche gebildet wird. Der Faden verläuft im Zickzack längs durch die Ware. Diese Ware läßt sich nicht wieder aufziehen,

Masaccio, Der Zinsgroschen (1425–28; Ausschnitt). Fresko in der Brancacci-Kapelle von Santa Maria del Carmine in Florenz

Masada. Blick auf die Festungsanlage

Maschine

sie ist maschenfest. - Die hervorstechendste Eigenschaft der M. ist ihre Elastizität.

📖 *Freier, K.: Technologie u. Erzeugnisse Strikkerei. Lpz. 1984. - Markert, D.: Maschen-ABC. Ffm. ²1982. - Offermann, P./Tausch-Marton, H.: Grundll. der M.technologie. Braunschweig 1978.*

Maschine [frz., eigtl. „Kriegs-, Belagerungsmaschine" (von griech. mēchanē „Hilfsmittel, Werkzeug")], Vorrichtung, mit der eine zur Verfügung stehende Energieform in eine andere, für einen bestimmten Zweck geeignete Form umgewandelt wird (Energie- bzw. Kraftmaschinen, z. B. Dampf-M., Verbrennungskraft-M., Generator) oder mit der die von einer Kraft-M. gelieferte Energie in gewünschte Arbeit umgesetzt wird (Arbeitsmaschine, z. B. Werkzeugmaschine). M. ermöglichen, erleichtern oder vereinfachen Arbeiten, für die der Mensch zu schwach oder zu wenig ausdauernd ist.

Geschichte: Neben ↑einfachen Maschinen kannten die Griechen M. für das Bau- und Kriegswesen, später auch für den Berg- und Wasserbau. Auf den gleichen Gebieten setzten auch die Römer M. ein. Vitruv beschrieb das antike M.wesen in „De architectura" und in „Ingenioso nil gravissimum". Über Kriegs-M. im MA berichtete u. a. K. Kyeser, über das allg. M.wesen D. Mariano („De machinis", 1449). Nach dem Aufblühen der Feinmechanik in der Renaissance setzte auch im M.bau eine (später durch Industrialisierung beschleunigte) Entwicklung ein (Darstellungen u. a. in den Werken von G. Agricola, J. Besson, A. Ramelli, G. Branca, C. Schott, J. Leupold und B. F. de Bélidor). Nach der Konstruktion von Spinn- und Web-M. und anderen Werkzeugmaschinen im 18. Jh. trat die Dampfmaschine hinzu und leitete das eigentl. M.zeitalter ein. Einen wesentl. Fortschritt stellte die Entwicklung des Elektromotors dar, der mit der Konstruktion leistungsstarker Generatoren und dem Ausbau elektr. Versorgungsnetze rasche Verbreitung fand, sowie der Verbrennungskraft-M. (Gasmotor, Ottomotor, Dieselmotor), die insbes. im Verkehrswesen neue Möglichkeiten eröffneten.

📖 *Strandh, S.: Die M. Gesch., Elemente, Funktion. Dt. Übers. Freiburg im Breisgau u. a. 1980. - Mumford, L.: Mythos der M. Dt. Übers. Wien 1974.*

Maschinenbau, Wirtschaftszweig des verarbeitenden Gewerbes, der Maschinen aller Art herstellt. Wegen der begrenzten Möglichkeiten der Serienfertigung überwiegen Unternehmen mit unter 200 Beschäftigten. Da der M. fast ausschließlich Investitionsgüter produziert, ist er bes. anfällig für konjunkturelle Schwankungen. Der Umsatz im M. der BR Deutschland betrug 1984 141,8 Mrd. DM (1976: 103 Mrd. DM) bei 927 000 Beschäftigten im Jahresdurchschnitt (1976: 1,073 Mill.).

Maschinenbefehl, in der Datenverarbeitung Bez. für einen maschineninternen Befehl, der eine von der Rechenanlage auszuführende Rechenoperation angibt bzw. bewirkt. Die M. werden im sog. **Maschinencode** dargestellt; die M. bilden in dieser codierten Form die sog. **Maschinensprache.** Alle Informationen bzw. Befehle müssen in Maschinencode verschlüsselt werden, d. h., jedes in einer der übl. Programmiersprachen abgefaßte Programm muß in die Maschinensprache übersetzt werden (Übersetzung in ein **Maschinenprogramm**), sofern nicht die Programmierung direkt in der Maschinensprache erfolgt.

Maschinenfabrik Augsburg-Nürnberg AG, Abk. M·A·N, dt. Maschinenbauunternehmen, gegr. 1840; Hauptunternehmensbereiche: Schiffsantriebe, Motoren und Druckmaschinen; Maschinen- und Stahlbau; fusionierte 1986 mit der Gutehoffnungshütte Aktienverein AG zur MAN AG; Sitz München.

Maschinengewehr ↑Maschinenwaffen.
Maschinenkanone ↑Maschinenwaffen.
Maschinenpistole ↑Maschinenwaffen.
Maschinenprogramm ↑Maschinenbefehl.

Maschinenspitzen, maschinell hergestellte ↑Spitzen.

Maschinensprache ↑Maschinenbefehl.

Maschinenstürmer, vorindustrielle Arbeiter und Handwerker in der Frühphase der industriellen Revolution, die Spinnmaschinen, Maschinenwebstühle usw. zerstörten, v. a. in Großbrit. Hinter diesem Protest stand die Vernichtung der Hausind. durch die Einführung von Maschinen und das dadurch verursachte Massenelend. In Deutschland trat die Bewegung in geringerem Umfang auf, verband sich aber wie in Großbrit. mit allg., durch Agrar- und Gewerbekrisen hervorgerufenen Notständen, v. a. 1830–1846/47.

Maschinentelegraf, auf Schiffen Anlage zur Übertragung der Fahrtstufenkommandos von der Brücke in den Maschinenfahrstand mit Rückmeldung; heute bei automatisierter Maschine oft schon als Fernsteuerungsanlage ausgelegt.

Maschinenwaffen (automat. Waffen, Automatwaffen), Feuerwaffen, bei denen Laden, Spannen, Verriegeln und Öffnen des Verschlusses und das Auswerfen der leeren Hülsen automat. erfolgen, solange der Abzug betätigt wird oder der Munitionsvorrat im Magazin oder Patronengurt nicht erschöpft ist. Die Energie zum automat. Betrieb wird bei *Rückstoßladern* dem Rückstoß entnommen, bei *Gasdruckladern* den Pulvergasen, bei als M. gebauten Geschützen mittleren Kalibers bes. elektr. oder hydraul. Vorrichtungen. Man unterscheidet *halbautomat. Waffen,* mit denen meist nur Einzelfeuer geschossen werden kann (z. B. Schnellfeuergewehre, die auch kurze Feuerstöße ermöglichen) und *vollautomat.*

Maschinerie

Waffen, die für Einzelfeuer, kurze Feuerstöße und Dauerfeuer geeignet sind. Hierzu zählen Maschinengewehre, -pistolen und -kanonen.
Maschinengewehre, Abk. **MG,** sind (tragbare) vollautomat. Feuerwaffen, meist als Gasdrucklader ausgeführt, zum Verschießen normaler Gewehrmunition (meist Kaliber 7,62 mm). Leichte und schwere MG (lMG bzw. sMG) zum Einsatz auf kürzeren bis mittleren Entfernungen (bis 600 m bzw. 1 200 m) haben Feuergeschwindigkeiten zw. 350 und 1 200 Schuß/min; überschwere MG (üsMG; meist nur noch als Bordwaffe von Panzer- und Kraftfahrzeugen sowie als Luftabwehrwaffe) haben Einsatzschußweiten bis 1 800 m (bei Erdzielen) bzw. 1 000 m (bei Luftzielen) und Feuergeschwindigkeiten bis 600 Schuß/min. Der Lauf moderner MG ist auswechselbar und besitzt Luft-, gelegentl. Wasserkühlung. Zum Erdkampf eingesetzte leichte MG sind am Vorderteil des Laufes mit einem Zweibein versehen, schwere und überschwere MG meist mit einer tragbaren, dreibeinigen, gelegentl. mit einer fahrbaren zweirädrigen Lafette ausgerüstet. MG in Panzern u. a. haben Sonderlafetten.
Maschinenpistolen, Abk. **MP** (MPi), sind leichte automat. Handfeuerwaffen für kurze Entfernungen (etwa 100 m), mit denen Pistolen- oder Gewehrmunition verschossen werden kann (Feuergeschwindigkeit meist 500–600 Schuß/min.).
Maschinenkanonen, Abk. **MK,** sind vollautomat. leichte Kanonen, v. a. zur Flugabwehr (z. T. bis 4 000 m Höhe) geeignet. Kaliber meist zw. 30 und 40 mm, Feuergeschwindigkeit z. T. bis über 1 000 Schuß/min.
Geschichte: 1718 erhielt J. Puckle das erste Patent auf ein Maschinengewehr mit Trommelmagazin. Nachdem 1888 Großbrit. und Österreich das 1884 von Sir Hiram Maxim konstruierte Maxim-Maschinengewehr eingeführt hatten, wurde bei allen M. anstelle eines Handkurbelbetriebs der Rückstoß bzw. ein Teil der Pulvergase zur Betätigung der Automatik verwendet. Aus Verbesserungen des ersten dt. Maschinengewehrs MG 99 entstand im 1. Weltkrieg das leichte MG 08/15 mit Gabelstütze. Neben der Patronenzuführung mit Gurten wurde die Zuführung in Magazinen üblich. Das techn. einfache und unempfindl. dt. MG 42 wurde mit anderem Kaliber als MG 1 bzw. 3 in der Bundeswehr eingeführt. Ab 1917/18 entstanden Maschinenpistolen. Mit Maxim begann auch die Entwicklung von Maschinenkanonen, zuerst als Bordkanonen für Schiffe, später auch als Flak und Kampfwagenkanonen sowie ab 1930 als Flugzeugkanonen eingesetzt.

Maschinerie [griech.-frz.], Bez. für 1. ei-

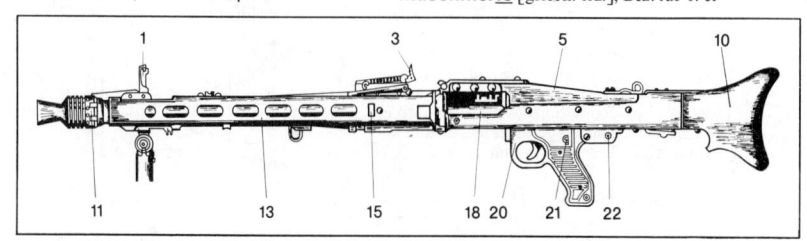

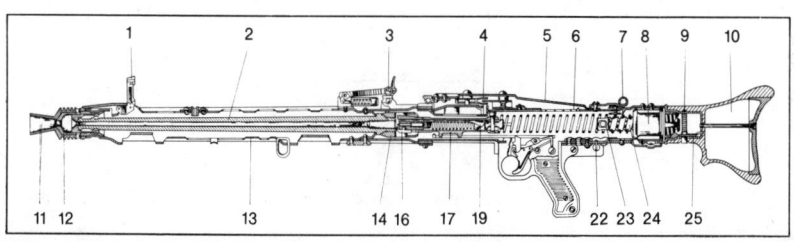

Maschinenwaffen. Oben: Aufbau des in der Bundeswehr verwendeten Maschinengewehrs MG 3:
1 Korn, 2 Rohr, 3 verstellbare Kimme, 4 oberer Gurtschieberhebel, 5 Deckel, 6 Transporthebel, 7 Deckelriegel, 8 Bodenstück, 9 Druckbolzen zur Kolbensperre, 10 Kolben, 11 Rückstoßverstärker, 12 Rückstoßdüse, 13 Gehäuse, 14 Verriegelungsstück, 15 Rohranschlag, 16 Auszieher, 17 Verschlußgehäuse, 18 Zuführerunterteil, 19 Auswerferstange, 20 Griffstück, 21 Sicherungsbolzen, 22 Lagerbolzen, 23 Puffer, 24 Pufferfeder, 25 Kolbensperre

maschinieren

ne [komplizierte] maschinelle Einrichtung; 2. ein System von automat. ablaufenden Vorgängen, in die einzugreifen prakt. unmöglich ist.

maschinieren [griech.-frz.], bei der Rauchwarenveredelung die zarten Grannen des Felles abscheren.

Maschrik [arab. „Ort des Sonnenaufgangs"] ↑ Maghreb.

Masdak (Mazdak), † 529 n. Chr., iran. Sektengründer. - Vertrat mit seinen Lehren eine vollständige Gütergemeinschaft sowie die Auflösung des Familienlebens (Frauengemeinschaft) und entfachte damit eine gegen die zoroastr. Priesterschaft und den Feudaladel gerichtete soziale Bewegung. Die Sekte wurde bereits unter Chosrau I. Anoschirwan (531–579) endgültig vernichtet.

Masdsched Solaiman [pers. mæsˈdʒed solejˈmɑːn], Stadt am W-Fuß des Sagrosgebirges, Iran, 77 100 E. Zentrum des bed. Erdölfelds von Chusestan mit Erdölraffinerie; Pipeline nach Abadan.

Masdschid [arab., eigtl. „Haus, wo man sich niederwirft"], arab. Bez. für Moscheen.

Masefield, John [engl. ˈmeɪsfiːld], * Ledbury (Hereford) 1. Juni 1878, † bei Abington (bei Oxford) 12. Mai 1967, engl. Schriftsteller. - Ab 1930 „poet laureate" (Hofdichter) Englands. Sein vielseitiges Werk enthält meisterhafte Darstellungen des harten Lebens auf See, v. a. in seinen Gedichten (u. a. „Salzwasserballaden", 1902), die heute noch populär sind, und in der Versepik (u. a. „Dauber", 1913). Schrieb auch realist. Abenteuerromane („Tee aus Futschau", 1933).

Maser [ˈmaːzər; meist engl. ˈmeɪzə; Abk. für engl.: **m**icrowave **a**mplification by **s**timulated **e**mission of **r**adiation „Mikrowellenverstärkung durch angeregte (induzierte, stimulierte) Strahlungsemission"] (Mikrowellenverstärker, Molekularverstärker, Quantenverstärker), ein [quantenelektron.] Verstärker für elektromagnet. Wellen aus dem Gigahertzbereich (Mikrowellen), dessen Wirkungsweise (analog der des ↑ Lasers) auf der Wechselwirkung von geeignet angeregten mikrophysikal. Systemen (Atome oder Moleküle) mit einem Mikrowellenfeld beruht: Das Strahlungsfeld (d. h. die zu verstärkenden intensitätsmodulierten Mikrowellen) veranlaßt

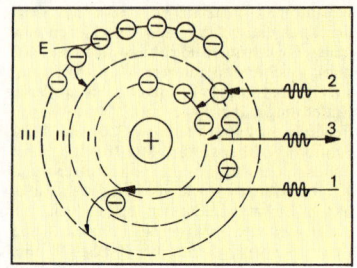

Maser. Schematische Darstellung der induzierten Emission von Maser und Laser (1 Pump-, 2 Anregungsstrahlung, 3 Emission; E Elektronennachlieferung)

Maser. Schnitt durch einen Dreiniveau-Festkörpermaser mit Hohlraumresonator (HP Hohlleiter für Pumpfrequenz, KS Koaxialkabel für Signalfrequenz, stM statisches Magnetfeld, MM Masermaterial, HR Hohlraumresonator)

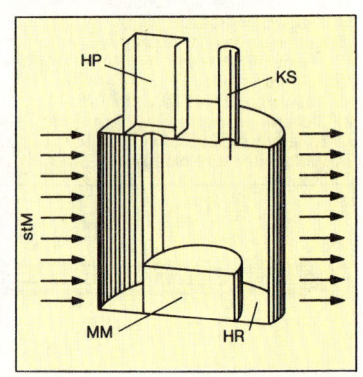

Gasmaser (schematisch)

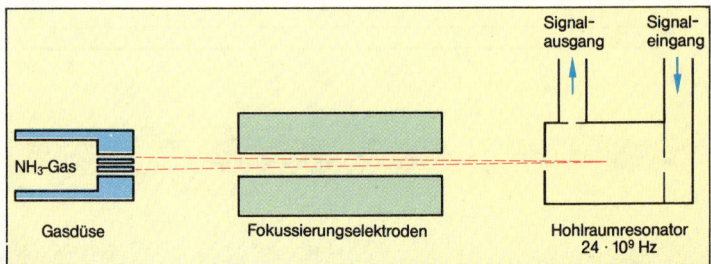

NH₃-Gas

Gasdüse Fokussierungselektroden Hohlraumresonator 24 · 10⁹ Hz

Signalausgang Signaleingang

die in einem bestimmten angeregten Zustand befindl. mikrophysikal. Systeme zu einer *induzierten Emission* von Quanten der gleichen Energie bzw. Frequenz; es wird dabei verstärkt, wenn durch einen geeigneten „Pumpvorgang" laufend die mikrophysikal. Systeme wieder in diesen angeregten Zustand gebracht werden und eine Überbesetzung dieses Zustandes bzw. Energieniveaus gegenüber dem therm. Gleichgewichtsfall erreicht wird. Damit der Pumpvorgang (Anregung eines höherliegenden Energieniveaus mit einer bestimmten Pumpfrequenz) bes. wirksam ist, muß der M. bei Temperaturen des flüssigen Heliums betrieben werden. Der M. besitzt außerdem einen äußerst geringen Rauschpegel.

Genauso wie ein Hochfrequenzverstärker bzw. -oszillator ist ein M. aus einem verstärkenden Element, den frequenzselektiven Einrichtungen und einem Rückkopplungsweg zusammengesetzt. Das verstärkende Element besteht aus „aktiver" Materie mit den zur Emission von Mikrowellenstrahlung fähigen mikrophysikal. Systemen. Mikrowellen und Pumpfrequenz werden durch Wellenleiter eingespeist. Das aktive Material befindet sich in einem Hohlraumresonator, dessen Abmessung und damit Frequenz so abgestimmt ist, daß sie in der Bandbreite der vom aktiven Material emittierten Frequenz liegt. Der zur Kühlung in einem Gefäß mit flüssigem Helium befindl. Resonator arbeitet entweder in Transmission mit zwei Öffnungen oder in Reflexion mit einer Öffnung. Läßt man das Ausgangssignal in geeigneter Weise auf das Eingangssignal zurückwirken, so führt diese Rückkopplung bei richtiger Phasenlage zu selbsterregten ungedämpften Schwingungen. Der M. wirkt dann als Generator oder Oszillator. Durch Veränderung der Pumpfrequenz und eines senkrecht zur Leitung gerichteten Magnetfeldes kann der Frequenzbereich, in dem der M. arbeitet, variiert werden.

Der erste überhaupt hergestellte M. war ein **Gasmaser** mit gasförmigem Ammoniak (NH_3) als aktivem Medium (C. H. Townes, 1954; N. G. Bassow und A. M. Prochorow, 1954). Durch Übergang zw. zwei Energiezuständen E_2 und E_1 im NH_3-Molekül kann die Frequenz v = 24GHz emittiert oder absorbiert werden. Läßt man einen Molekülstrahl durch ein inhomogenes elektr. Feld laufen, so kann man die Moleküle im Niveau E_2 von denen im Niveau E_1 trennen; in einem Hohlraumresonator kann man so weitgehend invertiertes NH$_3$-Gas auffangen, dessen Moleküle sich fast alle in dem höheren Energieniveau E_2 befinden. Ein in diesen Resonator gelangendes Signal mit der Frequenz v = 24 GHz wird verstärkt bzw. das System wird durch hinreichende Rückkopplung zum Generator dieser Frequenz, die mit sehr großer Konstanz gehalten wird. Ähnl. „niederfrequente" Übergänge, wie sie in Ammoniakmolekülen vorliegen, kann man in **Zweiniveaumasern** durch Einwirkung magnet. Felder auf paramagnet. Substanzen erzeugen. Geeignete Materialien für dieses Verfahren sind z. B. Phosphordonatoren in Silicium. Durch „Pumpen" läßt sich bei einem Dreiniveausystem eine Besetzungsumkehr zw. zwei Niveaus erzeugen (**Dreiniveau-Festkörpermaser**). Für M.betrieb geeignet sind paramagnet. Ionen, die in ein Kristallgitter aus nicht paramagnet. Ionen eingebaut werden. Beispiele sind Aluminiumoxid mit dreiwertigen Chromionen (Rubin; v = 1,4 GHz) bzw. mit dreiwertigen Eisenionen (v = 12,3 GHz) oder Titanoxid mit den gleichen Ionen (v = 10 GHz bzw. 30 GHz).

Anwendungen: Man verwendet M. vorzugsweise als rauscharme Verstärker hochfrequenter Signale, die so schwach sind, daß sie bei einem normalen Empfänger von dessen Eigenrauschen überdeckt würden, z. B. beim Satellitennachrichtenverkehr, in radioastronom. Empfangsanlagen, Weitbereichradargeräten sowie Scatter-Richtfunkanlagen. Für wiss. Untersuchungen in der Radioastronomie ist es bedeutsam, daß man zum Empfang der Einundzwanzig-Zentimeter-Linie des interstellaren Wasserstoffs M. für die Frequenz 1,42 GHz bauen kann. Als Oszillator betriebene Festkörper-M. werden als Atomuhren, Frequenznormale und als Generatoren für Millimeterwellen verwendet.

Geschichte: Das Konzept des M. wurde ab 1951 von J. P. Gordon, C. H. Townes und H. J. Zeiger entwickelt; 1954 konstruierten diese den ersten Molekularstrahlmaser. Fast gleichzeitig verwirklichten N. G. Bassow und A. M. Prochorow das Prinzip des Gas-M.; ihre Idee des Dreiniveau-Festkörper-M. wurde 1956 von N. Bloembergen und endgültig 1957 von H. Scovil, G. Feher und N. Seidel verwirklicht. 1958 folgte der erste Rubinmaser.

📖 *Winnacker, A.: Physik von M. u. Laser. Mhm. u. a. 1984. - Lamb, W. E.: Physical concepts in the development of the maser and laser. In: Impact of basic research on technology. Hg. v. B. Kursunoglu u. A. Perlmutter. New York 1973. - Siegman, A. E.: Introduction to masers and lasers. New York 1971. - Mollwo, E./Kaule, W.: M. u. Laser. Mhm. u. a. ²1968. - Brotherton, M.: M. u. Laser. Grundll., Funktionsweisen, Anwendungen. Dt. Übers. Ffm. 1966.*

Masereel, Frans, * Blankenberge 30. Juli 1889, † Avignon 3. Jan. 1972, belg. Maler und Graphiker. - Tätig u. a. in Genf, Paris, Avignon und (seit 1949) in Nizza. Schuf als Bildromane gedachte Holzschnittzyklen mit sozialkrit., pazifist. und satir. Tendenz in kräftigen Schwarz-Weiß-Kontrasten, u. a. „Die Passion eines Menschen" (1918), „Mein Stundenbuch" (1919), „Geschichte ohne Worte" (1920), „Die Idee" (1920), „Die Stadt" (1925), „Jugend" (1948), „Das Gesicht Hamburgs"

Maserholz

(1965), „Der Weg des Menschen" (1966). Auch Illustrationen zu Werken u. a. von H. Barbusse, R. Rolland, S. Zweig, großformatige Aquarelle, die das Großstadtleben der 1920er Jahre erfassen, und Gemälde (Bildnisse, Hafenszenerien, Seestücke). 1970 erschienen Illustrationen zum Kampflied „Die Internationale". Abb. Bd. 6, S. 233.

Maserholz ↑ Maserwuchs.

Masern (Morbilli), weltweit verbreitete, durch Myxoviren hervorgerufene, fieberhafte, ansteckende Infektionskrankheit mit Hautausschlag und Schleimhautentzündung. Die Übertragung erfolgt durch direkten Kontakt oder Tröpfcheninfektion. - M. gehören zu den Kinderkrankheiten, da sie bes. bei Kindern zw. dem 2. und 6. Lebensjahr auftreten. Säuglinge bis zu einem halben Jahr haben noch die von der Mutter über die Plazenta übertragenen Antikörper, die eine Schutzfunktion ausüben. M. hinterlassen eine lebenslange Immunität. - Etwa neun Tage nach der Ansteckung tritt das Vorstadium mit Fieber bis 39 °C, Husten, Schnupfen und Bindehautentzündung mit vermehrtem Tränenfluß sowie Lichtscheu, Unwohlsein, Kopf- und Halsschmerzen auf. In der Mundhöhle, v. a. am vorderen Gaumen und am Zäpfchen, treten braunrote, zusammenfließende Flecken auf. Gleichzeitig erscheinen kleine weißl. Flecken mit rotem Hof (**Koplik-Flecke**) an der Wangenschleimhaut. Nach diesem etwa drei Tage dauerndem Vorstadium fällt das Fieber ab. Der typ. **Masernausschlag** (M.exanthem) tritt erst an 15. Tag nach der Infektion zus. mit einem erneuten Fieberanstieg auf. Er beginnt im Gesicht und hinter den Ohren und greift dann auf Oberkörper, Arme, Bauch und Beine über. Die Flecken haben etwa 5 mm Durchmesser, sind leicht erhaben, anfangs hellrot und vereinzelt, später dunkler und fließen vielfach zusammen. Gleichzeitig klingen die übrigen Krankheitszeichen ab und nach 3-4 Tagen verschwindet der Ausschlag wieder in der gleichen Reihenfolge wie er aufgetreten ist. Etwa 2-3 Wochen nach Beginn der Erkrankung schuppt sich die Haut ab.

M. führen zu einer Abwehrschwäche; daher können sich an die M. Nachkrankheiten anschließen. Am häufigsten sind Lungenentzündung und eitrige Mittelohrentzündung, seltener die M.gehirnentzündung. Die **Behandlung** besteht in der Gabe von fiebersenkenden Medikamenten; Bettruhe und der Schutz vor Erkältungen und Lungenentzündung sind wichtig. Auch sollte immer ein Arzt hinzugezogen werden. Eine *Vorbeugung* ist durch Schutzimpfung mögl., wobei die Krankheit meist nicht verhindert wird, jedoch in leichterer Form und ohne größere Komplikationen auftritt.

Geschichte: Als eigenständige Erkrankung wurden M. erstmals 1676 von T. Sydenham beschrieben. Das M.virus wurde 1911 von J. F. Anderson und J. Goldberger entdeckt.
📕 *Ackerknecht, E. H.: Gesch. u. Geographie der wichtigsten Krankheiten. Stg. 1963.*

Maseru, Hauptstadt von Lesotho, im W des Landes, 1 571 m ü. d. M., 45 000 E. Sitz eines kath. Erzbischofs und eines anglikan. Bischofs; in Basoland; in Basutoland; Basutoland; in Basoland; in Basaland; in Basaland; Univ. für Lesotho, Botswana und Swasiland; Touristenzentrum für Südafrika (Spielkasinos); Endpunkt einer Bahnlinie von Südafrika, ⌧. - 1869 gegr.

Maserung (Masertextur, Fladerung), Zeichnung (Textur) des Holzes, die bei europ. Holzarten normalerweise v. a. bei tangential zu den Jahresringen geschnittenen Hölzern und bei Messerfurnieren in Erscheinung tritt und durch die Technik der Schnittführung, bes. bei Wuchsanomalien (↑ Maserwuchs), stark variiert werden kann; z. B. schlichte, gefladerte, geflammte, blumige M. und Moiré.

Maserwuchs, v. a. bei Laubhölzern vorkommende Verkrümmung der Jahresringe in Stamm- und Wurzelholz durch Umwachsen der beim Aufbrechen schlafender Augen verbleibenden kleinen Stiftästchen. Der Anschnitt liefert lebhafte, interessante und wertvolle Maserung *(Maserholz).*

Giulietta Masina (1954)

Masina, Giulietta, eigtl. Giulia Anna M., * San Giorgio di Piano (Prov. Bologna) 22. Febr. 1921, italien. Schauspielerin. - Internat. berühmt als Darstellerin rührend-kom. und sensibler Frauengestalten v. a. in Filmen ihres Mannes F. Fellini (∞ seit 1943), z. B. „La Strada - Das Lied der Straße" (1954), „Die Nächte der Cabiria" (1957), „Julia und die Geister" (1965), „Die Irre von Chaillot" (1969), „Ginger und Fred" (1986).

Masinissa (Massinissa), * um 240, † 148, numid. König. - Ab 207 von Rom in Erbstreitigkeiten unterstützt, erhielt 202 ganz Numidien. Er erweiterte sein Reich bis an die ägypt. Grenze und erreichte eine kulturelle Blüte seines Landes. Sein Konflikt mit Karthago löste den 3. Pun. Krieg aus (149).

Masira, Al, Insel im Arab. Meer, 15 km vor der O-Küste von Oman, zu dem sie gehört, 65 km lang, 15 km breit; ehem. brit. Luftwaffenstützpunkt.

Maskarenen, Bez. für die im Ind. Ozean gelegenen Inseln ↑Réunion und ↑Mauritius einschließ. ihrer Nebeninseln.

Maskarenenrücken, untermeerische Schwelle im Ind. Ozean, erstreckt sich von den Seychellen bis Réunion, bis 7 m u. d. M. aufragend.

Maskaron [italien.-frz.] ↑Maske.

Maskat, Hauptstadt von Oman, an der S-Küste des Golfs von Oman, zus. mit ↑Matrah 30 000 E. Hafenbucht; ⚓. – Die von einer Stadtmauer umgebene Stadt wird von zwei alten portugies. Bergfesten überragt.

Maske [italien.-frz.], urpr. vor dem Gesicht getragenes plast. Gebilde *(Larve)* oder Verhüllung des ganzen Körpers; der Ursprung der M. liegt im Kult, und die M. wird noch heute bei Naturvölkern für *kult. Tänze* benutzt. Ihr Träger repräsentiert die Gestalt, die die M. darstellt, bzw. er ist diese Gestalt, z. B. ein Ahne oder [Tier]dämon bzw. Gott. Maskentragende „Zauberer" sind z. B. auf Felsbildern überliefert. Noch heute sind im alemann. *Volksbrauch* M. übl.; als Gesichts-M. oder Ganzverhüllung werden sie am Nikolaustag, an Weihnachten, Sylvester oder an ↑Fastnacht getragen. – Infolge des kult. Ursprungs des griech. *Theaters* waren plast. M. auch Kennzeichen der att. Tragödie und Komödie; zur Schallverstärkung war der Mund als Trichter ausgebildet. Im röm. Theater wurden die Typen vermehrt und die Formen z. T. grotesk übersteigert. In vier festen Typen tauchten sie als dunkle Lederhalbmasken in der italien. Commedia dell'arte wieder auf. Im allg. wurden sie bereits im MA von der **Schminkmaske** bzw. nichtabnehmbaren M. verdrängt. Festgelegte geschminkte oder plast. Rollen-M. gibt es im asiat. Theater noch heute, in Europa nur noch beim Clown und beim Pantomimen. In der *bildenden Kunst* sind aus der Frühzeit v. a. Totenmasken bekannt, bes. berühmt die myken. Goldmasken. In der Antike trat als Unheil abwehrendes fratzenhaftes Motiv das Gorgoneion (↑Gorgonen) auf. Das MA verwandte M. v. a. in der Bauskulptur, außerordentl. vielfältig im Ausdruck z. B. in Reims; im Spät-MA v. a. als Wasserspeier, Miserikordien und Türklopfer. Die strengen M. der Renaissance griffen auf die Antike zurück, ausdrucksstarke M. entstanden während Manierismus und Barock (z. B. die 22 Krieger-M. am Berliner Zeughaus, 1696, von A. Schlüter), daneben zahlr. karikierende Fratzengesichter (**Maskaron**) in der Bauornamentik. Erst in der neueren Kunst spielen M. wieder eine Rolle, u. a. „Selbstbildnis mit M." von J. Ensor (1899; Antwerpen, Privatsammlung).

📖 *Ebeling, I.: Masken u. Maskierung. Kult, Kunst u. Kosmetik von den Naturvölkern bis zur Gegenwart. Köln 1984. - Levi-Strauss, C.: Mas-*

Maske aus Luzern (möglicherweise auf ein dortiges städtisches Renaissancespiel zurückgehend). Basel, Schweizerisches Museum für Volkskunde

Maske „Schellenrührer" (20. Jh.). Garmisch-Partenkirchen, Werdenfelser Museum

Maskenbienen

ken. Dt. Übers. Ffm. 1977. - Lommel, A.: Masken. Gesichter der Menschheit. Zürich u. Freib. 1970.

◆ in der *Psychologie* Bez. für die dem menschl. Rollenverhalten eigene Tendenz, durch einen willkürl. angenommenen Gesichtsausdruck die tatsächl. Neigungen und Einstellungen anderen Menschen gegenüber zu verbergen.
◆ in der *Biologie* Bez. für Zeichnungen am Kopf von Tieren, die sich farbl. deutl. abheben, z. B. ein dunkles Gesichtsfeld bei verschiedenen Haushundrassen oder ein breites Querband bei manchen Fischen.
◆ nach einem photograph. Negativ angefertigter Teilbildauszug, der zur Gradations- oder Farbkorrektur deckungsgleich mit dem Negativ kopiert wird.

Maskenbienen (Larvenbienen, Hylaeus), mit rd. 600 Arten weltweit verbreitete Gatt. der Urbienen; in Deutschland etwa 30 4–8 mm große, kaum behaarte Arten; ♂♂ mit auffallend gelben, maskenartigen Gesichtsflecken; ♀♀ ohne Sammelvorrichtung, sie tragen Pollen und Nektar (im Unterschied zu allen übrigen Bienen) im Kropf ein.

Maskenfische, svw. ↑ Halfterfische.

Maskenläuse (Thelaxidae), weltweit verbreitete Fam. der Blattläuse (in Europa 15 Arten).

Maskerade [span. (zu ↑ Maske)], Verkleidung; Maskenfest; übertragen für: Heuchelei, Vortäuschung.

Maskieren [italien.-frz.], Verfahren der analyt. Chemie, wobei ein Teil der in Lösung vorliegenden Ionen durch Komplexbildner in stabile Komplexe überführt werden und so der Nachweis anderer Ionen nicht gestört wird.

Maskilim ↑ Haskala.

Maskottchen [frz., zu provenzal. mascoto „Zauber"], für glückbringend gehaltener Talisman.

maskulin [lat.], männlich.

Maskulinisierung [lat.], svw. ↑ Virilisierung.

Maskulinum [lat.], Abk. m., männl. Geschlecht eines Substantivs; männl. Substantiv, z. B. *der Finger, ein Mann.*

Masochismus [nach L. Ritter von ↑ Sacher-Masoch], von R. von Krafft-Ebing eingeführte Bez. für die psychosexuelle Disposition, bei der eine geschlechtl. Erregung und Befriedigung nur durch Erleiden von Mißhandlungen, die der Geschlechtspartner zufügt werden und die v. a. mit körperl. Schmerzen verbunden sind, erreicht wird; nicht selten mit sadist. Neigungen (↑ Sadismus) verbunden.

Maso di Banco [italien. 'baŋko], italien. Maler der 1. Hälfte des 14. Jh. - Nachweisbar zw. 1341/50, Schüler von Giotto. Schuf um 1330 Fresken mit Szenen aus dem Leben des Papstes Silvester in der Bardikapelle von Santa Croce in Florenz.

Masolino, eigtl. Tommaso di Cristofano Fini, * Panicale (Prov. Perugia) 1383, † Florenz (?) um 1440, italien. Maler. - Schuf neben Altarwerken mehrere Freskenfolgen, z. T. in enger Zusammenarbeit mit ↑ Masaccio; sein Anteil zeigt einen weicheren, lyr.-zarten und vergleichsweise altertüml. Stil. Fresken u. a. in Santa Maria del Carmine (Brancaccikapelle), Florenz (1425 ff.), San Clemente in Rom (1427 ff.), Stiftskirche und Baptisterium von Castiglione Olona (nach 1432).

Mason [engl. mɛɪsn], George, * bei Pasbytanzy (Va.) 1725, † Gunston Hall (Fairfax County, Va.) 7. Okt. 1792, amerikan. Politiker. - Führender Kopf der amerikan. Unabhängigkeitsbewegung; übte als Autor der Verfassung von Virginia (1776) und insbes. der Declaration of Rights von Virginia bed. Einfluß auf die Declaration of Independence aus.

James Mason (1978)

M., James, * Huddersfield (Yorkshire) 15. Mai 1909, † Lausanne 27. Juli 1984, engl. Schauspieler. - 1933/34 am Old Vic in London; seit 1935 beim Film; anfangs auf die Rolle des brutalen Liebhabers festgelegt, gelangen ihm später überzeugende Darstellungen problemat. Persönlichkeiten, u. a. „Der Herr in Grau" (1943), „Rommel, der Wüstenfuchs" (1951), „Julius Cäsar" (1953), „Der unsichtbare Dritte" (1959), „Lolita" (1961), „Mackintosh" (1971), „Steiner. Das eiserne Kreuz" (1. Teil, 1977), „Mord an der Themse" (1979).

M., Richard, * Hale (Cheshire) 16. Mai 1919, engl. Schriftsteller. - Während des 2. Weltkriegs Fronteinsätze in Birma und Malaya; verfaßte erfolgreiche [exot.] Romane, u. a. ...denn der Wind kann nicht lesen" (1947), „Suzie Wong" (1957), „Zweimal blüht der Fieberbaum" (1962).

Mason and Dixon Line [engl. 'mɛɪsn ənd 'dɪksn 'laɪn], Grenze, die 1763–67 von den brit. Astronomen C. Mason und J. Dixon entlang 39° 43′ 26,3″ n. Br. zw. den Kolonien Pennsylvania und Maryland in N-Amerika markiert wurde. Vor dem Sezessionskrieg galt sie als Trennungslinie zw. den sklavenhaltenden S-Staaten und den die Sklaverei verbietenden N-Staaten.

Masora ↑ Massora.

Masowien, histor. Landschaft im Zentrum von Polen, beiderseits der mittleren Weichsel, seit jeher bed. Durchgangsland. Geschichte: Das seit dem 10. Jh. unter der Herrschaft der Piasten stehende M. war 1138–46 selbständiges Hzgt. 1202 mit Hilfe des Dt. Ordens erneut selbständig; Mitte des 13. Jh. in mehrere Teil-Ft. geteilt; nach Aussterben der piast. Linie 1526 kam das seit 1333 wieder vereinigte Land an Polen.

Maspéro, Henri [frz. maspe'ro], *Paris 15. Dez. 1883, †KZ Buchenwald 17. März 1945, frz. Sinologe. - 1908 an der École Française d'Extrême Orient in Hanoi, seit 1920 am Collège de France. Arbeitete bes. auf religions- und kulturwiss. Gebiet über das traditionelle China. - Werke: La Chine antique (1927), Le taoïsme et les religions chinoises (hg. 1971).

Maß, ältere Bez. für ↑ Einheit [im Meßwesen], speziell Längen-, Flächen- oder Volumeneinheit. - Übersicht S. 86.

♦ (Maßverkörperung) eine Vorrichtung, die eine bestimmte Meßgröße (Einheit) bzw. ihre Vielfachen und Teile verkörpert; z. B. Liter-M. (Gefäß mit dem Rauminhalt 1 l).

♦ altes dt. Hohlmaß unterschiedl. Größe; entsprach z. B. in Baden und in der Schweiz 1,5 Litern, in Bayern (M.kanne) 1,069 Litern, in Hessen 1,950 bzw. 2 Litern, in Österreich 1,415 Litern; in Bayern heute Bez. für 1 Liter (Bier).

♦ soziokulturell und sozioökonom. determinierte Kategorie der Ethik, der Individualethik wie auch der polit. Ethik zur Bestimmung einer allg. Norm oder Regel der Handlungen zw. (als mögl. gedachten) Extremen, die häufig als proportionale Mitte zw. diesen Extremen bestimmt wird. Die Kategorie des M. hatte eine zentrale Funktion in der Ethik des Rittertums des MA.

Massa, italien. Stadt in der Toskana, 5 km von der ligur. Küste entfernt, 65 m ü. d. M., 66 400 E. Hauptstadt der Prov. M.-Carrara; kath. Bischofssitz; Bergingenieurschule, Staatsarchiv; bed. Zentrum des in den Apuan. Alpen gebrochenen Marmors. - Erstmals 882 gen., im 11. Jh. als befestigte Siedlung auf einer Anhöhe angelegt (heutige Altstadt, M. Vecchia); 1557 wurde in der Ebene nach regelmäßigem Plan die heutige Neustadt (M. Nuova) angelegt, 1620 zur Stadt erhoben. - Der Dom (15. Jh.) wurde im 19. Jh. klassizist. erneuert; der Palazzo Cybo-Malaspina (16. und 18. Jh.; heute Präfektur) wurde in der 2. Hälfte des 16. Jh. begonnen und erhielt 1701 seine barocke Fassade. Burg (15./16. Jh.).

Massa, Stamm der Sudaniden am Logone, im S-Tschad und in N-Kamerun; sprechen eine tschadische Sprache.

Massachuset [engl. mæsə'tʃuːsɛt], ausgestorbener Indianerstamm der Östl. Algonkin an der Massachusetts Bay, USA.

Massachusetts [engl. mæsə'tʃuːsɛts], Bundesstaat im NO der USA, 21 386 km², 5,74 Mill. E (1984), Hauptstadt Boston.

Landesnatur: Das Tal des Connecticut River gliedert das Staatsgebiet in ein westl. Bergland mit den Taconic Mountains und den bis 1 064 m hohen Berkshire Hills, die beide zum Appalachensystem gehören, und ein östl. Zentralplateau, das sich nach O hin zum Küstentiefland abdacht. Das Klima ist nur im äußersten O ozean. geprägt, sonst gemäßigt mit mittleren Niederschlägen. Ein Großteil der Fläche wird von Mischwäldern (Eichen, Weymouthskiefern, Fichten und Hemlocktannen) eingenommen; nur in den fruchtbaren Flußtälern wird intensiver Ackerbau betrieben.

Bevölkerung, Wirtschaft, Verkehr: M. wurde schon früh von brit. Einwanderern, denen Iren, Italiener, Frankokanadier, Russen und Polen folgten, besiedelt. Die Bev. stieg im 19. und 20. Jh. sprunghaft an und konzentrierte sich in den Städten (1980: 83,3% städt. Bev.), v. a. in der Agglomeration Boston. Rd. 3,8% der Bev. sind Farbige. M. hat bed. Univ., darunter die Harvard University. - Die hochspezialisierten Landw.betriebe, deren Zahl und Anbaufläche seit 1900 stark abgenommen haben, sind auf die Versorgung der Städte ausgerichtet. Der Fischfang wird von den Verarbeitungszentren New Bedford, Boston und Gloucester aus betrieben. Führender Wirtschaftszweig ist die Ind.; es dominieren Elektrotechnik und Elektronik, gefolgt von Maschinenbau, Nahrungs- und Genußmittelind., daneben Textil- und Lederind. - Boston besitzt einen guten Tiefwasserhafen. Das Eisenbahnnetz verfügt über eine Länge von 2 100 km, das Straßennetz über 54 080 km. In M. gibt es 54 ✈.

Geschichte: Es ist nicht geklärt, ob die Wikinger M. schon um 1000 n. Chr. aufsuchten. Die erste feste Siedlung wurde in Plymouth von den Pilgervätern gegr., die 1620 auf der „Mayflower" den Atlantik überquert hatten. Unter der Charter (Verfassungsurkunde) von 1629 entstand zunächst ein theokrat. Staatswesen, in dem die radikalen Puritaner tonangebend waren und nur Kirchen-Mgl. wahlberechtigt waren. 1684 wurde die Charter aufgehoben, 1691 durch eine neue ersetzt: M. Bay und Maine wurden von einem durch die Krone bestimmten Gouverneur und Rat regiert, dem ein von den Bewohnern der Kolonie gewähltes Repräsentantenhaus gegenüberstand. Wiederholte Konflikte mit dem Mutterland führten 1773 zur Versenkung einer Schiffsladung Tee im Hafen von Boston („Boston Tea Party"), 1775 zu den ersten Kampfhandlungen des nordamerikan. Unabhängigkeitskrieges (bei Lexington und Concord; Bunker Hill 1775). 1780 gab sich M. die noch heute geltende Verfassung. Die Verfassung

Maße (Auswahl)

Längenmaße

SI-Einheit der Länge ist das Meter (m).
Festlegung: 1 Meter ist die Länge der Strecke, die Licht im Vakuum während einer Dauer von 1/299 792 458 Sekunden durchläuft (Neudefinition der 17. Generalkonferenz für Maße und Gewichte 1983).

Arschin (UdSSR) 0,71 m
Chain (Großbrit., USA) 20,1168 m
Cubitus (Röm. Reich) 0,444 m
Daktylos (Altgriechenland) 0,0193 m
Dhira (Palästina, Ägypten) 0,75 m
Digitus (Röm. Reich) 0,0185 m
Elle (Österreich) 0,78 m
Elle (Preußen) 0,6669 m
Faden (Preußen) 1,642 m
Foot (Großbrit., USA) 0,3048 m
Furlong (Großbrit., USA) 201,168 m
Fuß (Preußen) 0,31385 m
Fuß (Schweiz) 0,3 m
Hand (Großbrit.) 0,254 m
Inch (Großbrit.) 0,025 m
Klafter (Preußen) 1,883 m
Landmeile (Deutschland) 7,5 km
League British (Großbrit.) 4,828 km
League nautical (Großbrit.) 5,565 km
Line (USA) 2,54 mm
Linie (Preußen) 2,18 mm
Link (USA) 0,201 m
Meile (Preußen) 7,5326 km
Meile (UdSSR) 7,47 km
Meile, geogr. (Deutschland) 7,4216 km
Mile, English (Großbrit.) 1,524 km
Mile, Nautical (Großbrit.) 1,853 km
Mile, Statute (Großbrit., USA) 1,609 km
Milliarium (Röm. Reich) 1,4787 km
Orgyia (Altgriechenland) 1,85 m
Palmus (Röm. Reich) 0,074 m
Passus (Röm. Reich) 1,48 m
Pechys (Altgriechenland) 0,462 m
Pes (Röm. Reich) 0,30 m
Plethron (Altgriechenland) 30,83 m
Postmeile (Österreich, Ungarn) 7,59 km
Pus (Altgriechenland) 0,3083 m
Rod (Großbrit., USA) 5,029 m
Rute (Preußen) 3,766 m
Saschen (UdSSR) = 3 Arschin = 7 Fut = 2,1336 m
Seemeile (Deutschland) 1,852 km
Span (USA) 0,23 m
Stadion (Altgriechenland) 0,185 km
Werschok (UdSSR) 0,0445 m
Werst (UdSSR) 1,067 km
Yard (Großbrit., USA) 0,9144 m
Yard, Imperial (Großbrit.) 0,914399 m
Zoll (Preußen) 0,02615 m

Flächenmaße

SI-Einheit der Fläche ist das Quadratmeter oder Meterquadrat (m^2).
Festlegung: 1 Quadratmeter ist gleich der Fläche eines Quadrates von der Seitenlänge 1 m.

Acre (USA) 40,47 Ar (a)
Acre of land (Großbrit.) 40,47 a
Ar (Deutschland) 100 m^2
Dessjatnina (UdSSR) 109 a
Diplethron (Altgriechenland) 9,5 a
Hektar (Deutschland) 10 000 m^2
Iugerum (Röm. Reich) 25 a
Joch (Österreich) 57,55 a
Metze (Sachsen) 2,464 a
Mile of land (Großbrit.) 258,998 Hektar
Morgen (Deutschland) 25 a
Quadratfuß (Deutschland) 0,0985 m^2
Quadratmeile (Deutschland) 56,783 km^2
Quadratrute (Deutschland) 14,1843 m^2
Rood (Großbrit.) 1 011, 71 m^2
Square foot (Großbrit.) 929 cm^2
Square inch (Großbrit.) 6,45 cm^2
Square yard (Großbrit.) 0,84 m^2
Viertel (Deutschland) 6,383 a

Raummaße (Volumenmaße)

SI-Einheit des Volumens ist das Kubikmeter (m^3).
Festlegung: 1 Kubikmeter ist gleich dem Volumen eines Würfels von der Kantenlänge 1 m. Besonderer Name für 1 dm^3 ist das Liter (l): 1 l = 1 dm^3.

Amphora (Altgriechenland) 19,44 l
Amphora (Röm. Reich) 26,26 l
Anker (Preußen) 34,35 l
Barrel (Großbrit.) 163,565 l; als Petroleum barrel = 158,76 l
Bushel (Großbrit.) 36,369 l
Cord (USA) 3,62 m^3
Culeus (Röm. Reich) 525,3 l
Eimer (Preußen) 68,7 l
Faß (Preußen) 2,29 Hektoliter (hl)
Festmeter (Deutschland) 1 m^3 Holz
Fuder (Preußen) 1 000 l
Gallon (USA) 3,785 l
Gallon, Imperial (Großbrit.) 4,546 l
Hektoliter (Deutschland) 100 l
Klafter (Preußen) 3,339 m^3
Kyathos (Altgriechenland) 0,046 l
Lägel (Schweiz) 45 l
Liter (Deutschland) 1 dm^3
Load (Großbrit.) 2 907,8 l
Malter (Preußen) 6,955 l
Maß (Achter) (Österreich) 1,415 l
Maß (Pot) (Schweiz) 4 Schoppen = 1,5 l

Maße (Forts.)

Medimnos (Altgriechenland) 52,53 l
Metretes (Altgriechenland) 39,39 l
Metze (Preußen) 3,435 l
Mystron (Altgriechenland) 0,01 l
Ohm (Deutschland) 130–160 l
Oxhoft (Preußen) 206,1 l
Pint (Großbrit.) 0,568 l
Pottle (Großbrit.) 2,273 l
Quart (Preußen) 1,145 l
Quart (Großbrit.) 1,137 l
Raummeter (Ster) (Deutschland) 1 m³ geschichtetes Holz mit Zwischenräumen
Register ton (Großbrit., USA) 2,83 m³
Saum (Ohm) (Schweiz) 4 Eimer = 150 l
Scheffel (Preußen) 54,962 l
Setier (Schweiz) 37,5 l
Shipping ton (USA) 1,132 m³
Stückfaß (Preußen) 1 200 l
Tonne (Preußen) 219,848 l
Tschetwerik (UdSSR) 26,238 l
Tschetwerka (UdSSR) 6,56 l
Wedro (UdSSR) 10 Krutschka = 100 Tscharka = 12,3 l

Stück- und Zählmaße

1 Ballen Baumwolle = 120–330 kg
1 Ballen Tuch = 12 (auch 10) Stück
1 Buch = 24 Bogen Schreib- oder 25 Bogen Druckpapier
1 Buch = 15 bis 25 Blätter Blattgold oder -silber
1 Buch (Neubuch) = 100 Bogen
1 Dutzend = 12 Stück
1 Gros = 12 Dutzend = 144 Stück
1 Mandel (kleine Mandel) = 15 Stück
1 Mandel (große Mandel) = 16 Stück
1 Mille = 1 000 Stück
1 Paar = 2 Stück (zusammengehörend)
1 Schock = 60 Stück

Massenmaße

SI-Einheit der Masse ist das Kilogramm (kg).
Festlegung: 1 Kilogramm ist die Masse des Internationalen Kilogrammprototyps.

As (Libra) (Röm. Reich) 0,3 kg
Bale (USA) 226,796 kg
Berkowez (UdSSR) 163,8 kg
Box (USA) 11,34 kg
Cental (Großbrit.) 45,359 kg
Centweight (Großbrit.) 50,8 kg
Charge (Schweiz) 126,659 kg
Denier (Frankreich) 1,275 g
Dirham (Ägypten, Irak) 3,12 g
Doppelzentner (Deutschland) 100 kg
Drachme (Altgriechenland) 6 Obolen = 4,3 g
Drachme (Griechenland) 3,2 g
Dram [Avoirdupois] (Großbrit., USA) 1,77 g, auch 3,887 g (für Drogen; USA)
Funt (UdSSR) 409,51 g
Grain (Großbrit.) 0,065 g
Gran (Deutschland) 0,063 g
Hundredweight (Großbrit.) 50,802 kg
Last (Deutschland) 2 000 kg
Libra (Röm. Reich) ↑As
Livre (Schweiz) 500 g
Longton (USA) 1 016,05 kg
Lot (Österreich) 17,5 g
Lot (Preußen) 4 Quentchen = 14,606 g, auch 12,797 g
Mark (Deutschland) 234,067 g
Mine (Altgriechenland) 1,5 kg
Ounce [Avoirdupois] (Großbrit., USA) 28,35 g
Ounce [Apothecaries'] (Großbrit., USA) 31,10 g
Pfund (Deutschland) 500 g
Pfund (Niederlande) 498,1 g
Pfund (Preußen) 467,404 g
Pound (USA) 453,59 g
Pound [Apothecaries'] (Großbrit.) 373,24 g
Pound, Imperial (Großbrit.) 453,59 g
Pud (UdSSR) 16,38 kg
Quarter (Großbrit.) 12,70 kg
Short hundredweight (USA) 45,359 kg
Shortton (USA) 907,19 kg
Slug (Großbrit.) 14,594 kg
Solotnik (UdSSR) 4,27 g
Stone (Großbrit.) 6,35 kg
Talent (Altgriechenland) 6 000 Drachmen = 26,196 kg
Ton (Großbrit.) 1 016,05 kg
Tonne (Deutschland) 1 000 kg
Tonne (UdSSR) 1 015,59 kg
Tons deadweight (für Schiffsladekapazität; Großbrit., USA) 1 016,05 kg
Uncia (Röm. Reich) 27,29 g
Zentner (Deutschland, Schweiz) 50 kg
Zentner (Preußen) 55 kg

der USA wurde 1788 mit knapper Mehrheit angenommen. Im Sezessionskrieg unterstützte M. den Norden.

📖 *Watkins, L. W. M.: M. A cultural history. Salem (Mass.) 1970.*

Massachusetts Institute of Tech-

Massage

nology [engl. mæsə'tʃuːsɛts 'ɪnstɪtjuːt əv tɛk'nɔlədʒɪ], Abk. MIT, vorwiegend naturwiss. Univ. in Cambridge (Mass.), gegr. 1861; bed. Forschungsstätte für Kerntechnik und Raumfahrt.

Massage [maˈsaːʒə; arab.-frz.], mechan. Einwirkung auf die Haut und die unter ihr liegenden Gewebe (Muskeln, Bindegewebe, Weichteile) unter Anwendung verschiedener Handgriffe wie Streichen, Kneten, Klopfen, Klatschen. Neben der Steigerung der Durchblutung und der örtl. Freisetzung von körpereigenen Wirkstoffen (z. B. Histamin, Acetylcholin) wird zusätzl. auf reflektor. Weg eine Tonisierung des Gefäßsystems und der inneren Organe erreicht. Sonderformen der M. stellt die Anwendung von elektr. Strömen († Elektrotherapie), Druckwasserstrahlen (z. B. *Unterwasser-M.*) oder Unterdruck dar *(Saugmassagen)*.

Massagesalon [maˈsaːʒəzalõː], einem Bordell ähnl., meist nicht offiziell (als Firma) geführte Einrichtung, in der bes. masturbator. Praktiken geübt werden.

Massageten (lat. Massagetae), Sammelbez. für zu den Skythen gehörende antike Steppenvölker iran. Herkunft.

Massai, äthiopides Volk in NO-Tansania und S-Kenia, sprechen eine nilot. Sprache. Überwiegend Hirtennomaden, die früher wegen ihrer krieger. Überlegenheit von ihren Nachbarn gefürchtet waren.

Massaiebene, wildreiche Hochebene südl. des Kilimandscharo und Meru, Tansania, 1 000–1 500 m ü. d. M.

Massaker [frz.], Gemetzel, Blutbad; **massakrieren,** jemanden brutal umbringen; mißhandeln.

Massalia † Marseille.

Massalla † Messalla.

Massa Marittima, italien. Stadt am S-Rand des Toskan. Erzgebirges, 380 m ü. d. M., 10 100 E. Kath. Bischofssitz; Bergbautechnikum; histor. und mineralog. Museum; altes Bergbauzentrum. - Erlangte im MA v. a. wegen der Ausbeutung der nahe gelegenen Kupfer- und Silberminen Bed.; kam 1335 an Siena, mit diesem 1555 an die Medici. - Roman. Dom (1304 vollendet).

Maßanalyse (Titrimetrie, Volumetrie), wichtiges Verfahren der quantitativen chem. Analyse. Zu einer abgemessenen Menge einer Lösung unbekannter Konzentration wird eine Reagenzlösung (Maßlösung, Titrierflüssigkeit) bekannter Konzentration zugegeben, bis der Endpunkt (Umschlagspunkt) der Reaktion (Neutralisation, Reduktion, Oxidation, Komplexbildung, Fällung etc.) gerade erreicht ist. Dies wird durch einen Indikator oder auf elektrochem. Wege angezeigt.

Massary, Fritzi [...ri], eigtl. Friederike Massarik, * Wien 21. März 1882, † Beverley Hills 30. Jan. 1969, östr. Sängerin und Schauspielerin. - 1918–34 ⚭ mit M. Pallenberg; feierte als Revue- und Operettenstar ab 1904 v. a. in Berlin Triumphe und war nach 1929 als Schauspielerin in Konversationsstücken erfolgreich. Nach der Emigration (1933) gastierte sie in Wien und London.

Massaua, äthiop. Hafenstadt am Roten Meer, 29 100 E. Eisen-, Zement-, Tabakind.; Salzgewinnung. - 1557 von den Osmanen erobert; 1935 Hauptbasis für die italien. Eroberung Äthiopiens; kam 1952 mit Eritrea zu Äthiopien.

Masse [lat., zu griech. mãza „Teig aus Gerstenmehl, Fladen, Klumpen (aus Metall)"], allg. ein Stück fester Materie, häufig von vorgegebenem Gewicht oder bestimmter Form.

◆ Grundeigenschaft der Materie und daher eine der Grundgrößen der Physik. Der Begriff M. wird in zweifacher Bedeutung verwendet. Unter **träger Masse** (m_t) versteht man die Eigenschaft eines Körpers, einer Änderung seines Bewegungszustandes nach Betrag bzw. Richtung einen Widerstand bestimmter Größe entgegenzusetzen. Die Größe dieses Widerstandes ist ein Maß für die träge M. Sie tritt im Grundgesetz der Dynamik auf: Kraft ist träge M. mal Beschleunigung: $F = m_t \cdot a$. Unter **schwerer Masse** (m_s) versteht man die Eigenschaft eines Körpers, einen anderen Körper durch Gravitationswirkung anzuziehen und von einem anderen Körper angezogen zu werden. Die Stärke der Anziehung ist ein Maß für die schwere M. Sie tritt im Newtonschen Gravitationsgesetz († Gravitation) auf:

$$F = \gamma \frac{m_{s1} \cdot m_{s2}}{r^3} r$$

Trotz der unterschiedl. Definitionen von träger und schwerer M. sind beide als äquivalent anzusehen. Präzisionsmessungen haben gezeigt, daß beide proportional zueinander sind. Der Proportionalfaktor wird vernünftigerweise gleich 1 gesetzt, so daß gilt $m_t = m_s = m$. Die Gleichheit von träger und schwerer M. bildet die Grundlage der allg. Relativitätstheorie. Die M. eines Körpers ist geschwindigkeitsabhängig. Hat der Körper im Ruhezustand die M. m_0 (Ruhemasse), so gilt für seine M. m bei der Geschwindigkeit v:

$$m = m_0 / \sqrt{1 - v^2/c^2}$$

(c Lichtgeschwindigkeit). Die M. ist im Internationalen Einheitensystem (SI) eine der Basisgrößen. Ihre Einheit ist das Kilogramm (kg). 1 kg ist die M. des internationalen Kilogrammprototyps († auch Masseneinheit).
⏍ *Jammer, M.: Der Begriff der M. in der Physik.* Dt. Übers. Darmst. ³1981. - *Sawelski, F.: Die M. u. ihre Messung.* Dt. Übers. Ffm. 1977.

◆ in der *Elektrotechnik* Bez. für einen z. B. über Schutzleiter geerdetes metall. Geräteteil (z. B. Chassis); M. hat definitionsgemäß die Spannung Null Volt und dient bei Span-

nungsmessungen als Bezugspotential.
♦ in den *Sozialwiss.* vieldeutig benutzte Bez., insbes. für 1. die breiten Schichten einer Gesellschaft gegenüber der Elite; 2. gesellschaftspolit.-revolutionär bes. aktiven, weil unterdrückten und nach Emanzipation strebenden Teil der Gesellschaft (Marxismus); 3. eine unstrukturierte, über relativ kurze Zeiträume bestehende Ansammlung von Menschen, die durch äußere Faktoren unterschiedlichster Art zusammengehalten werden und auf Grund psych. „Ansteckung" ein weitgehend einförmiges, „gleichgeschaltetes" Verhalten zeigen. In der *Massensituation* treten typ. Veränderungen beim Individuum auf: Senkung der Urteils- und Kritikfähigkeit, Überwiegen der gefühlsbezogenen Anteile in der Verhaltenssteuerung, Schwinden des persönl. Verantwortungsbewußtseins, Fortfall innerer Hemmungen, Erhöhung der Beeinflußbarkeit und der Bereitschaft, sich den Forderungen autoritärer „Führer" zu unterwerfen. Kulturkrit. Thesen zum Phänomen der M. haben meist einen abwertenden Akzent. M. wird hier von einer idealisierten Einschätzung des Verhaltens autonomer Einzelpersonen und Gruppen aus betrachtet. Konservative Theoretiker weisen auf Gefahren hin, die von der M. für Gesellschaft und Staat ausgehen, während progressive (v.a. marxist.) Autoren in ihr die Potenz für Revolution und Reform sehen.
📖 *Canetti, E.: M. u. Macht. Ffm. 1984. - Ortega y Gasset, J.: Der Aufstand der Massen. Dt. Übers. Rbk. 1984. - Rudé, G.: Die Volksmassen in der Gesch. Ffm.* ²*1979. - Smelser, N. J.: Theorie des kollektiven Verhaltens. Dt. Übers. Eschborn 1972.*

Masseanspruch, ein Anspruch auf unmittelbare Befriedigung aus der Konkursmasse; M. sind: **Massekosten** (im Konkursverfahren entstandene bes. Kosten, z. B. Gerichtskosten, Auslagen, dem Gemeinschuldner bewilligte Unterstützung) und **Masseschulden** (z. B. Verbindlichkeiten aus Amtshandlungen des Konkursverwalters); der M. durch die Massegläubiger ist gegen den Konkursverwalter geltend zu machen. Es gilt die in § 60 Konkursordnung festgelegte Rangordnung, falls die Konkursmasse zur Befriedigung nicht ausreicht.

Masseben [hebr.] (Malsteine), meist unbeschriftete und unbehauene antike semit. Steinsäulen als Grab-, Kult- und Gedenksteine sowie als Siegesmale.

Masse-Energie-Äquivalenz, die durch die Einstein-Gleichung $W = m \cdot c^2$ beschriebene Beziehung, nach der jede Masse m gleichzeitig eine Energie der Größe $E = m \cdot c^2$ bzw. jede Energie E gleichzeitig eine Masse (*Massenäquivalent*) der Größe $m = E/c^2$ darstellt (c Lichtgeschwindigkeit). 1 Gramm Masse ist demnach äquivalent der Energie $E = 9 \cdot 10^{13}$ J $= 25 \cdot 10^6$ kWh.

Massegläubiger, Gläubiger eines Masseanspruchs; sie sind vor den Konkursgläubigern zu befriedigen.

Masse-Helligkeit-Diagramm (Masse-Leuchtkraft-Diagramm), ein Diagramm, in dem die Massen von Sternen gegen die Leuchtkraft (meist die absolute bolometr. Helligkeit) aufgetragen sind. Es zeigt sich, daß die Sterne der Hauptreihe einer *Masse-Leuchtkraft-Beziehung* genügen, da Masse und chem. Zusammensetzung den inneren Aufbau eines Sterns bestimmen, mit diesen beiden Zustandsgrößen aber alle anderen Zustandsgrößen, auch die Leuchtkraft, korreliert sind.

Maßeinheit, svw. ↑ Einheit.

Massekosten ↑ Masseanspruch.

Masse-Leuchtkraft-Beziehung ↑ Masse-Helligkeit-Diagramm.

Massenanziehung ↑ Gravitation.

Massenäquivalent ↑ Masse-Energie-Äquivalenz.

Massenausgleich, Beseitigung oder Verminderung der Wirkung der an bewegten Maschinenteilen bei deren Beschleunigung auftretenden Trägheitskräfte durch Anbringen von Zusatzmassen (**Gegengewichte**).

Massendefekt, bei einem Atomkern die Differenz zw. der Summe der Ruhmassen seiner sämtl. Nukleonen (Protonen und Neutronen) und der tatsächl. Kernmasse. Der M. beruht auf der Tatsache, daß beim Entstehen des Kerns aus den freien Nukleonen ein Bruchteil der Gesamtmasse in Energie umgesetzt und frei wird. Der M. entspricht daher nach der Masse-Energie-Äquivalenz der Kernbindungsenergie. Der M. bei der Bildung eines Heliumkerns aus 2 Protonen und 2 Neutronen entspricht einer Energie von 28 MeV.

Masseneinheit, zur quantitativen Festlegung (Messung) einer Masse verwendete Vergleichsgröße (Einheit). Die in Wiss. und Technik internat. verwendete, in der BR Deutschland gesetzl. M. ist das Kilogramm, einschließl. seiner dezimalen Vielfachen und Teile (Gramm, Milligramm usw.); daneben sind im amtl. und geschäftl. Verkehr gesetzl. zugelassen: das metr. Karat (nur bei der Angabe der M. von Edelsteinen) und die *atomare M.* (Einheitenzeichen: u), definiert als der 12. Teil der Masse eines Atoms des Kohlenstoffnuklids ^{12}C.

Massenentlassung (anzeigepflichtige Entlassung), bei Betrieben mit 21 bis 59 Arbeitnehmern Entlassung von fünf Personen, mit 60 bis 499 Arbeitnehmern von 10 % oder mehr als 25, bei Betrieben mit mindestens 500 Arbeitnehmern von mindestens 30 Personen innerhalb von vier Wochen. Für den Arbeitgeber besteht Anzeigepflicht gegenüber dem Arbeitsamt. Obligator. ist die Stellungnahme des Betriebsrates, der Anzeige beizufügen ist. Die angezeigten Entlassungen werden vor Ablauf eines Monats (längstens von zwei Monaten) nur dann wirksam, wenn das Landesarbeitsamt zustimmt. Während dieser Sperrfrist kann ↑Kurzarbeit gestattet sein.

Massenet, Jules [frz. mas'nɛ], *Montaud (Hérault) 12. Mai 1842, † Paris 13. Aug. 1912, frz. Komponist. - 1878–96 Kompositionslehrer am Pariser Conservatoire; seine über 20 Opern (u.a. „Manon", 1884; „Werther", 1892; „Don Quichotte", 1910) verkörpern den frz. Typ der von Gounod herkommenden sentimental-effektvollen lyr. Oper, später mit wagnerschen und verist. Elementen; außerdem Ballette, Bühnenmusiken, Orchester- und Kammermusik, Lieder; „Mes souvenirs" (hg. 1912 von X. Leroux).

Massenfertigung (Massenproduktion), kontinuierl. Fertigung eines Produkts in großen Mengen. Auf Grund der Degression der fixen Kosten wird bei zunehmender Stückzahl ein Sinken der Stückkosten erreicht.

Massengesellschaft, meist sozialkrit., aber auch sozialwiss. gebrauchte Bez. für gegensätzl. interpretierte Phänomene in der modernen Ind.gesellschaft: Bez. 1. für eine Gesellschaft als strukturlose Masse entindividualisierter, anonym lebender und entscheidungsunfähiger, darum auf führende Eliten und repräsentierende Organisationen angewiesener Menschen; 2. für eine Gesellschaft, in der, wie z. B. in modernen Massendemokratien, die strukturgestaltenden und Verhaltensmaßstäbe setzenden Kräfte die Autoritäten und die Interessen der breiten Bev.schichten widerspiegeln. Konservativ und individualist. orientierte Kultur- und Sozialkritik sieht in der M. die Gefahr für Nivellierung, Entpersönlichung, Kulturverfall u. a.; vom sozialist. Standpunkt aus ist die M. die Basis für emanzipator. polit. Praxis. - ↑auch Masse.

Massengestein, Bez. für jedes kompakte, nicht geschichtete Gestein von großer Mächtigkeit, v. a. Tiefengesteine, aber auch massige Sandsteine oder Kalke.

Massengutfrachter (Bulkcarrier, Bulkfrachtschiff), Spezialschiff, meist in Trampfahrt, zum Transport unverpackter Güter, meist als Schüttgüter. Ausgelegt für selbsttrimmende Schüttladung; Tragfähigkeit als Erz/Öl- oder OBO-Frachter um 100000 tdw, es gibt sie aber auch in der Küstenfahrt als *Mini-Bulker.*

Massenkommunikation, Begriff für den durch techn. Verbreitungsmittel (Massenmedien, Massenkommunikationsmittel) hergestellten einseitigen und indirekten Prozeß der sozialen Kommunikation (gekennzeichnet durch die Faktoren Kommunikation [Autor sowie Organisation des Mediums], Aussage, Medium, Rezipient), durch den überwiegend ein disperses, d. h. des persönl. Kontakts entbehrendes Publikum erreicht wird. M. ist für die meisten Menschen, bes. in Ind.ländern, die Hauptquelle gesellschaftl. Information. Deshalb wird den Massenmedien (v. a. Buch, Zeitung, Zeitschrift, Hörfunk, Fernsehen, Film, Schallplatte) eine hohe polit. Bed. zugeschrieben. M. bietet keinen realen sozialen Kontakt, der durch Dialog, zumindest aber durch die Chance einer Rückkopplung (Feedback) des Rezipienten zum Kommunikator verkörpert wird. Bei der *Gruppenkommunikation* als einer Subkategorie der M. setzt sich das disperse Publikum überwiegend je aus Mgl. einer organisierten Gruppe (Partei, Verein u. a.) zusammen. Untersucht werden die Vorgänge der mediengebundenen sozialen Kommunikation von der **Massenkommunikationsforschung,** einem interdisziplinär orientierten sozialwiss. Forschungsfeld, das von unterschiedl. Ansätzen mehrerer Wiss. (u. a. Soziologie, Psychologie, Politikwiss.), insbes. von der (allg.) Kommunikationsforschung her betrieben wird. Der Entwicklungsanstoß zur M.forschung, für die bisher eine einheitl. Begriffsbildung fehlt, kam für Europa nach dem 2. Weltkrieg aus den USA. Der Schwerpunkt der Forschungen liegt dort wie in der BR Deutschland bei der Auftragsforschung der Massenmedien, die v. a. für ihre Werbekunden regelmäßig das Rezeptionsverhalten des Publikums (Leser/Hörer/Zuschauer) untersuchen lassen.

Massenmedien (Massenkommunikationsmittel), techn. Verbreitungsmittel, die den Prozeß der Massenkommunikation herstellen. I. e. S. sind M. Buch, Zeitung, Zeitschrift, Hörfunk, Fernsehen, Film und Schallplatte. I. w. S. sind auch neuere Entwicklungen in der Fernsehtechnik (Bildplatte, Videoband, Videotext), in der Datentechnik (Magnetspeicher, CD-ROM-Speicher) und in der Verbindung beider Techniken (Bildschirmtext) zu den M. zu zählen.

Die Zeitungen und das Fernsehen erreichen regelmäßig fast die gesamte Bev. der industrialisierten Länder. Die Teilnahme an der Massenkommunikation erfordert für die jeweiligen M. unterschiedl. Vorleistungen bzw. Voraussetzungen bei den Rezipienten (Empfängern): materielle (Bezugspreise, Hörfunk- und Fernsehgebühren, Empfangsgeräte), soziale (Freizeit), geistige (u. a. Lesefähigkeit). Parallel zur Entwicklungsgeschichte der Massenkommunikation gab es stets eine kontroverse Diskussion über ökonom., polit., soziale und kulturelle Auswirkungen einzelner Medien, bestimmter Medieninhalte oder des gesamten Mediensystems. Diskutierte man im 17. Jh., ob alle Stände zur Zeitungslektüre zuzulassen seien, geht es heute darum, ob eine Fortentwicklung der Telekommunikation die endgültige Zerstörung der Familie zur Folge hat. Ein Großteil dieser Befürchtungen resultiert aus einer kulturkrit. Einschätzung von Massenphänomenen und der einen und techn. Fortschritt auf der anderen Seite. Unübersehbar ist allerdings, daß in modernen Ind.gesellschaften der größte Teil der Freizeit auf die Nutzung von M. verwandt wird (in

den Haushalten der BR Deutschland waren z. B. die Fernsehgeräte 1985 an einem Wochentag durchschnittl. rd. 3½ Stunden eingeschaltet). Sozial bedeutsam ist die Umstrukturierung des Freizeitverhaltens durch die M., da andere Tätigkeiten durch Mediennutzung verdrängt bzw. verhindert werden (innerhalb der Mediennutzung erscheint dann v. a. die Verdrängung des Lesens durch das Fernsehen als problemat.). Darüber hinaus sind die M. zu einer neben Elternhaus und Schule nahezu gleichwertigen heiml. Erziehungsinstitution geworden, durch die insbes. soziale Leitbilder vermittelt werden. In diesem Zusammenhang ist die Sorge vor den Folgen von Gewaltdarstellungen ebenso zu nennen wie die Hoffnung, durch Vorschulprogramme im Fernsehen sozial ungleich verteilte Bildungschancen zu kompensieren. Am Beispiel der bes. heftig diskutierten polit. Auswirkungen der Massenkommunikation läßt sich jedoch aufzeigen, wie problemat. die Aufstellung von Tatsachenbehauptungen über *die* Wirkungen *der* M. ist. Auf der einen Seite kann Politik in modernen Ind.gesellschaften ohne M. gar nicht mehr vollzogen werden, auf der anderen Seite haben detaillierte empir. Untersuchungen das Ergebnis erbracht, daß M. für sich allein genommen doch nicht das große polit. Beeinflussungspotential haben, das ihnen gemeinhin zugeschrieben wird. Bei den Wählern und Mediennutzern schon vorhandene und im persönl. Umfeld durch Gespräche usw. mehr oder weniger bewußt stabilisierte polit. Meinungen, Einstellungen und Verhaltensabsichten reduzieren die polit. Einflußchance der M. erheblich. Es ist deshalb sehr fragwürdig, M. etwa für den Ausgang einer Wahl verantwortl. zu machen. Ein berechtigter Einwand gegen diese oft zur These von der „Ohnmacht der M." überspitzten Ergebnisse der Wirkungsforschung ist jedoch, daß immer nur kurzfristige Medieneffekte gemessen wurden, langfristige, kumulative Wirkungen also gar nicht überprüft worden sind. Dies hat in jüngster Zeit zu neuen Forschungsanstrengungen geführt, bei denen die eher beiläufigen sozialen, kulturellen und polit. Folgen untersucht werden, die der kontinuierl. Medienkonsum im Alltag der Kinder, Jugendlichen und Erwachsenen hat; denn hierauf beziehen sich ja die meisten der bis heute nur sehr unzulängl. belegten Vermutungen und Thesen über die Wirkungen der M. auf den einzelnen und die Gesellschaft als Ganzes. - Abb. S. 92.
📖 *Theis, A. M.: M. u. polit. Steuerung. Augsburg 1984. - Kopper, G.: M. Konstanz 1983. - Marquart, A.: Wahrheit mit beschränkter Haftung. Vom Umgang mit M. Weinheim* ³*1983. - Schulz, Winfried/Schönbach, K.: M. u. Wahlen. Mchn. 1983. - Hdb. Medienarbeit. Hg. v. G. Albrecht u. a. Leverkusen* ²*1981. - Graefe, G./Vogel, K.: M. als Unterrichtsgegenstand. Ravensburg 1980. - Krit. Stichwörter zur Medienwiss. Hg. v. W. Faulstich. Mchn. 1979. - Meyn, H.: M. in der BR Deutschland. Bln. Neuaufl. 1979.*

Massenmittelpunkt ↑ Schwerpunkt.

Massenorganisationen, Organisationen, die breite Kreise der Bev. erfassen und von diesen getragen werden (z. B. Parteien, Gewerkschaften). Seit dem Zeitalter des Imperialismus gehören M. zu den charakterist. Komponenten einer entwickelten polit. Struktur. Bes. ausgeprägt sind sie in kommunist. Staaten, in denen sie unter Führung der jeweiligen Staatspartei v. a. die Funktion haben, alle Gruppen der Gesellschaft zur Durchsetzung der von der Partei gesetzten Ziele zu organisieren und bürokrat. Entscheidungen eine öffentl. Legitimation zu geben.

Massenpetition ↑ Petitionsrecht.

Massenpresse, im 2. Drittel des 19. Jh. als Folge des sozialen Wandels der industriellen Revolution (erst in den USA, seit den 1880er Jahren auch in Deutschland) entstandener Pressetyp („Zeitung für alle"). - ↑ auch Presse.

Massenproduktion, svw. ↑ Massenfertigung.

Massenpsychologie, von den frz. Soziologen G. Le Bon und G. Tarde begründete Richtung der Sozialpsychologie, die sich speziell mit den Verhaltensweisen des Menschen in der Masse befaßt.

Massenpsychose ↑ Massenverhalten.

Massenpunkt, idealisierter Körper, der zwar keine Ausdehnung, also kein Volumen besitzt, wohl aber eine fest definierte Masse. Der M. wird in der theoret. Physik immer dann als Modell für einen (ausgedehnten) Körper verwendet, wenn man sich nur für dessen fortschreitende Bewegung interessiert und eventuell vorhandene Drehungen um eine Körperachse sowie die Form, Größe, Oberflächenbeschaffenheit usw. unberücksichtigt lassen kann. In einem solchen Falle wird ein Körper durch seinen Schwerpunkt ersetzt gedacht, und man betrachtet ledigl. dessen Bewegung.

Massenseparator (Separator), nach dem Prinzip des Massenspektrometers arbeitendes Gerät zur Isotopentrennung.

Massenspektrograph, zur Bestimmung der Werte der einzelnen Massen in einem Isotopengemisch verwendetes Gerät. Im Ggs. zum Massenspektrometer dient der M. zur Präzisionsbestimmung der Massen selbst. Der ausgeblendete Ionenstrahl läuft auf gekrümmter Bahn durch ein konstantes elektr. und magnet. Feld, das Ionen verschiedener spezif. Ladung auf verschiedene Stellen einer Photoplatte fokussiert. - Abb. S. 93.

Massenspektrometer, Gerät zur Bestimmung der Häufigkeit der in einem Isotopengemisch enthaltenen einzelnen Massen. Im M. mit Richtungsfokussierung *(Dempsterscher M.)* genügt ein magnet. Sektorfeld von

Massenspektroskopie

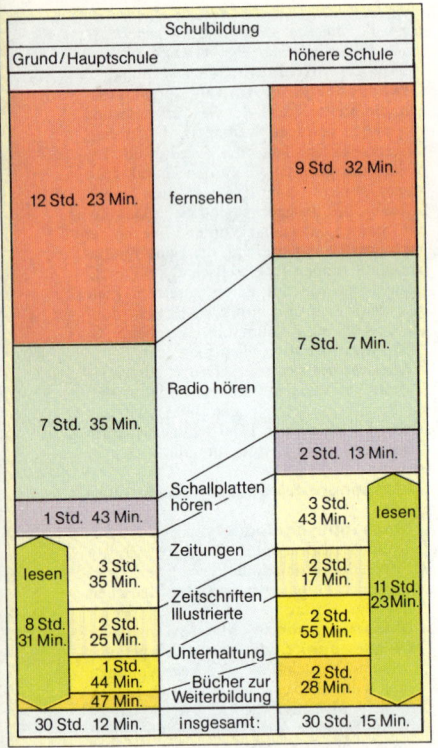

Schulbildung	
Grund/Hauptschule	höhere Schule
12 Std. 23 Min. *fernsehen*	9 Std. 32 Min.
7 Std. 35 Min. *Radio hören*	7 Std. 7 Min.
	2 Std. 13 Min. *Schallplatten hören*
1 Std. 43 Min. *Schallplatten hören*	3 Std. 43 Min. *lesen*
lesen 3 Std. 35 Min. *Zeitungen*	2 Std. 17 Min.
8 Std. 31 Min. 2 Std. 25 Min. *Zeitschriften Illustrierte*	2 Std. 55 Min. 11 Std. 23 Min.
1 Std. 44 Min. *Unterhaltung*	
47 Min. *Bücher zur Weiterbildung*	2 Std. 28 Min.
30 Std. 12 Min. insgesamt:	30 Std. 15 Min.

Massenmedien. Wöchentliches Zeitbudget für Mediennutzung, unterteilt nach Schulbildung

180°, in dem die Ionen eines ausgeblendeten Ionenstrahls mit verschiedener spezif. Ladung bei gleicher Geschwindigkeit Halbkreise mit verschiedenem Radius durchlaufen. Die Änderung der Magnetfeldstärke oder der Beschleunigungsspannung der Ionen läßt die Fokussierungspunkte der einzelnen Massen über einen Auffängerspalt wandern. Die unterschiedl. Geschwindigkeit geradlinig fliegender Ionen gleicher Energie, aber verschiedener Masse wird im *Impuls-Laufzeit-Spektrometer* ausgenutzt. Durch große Einfachheit zeichnet sich das *Hochfrequenz-M.* aus, bei dem der zu analysierende Ionenstrahl mehrere elektr. Beschleunigungsstrecken durchläuft, zw. denen eine Hochfrequenzspannung regelbarer Frequenz liegt. Teilchen bestimmter Ladung, Masse und Geschwindigkeit „passen" zu den gewählten Abständen und zur eingestellten Frequenz und werden daher optimal beschleunigt. Andere Teilchen werden z. T. gebremst oder fallen ganz „außer Takt" und können durch ein Gegenfeld abgetrennt werden.

Massenspektroskopie, Bestimmung der Massenwerte in einem Isotopengemisch (*Massenspektrum*) mit einem Massenspektrographen oder der Massenhäufigkeiten mit einem Massenspektrometer. Dazu wird ein Ionenstrahl räuml. nach der spezif. Ladung e/m (Ladung e; Masse m) der einzelnen Ionensorten in elektr. und/oder magnet. Feldern zerlegt, oder aus dem Ionenstrahl werden die Ionen bestimmter Masse in bestimmter Richtung fokussiert (Omegatron, Massenfilter) oder beschleunigt.

Massentierhaltung, technisierte Tierhaltung in Großbetrieben zur industriemäßigen tier. Produktion auf engem Raum; in der BR Deutschland v. a. Eierproduktion, Hähnchen- und Schweinemast. Problemat. ist hierbei v. a. der Gesundheitszustand der Tiere, da wichtige normale Verhaltensmechanismen blockiert werden.

Massenverfahren, im Verwaltungsrecht Bez. für Verfahren, an denen eine Vielzahl von Personen mit gleicher Interessenrichtung beteiligt ist (etwa im Planfeststellungsverfahren).

Massenverhalten, Bez. für Verhaltensweisen von Menschen in der Massensituation (↑ Masse), wenn dadurch eine Überlagerung der Vernunftsteuerung des einzelnen durch kollektive Instinktsteuerung bewirkt wird. In Notlagen und unter psych. Druck kann es dabei zur völligen Auflösung des vernünftigen Ich-Verhaltens (**Massenpsychose**) oder zu wahnhaftem, suggestiv hervorgerufenem Fehlverhalten (**Massenwahn**) kommen.

Massenvermehrung (Gradation), zeitl. begrenzte Übervermehrung (Egression) einer Organismenart (bes. Insekten), eine Periode, in der die Populationsdichte den Normalbestand weit übertrifft.

Massenvernichtungswaffen (Massenvernichtungsmittel), zu den ABC-Waffen gehörende Kampfmittel, die die sog. herkömml. Waffen in ihrer Wirkung um ein Vielfaches übertreffen und Zerstörungen großen Ausmaßes anrichten.

Massenwahn ↑ Massenverhalten.

Massenwanderung ↑ Tierwanderungen.

Massenwechsel (Fluktuation), Bez. für die jahreszeitl. oder im Abstand mehrerer Jahre erfolgende Ab- und Zunahme der Populationsdichte einer Organismenart, v. a. bei Insekten (z. B. bei Schädlingen und Parasiten). M. ist abhängig von genet. (z. B. Fruchtbarkeit, Sterblichkeit, Krankheitsresistenz) und anderen innerartl. Besonderheiten sowie von äußeren biot. und abiot. Faktoren (z. B. Krankheitserreger, Witterungseinflüsse).

Massenwert, der Zahlenwert der in atomaren ↑ Masseneinheiten angegebenen Masse eines Atoms bzw. Nuklids.

Massenwirkungsgesetz, Gesetz über den Verlauf umkehrbarer chem. Reaktionen: das Verhältnis aus dem Produkt der Konzentrationen der Reaktionsprodukte (C, D) und dem Produkt der Konzentrationen der Ausgangsprodukte (A, B) ist konstant, d. h. es entsteht ein Gleichgewichtszustand zw. Ausgangsstoffen und Reaktionsprodukten, der sich bei Änderung der Konzentrationen der Stoffe neu einstellt.

$$\frac{[C] \times [D]}{[A] \times [B]} = K$$

(K: Gleichgewichtskonstante, Massenwirkungskonstante; die eckigen Klammern bedeuten die molare Konzentration der Substanzen, Mol/l). Die Reaktionskonstante K ist von der Temperatur und bei Gasreaktionen auch vom Druck abhängig, wobei nach dem Prinzip des kleinsten Zwanges (↑ Le-Chatelier-Braunsches Prinzip) eine Temperaturerhöhung endotherme (energieverbrauchende) Reaktionen und eine Druckerhöhung Reaktionen, die unter Volumenverminderung ablaufen, begünstigt. Das M. spielt bei der theoret. Berechnung von Reaktionsgleichge-

Massenspektrograph nach Francis William Aston:
1 Ionisationskammer, 2 Spaltblende, 3 elektrisches Feld, 4 Blende, mit der die Ionenstrahl bestimmter Geschwindigkeit abgetrennt wird, 5 Magnetfeld, in dem die Ionen entsprechend ihrer Masse in Kreisbahnen verschiedener Krümmungsradien gezwungen und nach Masse getrennt werden, 6 Photoplatte, auf die die Ionen verschiedener Masse getrennt aufprallen

wichten, Löslichkeitsprodukten und Bestimmung von pH-Werten eine wichtige Rolle.

Massenzahl (Nukleonenzahl), Summe von Protonen- und Neutronen[an]zahl eines chem. Elements. - ↑ auch Kern (Atomkern).

Masseschulden ↑ Masseanspruch.

Masseter [griech.], Kurzbez. für den Kaumuskel (Musculus masseter).

Masseverwalter, östr. Bez. für Konkursverwalter.

Mäßigkeit, eine der vier ↑ Kardinaltugenden der christl. Sittenlehre.

Massilia ↑ Marseille.

Massillon, Jean-Baptiste [frz. masi'jõ], * Hyères 24. Juni 1663, † Beauregard (Puy-de-Dôme) 18. Sept. 1742, frz. Oratorianer (seit 1681) und Kanzelredner. - Ab 1699 Hofprediger Ludwigs XIV., 1717 Bischof von Clermont-Ferrand; 1719 Mgl. der Académie française; einer der hervorragendsten frz. Kanzelredner.

Massine, Léonide [frz. ma'sin], eigtl. Leonid Fjodorowitsch Mjasin, * Moskau 21. Aug. 1896, † Borken 15. März 1979, amerikan. Tänzer und Choreograph russ. Herkunft. - Von Diaghilew entdeckt; 1914-28 Solotänzer und Choreograph in dessen „Ballets Russes"; choreographierte u. a. die Ballette „Der Dreispitz" (1919) und „Pulcinella" (1920). M. gilt als einer der bedeutendsten Charaktertänzer und hatte als Begründer des sinfon. Balletts entscheidenden Einfluß auf die moderne Ballettszene.

Massinger, Philip [engl. 'mæsɪndʒə], ≈ Salisbury 24. Nov. 1583, □ London 18. März 1640, engl. Dramatiker. - Nur 18 seiner bühnenwirksamen und zeitbezogenen Theaterstücke (Tragödien, Tragikomödien, Komödien), die offensichtl. eine moral. Absicht verfolgen, sind erhalten, u. a. „Eine neue Weise, alte Schulden zu bezahlen" (Kom., 1633), „Die

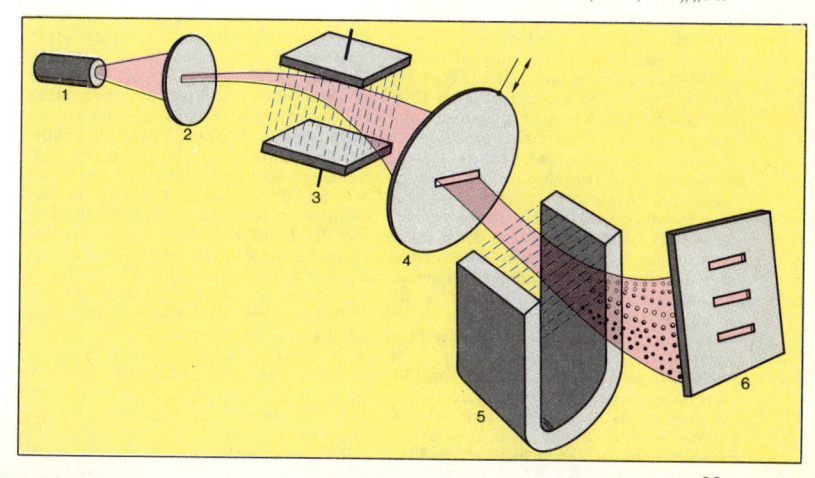

Massinissa

Bürgersfrau als Dame" (Kom., gedruckt 1658).
Massinissa ↑ Masinissa.
massiv [frz. (zu ↑ Masse)], 1. ganz aus einem Material, nicht hohl; 2. fest, wuchtig; 3. grob, ausfallend, heftig.
Massiv [frz. (zu ↑ Masse)], geschlossene, massige Gebirgseinheit.
massive Vergeltung ↑ nukleare Strategie.
Maßlehren ↑ Lehre.
Maßliebchen, svw. ↑ Gänseblümchen.
Maßnahmegesetz, ein Gesetz, das aus einer bestimmten Situation erwachsen ist und zu ihr in einem überschaubaren und log. vollziehbaren Verhältnis steht („Einzelfallgesetz"). Es verfolgt einen konkreten Zweck und stellt die zu seiner Erreichung für angemessen gehaltenen recht. Mittel zur Verfügung; darf nicht gegen den Gleichheitssatz verstoßen.
Masson, André [frz. maˈsõ], * Balagny-sur-Thérain (Oise) 4. Jan. 1896, frz. Maler und Zeichner. - Schloß sich 1924 der surrealist. Bewegung an. Seine Bildwelt mit expressiven Linienelementen und leuchtenden Farben entsteht vielfach spontan (Écriture automatique); später Einflüsse chin. Malerei; häufige Themen sind Gewalt, Eros und Kosmos. - † 28. Okt. 1987.
Massonsche Scheibe [frz. maˈsõ; nach dem frz. Physiker A. Masson, * 1806, † 1858], Gerät zum Testen der Empfindlichkeit des menschl. Auges für feinste Helligkeitsunterschiede: runde weiße Scheibe mit einer radial verlaufenden, mehrfach unterbrochenen schwarzen Linie. Bei schneller Umdrehung der Scheibe erscheinen dem Beobachter mehrere graue Ringe, deren Anzahl ein Maß für sein Helligkeitsunterscheidungsvermögen ist.
Massora (Masora) [hebr. „Überlieferung"], Bez. für das zunächst mündl., später auch schriftl. tradierte Material zur Sicherung des Textes der hebr. Bibel und dessen Aussprache. Schwierigkeit und Notwendigkeit einer solchen Textsicherung entstehen zunächst daraus, daß der überlieferte Text reiner Konsonantentext mit Unregelmäßigkeiten in der Schreibung und verdorbenen Textstellen ist. Man begegnete ihnen durch Arbeit am Text selbst und durch Hinzufügung eines eigens geschaffenen Vokalzeichen; von den verschiedenen Systemen von Vokalzeichen setzte sich im 8./9.Jh. das tiber. System durch. Etwa zur gleichen Zeit begann man in Babylonien und Palästina mit der Sammlung des massoret. Materials und seiner Aufnahme in die Handschriften. - Maßgebende Massoreten waren neben Ben Naftali die Mgl. der Fam. Ben Ascher.
Maßregeln der Besserung und Sicherung, die neben den Strafen (und Nebenstrafen) mögl. Rechtsfolgen einer Straftat (§§ 61–72 StGB). Die M. d. B. u. S. dienen der Sicherung der Gesellschaft vor dem Täter durch die Unterbindung gewisser Tätigkeiten, durch dessen Isolierung sowie durch dessen Besserung mittels therapeut. Behandlung. Anders als die Strafen werden sie nicht nach der Schuld des Täters bemessen. Sie sind auch gegen Schuldunfähige zulässig, unterliegen aber dem Verhältnismäßigkeitsgrundsatz. Das dt. Strafrecht ist gekennzeichnet durch das Nebeneinander beider Sanktionsformen (sog. **Zweispurigkeit**).
Ersmals eingeführt durch das Gesetz gegen gefährl. Gewohnheitsverbrecher vom 24. 11. 1933, wurde das System der M. d. B. u. S. weiter ausgebaut und im Zuge der Strafrechtsreform umgeformt. M. d. B. u. S. sind 1. folgende *freiheitsentziehende Maßregeln:* die Unterbringung in einer psychiatr. Krankenanstalt (früher Heil- und Pflegeanstalt), in einer Entziehungsanstalt, in einer sozialtherapeut. Anstalt, in der Sicherungsverwahrung; 2. die Führungsaufsicht; 3. die Entziehung der Fahrerlaubnis; 4. das Berufsverbot. Die freiheitsentziehenden Maßregeln (mit Ausnahme der Sicherungsverwahrung) werden vor einer daneben angeordneten Freiheitsstrafe vollzogen, es sei denn, der Zweck der Maßregel werde dadurch leichter erreicht, daß die Strafe vor der Maßregel vollzogen wird. Im ersten Fall wird die Zeit des Vollzugs der Maßregel auf die Strafe angerechnet, und das Gericht kann den Strafrest zur Bewährung aussetzen. Im umgekehrten Fall setzt das Gericht die Vollstreckung einer Unterbringung zur Bewährung aus, wenn der Zweck der Maßregel die Unterbringung nicht mehr erfordert. Es kann jederzeit und muß innerhalb bestimmter Fristen prüfen, ob die weitere Unterbringung (auch in Sicherungsverwahrung) zur Bewährung auszusetzen ist.
Maßstab, im *Modellbau* und bei *techn. Zeichnungen* das Verhältnis der Größen im Modell bzw. in der zeichner. Darstellung zu den Größen des Originals; Verkleinerungen z. B. im M. 1 : 5, 1 : 10 usw.; Vergrößerungen (z. B. von Details) im M. 2:1, 10:1 usw. Der M. wird durch eine Proportion oder einen Bruch dargestellt. Man spricht von *großem M.* bei einem kleinen Verhältnis (großer Bruchwert), von *kleinem M.* bei einem großen Verhältnis (kleiner Bruchwert).
♦ in der *Kartographie* das Verkleinerungsverhältnis einer Karte zum entsprechenden Gebiet der Erdoberfläche. Es entsprechen bei einem M. von 1 : 10 000 (großer M.) 1 cm auf der Karte 10 000 cm (= 100 m) in der Natur oder bei einem M. von 1 : 5 000 000 (kleiner M.) 1 cm auf der Karte 5 000 000 cm (= 50 km) in der Natur.
♦ in der *Optik* ↑ Abbildungsmaßstab.
♦ in der *Meßtechnik* ein einfaches Längenmeßgerät, als *Strich-M. (Strichmaß)* im prismat. Stab aus Metall, Holz oder Kunststoff mit Strichteilung.
Maßsysteme, allgemein übl. (nicht

Mast

exakte) Bez. für systemat. Zusammenfassungen der zur Messung physikal. ↑Größen verwendeten ↑Einheiten. Unter den zahlr., dem jeweiligen wiss. bzw. techn. Bereichen angepaßten M. spielte insbes. das auf den drei Basiseinheiten Zentimeter, Gramm und Sekunde beruhende *CGS-System* (auch als *physikal.*, *absolutes* oder *Gaußsches M.* bezeichnet) eine bedeutende Rolle in der Physik. Heute darf im amtl. und geschäftl. Verkehr nur noch das ↑Internationale Einheitensystem (SI-System) verwendet werden (↑auch Physikalische Größen und ihre Einheiten).

Maßtheorie, Teilgebiet der Mathematik, das sich mit der Berechnung von Inhalten der geometr. Gebilde oder allgemeiner von Punktmengen beschäftigt.

Massu, Jacques [frz. ma'sy], *Châlons-sur-Marne 5. Mai 1908, frz. General. - Schloß sich 1940 dem Freien Frankr. an; ab 1945 Kommandos in Indochina und N-Afrika; kämpfte ab 1956 in Algerien gegen die FLN; 1958–60 Präfekt von Algier, führend beim Putsch gegen die 4. Republik am 13. Mai 1958; wegen Kritik an de Gaulle seines Postens enthoben; 1966–69 Oberbefehlshaber der in der BR Deutschland stationierten frz. Truppen.

Maßwerk, das mit dem Zirkel „gemessene" Bauornament der Gotik, als Grundform ergibt sich der Drei- bis Sechs*paß*. Erstmals in Reims (um 1211 ff.) werden große Fensteröffnungen durch Stabwerk vergittert: ein Spitzbogen umgreift 2 kleinere, das Bogenfeld füllt ein Sechspaßkreis. Außer in Fenstern und Fensterrosen bei Brüstungen, Wimpergen, Tympana, Turmhelmen, Möbeln u. a. verwendet. Entwicklung nat. Sonderformen: Perpendicular style in England, Flamboyant in Frankr., Fischblasenornamentik der Spätgotik in Deutschland, Emanuelstil in Portugal.

Massys (Matsys, Metsys), Quinten (Quentin) [niederl. 'masɛjs], *Löwen 1465 oder 1466, †Antwerpen zw. 13. Juli und 16. Sept. 1530, fläm. Maler. - Gelangte in Verbindung der altniederl. Tradition (u. a. D. Bouts) mit der Form- und Farbgebung der italien. Hochrenaissance (bes. von Leonardo da Vinci) zu z. T. manierist. zeichner. und farbig brillanten Werken. Schuf Altarwerke, Bildnisse und Genrebilder; u. a. „Annenaltar" (1507–09; Brüssel, Musées Royaux des Beaux-Arts de Belgique), „Johannesaltar" (1508–11; Antwerpen, Kunstmuseum), „Der Geldwechsler und seine Frau" (1514; Louvre).

Mast, im Schiffbau: aufrecht aus dem Deck ragender Teil eines Schiffes aus Stahl- oder Leichtmetallrohr oder Rundholz, auf größeren Segelschiffen aus mehreren Teilen (Unter-M., Mars-, Bramstenge), gestützt durch Stage und Wanten, von vorn nach achtern bezeichnet als Fock-, Groß-, Mittel-, Haupt- oder Kreuz- und Besanmast. Auf heutigen

Quinten Massys, Der Geldwechsler und seine Frau (1514). Paris, Louvre

Schiffen als Ein-, Zwei-, Dreibein- und Gittermast. Signal- (Signalmittel- und Antennenträger mit Podesten und Anbauten) und Lade-M. (mit Ladegeschirr, Ladebäumen), oftmals auch als Lüfter genutzt oder als Abgasposten, dann meist paarweise angeordnet. Bei Kriegsschiffen wird die Schornstein/Mast-Kombination als Mack bezeichnet. - Abb. S. 96.
◆ Träger elektr. ↑Freileitungen.

Mast, (Mästung) in der *Landwirtschaft* nach Tierart, -rasse und Alter unterschiedl. Fütterungs- und Haltungsverfahren bei zur Schlachtung bestimmten Tieren zum Zwecke günstiger Fleisch- oder Fetterzeugung.

Maßwerk. Entwicklung von Maßwerkformen

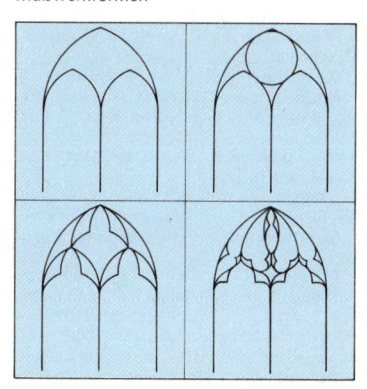

Mastaba

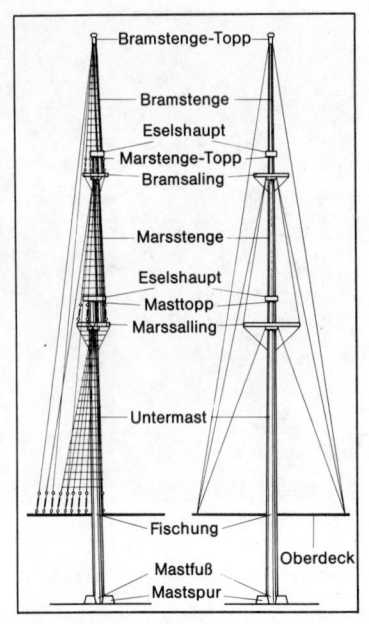

Mast. Segelschiffmast eines Vollschiffes; links Ansicht von der Seite (Steuerbord); rechts von vorn

Labels: Bramstenge-Topp, Bramstenge, Eselshaupt, Marstenge-Topp, Bramsaling, Marsstenge, Eselshaupt, Masttopp, Marssalling, Untermast, Fischung, Mastfuß, Mastspur, Oberdeck

◆ in der *Forstwirtschaft* Bez. für reichen Fruchtertrag bei Eichen (Eichelmast) und Buchen (Buchelmast).

Mastaba [arab., eigtl. „Bank"], im Ägypten des 3. Jt. v. Chr. übl. Grabform: rechteckig, 10–20 m lang, 4–8 m breit und 2–4 m hoch, erbaut aus Lehmziegeln oder Stein, mit gebößchten Wänden. In der M. befinden sich Kult- und Vorratsräume, die Grabkammer liegt unter der Mastaba.

Mastalgie [griech.], svw. ↑ Mastodynie.

Mastdarm [eigtl. „Speisedarm" (zu althochdt. mas „Speise")] ↑ Darm.

Mastdarmkrebs ↑ Darmgeschwülste.

Mastdarmvorfall (Prolapsus ani, Prolapsus recti, Prolapsus ani et recti, Exanie, Rektumprolaps, Proktozele, Rektozele, fälschl. Aftervorfall), Vorfall der After- bzw. Mastdarmschleimhaut.

Mastel [lat.-roman.] (Büßling, Masch), Bez. für die Haschisch liefernde ♀ Hanfpflanze.

Master [engl., zu ↑ Magister], engl. Univ.-titel.

Masters [engl. 'mɑːstəz], Edgar Lee, *Garnett (Kans.) 23. Aug. 1869, † Philadelphia 5. März 1950, amerikan. Schriftsteller. - Seine Epitaphiensammlung „Die Toten von Spoon River" (1915) stellt in oft epigrammat. kurzen Gedichten die verlogenen Lobreden auf Grabinschriften dar; das Werk wurde zu einem der wichtigsten der modernen desillusionierenden amerikan. Dichtung; schrieb auch Romane und Biographien.

M., William Howell, *Cleveland (Ohio) 27. Dez. 1915, amerikan. Gynäkologe. - Pionierarbeiten auf dem Gebiet der Sexualphysiologie; erfoschte mit V. E. Johnson erstmals die Mechanismen der sexuellen Erregung in wiss. Laboruntersuchungen.

Masters-Turnier [engl. 'mɑːstəz], im *Tennis* 1970 (Herren) und 1971 (Damen) eingeführte Finalrunde der (seit 1982) 12 punktbesten Spieler[innen]; im *Golf* ein internat. Turnier, das jährlich in Augusta (Ga.), USA, stattfindet.

Mastiff [frz.-engl., letztl. zu lat. mansuetus „zahm"], zu den Doggen zählende Rasse kurz- und glatthaariger, massiger Haushunde mit kleinen Hängeohren und langer Hängerute; Fell vorwiegend rehbraun, gefleckt oder gestromt; Schutzhund.

Mastikation [griech.-lat.], die starke mechan. Bearbeitung (Kneten) von Kautschuk und Kunststoffen, wobei die urspr. elast. Materialien plast. werden und Zusatzstoffe leichter aufnehmen.

mastikatorisch [griech.-lat.], in der Medizin für: das Kauen betreffend.

Mastino Napoletano (Italien. Dogge), von den Molossern abstammende Hunderasse; massige Tiere mit viel loser Haut; Ohren dreieckig, aufrecht, bis zur Hälfte am Kopf anliegend; mit kurzem, anliegendem, glänzendem Fell in den Farben schwarz oder grau, auch gestichelt, getigert oder geflammt; Schulterhöhe bis 75 cm, Gewicht bis über 80 kg; Schutz-, Wach- und Begleithund.

Mastitis [griech.], svw. ↑ Brustdrüsenentzündung.

Mastix [griech.-lat.], Harz des mediterranen M.strauches (↑ Pfefferstrauch); wird in der Medizin zum Fixieren von Verbänden u. a. verwendet.

◆ svw. ↑ Asphaltmastix.

Mastixstrauch ↑ Pfefferstrauch.

Mastkraut (Sagina), Gatt. der Nelkengewächse mit rd. 30 Arten in den nördl. gemäßigten Gebieten, im westl. Amerika bis Chile; niedrige, dichtrasig wachsende Kräuter. In Deutschland kommen 7 Arten vor, darunter das 2–5 cm hohe **Niederliegende Mastkraut** (Sagina procumbens) mit kleinen, weißen Blüten; häufig auf Äckern.

Mastodon ↑ Mastodonten.

Mastodonsaurier (Riesenpanzerlurche, Mastodonsaurus), ausgestorbene, nur aus dem Keuper (bes. S-Deutschlands) bekannte Gatt. etwa 2,5–3 m langer Uramphibien (Unterklasse Labyrinthzähner).

Mastodonten (Mastodon) [zu griech. mastós „Brust" und odón „Zahn" (wegen der brustwarzenähnl. Höcker an den Backenzähnen)], ausgestorbene, nur aus dem Jungtertiär

Mataré

bekannte Gatt. etwa elefantengroßer Rüsseltiere; mit zu Stoßzähnen verlängerten Schneidezähnen; seit Ende Pleistozän ausgestorben.

Mastodynie [griech.] (Mastalgie), Überempfindlichkeit, Schwellung und Schmerzhaftigkeit der weibl. Brust ohne krankhaftentzündl. Veränderungen, z. B. vor der Monatsblutung.

Mastopexie [griech.], operative Hebung einer Hängebrust.

Mastroianni, Marcello, * Fontana Liri (Prov. Frosinone) 28. Sept. 1925, italien. Schauspieler. - In seinen frühen Filmen, u. a. „Sonntags im August" (1950), „Das süße Leben" (1960), „Die Nacht" (1961), sensible Darstellung v. a. einfacher Leute; komödiant. Züge in „Scheidung auf italienisch" (1961), „Das große Fressen" (1973). - *Weitere Filme:* „Alonsanfan" (1975), „Affentraum" (1978) und „Ginger und Fred" (1986).

Marcello Mastroianni (1978)

M., Umberto, * Fontana Liri (Prov. Frosinone) 21. Sept. 1910, italien. Bildhauer. - Onkel von Marcello M.; ging vom Futurismus aus und gelangte zu kraftvollen, dabei vielteiligen und bewegten abstrakten Plastiken.

Masturbation [lat.] (Ipsismus, Ipsation, Onanie), sexuelle Selbstbefriedigung oder gegenseitige geschlechtl. Befriedigung, bes. durch manuelle Reizung der Geschlechtsorgane (meist bis zum Orgasmus). M. kann beim Menschen in allen Altersphasen, also schon in früher Kindheit, vorkommen, wird jedoch am häufigsten von Jugendlichen praktiziert. Eine nicht geringe Rolle spielt die gegenseitige M. bei der Homosexualität. Entgegen landläufigen Vorurteilen kommt M., selbst wenn sie exzessiv betrieben wird, nicht als Ursache körperl. oder seel. Schäden in Frage, es sei denn, daß Schuldgefühle suggeriert werden, die bei Jugendlichen mitunter zu Gewissensqualen und Zwangsvorstellungen führen.

Masur, Kurt, * Brieg (Schlesien) 18. Juli 1927, dt. Dirigent. - 1960–64 musikal. Oberleiter an der Kom. Oper Berlin (Ost), 1967 Chefdirigent der Dresdner Philharmonie, 1970 des Leipziger Gewandhausorchesters.

Masuren, Teil des Preuß. Höhenrückens zw. dem Ermland im W und NW und Masowien/Podlachien im S und SO, in Ostpreußen, Polen▼. Die Landschaft ist flachwellig bis hügelig und von zahlr. Seen *(Masur. Seenplatte)* durchsetzt, die z. T. durch Kanäle miteinander verbunden sind.

Masurka ↑Mazurka.

Masvingo (früher Fort Victoria), Prov.-hauptstadt in Simbabwe, 1068 m ü. d. M., 31 000 E. Landw. Handelszentrum; Straßenknotenpunkt, Endpunkt einer Stichbahn von Gweru; Fremdenverkehr zur Ruinenstätte Simbabwe.

Matabei, Iwasa, * Itami (Präfektur Hiogo) 1578, † Edo (= Tokio) 20. Juli 1650, jap. Maler. - Gilt als Begründer des ↑Ukijo-E; Genreszenen und Porträts, Stellschirme.

Matadi, Prov.hauptstadt am Kongo, unterhalb der Livingstonefälle, Zaïre, 28 m ü. d. M., 162 400 E. Kath. Bischofssitz: Haupthafen von Zaïre, da Hochseeschiffe bis hierher den Kongo aufwärts fahren können; Eisenbahnlinie nach Kinshasa.

Matador [lat.-span., zu matar „töten, schlachten"], Hauptkämpfer im Stierkampf, der den Stier tötet; auch übertragen für Berühmtheit, hervorragender Mann; Anführer.

Matagalpa, Hauptstadt des Dep. M. im Bergland von NW-Nicaragua, 700 m ü. d. M., 29 000 E. Kath. Bischofssitz; Handelszentrum.

Mata Hari, eigtl. Margaretha Geertruida Zelle, * Leeuwarden 7. Aug. 1876, † Vincennes 15. Okt. 1917, niederl. Tänzerin. - Im 1. Weltkrieg in Frankr. der Spionage für das Dt. Reich beschuldigt, zum Tode verurteilt und erschossen.

Matamoros, mex. Stadt gegenüber von Brownsville (Texas, USA), 8 m ü. d. M., 238 800 E. Kath. Bischofssitz; Museum; Verarbeitung landw. Erzeugnisse; Hafen am Rio Grande; internat. Brücke.

Matanuska River [engl. mæta'nu:ska 'rɪvə], Fluß in Alaska, entfließt dem M.gletscher, mündet 50 km nö. von Anchorage in den Cook Inlet, 121 km lang. Am Unterlauf liegt das Agrargebiet **Matanuska Valley.**

Matanzas [span. ma'tansas], Prov.-hauptstadt in Kuba, 99 200 E. Kath. Bischofssitz, Zweig der Univ. von Camagüey, archäolog. Museum; Nahrungsmittel-, Düngemittel-, petrochem. u. a. Ind.; Hafen; Fischerei. - 1693 gegr. - Festung (17.Jh.).

Mataram, Hauptort der indones. Insel Lombok, nahe der W-Küste, 69 000 E. Verwaltungssitz einer Prov.; Marktort; Hafen, ⌘. Im benachbarten Ort **Cakranegara** Univ. (gegr. 1963).

Mataré, Ewald, * Aachen 25. Febr. 1887, † Büderich (= Düsseldorf) 29. März 1965, dt. Bildhauer. - 1932/33 und ab 1945 Prof. an der Düsseldorfer Akad.; Hauptthema: Mensch und Tier in einer bis zum Symbol

Ewald Mataré, Jona und der Fisch. Klopfer am Südportal des Kölner Doms (1948)

verdichteten Gestaltung. Im Spätwerk dekorative Tendenzen; u. a. Bronzetüren für den Kölner Dom (1948–54), Kupfertüren für die Weltfriedenskirche in Hiroschima (1954), auch liturg. Gerät, Holzschnitte.

Match [mɛtʃ; engl.], (sportl.) Wettkampf, z. B. im Tennis, Eishockey.

Matchball [mɛtʃ], bei Rückschlagspielen der den Sieg entscheidende letzte Ball.

Matchstrafe [mɛtʃ], im Eishockey der Ausschluß eines Spielers für den gesamten Rest der Spielzeit.

Mate [span., zu Quechua mati, eigtl. „Korb" (zur Aufbewahrung von Tee)] (Matetee), Aufguß aus den gerösteten koffeinhaltigen Blättern v. a. der ↑Matepflanze.

Matejko, Jan, * Krakau 28. Juli 1838, † ebd. 1. Nov. 1893, poln. Maler. - Schuf Historienbilder mit stark ausgeprägter nat. Tendenz („König Báthory nach der Schlacht von Pskow", 1872; Warschau, Muzeum Narodowe; „Huldigungseid Albrechts von Brandenburg", 1882; Krakau, Muzeum Narodowe).

Matepflanze (Mateteestrauch, Yerbabaum, Ilex paraguariensis), 6–14 m hoher, in Kultur jedoch nicht höher als 5 m gezogener Baum der Gatt. Stechpalme in S-Amerika, v. a. in N-Argentinien, Paraguay und S-Brasilien; Blätter immergrün, längl.-elliptisch, bis 15 cm lang; Blüten unscheinbar, weiß bis gelbl.; Frucht eine mehrsamige Beere. Die M. wird zur Gewinnung der Blätter für ↑Mate kultiviert.

Mater [lat. „Mutter"], in der *Druckformenherstellung* die Abformung einer Hochdruckform in Pappe, Blei, Wachs oder anderem Werkstoff.

Matera, italien. Stadt in der östl. Basilicata, 401 m ü. d. M., 52 000 E. Hauptstadt der Prov. M.; kath. Bischofssitz; archäolog. Museum, Bibliotheken, Staatsarchiv, Handels- und Gewerbezentrum. - Ab 1663 Hauptstadt der Basilicata (bis 1806). - Dom (13. Jh.; apul. Romanik) mit barocker Ausstattung.

Mater dolorosa [lat. „schmerzensreiche Mutter"], Darstellung Marias im Schmerz um das Leiden ihres Sohnes mit einem oder sieben Schwertern in der Brust. - ↑auch Pieta.

Mater et magistra [lat. „Mutter und Lehrerin"], nach ihren Anfangsworten ben. Sozialenzyklika Papst Johannes XXIII. vom 15. Mai 1961; fordert die uneingeschränkte Mitbestimmung und die Beteiligung der Arbeitnehmer am Produktivvermögen.

Materfamilias [lat. „Familienmutter"], im antiken Rom die Gattin des Hausvaters (Paterfamilias).

Material [zu spätlat. materialis „das zur Materie gehörende"], allg. svw. Stoff, Substanz, Werkstoff, im Bereich der Fertigung übl. Bez. für die Roh-, Hilfs- und Betriebsstoffe, die im Rahmen der Produktion eingesetzt werden.

Materialbild, andere Bez. für ↑Collage oder ↑Assemblage, soweit diese noch Bildcharakter hat.

materialer Text, bes. im Umkreis der Informationsästhetik begegnende Bez. für Dichtung, bei deren Herstellung Wort, Silbe, Buchstabe nicht in erster Linie als Bedeutungsträger, sondern als akust. oder visuelles Material aufgefaßt werden.

Materialisation [lat.], die auf Grund der ↑Masse-Energie-Äquivalenz mögl. Umwandlung von Strahlungs- oder Bewegungsenergie W in materielle Teilchen der Masse $m = W/c^2$ (c Lichtgeschwindigkeit). Bei der M. entstehen stets Elementarteilchen, z. B. bei der Paarbildung aus einem Gammaquant ein Elektron-Positron-Paar oder bei der Wechselwirkung hochenerget. Protonen mit Materie aus ihrer kinet. Energie allg. Mesonen. Der M. entgegengesetzte Prozeß der Umwandlung von Masse in Energie ist die Zerstrahlung.

♦ in der *Parapsychologie* die (angebl.) Bildung körperhafter Erscheinungen durch Vermittlung spiritist. Medien.

Materialismus [lat.], philosoph. Theorie, nach der alles Wirkliche nur als Materie interpretiert werden kann oder nur von materiellen Vorgängen ableitbar ist. Der M. ist insofern eine monist. Theorie. Was M. jeweils bedeutet, bemißt sich einerseits nach der Bestimmung dessen, was als Materie gelten soll, andererseits nach den weltanschaul. Absichten, denen die materialist. Theorie die-

Materie

nen soll, z. B. der Theorie der geschichtl. Entwicklung in qualitativen Sprüngen (dialekt. M. [Diamat]) im Geschichtsbild und dem Klassenkampf um die Befriedigung der individuellen Bedürfnisse (histor. M.) in der Geschichtsphilosophie des ↑ Marxismus. Seitdem die Äquivalenz von Materie und Energie erkannt wurde, gilt auch die letztere als „materiell"; da der M. sich den Methoden der Naturwiss. verschreibt, spricht man auch von **Physikalismus,** der jedoch nur als *method. M.* zu bezeichnen ist, da nur das naturwiss. Interpretierbare betrachtet und nicht darüber entschieden wird, ob so die gesamte Wirklichkeit erfaßt werden kann, während der **philosoph. Materialismus** auch und v. a. solche Dinge und Ereignisse, die auf den ersten Blick nichtmaterieller Natur zu sein scheinen (Gott, das Phänomen des Lebens, das Bewußtsein), auf materielle Phänomene zurückführt oder deren Existenz leugnet. Der M. ist i. d. R. *atheist.* und zudem meist durch antitheolog. oder antiklerikale Absichten motiviert. Mit diesem M. nicht notwendig verbunden ist der **eth. Materialismus,** der in dem Streben nach materiellen Gütern und dem eigenen Nutzen das vorzügl. Ideal des Menschen sieht, damit aber keine gemeinschaftserhaltende Ethik begründen kann. Diese ergibt sich erst aus der Beschränkung des individuellen Egoismus. Prakt. virulent wird der eth. M. erst in der ökonom. Theorie des liberalen Kapitalismus, weil hier der ökonom. Egoismus des einzelnen dadurch gerechtfertigt wird, daß er ohne Zutun des einzelnen die optimale Wohlfahrt der Staatengemeinschaft bewirkt. - Der **biol. Materialismus** versucht das Prinzip des Lebens durch gesetzmäßige (physikal. und chem.) Vorgänge im Bereich der toten Materie zu erklären. Bedingt durch die ersten Erfolge der neuzeitl. Naturwiss., markiert dann der Beginn der anatom. Forschung - nachträgl. programmat. manifestiert in R. Descartes' Konzept des Tiers als purer Maschine - die materialist. Wende. Während Descartes' Dualismus dem immateriellen Geist einen ontolog. Sonderstatus zubilligt, versuchen die frz. Materialisten des 18. Jh., einen total monist. M. zu begründen. Im 19. Jh. gibt der M. nur noch als nachträgl. Verallgemeinerung einer gründl. empir. Einzelforschung. - In dem Maß, wie im 20. Jh. religiöse oder antireligiöse Motive für die Ausbildung philosoph. Theorien nicht mehr entscheidend sind u. die Frage der Entstehung des Lebens der leidenschaftslosen, nur method.-materialist. vorgehenden empir. Forschung überlassen wird, bleibt für einen zeitgemäßen M. v. a. das Problem zu lösen, wie Bewußtseinsphänomene (Denken, Wahrnehmen, Empfinden usw.) auf materielle Prozesse, vorzugsweise Gehirnprozesse, zurückgeführt werden können. So muß der konsequente M. die Bewußtseinsphänomene als phys. Ereignisse interpretieren oder, schwächer, als von phys. Ereignissen kausal abhängig erklären können. Letzteres tut der **Epiphänomenalismus,** der nur eine Kausalwirkung von der Materie, speziell der materiellen Gehirnprozesse, auf das Bewußtsein annimmt, nicht umgekehrt. Dabei bleibt der ontolog. Status von Bewußtseinsphänomene ungeklärt: Sie sind von materiellen Vorgängen abhängig, ohne selbst welche zu sein. Daher behauptet die **Identitätstheorie,** Bewußtseinsphänomene seien mit Gehirnprozessen ident. Das bedeutet entweder, daß unsere Aussagen über Bewußtseinsphänomene infolge mangelnden Wissens um Gehirnprozesse inadäquat sind, oder daß Bewußtseinsphänomene und Gehirnprozesse nur verschiedene Bez. ein und derselben Sache sind. Ob sich bei weiterem Fortschritt der neurophysiolog. Forschung herausstellt, daß eine eindeutige Zuordnung aller Bewußtseinsphänomene zu entsprechenden Gehirnprozessen herzustellen ist, muß die Zukunft zeigen. Die Identitätstheorie will bis dahin nur als denkmögl. und damit empir. widerlegbar gelten.

 Bloch, E.: Das M.problem, seine Gesch. u. Substanz. Ffm. 1985. - Wilder-Smith, A. E.: Die Demission des wiss. M. Dt. Übers. Neuhausen auf den Fildern ³*1979. - Tepe, P.: Transzendentaler M. Meisenheim 1978. - The mind-brain identity theory. Hg. v. C. V. Borst. London; New York 1970. - O'Connor, J.: Modern materialism. Readings on mind-body identity. New York 1969.*

Materialist [lat.], allg. der Mensch, der Besitz, Gewinn und Genuß vornehml. oder ausschließl. zum Prinzip des Handelns macht. I. e. S. der Anhänger oder Vertreter des ↑ Materialismus.

Materialkonstante, physikal. Konstante, deren Wert vom Material des betrachteten Körpers abhängt, wie z. B. Dichte und spezifische Wärmekapazität.

Materialmontage, svw. ↑ Assemblage.

Materialprüfung, svw. Werkstoffprüfung.

Materialprüfungsanstalten, staatl. und private Einrichtungen zur Durchführung von physikal. und chem. Werkstoffuntersuchungen und -prüfungen, insbes. bei der Güteüberwachung von Gebrauchsgütern und bei der Aufklärung von Schadensfällen; daneben auch Materialforschungen, Festigkeitsprüfungen u. a. (in der BR Deutschland: Bundesanstalt für Materialprüfung, Berlin [West]).

Materia prima (Prima materia) [lat. „erste Materie"], auf Aristoteles zurückgehender, spekulativer Begriff der Scholastik für den form- und eigenschaftslosen Urstoff (↑ Materie), dessen aktuell existierende Formen z. B. die geformten ↑ Elemente als *Materia secunda* darstellen.

Materie [zu lat. materia], die Gesamtheit

Materiefeld

der in einem Raumbereich enthaltenen physikal. Objekte, die eine Ruhmasse besitzen (insbes. die atomaren Bausteine eines makroskop. Körpers), im Ggs. zu denen ohne Ruhmasse (z. B. die Photonen der elektromagnet. Strahlung). Die M. im festen oder flüssigen Aggregatzustand wird auch als *zusammenhängende M.* oder Kondensat bezeichnet. - Materielle Objekte (Körper oder Teilchen) sind dadurch gekennzeichnet, daß sie bei Bewegungen ihre physikal. und chem. Eigenschaften mit sich transportieren. Die in Einklang mit der Einsteinschen ↑ Masse-Energie-Äquivalenz insbes. bei hochenerget. Kern- und Elementarteilchenprozessen ablaufenden Energie-Masse-Umsetzungen (Materialisation von Energie, Zerstrahlung von M.) zeigen, daß M. als eine *Erscheinungsform der Energie* aufgefaßt werden kann. Die beim Durchgang von Teilchenstrahlen (v. a. Elektronen- und Neutronenstrahlen) durch Kristallgitter beobachteten Interferenz- und Beugungserscheinungen machen deutl., daß die elementaren Bausteine der M. nicht nur rein korpuskularer Natur sind, sondern auch einen Wellenaspekt zeigen (↑ Materiewellen), wobei dieser Welle-Teilchen-Dualismus in der Quantentheorie seine adäquate Beschreibungsform besitzt. In der *Philosophie* ist M. für Aristoteles in Korrelation zu ↑ Form als Materia prima der ewige, völlig unbestimmte, unterschiedslose Urstoff, das Urprinzip, das der Bewegung, dem Werden zugrunde liegt. Im Neuplatonismus, z. B. bei Plotin, wirkt M. als letzte Stufe der Emanation des göttl. Ureinen, diesem dialekt. entgegengesetzt als absolute Negation des Guten, als das Urprinzip des Bösen. Die Scholastik greift auf den M.begriff des Aristoteles zurück. Die neuzeitl. Diskussion um den M.begriff wird zunehmend von den Naturwiss. bestimmt; zugleich wird er im ↑ Materialismus zum weltanschaul. Grundbegriff.

📖 *Falkenburg, B.: Die Form der M. Zur Metaphysik der Natur bei Kant u. Hegel. Königstein im Taunus 1986. - Heim, B.: Elementarstrukturen der M. Innsb. 1980–84. 2 Bde. - Bloch, E.: Die Lehren von der M. Ffm. 1978. - Klages, F.: Aufbau u. Eigenschaften der M. im Mikro- u. Makrokosmos. Bln. u. New York 1978. - Duquesne, M.: M. u. Antimaterie. Dt. Übers. Stg. 1974.*

Materiefeld (Materiewellenfeld), Verallgemeinerung des Begriffes Materiewelle; ein kontinuierl. den Raum erfüllendes Feld, mit dem das dynam. Verhalten eines Systems von sehr vielen gleichartigen, miteinander wechselwirkenden [Elementar]teilchen beschrieben wird.

materiell [lat.-frz.], 1. die Materie betreffend; 2. auf Besitz, auf Gewinn bedacht; 3. finanziell, wirtschaftlich.

materielle Beschwer ↑ Beschwer.
materielle Rechtskraft ↑ Rechtskraft.
Materiewellen (Broglie-Wellen, De-Broglie-Wellen), ein räuml. und zeitl. period. Wellenvorgang, der einem atomaren Teilchen mit nicht verschwindender Ruhmasse m zugeordnet wird. Besitzt das Teilchen den Impuls p, so wird ihm eine M. der Wellenlänge (*De-Broglie-Wellenlänge*) $\lambda = h/p$ (h Plancksches Wirkungsquantum) zugeordnet. Die Einführung von M. durch L. V. Prinz von ↑ Broglie (1923/24) ermöglicht die Beschreibung der Welleneigenschaften atomarer Teilchen, die sich z. B. in der Interferenz von Elektronenstrahlen an Kristallgittern bemerkbar machen.

Matern, Hermann, * Burg bei Magdeburg 17. Juni 1893, † Berlin 24. Jan. 1971, dt. Politiker. - Mgl. der SPD 1911–14, der KPD ab 1919; 1932/33 MdL in Preußen; 1933 verhaftet, 1934 Emigration; Mitbegr. des Nat.komitees Freies Deutschland; ab 1946 in der Führungsspitze der SED; ab 1949 als Vors. der wichtigen Zentralen Parteikontrollkommission enger Vertrauensmann Ulbrichts.

Materndienst, Unternehmen, das Matern an Verlage zur Herstellung von Zeitungen bzw. Zeitungsseiten liefert. *Materntechnik* wird heute aus Organisations- und Rentabilitätsgründen v. a. bei der Herstellung des „Mantels" (die nicht den Lokalteil umfassenden Seiten) von Bezirksausgaben regional verbreiteter Blätter und bei Zeitungsgemeinschaften angewendet.

Mathematik [zu griech. mathēmatikē (téchnē) (von máthēma „das Gelernte, die Kenntnis")], eine der ältesten Wissenschaften, hervorgegangen aus den prakt. Aufgaben des Zählens, Rechnens und Messens, die sich angeregt und beeinflußt durch die in den unterschiedlichsten Bereichen menschl. Betätigung (v. a. in den Naturwiss. und in der Technik) auftretenden, durch Zahl und „geometr." Figur faßbaren Problemstellungen - in eine Vielzahl von Spezialgebieten auffächerte, sich andererseits aus einer inneren Gesetzlichkeit heraus zu einer „Wissenschaft von den formalen Systemen" (D. Hilbert) entwickelte; dabei wird von der urspr. Bed. der untersuchten Objekte in weitem Maße abstrahiert: die moderne M. sieht ihre Aufgabe v. a. in der Untersuchung sog. Strukturen, die durch die in einer vorgegebenen Menge beliebiger Objekte („Elemente") definierten Relationen und Verknüpfungen bestimmt sind. Nach traditioneller Einteilung gliedert sich die M. in die Arithmetik, die Geometrie, die Algebra und die Analysis. Die Grenze zw. der *elementaren M.* und der *höheren M.* wird hierbei im allg. da gezogen, wo auf Grenzübergängen beruhende Begriffe und Methoden verwendet werden. Wichtige selbständige Teilgebiete der M. sind daneben die Ausgleichs- und Fehlerrechnung, die Funktionalanalysis, die Kombinatorik, die Mengenlehre, die Topologie, die Vektorrechnung, die Wahrscheinlichkeitsrechnung

und die Zahlentheorie. Doch durchdringen die einzelnen Teilgebiete einander so stark, daß sich eine ständige und sehr oft überraschende Vereinigung zunächst scheinbar völlig unterschiedl. Bereiche ergab, insbes. dann, wenn es sich zeigte, daß diese Bereiche die gleiche Struktur besitzen.
Geschichte: Auf teils noch vorwiss. Stufe stehen ägypt. und babylon. M., die - ähnl. wie die älteste chin. M. - sehr eng mit ihren jeweiligen Anwendungen zusammenhingen und ohne Begründung gegebene Regeln verwendeten. Die griech. M. dagegen ging bereits beweisend vor, sowohl in der Elementargeometrie als auch in der Algebra. Appollonios arbeitete die Kegelschnittlehre aus, Archimedes entwickelte die Exhaustionsmethode zur ersten Behandlung von Problemen der Infinitesimalrechnung. Während die röm. M. weitgehend noch auf prakt. Aufgaben beschränkt blieb, übernahm die arab. M. (unter Mitbeeinflussung durch die ind. M.) vom 9. Jh. an die Führung. Sie gab das mathemat. Wissen an das lat. MA weiter, lieferte aber auch selbständige Beiträge, z. B. zur Geometrie, zur Trigonometrie, zur Theorie der Gleichungen und zur Reihenlehre. In Europa begann die Weiterentwicklung der M. seit Regiomontanus mit der Vervollkommnung der Trigonometrie, der Ausbildung der Perspektive, dem Studium der kaufmänn. Rechenverfahren und der Schaffung einer in Süddeutschland entstandenen Sonderform der Algebra. Nach der Einführung der Logarithmen (insbes. für astronom. Rechnungen) zu Beginn des 17. Jh. legten R. Descartes und P. de Fermat mit der analyt. Geometrie die Grundlage für die Differentialrechnung und Integralrechnung. Im Laufe der entsprechenden Untersuchungen wurde der Begriff der Funktion geklärt. Es entstand die Analysis, die Entwicklung der M. im 18. Jh. weitgehend bestimmte. Auf der Grundlage der von C. F. Gauß entwickelten Theorie der komplexen Zahlen wurde im 19. Jh. die (in ihren Anfängen auf L. Euler zurückgehende) Funktionentheorie, die komplexe Analysis, von A. L. Cauchy begründet und K. Weierstraß und B. Riemann weiterentwickelt. Seitdem dominiert die Analysis in der mathemat. Behandlung der Anwendungsgebiete der reinen M. Gegen Ende des 18. Jh. wurde von L. Euler auch der Ausbau der von Fermat im Anschluß an Diophantos geschaffenen abstrakten Zahlentheorie eingeleitet. Im 19. Jh. erfuhr die M. auch eine Wendung zu Grundlagenfragen und zur Systematisierung hin. Neben Konvergenzfragen stand die nichteuklid. Geometrie Pate bei der Beschäftigung mit den Grundlagen der M. Probleme der Geodäsie und Astronomie führten zur Fehlerrechnung, physikal. Fragestellungen auf die Vektorrechnung, innermathemat. Untersuchungen zur Gruppentheorie und zu deren Anwendung bei der Klassifikation der verschiedenen Geometrien. Ein neues Gebiet erschloß die von G. Cantor begr. Mengenlehre. Über die Invariantentheorie kam es im 20. Jh. zur Bildung der sog. abstrakten Algebra und parallel dazu zur Axiomatisierung, schließl. zu einem neuen Verständnis der M. als Wiss. von den mathemat. Strukturen.

⊞ *Der kleine Duden - M. Ein Lex. mathemat. Begriffe. Mhm. u. a. 1986. - Gardner, M.: Aha oder Das wahre Verständnis der M. Dt. Übers. Mchn. 1986. - Brauch, W., u. a.: M. f. Ingenieure des Maschinenbaus u. der Elektrotechnik. Stg.* [7] *1985. - Burg, K., u. a.: Höhere M. f. Ingenieure. Stg. 1985/86. 4 Bde. - Duden - Rechnen u. Mathematik. Lex. f. Schule u. Praxis. Mhm.* [4] *1985. - Hainzel, J.: M. f. Naturwissenschaftler. Stg.* [4] *1985. - Hilbert, A.: Tb. mathemat. Grundwissen. Ffm. 1985. 2 Bde. - M. Lehrb. f. Fachhochschulen. Hg. v. Fetzer/Fränke. Düss.* [2-3] *1985-86. 3 Bde. - Bronstein, I. N./Semendjajew, K. A.: Tb. der M. Dt. Übers. Ffm.* [21] *1984. - Weissinger, J.: Vorlesungen zur höheren M. Mhm. u. a. 1984. 4 Bde. - Laugwitz, D.: Ingenieurmathematik. Mhm. u. a.* [2] *1983/84. 2 Bde. - Meschkowski, H.: M. verständl. dargestellt. Mchn. 1981. - Schüler-Duden Die M. Hg. v. den Fachredaktionen des Bibliograph. Instituts. Mhm. u. a.* [2-4] *1981-84. 2 Bde. - Meschkowski, H.: Problemgesch. M. Mhm. u. a.* [1-2] *1980-84. 2 Bde. - Gardner, M.: Mathemat. Rätsel u. Probleme. Dt. Übers. Wsb.* [5] *1980.*

Mathematikunterricht, der schul. Unterricht in Mathematik, dessen Zielsetzungen und Methoden vom Entwicklungsstand der Mathematik abhängen, die Didaktik zudem von pädagog. und psycholog. Bewegungen, in neuerer Zeit z. B. vom exemplar. und ganzheitl. Unterricht. Bis zum 19. Jh. stand der geometr. Unterricht nach Euklid im Vordergrund. Allmähl. fanden die analyt. Methode der Geometrie und die Infinitesimalrechnung Eingang in den M. der Gymnasien und Realschulen, während sich die Volksschule weiterhin auf den prakt. Rechenunterricht beschränkte. Der moderne M. aller Schulformen ist geprägt durch die Grundlagenforschung und Formalisierung der Mathematik, d. h. deren Aufbau aus gewissen einfachen „Grundstrukturen".

mathematische Logik (Logistik, algebraische Logik, symbol. Logik), Bez. für die im 19. Jh. einsetzende Weiterentwicklung der [formalen] Logik durch Verwendung von Begriffsbildungen und Methoden der Mathematik.

mathematische Zeichen, zur kurzen, übersichtl. Darstellung mathemat. Aussagen verwendete symbol. Zeichen u. a. für bestimmte Größen (z. B. Konstante, Variable), Mengen (z. B. Menge der natürl. Zahlen), mathemat. Relationen (z. B. Gleichheit), Operationen (z. B. Addition). - Übersicht S. 102.

Mathieu, Georges [frz. ma'tjø], * Boulo-

MATHEMATISCHE ZEICHEN

Arithmetik und Algebra

$=$	gleich
$\neq$	ungleich
$\approx$	ungefähr gleich
$:=$	nach Definition gleich
$\equiv$	identisch
$a \sim b$	a proportional b
$a > b$	a größer als b
$a \geq b$	a größer oder gleich b
$a < b$	a kleiner als b
$a \leq b$	a kleiner oder gleich b
$a \gg b$	a sehr groß gegen b
$a \ll b$	a sehr klein gegen b
$+$	plus
$-$	minus
$\pm$	plus oder minus
$\cdot$	mal
$:$	geteilt durch
$a\|b$	a teilt b (a ist Teiler von b)
$a \nmid b$	a teilt nicht b (a ist nicht Teiler von b)
Σ	Summe
Π	Produkt
a^b	a hoch b (Potenz)
$\sqrt{}$	(Quadrat-)Wurzel aus
$\sqrt[n]{}$	n-te Wurzel aus
$\|x\|$	Betrag von x
sgn x	Signum von x
$n!$	n Fakultät
$\binom{n}{k}$	n über k (Binomialkoeffizient)
π	Pi ($= 3{,}1415926...$)
e	Eulersche Zahl ($= 2{,}718281828...$)
i	imaginäre Einheit (i $= \sqrt{-1}$)
$z = a + ib$	komplexe Zahl
Re z	Realteil von z
Im z	Imaginärteil von z
$\bar{z}, z^*$	konjugiert komplexe Zahl zu z
det (a_{ik})	Determinante a_{ik}
%	Prozent (Hundertstel)
‰	Promille (Tausendstel)

Mengenlehre

$\mathbf{N}; \mathbb{N}$	Menge der natürlichen Zahlen
$\mathbf{Z}; \mathbb{Z}$	Menge der ganzen Zahlen
$\mathbf{Q}; \mathbb{Q}$	Menge der rationalen Zahlen
$\mathbf{R}; \mathbb{R}$	Menge der reellen Zahlen
$\mathbf{C}; \mathbb{C}$	Menge der komplexen Zahlen
L	Lösungsmenge einer Gleichung oder Ungleichung
D	Definitionsmenge einer Funktion oder eines Terms
$\in$	Element von
$\notin$	kein Element von
$\emptyset$; $\{\}$	leere Menge
$\{x\|A(x)\}$	Menge aller x mit der Eigenschaft $A(x)$
$A \subseteq B; A \subset B$	A Teilmenge von B
$A \subsetneq B$	A echt enthalten in B
$\mathscr{P}A$	Potenzmenge von A
$\cup$	vereinigt
$\cap$	geschnitten
$A \setminus B$	A ohne B
$\complement A$	Komplement von A
$A \times B$	Produktmenge (kartesisches Produkt) von A und B
$\langle a,b \rangle; (a,b)$	geordnetes Paar
$\circ$	verknüpft mit
$f: A \to B$	Abbildung (Funktion) von A nach B
$\sim$	äquivalent

Geometrie

$\parallel$	parallel
$\nparallel$	nicht parallel
$\uparrow\uparrow$	gleichsinnig parallel
$\uparrow\downarrow$	gegensinnig parallel
$\perp$	rechtwinklig zu, senkrecht auf
$\cong$	kongruent, deckungsgleich
$\sim$	ähnlich
$\overline{AB}$	Strecke AB
$\sphericalangle$	Winkel
$\llcorner$	rechter Winkel
$°$	Grad
$'$	Minute
$''$	Sekunde
$\varnothing$	Durchmesser
$\overset{\frown}{AB}$	Bogen AB
$\mathbf{A}; \mathbf{a}; \vec{A}; \vec{a};$	Vektoren
$\mathbf{A} \cdot \mathbf{B}; \mathbf{AB}$	skalares Produkt der Vektoren $\mathbf{A}$ und $\mathbf{B}$
$\mathbf{A} \times \mathbf{B}; [\mathbf{A} \times \mathbf{B}]$	vektorielles Produkt der Vektoren $\mathbf{A}$ und $\mathbf{B}$
R^n	n-dimensionaler Raum

Analysis

∞	unendlich
$f(x)$	Funktion von x
$df(x)$	Differential der Funktion $f(x)$
$\dfrac{df(x)}{dx}; f'(x)$	Differentialquotient (Ableitung) der Funktion $f(x)$ nach x
$\dfrac{d^n f(x)}{dx^n}; f^{(n)}(x)$	n-te Ableitung der Funktion $f(x)$ nach x
$\dfrac{\partial f(x,y)}{\partial x}; f_x$	partieller Differentialquotient der Funktion $f(x,y)$ nach x
$df(x,y)$	totales Differential der Funktion $f(x,y)$
$\int$	Integralzeichen
$\oint$	Randintegral, Linienintegral
∇	Nablaoperator
Δ	Deltaoperator (Laplace-Operator)

Mathematische Logik

$\wedge$	und (Konjunktion)
$\vee$	oder (Disjunktion)
$\neg$	nicht (Negation)
$\Rightarrow$	wenn ... dann (Implikation)
$\Leftrightarrow$	genau dann, wenn
$\wedge; \forall$	für alle (Allquantor)
$\vee; \exists$	es existiert mindestens ein ... (Existenzquantor)

gne-sur-Mer 27. Jan. 1921, frz. Maler. - Ein Hauptvertreter des † abstrakten Expressionismus mit eleganter, schwungvoller Handschrift. Malt gerne vor Publikum und gibt seinen Werken histor. Titel.

Mathilde, alter dt. weibl. Vorname (zu althochdt. ma[c]ht „Kraft" und hilt[j]a „Kampf").

Mathilde, Name von Herrscherinnen:
England:
M., *London 1102, † Rouen 10. Sept. 1167, Thronerbin. - Tochter König Heinrichs I. von England; ∞ in 1. Ehe 1114 mit Kaiser Heinrich V., in 2. Ehe 1128 mit Graf Gottfried V. von Anjou (gen. Plantagenet). Engl. Thronerbin ab 1120, konnte sich jedoch nicht gegen Stephan I. von Blois behaupten. 1153 sicherte sie ihrem Sohn Heinrich (II.) die Thronfolge (Stammutter des Hauses Plantagenet).
Tuszien:
M. von Tuszien, *1046, † Bondeno (Prov. Ferrara) 24. Juli 1115, Markgräfin. - 1069 ∞ mit Gottfried III., dem Buckligen, von Niederlothringen. Nach anfängl. Vermittlung im Investiturstreit unterstützte M. rückhaltlos das Reformpapsttum unter Einsatz ihres Besitzes und ihres polit. Einflusses. Ihren Besitz (**Mathildische Güter;** v. a. in N-Italien) schenkte sie dem Hl. Stuhl und erhielt sie von ihm zur Nutzung zurück. In stauf. Zeit war der Besitz zw. Papst und Kaiser umstritten, bis 1213 der spätere Kaiser Friedrich II. formell verzichtete.

Mathilde von Quedlinburg, *955, ▫ Quedlinburg 7. (8.?) Febr. 999, erste Äbtissin des Stifts Quedlinburg. - Hochgebildet und mehrfach mit Reg.geschäften betraut; von Otto III. 997–999 zur Reichsverweserin („matricia") ernannt.

Mathis, Edith, *Luzern 11. Febr. 1935, schweizer. Sängerin (Sopran). - Kam 1959 an das Kölner Opernhaus, seitdem Gast an internat. Bühnen (Berlin, Hamburg, Frankfurt am Main, München) und bei Festspielen (Salzburg, Glyndebourne).

Mathura, ind. Stadt an der Jumna, Bundesstaat Uttar Pradesh, 149 000 E. Archäolog. Museum, Erdölraffinerie, chem. Ind.; berühmt wegen seiner Kalikodrucke; Hindu-Pilgerort (Mittelpunkt des Krischnakults). Verkehrsknotenpunkt. - M. gehört zu den ältesten ind. Städten. Bereits in vorchristl. Zeit war M. bed. religiöses Zentrum der Buddhisten, Dschainas und Hindus. - 1803 wurde M. brit. und 1832 Distr.hauptstadt. Bed. Kunstzentrum, das in der Kuschan- und Guptazeit (1.–5. Jh.) seine Blütezeit hatte.

Mathy, Karl […ti], *Mannheim 17. März 1806, † Karlsruhe 3. Febr. 1868, bad. Politiker. - Ab 1842 einer der führenden Liberalen im bad. Landtag; Unterstaatssekretär im Finanzministerium der provisor. Reichsreg. von 1848/49; 1864 bad. Handelsmin.; suchte als Leitender Minister (ab 1866) Baden in den Norddeutschen Bund zu führen.

Matinee [frz., zu lat. matutinum (tempus) „frühe Zeit"], Bez. für eine künstler. Veranstaltung, die am Vormittag stattfindet.

Matisse, Henri [frz. ma'tis], *Le Cateau (Nord) 31. Dez. 1869, † Cimiez (= Nizza) 3. Nov. 1954, frz. Maler, Bildhauer und Graphiker. - M. studierte in Paris Jura, bevor er 1890 zu malen begann; 1893 wurde er Schüler von Moreau, 1896 lernte er die Impressionisten kennen. Der revolutionäre Gebrauch der reinen, ungebrochenen Farbe machte ihn 1905 zu einem der führenden Künstler des Fauvismus. In den folgenden Jahren fand er zu einem flächig-ornamentalen Bildaufbau, der auch seine Graphik und Buchillustration kennzeichnet. Auch Figuren und Porträtplastik. Die Ausgestaltung der Chapelle du Rosaire in Vence steht im Mittelpunkt seiner Spätzeit (1946–51).
Weitere Werke: Luxus I (1907; Paris, Musée National d'Art Moderne), Luxus II (1907; Kopenhagen, Statens Museum for Kunst), Das rote Atelier (1911; New York, Museum of Modern Art), Der Tanz (dreiteilige Collage, 1930–34; Merion [Pa.], Barnes Foundation), Die rumän. Bluse (1940, Paris, Musée National d'Art Moderne). - Abb. S. 104, auch Bd. 6, S. 358.
⌑ *H. M. Ausstellungs-Kat. Zürich 1982/83.* - *Guichard-Meili, J.: H. M. Dt. Übers. Köln 1968.*

Matjeshering [niederl., eigtl. „Mädchenhering" (d. h. junger Hering ohne Rogen oder Milch)], junger gesalzener Hering.

Matković, Marijan [serbokroat. 'matkɔvitɛ], *Karlovac 21. Sept. 1915, kroat. Dramatiker. - Intendant in Zagreb und Präs. des kroat. Schriftstellerverbandes. Schrieb v. a. erfolgreiche Dramen über soziale Themen.

Mato Grosso [brasilian. 'matu 'grosu], brasilian. Bundesstaat, grenzt im SW an Bolivien, 881 001 km², 1,48 Mill. E (1985), Hauptstadt Cuiabá. M. G. hat Anteil an der Schichtstufenlandschaft des westl. Brasilianischen Berglands und der Schwemmlandebene des Pantanal. Landw., v. a. Viehzucht; Abbau von Eisen- und Manganerz. Die Ind. verarbeitet v. a. landw. Produkte. - Erste Kolonisierung zu Beginn des 18. Jh., nur allmähl. Besiedlung; 1748 Errichtung des Kapitanats Cuiabá. 1979 wurde M. G. do Sul als neuer Bundesstaat ausgegliedert.

Mato Grosso do Sul [brasilian. 'matu 'grosu du 'sul], brasilian. Bundesstaat an der Grenze zu Bolivien und Paraguay, 350 538 km², 1,60 Mill. E (1985), Hauptstadt Campo Grande. Bed. Rinder- und Schweinezucht; Anbau von Reis, Bananen, Zuckerrohr, Bohnen, Mais und Maniok; wichtigste Bodenschätze sind Mangan- und Eisenerze. - Bis 1979 Südteil des Bundesstaates Mato Grosso.

Matola, Ind.ort im S von Moçambique, Erdölraffinerie, Kfz.montage, Zement.

Matopo Hills, Bergland in SW-Simbabwe, bis 1 552 m hoch. Der südl. Teil ist Nationalpark.

Matoš, Antun Gustav [serbokroat. 'matɔʃ], * Tovarnik 13. Juni 1873, † Zagreb 17. März 1914, kroat. Schriftsteller. - Anfangs realist., war seine Erzählkunst später bes. von Poe und E. T. A. Hoffmann beeinflußt; auch symbolist. Lyrik.

Matos Guerra, Gregório de [brasilian. 'matuz 'gɛrra], * Bahia (= Salvador) 1623 (?), † Recife 19. Okt. 1696, brasilian. Dichter. - Einer der bedeutendsten barocken Lyriker Brasiliens, schrieb Satiren (hg. 1882), die ihm Gefängnis und Deportation nach Angola eintrugen, religiöse Dichtungen und Liebesgedichte.

Matosinhos [portugies. mɐtu'ziɲuʃ], portugies. Stadt am Atlantik, 5 km nw. von Porto, 26 600 E. Wichtigster Fischereihafen Portugals, Nahrungsmittelindustrie.

Matragebirge, Teil des Nordungar. Mittelgebirges, westl. des Bükkgebirges, im Kékes 1 015 m hoch.

Matrah ['matrax], Hafenstadt im Sultanat Oman, westl. Nachbarstadt von ↑Maskat; die wichtigste Handelsstadt des Landes, Ausgangspunkt der Karawanenrouten ins Landesinnere; Schiffbau; Erdölhafen. Endpunkt der 280 km langen Pipeline von drei Erdölfeldern im Landesinneren.

Henri Matisse,
Der Nachtisch, Harmonie in Rot
(1908). Leningrad, Eremitage

Matratze [roman., zu arab. matrah „Bodenkissen"], mit Roßhaar, Seegras, Kapok oder Wolle gefülltes, bei sog. **Federkernmatratzen** mit Stahldrahtfedern verstärktes, heute vielfach aus Schaumgummi (Latex) oder aus geschäumten Kunststoffen (Polyurethan, Polyäther u. a.) hergestelltes Polster, das auf den Sprungfederrahmen oder den Lattenrost des Bettes gelegt wird; einteilig oder mehrteilig gearbeitet, meist mit festem Drell überzogen.

Matrei am Brenner, östr. Sommerfrische und Wintersportplatz in Tirol, 15 km südl. von Innsbruck, 992 m ü. d. M., 1 100 E. - Got. Pfarrkirche (1754/55 barockisiert); spätgot. Johanneskapelle (1509 vollendet); Schloß Matrei (im Kern 13. Jh.); klassizist. Wallfahrtskirche Maria Waldrast mit Chor (1624) des Vorgängerbaus.

Matrei in Osttirol, östr. Marktgemeinde am S-Fuß der Hohen Tauern, Tirol, 977 m ü. d. M., 4 300 E. Hauptort des Iseltales; Fremdenverkehr. - Roman. Filialkirche St. Nikolaus (13. und 14. Jh.) mit Außen- und Innenfresken.

Mätresse [frz., eigtl. „Herrin" (zu ↑Maître)], urspr. Bez. für die Geliebte eines Fürsten (oft am Hofe anerkannt und auch von polit. Einfluß); heute [abwertend] für Geliebte.

Matriarchat [zu lat. mater „Mutter" und griech. arché „Herrschaft"], i. e. S. Bez. für eine Gesellschaftsordnung mit Mutter- bzw. Frauenherrschaft; i. w. S. svw. Mutterrecht.

Matricaria [lat.], svw. ↑Kamille.

Matrikel [zu lat. matricula „öffentl. Verzeichnis"], amtl. Verzeichnis über Personen, bes. 1. Liste der an einer Hochschule Studierenden (Immatrikulierten), 2. Kirchen- oder Pfarrbücher mit Tauf-, Firmungs-, Eheschließungs-, Sterberegister.

Matrikularbeiträge [lat./dt.], Einrichtung der Finanzverfassung des Norddt. Bundes und des Dt. Reiches vor 1918, wonach die Glied- bzw. Einzelstaaten nach der Zahl ihrer Einwohner jährl. Zahlungen an das Reich zu leisten hatten.

Matrilineage [engl. mætrɪˈlɪnɪɪdʒ; lat.-engl.] ↑ Lineage.

matrilineal (matrilinear) [lat.], Abstammungsordnung nach der mütterl. Linie.

matrilokal [lat.], völkerkundl. Bez. für die Sitte, nach der der Ehemann mit der Heirat an den Wohnort seiner Frau übersiedelt bzw. in ihre Familie aufgenommen wird.

Matrix [lat. „Stammutter, Muttertier, Gebärmutter"], in der *Biologie* allg. Bez. für eine Grundsubstanz, ohne innere Struktur.
◆ in der *Anatomie* die Keimschicht, aus der etwas entsteht, z. B. die M. des Nagels.
◆ in der *Chemie* starres oder hochviskoses Hüllenmaterial (z. B. durch Abkühlung erstarrte organ. Lösungsmittel), das einen anderen Stoff einschließt; geeignet zur Untersuchung hochreaktiver Substanzen, die durch die Hülle in ihrer Reaktionsmöglichkeit behindert sind.
◆ in der *Mathematik* ein rechteckiges (Zahlen)-Schema der Form

$$A = (a_{ik}) = \begin{pmatrix} a_{11} a_{12} \ldots a_{1n} \\ a_{21} a_{22} \ldots a_{2n} \\ \ldots \ldots \ldots \ldots \\ a_{m1} a_{m2} \ldots a_{mn} \end{pmatrix}.$$

Ein mit a_{ik} bezeichnetes Element steht in der i-ten Zeile und in der k-ten Spalte. Die Anzahl m der Zeilen und die Anzahl n der Spalten definiert den Typ einer M.; man sagt, sie ist von der *Ordnung* $m \times n$ oder eine $(m \times n)$-Matrix. Ist bei einer M., in der die Anzahl der Zeilen gleich der Anzahl der Spalten ist, d. h. eine $(m \times n)$-M., bezeichnet man als *quadrat. M.* Eine M., die aus einer einzigen Zeile bzw. Spalte besteht, wird *Zeilen-M.* bzw. *Spalten-M.* genannt; derartige Matrizen werden zur Darstellung von Vektoren verwendet. Ist A quadratisch, so bezeichnet auf $A = \det (a_{ik})$ die zu ihr gehörende ↑ Determinante. Als *Rang* einer M. bezeichnet man die Reihenzahl der größten Unterdeterminante, die nicht verschwindet. Matrizen lassen sich untereinander und mit skalaren Größen durch bestimmte Rechenregeln verknüpfen (**Matrizenrechnung**). Die Bed. der Matrizenrechnung liegt in ihrer Anwendbarkeit bei der Lösung linearer Gleichungs- und Differentialgleichungssysteme, aus der sich ihre Eignung zur vereinfachten Behandlung der unterschiedlichsten Probleme in Naturwiss. und Technik ergibt.

Matrixdrucker ↑ Drucker.

Matrixsatz, in der generativen Grammatik Bez. für einen Satz, in den ein abhängiger Satz (Konstituentensatz) eingebettet ist. In dem Satz: *Hunde, die bellen, beißen nicht* ist *Hunde beißen nicht* M. und *die bellen* Konstituentensatz.

Matrize [frz., zu ↑ Matrix], in der *Drucktechnik* allg. 1. vertiefte Abformung eines Reliefs (Gegenstück Patrize), 2. in Schriftgieß- sowie Setz- und Gießmaschinen eine Gießform mit vertieftem Schriftbild.
◆ Negativform zum Pressen von Schallplatten.

Matrizenmechanik, die von W. Heisenberg, M. Born und P. Jordan entwickelte Form der Quantentheorie.

Matrizenrechnung ↑ Matrix.

Matrone [lat., zu mater „Mutter"], ältere, ehrwürdige Frau (heute meist spött. gebraucht).

Matronen, kelt. Göttinnen, die bildl. meist als Dreiheit dargestellt sind. Füllhorn und Früchte als ihre Attribute verweisen auf Bezüge zur Vegetation.

Matronymikon [lat./griech.], svw. ↑ Metronymikon.

Matrose [frz.-niederl.], Beruf der Handelsschiffahrt nach einem Jahr Seemannsschule und 24 Monaten auf Deck (als Schiffsjunge, Jungmann und Leichtmatrose). Kann sich zum ↑ Bootsmann qualifizieren.
◆ unterster Mannschaftsdienstgrad der Bundesmarine.

Matruh [maˈtruːx] (Marsa Matruh), ägypt. Ort am Mittelmeer, 10 000 E. Verwaltungssitz des Grenzgouvernements; Rommelmuseum (ehem. Hauptquartier); Hafen; Seebad.

Matsu (Mazudao) [chin. madzudaụ], Inselgruppe vor der SO-Küste Chinas, am N-Ausgang der Formosastraße, unter Militärverwaltung Taiwans.

Matsue, jap. Stadt auf W-Hondo, 135 600 E. Verwaltungssitz der Präfektur Schimane; Univ. (gegr. 1949); Museum (u. a. alte jap. Musikinstrumente); Handelsplatz, Fremdenverkehr. - Schloß (1611) mit dreistöckigem Festungsturm.

Matsujama, jap. Hafenstadt an der NW-Küste Schikokus, 401 700 E. Verwaltungssitz der Präfektur Ehime; Univ. (gegr. 1949), Wirtschaftshochschule, Metallverarbeitung, Textil-, petrochem. u. Nahrungsmittelindustrie.

Matsumoto, jap. Stadt auf Hondo, 192 100 E. Mittelpunkt eines Geb. mit Seidenraupenzucht.

Matsuoka, Josuke, * in der Präfektur Jamagutschi 4. März 1880, † Tokio 27. Juni 1946 (im Gefängnis), jap. Politiker. - 1904–21 im diplomat. Dienst; 1930–34 Abg. der konservativen Seijukai-Partei; erklärte 1933 als Delegierter Japans in Genf dessen Austritt aus dem Völkerbund; schloß als Außenmin. 1940/41 den Dreimächtepakt mit Italien und Deutschland (1940) und den Nichtangriffspakt mit der UdSSR (1941); starb, als Kriegsverbrecher verhaftet, 1946 während der Prozesse.

Matt [arab. „er (der König) ist gestorben, tot"] (Schachmatt), nach den Regeln des Schachspiels diejenige Position im Verlauf einer Schachpartie, in der der angegriffene König nicht mehr vor dem Geschlagenwerden bewahrt werden kann. Mit dem M. ist die Schachpartie beendet.

Matta, Roberto Sebastian, eigtl. R. S. M. Echaurren, * Santiago de Chile 11. Nov. 1911, chilen. Maler. - U. a. im Architekturbüro Le Corbusiers, lebt heute v. a. in Paris und Italien. Seine surrealist. Gemälde und Graphiken zeigen eine bedrohl. Monstren- und Maschinenwelt.

Mattathias (Mattathja), * Modin bei Lydda (= Ruinenstätte Modiim bei Lod), † 166 v. Chr., jüd. Priester und Stammvater der ↑ Makkabäer. - Leitete den jüd. Freiheitskampf gegen die syr. Herrschaft ein.

Mattauch, Josef, * Mährisch-Ostrau 21. Nov. 1895, † Klosterneuburg 10. Aug. 1976, dt. Physiker. - Prof. in Wien, Berlin, Tübingen, Bern und Mainz; entwickelte einen Massenspektrographen, mit dem er insbes. präzise Messungen von Packungsanteilen der Atomkerne vornahm. 1934 stellte er die nach ihm ben. Isobarenregeln auf (↑ Isobare).

Matte, aus natürl. Fasermaterialien (z. B. Kokos, Binsen, Stroh) oder Chemiefasern hergestelltes grobes Geflecht oder Gewebe.
◆ Unterlage, die beim Turnen den Aufprall des Körpers nach Sprüngen abschwächen und beim Ringen und Judo gegen Verletzungen bei Stürzen und Würfen schützen soll.

Matten, natürl., zu den Wiesen gehörende, artenreiche, baumlose Pflanzenformation; verbreitet v. a. in der alpinen Stufe der Hochgebirge. Die M. werden gebildet aus ausdauernden Stauden, Zwergsträuchern und Gräsern.

Mattenbohne (Phaseolus acontifolius), Schmetterlingsblütler; angebaut in Indien, China, Arabien, O-Afrika, Amerika und Rußland; Samen und grüne Hülsen sind Nahrungsmittel und Mastfutter.

Mattengürtel (Mattenstufe), Teil der alpinen Stufe der Hochgebirgsvegetation, in den Alpen von 2400 bis 3200 m; wird bei geeignetem Gelände als Weidegebiet genutzt (Almwirtschaft).

Mattenrichter, Kampfrichter beim Judo.

Matteo, italien. Form des männl. Vornamens Matthias.

Matteo di Giovanni [italien. mat'tɛ:o di dʒo'vanni], genannt Matteo da Siena, * Sansepolcro um 1433, † Siena (?) 1495, italien. Maler. - Steht trotz Renaissanceelementen v. a. in der got. Tradition der sienes. Malerei; bildteppichartige Wirkungen; wiederholtes Motiv ist der Bethlehemit. Kindermord.

Matteotti, Giacomo, * Fratta Polesine (Prov. Rovigo) 22. Mai 1885, † Rom 10. Juni 1924 (ermordet), italien. Politiker. - Ab 1922 Generalsekretär der Unitar. Sozialist. Partei, entschiedener Gegner des Faschismus; forderte am 30. Mai 1924 im Parlament die Annulierung der vorausgegangenen Wahlen wegen terrorist. Beeinflussung; seine Ermordung durch Faschisten führte zur **Matteotti-Krise,** die durch die vom radikalen Flügel der faschist. Partei erzwungenen Errichtung der offenen Einparteiendiktatur (Anfang 1925) beendet wurde.

Matterhorn (italien. Monte Cervino, frz. Mont Cervin), Gipfel der Walliser Alpen im schweizer. Kt. Wallis, 4478 m hoch; durch Eiseinwirkung pyramidenförmig aus zwei übereinanderliegenden Falten der Dent-Blanche-Decke herausgearbeitet. Am N-Fuß des M. liegt der bedeutende Fremdenverkehrsort Zermatt.

Mattersburg, östr. Bez.hauptstadt im Burgenland, 256 m ü. d. M., 5700 E. Landw. Handelszentrum und Schulstadt. - 1202 als **Martinsdorf** belegt. Heutiger Name seit 1921; seit 1926 Stadt. - Befestigte, barock umgestaltete Pfarrkirche.

Eva Mattes (1978)

Mattes, Eva, * München 14. Dez. 1954, dt. Schauspielerin. - Spielte in den Filmen „Mathias Kneissl" (1971), „Die bitteren Tränen der Petra von Kant" (1972), „Wildwechsel" (1972), „Stroszek" (1976), „Deutschland, bleiche Mutter" (1979), „Woyzeck" (1979), „Auf immer und ewig" (1986).

Mattglas, Glas mit aufgerauhter Oberfläche (diffuse Lichtdurchlässigkeit), die mit Hilfe von Sandstrahlgebläsen, durch Behandlung in Säurebädern oder auch durch Schleifen hergestellt wird.

Matthau, Walter [engl. 'mæθoʊ], * New York 1. Okt. 1920, amerikan. Schauspieler. - Darsteller differenzierter Charaktere in Western wie „Einsam sind die Tapferen" (1962) und Filmkomödien wie „Ein seltsames Paar" (1967), „Hello Dolly" (1969), „Der Champion" (1978), „Piraten" (1986).

Matthäus, männl. Vorname, Nebenform von Matthias.

Matthäus (M. der Evangelist), hl., Jünger Jesu, wird in allen vier neutestamentl. Apostellisten unter den zwölf Aposteln genannt. Die altkirchl. Überlieferung, M. sei der Verf. des Matthäusevangeliums, ist irrig. - Fest: 21. September.

Matthäus Lang [von Wellenburg (seit 1498)], * Augsburg 1468, † Salzburg 31. März 1540, Erzbischof von Salzburg und Kardinal. - 1519 Erzbischof von Salzburg, 1529 Primas von Deutschland. Scharfer Gegner Luthers, leitete die Gegenreformation ein; ließ luth. Prediger und Taufgesinnte rücksichtslos verfolgen.

Matthäus von Edessa, † um 1144, Prior eines Klosters, Mönch in Edessa und Kesun. - Verfaßte eine dreiteilige Chronik, die eine wichtige Quelle für Mesopotamien und Kleinarmenien in der Kreuzzugszeit, bes. für das Schicksal der Armenier und deren Einstellung zu den Franken darstellt.

Matthäusevangelium, Abk. Matth., das erste im neutestamentl. Kanon aufgeführte Evangelium. Der Verfasser verwendet als Quellen das Markusevangelium, die Logienquelle († Logia Jesu) und ein nur ihm eigenes Sondergut aus verschiedenen Überlieferungen. Das Hauptinteresse der Theologie des M. gilt dem Christusbild: Jesus von Nazareth ist der vom A. T. verheißene, aber von seinem Volk abgelehnte Messias. Gegenüber dem alttestamentl. Gesetz werden in der Lehre Jesu die sittl. Forderungen radikalisiert und im Doppelgebot der Gottes- und Nächstenliebe zusammengefaßt. - Der Verfasser ist ein hellenist. Judenchrist, Adressat seines Evangeliums ist eine Gemeinde, die überwiegend aus Judenchristen bestand. Abfassungszeit: zw. 75 und 90.

Mattheson, Johann, * Hamburg 28. Sept. 1681, † ebd. 17. April 1764, dt. Musikschriftsteller und Komponist. - Bed. sind seine spätscholast. und humanist. Ideengut verdrängenden Schriften, u. a. „Das beschützte Orchestre" (1717; gegen die Solmisationslehre), „Große Generalbaß-Schule" (1719), „Critica musica" (1722–25), „Der Vollkommene Capellmeister" (1739); Kompositionen: Opern, Oratorien, Kantaten u. a.

Matth. Hohner AG, dt. Unternehmen, Sitz Trossingen, gegr. 1857 von Matthias Hohner (* 1833, † 1902), AG seit 1909. - Die Firma stellt Musikinstrumente (v. a. Harmonikas), Musikalien, elektron. und mechan. Prüf- und Steuerungsgeräte und Computer her.

Matthias, männl. Vorname hebr. Ursprungs, eigtl. „Geschenk Gottes".

Matthias, Name von Herrschern:
Hl. Röm. Reich:
M., * Wien 24. Febr. 1557, † ebd. 20. März

Matterhorn

1619, Kaiser (seit 1612). - Schloß, von seinem Bruder, Kaiser Rudolf II., bevollmächtigt, Frieden mit den aufständ. Ungarn (Wiener Friede 23. Juni 1606) und mit den Türken (11. Nov. 1606). 1606 zum Haupt des Hauses Österreich erklärt, erzwang von Rudolf die Herrschaft über Österreich, Ungarn und Mähren; ab 1611 auch böhm. König; nach dem Tode Rudolfs zum Kaiser gewählt. M. versuchte vergebl., die religiösen, nat. und sozialen Spannungen zu mildern.

Ungarn:
M. I. Corvinus (M. Hunyadi), * Klausenburg 23. Febr. 1440 (1443?), † Wien 6. April 1490, König von Ungarn (seit 1458), von Böhmen (seit 1469). - Sohn von János Hunyadi; ab 1475 in 2. Ehe ∞ mit Beatrix (von Neapel); 1463 von Kaiser Friedrich III. anerkannt. Im Inneren baute M. einen zentralist. Staat auf und förderte Kunst und Wiss.; mit dem böhm. Gegenkönig Wladislaw II., mit Georg von Podiebrad und Kaiser Friedrich III. schloß er 1479 den Frieden von Olmütz, der ihm Schlesien, Mähren und die Lausitz brachte; hatte große Erfolge bei der Türkenabwehr; in einem ab 1477 geführten Krieg vertrieb er Friedrich III. aus Niederösterreich, der Steiermark und Wien.

Matthias, hl., Apostel. - Nach Apg. 1, 23 ff. durch Los anstelle des Judas Ischarioth zum Apostel bestimmt. Seine angebl. Reliquien sollen durch Kaiserin Helena nach Trier gekommen sein. - Fest: 24. Febr.

Matthöfer, Hans Hermann, * Bochum

Matthus

25. Sept. 1925, dt. Politiker (SPD). - Volkswirt; 1973-84 Mgl. des Parteivorstandes; 1961-87 MdB; 1953-57 und 1961-72 in verschiedenen Abt. der IG Metall; 1957-61 Mgl. der OEEC-Mission in Washington und Paris; 1972-74 Parlamentar. Staatssekretär im Bundesministerium für wirtsch. Zusammenarbeit, 1974-78 Bundesmin. für Forschung und Technologie, 1978-82 Bundesfinanzmin.; April-Okt. 1982 Bundesmin. für das Post- und Fernmeldewesen; 1985-87 SPD-Schatzmeister; seit Febr. 1987 Vorstandsvors. der Gewerkschaftsholding BGAG (Beteiligungsgesellschaft für Gemeinwirtschaft AG).

Matthus, Siegfried, * Mallenupen (Ostpr.) 13. April 1934, dt. Komponist. - Komponierte unter Auswertung aller neuen Kompositionsverfahren u. a. „Galilei" für Singstimme, elektron. Klänge und fünf Instrumente (1966), „Der letzte Schuß" (Oper, 1967), Violinkonzert (1968), Klavierkonzert (1970), „Omphale" (Oper, 1973), „Brennende Städte" (Oratorium, 1975).

Mattiaker (lat. Mattiaci), von den Chatten abgespaltener german. Stamm um Aquae Mattiacae (= Wiesbaden).

Mattieren, Beseitigen des spiegelnden Glanzes von Oberflächen aus Holz, Glas oder Metall durch Auftragen eines Wachsüberzuges, durch Beizen oder mechan. Aufrauhen.

Mattighofen, oberöstr. Marktgemeinde im südl. Innviertel, 454 m ü. d. M., 4600 E. Lederfabrik. - Zw. 757 und 788 erstmals belegt. Seit 1446 Markt; kam 1779 an Österreich. - Propsteigebäude (1438 erbaut, 1739-41 umgestaltet) mit Kreuzgang. Renaissanceschloß (im 19. Jh. stark verändert).

Mattscheibe, mattierte Glasscheibe zum Auffangen des von einem opt. System erzeugten Bildes. Sie ist bei photograph. [Großformat]kameras in der Bildebene angebracht und dient zum Betrachten des Bildes während des Fokussierens, der Ausschnittbestimmung und der Standarten- und Rückteilverstellung. Vor der Aufnahme wird sie gegen die Platten- oder Filmkassette ausgetauscht.

Matura (Maturitätsprüfung) [zu lat. maturus „reif"], östr. und schweizer. Bez. für Abitur.

Maturin, Charles Robert [engl. 'mætjʊrɪn], * Dublin 1782, † ebd. 30. Okt. 1824, ir. Schriftsteller hugenott. Abstammung. - Prot. Geistlicher in Dublin; sein Hauptwerk „Melmoth der Wanderer" (1820), das Motive aus den Stoffen des Faust und des Ewigen Juden verbindet, gilt als bedeutendster romant. Schauerroman.

Maturín, Hauptstadt des Staates Monagas in NO-Venezuela, am Río Guarapiche, 74 m ü. d. M., 181 000 E. Kath. Bischofssitz; Erdölraffinerie, Nahrungsmittelindustrie.

Matúška, Janko [slowak. 'matuʃka], * Dolný Kubín (Mittelslowak. Gebiet) 10. Jan. 1821, † ebd. 11. Jan. 1877, slowak. Dichter. - Schrieb Balladen und Gedichte; verfaßte die slowak. Nationalhymne.

Matuszkiewicz, Jerzy (Dudus) [poln. matuʃ'kjɛvɪtʃ], * Jasło 26. März 1928, poln. Jazzmusiker (Saxophon). - Vertreter des traditionellen Jazz; gründete 1945 eine eigene Gruppe („Melomani"), die Mittelpunkt des poln. Jazzgeschehens war.

Matute, Ana María, * Barcelona 26. Juli 1926, span. Schriftstellerin. - Verf. sensibler Romane und Erzählungen in metaphernreichem Stil, v. a. aus der Zeit des Span. Bürgerkriegs; als ihr Hauptwerk gilt der Romanzyklus „Los mercaderes" (Bd. 1: „Erste Erinnerung", 1960; Bd. 2: „Nachts weinen die Soldaten", 1963; Bd. 3: „Die Zeit verlieren", 1967).

Matutin (dt. Mette) [zu lat. matutinus „morgendlich"], urspr. die den Laudes vorausgehende † Hore im röm. und monast. Brevier. Seit dem 2. Vatikan. Konzil außerhalb des Chorgebets eine zeitl. frei wählbare geistl. Lesung. Der urspr. Charakter der asket. Nachtwache hat sich in den Metten erhalten.

Matz, Friedrich, * Lübeck 15. Aug. 1890, † Marburg 3. Aug. 1974, dt. Archäologe. - 1934 Prof. in Münster, 1942-58 in Marburg. Forschungen zum gesamten prähistor. Ägäisraum unter Anwendung neuer Methoden der Strukturforschung. Gab „Die antiken Sarkophagreliefs" (ab 1952) und das „Corpus der minoischen und myken. Siegel" (ab 1964; mit H. Biesantz) sowie die „Archaeologia Homerica" (1967) heraus.

Matzen (fachsprachl. Mazzen) [hebr.], meist runde Brotfladen aus Weizenmehl und Wasser ohne Zusatz von Sauerteig. Im Judentum als „Brot des Elends" zur Erinnerung an den Auszug aus Ägypten während der ganzen Passahzeit gegessen.

Maubeuge [frz. mo'bø:ʒ], frz. Stadt an der Sambre, Dep. Nord, 36 100 E. Stahl- und Walzwerke, Gießereien, Kfz.- und keram. Ind. - Die um das 661 gegr. Frauenkloster (ab 11. Jh. weltl. Damenstift, 1789 aufgehoben) entstandene Siedlung erhielt im 13. Jh. Stadtrecht; ab 1680 von Vauban zur Festung ausgebaut.

Mauch, Daniel, * Ulm um 1477, † Lüttich 1540, dt. Bildhauer. - Verließ 1529 Ulm und ging nach Lüttich. Schnitzwerke im Übergangsstil zw. Spätgotik und Renaissance: Wurzel-Jesse-Altar in Bieselbach bei Augsburg (1501), Altarschrein in der Stadtpfarrkirche in Geislingen an der Steige (um 1520), Muttergottes mit Engeln (1532-40; Dalhem, Prov. Lüttich, Saint-Pancrace).

Maudling, Reginald [engl. 'mɔ:dlɪŋ], * London 7. März 1917, † ebd. 14. Febr. 1979, brit. Politiker (Konservative und Unionist. Partei). - Seit 1950 Mgl. des Unterhauses, 1955-64 mehrfach Min. (u. a. Handelsmin. 1959-61, Schatzkanzler 1962-64; Innenmin. 1970-72); 1975/76 außenpolit. Sprecher im Schattenkabinett der Konservativen.

Mauer [über althochdt. mura zu lat. murus mit gleicher Bed.], meist langgestreckter, mehrschichtiger Baukörper aus natürl. oder künstl. Bausteinen, die mit oder ohne Bindemittel übereinandergreifend verbaut sind; häufig werden auch aus Stampfmassen, aus Lehm, Beton u. a. hergestellte Wände als M. bezeichnet. Bei *Trocken-M.* (ohne Mörtelverbund) werden Steinunebenheiten häufig durch Steinstücke u. a. ausgeglichen. Die untere Abgrenzung einer M. wird *M.sohle,* die obere *M.krone* genannt; die äußere, sauber ausgeführte Flucht wird als *M.haupt* bezeichnet. Bei Gebäuden unterscheidet man *Grund-* oder *Fundament-M.* (in der Erde liegende, aus festen Steinen oder heute meist aus Beton bestehende M., die die Last des darauf errichteten Bauwerks auf den Baugrund übertragen), *Umfassungs-* oder *Außen-M.* und *Innen-* oder *Trenn-M., Sockel-, Keller-, Geschoß-* und *Giebel-M.* sowie *Brand-M. Blend-M.* bilden die Außenseiten von M.werken; zur Erhöhung der Wetterbeständigkeit, aus hochwertigen Baustoffen (Klinker, Natursteine) oder mit Blendsteinen verkleidet. Als *Trag-M.* werden solche M. bezeichnet, die Balkenlagen oder andere Lasten zu tragen haben; sind sie seitl. Belastungen bzw. Drücken ausgesetzt, so werden sie als *Stütz-* oder *Widerlager-M.* bezeichnet. Bei *Naturstein-M.* unterscheidet man *Zyklopen-M.* aus unregelmäßigen Bruchsteinen, weiter *Bruchstein-M.* aus annähernd ebene und parallele Bruchflächen aufweisenden Bruchsteinen verschiedener Größe mit unregelmäßigen Fugen sowie *Quader-* oder *Werkstein-M.* aus ganz bearbeiteten Werksteinen (Quadern).

Mauerassel (Oniscus asellus), fast 2 cm lang werdende, auf dunkelgrauem Grund hell gefleckte Landassel, v. a. unter Steinen und Fallaub der Laubwälder N-Amerikas und großer Teile Europas; Schädling in Kellern an Kartoffeln, Obst und Gemüse sowie in Gewächshäusern.

Mauerbienen (Osmia), mit fast 400 Arten weltweit verbreitete Gatt. etwa 8–10 mm langer, nicht staatenbildender Bienen; hummelähnl., sich von Pollen ernährende Insekten. Die Elterntiere formen aus Speichel und Erde in Schneckenschalen, Mauer- und Stengelhohlräumen Brutzellen, die später sehr hart werden. Als Larvenfutter dient ein Brei aus Pollen und Nektar. In M-Europa häufig ist die 1,2 cm (♀) große **Zweifarbige Mauerbiene** (Osmia bicolor).

Mauerbrecher, metallbeschlagener Stoßbalken für den Angriff gegen Festungen.

Mauereidechse ↑ Eidechsen.

Mauerfraß (Salpeterfraß), gemeinsprachl. Bez. für die mauerzerstörende Wirkung des Kalksalpeters, $Ca(NO_3)_2 \cdot 4\,H_2O$.

Mauergecko ↑ Geckos.

Mauerlattich (Mycelis), Gatt. der Korbblütler mit 5 Arten; in Europa nur der **Zarte Mauerlattich** (Mycelis muralis) mit meist aus 5 Zungenblüten gebildeten Köpfchen, die in Rispen angeordnet sind, und mit fiederspaltigen Blättern; auf Mauern, Schuttplätzen und in feuchten Wäldern.

Mauerläufer (Tichodroma muraria), etwa 16 cm langer, oberseits hell-, unterseits dunkelgrauer Singvogel, v. a. in Hochgebirgen des Himalajas, SW-, S- und SO-Europas; mit rotschwarzen Flügeln und langem, gebogenem Schnabel (kann damit Insekten und Spinnen aus Ritzen und Nischen holen); Nest in Felsspalten.

Mauerpfeffer ↑ Fetthenne.

Mauerraute (Asplenium ruta-muraria), Tüpfelfarn Eurasiens und des östl. N-Amerikas; mit derben, drei- bis vierfach gefiederten, langgestielten Blättern; bes. in trockenen Mauer- und Felsspaltengesellschaften.

Mauersberger, Erhard, * Mauersberg (Landkr. Marienberg) 29. Dez. 1903, † Leipzig 11. Dez. 1982, dt. Chordirigent. - 1930–61 Thüring. Landeskirchenmusikdirektor in Eisenach, Lehrer an der Franz-Liszt-Hochschule in Weimar, 1961–72 Thomaskantor in Leipzig.

M., Rudolf, * Mauersberg (Landkr. Marienberg) 29. Jan. 1889, † Dresden 22. Febr. 1971, dt. Chordirigent und Komponist. - Bruder von Erhard M.; 1919–25 Dirigent des Bachvereins und Organist in Aachen; seit 1930 Kreuzkantor in Dresden; komponierte v. a. Chormusik.

Mauersee, mit 102 km² zweitgrößter See der Masur. Seenplatte in Ostpreußen, Polen▼.

Mauersegler ↑ Segler.

Mauersenf, svw. ↑ Doppelsame.

Mauerspinnen, Bez. für zwei häufig an Mauern und Hauswänden lebende Spinnenarten: **Harlekinspinne** (Salticus scenicus), eine 5–7 mm große, schwarzbraune, gelblichweiß bis weiß gezeichnete Springspinne, und **Dictyna civica,** eine bis 5 mm große, schwärzl. ↑ Kräuselspinne, die handtellergroße Netze an Mauern spinnt.

Mauersteine, Sammelbez. für alle Arten von natürl. und künstl. Bausteinen, die zur Herstellung von Mauerwerk u. a. verwendet werden, Mauerziegel, Betonsteine, Hohlblocksteine, Kalksandsteine, Hüttensteine und Wandbausteine sowie Werksteine aus natürl. Steinmaterial, Lehmsteine, Holzzement- und Korksteine. Wichtige Eigenschaften sind Gewicht, Maßhaltigkeit, Festigkeit, z. T. auch gute Wärmedämmung, Frostbeständigkeit und geringe Wasseraufnahme. Häufig auch Bez. für alle ungebrannten Bausteine, im Ggs. zu den gebrannten Mauerziegeln.

Mauersteinverband (Mauer[werks]verband), die Art und Weise der Zusammenfügung von Mauersteinen zu einem Mauerwerk, durch die der Zusammenhalt und die Biege- und Zugfestigkeit des in Schichten aus **Läufersteinen** (parallel zur Mauerflucht) und

Mauerwerk

Bindersteinen (senkrecht dazu) aufgebauten Mauerwerkskörpers gewährleistet sind. Man unterscheidet z. B.: **Läuferverband** für Mauern von der Dicke eines Halbsteins; **Binderverband** für Mauern von der Dicke eines Steins; **Blockverband** mit abwechselnden Läufer- und Bindersteinschichten; **Kreuzverband** aus ebenfalls abwechselnden Läufer- und Bindersteinschichten, wobei aufeinanderfolgende Läuferschichten um einen halben Stein versetzt sind.

Mauerwerk, Sammelbez. für baul. Anlagen und Baukörper, die aus natürl. oder künstl. Bausteinen mit Mörtel als Bindemittel oder ohne Mörtel *(Trocken-M.)* errichtet („gemauert") worden sind. Wesentl. ist die Maßhaltigkeit und Anordnung der Steine, die Dicke und Regelmäßigkeit der Mörtellagen, die Überdeckung bzw. Versetzung der Fugen u. a., wobei der Fugenversatz die Biegezugfestigkeit des M. gewährleistet.

Mauerwespen (Odynerus), mit rd. 3000 Arten weltweit verbreitete Gatt. schwarzgelber Lehmwespen, davon in M-Europa fünfzehn 6–17 mm lange Arten; Hinterleib vorn zugespitzt; nisten in Mauerlöchern, Lehmwänden, Sand oder Pflanzenstengeln.

Mauerziegel (veraltet auch: Back- oder Ziegelsteine), als Mauersteine verwendete, aus Ton, Lehm oder tonigen Massen mit oder ohne Zusatz von anderen Stoffen (Sand, Ziegelmehl, Aschen oder ähnl. Stoffen) geformte und bei 800 bis 1 000 °C gebrannte quaderförmige Bauelemente von genormtem Format. Neben der stoffl. Zusammensetzung sind außerdem Gütebestimmungen für Art und Form, Ziegelrohdichte, Druckfestigkeit, Frostbeständigkeit u. a. festgelegt. Nach Art und Form unterscheidet man *Vollziegel* ohne Löcher sowie *Lochziegel.*

Maugham, William Somerset [engl. mɔ:m], * Paris 25. Jan. 1874, † Saint-Jean-Cap-Ferrat bei Nizza 16. Dez. 1965, engl. Schriftsteller. - Hatte (nach mehreren ausgedehnten Reisen) seit 1929 seinen Hauptwohnsitz in Saint-Jean-Cap-Ferrat. Fioh während des 2. Weltkriegs in die USA. M. gilt als einer der erfolgreichsten engl. Schriftsteller des 20. Jh., der als kosmopolit. denkender, bes. der frz. Kultur verbundener Autor in seinen erzählenden und dramat. Werken gesellschaftl. Probleme krit., meist skept.-iron. und distanziert darstellte; vielfach auch zyn.-desillusionierende psycholog. Analysen von Liebes- und Eheproblemen, u. a. in „Der Menschen Hörigkeit" (1915), „Der Besessene" (R., 1919; 1950 u. d T. „Silbermond und Kupfermünze"), „Für geleistete Dienste" (Kom., 1932). Ebenfalls bed. seine Kurzgeschichten „Menschen der Südsee" (1921) und „Einzahl - erste Person" (1931). Später religiös-metaphys. Tendenzen, v. a. in „Auf Messers Schneide" (R., 1944), „Catilina" (1948). - *Weitere Werke:* Der Kreis (Kom., 1923), Der bunte Schleier (R., 1925), Aus meinem Notizbuch (1949).

Maui ↑ Hawaii.

Mauke [niederdt.], (Fußgrind) durch verschiedene Ursachen hervorgerufenes Ekzem im Bereich der Fesselgelenksbeuge beim Pferd und Rind.

◆ (Grind) zerklüftete Geschwülste an Trieben und Stämmen der Weinrebe; verursacht durch das an Wundstellen eindringende Bakterium Pseudomonas tumefaciens.

Maulbeerbaum (Morus), Gatt. der

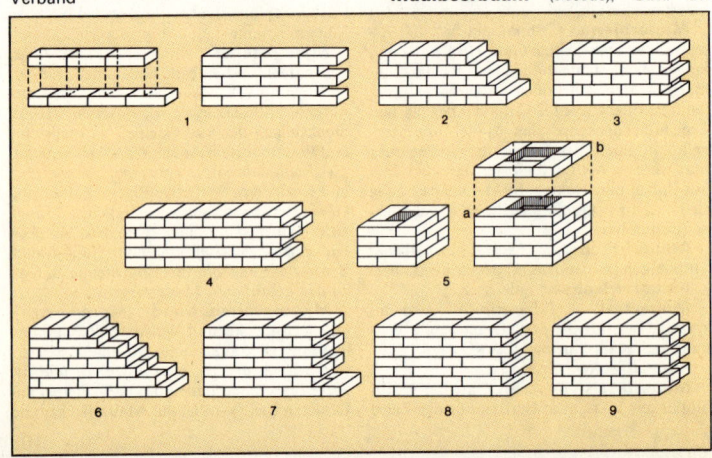

Mauersteinverband. 1 Läuferverband, 2 Binderverband, 3 Blockverband, 4 Kreuzverband, 5 Eckverband (a erste Schicht, b zweite Schicht); 6–9 Zierverbände: 6 englischer Verband, 7 gotischer oder polnischer Verband, 8 märkischer Verband, 9 holländischer oder flämischer Verband

Maulbrüter

Maulbeerbaumgewächse mit 12 Arten in der nördl. gemäßigten und in der subtrop. Zone; sommergrüne Bäume oder Sträucher mit Kätzchen und brombeerartigen, wohlschmeckenden [Schein]früchten *(Maulbeeren);* u. a. **Weißer Maulbeerbaum** (Morus alba; heim. in China; Blätter dienen als Nahrung für Seidenraupen) und **Schwarzer Maulbeerbaum** (Morus nigra; heim. in W-Asien).

Maulbeerbaumgewächse (Maulbeergewächse, Moraceae), Pflanzenfam. mit über 1 500 Arten, v. a. in den wärmeren Zonen; meist Holzgewächse mit kleinen Blüten in verschiedenen Blüten- und Fruchtständen. Viele Arten sind Nutzpflanzen, u. a. Brotfruchtbaum, Feige, Hanf, Hopfen und Maulbeerbaum.

Maulbeerfeigenbaum (Eselsfeige, Maulbeerfeige, Sykomore, Ficus sycomorus), Feigenart in Ägypten und im übrigen östl. Afrika; bis 15 m hohe Bäume mit bis 1 m dickem Stamm, fast rundl. Blättern und eßbaren, jedoch schwer verdaul. Früchten. Verwendet wird das sehr feste, fast unverrottbare Holz, aus dem auch die Sarkophage der alten Ägypter hergestellt wurden.

Maulbeerschildlaus (Maulbeerbaumschildlaus, Mandelschildlaus, Pseudaulacaspis pentagona), aus O-Asien in fast alle subtrop. und trop. Gebiete verschleppte, etwa 2–3 mm große Deckelschildlaus; kann schädl. werden an Maulbeer-, Walnuß- und einigen Obstbäumen; Bekämpfung durch die aus den USA eingeführte Schlupfwespe *Prospaltella berlesii.*

Maulbronn. Brunnenhaus der ehemaligen Zisterzienserabtei

Maulbeerseidenspinner (Echter Seidenspinner, Maulbeerspinner, Bombyx mori), in China (seit rd. 4 000 Jahren dort gezüchtet) und O-Asien beheimateter, zur Seidengewinnung in viele Teilen der Erde eingeführter, durch Züchtung flugunfähig gewordener, 4 cm spannender, grau- oder bräunlich-weißer Schmetterling; viele Rassen, die sich bes. nach Farbe der Eier und nach Gespinstformen unterscheiden: *Grün-, Gelb-* und *Weißspinner;* Larven bis 9 cm lang, fressen Blätter der Maulbeerbäume und spinnen mit Hilfe ihrer langen Labialdrüsen Puppenkokons, aus deren Gespinsthüllen Maulbeerseide (↑Seide) gewonnen wird.

Maulbronn, Stadt im sw. Kraichgau, Bad.-Württ., 251 m ü. d. M., 5 800 E. Ev.-theolog. Seminar; Natursteinwerke, Werkzeug- und Maschinenfabrik. - Das 1147 gegr., vollständig erhaltene Zisterzienserkloster M. kam 1504 an Württemberg und wurde nach der Säkularisierung 1534 in eine ev. Klosterschule umgewandelt. Die neben der Abtei entstandene Ansiedlung erhielt 1886 Stadtrecht. - Roman.-frühgot. Abteikirche (12.–15. Jh.) mit Vorhalle („Paradies"; um 1215) und Kreuzgang (13./14. Jh.) mit Brunnenhaus (um 1350). Zahlr. Klostergebäude (12.–15. Jh.) und Bauten des Wirtschaftshofes mit Renaissancegiebeln und Barockfassaden. Vom Befestigungsgürtel sind der Haspel- oder Hexenturm und der Faustturm erhalten. An der NO-Ecke das ehem. herzogl. Schloß (1588). - ↑auch Abb. Bd. 4, S. 81.

Maulbrüter, Bez. für Fische, bei denen das ♂ oder ♀ *Maulbrutpflege* betreibt: Die Eier werden nach der Befruchtung vom Boden aufgesammelt und im Maul „erbrütet";

Maulesel

die Jungfische suchen bei Gefahr noch einige Zeit Zuflucht im Maul des Elterntiers. Maulbrüter kommen v. a. bei Buntbarschen, Welsen, Labyrinth- und Kieferfischen vor.

Maulesel ↑ Esel.
Maulfüßer, svw. ↑ Heuschreckenkrebse.
Maulkäfer, svw. ↑ Breitrüßler.
Maull, Otto, * Frankfurt am Main 8. Mai 1887, † München 16. Dez. 1957, dt. Geograph. - Prof. in Frankfurt am Main, Graz und München; v. a. Arbeiten zur Geomorphologie, polit. Geographie und Länderkunde.
Maulnier, Thierry [frz. mo'nje], eigtl. Jacques Louis Talagrand, * Alès (Gard) 1. Okt. 1909, frz. Schriftsteller. - In den 1930er Jahren geistiger Führer der äußersten Rechten innerhalb der frz. Jugend; lange Zeit Mitarbeiter der „Action française". Wandelte sich während der dt. Besetzung Frankr. zum konservativen, antikommunist. Traditionalisten. Schrieb [neoklassizist.] Thesenstücke, Komödien, polit.-philosoph. Essays. - † 9. Jan. 1988.
Maulpertsch, Franz Anton [...pɛrtʃ], ≈ Langenargen 7. Juni 1724, † Wien 8. Aug. 1796, östr. Maler. - M. ist der bedeutendste Maler der ausgehenden östr. Barockmalerei. Seine Malerei verarbeitet einheim. und südt. Einflüsse. (bes. P. Troger) und Einflüsse der Venezianer (Piazetta). Fresken in der Piaristenkirche in Wien (1752/53), in der Wallfahrtskirche in Heiligenkreuz-Gutenbrunn (1757/58), in der Pfarrkirche in Sümeg (Bezirk Veszprém, Ungarn; 1757/58), in der Hofburg in Innsbruck (1775/76).
Maultasch, Margarete, Gräfin von Tirol, ↑ Margarete Maultasch.
Maultaschen, schwäb. Gericht; kleine gefüllte Täschchen aus Nudelteig.
Maultier ↑ Esel.
Maultierhirsch ↑ Neuwelthirsche.
Maultrommel (Brummeisen), Musikinstrument, bestehend aus einem Metallrahmen in annähernd ovaler Form (Durchmesser etwa 5 cm), der in eine Art längl. Schnabel ausläuft. Eine am Rahmen befestigte Metallzunge

Maultrommel. Länge 6 cm

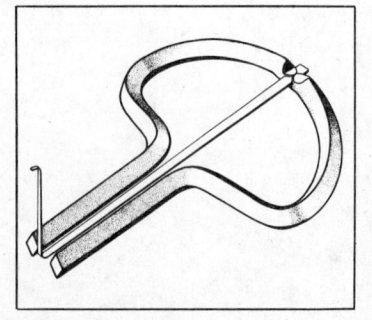

durchläuft das Oval und den Schnabel und bildet dann einen hochgebogenen Haken, an dem sie durch Anzupfen mit dem Finger zum Schwingen gebracht wird. Der Spieler nimmt den Schnabel aufrecht zw. die Zähne und bringt die Metallzunge durch Anzupfen mit dem Finger in Schwingung. Die Mundhöhle bildet einen Resonanzraum, der durch Wechsel der Mundstellung verändert werden kann. Auf der M. lassen sich einfache, sehr leise Melodien spielen. Die M. ist asiat. Herkunft, in Europa ist sie seit dem 14. Jh. v. a. als Volksinstrument belegt.

Maul- und Klauenseuche (Aphthenseuche), Abk. MKS, meldepflichtige, hochansteckende fieberhafte Viruskrankheit der Klauentiere (bes. Rind); Viren in Ausscheidungen, Milch und Blut der Tiere; Übertragung durch Kontakt, auch über Zwischenträger. - *Symptome:* Beginn mit Schmatzen, Geiferabsonderung, heftiger Fieber, Versiegen der Milch, Freßunlust, Lahmheit; nach ein bis zwei Tagen schmerzhafter Blasenausschlag, v. a. an Maul (bzw. Rüssel), Zunge, Haut der Euterstriche, Klauen und Klauenspalten. - *Bekämpfung* durch Schutzimpfung und veterinärärztl. Sperrmaßnahmen. - Eine *Übertragung auf den Menschen* kann durch Genuß roher Milch und Berührung erfolgen.

Maulwürfe [zu althochdt. muwurf, eigtl. „Haufenwerfer"] (Talpidae), Fam. etwa 6-20 cm langer Insektenfresser mit rd. 20 Arten in Eurasien und N-Amerika; mit dichtem, meist kurzhaarigem Fell, rüsselförmig verlängerter, sehr tastempfindl. Schnauze und kleinen bis völlig reduzierten Augen und Ohrmuscheln; Geruchs- und Erschütterungssinn hoch entwickelt; mit Ausnahme einiger im Wasser vorkommender Arten (z. B. Bisamrüßler) überwiegend unterird. lebende, fast ausschließl. Wirbellose fressende Grabtiere, deren Vorderextremitäten zu großen Grabschaufeln entwickelt sind. - Zu den M. gehören neben ↑ Bisamrüßlern und ↑ Sternmullen u. a. der in Europa bis M-Asien verbreitete einheim. **Maulwurf** (*Europ. Maulwurf,* Talpa europaea): 12-16 cm lang; mit dunkelgrauem bis schwarzem Fell und bis 3 cm langem Schwanz; gräbt bei der Nahrungssuche (bes. Insekten[larven], Regenwürmer) umfangreiche unterird. Gangsysteme mit Kammern (im Winter auch Vorratskammern), wobei er einen Teil der gelockerten Erde von Zeit zu Zeit, rückwärtsgehend, aus dem Röhrenausgang befördert (*Maulwurfshügel*).

Maulwurfsgrillen ↑ Grillen.
Maulwurfsratten, Bez. für zwei 15-30 cm lange, langschwänzige, pestübertragende Mäusearten in S-Asien und NO-Afrika: *Kurzschwanz-Mäuseratte* (*Pestratte,* Nesokia indica); oberseits meist gelblich- bis graubraun) und *Ind. Maulwurfsratte* (*Ind. Pestratte,* Bandicota bengalensis).

Mau-Mau [afrikan.], brit. Bez. (keine

Selbstbez.) von Geheimbünden der Kikuju in Kenia; hatten das Ziel, durch Vertreibung der weißen Farmer die Neuaufteilung des Bodens unter die landlosen Kikuju und die nat. Unabhängigkeit zu erreichen; die Terroraktionen des M.-M. ab 1948 führten 1952–56 zum offenen Aufruhr, der von brit. Truppen niedergeschlagen wurde.

Mauna Kea, Vulkan im NO der Insel Hawaii, 4 205 m ü. d. M., mit Schneekappe; astronom. Observatorium.

Mauna Loa, größter tätiger Vulkan der Erde, auf der Insel Hawaii, 4 169 m hoch mit zahlr. Kratern, u. a. dem **Kilauea Crater,** darin der kochende Lavasee **Halemaumau.**

Maupassant, Guy de [frz. mopa'sã], *Schloß Miromesnil bei Dieppe 5. Aug. 1850, † Paris 7. Juli 1893, frz. Erzähler. - Einer der bedeutendsten Novellisten der Weltliteratur. 1871–80 Beamter im Marine-, danach im Unterrichtsministerium; in dieser Zeit erste Schreibversuche unter Anleitung G. Flauberts; seit dem Erfolg seiner Novelle „Fettklößchen" (1880) freier Schriftsteller; gehörte zum engeren Freundeskreis Zolas; lebte seit 1891 in geistiger Umnachtung. In seinem Werk, gekennzeichnet durch kühle Objektivität der Darstellung sowie klare und elegante Sprache, spiegeln sich Schmerz und Pessimismus angesichts der „Mittelmäßigkeit der Menschen" (Provinzbürger, niedere Aristokraten und Beamte, Pariser Halbwelt, Fischer und Bauern der Normandie), die ihre Langeweile und Habsucht, ihre banalen Illusionen mit Grausamkeit und Erotik überdecken. Bed. auch seine Romane, v. a. „Ein Leben" (1883) und „Bel ami" (1885).

Maupeou, René Nicolas de [frz. mo'pu], *Paris 25. Febr. 1714, † Le Thuit (Eure) 29. Juli 1792, frz. Politiker. - Ab 1768 Kanzler Ludwigs XV.; 1771 entmachtete M. das Pariser Parlament und gründete neue Gerichtshöfe mit fest besoldeten, von der Krone abhängigen Richtern; 1774 verbannt.

Maupertuis, Pierre Louis Moreau de [frz. moper'tɥi], *Saint-Malo 28. Sept. 1698, † Basel 27. Juli 1759, frz. Physiker und Mathematiker. - Mgl. der Académie des sciences, in deren Auftrag er 1736/37 eine Lapplandexpedition unternahm, die er durch Gradmessung längs des Meridians die Abplattung der Erde nachwies. 1746 zum Präs. der Preuß. Akad. der Wiss. in Berlin ernannt. 1744 stellte er ein † Prinzip der kleinsten Wirkung auf.

Maupertuis [frz. moper'tɥi], Ebene im Tal der Vienne, sö. von Poitiers, Frankr.; in der *Schlacht von M. (Schlacht von Poitiers)* wurde am 19. Sept. 1356 Johann II., der Gute, von Frankr. von den Engländern besiegt und gefangengenommen.

Maupertuissches Prinzip [moper'tɥi...; nach P. L. M. de Maupertuis], svw. Euler-Maupertuis-Prinzip († Prinzip der kleinsten Wirkung).

Mau Range [engl. 'maʊ 'reɪndʒ], bis 3 098 m hohes Gebirge in Z-Kenia, Teil der westl. Randschwelle des Ostafrikan. Grabens.

Maura y Montaner, Antonio [span. 'maura i monta'nɛr], *Palma de Mallorca 2. Mai 1853, † Torrelodones bei Madrid 13. Dez. 1925, span. Politiker. - Rechtsanwalt; 1881 liberaler Abg.; ab 1901 Führer der Konservativen; 1892–1903 mehrfach Min.; bis 1922 fünfmal Min.präs.; schloß 1904 den Marokkovertrag mit Frankreich.

Maureen [engl. 'mɔːriːn, mɔːˈriːn], engl. weibl. Vorname ir. Ursprungs, eigtl. „Mariechen".

Mauren, arab.-berber. Mischbev. in NW-Afrika, z. T. mit negridem Einschlag.
◆ (span. los moros) Bez. für die Muslime arab. und berber. Herkunft, die von 711 bis 1492 in weiten Teilen Spaniens herrschten.

Maurer, Friedrich, *Lindenfels 5. Jan. 1898, † Merzhausen (Landkr. Breisgau-Hochschwarzwald) 7. Nov. 1984, dt. Germanist. - 1929 Prof. in Gießen, 1931 in Erlangen, 1937 in Freiburg im Breisgau; zahlr. bed. Arbeiten zur dt. Literatur des MA, v. a. zu Walther von der Vogelweide und zur religiösen Dichtung des 11. und 12.Jh., sowie zur dt. Sprachgeschichte und Mundartenkunde.

M., Georg Ludwig Ritter von (seit 1831), *Erpolzheim (Landkr. Bad Dürkheim) 2. Nov. 1790, † München 9. Mai 1872, dt. Jurist und Politiker. - 1832–34 Mgl. des griech. Regentschaftsrates und Redaktor wichtiger griech. Gesetze. Ab 1824 zahlr. Veröffentlichungen zur ma. Rechtsgeschichte.

M., Ion Gheorghe, *Bukarest 23. Sept. 1902, rumän. Politiker. - Rechtsanwalt; im 2. Weltkrieg als Kommunist in Haft. 1945–51 und wieder seit 1958 Mgl. des ZK der KP, seit 1960 des Politbüros; 1957/58 Außenmin., 1958–61 Vors. des Präsidiums der Großen Nat.versammlung (Staatsoberhaupt), 1961–74 Min.präs.; im Nov. 1974 aus Gesundheitsgründen von allen Ämtern entbunden.

Maures, Monts des [frz. mõdeˈmɔːr], südfrz. Bergland an der Küste der Provence, bis 779 m hoch.

Maureske [frz., zu span. morisco „maurisch"], vegetabil. Ornament islam. Herkunft (stilisierte Gabelblattranke), das ganze Flächen überzieht; in der Renaissance im christl. Europa aufgenommen; auch als Arabeske bezeichnet.

Mauretanien

(amtl.: Al Dschumhurijja Al Muslimijja Al Muritanijja, République Islamique de Mauritanie), Republik in Westafrika, zw. 14° 30′ und 27° 0′ n. Br. sowie 4° 10′ und 17° 30′ w. L. **Staatsgebiet:** M. grenzt im W an den Atlantik, im NO an Algerien, im O und östl. S an Mali, im S an Senegal und im NW an Westsahara. **Fläche:** 1 030 700 km². **Bevölkerung:** 1,9 Mill. E

Mauretanien

(1985), 1,8 E/km². **Hauptstadt:** Nouakchott. **Verwaltungsgliederung:** 12 Regionen und der Stadtbez. von Nouakchott. **Amtssprachen:** Arabisch und Französisch. **Staatsreligion:** Sunnit. Islam. **Nationalfeiertag:** 28. Nov. (Unabhängigkeitstag). **Währung:** Ouguiya (UM) = 5 Khoums (KH). **Internat. Mitgliedschaften:** UN, OAU, Arab. Liga; der EWG assoziiert. **Zeitzone:** Greenwich Mean Time, d. i. MEZ − 1 Std.

Landesnatur: M. erstreckt sich vom Atlantik bis weit in die Sahara hinein. Charakterist. sind weite Ebenen. Die Monotonie der Landschaft wird unterbrochen durch die Steilanstiege der Plateaus von Adrar und Tagant, die im O auf die Küstenebene folgen, tief in die Plateaus eingeschnittene Wadis sowie Inselberge, die maximal 915 m Höhe erreichen. ²/₃ des Staatsgebiets liegen in der Sahara; im NO liegt die abflußlose Senke El Djouf. Im SO bildet der untere Senegal die Staatsgrenze. Sein Tal ist das günstigste Siedlungsgebiet des Landes.
Klima: Überwiegend trockenes Wüstenklima. Nur der S des Landes erhält im Sommer etwa 300 mm Niederschlag/Jahr. Der Winter ist durch den heißen sandbeladenen Harmattan bestimmt.
Vegetation: Sie reicht von der Trockensavanne im S über die Dornstrauchsavanne des Sahel bis in die Wüste.
Tierwelt: In der Trockensavanne leben Elefanten, Löwen, Geparde und Leoparden. Im N gibt es Gazellen, um Nouakchott Warzenschweine und Schakale, im Adrar Streifenhyänen. An der Küste um Kap Blanc leben Seehunde, an der Senegalmündung Seekühe (infolge des kalten Kanarenstroms).
Bevölkerung: Größte ethn. Gruppe sind die arab.-berber. Mauren mit 75–80%, davon ⅓ mit schwarzafrikan. Einschlag. Die Mauren leben überwiegend als Nomaden oder Halbnomaden. 20% der Gesamtbev. sind Schwarzafrikaner, die im S seßhaft sind. 24% der Bev. leben in Städten. Das Landesinnere, der N und O sind bis auf wenige Oasen unbewohnt. 99% sind Muslime, 1% Christen. Grundschulen gibt es in jedem Ort. In Nouakchott wurde 1983 eine Univ. eingerichtet.
Wirtschaft: Die Landw. ist im Überschwemmungsgebiet am Senegal konzentriert; hier wird v. a. Hirse und Reis angebaut. Im Sahel ist z. T. mit Hilfe künstl. Bewässerung lokaler Anbau von Hirse, Mais, Gemüse u. a. mögl. In den Oasen breiten sich Dattelpalmhaine aus, in deren Schatten Gemüse, Tabak, Weizen, Hirse angebaut werden. Bedeutender als der Ackerbau ist die Viehzucht (Kamele, Rinder, Schafe, Ziegen, Esel). Wichtig ist auch das Sammeln von Gummiarabikum durch die Nomaden. Die Küstengewässer sind sehr fischreich. Wichtigster Wirtschaftszweig ist der Bergbau. M. ist nach Liberia der zweitgrößte afrikan. Eisenerzlieferant. Außerdem werden Kupfererze sowie Yttriumerz abgebaut. Die Ind. beschränkt sich, abgesehen von einer Erdölraffinerie, auf die Verarbeitung von Fisch und landw. Erzeugnissen.
Außenhandel: Ausgeführt werden Eisen- und Kupfererz, Fischerzeugnisse, Gummiarabikum, eingeführt Maschinen und Geräte, Kfz., Erdölderivate, Getreide und -erzeugnisse, Eisen und Stahl, Zucker und Honig, Metallwaren u. a. Wichtigste Partner sind die EG-Länder (bei denen Frankr. an 1., Spanien an 2., die BR Deutschland an 5. Stelle steht), Japan, die USA, Senegal, die VR China, die M. seit Jahren mit Entwicklungshilfe unterstützt.
Verkehr: Die Erzbahn von Zouerate zum Exporthafen Nouadhibou-Cansado, die auch Passagiere befördert, hat eine Länge von 675 km. Das Straßennetz ist 9098 km lang (überwiegend Pisten); Binnenschiffahrt auf dem Senegal, ganzjährig aber nur ab Podor. Wichtigster Hafen ist Nouadhibou-Cansado. Nouakchott und Nouadhibou verfügen über internat. ✈.
Geschichte: Seit dem 4. Jh. n. Chr. wanderten von N her Berber in das heutige M. ein, die im 11. Jh. durch die Almoraviden islamisiert wurden. Nach dem Zusammenbruch des Reiches der Almoraviden (1147) blieb der N-Teil des Landes in loser Abhängigkeit von Marokko, der S-Teil gehörte zum Reich Mali. 1448/49 errichteten die Portugiesen an der Baie du Lévrier das Fort Arguin. Im späten 18. Jh. ließen sich die Franzosen am Senegal nieder. Erst nach der Jh.wende begann Frankr. das Land nördl. des Senegal zu durchdringen. Seit 1905 leisteten Araber und Berber heftigen Widerstand; der N war erst 1934 endgültig unterworfen, 1904 proklamierte Frankr. das Territorium M., gliederte es 1920 (als Kolonie) Frz.-Westafrika ein, gab ihm 1946 den Status eines Überseeterritoriums innerhalb der Frz. Union, 1958 den einer autonomen Republik innerhalb der Frz. Gemeinschaft; 1960 wurde M. unabhängig. 1970 wurde zw. M. und Marokko, das Ansprüche auf das mauretan. Gebiet gestellt hatte, ein Freundschaftsvertrag geschlossen, in dem beide Staaten sich gegenseitige territoriale Integrität zusicherten. Nachdem M. Ende 1975 mit Spanien und Marokko die Annexion des südl. Teils der span. Westsahara vereinbart hatte, brach es im März 1976 die diplomat. Beziehungen zu Algerien ab, das die Befreiungsbewegung FPOLISARIO unterstützte und die von dieser ausgerufene Arab. Republik Sahara anerkannte. Im April 1976 einigten sich M. und Marokko in einem Grenzabkommen über die Grenzziehung in der Westsahara sowie über die wirtsch. Zusammenarbeit in diesem Gebiet. Wohl auf Grund des Konflikts mit der FPOLISARIO, ungelöster wirtsch. Schwierigkeiten und zunehmender Machtkonzentration beim Staatspräs. (seit

Maurische Landschildkröte

1961 Moktar Ould Daddah), kam es am 10. Juli 1978 zu dessen Sturz in einem unblutigen Militärputsch unter Führung Oberleutnants Mustafa Ould Muhammad Salek, der die Macht übernahm. Nach dessen Rücktritt wurde Juni 1979 M. M. Ould Lonly Staatsoberhaupt, der im Jan. 1980 von M. K. Ould Haydallah abgelöst wurde. Im Aug. 1979 schlossen die FPOLISARIO und M. einen Friedensvertrag, in dem M. seine Ansprüche auf die Westsahara zurückzog. Daraufhin wurden auch die diplomat. Beziehungen zu Algerien wieder aufgenommen. Im Nov. 1979 stimmte M. in der UN-Kommission für Entkolonialisierung einer Resolution zu, wonach als Vertretung der Bev. in der Westsahara die FPOLISARIO anerkannt werden müsse. Im Dez. 1984 wurde Haydallah durch einen Militärrat unter M. O. S. Taya gestürzt.
Politisches System: Nach der Verfassung vom 20. Mai 1961, seit dem Militärputsch vom 10. Juli 1978 außer Kraft gesetzt, ist M. eine islam. Republik mit dem Charakter einer Präsidialdemokratie. *Staatsoberhaupt* u. Chef der *Exekutive* ist der Präsident des Militärkomitees für Nationalen Wiederaufbau (seit 1984 Oberst M. O. S. Taya). Das verfassungsmäßige Organ der *Legislative*, die Nationalversammlung (zuletzt 77 auf 5 Jahre gewählte Abg.), wurde aufgelöst, seine Funktion wird vom Militärkomitee für Nat. Wiederaufbau wahrgenommen, das mit Dekreten regiert. Die einzige *Partei*, der „Parti du Peuple Mauritanien" (PPM), aus dem Zusammenschluß aller polit. und Stammesparteien hervorgegangen, wurde 1978 verboten. Dachverband der *Gewerkschaften* ist die 1961 gegr., seit 1971 in die PPM integrierte „Union des Travailleurs de Mauritanie" mit rd. 10000 Mgl. *Verwaltungs*mäßig ist M. in 12 Regionen und den Bez. der Hauptstadt gegliedert. In M. gelten nebeneinander islam. und Stammesrecht sowie europ. beeinflußtes *Recht*. Die *Streitkräfte* umfassen rd. 15000 Mann, die paramilitär. Kräfte rd. 5000 Mann.
📖 *Introduction à la Mauritanie. Paris 1979.* - *Atlas République Islamique de Mauritanie. Paris 1977.* - *Arnaud, J.: La Mauritanie. Aperçu historique, géographique et socio-économique. Paris 1972.* - *Reichhold, W.: Islam. Rep. M. Bonn 1964.*
Mauretanien (lat. Mauretania), histor. Gebiet in NW-Afrika, im O an Numidien grenzend; urspr. karthag. Einflußgebiet; ab 40 n. Chr. in die röm. Prov. *Mauretania Tingitana* und *Mauretania Caesariensis* geteilt; u. a. auf Grund des Vandaleneinfalls 429 Aufstände der einheim. Bev.; Rückeroberung durch Byzanz 534/548.
Maurhurl, Richard ['maʊərhu:t], Schriftsteller, † Traven, B.
Mauriac, François [frz. mɔ'rjak], Pseud. Forez, * Bordeaux 11. Okt. 1885, † Paris 1. Sept. 1970, frz. Schriftsteller. - Gilt als einer der größten kath. Romanciers des 20. Jh.; ab 1933 Mgl. der Académie française. Bekämpfte während des Span. Bürgerkriegs Franco in zahlr. Artikeln; unterstützte während der dt. Besetzung Frankr. die Résistance (1940–44); nach dem 2. Weltkrieg großer Einfluß als konservativer Politiker (Anhänger de Gaulles) und Kulturkritiker durch seine publizist. Tätigkeit; in seinen v. a. in der großbürgerl. Welt des südwestl. Frankr. spielenden Romanen und Erzählungen, die knapp konzipiert, einfach und plast. erzählt sind, gestaltete M. den Konflikt zw. Gut und Böse, himml. und ird. Liebe im Sinne der kath. Ethik. Als Dramatiker war M. nur mit „Asmodi" (1948) erfolgreich. Erhielt 1952 den Nobelpreis für Literatur.
Weitere Werke: Fleisch und Blut (R., 1920), Der Aussätzige und die Heilige (R., 1922), Das Geheimnis Frontenac (R., 1933), Das Ende der Nacht (R., 1935), Die Pharisäerin (R., 1941), Galigai (R., 1952), Das Lamm (R., 1954), De Gaulle (Biogr., 1964), Die düsteren Jahre (polit. Memoiren, 1967), Der Jüngling Alain (R., 1969), Maltaverne (R., hg. 1972).
Maurice [frz. mɔ'ris], frz. Form des männl. Vornamens Moritz.
Maurier, Daphne du † du Maurier, Daphne.
Maurikios, Flavios Tiberios (Mauricius, Mauritius), * wohl in Arabissos (Kappadokien) um 540, † bei Chalkedon 23. Nov. 602, byzantin. Kaiser (seit 582). - M. errichtete die Exarchate von Ravenna und Karthago, verhalf 590 Chosrau II. zum Thron (591 Frieden mit den Persern), kämpfte ab 592 gegen Slawen und Awaren im N (Frieden 600); bei der Revolte des Phokas getötet.
Mauriņa, Zenta [lett. 'mauɾɪɲa] (Maurina), * Lejasciems (Lettland) 14. Dez. 1897, † Basel 24. April 1978, lett. Schriftstellerin. - Emigrierte 1944 nach Deutschland, ab 1946 in Schweden (dort naturalisiert), ab 1965 in der BR Deutschland. Ihr Werk (Biographien, Essays, Romane, Erzählungen und Aphorismen) ist von einem überkonfessionellen christl. Glauben geprägt, u. a. „Dostojewskij" (Biogr., 1929), „Mosaik des Herzens" (Essays, 1947), „Verfremdung und Freundschaft" (Essays, 1967), „Tod im Frühling" (1972), „Mein Lied von der Erde" (Autobiogr., 1976).
Mauriner, frz. Benediktiner-Reformkongregation, 1618 durch Zusammenschluß mehrerer Klöster gegr.; Zentrum war die Abtei Saint Germain-des-Prés, Paris. Die Kongregation befand sich in erneuertes Ordensleben an. Neben Schule und Seelsorge wurde die kirchen- und ordensgeschichtl. Forschung zum bevorzugten Arbeitsgebiet; in der Frz. Revolution aufgelöst.
Maurische Landschildkröte (Testudo graeca), bis 25 cm große Landschildkröte in S-Europa, N-Afrika und SW-Asien; unterscheidet sich von der sehr ähnl. Griech.

Mauritius

Landschildkröte u. a. durch das Fehlen eines hornigen Endnagels am Schwanz; in Europa zwei Unterarten: Testudo graeca graeca (S-Spanien) und Iber. Landschildkröte (Testudo graeca ibera; SO-Europa).

Mauritius, männl. Vorname, † Moritz.

Mauritius, byzantin. Kaiser, † Maurikios.

Mauritius, hl., † Agaunum (= Saint-Maurice, Wallis) zw. 280 und 300, röm. Legionär und christl. Märtyrer. - Soll Anführer der † Thebaischen Legion gewesen und zus. mit ihr wegen seines Glaubens hingerichtet worden sein. - Als Ritter zu Fuß oder Pferd, manchmal als Neger dargestellt.

Mauritius

[mauˈriːtsiʊs], parlamentar. Monarchie im Ind. Ozean, zw. 10° und 20° 30′ s. Br. sowie 56° 40′ und 63° 30′ ö. L. **Staatsgebiet:** Es umfaßt die rd. 800 km östl. von Madagaskar gelegene Insel M. (1 865 km²) sowie die 550 km östl. von M. gelegene Insel Rodrigues (104 km²), die 400 km nnö. von M. gelegenen Cargados-Carajos-Inseln (1,3 km²) und die rd. 100 km nördl. von M. gelegenen Agalega Islands (70 km²). **Fläche:** 2 040 km². **Bevölkerung:** 1,0 Mill. E (1983), 490,4 E/km². **Hauptstadt:** Port Louis (auf M.). **Verwaltungsgliederung:** 9 Distr., Rodrigues hat Sonderverwaltung. **Amtssprache:** Engl. (Umgangssprachen: Kreol., Hindi, Frz.). **Währung:** Mauritius-Rupie (MR) = 100 Cents. **Internationale Mitgliedschaften:** Commonwealth, UN, OCAM, OAU; der EWG assoziiert. **Zeitzone:** MEZ + 3 Std.

Landesnatur: Das Innere der Insel Mauritius nehmen bis zu 670 m ü. d. M. ansteigende Plateaus ein, die von Vulkanen (bis 826 m ü. d. M.) überragt werden und nach N sanft, nach S und W steil zur buchtenreichen Küste abfallen. Auch Rodrigues (bis 396 m ü. d. M.) ist vulkan. Ursprungs. Beide Inseln sind von Korallenriffen umgeben. Die *Agalega Islands* bestehen aus zwei durch eine Sandbank verbundenen Koralleninseln; auch die *Cargados-Carajos-Inseln* setzen sich aus Koralleninseln und Riffen zus.

Klima: Das trop. Klima ist gekennzeichnet durch eine sommerl. Regenzeit von Nov.–April. Trop. Wirbelstürme sind in dieser Zeit häufig.

Vegetation, Tierwelt: Der trop. Regenwald wurde fast völlig zerstört. In höheren Lagen noch urspr. Bambus- und Buschvegetation. Aufgeforstet wird u. a. mit Kiefern. Auf M. findet sich eine der seltensten Vogelarten der Erde, der Mauritiusfalke.

Bevölkerung: Sie zeichnet sich durch große rass., religiöse und kulturelle Verschiedenartigkeit aus. Die weißhäutigen Franko-Mauritier sind die kleinste, aber einflußreichste Gruppe. 70% sind ind. Abstammung (Indo-Mauritier); 28% der Bev. sind Kreolen oder stammen von Europäern und Afrikanern ab, 2,3% sind Chinesen. 43% leben in Städten. Über 90% der schulpflichtigen Kinder sind eingeschult. Der Staat verfügt über eine Univ. in Le Reduit (gegr. 1967).

Wirtschaft: Wichtigste Grundlage ist der Anbau von Zuckerrohr, daneben von Tee und die Gewinnung von Aloefasern. Außerdem werden Reis, Kartoffeln, Obst und Erdnüsse angebaut sowie Vieh gehalten, doch reicht die Produktion der Grundnahrungsmittel zur Versorgung der Bev. nicht aus. Neben der zuckerverarbeitenden Ind. sind Teefabriken, die Getränke- und die Textilind. wichtig, daneben Uhrenmontage, Schuhherstellung u. a. In der Freihandelszone von Port Louis haben sich zahlr. Ind.betriebe niedergelassen. Der Fremdenverkehr ist ein bed. Wirtschaftsfaktor.

Außenhandel: M. führt Zucker, Melasse, Tee aus; eingeführt werden Lebensmittel, Erdölprodukte, Textilien, Düngemittel, Maschinen, Elektroartikel, Vieh u. a. Die wichtigsten Partner sind Großbrit., Frankreich, Kanada, USA, Südafrika und Australien.

Verkehr: Das Straßennetz ist 1 782 km lang. Einziger Überseehafen ist Port Louis; internat. ⌧ Plaisance auf Mauritius.

Geschichte: Das schon den Arabern und Malaiien bekannte M. wurde zw. 1507/12 erstmals von Europäern besucht. 1598 nahmen Holländer M. in Besitz und benannten es nach ihrem Statthalter Moritz, Prinz von Oranien. Die 1710 von den Holländern verlassene Insel kam 1715 als Île de France in Frankr., das M. 1810 an Großbrit. abtreten mußte. M. wurde 1968 unabhängig. 1972 wurde nach inneren Unruhen der Ausnahmezustand verhängt, die vorgesehenen Wahlen fanden erst 1976 statt. Bei den Wahlen im Aug. 1983 gewann die MSM/MLP/PMSD-Allianz 46 der 70 Sitze in der Gesetzgebenden Versammlung; die Partei Mouvement Militant Mauricien (MMM), bisher Regierungspartei, erhielt 22 Sitze, die Organisation du Peuple Rodriguais (OPR) 2 Sitze.

Politisches System: Nach der Verfassung vom 12. Aug. 1967 (mit Änderungen vom März 1968) ist M. eine unabhängige parlamentar. Monarchie innerhalb der Commonwealth. *Staatsoberhaupt* und oberster Inhaber der *Exekutive* ist Königin Elisabeth II., vertreten durch einen Generalgouverneur, den Premierminn. (seit Jan. 1986 Sir Veerasamy Ringadoo) und auf dessen Vorschlag die Mgl. des (dem Parlament verantwortl.) Kabinetts ernennt. Die Min. müssen dem Parlament angehören. Die *Legislative* liegt bei der Gesetzgebenden Versammlung (Speaker, 62 auf 5 Jahre gewählte, 8 zusätzl. Mgl.). Nach den Wahlen vom Aug. 1983 besteht eine Reg.koalition aus der Partei Mouvement Socialiste Militant (MSM), der M. Labour Party (MLP) und der Parti Mauricien Social Démocrate (PMSD).

Mäuse

*Verwaltung*smäßig ist M. in 9 Distrikte mit Distrikträten gegliedert; Rodrigues hat eine eigene Verwaltung. Die Rechtsprechung basiert auf frz. und brit. *Recht*. Es gibt keine *Streitkräfte*; die bewaffnete Polizei umfaßt rd. 4000 Mann. Es besteht ein Verteidigungsabkommen mit Großbritannien.
📖 *Dörr, W.: M. Köln 1985. - Guderjahn, M.: M. u. Reunion. Pforzheim 1982. - Toussaint, A.: Histoire de l'île Maurice. Paris ³1978. - Wright, C.: M. Harrisburg (Pa.) 1974.*

Mauritius, brit. Kolonialpostwertzeichen mit dem Kopfbild der Königin Viktoria von der Insel M.; zwei Werte der 1. Auflage von 1847 zu je 500 Stück: *die rote* (eigtl. orange) *M.* (One Penny) und *die [dunkel]blaue M.* (Two Pence) gelten wegen des angebl. Fehldrucks „Post Office" statt „Post Paid" als philatelist. Raritäten ersten Ranges. Vermutlich ist diese Inschrift, die auch noch in der 2. Auflage erschient, nach dem Vorbild des damals verbreiteten brit. Frankierungsstempels „Post Office" entstanden. 1912 wurden wenige Exemplare von der Originalplatte in schwarzer Farbe nachgedruckt.

Mauritiushanf [nach der Insel Mauritius] (Cajum), Faser aus den Blättern eines im trop. Amerika beheimateten Agavengewächses. Verwendung in der Sackfabrikation, für Pferdedecken und Netze.

Maurja, altind. Dyn., um 322 v. Chr. von Tschandragupta M. gegr.; beherrschte unter Aschoka den größten Teil Indiens. Der letzte M.herrscher wurde um 180 v. Chr. ermordet.

Mauro, Fra, † Venedig 1460, italien. Kartograph. - Kamaldulensermönch. Die von ihm angefertigte kreisförmige Weltkarte (1459; Durchmesser 1,96 m) ist verlorengegangen. Ein von seinen Gehilfen 1460 hergestelltes Duplikat befindet sich in der Markusbibliothek in Venedig.

Maurois, André [frz. mɔ'rwa], urspr. Émile Herzog, * Elbeuf bei Rouen 26. Juli 1885, † Neuilly-sur-Seine 9. Okt. 1967, frz. Schriftsteller. - Sein umfangreiches Werk steht in der Tradition der frz. Moralisten und Rationalisten. Während des 1. Weltkriegs Dolmetschertätigkeit im brit. Hauptquartier; hieraus entstanden die sarkast. völkerpsycholog. Skizzen in den Erzählungen „Das Schweigen des Obersten Bramble" (1918) und „Die Gespräche des Doktors O'Grady" (1922). Mit „Ariel oder Das Leben Shelleys" (1923) begr. M. in Frankr. die Gattung des psycholog. pointierten „biographie romancé"; bes. bekannt wurden die Biographien über Lord Byron, George Sand, V. Hugo und M. Proust. Seine Romane schildern in psycholog. Nuancierung meist Ehe- und Gefühlsprobleme des frz. Großbürgertums und üben iron. Gesellschaftskritik, v. a. „Wandlungen der Liebe" (1928), „Im Kreis der Familie" (1932), „Rosen im September" (1956). Auch großangelegte histor. Darstellungen über die USA, UdSSR u. a. Länder. M. wurde 1938 Mgl. der Académie française.
Weitere Werke: Die drei Dumas (Biogr., 1957), Prometheus oder Das Leben Balzacs (Biogr., 1965), Memoiren (hg. 1970).

Mauroy, Pierre [frz. mo'rwa], * Cartignies (Nord) 5. Juli 1928, frz. Politiker. - Sozialist; 1973–81 Bürgermeister von Lille und Abg. in der Nat.versammlung; Mai 1981 bis Juli 1984 Premierminister.

Maurras, Charles [frz. mɔ'rɑːs], * Martigues (Bouches-du-Rhône) 20. April 1868, † Saint-Symphorien bei Tours 16. Nov. 1952, frz. Schriftsteller, Journalist und Politiker. - Als Mitbegründer und führender Ideologe der royalist.-chauvinist. Action française verfocht M. eine radikal antidemokrat. und antisemit. Politik. Ein Teil seiner einflußreichen polit.-philosoph. Schriften, in denen er seine antiklerikalen, atheist. und antisemit. Anschauungen vertrat, wurde 1926 von der röm. Kurie auf den Index gesetzt; profaschist. eingestellt; befürwortete 1939 einen Sonderfrieden mit Deutschland; unterstützte nach 1940 das Regime Pétains und wurde 1945 zu lebenslanger Haft verurteilt, 1952 begnadigt.

Maursmünster (amtl. Marmoutier), Ort im Elsaß, Dep. Bas-Rhin, 2020 E. - Roman.-got. Kirche der ehem. Benediktinerabtei mit mächtigem Westbau (um 1140-50); Langhaus (13. Jh.) und Chor (1761-67 erneuert); Orgel von A. Silbermann.

Maurus, Hrabanus † Hrabanus Maurus.

Maury, Matthew Fontaine [engl. 'mɔːrɪ], * Fredericksburg (Va.) 14. Jan. 1806, † Lexington (Va.) 1. Febr. 1873, amerikan. Ozeanograph. - Urspr. Seeoffizier; ab 1868 Prof. für Meteorologie in Lexington. M. war einer der Begründer der modernen Ozeanographie („Die physikal. Geographie des Meeres", 1855).

Maus † Mäuse.

Mauscheln [zu jidd. Mausche „Moses" (als Spottname für einen jüd. Händler)], Kartenglücksspiel mit 32 Skatkarten zw. drei bis sechs, meist vier Spielern; jeder Spieler erhält zwei Karten, die dann aufgedeckte Karte bestimmt den Trumpf; es werden nochmals je zwei Karten verteilt, der Rest wird verdeckt aufgelegt. Der „Mauschler" (Spieler) muß mindestens zwei Stiche machen, den Mitspielern genügt ein Stich.

Mäuse, i. e. S. Bez. für kleinere Arten (bis etwa 15 cm Länge) der Echtmäuse mit mehr oder minder spitzer Schnauze mit langen Tasthaaren, relativ großen Ohren und Augen und etwa ebenso langem Schwanz; in M-Europa Feldwaldmaus, Gelbhalsmaus, Brandmaus, Hausmaus und Zwergmaus. Größere Arten der Echtmäuse werden im Ggs. hierzu meist als Ratten bezeichnet. - I. w. S. Bez. für verschiedene Fam., Unterfam. oder Gatt. der Mäuseartigen, z. B. Wühlmäuse, Rennmäuse, Blindmäuse, Langschwanz-

Mäuseartige

mäuse, Bilche und Taschenmäuse. - Keine M. sind die zu den Insektenfressern gehörenden Spitzmäuse.

Mäuseartige (Myomorpha), mit rd. 1 200 Arten weltweit verbreitete Unterordnung 5–50 cm langer Nagetiere. Man unterscheidet neun Fam.: Wühler, Blindmäuse, Wurzelratten, Langschwanzmäuse, Bilche, Stachelbilche, Salzkrautbilche, Hüpfmäuse und Springmäuse.

Mäusebussard (Buteo buteo), bis 56 cm großer, gut segelnder Greifvogel, v. a. in offenen Landschaften und Wäldern großer Teile Eurasiens, N-Amerikas sowie O- und S-Afrikas; fängt vorwiegend Mäuse; Bestände stark bedroht.

Mäusegerste ↑ Gerste.
Mäuseklee, svw. ↑ Hasenklee.
Mäusepocken (Ektromelie), durch Schwellungen und Nekrosen der Pfoten gekennzeichnete Infektionskrankheit der Nagetiere, bes. der Mäuse. Die M. spielen als Sonderform der Pocken eine wichtige Rolle bei der experimentellen Pockenforschung.

Mauser, Paul von (seit 1912), * Oberndorf am Neckar 27. Juni 1838, † ebd. 29. Mai 1914, dt. Konstrukteur. - Konstruierte, meist zus. mit seinem Bruder Wilhelm M. (* 1834, † 1882), verschiedene Gewehre (u. a. K 98, M 91, M 84), Revolver und Pistolen (bes. Selbstlader) und begr. mit diesem 1872 in Oberndorf am Neckar die Waffenfabrik Gebr. M. OHG, seit 1922 M.-Werke AG, seit 1975 M.-Werke Oberndorf GmbH (seit 1979 Tochtergesellschaft der Diehl GmbH & Co. Nürnberg); Produktion von Werkzeugmaschinen, Transferstraßen, Wehrtechnik, Jagdwaffen.

Mauser [zu lat. mutare „(ver)ändern, wechseln"], jahreszeitl. Wechsel des Federkleids *(Federwechsel)* bei Vögeln; ausgelöst durch vermehrte Hormonausschüttung u. a. der Schilddrüse. Man unterscheidet bes. zw. *Jugend-M.* (Jungvögel bekommen das Erwachsenenkleid; meist im ersten Herbst), *Brut-M.* und *Ruhe-M.* (Übergang vom Ruhe ins Brutkleid). - Auch der Haarwechsel der Säugetiere wird als M. bezeichnet.

Mäuseschwänzchen (Myosurus), Gatt. der Hahnenfußgewächse mit 6 Arten in außertrop. Gebieten der N- und S-Halbkugel. In Deutschland kommt nur das 5–11 cm hohe, gelblichgrüne **Zwerg-Mäuseschwänzchen** (Myosurus minimus) vor; mit schmallinealförmigen, grasartigen Blättern und mäuseschwanzartig verlängerter Blütenachse; Unkraut auf feuchten Äckern.

Mäuseturm ↑ Bingen.
Mäusezwiebel ↑ Szilla.
Maushirsche ↑ Zwergmoschustiere.
Mausmaki ↑ Zwergmakis.
Mausohr ↑ Fledermäuse.
Mausohr, svw. Kleines ↑ Habichtskraut.
Mausoleum [griech.-lat.], prächtiges Grabmal; Bez. nach dem Mausolos begonnenen und von seiner Gattin Artemisia gegen 350 v. Chr. vollendeten marmornen **Mausoleum von Halikarnassos,** das zu den Sieben Weltwundern zählte. Seine Gesamthöhe (über 40 m) entfiel zu gleichen Teilen auf einen Quadersockel und ein Hauptgeschoß (von 36 Säulen umgeben) mit 24stufiger Pyramide als Dach. Baumeister waren Pytheos und Satyros; den reichen plast. Schmuck schufen Skopas, Timotheos, Leochares und Bryaxis. Völlig abgetragen; Skulpturenreste (v. a. die Statuen des Königspaares) sind heute im Brit. Museum, London.

Mausolos ['maʊzɔlɔs, maʊ'zoːlɔs] (Maussolos, Mausollos), † 353 v. Chr., Dynast in Karien (seit 377). - Urspr. pers. Satrap; machte sich im Satrapenaufstand (362) selbständig und begr. ein eigenes Reich mit der Hauptstadt Halikarnassos.

Mauss, Marcel [frz. moːs], * Épinal 10. Mai 1872, † Paris 10. Febr. 1950, frz. Soziologe, Ethnologe und Religionswissenschaftler. - Neffe und Schüler É. Durkheims; Philosophieprof., Begründer der frz. Völkerkunde. Wichtiger Wegbereiter des ↑ Strukturalismus mit seinem Versuch, archaische Formen des Tausches („Die Gabe", 1925) als ein System von Verhaltensweisen zu analysieren, das Recht, Ökonomie und Religion gleichermaßen umfaßt.

Mausvögel (Colii, Coliiformes), Ordnung finkengroßer, vorwiegend mausartig grauer oder brauner, langschwänziger Vögel mit 6 Arten in Afrika.

Mauswiesel ↑ Wiesel.
Maut, südd. und östr. Bez. für Zoll, insbes. für Wegezoll, auch für die Zollstelle; *Mautner,* Zöllner. Für die Benutzung der sog. **Mautstraßen** (v. a. in den Alpen) wird eine Abgabe, die M., erhoben.

Mauterndorf, östr. Sommerfrische und Wintersportplatz im Lungau, Bundesland Salzburg, 1 122 m ü. d. M., 1 700 E. - Burg (13. und 16. Jh.), roman. Filialkirche Sankt Gertraud mit got. Flachdecke und spätgot. bemalter W-Empore (1513).

Mauthausen, oberöstr. Marktgemeinde an der Donau, 250 m ü. d. M., 4 400 E. Granitbildhauerzentrum, Heimatmuseum, Türen- und Kleiderfabrik. – 1208 erstmals erwähnt; 1335 Markt- und Niederlagsrecht. Nw. des Ortes das ehem. Vernichtungslager M. (1938–45, heute Gedenkstätte), in dem rd. 335 000 Häftlinge untergebracht waren, von denen mehr als 125 000 ermordet wurden. - Spätgot. Pfarrkirche, Schloß Pragstein (1491 ff.) auf einer Donauinsel; Wohnhäuser des 17. Jh.

Mauthner, Fritz, * Hořitz (tschech. Hořice, Ostböhm. Gebiet) 22. Nov. 1849, † Meersburg 29. Juni 1923, östr. Schriftsteller und Sprachphilosoph. - Mitbegründer der „Freien Bühne" in Berlin; Verf. von Gesellschafts- und histor. Romanen, auch von Dramen; bes. erfolgreich mit literar. Parodien („Nach berühmten Mustern", 1878–80). Philosoph. Vertreter eines strengen Nominalismus; forderte eine sprachkrit. Analyse der Philosophie. - *Weitere Werke:* Beiträge zu einer Kritik der Sprache (1901/02), Der Atheismus und seine Geschichte im Abendland (1920/23).

Mauvein [move'i:n; lat.-frz., zu mauve „malvenfarbig"] (Perkinviolett), ältester synthet. organ. Farbstoff (gehört zu den ↑Azinfarbstoffen); wird wegen mangelnder Farbechtheit nicht mehr verwendet.

Mawrokordatos, Alexandros Fürst, * Konstantinopel 11. Febr. 1791, † Ägina 18. Aug. 1865, griech. Politiker phanariot. Herkunft. - 1822 Vors. der griech. Nat.versammlung; nach der griech. Unabhängigkeitserklärung (1822) mehrfach Min.präs. und Gesandter; trug entscheidend zur Modernisierung Griechenlands bei.

Mawson, Sir (seit 1914) Douglas [engl. mɔ:sn], * Bradford (Yorkshire) 5. Mai 1882, † Adelaide 14. Okt. 1958, austral. Polarforscher brit. Herkunft. - 1907–09 Teilnehmer an der Antarktisexpedition E. H. Shackletons; führte 1911–14 die austral. Südpolexpedition, die weite Bereiche der Küste der O-Antarktis erforschte.

Max, männl. Vorname, Kurzform von Maximilian.

Max, Prinz von Baden, eigtl. Maximilian Alexander Friedrich Wilhelm, * Baden-Baden 10. Juli 1867, † Konstanz 6. Nov. 1929, dt. Reichskanzler (1918). - Vom 3. Okt.–9. Nov. 1918 Kanzler, richtete unter dem Druck der Obersten Heeresleitung das dt. Waffenstillstandsersuchen an die Alliierten. Er schlug zwar einen Reformkurs ein (u. a. Parlamentarisierung der Reichsreg.), setzte den Rücktritt Ludendorffs und die Abschaffung des preuß. Dreiklassenwahlrechts durch, scheiterte aber innenpolit. an Verspätung der Reformen, außenpolit. am Druck der mit den Vierzehn Punkten des amerikan. Präsidenten W. Wilson verbundenen Friedenserwartungen. Nach Verkündigung der Abdankungserklärung des Kaisers (9. Nov. 1918) übergab er das Reichskanzleramt an F. Ebert.

Maxentius, Marcus Aurelius Valerius, * um 279, ✕ an der Milv. Brücke 28. Okt. 312 (ertrunken), röm. Kaiser (seit dem 18. Okt. 306). - Entgegen den Diokletian. Nachfolgebestimmungen wurde er von Prätorianern und vom Volk zum Kaiser erhoben; 312 durch Konstantin I. an der Milv. Brücke besiegt.

Maxentiusbasilika, monumentale Basilika (Profanbau) am O-Ende des Forum Romanum in Rom, zw. 306 und 310 von Maxentius begonnen, nach 313 von Konstantin I. vollendet. Grundriß etwa 100 × 76 m.

Maxhütte-Haidhof, Stadt im Landkr. Schwandorf, Bayern, 9 000 E. Stahlwerk, Kleiderfabrik, Herstellung von grobkeram. und feuerfesten Produkten. - Das 1853 hier gegr. Eisen- und Stahlwerk Maxhütte wurde 1938 namengebend für die Gem.; seit 1953 Stadt.

maxi..., Maxi... [zu lat. maximus „der größte"], Bestimmungswort von Zusammensetzungen mit der Bed. „sehr groß, am größten".

Maxilla [lat.], in der Anatomie Bez. für den Oberkiefer des Menschen.

maxillar (maxillar) [lat.], in der Anatomie für: zum Oberkiefer gehörend.

Maxillen (Maxillae) [lat.], bei Gliederfüßern zwei auf den Oberkiefer nach hinten folgende Mundgliedmaßenpaare (erste und zweite M.; umgewandelte Extremitäten), die der Nahrungsaufnahme dienen. Die ersten M. werden auch als *Unterkiefer* oder *Mittelkiefer,* die zweiten als *Hinterkiefer* oder (bei Insekten) *Unterlippe* bezeichnet.

Maxim, Sir (seit 1901) Hiram [engl. 'mæksɪm], * bei Sangerville (Maine) 5. Febr. 1840, † Streatham (= London) 24. Nov. 1916, brit. Ingenieur amerikan. Herkunft. - Lebte ab 1883 in Großbrit.; konstruierte u. a. 1883/84 das erste brauchbare Maschinengewehr *(M.-Gewehr).*

Maxime [lat.-frz., zu mittellat. maxima (regula) „höchste (Regel)"], oberster Grundsatz oder Regel; zunächst in der Logik die obersten Grundsätze oder Regeln, die weder beweispflichtig als auch beweiszugängl. sind und von denen andere Sätze hergeleitet werden können; bereits im lat. MA Bez. für Lebensregeln; auch literar. Kunstform (meist iron. Kritik an übl. Meinungen, Sitten und Gebräuchen). Kant verwendet in seiner Ethik das Wort M. im Ggs. zum „Imperativ" für die subjektiven prakt. Grundsätze, d. h. die Handlungs- und Willensregeln, die sich jemand aufstellt.

♦ im *Recht* ↑Prozeßmaxime.

Maxim Grek (Maximos der Grieche), eigtl. Michail Triwolis, * Arta (Epirus) um 1475, † bei Moskau 1556, russ. theolog. Schriftsteller griech. Herkunft. - Ab 1506 Mönch auf dem Athos. Wurde 1518 nach Rußland gerufen, um griech. theolog. Werke ins Russ. zu übersetzen. Wegen seiner starken Kritik an den Mißständen der russ. Kirche als Häretiker verurteilt und bis zu seinem Lebensende eingekerkert. Seit dem 18. Jh. in Rußland als Heiliger verehrt.

Maximian (Marcus Aurelius Valerius Maximianus Herculius), * Sirmium (?) (= Sremska Mitrovica, Wojwodina) um 240, † Massilia (?) (= Marseille) 310, röm. Kaiser (286–305, Usurpation 307/308 und 310). - Mitregent Diokletians; Amtsniederlegung 305; kehrte bei Ausrufung seines Sohnes Maxentius in die Politik zurück (307), lebte nach einer zweiten Amtsniederlegung 308 am Hof Konstantins I.; endete vermutl. durch Selbstmord.

Maximierung [lat.], Steigerung bis zum äußersten; Ermittlung oder Erzielung des

Maximilian

höchstmögl. Wertes einer Größe, Funktion u. a. in einem bestimmten Bereich unter Berücksichtigung von Nebenbedingungen.

Maximilian, männl. Vorname lat. Ursprungs, eigtl. „der aus dem Geschlecht Maximinus".

Maximilian, Name von Herrschern: Hl. Röm. Reich:

M. I., * Wiener Neustadt 22. März 1459, † Wels 12. Jan. 1519, Röm. König (seit 1486), Erwählter Röm. Kaiser (seit 1508). - Sohn Kaiser Friedrichs III.; ∞ seit 1477 mit Maria von Burgund († 1482), deren Erbe er 1479 bei Guinegate gegen Ludwig XI. von Frankr. verteidigte. Nach Verlusten im Frieden von Arras (1482; Artois, Picardie, Franche-Comté) gewann er durch den Sieg von Salins über Karl VIII. 1493 einen großen Teil der burgund. Länder zurück (Friede von Senlis), konnte aber die Reichsrechte in Italien gegen Karl VIII. trotz aktiver Bündnispolitik (Liga von Venedig [1495] und Cambrai [1508], Hl. Liga [1511/12]) nicht wieder geltend machen, nicht zuletzt auf Grund seiner ständigen finanziellen Notlage (Geldgeber Jakob Fugger). Überdies schied die Schweiz nach dem Schwabenkrieg von 1499 fakt. aus dem Reichsverband aus. Dagegen gelang M. nach dem Tod von Matthias I. Corvinus 1490 die Rückeroberung der habsburg. Erblande und die Sicherung der habsburg. Anwartschaft auf die böhm. und die ungar. Krone. Auch bahnte M. durch die dynast. Doppelverbindungen seiner Kinder bzw. Enkel mit Aragonien-Kastilien und Böhmen-Ungarn eine weitere Vergrößerung der habsburg. Hausmacht an. - Um die Reichsstände für seine Politik zu gewinnen, kam M. auf den Reichstagen zu Worms (1495) und Augsburg (1500) den ständ. Reichsreformbestrebungen entgegen. Ein Ewiger Landfriede wurde verkündet, das Reich in Reichskreise eingeteilt; eine Reichssteuer (Gemeiner Pfennig) sollte erhoben werden. Dem Reichskammergericht stellte M. den kaiserl. Reichshofrat entgegen. Das 1. Reichsregiment scheiterte bald. - Die Forschung tendiert neuerdings dazu, in M. als dem „Kaiser an der Zeitenwende" zugleich den „letzten Ritter" und den „Vater der Landsknechte" zu sehen. M. war ein Förderer der Künste und Wiss., verfaßte selbst Schriften (u. a. über Jagd und Kriegskunst). Das allegor. Versepos „Theuerdank" (hg. 1517) mit der Schilderung seiner Brautfahrt zu Maria von Burgund geht in der Anlage auf M. zurück. Nach seinen Anweisungen entstand auch das um 1516 abgeschlossene allegor.-autobiograph. Prosawerk „Weißkunig" (nach dem weißen Harnisch, den M. in Turnier und Schlacht trug), ausgeführt vom Geheimschreiber Marx Treitzsaurwein.

Unterkircher, F.: M. I. Ein kaiserl. Auftraggeber illustrierter Hss. Stg. 1983. - Dericum, C.: M. I. Mchn. 1979. - Wiesflecker, H.: Kaiser M. I. *Das Reich, Österreich u. Europa an der Wende zur Neuzeit. Mchn. 1971-86. 5 Bde.*

M. II., * Wien 31. Juli 1527, † Regensburg 12. Okt. 1576, Röm. König von Böhmen (seit 1562), Kaiser (seit 1564). - Sohn Ferdinands I., 1548-50 Regent in Spanien; neigte zum Protestantismus, unterließ aber aus polit. Gründen den Übertritt. Seine Versuche, den Katholizismus in Österreich zu reformieren und einen konfessionellen Ausgleich zu schaffen, waren ebensowenig erfolgreich wie sein Vorgehen gegen die Osmanen; auch der Erwerb der poln. Königskrone (1573) mißlang.

Bayern:

M. I., * München 17. April 1573, † Ingolstadt 27. Sept. 1651, Herzog (seit 1597), Kurfürst (seit 1623). - Begr. gegen die prot. Union die kath. Liga, als deren Bundesoberst er mit seinem General Tilly Ferdinand II. im Böhm. Aufstand unterstützte. Dafür erhielt er 1623 die pfälz. Kurwürde, 1628 die Oberpfalz und Teile der Unterpfalz. Als einer der Hauptführer der kath. Partei im Dreißigjährigen Krieg und als Verfechter der kurfürstl. Vorrechte gegenüber dem Kaiser hatte M. maßgebl. Einfluß auf das Restitutionsedikt von 1629 und die Entlassung Wallensteins 1630. Die Verwüstung Bayerns veranlaßte ihn 1647 zum Waffenstillstandsabschluß mit Schweden und Frankr.; im Westfäl. Frieden auf seiten des kath. Frankr., konnte er sich die Kurwürde und den Besitz der Oberpfalz erhalten. - Bildete Bayern zum frühabsolutist. Staat aus.

M. II. Emanuel, * München 11. Juli 1662, † ebd. 26. Febr. 1726, Kurfürst (seit 1679). - Zeichnete sich im Türkenkrieg (1683-88) als Verbündeter (ab 1682) Kaiser Leopolds I. aus. Seit 1692 Statthalter der Niederlande; nach dem plötzl. Tod seines zum Erben Spaniens bestimmten Sohnes Joseph Ferdinand kämpfte M. im Span. Erbfolgekrieg auf seiten Frankr., wurde aber bei Höchstädt a.d. Donau 1704 geschlagen, geächtet und vertrieben. Er erhielt jedoch in den Friedensschlüssen von Rastatt und Baden 1714 Bayern zurück. 1724 schloß er sich mit den Kurfürsten von Trier, Köln und der Pfalz in der Wittelsbachischen Hausunion zusammen.

M. III. Joseph, * München 28. März 1727, † Schloß Nymphenburg (= München) 30. Dez. 1777, Kurfürst (seit 1745). - Schloß den Frieden von Füssen (1745) und führte innere Reformen durch (u. a. Kodifikationen des Straf- und Zivilprozeßrechts, kirchenpolit. Verordnungen); 1759 Gründung der Bayer. Akademie der Wiss. in München.

M. I. Joseph, * Mannheim 27. Mai 1756, † Schloß Nymphenburg (= München) 13. Okt. 1825, König (seit 1806), als M. IV. Joseph Kurfürst (seit 1799). - Wurde nach dem Tode Karl Theodors von der Pfalz Kurfürst. Durch seinen Anschluß an Napoléon Bonaparte (1801) erlangte er die Königswürde und erhebl. Landgewinne in Franken und

Schwaben, die er durch den Übertritt zu den Alliierten (1813) weitgehend sichern konnte.

M. II. Joseph, *München 28. Nov. 1811, † ebd. 10. März 1864, König (seit 1848). - Folgte der liberalen Richtung, bekämpfte aber die preuß. Unionspolitik, verweigerte die Annahme der Reichsverfassung und verfolgte eine ↑ Triaspolitik; Förderer von Wiss. und Kunst.

Mexiko:

M., eigtl. Ferdinand Maximilian, Erzhzg. von Österreich, * Wien 6. Juli 1832, † Querétaro 19. Juni 1867 (erschossen), Kaiser (seit 1864). - Bruder Kaiser Franz Josephs I.; verwaltete 1857–59 das Kgr. Lombardo-Venetien. Nahm im Okt. 1863 auf Betreiben Napoleons III., der ihm militär. Unterstützung zusicherte, die mex. Kaiserkrone an und vertrieb mit Hilfe frz. Truppen den mex. Präs. B. Juárez García. Als die USA nach dem Ende des Sezessionskrieges auf Abzug der frz. Truppen drängten, verließ M. das Land nicht; in Querétaro eingeschlossen, ergab er sich am 14. Mai 1867 Juárez García. Ein Kriegsgericht verurteilte ihn zum Tode.

Pfalz-Bayern:

M. IV. Joseph, Kurfürst ↑ Maximilian I. Joseph, König von Bayern.

Maximiliansgrab, Bronzegrabmal Kaiser Maximilians I. in der Hofkirche in Innsbruck; 1508 nach Plänen des Humanisten K. Peutinger in Auftrag gegeben. Geplant waren 40 Statuen, 34 Büsten und 100 Heiligenstatuetten. Von den 28 aufgestellten Bronzestatuen sind die König Artus' und König Theoderichs d. Gr. in der Werkstatt Peter Vischers d. Ä. gegossen.

Maximiliansgrab. König Artus, gegossen in der Werkstatt Peter Vischers d. Ä. (1513)

Maximinus, Name röm. Kaiser:

M., Gajus Galerius Valerius, gen. M. Daja, † Tarsus im Sommer 313, Kaiser (seit 310). - Seit 305 Caesar der Diözesen Oriens und Ägypten, 310 Augustus; führte rigorose Christenverfolgungen durch; 313 Krieg gegen Licinius und Niederlage bei Adrianopel.

M., Gajus Julius Verus, gen. M. Thrax, * in Thrakien um 173, † Aquileja im Sommer 238, Kaiser (seit 235). - Nach Ermordung des Severus Alexander in Mainz von den Truppen (erster „*Soldatenkaiser*") als Kaiser ausgerufen; kämpfte erfolgreich gegen Alemannen, Daker und Sarmaten (236). Auf dem Vormarsch gegen die vom Senat ernannten Gegenkaiser Balbinus und Marcus Clodius Pupienus Maximus ermordet.

Maximow, Wladimir Jemeljanowitsch, * Leningrad 9. Dez. 1932, russ.-sowjet. Schriftsteller. - Schrieb Gedichte und Erzählungen, die er jedoch nicht veröffentlichen durfte, ebenso wie den regimekrit. Roman „Die sieben Tage der Schöpfung", der 1972 in einem Samisdat-Verlag herauskam. 1974 ging M. nach Paris. - *Weitere Werke:* Dennoch lebt der Mensch (R., 1962), Quarantäne (R., 1973), Abschied von Nirgendwo (R., 1973), Die Ballade von Sawwa (R., 1975), Eine Arche für die Nichtgeladenen (R., 1979), Der weiße Admiral (R., dt. 1986).

Maximum [lat. „das Größte, Höchste"], Höchstwert, größter Wert.

Maximumthermometer, Quecksilberthermometer, mit dem der Höchstwert der Temperatur zw. zwei Ablesungen bestimmt werden kann. Zw. Thermometergefäß und Kapillare des Thermometers ist eine Verengung angebracht, durch die das Quecksilber bei steigender Temperatur in die Kapillare, bei sinkender Temperatur jedoch nicht in das Thermometergefäß zurückgelangen kann; der Quecksilberfaden reißt ab und bleibt in voller Länge in der Kapillare. Durch kräftiges Schütteln nach unten wird der abgerissene Quecksilberfaden wieder mit dem Quecksilber im Thermometergefäß vereinigt.

Maximus, Magnus, † Aquileja 28. Aug. 388, röm. Kaiser (seit 383). - 383 in Britannien zum Kaiser ausgerufen, konnte seine Anerkennung durchsetzen (in Britannien, Spanien, Gallien; Residenz Trier). 388 von Theodosius I. bei Siscia (= Sisak) und Poetovio (= Ptuj) besiegt; von Soldaten umgebracht.

Maximus, Marcus Pupienus Clodius, röm. Kaiser, ↑ Pupienus.

Maximus Confessor (Maximos Homologetes), hl., * Konstantinopel um 580,

Max-Planck-Gesellschaft ...

† Schemarion (Transkaukasien) 662, byzantin. Theologe. - Zunächst im kaiserl. Dienst, dann Mönch; Hauptgegner des Monotheletismus; beteiligt an der Entscheidung der Lateransynode (649) gegen den Monotheletismus. Wurde mit Papst Martin I. deshalb verurteilt, später gefoltert und verbannt (653); als Märtyrer verehrt.

📖 *Beck, H. G.: Kirche u. theolog. Lit. im byzantin. Reich. Mchn. ²1964 (Handbuch der Altertumswissenschaft XII, 2, 1).*

Max-Planck-Gesellschaft zur Förderung der Wissenschaften e. V., am 26. Febr. 1948 als unmittelbare Rechtsnachfolgerin der 1911 gegr. Kaiser-Wilhelm-Gesellschaft zur Förderung der Wissenschaften e. V. gegr. Verein. Die Gesellschaft unterhält 60 (1986) eigene Forschungsinstitute und Forschungsstellen, die v. a. Grundlagenforschung betreiben (2 180 Wissenschaftler, 6 508 sonstige Mitarbeiter sowie 3 396 Stipendiaten und Gastwissenschaftler). Der Jahresetat betrug 1985 rd. 1,123 Mrd. DM, von denen 930,1 Mill. DM Zuschüsse aus öffentl. Mitteln waren. Diese wurden zu 50 % von den Ländern aufgebracht. Die übrigen Finanzmittel stammen von privaten Stellen (Stiftungen), aus Erträgen von Schutzrechten und des eigenen Vermögens. Größe und Struktur der einzelnen Inst. sind je nach Aufgabenstellung und histor. Entwicklung sehr unterschiedlich. Fast alle Inst. haben heute eine kollegiale Leitung mehrerer Direktoren (befristet auf 7 Jahre übertragen). Verwaltet wird die M.-P.-G. von München aus. Ihr jurist. Sitz ist Göttingen. An der Spitze der M.-P.-G. steht der *Präsident* (O. Hahn 1948-60, A. Butenandt 1960-71, R. Lüst 1971-84, H. Staab seit 1984). Im *Senat* besteht Partnerschaft von Staat, Wiss. und sachverständiger Öffentlichkeit, er trifft die wissenschaftspolit. Entscheidungen, vorbereitet von einem Senatsausschuß für Forschungpolitik und Forschungsplanung. Das zentrale wiss. Gremium der M.-P.-G. ist der *Wiss. Rat.* Ihm gehören alle vom Senat berufenen wiss. Mgl. (im allg. Direktoren an Inst.) sowie jeweils ein von den Mitarbeitern eines Inst. gewählter Mitarbeiter an. Er ist in eine Biolog.-Medizin., eine Chem.-Physikal.-Techn. und eine Geisteswiss. Sektion gegliedert. *Veröffentlichun-*

FORSCHUNGSINSTITUTE, FORSCHUNGSSTELLEN UND PROJEKTGRUPPEN DER MAX-PLANCK-GESELLSCHAFT
(Stand Ende 1986)

1. Biologisch-Medizinische Sektion:

Max-Planck-Institut für Biochemie	Martinsried bei München
Max-Planck-Institut für Biologie	Tübingen
Max-Planck-Institut für Biophysik	Frankfurt am Main
Klinische Forschungsgruppe für Blutgerinnung und Thrombose am Klinikum der Univ. Gießen	Gießen
Max-Planck-Institut für experimentelle Endokrinologie	Hannover
Max-Planck-Institut für Entwicklungsbiologie	Tübingen
Max-Planck-Institut für Ernährungsphysiologie	Dortmund
Max-Planck-Institut für molekulare Genetik	Berlin (West)
Max-Planck-Institut für Hirnforschung	Frankfurt am Main/Köln
Max-Planck-Institut für Immunbiologie	Freiburg im Breisgau
Max-Planck-Institut für biologische Kybernetik	Tübingen
Max-Planck-Institut für Limnologie	Plön
Max-Planck-Institut für für experimentelle Medizin	Göttingen
Klinische Arbeitsgruppe für gastrointestinale Endokrinologie an der Medizin. Klinik der Univ. Göttingen	Göttingen
Klinische Arbeitsgruppe für biolog. Regulation der Wirt-Tumor-Interaktion an der Medizin. Klinik der Univ. Göttingen	Göttingen
Klinische Forschungsgruppe für multiple Sklerose an der Neurolog. Klinik der Univ. Würzburg (Hermann und Lilly Schilling Forschungsgruppe)	Würzburg
Max-Planck-Institut für medizin. Forschung	Heidelberg
Max-Planck-Institut für neurolog. Forschung	Köln
Friedrich-Miescher-Laboratorium in der Max-Planck-Gesellschaft	Tübingen
Max-Planck-Institut für physiolog. und klin. Forschung W. G. Kerckhoff-Institut	Bad Nauheim
Max-Planck-Institut für Psychiatrie (Dt. Forschungsanstalt für Psychiatrie)	München

Max-Planck-Gesellschaft ...

Max-Planck-Institut für Psycholinguistik	Nimwegen, Niederlande
Forschungsstelle für Psychopathologie und Psychotherapie in der Max-Planck-Gesellschaft	München
Klinische Forschungsgruppe für Reproduktionsmedizin an der Frauenklinik der Univ. Münster	Münster
Max-Planck-Institut für Systemphysiologie	Dortmund
Max-Planck-Institut für Verhaltensphysiologie einschließl. Vogelwarte Radolfzell (vormals Vogelwarte Rossiten)	Seewiesen über Starnberg
Max-Planck-Institut für Zellbiologie	Ladenburg
Max-Planck-Institut für Züchtungsforschung (Erwin-Baur-Institut)	Köln

II. Chemisch-Physikalisch-Technische Sektion:

Max-Planck-Institut für Aeronomie	Katlenburg-Lindau bei Northeim
Max-Planck-Institut für Astronomie	Heidelberg
Max-Planck-Institut für Chemie (Otto-Hahn-Institut)	Mainz
Max-Planck-Institut für biophysikal. Chemie (Karl-Friedrich-Bonhoeffer-Institut)	Göttingen
Max-Planck-Institut für Eisenforschung GmbH	Düsseldorf
Max-Planck-Institut für Festkörperforschung	Stuttgart
Gmelin-Institut für anorgan. Chemie und Grenzgebiete der Max-Planck-Gesellschaft	Frankfurt am Main
Forschungsstelle Gottstein in der Max-Planck-Gesellschaft	München
Fritz-Haber-Institut der Max-Planck-Gesellschaft	Berlin (West)
Max-Planck-Institut für Kernphysik	Heidelberg
Max-Planck-Institut für Mathematik	Bonn
Max-Planck-Institut für Kohlenforschung	Mülheim an der Ruhr
Max-Planck-Institut für Quantenoptik	Garching bei München
Max-Planck-Institut für Metallforschung	Stuttgart
Max-Planck-Institut für Meteorologie	Hamburg
Max-Planck-Institut für Physik und Astrophysik	München
Max-Planck-Institut für Plasmaphysik	Garching bei München
Max-Planck-Institut für Polymerforschung	Mainz
Max-Planck-Institut für Radioastronomie	Bonn
Max-Planck-Insttut für Strahlenchemie	Mülheim an der Ruhr
Max-Planck-Institut für Strömungsforschung	Göttingen

III. Geisteswissenschaftliche Sektion:

Bibliotheca Hertziana - Max-Planck-Institut	Rom
Max-Planck-Institut für Bildungsforschung	Berlin (West)
Max-Planck-Institut für Geschichte	Göttingen
Max-Planck-Institut für Gesellschaftsforschung	Köln
Max-Planck-Institut für psycholog. Forschung	München
Max-Planck-Institut für für ausländisches und internat. Patent-, Urheber- und Wettbewerbsrecht	München
Max-Planck-Institut für ausländ. und internat. Privatrecht	Hamburg
Max-Planck-Institut für ausländ. und internat. Sozialrecht	München
Max-Planck-Institut für europ. Rechtsgeschichte	Frankfurt am Main
Max-Planck-Institut für ausländ. und internat. Strafrecht	Freiburg im Breisgau
Max-Planck-Institut für ausländ. öffentl. Recht und Völkerrecht	Heidelberg

Weitere der M.-P.-G. angehörende oder von ihr betreute Einrichtungen:

Bibliothek und Archiv zur Geschichte der Max-Planck-Gesellschaft	Berlin (West)
Garching-Instrumente, Gesellschaft zur industriellen Nutzung von Forschungsergebnissen mbH	München
Gesellschaft für wiss. Datenverarbeitung mbH	Göttingen

gen: „Jahrbuch der M.-P.-G. z. F. d. W. e. V." (1951 ff.), „Berichte und Mitteilungen" (1952 ff.), „MPG-Spiegel" (1972 ff.).

Max und Moritz, Titelfiguren der „Bubengeschichten in sieben Streichen" (1865) von W. Busch, die sich siebenmal über Eigentum und Autorität der Erwachsenen hinwegsetzen, bis sie ihr Ende finden. Die die späteren Comics vorwegnehmenden Bildsequenzen gehen jedoch über bloße Situationskomik hinaus, indem sie die Repräsentanten der Erwachsenenwelt (u. a. Witwe Bolte, Schneider Böck, Lehrer Lämpel, Onkel Fritz, Bauer Meckel) nicht nur als ahnungslose Opfer kindl. Aggressionslust darstellen, sondern die kleinbürgerl. Idyllen auf satir. Weise demontieren.

Maxwell, James Clerk [engl. 'mækswəl], *Edinburgh 13. Juni 1831, †Cambridge 5. Nov. 1879, brit. Physiker. - Prof. in Aberdeen, London und Cambridge; Schöpfer der modernen Elektrodynamik und der elektromagnet. Lichttheorie († Maxwellsche Theorie); er war maßgebl. (in Kommunikation mit L. Boltzmann) an der Entwicklung der ↑ kinetischen Gastheorie beteiligt.

Maxwellsche Beziehung [engl. 'mækswəl], die von J. C. Maxwell [1] angegebene Beziehung zw. Brechungsindex n, relativer Dielektrizitätskonstante ε und Permeabilität μ (für durchsichtige Stoffe): $n^2 = \varepsilon\mu$.

Maxwellsche Gleichungen [engl. 'mækswəl], die von J. C. Maxwell formulierten Grundgleichungen der Elektrodynamik, die den Zusammenhang und die Wechselwirkung zw. den elektromagnet. Feldern und den elektr. Ladungen und Strömen (bzw. Polarisationen und Magnetisierungen der Materie) liefern. Mit ihren Lösungen lassen sich sämtl. elektromagnet. Erscheinungen beschreiben, soweit nicht atomare Vorgänge eine Rolle spielen.
Die M. G. lauten:

1. div $\boldsymbol{D} = \varrho$, 3. div $\boldsymbol{B} = 0$,
2. γ rot $\boldsymbol{H} = \boldsymbol{j} + \dfrac{\partial \boldsymbol{D}}{\partial t}$ 4. γ rot $\boldsymbol{E} = -\dfrac{\partial \boldsymbol{B}}{\partial t}$

wobei aus den beiden ersten Gleichungen die Erhaltung der elektr. Ladung folgt. Diese M. G. werden durch die sog. *Materialgleichungen*

$\boldsymbol{D} = \varepsilon_r \varepsilon_0 \boldsymbol{E} = \varepsilon_0 \boldsymbol{E} + \boldsymbol{P}$,
$\boldsymbol{B} = \mu_r \mu_0 \boldsymbol{H} = \mu_0 \boldsymbol{H} + \boldsymbol{M}$,
$\boldsymbol{j} = \sigma \boldsymbol{E}$ mit $\boldsymbol{P} = \chi_e \boldsymbol{E}$ und $= \chi_m \boldsymbol{H}$

ergänzt. Dabei ist $\boldsymbol{E}$ die durch die Kraft $\boldsymbol{F} = e \boldsymbol{E}$ auf eine Probeladung e bestimmte elektr. Feldstärke, $\boldsymbol{D}$ die aus einer Influenzwirkung bestimmte elektr. Verschiebungsdichte, $\boldsymbol{H}$ die aus dem Drehmoment $\boldsymbol{p}_m \times \boldsymbol{H}$ auf ein magnet. Dipolmoment $\boldsymbol{p}_m$ bestimmte magnet. Feldstärke, $\boldsymbol{B}$ die magnet. Induktion, ϱ die elektr. Ladungsdichte und $\boldsymbol{j}$ die elektr. Stromdichte sowie $\boldsymbol{P}$ die elektr. Polarisation und $\boldsymbol{M}$ die spezif. Magnetisierung der Materie; ε_0 und μ_0 sind die Feldkonstanten des Vakuums, ε_r und μ_r die relative Dielektrizitätskonstante bzw. Permeabilität, σ die spezif. elektr. Leitfähigkeit sowie χ_e und χ_m die elektr. bzw. magnet. Suszeptibilität. Für die sog. elektromagnet. Verkettungskonstante γ gilt $\gamma^2 = \varepsilon_0 \mu_0 c^2$, wobei c die Lichtgeschwindigkeit ist.

Maxwellsche Theorie [engl. 'mækswəl], die von J. C. Maxwell in den Jahren 1861-64 aufgestellte Theorie der elektromagnet. Felder und der von diesen verursachten elektromagnet. Erscheinungen im Vakuum und in ruhender Materie. Grundlage der M. T. sind die ↑Maxwellschen Gleichungen. Maxwell konnte zeigen, daß diese Gleichungen Lösungen besitzen, die elektromagnet. Wellen beschreiben; er erkannte, daß die Eigenschaften dieser Transversalwellen denen der Lichtwellen analog sind, und kam zur Aufstellung seiner elektromagnet. Lichttheorie *(M. T. des Lichtes)*, die einen großen Teil der Optik in die Elektrodynamik einbezieht.

May [maɪ, engl. mɛɪ], engl. weibl. Vorname, Kurzform von Mary.

May, Ernst, *Frankfurt am Main 27. Juli 1886, †Hannover 11. Sept. 1970, dt. Architekt und Städteplaner. - 1925-30 als Stadtbaurat in Frankfurt am Main (sieben Trabantensiedlungen, u. a. Römerstadt). 1930-33 in der UdSSR (Generalplan für die Region Moskau), 1934-54 in Afrika (Kampala, Daressalam), 1954-56 als Planer der „Neuen Heimat" (Bremen, Neue Vahr, 1957-61, Hamburg, Neu-Altona, 1957 ff.), auch Pläne für Mainz, Wiesbaden, Bremerhaven.

M., Gisela, *Wetzlar 31. Mai 1924, dt. Schauspielerin. - Engagements als Schauspielerin und Soubrette in Danzig, Leipzig, Schwerin, Berlin, seit 1961 Mgl. des Berliner Ensembles; bekannt v. a. als Interpretin von Chansons, v. a. auf Texte von B. Brecht, K. Tucholsky und E. Kästner; auch Filmrollen.

Karl May

M., Karl, Pseud. Karl Hohenthal u. a., *Ernstthal (= Hohenstein-Ernstthal) 25. Febr. 1842, †Radebeul 30. März 1912, dt.

Mayakultur

Schriftsteller. - 5. von 14 Kindern einer armen Weberfamilie; bis zum 5. Lebensjahr blind; Lehrerausbildung; Eigentumsdelikten, aus Not und Erbitterung begangen, folgten mehrere Haftstrafen; 1875–77 Redakteur in Dresden, dann freier Schriftsteller. Schrieb zunächst Dorfgeschichten, Humoresken und (pseudonym) Kolportageromane (u. a. „Das Waldröschen", 1882), dann v. a. abenteuerl. Reiseerzählungen, deren Buchausgaben (in größerem Umfang ab 1891) ihn bald zu einem der bis heute meistgelesenen dt. Schriftsteller machten (deutschsprachige Gesamtauflage über 50 Mill. Bände). In den populärsten Romanen fungieren die in der Ichform erzählenden Haupthelden Old Shatterhand und Kara Ben Nemsi. Inhaltl. erfolgt die Verfremdung autobiograph. Züge durch die Wahl exot. Schauplätze (v. a. der Wilde Westen und der Vordere Orient), durch Handlungszüge im Sinne des Naturrechts, häufig in Auseinandersetzung mit Vertretern positiven Rechts. Durch die Gestaltung von Figuren und Figurenspiel erhalten die Leser erwünschte Rollen- und Identifikationsangebote; durch geschickte Verwendung von Erfolgselementen literar. Vorbilder können die Romane ein breites Spektrum mögl. Leserbedürfnisse und -erwartungen befriedigen: Selbstbestätigung, Wirklichkeitsflucht, religiöse, nat., pazifist. und antizivilisator.-naturromant. Haltungen. Das im letzten Jahrzehnt entstandene Spätwerk von M., der den Orient 1899/1900 und Nordamerika 1908 besuchte, fand in letzter Zeit zunehmende Beachtung, v. a. die vielschichtigen, dem Surrealismus nahestehenden Symbolromane „Und Friede auf Erden!" (1904) und „Ardistan und Dschinnistan" (2 Bde., 1907–09). Die *K.-M.-Verlagsausgabe* umfaßt heute 73 Bände. *K.-M.-Freilichtspiele* finden seit 1952 jährl. in Bad Segeberg und seit 1964 in Elspe statt. Das *K.-M.-Museum* befindet sich seit 1960 in Bamberg. Seit 1969 besteht eine *K.-M.-Gesellschaft* in Hamburg.
 Kittler, U.: K. M. auf der Couch? Hamm 1985. - *Schmiedt, Helmut: K. M. Studien zu Leben, Werk u. Wirkung eines Erfolgsschriftstellers.* Meisenheim 1979.

Maya ↑Maja (ind. Philosophie).

Maya, indian. Völker mit gleicher Sprache (M.sprachen), aufgegliedert in 18 Stämme, mit mehr als 2 Mill. Menschen. Verbreitet in Guatemala (1 Mill. M.), S-Mexiko (Yucatán, Quintana Roo, Campeche, Chiapas; 600 000 M.), NO-Mexiko (den dort isolierten Huaxteken) und Gruppen in Belize und Honduras. Meist vom Feldbau lebende Landbev. in Dörfern und Kleinstädten. Altindian. Kulturelemente sind z. T. noch in den religiösen Vorstellungen und im textilen Bereich erhalten geblieben. - Die Vorfahren der heutigen Maya waren die Träger der ↑Mayakultur.

Mayagüez [span. maja'gyes], Hafenstadt in Puerto Rico, an der W-Küste, 96 200 E.

Sitz eines kath. Bischofs, Fakultäten der Univ. von Puerto Rico, landw. Versuchsstation; Nahrungsmittelind., Bahnstation, Freihafen, ⚓. - Gegr. 1760; erlitt 1918 schwere Schäden durch ein Erd- und Seebeben.

Mayakalender, von den Maya (↑Mayakultur) verwendetes, im präkolumb. Amerika am weitesten entwickeltes Kalendersystem, das genauer als alle anderen in der damaligen Zeit in Gebrauch befindl. Systeme war (das korrigierte Mayasonnenjahr ist um $1/10\,000$ Tag genauer als das Gregorian. Jahr). Man unterscheidet: 1. einen Ritualkalender von 260 Tagen; 2. ein Sonnenjahr von 365 Tagen, eingeteilt in 18 Monate zu 20 Tagen und fünf zusätzl. Tage; 3. ein Mondhalbjahr von 177 Tagen; 4. ein Venusjahr von 584 Tagen. Da die Maya keine Bruchzahlen kannten, wurden im Laufe der Jahre Korrekturen angebracht, um den astronom. Tatsachen gerecht zu werden. Im Kalender waren die Daten unverwechselbar festgelegt, da man die Tage von einem myth. Fixpunkt (10. Aug. 3214 v. Chr.) an zählte. Die Erfindung der Stellung der Zahl und der Null ermöglichte es den Maya, die erforderl. großen Zahlen auszudrücken, Man benutzte dazu ein modifiziertes Zwanzigersystem (3. Stelle 360 statt 400). In der nachklass. Zeit (nach 950 n. Chr.) wurden die Daten so abgekürzt, daß sie sich alle 260 Jahre wiederholten. Dadurch ergaben sich Korrelationsschwierigkeiten mit dem christl. Kalender. Die heute allg. gültige Korrelation setzt den 14. Nov. 1539 mit dem Mayadatum 11.16.0.0.0 gleich.
 Satterthwaite, L.: Concepts and structures of Maya calendrical arithmetics. Philadelphia (Pa.) 1947.

Mayakultur, voreurop. Kultur der Maya in N-Guatemala (Petén) und der Halbinsel Yucatán sowie angrenzenden Teilen von Tabasco, Chiapas und Honduras (1000 v. Chr. bis 1500 n. Chr.); ein künstler. und wiss. Höhepunkt der indian. Kultur. Während der klass. Zeit (300–950) war das Gebiet polit. in eine Reihe von Stadt- und Territorialstaaten mit erbl. Fürsten aufgeteilt. Zentren waren die weitläufigen Städte. Die Masse der Bev. lebte in Weilern und Streusiedlungen und betrieb Bewässerungs- und Brandrodungsfeldbau (Hauptanbaupflanze: Mais). Das im Dienst der Elite und der Religion stehende Kunsthandwerk war in den Zentren beheimatet. Den oft akropolisartigen Mittelpunkt der Städte bildeten Tempel und Paläste, die aus Stein auf Stufenpyramiden und Plattformen errichtet waren. Ihre Innenräume überspannte man durch falsche Gewölbe. Die Pyramiden enthielten im Inneren oft Fürstengräber, die Tempel selbst dienten wahrscheinl. dem Ahnenkult der Herrscherfamilie, der die Religion der klass. Zeit beherrschte. Götter treten erst in der nachklass. Zeit (ab 950) unter mex. Einfluß stärker in Erscheinung. Vor den Pyra-

125

miden standen rechteckige, reliefgeschmückte Steinsäulen und flache Steinaltäre, deren Inschriften Daten aus dem Leben des Herrschers verkünden. Spezialisierte Bauten in den Städten waren Ballspielplätze, Beobachtungstürme, Schwitzbäder und Zisternen. Einige Städte waren von Befestigungsanlagen umgeben.
Die Maya besaßen die einzige indian. Schrift, die in präkolumb. Zeit über das Rebusstadium hinausgelangt ist: bildl.-abstrakt gestaltet, vielfach aus einem Hauptelement und einem oder mehreren Nebenelementen bestehend. Es könnte sich um eine Mischung von Silben- und Wortschrift handeln. Aus der klass. Zeit haben sich „Glyphen", auf Steinmonumenten, in Stein, Holz und Knochen geritzt und auf Wände und Vasen gemalt, erhalten. Von den Büchern (Codices) existieren nur noch drei (ein viertes ist umstritten) aus der nachklass. Zeit. Es gibt nur wenige gesicherte Entzifferungen: Man kennt Zahlen, mathemat. und astronom. Einheiten, Namen von Herrschern, Städten und Göttern sowie Zeichen für einige polit. und histor. Vorgänge, wie z. B. Thronbesteigung. Die Mathematik der Maya benutzte ein System, das auf der Zahl 20 beruht sowie der Kenntnis der Null und der Stellung der Zahl. Mathemat. Einheiten waren 20, 20^2 usw. bis 20^9. Sie wurden durch eigene Zeichen, aber auch durch die Stellung gekennzeichnet. Die astronom. Leistungen der Maya waren überragend: Die Venus-Umläufe in 481 Jahren wiesen nur einen Fehler von 0,08 Tag auf.
Geschichte: Erste Siedler in Flußauen lassen sich ab 2000 v. Chr. nachweisen, erste Städte und gesellschaftl. Schichten ab 50 v. Chr. Das älteste geschriebene Datum im Petén stammt von 292 n. Chr. In Abaj Takalik an der pazif. Küste von Guatemala gibt es dagegen eine Maya-Stele von 126 n. Chr. Im 5. Jh. zeitweise mex. Einflüsse, danach erneute Blüte. Im 10. Jh. wurden die Städte im S durch Nahrungsmittelmangel (Auslaugen des Bodens, Übervölkerung) und Angriffe von außen verlassen. Das Schwergewicht verlagerte sich nach Yucatán. Dort geriet die M. unter starke mex. Einflüsse und wurde teilweise umgeformt. Ab 1280 erfolgte eine Rückbesinnung, ohne daß der Verfall in Kunst und Wiss. aufgehalten werden konnte. - Karte und Tafel S. 128 und 129.
⌑ *Bollinger, A.: Die Maya. Wald 1983. - Coe, M. D.: Die Maya. Dt. Übers. Bergisch Gladbach 1977.*

Mayall, John [engl. mɛɪˈjɛl], * Macclesfield (bei Manchester) 29. Nov. 1933, brit. Rockmusiker. - Spielt u. a. Gitarre, Mundharmonika, Klavier, Orgel und singt; gründete 1963 die „Bluesbreakers", aus der zahlr. bed. Rockmusiker hervorgingen (z. B. E. Clapton, M. Fleetwood); gilt neben A. Korner als Vater des brit. Blues und hatte nachhaltigen Einfluß auf die Pop- und Rockmusik.

Maybach, Karl, * Deutz (= Köln) 6. Juli 1879, † Friedrichshafen 6. Febr. 1960, dt. Konstrukteur und Industrieller. - Sohn von Wilhelm M.; Mitbegründer der *M.-Motorenbau GmbH*, die er bis 1952 leitete und die in den 30er Jahren auch Kraftwagen der Luxusklasse produzierte. M. konstruierte v. a. leistungsfähige Motoren für Flugzeuge, Lokomotiven und Schiffe.
M., Wilhelm, * Heilbronn 9. Febr. 1846, † Stuttgart 29. Dez. 1929, dt. Konstrukteur und Unternehmer. - Mitarbeiter G. Daimlers; ab 1895 techn. Direktor der Daimler-Motoren-Gesellschaft. M. war an der Konstruktion des ersten schnellaufenden Benzinmotors, für den er den Vergaser erfunden hatte, beteiligt. Er entwickelte wichtige Aggregate wie Wechselgetriebe, Lamellenkühler und Spritzdüsenvergaser. 1909 gründete er mit seinem Sohn Karl M. und dem Grafen Zeppelin in Friedrichshafen eine Fabrik zur Herstellung von Motoren für Luftschiffe. Daraus ging die *M.-Motorenbau GmbH* hervor.

Mayday [engl. ˈmeɪdeɪ; verballhornt aus frz. (veuillez) m'aider! (frz. meˈde) „helft mir!"], im Funksprechverkehr internat. verwendetes Notsignal (entspricht dem [im Morsealphabet] getasteten SOS).

Mayekawa, Kunio † Maekawa, Kunio.

Mayen, Stadt 17 km sw. von Andernach, Rhld.-Pf., 230–280 m ü. d. M., 19 700 E. Landesanstalt für Bienenzucht; Eifeler Landschaftsmuseum; u. a. Naturstein- und Papierind. - Östl. von M. Befestigungsanlage der neolith. Michelsberger Kultur; 1041 Ersterwähnung; seit 1291 Stadtrecht. - Pfarrkirche Sankt Clemens (12. und 14. Jh.) mit schiefem Turm; Genovevaburg (1689 erweitert); z. T. erhaltene ma. Stadtbefestigung.

Mayen-Koblenz, Landkr. in Rhld.-Pf.

Mayenne [frz. maˈjɛn], Dep. in Frankr.

Mayer, Carl [ˈ--], * Graz 20. Febr. 1894, † London 1. Juli 1944, östr. Dramaturg und Drehbuchautor. - Wirkte zunächst am Residenztheater in Berlin. Prägte den dt. expressionist. Film wesentl. mit, schrieb u. a. die Drehbücher zu den Filmen „Das Kabinett des Dr. Caligari" (1920), „Hintertreppe" (1921), „Sylvester" (1923), „Der letzte Mann" (1924), „Ariane" (1931). Emigrierte 1932 nach Großbritannien.
M., Hans [ˈ--], * Köln 19. März 1907, dt. Literaturwissenschaftler. - Emigrierte 1933 in die Schweiz; 1948–63 Prof. in Leipzig; kam 1963 in die BR Deutschland, 1965 Prof. in Hannover, 1973 in Madison (Wis.); lebt seit 1974 in Tübingen. Veröffentlichte zahlr. literarhistor. Untersuchungen zur allg. und vergleichenden Literaturwiss. unter soziolog.-histor. Aspekt, v. a. zu G. Büchner, T. Mann und B. Brecht.
M., Louis Burt [engl. mɛɪə], * Minsk 4. Juli 1885, † Los Angeles-Hollywood 29. Okt. 1957,

amerikan. Filmproduzent russ. Herkunft. - Betrieb zunächst eine Verleihfirma; 1917 wurde er Mitbegründer der Produktionsfirma Anita Stewart Prods., 1924 der Metro Goldwyn Pictures Corporation, später ↑ Metro-Goldwyn-Mayer, die er bis 1951 leitete.

M. ['--], Robert von (seit 1867), * Heilbronn 25. Nov. 1814, † ebd. 20. März 1878, dt. Mediziner. - Auf einer Reise als Schiffsarzt beobachtete er, daß in den Tropen geringere Farbunterschiede zw. venösem und arteriellem menschl. Blut bestehen als in den gemäßigten Zonen. Er deutete diese Erscheinung als Folge des im Körper veränderten Wärmehaushalts, da durch die trop. Außentemperatur eine geringere Verbrennung der Nahrung zur Erhaltung der Eigenwärme des Organismus nötig sei. Diese Überlegungen führten ihn zu der Hypothese der Äquivalenz von physikal. Arbeit und Wärme. 1842 veröffentlichte M. die erste Angabe über das mechan. Wärmeäquivalent, 1845 dessen Berechnung aus der Differenz der spezif. Wärmen von Gasen. In derselben Abhandlung sprach M. 1845 erstmals das Gesetz von der Erhaltung der Energie aus. Die zunächst fehlende Anerkennung des Energieprinzips führte zu Auseinandersetzungen v. a. mit J. P. Joule. M.s allg. Anerkennung setzte in Deutschland durch H. von Helmholtz (1854) und im Ausland v. a. durch das Wirken von J. Tyndall (ab 1862) ein.

Mayflower [engl. 'meɪflaʊə], Name des Segelschiffs (180 t), mit dem die Pilgerväter am 16. Sept. 1620 von Plymouth (England) nach Nordamerika aufbrachen. Die M. erreichte am 21. Nov. 1620 Kap Cod, das heutige Provincetown (Mass.).

Mayntz, Renate (R. M.-Trier), * Berlin 28. April 1929, dt. Soziologin. - Prof. in Berlin 1963-71, danach in Speyer, seit 1974 in Köln; veröffentlichte v. a. organisations- und verwaltungssoziolog. Arbeiten mit empir. Ansatz, u. a. „Soziologie der Organisation" (1963), „Bürokrat. Organisation" (1968; Hg.) „Planungsorganisation" (Hg. mit F. Scharpf; 1973) „Soziologie der öffentl. Verwaltung" (1978).

Mayo, Elton [engl. 'meɪoʊ], * Adelaide 26. Dez. 1880, † Polesden Lacey bei Dorking (Surrey) 7. Sept. 1949, amerikan. Soziologe austral. Herkunft. - Ab 1919 Prof., zuletzt (1926-47) an der Harvard University; Begründer der amerikan. Ind.- und Betriebssoziologie; wurde berühmt durch die Hawthorne-Untersuchung.

Mayo [engl. 'meɪoʊ], Gft. in NW-Irland, 5 398 km², 114 800 E (1981), Verwaltungssitz Castlebar.

Mayo-Klinik ['maɪo, engl. 'meɪoʊ], von den Brüdern Charles Horace (Chirurg; * 1865, † 1939) und William James Mayo (Chirurg; * 1861, † 1939) 1889 gegr., heute bes. auf medizin. Diagnostik und außergewöhnl. Operationen spezialisiertes Krankenhaus in Rochester (Minn.). Ab 1970 wurden auch in der BR Deutschland Kliniken für Diagnostik bzw. medizin. Vorsorge nach dem Vorbild der amerikan. M.-K. errichtet.

Mayonnaise [majo'nɛːzə; frz., eigtl. „aus Mahón stammende (Soße)"], pikante, dicke, kalte Soße auf der Basis von Eigelb und Öl.

Mayotte [frz. ma'jɔt], frz. Überseegebiet im Ind. Ozean, besteht aus der Insel M. und vorgelagerten Inseln, Teil der Inselgruppe der Komoren (nicht aber der Republik), 374 km², 57 400 E (1985), Verwaltungssitz Dzaoudzi (auf Pamanzi-Bé). M. ist vulkan. Ursprungs, bis 660 m hoch. Wichtigste Produkte sind: Vanille, Kaffee, Zuckerrohr, Pfeffer, Kopra. - M. ist seit 1841 frz., seine Bewohner widersprachen der Unabhängigkeitserklärung der ↑ Komoren 1975.

Mayr ['maɪər], Peter, gen. Wirt an der Mahr, * Riffian (Prov. Bozen) 15. Aug. 1767, † Bozen 20. Febr. 1810, Tiroler Freiheitskämpfer. - 1809 neben Andreas Hofer Kommandant der Aufständischen im Tiroler Freiheitskampf; nach Niederwerfung der Erhebung standrechtl. erschossen.

M., Simon, dt. Astronom, ↑ Marius, Simon.

M., Simon, * Mendorf (= Altmannstein, Landkr. Eichstätt) 14. Juni 1763, † Bergamo 2. Dez. 1845, italien. Komponist dt. Herkunft. - Seit 1787 in Italien; komponierte v. a. etwa 70 Opern, die für die Entwicklung der neueren italien. Oper grundlegend waren.

Mayreder, Rosa, geb. Obermayer, * Wien 30. Nov. 1858, † ebd. 19. Jan. 1938, östr. Schriftstellerin und Frauenrechtlerin. - War zuerst Malerin; gründete 1893 den Allg. Östr. Frauenverein; Vorsitzende der Frauenliga für Frieden und Freiheit; Lyrikerin, Erzählerin und Essayistin, u. a. „Zur Kritik der Weiblichkeit" (1905-23).

Mayrhofen ['maɪər...], größter Ort des Zillertals, Tirol, Österreich, 630 m ü. d. M., 3 300 E. Fremdenverkehr.

Mayrhofer ['maɪər...], Johann, * Steyr 3. Nov. 1787, † Wien 5. Febr. 1836 (Selbstmord), östr. Schriftsteller. - Freund F. Schuberts, der 47 seiner Gedichte vertonte.

M., Manfred, * Linz 26. Sept. 1926, östr. Indogermanist und Indoiranist. - Prof. in Würzburg, Saarbrücken, seit 1966 in Wien; Verf. zahlr. Arbeiten v. a. zur Grammatik und Etymologie der Alt- und Mittelindoarischen und der altiran. Sprachen.

Mayröcker, Friederike, * Wien 20. Dez. 1924, östr. Schriftstellerin. - Schreibt nach bildreicher Erlebnislyrik und ähnl. Prosa („Larifari", 1956; „Tod durch Musen", 1966) in der Tradition der automat. Niederschriften des Surrealismus, u. a. „Minimonsters Traumlexikon" (1968), „Fantom Fan" (1971). Eine gattungsmäßige Zuordnung derartiger offener Texte zur Prosa („Augen wie Schaljapin bevor er starb", 1974), zum Drama („Arie

Ma Yüan

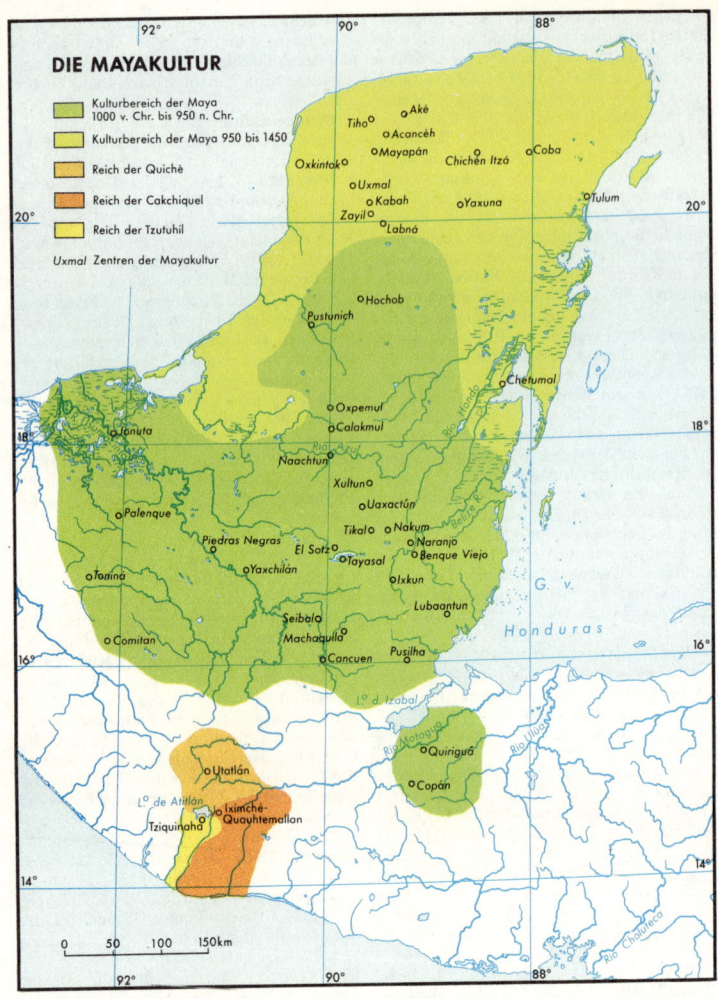

DIE MAYAKULTUR

- Kulturbereich der Maya 1000 v. Chr. bis 950 n. Chr.
- Kulturbereich der Maya 950 bis 1450
- Reich der Quiché
- Reich der Cakchiquel
- Reich der Tzutuhil

Uxmal Zentren der Mayakultur

auf tönernen Füßen", 1972), zur Lyrik („In langsamen Blitzen", 1974) ist nur bedingt sinnvoll. Die Verbindung zw. Sprachengagement und Erzählduktus gelang bes. in dem Erzählband „Das Licht in der Landschaft" (1975). - *Weitere Werke:* Fast ein Frühling des Markus M. (Prosa, 1976), Heiligenanstalt (R., 1978), Winterglück (Ged., 1986).

Ma Yüan (Ma Yuan), *um 1150, †1224, chin. Maler. - Ab etwa 1190 Mgl. der kaiserl. Akad. in Hangtschou; dem Ch'an (jap. Zen) verpflichtet; sein asymmetr. Kompositionsstil (sog. „Eineckstil") wirkte schulebildend (sog. Ma-Hsia-Schule) bes. auch in Japan.

MAZ, Abk. für: **m**agnetische Bild**a**ufzeichnung, ↑Videorecorder.

Maz<u>a</u>mahirsche [indian./dt.], svw. ↑Spießhirsche.

Mazarin, Jules [frz. maza'rɛ̃], eigtl. Giulio Raimondo Mazzarini, Hzg. von Nevers (seit 1659), * Pescina (Prov. L'Aquila) 14. Juli 1602, † Vincennes 9. März 1661, frz. Staatsmann und Kardinal. - Trat 1624 in den päpstl. Militärdienst ein und wurde bald mit diplomat. Aufgaben betraut; 1634-36 Vizelegat von Avignon und außerordentl. Nuntius von Paris, ab 1641 Kardinal (obwohl nie zum Priester geweiht). Ab 1640 in frz. Diensten und

Mazatlán

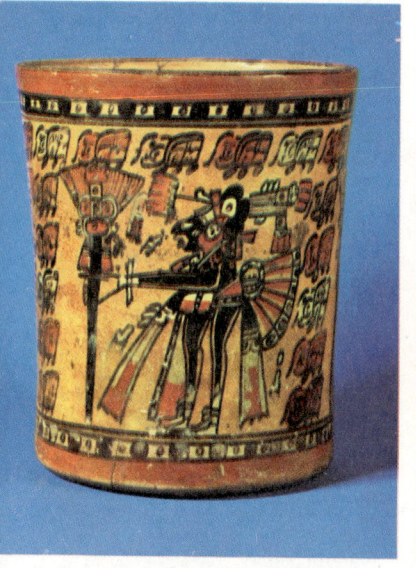

Mayakultur. Oben: dreistöckiger Palast (8.–10. Jh.). Sayil; unten (von links): Tongefäß (600–900). Berlin, Museum für Völkerkunde; Wandmalerei. Bonampak

Mitarbeiter Richelieus, nach dessen Tod (1642) er in den Kronrat nachrückte; ab 1643 leitender Minister. In dieser Position beherrschte M. die gesamte frz. Politik und beeinflußte auch wesentl. die polit. Erziehung des jungen Königs Ludwig XIV. Durch die Fronde zweimal zur Flucht ins Ausland (1651, 1652/53) gezwungen; aus deren Niederlage (1653) ging sein absolutist. Regiment gestärkt hervor. Sein Ruhm beruht v. a. auf seinen außenpolit. Erfolgen (1648 Westfäl. Friede, 1658 1. Rheinbund, 1659 Pyrenäenfriede, 1660 Ehe Ludwigs XIV. mit der Infantin Maria Theresia).

Mazar-i-Sharif [ma'zaːriʃaˈriːf], afghan. Stadt am N-Fuß der Hindukuschausläufer, 360 m ü. d. M., 103 400 E. Hauptstadt der Prov. Balkh; Museum; Gebirgsfußoase; schiit. Wallfahrtsort. - Grabmoschee des Kalifen Ali (15. Jh.).

Mazatenango [span. masateˈnaŋgo], Hauptstadt des Dep. Suchitepéquez, SW-Guatemala, 371 m ü. d. M., 38 300 E. Landw. Verarbeitungs- und Handelszentrum; Salinen; Bahnstation.

Mazatlán [span. masaˈtlan], mex. Stadt im Staat Sinaloa, auf einer Halbinsel am Pazifik, 250 000 E. Kath. Bischofssitz; einer der wichtigsten mex. Häfen am Pazifik; Fischfang

Mazdaismus

und -verarbeitung; Fremdenverkehr. - Die Stadt entwickelte sich aus einer indian. Siedlung. Der Hafen wurde 1847 von Amerikanern und 1859–64 von Franzosen besetzt.

Mazdaismus [masd...; awest.], eine nach dem Gottesnamen Ahura Masda ben. frühe Form des ↑Parsismus.

Mazdaznan [masdas...; pers.], religiöse Heils- und Heilungsbewegung, die auf O. Z.-A. Hanish (eigtl. O. Hanisch, * 1844, † 1936) in Chicago zurückgeht. Sie beruft sich auf die Verkündigung Zarathustras, die im Laufe der Zeit verfälscht und entstellt worden sei, so daß immer wieder neue „Propheten" erscheinen mußten, zu denen sich auch Hanish rechnete. Im Mittelpunkt der 1917 in Los Angeles gegr. M. steht eine Rassenlehre, in der die sog. arische Rasse (zu der z. B. auch die Semiten gehören) allen anderen als überlegen gilt; sie lehnt jedoch einen militanten Rassismus ab. Ziel ist die Errichtung eines universalen Friedensreiches, das mit konsequent gewaltlosen Mitteln erreicht werden soll. - In der BR Deutschland: „Dt. M.-Bewegung e. V.", Sitz in Bremen.

Mazedonien ↑Makedonien.

Mäzen [lat.; nach Maecenas], Freund und Gönner von Kunst und Künstlern, auch der Wissenschaften.

Mazerale [lat.], die mikroskop. unterscheidbaren Gefügebestandteile der Kohle.

Mazeration [zu lat. maceratio „das Mürbemachen, Einweichen"], Quellung bzw. Aufweichung tier. oder pflanzl. Gewebe bei längerem Kontakt mit Flüssigkeiten.
♦ Auszug einer Substanz aus einem Stoffgemisch durch Wasser oder andere Lösungsmittel, v. a. zur Aufbereitung von Drogen.
♦ mikroskop. Präparationsverfahren zur Isolierung von Gewebsanteilen (z. B. von einzelnen Zellen) unter Erhaltung der Zellstruktur.

Mazis [lat.-frz.] ↑Muskatnußbaum.

Mazowiecki, Tadeusz [poln. mazoˈvjɛtski], * Płock 18. April 1927, poln. Politiker (Solidarność). - Journalist; 1981/82 inhaftiert, danach journalist. und polit. Arbeit im Untergrund; am 24. Aug. 1989 zum ersten nichtkommunist. Min.präs. Polens nach dem 2. Weltkrieg gewählt.

Mazurka [maˈzurka; poln. „Masurentanz"] (Mazur, Mazurek, Masurka), poln. Nationaltanz im $3/4$-Takt mit punktierten Rhythmen, charakterist. Betonungswechsel; hervorgehoben durch häufiges Aufstampfen. Die M. fand im 17. Jh. in Polen, im 18. Jh. auch in Deutschland und England Aufnahme als Gesellschaftstanz und damit auch Eingang in die Kunstmusik. Bes. Pflege widmeten ihr Chopin und spätere poln. Musiker.

Mazurkiewicz, Stefan [poln. mazurˈkjɛvitʃ], * Warschau 25. Sept. 1888, † Grodzisk Mazowiecki 19. Juni 1945, poln. Mathematiker. - Prof. in Warschau; Begründer der „Warschauer Schule", die sich im Anschluß an seine Untersuchungen v. a. der Mengenlehre, der Topologie und den Grundlagen der Mathematik widmete.

Mazursky, Paul [engl. məˈzɑːskɪ], eigtl. Irwin M., * New York 25. April 1930, amerikan. Filmregisseur. - Wurde bekannt durch „Alex in Wonderland" (1970), „Blume in love" (1972), „Ein Haar in der Suppe" (1975), „Eine entheiratete Frau" (1978).

Mazzen ↑Matzen.

Mazzini, Giuseppe, * Genua 22. Juni 1805, † Pisa 10. März 1872, italien. Freiheitskämpfer. - Schloß sich 1827 den Karbonari an, gründete 1831 in Marseille die Giovine Italia, die er 1834 mit dt. und poln. Parallelgründungen zum Jungen Europa vereinte. 1849 leitete er mit Garibaldi die Verteidigung der Republik Rom und lebte nach deren Zusammenbruch im Exil. Die von Cavour geführte, auf die Zusammenarbeit von Krone und Nationalbewegung gestützte Einigung Italiens nach 1859 lehnte er ab. Obwohl M. polit. erfolglos blieb, trugen seine Ideen wesentl. zur Einigung der italien. Nation bei.

Mba, Léon, * Libreville 9. Febr. 1902, † Paris 18. Nov. 1967, gabunes. Politiker. - Ab 1946 Leiter des „Demokrat. Blocks", ab 1952 Mgl. der Territorialvertretung von Gabun, ab 1958 Min.präs., 1960–67 zugleich Staatspräsident.

Mbabane, Hauptstadt von Swasiland, im gebirgigen W des Landes, 1 143 m ü. d. M., 23 100 E. Handwerksschule; Nahrungsmittelind., Druckerei. - Gegr. Ende des 19. Jh., Hauptstadt seit 1968.

Mbale, Dist.hauptstadt in O-Uganda, am W-Fuß des Mount Elgon, 1 110 m ü. d. M., 25 000 E. Anglikan. Bischofssitz; landw. Handelszentrum; Bahnstation.

Mbandaka (früher Coquilhatville), Stadt am linken Ufer des Kongo, Zaïre, 370 m ü. d. M., 149 100 E. Hauptstadt der Prov. Équateur, kath. Erzbischofssitz; Zentrum des Handels, der Fischerei und v. a. der Binnenschiffahrt, ✈. - 1886 gegründet.

Mbanza-Congo [portugies. ˈmbɐ̃ze ˈkoŋgu], Dist.hauptort im äußersten NW von Angola, 650 m ü. d. M., 4 000 E. Landw. Handelszentrum, ✈. - Früherer Name São Salvador do Congo.

mbar, Einheitenzeichen für Millibar (↑Bar).

Mbarara, Dist.hauptort in SW-Uganda, 1 473 m ü. d. M., 16 000 E. Sitz eines anglikan. und ev.ref. kath. Bischofs; Museum, landw. Handelszentrum.

MBBA [Abk. für: N-(4-Methoxybenzyliden)-4'-n-butylanilin], eine bei 20 °C zu einer trüben, schwach gelbl. Flüssigkeit schmelzende organ. Verbindung. Bezugssubstanz in der Spektroskopie.

Mbéré [frz. mbeˈre] ↑Logone.

Mbeya [engl. ɛmˈbeɪjaː], Regionshauptstadt in Tansania, nw. des Njassasees, 1 760 m ü. d. M., 76 600 E. Kath. Bischofssitz; Tee- und Kaffeeaufbereitung.

MBFR [engl. 'ɛmbiːɛfɑː], Abk. für: ↑ Mutual Balanced Forces Reductions.

Mbini, Prov. in ↑ Äquatorialguinea.

Mbuji-Mayi [frz. mbuʒimaˈji], Prov.-hauptstadt im südl. Zentrum von Zaïre, 383 000 E. Kath. Bischofssitz; Diamantengewinnung.

Mbundu, Bantustamm im Hochland von Bié, Angola; die Mgl. leben von Hackbau und Viehzucht.

Mc... [engl. mæk...], Abk. für Mac (schott. „Sohn"), Bestandteil von ir. und schott. Familiennamen gäl. Ursprungs. - ↑ auch Mac...

m.c., Abk. für: ↑ mensis currentis.

McCarthy [engl. məˈkɑːθɪ], Eugene Joseph, * Watkins (Minn.) 29. März 1916, amerikan. Politiker (Demokrat. Partei). - 1948–58 Mgl. des Repräsentantenhauses; 1958–71 Senator für Minnesota; als Bewerber um die Präsidentschaftskandidatur 1968 erfolglos.

M., Joseph Raymond, * Grand Chute (Wis.) 14. Nov. 1909, † Washington 2. Mai 1957, amerikan. Politiker (Republikan. Partei). - Jurist; 1947–54 Senator für Wisconsin; leitete 1950–54 als Vors. des Senatsausschusses zur Untersuchung „unamerikan. Umtriebe" die Suche nach angebl. Kommunisten in der Verwaltung und im öffentl. Leben der USA, die sich im Zuge des kalten Krieges zu einer allg. antikommunist., nationalist. und antisemit. Vorurteile mobilisierenden Verfolgungswelle ausweitete *(McCarthyism)* und erst abklang, als M. vom Ausschußvorsitz abgelöst und vom Senat gerügt wurde.

M., Mary, * Seattle (Wash.) 21. Juni 1912, amerikan. Schriftstellerin. - Weist in ihrem realist. Romanen und Kurzgeschichten v. a. auf Mißstände der amerikan. Gesellschaft hin; am bekanntesten wurde „Die Clique" (R., 1963); schrieb auch zahlr. Reportagen und Essays, bes. über Vietnam; u. a. Vietnam-Report (1967), Medina. Die My Lai-Prozesse (1972). - † 25. Okt. 1989.

McCartney, Paul [engl. məˈkɑːtnɪ] ↑ Beatles.

McCay, Winsor [engl. məˈkeɪ] * Spring Lake (Mich.) 26. Juni 1869, † 26. Juni 1934, amerikan. Comic- und Trickfilmzeichner. - Schuf seit 1903 v. a. Bildergeschichten für Kinder in Sonntagsbeilagen großer Zeitungen; arbeitete seit 1909 an der Umsetzung seiner Erfolgsserien in Trickfilme.

McClintock, Barbara [engl. mæˈklɪntək], * Hartford (Conn.) 16. Juni 1902, amerikan. Botanikerin. - Für ihre (schon 1957 gemachte) grundlegende Entdeckung der „bewegl. Strukturen in der Erbmasse" erhielt sie 1983 den Nobelpreis für Physiologie oder Medizin.

M., Sir (seit 1860) Francis Leopold [engl. məˈklɪntək], * Dundalk 8. Juli 1819, † London 17. Nov. 1907, brit. Marineoffizier und Polarforscher ir. Herkunft. - Fand bei einer von ihm geleiteten Expedition 1857–59 die Spuren der Franklin-Expedition auf King William Island.

McCloy, John Jay [engl. məˈklɔɪ], * Philadelphia 31. März 1895, amerikan. Jurist, Bankier und Politiker. - 1941–45 stellv. Kriegsmin.; 1947–49 Präs. der Internat. Bank für Wiederaufbau und Entwicklung; 1949–52 Hochkommissar für Deutschland; 1953–60 Vors. der Chase Manhattan Bank; 1961/62 Sonderbeauftragter des Präs. für Abrüstungsfragen. - † 11. März 1989.

McClure [engl. məˈklʊə], Sir (seit 1854) Robert John Le Mesurier, * Wexford 28. Jan. 1807, † London 17. Okt. 1873, brit. Marineoffizier und Polarforscher ir. Herkunft. - Drang 1850 bei der Suche nach J. Franklin über die Beringstraße nördl. von Alaska vor und fand bei Banksland den Zugang zur Nordwestpassage.

M., Ronald Dix (Ron), * New Haven (Conn.) 22. Nov. 1941, amerikan. Jazzmusiker (Bassist). - Solist. vielseitiger Musiker; spielte u. a. mit G. Burton, T. Monk, K. Jarrett; 1974 auch mit der Rock-Jazzgruppe „Blood, Sweat & Tears".

McClure Strait [engl. məˈklʊə ˈstreɪt], Meeresstraße zw. Banks Island und den Parry Islands im Kanad.-Arkt. Archipel.

McCullers, Carson [engl. məˈkʌləz], geb. Smith, * Columbus (Ga.) 19. Febr. 1917, † Nyack bei New York 29. Sept. 1967, amerikan. Schriftstellerin. - Gilt als eine der bedeutendsten Persönlichkeiten der zeitgenöss. amerikan. Literatur. Gestaltete in Romanen und Novellen meist das Thema der Einsamkeit und Unfähigkeit von Menschen zur Kommunikation, bes. in dem Roman „Das Herz ist ein einsamer Jäger" (1940). - *Weitere Werke:* Das Mädchen Frankie (R., 1946), Uhr ohne Zeiger (R., 1961).

McDiarmid, Hugh [engl. məkˈdɪəmɪd], eigtl. Christopher Murray Grieve, * Langholm (Dumfries) 11. Aug. 1892, † Edinburgh 9. Sept. 1978, schott. Schriftsteller. - Mitbegründer der schott Nationalpartei und der schott. Sektion des PEN-Clubs. Als polit. linksorientierter Lyriker, Satiriker, Essayist, Kritiker und Kommentator bed. Vertreter der Renaissance der modernen schott. [Dialekt-]literatur.

McDonnell Douglas Corp. [engl. məkˈdɒnl ˈdʌɡləs kɔːpəˈreɪʃən], amerikan. Unternehmen der Luft- und Raumfahrtind., Sitz St. Louis (Mo.), entstanden 1967 durch Fusion der McDonnell Aircraft Corp. und der Douglas Aircraft Co.; bekannte Typen: DC-8, DC-9, DC-10 (Verkehrsflugzeuge), F-15 Eagle, F-4 Phantom, A-4 Skyhawk (militär. Flugzeuge), Skylab (Weltraumlaboratorium), Datenverarbeitungsanlagen, elektron. und opt. Geräte.

McGhee, Walter (Brownie) [engl. məˈɡiː], * Knoxville (Tenn.) 30. Nov. 1915, amerikan. Jazzmusiker (Gitarrist, Sänger). - Gehört zu den bekanntesten Bluesinterpreten; bildete (seit 1939) mit dem Mundharmonikaspieler S. Terry ein Duo; M., der seine Balladen fast ohne Ausnahme selbst schrieb, spielte auch mit B. B. King und der brit. Rockgruppe „Fleetwood Mac" zusammen.

McGovern, George Stanley [engl. məˈɡʌvən], *Avon (S. Dak.) 19. Juli 1922, amerikan. Politiker (Demokrat. Partei). - 1957-61 Mgl. des Repräsentantenhauses; 1963 bis 1981 Senator für South Dakota; Vertreter der Parteilinken; unterlag als demokrat. Kandidat bei den Präsidentschaftswahlen 1972 R. M. Nixon.

McGraw-Hill Book Company Inc. [engl. məˈɡrɔːˈhɪl ˈbʊk ˈkʌmpəni ɪnˈkɔːpəreɪtɪd] † Verlage (Übersicht).

Mchitar (Mechitar, Mechithar) **von Sebaste,** eigtl. Peter Manuk, *Sebaste (= Sivas) 7. Febr. 1676, † Venedig 27. April 1749, armen. Ordensstifter. - Gründete 1701 den nach ihm ben. Orden der † Mechitaristen, mit dem Ziel, das armen. Volk aus dem Bildungsverfall seiner Zeit herauszuführen.

McKay, Claude [engl. məˈkaɪ], Pseud. Eli Edwards, *Sunny Ville (Jamaika) 15. Sept. 1890, † Chicago 22. Mai 1948, farbiger amerikan. Schriftsteller. - Seit 1912 in den USA; erster literar. Erfolg mit dem Kriegsheimkehrerroman „Home to Harlem" (1928); bed. seine aufrüttelnden, gegen Rassendiskriminierung gerichteten Dialektgedichte.

McKinley, William [engl. məˈkɪnlɪ], *Niles (Ohio) 29. Jan. 1843, † Buffalo (N. Y.) 14. Sept. 1901, 25. Präs. der USA (1897-1901). - Trat als Abg. kompromißlos für die von seinen Wählern geforderte Schutzzollpolitik ein und setzte 1890 die Erhöhung des Zolltarifs der USA durch. Als Präs. förderte er eine imperialist. Politik, v. a. gegenüber Asien und Lateinamerika; er erlag den Folgen eines am 6. Sept. 1901 verübten Attentats.

McKinley, Mount [engl. ˈmaʊnt məˈkɪnlɪ], höchste Erhebung Nordamerikas, in der Alaska Range in einem 7848 km² großen Nationalpark, USA, 6193 m; stark vergletschert; 1910 erstmals bestiegen.

McLaughlin, John [engl. məˈklɒklɪn], *Kirk's Sandall bei Doncaster (Yorkshire) 4. Jan. 1942, brit. Jazzmusiker (Gitarrist). - Seit 1968 in den USA; spielte mit T. Williams' Gruppe „Lifetime", M. Davis u. a. zusammen. Gründete 1971 seine eigene Gruppe, das „Mahavishnu Orchestra" (bis 1977), mit dem er die elektron. Jazzrock einleitete. Mit der Gruppe „Shakti" (1976-78) verschmolz er ind. Musiktraditionen mit Jazzelementen.

McLuhan, Herbert Marshall [engl. məˈkluːn], *Edmonton (Kanada) 21. Juli 1911, † Toronto 31. Dez. 1980, kanad. Kommunikationswissenschaftler. - Prof. in Toronto ab 1952, an der Fordham University, New York, 1967/68; popularisierte eine ästhet. Medientheorie, die personale und techn. vermittelte Kommunikation als „Erweiterung der menschl. Sinnesorgane" ansieht.

McMahonlinie [engl. məkˈmɑːn], nö. Grenzlinie Indiens gegenüber Tibet entlang der Hauptkette des Himalaja; auf der Konferenz von Simla (1913/14) verhandelt zw. dem brit. Staatssekretär Sir H. McMahon (*1862, † 1949) und Vertretern Tibets und Chinas, festgelegt ohne Hinzuziehung des chin. Unterhändlers. China, das die M. nicht anerkannte, begründete mit seinen von Indien seit 1959 abgewiesenen Revisionsansprüchen (Grenzverlauf etwa 100 km weiter südl.) im Okt. 1962 die Überschreitung der M. und den Einmarsch chin. Truppen in Indien. Nach dem chin. Rückzug 20 km hinter die „Linie tatsächl. Kontrolle" steht eine vertragl. Dauerregelung noch aus.

McMillan, Edwin Mattison [engl. məkˈmɪlən], *Redondo Beach (Calif.) 18. Sept. 1907, amerikan. Physiker. - Prof. in Berkeley; entdeckte 1940 die ersten Transurane, entwickelte unabhängig von W. J. Weksler das theoret. Prinzip des † Synchrotrons. Nobelpreis für Chemie 1951 (mit G. T. Seaborg).

McMurdosund [engl. məkˈmɜːdoʊ], Bucht des Rossmeeres in der Ostantarktis; auf dem amerikan. Stützpunkt an der M. wurde 1956-72 das erste antarkt. Kernkraftwerk errichtet.

McNamara, Robert Strange [engl. məknəˈmɑːrə], *San Francisco 9. Juni 1916, amerikan. Politiker. - Ab 1955 einer der Direktoren, 1960 Präs. der Ford Motor Co.; leitete als Verteidigungsmin. 1961-68 eine umfassende Reorganisation der amerikan. Streitkräfte ein, ersetzte die Strategie der „massiven Vergeltung" durch die der „flexiblen Reaktion" und forcierte den Bau von Interkontinentalraketen; 1968-81 Präs. der Weltbank.

MCPA, Abk. für engl.: **m**ethyl-**c**hloro**p**henoxy**a**cetic acid, svw. Methylchlorphenoxyessigsäure († Herbizide).

McQueen, Steve [engl. məˈkwiːn], *Slater (Mont.) 24. März 1930, † Ciudad Juárez 7. Nov. 1980, amerikan. Filmschauspieler und -produzent. - Wurde bekannt als lakon.-lässiger Heldendarsteller, z. B. in den Filmen „Die glorreichen Sieben" (1960), „Gesprengte Ketten" (1962), „Cincinnati Kid" (1965), „Getaway" (1972), „Papillon" (1973), „Flammendes Inferno" (1974).

McRae, Carmen [engl. məˈkreɪ], *New York 8. April 1922, amerikan. Jazzmusikerin (Pianistin und Sängerin). - Spielte und sang u. a. in Orchestern von M. Ellington und C. Basie; trat seit 1954 als Solovokalistin auf; eine der bedeutendsten Sängerinnen des Swing und Modern Jazz.

Md, chem. Symbol für † Mendelevium.

m. d., in der Musik Abk. für italien.: **m**ano **d**estra „mit der rechten Hand [zu spielen]".

MdB, Abk. für: **M**itglied **d**es **B**undestages.

MdL, Abk. für: Mitglied des Landtages.
MdR, Abk. für: Mitglied des Reichstages.
Me, in chem. Formeln verwendetes Symbol für ein Metall[atom].
ME, Einheitenzeichen für † Masseneinheit.
Me., Abk. für: Maine, Staat der USA.
mea culpa! [lat.], durch meine Schuld! (Ausruf aus dem „Confiteor").
Mead [engl. miːd], George Herbert, * South Hadley (Mass.) 27. Febr. 1836, † Chicago 26. April 1931, amerikan. Philosoph und Sozialpsychologe. - Seit 1893 Prof. in Chicago; Vertreter des amerikan. Pragmatismus. Versuchte in seiner von ihm als „Sozialbehaviorismus" bezeichneten Lehre, die Entstehung des Geistes und der persönl. Identität („self") aus Kommunikationsprozessen zw. den Lebewesen zu erklären, wobei er die Sprache aus vorsprachl. Kommunikations- und Handlungsformen erklärte. - *Werke:* Geist, Identität und Gesellschaft aus der Sicht des Sozialbehaviorismus (hg. 1934), The philosophy of the act (hg. 1938).
M., Margaret, * Philadelphia 16. Dez. 1901, † New York 15. Nov. 1978, amerikan. Ethnologin. - Seit 1925 ethnograph. Feldarbeiten auf Samoa, den Admiralitätsinseln, Neuguinea und Bali über Einfluß der sozialen Umwelt auf die Persönlichkeitsentwicklung des Kindes, geschlechtsspezif. Rollenverhalten, Probleme der Akkulturation und des sozialen Wandels in sog. primitiven Gesellschaften. Autobiographie: „Brombeerblüten im Winter" (1972).
Mead, Lake [engl. 'leɪk 'miːd], etwa 180 km langer, bis 15 km breiter Stausee des Colorado an der Grenze zw. Arizona und Nevada, USA.
Meade, James Edward [engl. miːd], * Swanage (Dorset) 23. Juni 1907, brit. Nationalökonom. - Prof. in London und Cambridge (ab 1957); 1977 erhielt M. zus. mit B. Ohlin den sog. Nobelpreis für Wirtschaftswiss., v. a. für seine grundlegenden Arbeiten auf dem Gebiet der internat. Makrotheorie und der internat. Wirtschaftspolitik.
Meath [engl. miːð], Gft. in O-Irland, 2 336 km², 95 400 E (1981), Verwaltungssitz Navan. M. liegt im östl. Teil der zentralir. Ebene und ist das reichste Weidewirtschaftsgebiet des Landes. - In M. liegen die besterhaltenen Rundgräber der megalith. Boynekultur und bed. frühgeschichtl. Anlagen, u. a. die Königsstadt Tara.
Meaux [frz. mo], frz. Stadt an Marne und Canal de l'Ourcq, Dep. Seine-et-Marne, 45 000 E. Kath. Bischofssitz; Museum; zentraler Ort der nördl. Brie. - M. war in fränk. Zeit Hauptort des Pagus Meldensis, dann der Grafschaft M.; bekam 1179 Stadtrecht. - Teile der galloröm. Stadtmauer und spätma. Befestigungen (15. Jh.) sind erhalten; Kathedrale (12.; 13./14. Jh.); ehem. Bischofspalast (v. a. 12. und 17. Jh.; jetzt Museum).

Mebes, Paul, * Magdeburg 23. Jan. 1872, † Berlin 9. April 1938, dt. Architekt. - Errichtete, ab 1911 zus. mit Paul Emmerich (* 1876, † 1958), v. a. in Berlin Wohnsiedlungen (u. a. Friedrich-Ebert-Siedlung, Spree-Siedlung) und Verwaltungsgebäude.
Mechanik [zu griech. mēchanikḗ (téchnē) „(die Kunst), Maschinen zu bauen"], Teilgebiet der Physik; beschäftigt sich mit den Bewegungen, den sie verursachenden Kräften und mit der Zusammensetzung und dem Gleichgewicht von Kräften. Sie wird unterteilt in *Kinematik, Dynamik* und *Statik.* Die **Kinematik** beschränkt sich auf die bloße Beschreibung von Bewegungsvorgängen, ohne die Kräfte zu berücksichtigen, durch die sie verursacht werden. Die **Dynamik** dagegen berücksichtigt die Kräfte als Ursache der Bewegungen und ermittelt einerseits aus der Kenntnis der auf einen Körper wirkenden Kräfte den Bewegungsverlauf des Körpers und schließt andererseits aus der Kenntnis der Bewegung eines Körpers auf die den Körper zu dieser Bewegung veranlassenden Kräfte. Die **Statik** betrachtet ruhende Körper. Sie untersucht die Zusammensetzung und das Gleichgewicht von Kräften, die auf einen ideal starren Körper wirken. Von *Punkt-M.* spricht man, wenn man sich aus method. Gründen auf die Betrachtung von sogenannten † Massenpunkten beschränkt, von *System-M.,* wenn man Systeme von Massenpunkten bzw. starre Körper betrachtet. Als *Himmels-M.* bezeichnet man die M. der Himmelskörper, wobei man insbes. Planetensysteme, Doppelsternsysteme und künstl. Satelliten untersucht. Der *M. der starren Körper,* d. h. der M. derjenigen Körper, die aus Massenpunkten bestehend gedacht werden können, deren jeweilige Abstände untereinander unverändert bleiben, steht die *M. der deformierbaren Körper,* die sogenannte *Kontinuums-M.* gegenüber. Man unterscheidet weiterhin zw. *klassischer M.* und *relativistischer M.* Die Regeln der **klassischen Mechanik** gelten nur, wenn die vorkommenden Geschwindigkeiten klein im Vergleich zur Lichtgeschwindigkeit sind. Für Geschwindigkeiten in der Größenordnung der Lichtgeschwindigkeit gelten die Gesetze der **relativistischen Mechanik.** Sie ist umfassender als die klass. M., die nur einen Grenzfall der relativist. M. darstellt. Die Gesetze der klass. M. verlieren ihre Gültigkeit auch im atomaren Bereich. Hier tritt an die Stelle der klass. M. die *Wellen-M.* bzw. *Quanten-M.* Auch Wellen-M. und Quanten-M. enthalten als Grenzfall die klass. Mechanik. Mit statist. Verfahren arbeitet die sogenannte *statistische Mechanik.* Sie wird immer dann angewandt, wenn man nur das makroskop. Verhalten einer größeren Anzahl von Teilchen untersuchen will und auf die Kenntnis der individuellen Bewegungszustände der einzelnen Teilchen verzichtet.

mechanische Musikinstrumente

Geschichte: In der klass. Antike und im MA verstand man unter M. die Kunst, die Natur zu überlisten. Der Nachweis G. Galileis, daß die M. die Natur nicht überlistet, sondern vielmehr der Kraftgewinn durch Weg- und Zeitverlust kompensiert wird, ließ die M. um 1600 zu einer Disziplin der Physik werden. Mit Galilei (Behandlung des freien Falls, der Trägheit und der Beschleunigung der Körper) und J. Kepler (Beschreibung der Planetenbewegung) begann auch die Entwicklung der Kinematik und der Dynamik. Sie führte über C. Huygens zu I. Newton, der mit der Aufstellung seiner Axiome (↑ Newtonsche Axiome) die Grundlagen der Dynamik des Massenpunktes schuf und mit ihrer Anwendung auf die Bewegung der Himmelskörper die Himmelsmechanik begründete. Die Ausdehnung auf Massenpunktsysteme und auf starre Körper erfolgte im wesentl. durch L. Euler und J. Le Rond d'Alembert. 1905 begründete A. Einstein die Relativitätsmechanik. Auf M. Plancks Quantenhypothese von 1900 geht die ↑ Quantenmechanik zurück.

📖 *Gummert, P./Reckling, K.A.: M. Wsb. 1986. - Szabo, I.: Gesch. der mechan. Prinzipien u. ihrer wichtigsten Anwendungen. Basel u. Stg. ^{3}1986. - Goldstein, H.: Klass. M. Wsb. ^{8}1985. - Raack, W.: M. Bln. ^{4}1985. - Lehmann, T.: Elemente der M. Wsb. $^{2-3}$1984/85. 4 Bde. - Fierz, M.: Allg. M. Zürich ^{2}1983. - Kuypers, F.: Klass. M. Weinheim 1983. - Pestel, E./Wittenburg, J.: Techn. M. Mhm. $^{1-2}$1981/82. 2 Bde.*

◆ Art der Konstruktion und des Funktionierens einer Maschine; auch Bez. für deren bewegl. Teile.

mechanische Musikinstrumente (mechanische Musikwerke), mit einer mechan. Antriebsvorrichtung ausgestattete [modifizierte] Musikinstrumente, die Musikstücke automat. wiedergeben. Sie werden entweder unmittelbar durch Menschenkraft (z. B. über Kurbeln oder Pedale) oder durch Gewicht, Federkraft und Elektromotor betrieben, z. B. Glockenspiele, Spieluhren, Flötenuhren, Drehorgeln, Orchestrion, Pianola.

mechanische Sinne, die Fähigkeiten bei Tieren und beim Menschen, *mechan. Reize* (z. B. Druck, Tastreize, Wasserströmung) als Sinnesempfindungen wahrzunehmen. Die zugehörigen Sinneszellen bezeichnet man als *Mechanorezeptoren;* sie sprechen auf mechan. Verformungen an.

mechanische Verwitterung ↑ Verwitterung.

Mechanisierung [griech.], Unterstützung und teilweise Ersetzung menschl. Arbeitskraft und -leistung beim Arbeitsvollzug durch geeignete Maschinen und Werkzeuge.

Mechanismus [griech.], (Mechanizismus) seit der griech. Antike belegte, häufig, aber nicht grundsätzl. mit Formen des Materialismus verbundene Richtung der Naturphilosophie und der frühen neuzeitl. Naturwiss. mit Höhepunkt im 19. Jh., nach der das Naturgeschehen der Welt, die Naturprozesse und der Aufbau des Kosmos, auf Gesetze der Bewegung zurückgeführt und streng determinist. (↑ Determinismus) nach dem Kausalprinzip von Ursache und Wirkung erklärt werden, wobei der M. sich in seinen Extremformen nicht nur auf anorgan. bzw. phys. Naturphänomene bezieht, sondern die Phänomene des Lebens einschließt (**mechani-**

Mechanische Musikinstrumente.
Links: hölzerne Zimmeruhr mit Stiftenwalze und sieben Glasglocken (um 1820); rechts: Spieluhr; Flötenwerk mit 43 Pfeifen (um 1800)

Meckel

stisches **Weltbild**). - In der griech. Philosophie wurde der M. in engem Zusammenhang zum Atomismus gegen myth. Vorstellungen zur Erklärung des Aufbaus des Kosmos und der kosm. Prozesse, v. a. des Werdens, verwendet. In der Neuzeit entwickelte Descartes richtungweisend einen metaphys. M.: Er bestimmte die Materie als „res extensa", als ↑Ausdehnung, und sah die auf Materie und Bewegung zurückzuführenden Prozesse der Natur einer streng mechan. Notwendigkeit unterworfen. Newton erhob den M. zum universalen System. Kant wollte den M. nur als Hypothese naturwiss. Forschung gelten lassen. Gegen den M. des naturwiss. Materialismus des 19. Jh. war der ↑Vitalismus gerichtet. - Eine mechanist. orientierte Psychologie bzw. Verhaltensforschung wurde v. a. von der Assoziationspsychologie (↑Assoziation) und dem ↑Behaviorismus vertreten.

♦ in der Technik eine Gruppe von gekoppelten, mechan. Bauelementen [einer Maschine], bei der jede Bewegung eines Elements zwangsläufig eine Bewegung anderer bewegl. Glieder bewirkt. Im übertragenen Sinne auch Bez. für eine geschlossene Folge von gesetzmäßig und selbständig ablaufenden Teilprozessen eines Geschehens.

♦ in der *Verhaltensphysiologie* ↑Auslösemechanismus.

Mechanorezeptoren [griech./lat.] ↑mechanische Sinne.

Mecheln (amtl. Mechelen [niederl. 'mɛxələ]; frz. Malines), belg. Stadt 20 km südl. von Antwerpen, 7 m ü. d. M., 76 100 E. Kath. Erzbischofssitz; Militärakad., Akad. der schönen Künste, Glockenspielerschule, erzbischöfl. Seminar; Archive, Bibliotheken, Museum; botan. Garten. M. ist Handelsstadt und bed. Ind.standort. - Im 10. Jh. im Besitz der Lütticher Bischöfe; 1369 an Burgund; innerhalb der habsburg. Niederlande selbständige polit. Einheit bis in die Jahre der Frz. Revolution; im MA wirtsch. bed. als Hafen und Stapelplatz für Fisch, Salz und Getreide sowie auf Grund der Tuchweberei. - Ma. Stadtbild mit alten Brücken und zahlr. Kirchen, u. a. die Kathedrale (13.–15. Jh.) in Brabanter Hochgotik, die spätgot. Kirche Onze-Lieve-Vrouw-over-de-Dijle (15./16. Jh.), die spätgot. Sint-Janskerk (15. Jh.), die barocke Begijnenkerk (17. Jh.), Giebelhäuser (16.–18. Jh.), Rathaus (ehem. Tuchhalle, im wesentl. 14. Jh.); Justizpalast (ehem. Palais; 16. Jh.); Brüsseler Tor (14. Jh.).

Mechelner Gespräche, Bez. für mehrere Treffen anglikan. und röm.-kath. Theologen, die 1921–25 in Mecheln stattfanden; Themen: das beiderseitige Kirchenverständnis, das Petrusamt im N. T. und die Autorität des Papstes. Zunächst von beiden Seiten begrüßt, distanzierte sich Canterbury später von den M. G., als im dogmat. Verständnis des Papsttums die Kluft immer deutlicher wurde.

Mecherino [italien. meke'riːno], italien. Maler, ↑Beccafumi, Domenico.

Mechernich, Stadt 12 km sw. von Euskirchen, NRW, 300 m ü. d. M., 21 700 E. Maschinen-, Transformatorenbau, Polstermöbelfabrikation. Im Stadtteil **Kommern** Freilichtmuseum. - Alte kath. Pfarrkiche mit W-Turm (11. Jh.) und Chor (13. Jh.). In M.-Roggendorf klassizist. Gebäudekomplex.

Mechitaristen (Mechitharisten), lat. Ordo Mechitaristarum, Abk. OMech, armen.-unierter Orden unter der Benediktregel, 1701 von Mchitar von Sebaste gegr.; Schwerpunkt der Arbeit der M. ist die histor.-philolog. Erforschung und Edition der altarmen. Literatur sowie Jugendseelsorge und Mission unter den Armeniern.

Mechtel, Angelika, * Dresden 26. Aug. 1943, dt. Schriftstellerin. - Schreibt Gedichte („Gegen Eis und Flut", 1963; „Lachschärpe", 1965), Erzählungen („Die feinen Totengräber", 1968; „Hochhausgeschichten", 1971; „Die Träume der Füchsin", 1976) sowie gesellschaftskrit. Romane wie „Kaputte Spiele" (1970), „Friß Vogel" (1972), „Das gläserne Paradies" (1973), „Die Blindgängerin" (1974), „Wir sind arm, wir sind reich" (1977). Auch Verf. von Kinderromanen und dokumentar. Literatur, z. B. „Alte Schriftsteller in der Bundesrepublik" (1972), „Gott und die Liedermacherin" (1983).

Mechthild (Mechthilde), Nebenform des weibl. Vornamens Mathilde.

Mechthild von Magdeburg, * in Niedersachsen um 1210, † Helfta (= Eisleben) 1282 oder 1294, dt. Mystikerin. - Lebte als Begine unter geistl. Leitung der Dominikaner in Magdeburg. Gegen Ende ihres Lebens zog sie sich zu den Zisterzienserinnen ins Kloster Helfta zurück. Von einzigartiger myst. Begabung, trat sie als Kritikerin ihrer Zeit und der Kirche auf.

Meckauer, Walter, * Breslau 13. April 1889, † München 6. Febr. 1966, dt. Schriftsteller. - Bibliothekar, Redakteur, Dramaturg und Verleger; 1933–52 in der Emigration (zuletzt USA); Verf. der in China spielenden Romane „Die Bücher des Kaisers Wutai" (1928) und „Die Sterne fallen herab" (1952).

Meckel, Christoph, * Berlin 12. Juni 1935, dt. Schriftsteller und Graphiker. - Zeigt in seinem graph. Werk (Radierungen, Holz- und Linolschnitte, Zeichnungen) Vorliebe für zykl. Darstellungen, u. a. „Der Krieg" (1960), „Das Meer" (1965), „Die allg. Erklärung der Menschenrechte" (1974), „Der Strom" (1976). Sie finden ihre Entsprechung in seinen (vorwiegend surrealist.-phantast., Texte und Sprachspiele umfassenden) literar. Veröffentlichungen, z. B. „Tarnkappe" (Ged., 1956), „Im Land der Umbramauten" (Prosa), „Bockshorn" (R., 1973), „Kranich" (En., 1978), „Säure" (Ged., 1979), „Souterrain" (Ged., 1984). - Abb. S. 136.

Meckel-Knorpel

Christoph Meckel, Freiheit
des Kulturlebens (aus „Die
allgemeine Erklärung der
Menschenrechte"; 1974). Radierung

Meckel-Knorpel [nach dem dt. Mediziner J. F. Meckel, *1781, †1833] (Cartilago meckeli), der bei den Säugetieren (einschließl. Mensch) embryonal noch erhaltene Rest des primären Unterkiefers, dessen verknöchertes Gelenkende zum Hammer der Gehörknöchelchen wird.

Meckenem, Israhel van, d. J., *Altendorf (?) (= Meckenheim) um 1440, †Bocholt 10. Nov. 1503, dt. Kupferstecher und Goldschmied. - Spätestens ab 1480 in Bocholt ansässig; erhalten sind etwa 600 Stiche, u. a. nach Werken des Hausbuchmeisters, des Meisters E. S. und A. Dürers. Sein bekanntester Stich ist das Doppelbildnis des Künstlers mit seiner Frau.

Mecklenburg, histor. Territorium, zw. Pommern, Brandenburg und Schl.-H.; in röm. Zeit von Langobarden, Sachsen u. a. german. Stämmen bewohnt, ab etwa 600 von Slawen. Karl d. Gr. machte Obotriten und Liutizen vom Fränk. Reich abhängig, erneut der ostfränk.-dt. König Heinrich I.; Bistumsgründungen durch Otto d. Gr. (Havelberg und Brandenburg 948, Oldenburg [Holstein] nach 966/967) und den Obotritenfürsten Gottschalk (Mecklenburg [Sitz in der Nähe des heutigen Dorfes M. bei Wismar] und Ratzeburg um 1060) scheiterten infolge von Aufständen der heidn. Slawen (938 bzw. 1066). Erst Heinrich der Löwe setzte nach 1147 die Christianisierung in M. durch und besiegte den Obotritenfürsten Niklot (✕ 1160), dessen Nachkommen jedoch nach kurzer dän. Oberherrschaft (nach 1180–1227) die Linien *M.*, *Werle*, *Rostock* und *Parchim* des bis 1918 regierenden Fürstenhauses von M. begründeten (außer M.[-Schwerin] bis 1436 erloschen, 1352–1471 Abspaltung der Linie **Mecklenburg-Stargard**). Im 14. Jh. Gebietserwerbungen (1304 Stargard, 1314/23 Rostock, 1358 Schwerin) und Verleihung von Hzg.-Würde und Reichsstandschaft (1348). Neue Teilungen ab 1555, zunächst in die Linien und Hzgt. **Mecklenburg-Schwerin** und **Mecklenburg-Güstrow** (erloschen 1695), 1701 in M.-Schwerin und **Mecklenburg-Strelitz** (dessen Territorium bestand im wesentl. aus dem Ft. Ratzeburg und der Herrschaft Stargard). Die Einheit des Territoriums bewahrten v. a. die Landstände (1523 landständ. Union). Auch Stadt und Univ. Rostock, das Hofgericht und - nach Einführung der Reformation - das Konsistorium blieben von den Teilungen ausgenommen. 1627/29–31 war Wallenstein Hzg. von M.; 1648 verlor M. Wismar, Poel und Neukloster an Schweden (bis 1803/1903), erhielt aber die säkularisierten Bistümer Schwerin und Ratzeburg. 1808 traten beide Hzgt. (M.-Schwerin und M.-Strelitz) dem Rheinbund bei und wurden 1815 Groß-Hzgt. Die 1849 eingeführte liberale Verfassung wurde 1850 von einem Schiedsgericht des Dt. Bundes wieder beseitigt. Erst 1919/20 erhielten beide Länder M. demokrat. Verfassungen. 1934 wurden sie zum Land M. vereinigt, 1945 um Vorpommern und Rügen erweitert. 1952 wurden im Gebiet von M. (einschl. der aus Brandenburg ausgegliederten Gebiete Uckermark und Westprignitz) die Bez. Schwerin, Rostock und Neubrandenburg errichtet.

📖 *Hamann, M.: Mecklenburg. Gesch. Von den Anfängen bis zur Landständ. Union v. 1523. Köln u. Graz 1968.*

M., ehem. Bistum, gegr. um 1060 von Gottschalk für die Slawenmission, mit dem Bischofssitz auf der gleichnamigen Burg in der Nähe des heutigen Dorfes Mecklenburg bei Wismar; im Slawenaufstand 1066 untergegangen, wurde 1160 neu besetzt, der Sitz jedoch 1160 nach Schwerin verlegt.

Mecklenburger Bucht, Ostseebucht zw. der mecklenburg. Küste und der Halbinsel Wagrien sowie der Insel Fehmarn; der SW-Teil trägt den Namen Lübecker Bucht.

Mecklenburgisch, niederdt. Mundart, ↑deutsche Mundarten.

Mecklenburger Tracht ↑Volkstrachten.

Mecklenburgische Seenplatte, Teil des Balt. Höhenrückens zw. der Uckermark im O und dem Elbe-Lübeck-Kanal im W

Medaille

(DDR und BR Deutschland). Zw. zwei bis 180 m hohen Endmoränen erstreckt sich ein Hügelland, das von zahlr. Seen durchsetzt ist. Weite Teile sind mit Laubmischwald bestanden. Angebaut werden v. a. Kartoffeln, Zuckerrüben und Roggen; Fremdenverkehr.

Meckseper, Friedrich, * Bremen 8. Juni 1936, dt. Radierer. - Mit einer äußerst differenzierten Technik erreicht er in der Wiedergabe zumeist isolierter Objekte eine mag. Wirkung.

Medaille [me'daljə; italien.-frz., zu lat. metallum „Metall"], gegossene, geprägte oder getriebene Schaumünze aus Bronze, aber auch aus Blei, Silber oder Gold. Das Modell der gegossenen M. war in Wachs, Buchsbaum oder Speckstein gearbeitet, die Prägung erfolgt durch Stahlstempel. Die M. gilt als eine Schöpfung der italien. Renaissance. 1438 schuf Pisanello beim Konzil in Ferrara eine M. auf den byzantin. Kaiser Johannes VIII. Palaiologos. Mit dieser M. war der Typus geschaffen: Vorderseite mit Profilbildnis und Umschrift (Legende), Rückseite mit figürl. Darstellung (und der Signatur des Künstlers).

Pisanellos Nachfolger - wie er meist an mehreren italien. Höfen tätig - waren u. a. Matteo de' Pasti († um 1467), S. Sperandio (* um 1425, † 1504), N. Spinelli (* um 1430, † 1514), G. Candida (* vor 1450, † nach 1504), der in Burgund und Paris arbeitete, G.C. Romano (* um 1470, † 1504); geprägte M. schufen u. a. G. Enzola (tätig 1456–78) und C. F. Caradosso (* um 1452, † 1526/27). Bed. italien. Medailleure des 16.Jh. waren u. a. B. Cellini, Pastorino Pastorini (* um 1508, † 1592) und v. a. L. Leoni (* 1509, † 1590). In Frankr. arbeiteten im 16.Jh. neben dem Deutschen H. Schwarz, G. Pilon und J. Goujon (auch) als Medailleure. Früheste dt. Meister waren H. Daucher, F. Hagenauer, C. Weiditz, M. Gebel bes. in Augsburg und Nürnberg, an den Höfen von Wien und München arbeitete Antonio Abondio (* 1538, † 1591). Im Laufe des 16.Jh. entstanden neben Bildnis-M. Gedenk-M. aller Art und M. mit religiöser Thematik. Führende frz. Meister waren im 17.Jh. G. Dupré (* um 1574, † 1643) und J. Warin (M. auf Ludwig XIV. und Richelieu), Allesandro Abondio (* 1570, † 1648) arbeitete am Münch-

Medaille. 1 Michelet Saumon (zugeschrieben), Kaiser Herakleios (um 1400). Wien, Kunsthistorisches Museum; 2 Niccolò Spinelli, Lorenzo de'Medici (um 1490). Florenz, Bargello; 3 Cristoforo Foppa Caradosso, Medaille mit Bramantes Entwurf für Sankt Peter in Rom (um 1505). London, British Museum; 4 Germain Pilon, Elisabeth von Österreich (um 1575). München, Staatliche Münzsammlung; 5 Martin Heinrich Omeis, Medaille auf die Ausbeutung der Silbergrube Sankt Anna bei Freiberg (1690). Dresden, Staatliche Kunstsammlungen; 6 Ermenegildo Hamerani, Medaille zum Versuch der Wiederaufrichtung der Säule des Kaisers Antoninus Pius in Rom (1707). Vatikanische Sammlungen

Medaillon

ner Hof. Das Empire brachte für die M. noch einmal einen kurzen Aufschwung (in Frankr. etwa P.-J. David d'Angers, in Deutschland G. Schadow, L. Posch, B. Andrieu, H. F. Brandt, C. F. Voigt). Seit den 70er Jahren des 19. Jh. gab es Bestrebungen zur Wiederbelebung dieser Kleinkunst; bahnbrechend waren J. C. Chaplain (*1839, †1909) und O. Roty (*1846, †1911), M. schufen dann u. a. A. von Hildebrand, Max Dasio (*1865, †1954), H. Hahn (*1868, †1942), G. Roemer (*1868, †1922), A. Scharff (*1892, †1950). auch S. Dalí.

📖 *Nuss, F.: Medaillen. Stg. 1977. - Clain-Stefanelli, E., u. a.: Das große Buch der Münzen u. M. Mchn. 1976.*

Medaillon [medal'jõ:; italien.-frz. (zu ↑Medaille)], Gedenk- und Ehrenmünze der röm. Kaiserzeit, Vorläufer der Medaille; heute gelegentl. für große Medaille (Ehrenmedaille).

◆ oft aufklappbarer ovaler oder runder Anhänger mit Miniaturporträt oder Andenken.
◆ kleines, rund oder oval gefaßtes Bild.
◆ in der Baukunst ein (mit Stuck) gerahmtes Relief, auch an Möbeln u. a.
◆ kleine, runde oder ovale, kurz gebratene Fleisch- oder Fischscheibe.

Medan, indones. Stadt im NW Sumatras, 1,38 Mill. E. Verwaltungssitz der Prov., Nordsumatra; kath. Erzbischofssitz; staatl. und islam. Univ., Forschungsinst. für Tabakbau; Handelszentrum. - Entwickelte sich auf Grund der niederl. Tabakplantagenwirtschaft; wurde 1887 Residenz des Sultans von Deli. - Große Moschee, zahlr. Tempel, Kirchen, Sultanspalast (19. Jh.).

Médan, Kreis von [frz. me'dã] (Groupe de M.), Freundeskreis É Zolas; zu ihm gehörten u. a. P. Alexis, H. Céard, J.-K. Huysmans, G. de Maupassant; 1880 gab der Kreis das Manifest des Naturalismus, die Novellensammlung „Les soirées de M.", heraus.

Medau, Hinrich, * Süderstapel bei Schleswig 13. Mai 1890, † Gießen 1. Jan. 1974, dt. Gymnastiklehrer. - Entwickelte eine eigene Gymnastikmethode aus Turn- und Ballettelementen; eröffnete 1929 mit seiner Frau Senta M. (*1908, †1971) die *M.schule*, eine Ausbildungsstätte für Gymnastiklehrerinnen in Berlin (seit 1954 auf Schloß Hohenfels bei Coburg). M. war 1961-70 Präs. der Internat. Liga für moderne Gymnastik.

Medawar, Peter Brian [engl. 'mɛdəwə], * Rio de Janeiro 28. Febr. 1915, brit. Biologe. - Prof. in Birmingham und London; Arbeiten über heterogene Gewebetransplantationen; erhielt 1960 für die Entdeckung der erworbenen Immuntoleranz zus. mit Sir Frank MacFarlane Burnet den Nobelpreis für Physiologie oder Medizin. - † 3. Okt. 1987.

Medea, Gestalt der griech. Mythologie. Urspr. chthon. Gottheit, im Mythos die des Zauberns mächtige Tochter des Königs Äetes von Kolchis, die Jason, dem Anführer der Argonauten, hilft, das Goldene Vlies zu erringen, und ihm nach Iolkos folgt. Nach Jahren glückl. Ehe von Jason, der die korinth. Königstochter Glauke zur Frau begehrt, verstoßen, nimmt M. furchtbare Rache: Sie tötet nicht nur die Prinzessin und deren Vater, sondern auch ihre eigenen, aus der Ehe mit Jason hervorgegangenen Kinder. - Ausgehend von den antiken M.-Dramen des Euripides und Senecas d. J., wurde der Stoff auch in der Neuzeit wiederholt dramatisiert, u. a. von P. Corneille, F. Grillparzer, J. Anouilh; eine Oper komponierte L. Cherubini.

Medellín [span. meðe'jin], Hauptstadt des Dep. Antioquia in NW-Kolumbien, 1 480 m ü. d. M., 2,07 Mill. E. Kath. Erzbischofssitz; staatl. Univ. (gegr. 1803) und 3 private Univ.; Bergakad., histor. Akad., Priesterseminar, Goethe-Inst., ethnolog. und naturwiss. Museum, Bibliotheken, mehrere Theater. Einer der wichtigsten Ind.standorte Kolumbiens, v. a. Textilind., Stahlwerk, Zementfabrik, chem. u. a. Ind., Bahnstation, ✈. - 1675 gegr., doch began erst mit dem Bau der Bahnlinien und der Anpflanzung von Kaffeekulturen seit Ende des 19. Jh. rascher Aufstieg. - Modernes Stadtbild, u. a. die neue Kathedrale.

Médenine [frz. med'nin], Oasenstadt in S-Tunesien, 104 m ü. d. M., 16 000 E. Verwaltungssitz des Gouvernements M.; Teppichherstellung; Dattelpalmen- und Ölbaumkulturen. - Reste einer Karawanserei.

Meder, altoriental. westiran. Volk mit indogerman. Sprache, das im 1. Jt. v. Chr. das nordwestiran. Hochland bewohnte (**Medien**); erstmals 835 v. Chr. erwähnt. Die M. zerstörten das assyr. Großreich, unter dessen Oberherrschaft sie bis in das 7. Jh. v. Chr. waren. Bis 585 v. Chr. konnten sich die M. den Halys als W-Grenze ihres Reiches erkämpfen. Unter Kyros II. erhoben sich ab 588 v. Chr. die Perser gegen das med. Reich und unterwarfen es. Ab 550 v. Chr. war es wesentl. Bestandteil des Achämenidenreiches. Nach der Eroberung durch Alexander d. Gr. 330 v. Chr. wurde Medien in das südl. „Großmedien" und die Atropatene (entspricht annähernd dem Gebiet Aserbaidschan) geteilt.

Media [lat.], stimmhafter Verschlußlaut, z. B. [b, d, g], Ggs. Tenuis.
◆ in der *Anatomie* Kurzbez. für die Tunica media, die mittlere, aus elast. Fasern und Muskelfasern bestehende Schicht in der Blutgefäßwandung.
◆ ↑Medium.

Median [lat.] (Medianwert), svw. ↑Zentralwert.

Mediane [lat.], Seitenhalbierende eines Dreiecks.
◆ Verbindungslinie von einer Ecke eines Tetraeders zum Schwerpunkt der gegenüberliegenden Seite.

Medici

Medianebene, durch die Körpermitte gelegte Ebene; bei bilateralsymmetr. Lebewesen die einzig mögliche Symmetrieebene.

Mediante [lat.-italien.], urspr. Bez. für den mittleren Ton des Tonikadreiklangs (in C-Dur e), dann auch für den Dreiklang auf diesem Ton (e-g-h); heute vielfach Bez. für alle Dreiklänge, die zu einer Hauptfunktion in einem terzverwandten Verhältnis stehen.

Mediaș [rumän. medi'aʃ] (dt. Mediasch), rumän. Stadt in Siebenbürgen, 300 m ü. d. M., 70 500 E. Inst. für Gaschemie; u. a. Metall-, Glas-, Textil-, Lederind. - 1267 erstmals erwähnt, wenig später durch dt. Kolonisten besiedelt; erhielt unter König Wladislaw II. von Ungarn Stadtrechte. 1572 tagte hier die Synode, auf der die Siebenbürger Sachsen das Luthertum annahmen. Die siebenbürg.-sächs. Nat.versammlung in M. 1919 billigte auf Grund der Beschlüsse von Alba Iulia (1. Dez. 1918) den Anschluß Siebenbürgens an Rumänien. - Kirchenburg 15./16. Jh.

Mediastinum [lat.] ↑ Brusthöhle.

Mediat [lat.], einem Staatsoberhaupt nur mittelbar untergeordnete Person bzw. Behörde. Im Hl. Röm. Reich: der Landeshoheit eines Reichsstandes unterstellt (landesunmittelbar), zum Reich reichsmittelbar (z. B. Landstände).

Mediationsakte [lat.], von Napoléon Bonaparte gegebene, 1803–1813/14 geltende Verfassung der Schweiz mit weitgehender Souveränität der 19 Kantone.

Mediatisierung [lat.], Verlust bzw. Entzug einer immediaten Stellung. Im Hl. Röm. Reich v. a. zw. 1803 und 1806 erfolgte Aufhebung reichsunmittelbarer Stände und ihre Unterwerfung unter die Landeshoheit eines anderen weltl. Reichsstandes.

Mediator Dei [lat. „Mittler zw. Gott (und Menschen)"], Enzyklika Papst Pius' XII. vom 20. Nov. 1947; erstes lehramtl. Dokument über die Liturgie. - ↑ auch liturgische Bewegung.

mediäval [lat.], mittelalterlich.

Mediäval [lat.], die seit dem 15. Jh. gebrauchte Buchschrift, eine der Humanistenschrift nachgebildete Antiqua, bei der (im Ggs. zu den Didot- und Bodonitypen) die Letternteile nahezu gleich stark sind.

Mediävistik [lat.], Sammelbez. für verschiedene wiss. Disziplinen, die sich mit der ma. Literatur, Kunst, Geschichte usw. beschäftigen.

Mediceische Venus [...'tʃe:-ɪʃə], marmorne Statue der Aphrodite; lange überschätzte, glatte Arbeit der röm. Kaiserzeit, wohl nach späthellenist.-griech. Original. Zuerst im Besitz der Medici, seit 1677 in den Uffizien, Florenz (Kopie im Metropolitan Museum, New York).

Medici [italien. 'mɛːditʃi], seit Beginn des 13. Jh. bezeugte, im 16. Jh. zu [groß]herzogl. Rang aufgestiegene Florentiner Bankiersfamilie. Die M. gelangten zunächst durch Handel und Geldgeschäfte zu Reichtum und Ansehen und nahmen seit dem Ende des 13. Jh. an der Reg. ihrer Heimatstadt teil (1494–1512 und 1527–30 vertrieben). Sie wurden 1531 Hzg. von Florenz und 1569 Großhzg. von Toskana, die nach Erlöschen der Fam. 1737 unter habsburg. Herrschaft kam. Bed. Vertreter:

M., Alessandro de', * 1511 (?), † Florenz 5. (6.?) Jan. 1537 (ermordet), 1. Hzg. von Florenz (seit 1531). - Beherrschte Florenz ab 1523, 1527 vertrieben, kehrte nach der Einnahme der Stadt durch Karl V. (1530) zurück; wurde vom Kaiser zum erbl. Hzg. erhoben.

M., Caterina de' ↑ Katharina von Medici, Königin von Frankreich.

M., Cosimo de', gen. Cosimo der Alte, * Florenz 27. Sept. 1389, † Careggi (= Fiesole) 1. Aug. 1464, Florentiner Bankier. - Führte sein Haus zu höchster polit. und wirtschaftl. Macht. Nach kurzer Verbannung durch seinen adligen Gegner Rinaldo degli Albizzi (1433/34) beherrschte Cosimo das Florentiner Staatswesen, obwohl er kein Staatsamt bekleidete. Förderer der Wiss. und Kunst (begr. u. a. die Platon. Akademie).

M., Giovanni de' ↑ Leo X., Papst.

Lorenzo de' Medici

M., Lorenzo (I) de', gen. il Magnifico („der Prächtige"), * Florenz 1. Jan. 1449, † Careggi (= Fiesole) 8. (9.?) April 1492, Stadtherr von Florenz. - Machte als Nachfolger seines Vaters Piero (I) († 1469) Florenz zur polit. und kulturell führenden Macht Italiens. Durch das Attentat der Pazzi (26. April 1478) konnte er seine Stellung unter Wahrung der republikan. Staatsform weiter ausbauen und gelangte durch eine Verfassungsänderung (Einrichtung eines ihm ergebenen Rats der Siebzig) zu fürstenähnl. Autorität. Durch maßvolle Politik gelang ihm die Wiederherstellung des Gleichgewichts zw. den italien. Mächten. Hochgebildet; förderte die Platon. Akademie, baute die nach ihm benannte Bibliotheca Me-

Medici

dicea Laurenziana aus und prägte als Bauherr das Gesicht von Florenz.

M., Maria de' ↑ Maria von Medici, Königin von Frankreich.

Medici, Emílio Garrastazú [brasilian. 'mɛːdisi], * Bagé 4. Dez. 1906, † Rio de Janeiro 9. Okt. 1985, brasilian. General und Politiker. - 1964-66 Militärattaché in Washington; 1969-74 Staatspräsident.

Medien, Sammelbez. für Mittel und Verfahren zur Verbreitung von Informationen (einschl. Unterhaltung, Musik u. a.); i. e. S. svw. ↑ Massenmedien. - ↑ auch neue Medien.

Mediendidaktik, Bez. für die pädagog. Fragestellungen, die sich durch die von Massenkommunikationsmitteln ausgehenden Wirkungen ergeben. Ausgehend von Untersuchungen über solche Wirkungen, v. a. auf Jugendliche, wird nach Methoden gefragt, die unter Bewußtmachung der Bedingungen der Massenmedien eine bewußt aufarbeitende und krit. Einstellung gegenüber Funk, Jugendbuch, Trivialliteratur, Presse usw. wekken können. Insbes. wird eine entsprechende Aufbereitung der Sendungen des Bildungsfernsehens und des Kinderfunks diskutiert.

Medienforschung, svw. Massenkommunikationsforschung, ↑ Massenkommunikation.

Mediengewerkschaft (IG Medien - Druck und Papier, Publizistik und Kunst), am 3. Dez. 1985 durch Zusammenschluß von Einzelgewerkschaften und Berufsverbänden des Medien- und Kulturbereichs gegr. Gewerkschaft. Ziel ist die Interessenwahrnehmung der in diesem Bereich angestellten Arbeitnehmer sowie von Journalisten, Schriftstellern und Künstlern. Der M. gehören (1986) rd. 167 000 Mgl.; sie wird gleichberechtigt von dem Vorsitzenden der IG Druck und Papier und dem Vorsitzenden der Gewerkschaft Kunst geleitet.

Medienkonzerne, Unternehmensgruppen, deren Umsätze überwiegend aus dem Geschäft mit Schallplatten, Hörfunk- und Fernsehstationen, Filmen, Büchern und Buchgemeinschaften, Zeitschriften und Zeitungen resultieren. Für M. in der BR Deutschland entfällt das Geschäft mit eigenen Hörfunk- und Fernsehstationen wegen der (bisher) öffentl.-rechtl. Organisation dieses Bereichs (Durch die privatwirtsch. organisierten Fernsehproduktionsgesellschaft sowie durch Werbefunk bzw. -fernsehen sind die elektron. Medien aber indirekt doch an M. gebunden). Die Tätigkeit in mehreren der aufgeführten Bereiche erleichtert den M. die Mehrfachverwertung von Werken (z. B. Buchverfilmungen) und aufwendige Werbekampagnen.

Nachdem seit dem letzten Drittel des 19. Jh. **Pressekonzerne** entstanden waren (z. B. Scherl, Ullstein, Mosse in Deutschland; Hearst, Pulitzer in den USA; Beaverbrook in Großbrit.), kam es nach der Entstehung von Film, Hörfunk und Fernsehen zur Bildung von M. (in Deutschland z. B. der Hugenbergkonzern während der Weimarer Republik; in der BR Deutschland z. B. die Bertelsmann AG).

Die Gefahr einer Einschränkung von Informations-, Meinungs- und Pressefreiheit durch M. sowie der Manipulation in diesen Bereichen angesichts kontinuierl. Pressekonzentration ist grundsätzl. mögl. und v. a. dann unvermeidbar, wenn die Führung eines M. versucht, die Konzernerzeugnisse zur Propagierung einer bestimmten polit.-sozialen Richtung einzusetzen, wie z. B. der Hugenbergkonzern in der Weimarer Republik und die Axel Springer Verlag AG in der BR Deutschland.

Medienpolitik (Kommunikationspolitik), Gesamtheit staatl. Maßnahmen zur Regelung der sozialen Kommunikation, zugleich ein Teilbereich der Publizistikwiss. Während M. in diktator. Regimen stets einen hohen Stellenwert besaß, legte das bürgerl.-liberale Verständnis sozialer Kommunikation einen Verzicht auf staatl. Eingriffe in den Bereich der Öffentlichkeit nahe, weil sich im öffentl. Dialog über die Artikulation individueller und/oder kollektiver Interessen durch Mehrheitsbildung die Teilhabe des Bürgers an der Macht verwirkliche. Unter den gewandelten Verhältnissen der Ind.gesellschaften des 20. Jh. entwickelten sich im Bereich mediengebundener Kommunikation Konflikte (z. B. Pressekonzentration), die zu staatl. Eingriffen in die Publizistik führten, v. a. Bildung öffentl.-rechtl. Rundfunkanstalten, Investitionshilfen für kleinere und mittlere Tageszeitungen und deren Druckereien, Filmförderung, Einrichtung von Ausbildungsinstitutionen, Förderung von Kommunikationsforschung. Die Reg. beeinflußt also nicht allein den Nachrichtenfluß durch ihr Presse- und Informationspolitik (Informationspolitik der Reg.), sondern verwirklicht - unter Kontrolle durch Legislative und Judikative - Reformen des Systems der Massenmedien.

Bis in die 1970er Jahre war die M. in der BR Deutschland von dem parteipolit. Streit um die Pressekonzentration geprägt, in den 80er Jahren wurde die Einführung neuer Medien zum Hauptstreitpunkt, insbes. die Zulassung privater Sender beim Kabel- und Satellitenfernsehen, die das öffentl.-rechtl. Fernsehmonopol durchbricht. 1987 einigten sich die Länder auf eine Neuordnung des Rundfunkwesens durch Unterzeichnung des *Mediensstaatsvertrages*, der die Existenz der öffenl.-rechtl. Anstalten garantiert und Rundfunkveranstaltungen Privater zuläßt und regelt.

Medienverbund, Kombination oder Kooperation von mindestens 2 Informationsträgern v. a. zur Vermittlung von Lehrinhalten. Im M. arbeiten z. B. kommunale Kul-

Medizin

tureinrichtungen, schul. Weiterbildungseinrichtungen aller Art sowie Massenmedien zusammen. **Multimediasysteme** sind v.a. Telekolleg (Fernsehsendungen, schriftl. Begleitmaterial, zentrale Direktstudientage), Funkkolleg (Hörfunksendungen, schriftl. Begleitmaterial, z.T. auch Reader, Begleitzirkel in der Volkshochschule) und Zeitungskolleg (Zeitungsartikel, broschierte Textsammlungen, Begleitzirkel in der Volkshochschule); auch Unterricht, Fernunterricht und Fernstudium arbeiten z.T. im Medienverbund.

Medikament [lat.], svw. ↑Arzneimittel; **medikamentös**, unter Verwendung von Arzneimitteln erfolgend, durch Arzneimittel hervorgerufen.

Medikus [zu lat. medicus „Arzt"], (scherzhafte) Bez. für Arzt.

Medina, Oasenstadt im Hedschas, Saudi-Arabien, 198 000 E. Islam. Wallfahrtsort; Univ. (gegr. 1961), Lehrerseminar; bed. Handelsplatz, Dattelpalmenhaine, Gemüsegärten. - Vorislam. **Jathrib** gen.; seit der Hedschra des Propheten Mohammed von Mekka nach M. 622 n.Chr. Zentrum des von ihm geschaffenen islam. Gemeinwesens; war Sitz der Kalifen, bis Ali (656–661) die Residenz nach Al Kufa verlegte; M. blieb heilige Stadt. Stand nach dem Zerfall des Kalifenreiches unter der Oberhoheit verschiedener islam. Großmächte, 1517–1916 unter der des Osman. Reichs, 1926 Saudi-Arabien einverleibt. - Große Moschee (707–709; mehrfach verändert) mit den Gräbern Mohammeds, Fatimas und der Kalifen Abu Bakr und Omar.

Medina [arab.], Bez. für die in islam. Städten urspr. von einer Mauer umgebene Altstadt mit typ. Sackgassengrundriß.

Medinabeulen ↑Drakunkulose.

Medinawurm ↑Drakunkulose.

medioker [lat.-frz.], mittelmäßig, schlecht; **Mediokrität**, Mittelmäßigkeit.

Mediolanum ↑Mailand.

Mediothek [lat./griech.], Sammlung audiovisueller Medien (meist als Abteilung in öffentl. Büchereien; auch in Schulen), in der neben dem Schrifttum Dias, Schallplatten, Tonbänder, Kassetten, Filme usw. für den Benutzer bereitgestellt werden.

Medisch, zu den indogerman. Sprachen gehörende Sprache der Meder; nur indirekt in (v. a. altpers.) Lehnwörtern und Namen seit dem 9. Jh. v. Chr. bezeugt; weist nordwestiran. Charakteristika auf.

Meditation [lat.], svw. ↑Kontemplation. **meditativ** [lat.], auf Meditation beruhend; **meditieren**, nachdenken, Betrachtungen anstellen.

mediterran [lat.], das Mittelländ. Meer und das Gebiet um dieses Meer (die **Mediterraneis**) betreffend.

mediterrane Rasse, svw. ↑Mediterranide.

mediterranes Florengebiet, Teilgebiet des ↑holarktischen Florenreiches; umfaßt die Küstengebiete und Inseln des Mittelländ. Meeres mit milden, frostarmen Wintern und warmen, trockenen Sommern; beherrschende Vegetationsform ist die Macchie, die in trokkenen Gebieten in die Garigue übergeht. Charakterist. Kulturpflanzen sind Ölbaum, Edelkastanie, Weinrebe, Feigenbaum und Zitruspflanzen.

Mediterranide [lat.] (mediterrane Rasse), Bez. für eine Unterform der Europiden. Die M. sind durch schlanken Körperbau, mittlere Größe, längl. Kopf, hohes Gesicht und zierl., jedoch scharf konturierte Nase gekennzeichnet. Außer im Mittelmeerraum sind sie bes. in Irland und Wales sowie vom Balkan bis zum SO der UdSSR verbreitet.

Medium [lat. „das in der Mitte Befindliche"] (Mehrz. Medien, Media), allg. Mittel, vermittelndes Element, insbes. (in der Mrz.) Mittel zur Weitergabe oder Verbreitung von Information durch Sprache, Gestik, Mimik, Schrift und Bild. - ↑ auch Medien.

♦ Träger physikal. oder chem. Vorgänge (z. B. Luft als Träger von Schallwellen); Stoff, in dem sich diese Vorgänge abspielen.

♦ in der *Psychologie* Patient oder Versuchsperson bei Hypnoseversuchen; speziell in der *Parapsychologie* die der außersinnl. Wahrnehmung für fähig gehaltene Person.

♦ v.a. im Griech. (neben Aktiv und Passiv) erhaltenes Genus des Verbs; kennzeichnet das Interesse des tätigen Subjekts oder sein Betroffensein durch die Handlung.

Medizin [zu lat. (ars) medicina „Heilkunst"], Wiss. vom gesunden und kranken Funktionszustand des menschl. und tier. Organismus sowie von den Ursachen, Erscheinungsformen, der Vorbeugung und Heilung von Krankheiten des Menschen (**Humanmedizin**) und der Tiere (↑Tiermedizin). Durch ständige Zunahme des Wissensstoffes wurde es im Laufe der histor. Entwicklung der M. notwendig, das Gesamtgebiet der M. in Teil- und Spezialgebiete aufzuteilen, deren diagnost., techn. und therapeut. Besonderheiten eine bes. Aus- bzw. Weiterbildung erfordern. Teilgebiete sind die *naturwiss. M.* mit Anatomie, Physiologie, Biochemie; die *theoret. M.* mit medizin. Psychologie und Soziologie, Arbeitsmedizin, Sozialmedizin, Geschichte der M., Gerichtsmedizin, medizin. Anthropologie und Humangenetik, Pathologie, Hygiene, Tropenmedizin, Immunologie, Serologie, Virologie, Pharmakologie, medizin. Dokumentation und Statistik; die *klin. M.* mit innerer M., Kinderheilkunde, Chirurgie, Orthopädie, Frauenheilkunde und Geburtshilfe, Neurologie, Psychiatrie, Psychosomatik, Augenheilkunde, Hals-Nasen-Ohren-Heilkunde, Dermatologie, Anästhesiologie, Urologie, Radiologie, Nuklearmedizin, Neurochirurgie u. a. Zw. Geburtshilfe und Kinderheilkunde

Medizinalpersonal

hat sich die Perinatalogie herausgebildet. Sie befaßt sich mit dem Zeitraum um die Geburt herum und ist bes. um die Verminderung ihrer Risiken bemüht.
Innerhalb weniger Jahrzehnte hat sich die M. vollständig gewandelt. Krankheiten, die als unheilbar galten, können heute erfolgreich behandelt werden. Die Fortschritte in den Naturwiss., v. a. der Biochemie, der Zytologie und der Elektronik haben dabei mitgeholfen. Die Weiterentwicklung naturwiss. Methoden wird auch in Zukunft für die M. von großer Bed. sein.
Geschichte: Bei den frühen Kultur- und heutigen Naturvölkern lag (und liegt) die Ausübung der M. vielfach in den Händen der Priester. Im Altertum bestanden M.schulen, deren Nachwirkungen noch weit ins MA hineinreichten. Spätere Reformversuche unternahm bes. Paracelsus. Der Ausbau der wiss. fundierten M. begann im 19. Jh. Die Entwicklung von neuen Operationsmethoden wurden durch Narkose und Asepsis ermöglicht. Weitere Fortschritte gelangen im 20. Jh. mit der Entwicklung der Gehirn-, Herz- und Lungenchirurgie. Wichtig für Heilerfolge bakterieller Erkrankungen war die Einführung der Sulfonamide und die Entdeckung des Penicillins und anderer Antibiotika.
⌑ Ackerknecht, E. H.: Gesch. der M. Stg. [5]1986. - Pschyrembel, W.: Klin. Wörterb. Bln. u. New York [255]1986. - Duden - Das Wörterb. medizin. Fachausdrücke. Hg. v. K.-H. Ahlheim. Mhm. [4]1985. - Fischer-Hornberger, E.: Gesch. der M. Bln. u. a. [2]1977. - Lichtenthaeler, C.: Gesch. der M. die Reihenfolge ihrer Epochen-Bilder u. die treibenden Kräfte ihrer Entwicklung. Köln [2]1977. 2 Bde. - Bernard, J.: Größe u. Versuchung der M. Dt. Übers. Wien u. a. 1974. - Rothenberg, R. E.: M. für jedermann. Dt. Übers. Mchn. 1974. 2 Tle.
◆ svw. Medikament (↑ Arzneimittel).

Medizinalpersonal [lat.], im schweizer. Recht Sammelbegriff für Ärzte, Zahnärzte, Tierärzte und Apotheker, die ein eidgenöss. Diplom erworben haben und dadurch zur freien Ausübung ihres Berufs in der ganzen Eidgenossenschaft befugt sind.

Medizinball, mit Tierhaaren gefüllter Lederball, Gewicht zw. 800 und 3 000 g. Umfang 57–107 cm; Sportgerät für zahlr. Spiele und gymnast. Übungen.

medizinische Bäder, zusammenfassende Bez. für Bäder, die zu therapeut. Zwecken (Heilbad) angewendet werden. Man unterscheidet nach der Anwendungsform: *Güsse* und *Duschen* (Kneipp-Güsse als Kaltwasserbehandlungen, mit zunehmender Intensität als Teil- oder Vollgüsse zur Stoffwechselsteigerung und zum „Gefäßtraining"; *Wechselgüsse,* abwechselnd kurze Kaltwassergüsse und längere Warmwasserübergießungen; *Wechselduschen,* mit dem Ziel der Durchblutungssteigerung; *Sitzduschen*), *Teilbäder* (kalte Kneippsche Arm- und Fußbäder von 20 Sekunden Dauer, warme Bäder bei 38 °C und 15 Minuten Dauer), *Vollbäder* mit an- und absteigenden Wassertemperaturen; ferner werden *natürl. Heilbäder;* bei denen Wasser aus natürl. Heilquellen (z. B. Schwefelquellen) verwendet werden, von *künstl. Bädern,* mit dem Wasser zugesetzten medizin. wirksamen Substanzen, unterschieden. Je nach Art der im Wasser befindl. Stoffe spricht man von *Kochsalzbädern* (bei Gelenkleiden, Gicht, Rheumatismus, Magen- und Darmleiden), *Kohlensäurebädern* (bei Herz-, Gefäßleiden), *Kräuterbädern, Moorbädern* (bei chron. Gelenkleiden, Frauenleiden), *Schlammbädern* (bei Neuralgien, Rheumatismus, Frauenleiden; ↑ auch Fango), *Schwefelbädern* (Hautkrankheiten), *Seifenbädern* (bei Hautkrankheiten, Eiterungen) und *hydroelektr. Bädern,* bei denen galvan., farad. oder Wechselströme zur Therapie von rheumat. und chron. entzündl. Erkrankungen sowie von Durchblutungsstörungen verwendet werden.

medizinische Indikation ↑ Schwangerschaftsabbruch.

medizinische Kohle ↑ Carbo.

Medizinischer Blutegel ↑ Blutegel.

Medizinmann, eine zunächst auf Beobachtungen bei nord- und mittelamerikan. Indianern begründete völkerkundl. Bez. für einen Menschen, dem übernatürl. Macht zugeschrieben wird, der diese Macht auch ausübt und sich mit Krankenheilung befaßt. Seine Funktion ist vielfach mit der des Priesters oder Schamanen verbunden.

Medizinsoziologie, Teilgebiet der Soziologie; untersucht die sozialen Bedingungen von Krankheiten in verschiedenen Schichten und Gruppen der Gesellschaft, die Anfälligkeit für Kranksein in bestimmten Lebenslagen, die Bestimmungsfaktoren der Rollen des Arztes, des Pflegepersonals und der Patienten und insbes. die Organisations- und Arbeitsstrukturen in Einrichtungen des Gesundheitswesens und deren Auswirkungen auf die Heil- und Gesundungsprozesse.

Medjerda, Oued [frz. wɛdmɛdʒɛr'da], wichtigster Fluß Tunesiens, entspringt in Algerien, mündet nördl. von Tunis ins Mittelmeer, 450 km lang.

Medley [engl. 'mɛdlɪ „Gemisch", zu lat. miscere „mischen"], svw. ↑ Potpourri.

Médoc [frz. me'dɔk] ↑ Landes (frz. Landschaft).

Medrese [aram.-arab., eigtl. „Ort des Studierens"], Hochschule in der islam. Welt; die M. entwickelte sich in der Moschee, die seit jeher auch der Ort war, an dem die Unterweisung in den religiösen Wissenschaften stattfand; seit dem 11. Jh. mit Hochschulcharakter. Die zahlr. staatl. M.gründungen der Seldschuken waren mit einem neuen Architekturtypus verbunden: Um einen Hof liegen in zwei Geschossen die Zellen der Schüler und Lehrer, alle 4 Hoffronten haben in der Mitte einen Iwan.

Medulla [lat.] ↑ Mark.

Medullarrohr [lat./dt.] (Neuralrohr, Nervenrohr), embryonale Anlage des Zentralnervensystems bei Wirbeltieren und beim Menschen. Zuerst bildet sich im Bereich der späteren Rückenlinie des Keims eine plattenförmige Verdickung des Ektoderms *(Medullarplatte)*, deren Ränder *(Medullarwülste)* sich auffalten, wodurch eine *Medullarrinne* entsteht. Die beiden Medullarwülste schließen sich dann über der Mittellinie und verwachsen miteinander. Das Lumen des so gebildeten M. bleibt bei ausgewachsenen Organismen im Bereich des Rückenmarks als *Zentralkanal*, im Gehirn als *Ventrikelsystem* erhalten.

Medusa, eine der ↑ Gorgonen.

Medusen, svw. ↑ Quallen.

Medusenhaupt (Cenocrinus asteria), große, gelblichbraune Seelilie in großen Tiefen des Karib. Meers; mit etwa 50 cm langem Stiel und stark verästelten, bis 10 cm langen Armen.

Medusenhäupter (Gorgonenhäupter, Gorgonocephalidae), Fam. der Schlangensterne mit bis 70 cm langen, meist dünnen, sehr stark verzweigten Armen, die zum Planktonfang weit ausgebreitet und von Zeit zu Zeit eingerollt werden, um die erbeutete Nahrung an der Mundöffnung abzustreifen. Im nördl. Atlantik, in etwa 150–1 200 m Tiefe kommt das rötl., gelbl. oder weiß gefärbte **Gorgonenhaupt** (Baskenmützenseestern, Gorgonocephalus caputmedusae) vor.

Medwall, Henry [engl. 'mɛdwɔ:l], † wahrscheinl. kurz nach 1500, engl. Dramatiker. - Kaplan des Kardinals Morton. Erster namentl. bekannter Verf. eines weltl. Theaterstücks in der engl. Literatur.

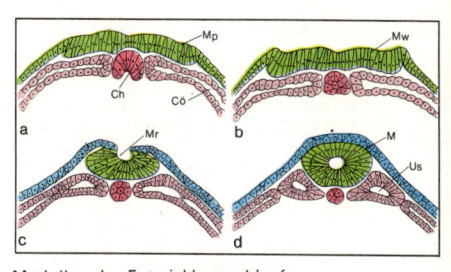

Meegeren, Han (Henricus Antonius) van [niederl. 'me:xərə], * Deventer 10. Okt. 1889, † Amsterdam 30. Dez. 1947, niederl. Maler und Kunstfälscher. - Brachte jahrelang erfolgreich meisterhafte Fälschungen von Vermeer („Emmausjünger"), Terborch, F. Hals und Pieter de Hooch in den Handel.

Meer [zu althochdt. meri „Sumpf, stehendes Gewässer"], die zusammenhängenden Wassermassen der Erde, ↑ Weltmeer.

Meer, Simon van der, * Den Haag 24. Nov. 1925, niederl. Ingenieur. - Seit 1956 Mitarbeiter am Europ. Kernforschungszentrum CERN. Seine neuen Ideen beim Bau von Beschleunigeranlagen führten zu bed. Erkenntnissen auf dem Gebiet der Elementarteilchenphysik; er erhielt hierfür 1984 (zusammen mit C. Rubbia) den Nobelpreis für Physik.

Medullarrohr. Entwicklungsablauf (a–d) bei der Neurula eines Lurchs (schematisch). Ch Chorda, Cö Cölom, M Medullarrohr, Mp Medullarplatte, Mr Medullarrinne, Mw Medullarwulst, Us Ursegment

Meeresablagerungen. Bodenbedeckung des Weltmeeres

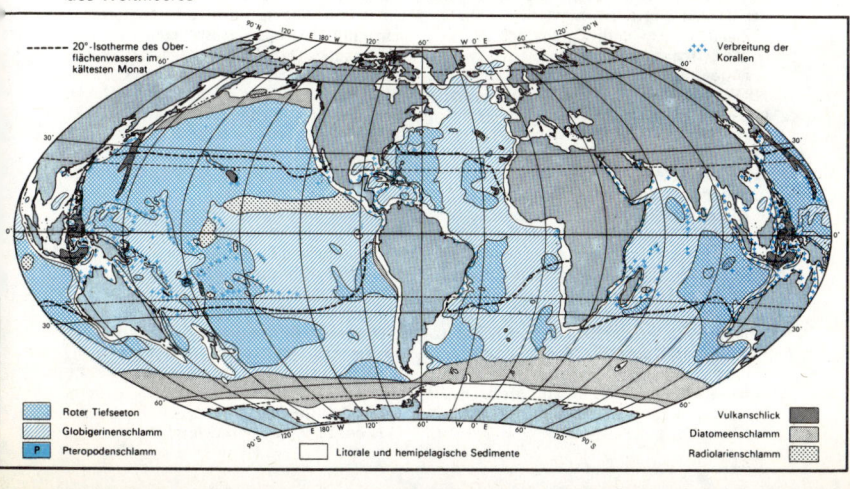

Meeraale

Meeraale (Congridae), im Meer weltweit verbreitete Fam. bis 3 m langer, meist jedoch kleinerer Aalartiger Fische; Raubfische mit unbeschuppter Haut und reich bezahnter Mundhöhle (Zähne bes. im Unterkiefer stark verlängert); am bekanntesten der ↑Seeaal.

Meeradler (Gewöhnl. Adlerrochen, Myliobatis aquila), knapp 1 m langer, mit Schwanz etwa 2,5 m messender Rochen (Fam. Adlerrochen) in allen warmen und gemäßigten Meeren (häufig auch im Mittelmeer); schwimmt elegant durch langsames Auf- und Niederschlagen der großen, flügelförmigen Brustflossen.

Meeralpen (Seealpen; frz. Alpes Maritimes), Teil der Westalpen längs der frz.-italien. Grenze, bis 3 297 m hoch.

Meeräschen (Mugilidae), mit über 100 Arten in küstennahen Meeres- und Brackwässern (z. T. auch in Flüssen) weltweit verbreitete Fam. bis 90 cm langer Knochenfische; Schwarmfische mit heringsförmigem, großschuppigem Körper; an den Kiemenbögen Reusenzähne, die zum Filtrieren der Kleinstlebewesen dienen.

Meeraugspitze (slowak. und poln. Rysy), mit 2 499 m höchster Berg Polens, in der Hohen Tatra.

Meerbarben (Seebarben, Mullidae), Fam. 25–50 cm langer Barschfische mit rd. 40 Arten, v. a. in trop. und subtrop. küstennahen Meeres- und Brackgewässern; meist bunte Tiere mit großem Kopf und zwei langen Barteln; in europ. Meeren die **Gewöhnl. Meerbarbe** (Mullus barbatus) und die **Streifenbarbe** (Mullus surmuletus); beide Arten, 30–40 cm lang, sind Speisefische.

Meerbeerengewächse (Seebeerengewächse, Haloragaceae), zweikeimblättrige Pflanzenfam. mit acht Gatt. und mehr als 150 Arten in den gemäßigten und subtrop. Gebieten aller Erdteile; Kräuter oder Stauden, selten Halbsträucher, mit kleinen Blüten. Bekannte Gatt.: Gunnera, Tausendblatt.

Meerbrassen ↑Brassen.

Meerbusch, Stadt nördl. von Neuss, NRW, 49 200 E. Herstellung von Mosaik- und Wandplatten, elektron. Schaltgeräten u. a. - 1970 aus 8 Gem. entstanden.

Meerbusen ↑Golf.

Meerdattel, svw. ↑Steindattel.

Meerdrachen, svw. ↑Seedrachen.

Meerechse (Galapagosechse, Amblyrhynchus cristatus), bis etwa 1,7 m langer, kräftig gebauter Leguan, v. a. auf den Galapagosinseln; Körper schwarzgrau mit überwiegend ziegelroter Zeichnung, zieml. kleinem, höckerigem Kopf und (aus langen Hornschuppen gebildetem) Rücken- und Schwanzkamm. Die M. geht zur Nahrungsaufnahm (frißt Algenbewuchs an Felsen) ins Meer.

Meerechsen, allg. Bez. für große, meerbewohnende Saurier des Erdmittelalters, z. B. Fischechsen.

Meereiche (Schotentang, Halidrys siliquosa), derbe Braunalge des Nordatlantiks; 0,5–2 m langer, mehrfach gefiederter Thallus mit gekammerten, schotenförmigen, gasführenden Schwimmblasen.

Meereicheln, svw. ↑Seepocken.

Meerenge (Meeresstraße, Sund), schmale Meeresverbindung zw. zwei Meeren oder Meeresteilen, z. T. mit komplizierten Strömungsverhältnissen.
Völkerrecht: Ob eine M. zur hohen See oder zu den Küstengewässern zu rechnen ist, richtet sich danach, ob die sich gegenüberliegenden Küsten nicht weiter als die doppelte Breite des Küstenmeeres voneinander entfernt sind.

Meerengel ↑Engelhaie.

Meerengenabkommen, am 20. Juli 1936 in Montreux abgeschlossene Konvention zw. Bulgarien, Frankr., Griechenland, Großbrit., Japan, Jugoslawien, Rumänien, der Türkei und der UdSSR (1938 Beitritt Italiens), die der Türkei das Recht zur Befestigung der beiden Meerengen Bosporus und Dardanellen gab und der zufolge die Türkei im Falle einer Kriegsbedrohung oder als kriegführende Macht die Durchfahrt von Kriegsschiffen untersagen kann.

Meerenten, Gattungsgruppe der Enten, die ihre Nahrung in kalten und gemäßigten Meeren tauchend erjagen; bewegen sich an Land nur schwerfällig. Zu den M. gehören u. a. Eiderente, Eisente, Kragenente, Samtente, Schellente, Spatelente und Trauerente.

Meeresablagerungen, die Ablagerungen auf dem Meeresboden. Der überwiegende Teil des Gesteinsmaterials wird durch Flüsse, Gletscher, Wind ins Meer transportiert; an den Küsten trägt das Meer selbst zur Abtragung bei. Bes. weit in der Tiefsee verbreitet sind die aus kalk- oder kieselsäurehaltigem Material bestehenden Reste von Meerestieren (z. B. Globigerinen- und Diatomeenschlamm), im trop. Flachseebereich die Korallenbauten. Dazu kommen mineral. Neubildungen wie Salze, Manganknollen, Glaukonit, Pyrit, Phosphorit, Tonminerale, Ooide. Vor Flußdeltas rechnet man mit 100–1 000, im Schelf- und Nebenmeerbereich mit 10–50, im Tiefseebereich mit weniger als 1 cm Sedimentmächtigkeit in 1 000 Jahren. - Karte S. 143.

Meeresbiologie, Teilgebiet der Ozeanographie, das sich mit Leben, Verhalten, Verbreitung und Physiologie meerbewohnender Tiere (Meereszoologie) und Pflanzen (Meeresbotanik) befaßt.

Meeresfreiheit ↑Freiheit der Meere.

Meeresfrüchte (Frutti di mare), Bez. für Speisen aus mehreren Arten von [kleinen] Krusten- und Schalentieren sowie aus Fischen.

Meeresgeologie ↑Geologie.

Meereshöhe ↑Normalnull.

Meeresverschmutzung

Meereskunde, svw. ↑ Ozeanographie.
Meeresleuchten (Meerleuchten), durch Biolumineszenz (↑ Chemilumineszenz), v. a. der in großen Massen auftretenden Algen *Noctiluca miliaris* und *Ceratium tripos* sowie gewisser Quallen, Feuerwalzen usw., hervorgerufene nächtl. Leuchterscheinungen, bes. im Bereich trop. Meere.
Meeresschildkröten (Seeschildkröten, Cheloniidae), Fam. etwa 80–140 cm langer Schildkröten (Unterordnung Halsberger) mit fünf rezenten Arten in trop. und subtrop. Meeren (gelegentl. auch in kühleren Gewässern, z. B. Nordsee); Panzer abgeflacht, stromlinienförmig, unvollständig verknöchert; Extremitäten abgeplattet, flossenartig, können wie der Kopf nicht unter den Panzer eingezogen werden; gute Schwimmer; Eiablage im Sand; geschlüpfte Jungtiere suchen umgehend das Meer auf; Bestände sind stark gefährdet. – Zu den M. gehören u. a. Suppenschildkröte, Karettschildkröte und Unechte Karettschildkröte.
Meeresstraße, svw. ↑ Meerenge.
Meeresströmungen, überwiegend horizontaler Transport von Wassermassen im Weltmeer. Oberflächenströmung wird durch Wind erzeugt, durch Reibung auf tiefere Schichten (100–200 m tief) übertragen und infolge der Coriolis-Kraft gleichzeitig abgelenkt, auf der Nordhalbkugel nach rechts, auf der Südhalbkugel nach links. Stark ausgeprägte Oberflächenströmungen können nur dort entstehen, wo kräftige und richtungsbeständige Winde wehen. Dies ist v. a. innerhalb der Passatzonen der Fall. Als Folge des NO- bzw. SO-Passats entstehen hier beiderseits des Äquators die nach W gerichteten Nord- und Südäquatorialströme (bes. Verhältnisse im Ind. Ozean infolge der Monsune). Als Ersatz für das weggeführte warme, nährstoffarme Wasser und infolge des ablandigen Windes steigt vor den W-Küsten der Kontinente aus der Tiefe kühles, nährstoffreiches Wasser auf. Vor den O-Küsten der Kontinente werden Nord- und Südäquatorialstrom polwärts abgelenkt, sie bringen also den höheren Breiten relativ warmes Wasser, im Bereich der mittleren geograph. Breiten erhalten sie unter dem Einfluß der starken, aber unbeständigen Westwinde und der Coriolis-Kraft eine östl. Richtung. An der O-Seite der Ozeane wird der Kreislauf durch äquatorwärtige, relativ kalte M. geschlossen. Tiefenzirkulation beruht auf inneren Druckkräften, die infolge von Dichteunterschieden (horizontale Unterschiede von Temperatur und Salzgehalt) entstehen, sowie äußeren Druckunterschieden infolge von Luftdruckänderungen.
Bes. nachhaltig ist die Wirkung, die vom antarkt. Bodenwasser ausgeht; dieses bewegt sich überwiegend in nördl. Richtung in Abhängigkeit von der Gestalt des Meeresbodens, wegen der starken Abgeschlossenheit des Nordpolarmeeres im Atlant. und Pazif. Ozean bis über den Äquator hinaus. Zu den wesentl. Tiefenströmungen gehört auch das an der antarkt. Polarfront unter die wärmeren Oberflächenströme absinkende und bis über den Äquator hinaus nach N vorstoßende subpolare Zwischenwasser.
Aus dem polaren und subpolaren Bereich des N-Atlantik und N-Pazifik stammende, kalte und daher absinkende Wassermassen bilden ein zwischengeschaltetes drittes Stockwerk der Tiefenzirkulation. Diese Tiefenströme bewegen sich in 1 000–4 000 m Tiefe nach S bis in die Antarktis. – Karte S. 146.
📖 *Petter, G./Garau, B.: Meeresströme u. Gezeiten.* Dt. Übers. Würzburg u. Wien 1979.
Meerestechnik, die Gesamtheit der techn. Aktivitäten, die die Erforschung und Nutzung der Weltmeere – einschließl. der Bodenschätze in und auf dem Meeresboden – zum Ziel haben. Die M. läßt sich in mehrere „Systembereiche" gliedern: 1. die *Meeresforschungstechnik* als Bereich, der sich mit der Entwicklung von Systemen und neuen Techniken zur besseren Erforschung der Naturvorgänge in den Weltmeeren befaßt (z. B. Entwicklung von techn. Systemen für den Unterwassereinsatz des Menschen, insbes. von Unterwasserhäusern und Tieftauchsystemen, sowie von neuartigen Meßgeräten und -verfahren); 2. Systeme zur wirtsch. Nutzung des Meeres (Nahrungsprodukte, mineral. Rohstoffe, Süßwassergewinnung durch Meerwasserentsalzung); 3. Systeme zum Schutz vor dem Meer, insbes. Seewasserbau für Küstenschutz und Schiffahrt; 4. Systeme zum Schutz des Meeres vor schädigenden Eingriffen und Einwirkungen, insbes. techn. Verfahren zur Bekämpfung der zunehmenden Meeresverschmutzung; 5. Systeme zur [Energie]versorgung, insbes. von bemannten Tauchfahrzeugen und Tiefseestationen; 6. Systeme zur besseren Navigation und Ortung auf dem Meer bzw. beim Unterwassereinsatz (Aquanautik, Unterwasserortung) sowie zur genauen Seevermessung. – Ein bed. technolog. Problem ist außerdem die Entwicklung von Werkstoffen, die zur Verwendung im Meerwasser und auch in großen Meerestiefen geeignet sind.
📖 *Meerestechnologie.* Hg. v. H. Victor. Mchn. 1973.
Meeresverschmutzung, die Verunreinigung des Meerwassers und des Meeresbodens sowie der Strände durch Abfallstoffe. Sämtl. Verunreinigungen von Luft, Erdboden und Gewässern summieren sich in der M. Die Aufnahmefähigkeit der Meere ist genauso wie die der Binnengewässer begrenzt, ebenso das Selbstreinigungsvermögen. Die größte Schmutzmenge kommt von den Flüssen ins Meer. Der Rhein z. B. bringt tägl. rd. 35 000 m³ feste Abfallstoffe, 10 000 t Chemikalien, Salze und Phosphate sowie riesige Mengen an organ. und anorgan. Schmutzstof-

Meeresverschmutzung

fen, Schwermetallen, Säuren, Laugen, Ölen und Schädlingsbekämpfungsmitteln in die Küstengewässer. Gerade dort aber lebt der Großteil der Meerestiere und -pflanzen. Die physikal., chem. und biolog. Prozesse im Meer behindern eine weiträumige Durchmischung der Wasserschichten, so daß der Konzentrationsabbau der Schadstoffe nur relativ langsam erfolgt. Aus dem steigenden Anteil der Schwermetalle (v. a. Cadmium, Quecksilber und Blei) und der Schädlingsbekämpfungsmittel (Pestizide) ergeben sich bes. Gefahren für den Menschen, weil sie sich in den Nahrungsketten anreichern, in Fische, Krebse, Muscheln gelangen, die dann vom Menschen gegessen werden (↑ Minamata-Krankheit, ↑ Itai-Itai-Krankheit). Mit den ungereinigten Abwässern gelangen auch Krankheitserreger in das Meerwasser. Jedes Jahr müssen, um einer Gesundheitsgefährdung vorzubeugen, zahlr. Badestrände gesperrt werden. Außer den Küstengewässern sind v. a. die verhältnismäßig abgeschlossenen und nicht sehr tiefen Meere gefährdet, wie z. B. Nord- und Ostsee. Die Nordsee ist eines der am stärksten verschmutzten Meere der Erde. Die Gift- und Abfallstoffe gelangen v. a. durch die Flüsse, durch direkte Einleitungen an der Küste, durch das Einbringen von Abfällen und durch das Auswaschen von Schadstoffen aus der Atmosphäre hinein. Die Verschmutzung durch die Schiffahrt ist ein weiteres Problem.

Die Schiffe geben fast alle Abfälle und Abwässer ungeklärt ins Meer. Nach Schätzungen sollen in der Nordsee durch das Einbringen meist industrieller Abfallstoffe durch Schiffe jährl. rd. 5 000 t Abfälle aus der Kunstharzfabrikation, 1,6 Mill. t Abwässer (sog. Dünnsäure; 10%ige Schwefelsäure mit 14% Eisensulfat) aus der Titandioxidproduktion, 18 000 t Abfälle aus der Enzymfabrikation, 60 000 t Abfälle aus der Synthesefaserproduktion, 8,3 Mill. t Faulschlamm, 40 000 t anorgan. und organ. Säuren und Salze und eine Reihe weiterer Abfälle auf diese Art „beseitigt" werden. Aus der Atmosphäre kommen jährl. durch Auswaschung etwa 3 Mill. t Schwefeldioxid, 1 Mill. t Feststoffe, 10 000 t Zink, 6 t Quecksilber und 4 500 t Blei dazu. In der Ostsee ist die Situation mengenmäßig besser, dafür jedoch die Wassererneuerung geringer und damit die Verschmutzungsgefahr ebenso groß. – Die zunehmende Verschmutzung der Meere hat die Regierungen der meisten Ind.-staaten veranlaßt, neue Bestimmungen zur Abfall- und Abwasserbeseitigung zu erlassen. Einem Abkommen zum Schutz der Meere gegen jede Verschmutzung durch Abwässer oder Abfälle (in Kraft getreten im Aug. 1976) traten bisher folgende Staaten bei: UdSSR, USA, Großbritannien, Mexiko, Frankr., BR Deutschland, Japan, Australien, Neuseeland, Dominikan. Republik, Argentinien, Venezuela, Guatemala, Niederlande. – Zur Ver-

Meeresströmungen. Oberflächenströmungen im Weltmeer.
1–5 Nord- und Südäquatorialströme, 6 Kuroschio, 7 Ostaustralstrom,
8 Golfstrom, 9 Brasilstrom, 10 Agulhasstrom, 11 Nordpazifischer
Strom, 12 Nordatlantischer Strom, 13 Westwinddrift, 14 Kalifornischer
Strom, 15 Humboldtstrom, 16 Kanarenstrom, 17 Benguelastrom,
18 Westaustralstrom, 19–21 Äquatorialströme, 22 Alaskastrom,
23 Norwegischer Strom, 24 Westspitzbergenstrom, 25 Ostgrönlandstrom,
26 Labradorstrom, 27 Irmingerstrom, 28 Ojaschio, 29 Falklandstrom (die
starken Pfeile bezeichnen besonders schmale, starke Strömungen)

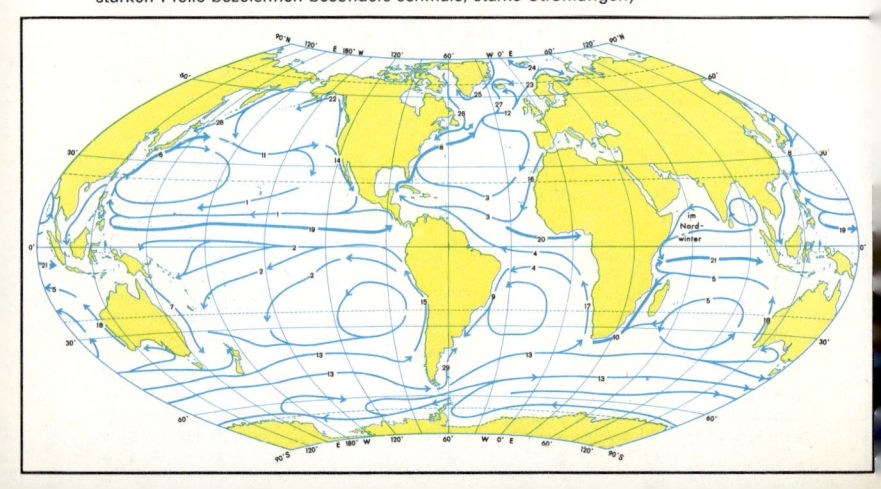

schmutzung der Meere durch Erdöl ↑Ölpest. ⌐ *M. u. Meeresschutz. Naturwiss. Forschung u. rechtl. Argumente. Hg. v. W. Ernst. Ffm. 1982.* - *Abfallbeseitigung auf See. Hg. v. E. Offhaus. Bln. u.a. 1980.* - Konzelmann, G.: *Ölpest. Percha 1979.*

Meereswellen, wellenförmige Bewegungen des Meerwassers (insbes. Oberflächenwellen an der Meeresoberfläche), die v. a. durch den Wind, aber auch durch gezeitenerzeugende Kräfte, Seebeben, Eisgabbrüche u. a. hervorgerufen werden. Sie treten als fortschreitende oder stehende Wellen auf, wobei ihre Amplituden (Höhe ihrer Wellenberge) zw. größenordnungsmäßig 1 mm und 20–30 m, ihre Wellenlängen zw. 1 mm und über 1 000 km sowie ihre Schwingungsdauer zw. weniger als 0,1 s und mehreren Tagen liegen. Man unterscheidet die windangeregten Kapillarwellen (Schwingungsdauer 1 bis 12 s bei der Windsee, 10 bis 30 s bei der Dünung), Infraschwerewellen (Perioden von 0,5 bis 5 min), langperiod. Wellen mit Perioden von 5 min bis mehreren Stunden, wie die Seebären an den dt. Küsten als Folge von Luftdruck- und Windänderungen, die durch Seebeben ausgelösten Tsunamis und die Sturmflutwellen, weiter die Gezeiten[wellen] mit 12- bzw. 24stündiger Periodendauer und die Seiches sowie die Transgezeitenwellen mit mehr als 24stündiger Schwingungsdauer. - Bei den *Tiefwasserwellen* ist die Wellenlänge klein gegenüber der Wassertiefe, die Wellenbewegung nimmt mit zunehmender Tiefe ab (z. B. Dünung und Windsee). Bei *Seichtwasserwellen* oder *langen M.* ist die Wellenlänge groß gegenüber der Wassertiefe, die Wellenbewegung erfaßt die gesamte Wassersäule (z. B. Brandungswellen, Grundseen, Gezeitenwellen, Seebären und Tsunamis).

Meerfenchel (Bazillenkraut, Strandbazille, Crithmum), Gatt. der Doldenblütler mit lederartigen, zerteilten, seegrünen Blättern; die atlant. und Mittelmeerküsten und die vorgelagerten Inseln besiedelnd; in den USA als Küchenpflanze in Kultur; wird als Salat und Küchengewürz verwendet.

Meerforelle ↑Forellen.
Meerfrau ↑Wassergeister.
Meergänse ↑Gänse.
Meergrundeln ↑Grundeln.
Meergurken, svw. ↑Seegurken.
Meerhase, svw. ↑Seehase.
Meerhechte, svw. ↑Pfeilhechte.
◆ svw. ↑Seehechte.
Meerjungfrau ↑Wassergeister.
Meerjunker ↑Lippfische.
Meerkatzen, (Cercopithecus) Gatt. schlanker, etwa 35 bis 70 cm langer Altweltaffen (↑Schmalnasen) mit 15 Arten, v. a. in Wäldern und Savannen Afrikas südl. der Sahara; meist gut springende und kletternde, häufig bunt gefärbte Baumbewohner mit überkörperlangem Schwanz, langen Hinterbeinen, rundl. Kopf und zieml. großen Backentaschen; nackte oder kaum behaarte Körperstellen (Gesicht, Gesäßschwielen, Hodensack), z. T. auffällig gefärbt. - M. leben in kleinen bis größeren Gruppen und ernähren sich v. a. von Pflanzen. Etwa 40–60 cm lang ist die **Grüne Meerkatze** (Grivet; Cercopithecus aethiops), die v. a. in den Savannen lebt. Körper oberseits oliv- bis dunkelgrün, unterseits weißlichgrau; Schwanz 50–70 cm lang; Gesicht schwarz, z. T. von helleren bis weißl. Haaren umrahmt; ernährt sich hauptsächl. von Kleintieren. Im westl. Z-Afrika kommt die etwa ebensogroße **Schnurrbartmeerkatze** (Cercopithecus cephus) vor. Körper oberseits oliv bis rötlichbraun, unterseits weißl.; Oberlippe teilweise blau, mit gelbem Backenbart.
◆ volkstüml. Bez. für ↑Seedrachen.

Meerkatzenartige (Cercopithecidae), Fam. schlanker bis sehr kräftiger, etwa 0,3 bis 1,1 m langer Hundsaffen mit rd. 60 Arten in Afrika und Asien; Baum- oder Bodenbewohner. Zu den M. gehören u. a. Makaken, Paviane, Drill, Mandrill, Mangaben und Meerkatzen.

Meerkohl (Seekohl, Engl. Kohl, Crambe maritima), ausdauernder, bläul. bereifter Kreuzblütler am Atlantik und an der Ostsee; Laubblätter fleischig, Stengel dick; rosa bis violette Blüten in großer Rispe. In Großbritannien und in der Schweiz als Gemüsepflanze kultiviert.

Meermühlen, Strudellöcher an Felsküsten.
Meerneunauge ↑Neunaugen.
Meerohren, svw. ↑Seeohren.
Meerotter ↑Otter.
Meerpfaff, svw. Sternseher (↑Himmelsgucker).
Meerrabe ↑Umberfische.
Meerrettich [eigtl. wohl „größerer (mehr) Rettich" (volksetymolog. umgedeutet zu „Rettich, der übers Meer gekommen ist")] (Kren, Armoracia lapathifolia), Staude aus der Fam. der Kreuzblütler mit dicker, fleischiger Wurzel; Grundblätter groß, längl., am Rande gekerbt, Hochblätter fiederspaltig; in SO-Europa und W-Asien heim., durch Kultur weltweit verbreitet und verwildert. Die M.wurzeln enthalten Allylsenföle, die hautreizend wirken. Wegen ihres würzigen, scharfen Geschmacks werden sie als Gemüse und zum Würzen verwendet.

Meersalat (Meerlattich, Ulva lactuca), an Steinen und Buhnen festgewachsene Grünalge mit 25–50 cm langem, breitflächigem, gekräuseltem, zweischichtigem Thallus; verbreitet an allen Meeresküsten in geringer Tiefe. M. wird gelegentl. als Salat verwendet.

Meersalz, allg. Bez. für die im Meerwasser gelösten Salze. - ↑auch Kochsalz.

Meersau (Großer Drachenkopf, Roter Drachenkopf, Meereber, Scorpaena scrofa), bis 50 cm langer, rötl., braun gefleckter Knochenfisch (Fam. Drachenköpfe) im O-Atlantik und Mittelmeer; plumper, räuber. lebender Grundfisch mit zahlr. Hautanhängen am großen Kopf; Speisefisch. Der Stich der Rückenflossenstrahlen ist giftig und äußerst schmerzhaft.

Meersburg, Stadt am N-Ufer des Bodensees, Bad.-Württ., 404–444 m ü. d. M., 5 100 E. Weinbaumuseum; Textilind., Kunstgewerbe, Weinbau; bed. Fremdenverkehr; Fährverkehr nach Konstanz. - Der aus der 1113 genannten **Merdesburch** entstandene Fischerort M. erhielt 1299 Ulmer Stadtrecht und war im Besitz der Bischöfe von Konstanz. - die von 1526 bis ins frühe 19. Jh. in M. residierten; kam 1803 an Baden. - Altes Schloß (im 16. und 17. Jh. erneuert) mit Dagobertsturm (vermutl. 12. Jh.); barockes Neues Schloß (1740–50); spätgot. sind die Unterstadtkapelle und die Kirchhofskapelle; Rathaus (16. Jh.; später erneuert); Wohnbauten (16.–18. Jh.); Fürstenhäuschen (um 1640) mit Drostemuseum; Teile der ma. Stadtbefestigung.

Meersch, Maxence Van der ↑ Van der Meersch, Maxence.

Meerschaum [Lehnübers. von lat. spuma maris, eigtl. Bez. für die Koralle] (Sepiolith), Mineral von meist reinweißer Farbe, auch gelbl. und grau, $Mg_4[(OH)_2|Si_6O_{15}] \cdot nH_2O$ (n = 2 bis 6), Mohshärte 2–2,5, Dichte 2 g/cm³, schwimmt aber infolge seiner hohen Porosität auf Wasser. Vorkommen als kryptokristalline, feinerdige derbe oder knollige Massen, abbauwürdig in der Türkei, Kenia und Tansania. Verarbeitung v. a. zu Pfeifenköpfen.

Meerschnepfe ↑ Schnepfenfische.

Meerschwein, svw. Finnenschweinswal (↑ Schweinswale).

Meerschweinchen (Caviidae), Fam. etwa 25–75 cm langer, gedrungen gebauter Nagetiere mit rd. 15 Arten, v.a. in buschigen Landschaften, Steppen und felsigen Gebieten S-Amerikas; nachtaktive Pflanzenfresser mit kurzem bis stummelartigem Schwanz und zieml. langen (↑Pampashasen) oder kurzen Beinen (M. im engeren Sinne, *Cavia*). Zu letzteren gehört das **Wildmeerschweinchen** (Cavia aperea; in den Anden bis in Höhen über 4 000 m; Fell oberseits graubraun, unterseits heller), Stammform der heute weltweit verbreiteten **Hausmeerschweinchen** (Cavia aperea porcellus), deren Fell in Struktur und Färbung außerordentl. variieren kann. - Die ♀♀ gebären nach einer Tragezeit von 60–70 Tagen zwei bis fünf voll entwickelte Jungtiere, die schon nach 55–70 Tagen wieder geschlechtsreif sind. M. können ein Alter von acht Jahren erreichen. Sie sind anspruchslose, sehr zahm werdende Hausgenossen und unentbehrl. wiss. Versuchstiere. - Bereits die Indianer hielten wegen des wohlschmeckenden Fleisches und auch als Opfertiere zahme Meerschweinchen.

Meerschweinchenartige (Cavioidea), Überfam. etwa 20–130 cm langer Nagetiere in offenen und geschlossenen Landschaften M- und S-Amerikas. Hierher gehören die Meerschweinchen, Agutis und Riesennager.

Meersenf (Cakile), Gatt. der Kreuzblütler mit 4 Arten; an europ. Küsten nur die salzliebende Art *Cakile maritima* mit fleischigen Blättern, lila- bis rosafarbenen Blüten und zweigliedrigen Schoten (Schwimmfrüchte).

Meersimse ↑ Simse.

Meerspinnen, svw. ↑ Seespinnen.

Meerssen, Vertrag von [niederl. 'me:rsə], die am 8. Aug. 870 in Meerssen (Prov. Limburg, Niederland) getroffene Vereinbarung, nach der Lotharingien zw. Karl II., dem Kahlen, und Ludwig dem Deutschen geteilt wurde.

Meerstichling, svw. Seestichling (↑ Stichlinge).

Meerstrandläufer ↑ Strandläufer.

Meerstrandrübe ↑ Runkelrübe.

Meerträubel (Ephedra distachya), Art der Gatt. Ephedra (↑ Ephedragewächse) an steinigen Hängen und auf Sandböden des Mittelmeergebiets, der Schweiz, am Schwarzen Meer bis Sibirien und Asien; 0,5 bis 1 m hoher, zweihäusiger, ginsterartiger Strauch mit scharlachroten, kugeligen, erbsengroßen Beerenzapfen. Das Kraut liefert ↑ Ephedrin.

Meerut ['mɪərət], ind. Stadt 150 km nö. von Delhi, Bundesstaat Uttar Pradesh, 417 300 E. Kath. Bischofssitz; Univ. (gegr. 1965), Textil-, chem., Nahrungsmittel-, Kleineisenind., Herstellung von Musikinstrumenten und Sportartikeln; Verkehrsknotenpunkt. - Aus M. stammt die heute in Delhi befindl. Säule mit einer Inschrift des Königs Aschoka (3. Jh. v. Chr.). Die Stadt wurde 1192 von Muslimen erobert und 1399 von Timur-Leng verwüstet. Am 10. Mai 1857 begann in M. der ind. Aufstand gegen die brit. Herrschaft (↑ auch Indien, Geschichte). - Von den zahlr. Moscheen und Tempeln aus verschiedenen Epochen ist v.a. die Dschami Masdschid (vermutl. 1019) bed. sowie ein Mausoleum aus dem 12. Jahrhundert.

Meerwasser, das im Weltmeer enthaltene Wasser, das die Hauptmenge des Wassers auf der Erde (97,2 ‰) darstellt. Zu Schwankungen in der Zusammensetzung des M. kann es kurzfristig durch biolog. Prozesse (in Abhängigkeit z. B. von der Temperatur) und heute v.a. durch die Einbringung von Abfällen und Giftstoffen in das Meer kommen. Der Gehalt an gelösten Salzen beträgt durchschnittl. 34 bis 35 ‰; in der Ostsee nur 7 bis 10 ‰ (starker Süßwasserzufluß) und in Bereichen starker Wasserverdunstung (z. B. im Roten Meer) 40 ‰. M. enthält v.a. folgende Salze: Natriumchlorid (27,23 g/l), Magnesiumchlorid (3,34 g/l), Magnesiumsulfat (2,25 g/l), Calciumsulfat (1,26 g/l), Kaliumchlorid (0,76 g/l), Calciumcarbonat (0,11 g/l), Magnesiumbromid (0,09 g/l). Die Gewinnung von Speisesalz durch Eindampfen von M. spielt seit alters eine große Rolle. Heute werden in techn. Maßstab die Elemente Brom und Magnesium aus M. gewonnen. Einen geringeren Anteil am M. haben die gelösten Gase, die wichtigsten sind Sauerstoff und Kohlendioxid. Der Sauerstoffgehalt schwankt zw. 0 und 8,5 mg/l. Kohlendioxid ist in beträchtl. Mengen im M. gespeichert. Es ist wichtig für die Photosynthese der im Meer lebenden Pflanzen, die ihn direkt aus dem sie umgebenden Wasser aufnehmen. Außerdem wirkt das Kohlendioxid als Puffer und hält den pH-Wert des M. annähernd konstant. - In weit geringerer Konzentration als Sauerstoff und Kohlendioxid sind die anderen Gase der Atmosphäre im M. gelöst. Die tiefblaue Farbe des klaren M. kommt durch die hohe Absorption des gelben Spektralbereichs des Lichts (470 nm) zustande.

Meerwasserentsalzung, Gewinnung von Süßwasser aus Meer- und Brackwasser, wobei auf diese Weise gewonnenes Trinkwasser nicht mehr als 0,35 ‰ Salze enthalten soll. Die M. nimmt wegen des weltweit enorm steigenden Bedarfs an Trink- und Gebrauchswasser ständig an Bed. zu.

Das älteste Verfahren ist die **Verdampfung** und anschließende **Kondensation** des salzfreien Dampfs, wobei das Salzwasser durch konventionelle Brennstoffe, heute auch mit Hilfe von Kernreaktoren oder Sonnenenergie, erhitzt wird. Bei der letzteren Methode bestehen die Anlagen aus gewächshausähnl. Behältern, an deren Abdeckungen aus Glas oder Kunststoffolien der Dampf kondensiert und in Rinnen gesammelt wird. Auf dem Prinzip der Verdampfung und Kondensation beruhen auch die **Tauchrohrverdampfung,** bei der das Wasser durch von Dampf durchströmte Röhren zum Sieden gebracht wird und die **Entspannungsverdampfung,** bei der erhitztes Meerwasser in eine Unterdruckkammer geleitet wird, wo ein Teil des Wassers verdampft. Dieser Vorgang wird 12-30mal wiederholt. Bei der **Elektrodialyse** wird Salzwasser unter Verwendung selektiver Membranen elektrolysiert, worauf sich in den einen Teil der Elektrolysierkammern eine Anreicherung, im anderen Teil eine Verminderung des Salzgehalts ergibt. Bei der **Gefrierentsalzung** wird gekühltes Meerwasser in eine Vakuumkammer gesprüht, wodurch sich durch Verdampfung die Sole soweit abkühlt, daß salzfreies Eis auskristallisiert. Größere techn. Bedeutung hat die **Umkehrosmose** oder ↑ Hyperfiltration erlangt.

📖 *Desalination of seawater by reverse osmosis.* Hg. v. J. Scott. Park Ridge (N.J.) 1981. - *Delyannis, A. E./Delyannis, E. E.: Seawater and desalting.* Bd. 1 Bln. u. a. 1980. - *Principles of desalination.* Hg. v. K. S. Spiegler u. A. D. Laird. Orlando (Fla.) ²1980.

Meerzwiebel ↑ Szilla.

Meeting ['mi:tɪŋ; engl., zu to meet „zusammentreffen"], Treffen; [kleinere] Versammlung, Diskussionsrunde; Sportveranstaltung in kleinerem Rahmen.

mefitisch [lat., nach der röm. Göttin Mefitis], auf Schwefelquellen bezüglich; stinkend.

mega..., Mega..., meg..., Meg... (megalo..., Megalo..., megal..., Megal...) [griech.], Bestimmungswort von Zusammensetzungen mit der Bed. „groß, lang, mächtig".

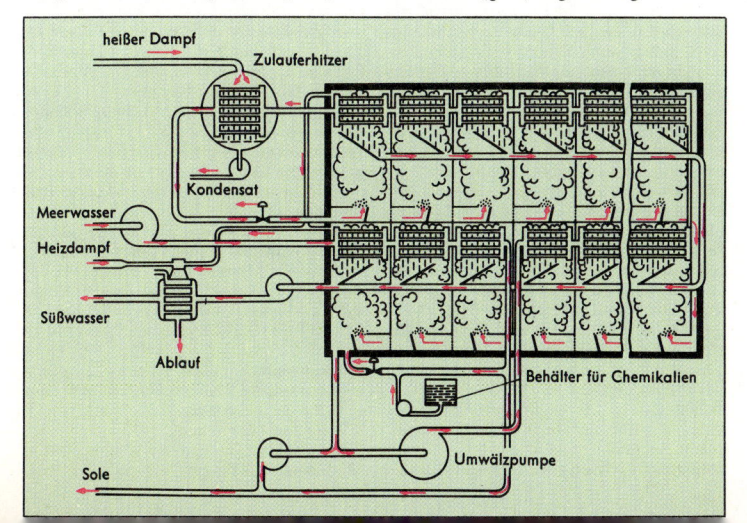

Meerwasserentsalzung. Schema einer Anlage zur Entspannungsverdampfung

Mega...

Mega... [griech.], Zeichen M, Vorsatz vor physikal. Einheiten, der das 10^6fache (= 1 Mill.) der betreffenden Einheit bezeichnet, z. B. Megavolt (MV), Megawatt (MW).

Megabit (Mbit), svw. 1 048 576 (= 2^{20}) Bit.

Megabyte (Mbyte) [engl. bait], svw. 1 048 576 (= 2^{20}) Byte.

Megaelektronenvolt, Einheitenzeichen MeV, das 10^6fache der Energieeinheit ↑Elektronenvolt.

Megagäa [griech. „große Erde"], svw. ↑Arktogäa.

Megahertz, Einheitenzeichen MHz, das 10^6fache der Frequenzeinheit ↑Hertz.

Megaira, eine der ↑Erinnyen.

Megalithen [griech.] ↑Megalithkulturen; ↑auch Megalithgrab.

Megalithgrab (Großsteingrab, Riesensteingrab, Hünengrab, Hünenbett), aus großen Steinen (**Megalithen**; oft Findlinge oder zurechtgeschlagene Platten) errichtete Grabanlage, urspr. mit einem Erd- oder Steinhügel überwölbt; i. d. R. für Kollektivbestattungen vorgesehen; treten spätestens ab Beginn des 3. Jt. v. Chr. in den ↑Megalithkulturen, v. a. im Mittelmeergebiet, in Spanien, W-Europa, N-Deutschland, in der Mittelgebirgszone, in S-Skandinavien sowie in S-Indien, in verschiedenen, oft landschaftl. gebundenen Typen auf (Dolmen, Ganggrab, Allée couverte, Steinkistengrab); sie sind oft von Steinkreisen umschlossen oder weisen einen bes. Vorhof auf. - Abb. S. 152.

Megalithkulturen, Sammelbez. für west- und nordeurop. Kulturgruppen des 3. Jt. v. Chr., gekennzeichnet durch Errichtung von Monumenten aus Megalithen, einzelnen (Menhire) oder in Gruppen (Alignements, Kromlech) aufgestellten, i. d. R. unbearbeiteten Steinblöcken sowie Grab- (Megalithgräber) und Kultanlagen (Avebury, Stonehenge) mit Steinbauten aus prähistor. Perioden. I. w. S. werden auch verschiedene archäolog. und ethnolog. Kulturen außerhalb Europas als M. bezeichnet. Die M. folgen in ihrem Verbreitungsgebiet auf altneolith. Kulturen (Ausnahme: Brit. Inseln) und werden gegen Ende des 3. Jt. v. Chr. von Kulturgruppen abgelöst, die durch Einzelbestattung gekennzeichnet sind. Bes. bed. Gruppen der M.: auf der Iber. Halbinsel die Almeríakultur, auf den Brit. Inseln die Windmill-Hill-Kultur, die Carlingfordkultur und die Boynekultur, in N-Deutschland und S-Skandinavien die Trichterbecherkultur sowie die megalith. Kultur auf Malta. Die außereurop. M. - meist auf Grund von Großbauten, seltener von Menhiren, z. T. auch auf Grund von Anbauterrassen so bezeichnet - sind i. d. R. jünger als die europäischen.

📖 *Reden, M.: Die M. Köln 1978. - Müller-Karpe, H.: Hdb. der Vorgesch. Bd. 3: Kupferzeit. Mchn. 1974.*

megalo..., Megalo... ↑mega..., Mega...

Megalomanie, svw. ↑Größenwahn.

Megalopolis [engl. mɛgə'lɔpəlıs], Bez. für die fast 1 000 km lange Verstädterungszone an der NO-Küste der USA (Boston über New York, Philadelphia, Baltimore bis Washington).

Megalosaurus [griech.], ausgestorbene, nur aus dem Jura bekannte Gatt. bis 8 m langer Dinosaurier; räuber. Lebewesen, die sich beim Laufen auf ihren Hinterbeinen aufrichteten.

Megalozyten [griech.], abnorm große, bis über 12 μm im Durchmesser messende rote Blutkörperchen (bes. bei Anämien).

Meganthropus [griech.], pleistozäne Primatenform; gefunden wurden v. a. verschiedene Kieferknochen und Zähne in Sangiran auf Java *(M. palaeojavanicus)* durch G. H. R. von Koenigswald.

Megaösophagus [griech.], svw. ↑Kardiospasmus.

Megaphon [zu ↑mega... und griech. phōnḗ „Stimme, Laut"], trichterförmiges Sprachrohr, auch mit elektr. Verstärkung (Lautsprecher).

Megara, griech. Stadt am Saron. Golf, 17 700 E. Markt- und Verwaltungsort der Landschaft Megaris. - Im 8./7. Jh. v. Chr. bed. Seemacht; v. a. ab 432 v. Chr. Niedergang; stand im Peloponnes. Krieg auf seiten Spartas; in hellenist. Zeit zuerst unter makedon. Herrschaft, dann wechselnde Mitgliedschaft im Böot. und Achäischen Bund.

megarische Schule, eine der an Sokrates orientierten Philosophenschulen (Begründer: Eukleides von Megara), die eine Synthese zw. dem sokrat. Begriff des Guten und dem unbewegl., unveränderl. Sein der eleat. Philosophie zum Ziel hatte.

Megaron [griech.], Hauptraum des griech. Hauses, Speise- und Versammlungsraum der Männer. Übertragen auf einen archäolog. erfaßten Haustypus: rechteckiger Einraum (Herd als Mittelpunkt) mit Vorhalle (z. B. in Troja, Tiryns, Dimini).

Megasthenes, griech. Ethnograph des 4./3. Jh. - Gesandter Seleukos' I. am Hof des Tschandragupta Maurja; seine Beschreibung Indiens („Indiká", 4 Bücher) ist die erste authent. Darstellung geograph., sozialer und ethnograph. Verhältnisse in Indien.

Megatherium [griech.] ↑Riesenfaultiere.

Megatonne, Einheitenzeichen Mt, das 10^6fache der Masseneinheit ↑Tonne. Bei der Angabe der Energie, die bei der Explosion von Kernwaffen frei wird, verwendet man die Bez. MT [TNT] (Megatonnen [Trinitrotoluol]).

Megavolttherapie ↑Strahlentherapie.

Megawatt, Einheitenzeichen MW, das 10^6fache der Leistungseinheit ↑Watt.

Meggen ↑Lennestadt.

Meghalaya [mɛɪ'gɑ:ləjə], Bundesstaat in NO-Indien, 22 489 km², 1,3 Mill. E (1981),

Mehltaupilze

Hauptstadt Shillong. M. umfaßt das ↑Shillong Plateau. In diesem isolierten Bergland leben Stämme, die ethn. von den Mon-Khmer abstammen oder tibeto-birman. Verwandtschaft zeigen. Wichtigste Anbauprodukte sind Gemüse, Reis, Mais, Kartoffeln und Orangen. Die Hauptstadt ist Markt- und Handelszentrum des verkehrsmäßig noch wenig erschlossenen Bundesstaats.

Meghna, Hauptmündungsarm im Ganges-Brahmaputra-Delta, 360 km lang, ganzjährig befahrbar.

Megiddo, ehem. Stadt an der Stelle des heutigen Dorfes M. am W-Rand der Jesreelebene, 10 km wsw. von Afula, Israel. 1479 v. Chr. von Thutmosis III. erobert, blieb bis Ende des 12. Jh. ägypt.; die kanaanit., wohl von David eroberte Stadt wurde unter Salomo Gauhauptstadt; seit 733 assyr.; 609/608 v. Chr. unterlag König Josia von Juda bei M. den Ägyptern. - Ausgrabungen legten 20 Schichten (4. Jt. v. Chr. bis 4. Jh. n. Chr.) frei; gefunden wurden u. a. Elfenbeinschnitzereien aus dem 12. Jh., aus der Zeit König Salomos Palast und Zitadelle, aus der Zeit König Achabs Pferdeställe.

Megillot [hebr. „Rollen"] (Einz. Megilla), Bez. der in der hebr. Bibel in einer Gruppe zusammengefaßten 5 Bücher Hoheslied, Ruth, Klagelieder, Prediger und Esther, die im synagogalen Gottesdienst an Passah, Wochenfest, Tischa Be-Aw, Laubhüttenfest und Purim gelesen werden. Die **Megilla** schlechthin ist das Estherbuch.

Meglenitisch ↑Rumänisch.

Megohm, ältere Bez. für Megaohm (Einheitenzeichen MΩ): $1 M\Omega = 10^6 \Omega$ (↑Ohm).

Mehl [zu althochdt. melo „Gemahlenes, Zerriebenes"], i. w. S. alle feinkörnigen bis pulvrigen Produkte, die durch Zermahlen fester Materialien entstehen. I. e. S. durch Mahlen von Getreidekörnern entstehende Produkte zur Herstellung von Brot u. a. Backwaren sowie Teigwaren. Diese M. sind feine Pulver von gelblichweißer bis grauer Farbe (niedriger ↑Ausmahlungsgrad) oder körnige Erzeugnisse (Schrot; bei hohem Ausmahlungsgrad). Bei niedriger Ausmahlung besteht M. v. a. aus Stärke (z. B. Weizen-M. mit 30 % Ausmahlung zu 81,9 %). Bei höherer Ausmahlung enthalten die M. auch die eiweißhaltige Aleuronschicht der Getreidekörner, Schrot auch den Keimling und die rohfaserreiche Fruchtschale (z. B. Weizenschrot 8,7 % Rohfasern und 67,5 % Stärke). Man unterteilt *Fein-M.* (nicht über 50 % Ausmahlung, für Kleingebäck und Kuchen), *Semmel-M.* (Ausmahlung zw. 65-75 %, für Weißbrot), *Brot-M.* für Mischbrot und *Vollkornschrot* für Spezialbrote. - ↑auch Mehltype.

Mehlbanane ↑Banane, ↑Bananenstaude.

Mehlbeere, (Sorbus aria) Rosengewächs der Gatt. Sorbus; großer Strauch oder kleiner Baum mit ungeteilten, auf der Unterseite weiß behaarten Blättern, weißen bis rosafarbenen Blüten in Trugdolden und orangefarbenen bis rötlichbraunen, nach Frosteinwirkung genießbaren Früchten (Mehlbeeren).

◆ (Mehldorn) ↑Weißdorn.

Mehlkäfer (Tenebrio), weltweit verschleppte Gatt. der Schwarzkäfer mit drei schwarzbraunen, 14-23 mm langen heim. Arten; entwickeln sich als Vorratsschädlinge in Getreideprodukten. Die bis 3 cm langen, drehrunden, gelbbraunen, glänzenden Larven *(Mehlwürmer)* sind ein beliebtes Futter für Käfigvögel, Kleinsäuger und Terrarientiere.

Mehlmilbe (Acarus siro), etwa 0,5 mm große Milbe; Vorratsschädling an Getreide und Getreideerzeugnissen, bes. in feuchten Lagerräumen; Larven bleiben bis zwei Jahre lang in Trockenstarre lebensfähig.

Mehlmotte (Ephestia kuehniella), weltweit verschleppter, 20-22 mm spannender Schmetterling (Fam. Zünsler) mit zwei dunklen, gezackten Querstreifen auf den lichtgrauen Vorderflügeln; Raupen weißl., bis 2 cm lang, Vorratsschädlinge an Getreideprodukten (bes. Mehl), Trockenobst und Nüssen.

Mehlnährschaden, durch Eiweißmangel und Kohlenhydratüberernährung bedingte Ernährungsstörung (Eiweißmangeldystrophie) des künstl. ernährten Säuglings, u. a. mit Wachstumsstörungen.

Mehlpilz (Mehlräsling, Pflaumenrötling, Clitopilus prunulus), kleiner bis mittelgroßer, grauweißer Ständerpilz mit flachem bis trichterförmig vertieftem Hut und fleischfarbenen, herablaufenden Lamellen; intensiver Mehlgeruch; Speisepilz; häufig in Laub- und Nadelwald, bes. auf kalkreichen Böden.

Mehlschwalbe ↑Schwalben.

Mehlspeisen, östr. und bayr. Bez. für Süßspeisen aus Getreideprodukten und Eiern, Butter, Zucker, Milch, Aromastoffen [und Früchten].

Mehltau, Bez. für verschiedene durch Echte ↑Mehltaupilze hervorgerufene Pflanzenkrankheiten, u. a. die durch Podosphaera leucotricha verursachte **Apfelmehltau** an Apfelbäumen (auch an Steinobst); v. a. an austreibenden Blättern, die dann einen flockigen, mehlartigen Überzug haben, sich einrollen vom Rand her vertrocknen. Erreger des auf Gräsern, v. a. auf Getreide vorkommenden **Getreidemehltaus** ist Erysiphe graminis; Blätter und Halme sind mit einem dichten weißen Belag überzogen, der zum Vergilben und Absterben der Pflanzen führt. - ↑auch Rebenmehltau. Bekämpfung des M. ist mit Schwefelpräparaten möglich.

Mehltaupilze, (Echte M., Erysiphales) Schlauchpilzordnung; obligate Pflanzenparasiten, die Blätter, Stengel und Früchte mit einem dichten Myzelgeflecht und daran gebildeten Konidien überziehen.

◆ (Falsche Mehltaupilze, Peronosporales)

Mehltype

Ordnung der Oomyzeten; saprophyt. oder parasit. lebende Pilze; bilden in den Interzellularen ein Myzel aus zylindr., meist schlauchförmigen Hyphen, von denen einige als Saugorgane in die Zellen eindringen. Sporangienträger dringen durch die Epidermis nach außen und überziehen die Pflanze mit einem Schimmelrasen. Zahlr. Arten sind Erreger von Pflanzenkrankheiten, z. B. ↑Blauschimmel, Falscher ↑Rebenmehltau.

Mehltype, Kennzeichnung von Getreidemehlen nach ihrem ↑Aschegehalt *(Ascheskala)*. Die M. gibt an, wieviel mg Asche beim Verbrennen von 100 g Mehltrockensubstanz zurückbleiben. Je höher die Type, desto dunkler ist das Mehl und desto höher ist der ↑Ausmahlungsgrad, da der Kern des Getreidekorns nur 0,4 %, die Schale dagegen ca. 5 % Asche enthält. Ein Weizenmehl der Type 405 enthält z. B. im Durchschnitt 0,405 % Asche.

Mehlwürmer ↑Mehlkäfer.

Mehlzünsler (Pyralis farinalis), weltweit verschleppter, 18–30 mm spannender Schmetterling (Fam. Zünsler) mit einer breiten, ockergelben Binde auf den braun- bis gelbvioletten Vorderflügeln; Larven grauweiß mit schwarzbraunem Kopf, in Gespinströhren; werden schädl. an Getreideprodukten, Heu, Saatgut.

Mehmet Ali, * Kawala 1769, † Alexandria 2. Aug. 1849, osman. Statthalter von Ägypten. - Erreichte 1805 die Anerkennung als Statthalter von Ägypten; 1840 wurde ihm die erbl. Statthalterschaft zugesichert. Seine Nachkommen herrschten als Vizekönige (Khediven) und Könige von Ägypten bis 1953.

Mehmet Fuzulî [türk. fuzu:'li], türk. Dichter, ↑Fuduli, Muhammad Ibn Sulaiman.

Mehnert, Klaus, * Moskau 10. Okt. 1906, † Freudenstadt 2. Jan. 1984, dt. Politologe und Publizist. - 1931–34 Schriftleiter, dann bis 1936 Moskaukorrespondent dt. Zeitungen; seit 1951 Chefredakteur der Zeitschrift „Osteuropa"; lebte 1936–45 in den USA und in China als Prof. für Geschichte und Politik; seit 1961 Prof. in Aachen; schrieb u. a. „Asien, Moskau und wir" (1956), „Der Sowjetmensch" (1958), „China nach dem Sturm" (1971), „Kampf um Maos Erbe" (1977).

Mehr, in der Schweiz gebräuchl. Bez. für Mehrheit im Zusammenhang mit Wahlen und Abstimmungen.

Mehrarbeit, Arbeit, die die gesetzl. festgelegte regelmäßige werktägl. Arbeitszeit von 8 Stunden bzw. (als **Überarbeit**) die für das Arbeitsverhältnis übl., einzel- oder tarifvertraglich geregelte Arbeitszeit übersteigt. Überarbeit kann also zugleich M. sein. M. ist zwar grundsätzlich verboten, sofern keine andere Regelung durch Tarifvertrag besteht, doch gibt es davon zahlreiche Ausnahmen. Unter gewissen Voraussetzungen ist für M. ein zusätzl. Arbeitsentgelt (Mindestzuschlag 25 %) zu zahlen. Tarifvertraglich können sowohl höhere Zuschläge für M. als auch Zuschläge für Überarbeit vereinbart werden. Solche tariflich festgelegten Zuschläge werden allg. **Überstundenzuschläge** genannt.

Mehrdeutigkeit, svw. ↑Polysemie.

Mehrfachlader ↑Gewehr.

Mehrfachsterne, Bez. für mehrere, räuml. dicht beieinander stehende (d. h. nahezu gleichen Abstand von der Erde besitzende) Sterne, die sich auf Grund der gegenseitigen Gravitation um ihren gemeinsamen Schwerpunkt bewegen.

Mehrfarbendruck ↑Drucken (Farbdruck).

Mehrheit (Majorität), bei Wahlen oder Abstimmungen der zahlenmäßig größere Teil einer Personengemeinschaft (u. a. Personenverband, Vertretungskörperschaft, kollegiales Entscheidungsgremium), dessen ermittelter

Megalithgrab. Posekaer Stenhus auf Jütland

Mehrstimmigkeit

Wille als verbindl. akzeptiert wird. Man unterscheidet zw. *einfacher* oder *relativer M.* (bei Wahlen: gewählt ist, wer die relativ meisten Stimmen errungen hat; bei Abstimmungen: mindestens 1 Jastimme mehr als Neinstimmen) und *qualifizierter M.* in der Form der *absoluten M.* (mehr als die Hälfte der abgegebenen Stimmen bzw. der Stimmberechtigten) oder der $^2/_3$- bzw. $^3/_4$-Mehrheit. Außerdem ist nach der Bezugsgröße zu unterscheiden zw. Abstimmungs-, Anwesenheits- und Mitgliedermehrheit. Als Rechtfertigung des M.prinzips wird angeführt: 1. die Behauptung, der Wille der M. sei mit dem Gemeinwohl ident., die Minderheit habe also unrecht; 2. es sei gerechter, wenn die M. der Minderheit ihren Willen aufzwinge, als umgekehrt; 3. unter dem Postulat demokrat. Freiheit und Gleichheit sollten alle zumindest die gleichen Chancen bei der Entscheidungsbildung haben und möglichst viele die getroffene Entscheidung tragen, da eine Einstimmigkeit kaum erreichbar sei.

Mehrheitsbeteiligung, eine Form der verbundenen Unternehmen. M. ist dann gegeben, wenn einem Unternehmen, gleichgültig welcher Rechtsform, die Mehrheit der Anteile eines anderen rechtl. selbständigen Unternehmens oder die Mehrheit der Stimmrechte dieses Unternehmens gehört.

Mehrheitssozialisten (Mehrheitssozialdemokraten), bis 1922 Bez. für die Majorität der SPD nach Abspaltung der Sozialdemokrat. Arbeitsgemeinschaft (1916) und Bildung der USPD (1917).

Mehrheitswahl ↑Wahlen.

Mehring, Franz, *Schlawe i. Pom. 27. Febr. 1846, †Berlin 29. Jan. 1919, dt. Politiker und Historiker. - Journalist; bekämpfte, ab 1891 dem äußersten linken Flügel der SPD angehörend, den Revisionismus E. Bernsteins und gründete 1916 zus. mit R. Luxemburg und K. Liebknecht den Spartakusbund.

M., Walter, *Berlin 29. April 1896, †Zürich 3. Okt. 1981, dt. Schriftsteller. - Schrieb expressionist. Lyrik (u. a. in der Zeitschrift „Der Sturm"); Mitbegr. der Berliner Dada-Sektion; mußte 1933 über Wien nach Frankr. emigrieren (seine Bücher wurden verboten); wurde 1939 interniert, konnte 1940 über Marseille in die USA fliehen. Übte in seinen Gedichten schonungslose Gesellschaftskritik und warnte in antifaschist. Liedern schon früh vor der Gefahr des NS. Sein Hauptprosawerk „Die verlorene Bibliothek" (engl. 1951, dt. 1958) ist eine krit. Betrachtung der geistig-kulturellen Bedingungen seiner Zeit.
Weitere Werke: Das Ketzerbrevier (1921), Paris in Brand (R., 1927), Der Kaufmann von Berlin (Dr., 1929), Müller. Chronik einer dt. Sippe von Tacitus bis Hitler (R., 1935), Großes Ketzerbrevier (Ged., Lieder, 1974), Wir müssen weiter. Fragmente aus dem Exil (1979).

mehrjährig (plurienn, polyzyklisch), eine Lebensdauer von mehr oder weniger vielen Jahren aufweisend; auf Samenpflanzen bezogen, die erst nach einigen Jahren zu einmaliger Blüte und Fruchtreife gelangen und danach absterben.

Mehrkampf, aus mehreren Einzeldisziplinen bestehender sportl. Wettkampf; die Leistungsbewertung in jeder Einzeldisziplin erfolgt nach Punkten.

Mehrkörpermodell, svw. ↑Mehrteilchenmodell.

Mehrkörperproblem, das v. a. in der Himmelsmechanik grundlegende Problem, die Bewegung (Bahnkurven) mehrerer Körper bzw. Massenpunkte zu berechnen, der gegenseitigen Massenanziehung unterliegen. Im Ggs. zum Zweikörperproblem ist das allg. *Dreikörperproblem* schon nicht mehr exakt lösbar. Exakte (in geschlossener Form darstellbare) Lösungen lassen sich nur unter sehr speziellen Voraussetzungen angeben: 1. wenn die Massenmittelpunkte der drei Körper in einer Geraden (kollinear) angeordnet sind und diese Gerade um eine zu ihr senkrechte Achse durch den Massenmittelpunkt aller drei Körper mit konstanter Winkelgeschwindigkeit rotiert; 2. wenn die drei Körper ein gleichseitiges Dreieck bilden; 3. wenn die Masse eines Körpers gegenüber den Massen der beiden anderen vernachlässigt werden kann (sog. *Problème restreint,* restringiertes oder eingeschränktes Dreikörperproblem), d. h. bei der Bewegung eines Körpers im Gravitationsfeld zweier Massen, die sich auf Kreisbahnen um den gemeinsamen Massenmittelpunkt bewegen.

Mehrlinge, gleichzeitig ausgetragene (und geborene) Geschwister, die eineiig oder mehreiig sein können. - *Mehrlingsgeburten* sind bei vielen Tieren eine normale Erscheinung, beim Menschen jedoch die Ausnahme. ↑Zwillinge kommen einmal auf 80–90 Geburten vor, ↑Drillinge einmal auf rd. 10.000, ↑Vierlinge einmal auf rd. 1 Million und Fünflinge einmal auf rd. 100 Millionen Geburten.

Mehrparteiensystem, im Ggs. zum Einparteiensystem ein Herrschaftssystem, das mehrere polit. Parteien als Träger der polit. Willensbildung zuläßt.

mehrseitiges Rechtsgeschäft, ein Rechtsgeschäft, das durch die Willenserklärungen mehrerer Personen zustandekommt (Ggs.: ↑einseitiges Rechtsgeschäft): Vertrag und Beschluß einer Personenvereinigung.

Mehrstaater ↑Doppelstaater.

Mehrstärkengläser ↑Brille.

Mehrstimmigkeit, allg. jede Art von Musik, in der, wenn auch nur zeitweise, zwei oder mehr Töne zur gleichen Zeit erklingen. Diese Art der M. ist in vielen Teilen der Welt und sicher bereits von frühen Kulturstufen an in mündl. überlieferter Form vorhanden gewesen. Sie ist im wesentl. geschichtslos und prägt sich fast spurweise aus in den sog.

Mehrstoffmotor

primären Klangformen (zufälliges Zusammentönen wie beim Glockengeläut), in ↑ Heterophonie, Borduntechnik (↑ Bordun), Parallelgesang und einfachen, immer wiederkehrenden Motivnachahmungen. - Speziell ist mit M. die in mehreren selbständigen Stimmen geführte und als aufgeschriebene Komposition tradierte europ. Kunstmusik gemeint, die sich als einzige in einer geschichtl. Entwicklung zu einer Fülle unterschiedlichster Stilphasen entfaltet hat. Die Ursprünge der abendländ. M. liegen wahrscheinl. an der Schwelle von der Spätantike zum frühen MA, wobei möglicherweise sowohl griech. wie german. Einflüsse wirksam wurden. Eindeutig faßbar ist M. erstmals in der frühen Organum-Lehre (↑ Organum) des 9. Jh. Bis um 1200 (↑ Notre-Dame-Schule) bleibt das Organum das zentrale Feld ihrer Entwicklung. Weitere Formen der ma. M., die zunächst nur die Ausnahme in einer weitgehend einstimmigen Musikpraxis bildet, sind ↑ Conductus, Discantus (mehrstimmiger Satz Note gegen Note) und ↑ Motette. Der Begriff M. faßt gleichermaßen ↑ Homophonie und ↑ Polyphonie in sich, obwohl letztere über Jh. hinweg den eigentl. Kernbereich ihrer kunstvollen Durchbildung ausmacht.

Mehrstoffmotor (Vielstoffmotor), nach dem Dieselverfahren arbeitender Verbrennungsmotor, der sowohl mit Dieselkraftstoff als auch mit Benzin, Petroleum u. a. betrieben werden kann. M. besitzen ein etwas höheres Verdichtungsverhältnis als Dieselmotoren, um auch den Betrieb mit Benzin (höhere Selbstentzündungstemperatur) einwandfrei zu ermöglichen.

Mehrteilchenmodell (Mehrkörpermodell), Bez. für ein Kernmodell, in dem bei der Beschreibung des Atomkerns von Nukleonen als selbständige Einheiten (Unterstrukturen) zugrunde gelegt werden.

Mehrwert ↑ Marxismus.

◆ im *Steuerrecht* der einem Gut in einem Unternehmen hinzugefügte Wert (= Gesamtwert bei Verlassen des Unternehmens, abzüglich des Werts der Vorleistungen); wichtiger Begriff des M.steuerrechts (↑ Umsatzsteuer).

Mehrwertsteuer ↑ Umsatzsteuer.

Mehrzahl, svw. ↑ Plural.

Mehta, Zubin [engl. 'meɪtɑ:], * Bombay 29. April 1936, ind. Dirigent. - 1961-67 Leiter des Montreal Symphony Orchestra, 1961-78 des Los Angeles Philharmonic Orchestra, löste 1978 P. Boulez in der Leitung der New Yorker Philharmoniker ab. Gastdirigent zahlreicher internat. Orchester und Opernhäuser.

Meh Ti ↑ Mo Tzu.

Méhul, Étienne Nicolas [frz. me'yl], * Givet (Ardennes) 22. Juni 1763, † Paris 18. Okt. 1817, frz. Komponist. - Angeregt von Gluck, komponierte er v. a. zahlr. Opern (u. a. „Joseph in Ägypten", 1807), Ballette, Sinfonien, Kammer- und Kirchenmusik.

Meibom-Drüsen [...bo:m; nach dem dt. Arzt H. Meibom, * 1638, † 1700] (Glandulae tarsales), die Talgdrüsen der Augenlider, die im Augenlidknorpel liegen und an der Innenkante des Lidrandes münden. - Ihre Entzündung bewirkt das innere Gerstenkorn.

Meichsner, Dieter ['maɪksnər], * Berlin 14. Febr. 1928, dt. Schriftsteller und Fernsehregisseur. - Verf. von zeitkrit. Romanen, Hör- und Fernsehspielen, die oft in Form von Tatsachenberichten gestaltet sind, u. a. „Preis der Freiheit" (Fsp., 1966), „Novemberverbrecher" (Fsp., 1968), „Alma mater" (Fsp., 1969), „Eintausend Milliarden" (Fsp., 1974), „Das Rentenspiel" (Fsp., 1977), „Bergpredigt" (Fsp., 1983).

Meid, Hans, * Pforzheim 3. Juni 1883, † Ludwigsburg 6. Jan. 1957, dt. Graphiker. - Prof. an der Berliner Akad. und (ab 1948) in Stuttgart. M. ist in der Nachfolge von Slevogt einer der wichtigsten Buchillustratoren (Märchen, Klassiker; bis 1922 v. a. Radierungen, danach Federzeichnungen.

Meiderich ↑ Duisburg.

Meidias, att. Töpfer des späten 5. Jh. v. Chr., für den der (modern) nach ihm ben. **Meidias-Maler** arbeitete. Dieser malte als charakterist. Vertreter des zierl. reichen Zeichenstils v. a. Bilder aus der Welt der Frau.

Meidner, Ludwig, * Bernstadt in Schlesien 18. April 1884, † Darmstadt 14. Mai 1966, dt. Maler, Graphiker und Schriftsteller. - Lebte in Berlin (1911-35), Köln und in der Emigration (Großbrit. 1939-1953). Bed. Vertreter des dt. Expressionismus, v. a. in seinen Bildnissen und Selbstbildnissen, mit der „Apokalypt. Landschaft" und „Revolution" (auf der Rückseite; 1913; Berlin, neue Nationalgalerie); auch Dichtungen („Im Nacken das Sternenmeer", Prosa, 1918; „Septemberschrei", Prosa, 1920).

Meidschi-Reformen ['me:dʒi], jap. Reformen der Meidschi-Ära 1868-1911/12; im Hinblick auf die Wiedereinsetzung des Kaisers als Regierungsspitze auch *Meidschi-Restauration* gen.; die M.-R. sollten den Anschluß Japans an die Entwicklung der modernen europ. Industrienationen sichern.

Meidschi Tenno ['me:dʒi] ↑ Mutsuhito.

Meier, Herbert, * Solothurn 29. Aug. 1928, schweizer. Schriftsteller. - Schreibt Dramen, u. a. „Leben des Henri Dunant" (Uraufführung 1975), „Schlagt die Laute, schlagt sie gegen alles" (Kom., 1981), Lyrik („Sequenzen", 1969), Romane, z. B. „Verwandtschaften" (1963), „Stiefelchen - ein Fall" (1970).

M., John, * Horn (= Bremen) 14. Juni 1864, † Freiburg im Breisgau 3. Mai 1953, dt. Volkskundler und Germanist. - Ab 1899 Prof. in Basel, ab 1913 in Freiburg im Breisgau; maßgebl. an der Organisation der wiss. Volkskunde beteiligt; gründete 1914 das Dt. Volksliedarchiv.

Meier (Meister, Asperula), Gatt. der Rötegewächse mit rd. 90 Arten, v. a. im Mittelmeergebiet; Kräuter oder kleine Sträucher mit schmalen, quirlig stehenden Blättern und kleinen, weißen, roten oder blauen, meist in Trugdolden stehenden Blüten.

Meier [zu spätlat. maior (domus) „Hausverwalter"], im frühen und hohen MA grundherrl. Amtsträger, der die abhängigen Bauernstellen (Hufen) beaufsichtigte und deren Abgaben einzog. Er bewirtschaftete den ↑Fronhof; vielfach wirkte er auch an der grundherrl. Gerichtsbarkeit mit.

Meier-Graefe, Julius [ˈgrɛːfə], * Reşiţa (Rumänien) 10. Juni 1867, † Vevey (Schweiz) 5. Juni 1935, dt. Kunstkritiker. - Gewann großen Einfluß mit seiner Wertschätzung bes. der frz. Kunst des 19.Jh. (E. Delacroix, É. Manet, P. Cézanne u. a. sowie auch H. von Marées). Schrieb u. a. eine „Entwicklungsgeschichte der modernen Kunst" (1904) sowie zahlr. Künstlermonographien.

Meierrecht, Pachtrecht, bei dem den Meiern der Fronhof (einschließl. der Dienste und Abgaben der von diesem abhängigen Bauern) gegen jährl. Geldleistungen vom Grundherren geliehen wurde.

Meike (Maike, Maika), weibl. Vorname, fries. Kurzform von Maria.

Meile [zu lat. milia (passuum) „tausend (Doppelschritte)"], alte Längeneinheit (Wegemaß); die röm. M. („milia") entsprach rd. 1480 m; später unterschied man meist *geograph. M.*, Land[es]-M. (z. T. auch Post-M., Jagd-M.) und naut. M. (↑Seemeile), die in den verschiedenen Ländern unterschiedl. festgelegt waren. In Preußen entsprach z. B. 1 M. (dt. Land-M.) 7 532,48 m, in Sachsen (Post-M.) 7 500 m. Im Norddt. Bund wurde die M. im Jahre 1868 nach Einführung des Meters als Längeneinheit zu 7 500 m festgelegt. Die geograph. M. wurde gewöhnlich als $1/15$ eines Äquatorgrades zu 7420,439 m gerechnet. - ↑auch Mile.

Meilen, Bez.hauptort im schweizer. Kt. Zürich, am N-Ufer des Zürichsees, 420 m ü. d. M., 10 000 E. Maschinenbau, Nahrungsmittel- und Getränkeind. - Bei M. wurde 1829 der erste sog. „Pfahlbau", eine neolith. Ufersiedlung, in der Schweiz entdeckt. - Barocke Kirche (1683) mit spätgot. Chor (15. Jh.).

Meiler, (Kohlen-M.) mit Erde, Rasenstücken u. a. abgedeckter Stapel von Holzscheiten zur Gewinnung von Holzkohle in der Köhlerei.

◆ (Atom-M., Uran-M.) ältere Bez. für Kernreaktor.

Meilhac, Henri [frz. mɛˈjak], * Paris 21. Febr. 1831, † ebd. 6. Juli 1897, frz. Dramatiker. - Ab 1888 Mgl. der Académie française; schrieb (meist in Zusammenarbeit mit L. Halévy) erfolgreiche Lustspiele und Vaudevilles sowie Opern- und Operettenlibretti u. a. für J. Offenbach („Die schöne Helena", 1864), G. Bizet („Carmen", 1875), J. Massenet („Manon", 1884, mit P. Gille).

Meillet, Antoine [frz. mɛˈjɛ], * Moulins (Allier) 11. Nov. 1866, † Châteaumeillant (Cher) 12. Sept. 1936, frz. Sprachwissenschaftler. - Ab 1891 Prof. in Paris, ab 1906 auch am Collège de France. Einer der führenden Sprachwissenschaftler, v. a. auf dem Gebiet der histor.-vergleichenden Sprachwiss.; führte die soziolog. Betrachtungsweise in die histor. Sprachwiss. ein; grundlegend: „Einführung in die vergleichende Grammatik der indogerman. Sprachen" (1903) und „La méthode comparative en linguistique historique" (1925).

Meinardus, Wilhelm, * Oldenburg (Ol-

Ludwig Meidner, Revolution (1913). Berlin, neue Nationalgalerie

denburg) 14. Juli 1867, † Göttingen 28. Aug. 1952, dt. Geograph. - Prof. in Münster und Göttingen; v. a. Arbeiten zur Meteorologie, Klimatologie und Meereskunde.

Meinecke, Friedrich, * Salzwedel 30. Okt. 1862, † Berlin 6. Febr. 1954, dt. Historiker. - Schüler J. G. Droysens, H. von Sybels und H. von Treitschkes; Prof. in Straßburg (1901), Freiburg im Breisgau (1906), Berlin (1914–29). Allein-Hg. der „Histor. Zeitschrift" (1896–1934), Vors. der Histor. Reichskommission (1928–34); polit. liberal, kompromißloser Gegner des NS; 1948 erster Rektor der von ihm mitgegr. Freien Univ. Berlin. Prägte nachhaltig die Entwicklung der dt. Geschichtsschreibung vom Kaiserreich bis zur staatl. Neuordnung nach 1945 und die Ausbildung der Ideengeschichte. - *Werke:* Weltbürgertum und Nationalstaat (1908), Idee der Staatsräson in der neueren Geschichte (1924), Die dt. Katastrophe (1946).

Meineid [zu althochdt. mein „falsch"], vorsätzl. eidl. Bekräftigung einer falschen Aussage vor Gericht oder einer anderen zur Abnahme von Eiden zuständigen Stelle (z. B. parlamentar. Untersuchungsausschuß). M. wird gemäß § 154 StGB als Angriff auf die staatl. Rechtspflege mit Freiheitsstrafe nicht unter einem Jahr bestraft. Hält der Eidesleistende seine Aussage irrtüml. für wahr, liegt ein ↑ Falscheid vor. Unterbleibt nach der Aussage die Vereidigung, kommt das Delikt ↑ falsche uneidliche Aussage in Betracht. Hat ein Zeuge oder Sachverständiger sich eines M. schuldig gemacht, um von einem Angehörigen oder von sich selbst die Gefahr einer gerichtl. Sanktion abzuwenden (**Eidesnotstand**), kann das Gericht die Strafe mildern. Das gleiche gilt bei der ↑ Berichtigung durch den Täter. - Für das *östr.* und das *schweizer. Recht* gilt Entsprechendes.

Meinerzhagen, Stadt im westl. Sauerland, NRW, 385 m ü. d. M., 19 300 E. V. a. metallverarbeitende Ind., Fremdenverkehr. - Das 1067 erstmals gen. M. ist seit 1765 Stadt. - Spätgot. umgestaltete Pfarrkirche.

Meinhard, alter dt. männl. Vorname (zu althochdt. megin „Kraft" und harti „hart").

Meinhardiner, mittelalterl. Dyn., zu Beginn des 12. Jh. als Herren (später Grafen) von Görz und Vögte von Aquileja erstmals bezeugt, 1500 erloschen. Sie besaßen Tirol bis 1363 und Kärnten 1286–1335.

Meinhof, Carl, * Barzwitz bei Schlawe i. Pom. 23. Juli 1857, † Greifswald 10. Febr. 1944, dt. Afrikanist. - Prof. in Berlin und Hamburg; Begründer der vergleichenden afrikanist. Sprachwiss.; erforschte bes. die Bantusprachen und rekonstruierte das Urbantu, indem er nach dem Vorbild der indogerman. Sprachforschung die jeweiligen für eine Sprache geltenden Lautgesetze aufstellte.

M., Ulrike ↑ Baader-Meinhof-Prozesse.

Meiningen, Krst. an der oberen Werra, Bez. Suhl, DDR, 290 m ü. d. M., 25 900 E. Inst. für Lehrerbildung; Landestheater, Theatermuseum, Max-Reger-Archiv; Metall-, Textil- und Holzind., Reichsbahnausbesserungswerk. - 982 erwähnt; kam 1007 an das Hochstift Würzburg; Mitte des 12. Jh. gründeten die Bischöfe die Stadt M.; ab 1680 Residenz des Hzgt. *Sachsen-Meiningen.* - Barockes Schloß (1682–92), neugot. Stadtkirche; Häuser des 16. bis 18. Jahrhunderts.

M., Landkr. im Bez. Suhl, DDR.

Meininger, Hoftheatertruppe Herzog Georgs II. von Sachsen-Meiningen (* 1826, † 1914), die sich unter seiner Leitung zu einem Ensemble entwickelte, das beispielgebend für das europ. Theater des Realismus wurde, bes. in ihrem Bemühen um histor. Genauigkeit (Kostüm, Bühnenbild, ungekürzter Originaltext), einheitl. Regie und Ensembleführung.

Meinloh von Sevelingen, mittelhochdt. Lyriker der 2. Hälfte des 12. Jh. - Vermutl. aus schwäb. Ministerialgeschlecht. Dichtete sowohl Frauenstrophen als auch Werbelieder, die in Ethik (Läuterung) und Motivik (Fernliebe) z. T. auf den hohen Minnesang vorauszuweisen.

Meinong, Alexius, Ritter von Handschuchsheim, * Lemberg 17. Juli 1853, † Graz 27. Nov. 1920, östr. Philosoph und Psychologe. - Ab 1882 Prof. in Graz; 1894 ebd. Begründer des ersten Labors für experimentelle Psychologie in Österreich. Ausgehend von psycholog. Untersuchungen, wandte sich M. der Philosophie zu, u. a. mit bed. Arbeiten zur Werttheorie, zur Theorie der Annahmen und zur allg. Gegenstandstheorie, die auf der Grundthese basiert, daß der Bereich der Gegenstände auch auf unmögl., nicht existierende Gegenstände ausgedehnt werden müsse. *Werke:* Über Annahmen (1902), Über Möglichkeit und Wahrscheinlichkeit (1915).

Meinrad, alter dt. männl. Vorname (zu althochdt. megin „Kraft" und rat „Ratschlag").

Meinrad, Josef, * Wien 21. April 1913, östr. Schauspieler. - Seit 1947 am Wiener Burgtheater; bes. erfolgreich in kom. Charakterrollen, v. a. in Stücken von Nestroy und Raimund; zahlr. Filme.

Meinungsbildung, Ergebnis des sozialen Kommunikationsprozesses, in dem personale (z. B. Meinungsführer) und mediale (v. a. Massenmedien) Faktoren zusammenwirken.

Meinungsforschung (Demoskopie, Umfrageforschung), sozialwissenschaftliches Verfahren zur Ermittlung der Meinungsverteilung bzw. von Bedürfnissen in der Gesellschaft. Durch Interviewer wird ein Fragebogen dem mit Hilfe eines ↑ Stichprobenverfahrens (gezielte Auswahl [Quotaverfahren], reine Zufallsauswahl, geschichtete Auswahl [z. B. Klumpenstichprobe]) ausgewählten Teil der untersuchten Grundgesamtheit zur Beantwortung

Meiose

vorgelegt. Die Auswertung erfolgt auf statist. Weg und bildet die Grundlage für die Interpretation des Ergebnisses im Zusammenhang mit anderen Umfragen und Sozialdaten. Durch Wahlprognosen ist die M. in den USA (Gallup polls durch das Gallup-Institut) seit den 1940er Jahren bekannt. In der BR Deutschland hat sie nach dem 2. Weltkrieg durch Gründung des Instituts für Demoskopie Allensbach ihren wichtigsten Entwicklungsanstoß erhalten. Heute bieten mehrere große Umfrageinstitute, die auf privatwirtsch. Basis arbeiten, ihre Dienstleistungen an. Hauptarbeitsfelder sind Marktforschung (Markterkundung mit dem Ziel, Unternehmen und anderen Institutionen durch Beschaffung der wichtigen Informationen über bestimmte Märkte, ob und wie dieser Markt bearbeitet werden sollte), Ermittlung des Publikums der Massenmedien (wird werbenden Unternehmen und Institutionen vorgelegt, um die demograph. Zusammensetzung des Publikums z. B. einer Illustrierten für gezielte Werbung einzusetzen bzw. auszunutzen) und Erfassung polit. Meinungen. Bei der Bewertung von Umfrageergebnissen sind alle Teile des Erhebungsverfahrens krit. zu prüfen: Fragebogenkonstruktion, Interviewerorganisation, Stichprobenauswahl, statist. Aufbereitung, Interpretationsrahmen. Einwände gegen die M. betreffen 1. die i. d. R. unterstellte Voraussetzung, daß die geäußerte Meinung dem tatsächl. Verhalten weitgehend entspricht; 2. soziale Folgewirkungen, die daraus entstehen, daß die empir. vermittelte vorherrschende Meinung zur Norm wird (Stabilisierungseffekt); 3. polit. Folgewirkungen, die v. a. durch Veröffentlichung von Wahlprognosen zu einer Manipulation der Wählerentscheidung führen können (z. B. Mitläufereffekt).

📖 *Traugott, E.: Die Herrschaft der Meinung. Über die Wechselwirkung v. demoskop. Daten u. polit. Entscheidungsprozessen. Wsb. 1970. - Roede, H.: Befrager u. Befragte. Probleme der Durchführung des soziolog. Interviews. Bln. 1968. - Hdb. der empir. Sozialforschung. Hg. v. R. König. Bd. 1. Stg. ²1967.*

Meinungsfreiheit, durch Art. 5 Abs. 1 GG gewährleistetes Recht, sich ohne Zwang oder Druck eine eigene Meinung zu bilden und diese zu äußern (**Meinungsäußerungsfreiheit**) und zu verbreiten. Dieses Grundrecht steht jedermann, also auch Ausländern, und gemäß Art. 19 Abs. 3 GG auch inländ. jurist. Personen zu. - Meinung ist nach herrschender Ansicht nicht die bloße Tatsachenwiedergabe und -behauptung, sondern die auf Überzeugungsbildung gerichteten Äußerungen, d. h. Wertungen, Stellungnahmen, Beurteilungen u. a.; geschützt ist deren Bildung, Äußerung und Verbreitung. Der freien Meinungsbildung dient die ebenfalls durch Art. 5 Abs. 1 GG gewährleistete Informationsfreiheit. Als Mittel der Meinungsäußerung und -verbreitung sind Wort, Schrift und Bild bes. genannt. Ebenso geschützt sind aber auch Meinungsbekundungen in anderen Formen, z. B. Tragen von Symbolen oder Teilnahme an einem Schweigemarsch (Demonstrationsrecht). - Die M. findet ihre Schranken in den Vorschriften der allg. Gesetze, den gesetzl. Bestimmungen zum Schutze der Jugend und in dem Recht der persönl. Ehre (Art. 5 Abs. 2 GG).

In *Österreich* hat nach Art. 13 Staatsgrundsetz jedermann das Recht, durch Wort, Schrift, Druck oder bildl. Darstellung seine Meinung - die wie im dt. Recht definiert ist - innerhalb der gesetzl. Schranken frei zu äußern. Das Recht der freien Meinungsäußerung kann durch einfaches Bundes- oder Landesgesetz eingeschränkt werden. - In der *schweizer. BV* ist das Recht auf M. nicht ausdrückl. garantiert; die durch Art. 55 BV gewährleistete Pressefreiheit wird jedoch, auch nach der Rechtsprechung des Bundesgerichts, als Kernstück der Meinungsäußerungsfreiheit verstanden.

Meinungsführer, Begriff zur Erklärung von Kommunikationswirkungen im Prozeß der Meinungsbildung. Zunächst bei der Analyse von Wahlfeldzügen wurde ermittelt, daß die Propaganda typischerweise über die Vermittlung von kommunikativ und (in diesem Fall) polit. bes. interessierten Personen (sog. M.) an die Mehrzahl der Wähler gelangte.

Meiose [zu griech. *meīōsis* „das Verringern, Verkleinern"] (Reduktionsteilung), die Reduktion des Chromosomenbestandes um die Hälfte. Da bei der Befruchtung die Kerne zweier Geschlechtszellen miteinander verschmelzen, wird der Chromosomenbestand verdoppelt. Dieser muß im Laufe der Ent-

Meiose (schematischer Ablauf von links oben nach rechts unten):
Nach der Reduktionsteilung folgt die zweite Teilung (väterliches Genom schwarz, mütterliches Genom weiß)

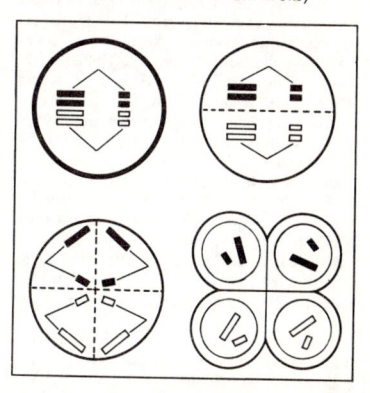

wicklung eines Lebewesens, spätestens bei der erneuten Bildung der Geschlechtszellen wieder halbiert werden, da sonst die Zahl der Chromosomen pro Zelle nicht konstant bliebe. Diese Reduktion auf den haploiden (einfachen) Chromosomensatz wird durch zwei kurz aufeinanderfolgende Teilungen erreicht. Das erste Stadium der **ersten meiot. Teilung**, die *Prophase*, wird in mehrere Phasen aufgegliedert: Im *Leptotän* werden die Chromosomen als langgestreckte, dünne Fäden sichtbar. Im *Zygotän* paaren die sich homologen Chromosomen abschnittsweise. Im *Pachytän* verkürzen und verdicken sie sich und lassen eine Längsspaltung erkennen. Die Chromatiden überkreuzen sich teilweise († Chiasma). Im *Diplotän* sind vier parallele Stränge zu erkennen. Die Chromosomen weichen bis auf die Überkreuzungsstellen auseinander. In der *Diakinese* trennen sich allmähl. die vier Stränge paarweise. Die Überkreuzungsstellen werden an die Enden verschoben. In der *Metaphase* ordnen sich die Chromosomen in der Äquatorialplatte an. In der *Anaphase* trennen sich die gepaarten Chromosomen und wandern zu den Polen, wobei eine zufallsgemäße Neuverteilung der väterl. und mütterl. Chromosomen erfolgt. In der *Telophase* lockern sich die spiralisierten Chromosomen dann auf. Nun folgt ein kurzes „Ruhestadium", die *Interkinese*. Die **zweite meiot.** Teilung läuft nach dem Schema einer † Mitose ab. Die beiden Chromosomenspalthälften (Chromatiden) werden voneinander getrennt. Es werden neue Kern- und Zellmembranen (bzw. Zellwände bei Pflanzen) gebildet, und es sind vier neue Zellen mit jeweils einem einfachen Chromosomensatz entstanden.

Meir, Golda [hebr. mɛˈir], geb. Mabowitsch (Mabowitz), verh. Meyerson (Myerson), * Kiew 3. Mai 1898, † Jerusalem 8. Dez. 1978, israel. Politikerin. - Wanderte 1906 mit ihrer Familie in die USA aus, wo sie sich später der sozialist.-zionist. Bewegung anschloß; übersiedelte 1921 nach Palästina; seit 1923 im Gewerkschaftsverband Histadrut tätig, übernahm 1946 die Leitung der polit. Abteilung der Jewish Agency; 1948/49 Gesandte in Moskau, 1949–74 Abg. in der Knesset (Mapai), 1949–56 Min. für Arbeit und soziale Sicherheit, 1956–65 Außenmin., 1966–68 Generalsekretärin der Mapai; 1969–74 Min.präsidentin.

Meiringen, Bez.hauptort im schweizer. Kt. Bern, im Haslital, 595 m ü. d. M., 4 000 E. - Prot. Pfarrkirche (1684), in der Unterkirche Wandmalereien (13./14. Jh.).

Meisel, Kurt, * Wien 18. Aug. 1912, östr. Schauspieler und Regisseur. - 1972–83 Intendant des Bayer. Staatsschauspiels in München.

Meisen (Paridae), Fam. der Singvögel mit rd. 50 Arten in offenen Landschaften und Wäldern der Nordhalbkugel und Afrikas; lebhafte, gut kletternde Baum- und Strauchvögel mit kurzem, spitzem Schnabel (Nahrung bes. Insekten, Kleintiere, auch ölhaltige Sämereien); meist in Höhlen brütende Standvögel oder Teilzieher. - Zu den M. gehören u. a. † Blaumeise; **Haubenmeise** (Parus cristatus), etwa 12 cm lang, v. a. in Nadelwäldern großer Teile Europas; mit hoher, spitzer, schwarzweiß gefleckter Federhaube; übriges Gefieder oberseits graubraun, unterseits weißl.; Gesicht weißl., schwarz eingerahmt; **Kohlmeise** (Parus major), (mit Schwanz) etwa 14 cm lang, in offenen Landschaften und Wäldern Eurasiens; Hals und Kopf blauschwarz mit weißen Wangen; Oberseite olivgrün, Unterseite gelblich; **Schwanzmeise** (Aegithalos caudatus), etwa 6 cm (mit Schwanz bis 15 cm) lang, v. a. in Wäldern und Parkanlagen Europas und der gemäßigten Regionen Asiens; Oberseite rötl. und schwärzl., Nacken schwarz, Gesicht weiß oder mit schwarzem Überaugenstreif, Brust weißl., Seiten und Bauch rötlich; **Sumpfmeise** (Nonnen-M., Glanzkopf-M., Parus palustris), bis 12 cm lang, ♂ und ♀ (mit Ausnahme der glänzend schwarzen Kappe) oberseits graubraun, unterseits grauweiß, mit kleinem, schwarzem Kehllatz; v. a. in Laubwäldern der gemäßigten und südl. Regionen Europas und O-Asiens; **Tannenmeise** (Parus ater), etwa 10 cm lang, v. a. in Nadelwäldern Europas und der gemäßigten Regionen Asiens; unterscheidet sich von der sonst sehr ähnl. Kohl-M. v. a. durch einen weißl. Nackenfleck; **Weidenmeise** (Parus montanus), etwa 12 cm lang, v. a. in feuchten Wäldern und an neu Weiden bestandenen Flußufern des gemäßigten und nördl. Eurasiens; ähnl. der Sumpf-M., hat jedoch einen helleren Flügelfleck und eine mattschwarze Oberkopfkappe.

Meisenheim, Stadt im Nordpfälzer Bergland, Rhld.-Pf., 158 m ü. d. M., 3 100 E. - Der 1154 erstmals erwähnte Ort entwickelte sich um die Burg und wurde im 12. Jh. Residenz der Grafen von Veldenz; 1315 Stadtrecht. - Spätgot. ev. Schloßkirche (1479–1504) mit Grabdenkmälern des Hauses Pfalz-Zweibrücken, barocke kath. Pfarrkirche (17. Jh.), spätgot. Rathaus (vor 1517). Adelshöfe des 16. Jh., Teile der Stadtbefestigung.

Meiser, Hans, * Nürnberg 16. Febr. 1881, † München 8. Juni 1956, dt. ev. Theologe. - 1933–55 Landesbischof der Ev.-Luth. Kirche in Bayern, ab 1949 leitender Bischof der VELKD.

Meisner, Joachim, * Breslau 25. Dez. 1933, dt. kath. Theologe. - Seit 1962 Priester; 1975–80 Weihbischof des Apostol. Administrators in Erfurt-Meiningen; seit 1980 Bischof von Berlin; im Jan. 1983 Ernennung zum Kardinal; seit 1989 Erzbischof von Köln.

Meißel [zu althochdt. meizan „schneiden"], Werkzeug aus Stahl mit keilförmig geschärfter Schneide zur spanenden Bearbeitung *(Meißeln)* von Werkstücken. Als Hand-

Meißner Porzellan

werkzeug werden M. mit dem Hammer geschlagen, als spanender Teil von Werkzeugmaschinen in den M.halter eingespannt. Nach Verwendungszweck oder Form werden als Handwerkszeug unterschieden: *Schrot-M. (Kalt-M., Kaltschrot-M.)* zum Abschroten (Abhauen) von Stahl mit dem Vorschlaghammer auf dem Amboß, *Kreuz-M.* zum Ausarbeiten von Vertiefungen, *Hohl-M.* mit gekrümmter Schneide, *Flach-M.* zum Bearbeiten großer Flächen, *Stein-M.* für die Bearbeitung von mineral. Werkstoffen.

Mei̱ßen, Heinrich von † Heinrich von Meißen.

Mei̱ßen, Krst. an der Elbe, Bez. Dresden, DDR, 105 m ü. d. M., 38 200 E. Hochschule für landw. Produktionsgenossenschaften, Staatl. Porzellanmanufaktur u. a. Ind.betriebe. - Die 929 von König Heinrich I. als Zentrum der dt. Herrschaft im mittleren Elbegebiet errichtete Reichsburg **Misni** war Sitz der Markgrafen (seit 1046), der Bischöfe (Bistum M. 968 gegr., 1581 aufgehoben) und seit 1068 der Burggrafen von M.; entstand aus einem 983 gen. Burgweiler und einer um 1205 bezeugten städt. Marktsiedlung; kam 1089 mit der Markgrafschaft M. an die Wettiner (1485 Albertiner); entwickelte sich allmähl. zur Stadt; 1316 besaß das befestigte M. Ratsverfassung; Gründung der Porzellanmanufaktur 1710 durch König August II., den Starken. - Altes Stadtbild mit spätgot. Rathaus und spätgot. Kirchen. Auf dem Burgberg die † Albrechtsburg und der got. Dom (13.-15. Jh.), am Domplatz Domherrenhöfe (16.-18. Jh.) und das spätgot. Bischofsschloß (vollendet nach 1518; jetzt Kreisgericht).

M., Landkr. im Bez. Dresden, DDR.

M., Bistum, 968 gegr. und dem Erzbistum Magdeburg unterstellt; 1399 exemt; im Gefolge der Reformation 1581 aufgehoben; 1921 als exemtes Bistum wieder errichtet (Bischofssitz Bautzen). 1979 umbenannt in Bistum **Dresden-Meißen** (Sitz Dresden). - † auch katholische Kirche (Übersicht).

Mei̱ßner, Alexander, * Wien 14. Sept. 1883, † Berlin 3. Jan. 1958, dt. Funktechniker. - Prof. an der TH bzw. TU Berlin; M. schuf die Bauprinzipien der Langwellenantennen, entwickelte 1911 den „Telefunken-Kompaß", das erste Drehfunkfeuer für die Navigation der Zeppelin-Luftschiffe.

M., Alfred von (seit 1884), * Teplitz (tschech. Teplice, Nordböhm. Gebiet) 15. Okt. 1822, † Bregenz 29. Mai 1885 (Selbstmord), östr. Schriftsteller. - Stand den Ideen des Jungen Deutschland nahe.

M., Fritz Walther, * Berlin 16. Dez. 1882, † München 16. Nov. 1974, dt. Physiker. - Prof. in München; einer der bedeutendsten Vertreter der experimentellen Tieftemperaturphysik (1925 erste Heliumverflüssigung in Deutschland), 1933 entdeckte M. mit R. Ochsenfeld den † Meißner-Ochsenfeld-Effekt.

M., Otto, * Bischweiler 13. März 1880, † München 27. Mai 1953, dt. Beamter. - Jurist; wurde 1920 Leiter des Büros des Reichspräsidenten, 1923 Staatssekretär; 1934-45 Chef der Präsidialkanzlei Hitlers (ab 1937 im Range eines Reichsmin.); im Nürnberger „Wilhelmstraßenprozeß" 1949 freigesprochen.

Mei̱ßner (Hoher M.), Gebirge im Hess. Bergland, sö. von Kassel, 754 m hoch.

Mei̱ßnerformel, auf dem Meißner am 13. Okt. 1913 beschlossene Erklärung, die Freidt. Jugend wolle „aus eigener Bestimmung, vor eigener Verantwortung, mit innerer Wahrhaftigkeit ihr Leben gestalten. Für diese innere Freiheit tritt sie unter allen Umständen geschlossen ein". Die M. wurde Programm der gesamten bünd. Jugend.

Mei̱ßner-Körperchen, (Meißner-Tastkörperchen) [nach dem dt. Physiologen G. Meißner, * 1829, † 1905], ellipsenförmiges, von Bindegewebe umhülltes Tastsinnesorgan (Mechanorezeptor), bes. in den Finger- und Zehenbeeren der Säugetiere und des Menschen; besteht aus 5-10 platten Zellen und einer Nervenfaser.

Mei̱ßner-Ochsenfeld-Effekt, von F. W. Meißner und R. Ochsenfeld 1933 gefundene physikal. Erscheinung: Das Innere eines Supraleiters 1. Art ist stets magnetfeldfrei. Bei Unterschreiten der Sprungtemperatur werden infolge Induktion von widerstandslos fließenden Suprastromen die Feldlinien eines bereits vorhandenen äußeren Magnetfeldes aus dem Inneren hinausgedrückt *(Feldverdrängung* durch das von diesen *Abschirmströmen* aufgebaute Gegenfeld). Derartige Abschirmströme treten auch auf, wenn der supraleitende Zustand bereits vor Einschalten des Magnetfeldes bestand.

Mei̱ßner Porzellan, Erzeugnisse der ältesten europ. Manufaktur. Zus. mit dem Mathematiker und Physiker Tschirnhaus gelang J. F. † Böttger 1707 die Herstellung des sog. Böttgersteinzeugs; nach Tschirnhaus' Tod die Herstellung von Porzellan; 1710 Gründung der Manufaktur auf der Albrechtsburg zu Meißen. Der Durchbruch erfolgte jedoch erst nach dem Tod Böttgers (1719), als es gelang, anstelle des zunächst gelbl. Scherbens durch Verwendung von Feldspat hartes und weißes Porzellan zu brennen. J. G. Höroldt (seit 1720) entwickelte eine reiche Palette zum Brand geeigneter Farben, mit denen Szenen- und Landschaftsminiaturen - seit 1725 auch auf farbigem Fond - gemalt wurden; J. G. Kirchner (seit 1727) modellierte Figuren, J. J. Kändler (seit 1731) neben Plastiken auch neue Geschirre mit in der Form gepreßtem Relief, die lange vorbildlich blieben und auch von anderen Manufakturen variiert wurden. Seit 1723 werden als Marke die dem kursächs. Wappen entnommenen gekreuzten Schwerter benutzt.
📖 *Meier, Günter: Porzellan aus der Meissner Manufaktur. Stg. 1983. - Zimmermann, E.: Die*

Meißner-Tastkörperchen

Meißner Porzellan. Johann Friedrich Böttger, Deckelgefäß (um 1719). Dresdner Porzellansammlung

Erfindung u. Frühzeit des M. P. Bln. Nachdr. 1978. - Walcha, O.: M. P. Gütersloh 1975.

Meißner-Tastkörperchen, svw. ↑Meißner-Körperchen.

Meissonier, Justin Aurèle [frz. mɛsɔ'nje], *Turin 1693 oder 1695, †Paris 31. Juli 1750, frz. Ornamentzeichner. - Urspr. Goldschmied; zahlr. bed. Entwürfe für Gebrauchsgegenstände, Möbel u. a. mit der typ. Rokokoornamentik (Rocaille).

Meistbegünstigung, Zuerkennung von anderen Handelspartnern bereits gewährten Vorteilen an einen Außenhandelspartner. Die M. gewährleistet damit keine Vorzüge, sondern verspricht Gleichbehandlung der Außenhandelspartner. Unterscheidung in *einseitige* (von einem Staat einem oder mehreren anderen gewährt) und *zweiseitige* (auf der Grundlage zweiseitiger oder mehrseitiger Verträge), manchmal auch *gegenseitige, bedingte M.* liegt vor, wenn M. nur unter der Voraussetzung der Gewährung gleicher Vorteile durch den Partner vergeben wird (auch *Reziprozitätsklausel* genannt), *unbedingte M.* beinhaltet die automat. Gewährung von anderen eingeräumten Vorteilen an neue Handelspartner ohne Bedingungen. Die M. verhindert die Diskriminierung im Außenhandel. Bekanntestes Abkommen über die M. ist das GATT.

Meister, Ernst, *Hagen 3. Sept. 1911, †ebd. 15. Juni 1979, dt. Schriftsteller. - Entwickelte in seiner auf eine spröde Aussage reduzierten Lyrik freie Rhythmen; Erlebnis wird zu Chiffren verdichtet; u. a. in „Es kam die Nachricht" (1970), „Sage vom Ganzen den Satz" (1972); auch Dramen, Hörspiele und Novellen. Erhielt postum den Georg-Büchner-Preis 1979.

Meister [zu lat. magister (↑Magister)], Handwerker mit ↑Befähigungsnachweis.
◆ allg. für jemanden, der sein Fach beherrscht; Lehrer.
◆ Arbeitnehmer, der einem gewerbl. Arbeitsbereich (z. B. als ↑Industriemeister) vorsteht.
◆ in der *Religionswiss.* Bez. für die autoritative Stellung einer religiös führenden Persönlichkeit gegenüber einem meist engen Kreis von Anhängern.

Meister Bertram, *Minden um 1340, †Hamburg 1414 oder 1415, dt. Maler. - Bedeutendster norddt. Maler in der 2. Hälfte des 14. Jh., hervorragend durch die schlichte Eindringlichkeit der Erzählung. Sein monumentaler Figurenstil und seine weich modellierende Lichtführung sind der böhm. Malerei verwandt. - *Werke:* Grabower Altar (1379 für St. Petri, Hamburg, vorübergehend in Grabow, heute Hamburg, Kunsthalle), Passionsaltar (Hannover, Niedersächs. Landesgalerie).

Meister der hl. Veronika, dt. Maler des frühen 15. Jh. - Tätig in Köln um 1400-20; ben. nach der Tafel der hl. Veronika mit dem Schweißtuch (um 1420, München, Alte Pinakothek), das in seinem zart verhaltenen Ausdruck und der ausgewogenen Komposition ein Hauptwerk des Weichen Stils darstellt. Weitere Zuschreibung: Madonna mit der Erbsenblüte (um 1400, Nürnberg, German. Nationalmuseum).

Meister der Spielkarten, dt. Kupferstecher und Goldschmied des 15. Jh. - Um 1430-50 vermutl. am Oberrhein tätig; ben. nach dem ältesten dt., weitgehend erhaltenen Kartenspiel; hervorragende Stiche von lebendiger Naturbeobachtung. Weitere Zuschreibungen: 24 Stiche aus dem Leben Jesu und 17 Einzelblätter.

Meister des Bartholomäusaltars, *zw. 1440 und 1450, †Köln gegen 1510, niederländ.-dt. Maler. - Tätig um 1475 in den Niederlanden, um 1480 bis um 1510 in Köln; ben. nach einem Altar in München (um 1505-10, Alte Pinakothek); schuf originelle, geistvolle Werke in gewählter Farbgebung und reicher ornamentaler Ausschmückung.

Meister des Breisacher Hochaltars ↑Meister H. L.

Meister des Marienlebens, dt. Maler des 15. Jh. - Bed. Meister der Kölner Malerei von etwa 1460 bis um 1490; ben. nach 8 Tafeln eines Marienaltars (um 1460, 7 Tafeln in München, Alte Pinakothek, eine in London, National Gallery). Sein niederländ. geschulter Stil zeichnet sich durch liebenswürdige Erzählfreude aus. Sein umfangreiches Werk umfaßt auch eindringl. charakterisierte Bildnisse.

Meister des Tucheraltars, dt. Maler der Mitte des 15. Jh. - Tätig in Nürnberg; ben. nach einem Altar in der Nürnberger Frauenkirche (ursprüngl. in der Augustinerkirche; um 1445). In den gedrungenen ernsten Gestalten klingen neben niederl.-burgund. Einflüssen auch ältere böhm. Züge nach.

Meister Eckhart, dt. Dominikaner, ↑ Eckhart.

Meister E. S., * um 1420 (?), † nach 1467, dt. Kupferstecher und Goldschmied. - Tätig am Oberrhein und am Bodensee wohl zw. 1440 und 1467. Erster Kupferstecher mit einem umfangreichen Werk (über 300 Stiche, davon 18 monogrammiert und datiert) in großer Auflage. Seine Stiche, die in erstaunl. Breite das oberdt. und niederl. Formengut seiner Zeit überliefern und Themen neu und frei variieren, fanden als Vorlagen weite Verbreitung und vielfältige Verwendung und hatten dadurch eine stark stilbildende Wirkung. In seiner hochentwickelten Technik ist er der bedeutendste Vorläufer Schongauers.

Meister Francke (Frater F.), * Hamburg um 1380, † nach 1430, dt. Maler. - Bed. Vertreter des Weichen Stils, schuf nicht ohne Realismus Werke tiefleuchtender, harmon. abgestimmter Farbigkeit; ausgeprägte Elemente räuml. Tiefe treten in reizvolle Spannung zu den goldenen oder ornamentalen Hintergründen. Sein Hauptwerk, der Thomasaltar (sog. Englandfahreraltar, 1424, unvollständig erhalten, Hamburg, Kunsthalle) zeigt seine Beziehungen zur westfäl., frz.-burgund. und niederl. Kunst; der Schmerzensmann ebd. ist ein Spätwerk, das Anstöße von R. Campin und der Brüder van Eyck aufnimmt. Der Barbara-Altar (Helsinki, Kansallismuseum) gilt als Frühwerk (vor 1424).

Meister Gerhard (Gerardus), † Köln um 1271, dt. Steinmetz. - Zunächst tätig in einer nordfrz. Kathedralbauhütte (vermutl. Amiens), wurde der erste Baumeister des Kölner Domes. Abgesehen von der Westfassade wurde der Dom nach seinem Plan errichtet. M. G. selbst führte den Chor bis zu einer Höhe von etwa 20 Metern.

Meisterhausfrau, Hausfrau, die eine Prüfung als Hauswirtschaftsmeisterin abgelegt hat und Mädchen zur Hauswirtschaftern im städt. oder ländl. Bereich ausbilden kann.

Meister H. L. (Meister des Breisacher Hochaltars), † 1533 (?), oberrhein. Bildschnitzer. - Sein Schnitzaltar im Breisacher Münster (1526) stellt in der erregten Formgebung eine höchste Steigerung spätgot. Gestaltungsmöglichkeiten dar. Seinen virtuosen Stil zeigen auch einige mit H. L. signierte Kupferstiche und Holzschnitte. - *Weitere Werke:* Hochaltar in Niederrotweil (um 1514–18?; auch vorwiegend anderer Hand zugewiesen; um 1530),

Meister Bertram, Kreuzannagelung; Flügel des Passionsaltars. Hannover, Niedersächsische Landesgalerie

Meister E. S., Madonna mit dem rosenspendenden Engel (um 1445–50). Kupferstich

Standfiguren der beiden Johannes (Nürnberg, German. Nationalmuseum), hl. Georg (München, Bayer. Nationalmuseum).

Meistermann, Georg, * Solingen 16. Juni 1911, dt. Maler. - Prof. u. a. an der Düsseldorfer, Karlsruher und Münchner Akad.; seine farbl. fein differenzierte abstrakte Kunst (v. a. Glasfenster) wird von rhythm. facettierten Formzusammenhängen bestimmt.

Meisterprüfung ↑ Befähigungsnachweis.

Meistersang, im 15. und 16. Jh. zunftmäßig betriebene Liedkunst. Die **Meistersinger** waren bürgerl. Dichter-Handwerker, die sich in *Singschulen* organisierten und das Hauptsingen in der Kirche und das der Unterhaltung dienende Zechsingen in Wirtshäusern praktizierten. Die Meistersinger verehrten als Stifter die „vier gekrönten Meister" Frauenlob, der um 1315 in Mainz die erste Meistersingerschule gegr. haben soll, Barthel Regenbogen, Konrad Marner und Heinrich von Mügeln. Die Regeln, Praktiken und Terminologie des M. waren v. a. in der *Tabulatur* verzeichnet: In der Anfangsphase des M. durften die *Singer* nur Bekanntes reproduzieren, die *Dichter* lediglich den Tönen der „zwölf alten Meister" neue Texte unterlegen; um 1480 reformierte jedoch H. Folz den M. grundlegend, denn nun konnte nur noch der ein *Meister* werden, der einen „neuen Ton", also Melodie und Text schuf, wobei er sich am vorgeschriebenen Stoffrepertoire orientieren mußte. Die Beurteilung und Preisverleihung oblag den *Merkern,* die in der Hierarchie der Meistersingerzunft an erster Stelle standen. - Formal galt die dem Minnesang ähnl. dreiteilige **Meistersangstrophe,** die aus 2 gleich gebauten Stollen (Aufgesang) und einem nach Metrum, Reim und Melodie davon unterschiedenen Abgesang besteht. Der Vortrag der Lieder war solist., ohne Instrumentalbegleitung. - Die bedeutendste *Sammlung von Meisterliedern* ist die Colmarer Liederhandschrift. Die Zentren des M. lagen in Süd- und Südwestdeutschland; erste wesentl. Impulse waren zunächst von Mainz, später dann von Nürnberg (Hans Sachs) ausgegangen. Meistersingervereinigungen bestanden in Ulm bis 1839, in Memmingen bis 1875.

📖 *Kugler, H.:* Handwerk u. Meistergesang. Gött. 1977. - *Nagel, B.:* M. Stg. ²1971. - *Der dt. M.* Hg. v. B. Nagel. Darmst. 1967.

Meister von Alkmaar, niederl. Maler des 15./16. Jh. - Tätig 1490-1510; ben. nach dem Altar von 1504 in der Grote Kerk von Alkmaar; steht in der Nachfolge von Geertgen tot Sint Jans.

Meister von Flémalle [frz. fle'mal], * Tournai (?) um 1378, † ebd. 26. April 1444, fläm. Maler. - Ben. nach drei aus der Abtei Flémalle bei Lüttich stammenden Altartafeln (heute Frankfurt, Städel). Die Identität mit R. Campin, dem Lehrer von Rogier van der Weyden, gilt als gesichert. In seinem realist. Zugriff, der räuml. Tiefe und plast. Körperlichkeit zählt er zu den Begründern der niederländ. Malerei. Er versetzt das Heilsgeschehen in eine bürgerl. Welt, wobei er die realist. wiedergegebenen Gegenstände gleichzeitig als Symbol des Heilsgeschehens erfaßt. - *Weitere Werke:* Geburt Christi (um 1425; Dijon, Musée des Beaux-Arts), Grablegungstriptychon (um 1425/30; London, Sammlung Seilern), Der Schächer Gesinas am Kreuz (Altarfragment; um 1430/32; Frankfurt, Städel), Madonna in der Glorie (Aix-en-Provence, Musée Granet), Mérode-Altar (New York, Metropolitan Museum of Art). - Abb. S. 164.

Meister von Meßkirch, * vermutl. in Franken um 1500, † Meßkirch (?) 1543 (?), dt. Maler. - Zw. 1536 und 1540 malte er für die Stadtpfarrkirche von Meßkirch den Hochaltar und acht Seitenaltäre (heute z. T. in Museen). Seine bed., in leuchtenden Farben gemalten Werke (außerdem u. a. „Wildensteiner Altar", 1536; Donaueschingen, Fürstl. Fürstenberg. Gemäldegalerie) zeigen seine Schulung im Schülerkreis Dürers.

Meister von Moulins [frz. mu'lɛ̃], auch Maler der Bourbonen gen., frz. Maler vom Ende des 15. Jh. - Vielleicht mit Jean Prévost ident.; ben. nach dem Triptychon in der Kathedrale von Moulins, dessen Mittelstück „Maria in der Glorie und Engel" darstellt. Auf Grund der Stifterbildnisse (Peter II. von Bourbon und Familie) datierbar (um 1498). Er setzt die Kenntnis J. Fouquets und der fläm. Kunst voraus. - *Weitere Werke:* Geburt Christi mit Stifter Kardinal Jean Rolin (um 1480; Autun, Musée Rolin), Karl II. von Bourbon und Gemahlin (1488, Louvre), Maria mit Kind und Engeln (1490, Brüssel, Musées Royaux des Beaux-Arts), Hl. Maria Magdalena mit Stifterin (1490-95, Louvre), Mauritius mit Stifter François de Chateaubriand (um 1500, Glasgow, Art Gallery and Museum).

Meisterwurz (Imperatoria ostruthium), Doldenblütler auf Wiesen der Alpen und Mittelgebirge; Stengel gerillt und hohl; Blüten weiß bis rosarot; Wurzel stark aromat. und bitter; früher als Heilpflanze angebaut.

Meistgebot, höchstes Gebot in der Zwangsversteigerung und in der gewöhnl. Versteigerung. Es muß, damit der Zuschlag erfolgen kann, die Höhe des Mindestgebotes erreichen.

Meit, Conrat, * Worms um 1475, † Antwerpen 1550 oder 1551, dt. Bildhauer. - Zw. 1506 und 1510 in Wittenberg tätig für Kurfürst Friedrich III., den Weisen; 1512-34 Hofbildhauer der Statthalterin Margarete von Österreich in Mecheln; 1526-32 Grabmäler im Chor von Saint Nicolas in Brou (bei Bourg-en-Bresse). Auch die kleinplast. Arbeiten weisen M. als Hauptmeister der dt. Renaissanceplastik aus, u. a. „Judith" (um 1512-14; München, Bayer. Nationalmuseum), „Adam und Eva" (Gotha, Schloßmuseum).

Meithei [ˈmɛɪθɛɪ], zu den ↑ Kuki-Chin-Völkern gehörende Volksgruppe im ind. Bundesstaat Manipur.

Meitner, Lise, * Wien 7. Nov. 1878, † Cambridge 27. Okt. 1968, östr.-schwed. Physikerin. - Ab 1918 Leiterin der Physikabteilung des Kaiser Wilhelm-Instituts für Chemie und Prof. in Berlin; emigrierte 1938 zuerst nach Dänemark, dann nach Schweden. L. M. lieferte bed. Arbeiten zur Radio- und Kernchemie. 1939 interpretierte sie mit O. R. Frisch die Resultate der damaligen Arbeiten O. Hahns und F. Straßmanns als Spaltung der Urankerne und führte die Bez. ↑ Kernspaltung ein.

Mejerchold, Wsewolod Emiljewitsch [russ. mɪjɪrˈxɔljt] (eigtl. Meyerhold), * Pensa 9. Febr. 1874, † Moskau 2. Febr. 1940, sowjet. Schauspieler und Regisseur dt. Abkunft. - 1920 Leiter des gesamten sowjet. Theaterwesens; organisierte Agitproptheater, Massenschauspiele („Die Erstürmung des Winterpalais", mit 15 000 Darstellern); 1923 eigenes Theater, an dem er seinen auf das Grotesk-Pantomimische ausgerichteten Inszenierungsstil weiterentwickelte. Ende der 20er Jahre als „Formalist" zur Schließung gezwungen; Verhaftung 1939.

Mekas, Jonas [engl. ˈmɛkəs], * Šemeniškiai (Litauen) 1922, amerikan. Filmkritiker und Filmemacher lit. Herkunft. - Hg. der Zeitschrift „Film Culture", eines Forums des experimentellen Undergroundfilms, zu dessen Hauptvertretern M. gehört; drehte u. a. den Film „Der Knast" (1964) sowie die autobiograph. „Tagebücher, Notizen und Skizzen" (seit 1967; u. a. „Verloren verloren verloren", 1976).

Mékambo, Ort im äußersten NO von Gabun, nahebei die bedeutendsten Eisenerzvorkommen Afrikas.

Mekka, für Nichtmuslime unzugängl. Stadt im W von Saudi-Arabien, 367 000 E. Hauptstadt des Hedschas, Kult- und Kulturzentrum mit islam.-theolog. Hochschule, Schule für islam. Rechtsprechung; Wallfahrtsort, zu dem alle volljährigen Muslime einmal im Leben pilgern sollen. - Altarab. Handelsstadt, bereits im 1. Jh. n. Chr. als **Makoraba** erwähnt; stand nach dem Zerfall des ägypt. Kalifenreiches seit 1517 polit. unter der Oberhoheit der Osmanen, unter denen 1517–1916/24 die nach Unabhängigkeit strebenden Scherifen das Emirat M. innehatten; 1926 Saudi-Arabien eingegliedert. - Im Hof der Hauptmoschee (775–785, erweitert 1955) die ↑ Kaaba.

Meknès, marokkan. Prov.hauptstadt im nördl. Vorland des Mittleren Atlas, 530 m ü. d. M., 386 100 E. Zentrum eines Landw.gebiets, Obst- und Gemüsekonservenfabriken, Zementfabrik, Textilind., Gerberei; großer Basar, ⚐. - Im 10. Jh. vom Berberstamm der Miknasa erbaut. - Den nördl. Teil der Altstadt bildet die Medina mit einer Medrese aus dem 14. Jh. und dem Palast Dar Jamai (19. Jh.; heute Museum). Ihren südl. Teil bildet die sog. Königsstadt mit dem Mausoleum des Sultans Mulai Ismail (18. Jh.) und dem königl. Getreidespeicher.

Mekong, Strom in China und Südostasien, entspringt auf dem Hochland von Tibet, fließt in sö. Richtung, biegt nördl. von Luang Prabang in scharfem Knick nach S, wendet sich dann nach O und S, als Grenzfluß gegen Thailand. 550 km von der Mündung entfernt tritt der M. in die Schwemmlandebene ein, die er mit anderen Flüssen aufgefüllt hat, mündet im südl. Vietnam mit einem über 70 000 km² großen Delta ins Südchin. Meer, 4 500 km lang; Einzugsgebiet 800 000 km². Die Wasserführung schwankt dem monsunalen Niederschlag entsprechend (zw. Hoch- und Niedrigwasserstand 10–15 m Differenz). Auf Grund von Stromschnellen ist die Schiffahrt nur auf Teilstrecken mögl.; das Delta ist ein bed. Reisanbaugebiet.

Mela, Pomponius, röm. Schriftsteller des 1. Jh. n. Chr. - Stammte aus Spanien; verfaßte eine Erdbeschreibung, das älteste erhaltene geograph. Werk der röm. Literatur („De chorographia").

Mélac, Ezéchiel Graf von (seit 1702), ✕ bei Malplaquet (Nord) 11. (?) Sept. 1709, frz. General. - Im Pfälz. Erbfolgekrieg von Ludwig XIV. mit der Verwüstung der Pfalz beauftragt; ließ 1689 u. a. Mannheim und Heidelberg zerstören.

Melaka (Malakka), Hauptstadt des malays. Gliedstaats M. an der W-Küste der Halbinsel Malakka, 88 100 E. Histor. Museum; Zentrum eines Agrargebiets mit Holzverarbeitung, Nahrungsmittelind.; Fischerei; Hafen, ⚐. - Im 14. Jh. durch malaiische Einwanderer (aus Sumatra) gegr.; Haupthandelsplatz eines um 1400 gegr. Reiches M.; seit 1511 unter portugies., seit 1641 unter niederl. Herrschaft; 1795–1814 von Briten besetzt, 1824 von den Niederlanden an Großbrit. abgetreten. Spielte bei der Ausbreitung des Islams in SO-Asien eine wichtige Rolle. - M. liegt am Fuß eines Hügels (mit den Resten der portugies. Sankt-Pauls-Kirche [1521]); erhalten sind ferner das portugies. Fort (1511 ff.), das niederl. Rathaus (17. Jh.) sowie der älteste chin. Tempel Malaysias (1704 ff.).

M., Gliedstaat Malaysias, im S der Halbinsel Malakka, 1 650 km², 453 200 E. Hauptstadt M. Der Gliedstaat liegt im Küstentiefland. 50 % der Bev. sind Malaien, über 40 % Chinesen, etwa 8 % Inder. Anbau von Kautschukbäumen und Reis. - Wurde 1824 brit. Kolonie (Settlement of Malacca), gehörte 1826–1946 zur Kronkolonie der Straits Settlements, die 1946 Teil der Malaiischen Union, 1948 des Malaiischen Bundes, 1963 Malaysias wurde.

Melaleuca

Meister von Flémalle, Heilige Barbara am Kamin (1438). Madrid, Prado

Melaleuca [griech.] ↑ Myrtenheide.
Melaminharze [Kw.], Kunststoffe, die durch Polykondensation von *Melamin* ($C_3N_3(NH_2)_3$) mit Formaldehyd entstehen. M. werden zu Gebrauchsartikeln, Holzleimen, Imprägniermitteln für Textilien, Lackrohstoffen und Ionenaustauschern verarbeitet.
Melan, Josef, * Wien 18. Nov. 1853, † Prag 10. Febr. 1941, östr. Ingenieur. - Prof. in Brünn und Prag. M. entwickelte im Stahlbetonbau eine biegungssteife Bewehrung zum Aufhängen der Schalung (*M.-Bauweise*), die bes. im Brückenbau das kostspielige Lehrgerüst entbehrl. machte.
melan..., Melan... ↑melano..., Melano...
Melancholie [griech., zu *mélas* „schwarz" und *cholé* „Galle"], abnorme bis krankhafte psych. Verfassung, die durch den Symptomenkomplex der Depression gekennzeichnet ist. Begriffsgeschichtl. ist zu unterscheiden zw. M. als Krankheit („Schwarzgalligkeit") und dem ↑Melancholiker als Typus.
Melancholiker [griech.], unter den hippokrat. Temperamentstypen der zu Traurigkeit bzw. Schwermut neigende Mensch.
melancholisch, auf ↑Melancholie beruhend, den ↑Melancholiker betreffend; trübsinnig, schwermütig.
Melanchthon, Philipp, eigtl. P. Schwartzerd[t], * Bretten 16. Febr. 1497, † Wittenberg 19. April 1560, dt. Humanist und Reformator. - 1518 Prof. für Griech. an der Univ. Wittenberg, ab 1519 auch an der theolog. Fakultät. Unter dem Einfluß Luthers wurde M. bald für die Reformation gewonnen, die er publizist. verteidigte. Dank seiner formalen Begabung und dialekt. Schulung wurde er der erste Systematiker des Luthertums („Loci", 1521). Seine Methode wurde nicht nur für die Theologie, sondern auch für die Geschichtswiss. (↑ Magdeburger Zenturien) und die Jurisprudenz fruchtbar; baute das ev. Bildungswesen und das Landeskirchensystem auf. Mit dem „Augsburger Bekenntnis" (1530), der „Apologie der Augustana" (1531) und dem „Tractatus de potestate papae" (1537) schuf er die grundlegenden Bekenntnisschriften. Die Mitte seiner Theologie ist die Paulin. Lehre von der ↑Rechtfertigung, deren Verständnis ihm Luther erschloß, die aber von M. zur Sicherung der Heilsgewißheit „forensisch" (d. h. als Richterspruch Gottes) verstanden wurde, was die Betonung der „guten Werke" des Gerechtfertigten nötig machte. Auf Grund seines humanist. Strebens nach eth. Bildung des Menschen betonte er die Autonomie des Naturrechts und der bürgerl. Gerechtigkeit.
📖 *Aland, K.:* Die Reformatoren. Luther, M., Zwingli, Calvin mit einem Nachwort zur Reformationsgesch. Gütersloh ³1983. - *Stempel, H. A.:* Melanchthons pädagog. Wirken. Hamb. 1979. - *Bizer, E.:* Theologie der Verheißung. Neukirchen-Vluyn 1964.
Melandrium [griech.], svw. ↑Nachtnelke.
Melaneside (melanesische Rasse), Menschenrasse in Ozeanien; unterteilt in **Palämelaneside** mit untersetztem, gedrungenem Körperbau, tiefdunkler Haut, krausem Kopfhaar, massigem und niedrigem Gesicht, breiter Nase, fliehendem Kinn und tiefliegender Lidspalte (Hauptverbreitungsgebiet: v. a. Neukaledonien) und in **Neomelaneside** mit relativ schlankem, aber kräftigem Körperbau,

dunkler Haut und krausem Kopfhaar, längl. Gesicht mit hoher - oft gebogener - und breiter Nase (Hauptverbreitungsgebiet: Neuguinea).

Melanesien [zu griech. mélas „schwarz" und nēsos „Insel"], zusammenfassende Bez. für die Inseln im Pazif. Ozean, auf denen v. a. Melanesier leben.

Melanesier, die Bev. Melanesiens einschließl. der Papua Neuguineas, rass. von den anderen ozean. Völkern († Mikronesier, † Polynesier) deutl. unterschieden, sprachl. den melanes. Sprachen oder den Papuasprachen zuzurechnen. Die überlieferte steinzeitl. Technik ist durch Übernahme von Eisenwerkzeugen nicht prinzipiell geändert worden; traditioneller Feldbau mit Pflanz- oder Grabstock. Entscheidend für die soziale Ordnung ist die Bindung an den Klan. Eine große Rolle spielen vielfach Männer- und Geheimbünde. Myth. begründet den Menschenopfer, Kannibalismus und Kopfjagd. Die hochstehende Kunst der M. hat ihren urspr. religiösen Sinn verloren, wird aber als Kunsthandwerk weiterhin betrieben (Holzarbeiten, Malereien, Aufführung von Kultdramen, Musikinstrumente).

melanesische Sprachen, zu den † austronesischen Sprachen gehörende Sprachgruppe mit mehreren Untergruppen, deren Verbreitungsgebiet die Inseln des westl. Pazifiks von den Admiralitätsinseln, dem Bismarckarchipel und den Salomon-Inseln bis zu den Neuen Hebriden, Neukaledonien und den Fidschiinseln umfaßt. - Die m. S., weisen eine Reihe von gemeinsamen Merkmalen auf, u. a.: Präfixe und Suffixe zur Bildung von Verbalbegriffen und Kennzeichnung des Aspektes durch vorangestellte Bildungselemente beim Verb, ferner Artikel für Singular und Plural, dazu häufig bei Personalpronomen noch Dual und Trial.

Melange [me'lã:ʒə; frz., zu lat. miscere „mischen"], Mischung, Gemisch.
♦ östr. Bez. für Milchkaffee.

Melanide [griech.], Bez. für die dunkelhäutige Bev. im südl. Indien.

Melanie [...ni], im 19.Jh. aus dem Frz. übernommener weibl. Vorname (zu griech. mélas „schwarz").

Melanine [zu griech. mélas „schwarz"], durch enzymat. Oxidation der Aminosäure Tyrosin entstehende gelbl. bis braune oder schwarze Pigmente bei Tieren und Menschen, die in der Epidermis oder in einer darunterliegenden Zellschicht gebildet und abgelagert werden. Sie bewirken die Färbung der Haut und ihrer Anhangsorgane (Haare, Federn) sowie der Regenbogen- und Aderhaut der Augen. Starke Ansammlungen von M. kommen entweder lokalisiert begrenzt vor (z. B. Leberflecke, Sommersprossen, † Melanom) oder erstrecken sich über den gesamten Körper († Melanismus). Die biolog. Bed. der M. liegt u. a. im Schutz vor zu starker Sonnenbestrahlung (bes. vor UV-Strahlen, die von ihnen absorbiert werden). Auch die Braunfärbung an Schnittstellen bei Äpfeln und Kartoffeln beruht auf der Bildung von Melaninen.

Melanismus [griech.], durch † Melanine bewirkte Dunkelfärbung der Körperoberfläche, z. B. der menschl. Haut oder der Haare von Säugetieren. Evolutionsbiolog. interessant ist der bei Tieren in Industriegebieten vorkommende **Industriemelanismus:** Infolge der v. a. durch Ruß bedingten dunklen Färbung des Untergrundes sind dunklere Varietäten vor ihren Feinde besser geschützt als hellere Individuen derselben Art, was einen Selektionsvorteil darstellen.

melano..., Melano..., melan..., Melan... [zu griech. mélas „schwarz"], Bestimmungswort von Zusammensetzungen mit der Bed. „dunkel, schwarz, düster".

Melanoide [griech.] † Maillard-Reaktion.

Melanom (Melanozytoblastom) [griech.], maligner Pigmenttumor, v. a. im Bereich der Haut des Gesichtes und Kopfes. Sie sind z. T. aus Muttermalen an der Grenze zwischen Ober- und Lederhaut, z.T. aus Präkanzerosen hervorgehende braune bis blauschwarze Knoten. Die zuverlässigste Behandlung des M. ist eine möglichst frühe operative Entfernung.

Melanophoren [griech.], melaninhaltige, sich ausbreitende und wieder zusammenziehende Zellen, bes. bei Fischen und Amphibien; die Ausbreitung wird von dem Hypophysenhormon Melanotropin, das Zusammenziehen durch das Zirbeldrüsenhormon Melatonin gesteuert.

Melanotropin [griech.] (Intermedin), Hormon aus dem Zwischenlappen der Hypophyse, das bei Fischen und Amphibien die Ausbreitung der Melanophoren bewirkt und bei den Säugetieren (einschließl. Mensch) vermutl. die Hauptpigmentierung über eine Vermehrung der Melaninsynthese reguliert. Gegenspieler des M. ist das † Melatonin.

Melanzana [arab.-italien.], svw. † Aubergine.

Melaphyr [griech.-frz.], basalt. Ergußgestein permo-karbon. Alters, Hauptbestandteile: Plagioklas, Augit, Olivin.

Melas, Spiros, * Nafpaktos (Ätolien und Akarnanien) 1883, † Athen 2. April 1966, neugriech. Journalist und Schriftsteller. - Bedeutendster Bühnenautor der neugriech. Literatur; von großem Einfluß auf die junge Generation. Seine Dramen zeichnen sich durch innere Spannung, glänzende Sprache und bes. durch geistreiche Dialoge aus, u. a. „Der König und der Hund" (Kom., 1953); auch Biographien, Essays und Erzählungen.

Melasse [span.-frz., zu lat. mel „Honig"], dunkelbrauner, zähflüssiger, unangenehm bittersüß schmeckender Rückstand bei der

Melatonin

Zuckerfabrikation; wird zu Alkohol vergoren oder als Viehfutterzusatz verwendet.

Melatonin [griech.], Hormon der Zirbeldrüse; bewirkt Aufhellung der Haut durch Melanophorenkontraktion (Gegenspieler: Melanotropin).

Melba, Dame Nellie [engl. 'mɛlbə], geb. Helen Mitchell, verh. Porter Armstrong, *Richmond bei Melbourne 19. Mai 1861, †Sydney 23. Febr. 1931, austral. Sängerin (Koloratursopran). - Feierte 1887–1926 in allen internat. Musikmetropolen sensationelle Erfolge als Opern- und Konzertsängerin.

Melbourne, William Lamb, Viscount [engl. 'mɛlbən], *London 15. März 1779, † Landsitz Brocket Hall bei Hatfield 24. Nov. 1848, brit. Politiker. - Ab 1806 Mgl. des Unterhauses, 1828 Peer, 1829 Mgl. des Oberhauses, Innenmin. 1830–34; unterdrückte während der Vorbereitungen der Reform Bill von 1832 Reformbewegungen im Sinne des †Chartismus; Premiermin. 1834 und 1835–41.

Melbourne [engl. 'mɛlbən], Hauptstadt des austral. B.-Staats Victoria, an der Port Phillip Bay, 2,86 Mill. E. Sitz eines anglikan. und eines kath. Erzbischofs; mehrere Univ. (älteste 1853 gegr.), Forschungsinst., Staatsbibliothek, Nationalgalerie, -museum und andere Museen, Gärten, Zoo. Rd. 80% der industriellen Produktion von Victoria stammen aus M.; u. a. Schwermaschinen-, Automobilbau, Textil- und Bekleidungsind., Papierherstellung, Erdölraffinerie, chem. Werke, Nahrungsmittelind.; Sitz einer Börse, von Banken, Versicherungen und Ind.verwaltungen. Der Hafen ist der drittwichtigste Australiens; ⌨. - 1836 als Port Phillip gegr., 1837 nach dem brit. Premiermin. Lord Melbourne ben.; seit 1842 Town; ab 1850 Hauptstadt der brit. Kolonie, ab 1901 des austral. Bundeslands Victoria; 1901–27 auch Hauptstadt des Austral. Bundes. - M. gilt als die am ausgeprägtesten engl. unter den austral. Hauptstädten: neugot. kath. Saint Patrick's Cathedral, anglikan. Saint Paul's Cathedral; Townhall (1867–70), zahlr. Wolkenkratzer (nach 1955).

Melchers, Paulus, *Münster (Westf.) 6. Jan. 1813, †Rom 14. Dez. 1895, dt. kath. Theologe, Kardinal (seit 1885) und Jesuit (seit 1892). - 1866 Erzbischof von Köln; im Kulturkampf 1874 zeitweilig verhaftet; leitete seit 1875 sein Bistum von Maastricht aus; gab 1885 auf päpstl. Wunsch ihn Amt auf.

Melchior, männl. Vorname hebr. Ursprungs, eigtl. „König des Lichts".

Melchior, Johann Peter, ≈ Lintorf 10. März 1747, †Nymphenburg (= München) 13. Juni 1825, dt. Porzellanmodelleur. - Modellmeister in Höchst (1767–79), Frankenthal (1779–93) und Nymphenburg (1797–1822): Rokokogruppen, spätklassizist. Porträtmedaillons.

Melchioriten, Bez. für die Anhänger Melchior †Hoffmans.

Melchisedek (Melchisedech), vorisraelit. Priesterkönig von Salem (Jerusalem), wo zu dieser Zeit die Gottheit El verehrt wurde.

Melchiten (Melkiten) [zu syr. malko „König"], syr., ägypt. und palästinens. Christen, die die Entscheidung des Konzils von Chalkedon (451) annahmen und damit auf der Seite des byzantin. Kaisers standen, im Ggs. zu den Monophysiten, die den M. den [Spott]namen „die Kaiserlichen" gaben. Die M. nahmen 1439 die in Florenz geschlossene Union an. Heute gibt es etwa 500 000 Gläubige unter der Führung eines Patriarchen.

Melde (Atriplex), Gatt. der Gänsefußgewächse mit über 100 Arten; hauptsächl. Unkräuter der gemäßigt-warmen Gebiete der Nordhalbkugel; bevorzugen trockene, alkal. Böden. Auch die Blüten sind eingeschlechtig und meist auch einhäusig. Die bekannteste Art ist die **Gartenmelde** (Span. Spinat, Atriplex hortensis), 30–125 cm hoch, mit herzförmig-dreieckigen Grundblättern und längl.-dreieckigen Stengelblättern; wurde früher als Gemüsepflanze kultiviert.

Meldepflicht (Anzeigepflicht), die Verpflichtung, bestimmte Tatsachen den Behörden mitzuteilen, insbes. die Verpflichtung, jeden Wohnungswechsel innerhalb einer landesrechtlich geregelten Frist (i. d. R. eine Woche) der zuständigen Meldebehörde zu melden. Bei Übernachtung in Beherbergungsstätten hat der Gast den vorgeschriebenen Meldeschein auszufüllen, die Beherbergungsstätte muß ein Fremdenverzeichnis führen. Die Verletzung der M. wird als Ordnungswidrigkeit mit Geldbuße geahndet.

meldepflichtige Krankheiten (anzeigepflichtige Krankheiten), in der *Humanmedizin* Bez. für übertragbare Krankheiten, die nach dem Bundes-Seuchengesetz vom 18. 7. 1961 vom behandelnden Arzt innerhalb von 24 Stunden an das zuständige Gesundheitsamt gemeldet werden müssen. Meldepflichtig sind in jedem Falle (Verdacht, Feststellung, Todesfall): Botulismus, Cholera, Enteritis infectiosa, Fleckfieber, übertragbare Gehirnhautentzündung, Gelbfieber, Lepra, Mikrosporie, Milzbrand, Ornithose, Paratyphus A und B, Pest, Pocken, Kinderlähmung, Rückfallfieber, Ruhr, Tollwut, Tuberkulose, Tularämie, Typhus abdominalis. Meldeplicht bei feststehender Erkrankung und bei Todesfällen besteht für: Brucellose, Diphtherie, infektiöse Leberentzündung, Wochenbettfieber, Leptospirose, Malaria, Q-Fieber, Rotz, Scharlach, Toxoplasmose, Trachom, Trichinose, Tetanus. Bei Grippe, Keuchhusten und Masern sind nur die Todesfälle meldepflichtig. Ferner besteht die Meldepflicht für Erregerausscheider bei Enteritis infectiosa, Paratyphus A und B, bakterieller Ruhr und Typhus.

♦ (anzeigepflichtige Krankheiten) in der *Tiermedizin* †Tierseuchen.

◆ ↑Pflanzenkrankheiten.

Meldewesen, die Gesamtheit der gesetzl. Bestimmungen über die Meldepflicht und die damit befaßten Institutionen, durch die sichergestellt werden soll, daß die Meldebehörden über den Wohn- und Aufenthaltsort und über sonstige Daten eines jeden Einwohners unterrichtet werden. Das *Melderegister* wird von der Gemeinde geführt (*Meldebehörde, Einwohnermeldeamt*). Die Meldebehörde leitet die Daten an zahlr. andere Behörden, die die Daten benötigen, weiter, z. B. an das Standesamt, das Paßamt, das Arbeitsamt, das Kreiswehrersatzamt, das Gesundheitsamt, das Wahlamt, an kirchl. Stellen, die Ausländerbehörde, die Polizei (Personenfahndung).

Meldorf, Stadt 12 km südl. von Heide, Schl.-H., 6 m ü. d. M., 7300 E. Dithmarscher Landesmuseum; Türen- und Fensterfabrik, Papierfabrik; Hafen. - Um die zw. 814/824 bei einer german. Thingstätte erbaute Tauf- und Mutterkirche für ganz Dithmarschen bildete sich die Siedlung M., die zw. 1227/59 Stadtrecht erhielt (1559 Verlust des Stadtrechts, 1869 erneuert); Hauptstadt Dithmarschens (bis 1447 Sitz der Landesversammlung und des Landesgerichts). - Backsteinbasilika (um 1250–1300; „Dom" der Dithmarscher) mit Gewölbemalereien (um 1300).

Meldorfer Bucht, Nebenbucht der Helgoländer Bucht (Nordsee) vor der W-Küste von Dithmarschen (umfangreiche Landgewinnung).

Meleagros, Held der griech. Mythologie, Sohn des Königs von Kalydon und der Althaia. Am 7. Tage nach seiner Geburt prophezeien die Moiren, M. werde sterben, sobald das gerade im Herdfeuer liegende Scheit verbrannt sei. Althaia birgt und verwahrt es. - Als Strafe für das Versäumen eines Dankopfers sendet Artemis einen gewaltigen Eber, der die Fluren um Kalydon verwüstet. An der Jagd auf das Untier (**Kalydonische Jagd**) beteiligen sich die bedeutendsten Helden Griechenlands. M. erlegt den Eber und schenkt die Trophäen der von ihm geliebten Jägerin Atalante; darüber kommt es zum Streit mit den Brüdern von Althaia. Als M. die Brüder im Streit erschlägt, wirft Althaia das Scheit ins Feuer, und M. muß sterben.

Melegnano [italien. meleɲˈnaːno], italien. Stadt in der Lombardei, 17 km sö. von Mailand, 88 m ü. d. M., 18 200 E. Agrarmarkt; metallurg. und chem. Ind. - 1239 von Kaiser Friedrich II. zerstört, 1243 von den Mailändern wiederaufgebaut, 1532 Markgrafschaft. - In der **Schlacht von Marignano** (so gen. nach dem früheren Namen der Stadt) am 13./14. Sept. 1515 besiegte Marschall G. G. Trivulzio im Dienst Franz' I. von Frankr. die Schweizer Söldner des Hzg. von Mailand. - Ruine des Kastells (13. und 16. Jh.); Propsteikirche (1418 erneuert).

Meléndez Valdés, Juan [span. meˈlendɛð βalˈdes], * Ribera del Fresno (Prov. Badajoz) 11. März 1754, † Montpellier 24. Mai 1817, span. Dichter. - Bedeutendster span. Lyriker des 18. Jh.; war 1781–88 Prof. für klass. Philologie in Salamanca; wurde aus Spanien ausgewiesen, nachdem er sich während der frz. Besatzungszeit den Franzosen angeschlossen hatte. Führendes Mgl. der Dichterschule von Salamanca; schrieb auch philosoph. Oden.

Melfi, italien. Stadt in der nördl. Basilicata, 531 m ü. d. M., 15 500 E. Kath. Bischofssitz; Handelsplatz. - Seit 1041 für einige Zeit Hauptstadt der Normannen in Apulien; bevorzugte Stauferresidenz; verfiel im 14. Jh., kam 1531 als Ft. an die Doria, 1799 an die Bourbonen; v. a. bekannt durch die hier abgehaltenen Synoden (1059, 1067, 1089, 1100) und die von Kaiser Friedrich II. 1231 verkün-

Melk. Benediktinerstift

Melianthus

deten **Konstitutionen von Melfi**, in denen das Verwaltungsrecht des Kgr. Sizilien kodifiziert wurde. - Erdbebenschäden (1851, 1930); erhalten der Kampanile (1153) des Doms und die Burg Robert Guiscards (v. a. 13. Jh.).

Melianthus [griech.], svw. ↑ Honigstrauch.

Melibocus (Malchen), mit 517 m höchster Berg am W-Abfall des Odenwalds zur Oberrheinebene, östl. von Bensheim.

meliert [lat.-frz.], aus verschiedenen Farben oder Farbtönen gemischt, gesprenkelt.

Méliès, Georges [frz. me'ljɛs], * Paris 8. Dez. 1861, † ebd. 21. Jan. 1938, frz. Filmpionier. - Entdeckte 1896 den Film als Publikumsattraktion, im selben Jahr drehte er etwa 80 Filme, meist kurze Spielszenen. M., der als erster ein festes Filmstudio (in Montreuil bei Paris) baute, entwickelte die Trickphotographie (u. a. die Doppelbelichtung und den Stopptrick), um mag. Effekte zu erzielen. Bis zu seinem finanziellen Zusammenbruch (1914) drehte M. etwa 1200 Filme, v. a. Märchenfilme und utop. Filme.

Melik [griech.] ↑ melische Dichtung.

Melilla [span. me'liʎa], span. Stadt (Enklave) an der marokkan. Mittelmeerküste, 12,3 km², 58 400 E. Garnison, Hafen, Fischfang und -verarbeitung, Schiffbau und -reparatur. - Von Phönikern gegr. (Rusadir); im 1. Jh. n. Chr. röm. Kolonie; bis zur arab. Eroberung (705) in vandal., byzantin. und westgot. Hand; seit 1497 bei Spanien.

Melioration [lat.] (Bodenverbesserung), techn. Maßnahmen, die zur Werterhöhung des Bodens bzw. zur Ertragsverbesserung von land- und forstwirtsch. genutzten Flächen führen; u. a. Urbarmachen von Ödland, Waldrodung, Be- und Entwässerung.

melische Dichtung [griech./dt.] (Melik), Bez. für die (griech.) gesungene Lyrik; Liedpoesie.

Melisma [griech. „Gesang, Lied"], melod. Folge von Tönen, die auf nur eine Textsilbe gesungen werden, im Ggs. zum syllab. Gesang, bei dem jeder Silbe eine Note zugehörig ist. - **Melismatik** ist ein bes. Charakteristikum der oriental. Vokalmusik, von wo sie vermutl. in die ma. geistl. und weltl. Musik übernommen wurde.

Melisse (Melissa) [zu griech. melissóphyllon „Bienenblatt"], Gatt. der Lippenblütler mit nur drei Arten; ausdauernde Pflanzen (jedoch nur einjährig kultiviert) mit hellgrünen, ovalen, am Rand gelappten Blättern, die einen zitronenähnl. Duft verbreiten; Blüten unscheinbar und weiß. In Europa kommt nur die **Zitronenmelisse** (*Garten-M.*, Zitronenkraut, Melissa officinalis) vor; 30–90 cm hohe Staude mit vierkantigem Stengel, ei- bis rautenförmigen, gesägten Blättern und weißen Blüten in Scheinquirlen. Die Blätter duften stark nach Zitronen und schmecken würzig; Verwendung u. a. als Gewürz.

Melissengeist (Karmelitergeist), aus Zitronellöl, äther. Muskatöl, Zimt, Nelkenöl und Alkohol zusammengesetztes Arzneimittel, das beruhigend und krampflösend wirkt.

Melissinsäure [zu griech. mélissa „Biene"], $CH_3-(CH_2)_{28}-COOH$, Carbonsäure, die Bestandteil zahlr. natürl. Wachse ist.

Melitopol [russ. mɪlɪ'tɔpəlj], sowjet. Stadt in der Schwarzmeerniederung, Ukrain. SSR, 169 000 E. Hochschule für die Mechanisierung in der Landw., PH, Museum; Maschinenbau, Bekleidungs- und Nahrungsmittelind. - Entstand aus der Siedlung Nowo-Alexandrowka, die seit 1841 M. heißt.

Melitta (Melissa), weibl. Vorname (zu griech. mélitta, mélissa „Biene").

Melittine [zu griech. mélitta = Biene], zwei in Bienengift enthaltene geradkettige Polypeptidamide, die für die hämolyt. Wirkung des Bienengifts verantwortlich sind.

Melk, Heinrich von ↑ Heinrich von Melk.

Melk, niederöstr. Bez.hauptstadt am rechten Ufer der Donau, 228 m ü. d. M., 6200 E. Stadtmuseum; Garnison, Fremdenverkehr. - Entstand an der Stelle des röm. Kastells **Namare**; als Mittelpunkt eines königl. Zoll- und Burgbezirks im 9./10. Jh. bedeutend. Das in der Burg 1089 gegr. Benediktinerkloster erlebte v. a. in der Barockzeit eine große wiss. und kulturelle Blüte. Die unterhalb des Stiftsfelsens liegende Siedlung erhielt 1227 Marktrecht und wurde 1898 Stadt. - Über der Stadt das barocke Benediktinerstift (1702–36 von J. Prandtauer u. a. erbaut), bed. u. a. die Bibliothek und die Stiftskirche (1702–26; Innenausstattung v. a. von J. M. Rottmayr), in der Stadt spätgot. Pfarrkirche (1481), Rathaus (1575 und 1847). - Abb. S. 167.

Melkart, Hauptgott von Tyros und Karthago; häufig Herakles gleichgesetzt und in ähnl. Art wie dieser abgebildet.

melken, bei einem milchgebenden landw. Nutztier durch pressende, streichende und ziehende Bewegungen der Zitzen den Milchaustritt (manuell oder maschinell) bewirken.

Melkiten ↑ Melchiten.

Melkmaschine, automat. Melkvorrichtung, bestehend aus den an die Zitzen anzusetzenden Melkbechern mit Milchsammel- und Luftverteilerstück sowie den entsprechenden Schlauchleitungen (sog. *Melkzeug*), einer Membranpumpe zur Erzeugung eines Unterdrucks von rund 0,5 bar (Saugwirkung), einem sog. *Pulsator*, der den Saugvorgang in einem bestimmten Rhythmus (Melktakt, Ruhetakt) unterbricht, sowie einer Milchsammelvorrichtung (geschlossene Melkeimer oder Milchsammeltank).

Mell, Max, * Marburg (= Maribor) 10. Nov. 1882, † Wien 12. Dez. 1971, östr. Dichter. - Freund von H. von Hofmannsthal; volksnaher, der Heimat, Natur und östr. Tradition verbundener Dichter mit christl. Grundhaltung; schrieb v. a. dramatisierte Le-

Melodrama

genden; bevorzugte religiöse und histor. Stoffe, die er in strenge Prosa faßte.

Mellah [arab.], Bez. für das Judenviertel in arab. Städten.

Melle, Stadt am S-Rand des Wiehengebirges, Nds., 75 m ü. d. M., 40 100 E. Museum; zahlr. Gewerbebetriebe; Solbad. - Seit 1443 Marktrecht; 1554 als zur Hanse gehörend bezeichnet; seit 1852 Stadt. - Zweischiffige Pfarrkirche Sankt Matthaei (13. und 14. Jh.).

Mellon, Andrew William [engl. 'mɛlən], * Pittsburgh (Pa.) 24. März 1855, † Southampton (N. Y.) 26. Aug. 1937, amerikan. Bankier und Politiker. - Zählte zu den führenden Bankiers der USA; Finanzmin. 1921–32; 1932 Botschafter in London; auf ihn geht die Gründung der Nationalgalerie in Washington zurück.

Mellotron, Tasteninstrument, mit dem sich Orchestereffekte „spielen" lassen: Durch Tastendruck werden Tonbänder abgerufen, die mit beliebigen Klängen bespielt sein können.

Mellum (Alte M.), Insel in der Nordsee, am N-Rand des Wattgebietes zw. Weser- und Jademündung, 1 km²; Vogelschutzgebiet.

Mělník [tschech. 'mjɛlɲiːk], Stadt an der Mündung der Moldau in die Elbe, ČSSR, 222 m ü. d. M., 19 000 E. Zuckerraffinerie; Flußhafen, Werft. - Erhielt 1274 Stadtrecht. - Renaissanceschloß (1553/54; heute Museum); spätgot. umgebaute Propsteikirche mit roman. Krypta; barockes Rathaus.

Melnikovit [nach dem Fundort Melnikowo, UdSSR], Bez. für mineral. auftretendes, gelförmiges bis kryptokristallines Eisendisulfid (FeS$_2$).

Melo, Francisco Manuel de [portugies. 'mɛlu], Pseud. Clemente Libertino, * Lissabon 23. Nov. 1608, † ebd. 13. Okt. 1666, portugies. Geschichtsschreiber und Dichter. - Wegen eines Liebesabenteuers 1655–58 nach Brasilien verbannt; zuletzt verschiedene diplomat. Missionen in Europa; einer der bedeutendsten portugies. Prosaisten.

Melo, Hauptstadt des Dep. Cerro Largo, in NO-Uruguay, 38 300 E. Kath. Bischofssitz; Versorgungs- und Handelszentrum; Eisenbahnendpunkt. - Gegr. 1795.

Melocactus [griech.] (Melonenkaktus, Melonendistel, Türkenkopf, Mönchskopf), Gatt. der Kakteen mit rd. 40 Arten, von Mexiko bis Brasilien und bis zu den Westind. Inseln verbreitet. Der melonenförmige Kakteenkörper zeigt fortlaufende Rippen und im blühfähigen Alter ein endständiges ↑ Cephalium.

Melodie [griech.] (lat. melodia), eine in sich geschlossene, nach Tonstufen geordnete Folge von Tönen in der Vokal- und Instrumentalmusik. Als ein im Tonhöhenverlauf ausgewogenes und in sich sinnvolles Ganzes eignet ihr Sanglichkeit, was sich auch in der Bedeutung des Begriffs „M." (Gesangsweise oder Lied) ausdrückt. Etwa einem Satz in der Sprache vergleichbar, zeigt sie eine allg. deutl. Unterteilung, deren Beschaffenheit weitgehend stilgeschichtl. bedingt ist. Ihr durch Anfang und Ende begrenzter Verlauf läßt - in der gesamten abendländ. Musikgeschichte vorherrschend - das Grundphänomen eines symmetr. Aufbaus erkennen, sich in der Entsprechung von Vorder- und Nachsatz mit Halb- und Ganzschluß zeigt sowie in deren weitergehenden Untergliederung in aufeinander bezogene Elemente unterschiedl. metr. Gewichts, aber sinnvoller Responsion.

Melodielehre, die Lehre von den Bildungsgesetzen einer Melodie. Anfangs- und Schlußbildung, das Gewicht von Haupt- und Nebentönen, rhythm. und harmon. Struktur u. a. sind hierbei zu beachten. Allg. Regeln dazu kennen außereurop. Hochkulturen ebenso wie die Antike und das europäische Mittelalter. Eine ausgeführte M. begegnet erstmals bei J. Mattheson („Kern Melodischer Wissenschafft", 1737). Seitdem ist die M. Teil der Kompositionslehre überhaupt und wird vielfach im Rahmen der Kontrapunktlehre behandelt.

Melodik [griech.], im 19. Jh. in Analogie zu ↑Harmonik gebildete Bez. für die Lehre von der ↑ Melodie; im 20. Jh. allg. gebraucht für das Charakteristische einer Gesamtheit von Melodien.

Melodram [griech.-frz.], Bez. für die Verbindung von gesprochenem Wort und untermalender Begleitmusik. Die M.technik ist bestimmt ganz die nach ihr ben. Bühnengattung (↑ Melodrama) und findet sich bisweilen auch in Opern zur Abhebung von den Vokalszenen bei dramat. Höhepunkten (Beethoven, „Fidelio", Kerkerszene; C. M. von Weber, „Freischütz", Wolfsschluchtszene). Außer der übl. Form gibt es im modernen Musiktheater das gebundene M., bei dem neben dem Rhythmus die Tonhöhe und Ausspracheweise vom Komponisten fixiert werden (z. B. A. Schönberg, „Pierrot lunaire"; A. Berg, „Wozzeck").

Melodrama [griech.-frz.], 1. auf dem Prinzip des Melodrams beruhendes musikal. Bühnenwerk, entwickelt von J.-J. Rousseau („Pygmalion", 1770) und G. A. Benda („Medea", 1775), in der Romantik als Konzert-M., d. h. Gedichtrezitation zu Klavier- und Orchesterbegleitung (z. B. R. Schumanns „Balladen", op. 122, 1852). Das M. erfuhr im 20. Jh. mit der Distanzierung von einem ausschließl. auf gesangl. Ausdruck festgelegten Musikdrama eine Wiederbelebung meist in Verbindung mit Ballett und Singstimmen (z. B. A. Honegger, „Amphion"; I. Strawinski, „Perséphone"). 2. *Dramenform,* die aus dem älteren M. entstand und sich zu einer der populärsten Theaterformen der europ. Romantik entwickelte. Die Musik trat weitgehend zurück, charakterist. werden ein aufwendiger, pathet. Inszenie-

169

Melolontha

rungsstil, der Vorrang schauriger und rührender Effekte vor einer glaubhaften Handlung, ma. oder oriental. Schauplätze und Helden. Elemente des M. verwendeten F. Grillparzer („Die Ahnfrau", 1818), G. G. N. Byron („Manfred", 1817), P. B. Shelley („Die Cenci", 1819), V. Hugo („Hernani", 1830). 3. Meist auf Vorlagen des melodramat. Erbauungstheaters zurückgreifendes *Filmgenre*, bei dem Schauplätze und Hauptgestalten der unmittelbaren Erfahrungswelt der Zuschauer angenähert sind sowie vereinfachende extreme Emotionalisierung und Schicksalsgläubigkeit dominieren. Bed. Beispiele sind D. W. Griffiths „Gebrochene Blüten" (1919), C. Chaplins „Lichter der Großstadt" (1931), D. Sirks „Duell in den Wolken" (1957), W. Schroeters „Der Tod der Maria Malibran" (1972).

☐ *Smith, J. L.: M. London 1973.*

Melolontha [griech.], svw. ↑ Maikäfer.

Melon (Meloncillo) [span., zu lat. meles „Dachs"], span. Unterart des ↑ Ichneumons.

Melone [italien.] (engl. Bowler), Herrenhut mit halbrunder Kopfform und geschwungener oder flacher Krempe; seit 1850.

Melone [italien., zu griech. mēlopépōn „apfelförmige M." (eigtl. „reifer Apfel")] (Garten-M., Zucker-M.; Cucumis melo), Kürbisgewächs der Tropen, auch in wärmeren Gebieten der gemäßigten Zonen in Kultur; Kletterpflanze mit rauhhaarigem Stengel, großen, fünfeckigen Blättern und großen, goldgelben, getrenntgeschlechtigen Blüten. Die fleischigen Beerenfrüchte *(Melonen)* werden als Obst roh gegessen oder zu Marmelade und Gemüse verarbeitet. Bekannte Kultursorte ist die kleinfrüchtigere, gelbschalige, bes. süße Honigmelone.

Melonenbaum, (Carica) Gatt. der M.gewächse mit über 30 Arten im trop. und subtrop. Amerika; Bäume oder Sträucher mit großen, gelappten Blättern; Blüten meist zweihäusig; Beerenfrüchte.

♦ (Carica papaya, Papayabaum, Mamayabaum) in zahlr. Sorten in allen Tropenländern kultivierte Melonenbaumart; 4–8 m hoher, sehr schnell wachsender Obstbaum mit gelblichweißen Blüten. Die melonenförmigen, meist grünen bis gelben Beerenfrüchte (**Baummelone, Papayafrucht, Mamayafrucht, Kressenfeige**) werden durchschnittl. 15 cm lang und bis 1,5 kg schwer. Das orangefarbene Fruchtfleisch schmeckt aprikosen- oder melonenähnlich. Der gelblichweiße Milchsaft der Pflanze enthält ↑ Papain.

Melopsittacus [griech.], Gatt. der Papageien mit dem ↑ Wellensittich.

Melos ↑ Milos.

Melos [griech. „Lied, lyr. Gedicht, Gesang"], in der *Musik* Bez. für das gesangl. Element einer Tonsprache, den Charakter der Melodiebildung.

♦ in der *Literatur* Lied, lyr. Gedicht (ausgehend von der schon im Griech. übl. weiteren Bedeutung „Ton des Redners"); auch im Sinne von Sprachklang, -melodie, -rhythmus.

Melozzo da Forlì, * Forlì 1438, † ebd. 8. Nov. 1494, italien. Maler. - Er schuf, beeinflußt von Mantegna, Fresken, u. a. „Papst Sixtus IV. ernennt Platina zum Präfekten der Bibliothek" (1477; Rom, Vatikan. Sammlungen), Kuppelmalerei der Wallfahrtskirche von Loreto (nach 1484). Seine klar modellierte Körperlichkeit und die illusionist. Raumgestaltung mit kühnen Untersichten rücken ihn in die Nähe der Hochrenaissance.

Melpomene [-'---, --'--], eine der neun ↑ Musen.

Melsungen, hess. Stadt an der mittleren Fulda, 179 m ü. d. M., 13 400 E. Chem. Fabrik, Textilwaren-, Möbelfabrikation; Fremdenverkehr. - Im 13. Jh. zur Stadt ausgebaut. - Renaissanceschloß mit großem Hauptgebäude (1550–55), ehem. Wohnhaus und Marstall (1577). Altes Stadtbild mit got. Hallenkirche (15. Jh.), Fachwerkbauten (16.–19. Jh.), u. a. Rathaus (1555/56); Reste der Stadtmauer (14. Jh.), wiederhergestellte Bartenwetzerbrücke (1595/96).

Melun [frz. məˈlœ̃], frz. Stadt an der Seine, 35 000 E. Verwaltungssitz des Dep. Seine-et-Marne. Fahrzeugbau, Textilindustrie. - **Melodunum**, zuerst als Oppidum der kelt. Senonen bekannt, wurde 53 v. Chr. röm.; in fränk. Zeit Hauptort einer Gft. kam 1016 zur frz. Krondomäne. - Die Kirche Notre-Dame wurde im 12. Jh. got. erneuert, die Fassade stammt aus dem 16. Jh.; spätgot. Kirche Saint-Aspais (Chor 1517–20; 1944 beschädigt, restauriert).

Melusine, nach einer altfrz. Geschlechtersage Ahnfrau des gräfl. Hauses Lusignan; eine Meerfee, die sich mit einem Sterblichen (Graf Raymond von Poitiers) vermählt, von ihrem Gatten trotz eines Versprechens in ihrer Nixengestalt beobachtet wird und in ihr Geisterreich zurückkehrt.

Melville, Henry Dundas, Viscount (seit 1802) [engl. ˈmɛlvɪl], * Arniston (Region Lothian) 28. April 1742, † Edinburgh 28. Mai 1811, brit. Minister. - Innenmin. 1791 bis 1794, Kriegsmin. 1794–1801 und 1. Lord der Admiralität 1804/05.

M., Herman [engl. ˈmɛlvɪl], * New York 1. Aug. 1819, † ebd. 28. Sept. 1891, amerikan. Schriftsteller. - Zunächst Seemann (u. a. auf einem Walfänger); lebte ab 1863 in New York. Bekannt v. a. durch den Roman „Moby Dick oder Der weiße Wal" (1851), das als bedeutendste Prosadichtung des amerikan. Symbolismus gilt; der in der Katastrophe endende Kampf des rachebesessenen Kapitäns Ahab gegen den weißen Wal Moby Dick symbolisiert die schicksalhafte Spannung zw. Mensch und Natur. Schrieb neben weiteren Romanen wie „Weißjacke" (1850), „Ein sehr vertrauenswürdiger Herr" (1857) die trag. Erzählung „Billy Budd" (hg. 1924) sowie Gedichte.

Memelland

M., Jean-Pierre [frz. mɛl'vil], eigtl. Jean-Pierre Grumbach, *Paris 20. Okt. 1917, †ebd. 2. Aug. 1973, frz. Filmregisseur und -produzent. - Berühmt wurden seine Kriminal- und Gangsterfilme, bes. „Drei Uhr nachts" (1955), „Der Gangster mit der weißen Weste" (1963), „Der letzte Atem" (1966), „Der eiskalte Engel" (1967), „Armee der Schatten" (1969), „Vier im roten Kreis" (1970), „Der Chef" (1972).

Melville Island [engl. 'mɛlvɪl 'aɪlənd], Insel vor der N-Küste Australiens, begrenzt den Van-Diemen-Golf im NW, 5800 km², bis 106 m hoch; Eingeborenenreservat mit kath. Missionsstation.

M., unbewohnte Insel im Kanad.-Arkt. Archipel nördl. vor Victoria Island, 42 395 km² bis etwa 1 050 m hoch.

Member of Parliament [engl. 'mɛmbəv 'pɑːləmənt], Abk. M. P., Bez. für Mgl. des brit. Unterhauses.

Membran [zu lat. membrana „Haut, (Schreib)pergament"], (biolog. M.) in der *Biologie* dünnes, feines Häutchen, das trennende oder abgrenzende Funktion hat (z. B. Trommelfell im Ohr).
◆ in der *Technik* meist rundes, nur am Rande eingespanntes elast. Plättchen, das zur Übertragung von Druckänderungen geeignet ist (z. B. Umwandlung elektromagnet. in akust. Schwingungen und umgekehrt in Lautsprechern).

Membranfilter, svw. ↑Ultrafilter.

Membrangleichgewicht, das sich zw. zwei durch eine semipermeable (halbdurchlässige) Membran getrennten Lösungen mit gleichem Lösungsmittel ausbildende Gleichgewicht. Ein *osmot. Gleichgewicht* entsteht, wenn die Membran nur für das Lösungsmittel durchlässig ist. Da biolog. Membranen selektiv, d. h. nur für best. Ionen oder Moleküle durchlässig sind (*Donnan-Gleichgewicht,* ↑Donnan), bildet sich an ihnen ein ↑Membranpotential.

Membranophone [lat./griech.], in der Musikinstrumentenkunde Sammelbez. für Instrumente, bei denen der Klang durch Schwingungen gespannter Membranen (Haut, Fell) erzeugt wird. Die Schwingungen werden durch Schlagen (Trommel, Pauke), Reiben (Reibtrommel) oder Ansingen (Mirliton) angeregt.

Membranpotential, in der Biologie Bez. für die elektr. Potentialdifferenz, die an einer biolog. Grenzfläche (Membran) zw. dem Zellinneren und dem Außenmilieu jeder lebenden Zelle im Ruhezustand besteht. Das normale M. von Nerven-, Sinnes- oder Muskelzellen heißt **Ruhepotential.** Sinkt es unter bzw. übersteigt es einen bestimmten Schwellenwert, spricht man von Depolarisation bzw. von Hyperpolarisation. Das M. beruht auf der unterschiedl. Verteilung von Ionen im Innen- und Außenmilieu der Zelle sowie auf der unterschiedl. großen Durchlässigkeit der semipermeablen Membran für bestimmte Ionen. Im Zellinneren von tier. Zellen sind vorwiegend Kaliumionen (K^+-Ionen) und als Anionen vorliegende Proteine, dagegen wenig Natriumionen (Na^+-Ionen). Außerhalb der Zelle befinden sich hauptsächl. Natrium- und Chloridionen (Cl^--Ionen). Die ungleiche Verteilung der Natrium- und Kaliumionen wird durch aktive Transportmechanismen, sog. Ionenpumpen, erzeugt und aufrechterhalten. Da die Zellmembran stärker durchlässig für K^+-Ionen ist als für Na^+-Ionen und andererseits die K^+-Ionen für sie bestehenden Konzentrationsgefälle folgen und auszugleichen versuchen, werden positive Ladungen auf die Außenseite der Membran transportiert. Das Zellinnere wird negativ gegenüber dem Äußeren. Das dabei entstehende elektr. Potential wirkt nun einem weiteren Austreten von K^+-Ionen entgegen, es stellt sich ein Gleichgewichtszustand ein. Eine kurzfristige, positive Änderung (mit Ladungsumkehr außen/innen) des M. ist das ↑Aktionspotential.

Membranpumpe ↑Pumpe.

Memel (lit. Klaipėda), Stadt am Ausgang des Kurischen Haffs zur Ostsee, Litau. SSR, UdSSR, 191 000 E. Polytechn. Abendhochschule; Heimatmuseum; Theater; Schiffbau und -reparatur, Fischverarbeitung, Zellulose-Papier-Kombinat, Textil- u. a. Ind.; eisfreier Ostseehafen, Verbindung zur unteren Memel durch Schiffahrtskanal; ⌂. - Burg und Stadt M. wurden 1252 von dem mit dem Dt. Orden vereinigten Schwertbrüderorden gegr. und 1258 mit lüb. Recht versehen (1475 Culmer Stadtrecht); wurde Sitz einer Komturei, eines Domkapitels und einer Münzstätte. Urspr. z. T. in bischöfl. Besitz, z. T. in Besitz des Dt. Ordens. 1392 ging die Stadt ganz in den Besitz des Dt. Ordens über; um 1400 erweitert und z. T. neu angelegt; 1854 zerstörte ein Brand fast die gesamte Altstadt. Ab 1919 teilte M. das Schicksal des Memellandes. M. wurde im 2. Weltkrieg stark zerstört; im Jan. 1945 von der Roten Armee erobert.

M., Fluß in der UdSSR, entspringt in der Weißruss. SSR, bildet die N-Grenze von Ostpreußen, mündet ins Kurische Haff (Ostsee); 10 km nw. von Tilsit teilt sich die M. in die beiden Hauptmündungsarme **Gilge** (in Ostpreußen, UdSSR ▼) und **Ruß** (mündet in der Litauischen SSR); 937 km lang. Über Nebenflüsse und Kanäle verbunden mit Weichsel, Dnjepr, Pregel und mit der Stadt Memel.

Memeler Tief ↑Kurisches Haff.

Memelland, nördl. der Memel und der Ruß gelegener Teil Ostpreußens, 2566 km², 134 000 E (1941), heute zur UdSSR (Litauische SSR). - Das von einer überwiegend dt. und ev., z. T. Litauisch sprechenden Bev. bewohnte M. wurde im Versailler Vertrag an die Alliierten ohne Volksabstimmung abgetreten (1919) und von frz. Truppen besetzt. Während der Ruhrkrise besetzten lit. Frei-

Memento

schärler das M. (1923), das von Litauen annektiert wurde. In der Konvention über das M. stimmte Litauen einem Autonomiestatus für das M. zu (1924), doch herrschte ab 1926 der Ausnahmezustand. 1939 erzwang die nat.-soz. Reichsregierung die Rückgabe des Gebietes. Beim Anrücken der Roten Armee im Herbst 1944 verließ der größte Teil der Bev. das M., das im Jan. 1945 der Litauischen SSR eingegliedert wurde.

Memento [lat. „gedenke!"], in den Hochgebeten der kath. Messe das Anfangswort der Fürbitten für Lebende und Tote.

Memling, Hans, * Seligenstadt (Hessen) zw. 1433 und 1440, † Brügge 11. Aug. 1494, niederländ. Maler. - Vermutl. Schüler Rogiers van der Weyden; verarbeitete in seinen zahlr. Werken auch Anregungen anderer niederl. Maler (D. Bouts, H. van der Goes). Seine Altar- und Andachtsbilder sind im Detail von miniaturhafter Kostbarkeit, in der Figurenkomposition jedoch häufig additiv und statisch. Schuf zahlr. Bildnisse. - *Werke:* Weltgerichtsaltar für Iacopo Tani aus der Marienkirche Danzig (1467, Danzig, Muzeum Pomorskie), Madonna mit dem Stifter M. van Nieuwenhoven (1487; Diptychon, Brügge, Johannesspital), Reliquienschrein der hl. Ursula (ebd.), Passionsaltar des Heinrich Greverade (1491–94, Lübeck, Sankt-Annen-Museum), Mann mit der Medaille (um 1471; Antwerpen, Kunstmuseum).

Memmert, 10 km² große Düneninsel im Wattenmeer vor der Küste Ostfrieslands, zw. Juist und Borkum; Vogelbrutkolonie.

Memmingen, Stadt am W-Rand der Iller-Lech-Platte, Bay., 595 m ü.d.M., 37 500 E. Museum, Reifen- und Textilind., Metallverarbeitung, Nahrungsmittel- und Getränkeind. - 1128 erstmals gen.; wurde wohl vor 1180 Stadt und vor 1286 Reichsstadt; schloß sich früh der Lehre Zwinglis an. - Spätgot. sind die Pfarrkirche Sankt Martin (1419 ff.) und die Frauenkirche (15. Jh.), barockisiert die Kreuzherrnkirche; Rathaus (1589 und 1765); spätgot. Steuerhaus (1495) mit barockem Obergeschoß (1708).

Memoiren [memo'a:rən; frz., zu lat. memoria „Gedenken, Erinnerung"], literar. Darstellung des eigenen Lebens oder eines „denkwürdigen" Teiles daraus, wobei die Schilderung selbsterlebter öffentl., polit., künstler. und zeitgeschichtl. Ereignisse, die Erinnerung an berühmte Zeitgenossen oder das eigene polit., kulturelle oder gesellschaftl. Wirken im Vordergrund stehen, im Ggs. zur objektivierten Chronik, aber auch im Ggs. zu den mehr Privates schildernden Lebenserinnerungen und der mehr den eigenen geistig-seel. Entwicklungsprozeß nachvollziehenden Autobiographie; die Grenzen zw. diesen Formen sind jedoch fließend.

Memorabilien [lat.], Denkwürdigkeiten, Erinnerungen.

Memorandum [zu lat. memorandus „erwähnenswert"], eine ausführl. [diplomat.] Denkschrift, die nicht - im Ggs. zur Note - an eine bestimmte Form gebunden ist. Das M. wird i.d.R. nicht unterzeichnet.

Memoria [lat. „Gedenken, Erinnerung"], im kath. Kalender seit 1969 Gedenktag eines Heiligen.

Memorial Day [engl. mɪˈmɔːrɪəl ˈdeɪ „Gedenktag"] (Decoration Day), in den USA seit 1868 Gedenktag für die Gefallenen v.a. des Sezessionskrieges; in den Nordstaaten am 30. Mai, in den meisten Südstaaten dagegen am 26. April, 10. Mai oder 3. Juni gefeiert.

Memphis [ˈmɛmfɪs], ehem. Stadt in Ägypten, westl. des Nil, 20 km südl. von Kairo; v.a. während des Alten Reiches (um 2620–2100) Residenzstadt; auch weiterhin zeitweilig Residenz der Könige, blieb M. bis zur Gründung von Alexandria und Al Fustat († Kairo) das bed. wirtsch. und kulturelles Zentrum. Spärl. Ruinen (u.a. des Ptahtempels, Balsamierungshalle der Apisstiere), Koloß Ramses' II., Alabastersphinx (spätes 15. Jh. v. Chr.).

M., größte Stadt in Tennessee, USA, am Mississippi, 100 m ü.d.M., 646 400 E. Anglikan. Bischofssitz; Univ. gegr. 1912, Colleges; Kunstakad.; mehrere Museen. M. ist eines der größten Handelszentren der Erde für Baumwolle; Holz- und Kautschukverarbeitung, Maschinenbau u.a. Ind.; Flußhafen, Verkehrsknotenpunkt. - 1819 an der Stelle eines Dorfes der Chickasaw gegr. und nach der ägypt. Stadt M. ben.; seit 1840 City; zw. 1855 und 1878 durch 4 Gelbfieberepidemien fast völlig entvölkert.

Memphis Slim [engl. ˈmɛmfɪs], eigtl. Peter Catman, * Memphis (Tenn.) 3. Sept. 1915, amerikan. Jazzmusiker (Pianist, Sänger, Komponist). - Einer der bedeutendsten Blues- und Boogie-Woogie-Pianisten seiner Generation; erste Auftritte 1931. - † 24. Febr. 1988.

Menage [meˈnaːʒə; lat.-frz. „Haushalt(ung)"], Tischgestell für Essig und Öl, auch für Salz, Pfeffer und andere Gewürze.

Menagerie [menaʒəˈriː; lat.-frz., eigtl. „Haushaltung"], Ausstellung lebender Tiere.

Menai Strait [engl. ˈmɛnaɪ ˈstreɪt], Meerenge in der Irischen See zw. der NW-Küste von Wales und der Insel Anglesey, von Straßen- und Eisenbahnbrücke überspannt.

Menam, Strom in Thailand, entsteht bei Nakhon Sawan durch Vereinigung von **Ping** (590 km lang) und **Nan** (740 km lang), die an der birman. bzw. laot. Grenze entspringen; teilt sich nach kurzer Strecke in mehrere Arme auf, die in den Golf von Thailand ein mächtiges Delta (wichtiges Reisanbaugebiet) aufgebaut haben; 365 km lang, Einzugsgebiet 210 000 km²; schiffbar für Ozeanschiffe bis Bangkok.

Menander, * Athen 342/341, † ebd. 291/290, griech. Dichter. - Wahrscheinl. Schüler des Theophrast; bedeutendster Vertreter der neuen att. Komödie, z. T. durch Nachdichtungen von Plautus und Terenz bekannt. Ganz erhalten ist „Der Menschenfeind", zu zwei Dritteln „Das Schiedsgericht". Weitere 96 seiner mindestens 105 Lustspiele aus der bürgerl. Welt Athens sind bekannt. Die Wirkung der Komödien ergibt sich daraus, daß bei M. die Personen auch unter einem verwirrenden Schicksal liebenswert und gut sind und daß die nuancenreiche Sprache der jeweiligen Situation und Person angepaßt ist.

Menandros, überlieferter Autor einer nur in syr. Sprache erhaltenen, in röm. Zeit entstandenen Sammlung von 100/102 Sittensprüchen. Die Forschung weist die „Sprüche des M." teils der jüd. Weisheitsliteratur zu, teils nimmt sie eine griech., möglicherweise jüdisch überarbeitete Vorlage an.

Menarche [griech.], Zeitpunkt des ersten Auftretens der † Menstruation; normalerweise im Alter von 10 bis 12 Jahren.

Menasse, Ben Israel, jüd. Gelehrter, † Manasse, Ben Israel.

Menasstadt, altchristl. Ruinenstätte in Ägypten, 40 km sw. von Alexandria. Die Stadt, in der der legendäre hl. Menas verehrt wurde, war im 5. bis 8. Jh. ein bed. Wallfahrtsort mit einer als wundertätig geltenden Quelle, deren Wasser die Pilger in Ampullen mitnahmen. Im 9. Jh. wurde M. durch Muslime eingenommen, im 14. Jh. aufgegeben. Ausgrabungen 1905–07 und 1961 ff. ergaben Hauptbautätigkeit im 5. Jahrhundert.

Mena y Medrano, Pedro [span. 'mena i me'ðrano], ≈ Granada 20. Aug. 1628, † Málaga 13. Okt. 1688, span. Bildhauer. – Nach der Ausbildung bei A. Cano war M. y M. 1658–62 für die Kathedrale in Málaga tätig. Danach in Toledo und seit 1664 wieder in Málaga; u. a. „Büßende hl. Magdalena" (1664; Valladolid, Museo Nacional de Escultura).

Mencius, chin. Philosoph, † Meng Tzu.

Mencken, (Mencke) Anastasius Ludwig ['--], * Helmstedt 2. Aug. 1752, † Potsdam 5. Aug. 1801, preuß. Staatsbeamter. – Ab 1782 Geheimer Kabinettssekretär Friedrichs II., d. Gr.; Kabinettsrat Friedrich Wilhelms II. (ab 1786); trat vergebl. für Reformen ein. Seine Tochter Wilhelmine (* 1790, † 1839) war die Mutter Otto von Bismarcks.

M., Henry Louis [engl. 'mɛŋkın], * Baltimore 12. Sept. 1880, † ebd. 29. Jan. 1956, amerikan. Journalist und Schriftsteller. – Ab 1908 Literaturkritiker und 1914–23 Mithg. des Kulturmagazins „The Smart Set", 1924 Mitbegründer des „American Mercury" und bis 1933 dessen Hg.; Wegbereiter Nietzsches und Shaws in den USA; förderte T. Dreiser und E. O'Neill; zahlr. iron.-krit. Essays, v. a. gegen das Spießbürgertum; bed. ist v. a. seine sprachwiss. Arbeit „Die amerikan. Sprache" (1919; 2 Ergänzungsbände, 1945–48).

Mende, Erich, * Groß Strehlitz 28. Okt. 1916, dt. Jurist und Politiker. – 1945 Mitbegr. der FDP, deren Bundesvorstand M. 1949–70, 1960–68 als Vors. angehörte; 1949–80 MdB, 1963–66 Vizekanzler und Min. für gesamtdt. Fragen; trat 1970 aus Protest gegen die sozialliberale Koalition zur CDU über.

Mende [frz. mã:d], frz. Stadt in den nö. Causses, 731 m ü. d. M., 10 500 E. Verwaltungssitz des Dep. Lozère; kath. Bischofssitz; archäolog. Museum; Fremdenverkehr, Textilind. – Das Anfang des 4. Jh. gegr. Bistum Javols hat seit etwa 1000 seinen Sitz in M. – Die urspr. spätgot. Kathedrale wurde nach ihrer Zerstörung in den Hugenottenkriegen im 17. Jh. wiederhergestellt.

Mendel, jüd. Kurzform des männl. Vornamens Immanuel.

Mendel, Gregor (Ordensname seit 1843), * Heinzendorf (= Hynčice, Nordmährisches Gebiet) 22. Juli 1822, † Brünn 6. Jan. 1884, östr. Vererbungsforscher. – Lehrer, dann Prior des Augustinerklosters Brünn. Führte im Klostergarten umfangreiche botan. Vererbungsforschungen durch. Er kreuzte Varietäten derselben Pflanzenart (zunächst Gartenerbsen, später u. a. auch -bohnen) und führte künstl. Befruchtungen durch, wodurch rd. 13 000 Bastardpflanzen entstanden. Bei diesen „Versuchen über Pflanzenhybriden" (1865) leitete er die - später nach ihm benannten - Gesetzmäßigkeiten († Mendel-Regeln) ab, die

Mendel-Regeln, Schema des Spaltungsgesetzes. F_1, F_2, F_3, erste, zweite, dritte Tochtergeneration (Filialgeneration). P Elterngeneration (Parentalgeneration), R Erbanlage für rote Blütenfarbe, W Erbanlage für weiße Blütenfarbe

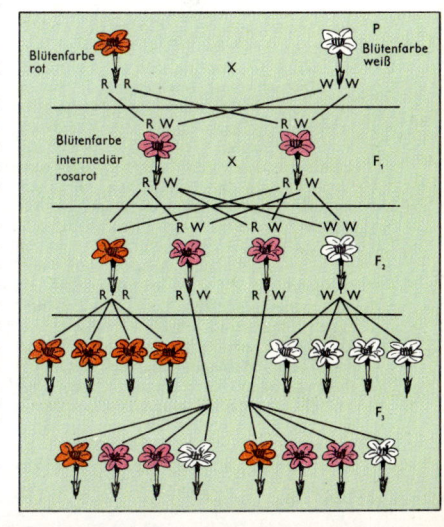

Mendelejew, Dmitri Iwanowitsch, * Tobolsk 8. Febr. 1834, † Petersburg 2. Febr. 1907, russ. Chemiker. - Prof. in Petersburg; stellte 1869 unabhängig von J. L. Meyer ein Periodensystem der chem. Elemente auf, auf Grund dessen er neue Elemente, deren Atomgewichte und chemischen Eigenschaften voraussagte.

Mendele Moicher Sforim („M. der Buchverkäufer"), eigtl. Schalom Jakob Abramowitsch, * Kopyl bei Minsk 2. Jan. 1836, † Odessa 8. Dez. 1917, jidd. Schriftsteller. - V. a. durch seine realist.-humorist. Romane „Der Wunschring" (1865), „Fischke der Krumme" (1869), „Die Mähre" (1873) über die Lebensweise der osteurop. Juden bekannt. Begründer der jidd. Literatur in Osteuropa.

Mendelevium [nach D. I. Mendelejew], chem. Symbol Md, zu den Transuranen gehörendes künstl. radioaktives chem. Element, Ordnungszahl 101, Massenzahl des langlebigsten Isotops 258. M. wurde erstmals 1955 in Berkeley (Calif.) hergestellt; es bildet zwei und dreiwertige Verbindungen.

Mendeln, Bez. für das im Erbgang den † Mendel-Regeln entsprechende Verhalten bestimmter Merkmale.

Mendel-Regeln, die von G. Mendel zuerst erkannten drei Grundregeln, die die Weitergabe der Erbanlagen beschreiben. 1. **Uniformitätsregel:** Kreuzt man reinerbige (homozygote) Individuen (P-Generation) miteinander, die sich nur in einem einzigen Merkmal bzw. in einem Gen unterscheiden, so sind deren Nachkommen (F_1-Generation) untereinander alle gleich (uniform), d. h. für das betreffende Gen mischerbig (heterozygot). War das Merkmal dominant, bestimmt es die äußere Erscheinung, den Phänotyp. Wenn die Nachkommen der F_1-Generation im Phänotypus zu gleichen Teilen beiden Eltern ähnl. sehen (z. B. Mischfarbe), liegt ein intermediärer Erbgang vor. 2. **Spaltungsregel:** Werden heterozygote Individuen der F_1-Generation untereinander gekreuzt, so sind ihre Nachkommen (F_2-Generation) nicht alle gleich, sondern es treten neben heterozygoten auch homozygote Individuen auf. Bei Dominanz eines der beiden Merkmale erfolgt eine Aufspaltung im Verhältnis 3 : 1 (Dominanzregel; 75% einheitl. wie der Elternteil mit dem dominanten Merkmal aussehend, dabei aber rein- und mischerbig im Verhältnis 2 : 1, und 25% reinerbig, entsprechend dem Elternteil mit dem rezessiven Merkmal). 3. **Gesetz der freien Kombinierbarkeit der Gene:** Werden Individuen miteinander gekreuzt, die sich in mehr als einem Gen voneinander unterscheiden, gilt für jedes einzelne Gen- bzw. Merkmalspaar die Uniformitäts- und die Spaltungsregel. Die freie Kombinierbarkeit gilt jedoch nur für Genpaare, die auf verschiedenen Chromosomen liegen. Die auf den gleichen Chromosomen lokalisierten Gene sind zu sog. Kopplungsgruppen zusammengefaßt, die sich im Kreuzungsexperiment wie ein einziges Gen verhalten. - Abb. S. 173.

📖 *Lewis, K. R./John, B.: The matter of Mendelian heredity. London; Boston (Mass.) 1964. - Colin, E. C.: Elements of genetics. Mendel's laws of heredity with special applications to man. New York ³1956.*

Mendelsohn, Erich, * Allenstein 21. März 1887, † San Francisco 15. Sept. 1953, dt. Architekt. - Begann mit expressionist. Architekturskizzen und dem Bau des Einsteinturms [Sternwarte] in Potsdam (1920/21); in den folgenden Bauten disziplinierte M. seine Formgebung. Seine plast. ausgefaßten organ. Baukörper sind durch großzügige Schwingungen mit Licht- und Schattenwirkung und lange Fensterbänder rhythmisiert. Als Hauptwerke gelten Kaufhaus Schocken in Stuttgart (1927, 1960 abgerissen) und v. a. in Karl-Marx-Stadt (1928, heute HO-Warenhaus), das Filmtheater „Universum" (1927, später „Capitol", 1979 ff. Umbau als Theater für die Schaubühne) und bes. das Columbushaus am Potsdamer Platz in Berlin (1931, zerstört). Baute nach 1933 in London, Israel, USA.

Mendelssohn, Arnold Ludwig, * Ratibor 26. Dez. 1855, † Darmstadt 18. Febr. 1933, dt. Komponist. - Großneffe von Felix M.-Bartholdy; lehrte ab 1912 am Hochschen Konservatorium in Frankfurt am Main (u. a. Lehrer von P. Hindemith); trug v. a. mit Chorwerken zur Erneuerung der prot. Kirchenmusik bei; komponierte Opern (u. a. „Der Bärenhäuter", 1900), Chorwerke (u. a. „Die Seligpreisungen" für Soli, Chor und Streichquartett, 1933), Lieder, Orchester- und Kammermusik.

M., Moses, * Dessau 6. Sept. 1729, † Berlin 4. Jan. 1786, jüd. Philosoph der Aufklärung. - Begann 1754 mit Veröffentlichungen hervorzutreten, mit denen er sich in dt. Sprache an Juden und Nichtjuden wandte. Im gleichen Jahr traf er mit G. E. Lessing zusammen, der ihm in seinem Drama „Nathan der Weise" ein Denkmal setzte und mit dem ihn fortan eine lebenslange Freundschaft verband. 1763 erhielt er den Preis der Preuß. Akad. der Wiss. für seine Arbeit „Abhandlung über die Evidenz in den metaphys. Wiss." (1764). Mit der dt. Übersetzung des Pentateuchs (1780–83), seiner Psalmenübersetzung (1783) und mit Bemühungen um die Verbesserung der rechtl. Lage der Juden versuchte er, das Verhältnis von Juden zu Nichtjuden zu verbessern. - Als Philosoph steht M. in der Tradition des krit. Rationalismus des 17./18. Jh. und identifiziert als Philosoph der Aufklärung das Judentum mit der Vernunftreligion der Aufklärung; hat entscheidend zur Herausführung der Juden aus ihrem geistigen Ghetto beigetragen. Durch seine Interpretation der jüd. Religion mittels philosoph. Kategorien und durch die

von ihm geforderte Beteiligung der Juden am kulturellen Leben der Umwelt ist er für die jüd. Geistes-, Religions- und Sozialgeschichte von einschneidender Bed. geworden.
📖 *Segreff, K. W.: M. M. Bonn 1984. - Altmann, A.: Die trostvolle Aufklärung. Stg. 1982.*

M., Peter de, Pseud. Carl Johann Leuchtenberg, * München 1. Juni 1908, † ebd. 10. Aug. 1982, dt. Journalist und Schriftsteller. - Seit 1933 im Exil; 1936–70 ∞ mit H. Spiel. Nach 1945 - inzw. brit. Staatsbürger - Pressechef bei der brit. Kontrollkommission in Düsseldorf; später Rundfunkkorrespondent in London. Veröffentlichte Romane wie „Paris über mir" (1932), „Das Gedächtnis der Zeit" (1974), zeit- und literaturkrit. Essays („Von dt. Repräsentanz", 1972; „Unterwegs mit Reiseschatten" (1977), polit.-dokumentar. Arbeiten wie „Die Nürnberger Dokumente" (1953) sowie Biographien Churchills und T. Manns („Der Zauberer", Bd. 1, 1975). Seit 1975 Präs. der Dt. Akademie für Sprache und Dichtung.

Felix Mendelssohn Bartholdy (1831)

Erich Mendelsohn, Einsteinturm (1920/21). Potsdam

Mendelssohn Bartholdy (M.-B.), Felix, * Hamburg 3. Febr. 1809, † Leipzig 4. Nov. 1847, dt. Komponist. - Enkel von Moses Mendelssohn, Schüler u. a. von L. Berger und C. F. Zelter in Berlin, trat neunjährig als Pianist auf, komponierte von seinem 11. Lebensjahr an, schrieb bereits 1826 seine meisterhafte Ouvertüre zu Shakespeares „Ein Sommernachtstraum". Den Beginn der modernen Bach-Pflege bedeutete seine (von Zelter vorbereitete) erste Wiederaufführung der Matthäuspassion seit Bachs Tod am 11. März 1829 mit dem Berliner Singakad.; er war 1833–1835 Städt. Musikdirektor in Düsseldorf, danach Leiter der Gewandhauskonzerte in Leipzig, dort auch Mitbegründer und erster Direktor des Konservatoriums; 1841–44 auch in Berlin tätig (1842 Preuß. Generalmusikdirektor). Seine Werke stehen v. a. formal der Klassik nahe, erweisen gleichzeitig aber auch in der vollendeten Beherrschung der kleinen lyr. Formen seine romant. Bindung. Meisterhaft ist seine durchsichtig klare Instrumentierung und seine geschmeidig melod. Gestaltung. Zu seinen Werken gehören die Oper „Die Hochzeit des Camacho" (1827), Bühnenmusiken, Oratorien „Paulus" (1836) und „Elias" (1846), Kirchenmusik und weltl. Chöre, Orchesterwerke (u. a. fünf Sinfonien, 1824, 1830, 1833, 1840, 1842 [nach 13 früheren Werken, 1821–25], Konzertouvertüren), zwei Violin- und drei Klavierkonzerte, Kammermusik, Klavierkompositionen (u. a. „Lieder ohne Worte", 1830–45).
📖 *Stresemann, W.: Eine Lanze für F. Mendelssohn. Bln. 1984. - Krummacher, F.: Mendelssohn - der Komponist. Mchn. 1978. - Das Problem Mendelssohn. Hg. v. C. Dahlhaus. Regensburg 1974. - Worbs, H. C.: F. M.-B. Rbk. 1974.*

Menden (Sauerland), Stadt im östl. Sauerland, NRW, 145–295 m ü. d. M., 52 000 E. Museum; u. a. Metallverarbeitung, Devotionalienfabrikation. - Ende des 13. Jh. Stadt; nach mehrfacher Zerstörung nach 1344 planmäßig neu angelegt. - Spätgot. Pfarrkirche (14. Jh.; im 19. Jh. erweitert).

Menderes, Adnan, * Aydın 1899, † auf der Insel Yassı 17. Sept. 1961 (hingerichtet), türk. Politiker. - Abg. der Nat.versammlung ab 1936; 1946 Mitbegr. der Demokrat. Partei, nach deren Wahlsieg 1950 Min.präs.; betrieb eine Politik der engen Bindung an den Westen; als er versuchte, die sich verstärkende Opposition durch Unterdrückung der Meinungsfreiheit auszuschalten, wurde er 1960 durch einen Militärputsch unter General Gürsel gestürzt und wegen Verletzung der Verfassung zum Tode verurteilt.

Mendès, Catulle [frz. mɛ̃'dɛs], * Bordeaux 22. Mai 1841, † bei Saint-Germain-en-Laye 8. Febr. 1909 (Eisenbahnunglück), frz.

Schriftsteller. - Einer der Begründer des Dichterkreises der Parnassiens, dessen Enstehung er in „La légende du Parnasse contemporain" (1884) darstellte. Auch Lyriker, Erzähler, Dramatiker.

Mendès-France, Pierre [frz. mɛ̃dɛs-'fraːs], * Paris 11. Jan. 1907, † ebd. 18. Okt. 1982, frz. Jurist und Politiker. - 1932-40 und 1946-58 radikalsozialist. Abg.; ab 1941 bei de Gaulle; 1944/45 Wirtschaftsmin. der Provisor. Reg.; 1947-58 Gouverneur des Internat. Währungsfonds; beendete als Min.präs. (Juni 1954-Febr. 1955) den Indochinakrieg und sicherte Tunesien volle innere Autonomie zu; schloß sich 1956 mit den Sozialisten zur „Republikan. Front" zusammen und war bis 1957 Staatsmin. im Kabinett Mollet; 1958 Mitbegr. der „Union des Forces Démocratiques", 1960 der „Parti Socialiste Unifié", aus der er 1968 wieder austrat.

Mendes Pinto, Fernão [portugies. 'mendiʃ 'pintu], * Montemor-o-Velho bei Coimbra 1510 (?), † Pragal bei Almada 8. Juli 1583, portugies. Schriftsteller. - Sein 1570-78 entstandener Bericht „Abenteuerl. Reisen" (hg. 1614) ist eines der besten Prosawerke der portugies. Literatur des 16. Jh. und der erste europ. Versuch nach Marco Polo, die Kulturen des Fernen Ostens zu schildern.

Méndez, Aparicio [span. 'mendes], * Rivera 24. Aug. 1904, uruguayischer Politiker. - Rechtsanwalt und Geschichtslehrer; schloß sich der Partido Nacional („Blancos") an; 1961-64 Gesundheitsmin.; seit 1973 Mgl. des Staatsrats, 1974-76 dessen 1. Vizepräs.; 1976-81 Staatspräsident. - † 26. Juni 1988.

Mendikanten [lat.], svw. † Bettelorden.

Mendoza [span. mɛn'doθa], Diego Hurtado de † Hurtado de Mendoza, Diego.

M., Íñigo López de † Santillana, Íñigo López de Mendoza, Marqués de.

Mendoza [span. men'dosa], Hauptstadt der argentin. Prov. M., am O-Fuß der Hochkordillere, 757 m ü. d. M., 597 000 E (städt. Agglomeration). Kath. Bischofssitz, 4 Univ., Goethe-Inst.; Museum; Wein- und Sektkellereien, Obstkonservenfabriken; Verkehrsknotenpunkt, 2 ✈. - 1562 gegr.; 1861 durch Feuer und Erdbeben erhebl. zerstört.

M., argentin. Prov. zw. Hochkordillere und Pampa, 150 839 km², 1,2 Mill. E (1980), Hauptstadt Mendoza. Nur 2% der Fläche sind kultiviert: v. a. Reben, Obst- und Ölbäume.

Mendoza de la Cerda, Ana [span. men'doθa ðe la 'θɛrða] † Éboli, Ana Mendoza de la Cerda, Fürstin von.

Mendrisio, Hauptort des Bez. Mendrisio im schweizer. Kt. Tessin, 367 m ü. d. M., 6 600 E. Zentrum des fruchtbaren und dichtbesiedelten **Mendrisiotto,** des südlichsten Zipfels der Schweiz. - Altes Städtchen mit engen Gassen, mehreren Palazzi und Kirchen.

Menelaos, Held der griech. Mythologie. Sohn des Atreus und der Aerope, jüngerer Bruder des Agamemnon, König von Sparta, Gemahl der Helena, die von Paris entführt wird; die Entführung löst den Trojan. Krieg aus.

Menelaos, griech. Mathematiker und Astronom um 100 n. Chr. - Er übertrug die Begriffe der ebenen Geometrie (Seite, Winkel und Dreieck) auf die Kugel und schuf in seiner „Sphärik" die Grundlagen der sphär. Trigonometrie.

Menelik II. ['meːnelɪk, 'mɛnelɪk] † Menilek II.

Menem, Carlos Saúl, * Anillaco (Prov. La Rioja) 2. Juli 1935, argentin. Politiker (Perónist). - Jurist; 1973-76 und seit 1983 Gouverneur von La Rioja; nach dem Militärputsch 1976 mehrere Jahre in Haft; seit Juni 1989 Staatspräsident.

Menen [niederl. 'meːnə] (frz. Menin), belg. Stadt, gegenüber der frz. Stadt Halluin, 18 m ü. d. M., 34 000 E. Handelszentrum eines Flachsanbaugebietes, traditionelle Flachsspinnerei und Leineweberei. - 1087 erstmals erwähnt; Stadtrecht 1351; durch Vauban befestigt und mehrfach umkämpft, litt v. a. während des 1. Weltkrieges; auf dem Soldatenfriedhof der Stadt 48 000 Gefallene aller Nationen. - Kirche Sint-Vedastus (1454-1564; umgebaut 1820); klassizist. Rathaus.

Menéndez Pidal, Ramón [span. me'nendɛθ pi'ðal], * La Coruña 13. März 1869, † Madrid 14. Nov. 1968, span. Philologe und Historiker. - 1899 Prof. in Madrid, 1925-38 und wieder ab 1947 Direktor der Real Academia Española; Sprachwissenschaftler der histor.-vergleichenden Methode, schuf grundlegende Werke über die Geschichte der span. Sprache; zugleich Forscher auf dem Gebiet der span. Literatur des MA.

Menéndez y Pelayo, Marcelino [span. me'nendɛθ i pe'lajo], * Santander 3. Nov. 1856, † ebd. 19. Mai 1912, span. Literarhistoriker, Kritiker und Philosoph. - Ab 1878 Prof. für span. Literatur in Madrid, ab 1898 Direktor der Nationalbibliothek. Bed. Arbeiten zur span. Literatur- und Geistesgeschichte; verfaßte eine vergleichende Geschichte der europ. Ästhetik, eine Gattungsgeschichte des span. Romans von den ma. Anfängen bis zum 16. Jh.; wies als erster auf die Bed. der span.-amerikan. Dichtung hin.

Menes, nach ägypt. Überlieferung der erste König Ägyptens, um 3000 v. Chr. M. soll das Land geeinigt und die Hauptstadt Memphis gegründet haben.

Menetekel, eigtl. „mene, mene, tekel uparsin" [aram.], Orakelworte, die nach Daniel 5, 25 während des Festmahls König Belsazars von einer Menschenhand an die Palastwand geschrieben wurden; nach Daniels Deutung: „gezählt" (d. h. die Tage der Königsherrschaft Belsazars), „gewogen" (er ist „gewogen und zu leicht befunden", so auch das hiervon abgeleitete Sprichwort), „geteilt"

(d. h. das Reich wird zw. Medern und Persern geteilt).

Menge, Hermann, * Seesen 7. Febr. 1841, † Goslar 9. Jan. 1939, dt. klass. Philologe. - Gymnasialdirektor; bed. v. a. als Verfasser griech. und lat. Wörterbücher sowie als Bibelübersetzer. - ↑auch Bibel (Übersetzungen).

Menge ↑Mengenlehre.

Mengelberg, Willem [niederl. 'mɛŋəlbɛrx], * Utrecht 28. März 1871, † Hof Zuort (Gem. Sent) 22. März 1951, niederl. Dirigent. - 1895–1945 Leiter des Concertgebouworkest in Amsterdam, daneben Dirigententätigkeit in London, New York und anderen Musikzentren; bed. Interpret der Werke von R. Strauss und G. Mahler.

Mengenindex, in der analyt. Statistik Meßzahl aus gewichteten Mengen, bei der konstante Preise als Gewichte dienen (Ggs. ↑Preisindex). Je nachdem, ob die Mengen bzw. Preise aus der Basisperiode oder der Berichtsperiode genommen werden, unterscheidet man: *M. nach Laspeyres* (die Gewichte stammen aus der Basisperiode) und den *M. nach Paasche* (die Gewichte stammen aus der Berichtsperiode). Mengenindizes sind von Bedeutung in der amtl. Statistik, insbes. der Produktionsstatistik (wegen dieses Erhebungsgegenstandes werden sie bisweilen auch als **Produktionsindizes** bezeichnet); der bedeutendste M. ist der *Index der industriellen Nettoproduktion.*

Mengenlehre, von G. Cantor gegen Ende des 19. Jh. begr. Teilgebiet der Mathematik. Die M. entstand aus der systemat. Untersuchung des Begriffs Menge. Cantor definierte: „Unter einer **Menge** verstehen wir jede Zusammenfassung M von bestimmten wohlunterschiedenen Objekten a unserer Anschauung und unseres Denkens (welche die *Elemente* von M genannt werden) zu einem Ganzen". Statt „x ist Element der Menge M" schreibt man kurz $x \in M$. Ist x nicht Element der Menge M, so schreibt man $x \notin M$. Mengen gibt man entweder, wenn sie endl. sind (d. h. aus endl. vielen Elementen bestehen), durch Angabe ihrer Elemente an, etwa in der Form $M = \{a_1, a_2, ..., a_n\}$, oder durch eine die Elemente x kennzeichnende Eigenschaft; dann schreibt man z. B.: $M = \{x \mid x < 5\}$ (gelesen: M ist die Menge aller x, für die gilt: x ist kleiner als 5). Beispiele für Mengen sind die Menge $\mathbf{N} = \{0, 1, 2, 3, ...\}$ der natürl. Zahlen, die Menge $\mathbf{Z} = \{0, -1, 1, -2, 2, ...\}$ der ganzen Zahlen und die Menge $\mathbf{Q} = \{a/b \mid a, b \in \mathbf{N} \text{ und } b \neq 0\}$ der rationalen Zahlen. Mengen werden genau dann als gleich angesehen, wenn sie dieselben Elemente enthalten; so ist z. B. $\{1, 2, 3\} = \{2, 1, 3\} = \{1, 3, 2\}$. Zu den Mengen rechnet man auch die *leere Menge* $\emptyset$ (Nullmenge), die kein Element enthält. Sind M und N zwei Mengen und ist jedes Element von N auch Element von M, so schreibt man $N \subseteq M$ (gelesen: N enthalten in M) und sagt, daß N *Teilmenge* oder *Untermenge* von M und M *Obermenge* von N ist. Ist N nicht Teilmenge von M, so schreibt man $N \nsubseteq M$. Ist $N \subseteq M$ und $N \neq M$, so bezeichnet man N als *echte Teilmenge* von M und schreibt $N \subsetneq M$ (gelesen: N echt enthalten in M). Stets ist $M \subseteq M$ und $\emptyset \subseteq M$. Aus gegebenen Mengen lassen sich auf verschiedene Arten neue bilden. Für zwei Mengen A und B erkärt man (mit den Zeichen $\vee$ für „oder", $\wedge$ für „und"): 1. die *Vereinigung* $A \cup B := \{x \mid x \in A \vee x \in B\}$ (gelesen: A vereinigt B); 2. den *Durchschnitt* $A \cap B := \{x \mid x \in A \wedge x \in B\}$ (gelesen: A geschnitten B); 3. die *Differenzmenge*
$$A \setminus B := \{x \mid x \in A \wedge x \notin B\}$$
(gelesen: A ohne B); 4. die *Produktmenge (Mengenprodukt, kartes. Produkt, Verbindungsmenge)*
$$A \times B := \{(x, y) \mid x \in A \wedge y \in B\}$$
(gelesen: A Kreuz B), wobei (x, y) geordnete Paare sind. Weiterhin bildet man noch die *Potenzmenge* $\mathcal{P}A$ einer Menge A als die Menge aller Teilmengen X von A, also $\mathcal{P}A := \{X \mid X \subseteq A\}$.

📖 *Friedrichsdorf, U./Prestel, A.: M. f. den Mathematiker.* Wsb. 1985. - *Ebbinghaus, H. D.: Einf. in die M.* Darmst. ²1979.

Mengenmessung, die Bestimmung der Masse oder des Volumens von festen, flüssigen oder gasförmigen Stoffmengen. Man unterscheidet die Durchflußmessung bei stetig fließenden Stoffen, und die *M. begrenzter Stoffmengen.* Feste Stoffe werden hierbei in ihrer Masse mit Hilfe von Waagen oder auch nach ihrem Volumen bestimmt. Zur M. begrenzter Gasmengen werden geeichte Behälter verwendet, deren Inhalt meist durch teilweise Füllung mit einer sog. Sperrflüssigkeit verändert. gestaltet wird. Zur *volumetr. M.* von Flüssigkeiten werden geeichte Meßzylinder, Büretten, Pipetten, Pyknometer u. a. benutzt; große Flüssigkeitsmengen in Behältern werden mit *Meßlatten* gemessen oder an Skalen auf *Schaurohren* oder *-gläsern* abgelesen oder mit Hilfe eines auf der Flüssigkeitsoberfläche ruhenden Schwimmers bestimmt, der durch mechan. oder elektr. (kapazitive oder induktive) Meßgrößenumformer mit einer Anzeigevorrichtung verbunden ist.

Mengenprodukt, svw. Produktmenge († Mengenlehre).

Mengenrabatt ↑Rabatt.

Mengensystem, eine Menge, deren Elemente selbst Mengen sind. - ↑auch Mengenlehre.

Menger, Anton, * Maniowy (Woiwodschaft Krakau) 12. Sept. 1841, † Rom 6. Febr. 1906, östr. Jurist. - Bruder von Carl M.; ab 1877 Prof. in Wien; widmete sich vorwiegend der Propagierung sozialist. Ideen als jurist. Grundlage. Als „Rechtssozialist" stand M. damit im Ggs. zur Sozialdemokratie, von der ihn insbes. sein evolutionärer Ansatz, seine Ablehnung des histor. Materialismus und seine scharfen persönl. Angriffe auf K. Marx trennten. Rechtstheoret. lehnte M. von einer extremen Machttheorie her die Anerkennung überpositiver Rechtsgrundsätze ab und wollte die „Richtigkeit" des Rechts jeweils an dessen Übereinstimmung mit den sozialen Machtverhältnissen messen. - *Werke:* Das Bürgerl. Recht und die besitzlosen Volksklassen (1890), Über die sozialen Aufgaben der Rechtswissenschaft (1895), Neue Staatslehre (1903), Volkspolitik (1906).

M., Carl, * Neusandez (= Nowy Sącz) 23. Febr. 1840, † Wien 26. Febr. 1921, östr. Nationalökonom. - 1879-1903 Prof. in Wien; M. begr. mit seinen Schülern E. von Böhm-Bawerk und F. von Wieser die Wiener oder östr. Schule († auch Grenznutzenschule) der Nationalökonomie. - *Hauptwerk:* Grundsätze der Volkswirtschaftslehre (1871).

Menghin, Oswald, * Meran 19. April 1888, † Buenos Aires 29. Nov. 1973, östr. Prähistoriker. - 1918-45 Prof. in Wien, ab 1948 in Buenos Aires; grundlegende Arbeiten zur Vor- und Frühgeschichte Mitteleuropas, Asiens, Afrikas und Südamerikas.

Mengistu Haile Mariam (amhar. Mängestu Hailä Marjam [„sein Reich - die Macht Marias"], * 1937, äthiop. Offizier und Politiker. - Als Mgl. des Komitees der Streitkräfte maßgebl. an der Absetzung von Kaiser Haile Selassie I. im Sept. 1974 beteiligt; ab Nov. 1974 Vors. der Exekutivkomitees des Provisor. Militärrats; 1974-77 Erster Stellv. Vors. des Provisor. Militärrats, seit Febr. 1977 dessen Vors. und damit Staatsoberhaupt, seit 1977 Vors. der marxist.-leninist. Partei Sedede. Nach Verfassungsänderungen 1987 zum Staatspräs. gewählt.

Mengo, Stadt in Uganda, unmittelbar westl. von Kampala, etwa 40 000 E. - Bis 1966 Hauptstadt des ehem. Kgr. ↑ Buganda.

Mengs, Anton Raphael, * Aussig 22. März 1728, † Rom 29. Juni 1779, dt. Maler. - 1745-54 Hofmaler in Dresden und seit 1761 in Madrid, langjährige Aufenthalte in Rom (u. a. Studium Raffaels). U. a. mit dem Deckengemälde des Parnaß in der Villa Albani in Rom (1760/61) wurde er zum Hauptvertreter eines gelehrten eklektizist. Klassizismus unter dem Einfluß J. J. Winckelmanns. Bildnismaler, u. a. J. J. Winckelmann (um 1761; New York, Metropolitan Museum), auch theoret. Schriften.

Meng Tzu (Meng Zi) [chin. məŋdzɨ], eigtl. Meng K'o, latinisiert Mencius, * Tsou (Schantung) 372 (?), † ebd. 289 (?), chin. Philosoph. - Politiker ohne großen Einfluß; Lehrer an verschiedenen Fürstenhöfen. Bereits im 2. Jh. n. Chr. als „zweiter Heiliger" (nach Konfuzius) bezeichnet, im 12. Jh. kanonisiert. Die nach ihm ben., aus sieben Büchern bestehende Sammlung von Lehrmeinungen und Gesprächen (Dialogen) hat unter Weiterentwicklung der alten Himmelsreligion die Orientierung der gesellschaftl. Praxis an dem moral. Weltgesetz zum Gegenstand. Seine Ethik und polit. Theorie basieren auf der Annahme von der angeborenen Güte des Menschen, die es gegen die Gefahren aus der Umwelt durch Erziehung zu verteidigen gilt. Nachhaltiger Einfluß auf die chin. Staatsphilosophie.

Menhire [frz., zu breton. maen-hir, eigtl. „langer Stein"], aufrechtstehende, bis zu 20 m hohe Steine von kult. Bed., die manchmal in Zusammenhang mit Grabanlagen stehen, den Megalithkulturen zuzurechnen sind und in deren Verbreitungsgebiet vorkommen. - Abb. Bd. 4, S. 206.

Ménière-Krankheit [frz. me'njɛːr; nach dem frz. Arzt P. Ménière, * 1801, † 1862], anfallsweise auftretender Drehschwindel, verbunden mit Übelkeit, Erbrechen und Innenohrschwerhörigkeit.

Menilek II. [ˈmeːnilɛk, ˈmɛnilɛk] (Menelik), * Ankobär 17. Aug. 1844, † Addis Abeba 12. Dez. 1913, äthiop. Kaiser (seit 1889). - Ab 1865 König von Schoa, kämpfte gegen Kaiser Johannes II. (⚭ 1872-89), der ihn als Thronfolger anerkannte. Zur Stärkung seiner Stellung schloß er im Mai 1889 mit Italien den Vertrag von Uccialli, aus dem Italien Ansprüche auf ein Protektorat herleitete, die M. aber zurückwies. M. erreichte die Unabhängigkeit Äthiopiens durch den Sieg bei Adua am 1. März 1896. Durch Aufhebung der Sklaverei und wirtschaftl.-techn. und kulturelle Reformen schuf er die Grundlage für ein modernes Staatswesen.

meningeal [griech.], auf die Gehirnhäute (Meningen) bezüglich.

Meningen (Einz. Meninx) [griech.], svw. ↑ Gehirnhäute.

Meningitis [griech.], svw. ↑ Gehirnhautentzündung.

Meningoenzephalitis [...o-ɛn...; griech.] ↑ Gehirnhautentzündung.

Meningokokken [griech.], Vertreter der menschenpathogenen Bakterienart *Neisseria meningitidis*, Erreger der (epidem.) Gehirnhautentzündung.

Menippos (Menipp), griech. Popularphilosoph der 1. Hälfte des 3. Jh. v. Chr. - Sklave aus Gadara (Syrien), dann wohlhabender Bürger in Theben; Kyniker; machte die Nichtigkeit und Fragwürdigkeit der Dinge und der Philosophien und die Torheiten der Menschen zum Gegenstand seiner aus Prosa und Vers gemischten Satire und Polemik.

Meniskus [zu griech. mēnískos „mondsichelförmiger Körper"] (Meniscus), in der *Anatomie* ↑ Kniegelenk.

◆ (M.linse) opt. Linse, bei der beide Flächen im gleichen Sinne gekrümmt sind.

◆ die konkav (bei benetzenden Flüssigkeiten) oder konvex (bei nicht benetzenden Flüssigkeiten) gekrümmte Oberfläche einer Flüssigkeit in dünnen, aufrechtstehenden Rohren.

Meniskusschaden (Meniskopathie), durch Veranlagung und/oder Überbeanspruchung bedingte vorzeitige Entartung eines ↑Meniskus (bes. im Kniegelenk) mit Ein- und Abreißen des Meniskus.

Meniskusverletzung, meist durch gewaltsame Drehbewegung des Oberschenkels gegen den fixierten Unterschenkel bei gebeugtem Knie verursachte traumat. Schädigung des inneren Meniskus im ↑Kniegelenk mit *Meniskusriß* oder *Meniskuslockerung* und Einklemmungserscheinungen (typ. Sportverletzung beim Fußballspielen und beim Skilaufen). Die Symptome der M. (*Meniskuszeichen*) sind u. a. sofort auftretende heftige Schmerzen im Kniegelenk, federnde Behinderung der Streckbewegung und umschriebene Schwellung durch Gelenkerguß. Die Behandlung der frischen M. besteht v. a. in einer Ruhigstellung (zwei bis drei Wochen). Im Wiederholungsfall kommt operative Entfernung oder Teilentfernung des betreffenden Meniskus in Frage.
📖 *Ricklin, P., u. a.: Die Meniskusläsion.* Stg. ²1980.

Mensch. Schema der menschlichen Entwicklung

Menjou, Adolphe [engl. 'mɛnʒu:], * Pittsburgh 18. Febr. 1890, † Los Angeles-Hollywood 29. Okt. 1963, amerikan. Filmschauspieler. - Während der Stummfilmzeit berühmt als Prototyp des frz. Dandys und Liebhabers; später Charakterdarsteller in Filmen wie „A star is born" (1937), „Wege zum Ruhm" (1957).

Menjoubart [mɛn'ʒu:; nach A. Menjou], schmaler, gestutzter Bart dicht über der Oberlippe.

Mennige [zu lat. minium „Zinnober(rot)"], Pb_3O_4, Doppeloxid des Bleis, das in einer roten und einer schwarzen Modifikation auftritt. Die rote Modifikation, ein wasserunlösl. Pulver, wird v. a. als Grundierungsmittel für Eisenanstriche verwendet.

Mennoniten, Name der nach Menno Simons ben. Anhänger einer aus schweizer., niederl. und nordwestdt. Täufergruppen nach 1535 entstandenen Reformationsbewegung, die ein kalvinist. geprägtes Christentum vertreten, die Kindertaufe ablehnen und die sittl. Heiligung betonen. Wegen ihrer konsequenten Kriegsdienstverweigerung und der Ablehnung der Eidesleistung häufig zur Auswanderung gezwungen (Ukraine, USA). Die Gesamtheit der M. verteilt sich auf die vier fol-

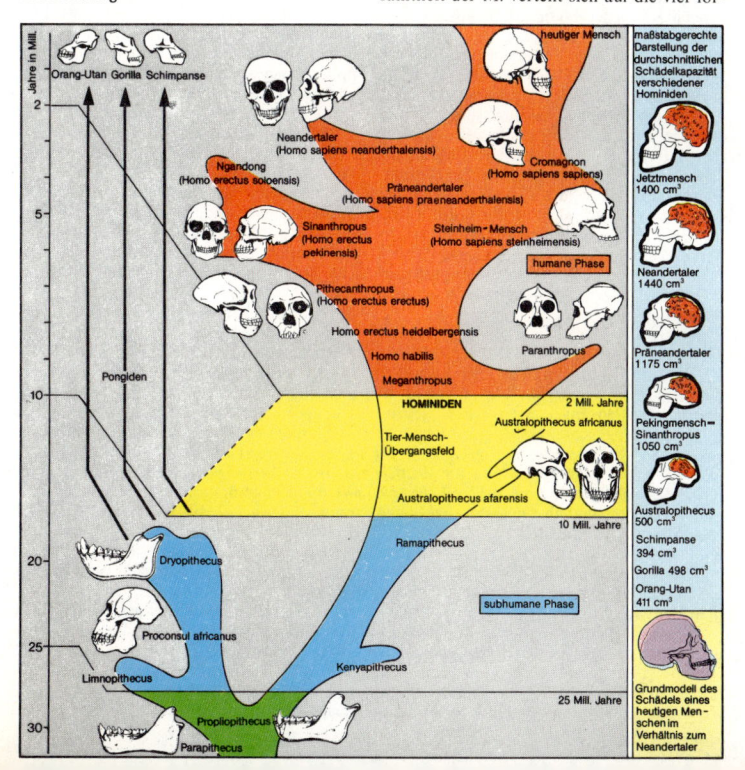

Menora auf einem Grabstein (3./4. Jh.).
Berlin, Museumsinsel (unten)

genden Gruppen: 1. M.-Kirche, 2. General Conference Mennonite Church, 3. M.-Brüder-Kirche, 4. Amish-M.-Kirche Alter Verfassung (Old Order Mennonite Church; **Amische**). Heute sind die M. in der *Mennonite World Conference* zusammengeschlossen. 1977 gab es rd. 500 000 getaufte M. (über 14 Jahre), in der BR Deutschland rd. 10 000.

Menno Simons, * Witmarsum (= Wonseradeel, Prov. Friesland) 1496, † Wüstenfelde bei Bad Oldesloe 31. Jan. 1561, dt. täufer. Theologe. - 1531-36 kath. Priester in Witmarsum, schloß sich wegen seiner Zweifel an der kath. Abendmahlsinterpretation und der Kindertaufe 1536 den Täufern an. Wirkte als deren Ältester u. a. in Groningen und Emden und wurde zum Lehrer der ↑ Mennoniten.

meno [italien.], svw. weniger; in der *Musik* z. B. m. mosso: weniger bewegt.

Menon, Vengalil Krishnan Krishna (Krischna M.), * Calicut 3. Mai 1897, † Delhi 6. Okt. 1974, ind. Politiker. - Rechtsanwalt und Lehrer in Großbrit.; Mgl. der Labour Party; ab 1946 enger Mitarbeiter Nehrus; 1947-52 ind. Hochkommissar in Großbrit.; setzte sich als Leiter der ind. Delegation bei den UN 1952-63 mit Erfolg für die Beendigung des Koreakriegs ein; 1952-67 (für die Kongreßpartei) und ab 1969 (als Unabhängiger) Mgl. des Parlaments; 1957-62 Verteidigungsminister.

Menopause [griech.], Aufhören der Regelblutung, meist zw. dem 47. und 52. Lebensjahr der Frau.

Menora [hebr. „Leuchter"], siebenarmiger Leuchter, der bei den Juden sowohl in der Stiftshütte (2. Mos. 25, 31-40) als auch im Tempel (1. Kön. 7, 49) aufgestellt war. Nach der Zerstörung des Jerusalemer Tempels 70 n. Chr. wurde die M. nach Rom gebracht; sie ist auf dem Titusbogen abgebildet. Die M. ist eines der wichtigsten Bildmotive der jüd. religiösen Kunst.

Menorca, östlichste Insel der Balearen, Spanien, 683 km^2, bis 357 m hoch. Nur die N- und O-Küste sind stärker gegliedert. Das Klima ist gegenüber den übrigen Baleareninseln weniger mild. Macchie und Garigue bedecken den größten Teil der Insel. Hauptwirtschaftszweig ist die Landw.; Ciudadela und Mahón sind die wichtigsten Städte, die v. a. Lederind. besitzen; Fremdenverkehr (Badestrände).

Menorrhö [griech.], svw. ↑ Menstruation.

Menotaxie [griech., zu méno „ich bleibe" und táxis „Anordnung"], die bei der freien Richtungsbewegung von Tieren auftretende Einhaltung eines bestimmten Winkels zu einem Reizgefälle, meist mit obligator. Lernvorgängen verbunden; kommt bes. häufig als Winkeleinstellung zur Schwerkraft oder zum Licht (*Lichtkompaßreaktion*) vor. Einige Tierarten können die Reizqualitäten transponieren, d. h., beispielsweise wird der zum Licht eingehaltene Winkel im Dunkeln auf die Schwerkraft übertragen.

Menotti, Gian Carlo, * Cadegliano-Viconago (Prov. Varese) 17. Juli 1911, amerikan. Komponist italien. Herkunft. - Lebte 1928-73 in den USA, seitdem in Schottland; v. a. Komponist (auch Librettist) effektvoller, erfolgreicher Bühnenwerke, deren Musik Einflüsse von Puccini bis Strawinski zeigt.

Mensa [lat.] ↑ Sternbilder (Übersicht).

Mensa [lat. „Tisch"], Tischplatte des Altars.

♦ Speiseraum für Studenten. Nach dem 1. Weltkrieg als reine Selbsthilfeeinrichtung entstanden; wird heute staatl. subventioniert.

Mensch [zu althochdt. mennisco, eigtl. „der Männliche"], nach der biolog. Systematik ist die Unterart Homo sapiens sapiens der Art Homo sapiens das einzige noch lebende Mitglied der Gatt. Homo. Diese gehört zur Fam. Hominidae, die sich in die Unterfamilien Vormenschen, Urmenschen und Echtmenschen unterteilen läßt.

Die noch affenähnlichen **Vormenschen** lebten in der subhumanen (noch nicht menschlichen) Entwicklungsphase vor der sog. Tier-Mensch-Übergangsfeld, dem für die Menschwerdung (Hominisation) entscheidenden Zeitraum vor etwa 5-2 Mill. Jahren; Belege für die Existenz der Vormenschen sind fossile Funde aus dem unteren Miozän Kenias (*Kenyapithecus*) und aus dem oberen Miozän Indiens (*Ramapithecus*).

Im sog. Tier-Mensch-Übergangsfeld lebten die **Urmenschen** (Australopithecinae), eine afrikan. Hominidengruppe mit zwar noch stark äffisch wirkendem Schädel, relativ kleinem Gehirn (Volumen zw. 450 und 750 cm^3), doch schon menschenähnl. Körper und Ge-

Mensch

biß. Die Urmenschen gingen bereits aufrecht, was insbes. an der Struktur der Beckenfragmente erkennbar ist.
Gewissermaßen „Stammform" der Urmenschen ist der (1974/75 in Äthiopien entdeckte) *Australopithecus afarensis,* der vor etwa 4–3 Mill. Jahren gelebt hat. Für die Folgezeit lassen sich der als relativ grazil zu bezeichnende, rund 1,2 m große A-Typ *(Australopithecus africanus)* vor etwa 3–2 Mill. Jahren, mit den Funden von Taung (1924) und Sterkfontein (1936; Plesianthropus), sowie der seine eigene Linie bildende robuste, auch größere P-Typ *(Australopithecus robustus* [Paranthropus]) vor etwa 2–1 Mill. Jahren nachweisen. Schwierig einzuordnen ist der - möglicherweise aus dem A-Typ weiterentwickelte - *Homo habilis,* aus dem dann *Homo erectus* und *Homo sapiens* hervorgegangen sein könnten.

Die **Echtmenschen** (Homininen) lassen sich gleichfalls in drei Gruppen gliedern: Frühmenschen (Archanthropinae), Altmenschen (Paläanthropinae) und Jetztmenschen (Neanthropinae).

Die **Frühmenschen** werden durch die Art *Homo erectus* repräsentiert. Der erste Fund stammt aus Java *(Javamensch,* Pithecanthropus, *Homo erectus erectus;* Gehirnvolumen 775–950 cm³, Überaugenwulst, jedoch menschenähnl. Gebiß). Nahe Peking wurde der *Pekingmensch* (Sinanthropus, *Homo erectus pekinensis;* Gehirnvolumen 900–1 100 cm³), nahe Heidelberg der *Heidelbergmensch* (*Homo* [erectus] *heidelbergensis;* robuster, kinnloser Unterkiefer), nahe Mascara in Algerien der *Atlanthropus mauretanicus* (hpts. Unterkieferfragmente) gefunden. Die Frühmenschen lebten vor etwa 500 000 Jahren und haben bereits einfache Steinwerkzeuge hergestellt, den Chinamenschen war schon der Gebrauch des Feuers bekannt.

Auf die Frühmenschen folgten die **Altmenschen,** besser bekannt unter der Bez. *Neandertaler* (da man sie im Neandertal bei Düsseldorf zuerst entdeckt hat), die bereits in relativ vielfältiger Ausführung Werkzeuge sowie auch Waffen besaßen. Die geistigen Fähigkeiten der ↑ Neandertaler müssen als noch relativ gering erachtet werden. Als Vorfahren des heutigen Menschen kommen sie, die auf ihre Eiszeitumwelt spezialisiert waren, ohnedies nicht in Betracht. Vielmehr hatte sich die Art *Homo sapiens* in einer großen Zwischeneiszeit vor etwa 300 000 bis 150 000 Jahren in die beiden Unterarten *Homo sapiens neanderthalensis* und *Homo sapiens sapiens* aufgespalten. Recht unvermittelt erscheint nach dem Neandertaler vor etwa 40 000 Jahren in Westeuropa der *Cromagnonmensch* (↑ Cromagnontypus), ein bereits Typ. **Jetztmensch** (*Homo sapiens sapiens*) mit jungpaläolith. Kulturzügen, v. a. auch einer relativ reichen Kunst. Ab der Steinzeit setzte überhaupt eine kontinuierl. kulturell-techn. Entwicklung der Menschheit ein.

Bis zum unteren Pleistozän, d. h. bis vor etwa 3 Mill. Jahren, war die menschl. Evolution prinzipiell gleich der tier. verlaufen. Die affenähnl. Vorfahren des M. standen unter denselben Gesetzen der natürl. Auslese (nach den Kriterien geeigneter körperl. Beschaffenheit und vorteilhafter instinktueller Veranlagung) wie die Tiere. Sie besaßen jedoch schon die genet. Information zur Ausbildung eines relativ großen Gehirns als Basis für die Ansammlung geistiger Information. Durch verstärkte Nutzung dieser Möglichkeit trat nach Verlassen des Tier-Mensch-Übergangsfeldes mit den sog. Echtmenschen der Geist als neuer Kausalfaktor in das Ursachengefüge der menschl. Evolution, während demgegenüber beim Tier, speziell bei den Menschenaffen, die dieselben Vorfahren wie der M. haben, durch Beibehaltung der Instinktivitätsdominanz die Handlungsfähigkeit weiterhin begrenzt blieb. Diese neue Möglichkeit der Auslese zugunsten der geistigen Information wirkte rückgekoppelt wiederum auf die genet. Information, da dasjenige Genom selektiert wurde, das die Ausbildung des besten Gehirns ermöglichte. Auf diese Weise kam es zur Parallelentwicklung von genet. und geistiger Information durch Steigerung der menschl. Gehirnkapazität einerseits und Ansammlung schnell wachsender geistiger Information andererseits. Da nur mit der geistigen Information die Möglichkeit besteht, erworbene Individualfortschritte weiterzugeben, durchläuft diese eine weit schnellere Evolution als die genet. Über die Vererbung hinaus kann sie durch Kommunikation auf eine große Zahl anderer Individuen und durch extrazerebrale Speicherung über Generationen hinweg weitergegeben werden. Das Zusammentreffen geistiger Information aus verschiedenen Bev. führte zur Addition der Einzelkenntnisse; Kontakte brachten erneut Populationen hervor, die vermehrte geistige Information besaßen. Die Speicherkapazität wurde schließl. in hohem Grade durch die Sprache gesteigert und später noch erhebl. durch die Schrift beschleunigt.

Eingeleitet wurde die mächtige Vergrößerung des menschl. Gehirns durch den Erwerb der aufrechten Körperhaltung und die damit verbundene Umfunktionierung der menschl. Hand. Gehirn und Hand sind die für den Kulturaufbau wichtigsten Organe des M., der immer mehr dazu überging, in einer weitgehend selbstgeschaffenen, kulturellen Umwelt zu leben; dies ist sein eigtl. Artmerkmal. Die kontinuierl. kulturelle und techn. Entwicklung der Menschheit (ab der Steinzeit) führte schließlich auch zur Überformung des Instinktverhaltens und zur Erweiterung der ↑ Funktionskreise sowie zur nahezu vollständigen Ablösung der Instinkte (als den vorher maßgebl. Verhaltensprogrammen) durch *Institutionen,* die - an ihrer Stelle - die Erhaltung

Mensch

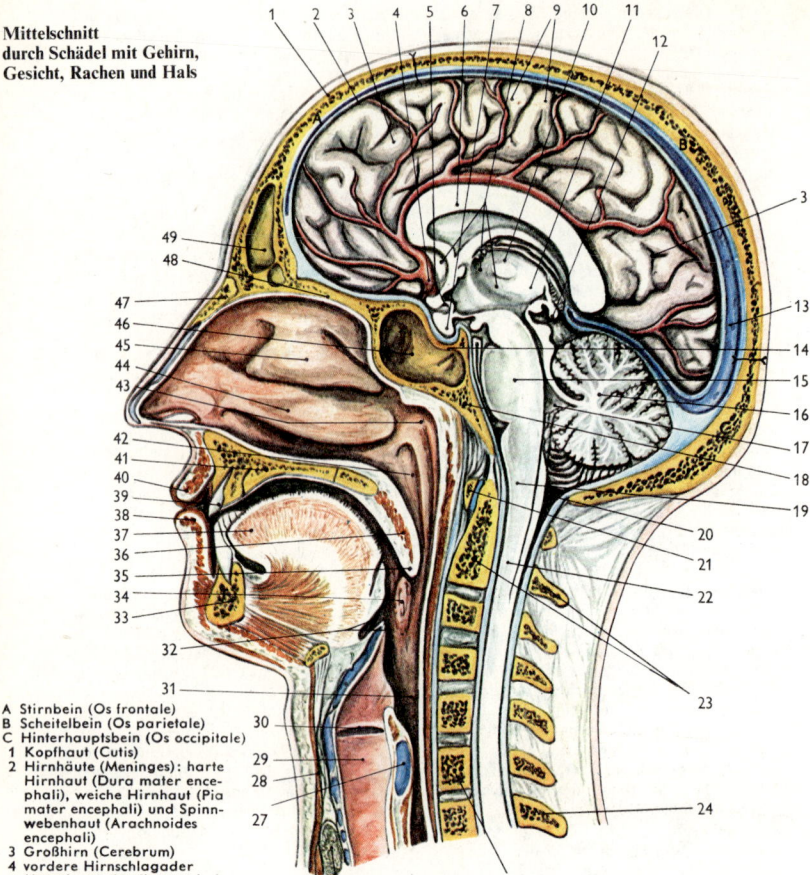

Mittelschnitt durch Schädel mit Gehirn, Gesicht, Rachen und Hals

A Stirnbein (Os frontale)
B Scheitelbein (Os parietale)
C Hinterhauptsbein (Os occipitale)
1 Kopfhaut (Cutis)
2 Hirnhäute (Meninges): harte Hirnhaut (Dura mater encephali), weiche Hirnhaut (Pia mater encephali) und Spinnwebenhaut (Arachnoides encephali)
3 Großhirn (Cerebrum)
4 vordere Hirnschlagader (Arteria cerebralis anterior)
5 Hypothalamus (Stoffwechsel, Durst, Wärme u.a.) mit Sehnervenkreuzung
6 Balken (Corpus callosum)
7 Hirnanhangsdrüse (Hypophyse)
8 Zwischenhirn (Diencephalon) mit Sehhügel (Thalamus; Lust-, Unlust- und Schmerzregion)
9 vordere (Gyrus praecentralis) Zentralwindung (sensorisch) und hintere (Gyrus postcentralis) Zentralwindung (motorisch)
10 Mittelhirn-(Mesencephalon-) Gegend (Reflexzentrum, Regulation der Motorik, Stellung und Haltung) mit Rautenhirn (Rhombencephalon)
11 dritte Hirnkammer (Ventriculus tertius)
12 Zirbeldrüse (Corpus pineale oder Epiphysis; Gegenspieler der Hypophyse in der Jugend)
13 Blutleiter der Hirnhaut (Sinus durae matris), führen das sauerstoffarme Blut ab
14 Türkensattel (Sella turcica), in den die Hirnanhangsdrüse eingebettet ist
15 Brücke (Pons)
16 Kleinhirn (Cerebellum) mit Lebensbaum (Arbor vitae)
17 vierte Hirnkammer (Ventriculus quartus)
18 Körper des Hinterhauptsbeines
19 verlängertes Mark (Medulla oblongata; Atemzentrum, Kreislaufzentrum)
20 Hinterhauptzisterne (Cisterna cerebellomedullaris)
21 erster Halswirbel (Atlas)
22 Rückenmark (Medulla spinalis)
23 zweiter Halswirbel (Epistropheus)
24 Dornfortsätze (Processus spinales)
25 Wirbelkörper (Corpus vertebrae)
26 Schilddrüse (Glandula thyreoidea)
27 Ringknorpel (Cartilago cricoides)
28 Schildknorpel (Cartilago thyreoides)
29 Luftröhre (Trachea)
30 Stimmritze (Rima glottidis)
31 Speiseröhre (Oesophagus)
32 Kehldeckel (Epiglottis), hochgeklappt
33 Unterkiefer (Mandibula)
34 Gaumenmandel (Tonsilla palatina)
35 Zäpfchen (Uvula)
36 weicher Gaumen (Palatum molle)
37 Zunge (Lingua) mit Zungenmandel (Folliculi linguales)
38 Unterlippe (Labia inferiora)
39 Zähne (Dentes)
40 Oberlippe (Labia superiora)
41 harter Gaumen (Palatum durum)
42 Rachen (Pharynx)
43 Rachenmandel (Tonsilla pharyngica)
44 untere Nasenmuschel (Concha nasalis inferior)
45 mittlere Nasenmuschel (Concha nasalis media)
46 Keilbeinhöhle (Sinus sphenoideus)
47 Nasenbein (Os nasale)
48 Siebbeinplatte (Lamina cribriformis)
49 Stirnhöhle (Sinus frontalis)

Mensch

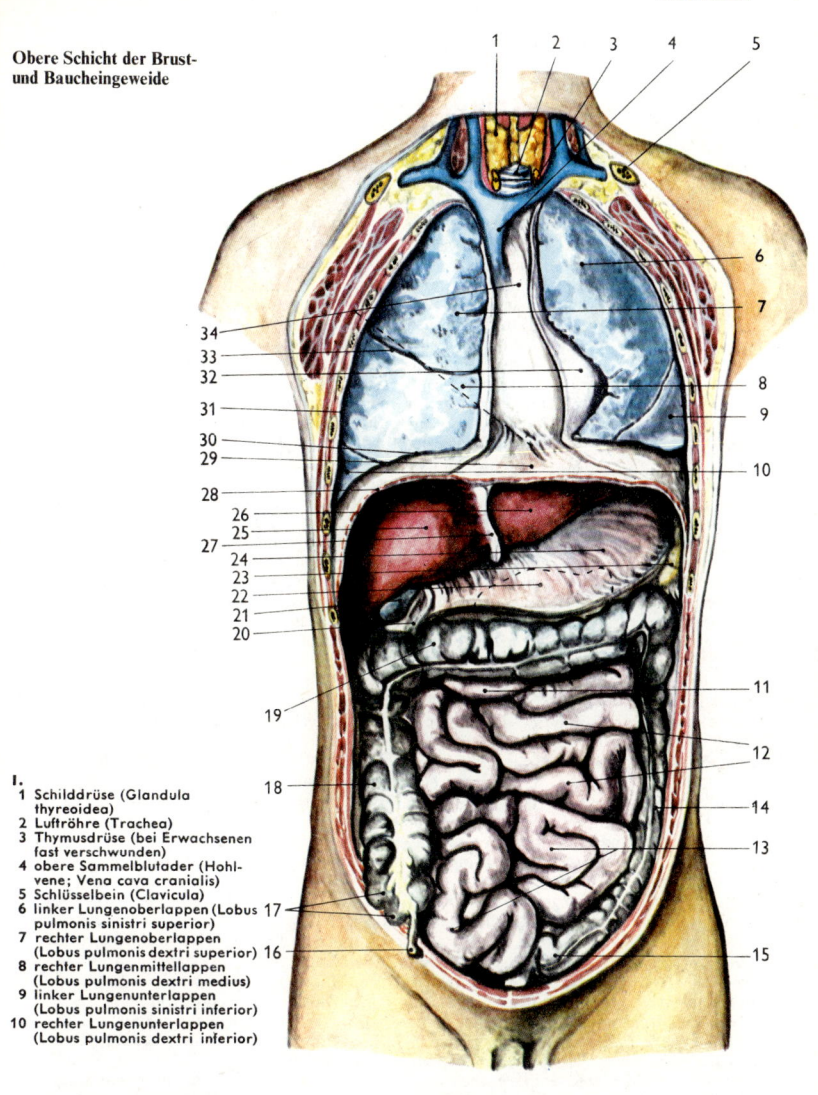

Obere Schicht der Brust- und Baucheingeweide

I.
1. Schilddrüse (Glandula thyreoidea)
2. Luftröhre (Trachea)
3. Thymusdrüse (bei Erwachsenen fast verschwunden)
4. obere Sammelblutader (Hohlvene; Vena cava cranialis)
5. Schlüsselbein (Clavicula)
6. linker Lungenoberlappen (Lobus pulmonis sinistri superior)
7. rechter Lungenoberlappen (Lobus pulmonis dextri superior)
8. rechter Lungenmittellappen (Lobus pulmonis dextri medius)
9. linker Lungenunterlappen (Lobus pulmonis sinistri inferior)
10. rechter Lungenunterlappen (Lobus pulmonis dextri inferior)

II. Dünndarm (Intestinum tenue):
11. Zwölffingerdarm (Intestinum duodenum)
12. Leerdarm (Intestinum jejunum)
13. Krummdarm (Intestinum ileum)

III. Dickdarm (Intestinum crassum):
14. absteigender Ast (Colon descendens)
15. S-förmiger Anteil (Colon sigmoideum)
16. Wurmfortsatz (Appendix vermiformis)
17. Blinddarm (Intestinum caecum, Coecum)
18. aufsteigender Ast (Colon ascendens)
19. querverlaufender Ast (Colon transversum)

IV.
20. Magenausgang oder Pförtner (Pylorus)
21. Gallenblase (Vesica fellea)
22. Projektion der Bauchspeicheldrüse (Pankreas, hinter dem Magen liegend)
23. Milz (Lien)
24. Magen (Ventriculus)
25. rechter Leberlappen (Lobus hepatis dexter)
26. linker Leberlappen (Lobus hepatis sinister)
27. Bauchfellduplikatur der Leber (Mesohepaticum)

V.
28. Bauchfell (Peritonaeum)
29. Zwerchfell (Diaphragma)
30. Zwerchfellanteil des Brustfells (Pleura diaphragmatica)
31. eigentliches Rippenfell (Rippenanteil des Brustfelles; Pleura costovertebralis)
32. Herzbeutel (Pericardium), das Herz einhüllend
33. Lungenfell (Pleura pulmonalis), unmittelbar die Lungen überziehend
34. Raum des Mittelfells (Mediastinum)

Mensch

von Verhaltensregeln durch Vorschriften sichern. Doch selbst noch im sehr plast. Verhalten des heutigen M.en lassen sich Erbkoordinationen, angeborene Auslösemechanismen und Auslöser sowie auch innere Antriebsmechanismen und angeborene Lerndispositionen nachweisen. Bes. im sozialen Verhalten ist der M. noch immer weitgehend durch stammesgeschichtl. Vorprogrammierungen festgelegt.

Aufbau und Leistungen des M.en sind, trotz aller Besonderheiten, als Teil der belebten Natur zu verstehen, die wiederum ein Produkt der unbelebten Natur ist. Der *menschl. Körper* setzt sich daher sowohl aus anorgan. (etwa 60% Wasser und 5% Mineralstoffe) als auch aus organ. Substanzen (v.a. Proteine, Fette, Kohlenhydrate und Nukleinstoffe) zusammen. - Gegliedert wird der Körper in Kopf, Rumpf und Gliedmaßen. Das Knochengerüst (↑Skelett, ↑Knochen) ist die Stütze für die Organe. Es besteht (ohne Berücksichtigung der [bis etwa 32] Sesambeine) aus 208-212 Einzelknochen (der Schädel allein aus 22). Seine Beweglichkeit ist durch eine Vielzahl von Gelenken verschiedener Bauart gewährleistet. Das gesamte Knochengerüst ist von Muskulatur umgeben (über 600 Muskeln). Den äußeren Abschluß und Schutz bildet die Haut. Ein zentrales, peripheres und autonomes (vegetatives) Nervensystem reguliert zus. mit dem hormonalen System (↑Hormone) die Lebensvorgänge. Sinnesorgane stellen den Kontakt zur Außenwelt her. Die Eingeweide stehen in der Funktion der Ernährung, Verdauung und Fortpflanzung, der Atmung, des Blutkreislaufs und Stoffwechsels.

Die Entwicklung des Organismus (Individualentwicklung, Ontogenese) ist nicht nur eine verkürzte Rekapitulation der Stammesgeschichte (Phylogenese), wie dies mit dem ↑biogenetischen Grundgesetz formuliert wurde, sondern auch Ausgangsprozeß phylogenetischer Veränderung; die Summe aller Ontogenesen mit ihren bisher eingetretenen und noch mögl. Veränderungen bildet die Phylogenese (nicht umgekehrt).

Die Ontogenese (↑auch Entwicklung) wird von der Befruchtung der Eizelle an durch ein ineinander verflochtenes System genetisch gesteuerter Mechanismen gewährleistet. Eine *chromosomale Differenzierung* erfolgt bereits bei der Befruchtung. Die ♀ Keimzellen (reife Eizellen) des Menschen enthalten neben 22 Autosomen auch immer ein X-Chromosom als Geschlechtschromosom, die Spermien entweder ein X- oder Y-Chromosom. Die Befruchtung durch ein Spermium mit X-Chromosom läßt eine ♀ Zygote entstehen, die durch ein Y-Spermium eine ♂. Mit der Ausdifferenzierung der ♀ Keimdrüsen (auf Grund der Anwesenheit von zwei X-Chromosomen beim ♀ Organismus) und der Bildung ♀ Keimdrüsenhormone entwickelt sich der Embryo in ♀ Richtung. Die Entwicklung des ♂ Organismus ist analog. Dementsprechend bleibt die XY-Chromosomenkonstellation erhalten, wodurch die Ausdifferenzierung der ♂ Geschlechtsdrüsen bzw. die Bildung der ♂ Keimdrüsenhormone bewirkt wird und der Embryo sich in ♂ Richtung entwickelt (↑auch Individualentwicklung).

Mit der ↑Pubertät setzt eine *sekundäre Geschlechtsdifferenzierung* ein. Die zentrale Steuerung erfolgt über Hormone des Hypophysenvorderlappens (↑Geschlechtshormone). Die Pubertät schließt mit der Geschlechtsreife ab.

Neben den Chromosomen, dem sog. Geschlechtschromatin, den inneren und äußeren Geschlechtsorganen und den Keimdrüsenhormonen beziehen sich die *geschlechtsspezif. Besonderheiten* beim M.en v.a. auf den Habitus mit seiner (normalen) Variabilität (↑aber auch Intersexualität). Da alle Merkmale oder Merkmalskomplexe, die zur Charakterisierung der ♀ oder ♂ Konstitution herangezogen werden, nicht das Ergebnis einer einfachen Gen-Merkmal-Beziehung, sondern durch viele Gene (polygen) bedingt sind, ist von vornherein nicht zu erwarten, daß es sich um Alternativmerkmale handelt. Betrachtet man innerhalb einer Bevölkerung das einzelne Merkmal, z. B. die Körpergröße, so findet man unter den Frauen dieser Population schon eine große Variabilität mit der größten Häufigkeit der mittleren Merkmalsklassen. Diese Verteilungskurve zeigt aber einen beträchtl. Überschneidungsbereich mit derjenigen für das ♂ Geschlecht und gilt - zwar von Merkmal zu Merkmal in unterschiedl. Grad - für morphol., physiolog. und psych. Merkmale (↑Geschlechtsunterschiede).

Der Mensch in der Religion:
In der Religionsgeschichte nimmt der M. stets eine gegenüber anderen Lebewesen vorrangige Stellung ein. Deshalb werden in allen Religionen die entscheidenden Lebensphasen des M. wie Geburt, Hochzeit und Tod rituell geheiligt. - In der *christl. Theologie* (theolog. Anthropologie) liegt dem Nachdenken über den M. das bibl. M.bild zugrunde, in dem Gott dem M. seinen „lebendigen Odem" (1. Mos. 2,7) einhaucht, ihn nach seinem Bild gestaltet (Imago Dei, Gottebenbildlichkeit) und ihn zum Herrn der Welt macht, die er als Lebensraum und Mittel zum Leben nutzen darf. Seinen Mit-M. soll er menschl., sozial begegnen. Auf Gott und Welt hingeordnet, versagt der M. gegenüber der Forderung Gottes (Sünde) und ist dafür verantwortl.; nach dem N. T. wird dieser schuldig gewordene M. von Jesus bedingungslos angenommen und mit neuem Leben erfüllt. Im Glauben ergreift der M. seine neue Existenz, in der Liebe öffnet er sich der Welt und seinen Mitmenschen. - In der hellenist. Umwelt entfernt sich die christl. Anthropologie von dem bibl. M.bild: Der Geist (Seele) ist gut und unsterbl., das

Mensch

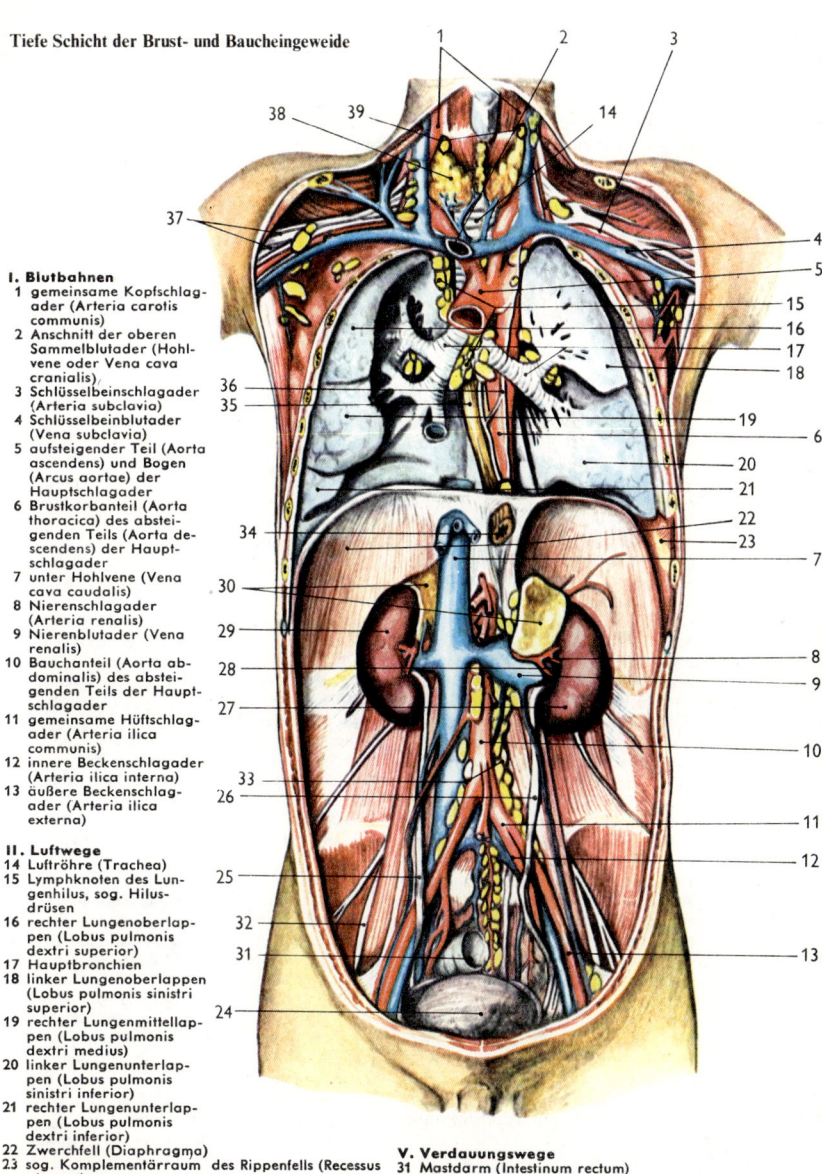

Tiefe Schicht der Brust- und Baucheingeweide

I. Blutbahnen
1. gemeinsame Kopfschlagader (Arteria carotis communis)
2. Anschnitt der oberen Sammelblutader (Hohlvene oder Vena cava cranialis)
3. Schlüsselbeinschlagader (Arteria subclavia)
4. Schlüsselbeinblutader (Vena subclavia)
5. aufsteigender Teil (Aorta ascendens) und Bogen (Arcus aortae) der Hauptschlagader
6. Brustkorbanteil (Aorta thoracica) des absteigenden Teils (Aorta descendens) der Hauptschlagader
7. unter Hohlvene (Vena cava caudalis)
8. Nierenschlagader (Arteria renalis)
9. Nierenblutader (Vena renalis)
10. Bauchanteil (Aorta abdominalis) des absteigenden Teils der Hauptschlagader
11. gemeinsame Hüftschlagader (Arteria ilica communis)
12. innere Beckenschlagader (Arteria ilica interna)
13. äußere Beckenschlagader (Arteria ilica externa)

II. Luftwege
14. Luftröhre (Trachea)
15. Lymphknoten des Lungenhilus, sog. Hilusdrüsen
16. rechter Lungenoberlappen (Lobus pulmonis dextri superior)
17. Hauptbronchien
18. linker Lungenoberlappen (Lobus pulmonis sinistri superior)
19. rechter Lungenmittellappen (Lobus pulmonis dextri medius)
20. linker Lungenunterlappen (Lobus pulmonis sinistri inferior)
21. rechter Lungenunterlappen (Lobus pulmonis dextri inferior)
22. Zwerchfell (Diaphragma)
23. sog. Komplementärraum des Rippenfells (Recessus pleurae)

III. Harnwege
24. Harnblase (Vesica urinalis)
25. rechter Harnleiter (Ureter dexter)
26. linker Harnleiter (Ureter sinister)
27. linke Niere (Ren sinister)
28. Nierenbecken (Pelvis renalis)
29. rechte Niere (Ren dexter)
30. Nebenniere (Corpus suprarenale)

V. Verdauungswege
31. Mastdarm (Intestinum rectum)
32. Oberschenkelnerv (Nervus femoralis)
33. Lymphknoten der Baucheingeweide (Mesenterialdrüsen)
34. Einmündung der Speiseröhre in den Magen (Magenmund; Cardia)
35. Speiseröhre (Oesophagus)
36. X. Hirnnerv (Nervus vagus, der „Herumschweifende")
37. Nervengeflecht des Armes (Plexus brachialis)
38. Schilddrüse (Glandula thyreoidea)
39. Nebenschilddrüse (Glandula parathyreoidea)

Menschen

Fleisch (der Leib) ist schlecht (Sexualität) und dem Tod verfallen. Daraus folgte die individualist. Sorge um das Seelenheil und die Gleichgültigkeit gegenüber den anderen (Weltverneinung). - Das heutige theolog. M.bild gründet wieder in der Christusbezogenheit des M. und zielt auf die Weltverantwortung und das Weltverhältnis des M. - Zur *philosoph.* Anschauung ↑ Anthropologie.

📖 Gehlen, A.: *Der M. Seine Natur u. seine Stellung in der Welt.* Wsb. ¹³1986. - Pannenberg W.: *Was ist der M.? Die Anthropologie der Gegenwart im Lichte der Theologie.* Gött. ⁷1985. - Wolff, H. W.: *Anthropologie des AT.* Mchn. ⁴1984. - Moltmann, J.: *M. Christl. Anthropologie in den Konflikten der Gegenwart.* Gütersloh ²1983. - Darwin, C.: *Die Abstammung des Menschen.* Dt. Übers. Stg. ⁴1982. - *Der Ursprung des Menschen.* Bearb. v. W. Henke u. H. Rothe. Stg. ⁵1980. - Campbell, B. G.: *Entwicklung zum Menschen.* Dt. Übers. Stg. ²1979. - *Hdb. systemat. Theologie.* Hg. v. C. H. Ratschow. Bd. 8: Peters, A.: *Der M.* Gütersloh 1979. - Kull, U.: *Evolution des Menschen.* Stg. 1979. - Alsberg, P.: *Das Menschheitsrätsel.* Bln. ⁴1978. - *Aspekte der Hominisation. Auf dem Wege zum M.sein.* Hg. v. N. A. Luyten. Freib. 1978. - Leakey, R. E./Lewin, R.: *Wie der M. zum Menschen wurde.* Dt. Übers. Hamburg. 1978. - Overhage, P.: *Die biolog. Zukunft der M.heit.* Ffm. 1977. - Gieseler, W.: *Die Fossilgesch. des Menschen.* Stg. ³1974.

Menschen (Hominidae, Hominiden), Fam. der Menschenartigen mit drei Unterfam.: Vormenschen, Urmenschen und Echtmenschen; einziges rezentes Mitglied ist der heutige Mensch.

Menschenaffen (Große M., Pongidae, veraltet: Anthropomorphen, Anthropomorphae), Fam. etwa 65–150 cm langer Affen (Überfam. Menschenartige), v. a. in Wäldern W- und Z-Afrikas sowie Sumatras und Borneos; meist Pflanzenfresser mit längeren Armen als Beinen, kräftigem Schädel und im Alter starker Schnauzenbildung (Eckzähne bes. bei alten ♂♂ verlängert und spitz, im gegenüberliegenden Kiefer jeweils eine Zahnlücke, sog. „Affenlücke"); Daumen und Großzehe opponierbar, daher gute Greiffähigkeit bei allen vier Extremitäten. - In Bäumen hangelnden und kletternden oder am Boden (meist auf allen Vieren) laufenden M. besitzen ein relativ hochentwickeltes Gehirn. Ihre Bestände sind stark von der Ausrottung bedroht. - Zu den M. gehören Schimpanse, Bonobo, Gorilla und Orang-Utan. - ↑ auch Abb. Bd. 1, S. 104.

Menschenartige (Hominoidea), Überfam. geistig höchstentwickelter Affen. Zu den M. wird auch der Mensch (einziger Vertreter der M., der auch in der Neuen Welt vertreten ist) gerechnet. M. sind Baum- und Bodenbewohner mit rückgebildetem oder völlig reduziertem Schwanz, höchstentwickeltem, stark gefurchtem Gehirn und (bei der Geburt) wenig weit entwickelten, sehr hilflosen Jungen. - Zu den M. gehören drei Fam.: Menschenaffen, Gibbons und Menschen.

Menschenfloh ↑ Flöhe.

Menschenfresserei, svw. ↑ Kannibalismus.

Menschenfreunde ↑ Kirche des Reiches Gottes.

Menschenhaie (Blauhaie, Grauhaie, Carcharidae), Fam. bis 6 m langer, lebendgebärender, räuber. Haifische mit rd. 60 Arten, v. a. in warmen Meeren (z. T. auch in Süßgewässern); mit spitz vorspringender Nase, unterständigem Maul und spitzen Zähnen. M. ernähren sich hauptsächl. von Fischen. Einige Arten können auch dem Menschen gefährl. werden (z. B. Blauhai, Tigerhai).

◆ ↑ Weißhaie.

Menschenhandel, nach § 181 StGB zusammenfassende Bez. für die Zuführung zur Prostitution mittels Gewalt, List oder Drohung, Anwerbung oder Entführung ins Ausland, um das Opfer dort zu sexuellen Handlungen mit Dritten zu zwingen; mit Freiheitsstrafe von 1–10 Jahren bedroht.

Menschenkunde, svw. ↑ Anthropologie.

Menschenläuse (Pediculidae), weltweit verbreitete Fam. der Läuse mit sechs auf Menschen, Menschenaffen und Kapuzineraffen parasitierenden Arten; Kopf im Ggs. zu den eigentl. ↑ Tierläusen mit pigmentierten Augen, relativ kurzem Rüssel und fünfgliedrigen Antennen. Auf dem Menschen leben Kleiderlaus, Kopflaus und Filzlaus.

Menschenopfer, sakrale Tötung von Menschen, ein in der Religionsgeschichte vielfach belegter kult. Akt, der häufig im Laufe der religionsgeschichtl. Entwicklung durch das tier. Ersatzopfer abgelöst wird, z. B. in der Erzählung von Isaaks Opferung (1. Mos. 22). An die Kultteilnehmer soll die Stärke des Geopferten durch Anthropophagie („Menschenfresserei") übertragen werden; diese Vorstellung liegt dem Kannibalismus primitiver Gesellschaften zugrunde. Der Machtgedanke bestimmt auch den rituellen Königsmord; verliert der alternde Herrscher seine Kraft, so wird er entweder getötet oder er vollzieht selbst das Königsopfer. Das Sühneopfer dient der Tilgung einer Schuld, die stellvertretend für das gesamte Volk auf einen menschl. „Sündenbock" übertragen wurde. Weit verbreitet war die Sitte der ↑ Bauopfer. Der Abwehr drohender Gefahren galt das Selbstopfer röm. Truppenführer. - Bei den ↑ Azteken in alten Mexiko waren die Formen des M. am stärksten differenziert.

Menschenrassen, geograph. lokalisierbare Formengruppen der Art Homo sapiens, die sich durch erbbedingte charakterist. Merkmale (mehr oder weniger) deutl. voneinander unterscheiden lassen. - Die auffälligsten Unterscheidungsmerkmale sind neben der

Menschenrechte

Haut-, Haar- und Augenfarbe bestimmte Körper-, Kopf- und Gesichtsformen. Daneben bestehen auch gewisse physiolog. und psycholog. Unterschiede. Sie betreffen u. a. die Wärmeregulation, den Hormonhaushalt, die Empfindungsfähigkeit und das Verhalten. Zur Entstehung der M. gibt es mehrere Theorien. Nach dem dt. Anthropologen E. v. Eickstedt haben sich während der letzten Eiszeit durch Isolation nördl. der großen Kettengebirge die weiße, südl. des Himalaja im ind. Gebiet die schwarze und weiter im O die gelbe Hauptrasse herausgebildet. Heute werden vier Großrassen unterschieden: die ↑ Europiden, die ↑ Mongoliden, die (aus diesen hervorgegangenen) ↑ Indianiden und die ↑ Negriden. Dazu kommen noch einige Rassengruppen wie die Australiden und die afrikan. und asiat. Pygmiden.

Der Prozeß der M.bildung ist eines der Ergebnisse der menschl. Evolution. Er hing v. a. von den Faktoren Isolation, Mutation und Selektion (bzw. Anpassung) ab. Da zw. M. keine biolog. Kreuzungsschranken bestehen, könnten durch Rassenmischung die Grenzen zw. den Rassen leicht verwischt werden. Einer größeren Nivellierung von Rassenunterschieden stehen jedoch v. a. soziale, kulturelle und ideolog. Kreuzungssperren im Wege. Andererseits haben eine hohe Wanderbeweglichkeit und eine weitgehende Unabhängigkeit gegenüber Klima und Ernährungsbasis zu relativ starker Durchmischung der Rassen geführt. Zudem gibt es - insbesondere in den Kontaktzonen - fließende Übergänge bei den einzelnen Merkmalskombinationen zw. den einzelnen Rassen.

Eine erste *Rassenklassifikation*, die die Unterteilung der Menschheit in drei Hauptrassen erkennen läßt, lieferte 1684 F. Bernier. C. von ↑ Linné untergliederte die Art Homo sapiens in vier Unterarten (amerikan., europ., asiat. und afrikan. Mensch). Seit etwa Mitte des 19. Jh. wird das sich mehrende Material über M. wiss. ausgewertet und geordnet. Einen Höhepunkt erreichten die Rassenforschungen in den großen Systemen E. von Eickstedts und R. Biasuttis. Von der modernen Rassenforschung werden neben morpholog. und metr. zunehmend auch serolog. und andere nichtanschaul. Merkmale wie Riech- und Schmeckfähigkeit oder morpholog. Feinmerkmale des Hautleistensystems berücksichtigt. - ↑ auch Karte S. 188.

📖 *Baker, J. R.:* Die Rassen der Menschheit. Dt. Übers. Kiel 1986. - *Rassengesch. des Menschen. Begr. v. K. Saller. Hg. v. I. Schwidetzky.* Mchn. 1968ff. Bis 1986 11 Lfgg. - *Schwidetzky, I.:* Rassen u. Rassenbildung beim Menschen. Ffm. 1979. - *Die neue Rassenkunde. Hg. v. I. Schwidetzky.* Stg. 1962.

Menschenraub, das Sichbemächtigen eines anderen Menschen durch List, Drohung oder Gewalt, um ihn in hilfloser Lage auszusetzen oder in Sklaverei oder ausländ. Kriegs- oder Schiffsdienst zu bringen. Zur Vollendung des Delikts ist nicht notwendig, daß diese Absichten erreicht werden. M. ist ein Sonderfall der Freiheitsberaubung und wird gemäß § 234 StGB mit Freiheitsstrafe nicht unter einem Jahr bestraft. Davon zu trennen ist der **erpresser. Menschenraub** (§ 239a StGB), bei dem die Entführung dazu dienen soll, die Sorge eines Dritten um das Wohl des Opfers zu einer Erpressung auszunutzen (anders die Geiselnahme [↑ Geiseln]). Verursacht der Täter leichtfertig den Tod des Opfers, wird er mit lebenslanger Freiheitsstrafe bestraft. Läßt er das Opfer unter Verzicht auf die erstrebte Leistung in dessen Lebenskreis zurückgelangen, ist Strafmilderung möglich. Bei M. aus polit. Motiven kommt der Tatbestand ↑ Verschleppung in Betracht.

Menschenrechte, 1. im materiellen Sinn vor- und überstaatl. Rechte, die der Staat nicht nach Maßgabe seiner Verfassung verleiht, sondern die vorkonstitutionell gelten und allenfalls deklarator. anerkannt werden können. Als M. werden v. a. die polit. *Freiheitsrechte* oder *Grundfreiheiten* begriffen (Recht auf Gleichheit, Unversehrtheit, Eigentum, Meinungs- und Glaubensfreiheit, Widerstand gegen Unterdrückung); seit dem 19. Jh. ist eine schrittweise Ausdehnung der M. in den sozialen Bereich festzustellen (Recht auf Arbeit, Bildung, soziale Sicherheit). 2. im formellen Sinn Grundrechte, die allen sich im Staatsgebiet aufhaltenden Menschen zustehen, im Unterschied zu den sog. Bürger- oder Deutschenrechten. Die Idee vor- bzw. überstaatl., dem Menschen von Natur aus gegebener unveräußerl. Grundrechte hat im stoischchristl. Naturrecht ihren geistigen Ursprung. Doch erst mit der Ablösung der ma. ständ.-feudalen Ordnung und der Anerkennung des Menschen als Träger individueller natürl. Rechte wurden die Bedingungen für eine Normierung von Rechten des einzelnen gegenüber dem Staat geschaffen. Detaillierte Grundrechtskataloge - meist in Anlehnung an die frz. Verfassung von 1791 - finden sich in fast allen geschriebenen Verfassungen nicht nur der westl.-demokrat., sondern auch der sozialist. Staaten; nach deren Verständnis sind aber die dem einzelnen zustehenden Grundrechte wegen der angebl. Interessenidentität zw. Bürger und Staat von diesem abgeleitet. - Zur weiteren ideengeschichtl. Entwicklung der M. und für die Grundrechte in der BR Deutschland, in der Schweiz und in Österreich ↑ Grundrechte.

Geschichte: Nachdem die Bemühungen um den Schutz der M. sich zunächst in Verfassungsurkunden der Einzelstaaten manifestiert hatten (↑ auch Grundrechte), wurden schon vor dem 1. Weltkrieg verschiedene bi- bzw. multilaterale Abkommen zum Schutze individueller Rechtsgüter des Abge-

Menschenrechte

schlossen, doch blieb die Meinung vorherrschend, daß der Schutz der M. Aufgabe der Einzelstaaten sei, wenn auch die Pariser Vorortverträge und die in ihrem Rahmen beschlossene Völkerbundssatzung dazu anregten, sich stärker mit den M. auf internat. Ebene zu befassen. Als Reaktion auf die massiven M.verletzungen in den totalitären Staaten erklärten nach dem 2. Weltkrieg die UN den universellen Schutz der M. zu einem ihrer Hauptziele (Art. 1 der Charta). Als ersten Schritt zur Verwirklichung dieses Ziels verabschiedete die UN-Generalversammlung am 10. Dez. 1948 (ohne Gegenstimme, aber bei Enthaltung der sozialist. Staaten) die *Allg. Erklärung der M.* (Universal declaration of human rights; Deklaration der M.) in Form einer völkerrechtl. unverbindl. Empfehlung, die einen Katalog von bürgerl., polit. und sozialen Rechten enthält; diese können heute jedenfalls z. T. als völkergewohnheitsrechtl. anerkannt gelten. Den zweiten Schritt machte die Generalversammlung am 16. Dez. 1966 mit der Verabschiedung der beiden *Internat. Pakte über bürgerl. und polit. Rechte* (nebst einem Fakultativprotokoll) bzw. *über wirtsch., soziale und kulturelle Rechte* (International covenant on civil and political rights bzw. on economic, social and cultural rights). Beide Pakte sind seit Frühjahr 1976 in Kraft und mittlerweile (Stand: 31. Dez. 1980) von 65 bzw. 66 (darunter jeweils auch von beiden dt.) Staaten ratifiziert worden. Zwar verpflichten sich in beiden Pakten die Staaten, die M. zu achten und durchzusetzen; jedoch stellen nur die Freiheitsverbürgungen des polit. Paktes nach ihrer Übernahme in die innerstaatl. Rechtsordnung unmittelbar anwendbare subjektive, d. h. vor den nat. Gerichten einklagbare Rechte dar. Die Rechtsschutzmechanismen beider Pakte sind nur beschränkt wirksam. Ihr Inhalt entspricht im wesentl. dem der *Europ. Konvention zum Schutze der M. und Grundfreiheiten* (MRK) (European convention on human rights) vom 4. Nov. 1950 (in Kraft seit 3. Sept. 1953; 5 spätere Zusatzprotokolle) bzw. der *Europ. Sozialcharta* (ESC) (European social charter) vom 18. Okt. 1961 (in Kraft seit 26. Febr. 1965), die von 20 bzw. 11 Europaratstaaten ratifiziert worden sind (Stand: 1. März 1980). Das in der MRK niedergelegte System der kollektiven Garantie der aus der Allg. M.erklärung der UN übernommenen Rechte durch die Vertragsstaaten umfaßt eine internat. Kontrolle mit bindender Entscheidungswirkung für die betroffenen Staaten. Die Rechtsschutzorgane der MRK sind die Europ. Kommission für M. (zur Entgegennahme von Individual- und Staatenbeschwerden nach Erschöpfung des innerstaatl. Rechtsweges), der Europ. Gerichtshof für M. und das Min.komitee des Europarats. Die ESC ist für den Bereich der wirtsch. und sozialen M. das Gegenstück zur MRK; im Vergleich zu dieser verfügt sie nur über ein schwach ausgebildetes Verfahren zur Überwachung der Einhaltung ihrer Normen.

Eigel, W.: Entwicklung u. M. Frib. 1983. - *Östreich, G.:* Gesch. der M. u. Grundfreiheiten im Umriß. Bln. ²1978. - *Kimminich, O.:* M.: Versagen u. Hoffnung. Mchn. u. Wien 1973. - *Hartung, F.:* Die Entwicklung der Menschen- u.

Menschenrassen. Verteilung der Hautfarben auf der Erde

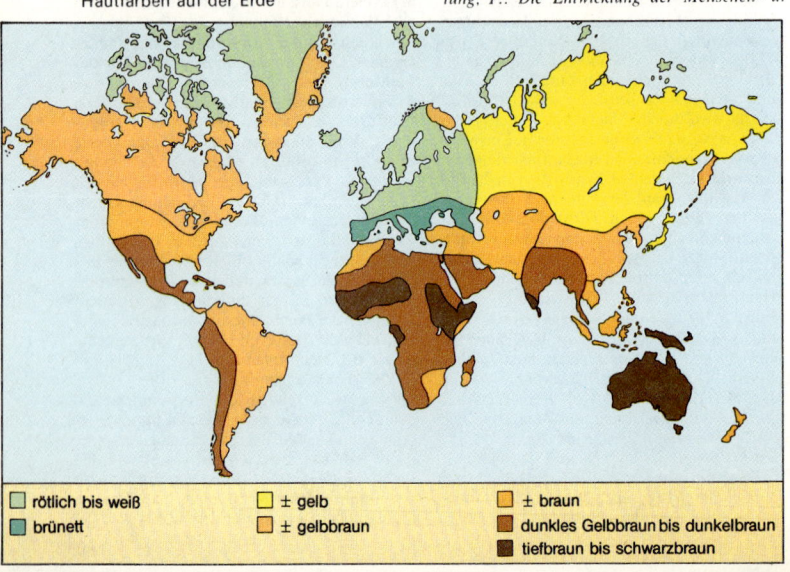

- ▢ rötlich bis weiß
- ▢ brünett
- ▢ ± gelb
- ▢ ± gelbbraun
- ▢ ± braun
- ▢ dunkles Gelbbraun bis dunkelbraun
- ▢ tiefbraun bis schwarzbraun

Menstruation

Bürgerrechte v. 1776 bis zur Gegenwart. Gött. u. a. 1972.

Menschenrechtskonventionen, völkerrechtl. Verträge, in denen Staaten sich zur Gewährleistung von † Menschenrechten an alle ihrer Hoheitsgewalt unterstehenden Personen verpflichten. Neben Übereinkommen, die sich auf einzelne Menschenrechte beziehen, sind v. a. die M. bedeutsam, die einen Menschenrechtskatalog enthalten und einen bes. internat. Rechtsschutz vorsehen. Die Einhaltung der M. auch gegenüber Inländern kann von den anderen Vertragsstaaten verlangt werden, ohne daß darin eine unzulässige Einmischung in die inneren Angelegenheiten läge. Im Rahmen des Rechtsschutzes wird zudem das Individuum als Subjekt des Völkerrechts anerkannt.

Menschensohn, im A. T. zunächst als Hebraismus eine Umschreibung für „Mensch", die seine geschöpfl. Niedrigkeit betont. In der jüd. Apokalyptik wird M. als eine messian. Gestalt aufgefaßt. Im N. T. findet sich M. bei den Synoptikern als Selbstbez. Jesu, und zwar ausschließl. vor Ostern. Auch Joh. zeigt einen ähnl. Gebrauch des M.titels, wobei jedoch die Gedanken der Verherrlichung und des himml. Ursprungs des M. hervorgehoben werden. Es ist in der neutestamentl. Forschung umstritten, ob der Titel M. auf Jesus selbst zurückgeht oder ob er ihm nach seiner Auferstehung von der urchristl. Gemeinde beigelegt wurde.

Menschenwürde, der nach Art. 1 Abs. 1 des GG für unantastbar erklärte Bereich, der dem Menschen als Person zusteht, diesen als Träger höchster geistig-sittl. Werte und wegen seiner Fähigkeit zu eigenverantwortl. Selbstbestimmung respektiert und eine verächtl. Behandlung seitens des Staates ausschließt. Dieser Verfassungsschutz der M. ist unabänderlich und wegen Art. 79 Abs. 3 GG auch einer Verfassungsänderung entzogen. Der Staat ist nicht nur selbst gehindert, die M. durch erniedrigende, menschenverachtende Maßnahmen (z. B. Versklavung, Folterung, Eingabe von Wahrheitsdrogen) anzutasten, sondern muß auch in der Ausgestaltung seiner Rechtsordnung Angriffe auf die M. durch Dritte für unzulässig erklären und notfalls ahnden. Ebenso findet die Weisungsgebundenheit (und damit die Freiheit von eigener Verantwortung) von Amtsträgern (Beamte, Soldaten) bei Befolgung von Anordnungen und Richtlinien ihre Grenze, wenn das aufgetragene Verhalten die M. verletzt. Die Verweigerung eines Befehls oder die Verleitung zum Ungehorsam sind nicht strafbar, wenn die Befolgung des Befehls die Menschenwürde verletzen würde.

Menschewiki [russ. „Minderheitler"], Bez. für die gemäßigte Gruppe der Sozialdemokrat. Arbeiterpartei Rußlands nach deren 2. Parteikongreß (1903).

Menschikow, Alexandr Danilowitsch Fürst (seit 1707), * Moskau 16. Nov. 1673, † Berjosowo 23. Nov. 1729, russ. Feldmarschall (seit 1709) und Politiker. - Jugendfreund und engster Berater Peters d. Gr., kämpfte erfolgreich im 2. Nord. Krieg; bestimmte als Geliebter Kaiserin Katharinas I. in deren Reg.zeit faktisch die russ. Politik; 1727 gestürzt und verbannt.

M., Alexandr Sergejewitsch Fürst, * Petersburg 26. Aug. 1787, † ebd. 1. Mai 1869, russ. General und Politiker. - Urenkel von Alexandr Danilowitsch Fürst M.; 1831-36 Generalgouverneur von Finnland, ab 1836 Marinemin.; im Krimkrieg 1855 Oberbefehlshaber der russ. Land- und Seestreitkräfte.

Mensching, Gustav, * Hannover 6. Mai 1901, † Bonn 30. Sept. 1978, dt. Religionswissenschaftler. - 1927 Prof. in Riga, seit 1936 Prof. in Bonn. Von R. Otto und J. Wach beeinflußt, vertrat M. eine am Verstehen der Erlebnisqualität der Religion orientierte Religionswiss. - *Werke:* Das heilige Schweigen (1926), Das heilige Wort (1937), Soziologie der Religion (1947), Die Religion. Erscheinungsformen, Strukturtypen und Lebensgesetze (1959), Die Weltreligionen (1972).

Mensch-Maschine-Kommunikation, Informationsaustausch zw. Mensch und Maschine in einem Mensch-Maschine-System (funktionell zusammenwirkende Einheit). Die Funktion des Menschen besteht insbes. in der direkten Steuerung durch Befehle, in der Regelung durch Eingabe von Informationen, die vorprogrammierte Prozesse auslösen, in der Überwachung automatisierter Prozesse (Eingriff bei Störungen) und in der Kontrolle der Ergebnisse. Produziert ein Mensch-Maschine-System Information, spricht man von einem Dialog; die Betriebsart einer elektron. Datenverarbeitungsanlage, bei der der Mensch zw. Programmanfang und -ende regelnd eingreift, heißt entsprechend Dialogbetrieb.

Menschwerdung, svw. † Hominisation.

Mensendieck, Bess (Elizabeth Marguerite), * New York 1. Juli 1864, † in den USA im Aug. 1957, amerikan. Gymnastiklehrerin niederl. Herkunft. - Seit den 1930er Jahren in den USA; schuf eine dem Körper der Frau angepaßte, funktionelle Gymnastik, die auf anatom. und physiolog. Gesichtspunkten aufbaut.

Menses [lat.], svw. † Menstruation.

mensis currentis [lat.], Abk. m. c., laufenden Monats.

mens sana in corpore sano [lat.], „in einem gesunden Körper [möge auch] ein gesunder Geist [wohnen]" (aus den Satiren Juvenals).

Menstruation [lat., zu menstruus „monatlich"] (Monatsblutung, Regel[blutung], Periode, Katamenien, Menorrhö, Menses), die bei der geschlechtsreifen Frau period. (durch-

Mensur

schnittl. alle 29,5 Tage) auftretende, 3–5 Tage dauernde Blutung aus der Gebärmutter als Folge der Abstoßung der Gebärmutterschleimhaut (Desquamation) nach einer Ovulation. Die M. unterliegt den rhythm. Schwankungen der Geschlechtshormone im M.zyklus (Genitalzyklus), der seinerseits durch den Hypothalamus und die gonadotropen Hormone des Hypophysenvorderlappens gesteuert wird. Die M. erfolgt etwa 14 Tage nach der ↑Ovulation, nach dem es im Eierstock zur Bildung eines ↑Gelbkörpers kommt, der seinerseits die Gebärmutterschleimhaut auf hormonalem Wege zur Aufnahme eines befruchteten Eies vorbereitet *(Sekretionsphase)*; erfolgt keine Befruchtung, wird die Gebärmutterschleimhaut abgestoßen *(M.blutung)*. Wegen evtl. Zweifelsfragen einer bestehenden Schwangerschaft oder zur besseren Diagnose gynäkolog. Erkrankungen empfiehlt es sich für jede Frau im geschlechtsreifen Alter, einen *M.kalender* mit genauen Aufzeichnungen über Beginn, Ende und Stärke jeder M. zu führen (↑ auch Basaltemperatur). - M. kommen in entsprechender Weise bei allen weibl. Herrentieren vor.

Mensur [zu lat. mensura „das Messen, das Maß"], Abstand zweier Fechter beim Gefecht; bei *mittlerer M.* ist die gegner. Trefffläche durch Ausfall erreichbar, bei *enger M.* durch Armstrecken, bei *weiter M.* durch einen oder mehrere Schritte vor dem Ausfall oder durch Sprung vor Ausfall.

◆ ein Zweikampf mit scharfen Hiebwaffen (Schläger), bei dt., östr. und schweizer. schlagenden Studentenverbindungen. Die Schläger-M. hat seit 1840 die ältere, gefährl. Stoß-M. abgelöst. Die Fechterpaare (Paukanten) werden in der Regel durch Absprachen zw. den Fechtwarten der Verbindungen bestimmt (Bestimmungs-M.). Hiebe können auf den Kopf (Quart, Hakenquart) und auf die Wangen (Durchzieher) plaziert werden, getragen werden Körper- und Armschutz, Halsbinde und Paukbrille mit Nasenblech. Die Partie dauert, falls sie nicht unterbrochen wird, 40 Gänge zu vier (auch sechs) Hieben und ist dann „ausgepaukt". In der *Schweiz* wird die M. nach Art. 131 StGB mit Haftstrafe bedroht.

◆ im *Musikinstrumentenbau* gebräuchl. Sammelbez. für die Verhältnisse der Maße von ton- bzw. klangerzeugenden Elementen in Abhängigkeit von der Tonhöhe, z. B. bei Orgelpfeifen das Verhältnis von Länge und Weite.

◆ in der Mensuralnotation das Maß, das die Geltungsdauer der einzelnen Notenwerte untereinander bestimmt.

◆ svw. ↑Meßzylinder.

Mensuralmusik [lat./griech.], die in Mensuralnotation aufgezeichnete mehrstimmige Musik des 13. bis 16. Jahrhunderts.

Mensuralnotation [lat.], die im 13. Jh. entstandene und bis zum ausgehenden 16. Jh. gültige Notenschrift. Im Ggs. zu der nur die Tonhöhe bezeichnenden ↑Choralnotation und der in ihren Zeichen noch mehrdeutigen ↑Modalnotation zeichnet sich die M. durch rhythm. Differenzierung ihrer Noten- und Pausenzeichen aus.

	Notenzeichen	Pausenzeichen
Maxima	▀ ᄀ	≣
Longa	▌ ᄀ	≡
Brevis	■ ◻	⊐
Semibrevis	◆ ◇	⊐
Minima	↓ ↧	⊐
Semiminima	♪ ↓♢	⊐
Fusa	♪ ♪♢	⊐

Die Taktvorzeichnungen O (= tempus perfectum) und C (= tempus imperfectum) regeln die drei- bzw. zweifache Unterteilung der Brevis, durchstrichene Taktvorzeichnung (Φ, ₵ = tempus perfectum bzw. imperfectum diminutum) zeigt Verminderung der Notenwerte auf die Hälfte an. Im 15. und 16. Jh. wurde durch eine dem Taktzeichen beigegebene Proportion in der Form unechter Brüche eine Wertminderung (= Diminution), durch echte Brüche eine Wertsteigerung (= Augmentation) vorgeschrieben. Durch Rundung der quadrat. und rhomb. Notenformen entstand seit etwa 1600 aus der M. die heutige Notenschrift.

Mentalismus [lat.], Richtungen der *Psychologie* und *Sprachwiss.*, die sich nicht auf Verhaltensbeschreibung beschränken (↑Behaviorismus), sondern mittels theoret. Modelle die spezif. Organisationsprinzipien des menschl. Geistes (z. B. dessen Kreativität) erkären wollen. - In der *philosoph.* Erkenntnistheorie eine Position, die das Zustandekommen von Erkenntnis in der Terminologie „innerer" (mentaler) Vorgänge darzustellen sucht; charakterist. für alle klass. Formen des Rationalismus wie auch des Empirismus, insofern hier die zu Begriffen führende Abstraktion als eine mentale Operation (mit Ideen) aufgefaßt wird.

Mentalität [zu lat. mens „Geist, Verstand"], Geisteshaltung; Einstellung des Denkens eines Menschen oder einer Gruppe von Menschen. Diese Einstellung bestimmt das Verhältnis zur Wirklichkeit bzw. das individuelle oder kollektive Verhalten.

Mentawaiinseln, indones. Inselgruppe im Ind. Ozean, vor der SW-Küste Z-Sumatras, 6 097 km², rd. 70 von Korallenriffen umgebene vulkan. Inseln.

Menthol [zu lat. ment(h)a „Minze" und oleum „Öl"], monocycl. Terpenalkohol; weiße, kristalline Substanz, die v. a. im äther. Öl der Pfefferminze vorkommt und zur Aromatisierung von Zahnpasten und Mundwässern sowie wegen ihrer kühlenden Wirkung Einreibmitteln gegen Neuralgien zugesetzt wird. Strukturformel:

Menton [frz. mã'tõ], frz. Seebad und Klimakurort an der Côte d'Azur, Dep. Alpes-Maritimes, 25 100 E. Museum; Kasino; Jachthäfen; Biennale der Malerei, Musikfestspiele.

Mentor, Gestalt der griech. Mythologie; Freund des Odysseus, der ihm für die Zeit seiner Abwesenheit von Ithaka die Sorge für sein Hauswesen und bes. für Telemach überträgt; sprichwörtl. gewordener Ratgeber und väterl. Freund, danach u. a. Bez. des Lehrers, der das Praktikum von Studenten der pädagog. Hochschulen betreut.

Mentuhotep, Name von 4 ägypt. Königen der 11. Dyn. (2040–1991); bekannt v. a.: M. II., der seinen Totentempel in Dair Al Bahri erbaute.

Mentum [lat.], svw. ↑ Kinn.
◆ mittlerer Teil der Unterlippe bei Insekten.

Mentzer, Johann, dt. Satiriker und Publizist, ↑ Fischart, Johann.

Menü [frz., zu lat. minutus „klein"], geschmackl. aufeinander abgestimmte Speisenfolge von drei und mehr Gängen.

Menuett [frz., eigtl. „Tanz mit kleinen Schritten", zu lat. minutus „klein"], frz. Paartanz in mäßig schnellem Dreiertakt, der aus einem Volkstanz des Poitou entstanden sein soll und im 17. Jh. unter Ludwig XIV. hoffähig wurde. Das M., mit kleinen gemessenen Schritten und vielen Figuren, verbreitete sich schnell über ganz Europa und wurde bis etwa 1910 getanzt. - Noch im 17. Jh. wurde es von Lully in die Kunstmusik aufgenommen (Oper, Ballett) und fand im 18. Jh. Eingang in die Suite. Von Wiener und Mannheimer Komponisten in Sonate und Sinfonie eingeführt, nahm das M. v. a. in Sonaten, Sinfonien und Streichquartetten Haydns und Mozarts einen bed. Platz ein. Im frühen 19. Jh. (Beethoven) wurde es vom ↑ Scherzo abgelöst.

Menuhin, Yehudi [ˈmɛnuhiːn, menuˈhiːn, engl. ˈmɛnjoɪn, ˈmɛnoɪn], * New York 22. April 1916, amerikan. Violinist. - Schüler von G. Enescu und A. Busch; glänzender Interpret klass. und moderner Violinwerke; 1957 gründete er sein eigenes, jährl. stattfindendes Musikfestival in Gstaad (Schweiz), 1958–68 war er künstler. Direktor des Bath Festival. Veröffentlichte „Sechs Violinstunden. Ein Lehrbuch" (1972). 1978 machte er Aufnahmen mit dem Jazzgeiger S. Grappelly. 1979 Träger des Friedenspreises des Deutschen Buchhandels.

Menzel, Adolph von (seit 1898), * Breslau 8. Dez. 1815, † Berlin 9. Febr. 1905, dt. Maler und Graphiker. - Ausbildung in der väterl. lithograph. Werkstatt. Sein erstes Hauptwerk, 400 Federzeichnungen für Holzstiche zu Kuglers „Geschichte Friedrichs des Großen" (1841/42), markiert in seiner maler. Helldunkelwirkung eine Wende in der Geschichte des Holzschnitts. Die Schilderung der friderizian. Zeit war bis um 1860 sein Hauptthema, das er auch in einigen seiner bedeutendsten Gemälde gestaltet (u. a. „Tafelrunde Friedrichs d. Gr. in Sanssouci", 1850, 1945 vernichtet). Daneben wählte er schlichte Motive aus dem Alltagsleben, die in der maler. Erfassung der Realität ihrer Zeit weit voraus waren (u. a. „Das Balkonzimmer", 1845; Berlin, neue Nationalgalerie). Ebenfalls ohne Pathos malte er neue Themen, und u. a. „Die Berlin-Potsdamer Bahn" (1847; Berlin, neue Natio-

Menstruation. Der weibliche Zyklus als Funktion des sexuellen Zentralsystems (a gonadotrope Hormone und Eierstockzyklus, b Blutspiegel der Eierstockhormone, c Zyklus der Gebärmutterschleimhaut, d Scheidenabstrich, e Basaltemperatur)

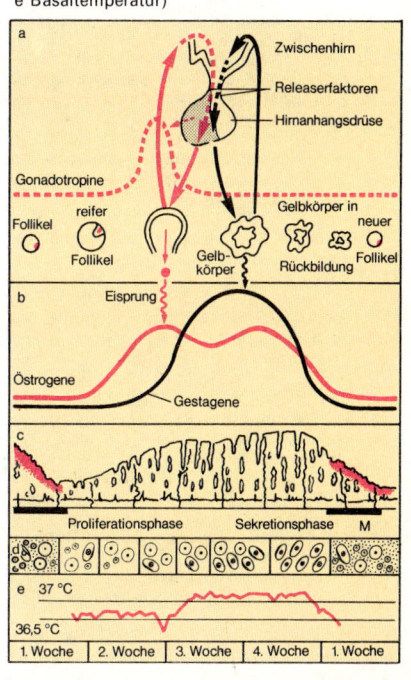

nalgalerie) und das „Eisenwalzwerk" (1875; Berlin, Museumsinsel). - M. war ein unermüdl. zeichnender Chronist. Er hinterließ eine Vielzahl von Zeichnungen und Bildern aus allen Bereichen, wobei er auch die 1848er Revolution, die Industrialisierung, das Großstadtleben und den Arbeiter mit einbezog. - Abb. S. 194.

M., Wolfgang, * Waldenburg (Schles.) 21. Juni 1798, † Stuttgart 23. April 1873, dt. Schriftsteller. - Redakteur, Literaturkritiker und Literarhistoriker; auch Landtagsabgeordneter, Nationalist. Nach der Julirevolution 1830 ausgesprochen reaktionär, einer der Hauptgegner des Jungen Deutschland, dessen Verfolgung wesentl. auf seine Kritik zurückging.

Menzel-Bourguiba [frz. mɛnzɛlburgi-'ba] (früher Ferryville), tunes. Stadt am SW-Ufer des Sees von Biserta, 42 100 E. Werft, großes Hüttenwerk, Reifenfabrik.

Menzies, Sir (seit 1963) Robert Gordon [engl. 'mɛnziz], * Jeparit (Victoria) 20. Dez. 1894, † Melbourne 15. Mai 1978, austral. Jurist und Politiker. - 1934–39 Generalstaatsanwalt; Führer der Vereinigten Austral. Nationalpartei 1939–41 und 1943; Premiermin. 1939–41 (leitete zugleich verschiedene Ministerien); 1943–49 Führer der liberalen Opposition; 1949–66 erneut Premierminister.

Mephisto [me'fisto; Herkunft des Namens nicht geklärt] (Mephistopheles), Gestalt der Faustsage mit dämon.-teufl. Charakter, im Volksbuch von 1587 Mephostophiles genannt. Goethe konzipierte die volkstüml. Gestalt neu und verfeinerte sie psychologisch.

Meppen, Krst. an der Mündung der Hase in die Ems, Nds., 9 m ü. d. M., 28 600 E. Metallverarbeitung, Nahrungsmittel- und Textilind.; Hafen am Dortmund-Ems-Kanal. - Um 780 als Missionsmittelpunkt des Emslands angelegt; 1360 Stadt; im 15. Jh. Mgl. der Hanse. - Pfarrkirche (1461–70) mit Portal des 13. Jh., ehem. Jesuitenkirche (18. Jh.), Renaissancerathaus (1601 ff.) mit mittelalterl. Kern (1408 ff.).

Meran, Stadt in Südtirol, Italien, 323 m ü. d. M., 33 500 E. - 857 wird erstmals der Name **Mairania** gen. Das nahegelegene *Schloß Tirol* wurde zum Ausgangspunkt der Machtbildung der Grafen von Tirol. Im 13. Jh. hatte der Ort Marktcharakter, 1317 Stadtrechte; fiel 1363 mit Tirol an die Habsburger; bis etwa 1420 Hauptstadt Tirols; ab 1805 bayr., ab 1815 nochmals östr., kam 1919 zu Italien. - Got. Pfarrkirche Sankt Nikolaus (1302–1480) mit spätgot. Fresken; spätgot. Spitalkirche (15. Jh.); Burg Erzhzg. Sigismunds (um 1480); von der roman. Zenoburg sind der Bergfried und die Burgkapelle erhalten. Altstadt mit engen Gassen und Laubengängen (13. Jh.).

Merapi, Vulkan im †Idjengebirge auf Java.

◆ Vulkan nördl. von Yogyakarta, Java, 2911 m ü. d. M., letzter Ausbruch 1976.

◆ tätiger Vulkan auf Sumatra, 2 891 m ü. d. M.

Merbold, Ulf, * Greiz 1941, dt. Physiker und Astronaut. - Nahm als erster Astronaut aus der BR Deutschland an einem Raumflug teil (28. Nov. 1983 bis 9. Dez. 1983; Experimente im Spacelab an Bord des Raumtransporters Columbia).

Merca, Stadt in Somalia, †Marka.

Mercalli-Skala [nach dem italien. Vulkanologen G. Mercalli, * 1850, † 1914], eine zwölfstufige Skala der seism. Intensität, mit der die Stärke eines Erdbebens nach seinen Wirkungen an der Erdoberfläche eingeordnet wird. Internat. verbreitet sind eine **modifizierte Mercalli-Skala** (*MM-Skala*) und eine modernisierte Form, die sog. **Mercalli-Sieberg-Skala.** Nach ihnen liegt der Intensitätsgrad 1 bei nur instrumentell nachweisbaren Erschütterungen vor, der Grad 2 bei gerade noch spürbaren Erschütterungen, der Grad 4 bei stärkeren Gebäudeerschütterungen, der Grad 8 bei Auftreten schwerer Gebäudeschäden, der Grad 10 bei Zerstörung zahlr. Häuser, Rutschen von Berghängen u. a.; der Intensitätsgrad 12 wird zugeordnet, wenn totale Zerstörungen sowie vielfältige Verwüstungen der Landschaft eintreten.

Mercaptane [zu mittellat. mercurium captans „Quecksilber ergreifend" (da sie Quecksilberverbindungen bilden)] (Thiole, Thioalkohole), den Alkoholen entsprechende organ. Verbindungen, bei denen der Sauerstoff durch Schwefel ersetzt ist. M. sind sehr unangenehm riechende, schwach sauer reagierende Flüssigkeiten oder Feststoffe, deren Salze (*Mercaptide*) formal den Alkoholaten entsprechen. Die M. werden zur Herstellung von Schädlingsbekämpfungsmitteln verwendet.

Mercapto- [mittellat. († Mercaptane)], Bez. der chem. Nomenklatur für Verbindungen mit der einwertigen funktionellen Gruppe −SH.

Mercator, Gerhardus, eigtl. Gerhard Kremer, * Rupelmonde (Flandern) 5. März 1512, † Duisburg 2. Dez. 1594, niederl. Geograph und Kartograph. - Studierte in Löwen, fertigte Globen an und schuf die ersten modernen Landkarten, u. a. eine Karte des Hl. Landes und eine Europakarte; berühmt durch seine große Weltkarte für die Schiffsnavigation, für die er die M.projektion entwickelte. Gab den Sammelwerk seiner 107 Karten den Bez. „Atlas".

Mercatorprojektion [nach G. †Mercator] †Kartennetzentwurf.

Mercedarier [zu lat. merces „Gnade"] (Ordo Beatae Mariae Virginis de Mercede redemptionis captivorum, Abk. OdeM), kath. Ordensgemeinschaft, 1218 von Petrus Nolascus und Raimund von Peñafort urspr. als Ritterorden mit der Aufgabe gegr., gefangene Christen von den Muslimen freizukaufen; später Bettelorden und auf allen Gebieten der Seelsorge und Mission tätig. Gegenwärtig

etwa 900 Mgl. in Italien, Spanien, Nord- und Südamerika.
Mercedes [mɛr'tseːdɛs, span. mɛr-'θeðes], aus dem Span. übernommener weibl. Vorname (gekürzt aus: Maria de Mercede redemptionis captivorum „Maria von der Gnade der Gefangenenerlösung" [Name eines Festes]).
Mercedes [span. mɛr'seðes], Hauptstadt des Dep. Soriano, Uruguay, am Río Negro, 35 000 E. Kath. Bischofssitz; Textilind.; Kur- und Badeort; Binnenhafen, Eisenbahnendpunkt. - Gegr. 1781.
Mercedes-Benz, geläufige Bez. für die Pkw der Daimler-Benz AG.
Mercerisieren ↑ Merzerisieren.
Merchandising [engl. 'məːtʃəndaɪzɪŋ; zu to merchandise „verkaufen"], umfassender amerikan. Begriff für Entscheidungen der Produktgestaltung und der Warendarbietung unter Berücksichtigung der Verbrauchergewohnheiten mit dem Ziel, ein maximales Absatzergebnis zu erreichen; ferner alle Maßnahmen der Verkaufsförderung sowie der Intensivierung der Werbung im Hinblick auf einen raschen Verkauf unter Einschaltung eines Absatzplanes.
Merchant adventurers [engl. 'məːtʃənt əd'vɛntʃərəz „wagemutige Kaufleute"], im 14. Jh. entstandene, größte engl., 1505 privilegierte Handelskompanie (Hauptort London); erreichte im 16. Jh. ihre höchste Blüte.
Mercia, eines der 7 angelsächs. Kgr., ben. nach den Merciern, urspr. am oberen Trent gelegen, umfaßte im 7. und 8. Jh. S-England, kam 825 unter Lehnshoheit von Wessex, 918 von Eduard d. Ä. annektiert.
Mercier [frz. mɛr'sje], Désiré, * Braine-l'Alleud bei Brüssel 21. Nov. 1851, † Brüssel 23. Jan. 1926, belg. kath. Theologe und Philosoph, Kardinal (seit 1907). - 1877 Prof. für Philosophie in Mecheln, 1882 in Löwen; 1906 Erzbischof von Mecheln und Primas von Belgien; leitete 1921-25 die Mechelner Gespräche. Führender Vertreter der Neuscholastik.
M., Louis Sébastien, * Paris 6. Juni 1740, † ebd. 25. April 1814, frz. Schriftsteller. - Während der Revolution u. a. Mgl. des Rates der Fünfhundert; zunächst Lyriker, dann Prosaschriftsteller (bes. der auf die Frz. Revolution hindeutende utop. Roman „Das Jahr 2440. Ein Traum aller Träume", 1771) und Dramatiker, u. a. „Der Schubkarren des Essighändlers" (1775); seine umfangreichen kulturhistor. Werke geben ein realist. Bild der frz. Gesellschaft gegen Ende des 18. Jh.
Merck, Johann Heinrich, Pseud. Johann Heinrich Reimhardt d. J., * Darmstadt 11. April 1741, † ebd. 27. Juni 1791 (Selbstmord), dt. Schriftsteller und Publizist. - Mitarbeiter an den „Frankfurter Gelehrten Anzeigen", der „Allg. Dt. Bibliothek" und dem „Teutschen Merkur". Bed. Anreger und Kritiker von wichtigen Vertretern des Sturm und Drangs wie Goethe, Herder, Wieland, Lavater.

Mercouri, Melina [griech. mɛr'kuri], eigtl. Maria Amalia Mersuris, * Athen 18. Okt. 1925, griech. Schauspielerin. - Bekannt v. a. aus Filmen, u. a. „Wo der heiße Wind weht" (1958), „Sonntags nie" (1959), „Phädra" (1961), „Topkapi" (1964). Auch erfolgreiche Chansonsängerin. Seit 1966 ∞ mit J. Dassin. 1967 Ausbürgerung wegen ihres Kampfes gegen die Militärjunta in Griechenland; anschließend große Europatourneen. Rückkehr 1974; wurde Parlaments-Abg. für die „Panhellen. Sozialist. Bewegung" (PASOK); 1981-89 Kultusministerin. Schrieb „Ich bin als Griechin geboren" (Autobiogr., 1971).

Melina Mercouri (1959)

Mercurius, bei den Römern der dem griech. ↑ Hermes entsprechende Gott der Kaufleute.
Mercury-Programm [engl. 'məːkjʊrɪ „Merkur"], Raumfahrtprogramm der USA, mit dem 1961-63 erste Erfahrungen mit bemannten Raumfahrtgeräten gesammelt wurden. Die Mercury-Raumkapseln waren für jeweils einen Astronauten konstruiert und für eine Flugdauer von zwei Stunden ausgelegt.
Mercy, Claudius Florimund Graf von [frz. mɛr'si], * in Lothringen 1666, ✕ Crocetta (bei Parma) 29. Juni 1734, kaiserl. Feldmarschall. - Teilnehmer am Span. Erbfolgekrieg und am Türkenkrieg (1714/16-18); 1716-33 Gouverneur im Banat; setzte die planmäßige neuzeitl. südosteurop. dt. Ostsiedlung in Gang.
Mereau, Sophie [frz. me'ro], geb. Schubart, * Altenburg 28. März 1770 (?), † Heidelberg 31. Okt. 1806, dt. Schriftstellerin. - Heiratete in 2. Ehe 1803 C. Brentano; veröffentlichte Beiträge in Schillers „Musenalmanach" und in den „Horen".
Méreau [frz. me'ro], svw. ↑ Marke (Numismatik).
Meredith [engl. 'mɛrədɪθ], Burgess, * Cleveland 16. Nov. 1909, amerikan. Schauspieler und Regisseur. - Seit 1936 beim Film;

Meredith

hatte bes. eindrucksvolle Rollen in: „Von Mäusen und Menschen" (1939), „Schlachtgewitter am Monte Cassino" (1945), „Das Tagebuch einer Kammerzofe" (1946), „Der Mann vom Eiffelturm" (1949), „Sturm über Washington" (1961), „Zwei dreckige Halunken" (1970), „Santa Claus" (1985).

M., George, * Portsmouth (Hampshire) 12. Febr. 1828, † Flint Cottage bei Dorking (Surrey) 18. Mai 1909, engl. Schriftsteller - Einer der letzten großen Romanciers des Viktorian. Zeitalters. Begann als Lyriker; Einfluß der Romantik, später von H. Spencer, A. Comte, C. Darwin; bed. v. a. seine realist., nicht immer leicht zugängl. psycholog. Romane, die, oft iron.-satir., die Selbstbewährung einzelner im Konflikt zw. Verstand und Sinnen schildern, z. B. die „ep. Komödien" „Richard Feverels Prüfung" (1859) und „Der Egoist" (1879).

Merellus [lat.], svw. † Marke (Numismatik).

Merenptah (Meneptah), ägypt. König (1224-14) der 19. Dyn. - Sohn Ramses' II.; siegte über Libyer und Asiaten. Vielleicht ist M. der König z. Z. des Auszugs der Israeliten.

Mereschkowski, Dmitri Sergejewitsch [russ. mɪrɪʃˈkɔfskij], * Petersburg 14. Aug. 1865, † Paris 9. Dez. 1941, russ. Dichter. - Emigrierte nach der Oktoberrevolution nach Paris. Mitbegr. des russ. Symbolismus, wandte sich später einer betont christl., myst.-spekulativen Betrachtung von Mensch und Welt zu. Seine großangelegten Geschichtsromane stellen die Menschheitsgeschichte als Antagonismus von Christ und Antichrist dar, bes. die Romantrilogie „Hristos i Antihrist" (Bd. 1: „Julian Apostata", 1903; Bd. 2: „Leonardo da Vinci", 1903; Bd. 3: „Peter d. Gr. und sein Sohn Alexei", 1905). Hervorragender Biograph.

Mergel [kelt.-lat.], Sammelbez. für Sedimentgesteine der Mischungsreihe Ton-Kalk.

Mergenthaler, Ottmar, * Hachtel (= Bad Mergentheim) 11. Mai 1854, † Baltimore 28. Okt. 1899, amerikan. Feinmechaniker dt. Herkunft. - Erfand 1884 die Zeilensetzmaschine (Linotype; erstmals 1886 bei der „New York Tribune" verwendet).

Mergentheim, Bad † Bad Mergentheim.

Merguiarchipel, Inselgruppe in der Andamanensee, rd. 900 gebirgige, dünn besiedelte Inseln.

Merhart von Bernegg, Gero, * Bregenz 17. Okt. 1886, † Gut Bernegg bei Kreuzlingen 4. März 1959, östr. Vorgeschichtsforscher. - 1928-49 Prof. in Marburg; bed. Arbeiten zur Urgeschichte Sibiriens und v. a. zur Hallstattkultur.

Meri, Veijo, * Viipuri (= Wyborg) 31. Dez. 1928, finn. Schriftsteller. - Einer der bedeutendsten modernen finn. Prosaisten; zeigt in seinen Romanen und Erzählungen die extremen Situationen des Krieges als das Absurde menschl. Existenz auf, z. B. in „Das Manilaseil" (R., 1957), „Die Frau auf dem Spiegel" (R., 1963).

Merian, Maria Sibylla, * Frankfurt am Main 2. April 1647, † Amsterdam 13. Jan. 1717, dt. Malerin, Kupferstecherin und Insektenforscherin. - Tochter von Matthäus M. d. Ä.; tätig in Nürnberg, den Niederlanden und 1699-1701 in Surinam; schrieb und illustrierte „Florum fasciculi tres" (1671), „Der Raupen wunderbare Verwandlung ..." (1679, 2. Teil 1683), „Metamorphosis insectorum Surinamensium" (1705); malte auch Aquarelle.

M., Matthäus, d. Ä., * Basel 22. Sept. 1593, † Langenschwalbach (= Bad Schwalbach) 19. Juni 1650, schweizer. Kupferstecher und Buchhändler. - Vater von Maria Sibylla M.; 1624 übernahm M. den Verlag seines Schwiegervaters J. T. de Bry in Frankfurt am Main mit den zugehörigen Kupferstichwerkstätten; unter seiner Leitung entstanden u. a. „Biblia Sacra" (1625-27), „Theatrum Europaeum" (1635 ff.), schuf die berühmten Städteansichten in Martin Zeilers „Topographia" (1642 ff.). Bed. auch die Stadtpläne von Basel (1615), Köln (1620) und Frankfurt am Main (1628).

Mérida [span. ˈmeriða], span. Stadt am mittleren Guadiana, 37 000 E. Archäolog. Museum; Handelszentrum eines Bewässerungsgebiets; Nahrungsmittel-, Leder-, Korkind., Baumwollverarbeitung. - Als **Augusta Emerita** 25 v. Chr. von Kaiser Augustus als Veteranenkolonie gegr., eine der Hauptstädte der röm. Prov. Lusitania; Erzbischofssitz schon um 260 n. Chr. nachgewiesen; 1120/24

Adolph von Menzel, Das Balkonzimmer (1845). Berlin, neue Nationalgalerie

Meristemkultur

wurden die Metropolitanrechte auf Santiago de Compostela übertragen. - Bed. Reste aus röm. Zeit, u. a. Theater, Pferderennbahn, Amphitheater, Granitbrücke. Aus maur. Zeit stammt die Alcazaba (9. Jahrhundert).

M., Hauptstadt des mex. Staates Yucatán, 9 m ü. d. M., 424 500 E. Kath. Erzbischofssitz; Univ. (gegr. 1922), Technikum; archäolog. Museum, Zoo. M. ist Zentrum des Anbaus der Henequenagave der Halbinsel Yucatán; Ausgangspunkt für den Besuch der archäolog. Stätten; internat. ✵. - 1542 an der Stelle der Mayasiedlung Tiho gegr., im Schachbrettschema angelegt. - Die Kathedrale, der Palacio Montejo und der Palacio Municipal stammen aus dem 16. Jahrhundert.

M., Hauptstadt des venezolan. Staates M., am N-Fuß der Sierra Nevada de M., 1 625 m ü. d. M., 99 000 E. Kath. Erzbischofssitz; Univ. (gegr. 1810), Verarbeitung landw. Erzeugnisse. - 1558 gegr.; 1812 zerstörte ein Erdbeben die Stadt.

M., Staat in W-Venezuela, 11 300 km^2, 459 400 E (1981), Hauptstadt M. In der Cordillera de M. gelegen, reicht M. im NW bis zum Maracaibosee.

Mérida, Cordillera de [span. kɔrðiˈjera ðe ˈmeriða], Gebirgszug der Anden in W-Venezuela, zw. dem Maracaibobecken und den Llanos, bis 80 km breit, besteht aus mehreren Ketten, u. a. der Sierra Nevada de Mérida im SO, die im Pico Bolívar 5 007 m ü. d. M. erreicht.

Meridian [zu lat. (circulus) meridianus „Mittagskreis"], svw. Längenkreis, ↑Gradnetz.

Meridiankreis, astronom. Winkelmeßinstrument; ein Fernrohr, das so aufgestellt ist, daß es im Meridian schwenkbar ist. Durch Feststellung des genauen Zeitpunktes des Meridiandurchgangs eines Gestirns wird seine Rektaszension als die eine Koordinate im Äquatorsystem bestimmt. Die Deklination eines Gestirns kann aus einer Winkelmessung der Höhe des Gestirns über dem Horizont bei bekannter Polhöhe des Beobachtungsorts abgeleitet werden.

Meridiantertie [...tsi-ə; lat.], 3 600. Teil einer Seemeile = 0,514 m (1 Seemeile pro Stunde entspricht 1 M. pro Sekunde).

meridional [lat.], die Längenkreise betreffend; parallel zu einem Längenkreis verlaufend.

♦ auf den ↑Meridionalschnitt bezogen, in ihm verlaufend.

Meridionalschnitt (Tangentialschnitt), Schnitt durch ein opt. System, der die opt. Achse sowie einen nicht auf ihr liegenden Dingpunkt und den dazugehörigen Bildpunkt enthält. Die im M. verlaufenden Strahlen bezeichnet man als *Meridionalstrahlen.*

Merimdekultur ↑Faijumkultur.

Mérimée, Prosper [frz. meriˈme], * Paris 28. Sept. 1803, † Cannes 23. Sept. 1870, frz. Schriftsteller. - 1831 Inspekteur der histor. Denkmäler Frankr.; lernte in Spanien die spätere frz. Kaiserin Eugénie kennen, deren Berater er wurde. 1844 Mgl. der Académie française; 1853 Senator. Steht als Erzähler und Dramatiker zw. Romantik und Realismus; trat 1825 mit einer Reihe romant.-sarkast. Dramen und einer Balladensammlung hervor; seine Novellen (u. a. „Colomba", 1840; „Carmen", 1845, Vorlage zu Bizets Oper) sind gekennzeichnet durch realist.-objektive, oft auch leicht iron. Darstellung leidenschaftl. menschl. Gefühle sowie durch südländ. Lokalkolorit, das in der frz. Literatur kein Vorbild hatte. Schrieb auch Literaturkritiken sowie histor. und kunsthistor. Studien.

Weitere Werke: Die Bartholomäusnacht (R., 1829), Mateo Falcone (Nov., 1829), Die Venus von Ille (Nov., 1837).

Merina, größtes Volk Madagaskars malaiischer Herkunft, v. a. im Hochland.

Mering, Joseph Freiherr von, * Köln 28. Dez. 1849, † Halle/Saale 5. Jan. 1908, dt. Mediziner. - Prof. in Halle; erkannte (mit O. Minkowski, *1858, †1931) die Bed. der Bauchspeicheldrüse und entdeckte die einschläfernde Wirkung der Barbiturate.

Meringe (Meringue, Meringel) [frz.], Eischneegebäck, gefüllt mit Sahne und/oder Speiseeis.

Meriniden (arab. Al Marinijjun), marokkan. Berberdyn. (1269-1420); verdrängte 1269 die Almohaden aus Marokko; 1420 wurden sie von den Wattasiden entmachtet.

Merinolandschaf [span./dt.] (Württemberg. Schaf, Dt. Veredeltes Landschaf), im 19. Jh. aus schlichtwolligen Landschafen durch Einkreuzen von Merinoböcken gezüchtete, heute in Deutschland am stärksten vertretene Rasse mittelgroßer Hausschafe; Jahreswollertrag 4-5 kg (♀♀) bis 7 kg (♂♂).

Merinoschafe [span./dt.] (Merinos), weltweit (v. a. in trockenen Gebieten) verbreitete, aus Vorderasien stammende Rassengruppe des Hausschafs; Haut mit zahlr. Runzeln und Falten; mit gut gekräuselter weißer Wolle (ohne Oberhaar). M. bringen rd. 75% der Weltwollerzeugung bei einem Anteil von knapp 50% am Weltschafsbestand.

Merinowolle [span./dt.] ↑Wolle.

Meristem [zu griech. meristós „geteilt"], in den Wachstumszonen der Pflanzen gelegenes teilungsbereites Zellgewebe, das neue Pflanzenteile hervorbringen kann. - ↑auch Bildungsgewebe.

meristematisch [griech.], noch teilungsfähig, noch nicht voll ausdifferenziert; auf pflanzl. Gewebe bezogen.

Meristemkultur (Meristemzüchtung), durch schnelle Vermehrung von embryonalen Geweben (Meristeme) in der Pflanzenzüchtung angewandtes Verfahren zur Erzielung einer markt- oder betriebsgerechteren Produktion von Zucht- und Handelssorten einiger Kulturpflanzen (z. B. Orchideen, Nelken, Spargel, Blumenkohl). Durch beliebig oft wiederholbare Teilungen der Zellklumpen können zahlr. Einzelpflanzen in kürzester Zeit gewonnen werden. Vorteile der M. gegenüber der Samenzucht: exakte Reproduktion der Mutterpflanzen (alle Zellen sind noch erbgleich), Herabsetzung der Entwicklungsdauer, Eliminierung von Viruskrankheiten (in vitro kultivierte Meristeme sind weitgehend virusfrei).

Meriten [lat.-frz.], Verdienste.

Merkantilismus [frz., zu lat. mercari „Handel treiben"], zusammenfassende Bez. für die wirtschaftspolit. Bestrebungen der absolutist. Staaten zw. dem 16. und 18. Jh. und die diesen Bestrebungen zugrundeliegenden Wirtschaftslehren. Ziel des M. war die Mehrung von Macht und Wohlstand des jeweils eigenen Landes bzw. Landesherrn. Als Mittel dazu wurden in erster Linie angesehen: 1. Förderung der gewerbl. Produktion und ihres Exports bei gleichzeitiger Einschränkung der Importe, bei Rohstoffen umgekehrt Förderung des Imports und Einschränkung des Exports, um eine aktive Handelsbilanz zu erzielen, die zu entsprechenden Geldzuflüssen führt; 2. aktive Bevölkerungspolitik (**Peuplierungspolitik**) durch Hilfe für Neuverheiratete und kinderreiche Familien, Junggesellensteuer, Begünstigung der Einwanderung und Verbot der Auswanderung, da die Arbeitskraft als wichtiger Produktionsfaktor angesehen wurde. Außerdem herrschte zumindest in der Frühphase des M. die Auffassung vor, daß so das Lohnniveau, beim gegebenen niedrigen Stand der Industrialisierung der Hauptkostenfaktor neben den Rohstoffkosten niedrig gehalten, die Konkurrenzfähigkeit für den Export entsprechend gefördert werden könnte. In den einzelnen Ländern erfuhr der M. je nach Stand der Industrialisierung und ökonom. Interessenlage unterschiedl. Ausprägungen; in Frankr. konzentrierte sich der M. als *Colbertismus* (↑ Colbert) mehr auf die staatlich gelenkte Entwicklung des Gewerbes, in England auf z. T. äußerst rigide Maßnahmen zur Hebung der Nachfrage nach den Produkten der einheim. Wollindustrie und auf die Kolonialpolitik, in Deutschland als ↑ Kameralismus auf die Erhöhung der Bevölkerungszahl (zur Überwindung der Folgen des Dreißigjährigen Krieges) und den Aufbau des Gewerbes.
In der Geschichte der ökonom. Lehrmeinungen wurde der M. im Laufe des 18. Jh. in Frankr. durch die Lehren der Physiokraten, in England durch die klass. Nationalökonomie abgelöst, während er in Deutschland noch etwa bis zur Jahrhundertwende bestimmend blieb.

 Rothermund, D.: Europa u. Asien im Zeitalter des M. Darmst. 1978. - *Blaich, F.: Die Epoche des M.* Wsb. 1974. - *Klein, E.: Gesch. der volkswirtsch. Lehrmeinungen.* Darmst. 1973. - *Schumpeter, J. A.: Gesch. der ökonom. Analyse.* Dt. Übers. Gött. 1965.

Merkel, Garlieb Helwig, * Lodiger (= Lēdurga bei Cēsis, Lett. SSR) 1. Nov. 1769, † Depkinshof bei Riga 9. Mai 1850, dt. Schriftsteller. - Trat in der Schrift „Die Letten" (1797) für die Rechte der leibeigenen Letten gegen den dt.-balt. Adel ein. Bekämpfte vom Standpunkt der Aufklärung aus Goethe und die Romantiker, v. a. in den „Briefen an ein Frauenzimmer ..." (1801–03) und in der mit A. Kotzebue gegr. Zeitschrift „Der Freymüthige".

Merkel-Körperchen (Merkel-Tastscheiben, Merkel-Zellen) [nach dem dt. Anatomen F. S. Merkel, * 1845, † 1919], Tastsinnesneszellen in den tiefen Oberhautschichten bes. der Säugetiere (einschließl. Mensch); sind von einer Neurofibrillennetzschale umhüllt.

Merkel, Paul, * Dresden 24. April 1881, † ebd. 25. Febr. 1945, dt. Literarhistoriker. - Ab 1917 Prof. in Leipzig, ab 1921 in Greifswald, ab 1928 in Breslau; gab zus. mit W. Stammler das „Reallexikon der dt. Literaturgeschichte" (1925–31) und (ab 1926) die „Zeitschrift für dt. Philologie" heraus.

Merker, 1. Aufpasser und Neider, die im Minnesang die Begegnung der Liebenden verhinderten oder überwachten; 2. im Meistersang Zensoren und Schiedsrichter, die die Liedvorträge nach den Regeln der Tabulatur beurteilten und Verstöße registrierten.

Merkle, Sebastian, * Ellwangen (Jagst) 28. Aug. 1862, † Wargolshausen (Landkr. Rhön-Grabfeld) 24. April 1945, dt. kath. Theologe. - 1898–1933 Prof. für Kirchengeschichte in Würzburg. Schuf mit seinen kirchengeschichtl. Werken die Voraussetzung für eine kath. Beurteilung von Luther und der Aufklärung.

Merkmal, eine Eigenschaft einer Sache oder eines Individuums, an der die Sache als *diese* Sache bzw. das Individuum als *dieses* Individuum [wieder]erkannt wird bzw. eine Bestimmung an einem Begriff, der diesen von jedem anderen unterscheidet. M. ist somit notwendiger Bestandteil jeder Definition. Der Begriff „M." wurde von Leibniz als Übersetzung des aristotel.-scholast. Begriffs „differentia specifica" (artbildender Unterschied; ↑ auch Definition) in die philosoph. Diskussion (v. a. die *traditionelle Logik*) eingebracht und von dort in verschiedene Wiss.zweige übernommen, z. B. in die *generative [Transformations]grammatik,* in die *Biologie* (dort auch **Phän** gen.) und - als erhebbares Kriterium - in die *Statistik.*

Merkmalanalyse, eine v. a. in der ↑ Phonologie und ↑ Semantik angewandte Methode, mit der die relevanten Eigenschaften sprachl. Einheiten isoliert, als Merkmale repräsentiert und systematisiert werden. Die M. erfolgt in mehreren Schritten: 1. Isolierung immer wieder vorkommender minimaler Unterschiede, z. B. [b:p, d:t, g:k] oder: *Mann:Frau, Hengst:Stute, Hahn:Henne*; 2. ihre Repräsentation als Merkmale, z. B. [± stimmhaft], [± männl.]; 3. Systematisierung der Merkmale in einer ↑ Matrix.

Merkur [lat., nach dem röm. Gott Mercurius], astronom. Zeichen ☿, der sonnennächste Planet (58 Mill. km). Als innerer Planet kann sich M., von der Erde aus gesehen, nur bis zu einer größten Elongation von 28° östl. oder westl. von der Sonne entfernen. Er pendelt zw. diesen Grenzen mit einer Periode von etwa 116 Tagen. Je nach Stellung der Planeten kann der Abstand Erde–Merkur zw. 82 und 217 Mill. km schwanken, entsprechend ändert sich der scheinbare Winkeldurchmesser des M. etwa zw. 5″ und 15″. Die Merkurbahn hat die zweitgrößte Exzentrizität aller Planetenbahnen im Sonnensystem; sie verändert sich langsam infolge von Störungen. M. ist von der Erde aus mit opt. Instrumenten nur schwer zu beobachten, so daß bis vor kurzem nur wenige Oberflächendetails bekannt waren. Die Rotationszeit (58,65 Tage) konnte erst durch Radarmessungen ermittelt werden. Erst die 1973 gestartete Planetensonde Mariner 10 erbrachte wesentl. Erkenntnisse über den Planeten. Dabei bestätigte sich die weitgehend mondähnl. Formationen des M. Die Dichte des Planeten (5,4 g/cm^3) entspricht aber fast exakt der Erddichte. Magnetfeldmessungen lassen einen ähnl. inneren Aufbau wie den der Erde vermuten. Weitere Messungen zeigten, daß der Atmosphärendruck in der M.atmosphäre kleiner als 0,01 mbar sein muß. Helium wurde in einer bes. hohen Konzentration nachgewiesen. Ein beobachtetes Nachthimmelsleuchten deutet auf die Anwesenheit von Argon, Neon und vermutl. auch Xenon in der M.atmosphäre hin. - Temperaturmessungen ergaben für den subsolaren Punkt 585 K (rund +310°C), für die Nachtseite 150 K (−120°C) und für den Mitternachtspunkt etwa 100 K (−170°C). - ↑auch Planeten.

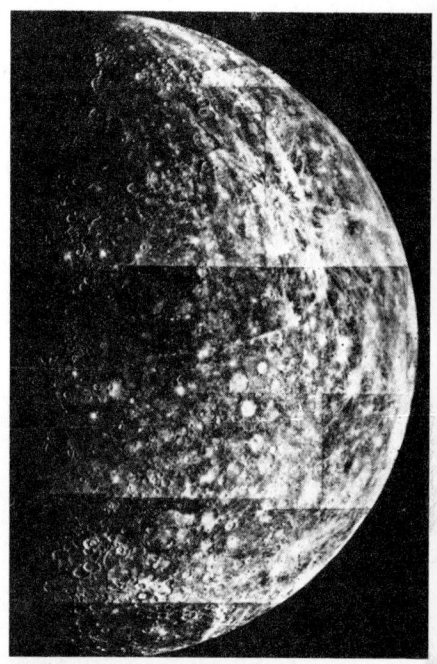

Merkur. Mosaikbild zahlreicher Aufnahmen von Mariner 10 aus einer Entfernung von 210 000 km. Besonders auffallend ist der große Strahlenkrater im Nordosten (der Nordpol liegt oben)

Merkuri, Melina, griech. Schauspielerin und Politikerin, ↑Mercouri, Melina.

Merlan [lat.-frz.], svw. Wittling (↑Dorsche).

Merle, Robert [frz. mɛrl], * Tébessa (Algerien) 20. Aug. 1908, frz. Schriftsteller. - Seit 1949 Prof. für Anglistik in Rennes, danach in Toulouse; bekannt durch seine realist.-dokumentar. Romane, z. B. „Wochenende in Zuitcoote" (1949) über die Schlacht von Dünkirchen und „Der Tod ist mein Beruf" (1953) über einen KZ-Kommandanten; schrieb auch Science-fiction-Romane, u. a. „Der Tag der Delphine" (1967), histor. Romane, u. a. „Le prince que voilà" (1982).

Merleau-Ponty, Maurice Jean-Jacques [frz. mɛrlopɔ̃'ti], * Rochefort 14. März 1908, † Paris 3. Mai 1961, frz. Philosoph. - Prof. in Lyon, an der Sorbonne und am Collège de France in Paris. Einer der Hauptvertreter des frz. Existentialismus; versuchte unter Einfluß der Phänomenologie Husserls von einer eigenen Theorie des Bewußtseins aus die Grundlegung einer existentialist. Anthropologie; leitete mit dem Werk „Humanismus und Terror" (1947) eine neue Phase in der Entwicklung des Existentialismus ein und entfaltete Ansätze zu einer Theorie gesellschaftl. Handelns, die Einfluß auf Sartre hatten und auf Camus' Menschen in der Revolte.

Merlin, Zauberer und Wahrsager in der Artusliteratur, Ratgeber des Königs Artus; stammt aus der Vereinigung eines Teufels mit einer Jungfrau. Er beendet sein Leben im Wald von Brocéliande, wo er von der Fee Viviane in ewigem Schlaf gehalten wird.

Merlin [german.-frz.-engl.] (Zwergfalke, Falco columbarius), etwa 25 (♂)–33(♀) cm großer Falke, v. a. in offenen Landschaften und lichten Wäldern N-Eurasiens und N-Amerikas; jagt Vögel bis Taubengröße.

Merlot [frz. mɛr'lo], empfindl. Rebsorte,

Mermillod

die feine, milde Rotweine liefert; etwa 25% Anteil in guten Bordeauxweinen.

Mermillod, Gaspard [frz. mɛrmi'jo], * Carouge (Kt. Genf) 22. Sept. 1824, † Rom 23. Febr. 1892, schweizer. kath. Theologe, Kardinal (seit 1890). - 1873 Apostol. Vikar von Genf; residierte nach seiner Ausweisung durch den schweizer. Bundesrat in Ferney-Voltaire (Frankr.); begr. 1885 die „Union catholique d'études sociales et économiques"; Wegbereiter der Enzyklika „Rerum novarum" Papst Leos XIII. und der christl.-sozialen Bewegung.

meroblastische Eier [griech./dt.] ↑ Ei.

Meroe ['me:roe], Ruinenstätte in der Republik Sudan, 90 km südl. von Atbara; seit etwa 530 v. Chr. Hauptstadt eines Reiches in Nubien; wurde 350 n. Chr. von Aksum zerstört. M. wurde z. T. ausgegraben, v. a. die Residenz sowie mehrere Tempel; Funde von Keramik, Schmuck, u.a. des sog. Ferlini-Goldschatzes (Berlin und München) in den Grabkammern, auch von Zeugnissen der sog. *meroit.* Schrift (um 200 v. Chr.) in 2 Formen: einer den Hieroglyphen ähnl. Monumentalschrift und einer der demot. Schrift ähnl. kursiven Schreibschrift.

merokrine Drüsen [griech./dt.] ↑ Drüsen.

Merostomen (Merostomata) [griech.], größtenteils ausgestorbene Klasse der Gliederfüßer, von der heute nur noch die Pfeilschwanzkrebse leben.

Merowinger, fränk. Königsgeschlecht des Früh-MA, der Überlieferung zufolge von Merowech abstammend; im 5. Jh. Kleinkönige eines salfränk. Teilstammes um Tournai, später Cambrai. Die ersten nachweisbaren M. sind Chlodio († um 460) und Childerich I. († um 482). Dessen Sohn Chlodwig I. (um 482–511) wurde durch Beseitigung der anderen fränk. Könige und Unterwerfung fast ganz Galliens Begründer des Fränk. Reiches. Das german. Prinzip des Nachfolgerechts aller Königssöhne führte ab 511 zu immer neuen Reichsteilungen und Kämpfen zw. den Teilkönigen. Die reale Macht verloren die M. im 7. Jh. zunehmend an den Adel, insbes. an die Hausmeier, wenngleich ihre myth.-sakrale Bedeutung noch lange gültig blieb; der letzte M., Childerich III., wurde erst 751 gestürzt.

📖 *Faber, G.:* Das erste Reich der Deutschen. Gesch. der M. u. Karolinger. Mchn. 1980. - *Bergengruen, A.:* Adel u. Grundherrschaft im M.reich. Wsb. 1958.

merowingische Kunst, die Kunst des Frankenreiches unter den Merowingerkönigen (5.–8. Jh.). Der histor. Epochenbez. entspricht keine stilgeschichtl. Einheit, der Formenschatz entstammt weitgehend dem mittelmeer. Raum, doch wird er durch spezif. german. Neigungen zum Ornamentalen, Koloristischen und Flächenhaften modifiziert. Die Sakralarchitektur zeigt meist im Grundriß ein doppeltes Quadrat (Saint-Pierre in Vienne, 5. Jh.; Baptisterium in Poitiers, 6./7. Jh.). Daneben entstehen oktogonale Baptisterien

Merowingische Kunst. Von oben: Lesepult (6. Jh.). Kloster Sainte-Croix bei Saint Benoît-sur-Loire; Basis eines Monumentalkreuzes (7. Jh.). Poitiers, Hypogée des Dunes; Reliquiar in Taschenform (7. Jh.). Fleury, Klosterkirche

sowie Basiliken, wobei sich als merowing. Sonderform die Herausbildung von Kuppeltürmen zw. Mittelschiff und Apsis abzeichnet (Bischofskirche in Nantes, geweiht um 558). Der Baudekor zeigt in der Kapitell- und Sarkophagplastik (z. B. in der Nordkrypta der Abtei von Jouarre, 7. Jh.) hohe Qualität v. a. in ornamentalen Darstellungen. Auch bed. Zeugnisse der Grabmalkunst (Grabstein von Niederdollendorf, 7.Jh.; Bonn, Rhein. Landesmuseum), der Metallkunst (Schatz des Grabes Childerichs I.) und der Buchmalerei (v. a. der Klöster von Luxeuil und Corbie), die durch Fisch- und Vogelornamentik gekennzeichnet ist und ihr unmittelbares Vorbild in Oberitalien zu haben scheint.

Meroxen [griech.], eisenarme Abart des Biotits; häufigstes Glimmermineral, in Graniten und Gneisen weit verbreitet.

Merrifield, Robert Bruce [engl. 'mɛrɪfi:ld], * Fort Worth (Tex.) 15. Juli 1921, amerikan. Chemiker. - Seit 1966 Prof. für Biochemie an der Rockefeller University in New York; entwickelte neue, für die Biotechnologie bedeutsame Synthesemethoden (sog. **Merrifield-Technik**) zur Herstellung von Peptiden und Proteinen. Er erhielt dafür 1984 den Nobelpreis für Chemie.

Merseburg, Landkr. im Bez. Halle, DDR.

M., ehem. Bistum, 968 von Otto I., d. Gr. errichtet; 981–1004 aufgelöst; nach der Reformation brachten die Wettiner als Administratoren ab 1545/61 das Stiftsgebiet in ihre Gewalt; bestand als ev. Domkapitel bis 1930.

Merseburger Zaubersprüche, zwei althochdt. auf heidn.-german. Tradition zurückgehende Beschwörungsformeln in Stabreimen; im 10. Jh. auf dem Vorsatzblatt eines wohl aus Fulda stammenden lat. Missales des 9. Jh. eingetragen; 1841 in der Merseburger Dombibliothek von G. Waitz entdeckt, 1842 von J. Grimm ediert. Die M. Z. sind zweiteilig angelegt: Auf ein ep. Paradigma folgt die eigentl. Zauberformel; der 1. Spruch ist eine Beschwörung der Götter zur Lösung von Fesseln, der 2. zur Heilung eines lahmen Pferdes.

Merseburg/Saale, Krst. an der Saale, Bez. Halle, DDR, 95 m ü. d. M., 47 400 E. Verwaltungssitz des Landkr. Merseburg; TH für Chemie Leuna-M., Staatsarchiv der DDR; Maschinen-, chem., Baustoffind., Aluminiumwalzwerk. - Auf den Schloßhügel entstand um die 9. Jh. belegte Burg eine Siedlung, bei der König Heinrich I. vor 930 eine Pfalz errichtete. Kaiser Otto I. gründete 968 das Bistum Merseburg. Als Sitz eines Grafen (932) und eines Markgrafen (968) gen.; spätestens seit 974 bestand eine Marktsiedlung; Tagungsort wichtiger Reichstage; Stadtbrand 1387. Zunächst unter bischöfl. Herrschaft (ab 1004), kam im 15. Jh. an die Hzg. von Sachsen, 1815 vom Kgr. Sachsen an Preußen (Prov. Sachsen). - Das Stadtbild wird beherrscht vom spätgot. Dom (Baubeginn 1015, im wesentl. 1502–17) und dem Schloß (im 17. Jh. umgebaut). Vor dem Renaissancerathaus (15. und 16. Jh.) steht der Staupenbrunnen (1545); spätgot. Marktkirche (1432–1501). Auf der Altenburg Reste des Petersklosters (12. Jh.; heute Museum „Natur und Mensch").

Mersey [engl. 'məːzɪ], 113 km langer Fluß in NW-England, entsteht bei Stockport aus zwei Quellflüssen, bildet vor seiner Mündung in die Irische See ein 32 km langes, bis 5 km breites Ästuar, das für Seeschiffe jeder Größe befahrbar ist.

Merseyside [engl. 'məːsɪsaɪd], Metropolitan County in NW-England, die von Liverpool beherrschte Stadt- und Ind.landschaft am unteren Mersey.

Mersin, türk. Stadt an der südanatol. Küste, 216 300 E. Hauptstadt der Verw.-Geb. Içel; Hafen, Eisenbahnendpunkt; Erdölraffinerie, Zementfabrik, Ölmühle; Fischerei. Fährverkehr nach Zypern. - Etwa 3 km nw. von M., auf dem Ruinenhügel Yümüktepe, legten Ausgrabungen (1937–40 und 1946/47) Siedlungsschichten vom frühen Neolithikum (6. Jt. v. Chr.) bis ins islam. MA frei.

Mersole [Kw.], aus höheren Kohlenwasserstoffen (C_{12} bis C_{18}) hergestellte Paraffinsulfonsäuren ($C_nH_{2n+1}SO_3H$), deren Salze, die *Mersolate*®, die ersten synthet. Waschmittelrohstoffe waren.

Mertensstanne ↑ Hemlocktanne.

Merthyr Tydfil [engl. 'məːθə 'tɪdvɪl], Stadt in Wales, im Tafftal, Gft. Mid Glamorgan, 53 800 E. Eines der bedeutendsten Ind.-zentren des Südwalis. Kohlenfelds, heute v. a. Maschinenbau, Elektro-, chem., Spielwarenind., Strumpfwirkereien. - Seit 1908 Stadt.

Merton, Robert K[ing] [engl. məːtn], * Philadelphia 5. Juli 1910, amerikan. Soziologe. - Prof. an der Columbia University seit 1941; Arbeiten zur Theorie der Sozialwiss., die die Entwicklung der dt. Soziologie nach 1945 wesentl. beeinflußt haben, zur Wiss.soziologie, zur Wirkung von Massenkommunikationsmitteln und zur Bürokratieforschung.

Meru [engl. 'mɛəruː], Vulkan mit 1 300 m tiefer Caldera sw. des Kilimandscharo, Tansania, 4 567 m hoch, letzter Ausbruch 1910.

Merulo, Claudio, eigtl. C. Merlotti, * Correggio 8. April 1533, † Parma 5. Mai 1604, italien. Organist und Komponist. - Seine Orgelkompositionen (Ricercare, Messen, Kanzonen, Toccaten) sind frühe Beispiele eines selbständigen Orgelstils (Beginn der Trennung von Toccata und Fuge).

Meru-Reservat [engl. 'mɛəruː], Wildschutzgebiet in Z-Kenia, östl. des Ortes Meru (4 500 E) am Fuß des Mount Kenya.

Merw [russ. mjerf], Ruinenstadt (auf rd. 70 km² Fläche) in der Turkmen. SSR, UdSSR, 30 km östl. von Mary; eine der ältesten und bekanntesten mittelasiat. Städte; planmäßige

Méryon

Ausgrabungen erstmals 1880, dann bes. 1946-53. Erste schriftl. Zeugnisse über M. gehen bis ins 4./3. Jh. zurück, der älteste Teil der Stadt stammt jedoch schon aus dem 6. Jh. v. Chr.; gehörte vom 2. Jh. v. Chr. bis zum 3. Jh. n. Chr. zum parth. Reich, geriet im 4. Jh. unter sassanid. Herrschaft; 651 von Arabern erobert. 1222 völlige Zerstörung durch die Mongolen; 1510-24 und 1601-1747 pers.; seit dem 19. Jh. russ.; verfiel nach Gründung der neuen Stadt M. (Mary). - Bei den verschiedenen Grabungen wurden Teile der parth. Stadtbefestigung, das Mausoleum für Sandschar (vor 1152) und timurid. Bauten des 15. Jh. freigelegt.

Méryon, Charles [frz. me'rjõ], * Paris 23. Nov. 1821, † Charenton-le-Pont bei Paris 14. Febr. 1868, frz. Radierer frz.-engl. Abkunft. - Schuf visionäre Stadtansichten, ("Eaux-fortes sur Paris", 22 Blätter, 1852-54; 1861 überarbeitet). Als sein Hauptwerk gilt das Blatt „L'abside de Notre Dame" (z. B. in Rotterdam, Museum Boymans-van-Beuningen).

Merzdichtung ↑ Schwitters, Kurt.

Merzerisieren (Mercerisieren) [nach dem brit. Chemiker und Industriellen J. Mercer, * 1791, † 1866], Behandlung von straff gespannten Baumwollgarnen und -geweben mit kalter konzentrierter Natronlauge (22-24 %ig); durch die Einwirkung der Lauge quellen die Fasern etwas auf und erhalten einen hohen Glanz; durch das M. erhöhen sich Reißfestigkeit und Anfärbbarkeit.

Merzig, Krst. an der unteren Saar, Saarland, 175 m ü. d. M., 29 100 E. Verwaltungssitz des Landkr. M.-Wadern; u. a. keram. Werke, Drahtfabrik. - Das auf die Römersiedlung **Martiacum** zurückgehende M. kam 870 an die Erzbischöfe von Trier, deren Verwaltungssitz es wurde; 1332 Stadtrecht. - Roman. ehem. Prämonstratenser-Stiftskirche (13. und 15. Jh.); Rathaus (1647-50 als Jagdschloß erbaut; umgestaltet).

Merzig-Wadern, Landkr. im Saarland.

mes..., Mes... ↑ meso..., Meso...

Mesa [lat.-span. „Tisch"], v. a. in Spanien, im spanischsprachigen Amerika und in den USA übl. Bez. für Tafelberg.

Mesabi Range [engl. mə'sɑːbi 'reɪndʒ], Hügelkette in nö. Minnesota, eines der wichtigsten Eisenerzbergbaugebiete der USA.

Mesalliance [frz. mezali'ɑ̃ːs], nicht standesgemäße Ehe, Ehe zw. Partnern ungleicher sozialer Herkunft; unglückl., unebenbürtige Verbindung.

Mesatransistor [span./lat.-engl.] ↑ Transistor.

Mesa Verde National Park [engl. 'meɪsə 'vɜːd 'næʃənəl 'pɑːk], unter Denkmalschutz gestelltes, 208 km² umfassendes Gebiet in SW-Colorado, USA; umfaßt ein etwa 24 km langes, 13 km breites, bis über 2 600 m hohes, randl. steil abfallendes Plateau (*Mesa Verde*). In diesem sind die Reste von über 300 präkolumb. Siedlungen erhalten (zw. 300 und 1300), die zur Anasazitradition gehören.

Mescal buttons [engl. 'mɛskæl 'bʌtnz], svw. ↑ Peyotl.

Mescalin ↑ Meskalin.

Meschede, Krst. an der oberen Ruhr, NRW, 260 m ü. d. M., 30 300 E. Verwaltungssitz des Hochsauerlandkr.; Fachbereiche der Gesamthochschule Paderborn, Leichtmetallind., Werkzeugfabrik u. a. - Bei einem Frauenstift entwickelte sich das bereits im 10. Jh. als Markt- und Münzort, aber erst seit dem 19. Jh. als Stadt bezeichnete M. - Ehem. Stiftskirche in gotisierendem Barock mit karoling. Stollenkrypta, klassizist. Christuskirche (1839). Nördl. von M. die 1928 gegr. Benediktinerabtei Königsmünster mit moderner Kirche (1964).

Meschhed, Stadt und schiit. Wallfahrtsort in NO-Iran, am Fuß des Koppe Dagh, 1,12 Mill. E. (Hauptstadt des Verw.-Geb. Chorasan; Univ. (gegr. 1939), Handelszentrum; Woll- und Baumwollverarbeitung, Lederwarenherstellung, Zementfabrik; Eisenbahnendpunkt, ✈. - Urspr. Vorort der älteren Stadt **Tus,** wurde durch die Grabstätte von Imam Resa berühmt, so daß schließl. die Bez. M. („Grabmal eines Märtyrers") von der Wallfahrtsstätte auf die Stadt übertragen wurde. Nach der Zerstörung von Tus 1389 trat M. an dessen Stelle. Nadir Schah (1736-47) machte M. zu seiner Residenz; seit dem 19. Jh. Hauptstadt von Chorasan. - Grabmoschee des Imam Resa (1009 erneuert, im 15. und 16. Jh. erweitert), mit Grab des Harun Ar Raschid; Gauharmoschee (15. Jh.).

Meschhed ↑ Orientteppiche (Übersicht).

Meschtscherski, Iwan Wsewolodowitsch [russ. mɪ'ʃtʃɛrskij], * Archangelsk 10. Aug. 1859, † Leningrad 7. Jan. 1935, russ.-sowjet. Physiker. - Prof. in Petersburg bzw. Leningrad; grundlegende theoret. Untersuchungen zur Dynamik veränderl. Massen, die bes. für die Raketentechnik (Massenänderung durch Brennstoffverbrauch) wichtig wurden.

Mesencephalon (Mesenzephalon) [griech.], svw. Mittelhirn (↑ Gehirn).

Mesenchym [griech.], aus dem Mesoderm (↑ Keimblatt) hervorgehendes, lockeres Füllgewebe (*M.gewebe*), aus dem u. a. Bindegewebe (einschließl. Knorpel und Knochen) sowie Blut (flüssiges M.gewebe) entstehen.

Mesenterium [griech.] (Gekröse), wie eine Kreppmanschette gekräuseltes, aus Bindegewebe bestehendes Aufhängeband des Dünndarms.

Meseta [lat.-span., eigtl. „kleiner Tisch"], v. a. im span. Sprachbereich Bez. für ein Plateau oder eine Plateaulandschaft (Hochfläche).

mesische Atome [griech.], svw. ↑ Mesonenatome.

Mesityloxid [griech.], ungesättigtes, kaum wasserlösl. Keton mit strengem, pfefferminzartigem Geruch; wird als Lösungsmittel v. a. in der Lackind. verwendet.

Meskalin (Mescalin, Mezkalin) [indian.-span.], zu den biogenen Aminen zählendes Alkaloid; ein Phenyläthylaminderivat, das als wasserlösl., farblose, ölige Flüssigkeit aus der mexikan. Kakteenart Lophophora williamsii gewonnen oder synthet. hergestellt wird. M. ist neben Haschisch und LSD das bekannteste Halluzinogen. Seine rauscherzeugende Wirkung (die oft mit unangenehmen Begleiterscheinungen, wie Kopfschmerzen, Schwindel, u. U. auch Übelkeit und Erbrechen, auftritt) ist der von LSD und Haschisch ähnl.; sie äußert sich je nach der Ausgangslage u. a. in verändertem Zeiterleben, lebhaften Farbvisionen, erhöhter Plastizität der bildhaften Eindrücke, in einem Gefühl der Schwerelosigkeit, in Verfremdungseffekten und einer Veränderung von Gehör- und Geruchserlebnissen. Zur Auslösung der Bewußtseinsänderungen ist etwa die 4 000fache Dosis von LSD erforderl. Chem. Strukturformel:

$$H_3CO-\underset{OCH_3}{\underset{|}{\overset{OCH_3}{\overset{|}{C_6H_2}}}}-CH_2-CH_2-NH_2$$

Mesmerismus [nach dem dt. Arzt F. Mesmer, *1734, †1815], Bez. für die Lehre von der Heilkraft des „animal. Magnetismus"; überholte Anschauung von den Erscheinungen der Hypnose und Suggestion.

Mesner [zu mittellat. ma(n)sionarius, eigtl. „Haushüter"], landschaftl. Bez. für Küster, Sakristan, Kirchendiener.

meso..., Meso..., mes..., Mes... [zu griech. mésos „der mittlere"], Bestimmungswort bei Zusammensetzungen mit der Bed. „mittlere, mittel..., Mittel...".

Mesoamerika, 1943 von P. Kirchhoff geprägte Bez. für den altindian. Hochkulturraum in Mexiko und im nördl. Zentralamerika, der z. Z. der Eroberung durch die Spanier das Verbreitungsgebiet der Nahua- und Mayavölker umfaßte, d. h. das zentrale und südl. Mexiko sowie die angrenzenden Teile von Guatemala, Belize und Honduras.

Mesoblast [griech.], svw. Mesoderm.

Mesoderm (Mesoblast) [griech.] ↑ Keimblatt.

Mesoeuropa, in der Geologie Bez. für den durch die variski. Gebirgsbildung versteiften und an Paläoeuropa angeschlossenen Bereich W- und M-Europas.

Mesoinosit ↑ Inosite.

Mesokarp [griech.] ↑ Fruchtwand.

mesolezithale Eier [griech./dt.] ↑ Ei.

Mesolithikum [griech.] (Mittelsteinzeit), Periode der Steinzeit zw. Paläolithikum und Neolithikum, wegen ihres Übergangscharakters manchmal letzterem zugerechnet; manche dem M. zuzuordnende Fundgruppen werden auch als ↑ epipaläolithische Kulturen bezeichnet. Eine kulturelle Abgrenzung ist v. a. in NW-Europa mögl., wo der Beginn des M. mit der geolog. Grenze zw. Pleistozän und Holozän um 8000 v. Chr. übereinstimmt. Die verhältnismäßig raschen Veränderungen von Klima, Pflanzen- und Tierwelt stellten an die Anpassungsfähigkeit der Menschen hohe Ansprüche. Fischfang und Sammelwirtschaft gewannen gegenüber der Jagd wachsende Bed.; auch die frühesten Belege von Wasserfahrzeugen (Einbaum) und Fischreusen stammen aus dem nordwesteurop. M. Als Wohnbauten sind Schilf- und Strauchwerkhütten für wenige Bewohner nachgewiesen. Bestattungen sind selten erhalten. Von Pinnberg bei Ahrensburg sind die bisher ältesten Hügelgräber (etwa 7./6. Jt.) bekannt. Unter den Steinwerkzeugen herrschen Mikrolithen und verschiedene Beilformen vor; Geräte und Schäftungen aus Knochen, Geweih und Holz sind nachgewiesen. - Schon in S-Frankr. (Azilien) ist die Abgrenzung zw. Paläolithikum und M. problemat., in Afrika spricht man von Epipaläolithikum bzw. „Später Steinzeit" („Later Stone Age").

Steinwerkzeuge und Kunstäußerungen zeigen, daß einzelne Züge sehr weiträumig verbreitet zu sein scheinen, während andererseits genauere Fundanalysen auf verhältnismäßig kleinräumige Regionalgruppen hinweisen. Auffällig ist, daß die jungpaläolith. Kunst in ihrem franko-kantabr. Kerngebiet zu erlöschen scheint, während in angrenzenden Zonen (z. B. N-Europa, Mittelmeergebiet) Geräteverzierung, Felsritzungen und Malereien erscheinen. - ↑ auch Asturien, ↑ Capsien, ↑ Ertebøllekultur, ↑ Natufian, ↑ Tardenoisien.

📖 *Smolla, G.: Epochen der menschl. Frühzeit.* Freib. u. Mchn. 1967. - *Bandi, H.-G.: Die Mittlere Steinzeit Europas. In:* Hdb. der Urgesch. Hg. v. K. J. Narr. Bd. 1. Bern u. Mchn. 1966.

Mesolongion, griech. Stadt am Golf von Patras, 10 200 E. Hauptort des Verw.-Geb. Ätolien und Arkarnanien; orth. Erzbischofssitz; Fisch-, Tabak- und Viehmärkte. - Im griech. Unabhängigkeitskrieg (1821–29) hart umkämpft. Am 25. April 1826 sprengte sich die griech. Restbesatzung mit den eingedrungenen Osmanen in die Luft.

Mesomerie [griech.] (Strukturresonanz), bei aromat. Verbindungen oder Verbindungen mit ↑ konjugierten Doppelbindungen (bzw. Dreifachbindungen) auftretendes, bes. chem. Bindungsverhältnis, bei dem Pi-elektronen der Doppel- oder Dreifachbindungen *delokalisiert* sind, d. h. nur eine bestimmte Aufenthaltswahrscheinlichkeit im Molekül besitzen und über den gesamten Bereich der konjugierten Doppel- oder Dreifachbindungen bzw. im aromat. Ring verteilt sind. Dieser *mesomere Bindungszustand* kann nicht durch eine einzige Strukturformel dargestellt werden, da er zw. den durch mehrere Strukturformeln *(Grenzformeln)* beschreib-

Mesomerieeffekt

baren, fiktiven Grenzzuständen liegt. Ein wichtiges Beispiel hierfür liefert das Benzolmolekül:

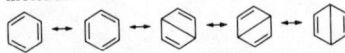

⌬ ↔ ⌬ ↔ ⌬ ↔ ⌬ ↔ ⌬

Die M. bewirkt, daß die Abstände aller Atome im Molekül gleich sind, wobei die Größenordnung der Abstände zw. der von Einfach- und Doppel- bzw. Dreifachbindung liegt. Der mesomere Bindungszustand besitzt eine höhere Bindungsenergie als die Doppel- oder Dreifachbindungen der Grenzstrukturen, so daß mesomere Verbindungen chem. bes. stabil sind.

Mesomerieeffekt (mesomerer oder elektromerer Substituenteneffekt), Bez. für die Einwirkung bestimmter funktioneller Gruppen (Substituenten) einer Verbindung mit delokalisierten Pi-Elektronen (↑ Mesomerie) auf andere Teile des Moleküls. Einen *positiven* M. (Abk. (+)M- oder (+)E-Effekt) haben Substituenten, die Elektronen an das Pi-Elektronensystem abgeben. Elektronegative Substituenten, die Pi-Elektronen aus dem mesomeren System an sich ziehen, haben einen *negativen* M. (Abk. (-)M- oder (-)E-Effekt). Z. B. läßt sich die gesteigerte Azidität von Phenol gegenüber anderen Alkoholen mit dem M. erklären. Auch die Stellung neu hinzukommender Substituenten wird durch den M. der Substituenten des ersten bzw. zweiten Typs beeinflußt.

Mesonen [zu griech. *mésos* „mitten, in der Mitte" (weil ihre Ruhemasse zw. der Elektronen- und der Nukleonenmasse liegt)], Sammelbez. für instabile Elementarteilchen mit der Baryonenzahl Null, die der starken Wechselwirkung unterworfen sind. M. entstehen u. a. bei den Zusammenstößen hochenerget. Nukleonen mit den Atomkernen der Materie. Dabei muß die kinet. Energie der stoßenden Teilchen so groß sein, daß durch sie die Ruheenergie des zu erzeugenden Mesons aufgebracht wird (z. B. 139 MeV bei Pionen). Die langlebigen Mesonen spielen in der Theorie der starken Wechselwirkungen und Kernkräfte eine ähnl. Rolle wie die Photonen bei der elektromagnet. Wechselwirkung. Sie sind die [Feld-]Quanten, die diese Kräfte vermitteln.

Mesonenatome (mes[on]ische Atome), Atome, in deren Hülle anstelle eines Elektrons ein negatives Meson an den Kern gebunden ist.

Mesophyll [griech.] ↑ Laubblatt.

Mesophytikum [griech.], paläobotan. Bez. für das Erdmittelalter, gekennzeichnet durch das Vorherrschen der Gymnospermen (Oberperm–Unterkreide).

Mesopotamien [zu griech. Mesopotamía „(Land) zw. den Strömen"] (Zweistromland, Zwischenstromland), Großlandschaft in Vorderasien zw. den Flüssen Euphrat und Tigris südl. des anatol. Gebirgslandes einschließl. des linken Uferbereichs des Tigris und des rechten Uferbereichs des Euphrat (Syrien und Irak). I. e. S. das Zwischenstromland südl. von Bagdad.
Geschichte: Urspr. Bez. nur für das Gebiet im Euphratbogen bis zum Al Chabur, später auf das gesamte Land zw. Euphrat und Tigris übertragen und auf dessen südl. Teil eingeengt; Raum der altoriental. Reiche Babylonien und Assyrien, ab 539 v. Chr. Teil des Perserreiches, wurde 635/636 arab., als Irak Prov. des Kalifenreiches, gehörte ab 1534 zum Osman. Reich; nach dem 1. Weltkrieg entstand hier der Irak.

Mesopsammion (Mesopsammon) [griech.], Lebensbereich der in Sandstränden von Süßgewässern oder Meeren lebenden Organismen; im marinen M. leben z. B. Nesseltiere, Strudelwürmer, Vielborster und Bärtierchen.

Mesosaurier [...i-ɛr] (Mesosauria), ausgestorbene Ordnung etwa 60–70 cm langer, fischfressender Saurier in den Süßwasserseen des Gondwanalandes an der Wende vom Karbon zum Perm; mit langer Schnauze und Reusenbezahnung.

Mesosphäre ↑ Atmosphäre.

Mesostichon [zu griech. *mésos* „mitten" und *stíchos* „Vers"], in Gedichten dem Akrostichon ähnl. Figur, bei der die in der Versmitte stehenden Buchstaben, hintereinander gelesen, einen bestimmten Sinn ergeben.

Mesothel (Mesothelium) [griech.], aus dem Mesoderm (↑ Keimblatt) von Mensch und Säugetieren hervorgegangenes, einschichtiges Deckzellenepithel, das bes. die Brusthöhle und die Bauchhöhle auskleidet.

Mesothorium, Zeichen MsTh, Bez. für zwei 1905 von O. Hahn entdeckte radioaktive Nuklide der Thoriumzerfallsreihe: das durch Alphazerfall aus dem Thoriumisotop Th 232 entstehende Radiumisotop Ra 228 und das daraus durch Betazerfall entstehende Acitiniumisotop Ac 228.

mesotroph, gesagt von Gewässern, deren Gehalt an gelösten Nährstoffen (und an organ. Substanzen, tier. und pflanzl. Plankton sowie an Sauerstoff) zw. dem der eutrophen und oligotrophen Gewässer liegt.

Mesoxalsäure (Ketomalonsäure), HOOC-CO-COOH, einfachste Ketodicarbonsäure, die weiße, zerfließende Kristalle bildet; Spaltprodukt der Harnsäure.

Mesozoen (Mesozoa) [griech.], Abteilung etwa 0,05–7 mm langer, ausschließl. meerbewohnender Vielzeller mit rd. 50 Arten. Ihr Körper ist ein rings geschlossener, einschichtiger Zellschlauch mit Fortpflanzungszellen im Inneren. Alle M. leben zumindest zeitweise parasit., bes. in Weichtieren, Strudel- und Ringelwürmern. M. werden heute als stark rückgebildete Formen der Vielzeller angesehen.

Mesozoikum [griech.], Bez. für das Erdmittelalter, umfaßt Trias, Jura, Kreide.
Mesozone ↑ Metamorphose.
Mespelbrunn, bayr. Gem. im westl. Spessart, 2100 E. Wasserschloß (15. Jh., 1551-69), Stammschloß der Echter von M., seit 1665 im Besitz der Grafen von Ingelheim; 1904 restauriert.
Mespilus [griech.], svw. ↑ Mispel.
Mesquitebaum [...ˈkiːtə; indian.-span./dt.] (Algarrobabaum, Prosopis juliflora), in den Tropen und Subtropen (v. a. in Amerika) kultiviertes Mimosengewächs, dessen Hülsenfrüchte als nährstoffreiches Viehfutter verwendet werden. - Die mex. Indianer bauten die Pflanze als Maisersatz an und verarbeiteten die saftigen und fleischigen Teile der Früchte zu Mehl und zu einem bierähnl. Getränk. Der Stamm liefert *Mesquite-* oder *Sonoragummi*.
Mesrop, hl., eigtl. Maschtoz, * Hatsek (Armenien) um 361, † Etschmiadsin 17. Febr. 440, armen. Mönch und Missionar. - Erkannte die Notwendigkeit der Schrift für die Mission und schuf deshalb, gemeinsam mit dem Katholikos Sahak, die armen. Schrift. Übersetzte Bibeltexte, liturg. Texte und Schriften der Kirchenväter ins Armenische.
Messa di voce [ˈvoːtʃe; italien.], Gesangsverzierung des ↑ Belcanto: das allmähl. An- und Abschwellen eines Tones (vom Pianissimo zum Fortissimo und wieder zum Pianissimo).
Message [engl. ˈmɛsɪdʒ, zu lat. mittere „schicken"], in der Kommunikationstheorie Mitteilung, Nachricht, Information, die durch die Verbindung von Zeichen ausgedrückt und vom Sender zum Empfänger übertragen wird.
Messalina, Valeria, * um 25 n. Chr., † 48, röm. Kaiserin. - Frau des Claudius (39); erregte Anstoß durch sittenlosen Lebenswandel und ihre Grausamkeit; Anlaß zu ihrer Beseitigung gab die ohne Wissen des Claudius geschlossene Ehe mit Gajus Silius.
Messaline [frz.], leichtes Kettatlasgewebe, durch bes. Ausrüstung stark glänzend; als Kleider-, Dekorations- und Futterstoff verwendet.
Messalla (Messala), eigtl. Massala, Beiname einer Fam. im altröm. Patriziergeschlecht der Valerii; bekannt v. a.:
M., Marcus Valerius M. Corvinus, * 64 v. Chr., † 13 n. Chr., röm. Politiker und Redner. - Anhänger des Brutus, nach 42 des Antonius, ab 36 des Oktavian; 31 Konsul und Befehlshaber bei Aktium. Bed. Redner und Förderer röm. Dichter.
Messana, antiker Name von ↑ Messina.
Messapisch, die indogerman. Sprache der Messapier und verwandter Stämme in Kalabrien und Apulien, die aus etwa 400 meist sehr kurzen Inschriften aus dem 5. bis 1. Jh. in einer von einem griech. Alphabet abgeleiteten *messap. Schrift* bekannt ist.

Meßbildkamera (Meßkammer) ↑ Photogrammetrie.
Meßbrief, von der Schiffsregisterbehörde ausgestellte Urkunde über wichtige Daten eines Schiffes (Abmessungen, Bauweise u. a.), die v. a. als Unterlage für Versicherungen dient.
Meßbrücke, svw. ↑ Brückenschaltung.
Messe (lat. missa) [nach der lat. Aufforderung am Ende des Gottesdienstes „Ite, missa est" „Geht hin, (die Versammlung) ist entlassen"], seit Ende des 5. Jh. in den westl. (lat.) Kirchen Bez. für die Eucharistiefeier, den christl. Hauptgottesdienst, nach der Reformation fast ausschließl. in der röm.-kath. Kirche in Gebrauch (für die ev. Kirchen ↑ Abendmahl, für die Ostkirchen ↑ Liturgie). - Nach *dogmat.* Verständnis versammelt sich zur M. das Volk Gottes unter dem kult. Vorsitz eines Priesters, um die Gedächtnisfeier von Tod und Auferstehung Jesu zu begehen, wobei das Kreuzopfer Jesu sakramental vergegenwärtigt und Christus unter den Zeichen von Brot und Wein durch die Wandlung (↑ Transsubstantiation) sowie in seinem Wort in der Gemeinde gegenwärtig wird. - *Liturgiegeschichtl.* läßt sich die M. in ihren wesentl. Bestandteilen auf das ↑ Abendmahl Jesu zurückführen: Nehmen des Brotes, Danken, Brotbrechen, Darreichen und Nehmen des Kelches, Danken, Darreichen; dies geschah zunächst in Verbindung mit der [abendl.] Sabbatmahlfeier; doch schon um 100 löste sich die Eucharistiefeier von der allg. Mahlfeier, verschob sich auf den [Sonntag]morgen und wurde mit einem Lesegottesdienst (Schriftlesung) eingeleitet, der bald (um 150) um Predigt (Homilie), Fürbitten und Friedenskuß und seit dem 4. Jh. (Einführung eines Sängerchors) um Gesänge (z. B. Kyrielitanei, Introitus, Gloria in excelsis Deo, Offertorium, Präfation mit Sanctus, Vaterunser, Agnus Dei) erweitert wurde. Mitte des 6. Jh. bildete sich ein fester ↑ Kanon der röm. M. und seit dem 13. Jh. ein ↑ Missale als Sammlung der M.texte heraus. Wachsende Verschiedenheiten, abergläub. Auswüchse in der Volksfrömmigkeit sowie v. a. die reformator. Kritik führten durch das Konzil von Trient und durch Papst Pius V. zu einer Vereinheitlichung der M. im „Missale Romanum" von 1570, wobei allerdings die aktive Teilnahme der Gläubigen v. a. durch die lat. Liturgiesprache und durch die sog. „stille" M. zurückgedrängt wurde. Erste Ansätze zu einer volksgemäßen Wiederbelebung der M. gingen von Pius X. und v. a. von der ↑ liturgischen Bewegung aus, die in der Liturgiekonstitution des 2. Vatikan. Konzils aufgegriffen und mit der Veröffentlichung eines neuen röm. Meßbuchs (1970) abgeschlossen wurde. - Nach ihrem *Aufbau* gliedert sich heute die M. in: 1. *Eröffnung:* Introitus, Begrüßung, Schuldbekenntnis, Gloria und Tagesgebet; 2. *Wortgottesdienst:* Lesungen (aus A. T. und N. T.), Evan-

Messe

gelium, Predigt, Credo, Fürbitten; 3. *Eucharistiefeier*: Bereitung der Gaben, Gabengebet, Präfation, Sanctus, eucharist. Hochgebet (in 4 Formen zugelassen) mit den Wandlungsworten, Fürbitten für die Lebenden und Verstorbenen, Vaterunser, Friedensgruß, Kommunion; 4. *Entlassung* mit Segen. - Hinsichtl. der *Texte* der M. unterscheidet man zw. **Proprium missae** (die je nach Fest bzw. Festkreis unterschiedl. Texte) und **Ordinarium missae** (die im ganzen Kirchenjahr gleichbleibenden Texte). - Sinn der Erneuerung der M. ist eine größtmögl. Beteiligung der Gläubigen am Vollzug der Liturgie. Deshalb wurde vom 2. Vatikan. Konzil die Einführung der Muttersprache verpflichtend für alle Gemeindegottesdienste vorgeschrieben.

📖 *Rössler, H.: Die heilige M. verstehen. Donauwörth 1985. - Gemeinde im Herrenmahl. Hg. v. T. Maas-Ewerd u. K. Richter. Freib. ²1976. - Lietzmann, H.: M. u. Herrenmahl. Bln. Nachdr. 1967.*

◆ in der *Musik* wird die Bez. allg. nur für die kompositor. Gestaltung des Ordinarium missae gebraucht. - Die frühe Mehrstimmigkeit seit dem 10. Jh. ergriff neben Teilen des Propriums (v. a. Graduale und Alleluja) auch Ordinariumsteile. An die Stelle der bis ins 15. Jh. vorherrschenden Vertonung einzelner Meßteile trat (seit dem 14. Jh.) die Komposition des geschlossenen Ordinariums-Meßzyklus, so in der M. von Tournai (1. Hälfte des 14. Jh.), Barcelona, Toulouse, Besançon (2. Hälfte des 14. Jh.) und der bed. M. (1364?) von Guillaume de Machault. Mit den Werken von J. Dunstable und G. Dufay wurde der bis zum Barock gültige Typus der M. festgelegt, in dem eine allen Teilen (vielfach als Cantus firmus) zugrundeliegende Choral- oder Chansonmelodie den Zyklus noch enger zusammenbindet. Einen Höhepunkt in der Komposition des Proprium missae bezeichnet der „Choralis Constantinus" von H. Isaac (beendet Mitte des 16. Jh. von seinem Schüler L. Senfl). Den klass. Typus der A-cappella-M. schuf im 16. Jh. Palestrina. Mit dem Aufkommen der Monodie im ausgehenden 16. Jh. tritt diese M. im „alten Stil" vor der vom Oratorium her beeinflußten konzertanten Gestaltung zurück. Entscheidend werden jetzt gesteigerter Affektausdruck sowie klangl. Ausweitung und Abwechslung unter Verwendung von Solisten (z. T. mit Soloinstrumenten), Chor und Orchester (so noch in J. S. Bachs großer „h-Moll-Messe", 1724). Hier war die liturg. Bindung weitgehend gelöst, ebenso wie in den Werken der Vorklassik und Klassik (Haydn, Mozart), in denen Elemente des sinfon. Stils und der Oper wirksam wurden und die M. vielfach (z. B. Beethoven, „Missa solemnis", 1819–23) aus der Kirche in den Konzertraum führten. Das 19. Jh. steigerte die Kompositionen im subjektiven Ausdruck (F. Liszt, A. Bruckner), suchte aber gleichzeitig im Cäcilianismus mit der Anlehnung an das klass. Vorbild Palestrinas die eigentl. Bestimmung der M. wiederzugewinnen. Vor diesen Bestrebungen traten die konzertanten M. zurück, doch verzichtete das 20. Jh. (I. Strawinski, O. Messiaen, A. Heiller) nicht auf die Verwendung zeitgenöss. Kompositionstechniken. Neueste kirchl. Erlasse tolerieren die bisherigen Formen der Meßkomposition, formulieren aber als Ideal die Eingliederung der Musik in die Liturgie.

📖 *Georgiades, T.: Musik u. Sprache. Das Werden der abendländ. Musik dargestellt an der Vertonung der M. Bln. u. a. Nachdr. 1984. - Fellerer, K. G.: Die M. Ihre musikal. Gestalt vom MA bis zur Gegenwart. Dortmund 1951.*

MESSE Abfolge der Gesänge	
Proprium	Ordinarium
Introitus	
	Kyrie
	Gloria
Graduale	
Alleluja (eventuell mit Sequenz)	
	Credo
Offertorium	
	Sanctus
	Agnus Dei
Communio	

Messe [lat.-mittellat.], Schauveranstaltung mit Marktcharakter, die ein umfassendes Angebot eines oder mehrerer Wirtschaftszweige (allgemeine oder Fach-M.) bietet. Sie findet im allg. ein- oder mehrmals im Jahr jeweils am gleichen Ort und zu bestimmten Zeiten statt. Die heutigen M. sind überwiegend **Mustermessen,** auf denen Abschlüsse zw. den Herstellern und den Wiederverkäufern getätigt werden.

M. haben eine vielfältige *wirtsch. Bed.*: Die Käufer (der Handel) können sich mit verhältnismäßig geringem Aufwand einen umfassenden Überblick über das gesamte Angebot auf einem Markt verschaffen; die Verkäufer (Hersteller bzw. Großhandel) lernen einerseits das Angebot und die Leistungsfähigkeit der Konkurrenten, andererseits die Bedürfnisse der Nachfrager kennen. M. dienen weiterhin der Kontaktpflege und der Aufnahme neuer Kontakte. Die Abschlüsse auf den M. (zumal auf den traditionsreichen) sind außerdem wichtige Konjunkturbarometer.

Geschichte: Seit dem frühen MA, v. a. aber seit dem 11./12. Jh., wurden anläßlich kirchl. Festtage (lat. feriae, frühnhd. fair, frz. foire) an wichtigen Verkehrsknotenpunkten nach der kirchl. M. Märkte abgehalten. Die M.besucher unterstanden dem Schutz des Königs und der Kirche; den M.orten wurden M.privilegien verliehen. Die früheste dieser dem Warenaustausch dienenden Waren-M. war die von Saint-Denis (seit etwa 629). Durch Ausstellen von Meßwechseln wurden die M.orte gleichzeitig Zentren des Geld- und Kreditwesens (z. B. Brügge, Gent, Lyon, Paris, Padua und Antwerpen). Zw. Europa und den Levanteländern vermittelten Venedig und Genua den Handelsverkehr. Im Hl. Röm. Reich erhielt Frankfurt am Main 1240 M.privilegien, Leipzig 1268, Frankfurt/Oder 1649 und Braunschweig 1671 (?). Weitere wichtige M.städte waren in Oberdeutschland Straßburg, Worms, Nördlingen, Linz, Zurzach und Bozen. Bed. M.städte in der BR Deutschland sind u. a. Düsseldorf, Frankfurt am Main, Hannover, Köln und München.

📖 *Greipl, E./Singer, E.: Auslandsmessen als Instrument der Außenhandelsförderung. Bln. 1980. - Maurer, E.: Missa profana. Gesch. u. Morphologie der M. u. Fachausstellungen. Stg. 1973.*

◆ landschaftl., bes. in Süddeutschland, Österreich und der Schweiz für Jahrmarkt, Kirmes.

Messe [frz.-engl., eigtl. „Speise" (zu lat. missum „(aus der Küche) Geschicktes")], auf größeren Schiffen 1. [gemeinsamer oder getrennter] Speise- und Aufenthaltsraum der Offiziere, Unteroffiziere und Mannschaften, 2. die dazugehörige [Schiffs]kantine, 3. die Tischgesellschaft selbst.

Messel, Alfred, * Darmstadt 22. Juli 1853, † Berlin 24. März 1909, dt. Architekt. - V. a. in Berlin tätig; verband histor. Stilelemente mit funktionsbetonter, konstruktiver Gliederung; Warenhaus Wertheim in Berlin (1896 ff.; zerstört), Landesmuseum Darmstadt (1892–1905), Rathaus Ballenstedt (1906).

Messel, hess. Gem. 10 km nö. von Darmstadt, 183 m ü. d. M., 3 700 E. Bed. Fossilienfunde (u. a. Urpferd) in der Ölschiefergrube Messel.

Messemer, Hannes, eigtl. Hans Edwin M., * Dillingen a. d. Donau 17. Mai 1924, dt. Schauspieler. - Seit 1947 Engagements u. a. in Hannover, Bochum, München, Stuttgart und Berlin sowie bei den Ruhrfestspielen. Sensibler, wandlungsfähiger Darsteller unterschiedlichster Rollen, der seine Figuren meist iron.-krit. oder auch in ihrer Widersprüchlichkeit entwickelt (u. a. Hamlet, Macbeth, Franz Moor, Mackie Messer). Seit 1957 auch beim Film, u. a. in „Nachts, wenn der Teufel kam" (1958), „Die Akte Odessa" (1974), „Die Fastnachtsbeichte" (1976), und im Fernsehen.

Messen, Vergleichen einer (physikal.) Größe (z. B. einer Länge, eines Druckes, einer Stromstärke) mit einer festgesetzten Einheit (z. B. dem Meter, dem Bar, dem Ampere) und die Bestimmung der Zahlenwertes *(Maßzahl)*, der angibt, wie oft diese Einheit in der betreffenden Größe enthalten ist.

Messenger-RNS [engl. 'mɛsɪndʒə „Bote" (zu lat. mittere „schicken")] (Boten-RNS), eine Form der †RNS.

Messenien [...i-ɛn], histor. Landschaft im SW der Peloponnes. In myken. Zeit dicht besiedelt; gewaltsame Angliederung an Sparta in den (3) **Messenischen Kriegen** (letztes Drittel des 8. Jh. und Mitte des 7. Jh. v. Chr.; erfolgloser Helotenaufstand Mitte des 5. Jh. v. Chr.) führte jedoch zur Verödung durch teilweise Auswanderung und zur Unterwerfung der Zurückbleibenden. Der 369 mit theban. Hilfe neugegr. Staat M. mit dem Hauptort Messene am Berg Ithome (erhalten sind u. a. Reste des Mauerrings, des Theaters, des Stadions und der Agora) wurde 191 achäisch und 146 v. Chr. Teil der röm. Prov. Achaia. Vom Oström. Reich kam M. 1205 zum frz.-angiovin. Ft. Achaia, 1428 zum Despotat von Mistra und wurde 1460 von den Osmanen besetzt; die Häfen Koron und Modon waren jedoch 1206–1500 in venezian. Besitz.

Messenischer Golf, Golf des Mittelmeers zw. der Halbinsel Mani und der westl. Halbinsel der südl. Peloponnes, bis 50 km breit, 55 km lang.

Messer, zum Schneiden verwendetes Handwerkszeug oder Hauswirtschaftsgerät, bestehend aus einer in der Form dem Verwendungszweck angepaßten *Klinge* (z. B. aus nichtrostendem Stahl), an die meist in Hohlschliff eine scharfe *Schneide* angeschliffen ist (auch mit beidseitigen Schneiden), und einem *Griff (Heft)* aus Holz, Metall oder Kunststoff. Bei M. mit feststehender Klinge steckt der zur *Angel* ausgeschmiedete Teil der Klinge bis zur aufgewölbten *Scheibe (Schulter, Schild)* im Heft, bei M. mit bewegl. Klinge *(Taschen-M.)* ist diese in das Heft einklappbar *(Klapp-M.)* oder einschiebbar. Bei den als Klapp-M. ausgeführten Taschen-M. sind eine oder mehrere Klingen, auch Korkenzieher, Schraubenzieher u. a. zw. zwei Metallschalen gelagert und werden durch Federdruck ein- oder ausgeklappt gehalten. - Als Maschinenwerkzeuge sind M. mit einer Schneide versehene Leisten oder Platten aus gehärtetem Stahl, die beim Schneiden meist paarweise zusammenwirken, indem sie mit ihren größten Flächen aneinander vorbeigleiten und das dazw. befindl. Material trennen.

Geschichte: Das M. ist eines der ältesten Werkzeuge der Menschheit, das auch als Hieb- und Wurfwaffe verwendet wurde. Im Paläolithikum wurde es aus Feuerstein, im Jungpaläolithikum auch aus Schiefer und Obsidian gefertigt. Eisen-M. treten erstmals in der Hallstattzeit auf. Die Ägypter hatten M. in Sichelform mit außenliegender Schneide (sog. Chops). In der röm. Kaiserzeit gehörten M. zur verfeinerten Tischkultur. Während bis ins späte MA die Gäste ein eigenes M. mitbrachten, bürgerte sich vom 16. bis 18. Jh. die Sitte ein, ein Eßbesteck aufzulegen, bei dem neben Gabel und Löffel auch ein Tisch-M. übl. war. - Die ersten aus Eisen gegossenen M.klingen stellte 1781 J. Reaves in Chester-

Messeraale

field in Derby her. In Solingen entwickelte sich eine eigene dt. Schneidwarenindustrie.
📖 *Helfrich-Dörner, A.: M., Löffel, Gabel - seit wann? Schwäbisch Hall 1959.*

Messeraale ↑Messerfische.

Messerfische, (Notopteridae) Fam. bis etwa 80 cm langer, langgestreckter Knochenfische mit vier Arten in Afrika und S-Asien; Körper hinten spitz zulaufend; z. T. beliebte Warmwasseraquarienfische.
◆ (Messeraale, Nacktaale, Gymnotidae) artenarme Fam. bis etwa 50 cm langer, langgestreckter Karpfenfische in S-Amerika.

Messerfurniere ↑Furniere.

Messermuscheln, svw. ↑Scheidenmuscheln.

Messerschmidt, Franz Xaver, *Wiesensteig (Landkreis Göppingen) 6. Febr. 1736, † Preßburg 19. Aug. 1783, dt. Bildhauer. - Bes. bekannt seine 49 „Charakterköpfe" (1770 ff.; v. a. Wien, Östr. Galerie-Barockmuseum).

Messerschmitt, Willy, *Frankfurt am Main 26. Juni 1898, † München 15. Sept. 1978, dt. Flugzeugkonstrukteur. - Ab 1937 Prof. an der TH München. M. konstruierte zuerst Segelflugzeuge, 1925 sein erstes Motorflugzeug die *M 17*, und 1926 das Ganzmetallflugzeug *M 18*. Ab 1934 entwickelte er die einsitzige *Me 109* und daraus die *Me 209* (Me 109 R), mit der 1939 der (bis 1969 bestehende) Geschwindigkeitsweltrekord von 755,138 km/h für Flugzeuge mit Kolbenmotor aufgestellt wurde. M. baute ab 1943 das erste in Serie hergestellte und von A. M. Lippisch (*1894, † 1976) entwickelte Raketenflugzeug (*Me 163*; 1 000 km/h) sowie ab 1944 das erste serienmäßige Düsenflugzeug (Jagdflugzeug *Me 262* mit zwei Triebwerken).

Messerschmitt-Bölkow-Blohm GmbH, Abk. MBB, dt. Luft- und Raumfahrtunternehmen, Sitz Ottobrunn und München. MBB entwickelt, produziert und vertreibt Erzeugnisse der Luft- und Raumfahrttechnik, der Wehrtechnik, der Marinetechnik, des Maschinen-, Fahrzeug- und Apparatebaus, der Elektrotechnik und Elektronik sowie der Energie- und Prozeßtechnik. Beteiligungsgesellschaften (100%) sind u. a. die Dt. Airbus GmbH, München, die ERNO Raumfahrttechnik GmbH, Bremen, die Bölkow-Anlagen GmbH, Ottobrunn, die GELMA Industrieelektronik GmbH, Bonn, die MBB-Medizintechnik GmbH, Ottobrunn, und die Bayern-Chemie, Gesellschaft für flugchem. Antriebe mbH, Aschau. - Die MBB GmbH wurde 1969 durch Zusammenschluß mehrerer traditionsreicher dt. Luftfahrtunternehmen gegründet; 1981/82 gingen auch die Vereinigten Flugtechnischen Werke GmbH (VFW) in der MBB GmbH auf.

Meßfühler ↑Meßtechnik.

Meßgeräte, Geräte zur quantitativen Erfassung von physikal., chem. und anderen Erscheinungen und Eigenschaften. Nach ihrem Wirkungsprinzip wird v. a. zw. mechan., pneumat., elektr. und opt. M. unterschieden. - I. e. S. versteht man unter M. Vorrichtungen, die entweder eine Meßgröße verkörpern (z. B. Längenmaßstäbe) oder eine beliebige Anzahl von Meßwerten anzeigen (*anzeigende M.*), aufschreiben (*Meßschreiber*) oder zählen (*Zähler*). Die Anzeige kann u. a. mittels Zeiger (z. B. bei Meßuhren oder Voltmetern), Flüssigkeitssäule (z. B. bei Thermometern) oder Lichtstrahl auf einer Skala oder Strichmarke (*analog anzeigende M.*) oder aber (bei *digital anzeigenden M.*) unstetig, sprunghaft durch ein Zählwerk erfolgen. Meßmittel, die nur einen Meßgrößenwert darstellen (z. B. Endmaße, Rachenlehren, Wägestücke), werden *Maße* genannt. - ↑auch elektrische Meßgeräte.

Meßgrößenumformer (Meßwertgeber, Geber), Gerät zur Umwandlung nichtelektr. Größen (z. B. Drehzahlen, Drücke, Längen, Winkel) in elektr. Größen oder auch elektr. Größen in andere elektr. Größen, um sie für ein Meßverfahren geeignet zu machen. Anwendung u. a. in Anlagen der Automation.

Messiaen, Olivier [frz. mɛˈsjã], *Avignon 10. Dez. 1908, frz. Komponist und Ornithologe. - Studierte 1919–30 am Pariser Conservatoire (bei M. Dupré, P. Dukas); seit 1931 Organist an Saint-Trinité in Paris; war 1936 Mitbegründer der Gruppe „Jeune France", lehrte 1942–78 am Pariser Conservatoire (Schüler u. a. seine Frau Y. Loriod, P. Boulez, K. Stockhausen, Y. Xenakis). Sein klangprächtiges Werk ist von myst. Vorstellungen sowie ausgeprägter zeitl. Organisation bestimmt; er arbeitet Ergebnisse seiner ornitholog. Studien und exot. Rhythmik (ind., balines., griech.) ein. Mit seinem Klavierstück „Mode de valeurs et d'intensités" (1949), in dem erstmals Tonhöhen, Dauern, Anschlagsarten und Lautstärkewerte vororganisiert waren, war er Mitinitiator der seriellen Technik. M. komponierte u. a.: „Préludes" für Klavier (1929), „La nativité du Seigneur" für Orgel (1935), „Quatuor pour la fin du temps" (1940), „Vingt regards sur l'Enfant Jésus" (1944), „Turangalîla-Sinfonie" (1944–48), „Catalogue d'oiseaux" (1956–58), „Chronochromie" für Orchester, Oratorium „La transfiguration" (1969), „Des canyons aux étoiles" (1970–74), Oper „Saint François d'Assise (1974–83).

Messianismus [hebr.] (messian. Bewegungen), oft ungenau verwendete Sammelbez. für religiös, sozial oder polit. motivierte Erneuerungsbewegungen, deren krit. Potential sich in der religiösen Erwartung eines dem ↑Messias vergleichbaren Heilbringers äußert. Sie entstehen dann, wenn (vornehml. in Krisenzeiten) traditionelle Heilbringererwartungen aktualisiert werden oder an deren tatsächl. Erfüllung in einer geschichtl. Person geglaubt wird. Häufig mit der Hoffnung auf Wiederkehr des urzeitl. „Goldenen Zeitalters"

(↑Chiliasmus) und mit einer Reaktion auf die Bedrohung durch eine materiell und polit. überlegene Kultur verbunden, setzten messian. Bewegungen oft erhebl. revolutionäre oder reformer. Energien frei. Die unmittelbare Vergangenheit und die Gegenwart ist durch das Entstehen zahlr. Bewegungen gekennzeichnet, die als messian. angesehen werden können, z. B. ein Teil der melanes. Cargo-Kulte und, polit. erfolgreicher, die schiit. Revolutionsbewegung um den Ajatollah Chomaini in Iran (seit 1978).

Messias [zu hebr. maschiach „Gesalbter"], alttestamentl., kult.-religiöser Hoheitstitel. Salbung war im alten Israel ein Rechtsakt der Bevollmächtigung und Amtseinsetzung, am bekanntesten im Zusammenhang mit dem König, der als göttl. Erwählter auch als „Gesalbter Gottes" galt. Nach dem Auseinanderfallen des david.-salomon. Reichs erhoffte man sich für die späten Königszeit (8./7. Jh.) einen Idealherrscher aus Davids Dyn., der jedoch als königl. „Gesalbter" ledigl. Gegenstand der Zukunftserwartungen blieb, allerdings in neuer endzeitl. Prägung: Man erhoffte sich eine Heilszeit als Abschluß der Geschichte und einen david. Idealkönig als Repräsentanten dieser „Gottesherrschaft". Eine einheitl. oder lehrmäßig festgelegte Vorstellung gab es aber offenbar nicht, so daß verschiedene M.gestalten (Menschensohn, zweiter Moses, wiederkehrender Elia u. a.) erwartet wurden. Das Urchristentum (z. B. Joh. 1,41; 4,25) sah in Jesus den „M." (griech. christós), so daß sich von da an mit dem Begriff „M." die Vorstellung vom göttl. Heilbringer und Erlöser (Heiland) verband. In der Folge wurde auch in der Religionswiss. „M." auf Heilbringergestalten und „Messianismus", „messian." für Bewegungen in diesem Zusammenhang angewendet. Dieser Sprachgebrauch entspricht jedoch nicht mehr dem Inhalt der jüd. M.vorstellung. Die messian. Hoffnung wurde v. a. in Krisen und Umbruchzeiten akut, so etwa in den Jh. vor und nach Beginn der christl. Ära, z. Z. der arab. Eroberungen, während der Kreuzzüge und zu Beginn der Neuzeit nach der Vertreibung der Juden aus Spanien. Im 16./17. Jh. entstand unter kabbalist.-spekulativem Einfluß eine der christl. Erlösungsvorstellung nahestehende M.vorstellung, was im 17./18. Jh. zur größten messian. Bewegung im Judentum (↑Sabbatianismus) führte.
📖 *Levin, C.: Die Verheißung des neuen Bundes. Gött. 1985. - Greschat, H., u. a.: Jesus - Messias. Regensburg 1982. - Becker, Joachim: M.erwartung im A. T. Stg. 1977. - Maier, Johann: Gesch. der jüd. Religion. Bln. u. New York 1972. - Vögtle, A.: M. u. Gottessohn. Düss. 1971.*

Messidor [frz., zu lat. messis „Ernte" und griech. dõron „Geschenk"], im Kalender der Frz. Revolution Name des Monats vom 19. bzw. 20. Juni bis 18. bzw. 19. Juli.

Messier, Charles [frz. mε'sje], * Badonviller (Meurthe-et-Moselle) 26. Juni 1730, † Paris 11. April 1817, frz. Astronom. - Entdeckte 21 Kometen und mehrere Nebel; veröffentlichte 1771 den nach ihm benannten *Messier-Katalog* dessen Numerierung (neben der NGC-Numerierung nach J. L. E. Dreyer) auch heute noch in der Astronomie verwendet wird.

Messina, Antonello da ↑Antonello da Messina.

Messina, italien. Hafenstadt in NO-Sizilien, an der Straße von M., 265 800 E. Hauptstadt der Prov. M.; kath. Erzbischofssitz; Univ.(gegr. 1548),meeresbiolog. Inst., Museen, u. a. Nationalmuseum; Fährverbindungen zum Festland; Nahrungsmittelind., Werften. - In der Antike **Zankle,** bereits vor der griech. Kolonisation (seit dem 8. Jh. v. Chr.) besiedelt. Bald nach 490 erhielt die Stadt, in der nach der Einwanderung von Flüchtlingen aus Samos und Milet Messenier angesiedelt wurden, den Namen **Messana (Messene).** 396 v. Chr. von den Karthagern zerstört, dann von Syrakus neu besiedelt; nach 289 v. Chr. von den Mamertinern erobert; in röm. Zeit wichtiger Flottenstützpunkt und Handelsplatz; nach ostgot. und byzantin. Herrschaft 843-1061 im Besitz der Sarazenen, danach normann. bzw. stauf.; unter den aragones. Königen häufig Residenz, zeitweilig auch unter den span. Vizekönigen; 1861 letzter Stützpunkt der Bourbonen auf Sizilien; 1908 von einem Erdbeben und einer Springflut zu 90 % zerstört (rd. 80 000 Tote von 120 000 E); danach mit breiten, rechtwinkelig sich schneidenden Straßen und niedrigen Häusern wiederaufgebaut; erlitt im 2. Weltkrieg starke Schäden. - Das Stadtbild wird vom Dom (urspr. normann., wiederhergestellt) und seinem 50 m hohen Glockenturm beherrscht. Wiederhergestellt wurde auch die normann. Kirche Santissima Annunziata dei Catalani (12. Jh.).

Messina, Straße von, Meeresstraße zw. dem italien. Festland und Sizilien, 3-14 km breit.

Messing, Bez. für Legierungen aus Kupfer (56-90 %) und Zink mit (je nach Kupfergehalt) hell- bis rotgelber Farbe. M. zeichnet sich durch hohe Festigkeit, gute Verformbarkeit und Korrosionsbeständigkeit aus. Es wird durch die Angabe des Kupfergehalts in Gewichtsprozent gekennzeichnet (z. B. 63er Messing, Abk. Ms63 enthält 63 % Kupfer). Als *Tombak* werden heute noch M.sorten mit Kupfergehalten von 70-90 % bezeichnet. Mit *Gelbguß* wurden früher für den Guß verwendete Legierungen mit 56 bis 80 % Kupfer bezeichnet.
Um bestimmte Eigenschaften zu erhalten, werden auch andere Metalle (z. B. Nickel, Mangan, Eisen, Blei) zugesetzt (*Sondermessing,* Abk. SoMs). M. mit hohem Kupfergehalt (80-90 %) wird zu Schmuckwaren und

Messingkäfer

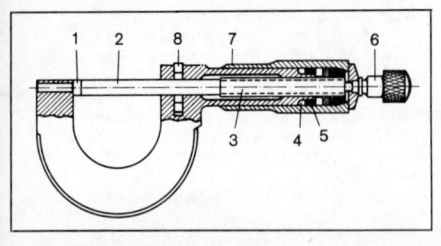

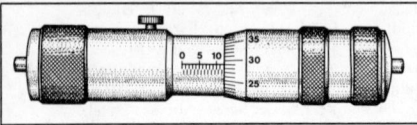

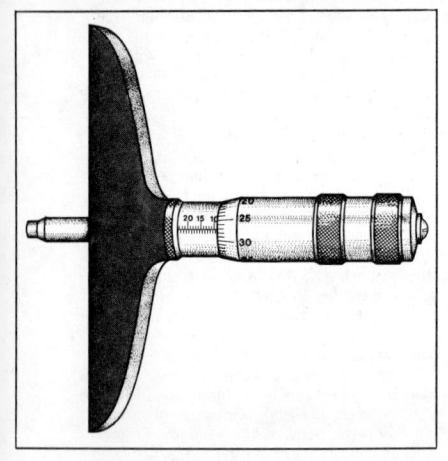

Meßschraube. Oben: Bügelmeßschraube (1 Amboß, 2 Meßbolzen, 3 Gewindespindel, 4 Mutter, 5 Überwurfmutter, 6 Ratsche, 7 Trommel mit Meßteilung, 8 Klemmvorrichtung); Mitte: Innenmeßschraube; unten: Tiefenmeßschraube

Kunstgegenständen, mit niedrigerem Kupfergehalt (v. a. Ms63 und Ms58) zu Rohren, Bauprofilen und (im Gußverfahren) zu Armaturen verarbeitet.
Geschichte: M. wurde schon im 3. Jt. v. Chr. in Babylonien und Assyrien, um 1400 bis 1000 v. Chr. in Palästina wahrscheinl. durch Schmelzen von Kupfer unter Zusatz von Galmei (Zinkcarbonat) hergestellt.
Kleinkunstwerke (liturg. u. a. Geräte) aus Messing wurden v. a. im MA geschaffen.

Messingkäfer (Messinggelber Diebskäfer, Niptus hololeucus), von Kleinasien nach Europa und Amerika verschleppter, 3–5 mm großer, dicht goldgelb behaarter, flugunfähiger Diebskäfer; Schädling an Textilien.

Meßkirch, Stadt an der Ablach, Bad.-Württ., 616 m ü. d. M., 6 700 E. Metallwaren-, Maschinen-, Möbel- und Textilherstellung, Wagenfabrik, Viehmärkte. - Ende des 12. Jh. Marktgründung; 1261 als Stadt bezeugt. - In der barockisierten Stadtpfarrkirche ehem. Mitteltafel des Altars des Meisters von Meßkirch; Schloß (1557 ff.).

Messmer, Pierre Auguste Joseph [frz. mɛs'mɛːr], *Vincennes 20. März 1916, frz. Politiker. - Ab 1940 bei den Truppen des „Freien Frankr."; 1952 Gouverneur von Mauretanien, 1954 der Elfenbeinküste; 1956–58 Hochkommissar in Kamerun, 1958 in Frz.-Äquatorialafrika, 1958/59 in Frz.-Westafrika; 1960–69 Verteidigungsmin.; 1971/72 Min. für die Überseegebiete; 1972–74 Premiermin. und Vors. der UDR. Abg. der Nationalversammlung 1968, 1969–71, 1973 und seit 1974; Mgl. des Europ. Parlaments 1979–80; orthodoxer Gaullist.

Messner, Reinhold, *Brixen 17. Sept. 1944, italien. Bergsteiger. - Leiter einer Südtiroler Bergsteigerschule; 1978, zus. mit P. Habeler (*1942), Besteigung des Mount Everest ohne Sauerstoffgeräte und, im Alleingang, des Nanga Parbat; bis Okt. 1986 hat M. als erster alle 14 Achttausender ohne Sauerstoffgerät bestiegen; schrieb „Everest" (1978), „Überlebt" (1987); 1989/90 Durchquerung der Antarktis.

Meßrelation, früheste period. erscheinende Publikation; meist zu Verkaufsmessen 2- oder 3mal jährl. hg., mit chronolog. geordneten, überwiegend nachrichtenartigen Berichten, oft holzschnittillustriert.

Meßschraube (Mikrometer[schraube], Schraublehre, Schraub[en]mikrometer), mechan. Meßgerät zur Messung kleiner Längen bzw. Abständen, bei dem eine Gewindespindel mit genauer Steigung des Gewindes als Längennormal dient. Die durch volle Umdrehungen bewirkte Verschiebung der Spindel gegenüber dem feststehenden Mutterstück wird an einer Längsteilung, die durch Bruchteile einer Umdrehung bewirkte Längsverschiebung an einer Rundteilung auf einer Meßtrommel oder -hülse angezeigt. **Bügelmeßschrauben** dienen zur Bestimmung von Außenmaßen. Die zur Bestimmung von Innenmaßen und Abständen dienenden **Innenmeßschrauben (Innenmikrometer)** haben seitl. angesetzte Meßschnäbel oder Meßflächen am Spindel- und Hülsenende. **Tiefenmeßschrauben (Tiefenmikrometer)** haben eine Meßfläche an der Hülse, die auf die Stirnfläche z. B. einer Bohrung aufgesetzt wird. Beim **Meßokular** wird durch eine M. eine Strichplatte mit Strichmarke gegenüber einer im Sehfeld des Mikroskopokulars befindl. Stricheinteilung meßbar verschoben.

Meßschreiber (registrierende Meßgerä-

Meßtechnik

te), Meßgeräte zum Aufzeichnen des zeitl. Verlaufs von Vorgängen bzw. Meßgrößen. Das Aufzeichnen der Meßwerte erfolgt entweder mechan. mittels Schreibfeder, beim *Lichtschreiber* opt. mit einem Lichtstrahl (z. B. auf lichtempfindl. Papier oder Film) oder elektr. (z. B. beim Funkenschreiber).

Meßsender, ein Hochfrequenzgenerator geringer Leistung, aber mit großem Abstimmbereich und hoher Frequenzstabilität. M. werden zum Prüfen und Abgleichen von Rundfunk- und Fernsehempfängern, für Frequenzmessungen, zur Aufnahme von Resonanzkurven, zur Eichung von Schwingkreisen, Filtern u. a. verwendet.

Meßsicherheit ↑ Eichwesen.

Meßstipendium, in der Regel ein bestimmter Geldbetrag, der zu dem Zweck gegeben wird, daß eine Messe in einem Anliegen des Spenders gehalten wird.

Meßtechnik, Gesamtheit der Verfahren und Geräte zur empir. Bestimmung (Messung) zahlenmäßig erfaßbarer Größen in Wiss. und Technik. Aufgaben der M. sind außerdem die Überprüfung der Einhaltung von Maßtoleranzen, Verbrauchszählung, Produktionsüberwachung sowie allg. (im Rahmen der sog. *Meß- und Regeltechnik*) die Steuerung techn. Vorgänge durch Regelung nach Meßwerten.

Meßprinzip: Ein *Meßfühler* hat Kontakt mit der zu messenden Größe und gibt ein entsprechendes Ausgangssignal ab, z. B. eine Anzeige an einer Skala oder eine elektr. Spannung. *Meßwertwandler* verwandeln die Ausgangsgröße in eine andere leichter zu handhabende Größe. Die meistverwendeten *Anzeigen* sind die Stellung eines Zeigers an einer Skala, die direkte Ziffernanzeige oder die Aufzeichnung des zeitl. Verlaufs der Meßwerte auf Papier. *Passive Meßgeräte* beziehen die Energie des Ausgangssignals allein aus der des Eingangssignals. *Aktive Meßgeräte* haben eine Hilfsenergiequelle, dem Eingangssignal wird keine oder nur wenig Energie entzogen. *Analoge Meßgeräte* können in gewissen Grenzen jeden beliebigen Zwischenwert anzeigen. *Digitale Meßgeräte* zeigen nur ganz bestimmte Werte an, die in diskreten Stufen variieren. Hat ein veränderl. Eingangssignal ein von Null verschiedenes Ausgangssignal zur Folge, arbeitet das Gerät nach dem *Ausschlagverfahren*. Bei den sog. *Nullmeßgeräten* wird die Meßgröße durch Verstellen einer bekannten Größe so kompensiert, daß die Anzeige Null wird (*Kompensationsverfahren*, z. B. Hebelwaage, elektr. Widerstandsmeßbrücke). Die *Empfindlichkeit* eines Meßgeräts definiert man als Quotient der Änderung der Ausgangsgröße zur Änderung der Eingangsgröße. Große Empfindlichkeit bedeutet, daß eine kleine Änderung der Meßgröße eine große Änderung der Anzeige zur Folge hat.

Meßgrößen und Meßverfahren: Für alle Bereiche der Naturwiss. und Technik ist die Vereinbarung und Messung der Basis- oder Grundgrößen wichtig: 1. die Länge (↑ Längenmessung), 2. die Zeit (Uhren, Chronometer). Die aus Länge und Zeit abgeleiteten Größen Geschwindigkeit und Beschleunigung mißt man bei Translationsbewegungen mit Geschwindigkeitsmessern (z. B. Tachometer) und Beschleunigungsmessern, bei Rotationsbewegungen mit Drehzahlmessern und Winkelbeschleunigungsmessern. 3. In der Mechanik ist die mit Waagen gemessene Masse die dritte Grundgröße; abgeleitete Größen sind Kraft sowie Drehmoment, Arbeit und Leistung; letztere werden mit Bremsdynamometern gemessen. Der Druck in Flüssigkeiten und Gasen wird mit Barometern (Absolutdruck) und Manometern (Differenzdruck) gemessen. Die Thermodynamik benötigt als weitere Grundgröße die Temperatur, die mit Thermometern und Pyrometern gemessen wird.

Von bes. Bedeutung ist die elektr. M., da die Messung vieler Größen häufig auf die von elektr. Größen zurückgeführt wird. Die Grundgrößen der elektr. M. sind Länge, Zeit, Stromstärke und Spannung. Zusammengesetzte Größen sind u. a. Leistung und Widerstand. Zu ihrer Messung nutzt man weitgehend die Gesetzmäßigkeiten der elektr. und magnet. Felder aus. In der Kernphysik spielt die Sichtbarmachung der Bahnen atomarer Teilchen und die Messung z. B. ihrer Energie eine bed. Rolle. Dazu verwendet man neben direkten photograph. Verfahren v. a. Blasen-, Funken-, Nebelkammern und Teilchendetektoren.

Geschichte: Zur *Längenmessung* verwendete man bereits in Ägypten Seile mit Knotenmarkierungen, hölzerne Meßlatten und Maßstäbe aus Stein. Bis ins 19. Jh. wurden Längeneinheiten auf den menschl. Körper bezogen, z. B. Fuß, Elle, Schritt. Im 17./18. Jh. wurden spezielle metall. Längenmeßgeräte entwickelt: Schieblehren, Nonius, Mikrometer. Der *Zeitmessung* dienten in den alten Hochkulturen Sonnen- und Wasseruhren. Uhren mit Räderwerk kamen erst im 13. Jh. in Europa auf. Zur Bestimmung von *Masse* bzw. *Gewicht* wurden im 2. Jt. v. Chr. in Ägypten Waagen mit Laufgewicht verwendet. Die Entwicklung weiterer physikal. Meßgeräte nahm vom 17. Jh. an einen großen Aufschwung, als das Messen und Wägen zum Grundsatz naturwiss. Arbeitens wurde, z. B. Barometer (E. Torricelli, 1643), Kompressionsmanometer (E. Mariotte, 1684), Thermometer (D. G. Fahrenheit, 1720), Eiskalorimeter (A. Lavoisier und P. S. de Laplace, 1780).

Mit der Untersuchung der Elektrizität wurden seit Ende des 18. Jh. zahlr. elektr. Meßinstrumente entwickelt, z. B. Quadrantenelektrometer (W. Henly, 1722), Torsionsdynamometer (W. E. Weber, 1847 und W. Siemens,

Meßter

1877), Drehspulinstrument (F. Weston, 1880). Opt. Meßgeräte wurden im 19. Jh. entwickelt. Die Entwicklung von Atom- und Kernphysik sowie Elementarteilchen- und Hochenergiephysik wie auch der Raumfahrttechnik führte zur Konstruktion von Experimentier- und Meßeinrichtungen, die wegen ihrer Größe und Komplexität kaum noch als Meßgeräte i. e. S. bezeichnet werden können.
□ *Wirsum, S.: Elektron. Messen f. den Praktiker. Mchn. 1986. - Böttle, P., u. a.: Elektr. Meß- u. Regeltechnik. Würzburg* ^{5}*1985. - Germer, H./ Wefers, N.: Meßelektronik. Bd. 1 Hdbg. 1985. - Felderhoff, R.: Elektr. M. Mchn.* ^{4}*1984. - Profos, P.: Hdb. der industriellen M. Essen* ^{3}*1984. - Freyer, U.: M. in der elektr. Nachrichtentechnik. Mchn. 1983. - Mäusl, R.: Hochfrequenz-M. Hdbg.* ^{3}*1983. - Hart, H.: Einf. in die M. Wsb.* ^{2}*1980. - Hock, A., u. a.: Hochfrequenz-M. Grafenau* $^{1-2}$*1980. 2 Tle.*

Meßter, Oskar [Eduard], * Berlin 21. Nov. 1866, † Tegernsee 7. Dez. 1943, dt. Filmpionier. - Baute ab 1896 Filmprojektoren mit Malteserkreuz-Bildschrittschaltung, die als „deutsche Schaltung" Weltgeltung erlangte; konstruierte Filmkameras, Perforier- und Kopiermaschinen, richtete Ateliers ein und begründete mit der *Meßter-Woche* die erste dt. Wochenschau. Die von ihm gegründete M.-Filmgesellschaft wurde eine der Keimzellen der Ufa (1917).

Meßtischblatt, großmaßstäbige ↑ Karte (1 : 25 000), die urspr. mit Hilfe von Meßtisch und Kippregel im Gelände aufgenommen wurde.

Meßuhr (Meßzeiger), Meßgerät zur Längenmessung im Millimeterbereich; ein Meßbolzen wird beim Messen eingedrückt und überträgt den Meßweg auf einen Zeiger, so daß an einer Kreisskala die gemessene Größe auf 0,01 mm genau abgelesen werden kann.

Meß- und Regeltechnik ↑ Meßtechnik.

Meßwein, in der kath. Messe der Wein für die Eucharistiefeier, zu der ab Aug. 1972 alle dt. Qualitätsweine als „Gewächs vom Weinstock" (Luk. 22, 18) verwendet werden dürfen.

Meßwerk ↑ elektrische Meßgeräte.

Meßwertwandler ↑ Meßtechnik.

Meßwesen, Festsetzung und Darstellung der amtl. und im geschäftl. Verkehr zu verwendenden Meßeinheiten sowie die Kontrolle ihrer Verwendung. Das *Gesetz über Einheiten im Meßwesen* vom 2. 7. 1969 setzt sieben Basisgrößen mit den dazugehörenden Basiseinheiten fest. Die Einheiten beruhen auf internat. Abmachungen. Die Physikal.-Techn. Bundesanstalt in Braunschweig stellt die gesetzl. Einheiten dar und bewahrt die Prototypen sowie die Einheitenverkörperungen und Normale auf. Im übrigen obliegt die Durchführung des Gesetzes den Ländern († Eichwesen).

Meßzylinder (Mensuren), meist zylinderförmige Glasgefäße, die mit einer Milliliterskala und einer Ausgießvorrichtung versehen sind und v. a. im Laboratorium zum Abmessen von Flüssigkeiten verwendet werden; Volumen zw. 5 und 2 000 ml. Daneben werden auch kon., nach oben verbreiterte Mensuren oder runde Gefäße (**Meßkolben,** mit nur einer Volumenangabe) verwendet.

Mestizen [span., zu lat. mixticius „vermischt"], Mischlinge zw. Weißen und Indianern.

mesto [italien.], musikal. Vortragsbez.: traurig, elegisch.

Mestre ↑ Venedig.

Mestri, Guido del, * Banja Luka (heute Jugoslawien) 13. Jan. 1911, italien. kath. Theologe. - 1953–59 Nuntiaturrat in Bonn, 1970 apostol. Pronuntius in Kanada, seit 13. Aug. 1975 als Nachfolger C. Bafiles apostol. Nuntius in der BR Deutschland.

Meštrović, Ivan [serbokroat. ˈmεʃtrɔvitɕ], * Vrpolje (Kroatien) 15. Aug. 1883, † Notre Dame bei South Bend (Ind.) 16. Jan. 1962, jugoslaw. Bildhauer. - Studierte in Wien, Paris und Rom; lehrte 1922–41 in Zagreb; Flucht 1942, seit 1946 Prof. in den USA. Suchte die Stilformeln der Wiener Secession, Rodins, Maillols, Michelangelos u. a. in eine nat. jugoslaw. Kunst umzusetzen. - *Werke:* Mausoleum der Familie Račić in Cavtat (1920–22), Indianer (1928; Chicago, Grant Park), Grab des unbekannten Soldaten (1934–38) auf dem Berg Avala bei Belgrad.

Met, Kurzbez. für die ↑ Metropolitan Opera.

Met (Honigwein), alkoholhaltiges (15 %) Getränk aus vergorenem Honigwasser und Würzstoffen (Salbei, Lavendel, Lorbeer). Der Gärprozeß dauert bis zu 18 Monaten, die Lagerzeit 3–5 Jahre. M. war Getränk bei Griechen, Römern und v. a. den Germanen. Heute noch in Großbrit., Schweden und Österreich gebraut.

met..., Met... ↑ meta..., Meta...

Meta, weibl. Vorname, Kurzform von Margarete.

Meta, Dep. in Kolumbien, 85 635 km², 321 600 E (1985), Hauptstadt Villavicencio. M. erstreckt sich von der Ostkordillere bis ins Andenvorland; Ackerbau und Viehzucht v. a. am Gebirgsfuß; Kohlen- und Erdölvorkommen.

Meta, Río, linker Nebenfluß des Orinoko in Kolumbien, entspringt in der Ostkordillere, mündet bei Puerto Carreño, 1 000 km lang.

meta- [griech.], in der Chemie Bez. für die Stellung zweier Substituenten am ersten und dritten C-Atom einer aromat. Verbindung. - ↑ auch ortho-, ↑ para-.

meta..., Meta..., met..., Met... [griech.], Bestimmungswort von Zusammensetzungen mit der Bed. „zwischen, inmitten, nach, später, ver... (im Sinne der Umwandlung)".

metabol, svw. ↑metabolisch.

Metabole [griech. „Veränderung, Wechsel"], in Stilistik, Rhetorik und Metrik der unerwartete Wechsel in Syntax, Wortwahl oder Rhythmus.

Metabolie [griech.] ↑Metamorphose.

metabolisch (metabol) [griech.], in der Biologie für: 1. veränderlich, z. B. in bezug auf die Gestalt von Einzellern; 2. im Stoffwechselprozeß entstanden.

Metabolismus [zu griech. metabolé „Veränderung, Wechsel"], svw. ↑Stoffwechsel.

Metabolisten [griech.], Gruppe jap. Architekten (seit 1959), deren Thema die Stadt der künftigen Massengesellschaft ist; Entwürfe erweiterbarer Großstrukturen, z. B. schwimmende Stadt im Meer (Projekt Unabara) und Turmstadt von K. Kikutake, Wand-, Agrarstadt und sog. Helix-City (1961; alle übrigen 1960 veröffentlicht) von N. Kurokawa. 1964 schloß sich die Gruppe um K. Tange und A. Iososaki an.

Metaboliten [griech.], Substanzen, die als Glieder von Reaktionsketten im normalen Stoffwechsel eines Organismus vorkommen und für diesen unentbehr. sind. *Endogene M.* sind vom Organismus selbst hergestellte Wirkstoffe (z. B. Hormone, Enzyme), *exogene M.* die von anderen Organismen erzeugten, von außen aufgenommenen Wirkstoffe (z. B. Vitamine, Purine).

Metae [lat.], Zielsäulen an den Enden der Spina im röm. Zirkus, die im Wagenrennen siebenmal umfahren werden mußten.

Metaethik ↑Ethik.

Metagenese (Ammenzeugung, Metagenesis), Form des sekundären ↑Generationswechsels, bei dem eine geschlechtl. und eine sekundär ungeschlechtl. Fortpflanzung *(Ammengeneration)* abwechseln; z. B. bei vielen Hohltieren der Wechsel zw. der sich ungeschlechtl. (Teilung, Knospung) fortpflanzenden Polypen- und der sich geschlechtl. fortpflanzenden Medusengeneration.

Metageschäft [zu italien. (a) metà „(zur) Hälfte"], dem Konsortium ähnl. Vertragsverhältnis (i. d. R. zwei, manchmal auch mehrere Partner) zur Durchführung eines Gemeinschaftsgeschäfts, insbes. eines Gemeinschaftskredits. Man unterscheidet beim M. (à meta) Kredite „à meta et nom" (der Kreditnehmer hat Kenntnis von der gemeinschaftl. Kreditvergabe) und Kredite „à meta unter" (der Kreditnehmer hat nur mit einer kreditgebenden Bank zu tun, er kennt den stillen Metisten nicht).

metakarpal [griech.], zur Mittelhand gehörend, sie betreffend.

Metaldehyd [mɛt-al...; Kw.], Polymerisationsprodukt des Acetaldehyds mit der allgemeinen Formel $(CH_3CHO)_x$ (mit $x > 3$, meist 4); kristalline Substanz, die z. B. als Schneckengift verwendet wird.

Metalepse (Metalepsis) [griech. „Vertauschung"], Ersetzung eines Wortes durch das Synonym zu einer im Kontext nicht gemeinten Bed., z. B. wenn (mit negativer Pointierung) *Gesandter* (senden, schicken) mit *Geschickter* (geschickt, fähig) ersetzt wird.

Metalimnion [griech.] ↑Sprungschicht.

Metallarsenide ↑Arsen.

Metallbeschattung, in der Elektronenmikroskopie verwendetes Verfahren zur Steigerung der Bildkontraste durch schräge Bedampfung des Präparates im Hochvakuum mit Schwermetall.

Metalldampffieber (Gießerfieber), durch Einatmen feinsten Metallstaubs verursachtes vorübergehendes Fieber mit Reizung der Luftwege.

Metalldampflampen, mit einer Edelgasgrundfüllung und einem Belag aus Metall (meist Quecksilber bzw. Natrium) versehene Gasentladungslampen, wobei die zunächst nur im Edelgas brennende Gasentladung das Metall zum Verdampfen und, nach Übergreifen der Gasentladung auf den Metalldampf, zum Leuchten bringt. - ↑auch Natriumdampflampe, ↑Quecksilberdampflampe.

Metalle [zu griech. métallon „Mine, Erzader, Mineral, Metall"], feste oder flüssige Stoffe, i. e. S. chem. Elemente mit bei Zimmertemperatur guter, mit zunehmender Temperatur abnehmender elektr. Leitfähigkeit, guter Wärmeleitfähigkeit, starkem Glanz und, in hochreinem Zustand, leichter Verformbarkeit (Duktilität). Die elektr. Leitfähigkeit beruht auf den bes. Eigenschaften der *metall. Bindung,* bei der die Außenelektronen in der dichtester Kugelpackung liegenden Metallatome frei im Metallgitter bewegl. sind.

Von den 106 chem. Elementen zählen 79 zu den Metallen, die übrigen zu den ↑Nichtmetallen bzw. ↑Halbmetallen. M. bilden untereinander Legierungen und intermetall. Verbindungen, die ebenfalls als M. bezeichnet werden. Die große techn. Bedeutung der M. beruht v. a. auf der Verformbarkeit, Leitfähigkeit und Legierungsbildung. Nach der Affinität zu Sauerstoff werden *unedle M.,* die sehr leicht Oxide bilden (z. B. Alkalimetalle, Aluminium), *halbedle M.* (z. B. Kupfer) und *edle M.,* die nur schwer Oxide bilden (z. B. Gold, Silber, Platin), unterschieden. Nach ihrer Dichte, die zw. 0,534 g/cm^3 beim Lithium und 22,57 g/cm^3 beim Osmium liegt, unterscheidet man **Leichtmetalle** (Dichte unter 4,5 g/cm^3, wie Magnesium, Aluminium, Titan) und **Schwermetalle.** Schmelz- und Siedepunkte der M. liegen zw. −38,87 °C bzw. 356,58 °C beim Quecksilber und 3 410 °C bzw. 5 660 °C beim Wolfram. In der Technik wird bes. zw. Eisen und seinen Legierungen und den Nichteisenmetallen *(NE-Metallen),* zu denen auch die ↑Buntmetalle gehören, unterschieden. - Außer Kupfer und den Edelmetallen, die auch gediegen vorkommen, kommen M. in der Na-

Metalle der seltenen Erden

tur nur in Form von Erzen (z. B. Oxide, Sulfide, Sulfate, Carbonate) vor; ihre Gewinnung ist Aufgabe der ↑ Metallurgie. Die techn. wichtigsten M. sind Eisen, Aluminium, Magnesium, Blei, Zinn, Zink, Kupfer, Silber, Gold, Platin, Chrom, Molybdän, Wolfram, Tantal, Titan und Uran.

Geschichte: Das am längsten bekannte Metall ist das Gold; seit dem 4. Jt. v. Chr. wurden in Ägypten auch Silber, Kupfer, Blei und Antimon verwendet. Kupfer-Zinn-Legierungen (Bronze) wurden seit dem Ende des 3. Jt. v. Chr. und Eisen seit dem 1. Jt. v. Chr. verwendet (↑ Bronzezeit, ↑ Eisenzeit). Im Orient sowie in Indien und China gab es im 2. Jt. v. Chr. reines Quecksilber. Die altamerikan. Kulturen kannten Gold, Silber, Kupfer und Bronze. Am Beginn des 19. Jh. wurden Wolfram, Molybdän, Zirkon, Titan, Uran, Chrom und die Platinmetalle, am Beginn des 20. Jh. Radium und andere radioaktive M. entdeckt.

📖 *Wittke, G.: M. Vorkommen, Eigenschaften, Darstellung. Aarau u. Ffm. 1987. - Haasen, P.: Physikal. Metallkunde. Bln. u. a.* ²*1984. - Altendiker, F., u. a.: Grundkenntnisse Metall. Hamb.* ¹⁵*1983. - Beckert, M.: Welt der M. Köln 1977. - Knauth, P.: Die Entdeckung des Metalls. Dt. Übers. Mchn. u. a. 1974.*

Metalle der seltenen Erden (Seltenerdmetalle), Bez. für die Elemente Scandium, Yttrium sowie die ↑ Lanthanoide. Ihre Oxide (früher seltene Erden genannt) kommen als Bestandteile seltener Minerale vor.

Metallgarne, Garne, die mit einem Überzug aus einem Metall versehen sind.

Metallgesellschaft AG, dt. Unternehmen, das im Grundstoff- und Investitionsgüterbereich sowie im Anlagenbau tätig ist, gegr. 1881, Sitz Frankfurt am Main. Haupttätigkeitsgebiete: Metallwirtschaft, Verarbeitung, Anlagenbau, Chemie sowie Transport und Verkehr.

Metallgummi, svw. Gummimetall (↑ Gummifeder).

Metallholz (Panzerholz, Metallschichtholz), Verbundwerkstoff, der durch Verleimen von Holz (Furnieren) mit Metallblechen hergestellt wird.

Metalliceffekt [griech.-engl./lat.], metallähnl. Lackierung, bei der dem Lack Metallflitter aus Bronze oder Aluminium zugesetzt werden; in noch feuchtem Zustand wird meist eine zusätzl. Klarlackschicht aufgetragen (Versiegelung).

metallische Bindung ↑ chemische Bindung.

metallische Gläser (amorphe Metalle, glasige Metalle, Glasmetalle), Bez. für eine Zustandsform bestimmter Legierungen: die Anordnung ihrer Atome entspricht der von Molekülen eines Glases, d. h. einer erstarrten Schmelze; m. G. sind äußerst fest, hart und chem. resistent, aber gut biegsam.

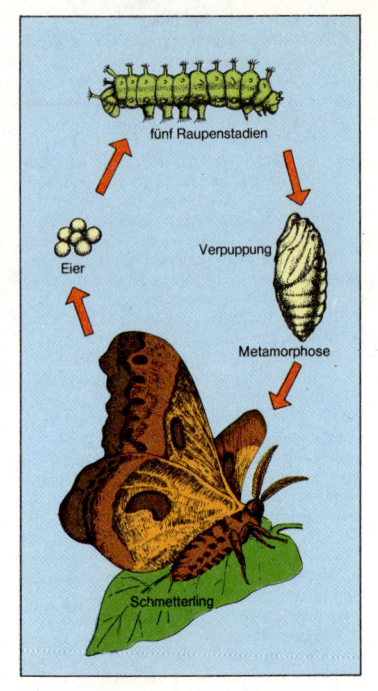

Metamorphose. Schema am Beispiel des Schmetterlings

Metallisieren [griech.], Überziehen nichtmetall. Werkstoffe (Glas, Holz, Keramik, Kunststoffe) mit einer metall. Schicht, z. B. durch Eintauchen in Metallschmelzen, Flammenspritzen, Galvanoplastik oder Aufdampfen von Metall im Vakuum.

Metallismus [griech.], klass. Geldtheorie, die die volle oder teilweise Deckung des Geldes durch ein Edelmetall zur Erhaltung der Kaufkraftstabilität verlangte.

Metallkleben, modernes Verbindungsverfahren, bei dem Metallflächen mit organ. Klebstoffen, v. a. aushärtbaren Kunststoffen, bestrichen und unter Druck miteinander verbunden werden. Man unterscheidet *Warmkleber*, die bei erhöhter Temperatur aushärten, und *Kaltkleber*, bei denen die Aushärtung bei Raumtemperatur erfolgt. Hauptanwendung im Flugzeug- und Fahrzeugbau.

Metallkunde, Lehre von den Eigenschaften und dem Aufbau der Metalle und Legierungen in festem und flüssigem Zustand *(allg. M.)* sowie von ihrer techn. und wirtsch. Verwendung *(angewandte M.).*

Metallographie [griech.], i. w. S. svw. Metallkunde; i. e. S. Arbeitsgebiet der Metallkunde, das sich mit dem Gefügeaufbau der

Metalle und Legierungen befaßt und diesen durch metallograph. Untersuchungen anhand angeschliffener oder angeätzter Proben bestimmt.

metallorganische Verbindungen (Metallorganyle), Sammelbez. für Verbindungen von Metallatomen mit organ. Resten. Wichtige Beispiele sind m. V. von Alkyl- oder Arylresten mit Alkalimetallen, die als sehr reaktionsfähige, selbstentzündl. Substanzen in der präparativen organ. Chemie verwendet werden; m. V. von Alkylresten mit Magnesium und Halogenen, die sog. ↑ Grignard-Verbindungen, sind ebenfalls für organ. Synthesen wichtig. Techn. bedeutend sind die ↑ Aluminiumalkyle, die *Organosilane* (m. V. mit Silicium) und *Organochlorsilane*, die Ausgangsstoffe für die ↑ Silicone sind. M. V. höherer Alkylreste mit Zinn werden z. B. als Fungizide und Stabilisatoren für Kunststoffe verwendet. Eine m. V. des Bleis ist das als Antiklopfmittel wichtige ↑ Bleitetraäthyl. Metalle der III. bis VIII. Nebengruppe des Periodensystems bilden mit aromat. Resten sog. Sandwichverbindungen (↑ Koordinationsverbindungen).

Metallothermie [griech.], die Gewinnung von Metallen durch die stark exotherm verlaufende Reduktion ihrer Oxide mit Hilfe von Metallen mit großer Affinität zu Sauerstoff (z. B. Aluminium).

Metallpapiere, Bez. für Papiere, die mit dünnen Metallfolien kaschiert sind, auf elektrolyt. Wege mit einer dünnen Metallschicht versehen wurden oder durch Aufbringen eines Bindemittels, Aufstreuen von Metallpulver und anschließendes Walzen eine metall. glänzende Beschichtung erhielten.

Metallphysik, Zweig der ↑ Festkörperphysik, der sich mit der physikal. Untersuchung der Metalle, insbes. der für sie charakterist., durch das Vorhandensein sehr vieler Leitungselektronen bedingten physikal. Eigenschaften und Erscheinungen befaßt.

Metallsäge ↑ Säge.

Metallschnitt, Abart des ↑ Holzschnitts bzw. Holzstichs, bei der Metallplatten als Druckstöcke verwendet werden; läßt Tonwirkungen wie beim Holzstich zu (deshalb für die Reproduktion von Gemälden geeignet); ↑ auch Schrotblatt.

Metallseifen, Salze der höheren Fettsäuren, Harz- und Naphthensäuren mit Metallen (ausgenommen Natrium und Kalium). M. sind rotbraune bis farblose, mehr oder weniger viskose Flüssigkeiten oder kristalline Substanzen, die sich schwer in Wasser lösen, aber quellen und Gele bilden; sie werden u. a. als Trocknungs- und wasserabstoßende Mittel, Farb- und Lackzusätze verwendet.

Metalltuch, svw. ↑ Drahtgewebe.

Metallurgie [zu griech. metallurgeīn „Metall verarbeiten"], die Wiss. und Technologie der Gewinnung der Metalle aus Erzen und metallhaltigen Rückständen, ihrer Raffination und ihrer Weiterverarbeitung. Nach der Art der Gewinnung unterscheidet man Elektro-M., Naß-M. (Hydro-M.), Pulver-M., Pyro-M. (Trocken-M.), Sauerstoff- und Vakuummetallurgie.

Metallwährung, ein durch die Bindung des Geldes an ein oder mehrere Edelmetalle gekennzeichnetes Währungssystem.

Metamagnetismus, Bez. für die Erscheinung, daß sich manche Stoffe (z. B. Eisen(II)chlorid) in schwachen Magnetfeldern antiferromagnet. (↑ Antiferromagnetismus), in starken jedoch ferromagnet. (↑ Ferromagnetismus) verhalten.

Metamerie [griech.], (Segmentierung) in der *Biologie* Gliederung des Tierkörpers in hintereinanderliegende, von ihrer Anlage her gleichartige Abschnitte (Glieder, Segmente, *Metameren*).
◆ in der *Farblehre* ein von W. Ostwald geprägter Ausdruck für die Eigenschaft spektral unterschiedl. Farbreize, die gleiche Farbempfindung auszulösen.

metamorphe Gesteine (Metamorphite) ↑ Gesteine.

metamorphe Lagerstätten ↑ Erzlagerstätten.

Metamorphopsie [griech.] (Verzerrtsehen), Sehstörung, bei der die Gegenstände verzerrt gesehen werden, z. B. bei krankhaften Veränderungen der Netzhaut.

Metamorphose [zu ↑ meta und griech. morphé „Gestalt"], (Metabolie, Verwandlung) in der *Zoologie* die indirekte Entwicklung von Ei zum geschlechtsreifen Tier durch Einschaltung gesondert gestalteter selbständiger Larvenstadien bei vielen Tieren. Man unterscheidet verschiedene Typen der M.: Eine vollkommene Verwandlung (**Holometabolie**) kommt bei Käfern, Flöhen, Hautflüglern, Zweiflüglern und Schmetterlingen vor. Die Larvenstadien unterscheiden sich in Gestalt und Lebensweise vom vollentwickelten Insekt (Imago), wobei diesem ein Ruhestadium (die Puppe) vorausgeht. Während dieser Zeitspanne wird keine Nahrung aufgenommen und die vollständige Verwandlung findet statt. Bei der unvollkommenen Verwandlung (**Hemimetabolie**) geht das letzte Larvenstadium ohne Puppenruhe in das Imago über. Bereits die ersten Larvenstadien ähneln weitgehend dem erwachsenen Tier. Von Häutung zu Häutung erfolgt eine kontinuierl. Weiterentwicklung, Heranbildung der Geschlechtsorgane und (bei geflügelten Insekten) der Flügelanlagen und Flügelmuskulatur. Formen der Hemimetabolie: **Heterometabolie**, bei Schaben, Wanzen, Gleich-, Geradflüglern, Rindenläusen; die Larven sind imagoähnl., haben jedoch zusätzl. Merkmale als sekundäre, larveneigene Bildungen (z. B. Tracheenkiemen) oder unterscheiden sich vom Vollinsekt durch veränderte Körperproportionen (z. B. durch

Metanoia

einen relativ stark vergrößerten Vorderkörper). **Paläometabolie,** bei Urinsekten und Eintagsfliegen: bereits im Larvenstadium treten die Merkmale der Imago deutl. auf; während des Imaginalstadiums können noch Häutungen vorkommen. **Neometabolie,** bei Blasenfüßen, Tannenläusen, Mottenschildläusen: auf flügellose Larvenstadien folgt ein Ruhestadium (ohne Nahrungsaufnahme); die sog. Nymphe hat schon Flügelanlagen.

◆ (Gesteinsmetamorphose) nachträgl. Umbildung eines sedimentären oder magmat. Gesteins in ein metamorphes Gestein als Folge von Temperatur- und Druckveränderungen, wobei Minerale neugebildet oder umkristallisiert werden, das Gefüge des Ausgangsgesteins verändert wird (z. B. Schieferung) und Stoffaustausch stattfindet († Metasomatose). Man unterscheidet mehrere Arten der M., die zw. Gesteinsverfestigung (Diagenese) und Aufschmelzung (Palingenese) steht: Bei der **Kontaktmetamorphose** bewirken die hohe Temperatur sowie die chem. aggressiven Dämpfe und Lösungen eines aufsteigenden Magmas physikal. und chem. Änderungen im Nebengestein in einer Breite von wenigen cm bis mehreren km. Neben hohen Temperaturen ist gerichteter Druck entscheidend bei der **Dynamometamorphose,** die im Zusammenhang mit Bewegungen bei der Gebirgsbildung steht. Bei der **Regionalmetamorphose** werden großräumige Gesteinskomplexe in die tiefere Erdkruste abgesenkt. Hier läßt sich oftmals der Grad der M. an einer Tiefenstufung erkennen: In der *Epizone* herrschen Temperaturen bis 500 °C und stark gerichteter Druck, in der *Mesozone* Temperaturen bis 900 °C und überwiegend gerichteter Druck, in der *Katazone* Temperaturen bis 1 700 °C und hoher allseitiger Druck.

⚇ *Turner, F. J.: Metamorphic petrology.* New York 1968. - *Winkler, H. G. F.: Die Genese der metamorphen Gesteine.* Bln. u.a. ²1967.

Metanoia [griech. „Sinnesänderung"], das Umdenken, die Änderung der Lebensweise. Im N. T. die religiös-sittl. Hinwendung oder Umkehr zu Gott. M. steht im Zentrum der Predigt Johannes' des Täufers und knüpft an die Verkündigung der Propheten an. In der Predigt Jesu vom Reich Gottes ist M. die Vorbedingung für die Erlangung des Heils.

Metaphase, bei der Zellteilung († Mitose, † Meiose) die am schnellsten ablaufende Phase zw. Prophase und Anaphase. Die stark verkürzten Chromosomen ordnen sich dabei in der Äquatorialplatte an.

Metapher [zu griech. metaphérein „übertragen"], sprachl. Bild, dessen Bedeutungsübertragung auf Bedeutungsvergleich beruht: das eigtl. gemeinte Wort wird durch ein anderes ersetzt, das eine sachl. oder gedankl. Ähnlichkeit oder dieselbe Bildstruktur aufweist (z. B. „Quelle" für „Ursache"). Zu den *unbewußten* (alltägl.) M. zählen bes. die sog. notwendigen M., die immer dann gebraucht werden, wenn die Sprache für die Bez. einer Sache keine eigtl. Benennung kennt (z. B. Flußarm, Fuß des Berges, Stuhlbein); sie entstehen stets von neuem, wenn das Bedürfnis nach Benennung neuer Sachen und Phänomene auftritt, bes. in Wissenschaft und Technik (z. B. Glühbirne, Atomkern). Die *bewußten* (akzidentiellen) M. werden ihrer poet., stilist. Wirkung wegen gesetzt; durch Analogie und Assoziation erschließen sie insbes. der dichter. Sprache eine zusätzl. expressive Tiefendimension und erweitern ihren Bedeutungsraum.

Metaphorik [griech.], zusammenfassende Bez. für den uneigtl., anschauungs- und assoziationsreichen Sprachstil sowie für poet. Bildlichkeit († Metapher).

Metaphosphate † Phosphate.

Metaphrase, 1. wortgetreue Übertragung einer Verdichtung in Prosa (im Gegensatz zur † Paraphrase); 2. erläuternde Wiederholung eines Wortes durch ein Synonym.

Metaphysical poets [engl. mɛtəˈfizikəl ˈpoʊtts] (metaphys. Dichter), Sammelbez. für eine Gruppe engl. Lyriker des 17. Jh. (J. Donne, G. Herbert, R. Crashaw, H. Vaughan, A. Marvell u. a.). Hauptcharakteristika ihrer vielfach religiös, auch myst. getönten Gedichte sind: Ironie, Satire, Vorliebe für das Paradoxe, Verbindung des Emotionalen mit dem Intellektuellen, gelehrte Bildersprache.

Metaphysik, urspr. Bez. für eine in einer Aristotelesausgabe (70 v. Chr.) hinter (griech. metá) den Büchern der „Physik" angeordnete Gruppe von Schriften, später (seit dem Neuplatonismus) für die philosoph. Diszplin, deren Erkenntnis- und Begründungsinteresse über die Natur (griech. phýsis) hinausgeht. - Im Anschluß an die unter dem Titel „M." zusammengefaßten, zeitl. und inhaltl. sehr unterschiedl. Schriften des Aristoteles hat die philosoph. Tradition M. primär als allg. Lehre vom Sein bzw. Seienden ausgebildet, die v. a. durch ihren vermeintl. unmittelbaren Bezug zum „Wesen des Seins" charakterisierbar ist. In diesem Sinn wird M. bis in die Neuzeit hinein zur „prima philosophia" (erste Philosophie), zur „Königin der Wiss.", die u. a. im Zusammenhang mit theolog. Lehrstücken vom absoluten Sein und von den Unterscheiden zw. einem göttl. und einem weltl. Sein († Analogia entis) handelt. Als weitere Themenbereiche gelten Möglichkeit und Wirklichkeit († Akt und Potenz), Wesen und Sein, Wahrheit, Gott, Seele, Freiheit und Unsterblichkeit. Dabei wird seit Beginn der Neuzeit auch zw. „allg. M." („metaphysica generalis", auch † Ontologie gen.) und der „speziellen M." („metaphysica specialis") unterschieden. In der allg. M. steht die Frage nach dem „Seienden als Seiendem" und das Problem der sog. † Transzendentalien sowie der Unterscheidung zw. † Substanz und † Akzidens im Mittelpunkt, während sich die spezielle M. im wesentl. in rationale Theologie (Gott als Ursache der Welt), rationale Psychologie (die Seele als einfache Substanz) und rationale Kosmologie (die Welt als natürl. System phys. Substanzen) gliedert („rational" hier = „nichtempir"). - In der neuzeitl. Philosophie wird zunehmend wieder auf method. Gesichtspunkte abgestellt; M. enthält z. B. nach Descartes die „ersten Prinzipien menschl. Erkenntnis". Dem entspricht zunächst auch noch bei Kant die radikale, von der Frage, wie M. als Wiss. mögl. sei, geleitete Kritik der M.; im Rahmen dieser Kritik wird der Anspruch der speziellen M. als dialekt. Schein nachgewiesen, an die Stelle von Ontologie eine Transzendentalphilosophie gesetzt und M. als „Wiss. von den Grenzen der menschl. Vernunft" definiert. Allerdings bedeutet diese Kritik das Ende einer M., in deren Rahmen sich gerade auf dem Boden der neuzeitl. Wiss. das philosoph. Interesse noch einmal in einem Objektbereich, näml. dem Seienden als Seienden, einzurichten suchte. - Kants Bemühungen um radikale Reorganisation der M. im Sinne einer method. orientierten Erkenntnistheorie lösen sich im 19. und 20. Jh. in verschiedenen Entwicklungen auf. Diese reichen von der Umbildung des Programms Kants im ↑ deutschen Idealismus (oft auch *spekulative M.* gen.), über den ↑ Neukantianismus, die sog. *induktive M.*, die sog. *aporet. M.*, Heideggers M.kritik bis hin zum log. Empirismus. Indem letzterer streng zw. analyt., d. h. log.-definitor. wahren Sätzen und empir. Sätzen zu unterscheiden sucht und dabei metaphys. Sätze als solche Sätze verstehen möchte, in denen Syntaxaussagen mißverständl. für Objektaussagen gehalten werden, verbindet sich die moderne, nun auch mit sprachkrit. Mitteln geführte Kontroverse um die Möglichkeit der M. erneut mit einer Begriffsbildung Kants, näml. der Zulässigkeit eines synthet. Apriori im Rahmen krit. Sprach- und Wissenschaftskonstruktionen.

📖 *Elders, L. J.: Die M. des Thomas von Aquin in histor. Perspektive. Salzburg 1985. - Klein, H. D.: M. Wien 1984. - Heidegger, M.: Was ist M.? Ffm. *¹²*1981. - Dempf, A.: Was ist M.? Mchn. 1980. - Fischer, Norbert: Die Transzendenz in der Transzendentalphilosophie. Bonn 1980. - M. Hg. v. G. Jánoska u. F. Kauz. Darmst. 1976. - Wiplinger F.: M. Grundfrage ihres Ursprungs u. ihrer Vollendung. Freib. 1976. - Stenzel, J.: M. des Altertums. Mchn. 1971. - Heimsoeth, H.: Transzendentale Dialektik. Bln. u. New York 1966-71. 4 Tle.*

metaphysische Dichter ↑ Metaphysical poets.

metaphysische Malerei, svw. ↑ Pittura metafisica.

Metaplasie [griech.], in der Medizin die Umwandlung einer Gewebsart in eine andere, ähnl. Gewebsart (durch Differenzierung oder durch degenerative Prozesse, z. B. Verkalkung).

Metaplasmus [griech.], Umformung von Wörtern durch Hinzufügung, Ausstoßung (z. B. Elision), Veränderung (z. B. Assimilation) oder Umstellung (Metathese) von Buchstaben; i. e. S. Bez. für die Hinzubildung von Formen nach einem anderen Flexionstypus, z. B. lat. *locus* (= Ort) mit den beiden Pluralen *loci* (Maskulinum „Stellen" [in Büchern]) und *loca* (Neutrum „Gegenden").

Metapont, griech. Kolonie am Golf von Tarent, gegr. um 620 v. Chr.; Verfall nach 207 v. Chr.; Reste von 4 Tempeln.

Metapsychologie, von S. Freud gewählte Bez. für die von ihm begründete psycholog. Lehre in ihrer ausschließl. theoret. Dimension. Nach Freud besteht die wiss. Aufgabe der M. v. a. darin, begriffl. Modelle und Theorien (Triebtheorie) zu erarbeiten sowie die metaphys. Konstruktionen zu berichtigen, soweit sie (wie etwa die bis in moderne Religionen reichende mytholog. Weltauffassung) in Wirklichkeit zur Psychologie des Unbewußten gehören.

Metasäuren, Bez. für polymere anorgan. Säuren, die durch Wasserabspaltung (z. B. durch Erhitzen) aus den sog. Orthosäuren hervorgehen, z. B. Metaphosphorsäure und Metakieselsäure (↑ Kieselsäuren).

Metasequoia [nach Sequoyah] (Chin. Mammutbaum), Gatt. der Sumpfzypressengewächse mit der einzigen, sehr urtüml. Art *M. glyptostroboides*, einem schnell wachsenden, sommergrünen Nadelbaum; heute fast überall in Kultur. Lebende Exemplare wurden erst 1941 in der Prov. Szetschuan entdeckt.

Metasomatose [griech.], Verdrängung lösl. Gesteine (v. a. Kalkgesteine) durch hydrothermale Lösungen, wobei abbauwürdige Blei-Zink-Erzlagerstätten entstehen können, z. B. ↑ Broken Hill.

Metasprache, im Unterschied zur ↑ Objektsprache diejenige Sprachebene, auf der über sprachl. Ausdrücke der Objektsprache geredet wird. - In der *Mathematik* versteht man unter M. die bei metamathemat. Untersuchungen zur Formulierung verwendete ↑ formale Sprache. In der *Datenverarbeitung* und *Informatik* ist die M. eine zur Beschreibung und zum Vergleich von Programmiersprachen benutzte Sprache.

metastabiler Zustand, ↑ angeregter Zustand eines mikrophysikal. Systems mit längerer Lebensdauer (bis in die Größenordnung von Sekunden), von dem aus das System nicht unmittelbar unter Emission eines Photons in einen tieferen bzw. in den Grundzustand übergehen kann.

Metastase [zu griech. *metástasis* „das Umstellen, Versetzen"] (Absiedlung, Tochtergeschwulst), durch Verschleppung von Geschwulstkeimen auf dem Lymph- oder Blut-

Metastasio

weg an von dem Ursprungsort entfernt gelegenen Körperstellen neuentstandener Tumor (↑ auch Krebs).

Metastasio, Pietro, eigtl. Pietro Antonio Domenico Bonaventura Trapassi, * Rom 3. Jan. 1698, † Wien 12. April 1782, italien. Dichter. - Seit 1730 kaiserl. Hofdichter in Wien. Einer der bedeutendsten Vertreter der arkad. Rokokolyrik (Kanzonetten, Liebesgedichte); verfaßte musiknahe, lyr.-sentimentale Melodramen, Singspiele und Opernlibretti sowie zahlr. Kantaten, mehrere Oratorien, ein Drama sowie literaturkrit. Schriften.

Metastufe, in der Hierarchie der Sprachebenen, bes. bei formalen Sprachen, die Stufe der Metasprache; z. B. gehören die in der Logik verwendeten Mitteilungszeichen für die meist selbst gar nicht auftretenden objektsprachl. Ausdrücke zur Metastufe.

Metathese [zu griech. metáthesis „Umstellung"], in der Sprachwissenschaft Bez. für die Umsetzung von Lauten in einem Wort sowohl in Kontaktstellung (althochdt. *wefsa:* dt. *Wespe*) als auch in Distanzstellung (lat. *thesaurus:* frz. *trésor;* lat. *parabola:* span. *palabra*).

Metathorax, drittes (letztes) Brustsegment bei ↑ Insekten.

Metaxa ®, griechischer Weinbrand (40 Vol.-%).

Metaxas, Ioannis, * Ithaka 12. April 1871, † Athen 29. Jan. 1941, griech. General und Politiker. - 1915–17 Generalstabschef; unterstützte die Neutralitätspolitik König Konstantins I.; 1917–20 im Exil, erneut 1923 nach mißlungenem Militärputsch; 1928–36 mehrmals Min.; betrieb die Rückkehr König Georgs II.; seit April 1936 Min.präs., ab Aug. mit diktator. Vollmachten; 1938 zum Reg.-chef auf Lebenszeit ernannt; lehnte das italien. Ultimatum im Okt. 1940 ab, wurde Symbol des griech. Widerstands gegen den italien. Vormarsch 1940.

Metazentrum ↑ Stabilität.

Metazoa (Metazoen) [griech.], svw. ↑ Vielzeller.

Metazöl [griech.], paarig ausgebildete sekundäre Leibeshöhle des hinteren Körperabschnittes bei Kragentieren, Kranzfühlern, Bartwürmern und Seeigeln.

Metellus, Beiname einer Fam. im röm. plebejischen Geschlecht der Caecilii, bekannt v. a.:

M., Lucius Caecilius, röm. Konsul 251 und 247 v. Chr. - Besiegte im 1. Pun. Krieg 250 bei Panormus (= Palermo) die Karthager.

M., Quintus Caecilius M. Numidicus, röm. Konsul 109 v. Chr. - Schlug Jugurtha 108 am Flusse Muthul (in Numidien); verlor 107 den Oberbefehl an Gajus Marius.

Metempsychose [griech.] ↑ Seelenwanderung.

Meteora [griech.], zusammenfassende Bez. einer Anzahl griech.-orth. Klöster in Thessalien, Griechenland, in fast unzugängl. Schutzlage auf Kuppen und Vorsprüngen einer aus tief zerklüftetem Konglomeratsandstein bestehenden Felsgruppe, die sich schroff über dem Austritt des Pinios aus dem Pindos in die obere thessal. Ebene erhebt. - Die Klöster entstanden unter serb. Schutzherrschaft in der 2. Hälfte des 14. Jh. aus Eremitagen; seit dem 16. Jh. fortschreitender Niedergang.

Meteor Crater [engl. 'miːtjə 'krɛɪtə], Meteoritenkrater (Impakt) in Z-Arizona, über 1000 m Durchmesser, bis über 180 m tief; der Rand ragt bis 50 m über die Umgebung auf.

Meteore [zu griech. metéōron „Himmels-, Lufterscheinung"], in der *Astronomie* ↑ Meteorite.

Meteoreisen (meteorit. Eisen, sider. Eisen), in Eisenmeteoriten vorkommendes Nickeleisen, das eine andere Struktur (kub.-innenzentriert oder kub.-flächenzentriert kristallisierend) besitzt als das terrestr. oder aus Eisenerzen gewonnene Eisen. M. enthält bis zu 47% Nickel, 0,5% Kobalt, Edelmetalle sowie zahlr. Minerale.

Meteorismus [griech.] (Blähsucht), übermäßige Ansammlung von Gasen im Darm oder in der freien Bauchhöhle, z. B. bei Darmverschluß, Verdauungsstörungen. - Bei Haustieren ↑ Trommelsucht.

Meteorite [griech.], feste [Klein]körper extraterrestr. Ursprungs, die beim Eindringen in die Erdatmosphäre unter teilweiser oder vollständiger Verdampfung der als **Meteore** bezeichneten Leuchterscheinungen hervorrufen; auch die zur Erdoberfläche niederfallenden Reststücke bzw. alle Kleinkörper, die sich sowohl in „Strömen" als auch in ungeordneten Einzelbahnen durch das Sonnensystem bewegen. Beobachtungen von Meteorbahnen ergeben, daß die meisten M. zum Sonnensystem gehören. Sie sind in der Mehrzahl wahrscheinl. Überreste von Kometen oder Planetoiden. Körper, die kleiner als etwa 0,1 mm im Durchmesser sind (Masse bis etwa 10^{-6} g), werden als **Mikrometeorite** bezeichnet, wobei Masseteilchen von nur wenigen tausendstel mm Durchmesser den kosm. oder **meteoritischen Staub** bilden. Wahrscheinl. werden sie bereits in sehr großen Höhen abgebremst und rufen beim Niedersinken die leuchtenden Nachtwolken hervor. M. von etwa 0,1 mm bis zu einigen mm Größe (Masse bis 10^{-3} g) verursachen **teleskop.** Meteore, solche mit Durchmessern bis zu etwa 1 cm (Masse bis zu einigen g) **Sternschnuppen,** noch größere M. erzeugen **Feuerkugeln (Bolide)** bzw. gelangen zur Erdoberfläche. Kleine M. werden von 90 bis 120 km abgebremst und dabei größtenteils verdampft. Je größer die Masse eines M. ist, desto tiefer vermag er in die Atmosphäre einzudringen. M., die große Feuerkugeln hervorrufen, werden erst in 10 bis 50 km Höhe wesentl. abgebremst, wo-

Meteorologie

bei sie durch Kompression der Luft eine *Stoßwelle* erzeugen und vor sich herschieben, in der die meisten Leuchtprozesse ablaufen. Diese Stoßwellen sind in einigen Fällen als anhaltender „Donner" im Umkreis von 100 km und mehr wahrgenommen worden. Die nicht verdampften Überreste großer M. erreichen als einzelnes größeres Stück, meist aber in vielen Zerfallsstücken über weite Gebiete verstreut (**Meteoritenschauer, Steinregen**) die Erdoberfläche und werden dort je nach Bodenbeschaffenheit beim Aufschlag zertrümmert oder dringen in das Erdreich ein. Die Eindringtiefe ist meist kleiner als 1 m, jedoch hat man auch sehr viel tiefere **Meteoritenkrater** *(Impakte)* gefunden, mit Tiefen von über 100 m und Durchmessern bis weit über 1 km († Meteor Crater; Sithylemenkatsee, Alas.: Tiefe 500 m, Durchmesser 12,4 km); sie sind auf sehr große M. zurückzuführen, die beim Aufprall explosionsartig verdampft sind. Derartige **Riesenmeteorite** (Masse weit über 1 000 t) richten auch bei vorhergehendem Zerplatzen in großer Höhe noch großflächige Zerstörungen an (z. B. der 1908 an der Steinigen Tunguska niedergegangene **Tunguska-Meteorit**).

Die Zahl der jährl. auf die Erde niederfallenden M. wird auf über 10 000 geschätzt. Der größte bisher entdeckte M. ist ein bei Grootfontain in SW-Afrika entdeckter Eisenblock von 60 t Gewicht.

Man unterscheidet nach ihrer chem. Zusammensetzung mehrere Hauptgruppen: 1. **Steinmeteorite** *(Aerolithe)* bestehen überwiegend aus Silicaten (v. a. Anorthit, Augite, Olivin,

Meteorite. Kohlige Chondrite eines am 8. Februar 1969 in der mexikanischen Provinz Chihuahua niedergegangenen Meteoritenschauers

Plagioklas, aber auch aus rein meteorit. Mineralen z. B. Daubréelith, Schreibersit und Meteoreisen). Sind rundl., silicat. Körper *(Chondren)* in die silicat. Grundmasse eingebettet, so bezeichnet man sie als **Chondriten**. - 2. **Eisenmeteorite** *(Nickeleisen-M., Holosiderite)* bestehen überwiegend aus Meteoreisen, wobei man je nach Kristallstruktur zw. Hexaedriten, Oktaedriten und den sehr seltenen *Ataxiten* aus feinkörniger, strukturloser Meteoreisenmasse unterscheidet. - 3. **Stein-Eisen-Meteorite** enthalten in Eisen eingebettete Steine.

📖 *Sfountouris, A.: Kometen, Meteore, Meteoriten. Gesch. u. Forschung. Rüschlikon-Zürich 1986. - Hahn, H. M.: Zw. den Planeten. Kometen, Asteroiden, Meteorite. Stg. 1984.*

Meteorobiologie [griech.], svw. Biometeorologie († Bioklimatologie).

Meteorograph [griech.], Gerät zur gleichzeitigen Messung und Registrierung von Luftdruck, Lufttemperatur und Luftfeuchte in höheren Schichten der Atmosphäre, in die es durch Ballons, Flugzeuge oder Raketen gebracht wird. Die Meßwertaufzeichnung eines M. wird als **Meteorogramm** bezeichnet.

Meteorologie [griech.], Teilgebiet der Geophysik, das die Physik der Atmosphäre, die Lehre von den physikal. Erscheinungen und Vorgängen in der Lufthülle nebst ihren Wechselwirkungen mit der festen und flüssigen Erdoberfläche [und dem Weltraum] sowie die Lehre vom Wettergeschehen umfaßt; i. w. S. wird auch die Klimatologie zur M. gezählt. Eine der Hauptaufgaben der M. ist die Wettervorhersage. Sie beruht auf der kontinuierl. Beobachtung des Wetters bzw. der verschiedenen *meteorolog. Elemente*, wie z. B. Luftdruck, Luftdichte, Lufttemperatur, Windstärke und -richtung, Sonnenstrahlung,

Meteoropathologie

▲▲▲	Warmfront	●	Regen	⦿	Nieseln	⟋	Nordost	5 km/h
▲▲▲	Kaltfront	⚡	Gewitter	✱	Schnee	⟋⟍	Ost	10 km/h
▲▲▲	Okklusion	○	wolkenlos	▽	Schauer	⟋⟍	Südost	30 km/h
//////	Niederschlags-gebiet	◐	heiter	╬	Schneetreiben	⟋	Süd	70 km/h
		◑	wolkig	▲	Hagel	⟋⟍	Südwest	100 km/h
∞	Dunst, Nebeldunst	◕	stark bewölkt	⌒	Tau			
≡	Nebel	●	bedeckt	∽	Glatteis	**H** Hoch **T** Tief		

Meteorologie. Internationale meteorologische Zeichen (Auswahl)

Bewölkung, Luftfeuchte und Niederschlag. Heute wird die Wetterbeobachtung von rund 8 000 meteorolog. Stationen bzw. meteorolog. Observatorien auf den Kontinenten und Inseln, elf stationären Wetterschiffen sowie über 4 000 fahrenden Schiffen, rund 500 aerolog. Aufstiegsstationen, die Beobachtungen in der freien Atmosphäre bis etwa 30 km Höhe durchführen, und durch Aufnahmen sog. Wettersatelliten (z. B. Meteosat) vorgenommen. Trotz ständiger großer Fortschritte auf allen Teilgebieten der M. ist es jedoch auch heute noch immer nicht möglich, exakte Wetter- oder Witterungsvoraussagen für längere Zeiträume (Wochen und Monate) zu geben.
Geschichte: Die früheste bekannte Systematisierung des Wissens über die Erscheinungen am Himmel und in der Atmosphäre stellen die vier Bücher „Meteorologica" des Aristoteles dar, die bis in die Neuzeit hinein grundlegend blieben. Erst im 19. Jh. begann die Entwicklung der M. zu einer eigenständigen Wissenschaft. Mit der Sammlung von Beobachtungsmaterial wurde zunächst die Lehre von den Formen der meteorolog. Erscheinungen - beginnend mit der Wolkengestalt - vorangetrieben und der Zusammenhang dieser Erscheinungen mit den geograph. Bedingungen hervorgehoben. Die theoret. Zerlegung der komplexen Erscheinungen in Einzelphänomene und die darauffolgende Einordnung in ein System des Gesamtgeschehens, gingen mit dem Eindringen mathemat. Methoden und der Anwendung physikal. Prinzipien, insbes. der Thermodynamik, einher. Ein stürmischer Aufschwung begann in der 2. Hälfte des 19. Jh. mit der Erkenntnis des Zusammenhangs von Wind und Luftdruck. In ihrer weiteren Entwicklung wurde die M. stark von neuen techn. Möglichkeiten bestimmt: In der 1. Hälfte des 20. Jh. durch den Einsatz der drahtlosen Telegrafie und von Ballons und Flugzeugen, v. a. seit dem 2. Weltkrieg auch von Radiosonden, Raketen und Satelliten und durch den Einsatz des Radars sowie neuerdings von Lasern und von Computern. Dies führte zu neuen Entdeckungen, wie z. B. Temperaturinversion († Inversion) oder † Strahlstrom und ermöglichte die Erfassung der gesamten Atmosphäre sowie eine weltweite Zusammenarbeit der meteorolog. Stationen und Institute.
📖 *Meyers Kleines Lex. M. Hg. v. der Red. f. Naturwiss. des Bibliograph. Inst. Mhm. u. a. 1987.* - Tanck, H. J.: *M. Wetterkunde, Wetteranzeichen, Wetterbeeinflussung. Rbk. 1985.* - Eimern, J. van/Häckel, H.: *Wetter- u. Klimakunde. Ein Lehrb. der Agrar-M. Stg. *⁴*1984.* - Heise, G.: *Wetterkunde. Hamb. 1984.* - Liljequist, G. H./Cehak, K.: *Allg. M. Dt. Übers. Wsb.* ³*1984.* - Roczik, K.: *Kleines Wetter-Lex. Stg. 1984.*

Meteoropathologie [griech.], Lehre von den Einflüssen des Wetters und seiner Veränderungen auf den kranken Organismus.

meteorotrop [griech.], wetter-, klimabedingt.

Meteorotropismus [griech.], svw. ↑ Wetterfühligkeit.

Meteosat [Kw. aus engl. *meteorological satellite*], von der Europ. Weltraumorganisation ESA entwickelter Wettersatellit. **M. 1** wurde im Nov. 1977 in eine geostationäre Umlaufbahn gebracht; ihm folgte (nachdem Störungen in der Bildübermittlung aufgetreten waren) am 19. Juni 1981 **M. 2.** In rd. 36 000 km Höhe über dem Kreuzungspunkt des Meridians von Greenwich mit dem Äquator (über dem Golf von Guinea) stationiert, liefert M. 2 Daten und Bilder des Wettergeschehens über die Empfangsanlage in Michelstadt zur Verarbeitung und Aufbereitung an das Europ. Operationszentrum für Weltraumforschung (ESOC) in Darmstadt; von hier aus werden sie an die einzelnen Wetterdienste weitergeleitet.

Meter [frz., zu griech. *métron* „Maß"], Einheitenzeichen m, internationale (in der BR Deutschland gesetzl.) Einheit der Länge, heute (nach dem Beschluß der 17. Generalkonferenz für Maß und Gewicht vom 20. Okt. 1983) definiert als die Länge der Strecke, die Licht im Vakuum während des Zeitintervalls von 1/299 792 458 Sekunden durchläuft.
Geschichte: Das M. wurde ursprüngl. von der frz. Nationalversammlung 1795 als zehnmillionster Teil des durch die Pariser Sternwarte gehenden Erdmeridianquadranten festgelegt. 1889 erfolgte die Festlegung des M. als Abstand zweier eingeritzter Linien auf einem Platin-Iridium-Stab von X-förmigem Querschnitt (Urmeter). Von diesem im Internat. Büro für Maße und Gewichte aufbewahrten *Internat. M.prototyp* wurden 1889 an alle Mgl.staaten der Meterkonvention gleicharti-

ge Kopien verteilt (relative Genauigkeit in der Größenordnung $5 \cdot 10^{-7}$). Auf einen Vorschlag von J. Babinet und J. C. Maxwell geht die opt. Definition des M. durch ein Wellenlängennormal zurück. Das durch Vermessung der Wellenlänge λ_{Cd} der roten Linie des Cadmiumspektrums (A. A. Michelson) festgelegte Wellenlängennormal (1 m = 1 553 164,13 λ_{Cd}) galt von 1927 bis 1960 als Vergleichsstandard. Auf der 11. Generalkonferenz für Maße und Gewichte 1960 wurde beschlossen, das M. durch das 1 650 763,73fache der Vakuumwellenlänge des orangefarbenen Lichtes zu definieren, das von Atomen des Kryptonisotops Kr 86 beim Übergang vom $5d_5$-Zustand in den $2p_{10}$-Zustand ausgesendet wird. Durch eine kleine Asymmetrie der Kryptonspektrallinie bei 605,780 nm und die Inkohärenz der Strahlung von Kryptonlampen war die Genauigkeit dieses Längenstandards auf etwa $4 \cdot 10^{-9}$ begrenzt. Die Neudefinition von 1983 übertrifft die Genauigkeit um mehr als 5 Größenordnungen.

...meter [zu griech. métron „Maß"], Nachsilbe von Zusammensetzungen mit der Bed. „Meßgerät, Messer, ein bestimmtes Maß Enthaltendes".

Meterkonvention (Internationale M.), ein am 20. Mai 1875 in Paris zw. damals 17 Staaten abgeschlossener internat. Vertrag, der ursprüngl. der Sicherung einer weltweiten Einheitlichkeit der Einheiten des auf der Längeneinheit Meter und der über das Meter definierten Masseneinheit Kilogramm als Basiseinheiten beruhenden *metrischen Systems* diente, 1921 aber wesentl. erweitert wurde und sich heute auf das gesamte Meßwesen mit den Einheiten des Internationalen Einheitensystems als Basis bezieht. Die ursprüngl. Zielsetzung führte zur Schaffung einer aus verschiedenen Organen bestehenden *Internat. Organisation für Maße und Gewichte*, die damals v. a. für die Erstellung, Aufbewahrung und Vergleichung von internat. und nat. Meter- und Kilogrammprototypen zu sorgen hatte. Zu diesem Zweck wurden das *Bureau International des Poids et Mesures (Internat. Büro für Maße und Gewichte;* Abk. BIPM) in Sèvres und entsprechende nat. Institutionen gegründet (z. B. 1887 die Physikalisch-Technische Reichsanstalt in Berlin). Oberstes Organ der M. ist die mindestens alle 6 Jahre in Paris stattfindende *Conférence Générale des Poids et Mesures (Generalkonferenz für Maße und Gewichte)* von Vertretern der z. Z. 45 Signatarstaaten.

Meterspur ↑ Spurweite.

Methacrylsäure [griech./dt.] (2-Methylpropensäure), $CH_2 = C(CH_3) - COOH$, farblose Flüssigkeit oder Kristalle mit stechendem Geruch. M. und ihre Ester *(Methacrylate)* polymerisieren sehr leicht und sind Ausgangsprodukte für ↑ Polymethacrylate.

Methadon, Arzneimittel, synthet. Verwandter des Morphins. Wegen der relativ geringen Suchtgefahr wird es zuweilen zur Behandlung einer Morphin- bzw. Heroinsucht in der Weise eingesetzt, daß es statt Morphin bzw. Heroin verabreicht wird, um Entziehungserscheinungen zu verhindern. Anschließend wird eine Entwöhnung gegenüber M. durchgeführt.

Methämoglobin [griech./lat.] (Hämiglobin), durch Gifte (z. B. Nitroverbindungen) oxidiertes Hämoglobin, das als Sauerstoffträger ungeeignet ist.

Methan [griech.], CH_4, der einfachste, gasförmige Kohlenwasserstoff (Schmelzpunkt $-182\,°C$; Siedepunkt $-161\,°C$), der mit bläul. Flamme zu Kohlendioxid und Wasser verbrennt. In der Natur ist M. durch die Tätigkeit von Methanbakterien im Sumpf- und Biogas sowie in großer Menge im Erdgas enthalten. Da M. im Verlauf der Inkohlung gebildet wird, ist es auch in Kohlelagerstätten *(Grubengas)* enthalten und kann in Kohlebergwerken Schlagwetterexplosionen verursachen; Gemische aus M. und Luft sind sehr explosiv. M. wird meist als Heizgas, weniger als Rohstoff zur Herstellung von Synthesegas, Acetylen u. a. verwendet.

Methanal [Kw. aus **Methan** und **Aldehyd**], chem. korrekte Bez. für ↑ Formaldehyd.

Methanol [Kw. aus **Methan** und **Alkohol**] (Methylalkohol), CH_3OH, einfachster Alkohol; farblose, brennend schmeckende, giftige, unbegrenzt mit Wasser und vielen organ. Lösungsmitteln mischbare Flüssigkeit. M. wurde früher durch Destillation von Holz gewonnen, wird aber heute u. a. bei 250–350 bar unter Einwirkung von Katalysatoren (Kupfer-, Zink-, Chromoxid) aus Kohlenmonoxid und Wasserstoff, daneben auch durch Oxidation von Methan hergestellt. M. ist wichtig zur Herstellung von Formaldehyd, Methylaminen, als Treibstoff und Lösungsmittel.

Methanolvergiftung (Methylalkoholvergiftung), Erkrankung nach Aufnahme von schon geringen Mengen Methanol; mit Übelkeit, Schwindel, Herz- und Kreislaufversagen, Sehstörungen; unter Umständen Erblindung.

Methingruppe [griech./dt.], Bez. der chem. Nomenklatur für die Gruppe $-CH=$.

Methionin [griech.] (2-Amino-4-(methylthio)-buttersäure), Abk. Met; schwefelhaltige essentielle Aminosäure, die einen wichtigen Baustein der Proteine darstellt. M. wirkt wachstumsfördernd auf tier. Gewebe und wird medizin. u. a. bei Lebererkrankungen und Schwermetallvergiftungen verwendet. M. dient auch als Futtermittelzusatz und wird industriell hergestellt. Strukturformel:

$$CH_3-S-CH_2-CH_2-\underset{\underset{NH_2}{|}}{CH}-COOH$$

Methode [zu griech. méthodos, eigtl. „das Nachgehen, der Weg zu etwas hin"],

Methode der kleinsten Quadrate

ein nach Mittel und Zweck planmäßiges Verfahren, das zu techn. Fertigkeit bei der Lösung theoret. und prakt. Aufgaben führt. Die wiss. M. - mit ihren wichtigsten Teilen: Lehre von der Begriffsbildung und Lehre von den Begründungsverfahren - gelten als Kennzeichen und Unterscheidungsmerkmal der einzelnen Wissenschaften. Während traditionell nur die *induktive M.* (Schluß von Einzelfällen auf generelle Zusammenhänge) und die *deduktive M.* (log. Ableitung aller weiteren Aussagen von ersten, als gültig akzeptierten Aussagen) als wiss. Verfahren anerkannt waren, wird in neuester Zeit auch auf andere wiss. M. verwiesen, z. B. auf die *sprachanalyt. M.* in der Philosophie (von L. Wittgenstein), auf die *hermeneut. M.* in den histor. Wiss. (von H.-G. Gadamer) und auf die *konstruktive M.* in der Mathematik (von P. Lorenzen).

Methode der kleinsten Quadrate (Methode der kleinsten Quadratsummen), in der Ausgleichs- und Fehlerrechnung verwendetes Prinzip zur Ermittlung des wahrscheinlichsten Wertes einer Beobachtungsgröße, für die sich bei vielfach wiederholten Messungen nur mit zufälligen Fehlern behaftete Meßwerte ergeben. Dieses Prinzip besagt, daß der wahrscheinlichste Wert (beste Näherungswert) A_W einer unbekannten Beobachtungsgröße derjenige ist, für den die Summe der Quadrate der Abweichungen der einzelnen Meßwerte A von diesem Wert A_W ein Minimum wird:

$$\sum_{i=1}^{n} p_i (A_i - A_w)^2 = \text{Minimum}.$$

Methodenlehre, svw. ↑ Methodologie.
Methodenstreit, i. w. S. jede Auseinandersetzung über die Methoden einer Wiss.; i. e. S. die Kontroverse um die die Grundlagen einer bestimmten Wiss. betreffenden Methoden (↑ auch Grundlagenstreit).
Methodik [griech.], svw. ↑ Methodologie.
◆ in der *Pädagogik* die Lehre von den Lehr- und Unterrichtsverfahren auf den einzelnen Stufen für die verschiedenen Stoffe, wobei im schul. Bereich v. a. Alters- und Sachgemäßheit in Einklang gebracht werden müssen.
Methodios, hl., griech. Slawenapostel, ↑ Kyrillos und Methodios.
Methodismus [griech.-engl.], aus der anglikan. Kirche hervorgegangene religiöse Erweckungsbewegung. Der methodist. Frömmigkeitstyp ist von der Imitation des Bekehrungserlebnisses des Stifters J. ↑ Wesley bestimmt. Die Bez. „Methodisten" wurde bereits einem Kreis von Studenten gegeben, den Wesley in Oxford ab 1729 als Tutor leitete (wohl wegen der planvoll-„method." Lebensart). Die Methodistenprediger predigten zunächst im anglikan. Gemeindegottesdienst, bis ihnen die Kanzel verweigert wurde; daraufhin predigten sie auf offenem Feld und prägten damit ein charakterist. Merkmal des Methodismus. Der Ggs. zur anglikan. Kirche verschärfte sich, als im M. Männer als Prediger auftraten, die nicht ordiniert waren. - Erst seit 1956 bemühen sich M. und anglikan. Kirche um Wiedervereinigung. Offizielle methodist. und anglikan. Delegationen veröffentlichten 1963 einen Unionsvorschlag, demzufolge stufenweise die Trennung aufgehoben werden sollte. Die Union ist jedoch noch nicht zustande gekommen. - Der methodist. Weltbund (World Methodist Council), 1881 in London gegr., faßt die etwa 40 unabhängigen Kirchen zusammen. Der M. hat insgesamt etwa 20 Mill. Mgl. (USA: über 13 Mill.; BR Deutschland [Ev.-methodist. Kirche] rd. 70 000 Mitglieder).
Methodologie [griech.] (Methodik), Lehre von den (wiss.) Methoden, als Teil der Logik zentraler Gegenstandsbereich der gegenwärtigen Wissenschaftstheorie.
Methoxy- [griech.], Bez. der chem. Nomenklatur für die Gruppe $-O-CH_3$.
Methusalem, alttestamentl. Gestalt, Sohn Henochs und Vater Lamechs. M. ist v. a. als der Mensch mit dem höchsten Lebensalter sprichwörtl. bekannt.
Methyl- [griech.], Bez. der chem. Nomenklatur für die Gruppe $-CH_3$.
Methylacetophenon (Melilot), stark riechende Flüssigkeit, die Bestandteil äther. Öle ist; wird synthet. hergestellt und zur Parfümierung von Seifen verwendet.
Methylalkohol, svw. ↑ Methanol.
Methylamine, Sammelbez. für die drei Methylderivate des Ammoniaks: *Monomethylamin* NH_2CH_3, *Dimethylamin* $NH(CH_3)_2$, *Trimethylamin* $N(CH_3)_3$. Die M. sind ammoniak- bis fischähnl. riechende, gasförmige, brennbare Substanzen, die als Zwischenprodukte bei der Herstellung zahlr. chem. Verbindungen (u. a. Farbstoffe, Pharmazeutika und Lösungsmittel) auftreten.
Methyläther (Dimethyläther), $H_3C-O-CH_3$, einfachster Äther; süßl. riechendes Gas; Methylierungsmittel.
Methyläthylketon (Butanon-2), $CH_3-CO-C_2H_5$, farblose, acetonähnl. riechende Flüssigkeit, die als Lösungsmittel z. B. für Klebstoffe Bedeutung hat.
Methylbutadien, svw. ↑ Isopren.
Methylchlorid (Monochlormethan), CH_3Cl, schwach süßl. riechendes, sehr giftiges Gas, das u. a. bei der Herstellung von Siliconen und zum Aufschäumen von Polystyrol Verwendung findet.
Methylen- [griech.], Bez. der chem. Nomenklatur für die Gruppe $-CH_2-$.
Methylenblau (Tetramethylthioninchlorid), bas. Thiazinfarbstoff, der früher zum Färben von Seide und Baumwolle diente; wird heute nur noch zum Färben von Papier sowie als Vitalfarbstoff in der Mikroskopie verwendet. M. läßt sich leicht zum farblosen *Leuko-M.* reduzieren und wird daher bei der Untersuchung biochem. Redoxprozesse als

Wasserstoffakzeptor und Redoxindikator verwendet.

Methylenchlorid, svw. ↑ Dichlormethan.

Methylierung [griech.], Einführung der Methylgruppe $-CH_3$ in anorgan. und v. a. organ. Verbindungen. Gebräuchl. Methylierungsmittel sind u. a. Methanol, Methylchlorid, Diazomethan und Dimethylsulfat. Im Stoffwechsel werden durch das Enzym *Methyltransferase* Methylgruppen übertragen (*Trans-M.*), die aus dem durch ATP aktiviertem Methionin stammen.

Methylorange [...orã:ʒə], als Säure-Base-Indikator verwendeter Azofarbstoff mit Farbumschlag nach rot nach gelb im pH-Bereich 3,1 bis 4,4. M. diente früher zum Wollefärben.

Methylrot, als Säure-Base-Indikator verwendeter Azofarbstoff mit Farbumschlag von gelbgrün nach rot im pH-Bereich 6,2 bis 4,2.

Methylviolett, Triphenylmethanfarbstoff, der zum Färben von Kopierstiften und Farbbändern verwendet wird; in der Medizin auch als Wurmmittel benutzt.

Metier [me'tje:; frz.; zu lat. ministerium „Dienst"], Gewerbe, Handwerk; Aufgabe, Geschäft.

Metohija, jugoslaw. Gebiet beiderseits des oberen und mittleren Drin, im N, W und S von weit über 2 000 m hohen Gebirgen umrahmt, nach O, zum Amselfeld hin, geöffnet.

Metöken [zu griech. métoikos „Mitbewohner"], im antiken Griechenland Bez. der bes. in Handelsstädten und Wirtschaftszentren zahlr. ansässigen Fremden. Sie waren in M.listen eingetragen, hatten Sondersteuern zu entrichten, nahmen am Staatsleben nicht teil und konnten keinen Grundbesitz erwerben.

Metol ® [Kw.] (Monomethyl-p-aminophenolsulfat), ein Aminophenolderivat, eine der am häufigsten verwendeten photograph. Entwicklersubstanzen.

Meton, griech. Mathematiker und Astronom der 2. Hälfte des 5. Jh. v. Chr. - M. stellte fest, daß 235 Mondmonate fast genau gleich 19 trop. Jahren sind. Demnach konnte der Mondkalender durch eine Folge von 12 Jahren zu 12 Mondmonaten und 7 Jahren zu 13 Mondmonaten in einem 19jährigen Zyklus den Jahreszeiten angepaßt werden. Auf diesem schon den Babyloniern bekannten *M.-Zyklus* basieren der griech. (bis 46 v. Chr.) sowie der jüd. Kalender. Der M.-Zyklus liegt bis heute der Berechnung des christl. Osterdatums zugrunde.

Metonymie [zu griech. metōnymía „Namensvertauschung"] (Hypallage), Tropos, bei dem ein Begriff durch einen anderen ersetzt wird, der in unmittelbarem räuml., zeitl. oder sachl. Zusammenhang mit diesem steht; z. B. *Eisen* für Schwert, *die ganze Stadt* für alle Bewohner, *alle Welt* für jeder.

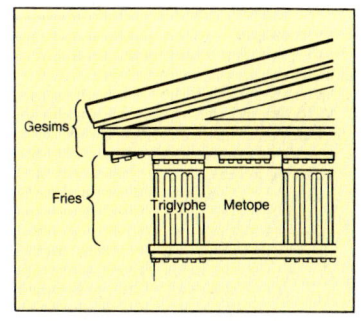

Metope an einem Fries

Metope [griech.], etwa quadrat. Platte (Ton, Stein), im dor.-griech. Gebälkfries des Tempels, bemalt oder mit Reliefs verziert.

Métraux, Alfred [frz. me'tro], * Lausanne 5. Nov. 1902, † Vallée de Chevreuse 12. April 1963, frz.-argentin. Ethnologe. - M. lehrte an amerikan. Univ. und in Paris; Feldforschungen in Südamerika, Afrika, auf der Osterinsel und den Antillen.

Metrik [zu griech. metrikḕ téchnē „Kunst des Messens"], in der *Literatur* Lehre von den Gesetzen des Versbaus (↑ Vers).
◆ in der *Musik* die Lehre vom ↑ Metrum.
◆ in der *Mathematik* diejenige Struktureigenschaft eines Raumes, durch die in ihm die Entfernung (der Abstand) zweier Punkte definiert ist (↑ metrischer Raum).

metrischer Raum, eine Menge von Elementen $x, y, z, ...,$ den Punkten des metr. R., in der je zwei Elementen x und y eine nichtnegative reelle Zahl $d(x, y)$ zugeordnet ist, so daß gilt:
1. $d(x, y) = 0$ genau dann, wenn $x = y$,
2. $d(x, y) = d(y, x)$,
3. $d(x, y) \leq d(x, z) + d(z, y)$ (Dreiecksungleichung). Das reellwertige Funktional $d(x, y)$ bezeichnet man als die *Metrik* des Raumes, bei festen Punkten x und y auch als *Entfernung, Abstand* oder *Distanz* dieser Punkte.

metrisches System ↑ Meterkonvention.

Metritis [griech.], Entzündung der Gebärmutter.

Metro ['mɛtro, 'me:tro], Abk. für frz.: le (chemin de fer) **métro**politain („Eisenbahn einer Hauptstadt"), die Untergrundbahn in Paris [und Moskau].

Metro-Goldwyn-Mayer Inc. [engl. 'metroʊ 'ɡoʊldwɪn 'meɪə ɪnˈkɔːpəreɪtɪd], Abk. MGM; 1924 von S. Goldwyn und L. B. Mayer gegr. Filmkonzern; durch seine Größe und Struktur (Produktion, Verleih, Kinoketten und -zentren, z. B. auch MGM Grand Hotel in Las Vegas) bis 1974 (Schließung der Ateliers, Verkauf der Filmvertriebsrechte) einer der einflußreichsten amerikan. Filmkonzer-

Metrologie

ne; bekannt v. a. durch Großproduktionen.

Metrologie [griech.], die Lehre vom Messen, von den Maßsystemen und deren Einheiten.

Metron [griech.], svw. ↑ Metrum.

Metronom [griech.], Taktmesser; ein uhrenähnl. Gerät, mit dem das Tempo eines Musikstücks kontrolliert wird. Das M. enthält ein von Federkraft angetriebenes Pendel, dessen Schwingungsdauer (Anzahl der Schläge in der Minute) durch ein verschiebbares Laufgewicht eingestellt werden kann. Die Schläge sind durch ein regelmäßiges Ticken hörbar; manche M. haben zusätzl. ein Läuten in bestimmten Abständen (z. B. auf jedem 2., 3. oder 4. Schlag). Das M. wurde 1816 von J. N. Mälzel (unter Benutzung vieler früherer Konstruktionen) entwickelt; an ihn erinnert die Abkürzung **M. M. (Metronom Mälzel)**, die mit Notenwert und Zahl das vom Komponisten oder Herausgeber festgelegte Zeitmaß angibt (z. B. M. M. = 120 bedeutet 120 Viertelschläge in der Minute).

Metronymikon (Matronymikon) [griech.], vom Namen der Mutter abgeleiteter Name, z. B. Niobide = Sohn der Niobe. - ↑ auch Patronymikon.

Metropole (Metropolis) [griech. „Mutterstadt"], Hauptstadt, Hauptsitz; Zentrum, Hochburg.

Metropolie [griech.], svw. ↑ Eparchie.

Metropolis [griech. „Mutterstadt"], 1. die z. Z. der griech. Kolonisation Kolonien gründenden Städte (u.a. Korinth, Rhodos), die mit den Kolonien im allg. nur noch in kult. Verbindung standen; 2. die Gauhauptstädte im hellenist. Ägypten.

Metropolit [griech.], in der *röm.-kath.* Kirche Vorsteher einer Kirchenprovinz mit gewissen Rechten über seine Suffraganbischöfe. Abzeichen des M. in der lat. Kirche ist das ↑ Pallium. Metropolitansitze in der BR Deutschland sind: Bamberg, Freiburg im Breisgau, Köln, München und Freising sowie Paderborn. - In den *Ostkirchen* urspr. Bischof der Provinzhauptstadt im Ggs. zu den Bischöfen kleinerer Städte und den Landbischöfen; heute Leiter einer unabhängigen orth. Landeskirche; daneben auch bloßer Titel (z. B. in Griechenland für alle Bischöfe).

Metropolitan Area [engl. mɛtrə'pɔlɪtən 'ɛərɪə], in den *USA* seit 1930 bestehende statist. und Planungsregion, die im Ggs. zur städt. Agglomeration oft auch umfangreiche landw. genutzte oder ländl. Gebiete umfaßt. In *Australien* das städt. Gebiet um die Hauptstädte der Bundesstaaten.

Metropolitan Museum of Art [engl. mɛtrə'pɔlɪtən mju:'zɪəm əv 'ɑ:t] (Metropolitan Museum) ↑ Museen (Übersicht).

Metropolitan Opera [engl. mɛtrə'pɔlɪtən 'ɔpərə] (M. O. House), Kurzbez. Met, bedeutendstes Opernhaus der USA, 1883 in New York eröffnet, neues Haus (1966 eröffnet).

Metrum (Metron) [griech.], in der *Literatur* ↑ Vers.
◆ in der *Musik* die Maßeinheit mehrerer, zu einer Einheit zusammengeschlossener Zählzeiten und ihre Ordnung nach wiederkehrenden Abfolgen von betonten und unbetonten Schlägen. Grundlage einer solchen Ordnung ist der ↑ Takt; deshalb kann der Begriff M. sinnvoll nur auf die taktgebundene Musik ab etwa 1600 angewendet werden. Doch bilden sich immer auch übergeordnete metr. Zusammenschlüsse, z. B. zu 2, 4, 8 oder noch mehr Takten (↑ Periode). Zentraler Geltungsbereich des M.begriffs ist die Musik des 18. und 19. Jahrhunderts. In der Musik nach 1950 gibt es vielfach kein M. mehr, statt dessen nur noch eine Zeitorientierung, z. B. nach Sekunden.

Metschnikow, Ilja Iljitsch [russ. 'mjetʃnikɐf], * Iwanowka (Gouv. Charkow) 15. Mai 1845, † Paris 15. Juli 1916, russ. Biologe. - Prof. in Odessa, ab 1890 am Institut Pasteur in Paris; widmete sich bes. der Erforschung von Toxinen und Antitoxinen des Choleraerregers. 1883 entdeckte er die Phagozytose von Bakterien durch Leukozyten. Zus. mit P. Ehrlich erhielt er für seine Arbeiten zur Immunität 1908 den Nobelpreis für Physiologie oder Medizin.

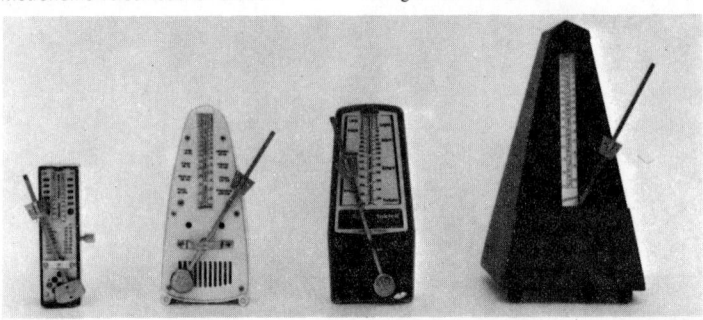

Metronome verschiedener Größen

Metsu, Gabriel [niederl. 'mɛtsy:], *Leiden Jan. 1629, ⌑ Amsterdam 24. Okt. 1667, niederl. Maler. - Seit 1658 in Amsterdam als Maler des holländ. Bürgerlebens, u.a. „Das kranke Kind" (Amsterdam, Rijksmuseum).
Metsys [niederl. 'mɛtsɛjs], fläm. Malerfamilie, ↑ Massys.
Mett [niederdt.], gewürztes Hackfleisch vom Rind oder Schwein.
Mette [lat.] ↑ Matutin.
Metternich, im frühen 14. Jh. erstmals bezeugtes, noch heute existierendes rhein. Adelsgeschlecht (nach dem Dorf M. bei Euskirchen ben.); 1635 in den Reichsfreiherren-, 1679 in den Reichsgrafen-, 1803 in den Reichsfürstenstand und 1813 in den östr. Fürstenstand erhoben. 1803 wurde die Fam. für linksrhein. Gebietsabtretungen mit Ochsenhausen (als Ft. Winneburg) entschädigt und nannte sich *M.-Winneburg.* Bed. Vertreter:
M. (M.-Winneburg), Klemens Wenzel Graf, Fürst M. (seit 1813). Hzg. von Portella (seit 1818), *Koblenz 15. Mai 1773, † Wien 11. Juni 1859, östr. Staatsmann. - Studierte Rechts- und Staatswiss. sowie Geschichte in Straßburg und Mainz, später Naturwiss. und Medizin in Wien. Als Gesandter der westfäl. Grafenbank nahm er 1797–99 am Kongreß von Rastatt teil. 1801–03 kaiserl. Gesandter in Dresden, 1803–06 in Berlin, 1806–09 Botschafter in Paris. Nach der östr. Niederlage gegen Frankr. 1809 zum östr. Außenminister ernannt, verschaffte er seinem Land durch Anlehnung an Napoleon I. (dessen Heirat mit der Kaisertochter Marie Louise er unterstützte) eine Ruhepause. Nachdem M. mit Napoleon für dessen Rußlandfeldzug 1812 östr. Hilfe vereinbart hatte, vollzog er, mit Rußland laufend in Kontakt geblieben, den Anschluß Österreichs an die Koalition gegen Frankr. († Befreiungskriege). Im Sinne des europ. Gleichgewichts wirkte er im 1. Pariser Frieden (1814) auf die Schonung Frankr. hin. Auf dem unter seinem Vorsitz tagenden ↑ Wiener Kongreß betrieb er erfolgreich die Wiederherstellung der polit. und sozialen Ordnung in Europa nach den Grundsätzen der Legitimität († auch Restauration). Die ↑ Heilige Allianz formte er zu einem Bund der Fürsten gegen die nat. und liberalen Regungen der Völker. Als führender europ. Staatsmann trat M. auf den Kongressen der Jahre 1820–22 auf, die er zum Instrument seiner legitimist. Interventionspolitik machte. Im Dt. Bund setzte er in Zusammenarbeit mit Preußen die rücksichtslose Unterdrückung der freiheitl. und nat. Bewegung (Karlsbader Beschlüsse 1819) sowie die Festschreibung des monarch. Prinzips (1820) durch. In Österreich, wo M. 1821 zum Haus-, Hof- und Staatskanzler ernannt worden war, wurde sein Einfluß ab 1826 geschwächt und später weitgehend auf die Außenpolitik beschränkt. Nach Ausbruch der Revolution mußte M. als verhaßter Exponent der Reaktion am 13. März 1848 zurücktreten und ins Ausland fliehen. Im Sept. 1851 kehrte M. nach Wien zurück.
Sein polit. Denken war geprägt von kompromißloser Ablehnung der Frz. Revolution. Als Verfechter des monarch. Prinzips war er zu keinem Zugeständnis an die Volkssouveränität bereit. Das **System Metternich** war ausgerichtet auf die Erhaltung der polit. und sozialen Ordnung, die auf dem Wiener Kongreß im vorrevolutionären Sinne restauriert worden war. Die Stabilität dieser auf monarch. Legitimität gegründeten Friedensordnung sah er am besten im Gleichgewicht der 5 Großmächte gesichert, wobei er der Zusammenarbeit der drei konservativen Ostmächte Rußland, Preußen und Österreich einen bes. Wert beimaß. Mittel seiner Politik waren u. a. ↑ Kongreßdiplomatie und militär. Interventionen, Polizeimaßnahmen und Zensur.
⌑ *Palmer, A.: Der Staatsmann Europas. Dt. Übers. Bergisch Gladbach 1980.* - *Kissinger, H. A.: Großmacht Diplomatie. Von der Staatskunst Castlereaghs u. Metternichs. Dt. Übers. Düss. Neuaufl. 1980.*

Metternich, Josef, *Hermülheim (= Hürth) 2. Juni 1915, dt. Sänger (Bariton). - Sang u.a. an den Opernhäusern von Berlin, London, Mailand, Wien sowie 1953–56 an der Metropolitan Opera in New York, 1954 auch an Münchner und Hamburgischen Staatsoper; seit 1965 Prof. für Gesang in Köln.

Metteur [mɛ'tø:r; lat.-frz., zu mettre „stellen, setzen"], Schriftsetzer, der beim Herstellen einer Zeitung bzw. eines Buchs für den Umbruch zuständig ist.

Mettlach, Gem. an der großen Saarschleife, 20 km nw. von Saarlouis, 166–414 m ü. d. M., 12 200 E. Keramikmuseum, Keramikind. - Um 690 gegr. als Benediktinerabtei. - Achteckiger Alter Turm (um 990).

Mettmann, Krst. in NRW, mit Düsseldorf, NRW, 150 m ü. d. M., 35 900 E. Besteckherstellung, Gummiwarenind., Werkzeugfabriken u. a. Ind. - 904 erstmals erwähnt, 1424 stadtrrhnl. Rechte; seit 1846 Stadt. - Sw. von M. das ↑ Neandertal.
M., Kreis in Nordrhein-Westfalen.

Mettwurst, geräucherte streichfähige bis schnittfeste Rohwurstart, vorwiegend aus Schweinefleisch.

Metz, Johann Baptist, *Welluck (= Nitzlbuch, Landkr. Amberg-Sulzbach) 5. Aug. 1928, dt. kath. Theologe. - Seit 1963 Prof. für Fundamentaltheologie in Münster. Von einem transzendental-existential orientierten Glaubensverständnis wandte sich M. einem krit., polit. ausgerichteten Denken in seiner Theologie zu; man zählt ihn zu den Vertretern einer „polit. Theologie". - *Werke:* Christl. Anthropozentrik (1962), Armut im Geiste (1962), Zur Theologie der Welt (1973), Glaube in Geschichte und Gesellschaft (1977).

Metz [mɛts, frz. mɛs], frz. Stadt an der

Metzger

Mündung der Seille in die Mosel, 114 200 E.; Verwaltungssitz des Dep. Moselle. Finanz- und Handelszentrum der lothring. Eisen- und Stahlindustrie; kath. Bischofssitz; Univ. (gegr. 1971), Hochschule für Ingenieure, Musikhochschule; Theater; internat. Messe. Metallverarbeitende, Haushaltswaren-, Elektro-, Bekleidungs-, Tabak- und Nahrungsmittelind., Fahrzeugbau; Erdölraffinerie.
Geschichte: Als **Divodurum** Hauptstadt der kelt. Mediomatriker. Die Römer bauten hier das Kastell **Mediomatricum** (später **Mettis**), bei dem sich eine bed. Stadt entwickelte; wurde vermutl. im 4. Jh. Bischofssitz; im 6. Jh. Hauptstadt eines fränk. Reichsteils (später Austrasien); 550–888 Versammlungsort vieler Konzilien der fränk. Geistlichkeit; kam 843 zu Lotharingien, 870 zum Ostfränk. (später Hl. Röm.) Reich. Stand im MA unter der Herrschaft der Bischöfe; nach Verlegung der bischöfl. Residenz nach Vic zur Reichsstadt erhoben; schuf sich ein Territorium (Pays Messin). 1552 besetzte der frz. König auf Grund des Vertrags von Chambord die Stadt, 1648 endgültig an Frankr. abgetreten. Bildete mit den ehem. bischöfl. Territorien von M., Toul und Verdun die Prov. der Drei Bistümer und wurde deren Hauptstadt. Von den Franzosen zu einer der stärksten Festungen ausgebaut. Ab 1790 Dep.hauptstadt; als Teil des dt. Elsaß-Lothringen 1871–1919 Hauptstadt des Bez. Lothringen.
Bauten: Galloröm. Baureste; got. Kathedrale (im 16. Jh. vollendet) mit Glasgemälden (14.–16. Jh.), roman.-spätgot. Kirchen Saint-Maximin und Saint-Euchaire, Templerkapelle (um 1180), got. Kirchen Saint-Martin und Saint-Vincent mit Barockfassade. Barocke Platzanlagen mit öffentl. Gebäuden; zahlr. Wohnhäuser der Gotik und der Renaissance (14.–16. Jh.); Reste der ma. Stadtbefestigung, u. a. Dt. Tor und Kamuffelturm.
📖 *Piquet-Marchal, M.-O.:* La Chambre de réunion de M. Paris 1969. - *Hocquard, G., u. a.:* M. Paris 1961. - *Bour, R.:* Histoire illustrée de M. Metz 1950.

Metzger, Fritz, * Winterthur 3. Juli 1898, † Zürich 13. Aug. 1973, schweizer. Architekt. - Einer der Erneuerer des kath. Kirchenbaus in der Schweiz; neben strengen Rechteckbauten (Sankt Karl, Luzern, 1932 ff.; Kirche in Oberuzwil, 1934–36) auch zylindr. Formen (Sankt Felix und Regula, Zürich, 1949/50; Sankt Franziskus, Riehen, 1951).

M., Wolfgang, * Heidelberg 22. Juli 1899, † Bebenhausen (= Tübingen) 20. Dez. 1979, dt. Psychologe. - 1939–42 Prof. in Frankfurt, danach in Münster; arbeitete, von der Wahrnehmungslehre ausgehend, bes. über Denk-, Gefühls- und Willenspsychologie, außerdem über Entwicklungs- und Sozialpsychologie sowie pädagog. Psychologie; Hg. u. a. des „Handbuchs der Psychologie" (1966 ff.).

Metzgerpalme, svw. ↑ Aukube.

Metzingen, Stadt im Vorland der mittleren Schwäb. Alb, Bad.-Württ., 350 m ü. d. M., 19 600 E. U. a. Tuch- und Strickwaren-, Kartonagenfabriken. - 1079 erstmals erwähnt; 1831 als Stadtgem. bezeichnet. - Spätgot. ev. Stadtpfarrkirche (16. Jh.), moderne Bonifatiuskirche (1956).

Meudon [frz. mø'dõ], frz. Stadt im sw. Vorortbereich von Paris, Dep. Hauts-de-Seine, 48 500 E. Staatl. Inst. für Astronomie und Geophysik, aerodynam. Versuchsanlage, biolog. Forschungsinst.; Hütten- und Stanzwerke u. a. Ind.zweige. - Berühmt die „Terrasse de M." mit Observatorium (ehem. Schloß, 1706).

Meumann, Ernst, * Uerdingen (= Krefeld) 29. Aug. 1862, † Hamburg 26. April 1915, dt. Pädagoge. - Schüler W. Wundts; 1894 Prof. in Zürich, zuletzt (ab 1911) in Hamburg. Vertreter einer empir. „experimentellen" Pädagogik. Hg. der „Zeitschrift für experimentelle Pädagogik" (ab 1905; seit 1911 „Zeitschrift für pädag. Psychologie und experimentelle Pädagogik"). Arbeiten über Methodik, Lernen, Gedächtnis, Begabung, Intelligenz und Willen, auch über Ästhetik.

Meung, Jean de [frz. mœ̃], frz. Dichter, ↑ Rosenroman.

Meunier, Constantin [frz. mø'nje], * Etterbeek bei Brüssel 12. April 1831, † Ixelles 4. April 1905, belg. Bildhauer und Maler. - Entdeckte seit 1879 den arbeitenden Menschen, den er in seiner Darstellung heroisierte. Seit 1886 fast ausschließl. als Bildhauer tätig, u. a. „Dockarbeiter".

Meurthe [frz. mœrt], rechter Nebenfluß der Mosel, entspringt in den Vogesen, mündet nördl. von Nancy, 170 km lang.

Meurthe-et-Moselle [frz. mœrtemo'zɛl], Dep. in Frankreich.

Meuse [frz. mø:z], Dep. in Frankreich.
◆ frz. Name der ↑ Maas.

Meute [frz., eigtl. „Aufruhr" (letztl. zu lat. movere „in Bewegung setzen")], wm. Bez. für die Gesamtheit der jagenden Hunde bei einer Hetzjagd.

Meuterei [zu frz. meute (↑ Meute)], im allg. Sprachgebrauch Bez. für aufständ. Verhalten einer Gruppe gegenüber einem Vorgesetzten, insbes. auf Seeschiffen. Im SeemannsG vom 26. 7. 1957 gibt es den Begriff M. nicht. Im *Militärstrafrecht* Bez. für die Zusammenrottung mehrerer Soldaten, um mit vereinten Kräften eine Gehorsamsverweigerung, eine Bedrohung, eine Nötigung oder einen tätl. Angriff zu begehen. Jeder Soldat, der sich an der M. beteiligt, wird gemäß § 27 WehrstrafG mit Freiheitsstrafe von sechs Monaten bis zu fünf Jahren bestraft. In bes. schweren Fällen (z. B. als Rädelsführer oder bei schweren Folgen) tritt Strafschärfung bis zu zehn Jahren ein.

MeV, Einheitenzeichen für Megaelektronenvolt (↑ Elektronenvolt).

Mevissen, Gustav von (seit 1884), *Dülken (= Viersen) 20. Mai 1815, † Godesberg (= Bonn) 13. Aug. 1899, dt. Großkaufmann und Politiker. - Präs. der Rhein. Eisenbahngesellschaft, Vors. der Kölner Handelskammer, Mitbegr. der Rhein. Zeitung (1842), Gründer der Bank für Handel und Industrie (1853); 1847/48 Mgl. des Vereinigten Landtags, 1848/49 der Frankfurter Nationalversammlung (Liberaler), 1866–91 des preuß. Herrenhauses.

Mewlewija (arab. Maulawijja; Mewlewi-Derwische, Mewlewi-Orden), Orden der „tanzenden Derwische", so gen. wegen ihres von Musik begleiteten rituellen Tanzes, mit dem sich die Derwische in Ekstase versetzten; um 1325 in Konya von Dschalaloddin Rumi gegr., nach dessen Ehrentitel Mewlana („unser Meister") der Orden ben. wurde. Er hatte großen Einfluß im Osman. Reich.

Mexicali [span. mɛxi'kali], Hauptstadt des mex. Staates Baja California Norte, im Coloradodelta, 510 600 E. Kath. Bischofssitz, Univ. (gegr. 1957); Handels- und Verarbeitungszentrum der Landw. im Coloradodelta; Fremdenverkehr. - Seit 1911 Hauptstadt des Gebietes Baja California, Territorio Norte, das 1951 Staat wurde.

México [span. 'mɛxiko], Staat in Z-Mexiko, 21 355 km², 9,04 Mill. E (1984), Hauptstadt Toluca de Lerdo. M. liegt im zentralen Hochland und in der Cordillera Volcánica und erstreckt sich im SW bis zur Senke des Río Balsas. Die Landw. ist auf die Versorgung der Stadt Mexiko ausgerichtet.

Geschichte: 1824 wurde die 1786 eingerichtete Intendencia M. des Vize-Kgr. Neuspanien in den Staat M. umgewandelt, der durch Ausgliederung um den Distrito Federal (1824) und die Staaten Guerrero (1847), Morelos (1869; 1862–69 Territorium) und Hidalgo (1869) verkleinert wurde.

mexikanische Kunst, i. e. S. die Kunst in Mexiko seit Begründung des heutigen Staates. Für die vorausgehende Zeit ↑altamerikanische Kulturen, ↑lateinamerikanische Kunst. Im 20. Jh. erlangte die m. K. infolge der Revolution (1910–17) einen eigenen Charakter und stieg nach dem 2. Weltkrieg durch Bauten des ↑internationalen Stils zu Weltgeltung auf. Die m. K. ist geprägt von ihrem sozialrevolutionären Anspruch sowie der Suche nach einem nat. Stil unter dem Einfluß des indian.-span. Erbes und der Baugedanken des 20. Jh. Die Architektur ist gekennzeichnet von der Freude an Materialkombinationen (Einfluß Mies van der Rohes) und einer naiven wilden Farbigkeit (Tradition des Churriguerismus) der großen Wandgemälde oder -verkleidungen, Resultat einer Synthese von Architektur und bildenden Künsten. Bed. Bauten v. a. in der Hauptstadt: Universitätsstadt (1950–53; Generalplan von M. Pani und E. del Moral) u. a. mit Bibliothek (J. O'Gorman), dem Pavillon zur Erforschung kosm. Strahlen (J. G. Reyna, F. Candela) sowie dem Olympiastadion (1968; von A. P. Palacios, Reliefs von P. Ramírez-Vázquez u. a.) und dem Sportpalast (F. Candela u. a.). Die monumentale Wandmalerei (D. Rivera, D. Alfaro Siqueiros, J. C. Orozco, F. Kahlo u. a.) steht - ebenso die Graphik und Plastik - im Dienste des polit.-gesellschaftl. Engagements im Sinne der Muralisten. Eine bed. Ausnahme ist die Malerei von Frida Kahlo.

📖 *Die Kunst Mexikos.* Hg. v. R. F. Guerrero u. a. Dt. Übers. Mchn. 1970. 3 Bde. - Cardoza y Aragón, L.: *Mex. Malerei v. heute.* Dt. Übers. Prag 1966.

mexikanische Literatur, Höhepunkte der mit den Berichten von H. Cortés an Karl V. beginnenden reichen Literatur der span. Chronisten waren die Werke von B. Díaz del Castillo, B. de Las Casas und Bernardino de Sahagún. Das im 17. Jh. aufblühende Kulturleben der vizekönigl. Residenz wurde auf literar. Gebiet geprägt vom Gongorismus, dem sich Epiker wie B. de Balbuena und bes. die Lyrikerin Juana Inés de la Cruz (* 1648, † 1695) verpflichtet fühlten. Nach dem kulturell sterilen 18. Jh. setzte in der Zeit der Unabhängigkeitskriege die Entwicklung einer eigenständigen nat. Literatur ein, u. a. mit den Romanen von J. J. Fernández de Lizardi, Mittelpunkt einer Schule romant. Autoren war I. M. Altamirano. Der die Romantik ablösende Modernismo wurde von Lyrikern wie M. Guitiérrez Nájera und A. Nervo getragen und von E. González Martínez überwunden. Eine durch die analyt. Techniken des Naturalismus vertiefte Einsicht in die sozialen Probleme des Landes charakterisiert aus Romanschaffen bes. von R. Delgado. Zu den großen Autoren des sog. „mexikan. Revolutionsromans" gehören u. a. M. Azuela, M. L. Guzmán, J. R. Romero, R. F. Munoz, A. Yáñez. Einen weiteren wichtigen Themenkreis bildeten die Lebensformen und -bedingungen der Indianer, bes. für die Romane von R. Rubín (* 1912), R. Castellanos (* 1925, † 1974). Die Konflikte innerhalb der nachrevolutionären Gesellschaft gestalteten die modernen Romanciers J. Revueltas und C. Fuentes. Internat. Einfluß erlangten der „mag. Realist" J. Rulfo und der phantast. Erzähler J. J. Arreola (* 1918). Große Bed. hat die mex. Essayistik mit dem Philologen A. Reyes (* 1889, † 1959), dem Philosophen L. Zea (* 1912) und dem Lyriker Octavio Paz (* 1914) erlangt, ebenfalls das Theaterschaffen mit Rodolfo Usigli (* 1905, † 1979).

📖 *Wischmann, C.: Die mex. Fotonovela. Eine Unters. über Struktur, Ideologie u. Rezeption von Massenlit. in Mexiko und Lateinamerika.* Ffm. 1975. - González Peña, C.: *Historia de la literatura mexicana desde los oríenes hasta nuestros días.* Mexiko ¹²1975.

mexikanische Musik, sie ist von der

Mexikanischer Krieg

kreol.-mestiz. Folklore geprägt und ging aus der span. Tradition hervor, die die Musik der indian. Urbevölkerung überlagerte; von der Musik der indian. Hochkulturen (u. a. Mayas, Azteken) überlebten aber einige Elemente. - Typ. mexikan. ist der balladenartige Corrido (eine Art Zeitungslied); eine typ. Musiziergruppe sind die Mariachi. Das Musikleben der Kolonialzeit orientierte sich an span. Mustern. Vorherrschend waren dann bis gegen Ende des 19. Jh. italien. Oper (seit 1827) und span. Zarzuela. - Mit der Revolution entwickelte sich Mexiko zu einem der führenden lateinamerik. Musikländer. Seitdem ist die Folklore Grundlage für die meisten Komponisten. Pioniere waren hier Manuel P. Ponce (* 1886, † 1948) und Vicente T. Mendoza * 1894, † 1964); bes. bed. wurde Carlos Chavez (* 1899, † 1978).

Mexikanischer Krieg (1846–48), Krieg zw. den USA und Mexiko, ausgelöst durch die Annexion von Texas durch die USA 1845. Im Frieden von Guadalupe Hidalgo (2. Febr. 1848) mußte Mexiko auf die heutigen Staaten der USA: Texas, New Mexico, Kalifornien, Nevada, Utah sowie auf Teile Colorados und Arizonas verzichten.

Mexiko ['mɛksiko; span. 'mɛxiko] (amtl. Ciudad de México), Hauptstadt von Mexiko und des Distrito Federal, in einem Becken des zentralen Hochlands, 2240 m ü. d. M., 13 Mill. E (städt. Agglomeration). Kath. Erzbischofssitz; 9 Univ. (älteste 1551 gegr.), TH, zahlr. wiss. Akad. und Inst.; Nationalarchiv, -bibliothek; zahlr. Museen, u. a. anthropolog. Museum, Museum für moderne Kunst, für religiöse Kunst, botan. Garten, Zoo. Bedeutendster Ind.standort des Landes. Mehr als 50 % aller mex. Handelsgesellschaften, Banken und Versicherungen haben hier ihren Sitz; wichtigster Verkehrsknotenpunkt des Landes; U-Bahn; internat. ✈.

Geschichte: M. liegt an der Stelle der präkolumb., um 1370 auf einigen Inseln im W des Lago de Texcoco gegr. Stadt Tenochtitlán, der Hauptstadt des Aztekenreiches, deren Aussehen infolge der bei der Eroberung durch die Spanier erfolgten Zerstörung nur nach Augenzeugenberichten, Codices und relativ wenigen Bauresten rekonstruiert werden kann. Die schon 150 Jahre früher bestehende benachbarte Siedlung Tlatelolco (heute ein Stadtteil von M., nördl. des Zócalo, des zentralen Platzes) wurde 1473 von den Azteken unterworfen. Anfangs unter der Oberhoheit anderer Stämme, konnten sich die Azteken, vereint mit Tezcoco (= Texcoco de Mora), die Macht erkämpfen. Zus. mit der Tepanekenstadt Tlacopán (an der Stelle des heutigen Stadtteils Tacuba, im NW) wurde dieser Dreibund führende Macht in Z-Mexiko. Die bebaute Fläche der Stadt Tenochtitlán umfaßte (einschl. Tlatelolco) zur Zeit der Eroberung ein Rechteck von etwa 10 km²; die Einwohnerzahl soll nach Schätzungen zw. 60000 und 300000 betragen haben. Die Inselstadt wurde durch 3 Dämme mit dem festen Land verbunden, nach N, W und S. Die aus Stein und Erde errichteten, in der Krone 4,50 m breiten Dämme besaßen für den Bootsverkehr Durchlässe, die von höheren Brücken überspannt waren. Die Dämme setzten sich in der Stadt in geradlinigen Straßen fort und teilten sie mit einer nach O gerichteten Straße in 4 symmetr. angeordnete Stadtviertel, in deren Mittelpunkt sich der Haupttempelbezirk (in unmittelbarer Nähe des Zócalo) befand. Die Stadt war von rechtwinklig sich kreuzenden Straßen und Kanälen durchzogen. Die urspr. nur kleine Landfläche der Inselstadt war durch Anlegung von ↑Chinampas erweitert worden, deren hohe Erträge die Ernährung der Bewohner sichern halfen. Auf dem nicht ganz festen Untergrund standen nur Hütten aus Pfählen, lehmbeworfenen Flechtwänden und Grasdächern. Nur die sozial Höhergestellten und bes. der Adel besaßen Häuser aus Stein. Der Haupttempelbezirk, ein Rechteck von 350 × 300 m, von einer „Schlangenmauer" mit plast. herausgearbeiteten Schlangenköpfen umgeben, enthielt außer dem Haupttempel mehrere kleinere Tempel sowie weitere sakrale Anlagen. Der rasche Wiederaufbau der bei der span. Eroberung zerstörten Stadt begann 1522 (unter dem Namen M.) wohl auf dem aztekt. Grundriß. 1528 wurde sie Sitz eines Bischofs, seit 1546 eines Erzbischofs, 1535 mit der Errichtung des Vize-Kgr. Neuspanien dessen Hauptstadt. 1847 eroberte sie der amerikan. General W. Scott, 1863 frz. Truppen, die Kaiser Maximilian die Thronbesteigung ermöglichten. Bis Anfang des 18. Jh. war die Insellage der Stadt erhalten geblieben. Heute füllt die Agglomeration den N des Distrito Federal und Teile des angrenzenden Staates México.

Bauten: Zentrum der Stadt ist der Zócalo (Plaza de la Constitución; an der Stelle des Großen Platzes von Tenochtitlán); er wird beherrscht von der Kathedrale (1573 ff.; an der Stelle des Quetzalcóatltempels) mit reicher Innenausstattung. Die O-Seite des Zócalo nimmt der Nationalpalast ein (1523 ff., mehrfach umgebaut; an der Stelle des Palastes von Moctezuma II.) mit bed. Fresken im Treppenhaus. An der SW-Ecke des Zócalo befindet sich das Rathaus (17./18. Jh.). Bei Bauarbeiten werden immer wieder bed. Funde aus aztekt. Zeit gemacht (1978 z. B. eine Darstellung des Regengottes, vier monolith. Schlangenskulpturen, Teilstück einer Treppe des Tempels). In der Nähe des Zócalo befinden sich mehrere bed. ehem. Klosterkirchen (16.–18. Jh.), Paläste im Kolonialstil und das moderne Hochhaus Torre Latino-Americana (43 Stockwerke). Westl. vom Zócaloviertel führt die Prachtstraße Paseo de la Reforma (zahlr. Hochhäuser, Luxushotels und -ge-

Mexiko

schäfte, Denkmäler) zum Hügel Chapultepec. Hier befinden sich das Schloß (1785 und 1865; heute z. T. histor. Museum), die Histor. Galerie (Dioramen), das Museum für Naturgeschichte, das berühmte Anthropolog. Museum (beide 1964), die Residenz des Staatspräs., der botan. Garten, der Zoo, künstl. Seen, Brunnen und Denkmäler. Im nördl. des Zócalo gelegenen Stadtviertel liegt der Platz der Drei Kulturen mit Überresten aus aztek. Zeit, der Kirche Santiago de Tlatelolco (1609) und Hochhäusern aus den 1960er Jahren. Am N-Rand der Stadt steht die Basilika von Guadelupe, das größte mex. Heiligtum. Sie wurde Anfang des 18. Jh. erbaut und ist, wie viele Gebäude von M., die auf dem ehem. Seegrund stehen, vom Absinken bedroht, daher nur noch Museum. Der moderne Neubau (1976) faßt 20 000 Gläubige.

Im S der Stadt befinden sich in einem Park das Kulturhaus mit insgesamt etwa 1 000 m² Wandgestaltung von D. Alfaro Siqueiros und Mitarbeitern, die Stierkampfarena (50 000 Plätze) und die Univ.stadt mit vielen modernen Gebäuden, u. a. die Univ.bibliothek, deren fensterlose Fassade mit einem Mosaik über die drei Kulturen des Landes geschmückt ist. Das Univ.stadion wurde zum Olympiastadion ausgebaut (1968; 80 000 Plätze); 5 km sö. davon das Aztekenstadion (1966; 105 000 Plätze). Ganz unterschiedl. Charakter haben die einzelnen Wohnviertel: Im W liegen neben modernsten Villen ehem. Vororte, die ihren Kolonialstil bewahrt haben, im NW eine moderne Satellitenstadt, aber auch ausgedehnte Elendsviertel. Östl. des internat. ✈ liegt eine ausgedehnte Arbeiterkolonie (seit 1965 errichtet), die überwiegend aus Lehmhütten besteht.

📖 *Mexico City. Mchn. 1979.* - Bataillon, C.: *Ville et campagnes dans la région de Mexico. Paris 1971.*

Mexiko

(amtl.: Estados Unidos Mexicanos), Staat im S Nordamerikas und im N Zentralamerikas, zw. 14° 33′ und 32° 43′ n. Br. sowie 86° 46′ und 117° 8′ w. L. **Staatsgebiet:** Grenzt im N an die USA, im SO an Guatemala und Belize. Außer zahlr. küstennahen Inseln gehören zu M. noch die pazif. Inseln Isla de Guadelupe und Islas Revillagigedo. **Fläche:** 2 022 058 km². **Bevölkerung:** 78,8 Mill. E (1985), 39 E/km². **Hauptstadt:** Mexiko. **Verwaltungsgliederung:** 31 Bundesstaaten, 1 Bundesdistrikt. **Amtssprache:** Spanisch. **Nationalfeiertag:** 16. Sept. (Unabhängigkeitstag). **Währung:** Mex.

Mexiko, Wirtschaftskarte

Mexiko

Peso (mex$) = 100 Centavos. **Internat. Mitgliedschaften:** UN, OAS, ALALC. **Zeitzonen:** MEZ − 7, − 8 bzw. − 9 Std.

Landesnatur: Über ³/₄ des Landes liegen auf dem Südende des nordamerikan. Kontinents, der sich zur Landenge von Tehuantepec auf etwas über 200 km Breite verschmälert. Das Gebirgsland von Chiapas und das verkarstete Yucatán, östl. der Landenge, zählen bereits zu Zentralamerika. Das nordamerikan. Kordillerensystem setzt sich in M. fort: Im W liegt die bis 3150 m hohe Sierra Madre Occidental, im O die bis 4056 m aufragende Sierra Madre Oriental. Zw. diesen Gebirgen, die steil von den Küsten aufsteigen, liegt in 1 100– 2 500 m Höhe ein Hochland, das durch zahlr. isolierte Gebirgsrücken in meist abflußlose Becken gegliedert ist. Im S wird das Hochland von der Cordillera Volcánica, die das Land von O nach W quert, abgeschlossen. Hier erheben sich zahlr. Vulkane, u. a. der 5452 m hohe Popocatépetl und der 5700 m hohe Citlaltépetl. Die Becken in der Cordillera Volcánica und der südl. Teil des Hochlands, die Mesa Central, sind der Hauptsiedlungsraum von M. An der Pazifikküste erreicht die Sierra Madre del Sur etwa 3 700 m Höhe. Die Golfküstenebene ist im S weithin versumpft, weiter nördl. von Nehrungen und Lagunen gesäumt. Die pazif. Küste hat Steilufer und Buchten im Bereich der Sierra Madre del Sur, nach N gewinnt die Küstenebene an Breite. Über das Coloradodelta ist die Halbinsel Niederkalifornien, die durch die weitgehend versumpfte Senke des Golfs von Kalifornien vom Festland getrennt ist, mit M. verbunden.

Klima: Es erstreckt sich von den Subtropen mit trockenen heißen Sommern und gemäßigten Wintern bis in die Tropen mit ganzjährig feuchtheißem Klima. Auf Grund der Höhenunterschiede haben sich im trop. Bereich 4 Klimastufen ausgebildet: Vom Meeresspiegel bis 700–800 m Höhe reicht die heiße Zone (Tierra caliente) mit Anbau von Kakao, Vanille und Cohunepalmen, bis 1 600– 1 700 m Höhe folgt die gemäßigte Zone (Tierra templada) mit Anbau von Baumwolle, Zuckerrohr und Reis, darüber bis 4 000– 4 700 m Höhe die kühle Zone (Tierra fría) mit der Obergrenze der Vegetation, darüber die Zone des ewigen Schnees (Tierra helada). Im nördl. Hochland (Mesa del Norte) herrscht starke Trockenheit. Die pazif. Küste hat eine Regenzeit von Juni–Sept., in der Golfküstenebene regnet es auch zw. Nov. und April.

Vegetation: Das innere Hochland hat in der Mesa del Norte v. a. kakteenreiche Dornstrauchsavanne, die nach S mit zunehmenden Niederschlägen in grasreiche Höhensavanne übergeht. In den Gebirgen folgt auf immergrünen Regenwald Laubwald, der mit der Höhe in Nadelwald übergeht.

Tierwelt: In M. finden einige südamerikan. Tierarten ihre nördl. Verbreitungsgrenze (z. B. Neuweltaffen), andererseits erreichen nordamerikan. Arten (z. B. Klapperschlangen) hier ihr südlichstes Verbreitungsgebiet.

Bevölkerung: Der größte Teil der zu 96 % kath. Bev. besteht aus Mestizen, der Prozentanteil der Indianer wird mit rd. 3 % angegeben. Doch beruht die ethn. Gliederung weniger auf rass. als kulturell-zivilisator. Merkmalen bzw. der Selbsteinschätzung: Viele Mestizen bezeichnen sich als Weiße, viele Indianer als Mestizen. Die meisten der 45 Stämmen angehörenden Indianer leben im südl. M., u. a. Maya, Zapoteken, Mazateken und Mixteken. Zwei Präs. des Landes (B. Juárez García und L. Cárdenas) waren indian. Herkunft. Das hohe Bev.wachstum hat eine starke Landflucht zur Folge, doch ist in den Städten weder ausreichend Arbeit noch Wohnraum vorhanden, was zu ausgedehnten Elendsvierteln führte. Ein Teil der Arbeitslosen bemüht sich, nach USA auszuwandern oder dort vorübergehend als Landarbeiter unterzukommen, z. T. auch auf illegalem Weg. Trotz 6jähriger Schulpflicht beenden viele Kinder, v. a. auf dem Lande, die Grundschule nicht. M. verfügt über 60 Univ., doch hat nur die 1551 in der Hauptstadt gegr. Univ. alle Fakultäten.

Wirtschaft: Ackerbau ist vielfach nur mit Hilfe von Bewässerung möglich. Es wurden deshalb große Stauwerke gebaut. Im S des zentralen Hochlands und in der Cordillera Volcánica wird Regenfeldbau betrieben. Nahe der Hauptstadt liegen †Chinampas, die sie mit Gemüse, Obst und Blumen versorgen wie schon z. Z. der Azteken. 1910 gehörten noch 98 % des Bodens Großgrundbesitzern. Die bis heute noch nicht abgeschlossene Bodenreform setzte die Höchstgrenze des Privatlands auf 100–300 ha, bei Viehweiden auf 1 000 ha fest. Bei der Verteilung enteigneten Landes wurde das alte indian. Gemeindeeigentum in Form landw. Genossenschaften (Ejidos) bevorzugt. Die Bauern (Ejidatarios) haben das Nutzungs- und Vererbungsrecht, der Staat ist aber der Besitzer des Bodens. Die Agrarreform verbesserte die soziale Lage der Landbev., der gesamtwirtsch. Nutzen ist jedoch gering, da viele Kleinbetriebe nur für die Selbstversorgung arbeiten. Grundnahrungsmittel sind Mais, Bohnen, Weizen, Gemüse und Obst. Exportorientiert ist der Anbau von Kaffee, Baumwolle, Tomaten, Zuckerrohr, Sisal. Neben Rindern, Schweinen, Schafen, Ziegen werden v. a. Hühner gehalten, als Reit-, Last- und Zugtiere Pferde, Esel und Maultiere. Bed. ist die Bienenzucht. In der Forstwirtschaft spielen neben dem Holzeinschlag auch Harz-, Faser-, Chicle- und Gerbstoffgewinnung eine Rolle. Die Fischerei (v. a. Krabben und Thunfisch) wird staatl. gefördert, die Fischereirechtszone wurde 1976 auf

Mexiko

VERWALTUNGSGLIEDERUNG (Stand 1984)

Staat	km²	E (in 1 000)	Hauptstadt
Aguascalientes	5 471	579	Aguascalientes
Baja California Norte	69 921	1 384	Mexicali
Baja California Sur	73 475	268	La Paz
Campeche	50 812	428	Campeche
Chiapas	74 211	2 299	Tuxtla Gutiérrez
Chihuahua	244 938	2 069	Chihuahua
Coahuila	149 982	1 768	Saltillo
Colima	5 191	379	Colima
Distrito Federal*	1 479	10 316	Mexiko
Durango	123 181	1 251	Durango
Guanajuato	30 491	3 385	Guanajuato
Guerrero	64 281	2 477	Chilpancingo de los Bravo
Hidalgo	20 813	1 652	Pachuca de Soto
Jalisco	80 836	4 702	Guadalajara
México	21 355	9 041	Toluca de Lerdo
Michoacán	59 928	3 382	Morelia
Morelos	4 950	1 053	Cuernavaca
Nayarit	26 979	795	Tepic
Nuevo León	64 924	2 769	Monterrey
Oaxaca	93 952	2 746	Oaxaca de Juárez
Puebla	33 902	3 626	Puebla
Querétaro	11 449	839	Querétaro
Quintana Roo	50 212	304	Chetumal
San Luis Potosí	63 068	1 838	San Luis Potosí
Sinaloa	58 328	2 166	Culiacán
Sonora	182 052	1 672	Hermosillo
Tabasco	25 267	1 335	Villahermosa
Tamaulipas	79 384	2 114	Ciudad Victoria
Tlaxcala	4 016	603	Tlaxcala de Xicoténcatl
Veracruz	71 699	5 959	Jalapa Enríquez
Yucatán	38 402	1 138	Mérida
Zacatecas	73 252	1 230	Zacatecas

* Bundesdistrikt

200 Seemeilen ausgedehnt. M. ist reich an Bodenschätzen. Abgebaut werden Flußspat, Graphit, Silber, Quecksilber, Zink, Schwefel, Antimon, Kupfer, Eisenerze, Kohle u. a. Reiche Erdöl- und Erdgasfelder liegen im Golfküstenbereich. Der nach Verstaatlichung der Erdölind. (1938) erfolgte Rückgang in der Förderung bekam Mitte der 70er Jahre durch die Erschließung neuer Felder starke Impulse. Größtes Ind.zentrum ist die Hauptstadt, daneben sind Guadalajara, Puebla und Monterrey wichtige Ind.standorte. Die Grundstoffind. ist weitgehend verstaatlicht. Über 80% der Konsumgüter werden im Lande hergestellt. Neben 7 Erdölraffinerien spielt der Ausbau der petrochem. Ind. eine große Rolle, gebremst durch den Preisverfall für Rohöl und die hohe Staatsverschuldung.

Außenhandel: Ausgeführt werden Kaffee, Baumwolle, Rohzucker, Krabben, Tomaten, Bienenhonig, Kfz.teile, Textilfasern und -garne, Rohöl, Bergbauprodukte, eingeführt Maschinen und Apparate, Eisen und Stahl, feinmechan. und opt. Erzeugnisse, Kunststoffe u. a. Die wichtigsten Partner sind die USA, gefolgt von den EG-Ländern (bei denen Großbritannien an 1. Stelle steht), Japan, Kanada und der Schweiz.

Verkehr: Das verstaatlichte Eisenbahnnetz ist 25 474 km lang. Das Straßennetz hat eine Länge von 214 073 km, darunter 1 178 km gebührenpflichtige Autobahnen und 3 500 km Anteil an der Carretera Interamericana. Die wichtigsten Häfen an der Golfküste sind Tampico, Tuxpan de Rodríguez Cano, Veracruz Llave und Coatzacoalcos, an der Pazifikküste Guaymas, Santa Rosalía und Salina Cruz. Zwei staatl. Luftfahrtgesellschaften bedienen den In- und Auslandsverkehr; M. verfügt über 30 internat., 20 nat. und zahlr. lokale ✈.

Geschichte:
Indianische Geschichte: Auf etwa 20 000 v. Chr. werden die ältesten bisher bekannten Funde datiert. Von 9 000 v. Chr. an kennt

Mexiko

man im Tehuacántal (Puebla) eine archäolog. Abfolge. Um 3 000 waren bereits feste Wohnbauten vorhanden, etwa 2 300 erste Tongefäße. 1. Frühformative Periode (2300 bis 1100): dörfl. Siedlungen in Wassernähe, Feldbau, Religion mit Fruchtbarkeitsgöttinnen, erste Keramiken und Tonfiguren. 2. Mittelformative Periode (1100–600): erste Pyramiden und Zeremonialzentren, Großskulpturen aus Stein, Jadebearbeitung, Textilien, zweifarbige Keramikbemalung; Jaguarkult, Beginn sozialer Schichtung. Die Olmeken verbreiteten von der Golfküste aus viele Elemente dieser Periode. 3. Spätformative Periode (600 v. Chr.–200 n. Chr.): Ende der olmek. Kultur, Beginn von Teotihuacán. Das Hochtal von M. wurde polit. und kulturelles Zentrum. Beginn stadtähnl. Siedlungen. 4. Frühklass. Periode (200–650): Blütezeit des Reiches von Teotihuacán, der Mayakultur und der zapotek. Kultur. Neu sind erbl. Herrscher, Adelsgesellschaft, Fernhandel und Großstädte. Am Ende der Periode dringen Fremdgruppen aus dem N ein; Ende von Teotihuacán. 5. Spätklass. Periode (650–950): Blüte von Cholula [de Rivadabia] und Xochicalco in Zentral-M., von El ↑Tajín in Veracruz, der Mayakultur und von Monte Albán. Aufkommen der Mixteken in Oaxaca, weiteres Eindringen nördl. Gruppen. Am Ende der Periode starke Umwälzungen (Zentren verlieren ihre Bed.). 6. Frühnachklass. Periode (950–1200): Reiche der Tolteken in Zentral-M. und Yucatán; mixtek. Reiche in Oaxaca. Beginn der Metallbearbeitung. 7. Spätnachklass. Periode (1200–1520): Kämpfe um die Hegemonie im Hochtal von M., Eindringen neuer Nahuagruppen aus dem N (Azteken). 1430 Ende der Tepanekenherrschaft, Beginn des „aztek. Reiches", das sich über weite Teile von M. ausdehnte. Daneben bestanden auf dem Gebiet von M. noch weitere Staaten, v. a. der Mixteken in Oaxaca, der Tarasken in Jalisco, der Tlaxcala in Zentral-M., Mayakulturen in Yucatán.

Kolonialgeschichte: Als erster Spanier landete F. Hernández de Córdoba 1517 an der NO-Spitze der Halbinsel Yucatán. H. Cortés landete am 22. April 1519 bei San Juan de Ulloa und zog am 8. Nov. 1519 in Tenochtitlán ein. Nachdem die Spanier 1520 durch den Widerstand der Bev. zum Verlassen der Stadt unter schweren Verlusten gezwungen worden waren, konnten sie aber nach Eroberung der umliegenden Gebiete ab Mai 1521 Tenochtitlán belagern. Die Stadt kapitulierte mit dem letzten Aztekenherrscher Cuauhtémoc im Aug. 1521. Andere Teile von M. wurden in den folgenden Jahren unterworfen, Yucatán erst 1547. Das durch die span. Eroberung des Reiche der Azteken, der Maya und angrenzender Territorien entstandene Vize-Kgr. **Neuspanien** bestand fast 300 Jahre als feudale und kath. Kolonie, in der Beamte aus dem Mutterland regieren, und die indian. Bev. fast völlig unterdrückt war. Karl III. von Spanien nahm umfangreiche Verwaltungsreformen vor, die eine Befreiung von drückenden Ungerechtigkeiten und eine erhebl. Liberalisierung und dadurch einen großen geistigen und wirtsch. Aufschwung nach sich zogen, der jedoch bereits mit dem Reg.antritt Karls IV. ein Ende fand. Unter dem Einfluß revolutionärer Ideen und unter dem Druck finanzieller Forderungen Spaniens entwickelten sich wachsende Spannungen zw. den im Mutterland geborenen Spaniern und den Kreolen. Auch der Klerus spaltete sich: der hohe und besitzende unterstützte die span. Reg., der niedere setzte sich dagegen an die Spitze des Aufstandes und stellte dessen hervorragendste Führer. Priester begannen den Kampf um die Unabhängigkeit: 1810 M. Hidalgo y Costilla, 1815 J. M. Morelos y Pavón (* 1765, † 1815); beide wurden erschossen. Als in Spanien selbst eine Revolution liberale und antiklerikale Kräfte an die Macht brachte (1820) und sich in M. die Konservativen mit dem oberen Klerus an der Spitze dagegen erhoben, setzte sich A. de Itúrbide, kreol. Offizier des span. Heeres, durch einen Staatsstreich an die Spitze der Freiheitsbewegung; 1822 gelang es ihm mit militär. Druck, zum Kaiser von M. ausgerufen zu werden. Schon 1823 löste sich die zentralamerikan. Prov. des Generalkapitanats Guatemala von M., und Itúrbide mußte dem republikan. Druck weichen. 1824 gab sich M. seine erste republikan.-bundesstaatl. Verfassung.

Unabhängigkeit, Kaiserreich und Diktaturen: Die Unabhängigkeitserklärung M. von Spanien stieß in Europa auf skept. Interesse. Großbrit. war das erste europ. Land, das offen mit den Prinzipien der Heiligen Allianz brach und zu M. offizielle polit. und wirtsch. Beziehungen aufnahm. In der Folge kam es zu einer Reihe wirtsch. Verträge mit europ. Staaten, die sich zunächst aber noch weigerten, die polit. Unabhängigkeit Mexikos anzuerkennen. Die Umwandlung der absoluten Monarchie in eine auf demokrat. Grundlagen aufbauende Republik war für M. sehr problemat., da die neuen Grundsätze in krassem Ggs. zu den bisherigen Gewohnheiten und den sozialen Gegebenheiten standen: Die Gewaltenteilung blieb Theorie, und für die Verwirklichung der neuen liberalen Ideen fehlten alle Voraussetzungen. Das gesamte Land verfiel in eine Unruhe, in der Anarchie und Gewaltregime mehrmals abwechselten. Die wirtsch. Lage war katastrophal. Zw. 1821 und 1854 lösten sich nicht weniger als 34 Reg. ab; es gab ein Kaiserreich, 5 Verfassungen wurden angenommen, 2 Föderal- und 2 Zentralregime errichtet, und es kam zu Verwicklungen mit den USA (Mexikan. Krieg), in denen M. im Frieden von Guadalupe Hidalgo (1848) und im Gadsden-Kaufvertrag („Gadsden Purchase", 1854) et-

Mexiko

wa die Hälfte seines Territoriums einbüßte. Nach dem Sturz des Diktators Santa Anna (1854) entwickelte sich der Justizmin. B. Juárez García zur führenden polit. Persönlichkeit, unter dessen maßgebendem Einfluß 1855 eine neue Verfassung verabschiedet wurde, die neben der radikalen Trennung von Kirche und Staat auch die weitgehende Enteignung des Kirchengutes und der Latifundien beinhaltete. Seine Präsidentschaft (1858) rief den erbitterten Widerstand der Konservativen hervor und führte zu einem Bürgerkrieg, der die bewaffnete Intervention Frankr., Großbrit. und Spaniens in M. nach sich zog. Zum Vorwand für diese Intervention dienten die hohen mex. Auslandsschulden, die eingetrieben werden sollten, nachdem Präs. Juárez García ein zweijähriges Moratorium verkündet hatte. Als Großbrit. und Spanien die weiterreichenden Ziele des frz. Kaisers Napoleon III. erkannten, die Errichtung einer eng an Frankr. gebundenen mex. Monarchie, zogen sie sich sogleich zurück. Die frz. Intervention gipfelte 1864 in der Krönung des östr. Erzherzogs Maximilian zum Kaiser von Mexiko. Juárez García, weiterhin amtierender Präs., mußte sich zurückziehen und bekämpfte das neue Regime, das nur unter dem Schutz fr. Truppen existierte und nach deren Abzug zusammenbrach. Nach den Zivilreg. von Juárez García und seinem Nachfolger Sebastián Lerdo de Tejada bestimmte ab 1876 General P. Díaz die Geschicke Mexikos 35 Jahre. War seine Reg.zeit auch v. a. gekennzeichnet durch raschen wirtsch. Aufschwung, so fiel M. dabei aber prakt. in eine Art kapitalist. Halbkolonialismus zurück. Die Lage der Arbeiter unter der Diktatur von Díaz war so schlecht, daß es mehrfach zu Aufständen kam, die militär. unterdrückt wurden. Auf dem Lande herrschten erneut die Latifundienbesitzer.

Revolution und Gegenwart: In dem nach der Wiederwahl von Díaz (1910) ausbrechenden Bürgerkrieg, der wiederum eindeutig Züge sozialen Kampfes trug, spielten die legendären Führer P. Villa und E. Zapata führende Rollen. F. Madero wurde 1911 zum Präs. gewählt, aber schon 1913 ermordet. Eine Junta unter V. Huerta regierte daraufhin das Land, in dem die Revolutionskämpfe aber weiter andauerten. M. versank immer tiefer im Chaos; infolge der Besetzung des Hafens von Veracruz Llave durch die USA kam es sogar zu ernsten internat. Zwischenfällen. 1917 einigten sich die Revolutionäre, mit Ausnahme der Anhänger Villas und Zapatas, auf eine neue, am Vorbild von 1855 orientierte Verfassung, die, wenn auch mehrmals geändert, heute noch in Kraft ist. Insbes. die Verstaatlichung der Bodenschätze wurde zu einem beherrschenden Faktor für die Politik der nächsten Jahre, da das mex. Erdöl eine für die Entwicklung der Wirtschaft immer stärkere Rolle spielte. 1938 gelang Präs. L. Cárdenas die Verstaatlichung der in ausländ. Besitz befindl. Ölgesellschaften, als die sich zuspitzende weltpolit. Situation die Konjunktur belebte und v. a. den USA eine Intervention polit. unmögl. machte. Die Agrarreform wurde immer wieder aufgegriffen; bis 1952 wurden über 36,5 Mill. ha Land an die Bauern verteilt. Nach dem 2. Weltkrieg, in dem M. seit 1942 auf der Seite der Alliierten stand, waren die Präs. (die alle der Institutionalisierten Revolutionspartei [PRI] angehörten) bestrebt, den wirtsch. Aufbau, insbes. Ind., Straßenbau und Landwirt. zu fördern. Nach A. López Mateos (1958–64) zog G. Díaz Ordaz (1964–70) noch stärker ausländ. Kapital heran und nahm 1965 diplomat. Beziehungen zu Kuba auf. 1970 folgte L. Echeverría Álvarez, 1976 J. López-Portillo y Pacheco, der um eine verstärkte Unabhängigkeit gegenüber den USA bemüht war, im Dez. 1982 M. de la Madrid Hurtado. Im Sept. 1982 wurden auf Grund der schweren Wirtschaftskrise die Banken verstaatlicht. Die durch den Verfall der Erdölpreise verschärfte Wirtschaftskrise führte 1986 zur Privatisierung bzw. Liquidation von 59 staatl. Unternehmen. 1987 und 1988 schlossen sich verschiedene Parteien zu Wahlbündnissen zus. bzw. fusionierten zu neuen Parteien, die alle einen Kandidaten für die Präsidentschaftswahlen aufstellten. Der von der Institutionalisierten Revolutionspartei (PRI) nominierte C. Salinas de Gortari wurde im Juli 1988 gewählt und trat sein Amt am 1. Dez. 1988 an.

Politisches System: Die Vereinigten Staaten von M. sind nach der Verfassung von 1917 (mit Änderungen 1929–74) eine Bundesrepublik, gebildet aus 31 Gliedstaaten und dem Bundesdistrikt. Die Reg.form hat den Charakter einer Präsidialdemokratie. Als Ergebnisse der Revolution 1910–17 enthält die Verfassung Bestimmungen über die strikte Trennung von Kirche und Staat; sie enteignet privaten Großgrundbesitz im Rahmen einer Bodenreform und schließt die private Nutzung der Bodenschätze des Landes aus.

Staatsoberhaupt und Inhaber der *Exekutive* ist der Präs.; er wird vom Volk direkt auf 6 Jahre gewählt (Wiederwahl ist nicht gestattet). Er ist dem Kongreß nicht verantwortl.; er ernennt und entläßt die Spitzen der Exekutivbehörden und die Mgl. des Kabinetts, das unter seinem Vorsitz tagt und nur ihm verantwortl. ist; er ist Oberbefehlshaber der Streitkräfte, hat Notstandsbefugnisse, kann im Kongreß Gesetzesvorlagen einbringen, die vorrangig behandelt werden müssen, und kann gegen Kongreßbeschlüsse sein Veto einlegen.

Die *Legislative* übt der Kongreß aus, der aus Senat und Abg.haus besteht. Der Senat hat 64 auf 6 Jahre gewählte Mgl., 2 für jeden Bundesstaat und den Bundesdistrikt. Die Mgl. des Abg.hauses werden auf 3 Jahre ge-

Mexiko

wählt, ihre Gesamtzahl ergibt sich aus einer Kombination des Mehrheits- (300 Abg.) und des Verhältniswahlrechts (200 Abg.). Gesetzesvorlagen können in beiden Häusern eingebracht werden, mit Ausnahme von Finanzgesetzen und dem Bundeshaushalt, bei denen dem Abg.haus die Priorität zusteht. Aktives Wahlrecht haben alle Personen ab 18 Jahren.
Parteien: Die Institutionalisierte Revolutionspartei (PRI), die sich als Hüterin des Erbes der Revolution 1910–17 betrachtet, hat seit ihrer Gründung 1928 als Nationale Revolutionspartei alle Staatspräs. gestellt und über die Kongreßmehrheit verfügt. Sie verfolgt einen gemäßigten Linkskurs. Voraussetzung für die Zulassung von Parteien sind u. a. mindestens 65 000 eingetragene Mitglieder. Für die Wahlen 1988 bildete sich das linksliberale Wahlbündnis Frente Democrático Nacional (FDN), bestehend aus Corriente Democrática (CD), Movimiento al Socialismo (MAS), Partido Auténtico de la Revolución Mexicana (PARM), Partido Mexicano Socialista (PMS) und Partido Popular Socialista (PPS). Im Okt. 1988 entstand die neue Partei der Partido de la Revolución Democrática. Daneben bestehen u. a. die liberale Unificación y Progreso (UPAC) und der christl.-demokrat. Partido Demócrata Mexicano (PDM).
Das mex. *Gewerkschaftswesen* ist stark zersplittert. Die z.T. nach Ind.betrieben, z.T. nach Branchen organisierten Gewerkschaften sind überwiegend in 8 großen Verbänden mit rd. 6,4 Mill. Mgl. zusammengeschlossen. Der Dachverband der Unternehmer hat rd. 20 000 Mitglieder.
Verwaltung: Nominell verfügen die Bundesstaaten über eine beträchtl. Autonomie, der prakt. jedoch enge Grenzen gezogen sind: exekutiv durch die mächtige, dem Staatspräs. unterstehende Bundesbürokratie, legislativ v. a. durch die nicht sehr weit reichende Steuerhoheit der Gliedstaaten, wodurch ein bed. finanzieller Einfluß vom Bundeskongreß ausgeht. Die Bundesstaaten haben eigene, der des Bundes sehr ähnl. Verfassungen: die Exekutive üben auf 6 Jahre gewählte Gouverneure aus, die Legislative liegt bei Abg.häusern, deren Mgl. auf 3 Jahre gewählt werden. Der Bundesdistrikt untersteht direkt der Bundesregierung, sein Verwaltungschef wird vom Staatspräs. ernannt. Die Bundesstaaten sind in Municipios mit gewählten Exekutiven und Legislativen gegliedert.
Recht und Gerichtswesen sind in 2 Züge auf Bundes- und Staatenebene gegliedert, doch haben die meisten Bundesstaaten ihre Gesetzbücher und Prozeßordnungen eng an Recht und Prozeßordnung des Bundes angelehnt oder diese gar adaptiert übernommen; der Bund selbst folgte europ., v. a. frz. Vorbildern im Straf- und Zivilrecht, im Aufbau des Gerichtswesens lehnt er sich an das Vorbild der USA an. So umfaßt das Bundesgerichtswesen einen Obersten Gerichtshof, 10 Bezirks- und 46 Distriktsgerichte. Die Rechtsprechung liegt primär in der Kompetenz der Bundesstaaten; die Bundesgerichte sind nur für zwischenstaatl. Fälle sowie für Berufungen zuständig. Die *Streitkräfte* haben eine Stärke von 138 500 Mann (Heer 105 500, Marine 26 000, Luftwaffe 7 000).

 Newell, R. G./Rubio, L. F.: *Mexico's dilemma: The political origins of economic crisis.* Epping 1984. - Mols, M.: *M. im 20. Jh.* Paderborn 1982. - Schwalm, B.: *M.* Bern 1981. - *Wirtschaftl. u. gesellschaftl. Bewußtsein in M. seit der Kolonialzeit.* Hg. v. H. A. Steger u. J. Schneider. Mchn. 1980. - Prescott, W. H.: *Die Eroberung von M.* Dt. Übers. Mchn. 1980. - Zuzan, W.: *M.* Leichlingen ²1979. - Alba, V.: *The horizon concise history of Mexico.* New York 1973. - Gierloff-Emden, H. G.: *Mexico. Eine Landeskunde.*

Mexiko, Golf von, Nebenmeer des Atlantiks zw. dem Festland der USA und Mexiko sowie Kuba; durch die Yucatánstraße mit dem Karib. Meer, die Floridastraße mit dem offenen Ozean verbunden, größte Tiefe 4 376 m.

Mey, Reinhard, * Berlin 21. Dez. 1942, dt. Chansonsänger. - Errang ab 1968 zunächst in Frankr. (unter dem Namen „Frédérik"), dann auch in der BR Deutschland, Österreich und der Schweiz mit selbstgeschriebenen frz. und dt. Chansons große Erfolge.

Meyer, Albert, * Fällanden (Kt. Zürich) 13. März 1870, † Zürich 22. Okt. 1953, schweizer. Jurist und Politiker. - Ab 1907 Mgl. des Großen Stadtrats von Zürich; 1915–29 Nationalrat und Chefredakteur der „Neuen Zürcher Zeitung"; 1923–29 Vors. der Freisinnig-demokrat. Partei der Schweiz; 1929–38 Bundesrat (Innendepartement).

Conrad Ferdinand Meyer

M., Conrad Ferdinand, * Zürich 11. Okt. 1825, † Kilchberg (ZH) 28. Nov. 1898, schweizer. Dichter. - Aus Zürcher Patriziat; Autodidakt von umfassender histor. und ästhet. Bildung; neigte zeitlebens zu Depressionen (1852

Aufenthalt in einer Heilanstalt); wandte sich nach der Reichsgründung 1871 der dt. Literatur zu und schrieb seine Dichtungen trotz seiner frz. Bildung in dt. Sprache. Sein Geschichtsbild war entscheidend geprägt durch J. Burckhardt und somit v. a. der Renaissance verpflichtet. Die Menschen seiner Werke verkörpern oft das Renaissanceideal des außergewöhnl. Menschen, des großen Helden oder großen Sünders (z. B. „Jürg Jenatsch", 1876). Gestaltete Hauptpersonen und ihre Handlungen häufig bewußt uneindeutig, bes. durch sublime psycholog. Zeichnung (z. B. T. Beckett in „Der Heilige", 1879/80; Pescara in „Die Versuchung des Pescara", 1887; Lucrezia in „Angela Borgia", 1891). Die Novellen kennzeichnet eine kunstvoll ausgeführte Rahmenhandlung (z. B. „Die Hochzeit des Mönchs", 1884). Während M. früher bes. als Prosa- und Versepiker bzw. als Historiker der Markartzeit Beachtung fand, wird er heute eher als einer der ersten lyr. Symbolisten dt. Sprache gedeutet. Mit seinen ausgefeilten Symbolgedichten (z. B. „Der röm. Brunnen" oder „Zwei Segel") hat er eine eigene Form der Lyrik gefunden, während seine dramat. Versuche ohne Erfolg blieben.

Weitere Werke: Das Amulett (Nov., 1873), Gustav Adolfs Page (Nov., 1882), Romanzen und Bilder (Ged., 1871).

Fehr, K.: C. F. M. Bern u. Mchn. 1983. - Burkhard, M.: C. F. M. Boston (Massachusetts) 1978. - C. F. M. Hg. v. D. A. Jackson. Reinbek. 1975.

M., Eduard, * Hamburg 25. Jan. 1855, † Berlin 31. Aug. 1930, dt. Althistoriker. - 1885 Prof. in Breslau, 1889 in Halle, 1902 in Berlin. Sein bedeutendstes Werk ist die „Geschichte des Altertums" (1884–1902).

M., E. Y., eigtl. Peter M., * Liestal (Basel-Land) 11. Okt. 1946, schweizer. Schriftsteller. - Zunächst Lehrer; Verf. autobiograph. getönter, hypotakt. verwirrender Erzählungen und Romane, die Bedrohung, Verdüsterung und Ausweglosigkeit des menschl. Individuums und deren mögl. Überwindung kommentierend aufzeigen; u. a. „Ein Reisender in Sachen Umsturz" (En., 1972), „In Trubschachen" (R., 1973), „Die Rückfahrt" (R., 1977), „Sundaymorning. Ein berndeutsches Stück" (1984).

M., Friedrich Elias, d. Ä., * Erfurt 1723, † Berlin 2. Okt. 1785, dt. Porzellanmodelleur. - 1746–61 an der Meißner Manufaktur tätig, seit 1761 Modellmeister der Berliner Manufaktur. Sein Berliner Figurenstil ist ein elegantes, leicht klassizist. Rokoko; z. T. Zusammenarbeit mit seinem Bruder Wilhelm Christian Meyer.

M., Hannes, * Basel 18. Nov. 1889, † Crocifisso (Gemeinde Savosa, Tessin) 19. Juli 1954, schweizer. Architekt. - 1927 Leiter der Architekturabteilung, 1928–30 Direktor des Bauhauses in Dessau, 1930–36 in der UdSSR, 1939–49 in Mexiko. Für M. waren Architek-

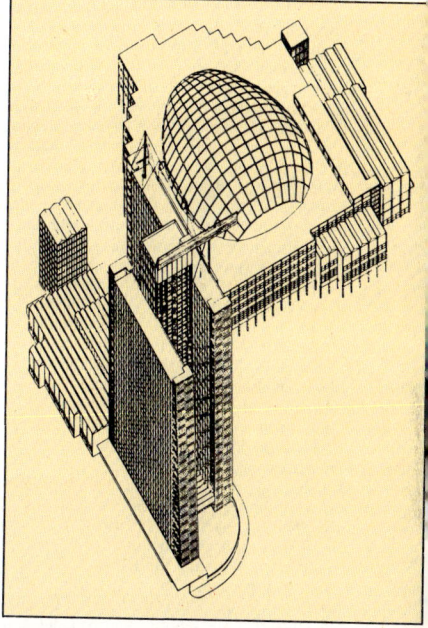

Hannes Meyer und Hans Wittwer, Entwurf für den Völkerbundspalast in Genf (1926)

tur und Städtebau soziale, kollektiv zu lösende Aufgaben, wobei er einen „Multifunktionalismus" forderte, d. h. soziale, techn., ökonom., psych. Organisation des Baus bzw. Stadtplans. - *Werke:* Projekt Völkerbundspalast Genf (1926; mit H. Wittwer), Bundesschule des Allg. Dt. Gewerkschaftsbundes in Bernau bei Berlin (1928–30; mit H. Wittwer), Bebauungsplan für Groß-Moskau (1931/32).

M., Hans, * Hildburghausen 22. März 1858, † Leipzig 5. Juli 1929, dt. Geograph. - Enkel von Joseph M.; unternahm 5 Expeditionen nach O-Afrika, wobei er u. a. den Kilimandscharo erforschte und 1889 zus. mit L. Purtscheller erstmals erstieg; 1903 vulkanolog.-glazialmorpholog. Studien in Ecuador, 1915–28 Prof. für Kolonialgeographie in Leipzig. Zahlr. Veröffentlichungen über seine Forschungsreisen und deren Ergebnisse.

M., Herrmann, * Hildburghausen 11. Jan. 1871, † Leipzig 17. März 1932, dt. Forschungsreisender und Verleger. - Enkel von Joseph M.; unternahm 1895–97 und 1898–1900 Expeditionen nach Brasilien, gründete in Rio Grande do Sul Siedlungskolonien für dt. Auswanderer. Seit 1903 Teilhaber des Bibliograph. Inst.; Veröffentlichungen über seine Forschungsreisen.

M., Joseph, *Gotha 9. Mai 1796, † Hildburghausen 27. Juni 1856, dt. Verlagsbuchhändler. - War als Kaufmann und Publizist tätig, ehe er 1826 in Gotha das Bibliograph. Institut gründete. Er verlegte preiswerte Klassikerausgaben, gab das histor.-geograph. Bildwerk „Universum", seit 1840 das 52bändige „Große Conversations-Lexikon" heraus, ferner geograph. Werke, Atlanten und Kunstblätter. Mit der lieferungsweisen Herausgabe größerer Werke war M. Bahnbrecher des Subskriptionswesens in Deutschland. Mit seinen sonstigen Unternehmungen (Kohle- und Erzbergwerke, „Eisenbahnschienenkompanie") hatte er keinen Erfolg (nach seinem Tod Konkurs). Der Verlag wurde seit 1865 von seinem Sohn *Herrmann Julius M.* (*1826, † 1909) und seit 1884 dessen Sohn *Arndt M.* (*1859, † 1928) weitergeführt († Bibliographisches Institut).

M., Julius Lothar, *Varel 19. Aug. 1830, † Tübingen 11. April 1895, dt. Chemiker. - Prof. an der Forsthochschule in Eberswalde, in Karlsruhe und Tübingen; stellte 1869 (unabhängig von D. J. Mendelejew) ein Periodensystem der chemischen Elemente auf.

M., Wilhelm Christian, *Gotha 1726, † Berlin 10. Dez. 1786, dt. Bildhauer und Porzellanmodelleur. - War u. a. für Kurfürst Klemens August tätig. Kam 1761 nach Berlin, später dort Direktor der Kunstakad.; schuf Bauplastik und Porzellanfiguren, sein Stil hat eine deutlichere klassizist. Note als der seines Bruders Friedrich Elias M., mit dem er seit 1772 am Tafelaufsatz für Kaiserin Katharina II. von Rußland arbeitete.

Meyer-Abich, Adolf, *Emden 14. Nov. 1893, † Hamburg 3. März 1971, dt. Philosoph und Historiker der Naturwiss. - Seit 1930 Prof. in Hamburg. Mitbegr. und Hauptvertreter des † Holismus. Von ihm stammen Beiträge zur Geschichte der Naturwiss., insbes. der Biologie.

Meyer-Amden, Otto, *Bern 20. Febr. 1885, † Zürich 15. Jan. 1933, schweizer. Maler. - Schüler Hölzels; seine Kompositionsstruktur beruht auf der strengen Anordnung stilisierter [Knaben]figuren im Raum; verwischende transparente Farbgebung.

Meyerbeer, Giacomo ['maɪərbɛːr, frz. mεjεr'bεːr], eigtl. Jakob Liebmann Meyer Beer, *Tasdorf bei Berlin 5. Sept. 1791, † Paris 2. Mai 1864, dt. Komponist. - Ging 1813 nach Paris und erlangte mit seinen frz. Opern (auf Texte von A. E. Scribe) Welttruhm; 1842 Generalmusikdirektor der Königl. Oper in Berlin. Seine Werke vereinigen italien. Kantabilität, dt. Harmonik, frz. Rhythmik und eine ungewöhnl. Begabung für effektvolle Bühnenwirksamkeit. Opern, u. a. „Robert der Teufel" (1831), „Die Hugenotten" (1836), „Der Prophet" (1848), „Die Afrikanerin" (1864).

Meyerhof, Otto, *Hannover 12. April 1884, † Philadelphia 6. Okt. 1951, dt. Biochemiker. - Prof. in Kiel, danach am Kaiser Wilhelm-Inst. für Biologie in Berlin; 1938 Emigration und Aufenthalt in Paris; ab 1940 Prof. in Philadelphia. Seine Forschungen brachten wichtige Erkenntnisse über den intermediären Kohlenhydratstoffwechsel und über die enzymat. Vorgänge in den Muskelzellen. 1933 entwarf er unabhängig von G. Emden ein neues Schema der Glykolyse und alkohol. Gärung. Bereits 1922 erhielt er für die Entdeckung gesetzmäßiger Verhältnisse zw. dem Sauerstoffverbrauch und dem Milchsäureumsatz in Muskeln den Nobelpreis für Medizin (zus. mit A. V. Hill).

Meyerhold, Karl Theodor Kasimir † Mejerchold, Wsewolod Emiljewitsch.

Meyerinck, Hubert von, *Potsdam 23. Aug. 1896, † Hamburg 13. Mai 1971, dt. Schauspieler. - Seit 1917 Bühnenengagements, u. a. in Hamburg, München, Berlin; hatte in zahlr. Filmen meist Chargenrollen (als aalglatter Bösewicht, häufig auch als preuß. Offizier).

Meyer-Lübke, Wilhelm, *Dübendorf bei Zürich 30. Jan. 1861, † Bonn 4. Okt. 1936, dt. Romanist. - Prof. in Jena, Wien und Bonn. Von den Junggrammatikern herkommend, verarbeitete er in seiner „Grammatik der roman. Sprachen" (1890-1902) Forschungsergebnisse seit F. Diez; mit seiner „Einführung in das Studium der roman. Sprachwissenschaft" (1901) und seinem grundlegenden „Roman. etymolog. Wörterbuch" (1911) wurde er zum Hauptvertreter der histor.-vergleichenden Sprachwissenschaft.

Meyern, Wilhelm Friedrich von, eigtl. W. F. Meyer, *Ansbach 26. Jan. 1762, † Frankfurt am Main 13. Mai 1829, dt. Schriftsteller. - Östr. Offizier; Diplomat. Sein in Indien und Tibet spielender phantast. Roman „Dya-Na-Sore oder Die Wanderer" (1787-89) verherrlicht bes. die Idee eines utop. idealen Staates, beeinflußte damit u. a. Jean Paul.

Meynell, Alice Christiana Gertrude [engl. mεnl], geb. Thompson, *Barnes (= London) 22. Sept. 1847, † London 27. Nov. 1922, engl. Schriftstellerin. - Schrieb außer feinsinnigen Essays v. a. konventionelle, später eigenständige religiöse Reflexionslyrik. Setzte sich für Frauenrechte und allg. humanitäre Ziele ein.

Meynen, Emil, *Köln 22. Okt. 1902, dt. Geograph. - Leiter der Bundesforschungsanstalt für Landeskunde und Raumordnung bzw. ihrer Vorgängerinstitutionen (seit 1941), Prof. in Köln. Veröffentlichte v. a. Arbeiten zur Landeskunde von Deutschland.

Meyrink, Gustav ['maɪrɪŋk], urspr. (bis 1917) G. Meyer, *Wien 19. Jan. 1868, † Starnberg 4. Dez. 1932, östr. Schriftsteller. - 1889-1902 Bankier in Prag; 1903 Chefredakteur der humorist. Wiener Zeitschrift „Der liebe Augustin", Mitarbeiter am „Simplicissimus"; 1927 Übertritt vom Protestantismus zum Mahajana-Buddhismus. Verarbeitete in seinen Romanen, z. B. „Der Golem" (1915), „Das grüne Gesicht" (1916) religiös-messian. Ideen, myst. Vorstellungen, kabbalist. und buddhist. Traditionen sowie alte Sagen. Seine Novellen kennzeichnen wirkungsvolle parodist. Effekte und Satire, die sich i. d. R. gegen das Bürgertum richtet, z. B. „Des dt. Spießers Wunderhorn" (1913).

Meysel, Inge, * Berlin 30. Mai 1910, dt. Schauspielerin. - Seit 1930 Bühnenengagements, u. a. in Leipzig und Berlin; während des NS Auftrittsverbot. Seit den 60er Jahren eine der beliebtesten Volksschauspielerinnen in der BR Deutschland; gestaltete in zahlr. Fernsehserien typ. Frauengestalten des Alltags, u. a. „Eine geschiedene Frau" (1974).

Meysenbug, Malwida (Malvida) Freiin von (seit 1825), * Kassel 28. Okt. 1816, † Rom 26. April 1903, dt. Schriftstellerin. - Befreundet u. a. mit G. Mazzini, G. Garibaldi, R. Wagner, R. Rolland, F. Nietzsche; befürwortete die Revolution von 1848; wegen ihrer polit. Betätigung 1852 aus Berlin ausgewiesen. Lebte u. a. in London, Paris, Florenz, seit 1870 in Rom. Parteinahme für die Arbeiter und die Frauenemanzipation. Aufschlußreiche Memoiren: „Memoiren einer Idealistin" (1876), „Der Lebensabend einer Idealistin" (1898).

MEZ, Abk. für: mitteleuropäische Zeit.

Mezair [mɛˈsær; frz.] ↑ Hohe Schule.

Mezcala [span. mesˈkala], präkolumb. Kultur am oberen Río Balsas, Guerrero, Mexiko, etwa 400 v. Chr. bis 300 n. Chr.; bekannt durch künstler. hochwertige, streng geometrisierte Steinfiguren, oft in Menschenform.

Mezkalin [mɛs...] ↑ Meskalin.

Mezzanin [italien.-frz., zu italien. mezzano (von lat. medianus) „der Mittlere"], niedriges Zwischen- oder Halbgeschoß, meist über dem Erdgeschoß, auch unter dem Hauptgesims (Schloßarchitektur).

mezza voce [ˈvoːtʃe; italien.], Abk. m. v., musikal. Vortragsbez.: mit halber Stimme [singen].

mezzo [italien., zu lat. medius „der mittlere"], in Zusammensetzungen svw. halb, mittel; **mezzoforte,** Abk. mf, mittelstark; **mezzolegato,** halbgebunden; **mezzopiano,** Abk. mp, halbleise.

Mezzogiorno [italien. meddzoˈdʒorno „Mittag", (übertragen:) „Süden"], zusammenfassende Bez. für die wirtsch. schwächeren süditalien. Regionen Apulien, Basilicata, Kalabrien sowie Sizilien und Sardinien. Die seit dem 18. Jh. stagnierende wirtsch. Entwicklung (Abseitslage, Latifundienwirtschaft, mangelnde Investitionspolitik) führte im 20. Jh. bei der gleichzeitig wachsenden Industrialisierung N-Italiens zu ungewöhnl. scharfen N-S-Gegensätzen. Bev.druck und Armut zwangen zahlr. Familien zur Auswanderung und setzten eine italien. Binnenwanderung vom S nach dem N in Gang, die bis heute anhält. Gegenwärtig wird mit Hilfe von Gesetzen, Reformen und der 1950 eingerichteten Cassa per il M. versucht, die dringendsten Probleme zu lösen.

Mezzosopran, Stimmlage zwischen Sopran und Alt (Umfang etwa g–b^2).

Mezzotinto [lat.-italien., eigtl. „halb gefärbt"], svw. ↑ Schabkunst.

mf, Abk. für: mezzoforte (↑ forte, ↑ mezzo).

mg, Einheitenzeichen für das Milligramm; 1 mg = 0,001 g (↑ Kilogramm).

Mg, chem. Symbol für ↑ Magnesium.

MG, Abk. für: Maschinengewehr (↑ Maschinenwaffen).

MGD, Abk. für: Magnetogasdynamik (↑ Magnetohydrodynamik).

MGH, Abk. für: ↑ Monumenta Germaniae historica.

MGM [engl. ˈɛmdʒiːˈɛm], Abk. für: ↑ Metro-Goldwyn-Mayer.

Mgr., Abk. für: ↑ Monsignore.

MHD, Abk.:
◆ für Malteser-Hilfsdienst (↑ Malteserorden).
◆ für ↑ Magnetohydrodynamik.

MHD-Generator (magnetohydrodynamischer Generator oder Umwandler), Anlage zur Umwandlung der kinet. bzw. therm. Energie eines auf Temperaturen von einigen 1 000 °C erhitzten, strömenden, elektr. leitfähigen Gases (oder einer leitfähigen Flüssigkeit) in elektr. Energie. Das durch Ionisation leitfähig gemachte Gas (Plasma) wird in einer Laval-Düse beschleunigt und strömt in der sog. Wandlerstrecke mit hoher Geschwindigkeit (etwa 1 000 m/s) durch ein Magnetfeld, dessen Feldlinien senkrecht zur Strömungsrichtung verlaufen (a). Ähnl. wie beim Hall-Effekt wird im Plasma eine elektr. Spannung senkrecht zur Richtung von Gasströmung und Magnetfeld induziert. Während neutrale Gasmoleküle geradeaus weiterströmen, werden die positiven und negativen Ladungsträger (Ionen und Elektronen) durch die im Magnetfeld auf sie wirkende Lorentz-Kraft nach entgegengesetzten Seiten abgelenkt (b). Werden Elektroden in dieser Richtung angebracht und über einen äußeren Lastwiderstand (eines Verbrauchers) verbunden, so fließt ein elektr. Strom in Richtung der induzierten Spannung durch das Plasma (sog. Faraday-Strom); dem strömenden Medium wird dadurch Energie entnommen. Der Gesamtdruck des strömenden Mediums beim Verlassen des Magnetfeldes ist daher kleiner als beim Eintritt: Es besteht eine Analogie zw. einem MHD-G. und einer Kombination aus einer Turbine und einem konventionellen Generator, wobei die Rolle der im Magnetfeld bewegl. Spule (Rotor) durch das strömende, leitfähige Gas übernommen wird. Der MHD-G. kann jedoch bei viel höheren Temperaturen arbeiten (bis zu 3 000 °C) als dies bei Turbinen (bis zu 700 °C) zulässig ist. Auf diese Weise bietet

MHD-Triebwerke

sich prinzipiell die Möglichkeit, einem konventionellen Turbinensatz einen MHD-G. vorzuschalten, in dem die Temperatur des Arbeitsgases auf Werte gesenkt wird, bei denen Turbinen eingesetzt werden können. Damit kann der Gesamtwirkungsgrad der Energieumwandlung um etwa 10 % gesteigert werden. Eine prinzipielle Grenze der Wirkungsweise des MHD-G. ist durch den Hall-Effekt gesetzt: Der Strom zw. den Elektroden induziert eine Spannung (Hall-Spannung) bzw. eine Stromkomponente (Hall-Strom) in Richtung der Gasströmung; dies bedingt eine Reduzierung der effektiven Leitfähigkeit. Aus diesen Gründen werden in den sog. *Faraday-Generatoren* die Elektroden unterteilt, um die infolge des Hall-Stromes in nichtsegmentierten Elektroden auftretenden großen Stromwärmeverluste stark zu verringern (c). Mit sog. *offenen Systemen* („Open-cycle-Generatoren") werden mittels kurzzeitig arbeitender Verbrennungsmotoren elektr. Leistungen in der Größenordnung von 20 MW erreicht. Die benötigten Magnetfelder werden mit supraleitenden Magneten erzeugt. Bei *geschlossenen Systemen* („Closed-cycle-Generatoren") wird das durch den MHD-Kanal geblasene Arbeitsgas (meist ein Edelgas) wieder erhitzt und erneut dem Kanal zugeführt. Weitere Entwicklungsformen sind die *elektrodenlosen MHD-G. (Induktionsgeneratoren)*, in denen ein magnet. Wanderfeld Ströme im Plasma induziert, die *Wirbelgeneratoren* („Vortex-Generatoren"), bei denen eine Drehströmung des Plasmas zw. zwei koaxialzylindr. Elektroden erzeugt wird, und *ringförmige Hall-Generatoren* mit radialem Magnetfeld und je einer ringförmigen Elektrode an jedem Ende (d).
📖 *Bünde, R., u.a.: MHD power generation.* Bln. u.a. 1975. - *Kettani, M. A.: Direct energy conversion.* Reading (Mass.) 1970. - *Rosa, R. J.: Magnetohydrodynamic energy conversion.* Maidenhead (Berkshire) 1968.

MHD-Triebwerke ↑Raumflugtriebwerke.

MHz, Einheitenzeichen für **Mega**hertz: 1 MHz = 1 Mill. ↑Hertz.

mi, Einheitenzeichen für Statute mile (↑Mile).

Mi, die dritte der Solmisationssilben (↑Solmisation); in den roman. Sprachen Bez. für den Ton E.

Miaja Menant, José [span. 'mjaxa me'nan], * Madrid 20. April 1878, † Mexiko 13. Jan. 1958, span. General. - 1936 Divisionskommandeur in Madrid; verblieb im Span. Bürgerkrieg auf republikan. Seite, leitete 1936 die Verteidigung Madrids, wurde 1937 Oberbefehlshaber der (republikan.) Zentralarmee; emigrierte 1939 nach Mexiko.

Miami [engl. maɪˈæmi], Hafenstadt an der Biscayne Bay an der Atlantikküste, Bundesstaat Florida, USA, 383 000 E, darunter 100 000 Exilkubaner. Sitz eines kath. Erzbi-

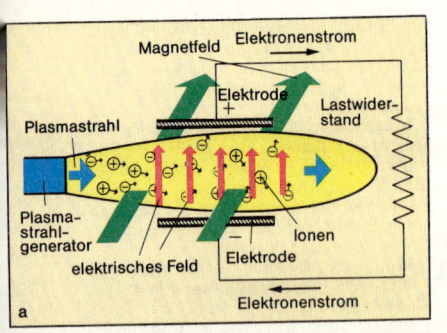

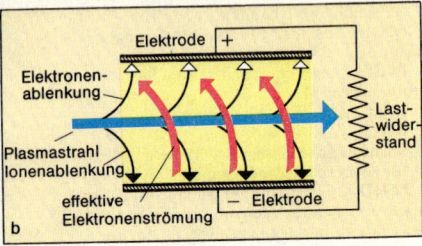

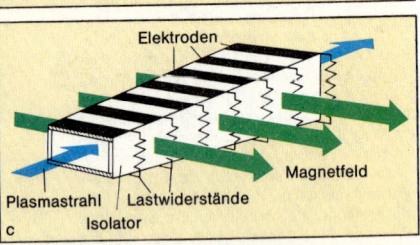

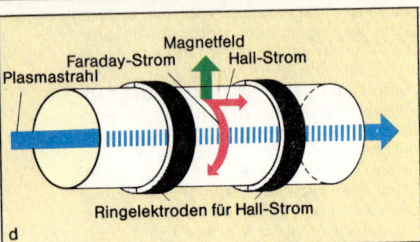

MHD-Generator. a Prinzip eines MHD-Generators (Faraday-Generators) mit durchgehenden (nichtsegmentierten) Elektroden; b Verlängerung der Strombahnen durch den Hall-Effekt (Ablenkung der Ionen und Elektronen durch die Lorentz-Kraft); c Schema eines modernen Faraday-Generators mit segmentierten Elektroden; d Hall-Generator mit ringförmigen Elektroden

schofs und eines anglikan. Bischofs; College; Inst. für Meeresforschung, Meeresaquarium. Der ganzjährige Fremdenverkehr ist der wichtigste Wirtschaftszweig; ⚔. - Entstand um 1870 nahe dem 1836 im Seminolenkrieg errichteteten Fort Dallas als Post- und Handelsstation.

Miami [engl. maɪˈæmɪ], Stamm der Zentralen Algonkin, bis 1840 in Illinois und Indiana, urspr. Feldbau und Bisonjagd betreibend.

Miami Beach [engl. maɪˈæmɪ ˈbiːtʃ], Stadt in S-Florida, USA, 10 km östl. von Miami, 97 300 E. Fremdenverkehr.

Miao, in 82 Stämme zersplittertes Volk in SW-China, N-Vietnam und N-Laos, Birma und Thailand; überwiegend Brandrodungsbauern; v. a. Anbau von Mohn.

Miasma [griech. „Verunreinigung"], Bez. für einen früher angenommenen krankheitsauslösenden Stoff in der Atmosphäre bzw. in den Ausdünstungen des Bodens.

Micha, Prophet Israels und kanon. Buch des A. T. gleichen Namens. Der *Prophet M.* wirkte z.Z. Hiskias und Jesajas vor 724 und bis etwa 701. - Das *Buch Micha* geht in der vorliegenden Form nicht auf den Propheten M. zurück; die Komposition ist nachexil. und hat die Form von Gerichts- und Heilsaussagen. Die Verkündigung des M. zielt v. a. gegen das Bodenrecht, das er als Unrecht der israelit. Oberschicht und als Ungehorsam gegen Jahwe auffaßt.

Michael, aus der Bibel übernommener männl. Vorname hebr. Ursprungs, eigtl. „wer ist wie Gott?".

Michael, alttestamentl. Engelsgestalt, der „höchster der Fürsten" nach Daniel 10, 13; wurde als Schutzengel für Israel gesehen. Bekämpft als Anführer der himml. Heerscharen den Satan. Wird in der kath. Kirche als Erzengel verehrt; Fest: 29. Sept. In der *bildenden Kunst* wird der Erzengel M., in der Rechten die Weltkugel, in der Linken einen Wächterstab dargestellt, daneben als Seelenwäger und mit Schwert und Lanze im Kampf gegen Luzifer.

Michael, Name von Herrschern:
Byzanz:
M. I. Rangabe, † auf der Insel Prote bei Konstantinopel 845, Kaiser 811–813 (gestürzt). - Bilderverehrer; erkannte 812 Karl d. Gr. als Kaiser an; nach seiner Niederlage gegen die Bulgaren bei Adrianopel (813) abgesetzt.

M. III., der Trunkenbold, * Konstantinopel 836, † ebd. 23. oder 24. Sept. 867 (ermordet), Kaiser (seit 842). - Zunächst unter der Vormundschaft seiner Mutter Theodora, 856 mit Hilfe seines Onkels Bardas Alleinherrscher; Beginn der polit. und kulturellen Blüte des Reiches.

M. VIII. Palaiologos, * 1224, † bei Selymbria (Silivri), 11. Dez. 1282, Kaiser (seit 1258/59). Begr. die Paläologendyn.; Regent für Johannes IV. Laskaris (1258–61), den er blenden ließ, Mitkaiser des Reiches von Nizäa; eroberte am 25. Juli 1261 Konstantinopel zurück; erfolgreich in der diplomat. Abwehr westl. Angriffspläne in der territorialen, militär. und wirtschaftl. Wiederherstellung des Byzantin. Reiches; schloß wegen der Pläne Karls I. von Neapel-Sizilien, Byzanz zu erobern, die Kirchenunion mit Rom (2. Konzil von Lyon) und unterstützte den Aufruhr in Sizilien von 1282.

Portugal:
M. I. (Dom Miguel), * Lissabon 26. Okt. 1802, † Bronnbach 14. Nov. 1866, König (1828 bis 1834). - Gegner der Liberalen; 1826 von seinem Bruder, Kaiser Peter I. von Brasilien, zum Regenten in Portugal ernannt; 1828 durch Staatsstreich zum König erhoben, mußte aber 1834 abdanken und wurde aus Portugal verbannt.

Rumänien:
M. I., * Sinaia 25. Okt. 1921, König (1927–30 und 1940–47). - Ließ am 23. Aug. 1944 Marschall Antonescu verhaften und erzwang den Übertritt Rumäniens auf die Seite der Alliierten. Dankte unter kommunist. Druck am 30. Dez. 1947 ab und verließ Rumänien. Lebt in der Schweiz.

Serbien:
M. Obrenović [serbokroat. ɔˌbrɛːnɔvitɕ], * Kragujevac 16. Sept. 1823, † Topčider 10. Juni 1868, Fürst (1839–42 und seit 1860). - Sohn des Miloš Obrenović; 1842 durch einen Aufstand gestürzt, kehrte 1858 mit seinem zum Fürsten gewählten Vater zurück und folgte diesem 1860 in der Reg.; führte innenpolit. Reformen durch (u. a. in Justiz und Heer); erreichte 1867 den Abzug der letzten osman. Truppen; wurde von Anhängern des rivalisierenden Hauses Karađorđević ermordet.

Walachei:
M. der Tapfere, * um 1550, † Cîmpia Turzii 19. Aug. 1601, Fürst (seit 1593). - Konnte die Osmanen 1595 und 1598/99 aus der Walachei und Siebenbürgen verdrängen und rief sich nach der Eroberung der Moldau (1600) zum Herrscher der drei rumän. Ft. aus. Auf Befehl des kaiserl. Generals Basta ermordet.

Michael Kerullarios (Cärularius), * um 1000, † Konstantinopel 1058, Patriarch von Konstantinopel (seit 1043). - Verschärfte als Pamphletist und Polemiker die zw. Rom und Konstantinopel bestehenden Spannungen. Die päpstl. Bannbulle und den von M. ausgesprochene Gegenbann besiegelten 1054 den endgültigen Bruch zw. Ost- und Westkirche (Aufhebung des gegenseitigen Banns 1965).

Michaela, weibl. Vorname (zu † Michael).
Michael Akominatos † Choniates, Michael.

Michaelis, Georg, * Haynau 8. Sept. 1857, † Bad Saarow (= Bad Saarow-Pieskow bei Fürstenwalde) 24. Juli 1936, dt. Politiker. - Wurde im Febr. 1917 preuß. Staatskommissar für Volksernährung; am 14. Juli 1917 als Nachfolger T. von Bethmann Hollwegs zum Reichskanzler und preuß. Min.präs. ernannt; steuerte gegenüber der Obersten Heeresleitung keinen eigenverantwortl. Kurs und behandelte die päpstl. Friedensinitiative vom 1. Aug. 1917 mit wenig polit. Geschick; am 1. Nov. wegen fehlender parlamentar. Basis entlassen; 1918/19 Oberpräs. von Pommern, danach führend in der prot. Gemeinschaftsbewegung tätig.

M., Karoline ↑ Schlegel, Karoline.

Michaëlis [dän. mika'e:lis], Karin, eigtl. Katharina M., geb. Bech-Brøndum, * Randers 20. März 1872, † Kopenhagen 11. Jan. 1950, dän. Schriftstellerin. 1895–1911 ∞ mit Sophus M.; lebte seit 1930 auf Thurø, wo sie während des NS-Regimes dt. Flüchtlinge aufnahm (u. a. B. Brecht); 1939–46 in den USA. Schildert in ihren Frauenromanen bes. Probleme der geschlechtl. Entwicklung, der Ehe und der Gleichberechtigung der Frau, u. a. „Das Kind" (1902), „Das gefährl. Alter" (1910), „Eine Frau macht sich frei" (1930). Schuf mit der „Bibi"-Serie (1929–38) bed. Kinderbücher.

M., Sophus, * Odense 14. Mai 1865, † Kopenhagen 28. Jan. 1932, dän. Schriftsteller. - 1915–32 Vorsitzender des dän. Schriftstellerverbandes; vertrat einen neuromant. Ästhetizismus; virtuose Lyrik, später rhetor. und pathet.; bes. von F. Nietzsche beeinflußt, gestaltete M. das Ideal des Übermenschen und des Hellenismus.

Michael Kohlhaas ↑ Kohlhase, Hans.

Michail Fjodorowitsch, * Moskau 22. Juli 1596, † ebd. 23. Juli 1645, Zar von Rußland (seit 1613). - Von einer Ständeversammlung zum Zaren gewählt; begr. die Dyn. Romanow; eigtl. Regent war 1619–33 sein Vater, der Patriarch Filaret. Sicherte den Staat außenpolit. durch Friedensschlüsse mit Polen und Schweden.

Michalkow, Sergei Wladimirowitsch [russ. mixal'kɔf], * Moskau 12. März 1913, russ.-sowjet. Schriftsteller. - Verf. polit.-satir. Fabeln, die spießerhafte Erscheinungen in der sowjet. Gesellschaft aufgreifen, u. a. „Der Löwe und der Hase" (dt. 1954) sowie satir. Schauspiele (u. a. „Die grüne Grille", 1964). Gilt als einer der populärsten sowjet. Kinderbuchautoren (v. a. Gedichte und Theaterstücke). Mitverf. der sowjet. Nationalhymne (1943).

Michaux, Henri [frz. mi'ʃo], * Namur 24. Mai 1899, † Paris 19. Okt. 1984, frz.-belg. Dichter und Zeichner. - Zahlr. Reisen nach Südamerika, Asien und Afrika; als Lyriker und Prosaist von großem Einfluß auf die zeitgenöss. Literatur, steht jedoch abseits der literar. Strömungen; Einflüsse Lautréamonts und der Surrealisten. Präzise, z. T. iron. Reisebeschreibungen sowie Schilderungen von Reisen in imaginäre Länder, die er (ab 1955 durch systemat. Experimente mit Drogen, v. a. Meskalin) für sich erfahrbar machte. Verschaffte sich diese Bewußtseinserweiterungen auch zur Herstellung seiner (tachist.) Zeichnungen.

Werke: Die großen Turbulenzen (Ged., 1957), Die großen Zerreißproben (Ged., 1966), Zw. Tag und Traum (Ged., 1969), Moments (Ged., 1973), Eckpfosten (Prosa, 1981).

Michel, Georges [frz. mi'ʃɛl], * Paris 12. Jan. 1763, † ebd. 7. Juni 1843, frz. Maler. - Mit seinen realist. Landschaften Vorläufer der Schule von Barbizon, obgleich er nicht vor der Natur malte; v. a. im Spätwerk romant. Züge.

M., Hartmut, * Ludwigsburg 18. Juli 1948, dt. Biochemiker. Seit 1987 Abteilungsleiter und Direktor am Max-Planck-Institut für Biophysik in Frankfurt am Main. Für die Bestimmung der dreidimensionalen Struktur eines photosynthet. Reaktionszentrums erhielt er zus. mit J. Deisenhofer und R. Huber 1988 den Nobelpreis für Chemie.

M., Robert ['--], * Vockenhausen (= Eppstein) 27. Febr. 1897, † Titisee-Neustadt 11. Juni 1983, dt. Maler. - Sein Werk ist eine zum Konstruktiven neigende Variante des Dadaismus in Deutschland.

Michelangeli, Arturo Benedetti ↑ Benedetti-Michelangeli, Arturo.

Michelangelo [italien. mike'landʒelo], eigtl. M. (Michelagniolo) Buonarroti, * Caprese bei Arezzo 6. März 1475, † Rom 18. Febr. 1564, italien. Bildhauer, Maler, Baumeister und Dichter. - Wichtiger als die Lehrzeit bei Ghirlandaio (1488) sind für seine Stilbildung das Studium Giottos und Masaccios, die Spätwerke des Benedetto da Maiano und die Auseinandersetzung mit der Antike gewesen. Seit 1496 arbeitete M. abwechselnd in Florenz, Rom und in den Marmorbrüchen von Carrara, ehe er 1534 endgültig nach Rom übersiedelte, wo ihn die Freundschaft zu Vittoria Colonna (seit 1538) nachhaltig beeinflußte. Ihr sind z. T. auch seine seit 1534 entstehenden schwermütigen und tiefempfundenen Sonette und Madrigale gewidmet.

Skulptur: Von den frühesten Werken (um 1491/92) greift die „Madonna an der Treppe" auf Donatellos Flachreliefs, der „Kentaurenkampf" auf antike Sarkophage zurück (beide Florenz, Casa Buonarroti). Während des ersten Romaufenthaltes 1496–1501 entstanden u. a. in enger Anlehnung an die Antike der „Bacchus" (1497, Florenz, Bargello) und die „Pietà" in St. Peter (1498–1500), einzigartig in M. Werk durch den lyr. Ausdruck. Nach Florenz zurückgekehrt, schuf M. 1501–04 seinen „David" (urspr. vor dem Palazzo Vecchio, heute Accademia), der den Punkt der engsten Annäherung zw. Renaissance und Antike bezeichnet. Der nicht vollendete „Matthäus" (1506 begonnen, Florenz, Accademia) leitet eine neue spannungserfüllte Schaffensperiode ein. Für das Grab-

Michelangelo

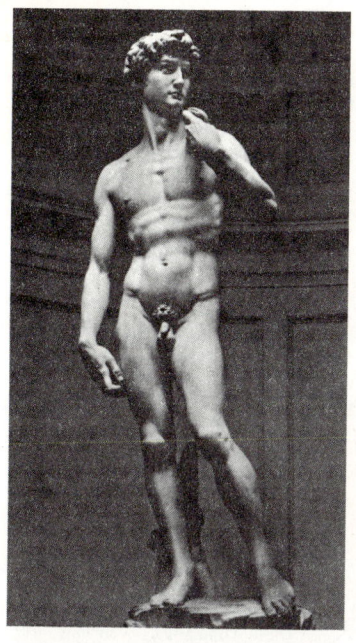

Michelangelo. Links: David (1501–04). Florenz, Galleria dell'Accademia; rechts: Die Delphische Sibylle (um 1510). Deckenfresko in der Sixtinischen Kapelle

mal Julius' II., 1505 in Auftrag gegeben, entstanden der „Sieger" (1506?, Florenz, Palazzo Vecchio), seit 1513 „Moses" (Rom, S. Pietro in Vincoli) und die beiden Louvre-Sklaven, seit 1519 die vier unvollendeten Sklaven (Florenz, Accademia), für die endgültige Aufstellung des auf ein Wandgrab reduzierten Planes in San Pietro in Vincoli, Rom, seit 1542 die Statuen der Lea und Rahel. Unvollendet blieb auch die Ausgestaltung der „Neuen Sakristei" an San Lorenzo, Florenz. Von den Sitzfiguren der Herzöge war Lorenzo 1526, Giuliano 1531 in Arbeit. Die Personifikationen der Tageszeiten (vor 1526 bis nach 1531) bieten wie die Sklaven des Juliusgrabes einen Schlüssel zum Verständnis M.: Das eigtl. Thema ist Bewegung als Träger geistigen Ausdrucks, verbunden mit einer Übersteigerung der natürl. Erscheinung, die sowohl Kraft wie Schwere der Materie bedeuten kann. Die Madonna, 1521 erwähnt, war 1531 noch in Arbeit. Die wenigen Skulpturen der Spätzeit - die „Pietà" (Florenz, Dom, vor 1550 begonnen, unvollendet) und die „Pieta Rondanini" (Mailand, Castello Sforcesco, um 1555 begonnen) zeigen eine Reduzierung der machtvollen körperl. Erscheinung, Zeugnis der auch literar. belegten Hinwendung des Greises zu religiöser Verinnerlichung.

Malerei: Das einzige gesicherte Tafelbild ist die Darstellung der Hl. Familie („Madonna Doni", um 1504, Florenz, Uffizien). Wie ausschließl. M. auch in der Malerei von einem bildhauer. Konzept ausging, beweist insbes. der nur in Kopien überlieferte Karton für das Fresko der „Cascina-Schlacht" (1504–06), der eine Gruppe „gemalter Skulpturen" zeigt. Das Zentrum seines maler. Schaffens bilden die für die Sixtin. Kapelle des Vatikan ausgeführten Fresken. 1508–12 entstand die Ausmalung der Decke mit Szenen aus der Genesis und 300 Gestalten (Propheten, Sibyllen, Vorfahren Christi). Vom Eingang zur Altarwand fortschreitend, wird die menschl. Figur in Maßstab und Dramatik gesteigert; in den Figuren der „Ignudi" scheint die Grenze zw. Malerei und Skulptur verwischt. 1534–41 folgt das die gesamte Altarwand füllende „Jüngste Gericht": Ohne architekton. oder landschaftl. Rahmen sind 391 Figuren in einer kreisenden Bewegung einander zugeordnet; im Fallen der Verdammten und im Aufsteigen der Seligen wird die Bildstatik zugunsten der Suggestion von Bewegungsabläufen überwunden. Die spätesten Fresken M. sind die „Bekehrung Pauli" und die „Kreuzigung Petri" (1542–50, Vatikan, Capella Paolina).

Baukunst: Als Baumeister trat M. erstmals

1516 mit Entwürfen für die Fassade von San Lorenzo in Florenz hervor; wie in der 1518 begonnenen „Neuen Sakristei" werden die Wände kräftig plast. gegliedert und dabei in eine Vielzahl von Schichten ohne eine beherrschende Bezugsfläche zerlegt: Die feste, „endliche" Raumgrenze der Hochrenaissance ist aufgehoben. In der Vorhalle zur Biblioteca Laurenziana in Florenz (seit 1524) werden die Säulen in die Wand eingestellt, die gesamte Raummummantelung in ein Kräftefeld von Spannungen umgedeutet. 1546 übernahm M. die Vollendung des Palazzo Farnese in Rom, lieferte erste Entwürfe für die Neugestaltung des Kapitolsplatzes und wurde Bauleiter von St. Peter; hier straffte er das vielgliedrige Raumgefüge Bramantes; in der Kuppel (1593 von Giacomo della Porta vollendet) gipfelt M. Architekturkonzept, das nicht primär vom Raum ausgeht, sondern mit Hilfe plast. Architekturglieder Wände und Flächen „skulptiert".

Sein Werk entzieht sich einfacher stilgeschichtl. Zuordnung: Zunächst Vollender der Hochrenaissance, wird er zum Wegbereiter des Manierismus, weist aber zugleich auf den Barock voraus. Als elementare bildhauer. Begabung legt er allen Kunstgattungen Konzepte der Skulptur zugrunde. Durch seinen Individualismus, dem jedes Werk zum Selbstbekenntnis wird, begründet M. einen neuen Typ des Künstlers. - Abb. auch Bd. 5, S. 104 und Bd. 8, S. 319.

⊕ *Murray, L.: M. Dt. Übers. Stg. 1985.* - *Nardini, B.: Esoter. Weisheit im Werk M. Stg. 1985.* - *Baldini, U.: M. Stg. 1982.* - *Thies, H.: M. Mchn. 1982.* - *Nardini, B.: M. Leben u. Werk. Dt. Übers. Stg.* ²*1979.* - *Einem, H. v.: M. Bildhauer, Maler, Baumeister. Bln. 1973.* - *Weinberger, M.: M., the sculptor. London u. New York 1967. 2 Bde.*

Michele [italien. miˈkɛːle], italien. Form des männl. Vornamens Michael.

Michèle [frz. miˈʃɛl], frz. Form des weibl. Vornamens Michaela.

Michelin, Compagnie Générale des Établissements [frz. kõpaɲiʒeneraldezetablismãmiˈʃlɛ̃], frz. Konzern der Reifenind., Sitz Clermont-Ferrand, gegr. 1830; zahlr. Beteiligungen und Tochtergesellschaften in aller Welt.

Michelkataloge, führende deutschsprachige Briefmarkenkataloge mit Wertnotierungen; ben. nach dem ersten Herausgeber H. Michel (1910).

Michel-Klammer [frz. miˈʃɛl; nach dem frz. Chirurgen G. Michel, * 1875, † 1937], Metallklammer, die anstelle einer Wundnaht zum Verschluß von Hautwunden verwendet wird.

Michelozzo di Bartolommeo [italien. mikeˈlɔttso], * Florenz 1396, ▫ 7. Okt. 1472, italien. Bildhauer und Baumeister. - Vertreter der florentin. Frührenaissance. Als Bildhauer zeitweise in Werkstattgemeinschaft mit Ghiberti und Donatello (schuf u. a. vermutl. den architekton. Rahmen für die Außenkanzel am Dom von Prato; 1428–38). 1446–52 als Nachfolger Brunelleschis Dombaumeister in Florenz. Mit dem Palazzo Medici [-Riccardi] mit Rustikasockelgeschoß, Kranzgesims und Arkadeninnenhof (1444 ff.) legte er den Typus des dreigeschossigen Renaissancepalasts fest. - *Weitere Werke:* Tribuna von Santissima Annunziata (reiner Zentralbau, 1444 ff.), Kreuzkapelle (Baldachin) in San Miniato al Monte (1448).

Michels, Robert, * Köln 9. Jan. 1876, † Rom 3. Mai 1936, dt. Soziologe. - Ab 1903 Prof. u. a. in Brüssel, Paris, Turin, Basel, Perugia, Florenz; Arbeiten insbes. zur Parteiensoziologie, u. a. „Zur Soziologie des Parteiwesens in der modernen Demokratie" (1911).

Michelsberger Kultur, nach der befestigten Höhensiedlung auf dem Michelsberg bei Untergrombach (= Bruchsal) ben. westmitteleurop. jungneolith. Kulturgruppe des 3. Jt. v. Chr. mit Ausläufern nach Mitteldeutschland und Böhmen; Leitformen innerhalb der meist unverzierten, rundbodigen Keramik sind Tulpenbecher, Henkelkrüge, Flaschen und Backteller; bei den Steingeräten sind lange Silexspitzen und spitznackige Felsgesteinbeile typisch.

Michelsen, Hans Günter, * Hamburg 21. Sept. 1920, dt. Dramatiker. - Verf. hintergründiger, gesellschaftskrit. Zeitstücke, z. B. „Stienz" (1963), „Planspiel" (1970), „Sein Leben" (1977), „Kindergeburtstag" (1981).

Michelson, Albert Abraham [engl. ˈmaɪkəlsn], * Strelno (= Strzelno, Woiwodschaft Bromberg) 19. Dez. 1852, † Pasadena (Calif.) 9. Mai 1931, amerikan. Physiker. - Prof. in Cleveland (Ohio), Worcester (Mass.) und Chicago. M., der zahlr. opt. Präzisionsinstrumente entwickelte, führte wiederholt sehr genaue Messungen der Lichtgeschwindigkeit durch und unternahm den Versuch, die sog. Absolutbewegung der Erde gegenüber dem hypothet. Äther nachzuweisen († Michelson-Versuch). Nobelpreis für Physik 1907.

Michelson-Versuch [engl. ˈmaɪkəlsn], ein von A. A. Michelson 1881 erstmals durchgeführter Versuch, mit dem die Annahme der Existenz eines Lichtäthers († Äther) dadurch widerlegt wurde, daß sich keine Abhängigkeit der Lichtgeschwindigkeit von der relativen Bewegung zw. Lichtquelle und Beobachter nachweisen ließ. Es zeigte sich vielmehr, daß die Lichtgeschwindigkeit in einem ruhenden und einem gleichförmig bewegten Bezugssystem nach allen Richtungen gleich ist. Diese als *Gesetz von der Konstanz der Lichtgeschwindigkeit* bezeichnete Erfahrungstatsache ist Ausgangspunkt und Grundlage der von A. Einstein entwickelten Relativitätstheorie.

Michelstadt, hess. Stadt im Odenwald,

Michoacán

206 m ü. d. M., 14 200 E. Heimatmuseum; u. a. Metall-, Kunststoffverarbeitung, Elfenbeinschnitzerei; Fremdenverkehr. In der Nähe Bodenempfangsstation für den europ. Wettersatelliten Meteosat. - Zw. 741/746 erstmals bezeugt; kam 815 durch Schenkung Kaiser Ludwigs des Frommen an Einhard (den Biographen Karls d. Gr.), 819 an das Kloster Lorsch. Zw. 951/972 befestigt; seit dem 12. Jh. Stadt. - Spätgot. Stadtkirche (1461–1537) mit Grabdenkmälern des Erbacher Hauses (14.–17. Jh.); Rathaus (1484); sog. Kellerei, eine Baugruppe des 16.–18. Jh.; Reste der Stadtmauer (14. und 16. Jh.); im Stadtteil **Steinbach** liegen Schloß Fürstenau (14., 16. und 19. Jh.) und die karoling. Einhardsbasilika.

Michelucci, Giovanni [italien. mike'luttʃi], * Pistoia 2. Jan. 1891, italien. Architekt. - Mgl. der avantgardist. „Gruppo toscana", Mitarbeit an Entwurf und Bau des neuen Hauptbahnhofs von Florenz (1933–36); 1945–54 Hg. von „La Nuova Città". - *Weitere Werke:* Autobahnkirche San Giovanni Battista bei Florenz (1963), Kirche von Borgo Maggiore (1965).

Michener, James A[lbert] [engl. 'mɪtʃɪnə], * New York 3. Febr. 1907, amerikan. Schriftsteller. - Seine frühen Erzählungen und Romane spielen im 2. Weltkrieg und im Koreakrieg, u. a. „South Pacific" (En., 1947; Vorlage für das gleichnamige Musical von R. Rodgers und O. Hammerstein), „Die Brücken von Tokori" (R., 1953), „Sayonara" (R., 1954), „Karawanen der Nacht" (En., 1965). Auch romanhafte histor.-geograph. Schilderungen, z. B. über Palästina („Die Quelle", 1965). - *Weitere Werke:* Die Bucht (1978), Verheißene Erde (1980).

Michigan [engl. 'mɪʃɪgən], Bundesstaat im N der USA, 150 779 km², 9,07 Mill. E (1983), Hauptstadt Lansing.
Landesnatur: M. liegt im nördl. Zentralen Tiefland im Geb. der Großen Seen und ist in zwei Halbinseln, Ober-M. am Oberen See, und Unter-M. am Michigansee und Huronsee, unterteilt. Im Mount Porcupine wird mit 604 m die höchste Erhebung erreicht. In Ober-M. lagern Eisen- und Kupfererze, in Unter-M. gibt es Vorkommen von Salz, Gips, Kalk, Erdöl und Pechkohle; alle Bodenschätze werden ausgebeutet. Das Klima ist gemäßigt kontinental mit niedrigeren Temperaturen (bis zu −44 °C) in Ober-M.; die Niederschläge fallen v. a. in der Sommerhälfte.
Vegetation, Tierwelt: Knapp mehr als die Hälfte des Staatsgeb. ist noch mit Wald, v. a. Laubwald (Eiche, Esche, Walnuß, Ahorn) bestanden. In den seenreichen Teilen gibt es auch Zeder- und Lärchensümpfe; artenreiche Tierwelt (viele Pelztiere), bes. in den drei Nationalparks.
Bevölkerung, Wirtschaft, Verkehr: Die Bev. konzentriert sich in den Städten (71 %), v. a. in den Ind.zentren Detroit und Grand Rapids. 85 % sind Weiße, 12,9 % Neger; außerdem rd. 9 700 Indianer und 10 000 Asiaten. M. hat 9 Univ., die bedeutendste in Ann Arbor, sowie 4 größere Colleges. - M. liegt im Bereich des Corn Belt; wichtige Anbauprodukte sind Mais, Weizen, Zuckerrüben, Sojabohnen, Bohnen, Kartoffeln, Obst und Gemüse. Auf knapp einem Drittel der landw. Nutzfläche wird Heu geerntet und in der bed. Viehwirtschaft verfüttert. Führend ist die Rinderzucht (1,47 Mill. Stück), daneben gibt es Schweinehaltung und Schafzucht (Wollgewinnung). M. hat bed. Bergbau, wichtigster Wirtschaftsfaktor ist jedoch die Ind., die von der günstigen Verkehrslage im Bereich der Großen Seen profitiert. Weltbekannt ist die Automobilind. in Detroit; weitere Ind.zentren sind Saginaw, Grand Rapids und Muskegon sowie der Raum um Kalamazoo und Battle Creek. - Mit seiner Lage an vier der fünf Großen Seen verfügt M. über ausgezeichnete Verkehrsverbindungen auf dem Wasserwege - über den Sankt Lorenz-Strom auch nach Übersee. Das Eisenbahnnetz hat eine Länge von 9 845 km, das staatl. Straßennetz von 15 200 km; 1980 gab es 205 offizielle ✈.
Geschichte: 1668 entstand die erste von Franzosen gegr. feste Siedlung. 1760 wurden die frz. Besitzungen von brit. Truppen besetzt. 1783 kam das Gebiet von M. im Frieden von Paris an die USA, doch hielten die Briten bis 1796 Detroit und Mackinac besetzt; wiederholt blutige Auseinandersetzungen mit den Indianern. 1787 wurde M. Teil des Northwest Territory. 1805 erklärte es der Kongreß zum eigenständigen Territorium. Im Brit.-Amerikan. Krieg von 1812–14 besetzten brit. Truppen M. nochmals und hielten Detroit bis 1813, Mackinac bis 1815. M. beantragte 1835 nach Verabschiedung einer Verfassung und Delegiertenwahlen für den Kongreß die Aufnahme in die Union, doch verzögerten Grenzstreitigkeiten mit Ohio (Toledo War) die Eingliederung, die nach Entschädigung von M. mit dem heutigen Ober-M. durch die Bundesreg. als 26. Staat am 26. Jan. 1837 erfolgte. Die heute gültige Verfassung wurde 1908 verabschiedet.
📖 Dunbar, W. F.: *M.: a history of the Wolverine state. Grand Rapids (Mich.)* ²1970.

Michigansee [engl. 'mɪʃɪgən], einer der Großen Seen Nordamerikas, USA, 520 km lang, 190 km breit, 177 m ü. d. M., bis 281 m tief; Zufluß durch etwa 100 kleinere Flüsse, Abfluß zum Huronsee. Die wichtigsten Häfen sind Chicago und Milwaukee.

Michoacán [span. mitʃoa'kan], Staat im südl. Mexiko, 59 928 km², 3,4 Mill. E (1984), Hauptstadt Morelia. M. erstreckt sich von der schmalen Küstenebene am Pazifik über die Sierra Madre del Sur und den äußersten W der Senke des Río Balsas in die Cordillera Volcánica. Angebaut werden v. a. Mais, Weizen, Zuckerrohr, Sesam, Bohnen, Kichererb-

Micipsa

sen und Obst; bed. ist die Viehzucht.
Geschichte: Früheste nachgewiesene Besiedlung im unteren Balsastal gegen 900 v. Chr.; Ende des 11. Jh. errichteten die Tarasken, die 1522 von den Spaniern unterworfen und 1530 in großer Zahl vernichtet wurden, hier ein Reich. 1534 wurde M. mit Jalisco, Colima und nördl. Gebieten Prov. des Vize-Kgr. Neuspanien, 1536 auch Bistum. 1786 kam es zu einer neugeschaffenen Intendencia, die schon die Grenzen des nach der Unabhängigkeitserklärung Mexikos 1824 geschaffenen Staates hatte.

Micipsa, † 118 v. Chr., König von Numidien (seit 148). - Förderer von Handel und Wirtschaft; verteilte 120 das Reich unter seine drei Söhne sowie seinen Neffen Jugurtha.

Micius ↑ Mo Tzu.

Mickel, Karl, * Dresden 12. Aug. 1935, dt. Schriftsteller. - Als Lyriker v. a. B. Brecht und V. Majakowski verpflichtet, u. a. „Vita nova mea. Mein neues Leben" (1966), „Eisenzeit" (Ged., 1975); auch Erzähler („Der Sohn der Scheuerfrau", Nov., 1968; „Requiem für Patrice Lumumba", 1964; Musik von P. Dessau), Dramatiker („Nausikaa", 1968; „Einstein", 1974; Musik von P. Dessau) und Lyriker („Poesiealbum", Ged. 1981).

Mickiewicz, Adam [poln. mits'kjɛvitʃ], * Zaosie (= Nowogrudok, Weißruss. SSR) 24. Dez. 1798, † Konstantinopel 26. Nov. 1855, poln. Dichter. - Gilt als der bedeutendste poln. Dichter, insbes. der Romantik. Ab 1819 Lehrer in Kaunas. 1820 schrieb M. die „Ode an die Jugend" (dt. 1919), ein Gedicht in klassizist. Odenform, jedoch mit den Gedanken der Aufklärung; verfaßte auch Balladen und Romanzen, die 1822 u. d. T. „Poezje" (dt. 1874 u. d. T. „Balladen und Romanzen") erschienen. Wurde 1823 von den russ. Behörden 5 Monate eingesperrt und aus Litauen ausgewiesen; Aufenthalte in Petersburg, Odessa, auf der Krim und in Moskau, wo er mit Puschkin zusammenkam. In Rußland entstand u. a. das histor. Epos „Konrad Wallenrod" (1828), das den Kampf der Litauer gegen den Dt. Orden schildert. 1829 Auslandsreise u. a. nach Prag, Hamburg, Berlin, Weimar, Rom; ging anläßl. des poln. Novemberaufstandes (1830/31) nach Posen; nach Niederschlagung des Aufstandes in Dresden, wo der 3. Teil des Dramas „Totenfeier" entstand (erschienen 1832); ab 1832 in Paris, dem Zentrum der poln. Emigration. Dort schrieb er „Die Bücher der poln. Nation und der poln. Pilgerschaft" (1832), mit denen er als geistiger Führer der poln. Nation hervortrat; Einflüsse des christl. Sozialismus Lamennais'. 1834 erschien das Epos „Herr Thaddäus oder der letzte Einfall in Litauen", ein heiteres Bild des alten poln. Kleinadels mit stark patriot. Zügen in ausgeglichener, dem klassizist. Epos nahestehender Form. Prof. für slaw. Literaturen am Collège de France bis 1844. Stand 1841-47 unter dem Einfluß des Mystikers Towiański; ab 1849 vorwiegend publizist. tätig; starb während des Krimkriegs an der Cholera, als er in der Türkei eine poln. Legion gegen Rußland aufstellte. Durch sein Wirken wurde M. zum Symbol des poln. Nationalbewußtseins und des poln. Befreiungskampfes.

📖 *Górski, K.: M. Warschau 1977.* - *Weintraub, W.: The poetry of Adam M. Den Haag 1954.*

Mickymaus [...ki] (Mickey Mouse [engl. 'mɪkɪ 'maʊs]), von W. Disney erfundene Trickfilmfigur, 1927 zunächst als *Mortimer Mouse*. Durchschlagenden Erfolg hatte jedoch erst der Schwarz-weiß-Tonfilm „Steamboat Willie" (1928; bis 1965 wurden 143 Zeichentrickfilme mit M. als Hauptfigur gedreht); Comicfigur zum erstenmal 1930. - Abb. Bd. 5, S. 263.

Micmac [engl. 'mɪkmæk], Stamm der östl. Algonkin in O-Kanada; früher Jäger und Sammler, heute Ackerbauern.

Micoquien [mikoki'ɛ:], nach Funden aus dem ehem. Abri von La Micoque bei Les Eyzies-de-Tayac (Dordogne, Frankr.) ben. mittelpaläolith. Formengruppe; kennzeichnend u. a. trianguläre Faustkeile mit geraden oder eingezogenen Seiten.

micro..., Micro... ↑ mikro..., Mikro...

Microbodies [engl. 'maɪkrɔbɔdi:z], von einer Membran umgebene Organellen verschiedener Funktionen in den Zellen von Eukaryonten; besitzen Wasserstoffperoxid produzierende Enzyme (Oxidasen) und Katalase, die das giftige Wasserstoffperoxid wieder abbaut. Eine bes. Form sind die **Peroxisomen** in den grünen Blättern, die an der Photosynthese beteiligt sind.

Micrococcus [griech.] (Mikrokokken, Gaffkya), Gatt. der Eubakterien mit rd. zehn Arten; aerobe und anaerobe grampositive, oft gelb oder rosa gefärbte, teils begeißelte Kokken von 0,5-3 μm Durchmesser; einzeln, in unregelmäßigen Haufen oder in Paketen; weitverbreitet im Boden, in Gewässern und in der Luft; nicht pathogen. Die Gatt. umfaßt die Sarzinen und Vertreter der Knallgasbakterien.

Microfiche [frz. mikrɔ'fiʃ, zu fiche „Karteikarte"] ↑ Mikrodokumentation.

Microprozessor ↑ Mikroprozessor.

Microscopium [griech.] ↑ Sternbilder (Übersicht).

Microsporidia (Mikrosporidien) [griech.], Ordnung der Sporentierchen, die sehr kleine Sporen bilden; parasitieren vorwiegend in den Zellen von Honigbienen und Seidenraupen; verursachen die ↑ Nosemaseuche.

Midas, Gestalt der griech. Mythologie; phryg. König, der von Dionysos die Gabe erbittet, alles Berührte in Gold zu verwandeln. Als ihm die Erfüllung des Wunsches bald zur Last wird, erlangt er Befreiung durch ein Bad im Flusse Paktolos, der seither Gold führt. - M. wird neben ↑Gordios auch als Gründer des phryg. Staates überliefert; möglicherweise ident. mit M. II. (738–696). Die Sage vom Reichtum des M. beruht vielleicht auf dessen Weihegeschenken in Delphi.

Middelburg [niederl. 'mɪdəlbyrx], niederl. Stadt im Zentrum der ehem. Insel Walcheren, 39 100 E. Verwaltungssitz der Prov. Seeland; pädagog. Akad., Technikum, Museen; Seeländ. Archiv und Provinzbibliothek; Handelszentrum von Walcheren, Industriestandort und Fremdenverkehrsort. - Erhielt im Jahre 1217 Stadtrecht; mußte sich in den Religionskriegen 1574 Wilhelm von Oranien ergeben; wurde dann zum wichtigsten Hafen für Europa und Übersee; frz. Besetzung 1792–1814; Bau neuer Hafenanlagen 1817. - Spätgot. Rathaus (15./16. Jh.); bed. Kirchen sind die Korkerk (um 1300), die Nieuwe Kerk (1568) mit angrenzenden ehem. Abteigebäuden und die Oostkerk (17. Jh.).

Middle East [engl. 'mɪdl'iːst], Bez. für die arabischen Länder Vorderasiens und Nordafrikas (bis einschließlich Libyen); entspricht im dt. Sprachgebrauch etwa der Bez. Naher Osten.

Middlesbrough [engl. 'mɪdlzbrə] nordengl. Industriestadt (149 800 E) in der Agglomeration ↑Teesside.

Middleton, Thomas [engl. 'mɪdltən], ≈ London 18. April 1580, □ Newington Butts (Surrey) 4. Juli 1627, engl. Dramatiker. - Zunächst erfolgreiche derbe Sittenkomödien, ab 1615 nur noch ernste Dramen; sein Hauptwerk ist das gegen Spanien gerichtete polit.-allegor. Schauspiel „A game at chess" (1625).

Midgard [zu altnord. mið- „der mittlere" und garðr „Zaun"] ↑germanische Religion [räuml. Weltbild].

Midgardschlange ↑germanische Religion [räuml. Weltbild].

Mid Glamorgan [engl. 'mɪd gləˈmɔːgən], Gft. in Wales (Großbrit.).

Midhat Pascha, * Konstantinopel im Okt. 1822, † At Taif 8. Mai 1884, osman. Politiker. - 1873 und 1876/77 Großwesir. Als führender, mit den Jungtürken sympathisierender Reformpolitiker war M. P. maßgebl. an der Ausarbeitung der Verfassung von 1876 beteiligt. 1881 wurde er der Ermordung des Sultans Abd Al Asis beschuldigt und nach Arabien verbannt.

Midi, Bez. für die Gesamtheit der Landschaften S-Frankreichs.

Midianiter (Vulgata: Madianiter), nomad. Verband von Stämmen, der ausschließl. durch das A. T. bekannt ist. Die M. lebten in der syr.-arab. Wüste und hatten Verbindungen zum ost- und westjordan. Kulturland.

Midi-Pyrénées [frz. midipire'ne], Region in S-Frankr., 45 348 km², 2,33 Mill. E (1982), Regionshauptstadt Toulouse. M.-P. umfaßt den östl. Teil des Aquitan. Beckens, die Zentralpyrenäen und das sw. Zentralmassiv. Wichtigster Wirtschaftszweig ist die Landw., dazu elektrometallurg. und elektrochem. Ind., außerdem Rüstungs-, Flugzeug-, chem., Nahrungsmittel- u. a. Industrie.

Midlands, The [engl. ðə 'mɪdləndz], Bez. für den Teil M-Englands, der südl. von Mersey und Humber bogenförmig die südl. Pennines umschließt und im S vom südostengl. Schichtstufenland begrenzt wird.

Midler, Bette [engl. 'mɪdlə], * Pearl Harbor 1. Dez. 1945, amerikan. Schauspielerin und Sängerin. - Wurde nach ersten Erfolgen in Musicals seit Beginn der 1970er Jahre berühmt als Showstar und Sängerin mit nostalg. Imitationen bzw. Parodien aus der Popmusik von den 1940er Jahren aufwärts und mit eigenen Popmusik-Interpretationen; spielte in Filmen wie „The Rose" (1979) und „Divine Madness" (1981).

Midlife-crisis [engl. 'mɪdlaɪf 'kraɪsɪs] „Mitte-des-Lebens-Krise"], Bez. für eine Phase (v. a. im Leben des Mannes) zw. dem 40. und 50. Lebensjahr, in der die Betroffene sein bisheriges Leben krit. überdenkt und häufig gefühlsmäßig in Zweifel zieht; Krise des Übergangs vom verbrauchten zum verbleibenden Leben, oft verbunden mit dem Erwachsenwerden der Kinder.

Midrasch (Mrz. Midraschim) [hebr. „Forschung, Auslegung"], Bez. für die Gattung des rabbin. Schrifttums sowie für eine Methode der Schriftauslegung in der jüd. Religion. Die Midraschim sind zw. dem 4. und 12.Jh. entstanden.

Midway Islands [engl. 'mɪdweɪ 'aɪləndz], Atoll im nördl. Pazifik, nw. der Hawaii-Inseln, untersteht dem Marineministerium der USA; Militärstützpunkt. - In der Nähe fand vom 3./4. bis 6./7. Juni 1942 zw. den Flugzeugträgerflotten der USA (und deren auf der M. I. stationierten Fliegerverbänden) und Japans die See-Luft-Schlacht statt, die für den Kriegsverlauf im Pazifik entscheidend wurde, in deren Folge die Amerikaner die Seeherrschaft im Pazifik erlangten, und in der sich erstmals die Bed. der Flugzeugträger gegenüber den Schlachtschiffen zeigte.

Mie, Gustav, * Rostock 29. Sept. 1868, † Freiburg im Breisgau 13. Febr. 1957, dt. Physiker. - Prof. in Greifswald, Halle und Freiburg. Nach Arbeiten über Lichtstreuung an kleinen Teilchen (Mie-Streuung) entwickelte M. 1912/13 eine „Theorie der Materie", in der durch Erweiterung der Maxwellschen Theorie eine Vereinheitlichung des elektromagnet. Feldes und seiner materiellen Quellen zu erreichen suchte.

Mieder, dem Oberkörper eng anliegendes Kleidungsstück der Frau, heute noch in Volkstrachten und als Korsett. Es entstand als gesondert geschnittenes Teil des Kleides in der Renaissance, als selbständiges Kleidungsstück gegen Ende des 17. Jh., als es sehr eng geschnitten bzw. geschnürt wurde; dieses bestand aus M. und Korsett, die als ein Stück oder auch getrennt gearbeitet wurden. Abgesehen von der Directoire- und Empiremode formte das M. die stilisierte Silhouette der Frau in Europa bis ins frühe 20. Jahrhundert.

Miegel, Agnes, * Königsberg (Pr) 9. März 1879, † Bad Salzuflen 26. Okt. 1964, dt. Dichterin. - Gilt als bedeutendste dt. Balladendichterin der 1. Hälfte des 20. Jh. („Balladen und Lieder", 1907); 1920-26 Redakteurin an der „Ostpreuß. Zeitung" in Königsberg (Pr); ab 1933 Mgl. der Dt. Akad. der Dichtung; sympathisierte mit nat.-soz. Ideen (verfaßte u. a. ein Gedicht auf Hitler); lebte ab 1948 in Bad Nenndorf. Schrieb später balladenhafte Novellen und volksliednahe Gedichte über Landschaft und Menschen ihrer ostpreuß. Heimat sowie über allg. menschl. Themen mit ausgeprägter Vorliebe für schwermütige Stimmungen und Unheimliches.

Weitere Werke: Geschichten aus Altpreußen (En., 1926), Die schöne Malone (E., 1926), Das Bernsteinherz (En., 1937), Mein Weihnachtsbuch (1959), Heimkehr (En., 1962).

Miehe, Ulf, * Wusterhausen/Dosse 11. Mai 1940, dt. Schriftsteller und Filmregisseur. - Urspr. Buchhändler, dann Lektor. Stellt in seiner Prosa, u. a. „Die Zeit in W und anderswo" (E., 1968), „Ich hab noch einen Toten in Berlin" (R., 1973), „Puma" (R., 1976), „Lilli Berlin" (1981), Menschen in einer Welt dar, in der sich Realität und Fiktion zu einem kriminalist. Abenteuer vermischen. - † 20. Juli 1989.

Mielke, Erich, * Berlin 28. Dez. 1907, dt. Politiker (SED). - Ab 1925 Mgl. der KPD; 1931-45 im Exil; 1957-89 Min. für Staatssicherheit; 1958-89 Abg. der Volkskammer; 1976-89 Mgl. des Politbüros des ZK der SED; am 3. Nov. 1989 inhaftiert.

Miene [frz.], Gesichtszug, Gesichtsausdruck. - † auch Mimik.

Miercurea-Ciuc [rumän. 'mjerkurɡa 'tʃuk], rumän. Stadt in den Ostkarpaten, 41 900 E. Hauptstadt des Verw.-Geb. Harghita; Heimatmuseum; Textilind., Mineralquellen. - Im MA Festung am Kreuzungspunkt von Handelswegen aus Siebenbürgen in die Moldau. - Franziskanerkloster (15. Jh.); Festung (13. Jahrhundert).

Miere, Bez. für verschiedene Nelkengewächse, z. B. Stern-M. (Stellaria), Schuppen-M. (Spergularia), Salz-M. (Honckenya), Nabel-M. (Moehringia).

◆ (Alsine, Minuartia) Gatt. der Nelkengewächse mit mehr als 100 Arten in den gemäßigten und kalten Zonen der Nordhalbkugel; Kräuter oder Halbsträucher mit meist weißen Blüten in Trugdolden. Einige polsterbildende Arten sind als Zierpflanzen in Kultur.

Mierendorff, Carlo, * Großenhain 24. März 1897, † Leipzig 4. Dez. 1943 (Luftangriff), dt. Journalist und Politiker (SPD). - Nach Kriegsdienst in der Gewerkschaftsbewegung und als Journalist tätig; MdR ab 1930, als Gegner des NS 1933-38 in KZ-Haft; schloß sich dem Kreisauer Kreis an.

Mieris, Frans van, d. Ä., * Leiden 16. April 1635, † ebd. 12. März 1681, niederl. Maler. - Am Stil seines Lehrers G. Dou geschulte Genremaleri, virtuose Wiedergabe des Stofflichen, z. B. die „Austernmahlzeit" (1659; Leningrad, Eremitage); schulebildend (Leidener Feinmalerei).

Mieroslawski, Ludwik [poln. mjɛrɔ-'sṷafski], * Nemours (Seine-et-Marne) 17. Jan. 1814, † Paris 22. Nov. 1878, poln. Revolutionär. - Teilnehmer an mehreren poln. Aufständen, 1848/49 an den bad. Unruhen beteiligt; mehrfach inhaftiert.

Miesbach, bayr. Krst. am N-Rand des Mangfallgebirges, 686 m ü. d. M., 9400 E. Land- und Almwirtschaftsschule, Gewerbebetriebe, Brauerei. - Spätbarocke Pfarrkirche mit spätgot. Chormauern des Vorgängerbaus.

M., Landkr. in Bayern.

Miesmuschel [zu mittelhochdt. mies „Moos"] (Pfahlmuschel, Mytilus edulis), etwa 6-8 cm lange Muschel in den Küstenregionen des N-Atlantiks (einschließl. Ostsee); mit meist schief-dreieckiger, blauschwarzer bis gelblichbrauner Schale; heftet sich nach etwa vierwöchiger Plankt. Larvenentwicklung an Steinen, Pfählen oder dergleichen mit Byssusfäden fest (häufig Massenansiedlungen). Die in großen Mengen in den Handel kommende M. wird auch gezüchtet *(Muschelzucht* v. a. an der frz. Atlantikküste in sog. *Muschelbänken,* in denen eingerammte Pfähle *[Muschelpfähle]* den M. zum Anheften dienen). - Als *Große M.* wird oft die sehr wohlschmeckende, nahe verwandte Art *Modiolus modiolus* bezeichnet (kalte Nordmeere); Schale ähnl. gefärbt, bis 14 cm lang).

Mieß, rechter Nebenfluß der Drau, in den östl. Karawanken. Im oberen Talabschnitt liegen die größten Bleierzbergwerke und Bleischmelzen Sloweniens.

Mie-Streuung [nach G. Mie], die Streuung von Lichtstrahlung an kugelförmigen, in einem Medium suspendierten Teilchen, deren Radius r von der Größenordnung der Wellenlänge λ der Lichtstrahlung oder größer als diese ist, so daß die Voraussetzungen der Rayleigh-Streuung ($r \ll \lambda$) nicht mehr erfüllt sind und bei der Beugung des Lichts an den Teilchen ihre Materialeigenschaften (v. a. die Abhängigkeit der Dielektrizitätskonstante und der elektr. Leitfähigkeit von der Frequenz) berücksichtigt werden müssen. Sind die Dunstteilchen in der Atmosphäre so beschaffen, daß die Lichtstreuung weitgehend eine M.-S. ist (sog. *Mie-Atmosphäre),* so tritt an die Stelle des durch Rayleigh-Streuung verursachten blauen Himmelslichts mehr und mehr weißes Licht.

Miete

Mies van der Rohe, Ludwig, * Aachen 27. März 1886, † Chicago 17. Aug. 1969, dt.-amerikan. Architekt. - Lernte und arbeitete 1905–07 bei B. Paul, 1908–12 bei P. Behrens. 1918–25 Mgl. der „Novembergruppe" in Berlin; 1930–33 Direktor des Bauhauses; 1937 emigrierte er in die USA, wo er 1938 Prof. für Architektur am Illinois Institute of Technology in Chicago wurde. - Nach neoklassizist. Anfängen gelange M. van der R. unter Einfluß der niederl. Stijl-Gruppe und des russ. Konstruktivismus zu einer neuen kub. Auffassung des Baukörpers und zur Verwendung von Stahlbeton und Glas. Internat. bekannt wurden bes. seine von äußerster Modernität bestimmten Flachbauten, der dt. Pavillon auf der Weltausstellung in Barcelona (1929), bei dem die Grenzen zw. Innen- und Außenbau aufgehoben und die Raumübergänge fließend sind, und das Haus Tugendhat (Brünn, 1930). In Deutschland baute er einen Wohnblock der Weißenhofsiedlung in Stuttgart (1927). In den USA fand er u. a. Gelegenheit, seine Vorstellungen vom Hochhaus zu verwirklichen; die Lake Shore Drive Apartments (1951) in Chicago sind in ihrer architekton. Wirkung ganz durch das Stahlskelett bestimmt. Mit der neuen Nationalgalerie in Berlin (1962–68) kehrte M. zur Pavillonform zurück; obwohl zweigeschossig, wirkt der Bau von drei Seiten nur eingeschossig; er ist wie die frühen Bauten durch Symmetrie bzw. eine einmalige Kunst der Proportionierung und des Maßes, Klarheit und techn. Perfektion geprägt. - M. zählt mit W. Gropius, F. L. Wright und Le Corbusier zu den bedeutendsten Architekten der 1. Hälfte des 20. Jh. - *Weitere Werke:* Gesamtplan (1939/40) mit offenen Pavillongebäuden für das Illinois Institute of Technology in Chicago; Seagram Building, New York (1956–59, mit P. C. Johnson). - Abb. auch Bd. 8, S. 237.

⚌ *Tegethoff, W.: Wohnen in einer neuen Zeit. Die Villen u. Landhausprojekte v. M. v. d. R. Essen 1981. - Blaser, M.: M. v. d. R. Stg. 1981.*

Mieszko I. [poln. 'mjɛʃkɔ], † 25. Mai 992, Hzg. von Polen (seit etwa 960). - Wurde 963 für die Gebiete zw. Warthe und Oder Kaiser Otto I. tributpflichtig; nahm 966 das Christentum (nach lat. Ritus) an und errichtete 968 das Bistum Posen. Um 990 unterstellte M. sein Land dem Hl. Stuhl.

Miete [niederdt., zu lat. meta „kegelförmige Figur"], svw. Feime († Schober).
◆ mit Stroh, Erde abgedeckte Grube, in der Feldfrüchte aufbewahrt werden.

Miete [zu althochdt. miata (mit gleicher Bed.)] (Mietverhältnis), die entgelt. Überlassung einer Sache oder eines Sachteils (z. B. Wohnung) zu zeitweiligem Gebrauch. Das Mietverhältnis wird begr. durch den Mietvertrag († auch Einheitsmietvertrag), durch den sich der Vermieter zur Gebrauchsüberlassung, der Mieter zur Zahlung des Mietzinses

Ludwig Mies van der Rohe, Crown Hall, Illinois Institute of Technology (Chicago; 1956)

verpflichtet (§ 535 BGB). Er bedarf, wenn für länger als ein Jahr vermietet werden soll, der Schriftform; Formmangel hat zur Folge, daß der Vertrag als für unbestimmte Zeit geschlossen gilt und frühestens zum Schluß des ersten Jahres kündbar ist (§ 566 BGB). Seit 1983 ist bei der Wohnraum-M. auch ein sog. **Zeitmietvertrag** zulässig, der das Mietverhältnis auf bestimmte Dauer, jedoch für höchstens 5 Jahre begründet und nach Ablauf der vereinbarten Vertragsdauer automatisch ausläuft. Nach dem *Mietrecht* ist der *Vermieter* verpflichtet: 1. dem Mieter die Sache zu überlassen und sie ihm für die Mietdauer zu belassen; 2. die Sache in einem gebrauchsfähigen Zustand zu erhalten; 3. Störungen im Gebrauch vom Mieter fernzuhalten. Bei Nichterfüllung kann der Mieter: 1. auf Erfüllung klagen; 2. für die Dauer der Gebrauchsbeeinträchtigung die Miete mindern, daneben Schadenersatz wegen Nichterfüllung verlangen, sofern der Mangel schon bei Vertragsabschluß vorhanden war, später aus dem Verschulden des Vermieters entstanden ist oder der Vermieter mit der Beseitigung in Verzug gerät, bei Verzug des Vermieters mit dem Mangel beseitigen und Aufwendungsersatz verlangen, es sei denn, der Mieter kannte den Mangel bei Vertragsabschluß bzw. hätte ihn kennen müssen. Der Mieter kann 3. bei nicht auf Sach- oder Rechtsmängeln beruhenden Leistungsstörungen Schadenersatz wegen Verzugs oder positiver Vertragsverletzung verlangen; 4. fristlos kündigen, wenn a) der vertragsmäßige Gebrauch nicht gewährt wird, b) die Benutzung einer Wohnung oder eines Raumes gesundheitsgefährdend ist. Der *Mieter* ist verpflichtet: 1. die Miete zu zahlen; 2. die Sache pflegl. zu behandeln und Mängel unverzügl. dem Vermieter anzuzeigen. Bei vertragswidrigem Gebrauch kann der Vermieter nach Abmahnung auf Unterlassung klagen, falls die Pflichtverletzung erhebl. ist, fristlos kündigen und für vom Mieter verschuldete Schäden

Mieterhöhung

Schadenersatz verlangen; 3. die Sache nach Beendigung der M. zurückzugeben. Eine von ihm angebrachte Einrichtung kann der Mieter, falls nicht der Vermieter Entschädigung leistet, wegnehmen. Für alle Geldforderungen aus dem Mietverhältnis hat der Vermieter kraft Gesetzes ein Pfandrecht an den eingebrachten, pfändbaren Sachen des Mieters, das grundsätzl. mit der Entfernung der Sachen vom Grundstück (Wohnung) erlischt. Der Vermieter kann u. U. die Entfernung der Sachen mit Gewalt verhindern. Bei Veräußerung eines Grundstücks durch den Vermieter tritt der Erwerber in das Mietverhältnis ein (§ 571 BGB: „Kauf bricht nicht Miete"). Dasselbe gilt im Fall der Zwangsversteigerung. Das Mietverhältnis endet durch: 1. Aufhebungsvertrag, 2. Zeitablauf (bei Wohnraum gilt ↑ Kündigungsschutz), 3. ↑ Kündigung, die bei Wohnraum der Schriftform bedarf und, falls der Vermieter kündigt, die Angabe der Gründe für die Kündigung sowie eine Belehrung über die Widerspruchsmöglichkeit enthalten soll. Nach der **Sozialklausel** (§ 556a BGB) kann der Mieter der Kündigung widersprechen und die Fortsetzung des Mietverhältnisses verlangen, wenn die Beendigung des Mietverhältnisses für ihn oder seine Familie eine Härte bedeuten würde, die auch unter Würdigung der berechtigten Interessen des Vermieters nicht zu rechtfertigen ist. Kommt keine Einigung zw. Vermieter und Mieter zustande, muß der Vermieter auf Räumung bzw. der Mieter auf Fortdauer des Mietverhältnisses klagen.
📖 *Wichtige Mietgesetze. Kurzausg. Herne* ³*1986. - Franz, H.: Mietrecht für Vermieter u. Mieter. Regensburg* ⁵*1985.*

Mieterhöhung ↑ Mietpreisrecht.

Mieterschutz ↑ Kündigungsschutz.

Mietfinanzierung, eine spezielle Form des ↑ Leasing, wobei die Leasinggesellschaft dem Produzenten der vermieteten Güter die Forderungen aus dem Mietvertrag abkauft, so daß der Mieter die Mietgebühr an die Leasinggesellschaft zu zahlen hat; der Produzent bleibt Eigentümer des betreffenden Wirtschaftsgutes.

Miethe, Adolf, * Potsdam 25. April 1862, † Berlin 5. Mai 1927, dt. Phototechniker. - Ab 1899 Prof. an der TH Berlin; erfand 1887 das Magnesiumblitzlicht, entwickelte mit A. Traube die panchromat. sensibilisierte Platte (1904) und verbesserte die Dreifarbenphotographie nach W. Bermpohl (1901–04).

Mietkauf, bes. Form des ↑ Leasing. Der Vermieter überläßt dem Mieter Gebrauchsgüter für kürzere Zeit gegen Entrichtung eines Mietzinses. Nach Ablauf des befristeten Mietvertrages steht es dem Mieter frei, die Mietsache unter [teilweiser] Anrechnung der gezahlten Mietzinsbeträge zu erwerben oder den Mietvertrag so lange zu verlängern, bis nach einer bestimmten Zeit die Mietsache in sein Eigentum übergeht, oder das Vertragsverhältnis zu lösen.

Mietkaution, Sicherheitsleistung des Mieters an den Vermieter für dessen zukünftige Ansprüche aus dem Mietverhältnis. Entstehen solche nicht, so ist der Vermieter nach Beendigung des Mietverhältnisses zur Rückzahlung verpflichtet.

Mietpreis (Mietzins), Bez. für das Entgelt, das der Mieter an den Vermieter als Gegenleistung für die Überlassung der Mietsache zu entrichten hat (↑ Miete).

Mietpreisbindung, eine Maßnahme der Wohnungszwangswirtschaft; besteht seit deren Beendigung 1968 grundsätzl. nur noch in Berlin (West), befristet bis zum 31. Dez. 1989. Die Miete kann daher i. d. R. frei vereinbart werden. Einer gewissen M. unterliegen heute nur noch: 1. ↑ Sozialwohnungen, 2. nach dem 20. 6. 1948 bezugsfertig gewordene Neubauwohnungen, die von der öffentl. Hand zugunsten von Angehörigen des öffentl. Dienstes mit Wohnungsfürsorgemitteln gefördert worden sind, 3. nach dem 31. 12. 1966 bezugsfertig gewordene, steuerbegünstigte Neubauwohnungen, solange für sie seitens der öffentl. Hand Annuitätszuschüsse gewährt werden. Für solche preisgebundene Wohnungen darf der Vermieter nur die **Kostenmiete,** d. h. die zur Deckung der laufenden Aufwendungen erforderl. Miete verlangen. Eine darüber hinausgehende Mietpreisvereinbarung ist unwirksam.

Mietpreisrecht, 1. die Vorschriften über die ↑ Mietpreisbindung, 2. das Gesetz zur Regelung der Miethöhe, das für nichtpreisgebundenen Wohnraum gilt. Die bei solchem Wohnraum früher mögl. Änderungskündigung zum Zweck der *Mieterhöhung* ist heute nicht mehr zulässig. Sofern nicht vertragl. ausgeschlossen, kann der Vermieter stattdessen vom Mieter die Zustimmung zur Erhöhung der Miete bis zur ortsübl. Vergleichsmiete verlangen, wenn der Mietzins seit einem Jahr nicht erhöht worden ist, wobei er auch Wohnungen aus dem eigenen Bestand zum Vergleich heranziehen kann. Das Erhöhungsverlangen ist schriftl. geltend zu machen und - z. B. durch Bezugnahme auf einen ↑ Mietspiegel - zu begründen; es wirkt frühestens nach dem übernächsten Monat. Seit dem 1. Jan. 1983 können Vermieter und Mieter eine sog. **Staffelmiete** vereinbaren, nach der Mietzins in einem Zeitraum von bis zu 10 Jahren in Stufen (wenigstens 1 Jahr) um einen festgelegten Betrag steigt. Innerhalb von 3 Jahren darf der Zins um höchstens 30 % angehoben werden (in Alt- und Neubauwohnungen). Während der Laufzeit eines Staffelmietvertrags sind andere Mieterhöhungen (z. B. Anpassung an Vergleichsmieten, Modernisierungszuschläge) außer Betriebskostenerhöhungen ausgeschlossen. Einen Anspruch auf Mieterhöhung in gesetzl. näher bestimmten Grenzen hat der Vermieter auch bei baul. Veränderungen, bei Erhöhung der Betriebskosten, bei vom Vermieter nicht zu vertretender Erhöhung des Zinses für ein dingl. gesichertes Darlehen, das für das Gebäude oder den Wohnraum verwendet wurde. Bei Ermäßigung der Betriebs- oder Kapitalkosten ermäßigt sich die Miete entsprechend. Der Mieter kann das Mietverhältnis mit der Folge kündigen, daß die Mieterhöhung nicht eintritt.

Mietshaus (Zinshaus, Renditehaus), ein privates oder der öffentl. Hand gehörendes Mehrfamilienhaus, dessen Wohnungen vermietet werden. Das M. besteht im Normalfall aus mehreren Stockwerken, seine Wohnungen sind entweder direkt vom Treppenhaus aus zu erreichen (Zwei-, Drei-, Vielspänner) oder über lange am Außenbau befindl. Gänge (Laubenganghaus). Städtebaul. steht das M. gewöhnl. mit anderen M. im geschlossenen Häuserverband, im 20. Jh. kommt es aber auch - v. a. in Trabantenstädten - als freistehendes Hochhaus vor. - Im 18. Jh. entwickelte sich in den Großstädten ein M.bau in geschlossenen Straßenzügen, der im 19. Jh. im Zuge der Industrialisierung v. a. in den Arbeitervierteln zum massenweisen Bau von M. ohne hygien. und soziale Rücksichten entartete, die in ihrer Einförmigkeit und baul Brutalität an zeitgenöss. Kasernenbauten erinnertern. Diese **Mietskasernen**, auf spekulativen Gewinn orientiert, waren gekennzeichnet durch schlitzartige (z. B. Hamburg) oder oft mehrfach hintereinander gestaffelte, schachtartige (v. a. Berlin) Hinterhöfe sowie licht- und luftarme Wohnungen. Wenngleich der Mietskasernenbau durch die Wohnungsreformbewegung Ende des 19. Jh., die Zerstörungen im 2. Weltkrieg und die Gesetzgebung im 20. Jh. weitgehend beseitigt worden ist, entstand doch im modernen **Miethochhaus** mit seiner Kommunikations- und Kinderfeindlichkeit eine zeitgenöss. Form unsozialen Wohnungsbaus. - Abb. S. 248.

Mietspiegel, Übersicht über die in einer Gemeinde übl. Entgelte für nicht preisgebundenen Wohnraum, die von der Gemeinde oder von Interessenvertretern der Vermieter und der Mieter gemeinsam erstellt oder anerkannt worden ist. Der M. zeigt den übl. Mietzins für nach Art, Größe, Ausstattung, Beschaffenheit und Lage vergleichbaren Wohnraum. Nach dem Gesetz zur Regelung der Miethöhe kann der Vermieter eine Erhöhung des Mietpreises († Mietpreisrecht) bis zur aus dem M. ersichtl. Höhe verlangen. I. d. R. genügt als Begründung für das Verlangen nach einer Mietpreiserhöhung jedoch auch die Benennung von drei Vergleichswohnungen anderer Vermieter mit entsprechenden Entgelten.

Mietvorauszahlung, Finanzierungsmittel im Wohnungsbau; eine M. leistet der Mieter vor Fälligkeit des vertragl. geschuldeten Mietzinses. M. werden in der Regel vor der Bezugsfertigkeit der gemieteten Wohnung unverzinsl. an den Vermieter gezahlt. Die M. wird - der jeweiligen vertragl. Vereinbarung gemäß - mit dem zukünftig fällig werdenden Mietzins verrechnet.

Mietwagen, Pkws zur entgeltl. und geschäftsmäßigen Personenbeförderung, bei denen im Unterschied zum Linienverkehr der Mieter Zweck, Ziel und Ablauf der Fahrt bestimmt. M. dürfen im Unterschied zu Taxen nicht auf öffentl. Straßen oder Plätzen zur Beförderung bereitgestellt werden.

Mietwucher † Wucher.

Mietzins, svw. † Mietpreis.

Mi Fu (Mi Fei), nachweisbar 1051–1107, chin. Maler. - Literatenmaler, d. h. Dichter, Kalligraph und Maler; der konturenlose summar. Stil seiner poet. gestimmten Landschaften fand viele Nachahmer.

Mifune, Toschiro, * Akita 1. April 1920, jap. Filmschauspieler und -produzent. - Bed. Rollen u. a. in „Engel der Verlorenen" (1948), „Rashomon" (1950), „Die sieben Samurai" (1954), „Die verlorene Festung" (1958), „Rebellion" (1967), „Die Hölle sind wir" (1968), „Rivalen unter roter Sonne" (1971), „Das Schwert des Shogun" (1980) und „Wenn er in die Hölle will, laß ihn gehen" (1983).

MiG (MIG), Bez. für Flugzeugtypen der sowjet. Luftwaffe, gebildet aus den Anfangsbuchstaben der Namen ihrer Konstrukteure Artjom I. Mikojan und M. I. Gurewitsch.

Migenes, Julia [engl. mi'gɛnɪs], * New York 13. März 1949, amerikan. Sängerin (Sopran) griechisch-puertorican. Abstammung; internat. erfolgreich als Opern-, Musical- und Jazzinterpretin.

Migmatite [zu griech. mígma „Mischung"] (Mischgesteine) † Gesteine.

Mignard, Pierre [frz. mi'ɲa:r], gen. M. le Romain, * Troyes 17. Nov. 1612, † Paris 30. Mai 1695, frz. Maler. - Schüler u. a. von S. Vouet; 1636–57 in Rom; seit 1660 in Paris und Fontainebleau tätig, 1663–69 Kuppelfresken der Pariser Kirche Val-de-Grâce. Bed. v. a. seine Porträts.

Migne, Jacques-Paul [frz. miɲ], * Saint-Flour (Cantal) 25. Okt. 1800, † Paris 24. Okt. 1875, frz. kath. Pfarrer und Verleger. - Zunächst Priester in Orléans, arbeitete dann als Journalist in Paris und gründete 1836 einen theolog. Verlag; seine bedeutendsten Ausgaben sind: *Patrologiae cursus completus* („Patrologia Latina", 217 Bde., 1878–90; „Patrologia Graeca", 161 Bde., 1857–66).

Mignon [frz. mi'nõ], aus dem Frz. übernommener weibl. Vorname (zu frz. mignon „niedlich").

Mignonfassung [mɪn'jõ:; frz.], genormte Schraubfassung für kleine Glühlampen, Durchmesser 14 mm (E 14).

Migot, Georges [frz. mi'go], * Paris 27. Febr. 1891, † Paris 5. Jan. 1976, frz. Kompo-

Migräne

Mietshaus. Oben: Blick in den Hinterhof einer Mietskaserne (Berlin [West]); unten: moderne Miethochhäuser (Kopenhagen)

nist. - Komponierte v. a. geistl. Werke auf polyphoner Basis, u. a. die Oratorien „La passion" (1941/42), „La résurrection" (1953), daneben Orchester- und Kammermusik, Klavierwerke, Lieder und Chöre.

Migräne [frz., zu griech. hēmikranía „Kopfschmerz auf einer Kopfhälfte"] (Hemikranie), anfallsweise auftretende einseitige Kopfschmerzen, die stunden- oder tagelang anhalten und häufig mit Erbrechen, Augenflimmern und Sehstörungen einhergehen. Die Anfallshäufigkeit kann von einigen wenigen im Jahr bis zu fast tägl. Anfällen schwanken. Ursache der Kopfschmerzen sind wahrscheinl. Verkrampfungen der Kopfschlagadern, die zuerst zu einer Minderdurchblutung, später dann zu schmerzhaften Erweiterungen der Gefäße führen. Frauen erkranken häufiger an M. als Männer. Die ersten Krankheitszeichen treten meist zw. dem 10. und 30. Lebensjahr auf. Der Kopfschmerz ist jedoch nur bei 65% der M.kranken streng halbseitig. Meist beginnt er in der Stirn-Schläfengegend und breitet sich dann auf die ganze Schädelhälfte aus, ist oft pochend und bohrend und wird durch Licht und Lärm verstärkt. Öfter kommen andere Störungen des vegetativen Nervensystems wie Schwitzen, Herzklopfen, Bauchkrämpfe hinzu. Manchmal tritt zusätzl. noch ein taubes Gefühl im Gesicht und an den Armen auf. Auch Lähmungen, Sprachstörungen, Krämpfe an Mund und Händen kommen vor. Die nervl. Ausfälle bilden sich meist innerhalb von Stunden zurück. M.anfälle können durch atmosphär. Einflüsse ausgelöst werden, durch Lichtreize, Menstruation, aber auch durch psych. Belastungen. Auffallend oft soll die Einnahme von Antibabypillen anfallsauslösend wirken. Die Behandlung der M. zielt u. a. zuerst auf die Beseitigung solcher anfallsauslösender Faktoren. Medikamentös hat sich die Gruppe der Mutterkornalkaloide gut bewährt; die gefäßverengenden Stoffe beseitigen die schmerzhafte Gefäßdehnung.

📖 *Gerber, W.-D.: Verhaltensmedizin der M. Weinheim 1986. - M. Ursachen-Therapie. Hg. v. H. Gänshirt u. D. Soyka. Stg. 1982.*

Migration [zu lat. migratio „Umzug"] (Wanderung), in der *Soziologie* ↑ Wanderungen.
♦ in der *Zoologie* Bez. für: 1. eine dauerhafte Abwanderung *(Emigration)* oder dauerhafte Einwanderung *(Immigration)* einzelner oder vieler Individuen aus einer Population in eine andere Population der gleichen Art. Je nach den Verhältnissen, die die zugewanderten Tiere vorfinden, kann es durch Isolation zu einer neuen Unterart oder (später) Art kommen. Zuwanderungen ohne Ansiedlung werden als Durchzug (Durchwanderung, *Permigration*) bezeichnet (z. B. während eines Vogelzugs). Einen Sonderfall der M. bildet die ↑ Invasion; 2. einen Wirtswechsel bei verschiedenen niederen Tieren (bes. Blattläusen), die von einer Pflanzenart auf eine andere überwandern. - ↑ auch Tierwanderungen.

Migros-Genossenschafts-Bund ['mi:gro], schweizer. Verkaufsgenossenschaft, Sitz Zürich, gegr. 1925 als Migros AG, seit 1941 jetzige Firma. Der M.-G.-B. betreibt neun Produktionsbetriebe; die zwölf Migros-Genossenschaften unterhalten rd. 450 Filialen; zu den Dienstleistungsbetrieben der Gruppe gehören u. a. die Migros Bank, Zürich, die Secura Lebensversicherungsgesellschaft Zürich, die Secura Versicherungsgesellschaft, Zürich, und der Ex Libris Verlag und Grammoclub AG, Zürich; außerdem gehören etl. Stiftungen sowie Bildungs- und Forschungseinrichtungen dazu, u. a.: Stiftung „Im Grüene", Rüschlikon, G. und A. Duttweiler-Stiftung; Veröffentlichungen: „Wir Brückenbauer", „Construire" und „Azione" (Wochenzeitungen in dt., frz. und italien. Sprache), Ex-Libris-Zeitschriften.

Miguel [span. und portugies. mi'ɣɛl], span. und portugies. Form des männl. Vornamens Michael.

Miguel, Dom [portugies. mi'ɣɛl] (Dom M. de Bragança) ↑ Michael I., König von Portugal.

Mihăescu, Gib [rumän. mihə'jesku], * Drăgăşani bei Craiova 5. Mai 1894, † ebd. 19. Okt. 1935, rumän. Schriftsteller. - Einer der hervorragendsten rumän. Romanciers. Meisterhafte, subtile psycholog. Darstellung der Frauengestalt in „Donna Alba" (1935).

Mihailović, Draža [serbokroat. mi,hajlɔvitɕ], * Ivanjica (Serbien) 27. April 1893, † Belgrad 17. Juli 1946, jugoslaw. Offizier. - Baute nach der Zerschlagung Jugoslawiens 1941 eine nat. Widerstandsbewegung gegen die Besatzungsmächte auf, die „Četnici"; geriet jedoch als deren Führer in Ggs. zur kommunist. Partisanenbewegung Titos: ab 1942 Kriegsmin. der jugoslaw. Exilreg., 1946 wegen Landesverrats zum Tode verurteilt und hingerichtet.

Mihalovici, Marcel [frz. mialɔvi'si], * Bukarest 22. Okt. 1898, † Paris 12. Aug. 1985, frz. Komponist rumän. Herkunft. - Seit 1919 in Paris, studierte bei V. d'Indy, ∞ mit Monique Haas. Kompositionen von eigenwilliger, durchsichtiger Schreibweise, bei der Chromatik vorherrscht, gelegentl. zur Zwölftontechnik erweitert, auch Verwendung rumän. folklorist. Elemente. Opern, u. a. „Die Heimkehr" (1954), „Krapp" (1960), Ballett-, Bühnen-, Hörspiel-, Filmmusiken (u. a. zu Cocteaus „Orphée"); fünf Sinfonien (1951 bis 1970), Kammer-, Klaviermusik und Lieder.

Mihály [ungar. 'miha:j], ungar. Form des männl. Vornamens Michael.

Mihrab [mɪç'ra:p; arab.], Gebetsnische in der nach Mekka ausgerichteten Wand der Moschee. Vor dem M. stehend, das Gesicht diesem zugekehrt, leitet der Vorbeter (Iman) den Gebetsgottesdienst. Der meist halbkreisförmige M. wird von einem Rund- oder Spitzbogen überwölbt (oft mit Stalaktiten); die Seiten sind oft säulenförmig ausgearbeitet. In der Regel ist er reich ornamentiert, mit Marmormosaik oder Fayence geschmückt. Häufig Rechteckumrahmung mit Koransprüchen. Der M. ist Dekor der Gebetsteppiche. - Abb. S. 250.

Mijasaki, jap. Stadt auf Kiuschu, nahe der O-Küste, 264 900 E. Verwaltungssitz der Präfektur M.; Univ. (gegr. 1949); histor. Museum; kulturelles und wirtschaftl. Zentrum des SO-Teils der Insel. - Im 14. Jh. Errichtung einer Burg, Anfang des 17. Jh. Schleifung der Burg und Aufteilung des Stadtgebietes an 2 Ft.; seit 1873 Hauptstadt der Präfektur.

Mijnheer [niederl. mə'ne:r „mein Herr"], niederl. für Herr.

MIK [ɛm-i:'ka:; mɪk], Abk. für: **maximale Immissionskonzentration.** Der MIK-Wert ist diejenige Konzentration luftverunreinigender Stoffe in bodennahen Schichten der Atmosphäre, die für Mensch, Tier oder Pflanze bei Einwirken über einen bestimmten Zeitraum her bestimmter Häufigkeit als unbedenkl. gelten kann (angegeben in mg oder cm^3 Substanz pro m^3 Luft), wobei ein Grenzwert für kurzfristige und einer für langfristige Einwirkung genannt wird.

Mikado [jap. „erhabene Pforte"], Bez. für den jap. Kaiser (Tenno).

Mikado [jap., nach der Bez. für den jap. Kaiser, die auf das Stäbchen mit dem höchsten Zahlenwert übertragen wurde], Geschicklichkeits- und Geduldspiel mit dünnen, in ihrem Spielwert farbl. unterschiedenen Holz- bzw. Plastikstäbchen, die aus einem ungeordneten Haufen einzeln herausgezogen oder abgehoben werden, ohne daß sich ein anderes bewegen darf.

Mikael [schwed. ,mi:kaɛl], schwed. Form des männl. Vornamens Michael.

Mikania [nach dem tschech. Botaniker J. C. Mikan, * 1769, † 1844], Gatt. der Korb-

Mihrab in der Moschee des
Ahamad Al Burdaini (1628). Kairo

blütler mit mehr als 200 Arten, v. a. in Brasilien; meist Lianen mit weißen bis gelbl. Blüten. Bekannt ist v. a. die Art *M. scandens (Klettermikanie)* mit weißen oder rosafarbenen Blüten.

Mike [engl. maɪk], aus dem Engl. übernommener männl. Vorname, Kurzform von Michael.

Miki, Takeo, * in der Präfektur Tokuschima (Schikoku) 17. März 1907, jap. Jurist und Politiker. - Seit 1937 Mgl. des Unterhauses; seit 1947 mehrmals Min., zuletzt 1966-68 Außenmin. und 1972-74 stellv. Min.präs.; 1974-76 Min.präs. und Vors. der (konservativen) Liberal-Demokrat. Partei, in der er zu den Liberalen zählt. - † 14. Nov. 1988.

Mikkelborg, Palle, * Kopenhagen 6. März 1941, dän. Jazzmusiker (Trompeter, Komponist). - Seit 1967 eigene Gruppen; einer der ausdrucksstärksten und vielseitigsten Trompeter und Komponisten des europ. Modern Jazz.

Mikkeli (schwed. Sankt Michel), Stadt im östl. S-Finnland, 28 600 E. Hauptstadt des Verw.-Geb. M.; Garnison- und Schulstadt.

Miklas, Wilhelm, * Krems 15. Okt. 1872, † Wien 20. März 1956, östr. Politiker (Christlichsoziale Partei). - 1907-18 Mgl. des Reichsrats, 1918-28 der Nat.versammlung bzw. des Nat.rats, dessen Präs. 1923-28; ab 1928 Bundespräs.; blieb im Amt, obwohl er die autoritären Reg. Dollfuß und Schuschnigg ablehnte; ernannte unter NS-Druck Seyß-Inquart zum Bundeskanzler, lehnte aber die Unterzeichnung des Anschlußgesetzes ab und trat am 13. März 1938 zurück.

Miklós [ungar. 'miklo:ʃ], ungar. Form des männl. Vornamens Nikolaus.

Miklosich, Franz Xaver von (seit 1869) ['mɪklozɪtʃ] (Miklošič), * Radomerščak bei Ljutomer (Slowenien) 20. Nov. 1813, † Wien 7. März 1891, slowen. Philologe und Slawist. - Ab 1849 Prof. in Wien; Begründer der modernen Slawistik.

Mikojan [russ. mika'jan], Anastas Iwanowitsch, * Sanain bei Tiflis 25. Nov. 1895, † Moskau 21. Okt. 1978, sowjet. Politiker. - Als enger Mitarbeiter Stalins 1923 Mgl. des ZK, 1935-66 des Politbüros der KPdSU sowie als Wirtschaftsfachmann Inhaber hoher Reg.ämter; 1937-64 stellv. Vors. des Rats der Volkskommissare bzw. der Min.rats; 1964/65 Staatsoberhaupt als Vors. des Präsidiums des Obersten Sowjets; nach 1953 Parteigänger und Ratgeber Chruschtschows.

M., Artjom Iwanowitsch, * Sanain bei Tiflis 5. Aug. 1905, † Moskau 9. Dez. 1970, sowjet. Flugzeugkonstrukteur. - Bruder von Anastas I. M.; konstruierte mit M. I. Gurewitsch (* 1893, † 1976) zahlr. Jagdflugzeuge vom Typ MiG sowie (seit 1954) auch Überschallflugzeuge.

mikr..., Mikr... ↑ mikro..., Mikro...

Mikrat [griech.] ↑ Mikrodokumentation.

mikro..., Mikro..., mikr..., Mikr... (micro..., Micro..., micr..., Micr...) [zu griech. mikrós „klein"], Bestimmungwort von Zusammensetzungen mit der Bed. „klein, fein, gering".

Mikro... [griech.], Vorsatz vor physikal. Einheiten, Vorsatzzeichen μ; bezeichnet das 10^{-6}fache (den 1 000 000. Teil) der betreffenden Einheit; z. B. 1 μm = 0,000 001 m.

Mikroanalyse, Teilgebiet der chem. Analyse, bei der Substanzmengen von weniger als 10 mg (bis zu 10^{-9} mg) benötigt werden. Die M. wird v. a. bei der Untersuchung von Substanzen angewandt, die nur in sehr geringen Mengen zur Verfügung stehen, z. B. Hormone, Alkaloide, Spurenelemente oder durch Kernreaktionen künstl. gewonnene chem. Elemente. Bei der M. spielen bes. physikal. Untersuchungsmethoden, z. B. Gaschromatographie, Massen- und Infrarotspektroskopie eine Rolle.

Mikroaufzeichnung, svw. ↑ Mikrodokumentation.

Mikroben [griech.], gemeinsprachl. Bez. für Mikroorganismen; meist i. e. S. für Bakterien.

Mikrobiologie, Wiss. von den Mikroorganismen. Entsprechend der Vielfalt der Organismen gibt es innerhalb der M. die Teilgebiete Bakteriologie (Bakterien), Mykologie (Pilze), Phykologie (Algen), Virologie (Viren), Protozoologie (Einzeller). Abgezweigt von der allg. M. haben sich Spezialgebiete wie die

Mikroelektronik

medizin. M., die sich bes. mit der Untersuchung von Krankheitserregern beim Menschen befaßt, oder die industrielle M., die Möglichkeiten untersucht, den Stoffwechsel einiger Mikroorganismen zur Produktion von Antibiotika u. a. auszunutzen.

Mikrobizide [griech./lat.], Mikroorganismen abtötende Arzneimittel; bestimmte M. sind auch in Blutserum und Milch von Mensch und Säugetieren enthalten.

Mikrochirurgie, Teilgebiet verschiedener chirurg. Disziplinen, das sich mit operativen Eingriffen unter dem Mikroskop befaßt (z. B. im Bereich der Augen, des Gehirns, der peripheren Nerven).

Mikrocomputer [...kɔm'pjutə], ein kleiner Computer, dessen sämtl. Komponenten als integrierte Schaltungen gefertigt sind. Der M. besteht im wesentl. aus einem ↑ Mikroprozessor, der mit weiteren Halbleiterschaltkreisen (Modukn), insbes. mit einem Speicher versehen ist; dazu gehören auch Koppelglieder (Eingabe-Ausgabe-Schnittstellen, sog. Interfaces), die für den Anschluß von [peripheren] Ein- und Ausgabegeräten (z. B. Bildschirmterminal, Druckwerk) erforderl. sind. Diese mikrominiaturisierte Bauweise ermöglicht den Computereinsatz dort, wo der Einsatz einer großen Rechenanlage nicht mögl. wäre (z. B. Bordcomputer in Flugzeugen, programmierbare Taschenrechner). Als Speichermodul kann ein Festwertspeicher (engl.: read only memory, Abk.: **ROM**), ein vom Anwender programmierbarer Nur-Lesespeicher (engl.: programable read only memory, Abk.: **PROM**) oder ein Direktzugriffsspeicher für Daten und Zwischenergebnisse (engl.: random access memory, Abk.: **RAM**) verwendet werden. Bei den beiden erstgenannten Varianten erfolgt eine Änderung des Programms durch Austausch des Speichers. Die M. unterscheiden sich von Datenverarbeitungsanlagen mit fest verdrahtetem Logiknetzwerk (kurz: Logik) und paralleler Verarbeitung durch die programmierte Logik des Mikroprozessors, was zu serieller Verarbeitung mit längeren Rechenzeiten führt. Inzw. werden Mikroprozessoren auch zusammen mit dem Speicher und dem Ein/Ausgabe-Interface auf einem Halbleiterkristall *(Chip)* untergebracht (sog. **Ein-Chip-Mikrocomputer**).

📖 *Pelka, H.: M. heute. Von den Grundll. bis zur 16-Bit-Technik.* Mchn. 1986. - *Benda, D.: M.-Technik praxisnah. Eine verständl. Einf.* Mchn. 1985. - *Tatchell, J./Bennet, B.: M. Wie sie funktionieren - Was sie können. Dt. Übers.* Ravensburg [2]1984.

Mikrodokumentation (Mikroaufzeichnung), Verfahren zur raumsparenden Archivierung von Dokumenten, Schrift- oder Bildvorlagen durch ihre photograph. Reproduktion in stark verkleinertem Maßstab. Die **Mikrokopien** *(Mikrobilder)* werden meistens in Form sog. **Mikrofilme** auf sehr feinkörnigem, hart arbeitendem photograph. Material hergestellt. Vielfach werden die Mikrobilder auch auf Karten aus opakem Papier (sog. **Mikrokarten**) zeilenweise nebeneinander angeordnet. Sehr stark verkleinerte Wiedergaben (Abbildungsmaßstab 50 : 1 bis 200 : 1) bezeichnet man als **Mikrate**. In zunehmendem Maße werden auch *Mikrofilmblätter* (**Microfiches**) im Format DIN A6 verwendet, auf denen neben einer Überschrift in übl. Schriftgröße 60 Mikrobilder (z. B. von Buchseiten) gespeichert werden können. - Zur Auswertung gibt es *Lese-* und *Rückvergrößerungsgeräte*, in denen die Mikrokopien auf einen Leseschirm projiziert betrachtet werden. - Mikrokopien werden heute gesetzl. als Dokumente anerkannt.

Mikroelektronensonde ↑ Elektronensonde.

Mikroelektronik (Mikrominiaturtechnik), moderner Zweig der Elektronik, der mit dem Entwurf und der Herstellung von integrierten elektron. Schaltungen mit hoher Dichte der sehr kleinen [Halbleiter]bauelemente befaßt ist. Während in der Technik der gedruckten Schaltungen und in der Modultechnik (bzw. Mikromodultechnik) [stark] verkleinerte konventionelle Bauelemente zu Schaltungen zusammengesetzt werden und ausnahmslos sind, werden in der M. nur noch **integrierte Schaltungen** verwendet, d. h. funktionsfähige Schaltungseinheiten, deren Bauelemente mit den sie verbindenden Leitungsbahnen gemeinsam gefertigt werden. Bei der **Halbleiterblocktechnik** *(integrierte Halbleitertechnik, monolith. Technik)* werden die Bauelemente einer elektron. Schaltung im halbleitenden Trägermaterial (z. B. planare Siliciumeinkristalle von 0,1 bis 0,2 mm Dicke und 1 bis 10 mm^2 Oberfläche) erzeugt, indem man die Leitfähigkeit von bestimmten Schichten oder Bezirken durch Eindiffundieren (Dotieren) von Fremdatomen verändert; passive Bauelemente (z. B. Widerstände und Kondensatoren) der **Festkörperschaltkreise** werden meist ebenso wie die verbindenden Leiterbahnen nacheinander (durch die entsprechenden Maskenöffnungen hindurch) auf den Träger aufgedampft. Die erreichten Bauelementflächendichten betragen über 1 000 Bauelemente je cm^2 Halbleiteroberfläche. In **Hybridtechnik**, einer Kombination von Dünnfilm- und Halbleiterblocktechnik, werden v. a. analog arbeitende Schaltungen (z. B. Verstärkerschaltungen) gefertigt. Als *M. der extremen Miniaturisierung* wird eine Technik der M. bezeichnet, bei der extrem kleine elektron. Schaltungen verwendet werden; sind sie von molekularer Größenordnung, spricht man auch von **Molekularelektronik** oder **Molektronik**. Durch mikroelektron. Schaltungen wird neben einer beträchtl. Verringerung des Raumbedarfs von elektron. Geräten (Bauelementendichte 10^2 bis 10^6 je cm^3) auch eine

Mikrofarad

Erhöhung der Zuverlässigkeit gegenüber Schaltungen mit gleich vielen einzelnen Bauelementen erreicht. Weiter ergeben sich gegenüber Baugruppen mit Röhrenbestückung ein hundertmal geringerer Energiebedarf und eine entsprechende geringere Wärmeentwicklung sowie wesentl. geringere Signallaufzeiten zw. den einzelnen Bauelementen.

ω *Möschwitzer, A.: Grundkurs M. Mchn.* ²*1987. - Schlenzig, K./Jung, D.: M. Daten, Schaltungen, ... Bayreuth. 1985. - Böker, R., u.a.: M. für Einsteiger. Düss.* ²*1984. - Hanson, D.: Die Gesch. der M. Mchn. 1984.*

Mikrofarad ↑ Farad.
Mikrofilm ↑ Mikrodokumentation.
Mikrokarte ↑ Mikrodokumentation.
Mikrokinematographie ↑ Mikrophotographie.
Mikroklima, svw. Kleinklima (↑ Klima).
Mikroklin [griech.] ↑ Feldspäte.
Mikrokokken [griech.] ↑ Micrococcus.
Mikrokopie ↑ Mikrodokumentation.
Mikrokosmos, philosoph. Terminus, der, ausgehend von der Vorstellung einer vollendeten Ordnung der Welt, eine Beziehung zw. der Welt als ganzer (Makrokosmos) und einem ihrer Teile, meist dem Menschen, herstellt: Die Erkenntnis eines Teils der Welt führt zu einer entsprechenden Erkenntnis des Ganzen, und jede Vorstellung über das Ganze hat ihre Entsprechung in den Teilen. Eine bes. Ausformung erfuhr der M.gedanke in der Stoa; er erscheint, vielfach abgewandelt, in der Mystik und Naturlehre des MA, in der Philosophie der Renaissance und in der Monadenlehre Leibniz'. In der modernen Physik versteht man unter M. die Gesamtheit der Objekte und Erscheinungen in atomaren und subatomaren Dimensionen.

Mikrolithe [griech.], meist nur mit dem Mikroskop erkennbare Kristalle v. a. in glasreichen Gesteinen; sie können kugelig *(Globulite),* stäbchenförmig *(Longulite),* nadelig *(Belonite),* haarförmig *(Trichite)* oder perlschnurartig *(Margarite)* gestaltet sein.
♦ kleine behauene Feuersteingeräte, dienten als Einsätze von Waffen und Werkzeugen aus Knochen, Horn oder Holz; treten seit dem Jungpaläolithikum auf, in ihren geometr. Formen kennzeichnend für das Mesolithikum.

Mikromelie [griech.], abnorme Kleinheit der Extremitäten als Folge einer Entwicklungsstörung.

Mikrometer, Einheitenzeichen µm, der 1 000 000. Teil eines Meters: 1 µm = 0,000 001 m.
♦ (M.schraube) veraltende Bez. für ↑ Meßschraube.

Mikron [griech.], Einheitenzeichen µ (My), ältere, im amtl. und geschäftl. Verkehr in der BR Deutschland nicht mehr zulässige Bez. für die Längeneinheit ↑ Mikrometer.

Mikronesien [zu ↑ mikro... und griech. nêsos „Insel"], zusammenfassende Bez. für die Marianen, Karolinen, Marshallinseln, Gilbertinseln und Nauru.

Mikronesier, die einheim. Bev. Mikronesiens, rass. mit den Polynesiern verwandt, aber mit stärkeren mongoliden Zügen. Die urspr. Wirtschaft basierte v. a. auf der Fischerei. Die Siedlungen bestehen im allg. aus unregelmäßigen Haufendörfern; unter den Häusern zeichnet sich das Männer- oder Junggesellenhaus durch Größe und Ausstattung aus. Töpferei, Weberei, Matten- und Korbflechterei waren im allg. bekannt., die Seefahrt war hochentwickelt. In der Sozialordnung überwogen im O polynes., im W melanes.-indones. Züge. Wie die gesamte Kultur sind unter dem europ. Einfluß seit dem 17./18. Jh. auch die urspr. vom Ahnenkult bestimmten religiösen Vorstellungen weitgehend umgeformt worden.

Mikroökonomie, Teilgebiet der Wirtschaftstheorie, bei dem einzelwirtschaftl. Phänomene und die Zielsetzungen und Verhaltensweisen der einzelnen Wirtschaftssubjekte im Ggs. zur Globalbetrachtung der Makroökonomie analysiert werden.

Mikroorganismen, mikroskop. kleine, einzellige Organismen, also Bakterien, Blaualgen, Einzeller sowie ein großer Teil der Algen und Pilze. Die Viren sind keine M., da sie nicht zellulär organisiert sind.

Mikrophon [zu griech. mikrós „klein" und phōnḗ „Stimme, Laut"], ein elektroakust. Wandler, der über eine durch Schallwellen in mechan. Schwingungen versetzte Membran Luftschall in elektr. Wechselspannungen umwandelt *(Luftschall-M.).* Daneben gibt es *Körperschall-M.* zur direkten Umwandlung mechan. Schwingungen, beim **Kehlkopfmikrophon** insbes. der vom Kehlkopf beim Sprechen ausgehenden Schwingungen. Bezügl. der Richtungsabhängigkeit der Empfindlichkeit *(Richtcharakteristik)* unterscheidet man: a) die auf den Schalldruck ansprechenden *Druckempfänger (Druck-M.),* bei denen die Membran nur mit ihrer Vorderseite dem Schall ausgesetzt wird; sie haben eine [richtungsunabhängige] Kugelcharakteristik; b) die auf die Druckdifferenz bzw. auf den Druckgradienten zw. Vorder- und Rückseite der Membran ansprechenden *Druckgradientenempfänger (Druckgradienten-M.);* sie haben eine Achtercharakteristik, da sie bei senkrechtem Auftreffen des Schalls am empfindlichsten sind. Daneben haben M.arten haben eine kardioid- (= herz-) oder nierenförmige Richtcharakteristik. *Richt-M.* und insbes. *Rohrricht-M.* (für entfernte Schallquellen) haben eine ausgeprägte Richtwirkung (keulenförmige Richtcharakteristik). Nach der Wirkungsweise werden folgende M.arten unterschieden: 1. **Kontaktmikrophon (Kohlemikrophon):** Die Membran drückt die Körnchen einer abgekapselten Kohlestaubfüllung mehr oder weniger fest zusammen,

Mikroprozessor

wodurch der Übergangswiderstand zw. den Kohleteilchen vergrößert oder verkleinert wird und ein das Kontakt-M. durchfließender Gleichstrom entsprechend moduliert wird; Verwendung v. a. in Fernsprechern. 2. **Kondensatormikrophon:** Dicht vor einer festen metall. Membran schwingt eine bewegl. leitende Membran, z. B. eine mit Metall bedampfte Kunststoffolie. Die Kapazität dieses von den beiden Membranen gebildeten Kondensators ändert sich bei Beschallung. Sind die Membranen mit einer Gleichspannungsquelle verbunden (Polarisationsspannung etwa 100 V), so fließen tonfrequente Ladeströme. Eine moderne Weiterentwicklung ist das *Elektretkondensator-M.*, das mit einer permanent vorhandenen Polarisationsspannung arbeitet, die durch einheitl. ausgerichtete, „eingefrorene" elektr. Dipole in dünnen Elektretschichten verursacht wird. - Der Frequenzbereich der hochwertigen Kondensator-M. erstreckt sich über den gesamten Hörbereich; Verwendung u. a. in Studios. 3. **Dynamische Mikrophone:** Eine mit der Kalottenmembran verbundene Spule „taucht" in den Luftspalt eines Topfmagnets, wobei in den Spulenwindungen tonfrequente Spannungen induziert werden *(Tauchspulen-M.)*. Beim *Bändchen-M.* sind Membran und Spule durch dünne („trägheitslose") Aluminiumbändchen ersetzt. Dynam. M. benötigen keine Spannungsquelle. 4. **Kristallmikrophon:** Zwei schmale Kristallplättchen aus piezoelektr. Material werden mit einem leitenden Belag versehen, zusammengekittet und mit einer Membran verbunden. Überträgt diese Membran Schallschwingungen auf die Kristallplättchen, so treten an deren Oberflächen entgegengesetzte Ladungen auf, die im Rhythmus der Tonfrequenzen wechseln; an den Me-

tallbelägen können tonfrequente Spannungen abgenommen werden. Frequenzbereich bis über 7 000 Hz; Verwendung zur Sprachübertragung und v. a. in Hörgeräten.
Die bes. kleinen *Lavalier-M.* werden als *Umhänge-M.* oder *Ansteck-M.* v. a. im Studio verwendet; sie sind gegen Körperschall und Geräusche der Kleidung unempfindlich.

Mikrophotographie, photograph. Abbildungsbereich, der durch die Verwendung des Mikroskops anstelle des Kameraobjektivs gekennzeichnet ist und dessen Abbildungsmaßstäbe durch die Mikroskopvergrößerungen (bis 1 000fach) gegeben sind; häufig automatisierte Kamera-Mikroskop-Systeme, speziell in der **Mikrokinematographie** (Filmaufnahmen von mikroskop. Objekten, vielfach in Zeitrafferschaltung) sowie in der [Raster]elektronenmikroskopie. - Abb. S. 254.

Mikrophyllen [griech.], durch Reduktion entstandene kleine, einadrige Blättchen einiger Urfarne und Bärlappgewächse.

Mikrophysik, Bez. für die Teilbereiche der Physik, die sich mit Elementarteilchen und atomarem Aufbau der Materie befassen.

mikrophysikalisches System, jedes physikal. System, das zu einer Beschreibung die Anwendung der Quantentheorie erfordert und dessen jeweiliger physikal. Zustand durch gewisse Quantenzahlen charakterisiert wird.

Mikroprozessor [griech./lat.], in MOS-Technik (↑MOS) realisiertes Leit- und Rechenwerk *(Prozessor)*, das auf einem oder wenigen Halbleiterkristallen **(Chip)** untergebracht ist. M. sind ausgeführt als hochintegrierte Schaltungen (engl. large scale integration, Abk. **LSI**; zw. 100 und 500 Gatter [Logikelemente] pro Chip bzw. als höchstintegrierte Schaltungen (engl. very large scale integration, Abk. **VLSI**; über 500 Gatter pro Chip). M. sind imstande, auf digitale Eingangssignale (Daten) zu reagieren und Ausgangssignale zu erzeugen, die gemäß den Instruktionen eines Programms von einer Folge von Befehlen gesteuert werden. Das Verhalten eines M. entspricht dem eines fest verdrahteten Logiknetzwerks; seine Logik ist jedoch programmierbar *(softwareprogrammierter M.).* Das Programm

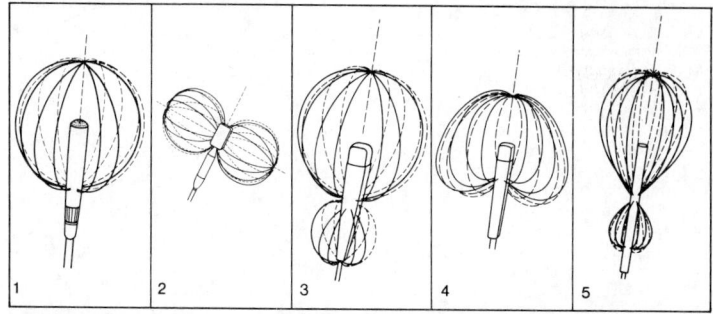

Mikrophon. Schematische Darstellung verschiedener Charakteristika:
1 Kugelcharakteristik,
2 Achtercharakteristik,
3 kardioidförmige Richtcharakteristik,
4 nierenförmige Richtcharakteristik,
5 keulenförmige Richtcharakteristik

Mikroprozessor

ist dabei in einem eigenen elektron. Baustein (z. B. Festwertspeicher) enthalten. Durch Austausch dieses Bausteins ist es möglich, die log. Funktion des M. zu verändern und ihn an eine neue Einsatzmöglichkeit anzupassen. Hieraus resultiert die Möglichkeit, M. rationell und kostengünstig herzustellen und sie dann unterschiedl. Aufgaben anzupassen.

M. können überall eingesetzt werden, wo früher fest verdrahtete Logikschaltungen verwendet wurden. Zu nennen sind beispielsweise Industrieanwendungen (industrielle Meßtechnik, Werkzeugmaschinensteuerung, dezentralisierte Regelsysteme, Produktionskontrollen, Sortierautomaten usw.), Verwendung zur Senderwahl und Fernbedienung von Fernsehgeräten, in Münzwechslern, elektron. Spielen, Digitaluhren usw., Einsatz in Meßgeräten (Oszillographen, Radargeräte, medizin. Diagnosegeräte usw.), Verwendung in der Nachrichtentechnik (Fernschreiber, automat. Kanalüberwachung, Vermittlungsämter usw.) und vieles andere mehr (z. B. Aufzugsteuerung, Überwachung von Verkehrsampeln, Zapfsäulenabrechnung). Bes. Bedeutung haben M. in Verbindung mit der Datenverarbeitung. Die Verarbeitungsbreite, d. h. die Wort- bzw. Zeichenlänge, die als Einheit verarbeitet werden kann, beträgt 8, 16 bzw. 32 bit. Heute werden bereits

Mikroprozessor. Großintegrierter LSI-Baustein mit über 500 Verknüpfungselementen, die in weniger als einer Nanosekunde (10^{-9} s) schalten

M. entwickelt mit einem Integrationsgrad von 450 000 Transistoren pro Chip. Die Leiterbahnen besitzen 1,5 µm Dicke, der Abstand zw. zwei Leiterbahnen beträgt 1 µm.

M. werden z. B. in Datenendgeräte (Terminals) eingebaut und verleihen diesen eigene „Intelligenz" (sog. **intelligente Terminals**), was es beim Teilnehmersystem der dezentralisierten Datenverarbeitung erlaubt, einfache Auswertungen (z. B. Quersummenprüfungen), Verdichtungen (z. B. Aufsummierungen, Saldobildungen) und Umstrukturierungen durchzuführen. Dies entlastet das zentrale Rechenzentrum. Intelligente Terminals werden als Erfassungsgeräte und Bildschirmgeräte in der Industrie, im Handel (elektron. Kassenterminals) und im Bankwesen (Bankterminals) ein-

Mikrophotographie. Links:
Mikroaufnahme eines Siliciumcarbid-Einkristalls mit zwei auf- und ineinandergewachsenen Schraubenversetzungen, hervorgerufen durch eine Störung im Kristallwachstum. Auflicht-Hellfeldbeleuchtung. Abbildungsmaßstab 50 : 1.
Rechts: Mikroaufnahme von Purkinje-Zellen (mit Dendriten) der menschlichen Kleinhirnrinde in Durchlicht-Hellfeldbeleuchtung. Abbildungsmaßstab 300 : 1

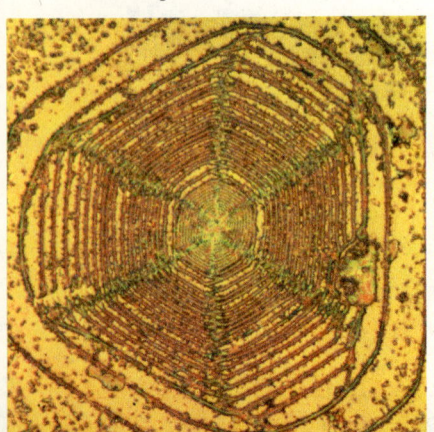

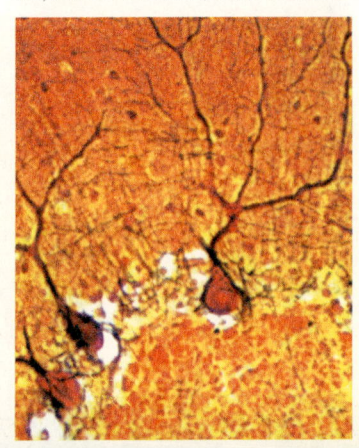

gesetzt. Diese *quellennahe Datenverarbeitung* bewirkt Kosteneinsparungen. Von hier geht eine Tendenz zur weiteren Dezentralisierung der Datenverarbeitung aus, die unter dem Gesichtspunkt des Datenschutzes nicht unproblematisch ist. Daneben werden M. mit hardwaremäßig festgelegten spezif. Funktionen in Zentraleinheiten eingesetzt und ermöglichen höchste Verarbeitungsleistung (Gatterlaufzeit kleiner als 1 ns). - ↑auch Mikrocomputer.

📖 *Starke, L.: M.lehre. Ffm.* ⁴*1985. - Waller, H./ Hilgers, P.: Mikroprozessoren. Vom Bauteil zur Anwendung. Mhm. u.a.* ²*1985. - Hedtke, R.: M.systeme. Bln. u.a. 1984.*

Mikropsie [griech.], Störung der Größenwahrnehmung (Gegenstände werden kleiner gesehen); Ggs. ↑Makropsie.

Mikropyle [griech.] ↑Samenanlage.

Mikrorille ↑Schallplatte.

Mikroskop ↑Sternbilder (Übersicht).

Mikroskop [zu griech. mikrós „klein" und skopeĩn „betrachten"], i. e. S. ein opt. Gerät zum Beobachten sehr kleiner Objekte bzw. Objekteinzelheiten aus geringer Entfernung, wobei durch opt. Systeme der Sehwinkel vergrößert wird. I. w. S. werden auch solche Geräte als M. bezeichnet, die anstelle von Lichtstrahlen Elektronenstrahlen (Elektronen-M.), Ionenstrahlen (z. B. beim Feldionen-M.) oder Röntgenstrahlen verwenden. - Ein M. besteht im wesentl. aus zwei opt. Systemen, dem Objektiv und dem Okular, die in bestimmtem Abstand voneinander in einem zwecks Scharfeinstellung verschiebbaren Rohr *(Tubus)* angeordnet sind: Das am betrachteten Objekt befindl. *Objektiv* erzeugt von diesem ein vergrößertes, umgekehrtes, reelles Zwischenbild, das von dem unmittelbar vor dem Auge befindl. *Okular* wie von einer Lupe nochmals vergrößert wird. Ein M. mit zwei Okularen zum Beobachten mit beiden Augen wird als *Binokular-M.* bezeichnet. Das Objekt auf dem sog. *Objekttisch* wird mit eingespiegeltem Tageslicht oder mit Hilfe eines Beleuchtungsapparates beleuchtet: Im **Durchlichtmikroskop** *(Durchstrahlungs-M.)* werden dünne, durchsichtige Objekte von unten vom Licht durchstrahlt, beim **Auflichtmikroskop** hingegen undurchsichtige Objekte von oben oder von der Seite her beleuchtet (mit Hellfeldbeleuchtung oder Dunkelfeldbeleuchtung). Unterscheidet man nach der Beleuchtungsart␣bzw.␣Durchlicht-␣(bzw.␣Auflicht-)Hellfeld- oder -Dunkelfeld-M., so liefert die Art der Sichtbarmachung von Objektstrukturen die Unterscheidung v.a. in

Mikroskop. 1 Schnitt durch ein Standardmikroskop mit Strahlengang;
2 Strahlengänge im Mikroskop (links die Abbildung der Leuchtfeldblende in die Objektebene, in die Zwischenbildebene [Sehfeldblende] und auf die Augennetzhaut; rechts die Abbildung der Lichtquelle in die Aperturblende des Kondensators, in die Austrittpupille des Objektivs in die Augenpupille)

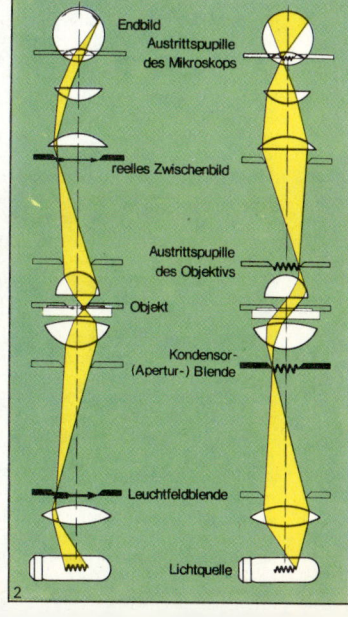

Mikroskop

Amplitudenkontrast- und Phasenkontrast-, Interferenz- und Interferenzkontrast-, Lichtschnitt-, Polarisations- und Schlieren-M., die Art der abbildenden Strahlung die Unterscheidung in Infrarot-, Licht- und Ultraviolettmikroskope.

Die Leistungsfähigkeit eines M. bestimmt sich nach der † Abbeschen Theorie. Für die Sichtbarkeit kleiner Strukturen ist danach der Öffnungswinkel des Objektivs *(numer. Apertur)* maßgebend; sie bestimmt das Auflösungsvermögen des M.: Unter bestimmten Bedingungen (Immersionsflüssigkeit, z. B. Ölimmersion zw. Deckglas und Objektiv) erreicht man beim **Immersionsmikroskop** ein Auflösungsvermögen von 0,2 µm, im **Ultraviolettmikroskop**, bei dem die Objekte mit für das menschl. Auge unsichtbarem UV-Licht auf einen Leuchtschirm oder eine photograph. Platte abgebildet werden, kann man noch Strukturen bis zu 0,1 μm ($= {}^1/_{10\,000}$ mm) auflösen. Kleinere Teilchen, deren Größe weit unter dem Auflösungsvermögen des M. liegt (z. B. Teilchen in Suspensionen und Kolloiden von 0,001 µm Durchmesser), lassen sich mit dem **Ultramikroskop** unter Verzicht auf die geometr.-opt. Abbildung ihrer Größe und Gestalt sichtbar machen. Die in einer Küvette befindl. Teilchen werden intensiv beleuchtet und senkrecht zur Einstrahlungsrichtung beobachtet; sie erscheinen als leuchtende Punkte oder Beugungsscheibchen. Aus der Helligkeit der Lichtscheibchen sowie aus der Farbe des Streulichtes kann auf die Teilchengröße geschlossen werden.

Um Abbildungsfehler zu vermeiden, sind Objektiv und Okular aus zahlr. Einzellinsen zusammengesetzt. Man unterscheidet Achromate, Halbapo- und Apochromate, wobei Planachromate und Planapochromate eine bes. gute Bildebnung haben. Die Objektive werden gekennzeichnet durch die Maßstabszahl und die numer. Apertur. Bei den Immersionsobjektiven wird der Raum vor dem Objektiv zur Steigerung der numer. Apertur mit einer Immersionsflüssigkeit (Wasser, Glycerin, Öle oder andere Flüssigkeiten mit Brechzahlen bis zu 1,74) ausgefüllt. Zum schnellen Wechsel der M.vergrößerung sind häufig mehrere Objektive in einem Revolver angeordnet bzw. werden Zoom-Objektive verwendet. Die Okulare sind gekennzeichnet durch ihre Lupenvergrößerung und die Sehfeldzahl. In der Okularbildebene können Strichplatten mit einem Strichkreuz, Gitter und Skalen (bei sog. *Ablese-M.*) angebracht sein. Das *Stativ* besteht meist aus der Grundplatte, dem sog. Triebkasten und dem Tubusträger. Der *Objekttisch* dient als Auflage für den Objektträger und ist am Triebkasten oder Tubusträger befestigt; in der Mitte ist eine Öffnung für den Lichtdurchtritt.

Die häufigsten Anwendungen in der Medizin und Biologie erfordern die Hellfeld-Durchlicht-Beobachtung. Dabei befindet sich das Objekt als Dünnschnitt auf einer Glasplatte, dem Objektträger, und ist mit einer dünnen Glasplatte von 0,17 mm Dicke, dem Deckglas, abgedeckt. Damit erhält man eine ebene Oberfläche des Präparats und kann eine Immersionsflüssigkeit in den Raum vor dem Objektiv bringen. Zur Untersuchung von durchsichtigen, doppelbrechenden Substanzen (Kristallen) wird polarisiertes Licht benutzt. Man verwendet dazu **Polarisationsmikroskope**. Für die Untersuchung von mineralog. Präparaten, Metallanschliffen oder anderen undurchsichtigen Objekten ist grundsätzl. eine Auflichtbeleuchtung nötig. Mit dem **Phasenkontrastmikroskop** werden auch Objekte sichtbar, die sich nicht durch Farbe oder Helligkeit (Lichtamplitude), sondern nur durch geringe Brechzahlunterschiede (und damit einen Phasenunterschied der Lichtwellen) von ihrer Umgebung unterscheiden. Stattet man ein M. mit einer Photoeinrichtung aus, erhält man die sog. *Kamera-* oder *Photo-M.* **Stereomikroskope** vermitteln einen plast. Eindruck durch beidäugige Beobachtung bei entsprechender Objektivanordnung; *Operations-M.* werden z. B. bei Eingriffen am Innenohr verwendet. Zur techn. Oberflächenprüfung dienen **Interferenzmikroskope**, die Strukturen der Oberfläche anhand von Interferenzstreifen sichtbar machen. Da der Abstand zweier Interferenzstreifen der Hälfte der Lichtwellenlänge entspricht, sind mit ihnen Rauhigkeiten der Größenordnung 0,02 µm meßbar. Beim **Fluoreszenzmikroskop** wird das Präparat (Objekt) mit ultraviolettem Licht zum Eigenleuchten (Fluoreszieren) im sichtbaren Licht angeregt und in diesem Licht betrachtet. Beim **Ultraschallmikroskop** wird das zu untersuchende Präparat unter Wasser beschallt (Frequenz bis 3 GHz, Wellenlänge rd. 500 nm im Medium Wasser). Die Schallwellen dringen in das Präparat ein, wodurch z. B. Strukturen von Zellen sichtbar werden. Eine Neuentwicklung ist das **opt. Rastermikroskop (Laserscan-Mikroskop)**. Dieses M. arbeitet ähnlich wie ein elektron. Rastermikroskop, nur daß anstelle eines Elektronenstrahls ein Laserstrahl über das zu beobachtende Objekt geführt wird. Die Verstärkung der punktförmigen Bildsignale mittels eines Photomultipliers und eine nachträgl. Videoverstärkung ermöglichen eine breite Variation der Helligkeit und des Kontrasts, ferner eine Bildwiedergabe auch bei Beobachtungswellenlängen außerhalb des Sichtbaren (etwa im Ultravioletten) sowie die Digitalisierung der Abtastsignale und damit die Weiterverarbeitung auf einer Datenverarbeitungsanlage. Mit dem opt. Raster-M. lassen sich noch Ausdehnungen von 0,25 µm erkennen.

Geschichte: Wohl als erster hat G. Fracastoro (1538) darauf hingewiesen, daß man durch zwei Linsen alles vergrößert sieht. Auf Grund

Mikrosporidien

solcher Beobachtungen wurde dann das M. vermutl. von den holländ. Brillenmachern H. und Z. Janssen um 1590 erfunden. Aber erst R. Hooke gab 1665 M. in der heute übl. Form an. Die ersten M. zeigten starke sphär. und chromat. Abbildungsfehler oder vergrößerten nur schwach. Zieml. fehlerfreie, bis über 300fache Vergrößerungen erzielte A. van Leeuwenhoek. Die Entwicklung von achromat. Linsenkombinationen (J. Dolland 1775) und ihre Verbesserungen (P. Dolland, J. Ramsden und J. von Fraunhofer 1815) ermöglichten die Verwendung größerer Linsenöffnungen. Als erster berechnete G. B. Amici starke M.objektive und führte 1827 die halbkugelförmige Frontlinse sowie 1847 das Immersionsobjektiv ein. Die weitere Entwicklung des M. geht v. a. auf E. Abbe (ab 1869) zurück. Ab 1872 fertigte C. Zeiss M.objektive mit den von O. Schott entwickelten opt. Gläsern. In der gleichen Zeit wurde das Polarisations-M. (v. a. durch H. Rosenbusch, H. Vogelsang und F. Zirkel) entwickelt. 1903 erfanden R. A. Zsigmondy und H. F. W. Siedentopf das Ultra-M., 1910 O. G. Heimstädt und C. Reichert das Fluoreszenz-M. 1934 wurde von F. Zernike das Phasenkontrastverfahren entwickelt (die ersten Phasenkontrast-M. wurden 1946 herausgebracht).

📖 *Gerlach, D.: Das Licht-M. Stg.* ²*1985. - Nachtigall, W.: Mein Hobby: Mikroskopieren. Mchn. 1985. - Dietle, H.: Das M. in der Schule. Stg.* ⁵*1983. - Michel, K.: Die Grundzüge der Theorie des M. in elementarer Darst. Stg.* ³*1981. - Turner, G.: Mikroskope. Dt. Übers. Mchn. 1981. - Hallmann, L.: Klin. Chemie u. Mikroskopie. Stg.* ¹¹*1980.*

Mikroskopie [zu griech. mikrós „klein" und skopeĩn „betrachten"], Gesamtheit der Verfahren und Hilfsmittel zur Sichtbarmachung, Beobachtung und wiss. Untersuchung von kleinen Objekten bzw. Objektstrukturen mit Hilfe von Licht-, Infrarot- und Ultraviolettmikroskopen. - Bei der **Fernsehmikroskopie** wird das mikroskop. Objekt vom Lichtstrahl oder elektron. Bildzerlegers zeilenförmig abgetastet oder durchleuchtet; seine infolge der von Objektpunkt zu Objektpunkt variierenden Reflexion bzw. Durchlässigkeit entstehenden Intensitätsschwankungen werden vom Multiplier des Bildzerlegers in Spannungsschwankungen umgewandelt, die ihrerseits zur Steuerung einer Fernsehbildröhre dienen, auf deren Schirm das Objekt beobachtet wird.

📖 ↑ *Mikroskop.*

mikroskopisch, nur mit Hilfe des Mikroskops wahrnehmbar; i. w. S. svw. die Objekte der Mikrophysik betreffend.

mikroskopische Technik (Mikrotechnik), die Gesamtheit der Verfahren zur Herstellung von kleinen Objekten für die mikroskop. Untersuchung. Während durchsichtige kleine Objekte als Totalpräparate (im ganzen) untersucht werden können, werden z. B. bei histolog. und biolog. Untersuchungen größere Frischobjekte entweder mit Zupfnadeln zerkleinert (Zupfpräparate) oder zerquetscht (Quetschpräparate; z. B. bei Untersuchungen von dickeren Geweben, Muskeln u. a.), oder sie werden nach ↑Einbettung in ein Einbettungsmittel mit Hilfe eines ↑Mikrotoms in dünne Schnitte zerlegt. Das so erhaltene mikroskop. Präparat wird dann auf einen Objektträger gebracht und mit einem Deckglas bedeckt. Um die Lichtbrechung an der Oberfläche des Präparates zu mindern oder zu beseitigen, wird es in ein Medium mit entsprechendem Brechungsindex eingeschlossen (z. B. Kanadabalsam; bei frischen Präparaten oder lebenden Objekten werden Wasser oder physiolog. Kochsalzlösung verwendet). Da viele Objekte bei einer Hellfeldbeleuchtung kontrastarm erscheinen würden (nur die das Objekt geradlinig durchdringenden Lichtstrahlen einer Lichtquelle tragen zur Abbildung bei), werden sie vorher angefärbt. Zur Herstellung von Dauerpräparaten muß tier. und pflanzl. Material durch ↑Fixierung haltbar gemacht werden; Kalk- oder Chitinskelettpräparate werden durch Mazeration von anhaftendem Gewebe befreit, beim Schneiden störende Skeletteile durch Entkalken erweicht. Vor dem Einbetten muß das Fixierungsmittel entfernt und das Präparat entwässert werden. Die Färbung von Schnitten erfolgt (nach Herauslösen des Einbettungsmittels) mit verschiedenen Farbstoffen, die jeweils andere Objektstrukturen in den Schnitten anfärben; anschließend werden die gefärbten Schnitte in einem durchsichtigen, ihre Struktur und Färbung nicht verändernden Einschlußmittel (Kanadabalsam, Glycerin, Kunstharze u. a.) eingebettet, in dem sie fast unbegrenzt haltbar sind.

📖 ↑ *Mikroskop.*

Mikrosmaten [griech.], Bez. für Tiere mit nur schwach entwickeltem Geruchssinn.

Mikrosomen [griech.], submikroskop. kleine Zelltrümmer, die man nach Entfernen der Kern- und Mitochondriensubstanz durch Zentrifugieren homogenisierter Zellen erhält; bestehen aus lipoidreichen Bruchstücken des endoplasmat. Retikulums und aus ribosomaler RNS.

Mikrosoziologie, Teilbereich der soziolog. Theorie, der die kleinste selbständige, nicht weiter reduzierbare Formen und Inhalte (Interaktionen, Motivationen u. a.) der Wechselbeziehungen zw. einzelnen Individuen oder Kleingruppen unabhängig von gesamtgesellschaftl. Zusammenhängen untersucht; im amerikan. Bereich oft auch svw. Kleingruppenforschung.

Mikrospermie [griech.], Vorkommen abnorm kleiner Samenfäden in der Samenflüssigkeit.

Mikrosporidien ↑Microsporidia.

Mikrosporie

Mikrosporie [griech.], ansteckende meldepflichtige Hautpilzerkrankung und Haarkrankheit, die durch menschen- oder tierpathogene Microsporum-Arten hervorgerufen wird: 3–5 mm über der Kopfhaut brechen die Haare ab, so daß tonsurartige, von Pilzsporen weiß beschuppte Stellen entstehen.

Mikrotom [griech.], Präzisionsgerät zur Herstellung feinster Schnitte von biolog. und anderen Objekten für mikroskop. Untersuchungen. Die Objekte werden zur Vermeidung von Deformationen in feste, jedoch leicht schneidbare Stoffe (z. B. Paraffin) eingebettet, gefroren oder anderen Spezialverfahren unterworfen. Die Schnittdicke liegt bei einigen µm, moderne *Dünnschnitt-* oder *Ultra-M.* liefern Schnitte bis zu 20 nm Dicke.

Mikrotubuli [griech./lat.] (Zytotubuli), nur elektronenmikroskop. sichtbare Röhrchen in fast allen Zellen mit echtem Zellkern. Ihre funktionelle Bed. besteht wahrscheinl. in der Mitwirkung an Bewegungsvorgängen (z. B. Auseinanderweichen der Chromosomenspalthälften).

Mikrovilli (Einz. Mikrovillus) [griech./lat.], nur elektronenmikroskop. sichtbare, fingerförmige Zytoplasmafortsätze der Oberfläche von Zellen; erleichtern durch Vergrößerung der Zelloberfläche (Bürsten- oder Stäbchensaum) den Stoff- bzw. Reizaustausch.

Mikrowaage ↑ Waagen.

Mikrowellen, Sammelbez. für elektromagnet. Wellen mit Wellenlängen zw. 10–1 cm (bzw. 3–30 GHz), d. h. *Zentimeterwellen,* und Wellenlängen zw. 10–1 mm (bzw. 30–300 GHz), d. h. *Millimeterwellen.* Sie bilden innerhalb des Spektrums der elektromagnet. Wellen die Brücke zw. den eigtl. Radiowellen und der Infrarotstrahlung. M. werden v. a. in der Richtfunk- und Radartechnik, zur M.erwärmung sowie zur Beschleunigung von Elektronen und Protonen in Teilchenbeschleunigern eingesetzt. Entscheidend für ihre nachrichtentechn. Bedeutung (v. a. Satellitenfunk) ist ihre hohe Bündelungsfähigkeit und die mit ihnen erreichbare hohe Trägerfrequenz und Bandbreite. M. werden mit Laufzeitröhren, Maser und neuerdings mit Gunn-Oszillatoren erzeugt.

Mikrowellenerwärmung, die dielektr. Erwärmung von elektr. nichtleitenden Stoffen durch Energieumsetzung in einem Mikrowellenfeld, z. B. in einem Hohlraumresonator.

Mikrowellenherd, Elektroküchengerät zum Auftauen, Erwärmen, Garen oder Grillen von Speisen. Die Speisen werden in den abgeschlossenen und abgeschirmten Raum des M. eingebracht; beim Einschalten des Mikrowellengenerators (Magnetron; Frequenz 2 450 MHz) erfolgt die Erwärmung durch die Mikrowellen innerhalb weniger Minuten. Zur Oberflächenbräunung ist meist eine zusätzl. Infrarotheizung eingebaut.

Mikrowellentherapie ↑ Elektrotherapie.

Mikrozensus, von der amtl. Statistik in der BR Deutschland seit 1957 vierteljährl. durchgeführte Stichprobenerhebung über den Bevölkerungsbestand; Erhebungseinheiten sind die Haushaltungen; erfaßt werden v. a. die Merkmale Alter, Geschlecht, Familienstand der einzelnen Personen, Berufsausbildung, Stellung im Beruf, geleistete Arbeitsstunden, Art des Kranken- und Versicherungsschutzes der Erwerbstätigen; die Erhebungen erfolgen als zweistufige, geschichtete Stichprobe mit einem Auswahlsatz der jeweiligen Wohnbev. von 0,1 % (dreimal im Jahr) bzw. von 1 % (einmal im Jahr).

Mikrozustand (Komplexion), in der statist. Mechanik ein durch die Angabe der momentanen Lagen und Impulse (bzw. Geschwindigkeiten) sämtl. Teilchen festgelegter Zustand eines Systems. Der M. ist eine von vielen mikroskop. Realisierungsmöglichkeiten eines Makrozustandes bestimmter Energie der Teilchengesamtheit, d. h., jedem M. entspricht genau ein Makrozustand, nicht aber umgekehrt. Im allg. sind alle Mikrozustände gleich wahrscheinlich. Ein Makrozustand ist um so wahrscheinlicher, je mehr Mikrozustände ihn verwirklichen können.

Mikszáth, Kálmán [ungar. 'miksa:t], * Szklabonya 16. Jan. 1847, † Budapest 28. Mai 1910, ungar. Schriftsteller. - 1887 liberaler Abg.; von Jókai, dessen Romantik er überwand, und Dickens beeinflußter humorvoller, z. T. gesellschaftskrit.-satir. Erzähler mit Vorliebe für Anekdoten, u. a. „Die Hochzeit des Herrn von Noszty" (R., 1908), „Die schwarze Stadt" (R., 1910).

Mikunigebirge, Gebirge auf Z-Hondo, Japan, bis 2 295 m hoch; zahlr. aktive Vulkane.

Mikwe [hebr.] ↑ Judenbad.

MIK-Wert ↑ MIK.

Mila, Kurzform von Ludmilla.

Milan I. Obrenović, * Mărăşeşti (Rumänien) 22. Aug. 1854, † Wien 11. Febr. 1901, Fürst (als M. IV. 1868–82) und König (1882 bis 1889) von Serbien. - Großneffe von Miloš Obrenović; erreichte auf dem Berliner Kongreß (1878) neben Gebietsvergrößerungen die Anerkennung der serb. Unabhängigkeit. 1889 dankte er zugunsten seines Sohnes Alexander I. ab.

Milane [frz.] (Milvinae), mit zehn Arten v. a. in offenen Landschaften und Wäldern weltweit verbreitete Unterfam. etwa 30–60 cm langer, dunkel- bis rostbrauner, lang- und schmalflügeliger Greifvögel; ausgezeichnete Segler mit langem, oft gegabeltem Schwanz, die sich vorwiegend von kleinen Reptilien und Säugetieren (bis Kaninchengröße) ernähren und ihre Horste auf hohen, alten Bäumen errichten; Zugvögel. In M-Europa kommen vor: **Roter Milan** (Gabelweihe, Königsweihe,

Milch

Milvus milvus), etwa 60 cm lang, mit Ausnahme des auf hellerem Grund dunkel gestrichelten Kopfes rotbraun; Schwanz tief gegabelt. **Schwarzer Milan** (Milvus migrans), bis über 50 cm groß, schwarzbraun gefärbt, Schwanz schwach gegabelt.

Milano ↑Mailand.

Milano, Giovanni da ↑Giovanni da Milano.

Milazzo, italien. Hafenstadt in NO-Sizilien, 30 m ü. d. M., 31 100 E. Erdölraffinerie, Nahrungsmittel-, Pharmaind. - Gab der bronzezeitl. **Milazzesekultur** (14./13. Jh. v. Chr.) ihren Namen. Das antike **Mylai** (lat. **Mylae**) wurde 716 v. Chr. vom griech. Zankle (= Messina) gegr., 315 von Syrakus erobert. 260 errangen die Römer nahebei einen berühmten Seesieg über die Karthager. Am 20. Juli 1860 siegte hier Garibaldi entscheidend über die bourbon. Truppen. - In der ummauerten Altstadt ein normann. Kastell (13. Jh.; später umgebaut).

Milben [zu althochdt. mil(i)wa, eigtl. „mehlmachendes Tier"] (Acari, Acarina), mit rd. 10 000 Arten weltweit verbreitete Ordnung etwa 0,1–30 mm langer Spinnentiere in allen Lebensräumen an Land und in Gewässern; mit meist gedrungenem, in Vorder- und Hinterkörper gegliedertem, blaßgelbl. oder weißl. bis buntem Körper (Hinterleib stark verkürzt), vier (gelegentl. auch zwei) Beinpaaren und kauenden oder stechend-saugenden Mundwerkzeugen. - M. ernähren sich entweder räuber. (z. B. Meeres-M.), als Pflanzen- und Abfallfresser (z. B. Horn-M.) oder parasit. als Säftesauger an Pflanzen (z. B. Gall-M., Rote Spinne) oder (bei Tier und Mensch) als Blutsauger (z. B. Zecken), oder sie sind Gewebe- oder Hornfresser (Balg-M.). M. können auch an Nahrungsmittelvorräten schädl. werden (Vorrats-M., Wurzel-M.). - Zu den M. gehören noch Laufmilben, Spinnmilben und die Fam. **Käfermilben** (Parasitidae); bis 1,5 mm groß, goldbraun.

Milbenseuche (Insel-Wight-Krankheit), weltweit verbreitete, im Frühjahr auftretende, tödl. Erkrankung der Honigbiene nach Befall der Tracheen durch die Milbe Acarapis woodi; auch Bez. für die durch die blutsaugende Milbe Varroa jacobsoni hervorgerufene Krankheit. Meldepflichtig.

Milch, Erhard, * Wilhelmshaven 30. März 1892, † Wuppertal 25. Jan. 1972, dt. Generalfeldmarschall (1940). - 1933–44 Staatssekretär im Reichsluftfahrtministerium, 1938–45 Generalinspekteur der Luftwaffe und 1941–44 auch Generalluftzeugmeister; in den Nürnberger Prozessen 1947 zu lebenslängl. Haft verurteilt, 1954 freigelassen.

Milch, in den Milchdrüsen der weibl. Säugetiere gebildete Flüssigkeit (bei der Frau ↑Muttermilch). Im allg. versteht man in Europa darunter Kuhmilch, die als „zubereitete M." in den Handel kommt. M. anderer Tiere (z. B. von Schaf oder Ziege) darf nur gekennzeichnet als solche in den Handel kommen. Die durch Melken gewonnene M. zählt zu den wichtigsten Nahrungsmitteln. Sie besteht zu 82–87 % aus Wasser und enthält emulgiertes ↑Milchfett, ferner in kolloidaler und makromolekularer Verteilung ↑Milcheiweiß und in echter Lösung M.zucker (↑Lactose), anorgan. Salze und die wasserlösl. Vitamine B_1, B_2, B_6, B_{12} und C. Der durchschnittl. Gehalt der M. an Fett, Eiweiß und M.zucker schwankt je nach Tierart und Rasse. Die wichtigsten Mineralstoffe der M. sind v. a. Phosphate von Kalium und Calcium, Zitrate und Chloride. Von ihnen ist das Calciumphosphat am wichtigsten, denn M. und M.produkte sind unter den Nahrungsmitteln die Hauptlieferanten dieses wichtigen Aufbaustoffes. Geringer ist der Gehalt an Sulfaten und Hydrogencarbonaten sowie an Eisen- und Magnesiumsalzen. Außerdem enthält die M. viele Spurenelemente wie Fluor, Mangan, Molybdän, Silicium, Vanadium, Zink, Selen. An Enzymen sind u. a. Lipase, Amylase, Katalase, Peroxidase enthalten, die z. T. durch Erhitzen zerstört werden.

Das M.fett und die M.proteine geben infolge ihrer Lichtdispersion der M. die weiße bis gelblichweiße Farbe. Beim Stehenlassen der M. steigen die Fetttröpfchen wegen ihres geringen spezif. Gewichts nach oben und bilden eine Rahmschicht (Sahne). Durch Homogenisieren (Zerstörung der Hüllmembranen der Fettkügelchen) oder Pasteurisieren (Denaturierung der Hüllmembranen) wird dieser Vorgang verzögert. Frische M. (**Vollmilch**) hat ein spezif. Gewicht zw. 1,029 und 1,034 g/cm³; das spezif. Gewicht der unter der Rahmschicht verbleibenden Magermilch ist höher. Die **Magermilch** enthält, abgesehen vom fehlenden Fett, die gleichen Substanzen im selben Verteilungszustand wie die Voll-M. Ein kg Kuh-M. entspricht 2 848 kJ (= 678 kcal) und hat einen Ausnutzungswert von 95–99 %. Vitaminreiche Kost bzw. Fütterung der M.tiere erhöht den Vitamingehalt der M., wie überhaupt die Ernährungs- und Haltungsbedingungen einen Einfluß auf Menge und Zusammensetzung der M. haben. - Der biolog. Wert der M. beruht auf der großen Zahl ihrer Inhaltsstoffe. M. kann daher Jungtieren bzw. Säuglingen in der ersten Lebenszeit als einziges Nahrungsmittel dienen. Kuh-M. ist eiweißreicher und zuckerärmer als Mutter-M. und wird daher Säuglingen immer verdünnt unter M.zuckerzusatz gegeben. M. fördert die Gesundheit der Erwachsenen und steigert die Abwehrkräfte des Organismus gegen Infektionskrankheiten.

Erzeugung und Verbrauch an Kuh-M. betrugen 1985 in der Welt 455,6 Mill. t; der Anteil der EG lag bei 99,6 Mill. t (1978: 100,4 Mill. t). Haupterzeugungsländer: Sowjetunion 98,8 Mill. t, USA 64,8 Mill. t, Frankr. 32,5 Mill. t,

Milch

BR Deutschland 25,7 Mill. t. Der Pro-Kopf-Verbrauch an Trinkmilch betrug in der BR Deutschland 1985 87,2 kg.

Milchverarbeitung: Die ermolkene Milch wird gekühlt unter Lichtabschluß aufbewahrt, in Spezialbehältern zur Molkerei transportiert (in weiträumigen Einzugsgebieten unter Zwischenschaltung einer *Milchsammelstelle*) und dort nach zugelassenen Verfahren be- und verarbeitet. Zur Abtötung etwaiger Krankheitserreger wird die Milch einer Hitzebehandlung ausgesetzt. Unkontrolliertes Erhitzen der Milch führt zu tiefgreifenden, wertmindernden Veränderungen (Denaturierung von Proteinen, Inaktivierung von Enzymen, Vernichtung von Vitaminen), weshalb das Milchgesetz nur bestimmte Formen des Pasteurisierens zuläßt. Unmittelbar nach der Pasteurisierung wird die Milch nach anerkannten Verfahren gekühlt (auf mindestens 5 °C, aber nicht unter 0 °C). Vielfach wird die Milch auch homogenisiert und ihr Fettgehalt auf einen bestimmten Wert eingestellt.

Der größte Teil der Milch kommt in der BR Deutschland als derart zubereitete Milch *(Konsummilch)* in Kannen, Flaschen oder Wegwerfbehältern auf den Markt. Konsummilchsorten sind im Sinne der Verordnung (EWG) Nr. 1411/71: *Vollmilch* (mindestens 3,5 % Fett), *teilentrahmte (fettarme) Milch* (1,3 bis 1,8 % Fett) und *entrahmte Milch* (höchstens 0,3 % Fett). Die Packungen müssen nach der *Konsummilch-Kennzeichnungsverordnung* vom 19. 7. 1974 die Sorte und den Fettgehalt angeben sowie das Abfüllungsdatum (Tag, Monat) oder die Aufschrift „gekühlt mindestens bis ... (Tag, Monat) haltbar" tragen und gegebenenfalls einen Hinweis auf die Homogenisierung sowie etwaige Anreicherung mit Milcheiweißstoffen (nur bei entrahmter oder teilentrahmter Milch). Als Lagerungstemperatur werden 10–12 °C angenommen.

Dauermilch (H-Milch) ist ultrahocherhitzte Milch der Güteklasse I (Momentanerhitzung auf 135–150 °C), die unter sterilen Bedingungen in sterile Packungen abgefüllt wird. - *Sterilisierte Milch* ist nach anerkannten Verfahren nach der Abfüllung in Packungen sachgemäß erhitzte Milch, wobei der keimdichte Verschluß unverletzt bleiben muß. Sowohl Dauermilch als auch sterilisierte Milch müssen das Datum der Abfüllung tragen und die Aufschrift „ungeöffnet mindestens sechs Wochen haltbar" oder „ungeöffnet haltbar bis ... (Tag, Monat)". - *Vorzugsmilch* ist rohe Milch mit nicht standardisiertem Fettgehalt (mindestens jedoch 3,5 %), die tiefgekühlt in Flaschen oder paraffinierten Kartonpackungen ab Erzeugerbetrieb in den Handel kommt. Sie darf nur aus streng überwachten Rinderbeständen stammen. Hierbei werden die höchsten Anforderungen an Gewinnung, Zusammensetzung, Keimgehalt, Behandlung u. a. gestellt.

Ein je nach Verarbeitungsstätte unterschiedl.

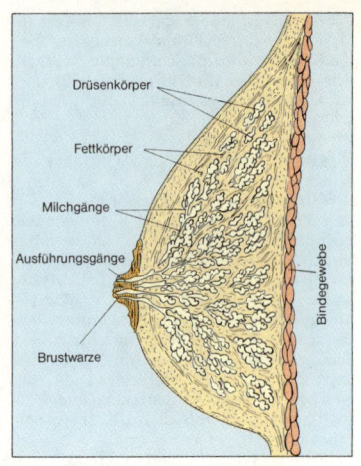

Milchdrüsen. Längsschnitt durch die weibliche Brust

Anteil der angelieferten Milch wird unter laufender Kontrolle zu *Milchprodukten* weiterverarbeitet: Sahne, Butter, Butterschmalz (Butterfett), Käse, Quark, Milchzucker († Lactose), Kondensmilch, Trockenmilch, Joghurt, Kumys, Kefir und Milchmischgetränke; ferner fallen an: Buttermilch, Sauermilch und Molke. Die meisten dieser Produkte sind in mehreren Sorten mit bes. Merkmalen auf dem Markt.

Den **Umgang und Handel** mit Milch, d. h. die Mindestanforderungen an ihre Zusammensetzung, die Behandlung der Milch, die Anforderungen an Gefäße, Reinigung der Apparaturen, Infektionsmittel, Vernichtung von Rückständen, die Bearbeitung und Abgabe von Milch und Milcherzeugnissen, regeln die Vorschriften einer Reihe von Gesetzen samt zugehörigen VOen, v. a. das *MilchG* vom 31. 7. 1930 mit späteren Änderungen nebst AVO vom 15. 5. 1931, das *Milch- und FettG* in der Fassung vom 10. 12. 1952 mit späteren Änderungen und die *VO über Milcherzeugnisse* vom 15. 7. 1970. Ferner müssen die Vorschriften nach dem LebensmittlG in der Fassung vom 20. 12. 1977, nach der Butter-VO in der Fassung vom 10. 8. 1970, nach der KäseVO in der Fassung vom 19. 2. 1976 sowie nach dem TierseuchenG in der Fassung vom 28. 3. 1980 beachtet werden.

📖 Blau, G./Kielwein, G.: *Die Erzeugung von Qualitätsmilch.* Gießen 1985. - *Die M.* Hg. v. H. O. Gravert. Stg. 1983. - Renner, E.: *M. u. M.produktion in der Ernährung des Menschen.* Mchn. ⁴1982. - *Desinfektion in Tierhaltung, Fleischwirtschaft u. M.wirtschaft.* Hg. v. T. Schliesser u. D. Strauch. Stg. 1981.

◆ in der *Fischkunde* Bez. für die milchig-weiße

Milchsaft

Samenflüssigkeit geschlechtsreifer männl. Fische *(Milchner)*. - ↑ auch Rogen.
◆ in der *Kosmetik* verwendete Öl-in-Wasser- oder Wasser-in-Öl-Emulsionen, die der Hautpflege (z. B. als Reinigungs-M.) dienen.

Milchbaum, svw. ↑ Kuhbaum.
Milchborke, svw. ↑ Milchschorf.
Milchbrätling, svw. ↑ Brätling.
Milchdrüsen (Mammadrüsen, Glandulae lactiferae, Glandulae mammales), Milch absondernde Hautdrüsen bei Säugetieren (einschließl. Mensch), die sich stammesgeschichtl. aus Schweißdrüsen entwickelt haben. Sie bestehen aus einer großen Anzahl von Drüsenschläuchen, die entweder auf einem eng umgrenzten Hautfeld (bei Kloakentieren) oder auf warzenartigen Hauterhebungen (Zitzen, Brustwarzen) ausmünden. Bei der individuellen Entwicklung werden die Anlagen der M. von einem Paar epithelialer Leisten *(Milchleisten)* gebildet. Sie bilden sich in den ersten Lebensmonaten (beim Menschen dritter Monat) wieder zurück.
Die Brust der Frau enthält je 15 bis 20 verzweigte Einzeldrüsen in unregelmäßigradiärer Anordnung. Sie vergrößern sich stark während der Schwangerschaft und Stillzeit; aber auch während des ovariellen Zyklus sind sie, hormongesteuert, period. Veränderungen unterworfen. Rückbildung mit dem Beginn des Klimakteriums.
◆ (M.organe, M.körper, Mammaorgane, Mammae) die aus mehreren bis vielen Einzeldrüsen sowie aus Binde- und Fettgewebe sich zusammensetzenden milchgebenden Organe der Säugetiere, beim Menschen die Brust. - ↑ auch Euter.

Milcheiweiß, das aus mehreren Proteinen bestehende Eiweiß der Milch von Säugetieren (einschließl. Mensch). Charakterist. Eiweißkörper der Milch ist das Phosphoproteid ↑ Kasein ($\approx 3\%$). Dazu kommen die Serum- oder Molkenproteine sowie Antikörper, ferner Enzyme und andere, möglicherweise sekundär gebildete Proteine. Die biolog. vollwertigen Milchproteine enthalten alle essentiellen Aminosäuren und werden auch bei der normalen Milchbe- und -verarbeitung (einschließl. Pasteurisation, Sterilisation, Sprühtrocknung) nicht zerstört. M. wird in der Futter- und Nahrungsmittelind. sowie zur Herstellung von Leim, Kaseinfarben und Kunstborn verwendet.

Milchfett, das in der Milch der Säugetiere (einschließl. Mensch) in Form feinster, von einer Membran abgegrenzter Tröpfchen enthaltene Fett. Das *Fett der Kuhmilch* (3–6%) besteht aus Glyceriden gesättigter und ungesättigter Fettsäuren und enthält Spuren von Cholesterin und Fettfarbstoffen (v. a. Karotinoide). Beim Ausbuttern und Homogenisieren wird die Membran zerstört, bei Hitzebehandlung kann sie denaturiert werden. M. dient u. a. zur Herstellung von Butter, Butterschmalz und Rahmpulver und wird aus Sahne gewonnen.

Milchfisch (Chanos chanos), bis etwa 1 m langer, heringsförmiger, silbriger bis milchigweißer Knochenfisch in küstennahen Salz-, Brack- und Süßgewässern des trop. Pazif. und des Ind. Ozeans; Speisefisch.

Milchfluß (Galaktorrhö), spontane Milchabsonderung aus der weibl. Brust, die bei überschießender Milchproduktion in den Stillpausen, selten auch unabhängig von der Stillperiode, auftritt.

Milchgebiß, die ersten 20 Zähne *(Milchzähne)* eines Kindes (oder jungen Säugetiers), die nach einer bestimmten Zeit nach und nach ausfallen.

Milchglas, transparentes, weißes Glas, das als Trübungsmittel Kaolin, Flußspat oder Kryolith enthält und nur 20–30% des Lichts durchläßt.

Milchkraut (Strandmilchkraut, Glaux), Gatt. der Primelgewächse mit der einzigen Art *Glaux maritima*: Salzpflanze der Meeresstrände und des Binnenlandes der gemäßigten Zone der Nordhalbkugel; Blätter fleischig, am Blattrand mit kleinen Drüsen, durch die überschüssiges Salz ausgeschieden wird; kleine, rosafarbene, einzelnstehende Blüten ohne Krone.

Milchlattich (Cicerbita), Gatt. der Korbblütler mit nur wenigen Arten in Europa und N-Amerika; milchsaftreiche, hohe Kräuter mit hohlem Stengel und meist blauen Blüten.

Milchlinge (Reizker, Lactarius), Gatt. der Lamellenpilze mit meist trichterförmigem, zentral gestieltem Hut, weißen Sporen und meist weißem, auch wäßrig klarem oder orangerotem Milchsaft; rund 75 mitteleurop., giftige und eßbare Arten, die meist Mykorrhizen (↑ Mykorrhiza) bilden. Bekannte und gute Speisepilze sind ↑ Brätling: **Edelreizker** (Lactarius deliciosus), orange- bis ziegelrot, mit orangefarbenen Lamellen, die bei Verletzung oder Druck grünfleckig werden; Milchsaft orangerot; wächst auf grasigen Standorten in Fichtenwäldern. **Blutreizker** (Lactarius sanguifluus), ähnl. dem Edelreizker, aber mit rotem Milchsaft; wächst auf Kalkböden unter Kiefern.

Milchröhren, lebende, häufig vielkernige Exkretzellen verschiedener Pflanzenarten, die Milchsaft führen. Man unterscheidet: 1. *ungegliederte M.*: aus einer Zelle hervorgehend, meist stark verzweigt, z. T. mehrere Meter lang werdend; bes. bei Wolfsmilch-, Maulbeer-, Hundsgiftgewächsen; 2. *gegliederte M.*: durch Fusion mehrerer Zellen unter Querwandauflösung entstehend; unverzweigte Röhren oder Netzwerke bildend; z. B. bei verschiedenen Wolfsmilchgewächsen (Gummibaum), Mohn- und Glockenblumengewächsen und vielen Korbblütlern (Löwenzahn).

Milchsaft (Latex), Zellsaftemulsion in

den Milchröhren einiger Pflanzen; milchige, weiß, gelb oder rötl. gefärbte, an der Luft trocknende Flüssigkeit, z. T. als Wundverschluß wirksam; enthält u. a. Salze organ. Säuren, Alkaloide, äther. Öle und Gummiharze.

Milchsäure (2-Hydroxypropionsäure), kristalline oder viskose, hygroskop., leicht wasserlösl. Hydroxycarbonsäure, die in zwei opt. aktiven Formen, als D(−)-M. und L(+)-M. sowie als opt. inaktives Racemat, D,L-M., vorkommt. L(+)-M. entsteht in der Natur als Endprodukt der anaeroben Glykolyse durch Reduktion von Brenztraubensäure. Dieser Vorgang läuft in den Muskeln nach starker Arbeitsleistung ab (Muskelkater). Ebenso bilden die Milchsäurebakterien racemat. M. als Stoffwechselendprodukt *(Milchsäuregärung)*. M. ist daher in saurer Milch, Sauerkraut usw. vorhanden. Techn. wird M. durch Vergären zucker- bzw. stärkehaltiger Rohstoffe (z. B. Kartoffeln, Melasse) mit Hilfe von Milchsäurebakterien, aber auch synthet. aus Acetaldehyd und Blausäure gewonnen. M. wird als Säuerungs- und Konservierungsmittel in der Nahrungsmittelind. verwendet. Die Salze und Ester der M. heißen *Lactate*. M. wurde 1750 von K. W. Scheele in saurer Milch entdeckt. Strukturformeln:

```
     COOH            COOH
      |               |
HO — C — H       H — C — OH
      |               |
     CH₃             CH₃

 L(+)-Milchsäure   D(−)-Milchsäure
```

Milchsäurebakterien (Laktobakterien, Lactobacteriaceae), anaerobe, jedoch den Luftsauerstoff tolerierende, grampositive, unbewegl. Bakterien, die aus Kohlenhydraten durch Milchsäuregärung Energie gewinnen. Die M. sind von großer wirtsch. Bed. bei der Konservierung von Milch- und Pflanzenprodukten durch Milchsäure, beim Backen (Sauerteig: CO_2-Bildung). Sie gehören ferner zur Darmflora des Menschen. Einige M. sind gefährl. Krankheitserreger (Streptokokken, Pneumokokken; Lebensmittelvergiftung durch Enterokokken).

Milchsäuregärung ↑ Gärung, ↑ Glykolyse.

Milchschorf (Milchborke, Milchgrind, Schuppengrind), krustiges, anfangs kleinschuppiges Gesichtsekzem bei Säuglingen, die ausschließl. mit Milch ernährt werden.

Milchstauung (Galaktostase), durch ungenügende Entleerung bzw. Abflußbehinderung bedingte Stauung des Sekrets in der Brust der Wöchnerin; bei M. besteht u. a. die Gefahr einer ↑ Brustdrüsenentzündung.

Milchstern (Ornithogalum), Gatt. der Liliengewächse mit rd. 100 Arten, bes. in trokkenen Gebieten Europas, Afrikas und Asiens; Zwiebelpflanzen mit meist weißen, in endständigen Trauben stehenden Blüten. Zierpflanzen sind der **Nickende Milchstern** (Ornithogalum nutans) sowie der **Stern von Bethlehem** (Ornithogalum thyrsoides).

Milchstraße, schwach leuchtendes, unregelmäßig begrenztes Band am Himmelsgewölbe, das sich erst im Fernrohr in Sternwolken mit reicher Struktur auflöst (↑ Milchstraßensystem).

Geschichte: 1609 erkannte G. Galilei mit Hilfe des Fernrohrs, daß die M. aus Einzelsternen besteht. Aus der kreisförmigen Anordnung folgerten T. Wright und I. Kant, daß es sich um eine abgeflachte Scheibe handele. W. Herschel bestätigte diese Vorstellung. Dies gab im 19. Jh. Anlaß zur Suche nach dem Zentralkörper der M., um den die (von Kant postulierte) Rotation erfolgen sollte. Ein genaues Bild vom Aufbau der M. erhielt erst die Astrophysik des 20. Jahrhunderts.

Bei den alten Kultur- und den Naturvölkern erfuhr die M. verschiedenste *mytholog.* und *religiöse* Deutungen: vom Himmelsweg der verstorbenen Seelen (Orient, Germanen), dem Reich der Seligen (Pythagoreer), einem Fluß mit fruchtbaren Ufern als Wohnsitz oder Versammlungsort von Göttern (Indien, Japan, Ägypten) über Vorstellungen von der Milch der Göttinnen (daher der griech. Name *Galaxias*), von einer großen Brücke oder Bogensehne oder einem riesigen Tier (bei Babyloniern eine Schlange, bei bolivian. Indianern ein Wurm) bis zur ma. Anschauung vom Riß des Himmelsgewölbes, durch den das „himml. Feuer" schimmere.

Dimensionen des Milchstraßensystems (z. T. unsicher)	
Durchmesser in der Ebene	30 kpc
Dicke (senkrecht zur Ebene)	
des Kernes	5 kpc
der Scheibe	1 kpc
Durchmesser des Halos	50 kpc
Abstand der Sonne	
vom Zentrum	≈ 10 kpc
von der Ebene	14 pc nördlich
Rotationsgeschwindigkeit	
am Ort der Sonne	290 ± 20 km/s
Dauer eines Umlaufes	
der Sonne	200 Mill. Jahre
Gesamtmasse	$4{,}4 \cdot 10^{11}$ Sonnenmassen
mittlere Dichte	0,1 Sonnenmassen·pc⁻³ = $7 \cdot 10^{-24} \cdot g/cm^3$.

Milchstraßensystem (Galaxis), Bez. für unser Sternsystem, dem die Sonne sowie etwa 200 Milliarden weitere Sterne angehören; etwa 5000 sind mit bloßem Auge sichtbar, insbes. die Sternbilder. Der Hauptanteil bildet eine abgeflachte, linsenförmige Scheibe, die sich zum Zentrum hin zu einem Kern *(galakt. Zentrum;* liegt in Richtung des Sternbildes Sagittarius) verdickt. Das ganze M., das auch Wolken interstellarer Materie um-

faßt, rotiert um den zentralen Kern. Es besitzt, wie der benachbarte Andromedanebel, vermutl. eine Spiralstruktur (Spiralnebel). Die stark abgeflachte Scheibe ist umgeben von einer fast kugelförmigen „Wolke" geringer Dichte, dem galakt. Halo. Die Erforschung des M. auf optischem und radioastronomischem Wege ist eine der Hauptaufgaben der Astronomie.
📖 *Scheffler, H./Elsässer, H.: Bau u. Physik der Galaxis. Mhm. u. a. 1982.* - *Kühn, L.: Das M. Stg. 1978.*

milchtreibende Mittel (Galaktagoga, Laktagoga), Mittel, die bei der Wöchnerin zu einer Steigerung der Milchsekretion führen sollen.

Milchzähne ↑ Milchgebiß.
Milchzucker, svw. ↑ Lactose.
mildernde Umstände ↑ Strafzumessung.

Mile [engl. maɪl; zu lat. milia (↑Meile)], in Großbrit. und in den USA verwendete Längeneinheit. Für Messungen auf dem Lande gilt in Großbritannien: 1 mile = 1 760 yards = 1,6093426 km, in den USA (häufig als *Statute mile* bezeichnet, Einheitenzeichen mi): 1 mi = 1 760 yards = 1,6093472 km. In der See- und Luftfahrt wird die *Nautical mile* verwendet. Für die Umrechnung gilt in Großbrit. (hier auch als *Imperial nautical mile* bezeichnet): 1 nautical mile = 1,853181 km, in den USA: 1 US nautical mile = 1,853248 km. Die (in den USA 1954 eingeführte) *International nautical mile* ist gleich der internat. Seemeile.

Milena, slaw. weibl. Vorname (zu ↑ Mila).
Milestone, Lewis [engl. ˈmaɪlstoʊn], * Kischinjow 30. Sept. 1895, † Los Angeles 25. Sept. 1980, amerikan. Filmregisseur. - Drehte den Antikriegsfilm „Im Westen nichts Neues" (1931, nach E. M. Remarque) sowie „Von Mäusen und Menschen" (1939, nach J. Steinbeck); später Kriegsfilme, u. a. „Landung in Salerno" (1945), „Triumphbogen" (1948, nach E. M. Remarque).

Milet, bed. antike Hafenstadt am Mäander in Kleinasien; die Ruinenstätte liegt heute 9 km vom Meer entfernt. - M. geht auf eine minoische Siedlung (um 1600 v. Chr.) zurück; es war vom 8. bis 6. Jh. die größte griech. Stadt mit konkurrenzlosem Seehandel; 546 persisch. Eine zweite Hochblüte erlangte M. in der röm. Kaiserzeit; aber bereits im 4. Jh. n. Chr. ist die Bucht verlandet. - Ausgrabungen (seit 1899) legten u. a. den S-Markt (200 × 160 m, 3. Jh.), die Faustinathermen (um 150 n. Chr.), das hellenist. Buleuterion (Rathaus; 2. Jh. v. Chr.) und das vorzügl. erhaltene röm. Theater (um 100 n. Chr., 30 000 Plätze) frei.

Miley, Bubber [engl. ˈmaɪlɪ], eigtl. James Wesley M., * Aiken (S. C.) 19. Jan. 1903, † New York 24. Mai 1932, amerikan. Jazzmusiker (Trompeter). - Wurde durch seine Mitwirkung im Orchester von Duke Ellington (1925–30) bekannt, wo er durch die Einführung der Growl-Spielweise (↑Growl) an der Entwicklung des ↑Jungle-Style beteiligt war.

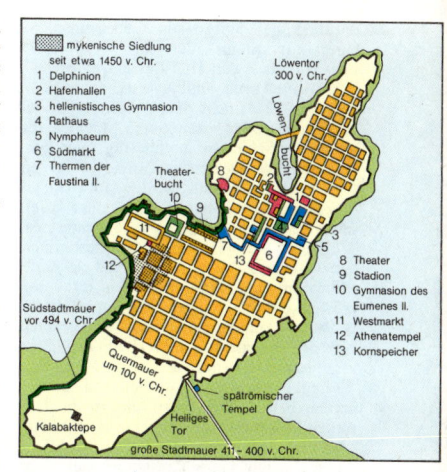

Milford Haven [engl. ˈmɪlfəd ˈheɪvn], walis. Hafensiedlung an der SW-Küste, Gft. Dyfed, 13 900 E. Fischereihafen, fischverarbeitende Ind., Schiffsreparaturbetriebe; Erdölumschlag, Raffinerien. - Der Hafen war vom MA bis Mitte des 19. Jh. Ausgangspunkt für den Verkehr nach Irland; 1793 gegründet.

Milhaud, Darius [frz. miˈjo], * Aix-en-Provence 4. Sept. 1892, † Genf 22. Juni 1974, frz. Komponist. - Schüler des Conservatoire in Paris (u. a. P. Dukas, V. d'Indy), nach 1918 in der Gruppe der ↑„Six", wurde bis etwa 1930 zum führenden frz. Komponisten. Sein sehr umfangreiches Werk ist durch Polytonalität, eingängige Melodik, effektvolle Rhythmik und Instrumentation sowie Verarbeitung vielfältiger, auch folklorist. Einflüsse, geprägt. Neben Bühnen-, Film-, Orchester-, Kammer-, Vokal-, Klaviermusik schrieb er Opern, u. a. „Les Eumenides" (1917–22, UA 1963), „Le pauvre matelot" (1926), „Christoph Colomb" (1928); Ballette, u. a. „La création du monde" (1923).

Miliaria [zu lat. miliarius „hirsekorngroß"], svw. ↑Frieseln.
Miliartuberkulose [lat.], durch stärkste Erregeraussaat auf dem Blut- oder Lymphweg entstehende, ohne Behandlung meist tödl. verlaufende ausgebreitete Form der Tuberkulose mit zahlreichen kleinsten Herden *(Miliartuberkel)*.

Milič, Jan [tschech. miliːtʃ] ↑Johann Militsch von Kremsier.

Milieu [miˈljøː; frz. zu mi- „mitten" und lieu (von lat. locus) „Ort"], Gesamtheit der

Milieudrama

natürl., künstl. und sozialen Lebensumstände eines Individuums oder einer Gruppe. Die Bez. M. wurde von H. Taine eingeführt.

Milieudrama [mil'jø:], Bühnenwerk, in dem der Held nicht durch eigene Aktivität in ein selbst oder von höheren Mächten verschuldetes Schicksal, in eine trag. oder kom. Handlung verwickelt wird, sondern in dem seine sozialen Bindungen, die Moralvorstellungen und Verhaltensnormen einer gesellschaftl. Schicht sein „Schicksal" bestimmen. Wurde bes. im Naturalismus zur bestimmenden Gattung. Daran anknüpfend zeigt der **Milieufilm** eine Handlung, die in ihren Elementen und Spannungen aufs engste mit der Umwelt verbunden ist, in der sie sich abspielt.

Milieuschaden [mil'jø:], Entwicklungsverzögerung (z. B. des Sprachvermögens) oder Verhaltensstörung, die wesentl. auf mangelhaften bzw. schichtspezif. negativen Umwelteinfluß zurückführbar ist (z. B. frühkindl. M. durch mangelnde Sorge der Eltern; M. durch asoziale Lebensumstände oder Zugehörigkeit zu einer von der Mehrheit abgelehnten Minderheit).

Milieutheorie [mil'jø:] (Environmentalismus), dem ↑Nativismus entgegengesetzte entwicklungstheoret. Auffassung, die besagt, daß das Verhalten eines [menschl.] Individuums in erster Linie nicht anlagebedingt (erbl. [vor]programmiert), sondern milieubedingt und somit Ergebnis eines Lernprozesses ist **(milieutheoret. Optimismus).** Die M. wurde bes. vom ↑Behaviorismus vertreten; als psycholog. Lehrmeinung weitgehend aufgegeben (↑ auch Entwicklung).

militant [lat.], mit gewaltsamen Mitteln für eine Überzeugung kämpfend; streitbar.

Militär [frz., zu lat. militaris „den Kriegsdienst betreffend"], Bez. 1. für das Heerwesen bzw. für die Gesamtheit der Streitkräfte; 2. für eine Zahl von Angehörigen der Streitkräfte, insbes. für höhere Offiziere.

Militäradel, auf Grund militär. Leistungen verliehener Adel.

Militärattaché, [Stabs]offizier, der als Mgl. einer diplomat. Vertretung v. a. mit der Urteilsbildung über das Militärwesen des fremden Landes im Rahmen von dessen polit.-sozialer Gesamtverfassung beauftragt ist. Die Einrichtung des M. entstand in den 1860er Jahren; heute werden vielfach Vertreter der einzelnen Waffengattungen **(Heeresattaché, Luftwaffenattaché, Marineattaché)** entsandt.

Militärberater, nicht eindeutig zu bestimmende Bez. für Personen, die von den Streitkräften der eigenen Nation dienstl. freigestellt sind auf Grund zweiseitiger Abkommen zu Beratungs-, Ausbildungszwecken u. ä. in den Streitkräften bzw. im militär. Sektor eines befreundeten bzw. verbündeten Staates. Die völkerrechtl. Stellung der M. ist sehr verschieden; z. T. sind sie in die Botschaften ihres Landes integriert, z. T. in die Streitkräfte des Landes, in dem sie als M. tätig sind. Der eigtl. Bed. als M. gemäß sind sie Nicht-Kombattanten, in der Praxis aber gehören sie oft bei militär. Auseinandersetzungen zur kämpfenden Truppe des Landes, in dem sie als M. tätig sind.

Militärdienst, svw. ↑Wehrdienst.

militärgeographische Karten, themat. Karten für militär. Operationszwecke; eingetragen sind Angaben über Befahrbarkeit des Geländes, Hangneigungen, Tragfähigkeit und Durchfahrtshöhe von Brücken, Schußfeldbereiche u. a.

Militärgericht ↑Wehrstrafgericht.

Militärgeschichte, 1. Bez. für eine *Teildisziplin der Geschichtswiss.;* sie beschäftigt sich mit der Geschichte der bewaffneten Macht als eines Instrumentes der Staatsgewalt in seinen histor. Erscheinungsformen. Sie untersucht das Militär als Institution und als Faktor des wirtsch., gesellschaftl. und polit. Lebens. In ihrer allg. Erkenntnisabsicht unterscheidet sich die M. nicht von der allg. Geschichtswiss.; sie ist nicht an Zwecke der militär. Führung gebunden. Als Begriff hat sich M. in Deutschland erst nach dem 2. Weltkrieg gegen die älteren Bez. Kriegsgeschichte und Wehrgeschichte durchgesetzt.
Kriegsgeschichte war eine Fachdisziplin der Generalstabswiss.; sie behandelte bes. die Geschichte der Feldzüge, Schlachten, Kriegskunst und -mittel (Kriegswiss.) und diente der Auswertung histor. Vorgänge im Sinne einer prakt.-techn. Nutzanwendung. Kriegsgeschichtl. Lehrbeispiele sollten den Offizier auf seine zukünftige Praxis vorbereiten. Zugleich war sie Teil der militär. Traditionspflege (Heldengeschichte). Die Einführung der Bez. **Wehrgeschichte** als Disziplin der Wehrwiss. vor dem 2. Weltkrieg erfolgte im Zuge der Bemühungen, die Kriegswiss. begriffl. neu zu fassen und über das militär. Handwerk hinaus zu erweitern. Die polit.-ideolog. Zielsetzung der Wehrwiss. in der nat.-soz. Zeit, näml. ihre Erkenntnisse der polit. und militär. Führung anzudienen, bestimmte den bes. Anspruch der Wehrgeschichte gegenüber der allg. Geschichtswiss. („Militarisierung der Geschichtswiss."). In der Bundeswehr ist Wehrgeschichte als Lehrfach 1968 wieder eingeführt worden, während die wiss. Forschung als M. betrieben wird.
2. Bez. für die *Geschichte des Militärwesens.* In der griech. Polis waren die besitzenden Bürger als schwerbewaffnete Miliz-Soldaten zugleich Verteidiger ihres Gemeinwesens. Leichtbewaffnete und Reiterei dienten als Hilfstruppen. Der Kampf erfolgte in der straffsten in Sparta ausgebildeten Phalanx. Nach den Perserkriegen wurden zunehmend Söldnerheere eingesetzt. Das von Philipp II. organisierte makedon. Heer bestand aus einer starken Reiterei und Phalanxeinheiten, die

Militärgeschichte

durch zahlr. Leichtbewaffnete verstärkt wurden. Die straffe Organisation und das eingeübte Zusammenwirken der Waffenarten war Teil der Grundlage für die siegreichen Feldzüge Alexanders d. Gr., bei denen auch Elefanten zum Einsatz kamen. In den Kriegen der hellenist. Staaten wurden v. a. Söldnertruppen eingesetzt.

Das röm. Heer der Republik war ein Milizheer. Die Soldaten hatten ihre Ausrüstung selbst zu stellen. Später wurden auch Besitzlose ausgehoben, die bei Entlassung durch Land oder Geld entschädigt wurden. Kampfformation war die als Phalanx operierende Legion, gegliedert in 3 Treffen mit 10 Abteilungen (Manipel). Verbündete stellten vorwiegend Reiterei und leichtbewaffnete Hilfstruppen. Die Führung des Heeres hatten Beamte inne (Konsul, Diktator, Prätor). Im 2. Pun. Krieg gegen Karthago wurde die feste Schlachtreihe in selbständig operierende Einheiten aufgelockert (Manipulartaktik). Während der Germanenkämpfe war die Legion in 10 größere takt. Einheiten (Kohorten) gegliedert. Im Übergang von der Republik zur Kaiserzeit entwickelte sich das röm. Heer zu einem Söldnerheer auf Zeit, schließl. zu einem stehenden Berufsheer, in das auch nichtröm. Völker eingereiht wurden (Auxilien). Den Schutz des Kaisers übernahm als Sonderverband der Prätorianergarde.

Bei den Germanen bildeten Heerbann als Gesamtheit des Stammesaufgebotes und Heergeleit als Gefolgschaft auf der „Heerfahrt" die beiden Formen des Wehrwesens. Ihre Kampftaktik war die Formation des Keils als schwungvolle Stoßkolonne sowie die verbundene Kampfweise von leichtbewaffnetem Fußvolk mit größeren Reiterverbänden. Im Fränk. Reich blieb die vom König befohlene Heerfolgepflicht bestehen. Als der Kriegsdienst durch Vergabe von Landbesitz entlohnt wurde, entstanden aus den berittenen Gefolgschaften die Reiterheere der Vasallen. Das sich daraus entwickelnde Lehnswesen und die Ausbildung des Ritterstandes waren bis ins hohe MA Grundlage des „Heerschildes". Kampfart war der auf Turnieren geübte Zweikampf. Offene Feldschlachten waren seltener als die für Fehden typ. Verwüstungen des feindl. Gebiets. Das Befestigungswesen war im Burgenbau und in den befestigten Städten sehr hoch entwickelt.

Die Siege der Schweizer Eidgenossenschaft über die östr. und burgund. Ritter (Morgarten 1315, Sempach 1386, Murten 1476) zeigten die Überlegenheit schnell bewegl. Fußtruppen über schwer gerüstete Ritterheere. Schweizer Fußtruppen wurden als Söldner in die europ. Landsknechtsheere aufgenommen (heute noch Schweizergarde des Papstes). Feuerwaffen und Artillerie veränderten die Kriegführung entscheidend. In der Renaissance bestanden die Heere der großen Feldhauptleute (Kondottiere) aus sich für Geld verdingenden Söldnern.

Disziplinlosigkeiten der am Kampfzweck nicht interessierten Landsknechte führten zu Reformbestrebungen (u. a. Machiavelli, Schwendi, Lipsius, Moritz von Oranien), um eine ideelle Bindung der Soldaten an den Staat zu begründen und die Verteidigung des Reichs (Landesdefension) als Untertanendienst zu erneuern. Waffen- und Exerzierdrill in kleineren Formationen (Kompanien) wurde Grundlage für die Steigerung der Feuerkraft der Musketiere und der allg. Gefechtsbereitschaft.

Die Reichskriegsverfassung gewann gegenüber den Territorialstaaten nur vorübergehend Bed. bei Bedrohung von frz. und osman. Seite. Die Reichsdefensionalordnung von 1681 sollte die Reichskriegsverfassung von 1521 modernisieren, brachte aber nur eine Erhöhung der Kontingentgestellung der 10 Reichskreise (erhöhtes Simplum) für das Reichsheer.

Nach dem Dreißigjährigen Krieg entstanden zunächst in Frankr., dann in Brandenburg-Preußen stehende Heere aus Berufssoldaten. Sie wurden zum Vorbild für fast alle Armeen der absolutist. Zeit. In der Bewaffnung trat an die Stelle der Pike das Gewehr mit aufgesetztem Bajonett für den Feuer- wie den Nahkampf. Die Kampfweise in geschlossenen Formationen war durch den Wechsel von Feuer und Bewegung bestimmt (Lineartaktik). Harte Strafen dienten zur Aufrechterhaltung der Disziplin und Verhinderung der Fahnenflucht (Deserteure). Das Magazinsystem erleichterte die Versorgung der stehenden Heere. Für die Operationen spielten Festungen eine bestimmende Rolle.

Gegen Ende des 18. Jh. erwiesen die frz. Revolutionsheere die Überlegenheit des Volksheeres über die angeworbene Berufsarmee: Als Patriot kämpfte der Soldat für eigene polit.-nat. Interessen. Die Tirailleurtaktik (aufgelockerte Gefechtsform) löste die Lineartaktik ab. Nach dem Zusammenbruch der preuß. Armee im Kampf gegen Napoleon I. (1806) setzte die Militärreorganisationskommission richtungweisende Reformen in Preußen durch: allg. Wehrpflicht (1814), Tirailleurtaktik, fach- und funktionsbezogene Offiziersauswahl, bessere Offiziersausbildung (Kriegsschulen) und Errichtung des Generalstabes. Die Beschränkung der preuß. Armee durch die Pariser Konvention (1808) auf 42 000 Mann wurde durch das Krümpersystem unterlaufen; es begünstigte zugleich 1813 die rasche Bildung der Landwehr.

Das Heer des Dt. Bundes bestand aus festgesetzten Kontingenten der einzelnen Bundesstaaten. Nach dem Sieg Preußens von 1866 übernahmen die norddt. Staaten im Norddt. Bund die preuß. Militärorganisation und unterstellten sich dem preuß. König als Bundes-

Militärgeschichte

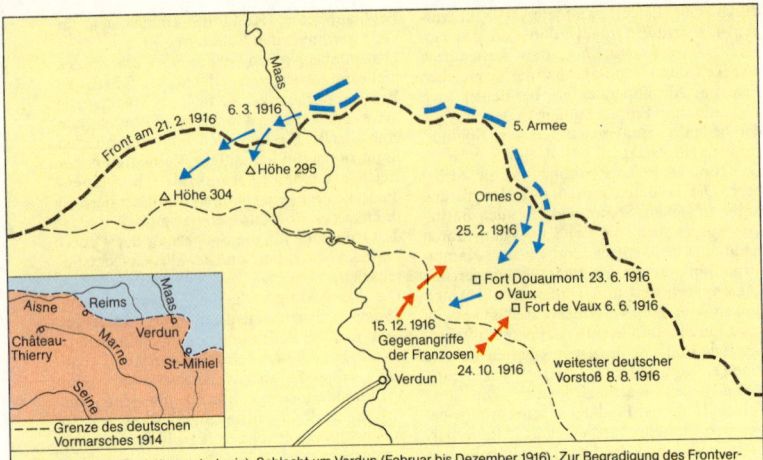

Stellungskrieg (Ermattungsstrategie). Schlacht um Verdun (Februar bis Dezember 1916): Zur Begradigung des Frontverlaufs (kleine Karte) greifen die deutschen Truppen am 21.2.1916 die französischen Stellungen an, erreichen aber nur geringe Frontverschiebungen. Angriffe und Bombardements erfolgen jedoch weiter, um die französischen Streitkräfte an diesen Frontabschnitt zu binden und den Gegner materiell, physisch und psychisch zu zermürben.

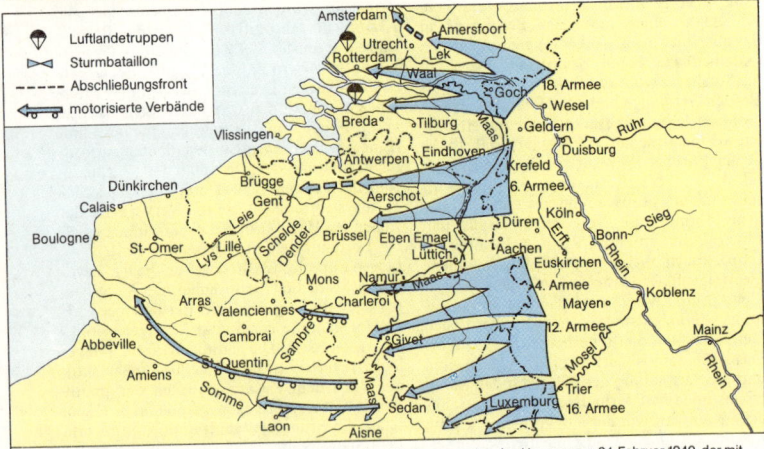

Blitzkriegführung. „Sichelschnittplan" nach der Weisung des Oberkommandos des Heeres vom 24. Februar 1940, der mit einigen Abweichungen im Mai 1940 verwirklicht wurde. Ziel dieses Planes war, unter Ausnutzung des Überraschungsmoments mit schnellen Panzerverbänden und der Luftwaffe an der schwächsten Stelle der gegnerischen Abwehrfront zur Kanalküste durchzubrechen, die britischen und französischen Truppen zu trennen und sie dann zu umfassen.

feldherr. Mit den süddt. Ländern wurden Schutz- und Trutzbündnisse geschlossen. Trotz der weiterentwickelten Waffentechnik (Zündnadelgewehr, gezogene Hinterlader) wurde im Dt.-Frz. Krieg noch immer in geschlossenen Formen (Kolonnentaktik) gekämpft; erst 1870/71 wurde die Kavallerie mit Karabinern ausgestattet.

Nach der Verfassung des Dt. Reiches von 1871 hatte der preuß. König als Kaiser den Oberbefehl über die kaiserl. Marine und die Kontingentheere der einzelnen Bundesländer, denen teilw. noch im militär. Bereich Reservatsrechte zustanden (Bayern, Württemberg). Bes. Militärkonventionen mit den Ländern sicherten die Einheitlichkeit mit den preuß. Heereseinrichtungen. Trotz neuer Waffen (Karabiner von 1898, Schnellfeuergeschütz, leichte Feldhaubitze) setzte sich die techn. Ausbildung im Offizierkorps nur sehr zögernd durch. Im Stellungskrieg des 1. Weltkrieges hatten neue Kampfmittel große Bed.

Militarismus

(Maschinengewehr, Minenwerfer, Gas, Tank, Luftschiff, Flugzeug). Trotz Einsatzes von U-Booten spielte die Marine mit ihrer Hochseeflotte nicht die erwartete Rolle.
Auf Grund des Versailler Vertrags (1919) durfte die Reichswehr des Dt. Reichs nur aus einem Berufsheer von 100 000 Mann bestehen. Dessen hoher Ausbildungsstand ermöglichte nach Wiedereinführung der allg. Wehrpflicht 1935 die rasche Vergrößerung der Wehrmacht durch Hitler. Neue Waffenentwicklungen bestimmten zu Beginn des 2. Weltkrieges Aufbau und Einsatz schneller Panzerverbände und der operativen Luftwaffe. Trotz fehlender Tiefenrüstung in der Kriegswirtschaft ermöglichten sie die dt. Siege in den „Blitzkriegen" zu Beginn des 2. Weltkrieges. Unter den Waffen gewannen Granatwerfer, Schnellfeuermaschinenwaffen, Panzer- und Panzerabwehrkanonen, Flammenwerfer, Raketengeschütze und Panzerfäuste an Bed. Der Einsatz von Atombomben gegen Japan (1945) brachte den Wandel von der konventionellen zur atomaren Kriegführung. Nach 1945 führten der Zusammenschluß in Militärblöcken (Einbeziehung der Bundeswehr in die NATO, der Nat. Volksarmee in den Warschauer Pakt) und das Gleichgewicht beim Kernwaffen-Vernichtungspotential zur Ausbildung neuer Kriegsformen (kalter Krieg, Guerillakrieg), aber auch zu internat. Verhandlungen über Abrüstung und Entspannung.
  McNeill, W. H.: Krieg u. Macht: Militär, Wirtschaft u. Gesellschaft vom Altertum bis heute. Dt. Übers. Mchn. 1984. - Afheldt, H.: Verteidigung u. Frieden. Politik mit militär. Mitteln. Mchn. ³1979. - Hermann, C. H.: Dt. M. Mchn. ³1979. - Gesch. u. M. Hg. v. U. v. Gersdorff. Ffm. 1974. - Webster, G.: The Roman imperial army. London 1970. - Hdb. zur dt. M. 1648–1939. Hg. vom Militärgeschichtl. Forschungsamt. Mchn. 1964–81. 6 Bde. in 11 Lfgg. - Heerwesen u. Kriegführung der Griechen u. Römer. Hg. v. J. Kromeyer u. G. Veith. Mchn. Neuaufl. 1963. - Delbrück, H.: Gesch. der Kriegskunst ... Bln. Neuaufl. 1962–64. 4 Bde.

Militärgeschichtliches Forschungsamt, Inst. der Bundeswehr mit Sitz (seit 1958) in Freiburg im Breisgau, das sich geschichtswiss. mit militärgeschichtl. Fragen aller Teilstreitkräfte sowie der bewaffneten Macht in ihrer Gesamtheit befaßt.

Militärgrenze (östr. M.), das ab 1522/26 im östr. Restungarn gegen die Osmanen von der Adria bis nach Siebenbürgen verlaufende Verteidigungssystem. Das grundlegende Organisations- und Verfassungsstatut von 1739 formierte die dort wohnende Bev. (1851: 1,25 Mill., davon 51 % Kroaten, 32% Serben) z.T. in Selbstverwaltung als Wehrbauern, deren Militärgrenzlehen 1850 in Eigentum übergingen. Vom 18. Jh. an fungierten die Grenzregimenter *(Grenzposten)* zunehmend als „Pestkordon" (Cordon sanitaire). Zw. 1851 und 1881 wurde die M. aufgelöst.

Militaria [lat.], Bücher über das Militärwesen.

militärische Objekte, Objekte, die nach Völkerrecht im Kriegsfall Ziel militär. Gewaltanwendung sein dürfen, gleichgültig, ob der Krieg rechtmäßig ist oder nicht. Dazu gehören in erster Linie die feindl. Truppen und Hilfsgüter, vom Feind verteidigte Städte, Dörfer oder Gebäude, seit Aufkommen der Luftwaffen auch die Verkehrswege und Produktionsstätten.

Militärischer Abschirmdienst, Abk. MAD, militär. Geheimdienst zur Abwehr von Spionage, Sabotage und Zersetzung in der Bundeswehr. Zentrale ist das Amt für Sicherheit der Bundeswehr in Köln.

Militärischer Führungsrat, Abk. MFR, urspr. Beratungsorgan des Bundesmin. der Verteidigung; seit 1970 Gremium, das den militär. Gesamtbereich betreffende Entscheidungen von grundsätzl. Bed. ermöglichen soll. Dem MFR gehören der Generalinspekteur der Bundeswehr, sein Stellvertreter und die Inspekteure der Teilstreitkräfte an.

militärischer Fünfkampf ↑Militärsport.

militärischer Gruß ↑Gruß.

militärische Straftaten, bestimmte im Wehrstrafgesetz (WStG) aufgeführte Straftaten, die von einem Soldaten der Bundeswehr oder einem militär. Vorgesetzten, der nicht Soldat ist (Bundeswehrbeamter), begangen werden. Es handelt sich um: *1. Straftaten gegen die Pflicht zur militär. Dienstleistung* (z. B. eigenmächtige Abwesenheit, Fahnenflucht), *2. Straftaten gegen die Pflichten der Untergebenen* (z. B. Gehorsamsverweigerung [↑Gehorsamspflicht]), *3. Straftaten gegen die Pflichten der Vorgesetzten* (z. B. ↑entwürdigende Behandlung), *4. Straftaten gegen andere militär. Pflichten* (z. B. Wachverfehlung). Auf m. S. findet das WStG Strafrecht Anwendung, soweit das WStG nichts anderes bestimmt.

Militarismus [lat.-frz.], Zustand des Übergewichts militär. Grundsätze, Ziele und Wertvorstellungen in der Politik eines Staates und der Übertragung militär. Prinzipien auf alle Lebensbereiche. - Für den M. kennzeichnend sind: 1. die Behauptung der Notwendigkeit und nicht der Vermeidbarkeit von Kriegen, damit verbunden eine Verherrlichung des „Rechts des Stärkeren", die Rechtfertigung einer Vorrangstellung der Kriegs- bzw. Verteidigungspolitik mit hohen Rüstungsausgaben, eine bed. Einflusses der militär. auf die polit. Führung sowie einer bes. Stellung und Autorität des Militärs schlechthin einschl. aller Soldaten, v. a. aber der Offiziere in Staat und Gesellschaft; 2. die Übernahme hierarch. Strukturen militär. Organisationen in den zivilen Bereich, die Übertragung der damit verbundenen Prinzipien von bedin-

Militärkabinett

gungslosem Gehorsam gegenüber Befehlen, Disziplin, Unterordnung bis hin zur Unterwürfigkeit, 3. Sichtbarmachung dieser Einstellung durch Tragen von uniformierter Kleidung, von Rang- und Ehrenzeichen, häufige öffentl. Aufmärsche usw., 4. Ausrichtung der Erziehungsarbeit öffentl. Institutionen (v. a. der Schulen) nach diesen Prinzipien, oft mit vormilitär. Ausbildung der Jugendlichen verbunden. - Der Begriff M. wurde Anfang der 1860er Jahre in Frankr. von Gegnern der von Napoleon III. betriebenen Einführung einer Berufsarmee geprägt und rasch von antipreuß. Kreisen v. a. in Süddeutschland übernommen.

📖 *Militär u. M. in der Weimarer Republik.* Hg. v. Klaus J. Müller u. E. Opitz. Düss. 1978. - M. Hg. v. V. R. Berghahn. Meisenheim 1975. - Vagts, A.: *A history of militarism, civilian and military.* New York Neuaufl. 1967. - Ritter, G.: *Staatskunst u. Kriegshandwerk. Das Problem des „M." in Deutschland.* Mchn. u. Wien $^{1-4}$1964-70. 4 Bde.

Militärkabinett, in vielen Monarchien dem Herrscher als oberstem Kriegsherrn unmittelbar unterstehende Behörde für Heeresangelegenheiten; bed. war v. a. das im 18. Jh. aus der Generaladjutantur hervorgegangene M. Preußens bzw. des Dt. Reiches, unter Wilhelm II. Instrument des „persönl. Regiments" des Kaisers; ging 1918 im Personalamt des Reichswehrministeriums auf.

Militärmusik (Armeemusik), Bez. für die Gesamtheit der im militär. Bereich verwendeten musikal. Erscheinungsformen, in neuerer Zeit v. a. als Marschmusik verstanden. Sie reicht von den Signalen des „Signalhorns" über die Spielmannsmusik der Trommler und Pfeifer (bereits bei den Landsknechten), die Musik der Trompeter und Pauker (bereits bei den ma. Rittern, später bei berittenen Truppen) und die seit dem 17. Jh. eingerichteten und ausgebauten Militärkapellen bis zum Soldatengesang. Mit immer stärker hervortretenden repräsentativen Aufgaben betraut, zeigt die M. seit dem 17. Jh. eine zunehmende Annäherung an den Bereich der Kunstmusik, so etwa im Ersetzen der Pfeifer durch Oboisten, mit der seit dem 19. Jh. erhobenen Forderung der Beherrschung eines Streichinstruments durch die Militärmusiker oder der seit 1874 in Deutschland durchgeführten Ausbildung der M.meister an der Berliner Musikhochschule. Aus dem 19. Jh. datiert die Festlegung der ↑Harmoniemusik für die Infanterie, eine reine Blechbesetzung für Kavallerie und Artillerie (Trompeten) sowie Jäger (Waldhorn), wogegen seit 1935 die Fliegertruppe auch das Saxophon übernahm (seit 1845 bereits in der frz. Militärmusik; auch heute in der Bundeswehr).

Militärpolizei, Bez. für militär. Verbände mit polizeil. Funktionen; auch volkstüml. Bez. für die Feldjäger der Bundeswehr. Im anglo-amerikan. Bereich **Military Police** (Abk. MP).

Militärregierung, 1. im Völkerrecht die in einem besetzten Gebiet zur Wahrnehmung der hoheitsrechtl. Befugnisse und Ausübung der gesamten Staatsgewalt von der Besatzungsmacht eingesetzte oberste militär. Behörde; 2. allg. Bez. für eine aus Militärs bestehende Reg. (Militärjunta), die nach einem Militärputsch gebildet wurde und meist gegen oder ohne eine Verfassung regiert.

Militärseelsorge, Bez. für die seelsorger. Betreuung der Angehörigen des Militärs. - In der BR Deutschland wurde 1957 als Rechtsgrundlage der „Vertrag der EKD mit der BR Deutschland zur Regelung der ev. M." abgeschlossen, der sinngemäß im Zusammenhang mit Art. 27 des Reichskonkordats von 1933 auch auf die kath. M. Anwendung findet und auch auf andere Religionen ausgedehnt werden kann. Danach wird die M. von je einem vom Rat der EKD bzw. vom Papst ernannten Militärbischof geleitet. Ausführendes Organ ist das Ev. Kirchenamt für die Bundeswehr (EKA) unter einem Militärgeneraldekan bzw. das Kath. Militärbischofsamt für die Bundeswehr (KMBA) unter einem Generalvikar. Unter diesen versehen für jede Konfession etwa 140 haupt- und 80 (kath..: 40) nebenamtl. Militärgeistliche die M.; sie sind Zivilbeamte der Bundeswehr und sind den militär. Stellen auf Zusammenarbeit zugeordnet. Ihre Aufgaben sind kirchl. Verkündigung im soldat. Bereich, kirchl. und lebenskundl. Unterricht sowie persönl. Seelsorge für die zu ihrem Jurisdiktionsbereich gehörenden Soldaten und deren Angehörige.

Militärsoziologie, während des 2. Weltkrieges insbes. in den USA entwickelte soziolog. Sonderdisziplin, die prakt. nutzbare Forschungsergebnisse zum Problem der soziostrukturellen Voraussetzungen für die Stärkung militär. Kampfkraft sowie die Überprüfung bereits gewonnener Erkenntnisse über das Handeln von Menschen in „totalen" (d. h. bes. disziplinierten) Organisationen anstrebt.

Militärsport, i. w. S. alle Sportarten, die in militär. Verbänden betrieben werden; i. e. S. diejenigen Sportarten, die militär. Charakter tragen, z. B. *Biathlon* und der *militär. Fünfkampf,* der Gewehrschießen (20 Schuß auf 200 m Entfernung), 500-m-Lauf über 20 Hindernisse, Handgranatenweitwurf und -zielwurf, 50-m-Hindernisschwimmen sowie 8-km-Geländelauf umfaßt.

Militärstrafrecht ↑Wehrstrafrecht.

Militärwissenschaft, Wiss., die Disziplinen aus dem Bereich der Gesellschafts-, Natur- und techn. Wiss. in sich vereint (u. a. Militärgeographie, Militärmedizin, Kybernetik) sich mit der Entwicklung des Militär- und Kriegswesens und seiner Stellung im polit., wirtsch., sozialen und techn. Gesamtbereich befaßt.

Military [engl. 'mılıtərı „Militär(wettkampf)"], schwierige Vielseitigkeitsprüfung im Pferdesport; besteht aus den Disziplinen Dressurprüfung (auf einem Viereck von 20 × 60 m werden mindestens 16 Lektionen absolviert), Geländeritt (1. Wegestrecke I 4 800–7 200 m, 2. Rennbahnstrecke 3 500 m, 8–10 Sprünge, 3. Wegestrecke II 6 000–9 000 m, 4. Querfeldeinstrecke [Cross-Country-Strecke] 6 000–8 000 m, 25–35 Sprünge) und Jagdspringen (Parcourslänge 700–900 m, 10–12 Sprünge) an 3–4 aufeinanderfolgenden Tagen. Das Gesamtergebnis wird aus den Ergebnissen der Einzelprüfungen errechnet.

Military Police [engl. 'mılıtərı pə'liːs], Abk. MP, engl. Bez. für Militärpolizei.

Milium [lat. „Hirse"], Gatt. der Süßgräser mit mehreren Arten in Eurasien und Amerika; bis 1 m hohe Gräser mit einblütigen, in Rispen stehenden Ährchen; bei uns meist in Laubwäldern; bekannt ist das ↑Flattergras.

Miliz [zu lat. militia „Kriegsdienst, Gesamtheit der Soldaten"], im 17. und 18. Jh. svw. Heer, dann Bez. für Bürger-, Volksheer im Ggs. zum stehenden Heer; im 20. Jh. Bez. 1. für Streitkräfte, die in Friedenszeiten in einer zusammenhängenden [kurzen] Dienstzeit und period. Übungen für den Kriegsfall ausgebildet werden (z. B. in der Schweiz [↑Schweiz, polit. System]), 2. für Polizei- oder paramilitär. Verbände (bes. in kommunist. Staaten). - Ist die M. Teil der regulären Streitkräfte, gelten im Völkerrecht ihre Angehörigen als Kombattanten, ansonsten nur, wenn die M. den Bestimmungen der Haager Landkriegsordnung genügt.

Milizparlament, Bez. für ein Parlament, dessen Abg. nur nebenamtl. tätig sind und nur in jährl. mehreren kurzen Sessionen zusammentritt, z. B. die Schweizer Bundesversammlung. - ↑auch Schweiz (polit. System).

Miljukow, Pawel Nikolajewitsch, * Moskau 27. Jan. 1859, † Aix-les-Bains 31. März 1943, russ. Historiker und Politiker. - Lebte und lehrte (als Prof. für russ. Geschichte) 1897–1905 meist im Ausland; 1905 Mitbegr. und Vors. der Partei der Kadetten; nach der Februarrevolution 1917 Außenmin. der Provisor. Reg.; trat für die Fortsetzung des Krieges ein; emigrierte 1920 nach London, lebte ab 1921 als Publizist in Frankreich.

Mill, James, * North Water Bridge (Schottland) 6. April 1773, † Kensington (= London) 23. Juni 1836, brit. Philosoph und Historiker. - In Zusammenwirken mit J. Bentham neben diesem und seinem Sohn J. S. Mill Hauptvertreter des (engl.) Utilitarismus, dem M. erkenntnistheoret. eine Assoziationspsychologie zuordnet. In seiner Theorie der Volkswirtschaft zeigt sich M. v. a. von A. Smith und D. Ricardo beeinflußt.

M., John Stuart, * London 20. Mai 1806, † Avignon 8. Mai 1873, brit. Philosoph und Nationalökonom. - Sohn von James M.; Vertreter des sog. älteren Positivismus. 1865–68 Mgl. des Unterhauses. - In seinem „System der deduktiven und induktiven Logik" (1843) entwirft er eine allg. Methodologie der Wiss., mit dem Ziel, die ältere Logik so auszubauen, daß sie auch auf Politik und Soziologie anwendbar wird und dort zu ebenso exakten Voraussagen führt, wie sie Newtons Theorie für die Physik ermöglichte. Diesem Ziel dient die Entwicklung der sog. induktiven Logik, der Lehre von den richtigen Verallgemeinerungen aus genauest partikularen Analysen. - Seine Ethik, der *Utilitarismus*, mißt den moral. Wert einer Handlung an ihren Folgen; eine Handlung wird um so positiver bewertet, je mehr sie, mit alternativen Handlungsweisen verglichen, zur Förderung der allg. Glückseligkeit beiträgt. Mit seinem nationalökonom. Hauptwerk „Grundsätze der polit. Ökonomie" (1848) gilt er (teilweise) als letzter Vertreter der klass. Nationalökonomie.

   📖 *Köhler, W. R.: Zur Gesch. u. Struktur der utilitarist. Ethik. Ffm. 1979. - Ludwig, M.: Sozialethik des J. S. M. Zürich 1963. - Anschutz, R. P.: The philosophy of J. S. M. Oxford 1953.*

Mill., Abk. für: Million[en].

Millais, Sir (seit 1885) John Everett [engl. mɪ'leɪ], * Southampton 8. Juni 1829, † London 13. Aug. 1896, engl. Maler. - 1848 einer der Begründer der ↑Präraffaeliten, u. a. „Lorenzo und Isabella" (1848/49; Liverpool, Walker Art Gallery), „Christus im Hause seiner Eltern" (1849/50; London, Tate Gallery); später anekdot. Genremalerei und Bildnisse.

Milland, Ray[mond] [engl. 'mɪlənd], eigtl. Reginald Truscott-Jones, * Neath (bei Swansea, Wales) 3. Jan. 1908, † Torrance (Calif.) 10. März 1986, amerikan. Filmschauspieler und -regisseur. - Spielte in F. Langs „Ministerium der Angst" (1944), B. Wilders „Das verlorene Wochenende" (1945). Als Regisseur drehte M. u. a. „Safeknacker Nr. 1" (1958). - *Weitere Filme:* Der Mann mit den Röntgenaugen (1963), Frogs (1972).

Millar, Margaret [engl. 'mɪlə], geb. M. Sturm, * Kitchener (Ontario) 5. Febr. 1915, amerikan. Schriftstellerin kanad. Herkunft. - Seit 1938 ∞ mit Kenneth M. (Pseud.: Ross ↑Mac Donald). Verfaßte v. a. psycholog. Kriminalromane, u. a. „Ein Fremder liegt in meinem Grab" (1960), „Von hier an wird's gefährlich" (1970), „Fragt morgen nach mir" (1976), „Der Mord von Miranda" (1980).

Millay, Edna St. Vincent [engl. 'mɪlɛɪ], Pseud. Nancy Boyd, * Rockland (Maine) 22. Febr. 1892, † Farm Steepletop bei Austerlitz (N. Y.) 19. Okt. 1950, amerikan. Dichterin. - Schrieb Short stories und verfaßte Bühnenstücke; in ihrer Lyrik (v. a. in „Renascence", 1912) Neigung zum romant. Extravaganten.

Mille, Pierre [frz. mil], * Choisy-le-Roi bei Paris 27. Nov. 1864, † Paris 14. Jan. 1941, frz. Schriftsteller. - Gibt in seinen Romanen und Erzählungen iron.-heitere Sittenbilder aus den damaligen Kolonialgebieten.

Mille [lat.], Tausend (röm. Zahlzeichen: M).

Millefioriglas [italien./dt. „Tausendblumenglas"] (Mosaikglas), Glas, das aus verschiedenfarbigen, miteinander verschmolzenen Glasstäben entsteht, die, in Scheiben geschnitten, aneinandergesetzt und verschmolzen ein mosaikartiges Muster ergeben.

Millefleurs [mil'flø:r; frz. „tausend Blumen"], Bez. für Stoffe mit Streublumenmuster.

Mille Miglia [italien. 'mille 'miʎʎa „tausend Meilen"], von 1927 bis 1957 (mit Ausnahme der Zeit des 2. Weltkrieges) ausgetragenes größtes Langstreckenrennen für Sportwagen (Start und Ziel in Brescia).

Millennium [lat.], Jahrtausend; im Anschluß an Apk. 20, 2f. Zentralbegriff des ↑ Chiliasmus.

Miller, Arthur [engl. 'mɪlə], * New York 17. Okt. 1915, amerikan. Schriftsteller. - 1956–60 ∞ mit M. Monroe; 1965–69 Präs. des Internat. PEN-Clubs. Einer der führenden zeitgenöss. Bühnenautoren, der in seinen realist., zeit- und gesellschaftskrit. Dramen bes. der analyt. Methode Ibsens verpflichtet ist. „Alle meine Söhne" (1947) prangert das Kriegsgewinnlertum an; „Der Tod des Handlungsreisenden" (1949) zerstörte den Mythos vom „american way of life"; „Hexenjagd" (1953) macht Bezüge zu den Kommunistenverfolgungen McCarthys deutl. und überhöht sie ins Gleichnishafte; „Zwischenfall in Vichy" (1964) klagt faschist. Unmenschlichkeit an.

Weitere Werke: Nicht gesellschaftsfähig (Drehbuch-R., 1961), Nach dem Sündenfall (Dr., 1964), Die Erschaffung der Welt und andere Geschäfte (Kom., Uraufführung 1972; dt. Erstauff. 1974), Spiel um Zeit (Dr., 1981).

M., Glenn [engl. 'mɪlə], * Clarinda (Iowa) 1. März 1904, † bei Flugzeugabsturz zw. England und Frankr. 16. Dez. 1944, amerikan. Posaunist und Orchesterleiter. - Seit 1929 Posaunist in verschiedenen Orchestern des Chicagostils des Swing. Gründete 1937 eine eigene Band, in der er mit dem spezif. „G. M. Sound" (vier Saxophone und führende Klarinette) eine publikumswirksame Tanzmusik mit Jazzcharakter spielte. Im 2. Weltkrieg leitet M. eine Armee-Band.

M., Henry [engl. 'mɪlə], * New York 26. Dez. 1891, † Pacific Palisades (Calif.) 7. Juni 1980, amerikan. Schriftsteller und Maler. - Sohn eines Schneiders dt. Herkunft; schlug sich mit üblen. Gelegenheitsarbeiten durch; seit Mitte der 20er Jahre Schriftsteller; 1930–40 in Europa, v. a. in Paris, dann wieder in den USA. Vertreter eines extremen Individualismus von provozierender Aggressivität, dessen Werk fast ausschließl. eine permanente Spiegelung seiner individuellen Gefühlswelt darstellt. Die Glorifizierung des Sexus in seinen autobiograph. bestimmten Romanen und Erzählungen, in denen er sich stilist. zw. Realismus und teilweise surrealist. Visionen bewegt, ist als Teil seiner Bestrebungen zur Umwertung des traditionellen bürgerl.-puritan. Wertesystems der nordamerikan. Gesellschaft zu verstehen. Galt als Vorbild für die Beat generation und Hippies.

Werke: Wendekreis des Krebses (R., 1934), Schwarzer Frühling (En., 1934), Wendekreis des Steinbocks (R., 1939), The rosy crucifixion (R.-Trilogie, Bd. 1: Sexus, 1945; Bd. 2: Plexus, 1949; Bd. 3: Nexus, 1957), Das Lächeln am Fuße der Leiter (1948, zus. mit J. Miró), Big Sur und die Orangen des Hieronymus Bosch (autobiograph. Idylle, 1955), Stille Tage in Clichy (R., 1966), Mein Leben und meine Welt (1972), Insomnia oder Die schönen Torheiten des Alters (1974).

Henry Miller

M., Jacques Francis Albert Pierre [engl. 'mɪlə], * Nizza 2. April 1931, austral. Pathologe. - Arbeitet v. a. über die Funktion des Thymus; wies als erster nach, daß die thymusabhängigen Lymphozyten (T-Zellen) wesentl. an der Antikörpersynthese durch Knochenmarklymphozyten beteiligt sind.

M., Joaquin [engl. 'mɪlə], eigtl. Cincinnatus Hiner (oder Heine) M., * bei Liberty (Ind.) 8. Sept. 1837, † Oakland (Calif.) 17. Febr. 1913, amerikan. Schriftsteller. - Führte ein abenteuerl. Leben (u. a. in den Goldminen Kaliforniens). Zeitungsherausgeber in Oregon, unternahm Weltreisen und stand in Verbindung mit vielen literar. Kreisen. Verfaßte den Westen der USA glorifizierende Lyrik und Prosaschriften.

M., Oskar von ['- -], * München 7. Mai 1855, † ebd. 9. April 1934, dt. Techniker. - Mit E. Rathenau gründete er die „Dt. Edison-Gesellschaft für angewandte Elektrizität" (später AEG). 1891 gelang ihm erstmals die Drehstromübertragung (Lauffen am Neckar–Frankfurt am Main; rd. 180 km). 1918–24 erbaute M. das Walchenseekraftwerk. Das Deutsche Museum von Meisterwerken der

Naturwiss. und Technik in München geht auf Millers Initiative zurück.

M., Stanley Lloyd [engl. 'mɪlə], *Oakland (Calif.) 7. März 1930, amerikan. Biochemiker. - Machte 1953 zus. mit H. ↑Urey Experimente zur Entstehung des Lebens.

Millerand, Alexandre [frz. mil'rã], *Paris 10. Febr. 1859, †Versailles 6. April 1943, frz. Jurist und Politiker. - Seit 1885 sozialist. Abg.; 1899–1902 Handelsmin.; wandte sich nach seinem Ausschluß aus der Partei (1905) der Rechten zu; 1909/10 Postmin. und Min. für öffentl. Arbeiten, 1912/13 und 1914/15 Kriegsmin., 1919/20 Generalkommissar für Elsaß-Lothringen; 1920 als Min.präs. und Außenmin. getragen vom Bloc national, den er 1920–24 als Präs. der Republik unterstützte; danach im Senat Führer der Rechten.

Millet, Jean-François [frz. mi'lɛ, mi'jɛ], *Gruchy bei Gréville-Hague (Manche) 4. Okt. 1814, †Barbizon 20. Jan. 1875, frz. Maler und Zeichner. - Schüler von P. Delaroche in Paris. Etwa 1845 wandte sich M. bäuerl. Motiven zu („Der Getreideschwinger", 1848; „Die Binder", 1850; beide Paris, Louvre). 1849 zog er nach Barbizon und lernte T. Rousseau kennen. Malte in mattem, bräunl. Kolorit realist. Bilder von schweigsamen Menschen bei schwerer Landarbeit in der freien Natur, auch bei der Rast, beim Gebet. Seine Bilder wurden z. T. auch als soziale Anklage verstanden. - *Weitere Werke:* Ährenleserinnen (1857; Paris, Louvre), Angelus (1858/59; Paris, Louvre), Mann mit der Hacke (1863; ehem. San Francisco, Privatsammlung).

Milli... [lat.], Vorsatz vor physikal. Einheiten, Vorsatzzeichen m; bezeichnet das 10^{-3}fache (den 1 000. Teil) der betreffenden Einheit; z. B. 1 mV = 0,001 V.

Milliarde [lat.-frz.], Abk. Md. oder Mrd.; tausend Millionen, 10^9; in den USA, Frankr. und der UdSSR Billion genannt.

Millibar, Einheitenzeichen mbar, der 1 000. Teil der Druckeinheit ↑Bar: 1 mbar = 0,001 bar.

Milligramm, Einheitenzeichen mg, der 1 000. Teil der Masseneinheit Gramm: 1 mg = 0,001 g.

Milligrammprozent, Zeichen mg-%, Kurzbez. für Milligramm einer gelösten Substanz pro 100 Gramm eines Lösungsmittels, einer Lösung.

Millikan, Robert Andrews [engl. 'mɪlɪkən], *Morrison (Ill.) 22. März 1868, †Pasadena (Calif.) 19. Dez. 1953, amerikan. Physiker. - Prof. in Chicago und Pasadena. M. ermittelte 1909–13 erstmals genaue experimentelle Werte der Elementarladung (↑Millikan-Versuch) und bestätigte 1912–15 die Gültigkeit der Einstein-Gleichung beim Photoeffekt, wobei er den Wert des Planckschen Wirkungsquantums genau bestimmen konnte. Nobelpreis für Physik 1923.

Millikan-Versuch [engl. 'mɪlɪkən] ([Millikansche] Öltröpfchenmethode), ein erstmals von R. A. Millikan durchgeführtes Experiment zum Nachweis und zur direkten Messung der elektr. ↑Elementarladung. Elektr. geladene, sehr kleine Öltröpfchen werden von der elektr. Kraft F im Feld eines Plattenkondensators entgegen der Gewichtskraft G in der Schwebe gehalten. Mit der Kondensatorspannung U_K und der Masse der Tröpfchen läßt sich deren elektr. Ladung bestimmen. Durch eine große Anzahl von wiederholten Messungen kommt man zum Ergebnis, daß alle ermittelten Werte für die Ladung der Öltröpfchen Vielfache einer kleinsten Ladung, der Elementarladung e, sind. - Abb. S. 272.

Milliliter, Einheitenzeichen ml, der 1 000. Teil von einem Liter: 1 ml = 0,001 l.

Millimeter, Einheitenzeichen mm, der 1 000. Teil von einem Meter: 1 mm = 0,001 m.

Millimeterpapier, für graph. Darstellungen verwendetes Zeichenpapier mit einem aufgedruckten Netz zweier sich rechtwinklig schneidender Geradenscharen; Abstand der einzelnen Geraden jeweils 1 mm.

Millimeterwellen ↑Mikrowellen.

Million [lat.-italien., eigtl. „Großtausend"], Abk. Mill. oder Mio., 1 000 000 = 10^6.

Millöcker, Karl, *Wien 29. April 1842, †Baden bei Wien 31. Dez. 1899, östr. Komponist. - Einer der bedeutendsten Vertreter der klass. Wiener Operette; u. a. „Gräfin Dubarry" (1879), „Der Bettelstudent" (1882), „Gasparone" (1884), „Der arme Jonathan" (1890).

Millonsche Base [frz. mi'jõ; nach dem frz. Pharmazeuten A. N. E. Millon, *1812, †1867] ↑Neßlers Reagenz.

Millons Reagenz [frz. mi'jõ; nach dem frz. Pharmazeuten A. N. E. Millon, *1812, †1867], zum Nachweis von Eiweiß verwendete Lösung von Quecksilber(II)-nitrat in konzentrierter Salpetersäure; ergibt einen rosa bis dunkelroten Niederschlag.

Mills, Charles Wright, *Waco (Tex.) 28. Aug. 1916, †New York 20. März 1962, amerikan. Soziologe. - Ab 1946 Prof. an der Columbia University; analysierte die Widersprüche zw. der amerikan. Freiheits- und Gleichheitsideologie einerseits und der polit. und sozialen Realität in den USA andererseits.

M., Sir (seit 1976) John, eigtl. Lewis Ernest Watts, *Felixstowe (Suffolk) 22. Febr. 1908, brit. Schauspieler. - Seit 1938 u. a. am Old Vic Theatre; seit 1939 einer der erfolgreichsten brit. Stars, bes. in Kriegs- und Abenteuerfilmen sowie in Literaturverfilmungen wie „Geheimnisvolle Erbschaft" (1946, nach C. Dickens). - *Weitere Filme:* Letzte Grüße von Onkel Joe (1966), Ryans Tochter (1971), Oklahoma Crude (1973), Ghandi (1982).

Millstatt, östr. Ort am N-Ufer des Millstätter Sees, Kärnten, 3 100 E. Fremdenverkehr. - Als **Milistat** im frühen 11. Jh. erstmals

Millstätter See

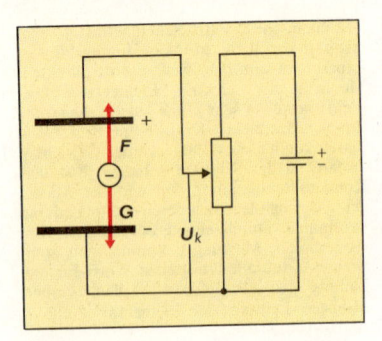

Millikan-Versuch

erwähnt; Gründung eines Benediktinerklosters zw. 1060/77; nach dessen Aufhebung (1469) Sitz des östr. Georgsordens (bis 1479); 1602 von den Jesuiten übernommen, 1773 säkularisiert. - Ehem. roman. Stiftskirche mit spätgot. Gewölben und Chorschlüssen und Weltgerichtsfresko; Hochmeisterschloß (1499; heute Hotel).

Millstätter See, See im westl. Kärnten, 588 m ü. d. M., 11 km lang, 1,5 km breit, bis 140 m tief; Fremdenverkehr.

Milne, Alan Alexander [engl. mıln], *London 18. Jan. 1882, †Hartfield (Sussex) 31. Jan. 1956, engl. Schriftsteller und Journalist. - 1906–14 Hg. des „Punch"; Verf. humorvoller Essays und pointenreicher Lustspiele. Bes. Erfolg hatten seine Kinderbücher, z. B. „Pu der Bär" (1926), „Wiedersehen mit Pu" (1928, dt. ab 1961 u. d. T. „Pu baut ein Haus").

Milner, Alfred Viscount (seit 1902) [engl. 'mılnə], *Gießen 23. März 1854, †Sturry Court bei Canterbury 13. Mai 1925, brit. Politiker. - 1897 Oberkommissar für Südafrika und Gouverneur der Kapkolonie, trug zum Ausbruch des Burenkriegs bei; von Lloyd George 1916 in das engere Kriegskabinett berufen, 1918/19 Kriegs-, 1919–21 Kolonialmin.; setzte die Ablösung des brit. Protektorats über Ägypten durch.

Milo, Titus Annius, *Lanuvium 95 v. Chr., †Compsa (im Gebiet der Hirpiner) oder Cosa (Etrurien) 48, röm. Politiker. - 55 Prätor; organisierte als Anhänger der Optimaten mit Hilfe eigener Banden Straßenkämpfe gegen Pulcher Clodius; mußte 51 trotz der Verteidigung durch Cicero nach Massilia ins Exil gehen; wurde bei dem Versuch gewaltsamer Rückkehr getötet.

Milon von Kroton, griech. Athlet um 500 v. Chr. - Berühmtester Athlet des Altertums; von sprichwörtl. Stärke; vielfacher Sieger im Ringkampf bei Festspielen, u. a. sechsmal in Olympia.

Milos, griech. Insel der Kykladen, 151 km², bis 773 m hoch, Hauptort Milos. Abbau von Schwefel, Mangan- und Bleierzen. - Melos hatte seit der frühen Bronzezeit wegen der Obsidianvorkommen große Bed.; Fundort der Venus von Milo.

Miloš Obrenović [serbokroat. 'mıloʃ ɔ,brɛːnovitɕ], eigtl. M. Teodorović, *Dobrinja (Serbien) 18. März 1780, †Topčider bei Belgrad 26. Sept. 1860, Fürst von Serbien (1815/17–39 und seit 1858). - Begr. der Dyn. Obrenović; 1815 Führer des serb. Aufstandes gegen die Osmanen; 1817 zum erbl. Fürsten gewählt, 1830 erreichte er von der osman. Reg. die Garantie der serb. Autonomie; 1839 zur Abdankung gezwungen, jedoch 1858 zurückberufen.

Miłosz, Czesław [poln. 'miu̯ɔʃ], *Seteiniai (Litauen) 30. Juni 1911, poln. Dichter. - Emigrierte 1951 nach Frankr.; seit 1960 Prof. für Slawistik in Berkeley. Bed. Lyriker, Romancier („Das Gesicht der Zeit", 1955; „Tal der Issa", 1955), Essayist („Verführtes Denken", 1953; „Das Zeugnis der Poesie", dt. 1984); Nobelpreis für Literatur 1980.

Milreis [portugies.], Geldeinheit zu 1 000 Reis († Real); in Portugal 1854–1911 Grundlage der Goldwährung (= 1,625 g Feingold), dann abgelöst durch den † Escudo.

Milspe † Ennepetal.

Milstein, César, *Bahía Blanca (Provinz Buenos Aires) 8. Okt. 1927, argentin. Immunologe. - Forschungen über Antikörperstruktur und die Produktion monoklonaler Antikörper; erhielt dafür 1984 zus. mit G. F. K. Köhler und N. K. Jerne den Nobelpreis für Physiologie oder Medizin.

M., Nathan, *Odessa 31. Dez. 1904, amerikan. Violinist russ. Herkunft. - Lebt seit 1929 in den USA, von wo aus er als einer der bedeutendsten Violinvirtuosen der Gegenwart weltweite Konzertreisen unternimmt.

Miltenberg, bayr. Krst. im Maintal zw. Odenwald und Spessart, 129 m ü. d. M., 9 200 E. Museum; holzverarbeitende u. a. Ind.; Fremdenverkehr. - Als Burgsiedlung der Erzbischofs von Mainz entstanden, 1226 erstmals gen.; vor 1285 Stadtrecht; besaß bis 1643 Münzrecht. - Oberhalb der Stadt liegt die Mildenburg (13.–15. Jh.); zahlr. Fachwerkhäuser (15.–17. Jh.). - Bei M. erreichte der Mitte des 2. Jh. errichtete sog. „vordere Limes" den Main; er wird hier durch 2 röm. Kastelle (M.-Ost und M.-West) geschützt.

M., Landkr. in Bayern.

Miltiades, *um 540, †Athen um 489, griech. Staatsmann und Feldherr. - Seit etwa 516 Tyrann auf der Thrak. Chersones. Nach dem Scheitern des Ion. Aufstandes floh er 494 nach Athen. Als Stratege bestimmte M. den Verlauf der Schlacht von Marathon (490); starb nach dem Scheitern eines Unternehmens gegen die Insel Paros im Gefängnis.

Miltitz, Karl von (K. von Miltitz), *Rabenau (?) um 1490, †bei Groß-Steinheim (= Hanau) 20. Nov. 1529 (ertrunken), dt. päpstl. Diplomat. - Sollte 1518 im Auftrag Papst Leos

X. bei Kurfürst Friedrich III., dem Weisen, die Auslieferung Luthers erreichen, versuchte jedoch selbständig zu vermitteln.

Milton, John [engl. 'mɪltən], * London 9. Dez. 1608, † ebd. 8. Nov. 1674, engl. Dichter. - Sohn eines Notars; 1638/39 Reisen nach Frankr. und Italien, traf u. a. H. Grotius und Galilei; kämpfte während des engl. Bürgerkriegs auf Seiten des Parlaments; forderte in zahlr. Schriften u. a. die Demokratisierung der Kirche, eine allseitige, praxisbezogene Erziehung („Von der Erziehung", 1644), Pressefreiheit („Aeropagitica", 1644) und das Recht der Ehescheidung. Unter Cromwell 1649-60 Staatssekretär im außenpolit. Amt; war für eine Blockbildung der europ. protestant. Staaten gegen Habsburg; nach Rückkehr der Stuarts kurze Zeit gefangengesetzt; lebte dann, vereinsamt und erblindet, nur noch seinem literar. Schaffen. Das Hauptwerk von M., der als bedeutendster Dichter Englands nach Shakespeare gilt, ist das 10 565 Blankverse umfassende epochale puritan. Menschheitsepos „Paradise lost" (10 Bücher, 1667; 1674 auf 12 Bücher erweitert, dt. 1682 u. d. T. „Das Verlustigte Paradeis", 1855 u. d. T. „Das verlorene Paradies"), das die Schöpfung des Menschen und den Sündenfall behandelt und durch seine kühnen allegor. Bilder bes. auf Klopstock und die ganze engl. Romantik gewirkt hat; 1671 fortgesetzt mit dem Epos „Paradise regained" (4 Bücher, dt. 1752 u. d. T. „Wiedererobertes Paradies"). Als Dramatiker trat M. mit dem frühen Maskenspiel „Comus" (1634) und dem bibl. Lesedrama mit autobiograph. Hintergrund „Samson Agonistes" (1671) hervor. Verfaßte auch meisterhafte Sonette.

Miltonia [nach dem brit. Politiker C. W. W. Fitzwilliam, Viscount Milton, * 1786, † 1857], Gatt. epiphyt. lebender Orchideen mit rd. 20 Arten in Brasilien und Kolumbien; beliebte Zierpflanzen.

Milva, eigtl. Maria **Ilva** Biolcati, * Goro bei Ferrara 17. Juli 1939, italien. Schlager- und Chansonsängerin. - Hatte großen Erfolg als Schlagersängerin („Tango italiano"), später auch mit Songs von B. Brecht, K. Weill und H. Eisler.

Milvische Brücke (lat. Milvius Pons; heute Ponte Molle), Tiberbrücke der Via Flaminia; 109 v. Chr. in Stein aufgeführt. Bekannt durch den Sieg Konstantins I., d. Gr., über Maxentius (28. Okt. 312).

Milwaukee [engl. mɪl'wɔːkɪ], Stadt am W-Ufer des Michigansees, Bundesstaat Wisconsin, 180 m ü. d. M., 1,2 Mill. E (Metropolitan Area). Sitz eines kath. Erzbischofs und eines anglikan. Bischofs; 2 Univ. (seit 1864 bzw. 1956), theolog. Seminar, Colleges; histor.-ethnolog. Museum; Handelszentrum; Maschinen-, Geräte- und Fahrzeugbau, chem. und Textilind., Brauereien; Hafen. - Entstand 1839 durch Zusammenschluß verschiedener Dörfer; starke dt. Einwanderung, v. a. nach der Revolution von 1848, wodurch v. a. das Bild der nördl. Stadtviertel bis zum 1. Weltkrieg geprägt wurde; Einwanderer aus Polen nach 1900 prägten die südl. Stadtbezirke.

Milz [zu althochdt. milzi, eigtl. „die Auflösende" (nach ihrer vermeintl. Funktion bei der Verdauung)] (Lien, Splen), hinter oder in der Nähe des Magens liegendes größtes lymphat. Organ der Wirbeltiere und des Menschen. Beim Menschen liegt sie links seitl. des Magens im oberen Bauchraum entlang der 9. bis 11. Rippe, ist weich, faustgroß, blaurot und hat die Form einer Bohne. Bei einer Länge von 10-12 cm und einer Breite von 6-8 cm wiegt sie 150-200 g. Sie besteht aus einer von Bauchfell überzogenen, von glatten Muskelfasern durchsetzten Bindegewebskapsel, von der sich von der Gefäßpforte (Hilus) aus ein Trabekelwerk ins Innere erstreckt („Milzbälkchen", zahlr. verästelte und untereinander verbundene Fasern, die ins M.innere ziehen und als Stützgerüst dienen). Zw. die Trabekeln ist das weiche, bluterfüllte, rote M.gewebe (M.parenchym, *rote Pulpa*) eingelagert, das von vielen als weiße Pünktchen erscheinenden Lymphknötchen *(Milzknötchen)* durchsetzt ist, die zus. die weiße Pulpa ergeben. *Funktion:* Bildung weißer Blutkörperchen, Bildung von Antikörpern bei schweren Infektionskrankheiten (durch die starke Beanspruchung ist die M. stark angeschwollen), Abbau von roten Blutkörperchen (auch bei Krankheiten mit verstärktem Blutabbau, z. B. Malaria, ist die M. geschwollen), Bildung von Blut während der Embryonalzeit. - Die M. ist nicht unbedingt lebensnotwendig. Nach ihrer operativen Entfernung übernehmen die anderen lymphat. und retikulären Organe des Organismus (Leber, Knochenmark, Lymphknoten) ihre Funktion. Da die M. einen offenen Blutkreislauf hat, sind Verletzungen der M. nicht heilbar; es besteht die Gefahr des Verblutens. Kontraktionen der M. bei vermehrtem plötzl. Sauerstoffbedarf können **Seitenstechen** *(Milzstechen)* bewirken.

📖 *Strasser, B. M., u. a.:* Die M. Funktion, Erkrankungen, Chirurgie und Replantation. Stg. 1986. - *Seufert, M.:* Chirurgie der M. Stg. 1983.

Milzbrand (Anthrax), gefährl., anzeigepflichtige infektiöse Tierkrankheit mit Fieber, Schüttelfrost, Koliken und Atemnot bei Warmblütern (v. a. bei Pflanzenfressern und Schweinen). Erreger ist der † Milzbrandbazillus. Die bei Tieren häufigste Form des M. ist der *Darm-M.* mit typ. vergrößerter, schwarzroter Milz. - M. kann u. a. durch Futter, Tränke, Insekten auf den *Menschen* übertragen werden. Auch die Inhalation von M.sporen (Infektionsquellen sind u. a. Felle, Haare, Borsten) kann selbst noch nach Jahrzehnten zum M. führen. M. tritt bes. bei Flei-

Milzbrandbazillus

schern, Tierärzten, Hirten und Gerbern durch die Infektion von Hautwunden (*Hautmilzbrand* mit bläul.-schwärzl. Karbunkeln) auch als Berufskrankheit auf. - Zur Behandlung werden hohe Dosen Penicillin oder Breitbandantibiotika gegeben.

Milzbrandbazillus (Bacillus anthracis), einziger menschenpathogener Vertreter der Gatt. Bacillus, Erreger des Milzbrands beim Menschen und bei fast sämtl. Warmblütlern. Aerobes, grampositives Stäbchen mit konkav eingewölbten Enden und jahrelang infektiösen Sporen.

Milzentzündung (Lienitis, Splenitis), entzündl. Milzerkrankung bei fieberhaften Allgemeininfektionen.

Milzerkrankungen, traumat. bedingte (Milzriß) oder im Rahmen anderer Erkrankungen (Sepsis, Arteriosklerose, Herzklappenentzündung, Entzündung von Nachbarorganen) auftretende Affektionen der Milz; eigenständige M. sind selten.

Milzfarn, svw. ↑Schriftfarn.

Milzkraut (Chrysosplenium), Gatt. der Steinbrechgewächse mit rd. 50 Arten, v. a. in O-Asien; rasenbildende, niedrige Stauden mit runden bis nierenförmigen Blättern und kleinen, grünlichgelben Blüten. In M-Europa kommen die Arten **Wechselblättriges Milzkraut** (Chrysosplenium alternifolium) und **Gegenblättriges Milzkraut** (Chrysosplenium oppositifolium) vor.

Mimamsa [Sanskrit „Erörterung"], eines der sechs klass. Systeme der ↑indischen Philosophie.

Mimas [nach einem Giganten der griech. Sage], ein Mond des Saturn, mittlere Entfernung vom Saturnmittelpunkt 185 600 km, Umlaufszeit 0,941 d, Durchmesser 392 km.

Mimbar ↑Minbar.

Mimbreskultur, indian. Kultur im SW der USA (1 100–1 300), ben. nach dem Mimbres River, New Mexico; Teil der Mogollonkultur mit starken Einflüssen der Anasazitradition; berühmt durch ihre schwarz auf weiß bemalte Keramik.

Mime [griech.-lat.], Schauspieler (oft scherzhaft).

Mimese [zu griech. mímēsis „Nachahmung"], Nachahmung von belebten oder unbelebten Gegenständen durch Tiere (bes. Insekten), die die Tiere davor schützt, als Beute erkannt und gefressen zu werden, und im Unterschied zur ↑Mimikry nicht abschreckend wirkt. Man unterscheidet *Phyto-M.* (Nachahmung von Pflanzenteilen), *Zoo-M.* (Nachahmung von anderen Tieren) und *Allo-M.* (Nachahmung von unbelebten Umweltgegenständen).

Mimesis [griech. „Nachahmung"], zunächst Bez. für den Text, Gestus, Rhythmik und Musik vereinigenden kult. Tanz; dann Begriff der antiken Philosophie, Kunsttheorie und Rhetorik zur Charakterisierung des künstler. Schaffens als Nachahmung der Natur (d. h. als Wirklichkeit). Bei Platon und den Platonikern sind allein die Ideen im eigtl. Sinn wirkl., die Einzeldinge haben nur insofern an der Realität teil und sind nur insofern erkennbar, als sie Nachahmungen, Abbilder der Ideen sind. Für Aristoteles ist M. jedoch nicht nur Nachahmung, sondern zugleich auch antizipator. Darstellung (Präsentation) idealer Situationen, Lebensweisen und -haltungen. Hieran knüpft B. Brechts Konzeption des ep. Theaters an, nach der M. keine Illusion von Wirklichkeit schaffen, sondern eine künstler. verdichtete Nachahmung wirklicher Ereignisse sein soll.

Mimik [griech.], Mienenspiel und auch die zugehörige Gebärdensprache, v. a. der bewußt gemachte Gesichtsausdruck.

Mimikry [...kri; griech.-engl., eigtl. „Nachahmung"], bei wehrlosen Tieren bes. Form der Schutzanpassung, die (im Unterschied zur ↑Mimese) durch Nachahmung von auffälligen Warntrachten durch täuschende Ähnlichkeiten mit wehrhaften oder widerl. schmeckenden Tieren abschreckend auf andere Tierarten wirkt.
◆ übertragen svw. Anpassung.

Mimir (Mimr, Mimi), Gestalt der german. Mythologie mit nicht eindeutig geklärten Zügen. Hüter einer Quelle, durch deren Wasser man Weisheit und Verstand gewinnt.

mimisch, die Mimik, den Mimen betreffend; schauspielerisch.

Mimnermos von Kolophon, griech. Dichter um 600 v. Chr. - Wurde von den Alexandrinern für den Begründer der von ihnen bes. gepflegten erzählenden Elegie gehalten; bekannt sind seine Elegien auf die angebl. Geliebte Nanno.

Mimose [griech.], (Mimosa) svw. ↑Sinnpflanze.
◆ volkstüml. Bez. für einige Arten der Akazie.

Mimosengewächse (Mimosaceae), Fam. der Hülsenfrüchtler mit rd. 2 000 Arten in den Tropen und Subtropen; Sträucher oder Bäume, selten Kräuter mit meist doppelt gefiederten Blättern; die Blüten stehen meist in dichten Köpfchen oder in ährenartigen Trauben. Bekannte Gatt. sind ↑Akazie und ↑Sinnpflanze.

Mimus (Mimos) [griech.], unliterar. Form der Darstellung von kom. Alltagsszenen; als Bez. um 300 v. Chr. von Sophron in Sizilien geprägt. Entwickelte sich neben der antiken Komödie als eigene kom. Gattung; gespielt wurden (ohne Maske und Kothurn, mit männl. und weibl. Darstellern, häufig auf Jahrmärkten) Szenen wie „Der ertappte Dieb", „Der ausgesperrte Liebhaber", auch Karikaturen des polit. Lebens. Durch Herodas von Kos und Theokrit wurde der M. zur literar. Form.

Mimusops [griech.], Gatt. der Seifenbaumgewächse mit 30 Arten in Afrika und

Asien; bekannt sind *M. elengi*, ein in Indien heiliger Baum, sowie Arten, die Nutzhölzer (Massaranduba, Makoré) und Milchsaft (Balata) liefern.

min, Einheitenzeichen für die Zeiteinheit Minute.

Mina, Al [arab. „der Hafen"], Name vieler neuangelegter Vor- und Entlastungshäfen bei alten Hafenstädten im arab. Raum, z. B. **Mina Abd Allah** (Erdölexporthafen am Pers. Golf, im südl. Kuwait).

Minahasser, altmalaiische Bev. im nö. Teil der nördl. Halbinsel von Celebes.

Minamata-Krankheit [jap./dt.], schwere chron. Quecksilbervergiftung; zuerst bei Anwohnern der Minamatabucht (Kiuschu) aufgetreten; auf Rückstände organ. Quecksilberverbindungen in Speisefischen zurückzuführende Krankheit mit Nervenschädigungen (Seh-, Gehör-, Koordinationsstörungen), Wachstumsbehinderung und spast. Muskeldeformitäten.

Minamoto, seit 814 Name einer der mächtigsten Fam. des jap. MA, hervorgegangen aus in den Untertanenstand versetzten Kaisersöhnen. Die Fam. gliederte sich in verschiedene Zweige, aus denen später die Schogune der Aschikaga und Tokugawa hervorgingen. Bed. v. a.:

M. no Joritomo, * Kioto (?) 1147, † Kamakura 9. Febr. 1199, jap. Schogun (seit 1192). - Urheber des Bürgerkrieges 1180-85; errichtete eine Nebenreg., der sich auch der Kaiserhof beugen mußte.

M. no Schitago, * Kioto 911, † ebd. 983, jap. Dichter und Gelehrter. - Wird zu den 36 großen jap. Dichtern gezählt. Vollendete um 930 das älteste (klassifizierte) chin.-jap. Wörterbuch, bearbeitete das „Manioschu", schrieb in chin. Sprache Poesie und Prosa.

Minangkabau, jungmalaiisches Volk mit etwa 5 Mill. Angehörigen im Padanghochland M-Sumatras, Indonesien.

Minarett [zu arab. manara, eigtl. „Platz, wo dem Feuer oder Licht ist"], Moscheeturm, auf dem der Muezzin die Gebetszeit ausruft; seit Anfang des 8. Jh. wesentl. Bestandteil der Moschee. In Ägypten, NW-Afrika und Spanien herrschen quadrat. Grundrisse vor, in Iran und Irak achteckige oder runde, in Iran und Zentralasien werden Doppeltürme bevorzugt, die osman. Moschee ist durch vier bis sechs M. mit „Bleistiftspitze" gekennzeichnet.

Minas, Hauptstadt des Dep. Lavalleja, Uruguay, 35 000 E. Kath. Bischofssitz; Theater, Bibliothek; Nahrungsmittelind., Fremdenverkehr; Endpunkt der Bahnlinie von Montevideo. - Gegr. 1783.

Minas Gerais [brasilian. ˈminaʒ ʒeˈrajs], brasilian. Bundesstaat im O des Brasilian. Berglands, 587 172 km², 14,6 Mill. E (1983), Hauptstadt Belo Horizonte. Umfaßt im O die kristalline Randaufwölbung des Brasilian. Berglandes, die nach W in eine rd. 800 m

Mimese. Die südeuropäische Nasenschrecke (Truxalis nasuta) ist kaum von einem Grasblatt zu unterscheiden

Mimikry. Der wie eine Hornisse aussehende Hornissenglasflügler (Algeria apiformis)

ü. d. M. gelegene Rumpffläche übergeht. Bed. Landw. in der urspr. mit Wald bestandenen Zone des südl. M. G.; Anbau von Kaffee, Mais, Bohnen, Maniok, Tabak, Obst, Reis und Zuckerrohr; bedeutendste Viehzucht sowie bestentwickelte Milchwirtschaft Brasiliens. Sehr reiche Bodenschätze, insbes. Abbau von Eisenerzen, außerdem Manganerzen und Bauxit. - Erste Erschließung durch Gold- und Diamantensucher seit Beginn des 18. Jh.

Minatitlán, mex. Stadt auf der Landenge von Tehuantepec, Hafen am Río Coatzacoalcos, 64 m ü. d. M., 113 000 E. Erdölförderung und -raffinerie; Düngemittelfabrik; Schwefelgewinnung, Bahnendpunkt.

Minbar [arab., eigtl. „Thron"] (Mimbar), Kanzel der Freitagsmoschee (Dschami), auf der der Kultleiter (Chatib) steht, eine erhöhte Plattform rechts von der Gebetsnische (Mihrab), in der Regel überdacht; urspr. aus Holz, später in Stein gearbeitet.

Mindanao, zweitgrößte der philippin. Inseln, zw. Pazifik, Celebessee und Sulusee, 94 630 km², rund 8 Mill. E. Den Kern bildet ein Bergland mit dem 2 954 m hohen Apo.

Mindanaosee

Getrennt durch einen Grabenbruch verläuft entlang der stark gegliederten O-Küste ein Gebirge mit Höhen bis etwa 2 800 m, während sich im SW ein durch Becken gegliedertes Bergland anschließt. Die Jahresniederschlagsmenge liegt bei etwa 3 000 mm und mehr in den Gebirgen. Trop. Monsunwald bedeckt den größten Teil der Insel. Auf M. finden sich bed. Eisen- und Kupfererz- sowie Steinkohlenvorkommen; Goldgewinnung. Angebaut werden Reis, Mais und Faserbananen; entlang der Küste Kokospalmenpflanzungen. M. ist in weiten Teilen noch unerschlossen und nur dünn besiedelt.

Mindanaosee, Teil des Australasiat. Mittelmeers zw. den philippin. Inseln Mindanao, Negros, Cebu, Bohol und Leyte.

Mindel, rechter Nebenfluß der Donau, entsteht bei Mindelheim (zwei Quellflüsse), mündet bei Gundremmingen, 75 km lang.

Mindeleiszeit [nach dem Fluß Mindel], drittletzte pleistozäne Vereisung der Alpen.

Mindelheim, bayr. Krst. auf der Iller-Lech-Platte, 607 m ü. d. M., 12 000 E. Verwaltungssitz des Landkr. Unterallgäu, Heimatmuseum; Metall-, Textil-, Lederind., Herstellung von Möbeln und Schmuckwaren; Fremdenverkehr. - 1046 erstmals gen.; vor 1256 Stadt. Baroke Jesuitenkirche (17. Jh.); Reste des Mauergürtels mit Obertor (14. Jh.); südl. von M. die Mindelburg (14. Jh.).

Mindelo [portugies. min'delu], größte Stadt der Kapverd. Inseln, an der N-Küste von São Vicente, 36 700 E (1980).

Minden, Krst. am Kreuzungspunkt von Weser und Mittellandkanal, NRW, 44–65 m ü. d. M., 75 500 E. Verwaltungssitz des Kr. M.-Lübbecke; Bundesbahn-Zentralamt, Bundesanstalt Techn. Hilfswerk, Wasser- und Schiffahrtsamt; bed. Schulstadt mit Fachhochschulabteilung; Museen, Stadttheater. Textil-, chem., keram. Ind., Filterherstellung, Maschinenbau, Schiffswerft u. a. Ind.zweige; Häfen am Mittellandkanal und an der Weser; ⚓. - 798 als Minda erstmals erwähnt; wurde in der 2. Hälfte des 11. Jh. Stadt; Mgl. des Rhein.-Westfäl. Städtebundes und der Hanse; bildete im 13. Jh. eine Ratsverfassung aus. Die im 16./17. Jh. ausgebauten und nach Schleifung (1763) ab 1816 neu angelegten Befestigungen machten M. zu einer bed. Festung. 1719–1807 Sitz der gemeinsamen Behörden für die Gebiete von Minden und Ravensberg, 1816–1947 Sitz eines Reg.-Bez. - Der roman.-frühgot. Dom (13. Jh.) mit spätkaroling.-otton. Westwerk wurde nach Beschädigung im 2. Weltkrieg wiederhergestellt. Got. sind die Sankt-Marien-Kirche und die Sankt-Martini-Kirche; Rathaus (Erdgeschoß mit Laubengang 13. Jh.; Obergeschoß 17. Jh.); Bauten der Weserrenaissance.

M., nach 800 gegr. ehem. (1648 erloschenes) Bistum (später Fürstbistum), beiderseits der mittleren Weser. Blütezeit 11.–13. Jh.; kam im 16. Jh., früh von der Reformation erfaßt, an die Welfen, die das Hochstift 1648 als Ft. an Brandenburg abtreten mußten.

Minden-Lübbecke, Kreis in NRW.

Minder, Robert, * Wasselnheim (= Wasselonne) bei Straßburg 23. Aug. 1902, † in einem Zugabteil bei Cannes 10. Sept. 1980, dt.-frz. Literaturhistoriker. - 1934 Prof. in Nancy, ab 1951 am Collège de France in Paris. Veröffentlichte Arbeiten insbes. zur dt. Literatur des 19. und 20. Jh. unter dem Aspekt der Bedingungen von Dichter und Gesellschaft.

Minderbelastete ↑ Entnazifizierung.

Mindere Brüder ↑ Franziskaner.

Minderhandelsgewerbe ↑ Minderkaufmann.

Minderheit (Minorität), Bev.gruppe, die sich von der Mehrheit durch bestimmte personale Merkmale (Rasse, Sprache, Religion, Moral, soziale Funktion u. a.) unterscheidet und deshalb, meist auf Grund von Vorurteilen, durch die Mehrheit diskriminiert wird. Hieraus sich ergebende Feindseligkeiten können bis zur Ausrottung der M. führen (z. B. Juden im nat.-soz. Deutschland). Die soziale (zumeist potentiell gefährdete) Stellung der M. wird bestimmt von den Werten, Normen und Konflikten in der herrschenden Gesellschaftsmehrheit. Sozialpsycholog. erwiesen ist, daß der Grad der Diskriminierung entscheidend bestimmt wird vom Grad der Unsicherheit und Aggressivität der gesellschaftl. Gesamtsituation (↑ auch Randgruppen). Das M.problem taucht im Völkerrecht mit dem Aufkommen des Nationalstaatsgedankens und der Herausbildung des Selbstbestimmungsrechts der Völker auf.

Bis zum 1. Weltkrieg war die M.frage v. a. ein Problem des Staatsrechts gewesen. Die nach 1918 z. T. im Rahmen der Friedensverträge geschlossenen bi- und multilateralen M.schutzverträge zielten sowohl auf eine Nichtdiskriminierung der Angehörigen einer M. hinsichtl. ihrer polit. und persönl. Freiheitsrechte ab als auch auf eine positiv diskriminierende Behandlung des Staates zugunsten der M. (Finanzierung von M.schulen u. a.). Eigene polit. Rechte der M. als Gruppe gewährten sie selten. Der allg. Grundsatz des **Minderheitenschutzes** fand keinen Niederschlag in der Satzung des Völkerbundes. Ebenso enthält die Charta der UN über den Schutz des Individuums vor Diskriminierung hinaus keine spezif. M.rechte. Das gleiche gilt für die Menschenrechtsdeklaration der UN. Weder wurde bisher eine eigene Konvention für den M.schutz geschaffen, noch trat der Entwurf einer allg. Menschenrechtskonvention in Kraft, die in der Art. 25. ethn.-religiösen oder sprachl. M. gewisse Gruppenrechte garantiert. **Minderheitenrechte,** die als Mittel des M.schutzes und notwendiges Korrelat zur generellen Geltung des Mehrheitsprinzips für die Entscheidungsbildung beachtet werden müssen, sind auf staatl. Ebene z. B. das ethn. oder sprachl. M. verliehene Recht auf kulturelle Autonomie sowie das den M. die Beteiligung an der parlamentar. Repräsentation sichernde Verhältniswahlrecht, auf sozialer Ebene z. B. die Vertretung von Arbeitern und Angestellten im Betriebsrat entsprechend ihrem zahlenmäßigen Verhältnis im Betrieb.

📖 *Volksgruppenrecht - ein Beitrag zur Friedenssicherung. Hg. v. der Hans-Seidel-Stiftung. Mchn. 1980. - Pircher, E.: Der vertragl. Schutz ethn., sprachl. und religiöser M. im Völkerrecht. Bern 1979. - Markefka, M.: Vorurteile - Minderheiten - Diskriminierung. Neuwied ³1977. - Minderheiten in der BR Deutschland. Hg. v. B. Doerdelmann. Mchn. 1969.*

Minderjährigkeit ↑ Volljährigkeit.

Minderkaufmann, ein Kaufmann, der ein Minderhandelsgewerbe betreibt, also ein solches, das einen nach Art und Umfang in kaufmänn. Weise eingerichteten Betrieb nicht erfordert (z. B. Kleinhandwerker). Die strengen handelsrechtl. Vorschriften über die Firma, die Handelsbücher u. a. finden auf ihn keine Anwendung.

Minderung, die Herabsetzung des Kaufpreises, die Mietzinses oder des Werklohns. Sie ist mögl. beim *Kauf* (ausgenommen Viehkauf) wegen eines vom Verkäufer zu vertretenden Sachmangels, bei *Miete* wegen eines Sach- oder Rechtsmangels, durch den der Mieter im Gebrauch der Sache mehr als unerhebl. beeinträchtigt wird, beim *Werkvertrag* wegen eines Sachmangels, sofern der Unternehmer eine vom Besteller gesetzte angemessene Nachbesserungsfrist ungenutzt hat verstreichen lassen oder die Nachbesserung unmögl. ist, vom Unternehmer verweigert wird oder dem Besteller nicht zumutbar ist.

Minderwertigkeitsgefühl (Insuffizienzgefühl), Gefühl eigener (körperl. oder geistiger, auch materieller bzw. sozialer) Unzulänglichkeit gegenüber den Anforderungen der Umwelt, das, unbewältigt, zu gestörtem Gesamtverhalten (**Minderwertigkeitskomplex),** insbes. übersteigertem Leistungs- und Geltungsbedürfnis, führen kann (↑ Kompensation).

Mindestgebot, bei der öff. Versteigerung das Gebot, auf das der Zuschlag erteilt werden darf, wenn es mindestens die Hälfte des gewöhnl. Verkaufswerts der Sache erreicht; bei der ↑ Zwangsversteigerung von Grundstücken beträgt das M. 70% des Verkehrswertes.

Mindestkapital, gesetzl. festgelegter Mindestbetrag des Aktienkapitals bzw. des Stammkapitals, der bei der Gründung einer AG oder einer GmbH gezeichnet sein muß. Das M. für die AG beträgt 100 000 DM, für die GmbH 50 000 DM.

Mindestreserven, auf Grund gesetzl. Bestimmungen von den Kreditinst. bei den Zentralbanken im Verhältnis zu ihren kurzfristigen Verbindlichkeiten zu unterhaltende Guthaben. In der BR Deutschland sind reservepflichtig: sämtl. Verbindlichkeiten gegenüber Nichtbanken, nicht reservepflichtigen Kreditinst. und Banken im Ausland. Hinsichtl. der Höhe der M. wird unterschieden in: Sichtverbindlichkeiten, befristete Verbindlichkeiten und Spareinlagen. Die Bestimmungen über die M. stellen primär ein Instrument der Notenbankpolitik durch die Dt. Bundesbank zur Beeinflussung der Kreditschöpfungsmöglichkeiten durch die Kreditinst. dar; sekundär sind sie Liquiditätsreserven zur Sicherung der Zahlungsbereitschaft. M. sind unverzinsl. und werden auf Girokonten verbucht.

Mindestreservesätze, Verhältnis der Mindestreserven zu den Einlagen; in der BR Deutschland werden die M. von der Dt. Bundesbank entsprechend der währungspolit. Situation festgesetzt.

Mindesturlaub ↑ Urlaub.

Mindoro, philippin. Insel zw. Luzon und Palawan, 9 735 km², bis 2 585 m hoch. Fast unerschlossen, von Negritos und Primitivmalaien bewohnt, die Brandrodungsfeldbau betreiben; Anbau von Reis, Mais und Zuckerrohr; Kokospalmenpflanzungen.

Mindszenty, József [ungar. 'mindsεnti], eigtl. Joseph Pehm, * Csehimindszent bei Szombathely 29. März 1892, † Wien 6. Mai 1975, ungar. Kardinal (seit 1946). - 1944 Bischof von Veszprém; 1945 Erzbischof von Esztergom und Primas von Ungarn. 1949 als Gegner des Kommunismus wegen Hochverrats zu lebenslängl. Haft verurteilt; lebte nach seiner Befreiung während des ungar. Volksaufstandes (1956) bis 1971 im Asyl in der amerikan. Botschaft in Budapest, seitdem in Wien; wurde 1974 vom Vatikan als Erzbischof und Primas von Ungarn amtsenthoben. Die Absetzung gegen seinen Willen löste eine lebhafte Diskussion über die Methoden der vatikan. Ostpolitik aus.

Mine [frz.], Bergwerk; Erzgang, Erzlager; unterird. Gang.

◆ Einlage der Schreibstifte; u. a. im Bleistift, Buntstift, Kopierstift, Kugelschreiber.

◆ in der Waffentechnik Bez. für Sprengkörper unterschiedl. Bauart und Form, die i. d. R. systemat. in Form von M.feldern oder -sperren vor Verteidigungslinien verlegt werden. Bei den meist verdeckt im Boden verlegten *Land-M.* unterscheidet man v. a. gegen marschierende Soldaten gerichtete *Infanterie-* oder *Schützen-M.* (als *Spreng-M.* mit örtl. eng begrenzter Wirkung, als *Splitter-M.* mit breit streuender Splitterwirkung oder als *Schützenspring-M.* mit Schrapnellwirkung) und gegen gepanzerte Fahrzeuge gerichtete *Panzer-M.* (bei magnet. Hafteinrichtung: *Haft-M.*). Die Zündung erfolgt rein mechan. durch Druck (*Kontakt-M.*, z. B. *Tret-M.*) oder durch (von einem Beobachter auslösbare) me-

Minen

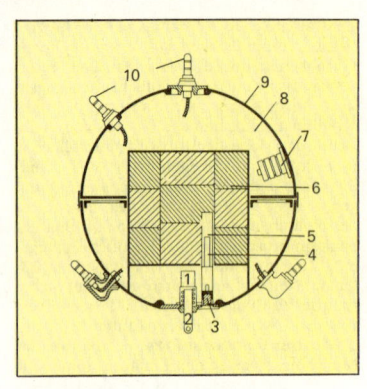

Mine. Schnitt durch eine Seemine (Ankertaumine): 1 Kontakt- und Entschärfereinrichtung, 2 Anschluß für Ankertau, 3 Zünder mit Schlagbolzen, 4 Detonator, 5 Sprengpatrone, 6 Sprengladung, 7 Trockenpatronen, 8 Luftraum für Auftrieb, 9 Minengefäß, 10 Zündkappen

chan. oder elektr. Zündvorrichtungen. Die Sprengwirkung von *See-M.*, die gegen feindl. Schiffe als Sperren gelegt werden, ist durch die gute Verdämmung, die das umgebende Wasser darstellt, bes. groß. Bei Wassertiefen bis etwa 40 m werden gewöhnl. *Grund-M.* ausgelegt; sie müssen durch ihr Eigengewicht (auch gegen die Wirkung von Strömungen) an der gewählten Stelle des Meeresbodens verbleiben; Auslösung durch eine magnet. Schalteinrichtung (*Magnet-M., Induktions-M.*), eine druckempfindl. Einrichtung (*Druck-M., hydrostat. M.*), eine elektroakust. Einrichtung (*Geräusch-M., akust. M.*) oder Fernauslösung von einem bes. Beobachtungsstand aus (*Beobachtungs-M.*). *Ankertau-M.* sind mit einer speziellen Ankereinrichtung ausgerüstet, von der aus das meist kugelförmige M.gefäß mit der Sprengladung bis in eine gewählte Tiefe unter der Meeresoberfläche aufsteigt und dort gehalten wird. Sie werden durch direkten Kontakt des Schiffes ausgelöst. M., die in eingestellter Tiefe unter der Wasseroberfläche driften, werden als *Treib-M.* gezeichnet. Das Verlegen der M. erfolgt von Hand oder mit bes. M.verlegegerät (u. a. M.legepanzer), auf See durch **Minenleger.** Beseitigt oder geräumt werden M. mit speziellen M.räumgerät oder zu Wasser v. a. mit **Minensuchbooten (Minenräumbooten),** die mit mechan., elektromagnet. bzw. akust. Räumgerät ausgerüstet sind, zu Lande u. a. durch Minenräumpanzer.

Minen [frz.] (Nomien), durch Fraßtätigkeit (*Minierfraß*) von Tieren (v. a. Insektenlarven) entstehende kleine Hohlräume im Innern meist lebender Pflanzenteile. Nach ihrer Form unterscheidet man linienartig dünne bis schlauchförmige Gangminen von breiten, kammerartigen Platzminen. Form und Verlauf der Mine sowie Anordnung des Kotes in der Mine sind meist artcharakterist. und können zum Bestimmen der Minierer (Minierfliegen, Blattütenmotten, Bohr-, Borkenkäfer) verwendet werden.

Minenwerfer, früher Bez. für ein geschütznl. Gerät (meist Vorderlader mit glattem Rohr) zum Verschießen von Wurfminen in steiler Flugbahn; wurde v. a. zur Bekämpfung von gedeckten Zielen eingesetzt.

Mineralböden, alle Böden, die überwiegend aus anorgan. Substanz bestehen; sie enthalten in den obersten Horizonten selten mehr als 15 % organ. Substanz.

Minerale (Mineralien) [zu mittellat. aes minerale „Grubenerz, Erzgestein"], chem. Elemente oder anorgan., selten organ., meist kristalline Verbindungen (der ↑Opal z. B. ist amorph), die natürl. als Bestandteile von Meteoriten wie z. B. das Meteoreisen) vorkommen oder sich bei techn. Schmelz- und Kristallisationsvorgängen bilden. M. bauen als Gemenge die Gesteine der Erdkruste auf oder entstehen innerhalb des Gesteins bzw. kommen als Ausblühungen an der Erdoberfläche vor. Es sind etwa 2 000 M. bekannt, aber nur rd. 10 (v. a. Silicate) bauen über 90 % der Erdkruste auf. Zahlr. M. (bes. Sulfide und Oxide) haben Bed. als Erze zur Gewinnung von Metallen. Schön gefärbte M. werden als Schmucksteine verwendet. Es gibt nur sehr wenige organ. Minerale; es sind v. a. Oxalate und der Mellit, gelegentl. wird auch der Bernstein zu den M. gezählt. Elementar kommen in der Natur vor: Schwefel, Kohlenstoff (als ↑Diamant und ↑Graphit), Arsen, Antimon, Selen, Tellur. Die metall. Elemente Kupfer, Silber, Gold, Quecksilber, Blei, Wismut, Eisen, Nickel und die Platinmetalle kommen gediegen oder in Form von Legierungen vor. Die Mineralogie teilt die M. in folgende **Mineralklassen** (Abteilungen) ein: I. Elemente, II. Sulfide und verwandte Verbindungen, III. Halogenide, IV. Oxide und Hydroxide, V. Nitrate, Carbonate und Borate, VI. Sulfate, Chromate, Molybdate und Wolframate, VII. Phosphate, Arsenate und Vanadate, VIII. Silicate, IX. organ. Verbindungen. Die Klassen V–VIII werden auch zu einer Klasse „Salze sauerstoffhaltiger Säuren" zusammengefaßt und nach den zugrundeliegenden Säuren in Unterklassen eingeteilt.

📖 *Mottana, A., u. a.: Der große BLV-Mineralienführer.* Dt. Übers. Mchn. ²1982. - *Hofmann, F.: Schöne u. seltene M.* Freib. 1981. - *Hobbylex. Mineralien u. Gesteine.* Beratung H. Harder. Rbk. 1980.

Mineralfasern (mineralische Fasern), i. e. S. natürl. vorkommende anorgan. Faser-

Mineralogie

Miniatur. Oben links: Abu Said und das gestohlene Kamel (1337) in einer Handschrift der „Maqāmāt" des Abu Muhammad Al Hariri. Oxford, Bodleian Library; rechts: Schule von Herat, Die Hochzeit von Husran und Šīrīn (1524/25). New York, Metropolitan Museum of Art; unten links: Akbar wird zu einem gefangenen Elefanten geführt (um 1590) in einer von Abol Fasl verfaßten Biographie Akbars. London, Victoria and Albert Museum

substanzen, z. B. ↑Asbest, i. w. S. auch die aus Glas, Silicatgesteinen oder Hochofenschlacke hergestellten anorgan. Fasern. M. werden v. a. als Isoliermaterialien und zur Verstärkung von Kunststoffen verwendet.

Mineralien ↑Minerale.

Mineralisation (Mineralisierung), Umwandlung organ. Substanzen in anorgan. (im Boden und an der Erdoberfläche) durch Mikroorganismen oder durch die Einwirkung von Druck und Temperatur im Erdinneren. Da die M. die chem. Elemente wieder in eine von Pflanzen verwertbare Form bringt, ist sie für die Erhaltung der natürl. Bodenfruchtbarkeit wichtig. Durch M. verschwinden auch organ. Verunreinigungen aus Gewässern (natürl. oder biolog. Selbstreinigung, z. B. bei Kläranlagen).

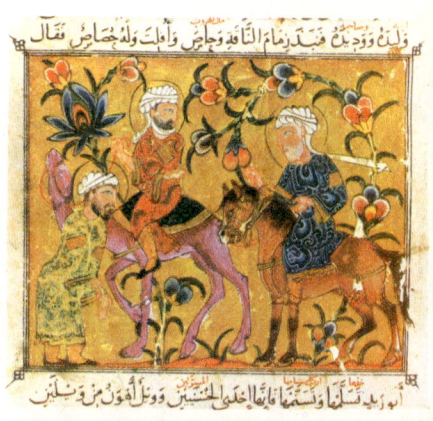

Mineralogie [mittellat./griech.], Fachrichtung der Naturwiss., die sich mit der Untersuchung der Minerale befaßt. Einteilung in 1. **Kristallkunde** (Kristallographie), die Struktur und Form der Minerale untersucht, 2. **Mineralkunde,** bei der Entstehung, Eigenschaften und Vorkommen der Minerale beschrieben werden und 3. **Gesteinskunde** (Pe-

Mineralöle

trographie, Petrologie), die sich mit dem Aufbau der Gesteine aus den Mineralen beschäftigt.

Mineralöle, v. a. aus aliphat. Kohlenwasserstoffen bestehende, ölartige Substanzen, bes. das Erdöl und einige aus ihm gewonnene Produkte, z. B. Heizöle und Schmieröle sowie die bei der Aufarbeitung von Ölschiefer und der Hydrierung von Kohle entstehenden Substanzen.

Mineralölindustrie, Wirtschaftszweig, der teilweise dem Bergbau (Mineralölgewinnung), teilweise der Grundstoff- und Produktionsgüterindustrie (Mineralölverarbeitung) zuzurechnen ist. - Die M. entstand etwa in der Mitte des 19. Jh. in Amerika, nahm seither einen raschen Aufschwung, in der BR Deutschland insbes. seit dem 2. Weltkrieg (Anteil des Erdöls am Primärenergieverbrauch 1950: etwa 5%, 1960: 21%, 1972: 55%, 1985: 42%). Ursache dieser Expansion waren v. a. die niedrigen Preise. Die Bedeutung der Steinkohle als Primärenergieträger ging zurück, gleichzeitig war eine wachsende Importabhängigkeit die Folge dieser Entwicklung. Obwohl sich die Preise der Rohölimporte seit 1973 vervielfacht haben, wird Erdöl in naher Zukunft seine Bed. beibehalten. - Die Rohölverarbeitung erfolgt in Raffinerien. Produziert wurden in der BR Deutschland 1988: 7,5 Mill. t Rohbenzin (Leichtbenzin), 19,7 Mill. t Motorenbenzin, 1,9 Mill. t Flugbenzin und Flugturbinenkraftstoff, 11,7 Mill. t Dieselkraftstoff, 32,7 Mill. t. Heizöle, 2,3 Mill. t Flüssiggas, 1,1 Mill. t Schmierstoffe und 2,8 Mill. t. Bitumen. - ↑ auch Energiewirtschaft.

Mineralölsteuer, auf Grund des MineralölsteuerG vom 11. 10. 1978 erhobene Verbrauchssteuer auf im Zollinland gewonnenes oder importiertes Mineralöl. Dieses Gesetz bildet ebenso die Grundlage für die auf den Verbrauch von Heizöl (das sich von Mineralöl lediglich durch die Verwendung unterscheidet) erhobene Heizölsteuer. 50% den M.aufkommens (1988: 27,3 Mrd. DM) sind zugunsten des Straßenbaus zweckgebunden. Die geringere, ursprünglich zeitlich begrenzt eingeführte **Heizölsteuer** (Aufkommen 1988: 0,8 Mrd. DM) dient u. a. zur Erschließung neuer Energieträger.

Mineralquelle, Quelle, deren Wasser pro kg mindestens 1 g gelöste Stoffe (bei Substanzen mit pharmakolog. Wirksamkeit wie Eisen, Jod, Schwefel oder Radium auch weniger) oder mindestens 1 g freies Kohlendioxid (Säuerlinge) enthält.

Mineralsalze (Mineralstoffe), i. w. S. Bez. für natürl. vorkommende oder künstl. hergestellte (z. B. Düngemittel) anorgan. Salze. I. e. S. die für den Aufbau von Körpersubstanzen und den Ablauf biolog. Reaktionen wichtigen anorgan. Verbindungen, z. B. Natrium-, Kalium-, Calcium-, Magnesium- und Phosphorsalze (für Mensch und Tier) sowie Stickstoffverbindungen für die Pflanzen. - ↑ auch Spurenelemente.

Mineralsäuren, Sammelbez. für anorgan. Säuren, z. B. Schwefelsäure und Salzsäure.

Mineralwasser, Wasser, das aus ↑ Mineralquellen stammt oder künstl. mit Mineralsalzen und/oder Kohlendioxid versetzt wurde.

Minerva, bei den Römern die der griech. Athena entsprechende Göttin des Handwerks, der Weisheit und der schönen Künste. Jupiter, Juno und M. bildeten eine stadt- und staatsbeschirmende Trias und wurden gemeinsam im Jupitertempel auf dem Kapitol verehrt (sog. Kapitolin. Trias).

Minestra [italien., zu lat. ministrare „(bei Tisch) auftragen"] (Minestrone), Gemüsesuppe mit Reis und Parmesankäse.

Minette [frz., zu mine „Bergwerk, Mine"], dunkelgraues Ganggestein, das v. a. Kalifeldspat sowie Hornblende, Biotit und Pyroxen enthält.
♦ oolith. Eisenerz, das im unteren Dogger v. a. in Lothringen und Luxemburg vorkommt, Grundlage der dortigen Hüttenindustrie.

Minetti, Bernhard, * Kiel 26. Jan. 1905, dt. Schauspieler. - Bes. große Erfolge hatte M. als Charakterdarsteller unter der Regie von Jessner und Gründgens am Berliner Staatstheater (1930-45), nach dem Krieg spielte M. u. a. in Hamburg (Faust), Düsseldorf und Stuttgart moderne Rollen, u. a. von Beckett, Genet, Dürrenmatt, Thomas Bernhard, u. a. in dessen Stücken „Minetti" (1976) und „Einfach kompliziert" (1986).

Ming, chin. Dyn., ↑ chinesische Geschichte.

Mingetschaur, sowjet. Stadt an der Kura, Aserbaidschan. SSR, 63 000 E. U. a. Polytechnikum; Kabel-, Glasfaser-, Gummi-, Isolatorenwerk. - 1945 gegr., seit 1948 Stadt. - Die alte Stadt M. ging aus 4 archäolog. erforschten Siedlungen hervor, die vom Ende des 2. Jt. v. Chr. an rechts und links der Kura entstanden waren und aus deren Nekropolen reiches Material zur Archäologie Aserbaidschans stammt.

Mingrelien, histor. Landschaft am Schwarzen Meer, UdSSR; nach Eroberung durch Achämeniden und Römer in der Spätantike an Byzanz; Anfang des 8.Jh. von den Arabern erobert; später Teil Grusiniens.

Mingrelisch, der Südgruppe der ↑ kaukasischen Sprachen gehörende schriftlose Sprache mit etwa 300 000 Sprechern; zwei Dialekte im westl. Kaukasusgebiet nördl. des Rioni bis Otschamtschire.

Mingus, Charles (gen. Charlie) [engl. 'mɪŋgəs], * Nogales (Ariz.) 22. April 1922, † Cuernavaca (Mexiko) 5. Jan. 1979, amerikan. Jazzmusiker (Bassist, Pianist, Komponist, Orchesterleiter). - Spielte 1940–53 u. a. mit L. Armstrong, L. Hampton, R. Norvo, B. Taylor. Bildete seit den 1950er Jahren Workshop-Gruppen (u. a. mit E. Dolphy, R. R. Kirk, P. Bley), mit denen er durch Entwicklung experimenteller Formen zu einem der wichtigsten Wegbereiter des Free Jazz wurde. 1971 erschien seine Autobiographie „Beneath the underdog".

Minho [portugies. 'miɲu], histor. Prov. im westl. Hochportugal, am Atlantik, zw. der span. Grenze und dem unteren Douro, steigt nach O zu über 1 500 m hohen Gebirgen an. Der Niederschlagsreichtum begünstigte die Landw.; Anbau von Mais, Roggen, Kartoffeln, Gemüse, Obst und Wein; Rinderzucht. Am südl. Küstenabschnitt Fischfang und Badebetrieb. Zahlr. kleine Standorte v. a. der Baumwoll- und Metallindustrie. Wichtigste Städte sind Braga, Guimarães und Viana do Castelo. - Alte Kulturrelikte des M. sind die Scheibenradwagen und im Gebirge die Reste einer kollektivist. Agrarverfassung. - Seit dem 6. Jh. v. Chr. von Keltiberern bewohnt, 138 v. Chr. von den Römern unterworfen; gehörte 410–585 zum Kgr. der Sweben; 715 von den Arabern erobert; im 11. Jh. von der Reconquista erfaßt.

M., Fluß, ↑ Miño.

mini..., Mini... [engl., gekürzt aus miniature (↑ Miniatur)], Bestimmungswort von Zusammensetzungen mit der Bed. „sehr kurz, klein...".

Miniatur [italien., urspr. „Kunst, mit Zinnoberrot zu malen, mit Zinnoberrot ausgeführte Ziermalerei" (zu lat. minium „Zinn-

oberrot")], Bildschmuck einer Handschrift, und zwar (ganzseitiges) Bild und Ornament (Ausgestaltung der Anfangsbuchstaben oder Verzierung des Blattrandes oder Zeilenausgangs). Von der Spätantike ging die M.kunst des MA aus (↑ auch Buchmalerei). Unabhängig von der abendländ. Entwicklung entstand im 12. Jh. in Bagdad eine erste Miniaturistenschule; Höhepunkte bildeten die pers. M.malerei des 14. bis 17.Jh. sowie die M.malerei unter den ind. Mogulherrschern (16. Jh.).
◆ kleines Bild (v. a. Porträt), auf Holz, Kupfer, Seide, Pergament und später auf Porzellan und Elfenbein gemalt. Häufig ist die Ovalform. Die M. wurden auch auf kleine Dosen gemalt (16.–19. Jh.). - Abb. S. 279.

Miniaturisierung [lat.-italien.], Entwicklung im Bereich der Elektronik mit dem Ziel, kleinste elektron. Geräte möglichst hoher Zuverlässigkeit und Lebensdauer herzustellen. Ausgelöst wurde das M.bestreben durch den wachsenden Bedarf an elektron. Einrichtungen, insbes. in der Raumfahrttechnik sowie bei EDV-Anlagen. Ermöglicht wurde die M. durch die Entwicklung der Halbleitertechnik. Der erste Schritt zur M. war die *Miniatur-* und *Subminiaturtechnik,* gekennzeichnet durch aktive (Miniaturröhren und -transistoren) oder passive Bauelemente auf Leiterkarten, in Kompakt- oder Blockbauweise oder nach der Modul- bzw. Mikromodulbauweise (Packungsdichten bis 10 Bauelemente pro cm^3). In der *Mikrominiaturtechnik* (Packungsdichten zw. 10 und 10^5 pro cm^3) werden Verbindungen von Materialbereichen mit Eigenschaften herkömml. und neuer Bauelemente zu untrennbaren Systemen hergestellt (sog. *integrierte Schaltungen*). Durch Anwendung der Dick- bzw. Dünnfilmtechnik erhält man *[integrierte] Filmschaltkreise* (Packungsdichten bis 10^3 pro cm^3), die einer

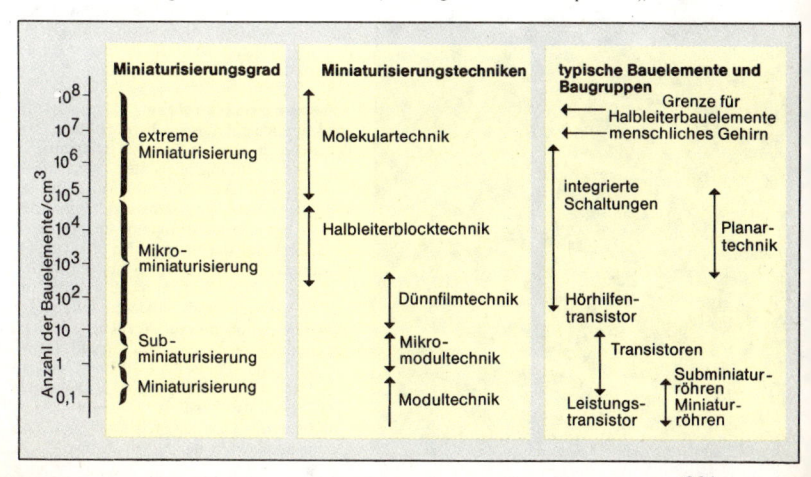

Miniaturisierung. Skala der Packungsdichte der Bauelemente bei verschiedenen Technologien der Miniaturisierung

Anzahl der Bauelemente/cm³	Miniaturisierungsgrad	Miniaturisierungstechniken	typische Bauelemente und Baugruppen
10^8			← Grenze für Halbleiterbauelemente
10^7	extreme Miniaturisierung	Molekulartechnik	← menschliches Gehirn
10^6			
10^5			integrierte Schaltungen
10^4		Halbleiterblocktechnik	Planartechnik
10^3	Mikrominiaturisierung		
10^2		Dünnfilmtechnik	Hörhilfentransistor
10	Subminiaturisierung	Mikromodultechnik	Transistoren
1			Subminiaturröhren
$0,1$	Miniaturisierung	Modultechnik	Leistungstransistor / Miniaturröhren

Minicomputer

stark verkleinerten gedruckten Schaltung entsprechen. Eine weitere Verkleinerung (Pakkungsdichten 10^3 bis 10^6 pro cm³) erbrachte die *Halbleiterblocktechnik*, bei der mit Hilfe der Planartechnik die elektr. Leitfähigkeit durch Dotierungsstoffe gezielt verändert wird, so daß die in mehreren Schritten entstehenden p-n-Übergänge die Schaltelemente von vollständigen Schaltungen bilden. Durch Aufdampfen metall. Leiterbahnen werden die einzelnen Schaltelemente dieser *Festkörper*- oder *Mikroschaltkreise* miteinander verbunden. Die letzte Stufe der M. ist die *extreme M.* bzw. die *Molekularelektronik* (Packungsdichten über 10^6 pro cm³), bei denen nach Verfahren der Halbleitertechnik sog. *Funktionsblöcke* mit den Eigenschaften elektron. Schaltungen hergestellt werden, in denen die einzelnen aktiven und passiven Bauelemente nicht mehr unterscheidbar sind (Integrationsgrad über 100 000 Schaltelemente pro Chip).

Mi**nicomputer** (Kleinrechner), kleine Datenverarbeitungsanlage mit Wortlängen von 12, 16 oder 18 Bit. M. wurden ursprüngl. vorwiegend als Prozeßrechner zur Steuerung und Regelung techn. Prozeßanlagen verwendet, heute werden sie zunehmend auch für kommerzielle Datenverarbeitungsaufgaben eingesetzt.

Mi**nicoy,** Insel im Arab. Meer, 4,8 km², 4 100 E; gehört zum ind. Unionsterritorium Lakshadweep.

Minie**rfliegen** [frz./dt.] (Agromyzidae), weltweit verbreitete Fam. der Fliegen mit über 1 000 meist nur etwa 2 mm großen, grau oder braun gefärbten Arten. Die Larven fressen in Blättern, Stengeln oder anderen Pflanzenteilen und bilden artcharakterist. Minen aus (z. T. Kulturschädlinge).

Minie**rmotten** [frz./dt.], svw. ↑Blatttütenmotten.

Minie**rsackmotten** (Incurvariidae), in Eurasien und N-Amerika verbreitete Fam. zierl. Schmetterlinge mit rd. 200 (einheim. 25) 6–20 mm spannenden Arten. Die Larven minieren entweder dauernd in Blättern oder leben später in einem aus Blatteilen gefertigten Gespinstsack am Boden. Bekannt ist die 17 mm spannende, gelbbraune **Johannisbeermotte** (Incurvaria capitella); Raupen fressen in Früchten, Knospen und Trieben der Johannisbeere.

Mi**nigolf** ↑Bahnengolf.

Mi**nima** [lat. „kleinste (Note)"], musikal. Notenwert der ↑Mensuralnotation, bis zum 15. Jh. mit dem Zeichen ♩, danach ♩.

minima**l** [lat.], sehr klein, sehr wenig, niedrigst.

Minima**l art** [engl. ˈmɪnɪməl ˈɑːt], Bez. für eine Richtung in der zeitgenöss. Plastik v. a. in den USA, die sich auf einfachste geometr. Mittel beschränkt („primary structures"), z. B. maschinell hergestellte Platten, Holz-, Eisenelemente u. a., häufig raumfüllend angeordnet, gern wird das Wiederholungsprinzip verwendet. Vertreter u. a. D. Judd, R. Morris, Dan Flavin, Sol LeWitt u. a.

Minima**lfläche,** die zu einer vorgegebenen geschlossenen Raumkurve gehörende, von dieser berandete Fläche mit kleinstmöglichem Flächeninhalt.

Minima**lkalkül,** nichtklass. ↑Logikkalkül, das ausschließl. auf der Verifizierbarkeit (bzw. Beweisbarkeit) seiner Bestandteile aufgebaut ist.

Minima**lkostenkombination,** in der Produktionstheorie diejenige Kombination von Produktionsfaktoren, deren Einsatz, bezogen auf eine bestimmte Ausbringungsmenge, die geringsten Kosten verursacht. Die M. ist dann erreicht, wenn die Grenzerträge der Produktionsfaktoren gleich ihren Preisen sind.

Minima**lpaaranalyse,** Methode der strukturellen Linguistik, die dazu dient, Äußerungen in kleinste Teile zu segmentieren und die bedeutungsrelevanten Teile, die in verschiedenen Äußerungen gleich sind, als Einheiten des Sprachsystems zu identifizieren. Z. B. zeigen die sog. Minimalpaare *dich* : *mich*, *dich* : *dach*, daß der Unterschied [d] : [m] bedeutungsrelevant ist, der zwischen [ç] (in *dich*) und [x] (in *dach*) dagegen nicht, weil [ç] und [x] nie Minimalpaare bilden, sondern nur in Kombination mit verschiedenen Vokalen vorkommen ([ɪç] : [ax]). Auf Grund der M. werden in der Phonologie [d] und [m] als zwei Phoneme, [ç] und [x] aber als Varianten eines Phonems klassifiziert.

Minimum [lat. „das Kleinste"], allg. das Geringste, das Mindeste; Mindestmaß.

Minimal art. Sol LeWitt, Ohne Titel (1969). Privatbesitz

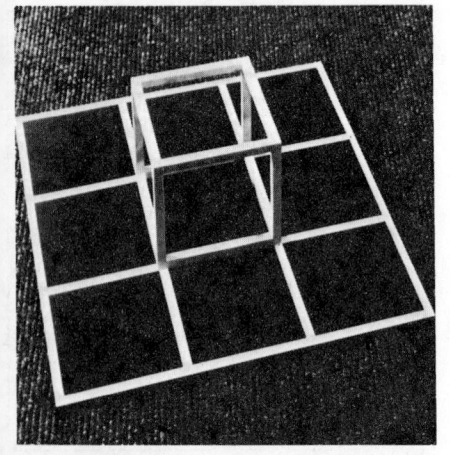

♦ in der *Meteorologie:* 1. der tiefste Wert eines meteorolog. Elementes, insbes. der Temperatur; 2. svw. barometr. Tief, Kern eines Tiefdruckgebiets.

Minimumthermometer, Thermometer, mit dem der tiefste Wert der Temperatur zw. zwei Ablesungen bestimmt werden kann. In der Kapillare befindet sich innerhalb der Flüssigkeit ein gefärbter, bewegl. Glasstift, der bei sinkender Temperatur mit der Flüssigkeit mitgeführt wird. Bei steigender Temperatur fließt die Flüssigkeit am Stift vorbei; dieser bleibt liegen und zeigt mit seinem oberen Ende die tiefste erreichte Temperatur an.

Minirock (Mini), sehr kurzer, die Oberschenkel nur wenig oder teilweise bedeckender Rock; in Mode von 1964 bis etwa 1972.

Minispione ↑ Abhörgeräte.

Minister [durch frz. Vermittlung von lat. minister „Diener, Gehilfe" (Grundbed. wohl „der Geringere")], Mgl. einer (Bundes-, Landes-, Staats-) Reg. und Leiter eines Ministeriums, mit Ausnahme der M. ohne Geschäftsbereich (ohne Portefeuille) und der M. für bes. Aufgaben (Sondermin.), die zwar einen (begrenzten) ministeriellen Sachauftrag haben, aber nur über ein kleines „polit. Büro" verfügen.

Das **Ministerium** ist eine oberste für einen bestimmten Geschäftsbereich zuständige Staatsbehörde, in deren polit. Leitung der M. v. a. durch seinen parlamentar. Staatssekretär (oder Staatsmin.) unterstützt wird, den es in der BR Deutschland nur in Bundesministerien gibt, im administrativen Bereich durch den (beamteten) Staatssekretär vertreten wird. Gegliedert ist das Ministerium i. d. R. in Abteilungen und Referate. Die Staatssekretäre und Abteilungsleiter (Ministerialdirektoren oder -dirigenten) sind sog. polit. Beamte, die jederzeit in den einstweiligen Ruhestand versetzt werden können. Die Ministerien wirken mit bei der Gestaltung der Ressort- und Reg.politik (u. a. durch Ausarbeitung von Plänen und von Entwürfen zu Gesetzen, Verordnungen und Verwaltungsvorschriften) sowie bei der Rechtsanwendung. Den meisten Ministerien sind andere an seine Weisungen gebundene Behörden nachgeordnet. Die Anzahl der Ministerien schwankt. Zu den 5 „klass." Ministerien (Auswärtiges, Inneres, Justiz, Finanzen und Krieg) treten meist weitere hinzu (↑ auch Bundesrepublik Deutschland [Kabinette, Übersicht Bd. 4, S. 132 ff.], ↑ auch Österreich [polit. System], ↑ Schweiz [polit. System]). Die im Range eines Ministeriums stehende Behörde des Reg.chefs heißt in der BR Deutschland auf Bundesebene Bundeskanzleramt, in den Ländern Staats- oder Senatskanzlei.

In Staaten mit Präsidialsystem (z. B. den USA) sind die - oft als Staatssekretäre bezeichneten - M. nur Gehilfen des Präs., dessen Weisungen sie unterworfen sind, dem allein sie verantwortl. sind und der sie ernennt und entläßt. In Staaten mit parlamentar. Reg.system genießen die M. i. d. R. in ihrer Amtsführung ein größeres Maß an Unabhängigkeit vom Reg.chef, sind jedoch andererseits dem Parlament verantwortl. (**Ministerverantwortlichkeit).**

In der BR Deutschland leitet innerhalb der vom Bundeskanzler bestimmten Richtlinien der Politik jeder Bundesmin. seinen Geschäftsbereich selbständig und „unter eigener Verantwortung" (Art. 65 GG). Diese Verantwortung obliegt ihm nicht unmittelbar gegenüber dem Bundestag, sondern gegenüber dem Bundeskanzler (streitig). Nur diesem kann der Bundestag das Mißtrauen aussprechen (Art. 67 GG). Der Bundestag hat jedoch die Möglichkeit, einem M. die Mißbilligung auszusprechen, vom Bundeskanzler seine Entlassung zu verlangen oder sein Amtsgehalt zu streichen. Rechtl. Folgen haben diese Beschlüsse jedoch nicht. - Mehrere der dt. Landesparlamente können auch einzelne Landesmin. (bzw. Senatoren) durch Mißtrauensvotum zum Rücktritt zwingen oder den Min.präs. zwingen, einen M. zu entlassen. In zahlr. Ländern (so auch in Österreich und in der Schweiz, in der BR Deutschland nicht auf Bundesebene, wohl in den meisten Bundesländern) sehen die Verfassungen als Mittel zur strafrechtl. Verfolgung bzw. zur Aberkennung des Reg.amtes bei Verletzung der Verfassung oder anderer Gesetze durch M. die **Ministeranklage** vor (↑ auch Impeachment). Im allg. werden die M. vom Staatsoberhaupt auf Vorschlag des Reg.chefs ernannt und entlassen, wobei die Ernennung z. T. der Bestätigung durch das Parlament bedarf; seltener werden die einzelnen M. vom Parlament gewählt. Überwiegend können (in manchen Staaten müssen) die M. zugleich Mgl. des Parlaments sein; in einigen Staaten (z. B. Frankr., Land Bremen) dagegen sind M.amt und Parlamentsmandat miteinander unvereinbar (inkompatibel). Die M. sind keine Beamten, sondern stehen in einem bes. öffentl.-rechtl. Amtsverhältnis. Meist repräsentieren sie eine polit. Partei.

In der *Schweiz* führen die Mgl. der Reg. des Bundes den Titel Bundesrat; sie stehen an der Spitze je eines Departements. M. ist in der Schweiz (wie auch in den USA) Bez. für den Gesandten.

Geschichte: In der röm. Antike hießen M. solche Personen, die auf Grund eines persönl. Vertrauensverhältnisses den Willen eines anderen ausführten, Funktionen in der Kommunalverwaltung oder in kult. Bereich wahrnahmen. Im MA verstand man unter M. insbes. die Ministerialen, z. B. Schultheiß, Amtmann. Seit dem 17. Jh. war der Titel M. im wesentl. den Inhabern der obersten Staatsämter vorbehalten, v. a. den Gesandten sowie den Leitern der Fach- und Provinzialministe-

rien († auch Kabinett). Bis zur Einführung des parlamentar. Reg.systems in Deutschland (1918) waren die M. ausschließl. dem Monarchen verantwortlich. Während die Reichsverfassung von 1849 ein kollegiales Reichsministerium vorgesehen hatte, war im Norddt. Bund (1867–71) und im Dt. Reich (1871–1918) nur der Bundes- bzw. Reichskanzler M. im staatsrechtl. Sinne; ihm unterstanden „Staatssekretäre" (nicht M.), die die einzelnen „Reichsämter" (nicht Ministerien) nach seinen Weisungen leiteten.
📖 *Hdb. des polit. Systems der BR Deutschland.* Hg. v. K. Sontheimer u. H. H. Röhring. Mchn. u. Zürich ²1978. - Huber, E. R.: *Dt. Verfassungsgesch. seit 1789.* Stg. ¹⁻²1978–82. 6 Bde. - Beyme, K. v.: *Die parlamentar. Regierungssysteme in Europa.* Mchn. ²1973. - Kroeger, K.: *Die M.verantwortung in der Verfassungsordnung der Bundesrepublik Deutschland.* Ffm. 1972. - Schambeck, H.: *Die M.verantwortlichkeit.* Hdbg. 1971.

Ministerialen [zu lat. ministerialis „im (kaiserl.) Dienst Stehender, Beamter"], urspr. die Oberschicht unfreier **Dienstmannen** (**Dienstleute**) im Hof-, Verwaltungs- und Kriegsdienst; seit dem 11.Jh. jener bes. Geburtsstand unfreier, aber ritterl. lebender Dienstleute, die gegen Gewährung eines „Dienstlehens" zuerst in den geistl. Herrschaften ritterl. Dienste leisteten, seit Konrad II. als Vögte oder Burggrafen und Landrichter zur Verwaltung des Reichsgutes und, in den Hzgt., der Landesgüter herangezogen wurden und schließl. die Erblichkeit ihrer Lehen gewannen. Im Königsdienst (**Reichsministerialen**) wurden sie zu „Reichsbeamten", die wegen ihrer unfreien Herkunft zu Diensten aller Art verwendbar waren. Fortschreitende Angleichung an den Stand der Edelfreien und Feudalisierung führten im 13./14.Jh. zum Aufgehen der M. im niederen Adel.

Ministerialsystem (monokrat. System), Bez. für eine Form der Verwaltungsorganisation, in der die oberste Verwaltungsinstanz nicht die Reg. als Kollegialbehörde (wie beim Departementalsystem der Schweiz), sondern der einzelne Fachmin. ist. Die Reg. in der BR Deutschland und in Österreich sind nach dem M. organisiert.

Ministerpräsident, in vielen Staaten Bez. für den Regierungschef; in der BR Deutschland z.T. Bez. für den Leiter einer Landesregierung. - † auch Regierung.

Ministerrat, in einzelnen Staaten Bez. für die † Regierung (z.B. Frankr., DDR).

Ministranten [zu lat. ministrare „bedienen"] (Chorknaben, Meßdiener), in der kath. Kirche die Gehilfen des Priesters, die mit Handreichungen liturg. Hilfsfunktionen wahrnehmen; seit einigen Jahren gibt es auch weibl. Ministranten.

Minja, Al, Gouvernementshauptstadt in Oberägypten, am Nil, 146400 E. Sitz eines kopt. Bischofs; Baumwollhandel, -entkörnung, Spinnereien, Nilhafen.

Mink [engl.] (Amerikan. Nerz, Mustela vison), etwa 30 (♀)–45 cm (♂) langer, mit Ausnahme eines weißen Kinnflecks meist tief dunkelbrauner Marder, v.a. an Gewässern großer Teile N-Amerikas; ausgezeichnet schwimmendes, v.a. kleine Landwirbeltiere, Krebse und Fische fressendes Raubtier, das wegen seines wertvollen Pelzes oft in Farmen (*Farmnerze:* in verschiedenen Farbvarianten) gezüchtet wird.

Minkowski, Hermann, * Aleksota (= Kaunas) 22. Juni 1864, † Göttingen 12. Jan. 1909, dt. Mathematiker. - Prof. in Bonn, Königsberg, Zürich und Göttingen. M. entwickelte insbes. die „Geometrie der Zahlen" (1910) und beschäftigte sich mit den mathemat. Grundlagen der speziellen Relativitätstheorie († Minkowski-Raum).

M., Oskar, * Aleksota (= Kaunas) 13. Jan. 1858, † Fürstenberg/Havel 18. Juni 1931, dt. Internist. - Bruder von Hermann M.; Prof. in Straßburg, Köln, Greifswald und Breslau. Durch die erste totale Entfernung der Bauchspeicheldrüse beim Hund konnte M. experimentell den Zusammenhang zw. diesem Organ und dem Diabetes mellitus nachweisen. Weitere wichtige Arbeiten galten der Leber und der Gicht. 1887 entdeckte M., daß die † Akromegalie auf einer Vergrößerung der Hypophyse beruht.

Minkowski-Raum (Minkowski-Welt) [nach H. Minkowski], ein vierdimensionaler euklid. Raum (Raum-Zeit-Welt oder -Kontinuum), in dem sich die Gesetze der speziellen Relativitätstheorie bes. einfach darstellen lassen. Ein Punkt (Ereignis) des M.-R. wird als *Weltpunkt*, ein Ortsvektor als *Weltvektor*, die Bahn eines Teilchens als *Weltlinie* bezeichnet.

Minks, Wilfried, * Binai (Tschechoslowakei) 21. Febr. 1931, dt. Bühnenbildner und Regisseur. - 1959–62 in Ulm, 1962–73 in Bremen. Zusammenarbeit mit P. Zadek und K. Hübner. Ausgangspunkt bei eigenen Inszenierungen (seit 1972) sind seine Bildideen. Filmdebüt „Geburt der Hexe" (1981).

Minna, weibl. Vorname, Kurzform von Wilhelmine; im 19.Jh. so häufig, daß M. als typ. Dienstmädchenname abgewertet wurde.

Minne, George Baron (seit 1930), * Gent 30. Aug. 1866, † Sint-Martens-Latem 18. Febr. 1941, belg. Bildhauer und Graphiker. - Hauptvertreter der Jugendstilplastik mit schmalen Aktfiguren. Das Spätwerk ist näher an der Natur orientiert. Hauptwerk ist der für Hagen geschaffene Brunnen mit knienden Knaben (Entwurf 1898, Marmorausführung 1906, heute Essen, Folkwangmuseum; Abgüsse u.a. in Gent und Hagen); auch Zeichnungen und Holzschnitte.

Minne [urspr. „das Denken an etwas, (liebevolles) Gedenken"], ma. Bez. für die Beziehung zw. dem Ritter und der von ihm als

Ideal der Frau verehrten Dame *(hohe M.);* nach höf. Selbstverständnis war sie mehr (idealisiert-asket.) Liebeswerben als Liebeserfüllung. M. galt als oberste Tugend des strebenden und dienenden Ritters. *Niedere M.* war die Zuneigung zu einem Mädchen nichtadeligen Standes. Schließl. auf die geschlechtl. Beziehung eingeschränkt, wurde der Begriff seit etwa 1500 in der Literatur als anstößig gemieden († auch Minnesang).

Minneapolis, Stadt beiderseits des Mississippi, Minnesota, USA, 248 m ü. d. M., 371 000 E. Anglikan. Bischofssitz; Hauptsitz der University of Minnesota (gegr. 1851), prot. Colleges und theolog. Seminare, Konservatorien, Kunsthochschule; zwei Kunstmuseen. Neben die Mühlenind. als ältestem Ind.zweig traten nach 1950 Maschinenbau, Papierherstellung, Druckerei- und Verlagswesen; ferner Metall- und Holzverarbeitung, Nahrungsmittel-, Bekleidungsind. u. a.; Verkehrsknotenpunkt; Endpunkt der Schiffahrt auf dem Mississippi, ⚓. - 1819/20 wurde Fort Snelling auf dem linken Ufer des Mississippi errichtet, um das ab 1838 die Siedlung Saint Anthony (1872 in M. eingemeindet) entstand. Die 1855 angelegte Siedlung M. erhielt 1867 das Recht einer City.

Liza Minnelli (1979)

Minnelli, Liza, * Los Angeles-Hollywood 12. März 1946, amerikan. Schauspielerin und Sängerin. - Tochter von J. Garland und Vincente M.; internat. bekannt wurde sie in der Rolle als Nachtklubsängerin in der Verfilmung des Musicals „Cabaret" (1971); drehte auch „That's Dancing" (1985).
M., Vincente, * Chicago 28. Febr. 1913, † Los Angeles 25. Juli 1986, amerikan. Filmregisseur. - War ∞ mit J. Garland. Drehte die erfolgreichsten amerikan. Musicalfilme wie „Broadway-Melodie" (1945), „Ein Amerikaner in Paris" (1950), „Gigi" (1958), ferner u. a. „Goodbye Charlie" (1965), „... die alles begehren" (1965), „A matter of time" (1976).

Minnesang, i. e. S. die verschiedenen Formen mittelhochdt. Liebeslyrik; oft jedoch als zusammenfassende Bez. aller Arten mittelhochdt. Lyrik gebraucht. Der M. bildete (neben Volkslied und Vagantendichtung) mit Minnelied, Tagelied (Wächterlied), Kreuzlied, Rügelied, Mädchenlied, Tanzlied, Werbelied und Minneklage den Hauptteil der weltl. Lyrik des MA. Wichtigste Strophenform des Liedes wurde die Stollen- oder Kanzonenstrophe in kunstvollen Vers- und Reimkombinationen. Die Gesamtheit von Strophenbau und Melodie nannte man „don" (Ton). Neben das Lied traten der aus latein. Sequenzen abgeleitete Leich sowie der Spruch.
Der M. entwickelte sich seit der 2. Hälfte des 12. Jh. und bildete bis ins späte MA eine Fülle von Formen und Themen aus; er steht u. a. in der Tradition unterliterar. Lyrik, lat. Vagantendichtung und der frz. Trouvères. Als höf. Gesellschaftsdichtung wurde der M. bes. an kulturellen Zentren zur Fidel oder Harfe vorgetragen, i. d. R. von den Minnesängern selbst, die auch die Dichter und Komponisten waren; unter ihnen finden sich Vertreter aller Stände: Angehörige des höchsten Adels, Geistliche, Ministerialen, Bürger und Fahrende unbekannter Herkunft. Seine Geschichte beginnt um 1150 mit dem sog. *„Donauländ. M."* (u. a. Der Kürenberger, Dietmar von Aist), der das wechselseitige Liebessehnen von Mann und Frau zum Gegenstand hat. Der Einfluß der Troubadours setzte sich um 1190 im M. Heinrichs von Veldeke und Friedrichs von Hausen im westdt. Raum durch. Für den eigtl. hohen M. typ. ist der (vermutl. von der Marienverehrung beeinflußte) höf. Frauendienst, der die Frau zu einem für den Ritter unerreichbaren Ideal stilisierte. Der *hohe Minne* ist Rollenlyrik; ein wichtiger Topos ist die läuternde Macht der Minne als Dienst; Zentralbegriffe sind „triuwe" (Treue) und „mâze" (zuchtvolle Bescheidenheit). Höhepunkt dieser Leidenserotik sind um 1190 die Lieder Reinmars des Alten und Heinrichs von Morungen. Walther von der Vogelweide stellt dagegen das idealisierte Frauenbild in Frage und preist die nichtadlige Frau wieder als Partnerin *(„niedere Minne");* auch Wolfram von Eschenbach rückt vom Ideal „der hohen Minne" ab, wenn er die ehel. Liebe preist. Damit wurde die letzte Phase des M. eingeleitet, die nach 1210 mit der *„dörperl. Dichtung"* Neidharts (von Reuental) zu Parodie und Persiflage und 1250 mit Ulrich von Lichtenstein zur Entartung und (ungewollten) Karikatur führte. Mit dem Niedergang der höf. Ritterkultur (als einer der letzten Minnesänger gilt Oswald von Wolkenstein). Im 14. Jh. mit den Anfängen städt. Kultur wurde der M. weitgehend durch den Meistersang abgelöst. - Überliefert ist der M. hauptsächl. in Liederhandschriften des 13. und 14. Jh.; Melodieaufzeichnungen liegen erst seit dem 14. Jh. vor. Wiederentdeckt wurde der M. im 18. Jh.; die ersten Ausgaben stammen von

Minnesota

J. J. Bodmer, nachgebildet wurden Themen des M. erstmals von J. W. L. Gleim („Gedichte nach den Minnesingern", 1773); die wiss. Beschäftigung mit dem M. setzte im 19.Jh. ein, v.a. mit der krit. Ausgabe der Werke Walthers von der Vogelweide durch K. Lachmann.
📖 *Fischer, Karl H.: Zw. Minne u. Gott. Ffm. 1985. - Goheen, J.: Mittelalterl. Liebeslyrik von Neidhart von Reuental bis zu Oswald von Wolkenstein. Bln. 1984. - Moser, H./Tervooren, H.: Des Minnesangs Frühling. Stg. ³⁷1982. 2 Bde. - Der dt. M. Aufsätze zu seiner Erforschung. Hg. v. H. Fromm. Darmst. Bd.1 ⁵1972, Bd.2 1985.*

Minnesota [mɪneˈzota, engl. mɪnɪ-ˈsoʊtə], nördl. Mittelstaat der USA, 217 735 km², 4,15 Mill. E (1983), Hauptstadt Saint Paul.
Landesnatur: Durch die Vereisung des Pleistozäns entstand ein flachwelliges Hügelland mit zahlr. (über 11 000) Seen, Grund- und Endmoränen. In den Misquah Hills im NW liegt die mit 679 m höchste Erhebung. - Das Klima ist extrem kontinental. Die mittelhohen Niederschläge nehmen von O nach W ab. Zw. 60 Tagen im S und 120 im N liegt eine geschlossene Schneedecke.
Vegetation: Der früher im N verbreitete Nadelwald ist heute stark gelichtet, z.T. tritt auch Mischwald auf. In Süd-M. werden die ehem. offenen Prärieflächen weitgehend landw. genutzt.
Bevölkerung, Wirtschaft, Verkehr: In M. siedelten viele Deutsche und Skandinavier. 96,6% der Bev. sind Weiße, 1,3% Neger; außerdem gibt es rd. 23 000 Indianer. Knapp 67% aller E leben in den drei Metropolitan Areas Minneapolis-Saint Paul, Fargo-Moorhead und Duluth-Superior. Wichtigste Religionsgemeinschaften sind Lutheraner und röm. Katholiken. Die University of M. besitzt Abteilungen in mehreren Städten. - M. ist ein wichtiger Agrarstaat mit bed. Milchwirtschaft und Haferanbau. Weitere wichtige Anbauprodukte sind Mais, Flachs, Erbsen, Sojabohnen und Zuckerrüben; bedeutende Rinder- und Truthahnhaltung. Die in M. geförderten Eisenerze machen etwa die Hälfte des Gesamtabbaus der USA aus. Führender Ind.zweig ist die Nahrungsmittelind. (bed. Mühlenbetriebe), gefolgt von Maschinen- und Gerätebau sowie der breit gestreuten Holzindustrie. Nord-M. ist dank der vielen Seen und Wälder für den Fremdenverkehr bes. attraktiv. Das Eisenbahnnetz ist rd. 8 500 km, das Highwaynetz rd. 19 400 km lang. Bed. Häfen sind Duluth am Oberen See und Minneapolis am Mississippi. 1980 gab es 177 offizielle ✈.
Geschichte: Franzosen stießen als erste Europäer in das Gebiet der Großen Seen vor. Der östl. des Mississippi gelegene Teil von M. fiel 1763 an Großbrit. und gehörte seit 1783 formell zu den USA, blieb aber bis 1816 unter brit. Einfluß. Der westl. des Mississippi gelegene Teil von M. gehörte nominell 41 Jahre lang zu Spanien, ehe er durch den Kauf Louisianes 1803 amerikan. Besitz wurde. Von 1818 an gehörte der westl. Teil von M. zum Territorium Michigan, ab 1838 war das ganze heutige M. Bestandteil des Territoriums Wisconsin. 1849 schuf der amerikan. Kongreß M. als eigenständiges Territorium. 1857 verabschiedete M. seine noch heute geltende Verfassung und wurde 1858 als 32. Staat in die Union aufgenommen. 1862 erhoben sich die Indianer unter Little Crow wegen Nichteinhaltung der 1837, 1851, 1854 und 1855 geschlossenen Verträge, doch mußten sie sich der militär. Übermacht der amerikan. Truppen beugen.
📖 *Blegen, T. C.: M. A history of the state. Minneapolis (Minn.) 1963.*

Minnetrinken, in altgerman. Zeit rituelles Trinken aus einem Trinkhorn zu Ehren des Verstorbenen vor Antritt eines Erbes; vom Ahnenkult übertragen bei Gelagen der Minnetrunk für Götter.

Mino da Fiesole [italien. ˈmiːno da fˈfjɛːzole], * Poppi (Prov. Arezzo) 1430 oder 1431, † Florenz 11. Juli 1484, italien. Bildhauer. - Vermutl. Schüler von Desiderio da Settignano; u.a.: Büste des Piero de' Medici (1453; Florenz, Bargello), Büste des Niccolo Strozzi (1454; Berlin-Dahlem), Renaissancegrabmäler in Florenz und Rom.

Miño [span. ˈmiɲo] (portugies. Minho), Fluß auf der Iber. Halbinsel, entspringt in N-Galicien, mündet in den Atlantik, 310 km lang. Der Unterlauf bildet z.T. die Grenze zw. Portugal und Spanien.

minoische Kultur vorgriech. Kultur Kretas, 3.Jt. bis etwa 1200 v.Chr. Schon in der frühminoischen Phase (bis 2000) trieb Kreta Handel mit dem gesamten Ägäisraum und Ägypten. Die mittelminoische Phase (2000–1400) ist die Zeit der fürstl. Stadtpaläste, Sitz kult. Oberherrschaft und zentralist. Verwaltung mit zunächst piktograph. Kanzleischrift, später Linearschrift. Das Kunstgewerbe, das auch für den Export produziert wurde. Palastbau, sanitäre Anlagen, Straßen-, Schiffbau und Handwerk bezeugen hochstehende Technik. Der Seeherrschaft dienten viele Stützpunkte auf den Inseln der Ägäis, Rhodos und in Milet. Nach schweren Zerstörungen zw. 1500 und 1450 (Erdbeben?) setzten sich die Mykener auf Kreta fest (spätminoische Periode, 1400–1200). Grundlage der m. K. scheint die Verbindung von sozialer und religiöser Ordnung zu sein, als deren Zentrum Knossos gilt. Der Kult einer Mutter- und Fruchtbarkeitsgöttin scheint greifbar; die Bed. von Doppelaxt, Kulthörnern und Stier ist umstritten. Bes. seit mittelminoischer Zeit gibt es in der Kunst hervorragende Statuetten und Reliefs von Mensch und Tier in Ton, Fayence, Bronze, Stein, Elfenbein und Holz,

Minoriten

Minoische Kultur. Oben links: Eingang zum zweiten Palast in Phaistos (um 1500 v. Chr.); unten links: Opfertisch aus Malia (um 1700 v. Chr.); oben rechts: Vorratskrug aus Malia (um 1700 v. Chr.)

geschnittene Siegelsteine, Gefäße aus Obsidian, Steatit und Bergkristall mit feinsten figürl. Reliefs, goldene Siegelringe mit Kult- und Jagdszenen und Fabelwesen, Becher und Gerät; man kennt Granulation, Lötung und Niello. Farbenfrohe Freskomalerei (landschaftl. Motive, Festprozessionen und Kult sind Hauptthemen) und bemalte Stuckreliefs schmückten die Paläste; Tempel fehlen. Raffinierteste Keramik von reichem Formenbestand im mittelminoischen *Kamaresstil* mit bunter Ornamentik, danach v. a. naturnahen Pflanzen- und Seegetierdekor schwarz auf hellem Tongrund; bed. Leistungen sind auch die oft übermannshohen Vorratsgefäße.

📖 *Gallas, K.: Kreta – Ursprung Europas.* Mchn. 1984. - *Snyder, G.: Minoische u. Myken. Kunst.* Mchn. 1980. - *Schachermeyr, F.: Die m. K. des alten Kreta.* Stg. ²1979. - *Alexiou, S.: M. K. Dt. Übers.* Gött. 1976.

Minorante [lat.] ↑ Majorante.

minore [italien.], in der Musik svw. Mollakkord, Molltonart (mit kleiner Terz). Substantivisch gebraucht zeigt **Minore** den Mollteil eines in einer Durtonart stehenden Stückes (Marsch, Tanz, Rondo u. ä.) an.

Minorist [zu lat. minor „kleiner, niedriger"], in der kath. Kirche Kleriker, der nur sog. niedere Weihen („ordines minores") empfangen hat; 1973 wurden die niederen Weihen abgeschafft.

Minorität [lat.-frz.], Minderzahl, [polit., ethn.] Minderheit.

Minoritätsrechte (Minderheitsrechte), im Gesellschaftsrecht diejenigen Rechte, die eine Minderheit der Gesellschafter einer GmbH bzw. der Aktionäre einer AG auf der Gesellschafter- bzw. Hauptversammlung gegenüber der Mehrheit durchsetzen kann. M. dienen dem Zweck, wichtige Interessen dieser Gesellschafter zu sichern, wenn ihre Kapitalbeteiligung auch relativ gering ist.

Minoriten (Konventualen, Ordo Fratrum Minorum Conventualium, Abk. OFM-Conv; wegen des Ordenskleides auch „schwarze Franziskaner" gen.), selbständiger Zweig des Franziskanerordens, der sich aus dem Armutsstreit entwickelte und 1517 von Papst Leo X. von den Franziskaner-Observanten getrennt wurde. In Verfassung, Tätigkeit und Spiritualität stimmt er mit den Franziskanern überein; seit der Säkularisation nur noch geringe Verbreitung. Z. Z. etwa 2 700 Mgl. (dt. Provinzialat in Würzburg).

Minorka

Minos. Minotaurus auf einer Trinkschale des Epiktetos (um 510 v. Chr.). London, British Museum

Minorka [nach der Baleareninsel Menorca], mittelgroßes Legehuhn (Gewicht 2–3 kg); mit reich befiedertem Schwanz; grünschillerndschwarze und weiße Farbschläge.

Minos, Gestalt der griech. Mythologie. Sohn des Zeus und der Europa, Vater der Ariadne, König in Knossos auf Kreta. Poseidon erhört die Bitte des M., zur Legitimierung seiner Herrschaft einen Stier aus dem Meer steigen zu lassen, doch als der König das Tier nicht opfert, sondern seiner Herde beifügt, läßt es der Gott rasend werden und die Gemahlin des M. in Liebe zu ihm entbrennen. Die Frucht dieser Verbindung ist der mischgestaltige **Minotauros,** für den M. durch Dädalus das Labyrinth erbauen und jährl. aus dem tributpflichtigen Athen Menschenopfer herbeischaffen läßt, bis es Theseus mit Hilfe der Ariadne gelingt, den Minotauros zu töten. - Das Einfangen des rasenden „Kret. Stieres" ist die 7. Arbeit des Herakles.

Minot, George [engl. 'maɪnət], * Boston 2. Dez. 1885, † ebd. 25. Febr. 1950, amerikan. Mediziner. - Prof. an der Harvard University in Boston; führte zus. mit W. P. Murphy und G. H. Whipple die Leberdiät in die Behandlung der perniziösen Anämie ein und erhielt hierfür 1934 (gemeinsam mit Murphy und Whipple) den Nobelpreis für Medizin.

Minsk, Hauptstadt der Weißruss. SSR, UdSSR, an der Geb. M., im mittleren Westruss. Landrücken, 1,44 Mill. E. Univ. (gegr. 1921), 12 Hochschulen, Akad. der Wiss. der Weißruss. SSR, Museen, Theater, Philharmonie. Maschinenbau und Metallverarbeitung, außerdem Herstellung von Radios, Fernsehgeräten, Uhren, Photoapparaten, Kühlschränken, EDV-Anlagen u. a.; Bahnknotenpunkt, ✈. - Als eine der ältesten Städte Rußlands wahrscheinl. Anfang des 11. Jh. gegr., als **Menesk** 1067 erstmals erwähnt; erklärte sich 1101 zum unabhängigen Ft., doch 1129 dem Kiewer Reich angegliedert; Anfang des 14. Jh. der Vorherrschaft Litauens, später dem Staatsverband Polen-Litauen unterstellt; seit 1413 Verwaltungszentrum der Woiwodschaft M., erhielt 1499 Magdeburger Stadtrecht; im 16. Jh. bed. Handelsstadt; im 2. Nord. Krieg (1701–21) Festung, 1708 vollkommen zerstört; nach der 2. poln. Teilung (1793) Rußland angegliedert, seit 1796 Hauptstadt Weißrußlands; 1812 durch frz. Truppen zerstört; im 1. Weltkrieg 1914/15 Sitz des Stabes des russ. Oberkommandos; 1919/20 poln. besetzt; 1921 Ausrufung der Weißruss. SSR. - Großzügiger Wiederaufbau nach Zerstörungen im 2. Weltkrieg.

Minstrel [zu lat. ministerialis „im Dienst Stehender"], berufsmäßiger Rezitator und Sänger im ma. England; oft gleichbedeutend mit Spielmann und Jongleur.
♦ in der amerikan. Pionierzeit Bez. für fahrende Musiker und Spielleute. Aus dem um 1800 entstandenen M.gruppen entwickelte sich eine Art des Varietétheaters (**Minstrel show**).

Minto [engl. 'mɪntoʊ], Gilbert Elliot-Murray-Kynynmound, Earl of (seit 1813), * Edinburgh (?) 23. April 1751, † Stevenage 21. Juni 1814, brit. Politiker. - 1794–96 Gouverneur von Korsika, 1806–13 Generalgouverneur in Indien, wo er durch einen Freundschaftsvertrag mit den Sikh für Aufrechterhaltung des Friedens sorgte.

M., Gilbert John Elliot-Murray-Kynynmound, Earl of, * London 9. Juli 1845, † Minto bei Hawick 1. März 1914, brit. Politiker. - Urenkel des Earl of M.; 1898–1904 Generalgouverneur von Kanada, 1905–10 Vizekönig von Indien.

Mintoff, Dominic, * Bormla (Malta) 6. Aug. 1916, maltes. Politiker. - Architekt; seit 1950 Vors. der maltes. Labour Party, 1955–58 Premier- und Finanzmin.; danach Oppositionsführer; 1971–84 erneut Premiermin. (1971–78 bzw. 1981 zugleich Außen- und Commonwealthmin.; 1976–81 und 1983/84 auch Innenminister).

Mintscho, Kitschisan, * Monobe auf Awadschi 1352, † Kioto 26. Sept. 1431, jap. Maler. - Mönch im Tofukudschi, Kioto, für das er Landschaften und Bildnisse schuf; Zenkünstler in der Tradition der chin. Tuschmalerei der Sung- und Yüanzeit.

Minturno, Antonio, eigtl. A. Sebastiani, * Traetto (= Minturno, Prov. Latina) 1500 (?), † Crotone 1574, italien. Schriftsteller. - 1559 Bischof von Ugento, 1565 von Crotone; Teilnehmer am Konzil von Trient. Lehnte in seinen lat. Dialogen „De poeta" (1559) eine moral. Zielsetzung der Dichtung ab.

Minucius Felix, Marcus, christl. röm. Schriftsteller um 200. - Verfaßte den Dialog „Octavius", der neben Tertullians „Apologeticum" die älteste Apologie des Christentums in lat. Sprache darstellt.

Minuend [lat.], diejenige Zahl, von der

bei der Subtraktion eine andere (der Subtrahend) abgezogen wird; M. minus Subtrahend gleich [Wert der] Differenz.

Minus [lat. „weniger"], Verlust, Fehlbetrag. - ↑auch Minuszeichen.

Minusglas ↑Brille.

Minuskel [zu lat. minusculus „etwas kleiner"], Kleinbuchstabe (Gemeine) der Schriften des lat. Alphabets; *M.schriften* haben nur kleine Buchstaben. Die M. sind nicht wie Majuskeln von gleicher Höhe, sondern haben Ober- und Unterlängen; ↑auch karolingische Minuskel.

Minussinsker Becken, Landschaft im südl. Sibirien, vom Jenissei durchflossen. Das M. B. ist ein bed. Landw.gebiet; Abbau von Steinkohle.

Minuszeichen, Zeichen − (gesprochen: minus); in der *Mathematik:* 1. Rechenzeichen für die Subtraktion; 2. Vorzeichen für negative Zahlen.

Minute [zu lat. pars minuta prima „erster verminderter Teil", d. h. der bei der Teilung einer Größe durch 60 entstehende Teil], Zeiteinheit, Einheitenzeichen min, bei Angabe des Zeitpunktes (Uhrzeit) hochgesetzt, ^{min} oder ^{m}; der 60. Teil einer Stunde (h) bzw. das 60fache einer Sekunde (s): 1 min = $^1/_{60}$ h = 60 s.
◆ Winkeleinheit, Einheitenzeichen '; der 60. Teil eines Grades: $1' = ^1/_{60}°$.

Minuteman [engl. 'mɪnɪt,mæn], dreistufige militär. Interkontinentalrakete der USA.

minuziös [frz., zu lat. minutia „Kleinigkeit"], peinl. genau, äußerst gründlich.

Minze (Mentha) [lat.], Gatt. der Lippenblütler mit rd. 20 Arten, v. a. im Mittelmeergebiet und in Vorderasien; Stengel vierkantig; Blüten klein und regelmäßig; Blätter gegenständig, gezähnt oder gelappt. Blätter und Stengel enthalten äther. Öl (↑Menthol). In M-Europa kommen 5 Arten wild vor, u. a. die 15–30 cm hohe **Ackerminze** (Mentha arvensis); Stengel und Blätter behaart; auf feuchten Standorten. Auf ebensolchen wächst auch die 20–80 cm hohe **Wasserminze** (Mentha aquatica); Blüten blaßviolett bis rötl., in endständigen Blütenköpfchen. 10–30 cm hoch wird die **Poleiminze** (Mentha pulegium); Blüten blauviolett bis lilafarben, in Scheinquirlen. Angebaut werden die ↑Pfefferminze und die bis 90 cm hohe **Grüne Minze** (Mentha spicata), mit rosa- oder lilafarbenen Blüten in bis 6 cm langen ährenartigen Blütenständen; Blätter lanzenförmig, scharf gesägt, mit starkem Pfefferminzgeschmack; wird häufig als Küchengewürz verwendet.

Miose (Miosis) [zu griech. meíōsis „das Verringern, Verkleinern"] (Stenokorie), die [abnorme] Verengerung der Pupille (z. B. unter medikamentösem Einfluß oder bei Lähmung des Irismuskels).

Miotikum [griech.], pupillenverengerndes Medikament, z. B. Pilokarpin, Physostigmin; wird z. B. bei der Behandlung des grünen Stars verwendet.

Miozän [griech.], zweitjüngste Abteilung des Tertiärs.

Miparti [frz. „halb geteilt"], in der ma. Mode Zwei- oder Mehrfarbigkeit v. a. von Hose und Wams, urspr. höfische Erscheinung, im 16. Jh. v. a. in der Landsknechtstracht.

Miquel, Johannes von (seit 1897) ['miːkɛl], * Neuenhaus (Landkr. Gft. Bentheim) 19. Febr. 1828, † Frankfurt am Main 8. Sept. 1901, dt. Politiker. - Jurist; zunächst radikaler Demokrat und Marx-Anhänger; Mitbegr. des Nationalvereins und der Nationalliberalen Partei, 1873 Vors. des Verwaltungsrats der Disconto Gesellschaft; 1876 Oberbürgermeister von Osnabrück, 1879 von Frankfurt am Main. Staatsmänn. Wirkung entfaltete M. als preuß. Finanzmin. (1890) und als Vizepräs. des Staatsministeriums (1897), als er die Reform der preuß. Staatsfinanzen und die „Sammlung" von Schwerind. und Landw. für die Reichstagswahlen 1897 zuwege brachte. 1901 trat er wegen der (Mittelland-)Kanalvorlage zurück.

Miquelon [frz. miˈklõ] ↑Saint-Pierre-et-Miquelon.

Mir, im Osman. Reich und im Iran gebräuchl. Kurzform des Titels Emir.

Mir [russ.], 1. die bäuerl. Dorf- bzw. Landgemeinde in Rußland, 2. die Gesamtheit der bäuerl. Haushaltungsvorstände eines Dorfes, 3. eine bes. Form der Gemeindebesitzverfassung (Gemeinschaftsbesitz einer Dorfgemeinde). Nach der Aufhebung der Leibeigenschaft (1861) war der M. als Institution mit kollektiver Steuerhaftung und regelmäßiger bzw. fallweiser Umverteilung der bäuerl. Gemeindebesitzes gesetzl. verankert. Durch die Agrargesetze von P. A. Stolypin (1907) allmähl. abgebaut, 1917 endgültig abgeschafft.

Mir ↑Orientteppiche (Übersicht).

Mirabeau, Honoré Gabriel Riqueti, Graf von [frz. miraˈbo], * Le Bignon (= Le Bignon-Mirabeau, Loiret) 9. März 1749, † Paris 2. April 1791, frz. Publizist und Politiker. - Wegen seines ausschweifenden Lebenswandels von seinem Vater mehrmals ins Gefängnis gebracht, 1777 zum Tode verurteilt, jedoch nach Haft in Vincennes (wo er seine „Lettres à Sophie" [hg. 1792] schrieb) und Pontarlier 1782 begnadigt. Nach einer geheimen Mission in Berlin 1786/87 schrieb er „Über die Preuß. Monarchie unter Friedrich d. Gr." (1788; mit J. Mauvillon) und „Geheime Geschichte des Berliner Hofes" (1789). Seine Popularität begründete er als sein eigener Verteidiger in spektakulären Prozessen und zu Beginn der Frz. Revolution als Vertreter des 3. Standes in den Generalständen; die Weigerung der Nationalsammlung, den Auflösungsbefehl des Königs zu befolgen, wurde von M. artikuliert („... wir werden nur der Macht der Bajonette wei-

Mirabell

chen ..."; 23. Juni 1789). Seine Forderungen in der Verfassungsberatung (konstitutionelle Monarchie mit absolutem Vetorecht des Königs) brachten ihn in Konflikt mit den „Patrioten"; auch der Hof, zu dem er Geheimverbindungen hatte, mißtraute ihm. Sein plötzl. Tod bedeutete eine Zäsur in der Entwicklung der Frz. Revolution.
  📖 *Wittkop, J.: Graf M. Mchn. 1982. - Castries, R. de la Croix, Duc de: M. Das Drama eines polit. Genies. Dt. Übers. Stg. 1963.*

Mirabell, Barockschloß in ↑Salzburg.

Mirabella (Mirabell), aus dem Italien. übernommener weibl. Vorname, eigtl. „die Wunderbare" (zu lat.-italien. mirabile „wunderbar").

Mirabelle ↑Pflaumenbaum.

mirabile dictu [lat. „wundersam zu sagen"], kaum zu glauben.

Mirabilis [lat.], svw. ↑Wunderblume.

Mirabilit [lat.], svw. ↑Glaubersalz.

Miracidium [griech.], etwa birnenförmige, bewimperte erste Larvenform bei Saugwürmern; wächst im Wirtsgewebe zu einer Sporozyste heran, die ↑Redien hervorbringt.

Miracosa [Kw.], Frucht einer Kreuzung aus Mirabelle und Aprikose; Aussehen ähnl. der Mirabelle; Geschmack ähnl. der Aprikose.

Miradsch [arab. „Aufstieg"], Mohammeds Himmelfahrt; die Legende läßt den Propheten nachts nach Jerusalem und von dort durch die sieben Himmelssphären reisen.

Mirage [frz. mi'ra:ʒ], Name einer Reihe frz. Kampfflugzeuge; u. a. M. 5, bes. für den Erdkampf geeignetes, einsitziges takt. Kampfflugzeug (Höchstgeschwindigkeit Mach 1,1 in Meereshöhe, Mach 2,1 in 12 000 m Höhe), das bis zu 4 200 kg Außenlasten (Bomben, Raketen) tragen kann.

Mirakel [zu lat. miraculum „Wunder"], im Heiligenkult und Wallfahrtswesen das Wunder eines Heiligen an dessen Grab- oder Kultstätte. Die M. wurden zu kultpropagandist. Zwecken in Listen gesammelt (M.bücher). Auch Bez. für dramatisierte Heiligenlegenden (Mirakelspiel). Neben dem inhaltl. bestimmten Begriff wurde M. schon in ma. Zeit Gattungsbegriff für jede Art Erzählung wunderbarer Gebetserhörungen und Gnadenerweise eines Heiligen.

Mirakelspiel (Mirakel), geistliches Spiel des MA, das Leben und Wundertaten der Heiligen und der Jungfrau Maria behandelt. Seit dem 12. und 13. Jh. bes. in Frankr. verbreitet, dann auch in England, den Niederlanden und in Deutschland. Im 14. und 15. Jh. wurden Marienmirakel, häufig Bearbeitungen von erzählenden Vorlagen, beliebt: z. B. die 40 „Miracles de Nostre Dame par personnages" oder das in Drucken des 16. Jh. überlieferte mittelniederl. (halbdramat.) Marienmirakel „Mariken van Nieumeghen"; im 20. Jh. wieder aufgenommen.

Miranda, Francisco de, *Caracas 28. März 1750, †San Fernando bei Cádiz 14. Juli 1816, venezolan. Freiheitskämpfer. - Urspr. span. Offizier; Teilnehmer am Nordamerikan. Unabhängigkeitskrieg und an der Frz. Revolution. Seine Bemühungen um ein freies Mittel- und Südamerika führten zur Unabhängigkeitserklärung Venezuelas (1811). Mußte 1812 vor den Spaniern kapitulieren, starb in span. Haft.

M., Francisco de Sá de, portugies. Dichter, ↑Sá de Miranda, Francisco de.

Miranda [lat.], einer der fünf Uranusmonde (1948 von G. P. Kuiper entdeckt).

Miranda, Staat in Venezuela, am Karib. Meer, 7 950 km², 1,42 Mill. E (1981), Hauptstadt Los Teques. M., in der Küstenkordillere gelegen, ist dank reichl. Niederschläge ein wichtiges Agrargebiet.

Mirandola, Giovanni Pico della ↑Pico della Mirandola, Giovanni.

Mirbeau, Octave [frz. mir'bo], *Trévières bei Bayeux 16. Febr. 1850, †Paris 16. Febr. 1917, frz. Schriftsteller. - Schildert in krit.-satir. Romanen und Bühnenstücken meist soziale und moral. Skandale. Aufsehen erregte v. a. das Theaterstück „Geschäft ist Geschäft" (1903), das mit ätzender psycholog. Schärfe die Mentalität eines Geschäftsmannes zeichnet, dem sein Profit wichtiger ist als Familie und Freunde. - *Weitere Werke:* Der Garten der Qualen (R., 1899), Tagebuch einer Kammerzofe (R., 1900).

Mircea der Alte [rumän. 'mirtʃea], †1418, Fürst der Walachei (seit 1386). - Unter seiner Reg. erfuhr die Walachei ihre größte territoriale Ausdehnung (Eroberung von Teilen S-Siebenbürgens und der Dobrudscha).

Mireille [frz. mi'rɛj], frz. weibl. Vorname (zu ↑Mirabella).

Miri, Hafenstadt auf Borneo, im nördl. Sarawak, Ostmalaysia, 120 000 E. Zentrum eines Erdölfeldes. - Im 2. Weltkrieg durch die Japaner stark zerstört.

Mir-i-bota [pers.], bei Orientteppichen häufig verwendetes, vielfach abgewandeltes Muster, Palmwedel, dessen Spitze nach links oder rechts überhängt; meist in Gruppen oder Reihen.

Mir iskusstwa [russ. „Welt der Kunst"], russ. Künstlervereinigung, um 1890 in Petersburg gegr., 1924 aufgelöst. Mit ihrer gleichnamigen Zeitschrift (1899-1904), mit Ausstellungen sowie Opern- und Ballettaufführungen propagierte die Gruppe eine enge Verbindung der russ. mit der westeurop. Kunstavantgarde (Symbolismus, Jugendstil). Mgl.: A. N. Benua, L. Bakst, S. Diaghilew, J. E. Grabar.

Mirjam (Miriam), aus der Bibel übernommener weibl. Vorname hebr. Ursprungs (Bed. unklar).

Mirko, slaw. männl. Vorname, Kurzform von ↑Miroslaw.

Mirko, eigtl. M. Basaldella, * Udine 28. Sept. 1910, † Boston (Mass.) 25. Nov. 1965, italien. Bildhauer. - Bruder von ↑ Afro (A. Basaldella). Ausdrucksstarke, häufig an Totems erinnernde abstrakte Plastik, u. a. bronzene Gittertür für die Gedenkstätte in den Fosse Ardeatine bei Rom.

Mirliton [frz. mirli'tõ] (Näselhäutchen), einfaches ↑ Membranophon, dessen Membran durch Ansingen (Anblasen) in Schwingung gerät und einen näselnden Ton erzeugt; besteht aus einer Röhre, die oben offen und unten mit einer Membran verschlossen ist, oder, in der einfachsten Form, aus einer zw. die Finger gespannten Membran.

Miró, Joan, * Montroig bei Barcelona 20. April 1893, † Palma de Mallorca 25. Dez. 1983, span. Maler. - Entwickelte unter dem Einfluß des Surrealismus aus phantast. Chiffren aufgebaute poet. Szenarien in bunten Farben. Seine Bilder verschlüsseln v. a. in den 30er Jahren auch starke Spannungen (Span. Bürgerkrieg) sowie häufig auch sexuelle Themen. Elemente des Grotesken und Bedrohlichen wechseln mit Szenen heiteren Humors. Die Linie ist bei M. neben der Farbe als entscheidendes Element eingesetzt. Auch Graphikzyklen zu Werken zeitgenöss. Autoren (Tristan Tzara, „Parler seul", 72 Farblitographien, 1950). Auch Graphiker und Bildhauer (Kermikwand des UNESCO-Gebäudes in Paris, 1955-58).

Miró Ferrer, Gabriel, * Alicante 28. Juli 1879, † Madrid 27. Mai 1930, span. Schriftsteller. - Schilderte in teilweise symbolist., mehr lyr. als handlungsbewegten Romanen Landschaft und Atmosphäre der span. Provinz.

Miron, Cristea [rumän. mi'ron, 'miron], * Toplița 18. Juli 1868, † Cannes 6. März 1939, rumän. orth. Patriarch und Politiker. - 1909 Bischof von Caransebeș, 1919 Erzbischof von Bukarest, 1925 Patriarch; 1927–30 Regent für König Michael I.; unterstützte als Min.präs. (1938/39) König Karl II. bei der Errichtung der Königsdiktatur.

Miroslaw, aus dem Slaw. übernommener männl. Vorname (zu russ. mir „Friede" und slava „Ruhm").

Mirsa (Mirza), eigtl. Amirsade (Emirsohn), pers. Titel, dem Namen nachgesetzt für Prinzen; vor dem Namen für literar. gebildete Beamte („Sekretäre").

MIRV [engl. 'ɛm-aɪ-α:'vi:], Abk. für engl.: Multiple independently targetable reentry vehicle („mehrfach unabhängig zielsuchendes Wiedereintrittsfahrzeug"), Mehrfachsprengkopf von Interkontinentalraketen, besteht z. B. bei Minuteman-III-Raketen aus 3 lenkbaren Einzelsprengköpfen.

Mirza, Iskander [engl. 'mə:zə], * Murshidabad (West Bengal) 13. Nov. 1899, † London 12. Nov. 1969, pakistan. General und Politiker. - 1948 erster Verteidigungsmin. Pakistans; bekämpfte 1954 als Gouverneur von O-Pakistan erfolgreich separatist. Tendenzen; 1955/56 Generalgouverneur von Pakistan, 1956 zum ersten Staatspräs. der Islam. Republik Pakistan gewählt; lebte nach seiner Entmachtung durch Ayub Khan 1958 im Exil.

Mirza, Titel, ↑ Mirsa.

mis..., Mis... ↑ miso..., Miso...

Misandrie [griech.], Männerhaß; speziell die Abneigung der Frau gegen sexuelle Beziehungen mit einem Mann.

Misanthropie [griech.], Abneigung gegen andere Menschen.

Misar ↑ Mizar.

Miscanthus [griech.], Gatt. der Süßgräser mit mehreren Arten im trop. Afrika und SO-Asien; hohe Gräser mit schmalen Blättern und großen, in endständigen Rispen stehenden Blüten. Bekannt ist das als Ziergras angepflanzte *Jap. Seidengras* (Miscanthus sinensis) und das winterharte *Silberfahnengras* (Miscanthus sacchariflorus).

Misch, Georg, * Berlin 5. April 1878, † Göttingen 10. Juni 1965, dt. Philosoph. - 1911 Prof. in Marburg, 1916 in Göttingen, 1939–46 im Exil in Großbrit., ab 1946 wieder in Göttingen. Seine geistesgeschichtl. orientierten Arbeiten stehen in der Nachfolge seines Lehrers W. Dilthey. Seine enzyklopäd. „Geschichte der Autobiographie" (3 Bde., 1949–67) gilt als Standardwerk der Biographieforschung.

Mischa, aus dem Russ. übernommener männl. Vorname, Koseform von Michail.

Mischaren, tatar. Volk beiderseits der mittleren Wolga, UdSSR.

Mischehe, Bez. für eine Ehe zw. Ehepart-

Joan Miró, Der Gentleman (1924). Basel, Öffentliche Kunstsammlung

Mischerbigkeit

nern mit unterschiedl. Bekenntnis oder mit unterschiedl. Religionszugehörigkeit. - Nach *röm.-kath. Kirchenrecht* die Ehe zw. einem Katholiken und einem nichtkath. Christen, die bis 1983 unerlaubt war, seitdem aber kein Ehehindernis mehr darstellt, und die Ehe zwischen einem Katholiken und einem Nichtchristen (Ungetauften), die durch das Ehehindernis der Religions-, Glaubens- oder Kultverschiedenheit ungültig ist. Von diesem Ehehindernis kann (vom Bischof) dispensiert werden. Voraussetzung ist eine Erklärung und das Versprechen des kath. Partners, sich um die Erfüllung seiner sittl. Verpflichtung zur kath. Taufe und Erziehung der Kinder zu bemühen. Bei M. kann auch von der Formpflicht (Eheschließung vor dem kath. Pfarrer und zwei Zeugen) dispensiert werden, doch muß die Eheschließung in irgendeiner öffentl. Form erfolgen. - In den *ev. Kirchen* ist die M. grundsätzl. mögl., da die Ehe nach ev. Auffassung kein Sakrament ist; allerdings gilt auch hier das Prinzip der konfessionellen (ev.) Kindererziehung. In der Praxis wird dieser Grundsatz weniger streng befolgt, die Entscheidung liegt jeweils beim Pfarrer. - ↑auch ökumenische Bewegung. - In der Zeit des *Nationalsozialismus* wurde mit M. eine „Ehe zw. einem Angehörigen dt. oder artverwandten Blutes und einer Person anderer rass. Zugehörigkeit" (↑Nürnberger Gesetze) bezeichnet. - Die *jüd.* Tradition erlaubt keine M. und fordert vor der Eheschließung den Übertritt des nichtjüd. Partners zum Judentum; nur das Reformjudentum erkennt (mit Vorbehalten) die Legitimität der M. an. - Im Staat Israel ist, da das Eherecht den rabbin. Instanzen untersteht, keine Eheschließung mit Nichtjuden möglich. Im Ausland geschlossene M. werden aber zivilrechtl. als legitim anerkannt, doch führt die Frage der Religionszugehörigkeit und Nationalität von Kindern aus M. zu Schwierigkeiten, zumal sie nach religiösem Recht als illegitim gelten. - Im *Islam* ist es dem Muslim gestattet, eine Christin oder Jüdin, nicht aber eine Angehörige einer anderen Religion zu heiraten. Dagegen ist der Muslimin die Ehe mit einem Nichtmuslim unter allen Umständen verboten.

📖 *Schöpsdau, W.:* Konfessionsverschiedene Ehe. Gött. 1984. - Religiöse Kindererziehung in der M. Hg. v. *J. Feiner* u. *P. Frehner.* Köln u. Zürich ²1984. - Ehe mit Muslimen. Hg. v. *E. Fingerlin.* Ffm. 1983. - Die rechtl. Ordnung der M. Hg. v. *J. G. Gerhartz.* Trier 1971.

Mischerbigkeit, svw. ↑Heterozygotie.

Mischgeschwulst (Mischtumor), Geschwulst, die sich aus Anteilen zweier oder mehrerer gleichzeitig wuchernder Gewebsarten zusammensetzt.

Mischgesteine, svw. Migmatite, ↑Gesteine.

Mischima, Jukio, eigtl. Hiraoka Kimitake, *Tokio 14. Jan. 1925, †ebd. 25. Nov. 1970 (Selbstmord), jap. Schriftsteller. - Wurde internat. bekannt mit dem Roman „Geständnis einer Maske" (1949); ging in seinem, dem skept. Nihilismus verpflichteten umfangreichen Werk (über 10 Romane, 50 Novellen, Gedichte, No- und Kabuki-Stücke sowohl im modernen Stil als auch an klass. jap. Vorbilder angelehnt) neue, schockierende Problemstellungen in stets variierenden Ausdrucksweisen an, u. a. „Die Brandung" (R., 1954), „Nach dem Bankett" (R., 1960), „Der Seemann, der die See verriet" (R., 1963).

Mischkalkulation, 1. Festsetzung eines Einheitspreises für ein Gut trotz unterschiedl. Leistungen bzw. Kosten; 2. Kalkulation unterschiedlicher Handelsspannen, so daß Preise einzelner Güter eines Handelsbetriebs ungewöhnl. niedrig festgesetzt, die mindern Stückerträge bei diesen Gütern jedoch durch höhere Stückerträge bei anderen Gütern [mindestens] ausgeglichen werden.

Mischkonzern (Konglomerat), Konzern, der weder horizontal noch vertikal strukturiert ist, sondern vielmehr Unternehmen verschiedener Wirtschaftszweige, Produktions- und Handelsstufen zu einer Einheit vereinigt.

Mischkristalle, Kristalle bzw. Festkörper, die aus chem. verschiedenen Substanzen zusammengesetzte, kristallograph. gleiche Gitter bilden. Die Gitterpunkte sind in statist. Weise von verschiedenen Atomen oder Molekülen besetzt. Man unterscheidet verschiedene Arten von M.: 1. **Mischkristalle mit einfacher Substitution;** dazu gehören z. B. Olivin $(MgFe)_2[SiO_4]$, bei dem eine lückenlose M.reihe zw. dem reinen $Fe_2[SiO_4]$ *(Fayalit)* und dem reinen $Mg_2[SiO_4]$ *(Forsterit)* besteht. 2. **Mischkristalle mit gekoppelter Substitution;** bekannteste Beispiele sind die Kalknatronfeldspäte (Plagioklase), bei denen es eine M.reihe zw. $[NaAlSi_3O_8]$ *(Albit)* und $Ca[Al_2Si_2O_8]$ *(Labradorit)* gibt. Im Ggs. zur einfachen Substitution bei Olivin müssen hier infolge der Wertigkeitsunterschiede neben den Kationen Na^+ und Ca^{2+} auch Si^{4+} und Al^{3+} ausgetauscht werden. 3. **Additions- [misch]kristalle;** es werden zusätzl. zur reinen Phase Bausteine in die Lücken des Kristallgitters eingebaut. Man spricht auch von *Einlagerungsmischkristallen.* Beispiele sind Stahllegierungen, bei denen verschiedene Elemente in das Fe-Gitter eingelagert werden; damit lassen sich die technolog. Eigenschaften beeinflussen.

Mischkultur, der gleichzeitige Anbau mehrerer Nutzpflanzenarten nebeneinander.

Mischling, im völkerkundl. Sprachgebrauch Bez. für eine Person, deren Eltern oder Vorfahren verschiedenen Menschenrassen angehören. Der Nachkomme eines Europäers und einer Nordindianiden wird auch als *Halbblut* bezeichnet.

Mischna [hebr. „Lehre"], für das Judentum normativ gewordene Sammlung des Lehrstoffes aus den Schulen der ↑Tannaiten, Kernstück der rabbin. Literatur, Quelle der ↑Halacha, bestehend aus 63 Traktaten, die in sechs Ordnungen themat. zusammengestellt sind. Neben Tosefta und Midrasch wichtiges Zeugnis für das jüd. Leben in den beiden ersten nachchristl. Jahrhunderten.

Mischnick, Wolfgang, *Dresden 29. Sept. 1921, dt. Politiker (FDP). - Nach 1945 in der LDPD der SBZ, ab 1948 in der FDP Hessens tätig, deren Landesvors. 1967-77; seit 1957 MdB; 1961-63 Bundesvertriebenenmin.; 1963-68 stellv. Vors., seither Vors. der FDP-Bundestagsfraktion, seit 1964 einer der stellv. Parteivorsitzenden.

Mischpoche (Mischpoke) [hebr.-jidd., eigtl. „Familie"], (abwertend für:) Familie, Verwandtschaft; üble, unangenehme Gesellschaft.

Mischpolymerisation, Polymerisation verschiedener Monomere.

Mischpult, in der *Filmtechnik* ein pultartiges Gerät, mit dem bei der Herstellung von Tonfilmen die „Tonmischung" der verschiedenen Tonträger für Sprache, Musik, Geräusche u. a. vorgenommen wird.

◆ in der *Hörfunk-* und *Fernsehtechnik* eine pultartige Schaltanlage, die alle Einrichtungen zur Auswahl, Mischung und Beeinflussung sowie zur Überwachung und Weiterleitung der tonfrequenten Signale bei Tonaufnahmen oder -wiedergaben *(Ton-M.)* bzw. der Videosignale bei Fernsehaufnahmen oder -übertragungen *(Bild-M.)* enthält.

Mischsäure, svw. Nitriersäure (↑Nitrieren).

Mischtumor, svw. ↑Mischgeschwulst.

Mischung, svw. Gemisch.

◆ (Frequenzumwandlung, Frequenzumsetzung, Transponierung) in der *Nachrichtentechnik* Bez. für die Überlagerung hochfrequenter elektr. Schwingungen bzw. Spannungen mit einer Hilfsschwingung bzw. -spannung anderer Frequenz, um eine zur Weiterverarbeitung besser geeignete Frequenzlage - bei Hörfunkempfängern die Zwischenfrequenz - zu erhalten.

◆ (Farb-M.) ↑Farblehre.

Mischwald ↑Wald.

miserabel [lat.-frz.], erbärml., armselig; sehr schlecht, unzulänglich.

Misere [zu lat. miseria „Jammer"], Elend, Unglück, Notsituation, Trostlosigkeit.

Misereor [lat. „ich erbarme mich (des Volkes)"], Bez. für das 1959 von der Fuldaer Bischofskonferenz gegründete „Bischöfl. Werk gegen Hunger und Krankheit in der Welt". M. will mit einem jährl. Fastenopfer der dt. Katholiken die sozialen Strukturen in den Entwicklungsländern („Hilfe zur Selbsthilfe") verbessern. Geschäftsstelle in Aachen.

Miserikordie [lat.], als Sitzgelegenheit dienender Vorsprung am hochgeklappten Klappsitz des Chorgestühls, oft mit Schnitzereien (Grotesken u. a.).

Mises, Ludwig Edler von, * Lemberg 29. Sept. 1881, † New York 10. Okt. 1973, amerikan. Nationalökonom östr. Herkunft. - Prof. in Wien, Genf (1934-40) und New York (1945-69). M. war ein Vertreter der ↑Wiener Schule; seine bedeutendsten Leistungen liegen auf den Geb. der Finanzwiss., der Geldtheorie, der Konjunkturtheorie sowie der liberalen Staats- und Wirtschaftstheorie. - *Werke:* Nation, Staat und Wirtschaft (1919), Die Gemeinwirtschaft (1922), Liberalismus (1927), Geldwertstabilisierung und Konjunkturpolitik (1928), Grundprobleme der Nationalökonomie (1936), Omnipotent government. The rise of the total state and total war (1944), Human action, a treatise on economics (1949).

M., Richard Edler von, * Lemberg 19. April 1883, † Boston 14. Juli 1953, östr. Mathematiker. - Bruder von Ludwig Edler von M.; Prof. in Straßburg, Dresden, Berlin, Istanbul und Cambridge (Mass.); lieferte richtungweisende Arbeiten auf fast allen Gebieten der angewandten Mathematik, insbes. zur Wahrscheinlichkeitsrechnung und mathemat. Statistik sowie zur Aero- und Hydrodynamik.

MISFET, svw. MIS-Feldeffekttransistor (↑Transistor).

Misiones, Dep. in S-Paraguay, an der Grenze gegen Argentinien, 7 835 km², 79 300 E (1983), Hauptstadt San Juan Bautista. Waldreiches Hügelland im Bereich der Feuchtsavanne, entlang dem Paraná Überschwemmungssavanne; Land- und Forstwirtschaft (Anbau von Orangen, Mais und Zuckerrohr; Holzgewinnung).

M., argentin. Prov., zw. Paraguay und Brasilien, 29 801 km², 580 000 E (1980), Hauptstadt Posadas. Bis etwa 500 m hohes Bergland, das im SW mit einer Steilstufe abbricht. Niederschlagsreich mit großen tägl. Temperaturunterschieden. Wichtiges Land- und Forstwirtschaftsgebiet mit Anbau von Matepflanzen, Tungbäumen, Teesträuchern, Zitrusfrüchten, Maniok, Tabak u. a.; Viehhaltung fast ausschließl. im SW. Verkehrsadern sind der Paraná und eine seinem Lauf folgende Fernstraße. - Ab 1617 durch die Indianerreduktionen der Jesuiten erschlossen; im wesentl. erst ab 1870 neu besiedelt; ab 1881 Bundesterritorium, später Provinz.

Miskolc [ungar. 'miʃkolts], ungar. Stadt am O-Rand des Bükkgebirges, 210 000 E. Verwaltungssitz eines Bez.; TU, Konservatorium, Museum, Theater; Eisen- und Stahlkombinat, ferner Maschinenbau, Zement-, Glas-, Textil-, Papier- und Nahrungsmittelind. - Gegr. vermutl. im 13. Jh.; wurde 1405 königl. Freistadt. - Die Innenstadt ist vom Baustil der Gründerjahre geprägt; got. sog. Avaskirche (14. Jh.) auf dem Avasberg.

miso..., Miso..., mis..., Mis... [zu

Misogamie

griech. mísos „Haß"], Bestimmungswort von Zusammensetzungen mit der Bed. „Feindschaft, Haß, Verachtung".

Misogamie [griech.], Abneigung gegen Eheschließung und Ehe („Ehescheu").

Misogutschi, Kendschi, * Tokio 16. Mai 1898, † Kioto 24. Aug. 1956, jap. Filmregisseur. - In Europa wurden bes. seine sozialkrit. bzw. histor. Filme bekannt, z. B. „Marsch auf Tokio" (1929), „Symphonie einer Großstadt" (1929), „Ugetsu – Erzählungen unter dem Regenmond" (1953), „Die Straße der Schande" (1956).

Misogynie [griech.], Abneigung eines Mannes gegen das weibl. Geschlecht (generell in allen sozialen Beziehungen, speziell im sexuellen Bereich).

Misool, indones. Insel in der Ceramsee, zw. Neuguinea und Ceram, 80 km lang, bis 40 km breit, bis 990 m hoch.

Mispel [griech.-lat.], (Mespilus) Gatt. der Rosengewächse mit der einzigen Art **Mespilus germanica**: Strauch oder kleiner Baum; heim. in Vorderasien, in Europa fast nur verwildert vorkommend; Blätter lang und schmal; große weiße Einzelblüten.- Die ausgereiften grünen oder bräunl. (erst nach Frosteinwirkung eßbaren) Früchte (**Mispeln**) haben die Form kleiner Birnen. Die M. liefert gutes Holz für Drechslerarbeiten.
◆ volkstüml. Bez. für verschiedene Apfelgewächse, z. B. Zwerg- oder Steinmispel, Glanzmispel.

Misrach [hebr. „Osten"], Bez. für die Gebetsrichtung der Juden gegen Osten sowie für die nach Osten liegende Wand in Wohnungen und in der Synagoge. Daneben Bez. für die Bildtafel, die zur Anzeige der Gebetsrichtung an der Ostwand der Wohnungen angebracht ist.

Miß (engl. Miss) [Kurzform von ↑ Mistress], 1. engl. Anrede für eine unverheiratete Frau; 2. Bez. für die Schönheitskönigin, die in sog. M.-Wahlen ermittelt wird.

Missal (Missale) [lat.] ↑Schriftgrad.

Missale [zu lat. missa (↑ Messe)], in den lat. Liturgien (seit dem 8. Jh.) das Meßbuch mit den zeremoniellen Anweisungen, den Gebetstexten, Lesungen und Gesängen für die Eucharistiefeier. 1570 wurde das **Missale Romanum** fast allen kath. Kirchen und Orden verbindl. vorgeschrieben. Liturgierechtl. dokumentierte es die nachtridentin. Kleruslinturgie, die erst seit 1969 durch das M. Pauls VI. abgelöst wurde.

Missa solemnis [mittellat. „feierl. Messe"], von verschiedenen Komponisten gebrauchter Titel für großangelegte Meßkompositionen (frz. Messe solennelle), bes. Titel der Messe D-Dur op. 123 (1823) für vier Solostimmen, Chor, Orchester und Orgel von L. van Beethoven.

Mißbildung, Fehlgestaltung eines oder mehrerer Körperorgane und/oder -teile als Folge einer Störung der frühkindl. Entwicklung im Mutterleib. Ursachen sind Defekte der Erbsubstanz (*Genopathien* bzw. *Gametopathien*) oder exogene Noxen (z. B. Infektionskrankheiten der Mutter, die Einwirkung ionisierender Strahlen oder chem.-pharmazeut. Substanzen, das Auftreten mechan. Einflüsse wie Lageanomalien, Sauerstoffmangel des Kindes, Mangel- oder Fehlernährung der Mutter. Eine M. kann als mangelhafte Ausbildung oder als Fehlen einer Organanlage oder deren Fehlentwicklung in Erscheinung treten.

Mißbrauchsverbot, Verbot der unzulässigen Ausübung eines Rechts (z. B. Mißbrauch des Eigentums), für das bürgerl. Recht in § 226 BGB geregelt.

Mißhandlung ↑Körperverletzung.

Mißheirat ↑morganatische Ehe.

Missile [engl. 'mısaıl; zu lat. mittere „schicken"], engl.-amerikan. Bez. für ↑Flugkörper.

Missing link [engl. „fehlendes Glied"], Bez. für eine noch fehlende (gesuchte) Übergangs- oder Zwischenform; speziell in der Stammesentwicklung, wenn in der tier. und pflanzl. Stammbäumen ein Bindeglied, das zw. Stammformen und aus ihnen hervorgegangenen Gruppen existiert haben muß (z. B. auch zw. Mensch und tier. Ahnen), fossil bisher nicht nachgewiesen wurde.

Missingsch [zu niederdt. mysensch „meißnisch"], Bez. für die mecklenburg. Umgangssprache, eine Mischung aus dt. Hochsprache und niederdt. Mundart.

Missio canonica [lat. „kanon. Sendung"], im kath. Kirchenrecht Übertragung von Jurisdiktion; meist jedoch als Bez. für die bes. kirchenamtl. Beauftragung zur Wortverkündigung (in Predigt, Katechese, Religionsunterricht) verwendet.

Mission [zu lat. missio „das Schicken, die Entsendung"], allg. Bez. für Sendung, Auftrag, Gesandtschaft; insbes. die Sendung der Kirche zur Verkündigung der christl. Botschaft unter Nichtchristen; auch Bez. für M.gesellschaften und -gebiete. - Alle Religionen mit universalem Anspruch sind missionar. und haben auch fakt. M. betrieben (Islam, Buddhismus). Darüber hinaus kennt das Christentum, das sich als eschatolog., alle Grenzen überschreitende Botschaft versteht, einem expliziten M.befehl des auferstandenen Christus (Matth. 28, 19 f.) und sieht in der M. der Kirche die Weiterführung der göttl. Sendung Jesu in die Welt, die i. d. R. von bes. ausgebildeten **Missionaren** (den Begriff gibt es seit dem 17. Jh.) durchgeführt wird. Ziel der M. ist die Sammlung des Gottesvolkes durch Bekehrung und durch „Einpflanzung" der Kirche unter Nichtchristen.

Geschichte: Die M. begann bereits im Urchristentum, machte im Röm. Reich schnell Fortschritte, wobei sie seit Konstantin d. Gr. in nicht unproblemat. Weise begünstigt wurde. Seit der Völkerwanderung führten die Bemühungen der lat. Kirche zur Bekehrung der german. Stämme (Bonifatius, iroschott. Mönche). Hierbei, wie auch bei der Slawen-M., spielten Mönchsorden eine bed. Rolle. Im Zeitalter der Entdeckungen war die oft gewaltsame Missionierung überseeischer Kolonialgebiete (Lateinamerika, Afrika, S- und O-Asien) Sache der span. und portugies. Patronatsmächte; das trug z. T. erhebl. zur Unterdrückung einheim. Kultur und Bev. bei und schadete damit auch der M. im eigtl. (christl.) Sinn, ebenso wie die starre Haltung der röm. Kurie in der Auseinandersetzung über die Akkomodationsversuche der Jesuiten in Indien und China, die schließl. zum ↑ Ritenstreit führte. Nach Überwindung der schweren Krise im 18.Jh. brachten das 19. und 20.Jh. mit der Entstehung zahlr. neuer Orden und M.vereine eine starke missionar. Durchdringung vornehml. Afrikas und der Südsee. - Die *ev. M.* organisierte sich, nach sporad. Anfängen, in Form freier M.gesellschaften aus dem Geist des Pietismus und der Erweckung. So wurde das 19.Jh. durch den Einsatz v. a. brit., dt. und amerikan. M.gesellschaften zum sog. „Missionsjahrhundert". Die seit 1910 abgehaltenen Weltmissionskonferenzen gaben starke Impulse zur ökumen. Einheit der Kirchen. Die Entstehung der ↑ Jungen Kirchen in der Dritten Welt und der Rückgang traditioneller Christlichkeit im Abendland haben ein neues Verständnis der M. notwendig gemacht. Auf *kath.* Seite hat das 2. Vatikan. Konzil neue Anstöße gegeben. Organisator. liegt die M.verantwortung in der kath. Kirche beim Papst und den Bischöfen. Auf ev. Seite wird die frühere Zersplitterung durch Zusammenschlüsse von M.gesellschaften in größeren Verbänden und regional gegliederten M.werken zunehmend überwunden. - Der spezielle Zweig der **Judenmission** ist belastet durch Zwangsbekehrungen und -taufen im MA, aber noch mehr durch den sich zu Unrecht auf Jesu Kreuzigung durch die Juden berufenden Antisemitismus. Die Fragwürdigkeit, Juden-M. als M. im übl. Sinn zu verstehen, und die wachsende Selbstsicherheit, mit der das Judentum Jesus und das N.T. als Teil der eigenen Geschichte für sich in Anspruch nimmt, führten zum jüd.-christl. Dialog.

 Müller, Karl.: M.theologie. Bln. 1985. - *Hammer, K.: Welt-M. u. Kolonialismus.* Mchn. ²1981. - *Dreissen, J.: Die nichtchristl. Welt u. die christl. Welt-M.* Donauwörth 1979. - *Dapper, H.: M. - Glaubensinterpretation - Glaubensrealisation.* Ffm. 1979. - *Gensichen, H. W.: M.geschichte der neueren Zeit.* Göttingen ³1976. - *Neill, S.: Geschichte der christl. M.* Erlangen 1974.

◆ im polit. Bereich 1. [ins Ausland] entsandte Person[engruppe] mit bes. Auftrag; 2. diplomat. Vertretung eines Staates im Ausland.

Missionar [lat.] ↑ Mission.
Missionschef ↑ Gesandtschaftsrecht.
Missionsgesellschaften, Organisationen zur Ausübung und Unterstützung von christl. Missionstätigkeit. Von den urspr. in freier Vereinsform gebildeten *ev. M.* gehen viele der stärker kirchl. orientierten im Zuge der Integration von Mission und Kirche gegenwärtig in regionalen Missionswerken auf oder kooperieren mit ihnen. Etwa 30 ev. M. (mit rd. 1 300 Missionskräften im Ausland) sind in dem „Dt. Ev. Missionstag" (DEMT) zusammengeschlossen. Daneben gibt es noch die konservative „Arbeitsgemeinschaft Evangelikaler Missionen". In der *kath. Mission* traten neben die klass. Orden wie Franziskaner, Dominikaner und Jesuiten, die bis heute einen großen Teil des Missionspersonals stellen, später neue Klostergemeinschaften, die sich teilweise oder hauptsächl. (v. a. die Steyler Missionare) der Mission widmen. Seit dem 2. Vatikan. Konzil wird die Bed. der Partikularkirchen und des einheim. Klerus stärker betont.

Missionskongregation, eigtl. „Kongregation für die Evangelisation der Völker oder für die Glaubensverbreitung", ↑ Kurienkongregationen.

Missionswissenschaft (Missiologie), wiss. Erforschung und Darstellung der christl. Mission unter fundamentaltheolog., histor., methodolog. und empir. Gesichtspunkten. Die M. fand erst im 19.Jh. ihren eigenen Platz innerhalb der Theologie, zumeist als Teil der [ev.] prakt. Theologie bzw. [kath.] Pastoraltheologie oder der Kirchengeschichte. G. Warneck gilt als Begründer der ev. Missionswissenschaft. Auf kath. Seite hat J. Schmidlin ähnl. Bedeutung.

Mississippi, Bundesstaat im S der USA, 123 584 km², 2,59 Mill. E (1983), Hauptstadt Jackson.
Landesnatur: Das Staatsgeb. von M. liegt größtenteils im Bereich der Golfküstenebene. Im östl. Teil fällt das flache, aus mesozoischen und tertiären Sedimenten aufgebaute Hügelland von 250 m ü. d. M. nach S zur Golfküste ab; den westl. Teil nimmt die alluviale Mississippitiefland ein. - Das Klima ist subtrop. mit hohen Niederschlägen.
Vegetation, Tierwelt: Mehr als die Hälfte des Staatsgeb. ist mit Wald, v. a. Nadelwald bestanden. Der Raubtierbestand wurde durch Besiedlung und Jagd stark dezimiert; häufig treten Rotwild und wilder Truthahn auf. Die Golfküstenebene ist reich an Vogel- und Fischarten.
Bevölkerung, Wirtschaft, Verkehr: Mehr als 35 % der Bev. sind Neger. M. hat das niedrigste Pro-Kopf-Einkommen aller Bundesstaaten der USA. Wichtigste Religionsgemeinschaften sind die Southern Baptists, die Negro Baptists und die Methodisten. 1976 gab es 8 staatl. unterstützte Universitäten. - Bedingt

Mississippi

durch das subtrop. Klima und fruchtbare Böden ist die Landw. immer noch der wichtigste Wirtschaftszweig. Angebaut werden v. a. langfaserige Baumwolle, Sojabohnen, Reis, Mais, Weizen, Erdnüsse, Bataten und Pfirsiche. In der Viehzucht dominiert die Rinderhaltung. Große wirtsch. Bed. besitzt auch die Forstwirtschaft. Wichtigste Bodenschätze sind Erdöl und Erdgas. Bed. sind auch Nahrungsmittel-, Textil-, Papier- und Möbelindustrie. - Dem Verkehr standen 1985 16 426 km staatl. Straßen, ein Eisenbahnnetz von 4 606 km und 77 ⚓ zur Verfügung.

Geschichte: 1539–41 wurde das Gebiet des heutigen Staats M. erstmals von Europäern durchquert, 1682 das ganze M.tal für die frz. Krone in Besitz genommen († Louisiane). Das südl. Drittel der heutigen Staaten M. und Alabama wurde Bestandteil der neuen brit., im Nordamerikan. Unabhängigkeitskrieg von den Spaniern besetzten, Prov. Westflorida. Spanien und die USA erkannten 1795 den 31. Grad n. Br. (bzw. im W den Mississippi) als gemeinsame Grenze in diesem Gebiet an. Der Kongreß schuf 1798 das Territorium M., das 1812 das Gebiet der heutigen Staaten Alabama und M. umfaßte; unter Abtrennung von Alabama wurde M. 1817 als 20. Staat in die Union aufgenommen. 1861 sagte sich M. als zweiter Staat von der Union los; 5 Jahre nach Beendigung des Sezessionskrieges wurde M. wieder in die Union aufgenommen. 📖 *M. Conflict and change.* Hg. v. *J. L. Loewen* u. *C. Sallis.* New York 1974. - *A history of M.* Hg. v. *R. A. McLemore.* Hattiesburg (Miss.) 1973. 2 Bde.

M., größter Strom Nordamerikas, in den USA; tritt aus dem Lake Itasca im nw. Minnesota aus. Sein zunächst nord-, dann ostwärts gerichteter Lauf wendet sich jenseits des Lake Winnibigoshish nach S. Unterhalb der 24 m hohen Falls of Saint Anthony und einer nachfolgenden Engtalstrecke bildet der M. die Grenze der Bundesstaaten Iowa, Missouri, Arkansas und Louisiana im W zu Wisconsin, Illinois, Kentucky, Tennessee und M. im O. Als Dammfluß tritt der M. ab Cairo mit einer Breite von 1 370 m in die alluviale M.ebene im Bereich des Golfküstenebene ein. Das Delta wird durchschnittl. um 200 m/Jahr in den Golf von Mexiko vorgebaut. Der M. ist 3 778 km lang (mit dem Missouri 6 021 km), sein Einzugsgebiet umfaßt 3,21 Mill. km^2; über 40 bed. Nebenflüsse. Zum Schutz gegen Hochwasserkatastrophen wurden Dammsysteme zu beiden Seiten, permanente Ufersicherungen und Rückhaltebecken errichtet. Die Flußregulierung wirkte sich auf auf die Binnenschiffahrt positiv aus. Ein schiffbarer Seitenkanal begleitet heute den M. von Minneapolis bis New Orleans (zahlr. Schleusen). Kanäle schaffen eine Direktverbindung zum Atlantik über die Großen Seen und den Sankt-Lorenz-Seeweg. - Wohl 1541 entdeckt; seit der 2. Hälfte des 17. Jh. erforscht, ab 1783 Grenze zw. dem span. Territorium und den USA (von Spanien erst 1795 anerkannt). Der erste Raddampfer verkehrte 1812 zw. Pittsburgh und New Orleans.

Mississippialligator (Hechtalligator, *Alligator mississippiensis*), etwa 3 m langer, schwärzl., z. T. auch hell gezeichneter Alligator in und an Flüssen der sö. USA; Schnauze stark abgeflacht; Bestände stark bedroht; seit etwa 1970 Zuchterfolge in Alligatorenfarmen.

Mississippikultur (Mittel-Mississippi-Kultur), bed. indian. Kulturtraditon im Tal des Mississippi und im SO der USA während der Spät-Waldland-Periode oder Tempelhügelperiode (etwa 700–1550); kultureller und künstler. Höhepunkt ab 1200, u. a. durch den religiös-zeremonialen „Southern Cult"; Ende gegen 1550, eventuell im Zusammenhang mit ersten europ. Kontakten; Fortleben in einigen Kulturen der sö. USA, z. B. bei den Cherokee.

Missouri [mɪ'suːri], Bundesstaat im zentralen Teil der USA, 180 486 km^2, 4,95 Mill. E (1982), Hauptstadt Jefferson City.

Landesnatur: Südl. des Missouri hat M. im O noch Anteil an der Mississippiebene, an die sich im W das flache Ozark Plateau anlehnt. Dieses leitet nach W und N in die Präriegeb. des Zentralen Tieflandes über. Den nördl. Teil des Staatsgeb. nimmt eine flachwellige, weitgehend von Löß bedeckte Ebene ein. Das Klima ist ozean. sommerwarm nach N zunehmend kontinentalerem Charakter. Die Niederschläge nehmen von NW nach SO zu.

Vegetation, Tierwelt: Der urspr. dichte Waldbestand wurde durch Raubbau fast völlig vernichtet. Inzwischen wurde stark aufgeforstet. In den Präriegeb. finden sich nur an Flußläufen lichte Waldungen. - Bis auf das Rotwild wurden jagdbare Säugetiere wie Bisons, Bären, Otter und Nerz nahezu völlig ausgerottet.

Bevölkerung, Wirtschaft, Verkehr: Der Anteil der Neger an der Bev. liegt bei 10 %, der der Weißen bei knapp 88 %, dazu kommen etwa 2 000 Indianer. 68 % der E leben in Städten, unter denen Saint Louis und Kansas City die größten sind. Die größte der drei Univ. befindet sich in Columbia. - Die Landw. spielt dank fruchtbarer Böden in der Lößebene und entlang des Missouri eine wichtige Rolle. Wichtgstes Anbauprodukt ist Mais. Angebaut werden außerdem Reis, Baumwolle, Tabak, Sojabohnen, Hirse und Hafer. Zu den wichtigsten Bodenschätzen gehört Bleierz (M. ist führend in den USA); außerdem bed. Vorkommen von Zinkerz. Der wichtigste Wirtschaftszweig ist die Industrie. Eine führende Rolle spielt die Luftfahrtind., gefolgt von Maschinenbau, Metallverarbeitung und Fahrzeugbau. - M. verfügt über Wasserstraßen in einer Gesamtlänge von 3 057 km; bed. Schiffahrt auf dem Mississippi und dem Missouri. Das Straßennetz hat eine Länge von 189 900

km, das Eisenbahnstreckennetz von rd. 13 000 km; 1984 gab es 116 offizielle ⚥.
Geschichte: Das Gebiet des heutigen M. gehörte ab 1682 zu ↑Louisiane. Der amerikan. Kongreß unterstellte M. nach 1803 verschiedenen Territorialverwaltungen (1804/05 Distrikt Louisiana; 1805–12 Territorium Louisiana; 1812–20 Territorium M.). Beitritt zur Union 1821 als 24. Staat nach Annahme des M.kompromisses (1820): Die Sklaverei war in M. erlaubt, in allen zukünftig neu zu schaffenden Staaten nördl. von M. verboten; entschied sich zu Beginn des Sezessionskrieges zögernd gegen den Beitritt zur Konföderation der Südstaaten.
📖 *Gregory, C. L.: Rural social areas in M. Columbia (Mo.) 1958.*

M., größter, rechter Nebenfluß des Mississippi, USA, entsteht in den nördl. Rocky Mountains (drei Quellflüsse), durchbricht die am Rande gelegenen Gebirgsketten in einer 10 km langen Schlucht, biegt im westl. North Dakota nach S um und tritt an der Grenze South Dakota/Nebraska in das Zentrale Tiefland ein. Er mündet 24 km nördl. von Saint Louis; 3 725 km lang, Einzugsgebiet 1 370 000 km². Den häufigen Überschwemmungen wurde mit Dammbauten begegnet, die auch der Bewässerung, der Energiegewinnung und der Schiffbarmachung dienen. Die Mündung des M. wurde 1673 entdeckt; seit dem frühen 18. Jh. erforscht; 1819 fuhr das erste Dampfboot auf dem Missouri.

Missouri [mɪˈsuːri], Sioux sprechender Indianerstamm nördl. des unteren Missouri, USA; kulturell der Präriekultur des 18. und 19. Jh. angepaßt.

Missouri Plateau [mɪˈsuːri plaˈtoː], Schichtstufenland östl. der Rocky Mountains, nördlichster Bereich der Great Plains innerhalb der USA.

Missourisynode [mɪˈsuːri...] (Lutheran Church-Missouri Synod), 1847 als dt. Einwandererkirche entstandene luth. Kirche in den USA mit Zentrum in Saint Louis. Von der konfessionellen Erweckung des 19. Jh. in Deutschland geprägt; gehört weder dem Ökumen. Rat noch dem Luth. Weltbund an. Bildet mit (1977) 2,7 Mill. Mgl. die zweitgrößte luth. Kirche in den USA.

Mißtrauensvotum, in parlamentar. Reg.systemen praktiziertes Verfahren, um vom Parlament her die Reg. durch ausdrückl. Bekundung des Mißtrauens zu stürzen. Der Reg. bleibt als Gegenmaßnahme entweder der vorzeitige Rücktritt, die Vertrauensfrage oder die Auflösung des Parlaments. Diese letzte Lösung wird in den meisten parlamentar. Systemen vorgesehen, um den Wählern die Entscheidung im Streit zw. Reg. und Parlament zu überlassen. Ein rechtl. verbindl. M. kennt die dt. Verfassungstradition erst seit der Weimarer Reichsverfassung, die das M. auch gegen einzelne Min. zuließ (Art. 54). Es wurde in veränderter Form in das Grundgesetz aufgenommen, um die Stellung der Reg. zu stärken und heterogenen Parlamentsmehrheiten die Möglichkeiten des M. zu nehmen. Nach Art. 67 GG kann der Bundestag dem Bundeskanzler nur dadurch das M. aussprechen, daß er mit der Mehrheit seiner Mgl. einen Nachfolger wählt und den Bundespräs. ersucht, den Kanzler zu *entlassen*. Der Bundespräs. muß diesem Ersuchen stattgeben (**konstruktives Mißtrauensvotum**). Ein M. gegen einzelne Min. ist unstatthaft. Das *östr. Verfassungsrecht* (Art. 74 B-VG) kennt ein M. sowohl der Bundesreg. wie einzelnen ihrer Mgl. gegenüber, während die *schweizer. BV* keine Bestimmungen über ein M. enthält.

mißweisender Kurs, auf mißweisend Nord (magnet. Nord) bezogener Kurs.

Mißweisung, svw. ↑Deklination.

Mist [eigtl. „Harn, Kot"], aus dem Kot-Einstreu-Gemisch landw. Haustiere durch biolog. Vorgänge gewonnener organ. Dünger.

Mistbienen ↑Schlammfliegen.

Mistel (Hexenkraut, Donnerbesen, Kreuzholz, Viscum), Gatt. der Mistelgewächse mit über 60 vorwiegend trop. Arten; in Deutschland nur die **Weiße Mistel** (Viscum album) mit drei wirtsspezif. Unterarten (Laubholz-, Tannen- und Kiefern-M.); immergrüne, zweihäusige strauchförmige Halbschmarotzer der Laub- und Nadelhölzer mit einfachen, gelbgrünen, lanzenförmigen und gegenständigen, ledrigen Blättern und gabeligen Zweigen; Blüten in Gruppen; die Frucht ist eine verschleimende, beerenartige Scheinfrucht, deren klebrige Samen durch Vogelkot verbreitet werden. *Geschichte:* Wegen ihrer ungewöhnl. Gestalt gewann die M. große Bed. in Sagen und Mythen; sie galt sowohl als Mittel für Abwehrzauber als auch für ein Heilmittel. Pharmakolog. werden die Substanzen der M. erst seit einigen Jahrzehnten (v. a. zur Herstellung blutdrucksenkender Mittel) genutzt. - Der brit. Weihnachtsbrauch, M.zweige in die Wohnung zu hängen, zeugt wahrscheinl. noch vom uralten Mythos, der die M. umgibt.

Misteldrossel (Turdus viscivorus), etwa 27 cm lange, oberseits graubraune, unterseits weißl., dunkelbraun gefleckte Drossel, v. a. in lichten Wäldern und Parkanlagen NW-Afrikas, Europas und Z-Asiens; frißt bes. gern Mistelbeeren.

Mistelgewächse (Loranthaceae), Pflanzenfam. mit rd. 1 400 meist trop. Arten; halbstrauchige, chlorophyllhaltige Halbparasiten; v. a. auf Bäumen durch Saugorgane haftend; Blätter meist gut entwickelt. Bekannte Gatt. sind Mistel und Riemenblume.

Mister [engl., Nebenform von Master (letztl. zu lat. ↑Magister)], Abk.: M., engl. Anrede: Herr (stets mit dem Familiennamen).

Mistfliegen, svw. ↑Kotfliegen.

Misti, aktiver Vulkan in S-Peru, in der

Mistigri

Westkordillere, bei Arequipa, 5842 m hoch.
Mistigri [frz. „Treffbube"] (Mönch, Pamphile, Leutula), Kartenspiel zw. 3–6 Spielern, mit 32 oder 52 Karten.
Mistinguett [frz. mistɛ̃'gɛt], eigtl. Jeanne Bourgeois, * Enghien-les-Bains bei Paris 5. April 1873, † Bougival bei Versailles 5. Jan. 1956, frz. Varietékünstlerin. - Erfolgreiche Sängerin und Tänzerin der Pariser Revuetheater (v. a. des „Moulin-Rouge", das sie einige Zeit leitete).
Mistkäfer (Geotrupinae), weltweit verbreitete Unterfam. 7–25 mm großer, oft metallisch-blau, -grün oder -violett glänzender Blatthornkäfer (Fam. Skarabäiden) mit rd. 300 (einheim. etwa zehn) Arten. Die Käfer und Larven leben von Exkrementen pflanzenfressender Säugetiere, die sie geformt in selbstgegrabenen Gangsystemen im Boden ablagern. - Zu den M. gehört u. a. die Gatt. Pillendreher.
Mistler, Jean [frz. mist'lɛːr], * Sorèze (Tarn) 1. Sept. 1897, frz. Schriftsteller. - 1934 Post-, dann Handelsminister; seit 1954 Mitarbeiter der Tageszeitung „L'Aurore", übernahm 1964 die literar. Leitung des Verlags Hachette; 1966 Mgl. der Académie française, seit 1974 ihr ständiger Sekretär. Schrieb zahlr. Romane und Essays. - † 11. Nov. 1988.
Mistor [Kw.], ein Magnetfeldwiderstand, bei dem eine Wismutschicht mäanderförmig auf einen isolierenden Träger aufgetragen ist. M. dienen zur Messung von Magnetfeldstärken sowie als kontakt- und stufenlos steuerbare Widerstände in Steuerschaltungen.
Mistra (griech. Mistras), wichtigste ma. griech. Stadt auf der Peloponnes, 5 km westl. von Sparta, 1248 gegr.; über der Stadt eine Burg (13. Jh.); ab 1259 byzantin.; Hauptstadt des Despotats von M. bzw. Morea (ab 1348); im 14. und 15. Jh. geistiger und kultureller Höhepunkt; fiel 1460 an die Osmanen, 1687–1715 von den Venezianern besetzt; 1770 schwer beschädigt, nach der Gründung von Neu-Sparta (1834) verlassen; heute Ruinenstätte mit bed. Resten (u. a. Fresken) spätbyzantin. Kultur: Paläste, Kirchen, Klöster.
Mistral, Frédéric, * Maillane bei Arles 8. Sept. 1830, † ebd. 25. März 1914, neuprovenzal. Dichter und Lexikograph. - 1854 Mitbegr., später Leiter der Félibres, einer Erneuerungsbewegung der provenzal. Literatur. Machte als Lyriker und Epiker das Provenzal. wieder literaturfähig. Sein berühmtestes Werk ist das Versepos der provenzal. Landschaft „Mirèio" (1859, dt. 1880 u. d. T. „Mireia"), eine trag. Liebesgeschichte in zwölf Gesängen. Verfaßte ein Wörterbuch der neuprovenzal. Sprache (2 Bde., 1879–86, Nachdr. 1966). Nobelpreis 1904 (zus. mit J. Echegaray y Eizaguirre).
Weitere Werke: Calendau (Epos, 1867), Nerto (Epos, 1884).
M., Gabriela, eigtl. Lucila Godoy Alcayaga,
* Vicuña (Chile) 7. April 1889, † Hempstead (N. Y.) 10. Jan. 1957, chilen. Dichterin. - Lehrerin, später Schulleiterin und maßgebende Mitarbeiterin an einer Schul- und Erziehungsreform in Mexiko; ab 1932 im diplomat. Dienst. Eine der bedeutendsten Lyrikerinnen der roman. Literaturen, jedoch fast auschließl. in der iberoamerikan. Kultur verwurzelt; die „Sonetos de la muerte" entstanden 1914 aus dem tiefen Schmerz über den Selbstmord ihres Verlobten. Ihre Lyrik verbindet humanist. und christl. Geist und besingt eine vergeistigte Liebe, bes. die Mutter- und Kindesliebe, u. a. „Desolación" (1922, dt. Auswahl 1960 u. d. T. „Spürst du meine Zärtlichkeit?"). Erhielt 1945 den Nobelpreis für Literatur.
Mistral [provenzal.-frz., eigtl. „der Hauptwind"], rauher, meist trockener und kalter aus nördl. Richtungen wehender Fallwind in S-Frankr. (Rhonetal, Provence).
Mistras ↑ Mistra.
Mistress [engl. 'mɪsɪz, zu ↑ Mätresse], Abk. Mrs., engl. Anrede: Frau (stets mit dem Familiennamen).
Mistwurm ↑ Regenwürmer.
Misurata, Prov.hauptstadt an der westlibyschen Küste, 103000 E. Zentrum einer Küstenoase; Teppichknüpferei, Thunfischfang; Erdölraffinerie; Hafen, ⚓. Nahebei entsteht seit 1979 ein Hüttenwerkkomplex mit Stahl- und Walzwerken. - 1916–18 die Hauptstadt der mit dt. und türk. Unterstützung gegen die Italiener ins Leben gerufenen sog. „Republik Tripolis"; diente dt. U-Booten als Basis; erst 1922 wieder italien. besetzt.
Miszellen (Miszellaneen) [lat.], Vermischtes; Sammelbez. für (meist kleinere) Aufsätze verschiedenen Inhalts, bes. für kleinere Beiträge in wiss. Zeitschriften.
MIT [engl. ˌɛm-ar'tiː], Abk. für: ↑ Massachusetts Institute of Technology.
Mitanni, Reich der ↑ Churriter.
Mitarbeit des Ehegatten, aus der ehel. Lebensgemeinschaft fließende Pflicht, im Beruf oder Geschäft des Ehegatten mitzuarbeiten, soweit dies nach den tatsächl. Lebensverhältnissen des Ehegatten übl. ist. Seit der Aufhebung des gesetzl. Leitbildes der Hausfrauenehe muß die M. d. E. als Verpflichtung auf Zwangssituationen beschränkt werden. Besteht eine Mitarbeitspflicht, so folgt daraus nicht ohne weiteres eine Unentgeltlichkeit, vielmehr ist entscheidend, ob ein Gesellschafts- oder Arbeitsverhältnis besteht, d. h. ob aus der Sicht eines Dritten eine ständige und üblicherweise zu vergütende Mitarbeit anzunehmen ist. Die Haushaltsführung regeln die Ehegatten im gegenseitigen Einvernehmen, sie kann also von jedem Ehegatten in eigener Verantwortung oder gemeinsam ausgeübt werden und steht nicht ausschließl. der Ehefrau zu.
Mitau, Stadt in der Lett. SSR, ↑ Jelgava.
Mitbestimmung, Beteiligung von bis-

Mitbestimmung

her vom Entscheidungsprozeß Ausgeschlossenen, von seinen Ergebnissen jedoch Betroffenen an diesen Entscheidungen bzw. an den Gremien, in denen die Entscheidungen getroffen werden. Gemeint ist mit M. fast immer die M. von Arbeitnehmern an (im weitesten Sinne) wirtsch. Entscheidungen. Dabei sind 3 Ebenen zu unterscheiden: 1. M. an die die gesamte Wirtschaft oder zumindest ganze Wirtschaftszweige betreffenden Entscheidungen *(überbetriebliche M.)*; 2. M. an Entscheidungen der Unternehmenspolitik; 3. M. an den Entscheidungen innerhalb eines Betriebes *(betriebliche Mitbestimmung)*.

Erste Vorstellungen einer *überbetriebl. M.* finden sich schon im Entwurf einer Gewerbeordnung der Frankfurter Nationalversammlung 1848, der sog. Gewerberäte vorsah. In Preußen bestand von 1880–1887 ein *Volkswirtschaftsrat* mit 75 Mgl., von denen mindestens 15 Handwerker oder Arbeiter sein mußten. In der Weimarer Republik gab es (von 1920 bis 1934) einen *Reichswirtschaftsrat*, der zu etwa 40% aus Arbeitnehmervertretern bestand, zwar mit Hilfe seiner Ausschüsse ein wichtiges Beratungsorgan war, in seiner Gesamtheit jedoch keinen nennenswerten Einfluß auf die wirtschaftspolit. Entscheidungen hatte. In der Gewerkschaftsbewegung dieser Zeit, d.h. in erster Linie im ADGB, wurde in den 1920er Jahren das Konzept einer ↑Wirtschaftsdemokratie entwickelt, in dem überbetriebl. M. als notwendige Ergänzung der errungenen polit. Demokratie und zugleich als Bestandteil eines „friedlichen Hineinwachsens in den Sozialismus" aufgefaßt wurde.

Die *betriebl. M.*, die mit der Diskussion in der Frankfurter Nationalversammlung über „Fabrikausschüsse" und den nach 1860 in etl. Firmen entstandenen Belegschaftsvertretungen, die im Arbeiterschutzgesetz von 1891 erstmals gesetzl. anerkannt wurden (↑auch Betriebsverfassung), eine ebenso lange Geschichte hat, trat dabei in den Hintergrund des gewerkschaftl. Interesses. Zwar wurde 1920 ein Betriebsrätegesetz erlassen, das die Bildung von Belegschaftsvertretungen für alle Betriebe und Verwaltungen mit mindestens fünf Arbeitnehmern vorschrieb, doch waren die Rechte dieser Betriebsräte nur gering.

Nach der Unterbrechung aller M.regelungen und M.bestrebungen durch die NS-Diktatur traten Forderungen und Gesetze zur betriebl. M. mehr in den Vordergrund, wobei jedoch

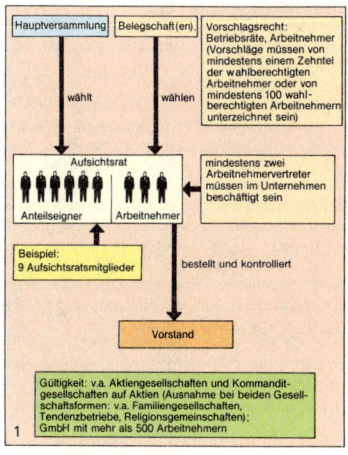

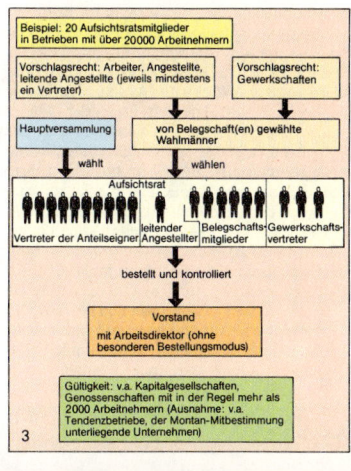

Mitbestimmung. Beteiligung der Arbeitnehmer im Aufsichtsrat nach dem Betriebsverfassungsgesetz 1952 (1), nach den Mitbestimmungsgesetzen für die Montanindustrie (2), nach dem Mitbestimmungsgesetz von 1976 (3)

Mitbestimmung

das Ziel einer überbetriebl. M. keineswegs aufgegeben wurde, wie auch ein Gesetzesvorschlag des DGB zur Neuordnung der Wirtschaft von 1950 zeigte. Als neue Ebene kam die *M. auf Unternehmensebene* hinzu, wie sie durch das Mitbestimmungsgesetz vom 21. 5. 1951 in der Montanind. eingeführt wurde. Nach diesem Gesetz ist in Unternehmen der Montanind. mit i. d. R. mehr als 1 000 Arbeitnehmern eine parität. M. anzuwenden. Der Aufsichtsrat besteht aus elf (bei größeren Gesellschaften auch fünfzehn oder einundzwanzig) Mgl. und setzt sich zusammen aus vier Vertretern der Anteilseigner und einem weiteren (neutralen) Mgl., vier Vertretern der Arbeitnehmer und einem weiteren Mgl. sowie einem weiteren Mgl., dem sog. „elften Mann". Die weiteren Mgl. dürfen weder Repräsentanten noch Angestellte einer Gewerkschaft oder einer Vereinigung der Arbeitgeber, weder in dem Unternehmen als Arbeitnehmer oder Arbeitgeber tätig noch an dem Unternehmen wirtschaftlich wesentlich interessiert sein. Ein Mgl. des Aufsichtsrats muß Arbeiter, ein weiteres Angestellter in einem Betrieb des Unternehmens sein. Zwei der Arbeitnehmervertreter werden von den Spitzenorganisationen der Gewerkschaften vorgeschlagen. Das weitere Mgl., der „elfte Mann", wird auf Vorschlag der übrigen Aufsichtsratsmitglieder gewählt. Für den Vorstand wird als gleichberechtigtes Mgl. ein Arbeitsdirektor bestellt. Ausgelöst durch eine beabsichtigte Organisationsänderung im Mannesmann-Konzern, die eine Anwendung dieses Gesetzes für das Unternehmen nicht mehr zugelassen hätte, wurde das Gesetz am 21. 5. 1981 geändert mit der Folge, daß für ein der Montan-M. unterliegendes Unternehmen diese Regelungen für weitere 6 Jahre gelten, auch wenn gesetzl. Anwendungsvoraussetzungen entfallen sind.

Außerhalb der Montanind. blieb es bis 1976 bei der betriebl. M., wie sie v. a. im Betriebsverfassungsgesetz von 1952 geregelt war. Die Neufassung des Betriebsverfassungsgesetzes von 1972 (↑ Betriebsverfassung) erweiterte die betriebl. M. v. a. durch den Ausbau der Rechte des Betriebsrats. Die seit Ende der 1960er Jahre verstärkt geführte Diskussion über die Einführung einer M. auf Unternehmensebene auch außerhalb der Montanind. führte schließl. zu dem Gesetz über die M. der Arbeitnehmer (M.gesetz), das am 1. Juli 1976 in Kraft trat. Dieses Gesetz gilt in allen Unternehmen (mit Ausnahme der Montan- und der Tendenzunternehmen) mit mehr als 2 000 Beschäftigten. Die Aufsichtsräte dieser Unternehmen werden mit der gleichen Anzahl von Vertretern der Anteilseigner und der Arbeitnehmer besetzt. Die im Unternehmen vertretenen Gewerkschaften haben ein ausschließl. Wahlvorschlagsrecht für die ihr zustehenden Vertreter im Aufsichtsrat.

Die übrigen Aufsichtsratssitze der Arbeitnehmer sind auf die Arbeiter und Angestellten sowie auf die leitenden Angestellten entsprechend ihrem Anteil an der Gesamtbelegschaft zu verteilen. Jeder Gruppe steht jedoch zumindest ein Sitz zu. Der Aufsichtsratsvors. und sein Stellvertreter werden vom Aufsichtsrat mit zwei Drittel Mehrheit gewählt. Mit dieser Mehrheit kann auch ein Arbeitnehmervertreter gewählt werden. Wird jedoch die zwei Drittel Mehrheit für einen der beiden zu Wählenden nicht erreicht, so wählen die Anteilseignervertreter den Aufsichtsratsvorsitzenden und die Arbeitnehmervertreter den Stellvertreter. Für den Fall einer Stimmengleichheit im Aufsichtsrat erhält der Aufsichtsratsvorsitzende in einer neuen Abstimmung über denselben Gegenstand zwei Stimmen, mit denen er bei der Entscheidung den Ausschlag geben kann. Dies gilt auch für die Wahl der Vorstandmitglieder.

Die Auseinandersetzung um die M., die vor Inkrafttreten dieses Gesetzes v. a. um verschiedene M.modelle geführt wurde, ging auch danach weiter; seitens der Gewerkschaften wurden Versuche der Arbeitgeber, durch Unternehmensaufteilungen und Änderungen der Unternehmensform das M.gesetz zu umgehen, angeprangert, sowie z. T. das M.gesetz auch als unzulänglich kritisiert, da es (u. a. wegen der Begrenzung auf den Aufsichtsrat und der ausschlaggebenden Stimme des Aufsichtsratsvorsitzenden) keine echte paritätische M. biete. Arbeitgeberverbände sahen in dem M.gesetz nicht nur eine Gefährdung internat. Konkurrenzfähigkeit und ausländ. Investitionen, sondern auch einen Verstoß gegen Grundrechte, insbes. das Recht auf Eigentum. Eine entsprechende Klage von Arbeitgeberverbänden und Unternehmen wurde vom Bundesverfassungsgericht jedoch zurückgewiesen. In der Begründung stellte das Bundesverfassungsgericht v. a. darauf ab, daß durch den Wahlmodus für den Aufsichtsratsvorsitzenden und dessen bes. Gewicht sowie durch die Zusammensetzung der Arbeitnehmerseite, zu der auch leitende Angestellte gehören, und gesellschaftsrechtl. Gestaltungsmöglichkeiten ein Übergewicht der Anteilseigner bestehe. Daß die M. weiterhin im Spannungsfeld gegensätzl. Interessen bleibt, zeigte auch die unterschiedl. Bewertung dieses Urteils. Die Gewerkschaften stellten v. a. die darin festgestellte Vereinbarkeit der M. mit dem Grundgesetz in den Vordergrund, die Arbeitgeber solche Aussagen der Urteilsbegründung, die als Argumente gegen einen weiteren Ausbau der M. angesehen werden können.

📖 *Wester, K./Schlüpers-Oehmen, R.:* Betriebsverfassungs-, Personalvertretungs- u. M.recht. Köln 1980. - *Pernthaler, P.:* Ist M. verfassungsrechtl. meßbar? Bln. 1980. - *Zachert, U.:* Betriebl. M. Köln 1979. - *Seidel, H., u. a.:* Gewerkschaften, Wiss., M. Köln 1979. - *Niedenhoff,*

H. U.: *M. in der BR Deutschland.* Köln ³1979. - Hofe, G.: *Betriebl. M. u. Humanisierung der Arbeitswelt.* Königstein/Ts. 1978. - Kübler, F., u. a.: *M. als gesetzgebungspolit. Aufgabe.* Baden-Baden 1978. - Hoffmann, D., u. a.: *M.gesetz. Kommentar.* Mchn. 1978. - *M.gesetz. Textausg. Mit Beitr. v. F. Fabricius u. a. Nachdr.* Neuwied 1977. - Fabricius, F.: *Marktwirtschaft u. M.* Neuwied 1977. - Raiser, P.: *Grundgesetz u. parität. M.* Bln. 1975.

Mit brennender Sorge, nach ihren Anfangsworten ben. (einzige deutschsprachige) Enzyklika Papst Pius' XI. vom 14. März 1937, in der er gegen die Behinderung der Kirche in Deutschland durch den NS protestierte.

Mitbürgschaft ↑ Bürgschaft.

Mitchell [engl. 'mɪtʃəl], Joni, eigtl. Roberta Joan Anderson, * McLeod (Prov. Alberta) 7. Nov. 1943, amerikan. Rockmusikerin kanad. Herkunft (Klavier, Gitarre, Gesang). - Begann als Songautorin; seit 1968 eigene Plattenaufnahmen mit zahlr. Hits; verbindet in ihren Songs anspruchsvolle, oft poet. Texte mit einer Art kammermusikal. Jazzrock-Kompositionen.

M., Margaret, * Atlanta (Ga.) 8. Nov. 1900, † ebd. 16. Aug. 1949 (Autounfall), amerikan. Schriftstellerin. - Journalistin; ihr einziges, weltweit erfolgreiches Werk, im 1926–36 entstandene Unterhaltungsroman „Vom Winde verweht", schildert, stark romantisierend und vom (reaktionären) Standpunkt der Südstaatlers aus, den nordamerikan. Sezessionskrieg sowie den Zusammenbruch einer überlebten Gesellschaftsform, den Überlebenskampf ihrer Protagonisten und deren verzweifelten Versuch, alte Werte in eine grundlegend veränderte Zeit hinüberzuretten.

M., Peter Dennis, * Mitcham (Surrey) 29. Sept. 1920, brit. Biochemiker. - Forschungschef der Glynn Research Laboratories in Bodmin (Cornwall). Grundlegende Arbeiten zur Bioenergetik, insbes. über die zur Energieübertragung und -versorgung von lebenden Zellen dienenden chem. Prozesse. Nach seiner 1961 aufgestellten „chemiosmot. Theorie der Phosphorylierung" ist die Bildung des Energiespeichers ATP mit einer gleichzeitigen Übertragung von Wasserstoffionen durch Zellmembranen hindurch gekoppelt und wird durch den sich zu beiden Seiten der Membranen ausbildenden Unterschied in der Wasserstoffionenkonzentration und elektr. Potentialdifferenzen ermöglicht, wobei verschiedene in den Membranen befindl. Enzyme beteiligt sind. Für diese heute in ihren Grundlagen experimentell und allg. als fundamentales Prinzip der Bioenergetik geltende Theorie erhielt er 1978 den Nobelpreis für Chemie.

M., Thomas, * Elizabeth (N. J.) 11. Juli 1895, † Halliwell 28. Dez. 1962, amerikan. Schauspieler. - Arbeitete zunächst am Broadway als Reporter, Schauspieler und Dramatiker; seit 1936 beim Film. Vielseitiger Charakterdarsteller, u. a. in „Höllenfahrt nach Santa Fé"/ „Ringo" (1939), „SOS - Feuer an Bord" (1939), „Vom Winde verweht" (1939), „Die unteren Zehntausend" (1961).

Mitchell, Mount [engl. maʊnt 'mɪtʃəl], mit 2 037 m höchste Erhebung der Appalachen, North Carolina, USA.

Mitchum, Robert [engl. 'mɪtʃəm], * Bridgeport (Conn.) 6. Aug. 1917, amerikan. Filmschauspieler. - Internat. bekannt als feinfühliger Darsteller trocken-kom. Typen, u. a. in den Filmen „Schlachtgewitter am Monte Cassino" (1945), „Im Kreuzfeuer" (1947), „Die Nacht des Jägers" (1955), „Die Frau aus dem Nichts" (1968), „Ryans Tochter" (1971), „Jakuza" (1974), „Fahr zur Hölle, Liebling" (1976), „Marias Lovers" (1984).

Mitella [lat., zu griech.-lat. mitra „Stirnbinde"], svw. ↑ Dreiecktuch.

Miterbe, Mgl. einer Erbengemeinschaft.

Miterbenhaftung, die gesamtschuldner. Haftung der Mgl. einer Erbengemeinschaft für die Nachlaßverbindlichkeiten; untereinander haften die Miterben einander in der Höhe ihrer Erbteile.

Mitesser (Komedonen, Comedones), durch abnorm starke Verhornung des Haartrichterepithels in den Ausführungsgängen der Haarbalgdrüsen entstehende, als kleine dunkle Punkte auf der Haut sichtbare Talganhäufungen.

Mitfahrerzentrale, Gewerbebetrieb, der die Beförderung (Mitnahme) von Personen in privaten Personenkraftwagen gegen Kostenbeteiligung vermittelt. Die Beförderung ist nach dem Personenbeförderungsgesetz nicht genehmigungspflichtig, wenn das Gesamtentgelt die Betriebskosten der Fahrt nicht übersteigt.

Mitgift [↑ Gifte], volkstüml. Bez. für die Aussteuer der Tochter bzw. für die Ausstattung eines Kindes (meist bei der Eheschließung).

Mithras, indoiran. Gott des Rechts und der staatl. Ordnung, dessen Name „Vertrag" bedeutet. M. wird erstmals in einem im frühen 14. Jh. v. Chr. in akkad. Sprache geschlossenen Vertrag als Schwurgott erwähnt. In Indien stand er als *Mitra* in enger Beziehung zu dem über eth. Verhalten wachenden Gott Waruna. Im alten Iran war er als *Mithra* der göttl. Herr von Männerbünden. Er wurde von Zarathustra bekämpft, aber von Artaxerxes II. wieder offiziell anerkannt. Seit dem 1. Jh. n. Chr. erlangte er im Röm. Reich erneut Bed., nun als ein mit der Sonne in Verbindung stehender Erlösergott. Seine Verehrung wurde zur bevorzugten Religion der Soldaten. Daher entstanden seine Heiligtümer, die **Mithräen,** vornehml. in Garnisonsorten. Ein Mithräum ist ein meist unterird., verhältnismäßig kleiner, langgestreckter Raum, der zu beiden Seiten von Steinbänken für die Kult-

Mithridates VI.

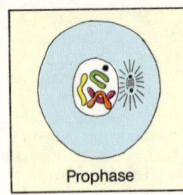

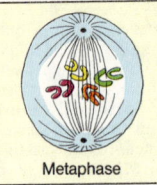

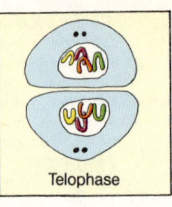

Mitose. Schematische Darstellung ihrer vier Phasen
Prophase — Metaphase — Anaphase — Telophase

teilnehmer flankiert ist und von einer Apsis mit dem Altar abgeschlossen wird. Im Mittelpunkt des Kults, von dem Frauen ausgeschlossen waren, stand die Tötung eines Stiers. Sie beruhte auf dem Mythos von einer Stiertötung durch den jugendl. Gott und sollte der Förderung des Lebens wie der Erlösung dienen. – Bildl. dargestellt wurde M. z. B. in der parth. Kunst als Reiter, in der röm. als stiertötender, junger Gott.

📖 *Vermaseren, M. J.: M. Gesch. eines Kultes. Dt. Übers. Stg. 1965. – Widengren, G.: Die Religionen Irans. Stg. 1965. – Cumont, F.: Mysterien des Mithra. Dt. Übers. Hg. v. G. Gehrich. Lpz.³ 1923. Nachdr. Darmst. 1981.*

Mithridates VI. Eupator, eigtl. Mithradates, *Sinope um 130, † Pantikapaion (= Kertsch) 63, König von Pontus. – 112 Alleinherrscher; dehnte seine Herrschaft bis zur Krim aus (Bosporan. Reich). Seine Einmischung in röm. Verhältnisse führte zum **1. Mithridat. Krieg** (89–84), in dem M. die Prov. Asia eroberte und 80 000 Italiker ermorden ließ (88); im Frieden von Dardanos mußte er alle Eroberungen zurückgeben. Im **2. Mithridat. Krieg** (83–81) besetzte er Kappadokien. Im **3. Mithridat. Krieg** (74–63) wurde M. von Lucullus und Pompejus geschlagen und ließ sich nach Abfall seines Sohnes Pharnakes II. erstechen.

Mitilini, griech. Stadt an der O-Küste der Insel Lesbos, 24 100 E. Hauptort des Verw.-Geb. Lesbos; Textil-, Tabakind., Lederverarbeitung; Schiffsverbindung mit Piräus; ✈. – Das antike **Mytilene** war Hauptort der Insel Lesbos. Seit 546 unter pers. Herrschaft, wechselte während der griech.-pers. und innergriech. Auseinandersetzungen häufig den Besitzer; im 7./6. Jh., erneut im 1. Jh. v. Chr. und in der frühen Kaiserzeit im Zentrum des Geisteslebens; 1462 von den Osmanen erobert und besiedelt. Im 18. Jh. wanderte die griech. Bev. nach Ayvalık in Kleinasien aus. Nachdem M. seit 1913 Teil des griech. Staates ist, wurde 1923 die türk. Bev. mit der griech. von Ayvalık ausgetauscht.

Mitla, Ruinenstätte in der Sierra Madre del Sur, 1650 m ü. d. M., osö. von Oaxaca de Juárez. Nach dem Fall von †Monte Albán seit 1125 n. Chr. eine Hauptsiedlung der Zapoteken; im 14. Jh. von den Mixteken besetzt. „Palacio de las grecas" (nach 1200) mit Säulenhalle (38 × 6 m), im 2. Hof eine Kellerkrypta mit kreuzförmigem Grab. Typ. die Wandverkleidung durch Reliefs, die geometr. Bänder an Innen- und Außenwänden bilden. Verwendung gewaltiger Monolithen.

Mitlaut, svw. ↑Konsonant.

Mitleid, das Erleben von Leid, Schmerz und Not anderer als eigenes Erleiden bzw. Miterleiden, die Sympathie im urspr. Sinn dieses Begriffs. In der *Religionsgeschichte* erlangt das M. große Bed. im Buddhismus und im Christentum. Das M. erstreckt sich auch auf die nichtmenschl. Kreatur.

Mito, jap. Stadt auf Hondo, am NO-Rand der Kantoebene, 215 600 E. Verwaltungssitz der Präfektur Ibaraki; Univ. (gegr. 1949); Meidschi-Museum; Markt- und Verarbeitungsort für Agrarprodukte; Textilindustrie.

Mitochondrien (Chondriosomen) [griech.], 0,2 bis 8 μm große, längl. oder rundl. Organellen in allen kernhaltigen tier. und pflanzl. sowie in den menschl. Zellen. M. sind von zwei Membranen umgeben, von denen die innere röhrchenförmige *(Tubuli mitochondriales)* oder flächige *(Cristae mitochondriales)* Ausstülpungen in den Innenraum *(Matrix)* sendet. An der inneren Membran sind die Enzyme der ↑Atmungskette lokalisiert. In der Matrix befinden sich die Enzyme des Zitronensäurezyklus und der oxidativen Decarboxylierung. Die zahlr. Enzymsysteme in den M. werden zum größten Teil von der Kern-DNS kodiert und über die entsprechenden Proteinsyntheseapparate (Ribosomen) synthetisiert. Möglicherweise lassen sich die M. (ebenso wie die Plastiden) von in Zellen eingewanderten endosymbiont. Prokaryonten (Bakterien, Blaualgen) herleiten. M. vermehren sich wie Plastiden durch Teilung.

Mitomyzine (Mitomycine) [griech.], Gruppe chem. nah verwandter Antibiotika aus verschiedenen Streptomycesarten; wirken gegen grampositive und gramnegative Bakterien, Mykobakterien sowie Rickettsien.

Mitose [zu griech. mítos „Faden"] (indirekte Kernteilung, Karyokinese, Äquationsteilung), Kernteilungsvorgang, bei dem aus einem Zellkern zwei Tochterkerne gebildet werden, die gleiches (mit dem Ausgangsmaterial ident.) Genmaterial und (im Unterschied zur ↑Meiose) die gleiche Chromosomenzahl haben. Die Chromosomen werden während der zw. zwei Mitosen liegenden Interphase verdoppelt. Während einer M. werden folgende Phasen durchlaufen: *1. Prophase:* Die Chromosomen werden als fadenförmige Gebilde im Zellkern sichtbar. Durch schraubenartige Faltung werden sie verdickt und verkürzt. Die Kernspindel formt sich, die Kernmembran und der Nukleolus (Kernkörperchen) werden aufgelöst. *2. Metaphase:* Die Spindelfasern zw. den vorgebildeten Zentromeren (Einschnürung, die jedes Chromosom in zwei Schenkel teilt) und den Polen sind gebildet. Mit ihrer Hilfe ordnen sich die Chromosomen in einer Ebene zw. den Polen an. *3. Anaphase:* Die Zentromeren verdoppeln sich, und die Chromatiden (Chromosomenspalthälften) wandern entlang den Spindelfasern zu den Polen. *4. Telophase:* Sind alle Chromosomen an den beiden Polen, werden neue Kernmembranen und Nukleoli gebildet, der Spindelapparat wird abgebaut. Die Chromosomen entfalten sich, werden lichtmikroskop. unsichtbar, weil sie sich in die Arbeitsform des Interphasekerns umwandeln. - Normalerweise folgt der M. die Teilung des Zellplasmas (Zellteilung). Neben anderen Faktoren bewirken ↑ Mitosegifte, daß die Chromosomen nicht getrennt und die Kerne polyploid (↑ Polyploidie) werden. Riesenchromosomen entstehen, wenn die M. nach der DNS-Replikation überhaupt nicht eingeleitet wird.

Mitosegifte (Spindelgifte), chem. Substanzen, die bei Einwirkung auf den Zellkern durch Störungen am Spindelapparat den normalen Ablauf der Kernteilung (Mitose) behindern (z. B. Polyploidie durch Kolchizin).

Mitra, altind. Gottheit des Vertrags; zählt zu den mit den Asura bezeichneten Gottheiten; entspricht dem pers. ↑ Mithras.

Mitra [griech. „Binde"], von Kriegern zum Schutz des Unterleibs getragener Metallgurt.
◆ bei altoriental. Herrschern [golddurchwirkte] Kopfbinde; bei Griechen und Römern Stirnband der Frauen.
◆ (Inful) Kopfbedeckung von Bischöfen und höheren Prälaten bei liturg. Amtshandlungen; in den westl. Kirchen besteht die M. aus zwei über Stirn und Hinterkopf des Trägers aufragenden schildförmigen Teilen mit zwei rückwärts herabfallenden Zierbändern; im griech. Ritus ist sie eine gewölbte Haube.

Mitrailleuse [mitrajø:zə; frz.], ehem. frz. Kartätschengeschütz (1870/71), bei dem mehrere Läufe schnell hintereinander abgefeuert wurden; Vorläufer des Maschinengewehrs.

Mitralinsuffizienz [griech./lat.] (Mitralklappeninsuffizienz), nicht ausreichende Schließfähigkeit der Mitralklappe (= linke Atrioventrikularklappe); selten angeborener, meist erworbener Herzfehler.

Mitralklappe [griech./dt.], svw. linke Atrioventrikularklappe.

Mitralstenose [griech.] (Mitralklappenstenose), Verengung der Mitralklappenlichtung, bes. infolge narbiger Verwachsungen (meist nach ↑ Endokarditis) oder Verkalkung der Mitralklappe.

Mitraschnecken (Mitridae), Fam. etwa 1–17 cm großer Schnecken (Unterklasse Vorderkiemer) mit fast 600 Arten, v. a. in trop. und subtrop. Meeren; Gehäuse turmförmig, oft bunt, bei manchen Arten einer Mitra ähnelnd, wie z. B. bei der 7–12 cm großen **Bischofsmütze (Mitra episcopalis).**

Mitre, Bartolomé, * Buenos Aires 26. Juli 1821, † ebd. 18. Jan. 1906, argentin. Politiker. - Mitbeteiligt am Sturz des Diktators J. M. de Rosas; sicherte die Einheit Argentiniens; 1862–68 Staatspräs.; führte innenpolit. Reformen durch; hatte 1865–67 persönl. den Oberbefehl im Krieg gegen Paraguay inne (1865–70). Bed. schriftsteller. Tätigkeit (v. a. „Historia de Belgrano" (1858/59) und „Historia de San Martín" (1887/88).

Mitropoulos, Dimitri [neugriech. miˈtropulɔs, engl. miˈtrɔpələs], * Athen 18. Febr. 1896, † Mailand 2. Nov. 1960, griech.-amerikan. Dirigent. - Schüler von F. Busoni; seit 1936 in den USA, 1949–59 Dirigent des New York Philharmonic Symphony Orchestra, seit 1954 auch der Metropolitan Opera; auch Komponist.

Mitscherlich, Alexander, * Berlin 28. Mai 1836, † Oberstdorf 31. Mai 1918, dt. Chemiker. - Sohn von Eilhard M.; Prof. in München; entwickelte ein Verfahren (Sulfitverfahren) zur Gewinnung von Zellstoff aus Holz.
M., Alexander. * München 20. Sept. 1908, † Frankfurt am Main 26. Juni 1982, dt. Psychoanalytiker. - Prof. (seit 1966) in Frankfurt am Main, leitete das Sigmund-Freud-Institut, ein Ausbildungs- und Forschungsinstitut für Psychoanalyse; bemühte sich um die Anwendung psychoanalyt. Methoden und Erkenntnisse auf soziale Phänomene, insbes. um die Erscheinungen der Vermassung. Er plädierte für ein Verständnis des Krankheitsgeschehens als eines komplexen psychosomat. Vorgangs, bei dem bes. auch die sozialen Einflüsse zu berücksichtigen sind. - *Werke:* Die Krankheiten der Gesellschaft und die psychosomat. Medizin (1957), Auf dem Weg zur vaterlosen Gesellschaft. Ideen zur Sozialpsychologie (1963), Die Unwirtlichkeit unserer Städte (1965), Die Unfähigkeit zu trauern. Grundlagen kollektiven Verhaltens (1967, mit Margarete M.), Die Idee des Friedens und die menschl. Aggressivität (1969), Toleranz, Überprüfung eines Begriffs. Ermittlungen (1974), Der Kampf um die Erinnerung. Psychoanalyse für fortgeschrittene Anfänger (1975), Freiheit und Unfreiheit in der Krankheit (1977), Ein Leben für die Psychoanalyse (1980).
M., Eilhard, * Neuende (= Wilhelmshaven) 7. Januar 1794, † Schöneberg (= Berlin) 28. Aug. 1863, dt. Chemiker. - Vater von Alexander M. (* 1836); Prof. in Berlin; entwickelte

Mitschurin

die nach ihm benannte Phosphorprobe und entdeckte die Isomorphie chemisch unterschiedlicher Kristalle.

Mitschurin, Iwan Wladimirowitsch, *Dolgoje (= Mitschrowka, Gebiet Rjasan) 27. Okt. 1855, † Mitschurinsk 7. Juni 1935, russ.-sowjet. Botaniker. - Erfolgreicher Züchter zahlr. neuer Obstsorten, die es (v. a. der UdSSR) ermöglichten, die Obstbaumgrenze nach N vorzuschieben. Dabei entwickelte er neuartige Züchtungsmethoden vegetativer (z. B. durch Pfropfung) und generativer Art (z. B. Verwendung von Pollengemischen).

Mitschurinsk, sowjet. Stadt in der Oka-Don-Ebene, RSFSR, 102 000 E. PH, Forschungsinst. und Hochschule für Obstbau; Laboratorium für Genetik; Theater; Kolbenringfabrik, Lokomotivreparaturwerkstätten, Fleisch-, Konservenkombinat. - Gegr. 1636.

Mitsubishi-Gruppe [mitsʊˈbiʃɪ], zweitgrößte jap. Unternehmensgruppe, die nach dem 2. Weltkrieg als Nachfolgerin der Mitsubishi Zaibatsu (gegr. 1890) neu errichtet wurde und als locker verbundene Gruppe (kein Konzern) von 44 bed. Unternehmen in verschiedenen Branchen besteht.

Mittag, Günter, *Stettin 8. Okt. 1926, dt. Politiker (SED). - Seit 1946 Mgl. der SED, seit 1962 Mgl. des ZK der SED; 1962-73 und seit 1976 Sekretär für Wirtschaft des ZK; seit 1966 Mgl. des Politbüros; 1963-79 Abg. der Volkskammer; 1963-71 und seit 1978 Mgl., seit 1984 stellv. Vors. des Staatsrats der DDR; 1973-76 1. stellv. Vors. des Ministerrats. Im Okt. 1989 aller Ämter enthoben, im Nov. aus der SED ausgeschlossen und verhaftet.

Mittag, der Zeitpunkt des Durchgangs der Sonne durch den Meridian, die obere Kulmination der Sonne.

Mittagsblume (Mesembryanthemum), Gatt. der Eiskrautgewächse mit über 40 Arten, v. a. in S-Afrika; ein- oder zweijährige, krautige, meist am Boden kriechende Pflanzen mit sukkulenten Blättern und kleinen bis mittelgroßen, weißen, gelbl., grünl., rötl. oder lilafarbenen Blüten. Eine häufig als Zierpflanze kultivierte Art ist das **Eiskraut** (Mesembryanthemum crystallinum).

Mittäterschaft, Beteiligung mehrerer an einer Straftat in der Weise, daß sie bewußt und gewollt zusammenwirken. Jeder Mittäter wird als Täter bestraft (§ 25 Abs. 2 StGB). Die Abgrenzung der M. von Anstiftung und Beihilfe ist umstritten. Jeder Mittäter muß sich die Tatbeiträge, nicht aber die Exzesse der übrigen Täter zurechnen lassen.

Mitteis, Heinrich, *Prag 26. Nov. 1889, † München 23. Juli 1952, dt. Jurist und Rechtshistoriker. - Prof. in Köln (1921), Heidelberg (1924), München (1934), Wien (1935-38), Rostock (1940), Berlin (1946), München (1948) und Zürich (1952); bed. Forschungen zum Lehnsrecht und zur ma. Reichsverfassung, u. a. „Lehnrecht und Staatsgewalt" (1933), „Der Staat des hohen MA" (1940), „Dt. Rechtsgeschichte" (1949).

Mittelalter (lat. media tempestas, medium aevum), in der europ. Geschichte Bez. für den Zeitraum zw. Altertum und Neuzeit. Die Problematik der Abgrenzung des **Frühmittelalters** von der Antike erweist sich allein schon in der Vielzahl der erörterten Vorschläge, die sich über einen Zeitraum von nahezu einem halben Jt. erstrecken - von der Krise des Röm. Reiches im 3. Jh. bis zur Kaisererhebung Karls d. Gr. im Jahre 800 - und darüber hinaus zumeist an der polit. bzw. der Machtgeschichte orientiert sind. Ohnehin läßt sich eine Epochengrenze nicht punktuell festlegen, daher nimmt man - allerdings nicht unumstritten - das Zeitalter der Völkerwanderung (4.-6. Jh.) als Übergangszeit an.

Die ältere „Katastrophentheorie" machte den Einbruch der Germanen in das Röm. Reich verantwortl. für den Untergang der röm.-antiken Kulturwelt. Doch kamen die Germanen nicht als Zerstörer, sie erstrebten zunächst eine Teilhabe am Reich, erzwangen aber auch die Landnahme, wenn sie ihnen verwehrt wurde (Vandalen), und erschienen schließl. als Eroberer. Die Geschichte der Kirche und des Christentums in diesen Jh. (Ausweitung in den german. und kelt. Raum) widerspricht ebenfalls der These vom absoluten Verfall. Allerdings ist auch die wesentl. von der Wirtschafts- und Sozialgeschichte her konzipierte Antithese der „Kontinuitätstheorie" (A. Dopsch) anfechtbar, wenn auch nicht zu bezweifeln ist, daß sich v. a. im Bereich der Institutionen und Kultureinrichtungen (Stadt) über eine sehr lange Zeit ein tiefgreifender Unterschied erhalten hat zw. den Landschaften, die jahrhundertelang von röm. Herrschaft geprägt worden sind, und jenen, die niemals zum Röm. Reich gehört haben. Eine andere Auffassung (H. Pirenne) setzt die entscheidende Zäsur mit dem zerstörenden Einbruch des Islams in die Mittelmeerwelt an. Auch diese These ist wesentl. von der Wirtschaftsgeschichte her begründet, und die Spezialforschung hat auch in diesem Falle ihre Einseitigkeit korrigiert, aber die histor. Tragweite der Geschehnisse ist richtig erfaßt: Die antike Einheit des Mittelmeerraumes ist durch den Arabersturm gesprengt worden. Als Ergebnis von Völkerwanderungszeit und islam. Expansion bildete sich bis zur Mitte des 8. Jh. das Mächtesystem heraus, in dem Byzanz, das Reich der Kalifen und das aufsteigende Reich des Westens, das Fränk. Reich, die dominierenden Faktoren darstellten. Das Papsttum aber trat, indem es die Aufrichtung der karoling. Monarchie durch Pippin III. 751 unterstützte, aus dem Rahmen der alten Reichskirche heraus und entging damit der Gefahr, in eine seine Freiheit aufhebende Abhängigkeit vom byzantin. Kaiser zu geraten (Cäsaro-

Mittelalter

papismus). Das westl. Kaisertum dokumentiert die polit. und geistige Trennung des lat. geprägten Abendlandes vom griech. Osten, eine Trennung, die durch das Morgenländ. Schisma (1054) vertieft wurde.

Auch die Grundlagen des ma. Staates sind bereits in der Völkerwanderungszeit geschaffen worden. Der Staat des frühen MA war ein aristokrat. Personenverband, gekennzeichnet durch den Dualismus von Königtum und Adel, die geringe institutionelle Ausgestaltung sowie die Verchristlichung der Königsidee, die dem ma. Königtum zu einer gewaltigen Machtsteigerung verhalf. Die Kirche, die die Königswürde als ein von Gott verliehenes Amt verstand, wurde so zu einer Stütze der weltl. Gewalt.

Die Vorrangstellung des Adels beruhte wesentl. auf seiner wirtsch. Macht; die Grundherrschaft war die bestimmende Organisationsform, in der sich german. und spätantik-provinzialröm. Elemente mischten. Das Bestreben, amtsrechtl. Befugnisse in allodiale Herrengewalt umzuwandeln (Hzg., Graf), die Besetzung der Führungspositionen in der Kirche und die Verfügungsgewalt über Kirchen (Eigenkirchenwesen, später auch in gewissem Sinne die Vogtei) sind weitere Formen und Kennzeichen adliger Herrschaft. Seit der frühen Karolingerzeit fand dieser Adel in steigendem Maße seine Bindung an den Herrscher im Lehnswesen.

Nur schwer sind angesichts des spärl. Quellenmaterials die Verhältnisse in den Unterschichten zu überschauen. Innerhalb des Bauernstandes vollzog sich durch den Aufstieg von Hörigen, Unfreien („Verbäuerlichungsprozeß") und durch das Absinken freier Bauern („Vergrundholdungsprozeß") ein Nivellierungsprozeß, der die Unterschiede von Freiheit und Unfreiheit in ihren mannigfachen Abstufungen allmähl. einebnete und einen relativ einheitl. Bauernstand schuf.

Auf den im Fränk. Reich geschaffenen Grundlagen bauten die karoling. Nachfolgestaaten auf. Die ethn. Formung Europas - eine Entwicklung, die in die Völkerwanderungszeit zurückreicht - gewann an Intensität, da die entstehenden europ. Großvölker sich in eigenen staatl. Gebilden voneinander abgrenzten. Auch bei den slaw. Stämmen und Völkern begann der Prozeß der Staatsbildung. Die Slawisierung des Balkans war gegen Ende des 8.Jh. nahezu abgeschlossen; sie wurde noch einmal gestört durch den Magyarensturm, der die sprachl. und kulturelle Differenzierung der Slawen vorantrieb. Die Missionierung entschied über die kirchl. und kulturelle Zuordnung des südslaw. und mähr. Raumes zu Rom, des Bulgarenreiches zu Konstantinopel.

Unter den Ottonen und frühen Saliern übernahm das dt. Regnum die Führungsrolle in Europa, die sich in der Erneuerung des Kaisertums durch Otto I., d. Gr. (962), dokumentierte. Ihren künstler. Ausdruck fand diese Führungsrolle in der Romanik. - Das **Hochmittelalter** wurde heraufgeführt durch den Zusammenbruch der durch den Sakralcharakter des Königtums und das gleichberechtigte Nebeneinander von geistl. und weltl. Gewalt bestimmten frühma. Ordnung in der Auseinandersetzung zw. Kaiser Heinrich IV. und Papst Gregor VII. (Investiturstreit). Der Erfolg der kirchl. Reformbewegung, die die Befreiung der Kirche von weltl. Herrschaft und Verstrickung in weltl. Angelegenheiten erstrebte (Freiheit der Kirche [Libertas ecclesiae]; Verbot von Priesterehe, Ämterkauf, Laieninvestitur), hat den freiheitl. Gang der europ. Geschichte wesentl. mitbestimmt. In der Fortsetzung des Konfliktes unter den Staufern im 12. und 13. Jh., bei dem es vorrangig um die Herrschaft in Italien ging, hat das Papsttum seine Autonomie behauptet; gleichzeitig stellte der Aufstieg der westeurop. Nationalstaaten, theoret. untermauert durch die Lehre von der vollen Souveränität der Könige dieser Länder („rex est imperator in regno suo"), den universalen Führungsanspruch des Kaisertums entscheidend in Frage. In der Katastrophe des stauf. Hauses vollendete sich der Niedergang des universalen Kaisertums. Seit der Wende zum 12.Jh. ging die Führung der monast. Reformbewegung an neue Orden und Kanonikergemeinschaften über (Zisterzienser, Regularkanoniker, Prämonstratenser). Die Ideale ritterl. Lebens und Kampfes, mönch. Askese und des Dienstes am Nächsten (Krankenpflege) verbanden sich in den Ritterorden (Templer, Johanniter, Dt. Orden) zu einer Lebensform, die aus der Kreuzzugsbewegung ihre entscheidenden Impulse empfing. Gleichzeitig entfaltete sich im 12. Jh. im Bereich der Kathedral- und Stiftsschulen eine neue Theologie, deren Ziel die systemat. Zusammenfassung und rationale Durchdringung der Glaubenswahrheiten war (Scholastik). Auch die Anfänge der Universitäten reichen in das 12.Jh. zurück, im 13.Jh. übernahmen sie die geistige Führung und prägten die abendländ. Geisteskultur für Jahrhunderte. Neue Orden, wie die aus der Armutsbewegung und der Auseinandersetzung mit häret. Strömungen (Katharer) hervorgegangenen Bettelorden der Franziskaner und Dominikaner, übten einen großen Einfluß aus, sowohl in der theolog. Wiss. als auch in der Erneuerung der Volksfrömmigkeit.

Den Hintergrund für diese machtvolle Entfaltung des geistigen, religiösen und künstler. (Beginn der Gotik) Lebens bilden die Veränderungen der wirtsch. und sozialen Struktur, die sich im 11.Jh. abzeichnen und im 12.Jh. voll durchbrachen. Der Landesausbau und v.a. die dt. Ostsiedlung boten den Bauern die Möglichkeit zum sozialen Aufstieg. Der Aufstieg der Ministerialen (in Deutschland)

Mittelalter

und des Bürgertums aber sprengte das System des hofrechtl. Verbandes. Für die Ministerialen war der bes. Dienst (Verwaltung, Waffendienst) Ursache und bewegendes Element ihres sozialen Aufstiegs; die Reichsministerialität vermochte im Königsdienst der Salier und Staufer die Standesschranke zu den Edelfreien zu überwinden. Der damit entstehende Ritterstand wurde zum Träger einer bes. höf. Kultur. Auch die Entwicklung des Bürgertums und dessen sozialer Aufstieg war an bes. Aufgaben und Leistungen gebunden. Die Emanzipation vom Stadtherrn, die Durchsetzung der Autonomie erfolgte in einem längeren Zeitraum, häufig nicht ohne größere Konflikte; sie stand in Wechselwirkung mit dem allg. polit. Geschehen und den religiös-geistigen Auseinandersetzungen sowie mit den Veränderungen in Handel und Gewerbe, die sich im 12./13. Jh. vollzogen. Deutschland wurde Exportland und gewann im Zwischenhandel eine führende Stellung (Hanse: Höhepunkt in der 2. Hälfte des 14. Jh.); damit war der Aufschwung des Städtewesens verbunden: die Fernhändlersiedlung wurde zur Stadt und entwickelte sich gleichzeitig zu einem Gewerbe- und Nahhandelszentrum. Soziale Spannungen entluden sich in den Auseinandersetzungen um das Stadtregiment (Zunftkämpfe des 14. Jh.). Das Bürgertum stellte das vorwärtsdrängende Element im Sozialgefüge des hohen MA dar.

Die Geschichte des **Spätmittelalters** ist überschattet von krisenhaften Entwicklungen in vielen Bereichen. Während für die Zeit vom 11. bis zum 13. Jh. von einem steten Bevölkerungszuwachs auszugehen ist, erfolgte im 14. Jh. der Umschwung. Dafür kann nicht allein die große Pestepidemie von 1348/50 als Erklärung dienen; diese Entwicklung wurde durch regelmäßig wiederkehrende Epidemien und andere Katastrophen (z. B. Hundertjähriger Krieg) in ihrer Wirkung so gesteigert, daß die Möglichkeit einer demograph. Erholung fortfiel.

Anzeichen eines Krisenbewußtseins in weiten Teilen der europ. Bev. sind etwa die große, sich rasch radikalisierende Bewegung der Flagellanten und die von S-Frankr. ausgehenden blutigen Judenverfolgungen der Jahre 1348/49. Die Zunftkämpfe in den dt. Städten sind nur ein Teilaspekt der Volksbewegungen, die seit dem Beginn des 14. Jh. das westl. und südl. Europa erschüttert haben und sich in der Zeit um 1380 auch in den ost- und südosteurop. Raum ausweiteten. Es waren Elendsrevolten, städt. Aufruhrbewegungen und Bauernaufstände, die vor dem Hintergrund des allg. Rückganges der Prosperität mannigfache - polit., wirtschaftl. und soziale - Ursachen hatten. Dabei war nicht der Umsturz der bestehenden Sozialordnung, sondern die Abstellung von Mißständen zumeist das Hauptziel.

Ausdruck des Lebensgefühls des spätma. Menschen sind aber auch die Mystik, die in Deutschland im 13./14. Jh. einen Höhepunkt verinnerlichter Frömmigkeit darstellte (Mechthild von Magdeburg, Gertrud von Helfta, Meister Eckhart, J. Tauler, H. Seuse), und die als Reaktion auf eine sich in unfruchtbarer Spekulation verlierende Scholastik zu verstehende † Devotio moderna.

Im polit. Bereich hat das Zurücktreten der Universalgewalten eine Intensivierung der zwischenstaatl. Beziehungen in Europa zur Folge gehabt, mit wechselnden Koalitionen, oft bedingt oder herbeigeführt durch dynast. Verbindungen. Der päpstl. Anspruch auf Vollgewalt („plenitudo potestatis") zerbrach am Autonomieanspruch und Machtegoismus des aufsteigenden frz. Nationalstaates. Für fast 70 Jahre (1309–77) wurde Avignon die Residenz der Päpste, die damit in Abhängigkeit vom frz. Königtum gerieten. Das Abendländ. Schisma konnte erst auf dem Konstanzer Konzil (1414–18) beigelegt werden. Aber die Reformbestrebungen, auf den Konzilien des 15. Jh. (Pisa, Konstanz, Basel-Ferrara-Florenz) im Zeichen des Konziliarismus diskutiert, scheiterten; damit setzte die Entwicklung ein, die in die Reformation mündete.

Dem Aufbau des modernen Staates durch eine starke Zentralgewalt in den westeurop. Monarchien stand die zunehmende polit. Zersplitterung in der Mitte Europas gegenüber. Hier vollzog sich die Entwicklung zum Ständestaat in den Territorien; die Königsherrschaft konnte für das Reich nur in dem Maße Bed. gewinnen, wie ihr jeweiliger Inhaber über eine breite territoriale Machtgrundlage verfügte (Hausmachtpolitik). Eine gewisse Festigung der Verfassungsverhältnisse durch Sicherung der Rechte der Kurfürsten (Goldene Bulle, 1356) schuf dann aber wieder die Voraussetzungen für eine dynast. Kontinuität im Königtum. Das ausgehende 15. Jh. stand im Zeichen der Ausweitung habsburg. Hausmachtpolitik zur Großmachtpolitik, in die sehr bald die Neue Welt einbezogen werden sollte, im Zeichen der Grundlegung des habsburg.-frz. Ggs., der sich im Italienzug Karls VIII. von Frankr. (1494/95) verschärfte, und der heraufziehenden Türkengefahr (1453 Fall Konstantinopels). Für Europa begann damit ein neuer Abschnitt seiner Geschichte.

📖 *Goetz, H.-W.: Leben im M. Mchn. 1986. - Mollat, M.: Die Armen im M. Dt. Übers. Mchn. 1984. - Tradition als histor. Kraft. Hg. v. N. Kamp u. J. Wollasch. Bln. u. New York 1982. - Southern, R. W.: Geistes- u. Sozialgesch. des M. Dt. Übers. Stg.* [2]*1980. - Ennen, E.: Die europ. Stadt des M. Gött.* [3]*1980. - Mitteis, H.: Der Staat des hohen MA. Köln u. Wien* [10]*1979. - Bosl, K.: Europa im M. Bayreuth* [2]*1978. - Lex. des M. Mchn. u. Zü. 1977ff. Bis 1983: 18 Lfgg. - Leuschner, J.: Deutschland im späten M. Gött. 1975. - Schieffer, Th.: Die dt. Kaiserzeit. Ffm.*

Mittelamerika

u. a. 1973. - Bed. u. Rolle des Islam beim Übergang vom Altertum zum M. Hg. v. P. E. Hübinger. Darmst. 1968. - Seidlmayer, M.: Das M. Hg. v. H. Grundmann. Gött. ²1967. - Bosl, K.: Frühformen der Gesellschaft im mittelalterl. Europa. Mchn. u. Wien 1964.

Mittelamerika, zusammenfassende Bez. für die *Westind. Inseln* und *Zentralamerika*, d. h. die Festlandsbrücke, die Nord- und Südamerika verbindet. Sie beginnt im NW an der Landenge von Tehuantepec und reicht nach SO bis zur Atratosenke. Diese Definition beruht auf phys.-geograph. Merkmalen. Nach anderer Auffassung zählt ganz Mexiko zu M., da es kulturgeschichtl. und sprachl. zu Lateinamerika gehört. Eine Einteilung nach klimat. Bedingungen bezieht sogar den S der USA sowie den N von Südamerika in den Begriff M. mit ein.

Gliederung: Zentralamerika zeichnet sich aus durch kleinräumigen Wechsel von geolog. Bau, Oberflächengestalt, Klima, Abfluß, Vegetation und Böden. Characterist. sind die von Küstentiefländern gesäumten zentralen, bis 4000 m hohen Gebirge. Bes. landschaftsprägend ist die von Guatemala bis Costa Rica reichende Vulkanachse im pazif. Bereich mit häufigen Erdbeben und Vulkanausbrüchen. Die Westind. Inseln ziehen in einem etwa 4000 km langen Bogen östl. der zentralamerikan. Landbrücke von den Bahamainseln und Kuba bis nach Trinidad, das bereits auf dem südamerikan. Schelf liegt († auch Antillen). Drei Relieftypen lassen sich auf den Inseln unterscheiden: Bruchfaltengebirge, Vulkangebirge und niedrige Kalktafeln. Korallenriffküsten sind weit verbreitet.

Klima: Die von Nov.–April vorherrschenden NO-Winde nehmen über dem warmen Karib. Meer Feuchtigkeit auf, die sich in heftigen Starkregen an der O-Abdachung der Gebirge abregnet, bevor die Winde austrocknend in die pazif. Tiefländer abfallen. Hier herrscht während dieser Monate Trockenzeit. Im nördl. Teil von M. kann es zu Kaltlufteinbrüchen aus Nordamerika kommen. Während des Sommers verlagert sich das System der atmosphär. Zirkulation nach N, warme, unstabile Luftmassen werden aus SW herangeführt und bringen der Pazifikseite Regenzeit. Im karib. Bereich verlieren die NO-Passate ihre Stetigkeit, es kommt zu Gewittern und z. T. zu Hurrikanen. In Zentralamerika wird das Klima durch die Höhenstufung entscheidend verändert. Auf die heiße Zone (Tierra caliente) bis etwa 800 m ü. d. M. folgt bis 1800 m die gemäßigte Zone (Tierra templada), darüber bis 3200 m die kühle Zone (Tierra fría) und in einigen Gipfelregionen die Zone ewigen Schnees (Tierra helada). Bei den Westind. Inseln wird der Unterschied in der Feuchtigkeit durch das Relief bestimmt: flache Inseln empfangen weniger Niederschlag als gebirgige, auf denen der Niederschlag mit der Höhe zunimmt. Je größer die Reliefunterschiede, desto deutlicher ist der Unterschied zw. feuchter Luv- und trockener Leeseite. Die sommerl. Regenzeit weist meist eine Doppelung auf. Die Tierra fría wird nur in einigen Gebirgen der Großen Antillen erreicht. Die Inseln unter dem Winde sind trokken.

Vegetation: Der größte Teil der karib. Abdachung Zentralamerikas wird von Regenwald eingenommen. In tieferen Lagen ist er von Savannen durchsetzt und an den Flachküsten bis zum N-Rand von Yucatán meist von Mangroven gesäumt. Auf der pazif. Seite vollzieht sich von S nach N der Übergang von regengrünen Feuchtwäldern, Feuchtsavannen und Campos cerrados zu Trockenwäldern und Strauchformationen. In den Gebirgen kommen Nadelwälder (Kiefern) und Hartlaubwälder (Eichen) vor. Die Antillen haben nur in ausgesprochenen Luvlagen, meist auf der O-Seite, immergrüne Bergregenwälder. Sonst herrschen halbimmergrüne Wälder, regengrüne Monsunwälder und Savannen vor.

Tierwelt: In Zentralamerika ist durch die teilweise Vernichtung der urspr. Vegetation der Lebensraum der Tiere stark beschnitten worden. In unberührteren Wäldern konnten sich Puma, Jaguar, Ozelot, Wickel-, Wasch- und Nasenbären halten sowie Tapire, Faultiere, Leguane und Gürteltiere. Bes. die Vogelwelt ist reich vertreten, u. a. Quetzal, Grün- und Buntpapageien, Kolibris. Insekten und Schlangen sind weit verbreitet. Im Sumpfland und Lagunen finden sich Wasservögel, Biberratten und Alligatoren. Die Landfauna der meisten Westind. Inseln ist arm an Säugetieren (meist nur kleine Nagetiere) sowie an Amphibien. Artenreich sind dagegen die Vogelwelt und die Meeresfauna. Kuba kennt als einzige Westind. Insel zwei nur dort vorkommende Krokodilarten.

Bevölkerung: In Zentralamerika überwiegt die indian.-weiße Mischbev. die Neger, Asiaten und Europäer. Die hellhäutige Gesellschaftsschicht kontrolliert die wichtigsten Machtpositionen in Staat und Wirtschaft, erreicht aber nur in Costa Rica auch zahlenmäßig eine Mehrheit. Während die weiße Bev. in den großen Städten und einigen klimat. begünstigten Geb. der pazif. Abdachung vorherrscht, bestimmen Neger, Mulatten und Zambos weitgehend das Bev.bild der karib. Küstengebiete. Die indian. Urbev. tritt zahlenmäßig nur in Guatemala stärker hervor. Auf den Westind. Inseln ist die Zusammensetzung der Bev. durch die jahrhundertelange Zuwanderung aus Europa und Afrika und durch die jüngere Einwanderung aus Asien bestimmt. Im span. Kulturraum dominiert die weiße Bev. stark, im frz. und brit. Kulturraum überwiegt die Negerbevölkerung, Nachkommen der eingeführten Sklaven. Die indian. Urbevölkerung wurde fast völlig aus-

gerottet oder ging in anderen Volksgruppen auf.
Zur **Geschichte** ↑ Südamerika.
📖 *Sandner, G.: Zentralamerika u. der ferne karib. Westen. Stg. 1985. - Karibik. Wirtschaft, Gesellschaft u. Gesch. Hg. v. H.-A. Steger u. Jürgen Schneider. Mchn. 1983. - Hdb. der Dritten Welt. Hg. v. D. Nohlen u. F. Nuscheler. Bd. 3: Mittelamerika u. Karibik. Hamb 1982.*

mittelamerikanische Literatur, zusammenfassende Bez. für die Literatur der Länder Guatemala, El Salvador, Honduras, Nicaragua, Costa Rica und Panama.
Guatemala: Wichtigster Vertreter des Modernismo ist der Prosaautor E. Gómez Carrillo (* 1873, † 1927). Beeinflußt vom Surrealismus gestaltete M. Á. Asturias in „mag.-realist.", z. T. antiimperialist. Romanen ein komplexes Bild des Landes. Als gleichrangig gelten die indigenist. Romane von M. Monteforte Toledo (* 1911). Zu den sozialrevolutionären Gruppierungen zählen u. a. der Lyriker R. Leiva (* 1916) sowie die Prosaschriftsteller A. Monterroso (* 1921) und J. M. López Valdizón (* 1929).
El Salvador: Der Lyriker und Epiker F. Gavidia (* 1864, † 1955) wirkte über seinen Schüler Rubén Darío auf den Modernismo; der poet.-realist. Indigenismus von S. Salazar Arrué setzte sich fort im Prosawerk von N. Rodríguez Ruiz (* 1910). Polit. Engagement in Verbindung mit modernen Techniken kennzeichnet die Lyrik von C. Alegría (* 1924) und R. Dalton (* 1935, † 1975).

STAATLICHE GLIEDERUNG

Land	km²	E in 1000	E/km²	Hauptstadt
Antigua und Barbuda	443	79	178,3	Saint John's
Bahamas	13989	228	16,4	Nassau
Barbados	431	252	584,7	Bridgetown
Belize	22965	160	7,0	Belmopan
Costa Rica	51100	2417	47,3	San José
Dominica	751	77	102,5	Roseau
Dominikan. Republik	48734	6102	125,2	Santo Domingo
Grenada	344	112	325,6	Saint George's
Guatemala	108889	7740	71,1	Guatemala
Haiti	27750	5198	187,3	Port-au-Prince
Honduras	112088	4240	37,8	Tegucigalpa
Jamaika	10991	2290	208,4	Kingston
Kuba	110922	9984	90,0	Havanna
Nicaragua	130000	2908	22,4	Managua
Panama	77082	2134	27,7	Panama
Saint Christopher and Nevis	261	45	172,4	Basseterre
Saint Lucia	516	127	206,2	Castries
Saint Vincent and the Grenadines	389	123	316,2	Kingstown
Salvador, El	21001	5388	256,1	San Salvador
Trinidad und Tobago	5128	1160	226,2	Port of Spain
abhängige Gebiete				
von Frankreich				
Guadeloupe	1780	331	186,0	Basse-Terre
Martinique	1080	327	302,8	Fort-de-France
von Großbrit.				
Anguilla	96	7	72,9	The Valley
Britisch Virgin Islands	153	12	78,4	Road Town
Cayman Islands	259	19	73,4	Georgetown
Montserrat	102	13	127,5	Plymouth
Turks- und Caicosinseln	430	8	18,6	Cockburn Town
von den Niederlanden				
Niederl. Antillen	993	260	261,8	Willemstad
von USA				
Panamakanalzone*	1432	32	22,1	Balboa Heights
Puerto Rico	8897	3337	375,1	San Juan
Virgin Islands of the United States	344	105	305,2	Charlotte Amalie

*z. T. von Panama verwaltet seit 1. 10. 1979

Honduras: Über die Landesgrenzen sind allein der sozialkrit. Romancier R. Amaya Amador sowie der Erzähler V. Cáceres Lara (*1915) bekannt geworden.
Nicaragua: Nach Rubén Darío, dem größten Lyriker des hispanoamerikan. Modernismo, tritt das Land literar. erst wieder mit der „Generation von 1940" in Erscheinung. Bes. der Lyriker E. Cardenal (*1925), einer der schärfsten Kritiker der Somoza-Diktatur (seit dessen Beseitigung 1979 Kulturmin.), wurde zum Vorbild vieler junger Autoren. Die leidvolle Geschichte des Landes schildern die Romane von H. Robleto.
Costa Rica: Mit C. L. Fallas (*1909, †1966), F. Dobles (*1918) und J. Gutiérrez (*1918) weist das Land drei große Prosaautoren auf, in deren Werken sich Innovation mit krit. Gesellschaftsanalyse verbinden. Namhafteste der „Poetas de Turrialba" sind J. Debravo (*1938, †1967) und L. Albán (*1942).
Panama: Initiator des Modernismus ist hier D. Herrera (*1870, †1914). Mit dem Lyriker und Erzähler R. Sinán (*1904) setzte sich zunächst der Avantgardismus, dann der Surrealismus durch. Bed. sind der Romancier J. Beleño (*1921) und der Lyriker T. Solarte (*1924).

Mittelasien, zusammenfassende Bez. für einen Teil des asiat. Territoriums der UdSSR, der die Turkmen., Usbek., Tadschik. und Kirgis. SSR sowie den S der Kasach. SSR umfaßt.

Mittelatlantischer Rücken ↑Atlantischer Ozean.

Mittelbairisch ↑deutsche Mundarten.

mittelbare Falschbeurkundung ↑Falschbeurkundung.

mittelbare Staatsverwaltung, Wahrnehmung staatl. Aufgaben durch selbständige Verwaltungsträger, also durch Körperschaften, Anstalten oder Stiftungen des öffentl. Rechts. Die Träger der m. S., insbes. die Kreise und Gemeinden, unterliegen der Rechts- und Fachaufsicht derjenigen Körperschaft, deren Aufgaben sie wahrnehmen.

mittelbare Stellvertretung (indirekte oder verdeckte Stellvertretung), rechtswirksames Handeln für einen anderen im eigenen Namen und nicht wie bei der eigtl. Stellvertretung im fremden Namen. Die Rechtsfolgen treten dabei in der Person des mittelbaren Stellvertreters ein; dieser muß durch ein weiteres, möglicherweise schon im voraus vereinbartes Rechtsgeschäft die erlangten Rechte weiterübertragen. Er kann aber unter Umständen den Schaden des mittelbaren Geschäftsherrn geltend machen.

mittelbare Täterschaft, eine Form strafrechtl. Täterschaft, bei der sich der Täter zur Ausführung der Tat einer Mittelsperson (Tatmittler, Tatwerkzeug) bedient, die selbst nicht mit Täterwillen (also rechtswidrig, vorsätzl. und schuldhaft) handelt und deshalb strafrechtl. nicht verantwortl. ist.

mitteldeutsche Mundarten ↑deutsche Mundarten.

Mitteldeutschland, Bez. für die Mittelgebirgsschwelle vom Rhein. Schiefergebirge im W bis zur Mähr. Pforte im O, BR Deutschland, DDR und Polen. Einschränkend wird die Bez. gebraucht für den thüring.-obersächs. Raum im Flußgebiet der Elbe oberhalb von Magdeburg, der Mulde, der unteren Saale und der Unstrut, südl. DDR. Außerdem ist M. in der BR Deutschland eine veraltende Bez. für das gesamte Staatsgebiet der DDR.

Mitteleuropa, Teil ↑Europas, umfaßt etwa das Geb. der Staaten Niederlande, Belgien, Luxemburg, BR Deutschland, DDR, Polen, Schweiz, Österreich, Tschechoslowakei, Ungarn und Rumänien, die nördl. Randlandschaften Italiens und Jugoslawiens sowie die nö. Randgebiete Frankreichs. Verschiedentl. werden die Niederlande, Belgien und Luxemburg nicht zu M. gerechnet.

mitteleuropäische Zeit ↑Zeitmessung.

Mittelfell (M.raum, Mediastinum) ↑Brusthöhle.

Mittelfranken, Reg.-Bez. in Bayern.

Mittelfränkisch, mitteldt. Mundart, ↑deutsche Mundarten.

Mittelfränkisches Becken, Beckenlandschaft zw. Fränk. Alb im O und S, Frankenhöhe und Steigerwald im W und NW. Anbau von Getreide, Gemüse, Tabak und Hopfen; Fischzucht; zentrale Orte sind Ansbach, Gunzenhausen, Neustadt a. d. Aisch und Schwabach.

Mittelfreie, im MA die Schicht des niederen Adels, die nach dem „Schwabenspiegel" lehnsrechtl. im 5. Heerschild zw. den freien Herren und den Ministerialen stand.

Mittelfrequenz, in der Elektrotechnik Bez. für den Bereich der zw. 200 und 10 000 Hz liegenden Frequenzen.

mittelfristige Finanzplanung ↑Finanzplanung.

Mittelgebirge ↑Gebirge.

Mittelgewicht ↑Sport (Übersicht Gewichtsklassen).

Mittelgut ↑Tabak.

Mittelhandknochen (Metacarpalia), die fünf längl., zw. Handwurzel und Finger gelegenen Knochen der Vorderextremitäten bzw. der Hand der Wirbeltiere (einschließl. Mensch).

Mittelhochdeutsch, Epoche der dt. Sprache, etwa 1050–1350 (↑deutsche Sprache, ↑deutsche Literatur).

Mittelklasse (Mittelschicht) ↑Schichtung.

Mittelkrebse (Anomura), Unterordnung überwiegend meerbewohnender Zehnfußkrebse mit über 1500 Arten; mit beginnender Rückbildung des (oft bauchwärts nach vorn umgeschlagenen und weichhäutigen) Hinterleibs; bekannteste Fam. ↑Einsiedlerkrebse.

Mittelland

Mittelland, svw. ↑ Schweizer Mittelland.
Mittelländisches Meer (Europ. Mittelmeer, Mittelmeer), Nebenmeer des Atlant. Ozeans, mit dem es über die Straße von Gibraltar verbunden ist, rd. 3 Mill. km², größte Tiefe 5092 m; trennt Afrika von Europa und Asien. Es steht über Dardanellen, Marmarameer und Bosporus mit dem Schwarzen Meer, seinem Randmeer, in Verbindung, über den Sueskanal mit dem Roten Meer. Durch den zerlappten Verlauf der Küsten sowie einige der großen Inseln wird das M. M. in mehrere Becken mit eigenen Namen gegliedert (z. B. Tyrrhen., Adriat. Meer). Die starke Verdunstung auf Grund des Klimas führt zu einem höheren Salzgehalt als im Atlantik und im Schwarzen Meer. Niederschläge und Süßwasserzufuhr (v. a. von der N-Seite, im S nur durch den Nil) sind geringer als die Verdunstung, das M. M. würde allmähl. austrocknen, wenn der Wasserverlust nicht durch einströmendes, salzärmeres Oberflächenwasser aus dem Atlantik ausgeglichen würde. Diese Oberflächenströmung läßt sich bis Ägypten nachweisen. Im nördl. M. M. sind die Oberflächenströmungen wenig beständig und stark abhängig von der Wetterlage. Die Gezeiten spielen eine untergeordnete Rolle. Der Meeresboden wird durch einen in Unteritalien über Sizilien nach Tunis verlaufenden Rücken in ein kleineres westl. und ein größeres östl. Becken gegliedert, die wiederum durch Schwellen untergliedert werden. Bodenströme führen salzhaltigeres Wasser durch die Meeresstraßen zum Atlantik und Schwarzen Meer.
Seit dem Altertum spielt das M. M. eine große Rolle für Schiffahrt und Handel und ist seit dem Bau des Sueskanals 1869 ein wichtiger Schiffahrtsweg nach Asien und Ostafrika. Wegen des geringen Nährstoffgehalts und der meist großen Tiefen findet die Fischerei wenig günstige Bedingungen. Dagegen hat der Fremdenverkehr Bed.; die Küsten werden jährl. von Mill. von Touristen aufgesucht. 1979 haben 17 Anrainerstaaten einen Plan zur Reinhaltung der M. M. verabschiedet, um eine weitere Zunahme der Verschmutzung auszuschalten.

📖 *Das Mittelmeer.* Bearb. v. S. v. Boletzky u. a. Mchn. 1980. - Miller, A. R., u. a.: *Mediterranean Sea atlas.* Woods Hole (Mass.) 1970. - Markgraf, H.: *Klimatologie des Mittelmeeres.* Hamb. 1961-63. 2 Tle. - *Mittelmeer-Hdb.* Hg. v. dem Dt. Hydrograph. Inst. Hamburg. Hamb. ³⁻⁶1953-82. 6 Tle.

Mittellandkanal, mit 321,3 km (DDR-Anteil 62,6 km) längster Kanal in Deutschland, am S-Rand des Norddt. Tieflands, führt von seiner Abzweigung vom Dortmund-Ems-Kanal in Hörstel bis zur Elbe nördl. von Magdeburg mit Schiffshebewerk Rothensee und Kanalbrücke über die Weser.

Mittellatein ↑ Latein.

mittellateinische Literatur, die lat. Literatur des MA. Als Epochengrenzen gelten im allg. die Jahre 500 und 1500. Gliedert man jedoch die Spätantike als selbständige literar. Epoche aus, ist der Beginn der m. L. i. e. S. erst für die Mitte des 8. Jh. anzusetzen.
Die Mittel des literar. Ausdrucks waren durch Bewahrung der Tradition und eigenständige Neugestaltung zugleich bestimmt. Zu den aus der Antike übernommenen Gattungen traten neue, die den Erfordernissen der ma. Gesellschaft und den intellektuellen und emotionalen Ansprüchen ihrer Kulturträger gerecht wurden (z. B. Heiligenvita, Klostergeschichte, Sequenz und geistl. Spiel). Neben die Formen der antiken quantitierenden Metrik trat die rhythm. Dichtung, die schon in der Spätantike entwickelte und bes. im 12. Jh. eine große Vielfalt erlangte. Bed. wurde der Einfluß der Schule (zahlr. didakt. Werke) und der durch sie vermittelten rhetor. Bildung, die auch im Bereich der volkssprachl. Literaturen zur Wirkung gelangte.
Angesichts ihrer Verbreitung über Gebiete unterschiedlichster histor. und kultureller Entwicklung ist eine Gliederung der m. L. in Perioden nur bedingt mögl.: In der *Karolingerzeit (750-900)* war die m. L. stärker als in anderen Perioden auf ein Zentrum ausgerichtet: Aus Italien, England, Irland und Spanien zog Karl d. Gr. Gelehrte und Dichter an seinen Hof. Paulinus von Aquileja, Petrus von Pisa, Alkuin aus York, Theodulf von Orléans und Paulus Diaconus. Sammlung und Austausch der auf den engl. Inseln und in anderen Randgebieten Europas bewahrten Bildungstraditionen waren die Grundlage der geistigen Erneuerung und kulturellen Reform. In bewußter Abkehr vom Latein der Merowinger wurde die Einhaltung der antiken Sprachnormen angestrebt. Diesem Ziel dienten Grammatiken und Abhandlungen über Orthographie wie sie u. a. Alkuin verfaßte. Neben den gelehrten Schriften zu den Artes liberales, zu exeget. und dogmat. Fragen, zur Geschichte (Einhards „Vita Caroli Magni") und Bildung (Hrabanus Maurus) pflegten die karoling. Autoren auch ep. und lyr. Gattungen. Gegen Ende des 9. Jh. traten in Sankt Gallen Notker Balbulus als Dichter von Sequenzen und Tutilo als Verf. von Tropen hervor. Auch der „Waltharius" entstand wahrscheinl. in Sankt Gallen.
Im *10. und 11. Jh.* traten an die Stelle der monast. Dichterschulen und literar. Zentren individueller geprägte Autoren und Werke wie etwa Widukind von Corvey, Hrotsvit von Gandersheim oder Fulbert von Chartres, bzw. die anonymen Epen „Ecbasis captivi" und „Ruodlieb". Wohl im frühen 11. Jh. begann die literar. Tätigkeit der Vaganten.
Während der sog. *Renaissance des 12. Jh.* entfalteten sich alle Gattungen der m. L. zu hoher

Mittelpaläolithikum

Blüte. Antike und Christentum wurden in ihrer Inspriationsfunktion durch die unmittelbare histor.-polit. und psych.-soziale Erfahrung ergänzt. So finden sich neben den „Carmina Burana" oder der Lyrik des Archipoeta als erste ma. Staatslehre der „Policaticus" des Johannes von Salisbury, das satir. „Speculum stultorum" des Nigellus von Longchamps, als ältestes Novellenbuch des MA die „Disciplina clericalis" des Petrus Alfonsi und die (schriftl.) Hauptquelle aller nachfolgenden Artusgeschichten, die „Historia regum Britanniae" des Geoffrey of Monmouth. In seinem Traktat „De amore" stellte Andreas Capellanus zw. 1174 und 1186 eine Theorie der Liebe auf, die in engem Zusammenhang mit der höf. Minnelehre steht. Religions- und Naturphilosophie suchten Geheimnis und Vielfalt von Schöpfung und Universum rational zu ergründen (Abälard, Bernhardus Silvestris, Petrus Lombardus), und vor dem wachsenden Selbstbewußtsein der volkssprachl. Literaturen sicherte die m. L. theoret. ihren Standort in rhetor.-poetolog. Schriften (Matthäus von Vendôme, Johannes de Garlandia).
Im *Spät-MA (13.–15. Jh.)* ging mit der zunehmenden Bed. der Nationalliteraturen der Einfluß der m. L. zurück. In dieser Zeit lag ihr Schwerpunkt v. a. bei der wiss. (Scholastik) und moral.-didakt. Literatur (Morallehren, Grammatiken, Vokabularien, Einführungen in die Artes liberales, Fürstenspiegel). In der religiösen Lyrik dominierte die Hymnendichtung; Legenden-, Mirakel- und Exemplarsammlungen wurden zusammengefaßt. („Legenda aurea", „Gesta Romanorum").
📖 *Dronke, W.: Women writers of the Middle Ages. Cambridge 1984. - Anecdota novissima. Hg. v. B. Bischoff. Stg. 1984. - Langosch, K.: Lat. MA. Darmst.* ⁴*1983. - Dinzelbacher, P.: Vision u. Visionslit. im MA. Stg. 1981. - Neues Hdb. der Lit.wiss. Bd. 7. Europ. Hoch-MA. v. T. Cramer u. R. Düchting. Hg. v. H. Kraus. Wsb. 1981. - Berschin, W.: Griech.-lat. MA. Bern 1980. - Brunhölzl, F.: Gesch. der lat. Lit. des MA. Bd. 1. Mchn. 1975. - Dronke, P.: Die Lyrik des MA. Dt. Übers. Mchn. 1973. - Spreckelmeyer, G.: Das Kreuzzugslied des lat. MA. Mchn. 1974.*

Mittellinie, bei verschiedenen Torspielen Linie in der Mitte des Spielfeldes zw. den gegner. Hälften.

Mittelmächte (Zentralmächte), Bez. für die 1. Weltkrieg verbündeten Staaten Dt. Reich und Österreich-Ungarn (wegen ihrer Mittellage zw. den Gegnern in W- und O-Europa), später auch für ihre Bündnispartner Osman. Reich und Bulgarien.

Mittelmärkisch, niederdt. Mundart, ↑ deutsche Mundarten.

Mittelmeer, Nebenmeer des Atlantiks, ↑ Mittelländisches Meer.

Mittelmeerabkommen, Bez. für 2 völkerrechtl. Vereinbarungen von 1887: 1. für den am 12. Febr. 1887 zw. Großbrit. und Italien vorgenommenen geheimen Notenaustausch zur Aufrechterhaltung des Status quo im Mittelmeerraum (Sicherung des brit. und italien. Einflusses im Mittelmeer), dem Österreich-Ungarn am 24. März 1887 betrat. 2. für den auch als **Orientdreibund** bezeichneten geheimen Notenwechsel zw. denselben 3 Mächten vom 12./16. Dez. 1887, der die Aufrechterhaltung des Status quo im Orient (v. a. in Bulgarien) und die Sicherung der Unabhängigkeit des Osman. Reiches bezweckte.

Mittelmeeranämie, svw. ↑ Thalassämie.

Mittelmeerfieber, svw. ↑ Maltafieber.

Mittelmeerfruchtfliege ↑ Fruchtfliegen.

Mittelmeerklima ↑ Etesienklima.

Mittelmeer-Mjösen-Zone, N–S orientierte Bruchzone, erstreckt sich von S-Norwegen bis zum Rhonedelta.

Mittelmeerstabschrecke ↑ Gespensterschrecken.

Mittelmoräne ↑ Gletscher.

Mittelohr ↑ Gehörorgan.

Mittelohrentzündung (Otitis media), Entzündung der gesamten Schleimhaut des Mittelohrs, meist als aufsteigende Infektion aus dem Nasenrachenraum über die Ohrtrompete als Folge eines Schnupfens. Die *akute M.* beginnt plötzl. mit starken, pochenden Ohrenschmerzen, Schwerhörigkeit und Fieber; das Trommelfell ist stark gerötet und vorgewölbt. Die Therapie besteht in der Gabe von Ohrentropfen und Antibiotika sowie in der Wärmebestrahlung des Ohrs. Nach zwei bis drei Tagen erfolgt oft Trommelfelldurchbruch; es entleert sich eitriges Sekret. Die Schmerzen lassen dann deutl. nach, das Fieber sinkt. Bei Ausbleiben des Durchbruchs und zunehmenden Schmerzen wird vom Arzt das Trommelfell durchstochen, um den Heilungsablauf zu beschleunigen und Komplikationen wie Warzenfortsatzentzündung, Gehirnhautentzündung oder Gesichtslähmung vorzubeugen.
Jede akute M. kann in die *chron. Form* übergehen *mit zentralem Trommelfelldefekt* (nur mäßige Schmerzen, seröse Sekretabsonderung, Schalleitungsschwerhörigkeit oder *mit randständigem Trommelfelldefekt* (Knocheneiterung, Sekretabsonderung; meist Radikaloperation notwendig).

mittelozeanische Rücken, neben den Kontinenten und Ozeanen die dritte große Baueinheit der Erdkruste. Die m. R. bilden ein weltumspannendes System von untermeer. Gebirgen, die nicht gefaltet und ganz aus magmat. Gesteinen bestehen. Im Zentrum verläuft in Längsrichtung jeweils ein tiefer Graben. Charakterist. sind außerdem Querbrüche, sog. Transformstörungen, die die m. R. staffelförmig versetzen. - ↑ auch Plattentektonik.

Mittelpaläolithikum ↑ Paläolithikum.

311

Mittelpommersch

Mittelpommersch, niederdt. Mundart, ↑deutsche Mundarten.

Mittelpunktschule, Bezirksschule, deren Schüler aus den umliegenden Ortschaften kommen (Schulbusse), seit den 1960er Jahren anstelle der „Zwergschulen" in den einzelnen Dörfern im Zusammenhang mit der Umwandlung der Volksschuloberstufe zu einer organisator. selbständigen Hauptschule eingerichtet; auch die Grundschulklassen wurden bald einbezogen und z. T. auch weiterführende Schultypen oder Kurse angegliedert.

Mittelpunktsgleichung, in der *Mathematik* die Gleichung eines Kreises, einer Ellipse oder Hyperbel, bei deren graph. Darstellung der Mittelpunkt mit den Koordinatenursprung zusammenfällt.

Mittelpunktsiedlungen, teilweise stadtähnl. Siedlungen entweder in Streusiedlungsgebieten zur Versorgung einer ländl. Bev. mit bestimmten kulturellen und wirtsch. Dienstleitungen oder als Orte period. abgehaltener Märkte oder als von den europ. Kolonialmächten zur Einflußnahme auf die Bev. errichtete Mittelpunkte verwaltungsmäßiger, wirtsch. und sozialer Art.

Mittelpunktsleiter, Abk. MP-Leiter, ↑Drehstrom.

Mittelpunktswinkel, bei einem Kreis ein von zwei Radien gebildeter Winkel.

Mittelrhein, Bez. für den Flußabschnitt des Rheins zw. Bingen und Bonn.

Mittelrheinisches Becken, vom Rhein durchflossenes Senkungsgebiet zw. Koblenz und Andernach.

Mittelrussische Platte, Plateaulandschaft zw. der Oka im N und dem Donez im S, rd. 1 000 km lang, bis 500 km breit, bis 293 m ü. d. M., durch 100–150 m tiefe Flußtäler und Erosionsschluchten gegliedert. 70–80% der M. P. werden ackerbaul. genutzt.

Mittelsächsisches Hügelland, nördl. Vorland des Erzgebirges zw. Zwickauer und Freiberger Mulde. Intensiver Ackerbau; größere Ind.standorte sind Zwickau und Karl-Marx-Stadt.

Mittelschule, in der BR Deutschland ältere Bez. für ↑Realschule; in Österreich bis 1963 Bez. für die allgemeinbildende höhere Schule (Gymnasien); in der Schweiz Schule, die von der Primarschule bis zum Reifezeugnis führt (meist 6.–12. Klasse).

Mittelschwergewicht ↑Sport (Übersicht Gewichtsklassen).

Mittelsenkrechte (Mittellot), die im Mittelpunkt einer Strecke (speziell auf einer Dreiecksseite) errichtete Senkrechte. Sie ist der geometr. Ort für alle Punkte, die von den Endpunkten der Strecke den gleichen Abstand haben.

Mittelsibirisches Bergland, flachgewelltes Plateau von durchschnittl. 500–700 m Höhe in der RSFSR, UdSSR, erstreckt sich zw. dem Jenissei im W, der Lena im O, dem Aldan im SO, dem Nordsibir. Tiefland im N sowie dem Östl. Sajan, den Gebirgen nördl. des Baikalsees und des nördl. Transbaikalien im S; im Putoranagebirge bis 1 701 m hoch. Extrem kontinentales Klima; Dauerfrostboden ist verbreitet. Überwiegend von Lärchentaiga bedeckt.

Mittelspannung ↑Hochspannung.

Mittelspecht (Mittlerer Buntspecht, Dendrocopos medius), etwa 22 cm großer Specht, v. a. in lichten Laubwäldern Europas (Ausnahme: Skandinavien, Spanien) und des Iran; ♂ und ♀ haben (wie die Jungvögel des auch sonst sehr ähnl. Großen ↑Buntspechts) eine (durchgehend) rote Kopfplatte und eine rosafarbene Unterschwanzregion.

Mittelstaaten, allg. Bez. für Staaten, die in einem Mächtesystem auf Grund ihrer territorialen Größe, ihres polit., wirtsch. und militär. Potentials eine Position zw. Großmächten und Kleinstaaten einnehmen.

Mittelstadt, in der Gemeindestatistik Bez. für eine Stadt mit 20 000–100 000 E. Kennzeichnend sind stärkere räuml. Trennung von Wohn- und Arbeitsstätten, die Ausbildung eines zentralen Geschäftsviertels und Ansätze zu Subzentren.

Mittelstand, Bez. für die „Mittelklasse" einer Gesellschaft, die je nach der zugrundeliegenden Gesellschaftstheorie oder nach der polit. Perspektive anders umschrieben wird. Gewöhnl. wird zw. „altem" (Handwerker, Einzelhändler, Bauern, kleinere Gewerbetreibende) und „neuem" M. (Beamte, Angestellte) unterschieden. Für die Zuordnung zum M. in der modernen Ind.gesellschaft werden nicht mehr allein mittleres Einkommen, Vermögen und begrenzte berufl. Selbständigkeit herangezogen, sondern als polit. Kategorie wird dem M. das Vorhandensein auch einer spezif. Gesinnung, eines bestimmten Gesellschaftsbildes und einer eigenen sozialen Mentalität sowie die Überzeugung von einer bestimmten ordnungspolit. Funktion zugeschrieben. M.theorien haben hierzu die bes. Tugenden (Ordnungsliebe, Fleiß, Sparsamkeit, Karrierebewußtsein) des M. und seine polit. und soziale Ausgleichsfunktion bei der Minderung der Spannungen zw. „oben" und „unten" und bei der Stabilisierung der staatl. Ordnung hervorgehoben. Krit. wird der hiermit tendenziell verbundene Konservatismus, die Autoritätsgläubigkeit und Fortschrittsfeindlichkeit v. a. des alten M. als potentieller polit. „Extremismus der Mitte" (S. M. Lipset), d. h. Anfälligkeit für faschist. Bewegungen, vermerkt. Histor. ging der alte M. aus dem Handwerk hervor, dessen Existenzgrundlage seit der Mitte des 18. Jh. durch rasche Bev.vermehrung, steigende Bodenrente und Nahrungsmittelpreise, erhöhten Konkurrenzdruck und stagnierende Reallöhne fundamental in Frage gestellt wurde, noch bevor die industrielle Revolution viele Handwerksbetriebe zu

Mitternachtssonne

bloßen Zulieferer- und Reparaturbetrieben machte. Der Widerstand der Zunftmeister gegen Gewerbefreiheit und Liberalismus wurde in der und durch die Revolution von 1848 in die Bahnen des polit. Konservatismus und einer verbandspolit. organisierten Interessenvertretung gelenkt, während die Gesellenverbindungen organisator. Keimzelle der Arbeiterbewegung wurden. Seit der industriellen Revolution wurde die Interessenvertretung des M. gegen „Arbeit" und „Kapital" eine teils in Anlehnung an die bürgerl. Parteien, teils im Bündnis mit anderen Verbänden vertretene Sammlungsparole für gegensätzl. Gruppen aus Handwerk, Landw., Hausbesitz und Kleingewerbe. Im 1. Weltkrieg erlitt der alte M. Substanzverluste; sein Einfluß auf die Staatsbürokratien ging zurück. Nach 1919 blieb auch das Experiment der „Reichspartei des dt. M." (Wirtschaftspartei) ohne Erfolg. In der Weltwirtschaftskrise wurde der Protest zur Panik und machte weite Teile des M. und seine Organisationen für die Propaganda des NS anfällig.

Die **Mittelstandsverbände** entstanden seit der Mitte des 19. Jh. als stark sozialprotektionist. ausgerichteten Interessenverbände des alten Mittelstands. Wichtige Mittelstandsverbände in der BR Deutschland sind der Dt. Bauernverband e.V., der Zentralverband des Dt. Handwerks (ZDH) und der Zentralverband der Dt. Haus-, Wohnungs- und Grundeigentümer e. V.; eine einheitl. Interessenvertretung gibt es seit der Auflösung des Dt. Mittelstandsblocks 1957 nicht mehr.

📖 *Bussike, J.: M. auf Erfolgskurs. Bamberg 1985. - Gruhler, W.: Wirtschaftsfaktor M. Köln 1984. - Bourgeois u. Volk zugleich? Zur Gesch. des Kleinbürgertums im 19. u. 20.Jh. Hg. v. H. G. Haupt. Ffm. 1978. - Engelsing, R.: Zur Sozialgesch. deutscher Mittel- u. Unterschichten. Gött.* ²*1978. - Winkler, H.A.: M., Demokratie u. Nationalsozialismus. Köln 1972 (mit Bibliographie).*

Mittelsteinzeit, svw. ↑ Mesolithikum.

Mittelstimmen, die zw. der höchsten (Ober-) und der tiefsten (Unter-)Stimme gelegenen Stimmen eines musikal. Satzes.

Mittelstreckenlauf, Disziplin der Leichtathletik; zum M. rechnet man alle Strecken zw. 800 m und einer Meile (1 609,30 m).

Mittelstreckenraketen, Bez. für militärische Raketen, die Entfernungen von 300 bis 4 000 km überbrücken können.

Mittelstürmer, in Mannschaftsspielen der in der Mitte der Sturmreihe postierte Spieler; der Begriff ist heute z. T. überholt.

Mittelwald ↑ Wald.

Mittelwellen (Hektometerwellen), Abk. MW (internat. Abk. mf), in der Funktechnik verwendete Bez. für elektromagnet. Wellen mit Wellenlängen zw. 182 m und 1 000 m, d. h. mit Frequenzen zw. 1 650 kHz und 300 kHz; häufig werden auch die ↑ Grenzwellen mit zu den M. gerechnet. I. e. S. wird als M.bereich der Frequenzbereich zw. 525 kHz und 1 605 kHz (mit Wellenlängen zw. 571,4 m und 186,9 m) bezeichnet, in dem alle M.sender arbeiten.

Mittelwert (Mittel), Bez. für einen Wert $\bar{x}$, den man n vorgegebenen Werten x_1, x_2, ..., x_n nach einer bestimmten Vorschrift zuordnet und der zw. dem größten und dem kleinsten dieser Werte liegt. Man unterscheidet den *arithmet. M.* (das arithmet. Mittel, Durchschnitt)

$$\bar{x}_\mathrm{a} = \frac{1}{n}(x_1 + x_2 + \cdots + x_n),$$

den *geometr. M.* (das geometr. Mittel)

$$\bar{x}_\mathrm{g} = \sqrt[n]{x_1 \cdot x_2 \cdots x_n},$$

den *harmon. M.* (das harmon. Mittel)

$$\bar{x}_\mathrm{h} = n \bigg/ \left(\frac{1}{x_1} + \frac{1}{x_2} + \cdots + \frac{1}{x_n}\right)$$

und den *quadrat. M.* (das quadrat. Mittel)

$$\bar{x}_\mathrm{q} = +\sqrt{\frac{1}{n}(x_1^2 + x_2^2 + \cdots + x_n^2)}.$$

Mittelwort, svw. ↑ Partizip.

Mittenlinie ↑ Seitenhalbierende.

Mittenreim, Reim zw. Versende und einem Wort im Innern eines vorangehenden oder nachfolgenden Verses.

Mittenwald, bayr. Marktgemeinde im Tal der Isar zw. Karwendel- und Wettersteingebirge, 913 m ü. d. M., 8 600 E. Staatl. Berufsfachschule für Geigenbau; Geigenbaumuseum; Luftkurort; Musikinstrumentenbau. - Ende des 11. Jh. als Rodungssiedlung **„media silva"** erwähnt; erlebte 1487–1679 durch eine Marktverlegung der Venezianer von Bozen nach M. und ab 1648 durch die von M. Klotz eingeführte Geigenbaukunst wirtsch. Aufschwung. - Spätbarocke Pfarrkirche (18. Jh.) mit spätgot. Chor des Vorgängerbaues. Das Ortsbild ist durch reiche Bemalung der Hausfassaden (↑ Lüftelmalerei) geprägt.

Mitterer, Erika, verh. Petrowsky, * Wien 30. März 1906, östr. Schriftstellerin. - Trat bes. mit Lyrik und Erzählungen hervor; führte 1924–26 mit R. M. Rilke einen „Briefwechsel in Gedichten" (hg. 1950). - *Werke:* Der Fürst der Welt (R., 1940), Die nackte Wahrheit (R., 1951), Klopfsignale (Ged., 1970), Entsühnung des Kain (Ged., 1974), Alle unsere Spiele (R., 1977), Das unverhüllte Kreuz (Ged. 1985).

Mitternacht, der Zeitpunkt der unteren Kulmination der Sonne.
◆ Bez. für die Himmelsrichtung Norden.

Mitternachtsmission, Sammelbez. für die Aktivitäten der Inneren Mission zur Bekämpfung von Prostitution, Drogen- und Alkoholmißbrauch.

Mitternachtssonne, die zw. den Polarkreisen und den Erdpolen im Sommer stets

Mitterrand

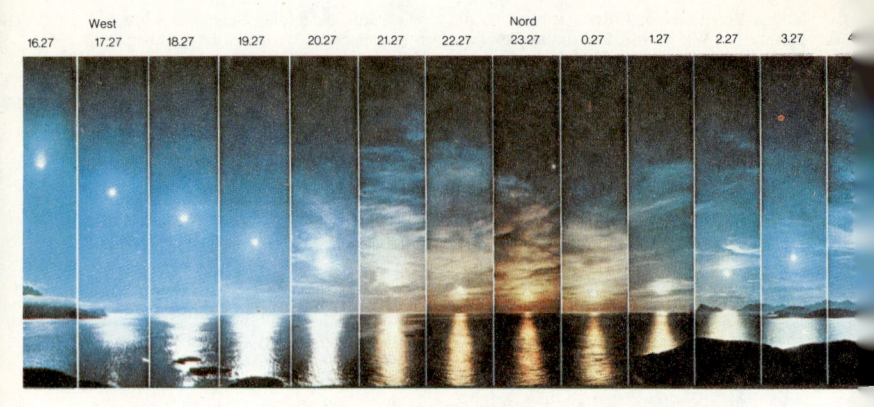

Mitternachtssonne (Aufnahmen vom gleichen Standort nach je einer Stunde)

sichtbare Sonne (bedingt durch die Achsenstellung der Erde zur Ekliptik).

Mitterrand, François [frz. mitɛˈrɑ̃], *Jarnac (Charente) 26. Okt. 1916, frz. Politiker. - 1944 in de Gaulles Provisor. Reg.; 1946–58 als Vertreter der Union Démocratique et Socialiste de la Résistance (UDSR, deren Vors. 1953–58) Abg.; zw. 1947/57 mehrfach Min., u.a. Staatsmin. (1952, 1953 und 1956/57), Innen- (1954/55) und Justizmin. (1956/57); nahm in der frz. Staatskrise 1958 gegen de Gaulle Stellung, dessen Algerienpolitik er gleichwohl unterstützte; 1959–62 Senator; seit 1962 erneut Abg. in der Nationalversammlung; Vors. der Fédération de la Gauche Démocrate et Socialiste 1965–68, als deren Präsidentschaftskandidat er 1965 de Gaulle zur Stichwahl zwang; seit 1971 Vors. der neu konstituierten Parti Socialiste; bildete 1972 die Union de la Gauche unter Einschluß der KPF; bei den Präsidentschaftswahlen 1974 knapp unterlegen, war M. im 2. Wahlgang am 10. Mai 1981 als Präsidentschaftskandidat erfolgreich.

Mittersill, östr. Marktgemeinde im Bundesland Salzburg, zentraler Ort des Oberpinzgaus, 790 m ü. d. M., 5000 E. Ski-, Fahnenfabrik; Fremdenverkehr. Wolframerzabbau. - Die 1180 gen. Burg M. kam Anfang des 13. Jh. an den Erzbischof von Salzburg, der den seit 1338 belegten Markt M. gründete. - Das nach 1525 an der Stelle der Burg erbaute Schloß ist heute Hotel. Barock sind Dekanats- und Annakirche (beide 18. Jh.).

Mittfasten ↑Lätare.

Mittler, in der Religionsgeschichte eine Gestalt, die zw. der Gottheit und den Menschen steht und die ird. mit der jenseitigen Welt in Verbindung bringt. Diese M.funktion ist jedem Typus religiöser Autorität eigen. Für das Christentum ist Jesus Christus der erlösende Mittler.

mittlere Greenwichzeit [ˈgrɪnɪdʒ] ↑Zeitmessung.

Mittlerer Buntspecht, svw. ↑Mittelspecht.

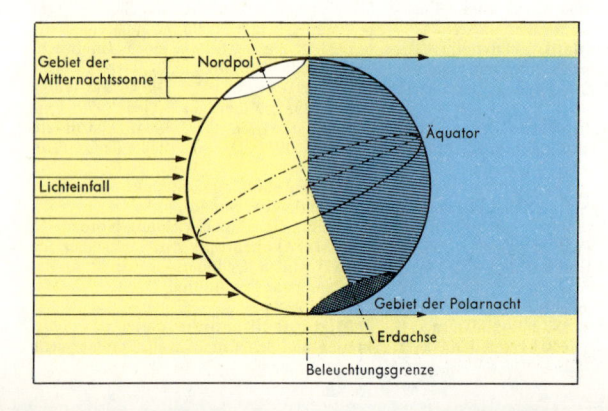

Mitternachtssonne

Mixteken

mittlere Reife, nicht offizielle Bez. für den erfolgreichen Abschluß von 10 Schuljahren, gleich welcher Schulart, als inhaltl. vom Lehrplan geplanter Abschluß bei Realschulen (früher: Mittelschulen) und Gesamtschulen. Voraussetzung für den Besuch von Fachoberschulen, vielfach auch für Ausbildungsberufe (Lehre). Sie kann dabei durch eine in Berufsfachschulen erworbene Fachoberschulreife ersetzt werden.

Mittlerer Neckar, Region in Bad.-Württemberg.

Mittlerer Oberrhein, Region in Bad.-Württemberg.

Mittlerer Osten, zusammenfassende Bez. für die Länder Afghanistan, Pakistan, Indien, Nepal, Bhutan, Bangladesch und Sri Lanka.

Mittlerer Westen, Bez. für das Geb. der USA zw. dem oberen Missouri, dem O-Saum der Great Plains, dem Geb. der Großen Seen und dem Ozark Plateau im S.

mittlere Zeit, svw. mittlere Sonnenzeit, ↑Zeitmessung.

Mittwoch, seit dem 10. Jh. bekannte, urspr. oberdt. Bez. des 4. (ab 1976 des 3.) Tages der Woche. Der Tag des Wodan (engl. „wednesday") wurde bei der Einführung der Siebentagewoche von den Römern mit dem Tag des Merkur (frz. „mercredi") gleichgesetzt.

Mitvermächtnis ↑Vermächtnis.

Mitverschulden, der rechtl. zurechenbare Anteil des Geschädigten an der Entstehung und Entwicklung des Schadens. Um diesen Anteil verkürzt sich der Anspruch auf Schadenersatz gegen den Schädiger (§ 254 BGB). Dies gilt auch dann, wenn sich das Verschulden des Beschädigten darauf beschränkt, daß er es unterließ, den Schaden abzuwenden oder zu mindern (Schadenminderungspflicht). Der Begriff M. bezieht sich nicht auf ein Verschulden im eigtl. Sinn, sondern auf die Verletzung einer Obliegenheit.

Mitvormund ↑Vormundschaft.

Mitzenheim, Moritz, * Hildburghausen 17. Aug. 1891, † Eisenach 4. Aug. 1977, dt. luth. Theologe. - Mgl. der Bekennenden Kirche; 1945-70 Landesbischof der Ev. Luth. Kirche in Thüringen. M. bemühte sich v. a. um eine Verständigung mit den staatl. Institutionen der DDR; seine Politik ging davon aus, daß Staatsgrenzen auch Grenzen für kirchl. Organisationen sein können.

Mixed [engl. mıkst „gemischt"] (gemischtes Doppel) ↑Doppel.

Mixed grill [mıkst], Gericht aus verschiedenen gegrillten Fleischstückchen, Würstchen, Hackfleischklößchen.

Mixed-media-Veranstaltung [mıkst], svw. ↑Multimediaveranstaltung.

Mixed Pickles (Mixpickles) [engl. 'mıkst 'pıklz; zu mixed „gemischt" und pickle „Eingemachtes"], in gewürzte Essigmarinade eingelegte Gemüsemischung (als Beilage).

mixen [engl., zu lat. miscere „mischen"], [alkohol. Getränke] mischen.
◆ in der Hörfunk-, Fernseh- und Tonfilmtechnik: Ton- und/oder Bildaufzeichnungen miteinander mischen, überspielen.

Mixer [engl. (zu ↑mixen)], (bei der Zubereitung von Getränken, Speisen gebrauchtes) elektr. Gerät zum Zerkleinern und Mischen.

mixolydischer Kirchenton [griech./dt.], auf dem Grundton g stehende ↑Kirchentonart.

mixotroph [griech.], Energie aus der Oxidation anorgan. Substrate gewinnend und gleichzeitig organ. Substrate als Kohlenstoffquelle nutzend; z. B. bei Knallgas-, Schwefelbakterien sowie fleischfressenden Pflanzen.

Mixpickles ↑Mixed Pickles.

Mixteken, Indianerstamm in den mex. Staaten Oaxaca und Puebla. Unbekannte Anfänge, im 8. Jh. in der Mixteca Alta (Oaxaca) nachweisbar. Gruppen drangen um 800 nach N vor und schufen zus. mit anderen Einheiten die „Mixteca-Puebla-Kultur" in Z-Mexiko. Die Masse der M. eroberte im 10. Jh. große Teile des Staates Oaxaca. Im 15. Jh. verlagerte sich der Einfluß auf die Mixteca Alta und Mixteca Baja, wo sie noch heute leben (1950: 186 000 M., davon 41 % einsprachig). In vor-

Mixteken. Schlange (um 1500).
London, British Museum

europ. Zeit berühmt durch ihr Kunsthandwerk (Goldschmiedearbeiten, Mosaike aus farbigen Steinen und Federn, Keramik). - Abb. S. 316.

Mixtur [lat., zu miscere „mischen"], flüssige Arzneimischung.
◆ in der Orgel die am häufigsten gebrauchte ↑gemischte Stimme. Die hoch klingenden M. werden gewöhnl. nur in Verbindung mit anderen Registern verwendet, um einen glänzenden Ton zu erzielen.

Mizar (Misar) [arab.], der mittlere der 3 Deichselsterne des Sternbilds Ursa Maior, dem der Stern Alkor „aufsitzt". M. ist ein Dreifachsystem: Im Fernrohr kann man ihn als visuellen Doppelstern erkennen, außerdem hat er einen Begleiter mit einer Umlaufszeit von 20,5 Tagen.

Mizellen [zu lat. mica „kleine Krume, kleiner Bissen"], Aggregate aus meist elektr. geladenen Einzelmolekülen, die durch Nebenvalenzen oder Molekularkräfte zusammengehalten werden; z. B. bilden Seifenteilchen in wäßriger Lösung oder die Zellulosefibrillen der pflanzl. Zellwände Mizellen.

Mizoram [mɪˈzɔːræm], Unionsterritorium in NO-Indien, 21 087 km², 487 800 E (1981), Hauptstadt Aizawl.

Mjaskowski, Nikolai Jakowlewitsch, * Nowogeorgijewsk (= Modlin, Woiwodschaft Warschau) 20. April 1881, † Moskau 8. Aug. 1950, sowjet. Komponist. - Bekannt v. a. durch seine 27 Sinfonien, in denen er die russ. Tradition Tschaikowskischer Prägung mit den Tendenzen neuerer russ. Musik verbindet.

Mjöllnir ↑germanische Religion.

Mjøsensee [norweg. ˈmjøsən], See im südl. Norwegen, 122 m ü. d. M., 100 km lang, bis 13 km breit, bis 449 m tief.

MKS-System, ein in der Mechanik verwendetes Einheitensystem, bei dem sich alle vorkommenden physikal. Einheiten auf 3 Grundeinheiten, die Längeneinheit Meter, die Masseneinheit Kilogramm und die Zeiteinheit Sekunde zurückführen lassen.

ml, Einheitenzeichen für Milliliter.

Mladenow, Petar, * Toschewzi (Bezirk Widin) 22. Aug. 1936, bulgar. Politiker. Seit 1971 Außenmin.; seit 1977 Mgl. des Politbüros der bulgar. KP, seit Nov. 1989 deren Generalsekretär und Staatsoberhaupt.

Mljet, jugoslaw. Adriainsel in Mitteldalmatien, 36 km lang, 3–4 km breit, bis 514 m ü. d. M. Waldreichste Insel der Adria, z. T. Nationalpark; Hauptort Babino Polje.

Mlle, Abk. für: ↑Mademoiselle.

M. M., Abk. für: Metronom Mälzel (↑Metronom).

Mme, Abk. für: ↑Madame.

Mn, chem. Symbol für ↑Mangan.

Mňačko, Ladislav [slowak. ˈmnjatʃkɔ], * Veľké Klobúky (Slowakei) 29. Jan. 1915, slowak. Schriftsteller. - Gilt als bedeutendster zeitgenöss. slowak. Schriftsteller. Während des 2. Weltkrieges Partisan, überzeugter Kommunist; später Journalist und Redakteur, ging 1967 nach Israel; wurde deshalb aus der KP ausgeschlossen und ausgebürgert; lebt nach vorübergehender Rückkehr in die ČSSR seit 1968 in der Emigration. Bed. seine Reportagen über die Machtstrukturen in den sozialist. Staaten, z. B. „Der Rote Foltergarten" (1963, 1970 u. d. T. „Verspätete Reportagen"), „Wie die Macht schmeckt" (1966), über den Vietnamkrieg der USA („Die Aggressoren", 1968; „Hanoi-Report – Vietnam leidet und siegt", 1972). Verfaßte auch Romane wie „Der Tod heißt Engelchen" (1959), „Die Nacht von Dresden" (1965), „Der Vorgang" (1970), „Einer wird überleben" (1973), „Der Gigant" (1978), „Jenseits von Intourist. Satir. Reportagen" (1979).

Mneme [griech.], Bez. für „Gedächtnis" als Oberbegriff für sowohl vererbte als auch erworbene Eigenschaften.

Mnemotaxis [griech.], gerichtete, durch Erinnerung an eine bestimmte Erfahrung gelenkte Fortbewegung eines Tiers (Taxis); z. B. das Aufsuchen einer Wasserstelle.

Mnemotechnik (Mnemonik) [griech.], „Gedächtniskunst", die verstanden wird als Erleichterung des Sicheinprägens schwieriger Gedächtnisstoffe durch bes. Lernhilfen (z. B. Merkvers, graph. Darstellung).

Mnouchkine, Ariane [frz. mnuʃˈkin], * Boulogne-Billancourt 3. März 1938, frz. Regisseurin. - Gründete 1964 das „Théâtre du Soleil", das nach Zirkus und Revueteater seit 1970 in einer ehem. Fabrikhalle (La Cartoucherie) am Stadtrand von Paris aufwendige Ausstattungsstücke um brisante Themen aufführt, die sie selbst konzipiert und mit ihrem gesellschaftl. engagierten Theaterkollektiv auf ein breites (neues) Publikum ausrichtet. Internat. Aufmerksamkeit errangen „1789" (1975 verfilmt), „1793", „L'âge d'or", „Molière" (1978 verfilmt) und die szen. Bearbeitung von „Mephisto", dem Roman von Klaus Mann.

Mo, chem. Symbol für ↑Molybdän.

Moabiter, ein den israelit. Stämmen ethn. verwandtes Volk. Es hatte sich vor der israelit. Landnahme im Ostjordanland (**Moab**) angesiedelt. Zur Zeit der Landnahme drangen die M. in westjordan. Gebiet ein und teilten mit den Israeliten den Baal-Peor-Kult. David unterwarf die M. und machte Moab zu einem Vasallenstaat; im 9. Jh. wieder befreit, gerieten sie im 8. Jh. jedoch unter die Herrschaft der Assyrer, später der Babylonier, nach dem 6. Jh. der Nabatäer.

Mob [engl., zu lat. mobile vulgus „aufgewiegelte Volksmenge"] (Pöbel), soziale Massengruppierungen mit sehr geringem oder völlig fehlendem Organisationsgrad, in denen eine triebenthemmte, zumeist zerstörer. wirkende Verhaltenspotenz vorherrscht.

Möbel [frz., zu lat. mobilis „beweglich"], bewegliche, d. h. nicht zum Bau gehörige Einrichtungsgegenstände von Wohnungen oder Geschäftsräumen. Je nach Aufgabe unterscheidet man Aufbewahrungs- oder Kastenmöbel (Schrank, Truhe, Kommode), Tafelmöbel (Tisch, Pult), Sitzmöbel (Bank, Stuhl, Sofa), Liegemöbel (Bett). M. sind überwiegend aus Holz gefertigt, man verwendete im Altertum gelegentl. auch Stein und Bronze, seit dem 19. Jh. auch Stahlrohr, Weiden- und Rohrgeflecht, im 20. Jh. zunehmend Kunststoff. - Die Gestaltung der einzelnen Möbelstücke folgt dem Zeitstil, ist aber auch von der techn. Entwicklung abhängig. Im MA kannte man zunächst nur aus Bohlen und Pfosten gezimmerte M., die bemalt, mit Schnitzereien verziert oder mit Leder überzogen wurden. Im Spät-MA führte die Entwicklung der Sägetechnik mit der Herstellung dünner Bretter zu einer Rahmenkonstruktion mit dünnen Füllbrettern (seit dem 18. Jh. nehmen Füllungen aus Glas zu); die Füße und Verzierungen dieser getischelten M. sind oft gedrechselt. Bei geschweiften barocken M. sind die einzelnen Teile aus Kanthölzern herausgesägt. Im 20. Jh. wird das Brett weitgehend von furnierten oder beschichteten Preßspanplatten abgelöst, die nicht mehr in genagelter oder geleimter Verzapfung bzw. Verzahnung miteinander verbunden sind, sondern nur zusammengeschraubt, gedübelt oder geleimt werden. Das i. d. R. nur millimeterdünne Edelholzfurnier setzt ebenfalls eine entwickelte Sägetechnik voraus; die Furniertechnik ist seit dem MA bekannt, sie erlangte bes. seit dem 17. Jh. große Bed. durch den Import kostbarer exot. Hölzer und verdrängte die Schnitzereien (Gotik, Renaissance). Daneben wird v. a. die Intarsie gepflegt. Prunkmöbel des 17./18. Jh. wurden auch mit Bronzebeschlägen versehen oder mit Silberblech überzogen. Bei den Sitzmöbeln löste im Barock die feste Polsterung die losen Kissen ab; im 19. Jh. haben Bugholz und Spanplatten, im 20. Jh. kalt gebogene Stahlrohre und Kunststoffe größere Freiheit für die anatomisch günstigste Gestaltung gebracht. Vertreter der einzelnen M.gattungen waren schon im Altertum bekannt, wir kennen sie v. a. aus Abbildungen. Wichtigstes Sitzmöbel des MA war die Bank, der Tisch wurde oft erst zum Essen aus Böcken und Platten zusammengesetzt, Aufbewahrungsmöbel waren die Truhe, auch die Truhenbank. Seit dem 15. Jh. verdrängte der Schrank allmähl. die Truhe in den ländl. Bereich. Vom 16.–18. Jh. entwickelte man innerhalb der einzelnen M.gattungen eine Fülle unterschiedl. Typen, die speziellen Zwecken dienten. Gegenwärtig bemüht man sich um Vielzweckmöbel, bei denen einzelne Abteilungen speziell ausgerüstet werden (Küchenschränke). Am Ende des MA waren Teile des Mobiliars, Bank, Schrank und Bettalkoven fest mit der Wandvertäfelung verbunden. Der Barock stellte ausschließl. Einzelstücke her, doch wurden sie mit Deckenstuck und Draperie in eine Gesamtraumkonzeption einbezogen. Um eine Gesamtkonzeption bemühten sich dann bes. die Jugendstilarchitekten. In der zweiten Hälfte des 20. Jh. werden „Wohnlandschaften", Sitzgruppenkombinationen aus Polsterelementen (oft aus Schaumstoff) und beliebig zu verlängernde Wandregal-Schranksysteme, die den gesamten Raum umfassen oder auch freistehend große Räume unterteilen, Mode.

📖 *Die Gesch. der M. Dt. Übers. Hg. v. A. Charlish. Mchn. 1979. - Freytag, C.: Bruckmann's M.-Lex. Mchn. 1978. - Das schöne M. im Lauf der Jh. Hg. v. P. W. Meister u. H. Jedding. Mchn. 1978. - Klatt, E.: Die Konstruktion alter M. Form und Technik im Wandel der Stilarten. Stg. ³1977. - Honour, H.: Meister der M.kunst: v. der Renaissance bis heute. Dt. Übers. Mchn. 1972. - Molesworth, H. D.: Meisterwerke der M.kunst aus drei Jh. (1600–1900). Dt. Übers. Mchn. 1972.*

Moberg, Vilhelm [schwed. ˌmuːbærj], * Algutsboda (= Emmaboda, Verw.-Geb. Kronoberg) 20. Aug. 1898, † Väddö (= Norrtälje) 8. Aug. 1973, schwed. Schriftsteller. - Schildert in seinen realist. Romanen, u. a. „Die harten Hände" (1930), Probleme der kapitalist. Entwicklung in der schwed. Landwirtschaft. Mit dem histor. Roman „Reit heute nacht!" (1941) wandte sich M. gegen den NS und rief zur Verteidigung von Freiheit und Unabhängigkeit auf. Gestaltete in den Romanen „Bauern ziehen übers Meer" (1949) und „Neue Heimat in fernem Land" (1952) das Schicksal schwed. Bauern, die im 19. Jh. nach

Möbiussches Band. Das Möbiussche Band (links) wird nach einmaligem Schnitt längs der (endlosen) Mittellinie zu einer zweifach in sich gedrehten Schleife (Mitte); nach nochmaligem Schnitt zerfällt das Band in zwei in sich verschlungene und gedrehte Schleifen (rechts)

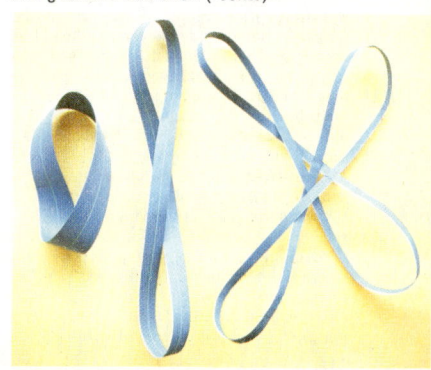

mobil

den USA auswanderten; schrieb auch gesellschaftskrit. Dramen.

mobil [zu lat. mobilis „beweglich"], 1. nicht an einen festen [Stand]ort gebunden; den Wohnsitz, den Arbeitsplatz häufig wechselnd; 2. gesund, munter.

mobile [italien.], musikal. Vortragsbez.: beweglich, rege.

Mobile [engl. moʊbiːl], Stadt in Alabama, USA, am Golf von Mexiko, bis 17 m ü. d. M., 200 500 E. Kath. Erzbischofssitz; Univ. (gegr. 1963). M. ist einer der bedeutendsten Häfen an der Golfküste mit zahlr. Ind.betrieben, u. a. Schiffbau, Aluminiumgewinnung, Erdölraffinerie, chem. Ind. und Bekleidungsindustrie. - Frz. Gründung von 1702, 1710–19 Hauptstadt von Louisiane; seit 1819 City.

Mobile [zu lat. mobilis „beweglich"], frei hängendes, ausbalanciertes, leichtes Gebilde, das schon von schwachem Luftzug bewegt wird. Erfinder ist A. Calder. Die Bez. M. wurde 1932 von M. Duchamp geprägt.

Mobilgarde (Garde mobile, Garde nationale mobile), 1. die während der Februarrevolution 1848 (bis 1849) zum Schutz der Frz. Republik gebildete Truppe; 2. 1870/71 die 1868 von Napoleon III. dekretierte Territorialmiliz zur nat. Verteidigung.

Mobiliar [zu lat. mobilis „beweglich"], bewegl. Habe; Möbel[stücke], Hausrat.

Mobilien [zu lat. mobilis „beweglich"], im *Recht* Bez. für bewegl. Sachen im Gegensatz zu den †Immobilien; M. sind alle Sachen außer den Grundstücken und ihren wesentl. Bestandteilen.

Mobilisator [lat.], Faktor, der eine mobilisierende Wirkung ausübt.

Mobilisierung [zu lat. mobilis „beweglich"], allg. Bez. für die Einbeziehung von Individuen und Gruppen in polit.-soziale Aktionen oder polit. Bewegungen.

♦ (Mobilmachung) i. w. S. der vorgeplante Übergang vom Friedens- in den Kriegs- bzw. Verteidigungszustand im militär. und zivilen Bereich eines Staates, i. e. S. die Herstellung der Kriegsbereitschaft der Streitkräfte. - Ggs. Demobilisierung.

♦ (Mobilisation) in der *Biologie* die Einleitung oder Beschleunigung von biochem. Prozessen, um den Organismus vor Schaden zu bewahren (z. B. durch vermehrte Bereitstellung von Abwehrstoffen) oder um einen neuen Organismus aufzubauen (z. B. durch erhöhten Stärke-Zucker-Umbau bei keimenden Pflanzen).

Mobilität [zu lat. mobilitas „Beweglichkeit"], räuml.-regionale (z. B. Binnen-, Ein-, Auswanderungen) und/oder positionell-soziale Bewegungsvorgänge von Personen, Personengruppen, Schichten oder Klassen einer Gesellschaft. Hohe M. ist ein bes. Kennzeichen dynam. Ind.gesellschaften, in denen infolge technolog. Entwicklungen oder ordnungspolit.-ideolog. Neuorientierungen die sozialen (insbes. berufl., sozioökonom.) Positionen großer Bev.gruppen sich verändern, wobei in letzter Zeit zunehmend Angehörigen aller Schichten berufl. und räuml. M. aufgezwungen wird und im Rahmen der hohen Arbeitslosigkeit die Frage nach erzwingbarer M. bei Arbeitslosen diskutiert wurde. Ursachen wie Grenzen der M. sind gesamtgesellschaftl., gruppenspezif. und individuelle Faktoren: histor. Zeitumstände (z. B. Kriegsfolgen), techn. und sozialer Wandel (Erfindungen und Veränderungen der Berufs- und der kulturellen Wertestruktur), ökonom. und soziales Entwicklungsgefälle (z. B. Gastarbeitnehmer), schichten- und familienbestimmte (Herkunfts-)Traditionen und „Barrieren", persönl. Aufstiegs- und Leistungsinitiativen. Positionenwechsel, die keine Änderung im Status einschließen, werden als horizontale M., soziale Auf- und Abstiegsprozesse als vertikale M. bezeichnet.

Mobilitätsziffer, von der amtl. Statistik errechnete Maßzahl für die Wanderung innerhalb einer Bev., bezogen auf einen bestimmten Zeitabschnitt; erfaßt werden Binnenwanderung und Außenwanderung.

Mobilmachung, svw. †Mobilisierung.

Mobil Oil Corp. [engl. ˈmoʊbɪl ˈɔɪl kəˈpɔːˈreɪʃən], amerikan. Ölkonzern, Sitz New York. - 1931 schlossen sich die Vacuum Oil Co. of Rochester (gegr. 1866) und die Standard Oil Co. of New York (SOCONY, gegr. 1882) zur Socony-Vacuum Oil Co., Inc., zus.; seit 1966 jetzige Firma.

Möbius, August Ferdinand, * Schulpforte (= Bad Kösen) 17. Nov. 1790, † Leipzig 26. Sept. 1868, dt. Mathematiker und Astronom. - Prof. in Leipzig; führte (unabhängig von K. W. Feuerbach und J. Plücker) die homogenen Koordinaten in die Geometrie ein.

M., Paul, * Leipzig 24. Jan. 1853, † ebd. 8. Jan. 1907, dt. Neurologe. - Dozent in Leipzig, später Nervenarzt. Sein medizin. Interesse galt v. a. den sog. funktionellen Nervenkrankheiten (Hysterie, Neurasthenie, Migräne). - M. erstellte sog. Pathographien bed. Persönlichkeiten (u. a. „J. J. Rousseaus Krankengeschichte", 1889; „Über das Pathologische bei Goethe", 1898). Großes Aufsehen erregte seine Schrift „Über den physiolog. Schwachsinn des Weibes" (1900).

Möbiussches Band [nach A. F. Möbius], ein Band, das entsteht, wenn man ein Paar gegenüberliegender Seiten eines [langgestreckten] Rechtecks so verheftet, daß urspr. diagonal gegenüberliegende Ecken zusammenfallen. Das M. B. stellt eine einseitige Fläche dar; man kann jeden Punkt der Fläche erreichen, ohne den Rand zu überschreiten. - Abb. S. 317.

Mobutu, Sese Seko (bis 1972 Joseph Désiré M.), * Lisala bei Mbandaka 14. Okt. 1930, zaïr. Politiker. - Nach Gründung der Demokrat. Republik Kongo (1960; = Zaïre) Staatssekretär und Generalstabschef; regierte nach einem Putsch im Sept. 1960 bis zur Wiedereinsetzung von Staatspräs. Kasawubu (Frühjahr 1961) mit Hilfe der Armee; ernannte sich nach einem 2. Putsch im Nov. 1965 zum Staatspräs.; entmachtete 1966 das Parlament, übertrug sich das Recht der Gesetzgebung und übernahm das Amt des Min.präs.; 1967 Vors. der von ihm gegr. Einheitspartei; verstaatlichte 1973 alle ausländ. Farmen und die Kupferindustrie.

Mobutu-Sese-Seko-See ↑Albertsee.

Moçambique [mozam'bik; portugies. musɐm'bikə], Stadt in NO-Moçambique, auf der gleichnamigen Insel im Ind. Ozean, 12 500 E. Ölmühle; Fischerei. - 1507 erbauten die Portugiesen das Fort São Sebastião, das Sitz des Gouverneurs der portugies. Besitzungen in Ostafrika wurde; bis 1897 Hauptstadt von Portugies.-Ostafrika. M. verlor seine Hafenfunktion weitgehend an Nacala.

Moçambique

[mozam'bik, portugies. musɐm'bikə] (amtl.: República Popular de M.), VR in Südostafrika, zw. 10° 27′ und 26° 52′ s. Br. sowie 30° 12′ und 40° 51′ ö. L. **Staatsgebiet:** Es grenzt im O an den Ind. Ozean, im S und südl. W an die Republik Südafrika, im äußersten SW an Swasiland, im W an Simbabwe, im NW an Sambia, im nördl. W und zentralen N an Malawi, im N an Tansania. **Fläche:** 799 380 km². **Bevölkerung:** 13,5 Mill. E (1985), 16,9 E/km². **Hauptstadt:** Maputo. **Verwaltungsgliederung:** 11 Prov. **Amtssprache:** Portugies. **Währung:** Metical (MT) = 100 Centavos. **Internationale Mitgliedschaften:** UN, OAU. **Zeitzone:** Osteurop. Zeit, d. i. MEZ + 1 Std.

Landesnatur: M. ist überwiegend ein Tafelland, dem v. a. im N Inselberge in großer Zahl und außerordentl. Formenreichtum aufsitzen. Nach S zu verdichten sie sich zu ganzen Inselgebirgen. Höchste Erhebung ist mit 2 436 m der Monte Binga an der Grenze gegen Simbabwe. Im zentralen N hat M. noch einen Anteil am Ostafrikan. Grabensystem mit dem Njassasee. Die 2 795 km lange Küste ist unterschiedl. ausgebildet: nördl. des Sambesideltas wechseln Steil- und Flachküste miteinander ab. Vor der Küste finden sich Koralleninseln; südlich vom Sambesidelta herrscht Ausgleichsküste vor mit Dünen, langgestreckten Buchten und großen Lagunen. Die Delagoabucht, an der die Hauptstadt liegt, ist der beste Naturhafen Ostafrikas. Das Küstentiefland ist 200–400 km breit.

Klima: M. liegt, abgesehen vom randtrop. S, im Bereich der wechselfeuchten Tropen. Die Niederschläge nehmen von der Küste zum Landesinneren ab, an den Gebirgsrändern aber wiederum zu.

Vegetation: Überwiegend Trockensavanne, entlang den Flüssen Galeriewälder. In höheren Lagen kommen Lorbeergewächse vor, an den Küsten Mangroven.

Tierwelt: Die urspr. reiche Tierwelt (Elefanten, Löwen, Leoparden, Zebras, Antilopen, Hyänen u. a.) konnte sich in den letzten Jahren, als wegen der Befreiungskämpfe weniger gejagd wurde, wieder erholen.

Bevölkerung: Rd. 95 % gehören 60 verschiedenen Bantustämmen an. 2 % sind Weiße. Daneben leben Asiaten und Mischlinge in M.; die Mehrheit sind Anhänger traditioneller Religionen, rd. 20 % sind Christen, 10 % Muslime. Zahlr. Moçambiquer arbeiten als Wanderarbeiter in der Republik Südafrika, überwiegend als Bergleute. Alle Schulen werden vom Staat verwaltet. Eine Univ. (gegr. 1962) besteht in Maputo.

Wirtschaft: Wichtigster Zweig ist die Landw., doch ist sie stark zurückgegangen auf Grund der Enteignung der Plantagen, Abwanderung der weißen Farmer sowie der Sozialisierungs- und Kollektivierungsmaßnahmen. Für die Selbstversorgung werden Mais, Hülsenfrüchte, Hirse, Maniok, Reis, Weizen, Obst u. a. angebaut. Exportorientiert ist v. a. der Anbau des Nierenbaums (Cashewnüsse), von Baumwolle, Zuckerrohr und Tee. An Bodenschätzen verfügt M. über Steinkohle, Salz, Montmorillonit, Bauxit, Kupfer-, Tantal- und Nioberze, doch werden sie, mangels Verkehrserschließung, nur z. T. abgebaut. Am wichtigsten ist der Kohlenbergbau bei Tete. Verarbeitung landw. Erzeugnisse, Textil- und Zementind. sind die wichtigsten Ind.zweige. Eine wichtige Einnahmequelle sind die Gebühren, die die afrikan. Binnenländer bezahlen, die ihre Ein- und Ausfuhr über die Häfen von M. und die zu diesen führenden Eisenbahnlinien abwickeln. 60 % der Löhne, die die Wanderarbeiter in Südafrika verdienen, werden in Gold nach M. überwiesen. Ein weiterer Ausfuhrartikel ist Strom, der im Kraftwerk des Cabora-Bassa-Staudamms erzeugt wird und zum größten Teil an die Republik Südafrika verkauft wird.

Außenhandel: Exportiert werden Cashewnüsse und -produkte, Baumwolle, Zucker, Krustentiere, Tee, Kopra, Sisal u. a., eingeführt Erdöl und Erdölprodukte, Maschinen, Apparate und Geräte, Weizen, Arzneimittel, Kfz., Metallwaren u. a. Wichtigste Partner sind die EG-Länder (an deren Spitze Portugal und Frankreich), Südafrika, die USA, Japan, Brasilien u. a.

Verkehr: Die Eisenbahnlinien führen von 3 Hafenstädten aus nach Swasiland, Südafrika, Simbabwe und Malawi. Das Streckennetz ist 3 843 km lang. Das Straßennetz (39 000 km, davon 4 200 km befestigt) ist unzureichend ausgebaut. Binnenschiffahrt nur auf dem Limpopo. Wichtigste Seehäfen sind Maputo, Beira und Nacala. Dem Flugverkehr kommt gro-

Moçambique

ße Bed. zu. Internat. ✈ in Maputo und Beira.
Geschichte: Vom 10. Jh. an gründeten Araber an der Küste Handelsplätze (u. a. Sofala, Quelimane, Moçambique). 1498 erreichte V. da Gama die Inselstadt Moçambique. Ab 1508 besetzten die Portugiesen die arab. Handelsplätze u. drangen im Sambesital ins Landesinnere vor. M. erhielt 1609 einen eigenen Gouverneur, der bis 1752 Goa unterstellt blieb. Vom 16. bis 19. Jh. versuchten Araber, Osmanen, Niederländer, Franzosen, Briten und Österreicher, sich der ostafrikan. Küstenplätze zu bemächtigen. Südl. des Rovuma konnten sich die Portugiesen behaupten. Ende des 19. Jh. versuchten sie zwar vergebl., durch den Erwerb des innerafrikan. Gebiets beiderseits des Sambesi ihre Kolonie Angola mit M. zu verbinden, konnten aber Anfang des 20. Jh. M. endgültig unterwerfen (bis 1912) und wirtsch. nutzen. 1951 erhielt M. den Status einer portugies. Überseeprov.; Portugal begann, das gesamte M. zu erschließen. 1962 entstand aus dem Zusammenschluß mehrerer Befreiungsorganisationen die FRELIMO (Frente de Libertação de Moçambique), die (unter Führung von E. Mondlane, * 1920, † 1969) seit 1964 mit zunehmenden Guerillaaktionen v. a. im N des Landes den Kampf um die völlige Unabhängigkeit von M. führte und beachtl. militär. Erfolge erzielte. Mit Wirkung vom 1. Jan. 1973 erhielt M. die innere Autonomie und durfte sich Staat nennen. Nach der Revolution vom 25. April 1974 in Portugal erreichte die FRELIMO in Verhandlungen mit Vertretern der portugies. Reg. im Juni und Sept. 1974 die völlige Unabhängigkeit M. von Portugal (mit Wirkung vom 25. Juni 1975) u. die Machtübergabe an die Repräsentanten der FRELIMO; in der Folge kam es zu blutigen Unruhen im Sept./Okt. 1974 v. a. in Maputo. Unter der Führung von Präs. Machel ist die FRELIMO um die Errichtung eines sozialist. Staats- und Gesellschaftssystems in der Volksrepublik M. bemüht. Die Stützpunkte der von M. unterstützten militanten simbabwischen Befreiungsbewegung ZANU in M. waren wiederholt Angriffsobjekte der rhodes. Streitkräfte. Im Unterschied zu dieser Politik gegenüber Rhodesien bzw. Simbabwe-Rhodesien, der allerdings die direkte Konfrontation vermied und die schließl. mit der Unabhängigkeit der Republik Simbabwe im April 1980 erfolgreich blieb, setzte M. seine wirtsch. Kontakte mit Südafrika fort, auf dessen Zusammenarbeit M. infolge seiner großen wirtsch. Probleme noch angewiesen ist. Im Vertrag von Nkomati verpflichteten sich 1984 beide Länder, keine Guerillabewegung im Land des Vertragspartners zu unterstützen. Während M. den Vertrag einhielt, bestehen hinsichtl. Südafrika Zweifel. - Nach dem Tod S. Machels bei einem Flugzeugabsturz im Okt. 1986 wurde J. M. Chissano sein Nachfolger.

Politisches System: Nach der am 20. Juni 1975 von der Führung der FRELIMO beschlossenen, am 25. Juni 1975 in Kraft gesetzten Verfassung ist M. eine sozialist. orientierte Volksrepublik. *Staatsoberhaupt* ist als Staatspräs. der Präs. der FRELIMO (J. M. Chissano). Er ist Inhaber der *Exekutive* und steht an der Spitze des Min.rates, der Volksversammlung und des Ständigen Komitees der Volksversammlung. Er ist mit umfassenden Vollmachten ausgestattet. Der Min.rat ist an die Beschlüsse des Präs. des ZK und des Parteikongresses der FRELIMO gebunden und ist der Volksversammlung gegenüber rechenschaftspflichtig. Die *Legislative* liegt bei der Volksversammlung (maximal 250 Mgl. aus den Reihen der FRELIMO, die des Min.rats, der Prov.vertretungen [jeweils der Gouverneur und 2 Vertreter demokrat. Organisationen] sowie Vertreter der FRELIMO-Kader, die vom ZK ausgewählt werden). Die Volksversammlung tagt i. d. R. zweimal im Jahr; zwischenzeitl. nimmt das Ständige Komitee (15 Mgl.) ihre Aufgabe wahr und ist ihr dafür rechenschaftspflichtig. Einzige *Partei* des Landes ist die marxist. ausgerichtete FRELIMO. *Verwaltungsmäßig* ist M. in 11 Prov. gegliedert mit Prov.reg., an deren

Moçambique. Wirtschaftskarte

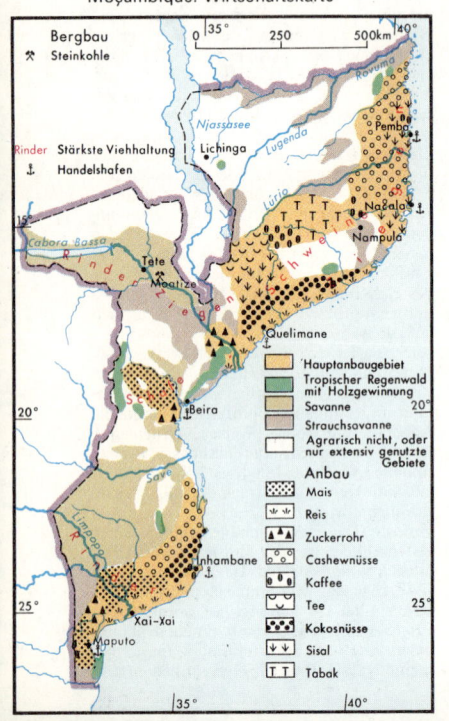

Spitze Prov.gouverneure stehen. Das portugies. *Recht* wurde insoweit außer Kraft gesetzt, als es der Verfassung widerspricht. Es gibt einen Obersten Volksgerichtshof. Die *Streitkräfte* umfassen rd. 36 700 Mann (Heer 35 000, Marine 700, Luftwaffe 1 000).
📖 *Hanlon, J.: Mozambique. The revolution under fire.* London 1984. - *Senghaas, D., u.a.: Strukturelle Abhängigkeit u. Unterentwicklung am Beispiel Mozambique.* Bonn 1980. - *Meyns, P./Lohmann, R.: Mozambique. Im Jahr 2 der Unabhängigkeit. Bln. 1977. - Kuder, M.: M.* Darmstadt 1975.

Moçambique, Straße von [mozam'bik; portugies. musɐm'bikɐ], Meeresstraße des Ind. Ozeans zw. SO-Afrika und Madagaskar; engste Stelle 400 km breit.

Moçâmedes [portugies. mu'sɐmədiʃ], Hafenstadt in S-Angola, 12 000 E. Verwaltungssitz des Distr. M. Fischereimuseum; Fischfang und -verarbeitung; Erzpier in Saco; Eisenbahn ins Hinterland, ✈. - Gegr. 1787.

Moch, Jules [frz. mɔk], * Paris 15. März 1893, † Cabris (Alpes-Maritimes) 1. Aug. 1985, frz. Politiker. - Ingenieur; 1928–40 sozialist. Abg.; 1938 Min. für öffentl. Arbeiten; schloß sich nach Inhaftierung (1940/41) der Résistance an; 1945/46 war er Mgl. beider Konstituanten, 1946–58 und 1962–67 der Nat.versammlung; 1945–47 Min. für öffentl. Arbeiten, 1947–50 und 1958 Innenmin.; als Verteidigungsmin. (1950/51) Gegner der dt. Wiederbewaffnung und der EVG; 1953–60 ständiger Vertreter Frankr. in der Abrüstungskommission der UN.

Moche [span. 'motʃe], peruan. Ort in der Küstenebene, südl. von Trujillo, 3 000 E. Um M. liegen die wichtigsten Fundorte der nach dem Ort ben. **Mochekultur** (200–800), deren Wirkungsbereich sich im Höhepunkt vom Río Lambayeque im N bis zum Río Casma im S entlang der Küste, nördl. und südl. von Trujillo erstreckte; berühmt sind die teils plast. gestalteten, teils szen. bemalten rotbraunen und cremefarbenen Tongefäße; hervorragend auch Metallverarbeitung (Gold und Kupfer), Weberei, Holz- und Muschelarbeiten sowie Wandmalereien; fand durch die Expansion des Reiches der Huari (Huarikultur) ihr Ende. - Abb. S. 322.

Mochi, Francesco [italien. 'mɔːki], * Montevarchi (Prov. Arezzo) 29. Juli 1580, † Rom 6. Febr. 1654, italien. Bildhauer. - Frühbarocke pathet. Plastik, u. a. Reiterdenkmäler des Ranuccio und Alessandro II Farnese in Piacenza (1612–29), hl. Veronika in Sankt Peter in Rom (1632–40).

Mock, Alois, * Euratsfeld (Bezirkshauptmannschaft Amstetten) 10. Juni 1934, östr. Politiker (ÖVP). Jurist; 1969/70 Unterrichtsmin.; wurde 1971 B.obmann des Arbeiter- und Angestelltenbundes der ÖVP und war 1979–89 Parteivors., seit Jan. 1987 in der SPÖ/ÖVP-Reg. Außenmin. und (bis 1989) Vizekanzler.

Mockturtlesuppe ['mɔktœrtəl; zu engl. mock „unecht" und turtle „Schildkröte"], imitierte Schildkrötensuppe auf der Basis von Kalbsbrühe.

Mocquereau, Dom André [frz. mɔ'kro], * La Tessoualle (Maine-et-Loire) 6. Juni 1849, † Solesmes (Nord) 18. Jan. 1930, frz. Benediktiner und Choralforscher. - War mit seinen umfangreichen Quellenforschungen maßgebl. an der von Papst Pius X. verordneten Choralreform beteiligt.

Moctezuma [span. mɔkte'suma] (Motecuçoma, Moteuhçoma, span. Montezuma), Name aztek. Herrscher:
M. I. Ilhuicamina, † Tenochtitlán 1469, 5. Herrscher der traditionellen aztek. Herrscherliste. - Er sicherte das Hochtal von Mexiko, unterwarf Cholula de Rivadabia und drang an die Golfküste von Veracruz vor.
M. II. Xocoyotzin, * Tenochtitlán 1467, † ebd. 29. (30.?) Juni 1520, 9. Herrscher der traditionellen aztek. Herrscherliste. - Den Vormarsch der Spanier nach Z-Mexiko versuchte er vergebl. zu verhindern. Beim Zusammentreffen mit H. Cortés wurde M. am 14. Nov. 1519 gefangengenommen; starb in Gefangenschaft.

mod., Abk.:
◆ für ↑ moderato.
◆ für modulo (↑ Kongruenz).

modal [lat.], den ↑ Modus betreffend, die Art und Weise bezeichnend.

Modaladverb ↑ Adverb.

Modalismus [lat.], Bez. für eine Form der Christologie (2./3. Jh.), die, um die Einheit Gottes zu wahren, Christus und den Hl. Geist als Erscheinungsweisen (lat. „modi") Gottes auffaßte. Die Konsequenz dieser Anschauung, „pater passus est" (der Vater hat gelitten), brachte den Modalisten den Spottnamen **Patripassianer** ein. Ab 215 war Sabellius von Rom das Haupt der Modalisten (daher auch **Sabellianer**). Der M. war v. a. in Ägypten verbreitet.

Modalität [lat.], allg. (meist in der Mrz.) die Art und Weise (z. B. eines Vertragsabschlusses); in der Ontologie das Wie des Seins (Wirklichkeit, Möglichkeit, Notwendigkeit) eines Seienden und Geschehens, in der Logik der Grad der Bestimmtheit einer ↑ Aussage bzw. der Gültigkeit von Urteilen, die nach ihrer M. eingeteilt werden in assertor., apodikt. und problemat. Urteile (↑ assertorisch, ↑ apodiktisch, ↑ problematisch). - ↑ auch Modallogik.

Modallogik, ein Zweig der formalen Logik, in dem zur Bildung von ↑ Aussagen neben den ↑ logischen Partikeln auch die Modalitäten, v. a. notwendig (symbolisiert: △, auch □ oder **L**) und möglich (symbolisiert: ▽, auch ◇ oder **M**), herangezogen werden.

Modalnotation, musikal. Notenschrift des 12. und frühen 13. Jh., die v. a. zur Aufzeichnung der mehrstimmigen Kompositio-

Modalsatz

nen der Notre-Dame-Schule Verwendung fand. Im Ggs. zur rhythm. freien Quadratnotation (↑Choralnotation), von der sie ausgeht, dient die M. der Unterscheidung verschiedener dreizeitiger Rhythmen, doch fehlt ihr wegen der Mehrdeutigkeit ihrer Notenformen die Klarheit der ↑Mensuralnotation, mit der ab etwa 1230 eine freiere und präzisere Darstellung des musikal. Rhythmus mögl. war.

Modalsatz, ↑Adverbialsatz, der die Art, Weise angibt, wie sich ein Geschehen vollzieht, z. B.: „Er half mir, *indem er mir Geld borgte*".

Modalverb ↑Verb.

Mode [frz., zu lat. modus „Art und Weise"], die Kleidung einschließl. der Accessoires, der Frisur und des Make-ups in raschem Wechsel stilist. Formen. M. ist sowohl Ausdruck menschl. Nachahmungs- und Konformitätsstrebens als auch Inszenierungs-, Differenzierungs- und Individualisierungsstrebens bis hin zur Protesthaltung. M.geschichte ist in erster Linie Geschichte der ↑Kleidung, ein in früheren Zeiten sehr langsamer Prozeß, der Begriff der M. i. e. S. als eine mehr oder weniger rasche Wandlung der Kleidung und damit des gesamten menschl. Äußeren scheint erstmals im europ. MA eingebracht, wird aber durchaus auch auf die Kleidungsformen in alten Hochkulturen angewandt. Im 20. Jh. erreicht die M. v. a. durch die Massenmedien eine kaum noch begrenzte Breitenwirkung, und die Konsumgesellschaft gibt prinzipiell allen die Möglichkeit, modebewußtes „Mithalten" zu dokumentieren, obwohl die Modelle der exklusiven Pariser Modehäuser einem kleinen Kreis vorbehalten bleiben. Ausweichmöglichkeiten gehören stärker als in früheren Jh. zum Bild der Mode (↑auch Haartracht, ↑Schuhe). Zu den internat. bekanntesten M.schöpfern des 20. Jh. gehören u. a. J. Lanvin, P. Poiret, J. Patou, Coco Chanel, E. Schiaparelli, P. Balmain, J. Fath, C. Dior und C. Balenciaga.

Die Beachtung oder pointierte Nichtbeachtung der M. dient wie andere Konsumakte (z. B. Autokauf) oder -verweigerungen v. a. zur Dokumentation des sozialen Standorts bzw. Sozialprestiges. Auch die Darstellung der Protesthaltung gegen die bestehende Gesellschaft erfordert z. T. erhebl. Aufwendungen, da in der Konsumgesellschaft alles von wirtsch. Interessen vereinnahmt und umfunktioniert wird, falls es nicht von vornherein von wirtsch. Interessen lanciert ist. Dies gilt für Trends oder **Modeerscheinungen** aller Art, in letzter Zeit z. B. die Nostalgiewelle, das Jogging, Disco oder natürl. Leben.

🕮 *Thiel, E.: Gesch. des Kostüms*. Wilhelmshaven ⁶1985. - *Loschek, I.: M. im 20. Jh. Mchn.* ²1984. - *Boehn, M. v.: Die M.* Mchn. ²1982. 2 Bde. - *Lenning, G.: Kleine Kostümkunde*. Bln. ²1982. - *Curtius, M./Hund, W. D.: M. u. Gesellschaft. Zur Strategie der Konsumgesellschaft.* Ffm. ²1975. - *König, R.: Macht u. Reiz der M.* Düss. 1971.

Model [zu lat. modulus „Maß, Maßstab"], aus Holz geschnitzte Hohlform mit alten, tradierten Mustern, mit der Backwaren (aus relativ festem Teig) charakterist. geprägt werden (z. B. Springerle) oder Butter verziert wird (**Buttermodel**).

◆ Form (aus Ton) in Gestalt einer vertieften Gußform (für Wachs).

◆ Druckform (Holzstempel, Holzstock) für Textil- (Zeug-M.) und Papierdruck. Aus dem Zeug-M. entwickelte sich der ↑Holzschnitt.

Modell [italien., zu lat. modulus „Maß, Maßstab"], allg. Muster, Vorbild, Entwurf.

◆ Mensch (auch Tier), der (das) als Vorbild für künstler. Studien oder Kunstwerke dient („sitzt"), auch als Photomodell.

◆ in der *Bildhauerei* meist in verkleinerter Form ausgeführter Entwurf einer Plastik oder Tonarbeit, die in Bronze gegossen werden soll. - ↑auch Architekturmodell.

◆ in der *Modebranche* Bez. für 1. ein nur einmal oder in eng begrenzter Anzahl hergestelltes Kleidungsstück (*M.kleid*); 2. die Vorlage für eine Vervielfältigung; 3. svw. Mannequin.

◆ im *Sprachgebrauch verschiedener Wiss.* (Philosophie, Naturwiss., Soziologie, Psychologie, Wirtschaftswiss., Politikwiss., Kybernetik u. a.) ein *Objekt* (natürl., techn., menschl. Ob-

Mochekultur. Figurengefäß

jekt; Zeichensystme [natürl. und künstl. Sprachen]), das von einem *Subjekt* (M.bauer oder M.benutzer) auf der Grundlage einer Struktur-, Funktions- oder Verhaltensanalogie (↑auch Analogie, ↑auch Analogiemodell) zu einem *Original* eingesetzt und genutzt wird, um Aufgaben zu lösen, deren Durchführung unmittelbar am Original selbst nicht mögl. bzw. zu aufwendig ist (z. B. Flugzeug-M. im Windkanal). Das Verfahren bzw. Vorgehen bei der Lösung von Aufgaben mit Hilfe eines M., die **Modellmethode**, vollzieht sich in vier Schritten: 1. Auswahl (Herstellung) eines der gegebenen Aufgabe, dem [geplanten] Original und den Bedingungen der Situation entsprechenden M.; 2. Bearbeitung des M., um neue Informationen über das M. zu gewinnen (**Modellversuch;** ↑auch Ähnlichkeitsgesetze); 3. Schluß auf Informationen über das Original (meist Analogieschluß); 4. Durchführung der Aufgabe am Original. Infolge der Relationen zw. Subjekt, Original und M. (**Modellsystem**) erfüllt das M. im wesentl. folgende Funktionen: 1. Lieferung neuer Informationen über das Original (z. B. Tierversuche in der Medizin, Atom-M.); 2 Demonstration und Erklärung (z. B. militär. Manöver); 3 Aufzeigen von Eigenschaften des Originals (Induktion), die an diesem selbst nicht zugängl. oder meßbar sind (z. B. Herzsimulator); 4. Optimierung des Originals (z. B. Netzplan, Trial-and-error-Methode); 5) Überprüfung (Verifikation) einer Hypothese oder einer techn. Konstruktion (z. B. Laborversuch); 6). konkrete Planung (Projektierung) eines Originals (z. B. Bauplan); 7. Steuerung (z. B. kybernet. Systeme, Lern-M.); 8. direkter Ersatz von Teilsystemen (z. B. künstl. Gliedmaßen beim Menschen). - Abweichend von diesem M.begriff versteht die *mathemat. Logik* unter M. eine Interpretation eines Axiomensystems, nach der alle Axiome dieses Systems wahre Aussagen darstellen. Diese [meta]mathemat. **Modelltheorie** (Begriff seit 1954 [A. Tarski]) liefert grundlegende Verfahren zur Behandlung von Fragen der Vollständigkeit, Widerspruchsfreiheit und Definierbarkeit.
📖 *Schürmann, H. W.: Theorie- u. M.bildung. Wsb.* 1977. - *Lehmann, R.: M. u. Methode in der empir. Erziehungsforschung. Mchn.* 1977. - *Modelle f. Rechensysteme.* Hg. v. *P. P. Spies. Bln. u.a.* 1977. - *Kreisel, G./Krivine, J.-L.: M.theorie. Dt. Ausg. Bln. u.a.* 1972. - *Ziegler, R.: Theorie u. M. Mchn. u. Wien* 1972. - *Mayntz, R.: Formalisierte M. in der Soziologie. Neuwied* 1967.

Modelleisenbahn, maßstabgetreu verkleinerte Nachbildung von Eisenbahnfahrzeugen und -anlagen. Übl. Verkleinerungsmaßstäbe sind 1 : 220 (sog. **Spur Z;** Spurweite 6,5 mm), 1 : 160 (**Spur N;** 9 mm), 1 : 120 (**Spur TT;** 12 mm), 1 : 87 (**Spur H0;** 16,5 mm), 1 : 45 (**Spur 0;** 33 mm), 1 : 30 (**Spur I;** 45 mm).

Modellflugzeuge, Flugzeugnachbildungen in maßstäbl. Verkleinerung, z. B. als Schaumodelle für Ausstellungen; meist unterschieden von flugfähigen, maßstabgetreuen **Flugzeugmodellen,** die im Modellflugsport gebaut und geflogen werden.

Modellschulen, öff. oder private Schulen, in denen neue Formen der Schulorganisation oder der Erziehungs- und Unterrichtsarbeit erprobt werden. Histor. relevante M. sind z. B. die Waldorfschulen, die Montessori-Schulen, die Jenaplan-Schulen von P. Petersen, die Landerziehungsheime sowie aus jüngerer Zeit die vom Dt. Bildungsrat angeregten Gesamtschulen sowie Modellversuche für die Sekundarstufe II (Kollegstufe).

Modem [Kw. aus Modulator und Demodulator] ↑Datenübertragungssystem.

Modena, Tommaso da, italien. Maler, ↑Tommaso da Modena.

Modena, italien. Stadt in der Emilia-Romagna, 35 m ü. d. M., 178 300 E. Hauptstadt der Prov. M.; kath. Erzbischofssitz; Univ. (gegr. 1175), PH, Observatorium, Museen (Estense Galerie), Staatsarchiv; Schuh- und Kfz.ind. - Die röm. Kolonie **Mutina** (viereckiger Grundriß noch heute erhalten) wurde 183 v. Chr. an der Stelle einer ligur. und kelt. Siedlung angelegt. Verfiel seit der Spätantike zunehmend. Die Bev. siedelte sich an geschützter Stelle an (Cittanova), während der Bischofssitz (seit dem 3./4. Jh.) in Mutina blieb, das sich in den folgenden Jh. wieder zur Stadt entwickelte. In langobard. und fränk. Zeit Gft.; kam im 10. Jh. in den Besitz des Hauses Canossa; erlangte im 12. Jh. kommunale Selbständigkeit; stand seit 1288 (ausgenommen 1306-36) unter der Herrschaft der Este; 1452 mit Reggio nell'Emilia zum Hzgt. erhoben, kam 1814 an Franz IV. von Österreich-Este, 1859/60 an das entstehende Kgr. Italien. - Der roman. Dom wurde 1099 von Lanfranco begonnen und im 12. Jh. vollendet (Fassadenrose 13., Einwölbung 15. Jh.); bed. der roman. Skulpturenschmuck des Portals und die Friese der Fassade (um 1117 ff.) von Meister Wiligelmus; Lettner 1160-80; die Ghirlandina (1224-1319) ist ein lombard.-got. Turm (102 m hoch); San Pietro (1476 eingreifend verändert, u.a. Renaissancefassade), San Bartolomeo (1607, barocke Fassade von 1727), Palazzo Ducale (1634 ff.).

Moder, durch Fäulnis und Verwesung entstandene Stoffe.

Moderados [lat.-span.], Bez. für gemäßigte Liberale in Spanien seit 1820; wandelten sich zur Liberal-konservativen Partei.

Moderamen [lat.], gewähltes Vorstandskollegium einer ref. Synode (in der BR Deutschland der Ref. Bundes), dessen Mgl. als *Moderatoren* bezeichnet werden.

moderat [lat.], gemäßigt, maßvoll.

moderato [italien.], Abk. mod., musikal. Tempobez.: gemäßigt, mäßig, zu verstehen

Moderator

als *allegro moderato*. - Substantivisch verwendet für einen mit **Moderato** überschriebenen Satz einer Komposition.

Moderator [lat. „Mäßiger, Lenker"], Redakteur in Hörfunk und Fernsehen, der innerhalb von Sendungen (im Fernsehen v. a. polit. Magazine, im Hörfunk meist gemischte Musik- und Informationssendungen) die (oft kommentierende) gesprochene Verbindung („Moderation") zw. den einzelnen Teilen der Sendung herstellt, d. h. moderiert.

♦ in der *Kerntechnik* Bez. für einen Stoff, in dem Neutronen hoher Energie, wie sie bei Kernspaltungen entstehen, durch elast. Zusammenstöße mit den Atomkernen dieses Stoffes (den M.kernen) auf geringe Energien abgebremst werden. Als M. werden u. a. schweres Wasser und Graphit verwendet.

Moderkäfer, (Lathridiidae) mit rd. 1 000 Arten weltweit verbreitete Fam. etwa 1-3 cm goßer, überwiegend rostroter bis braunschwarzer Käfer (in M-Europa etwa 60 Arten); Flügeldecken häufig längsgerippt; ernähren sich von Pilzmyzelien und sind daher oft an Baumschwämmen, modernden Baumrinden, z. T. auch in Kellern und feuchten Wohnungen zu finden.

♦ Bez. für einige Arten der Kurzflügler in M-Europas; z. B. **Schwarzer Moderkäfer** (Stinkender M., Staphylinus olens; etwa 3 cm lang).

Moderlieschen (Modke, Zwerglaube, Leucaspius delineatus), bis 8 cm langer, vorwiegend silbrig glänzender Karpfenfisch in stehenden und schwach fließenden Gewässern M-, N- und O-Europas; mit olivfarbener Oberseite und stahlblauem Schwanzstielstreif; Kaltwasseraquarien- und Köderfisch.

modern [frz., zu lat. modernus, von modo „eben (erst), gerade eben"], 1. im allg. Sprachgebrauch Begriff, mit dem Tendenzen, Handlungsschemata und Verhaltensweisen der Gegenwart meist unkrit. zur Norm von Handlungen und deren Beurteilung gemacht werden; 2. im wiss. Sprachgebrauch wertneutral in Epochenbez. (z. B. moderne Malerei) gebraucht.

Modern Bop [engl. 'mɔdən 'bɔp], Bez. für einen Stilbereich des Jazz, der musikal. an den Bebop der 40er und den Hard-Bop der 50er Jahre anschließt. Der M. B. erweitert die Ausdrucksmittel und Gestaltungsweisen der vorangehenden Stilbereiche, ohne sie - wie der Free Jazz - im Prinzip aufzugeben. Wichtige Vertreter des M. B. sind Roy Haynes (* 1926), Joe Henderson (* 1937), Freddie Hubbard (* 1938).

moderne Architektur, die Baukunst des 20. Jh., die den Traditionsbruch zu Historismus und Eklektizismus des 19. Jh. endgültig und demonstrativ vollzogen hat. Im 19. Jh. wurden auch neue Bauaufgaben in traditionellen Stilformen errichtet, bürgerl. Villen wurden als Schlösser gebaut, Fabriken erhielten die Fassaden von Residenzen, und Bahnhöfe hatten Ähnlichkeiten mit Domen. Von den noch vereinzelten Beispielen von m. A. vor 1890 sind zu nennen die gußeiserne Conway Castle-Brücke von T. Telford (1822-26), der aus Glas-, Stahl-, Holzfertigteilen errichtete Kristallpalast in London von J. Paxton (1851) sowie der aus Stahlfachwerk von G. Eiffel konstruierte Pariser Eiffelturm (1887-89). Diese Beispiele, endgültig aber die epochale Entwicklung der Stahlbetonkonstruktion durch F. Hennebique (um 1892) verdeutlichen den eingetretenen Vorlauf des techn. Ingenieurbaus gegenüber der stilist. Entwicklung. So ist es zu verstehen, daß die m. A. nach 1890 unter der zuerst von L. H. Sullivan und der Chicagoer Schule formulierten Devise „Form folgt der Funktion" (Funktionalismus) stand. Ihr folgten auch die Vertreter des europ. Jugendstils (P. Behrens, H. C. van de Velde, O. Wagner, J. M. Olbrich, A. Loos, J. Hoffmann u. a.), der Dt. Werkbund (Werkbundausstellungen; B. Taut), das Bauhaus und die Stijl-Gruppe in den Niederlanden. Die nach 1918 im architekton. Expressionismus (E. Mendelsohn, H. Poelzig, H. Scharoun, R. Steiner) wiederauflebende formal-ästhet. Tendenz in der m. A. konnte sich nicht durchsetzen. Dagegen hatten die in den 20er Jahren in Europa (H. Häring) sowie insbes. von F. L. Wright in den USA formulierten Theorien des „organ. Bauens", Weiterentwicklungen des Funktionalismus, großen Einfluß. Die strenge Formensprache der 20er und 30er Jahre prägten v. a. Mies van der Rohe und W. Gropius in Deutschland. Typ. sind die oft auf Stützen gestellten weißverputzten Quaderbauten mit Fensterbändern. Zu den bes. Leistungen gehörten Wohnsiedlungen wie die Weißenhofsiedlung in Stuttgart (1927), Siedlung Britz in Berlin und Berlin-Siemensstadt (1928-31) sowie die Siedlung Römerstadt in Frankfurt am Main (1925-30), außerdem einige Flachbauten (Bauhaus in Dessau, 1925-26; Dt. Pavillon auf der Internat. Ausstellung in Barcelona, 1929). In Frankr. gründete Le Corbusier 1922 die Zeitschrift „L'esprit nouveau" und propagierte für den Städtebau die klare Trennung in Funktionszonen wie Arbeit, Verkehr, Verwaltung, Wohnen („Ville contemporaine", 1922, „Charte d'Athènes", 1933, „Ville radieuse", 1935). In Finnland versuchte Ende der 20er Jahre A. Aalto (1927-35 Stadtbibliothek von Viipuri) durch an der Natur orientierte Bauten humane Lebensräume zu schaffen. In Deutschland und Italien wurde die Entwicklung der funktionalist. m. A. 1933 abgebrochen, während sie sich als „internat. Stil" seit ca. 1930 in ganz Mitteleuropa, in Skandinavien, in den USA, in Lateinamerika (O. Niemeyer) u. Japan (K. Tange) ausbreitete. In der BR Deutschland wurde erst durch die „Interbau" im Hansaviertel Berlin (1957) und den

moderne Architektur

Wettbewerb „Hauptstadt Berlin" (1958) wieder an sie angeknüpft. Die stadtplaner. Vorstellungen des Funktionalismus führten aber zur Zersiedelung der Landschaft und zu Massenanhäufungen von Wohnungen in monotonen Hochhaussiedlungen (sog. Schlafstädte), deren Unwohnlichkeit und Komunikationsfeindlichkeit mit dem Fehlen eines Zusammenhangs in der Stadt und dem Fehlen einer Verbindung zur Natur programmiert ist. Darüber hinaus wurden alte Stadtzentren vielfach zerstört („saniert, entkernt und verkehrsgerecht" gestaltet), repräsentative Verwaltungs- und Kaufhausbauten verdrängten innerstädt. Wohnungen und trugen so zur Verödung der Zentren bei. Anfang der 60er Jahre bestimmte der „internat. Stil" mit seiner techn. Perfektion (G. Bunshaft bzw. die Firma Skidmore, Owings und Merrill) das Bild (viel beachtet das elegante Thyssen-Haus in Düsseldorf von Hentrich und Petschnigg, 1957–60), dann der internat. Brutalismus, dessen Prototyp Le Corbusiers „Unité d'habitation" in Marseille (1952) ist. Charakterist. für brutalist. Bauten ist die Auflösung in Teilfunktionen bzw. Raumgruppen und Einzelkörper. A. Aalto kann als Vorläufer dieser Richtung gelten. Bed. Beispiele schufen u. a. J. H. van den Broek und J. B. Bakema, L. I. Kahn mit dem Richards Medical Research Center der University of Philadelphia (1957–61), A. van Eyck, G. Candilis, P. Rudolph. Dabei vermeiden brutalist. Architekten nicht immer die Überbetonung von Einzelelementen um dramat. Effekte willen. Dieses Gruppierungsprinzip verbindet sich mit einer Herausstellung des Baumaterials, wobei Beton bevorzugt wird, an dessen Oberfläche die Verschalungsspuren belassen werden. Es kommen auch nachträgl. Oberflächenbehandlungen (Strukturierungen) vor. – Ein unwirtl. Brutalismus prägt bes. die neuen dt. Univ.zentren, während sich in Großbrit. und den USA auch Auftraggeber für originäre, lebensvolle Lösungen fanden (L. I. Kahn, J. Stirling). Ein interessantes Experiment, vielfältige Funktionseinheiten im Wohnungsbau anzubieten, wurde 1978 in Belgien abgebrochen (Studen-

Moderne Architektur. Oben: Le Corbusier, Wohnblock (1957). Berlin; unten (von links): Kenso Tange, Kathedrale Sankt Maria (1962–65). Tokio; Moshe Safdie und andere Habitat '67 (1966/67). Montreal

tenstadt Woluwé-Saint Lambert, Löwen, von L. Kroll). Im Bereich der kulturellen Bauaufgaben (Kirchen, Theater, Rathäuser, Museen und auch Sportanlagen) sind auch in der BR Deutschland bemerkenswerte Bauten entstanden. Bloße Funktion war hier nicht gefragt, sondern auch Gestalt, Form, nicht selten Repräsentation. Bes. bekannt wurde H. Scharouns Philharmonie in Berlin (1960–63; Entwurf 1956) und G. Böhms Rathaus von Bensberg (1967) und seine Wallfahrtskirche in Neviges (1968). Sie gehören i. w. S. zum Brutalismus und zeigen z. T. ausgesprochen skulpturale Formen. Sie sind nicht ohne Le Corbusiers Wallfahrtskirche von Ronchamp (1952–55) zu denken. Die Herleitung der Gestaltung dieser Bauwerke aus der Funktion ist nur noch auf Umwegen möglich, die Bildhaftigkeit spielt offensichtl. eine Rolle. Da der Funktionalismus weitgehend zum Absterben von Form, Gestalt, Ausdruck geführt hat, wird er nur noch selten als Ursprung origineller Formfindung in Anspruch genommen, in der BR Deutschland z. B. von L. Leo. Die sog. Rationalisten leiten ihre Formenwelt aus der Stereometrie ab (O. M. Ungers, J. P. Kleihues, L. u. R. Krier), wollen aber auch Funktion und Konstruktion Mitbestimmung zugestehen. In den USA ist das Ende des Funktionalismus bereits Ende der 50er Jahre angesagt worden, die sog. Formalisten (P. Johnson, E. Saarinen) bevorzugen v. a. Bogen, die aber keine konstruktive Funktion haben, d. h. sie sind nicht tragend. Der amerikan. sog. Post-Modernismus (R. Venturi, R. Stern, C. Jencks, C. Moore) fordert eine historisierende Formensprache als Ausdruck „organ. Unordnung". Einfühlsames historisierendes Bauen in alter gewachsener Umgebung ist auch bei uns zur Forderung geworden. - Formalist., brutalist.-strukturalist. und skulptural-expressive Elemente zeigen heute viele öffentl. Repräsentationsbauten, z. B. der Opernbau in Sydney (1959–73), das Lincoln-Center in New York (1962–66), das Centre Pompidou (1973–77) in Paris. Der Beitrag der BR Deutschland ist eine Reihe von z. T. aufwendigen Leichtbauten mit scheinbar schwerelosen Zeltdächern (Pavillon für die Weltausstellung 1966/67 in Montreal von F. Otto und R. Gutbrod, Olympiazelt in München von O. Behnisch, 1972, Multihalle von F. Otto und C. Mutschler in Mannheim, 1975).

📖 *Postmoderne Architektur. Ausstellungs-Kat. Hg. v. H. Klotz. Mchn. 1984. - Architektur u. Avantgarde. Ffm. 1984. - Portoghesi, P.: Ausklang der m. A. Mchn. 1982. - Jencks, C.: Spätmoderne A. Stg. 1981. - Werner, F.: Die vergeudete Moderne. Stg. 1981. - Vogt, A. M., u. a.: A. 1940–1980. Bln. 1980. - Goedicke, J.: A. im Umbruch. Stg. Neuaufl. 1979. - Jencks, C.: Die Sprache der postmodernen A. Stg. 1978. - Huse, N.: Neues Bauen 1918 bis 1933. Mchn. 1975. - Roth, A.: Die neue A. 1930–1940. Mchn.* 1975. - *Kultermann, U.: Neues Bauen in der Welt. Tüb. Neuaufl. 1974.*

moderne Kunst, die avantgardist. Kunst des 20. Jh. Noch die seinerzeit als revolutionär empfundenen *Impressionisten* sind in ihrer Wiedergabe der opt. Erscheinung der traditionellen illusionist. Bildkonzeption verpflichtet. Der *Jugendstil* der Jh.wende zeigt in Ornament und Graphik starke Neigungen zur Flächenhaftigkeit. Entschiedener bricht der *Expressionismus* von van Gogh über Gauguin, die Fauves, E. Munch bis zu den dt. Expressionisten mit der realist.-illusionist. Traditionen des 19. Jh. Ihr Interesse gilt der von Regeln weitgehend befreiten subjektiven Ausdruckssteigerung, nicht der Wiedergabe einer „objektiven" Erscheinung. Der Begriff der objektiven Wirklichkeit des 19. Jh. ist offenbar nicht mehr tragfähig. Auch die sog. *Neue Sachlichkeit* oder der *Dadaismus* beziehen Stellung (v. a. gesellschaftskrit. Art) und verharren nicht im Bereich des angebl. Objektiven. - Eine folgenreiche Analyse der visuellen Eindrücke unternimmt P. Cézanne. Auf der Grundlage der von Cézanne erarbeiteten Strukturprinzipien in der Wiedergabe der sichtbaren Erscheinungen der Wirklichkeit baut die Formzerlegung des *Kubismus* von Picasso und G. Braque als bahnbrechende Kunstrichtung im ersten Jahrzehnt des 20. Jh. auf. Er bildet die Voraussetzung sowohl für den italien. *Futurismus* als auch für die vollständig von figürl. Wiedergabe losgelöste Auffassung des *Konstruktivismus*. Bes. der Stijlgruppe, auch dem Bauhaus fällt eine wirkungsgeschichtl. Rolle zu in ihrer Auswirkung auf Architektur und Design. Am Bauhaus wirkt auch W. Kandinsky, der 1910 das erste freie abstrakte Bild schuf. - Die Plastik entwickelt sich parallel; auf kubist. (Archipenko) und konstruktivist. Formexperimente folgt eine breite Entfaltung freier figürl. Formfindungen, die z. B. mit Hohlformen (Moore), der Eiform (Brancusi) oder der Reduktion des Volumens (Giacometti) Raum und Umraum und Dynamik mitsprechen lassen; seit Ende der 1950er Jahre gewinnen die *Objektkunst*, die ihre Vorstufen bei Dada (Ready-mades), Kubismus und K. Schwitters hat (Collage und Assemblage bzw. Materialmontage), und seit Anfang der 1960er Jahre die *kinet. Kunst* und *Lichtkunst*, die ihre Vorläufer im Futurismus und Konstruktivismus haben (Tatlin, Moholy-Nagy), an Boden. Aus den USA kommen zugleich die *Pop-art* mit ihren Environments sowie *Fluxus* und *Happening*, die sich z. T. mit der Objektkunst verbinden. Einen Weg der Interpretation der Wirklichkeit beschreiten die Künstler des *Surrealismus*, indem sie irrationale, der herrschenden akadem. Kunst gegenläufige künstler. Tendenzen des 19. Jh. fortführen: Die surrealist. Künstler erfinden eine imaginäre Welt, in der die wiedergegebenen Phänomene alog.

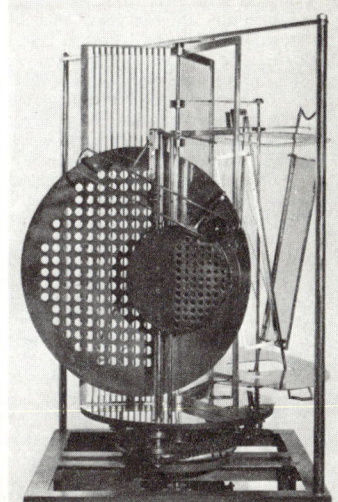

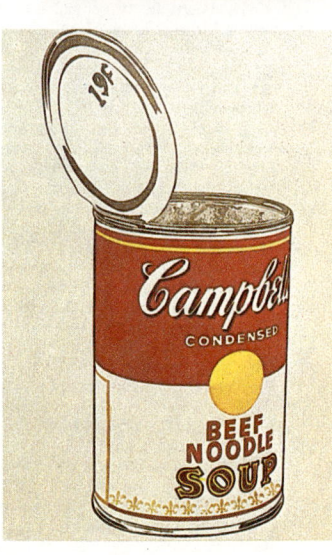

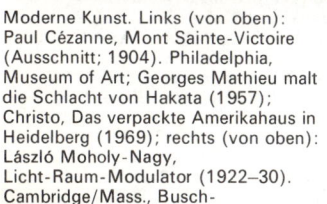

moderne Kunst

Moderne Kunst. Links (von oben): Paul Cézanne, Mont Sainte-Victoire (Ausschnitt; 1904). Philadelphia, Museum of Art; Georges Mathieu malt die Schlacht von Hakata (1957); Christo, Das verpackte Amerikahaus in Heidelberg (1969); rechts (von oben): László Moholy-Nagy, Licht-Raum-Modulator (1922–30). Cambridge/Mass., Busch-Reisinger Museum; Andy Warhol, Campbell Soup Can 19 ¢ (1962)

erscheinende Bezüge bezeichnen, deren Verbindlichkeit v. a. im gemeinsamen Unbewußten gesehen wird (M. Ernst, S. Dalí, R. Magritte). Die surrealist. Methode automat., nicht vom Bewußtsein und von Kompositionsprinzipien gelenkten künstler. Schaffens wird Grundlage der Malerei der École de Paris und des aus ihr hervorgehenden *Tachismus* wie auch des *Action painting*, der ersten eminent amerikan. Kunstsprache. Diese Malerei des abstrakten Expressionismus ist auf den gest. Impuls des Malaktes konzentriert, so daß es nahe lag, das Publikum an diesem Ereignis teilnehmen zu lassen. Auch dadaist. Veranstaltungen und die der Surrealisten fanden vor Publikum statt. Das *Happening* der 1960er Jahre versucht die Grenze zw. Publikum und (improvisierenden) Akteuren zu verwischen, das Publikum gestaltet mit (jeder ist Künstler), dem Kreativprozeß bzw. dem Bewußtwerdungsprozeß der Teilnehmenden wird die entscheidende Bed. zugemessen. Die *Minimal art* entstand etwa gleichzeitig, sie sucht durch die Anordnung der geometr. Objekte die Aufmerksamkeit auf räuml. Beziehungen zu lenken, sie legt den Grund für *Konzeptkunst* der 1970er Jahre, die mit Skizzen und schriftl. Entwürfen die Vorstellungen des Betrachters aktivieren will. Rückblickend gesehen, leitet schon M. Duchamp zur Konzeptkunst über, indem er banale Dinge in einen ungewöhnl. Bezug (Kunstmuseum) stellt. Dem gleichen Ziel der Vermittlung geistig-schöpfer. Vorgänge dient - wenn auch mit einer gewissen Ablösung von Improvisation und Aktivierung des Publikums - die *Prozeßkunst* mit ihren mittels Film oder Videoband festgehaltenen Aktionen oft großen Stils. Spätestens seit der Documenta 1977 drängen andere Auffassungen in den Vordergrund, der *Photorealismus*, der seine Bilder bis ins letzte Detail ausführt, eine gesellschaftskrit. realist. Malerei oder auch Spielarten eines individuellen Realismus. Auch an den übrigen Anstößen wird weitergearbeitet.

⊞ *Koch-Hillebrecht, M.: Die m. K.* Mchn. 1983. - *Schapiro, M.: M. K. - 19. u. 20. Jh.* Dt. Übers. Köln 1982. - *Fuchs, H. R.: Plastik der Gegenwart.* Baden-Baden Neuaufl. 1980. - *Hofstätter, H. H.: Malerei u. Graphik der Gegenwart.* Baden-Baden Neuaufl. 1980. - *Haftmann, W.: Malerei im 20. Jahrhundert.* Mchn. [3-6]1979-80. 2 Bde. - *Hofmann, W.: Grundlagen der m. K.* Stg. [2]1978. - *Schreiber, M.: Kunst zw. Askese u. Exhibitionismus.* Köln 1974. - *Castleman, R.: Moderne Graphik seit 1945.* Dt. Übers. Mchn. 1973. - *Hammacher, A. M.: Die Entwicklung der modernen Skulptur. Tradition u. Erneuerung.* Dt. Übers. Bln. 1973. - *Thomas, K.: Bis heute, Stilgesch. der bildenden Kunst im 20. Jh.* Köln 1971. - *Arnason, H. H.: Gesch. der m. K. Malerei, Skulptur, Architektur.* Dt. Übers. Bremen 1970.

Modernismo [lat.-span. (↑modern)], lateinamerikan. und span. literar. Strömung, etwa 1890–1910, begr. von R. Darío. Der M. wandte sich gegen die prosaisch-nüchterne realist. Literatur des 19. Jh. und propagierte, beeinflußt v. a. von den frz. Romantikern und Symbolisten, eine poet. Erneuerung durch eine rein ästhet. bestimmte Kunst des L'art pour l'art.

Modernismus [lat.-frz. (↑modern)], aus der Begegnung mit den modernen Wiss. um 1900 entstandene Richtung in der kath. Theologie mit bes. Auswirkungen auf den Gebieten der Philosophie und der Soziallehre, ausgehend von allg. Reformtendenzen zu Beginn des 20. Jh. auf den Gebieten der Religionsphilosophie, der Apologetik, der Bibelwissenschaften, der Dogmengeschichte und der polit.-sozialen Aktion. Die geistige Orientierung auf eine ausschließl. innerweltl. Gotteserfahrung führte zur Aufhebung des übernatürl. Charakters von Glaube, Dogma und Kirche und zur Forderung der Trennung von Glaube und Wissen sowie von Kirche und Staat. Die wichtigsten Vertreter des M. waren A. Loisy und G. Tyrrell. Papst Pius X. verurteilte 1907 den M. und schrieb 1910 für den gesamten Klerus an ↑Antimodernisteneid vor (1967 abgeschafft). Die im Streit um den M. aufgetretene Grundfrage nach einer Übereinstimmung zw. dem übernatürl. Charakter der Offenbarung und der Kirche mit ihren geschichtl. Erscheinungsformen ist ungelöst.

⊞ *Katholizismus u. philosoph. Strömungen in Deutschland.* Hg. v. A. Langner. Paderborn 1982. - *Loome, T. M.: Liberal catholicism. Reform catholicism, modernism.* Mainz 1979. - *Aufbruch ins 20. Jh. Zum Streit um Reformkatholizismus u. M.* Hg. v. G. Schwaiger. Gött. 1977.

Modern Jazz [engl. 'mɔdən 'dʒæs], übergreifender Begriff für die Stilbereiche des Jazz zw. 1940 und 1960. Zum M. J. zählen v. a. ↑Bebop, ↑Cool Jazz und Hard-Bop.

Modern Jazz Quartet [engl. 'mɔdən 'dʒæs kwɔːˈtɛt], 1952 von dem Pianisten und Komponisten John Lewis (* 1920) gegr.; war mit dem Vibraphonisten Milt Jackson, dem Bassisten Percy Heath und dem Schlagzeuger Connie Kay (bis 1955: Kennie Clarke) bis zur Auflösung 1974 die führende Combo des Cool Jazz.

Moderpflanzen, svw. ↑Saprophyten.

Modersohn, Otto, * Soest 22. Febr. 1865, † Rotenburg (Wümme) 10. März 1943, dt. Maler. - Lebte 1889–1909 in Worpswede, ∞ mit Paula ↑Modersohn-Becker; malte v. a. Landschaften des Norddt. Tieflands.

Modersohn-Becker, Paula, * Dresden 8. Febr. 1876, † Worpswede 20. Nov. 1907, dt. Malerin. - Malstudien u. a. 1898/99 bei F. Mackensen in Worpswede, 1901 ∞ mit O. Modersohn. Seit 1900 Aufenthalte in Paris (Einflüsse van Goghs, Gauguins, Cézannes). Ihr Werk umfaßt Stilleben und Bildnisse in einer zu großen Flächen verdichteten Formensprache. - *Werke:* Melonenstilleben (1905; Köln, Wallraf-Richartz-Museum), Bildnis Rainer Maria Rilke (1906; Privatbesitz), Selbstbildnis mit Kamelienzweig (1907; Essen, Museum Folkwang).

Modiano, Patrick Jean, * Paris 30. Juli 1947, frz. Schriftsteller. - Gilt als brillantester Stilist und Erzähler der jüngeren Generation. Behandelt in seinen Romanen, u. a. „Villa Triste" (1975), „Familienstammbuch" (1977), „De si braves garçons" (1982), stets wiederkehrende Themen: Ausbruch des 2. Weltkrieges, Besetzung Frankr. durch die Deutschen, die Judenverfolgungen, Suche nach Eigenidentität v. a. der Verfolgten.

Modifikation [zu lat. modificatio „die Abmessung einer Sache"], nicht erbl., durch bestimmte Umweltfaktoren *(M.faktoren, Modifikatoren;* z. B. Licht, Temperatur, Ernährungsbedingungen) hervorgerufene Abänderung eines Merkmals bei Lebewesen.
◆ in der *Kristallographie* Bez. für eine von zwei oder mehr möglichen kristallinen Zustandsformen einer Substanz.

Modifikationsgene (Modifikatoren), nichtallele Gene, die nur verstärkend (Verstärker) oder abschwächend (Abschwächer) auf die Wirkung anderer Gene (Hauptgene) Einfluß nehmen.

modifizieren [lat.], einschränken, abändern.

modifizierendes Verb ↑ Verb.

Modigliani, Amedeo [italien. modiʎˈʎaːni, frz. mɔdiljaˈni], * Livorno 12. Juli 1884, † Paris 25. Jan. 1920, italien. Maler und Bildhauer. - Lebte ab 1906 vorwiegend in Paris. 1909 erhielt er entscheidende Anstöße durch die Cézanne-Retrospektive. M. war tuberkulosekrank und nahm auch Drogen. Seine Bildnisse und weibl. Aktfiguren zeichnen überlängte, ovale Formen bei gleichzeitiger Beschränkung der Farbskala aus. Sandsteinplastiken in abstrahierender Formsprache. - *Werke:* Porträt Max Jacob (1916; Düsseldorf, Kunstsammlung Nordrhein-Westfalen), Großer Akt (1919; New York, Museum of Modern Art).

M., Franco, * Rom 18. Juni 1918, amerikan. Wirtschaftswissenschaftler italien. Herkunft. - Seit 1962 Prof. am Massachusetts Institute of Technology in Cambridge. Für seine „das ganze menschl. Leben abdeckende Sparhypothese und die Theorien über die Einschätzung des Marktwertes von Unternehmen" erhielt er 1985 den sog. Nobelpreis für Wirtschaftswissenschaften.

Mödl, Martha [ˈmøːdəl], * Nürnberg 22. März 1912, dt. Sängerin (dramat. Sopran). - Seit 1953 Mgl. der Württemberg. Staatsoper in Stuttgart; v. a. gefeierte Wagner-Interpretin (seit 1951 bei den Bayreuther Festspielen).

Mödling, niederöstr. Bez.hauptstadt, am O-Rand des Wienerwalds, 240 m ü. d. M.,

19 000 E. Museum; Maschinenbau, Möbel-, Elektro- u. a. Ind. - 903 zuerst erwähnt; nach 1800 Kurort; seit 1875 Stadt. - Die Ruine der ehem. Wehrkirche wurde 1690 ff. barockgotisierend ausgebaut; roman. Karner (13. und 17. Jh.); Renaissancerathaus (1548).

Modrow, Hans [...dro], * Jasenitz (Kreis Ückermünde) 27. Jan. 1928, dt. Politiker ([SED]-PDS). Gesellschafts- und Wirtschaftswissenschaftler; trat 1949 der SED, der FDJ und dem FDGB bei und wurde Parteifunktionär. Seit 1958 Abg. der Volkskammer; seit 1967 Mgl. des ZK der SED, dort 1971-73 Leiter der Abteilung Agitation; seit 1973 Bezirkssekretär von Dresden; seit Nov. 1989 Mgl. des Politbüros. Nov. 1989-April 1990 Vors. des Ministerrats der DDR.

Modul [zu lat. modulus „Maß, Maßstab"], Maßeinheit der Antike für den unteren Halbmesser einer Säule zur Bestimmung der Verhältnisse der Säulenordnungen (Säulenhöhe, Säulenabstand, Abmessung von Gebälk und Kapitellen); in der Renaissance wieder aufgenommen.

Amedeo Modigliani, Sitzender weiblicher Akt (1917). Antwerpen, Koninklijk Museum voor Schone Kunsten

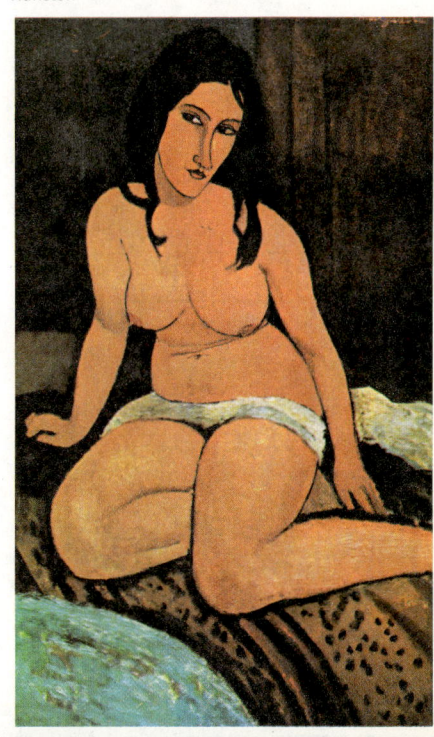

Modulation

◆ in der *Mathematik*: 1. svw. Absolutbetrag einer komplexen Zahl oder einer [analyt.] Funktion; 2. Verhältnis von dekad. (oder einem anderen) Logarithmus einer beliebigen Zahl x zum natürl. Logarithmus dieser Zahl: $M_{10} = \lg x/\ln x = 1/\ln 10 = 0,4342945...$; 3. svw. Divisor kongruenter Zahlen († Kongruenz); 4. Bez. für eine additiv geschriebene † abelsche Gruppe.
◆ in der *Physik* und in der *Technik* Bez. für eine Materialkonstante (z. B. den Elastizitätsmodul) oder eine Kenngröße (z. B. bei Zahnrädern).
◆ [moˈduːl], in der *Elektronik* Bez. für eine zu einer Schaltungseinheit zusammengefaßte Gruppe von Bauelementen.

Modulation [zu lat. modulatio „Maßstab, Rhythmus"], allg. jede Art der Beeinflussung einer charakterist. Größe (Amplitude, Frequenz, Phase) von meist höherfrequenten, ungedämpften period. Vorgängen, i. e. S. von elektromagnet. [Hochfrequenz]wellen bzw. -schwingungen, Lichtstrahlen (z. B. Laser) oder Impulsfolgen zum Zwecke der Übertragung von Signalen oder Nachrichten (z. B. bei der Telegrafie, beim Hörfunk und Fernsehen) oder von Meßwerten. Die beeinflußte Schwingung, Welle oder Impulsfolge wird als Trägerschwingung bzw. **Trägerwelle**, ihre Frequenz als **Trägerfrequenz** bezeichnet. Das beeinflussende (modulierende) Signal, meist ebenfalls in Form von Schwingungen vorliegend, wird als *modulierende* oder *M.schwingung*, seine gegenüber der Trägerfrequenz meist niedrige Frequenz als **Modulationsfrequenz** bezeichnet. Die Trägerfrequenztechnik ermöglicht es, zahlr. Signale (z. B. über 10 000 Telefongespräche; † Fernsprechen) gleichzeitig über einen Übertragungsweg laufen zu lassen. Eine Trennung von Träger- und M.schwingung beim Empfänger ist nur durch den der M. entgegengesetzten Vorgang der Demodulation möglich.

Man unterscheidet bei der M. einer Sinusschwingung (Sinusträger) die **Amplitudenmodulation** (**AM**), bei der die Amplitude der Trägerschwingung entsprechend der modulierenden Schwingung verändert wird und die **Frequenzmodulation** (**FM**), bei der die Änderung durch M. der Frequenz erfolgt. Bei der M. einer (im allg. aus rechteckigen Impulsen bestehenden) Folge period. gleichartiger Impulse (Pulsträger) unterscheidet man die **Pulsamplitudenmodulation** (**PAM**), bei der die Amplitude des Pulsträgers verändert wird, die **Pulsphasenmodulation** (**PPM**), bei der die Phase, d. h. die Zeit zw. den einzelnen Impulsen verändert wird, die **Pulsfrequenzmodulation** (**PFM**), bei der die Frequenz des Pulsträgers verändert wird, die **Pulsdauer-** oder **Pulslängenmodulation** (**PDM** bzw. **PLM**), bei der die Impulsdauer verändert wird, und die **Pulscodemodulation** (**PCM**), aufgebaut auf einem Pulscode, dessen Elemente durch Impulse ausgedrückt werden (z. B. Fünfercode der Fernschreibtechnik).
◆ in der *Musik* das Überleiten (Modulieren) von einer Tonart in eine andere.

Modulor [lat.-frz.], ein von Le Corbusier entwickeltes Proportionsschema, das von einer Körpergröße von 1,83 m (bzw. 2,26 m mit erhobener Hand) ausgeht und auf dem † Goldenen Schnitt beruht.

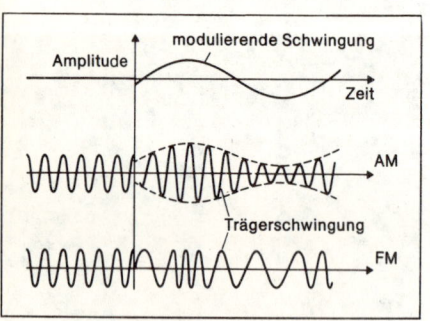

Modulation. Schema der Amplitudenmodulation und der Frequenzmodulation

Modulation. Die verschiedenen Formen der Pulsmodulation

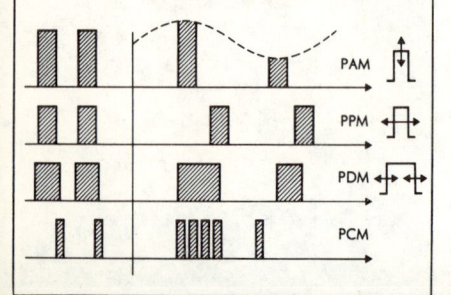

Modultechnik, Anfang der 1950er Jahre in den USA entwickelte Methode der Miniaturisierung elektron. Geräte. Eingekerbte Keramikplättchen von etwa 25 mm Kantenlänge wurden mit z. T. verkleinerten konventionellen Bauelementen bestückt, wobei aufgedruckte leitende Verbindungen zu metallisierten Kerben führten; die übereinander gestapelten Plättchen wurden durch angelötete Steigdrähte in den Kerben verbunden. Diese **Module** (oder **Modulschaltungen**) werden luft- und feuchtigkeitsdicht mit Kunstharz vergossen. Bei **Mikromodulen** (Keramikplättchen von 10 mm Kantenlänge) werden anstelle von subminiaturisierten Elektronenröhren Halbleiterbauelemente verwendet.

Modus [lat., eigtl. „Maß"], grammat. Kategorie des Verbs, die dessen *Aussageweise* festlegt; der Sprecher gibt mittels des M. eine subjektive Stellungnahme zur Geltung (zum Wirklichkeitsgehalt) seiner Äußerung ab: das verbale Geschehen wird als allg. gültig, angenommen, als gedacht, möglich, erwünscht, gefordert usw. hingestellt. In den indogerman. Sprachen werden v. a. Indikativ, Konjunktiv, Optativ und Imperativ unterschieden; sie werden formal durch die Konjugation des Verbs ausgedrückt, in älteren Sprachen ausschließl. durch Flexionsmorpheme, in jüngeren auch durch Konstruktionen mit modalen Hilfsverben.

♦ in der traditionellen *Logik* die Schlußform im Unterschied zur Schlußfigur († Syllogismus, † auch Schluß).

♦ (dichtester Wert, häufigster Wert) statist. Mittelwert; jener Wert, der in einer Untersuchungsreihe am häufigsten vorkommt.

Modus ponens [lat.] † Abtrennungsregel.

Modus procedendi [lat.], Verfahrensweise, Art des Vorgehens.

Modus vivendi [lat., eigtl. „Art zu leben"], *allg.*: Form eines erträgl. Zusammenlebens zweier oder mehrerer Parteien [ohne Rechtsgrundlage]. Im Völkerrecht ausdrückl. oder stillschweigende Einigung zw. Völkerrechtssubjekten, durch die eine fakt. notwendige Regelung vorläufig getroffen wird. Ein M. v. erfolgt oft im Hinblick auf eine spätere genauere Abmachung oder als Regelung zw. politisch oder in ihrer Wirtschaftsordnung konträren Staaten.

Moeller van den Bruck, Arthur ['mœlər...], * Solingen 23. April 1876, † Berlin 30. Mai 1925 (Selbstmord), dt. polit. Schriftsteller. - Wirkte in der Weimarer Republik als maßgebl. Theoretiker der Jungkonservativen und der konservativen Revolution. In der Nachfolge der Weltkriegsideologie von einer „dt. Sendung" verband er Preußentum, Reichsmetaphysik, Gemeinschaftsidee und die These der Nähe des dt. Volkes zu den „jungen Völkern des Ostens" (Rußland) zu einem polit. Mythos, der nur in der radikalen Verneinung des „Westens", seiner polit. Ideen und Institutionen eindeutig war und mit dem Schlagwort vom „Dritten Reich" den bürgerl. Nationalisten und den Nationalsozialisten eine griffige antidemokrat. Formel lieferte; schrieb u. a. „Das Dritte Reich" (1923).

Moens, Wies [niederl. mu:ns], * Sint-Gillis-bij-Dendermonde 28. Jan. 1898, † Geleen 2. Febr. 1982, fläm. Dichter. - Anhänger eines großniederl. Staates, gründete die polit.-satir. Zeitschrift „Dietbrand" (1933–39); nach dem 2. Weltkrieg wegen Kollaboration zum Tode verurteilt, lebte in Heerlen (Niederlande). - Vertreter eines „humanitären Expressionismus", von großem Einfluß auf die jungen fläm. und kath. niederl. Dichter.

Moers [mø:rs], Stadt im Niederrhein. Tiefland, NRW, 20–40 m ü. d. M., 97 800 E. Metall-, chem., Baustoffind.; Steinkohlenbergbau. - Das an der Stelle des heutigen Stadtteils Asberg gelegene röm. **Asciburgium** bestand aus Auxiliarkastellen. Bei der spätestens im 13. Jh. errichteten Wasserburg der Grafen von M. entstand eine Siedlung, die 1300 Stadtrecht erhielt; unter dem Haus Oranien (1600–1702) zur niederl. Festung ausgebaut (1763 geschleift). - Vom Schloß sind Tortum (14. Jh.) und ein Wohnbau (im Kern 15. Jh.) erhalten. Im Ortsteil **Kapellen** spätgot. Kirche (1560) und das Wasserschloß Haus Lauersfort (15.–19. Jh.).

Moeschlin, Felix ['mœʃli:n], * Basel 31. Juli 1882, † ebd. 4. Okt. 1969, schweizer. Schriftsteller. - Journalist; 1941–47 Nationalrat; schrieb v. a. histor. und Gegenwartsromane, u. a. „Barbar und Römer" (1931), „Morgen geht die Sonne auf" (1958).

Moesia, röm. Prov., † Mösien.

Mofa [Kw. für **Mo**tor**fa**hrrad] † Kraftrad.

Mofette [italien.-frz.], vulkan. Gasquelle, aus der Kohlendioxid austritt.

Moffo, Anna, * Wayne (Pa.) 27. Juni 1935, amerikan. Sängerin (Sopran) italien. Herkunft. - An der Metropolitan Opera in New York (seit 1959), der Mailänder Scala und anderen bed. Opernhäusern sowie bei den Salzburger Festspielen (1957/58) in italien. und frz. Opern gefeierte Sängerin.

Mofolo, Thomas, * Khojane bei Mafeteng (Lesotho) 22. Dez. 1876, † Teyateyaneng 8. Sept. 1948, afrikan. Schriftsteller. - Verfaßte mit „Chaka, der Zulu" (1925) den ersten histor. Roman der modernen afrikan. Literatur.

Mogadischu, Hauptstadt von Somalia, an der Küste des Ind. Ozeans, 600 000 E. Univ. (seit 1969), Hochschule für islam. Kultur und Recht, Polizeiakad., Lehrerseminar, ethnolog.-naturhistor. Museum; Wirtschaftszentrum des Landes mit internat. Messe, Nahrungsmittel-, Textil- und Lederind.; bedeutendster Hafen des Landes, ✈. - Die arab. pers. Handelsstadt M. wurde im 15. Jh. von den Somal erobert; nach einem portugies. Zwischenspiel im 16. Jh. gehörte M. zum Sultanat von Oman. 1870 von Sansibar erworben. Ende des 19. Jh. begannen die Italiener, sich in M. niederzulassen, und kauften die Stadt 1905 dem Sultan von Sansibar ab; 1941 von brit. Truppen erobert.

Mögel-Dellinger-Effekt [nach dem dt. Ingenieur E. H. Mögel, * 1900, und dem amerikan. Physiker J. H. Dellinger, * 1886, † 1962] (Dellinger-Effekt), durch Korpuskular- und Röntgenstrahlung der Sonne hervorgerufene Beeinflussung der † Ionosphäre der Erde (starke Erhöhung der Ionisation der D-Schicht), die sich durch verstärkte Absorption von Kurzwellen auswirkt und zum völligen Erliegen des Kurzwellenfernempfangs führen kann.

Mogeln, Kartenspiel zw. 4 und mehr Spielern mit 52 oder zweimal 52 frz. Karten, wobei diese nach der Reihenfolge der Werte

Mogelpackung

und Farben oder nur der Werte bzw. Farben möglichst schnell abzulegen sind (verdeckte Ablage bei gleichzeitiger [mögl. falscher] Ansage der betreffenden Karte). Wer zuletzt Karten übrigbehält, hat verloren.

Mogelpackung, umgangssprachl. Bez. für Verpackungen von Waren, v.a. von Lebensmitteln, die nicht voll gefüllt sind und dadurch mehr Inhalt vortäuschen.

Mogiljow [russ. mɐgi'ljɔf], sowjet. Gebietshauptstadt am Dnjepr, Weißruss. SSR, 334 000 E. Maschinenbauhochschule, PH, TH; Heimatmuseum, Theater. Metallverarbeitung, Kunstfaserwerk u.a. Ind.; Anlegeplatz, Bahnknotenpunkt, ✈. - Im 13. Jh. gegr.; wurde Anfang des 14. Jh. lit., dann poln.; 1706 durch Rußland besetzt; 1772 endgültig Rußland angeschlossen.

Möglichkeit, eine der ↑Modalitäten; 1. ontolog. das, das unter bestimmten Bedingungen oder Voraussetzungen sich realisieren oder realisiert werden kann, 2. log. das, das widerspruchsfrei gedacht werden kann. Die ontolog. M. wird als sog. Realprinzip des Seienden aufgefaßt.

Möglichkeitsform, svw. ↑Konjunktiv.

Mogollonkultur [engl. mʌgɪ'oʊn; nach dem Ort Mogollon, 270 km sw. von Albuquerque], vorgeschichtl. Kultur im SW der USA (südl. New Mexico, sö. Arizona) und N-Mexiko (Chihuahua), etwa 200 v. Chr. bis 1400 n. Chr.; entwickelte sich als seßhafte Kultur mit Feldbau, Dörfern mit runden Grubenhäusern und ein-, später zweifarbiger Keramik unter mex. Einflüssen aus der Cochisekultur.

Mogontiacum (Moguntia), lat. Name von Mainz.

REICH DER MOGULN IN INDIEN

- Das Reich der Moguln unter Akbar 1556-1605
- Eroberungen unter Aurangsib 1658-1707
- Grenze des Reiches der Moguln zur Zeit der größten Ausdehnung
- Autonome Gebiete innerhalb des Reiches der Moguln
- Ausländische Handelsniederlassungen

Hauptstädte des Mogulreiches:
Agra bis 1574
Fatehpur Sikri 1574-86
Lahore 1586-1638
Delhi seit 1638

Mogul (Großmogul), arab.-pers. (ungenaue) Bez. der im Mogulreich herrschenden Dyn. mongol. Abstammung.

Mogulreich, Reich der Moguln in Indien, gegr. von Babur († 1530), der von Kabul aus N-Indien vom Pandschab bis an die Grenze von Bengalen eroberte. Sein Enkel Akbar (1556–1605) konnte u. a. Bengalen (1576), Kandesh (1577), Kabul (1581), Kaschmir (1586) und Belutschistan (1595) hinzugewinnen. Seine größte Ausdehnung erreichte das M. unter Aurangsib (1658–1707) durch Annexion von Bijapur (1686) und Golkonda (1687), doch kam es zu Revolten der Sikh, zu Kriegen mit den Radschputen und Marathen, die die Finanzkraft des Reiches erschöpften und den Verfall einleiteten. Nach den frz.-brit. Auseinandersetzungen um die Vorherrschaft in Indien führten die Moguln nur noch ein Schattendasein; seit 1803 war der Großmogul Pensionär der Briten, die den letzten Herrscher 1858 auch formal absetzten.

Mohács [ungar. 'moha:tʃ], ungar. Stadt an der Donau, 21000 E. Volkskundemuseum; Maschinen-, Baustoff-, Holz- und Seidenind. - Zentrum der Schokzen. - In der **Schlacht bei Mohács** (29. Aug. 1526) wurde König Ludwig II. von Ungarn und Böhmen von den Osmanen unter Sultan Sulaiman II. besiegt und fiel. - Am 12. Aug. 1687 wurden bei M. die Osmanen von den Kaiserlichen unter Herzog Karl V. von Lothringen entscheidend geschlagen.

Mohair [moˈhɛːr; italien.-engl., zu arab. muchajjar „Stoff aus Ziegenhaar"] (Mohairwolle, Mohär), Bez. für die von Angoraziegen gewonnene Wolle. M. wird rein oder mit anderer Wolle vermischt zur Herstellung von Kamm- und Streichgarnen (Damenoberbekleidungsstoffe, Schlafdecken u. a.) verwendet. Da sich **Mohairgarne** gut färben lassen und einen schönen Glanz aufweisen, zeichnen sich M.stoffe durch große Brillanz aus.

Mohammad Reṣa Pahlawi ↑ Resa Pahlawi, Mohammad.

Mohammed (arab. Muhammad), eigtl. Abul Kasim Muhammad Ibn Abd Allah, * Mekka um 570, † Medina 8. Juni 632, Stifter des Islams. - Über sein Leben vor der Auswanderung nach Medina ist nur wenig Sicheres bekannt. M. gehörte der führenden Sippe des in Mekka herrschenden Stammes der Koraisch, den Haschimiden, an. Er heiratete mit 25 Jahren Chadidscha, die ihm ↑ Fatima gebar. Seine religiösen Fragen scheinen v. a. durch Begegnung mit christl. und jüd. Gruppen geweckt worden zu sein. Seine Andachtsübungen verdichteten sich in seinem 40. Lebensjahr zu visionären Offenbarungserlebnissen, die dann im ↑ Koran ihren Niederschlag fanden. M. fühlte sich zum gottgesandten Propheten erwählt, um die Araber zum ↑ Islam zu führen. Mit diesem Anspruch fand M. jedoch nur wenige Anhänger unter den Mekkanern. Nach dem Tod Chadidschas suchte M. neue Wirkungsmöglichkeiten in Medina, wohin er im Sept. 622 auswanderte (Hedschra). Aus seinen Mitauswanderern (Muhadschirun) und neuen medinens. Anhängern (Ansar) formte M. eine Gemeinschaft, die unter seiner Führung den Islam in Arabien durchzusetzen begann. Er selbst wurde geistl. und polit. Oberhaupt mit absoluter Autorität. In mehreren krieger. Auseinandersetzungen konnte sich M. schließl. gegen Mekka durchsetzen. Die arab. Stämme schlossen sich ihm an, die Juden wurden vertrieben und die Gebetsrichtung (Kibla) wurde von Jerusalem nach Mekka umorientiert. Im Jan. 630 konnte M. in Mekka einziehen und den Kult der Wallfahrers (Hadsch) im hl. Bezirk vollziehen. - M. betrachtete sich - bedingt durch seinen Erfolg - nunmehr als den letzten in der mit Adam beginnenden Reihe der Propheten, mit dem die Offenbarung des wahren Glaubens abgeschlossen sei und dessen Sendung sich an die ganze Menschheit richte. M. selbst hat sich zwar stets als Mensch ohne übernatürl. Eigenschaften verstanden, doch stattete ihn die muslim. Gemeinde mehr und mehr mit den Fähigkeiten eines wundertätigen Heiligen aus. - Seinen Nachfolgern, den Kalifen, hinterließ M. ein polit. und religiös geeintes Arabien.

📖 Lüling, G.: Die Wiederentdeckung des Propheten M. Erlangen 1981. - Konzelmann, G.: M. Allahs Prophet u. Feldherr. Bergisch Gladbach 1981. - Schimmel, A.: Und Muhammad ist sein Prophet. Köln 1981.

Mohammed, Elijah [engl. mouˈhæmɪd], eigtl. E. Poole, * bei Sandersville (Ga.) 10. Okt. 1897, † Chicago 25. Febr. 1975, schwarzer amerikan. Bürgerrechtler. - Seit 1925 Fabrikarbeiter in Detroit; gründete 1932 die Black Muslims, deren Führer seit 1934; sein radikales Programm der „black unification" hatte bes. Erfolg bei der schwarzen Bev. der amerikan. Großstädte.

Mohammed ↑ auch Muhammad.

Mohammedia (früher Fédala), marokkan. Hafenstadt, Seebad am Atlantik, 105 100 E. Erdölraffinerie, chem. Industrie, Fischkonservenfabriken. Ausbau zum Tiefwasserhafen.

Mohammed Ṣahir, * Kabul 15. Okt. 1914, König (Schah) von Afghanistan (1933/53–73). - Übernahm 1933 nominell die Herrschaft; bis 1953 übten 3 Onkel die tatsächl. Staatsgewalt aus; verfolgte als Alleinherrscher einen neutralist. Kurs der Blockfreiheit, führte Reformen und Entwicklungsprojekte durch; 1973 durch Staatsstreich gestürzt, dankte ab; lebt in Rom.

Mohave [engl. mouˈhɑːvɪ], Yuma sprechender Indianerstamm im unteren Coloradotal, SO-Kalifornien und W-Arizona.

Mohawk [engl. ˈmouhɔːk], der östlichste Stamm des Irokesenbundes (↑ Irokesen).

Mohawk River [engl. 'moʊhɔːk 'rɪvə], rechter und größter Nebenfluß des Hudson River, USA, entspringt auf der sw. Abdachung der Adirondack Mountains, mündet bei Cohoes, 238 km lang; bed. Wasserstraße.

Mohéli [frz. mɔe'li], früherer Name der Komoreninsel Mwali.

Mohendscho Daro (Mohenjo Daro), Ruinenstadt am Indus, sw. von Sukkur, Pakistan; neben Harappa Hauptstadt der ↑Harappakultur (4. bis Anfang des 2. Jt. v. Chr.); planmäßig angelegte Stadt mit Hauptstraßen und engem Straßennetz; mehrstöckige Bauten aus gebrannten Ziegeln, Abwässersystem, Zitadelle. - Abb. Bd. 10, S. 206.

Mohikaner ↑Mahican.

Mohl, Robert von (seit 1871), * Stuttgart 17. Aug. 1799, † Berlin 4. Nov. 1875, dt. Jurist und Politiker. - 1824 Prof. in Tübingen, 1847 in Heidelberg; 1848 als Liberaler Mgl. der Frankfurter Nat.versammlung. Als Reichsjustizmin. 1848/49 erwarb sich M. Verdienste um die Wechselordnung und um die spätere Herstellung eines gemeinsamen dt. Handelsgesetzbuches. Ab 1861 bad. Gesandter beim Bundestag in Frankfurt am Main, nach 1867 in München; 1874/75 MdR (Liberale Reichspartei).

Mohler, Philipp, * Kaiserslautern 26. Nov. 1908, † Frankfurt am Main 11. Sept. 1982, dt. Komponist. - 1958-75 Direktor der Musikhochschule Frankfurt am Main. Komponierte Orchester- und Kammermusik sowie Werke für Chor a cappella und mit Orchester.

Möhler, Johann Adam, * Igersheim (bei Bad Mergentheim) 6. Mai 1796, †München 12. April 1838, dt. kath. Theologe. - 1826 Prof. für Kirchengeschichte in Tübingen, 1835 in München. Befaßte sich unter dem Einfluß romant. Ideen und in krit. Auseinandersetzung mit der Dialektik des dt. Idealismus in zahlr. Werken mit den Grundfragen des Christentums nach Offenbarung, Schrift und Tradition, Kirche, dem christl. Menschenbild und dem Wesen der Geschichte; gehört zu den bedeutendsten Vertretern der kath. Tübinger Schule. - *Werke:* Die Einheit in der Kirche oder das Prinzip des Katholizismus (1825), Symbolik (1832).

Mohn, Reinhard, dt. Verleger, ↑Bertelsmann AG.

Mohn (Papaver), Gatt. der M.gewächse mit rd. 100 Arten in den gemäßigten Gebieten der N-Halbkugel, nur eine Art (Papaver aculeatum) in S-Afrika und SO-Australien; einjährige, milchsaftführende Kräuter und Stauden mit meist gelappten oder geteilten Blättern, roten, violetten, gelben oder weißen Blüten und kugeligen, eiförmigen oder längl. Kapselfrüchten; z. T. Nutz- und Zierpflanzen. Bekannte Arten: **Klatschmohn** (Feuer-M., Feld-M., Papaver rhoeas), bis 90 cm hoch, mit gefiederten, borstig behaarten Blättern und scharlachroten, bis 10 cm breiten Blüten; auf Äckern und Ödland. Die Kronblätter wurden früher zur Herstellung roter Tinte verwendet. **Islandmohn** (Papaver nudicaule), 30-40 cm hoch, mit grundständigen, bläulichgrünen Blättern; Stengel dünn, blattlos, einblütig; Blüte gelb; in der arkt. und subarkt. Region. Wird als Schnittblume in verschiedenfarbigen Sorten kultiviert. **Schlafmohn** (Magsamen, Papaver somniferum), 0,5-1,5 m hoch, mit wenig geteilten, blaugrün bereiften Blättern und weißen oder violetten Blüten, die am Grund dunkle Flecken haben; im östl. Mittelmeergebiet. Aus den unreifen Fruchtkapseln wird Opium gewonnen. Das durch kaltes Pressen der weißen, blauen oder schwarzen Samen gewonnene Mohnöl wird als Speiseöl sowie industriell als trocknendes Öl verwendet. Blaue Samen werden auch in der Bäckerei verwendet. - *Geschichte:* Der Schlaf-M. stammt von der S-Küste des Schwarzen Meeres. Um 900 v. Chr. war er in Griechenland bekannt. Eine Wildform des M. ist bereits aus der Zeit der bandkeram. Kultur von Niederrhein nachweisbar. In Pfahlbauten des Alpenvorlandes wurden Samen des Schlaf-M. gefunden. M.samen dienten schon sehr früh als Nahrungsmittel. Als Schlaf- und Schmerzmittel war zunächst nicht das Opium, sondern nur M.aufguß und Mekonium (bei den alten Ägyptern, bis zum 4. Jh. v. Chr. auch bei den Griechen und bis zum 17. Jh. n. Chr. bei den Chinesen) bekannt. In Deutschland wurde M. seit dem MA v. a. wegen seines ölhaltigen Samens angebaut.

Möhne, rechter Nebenfluß der Ruhr, NRW, entspringt westl. von Brilon, mündet bei Neheim-Hüsten, 57 km lang.

Möhnestausee ↑Stauseen (Übersicht).

Mohngewächse (Papaveraceae), zweikeimblättrige Pflanzenfam. mit über 40 Gatt. und rd. 700 Arten, v. a. in temperierten und subtrop. Gebieten der Nordhalbkugel; Kräuter oder Stauden (seltener Sträucher), meist milchsaftführend; viele Zierpflanzen. Bekannte Gatt. sind u. a. Goldmohn, Hornmohn, Mohn, Lerchensporn und Schöllkraut.

Moholy-Nagy, László [ungar. 'mohoj'nɔdj], * Bácsborsod (Bez. Borsod-Abaúj-Zemplén) 20. Juli 1895, † Chicago 24. Nov. 1946, ungar. Künstler. - Kam 1920 nach Berlin und wirkte 1923-28 als Prof. am Bauhaus. Über Berlin, Amsterdam und London emigrierte M.-N. 1937 nach Chicago, gründete dort das „Institute of Design". M.-N. ist bed. als konstruktivist. Maler, experimentellerKünstler, Vorreiter der Objektkunst und der ↑kinetischen Kunst und Lichtkunst, verwendete Plexiglas und Metall, teilweise unter Einbeziehung von Licht und Bewegung („Licht-Raum-Modulator", 1922-30). M.-N. arbeitete seit 1922 auch in den Medien Photographie (Photogramme) und Film und wurde bed. für funktionale Architektur, Industriedesign und Typographie; auch theoret. Schriften.

Mo i Rana

Mohorovičić, Andrija [serbokroat. mɔhɔ'rɔvi:tʃitɐ], * Volosko (Istrien) 23. Jan. 1857, † Zagreb 18. Dez. 1936, jugoslaw. Seismologe und Meteorologe. - 1882–91 Prof. in Bakar, danach Leiter der Landesanstalt für Meteorologie und Geodynamik in Zagreb; entdeckte 1910 den Sprung der Ausbreitungsgeschwindigkeit von Erdbebenwellen an der nach ihm benannten **Mohorovičić-Diskontinuität** († Erde [Aufbau]).

Mohr, Friedrich, * Koblenz 4. Nov. 1806, † Bonn 28. Sept. 1879, dt. Pharmazeut. - Apotheker in Koblenz, ab 1867 Prof. in Bonn; gehört zu den Begründern der volumetr. Analyse; konstruierte verschiedene Laboratoriumsapparate.

M., Joseph, * Salzburg 11. Dez. 1792, † Wagrain-Markt (Bundesland Salzburg) 5. Dez. 1848, östr. kath. Geistlicher. - Verf. des Liedes „Stille Nacht, heilige Nacht" (entstanden 1818), das von seinem Freund F. X. Gruber vertont wurde.

Mohr, urspr. Bez. für Maure; dann für Neger, heute veraltet.

Möhre (Daucus), Gatt. der Doldengewächse mit rd. 60 Arten im Mittelmeergebiet, einzelne Arten auch in anderen Erdteilen. In M-Europa kommt die **Wilde Möhre** (Möhre i. e. S., Daucus carota) vor; meist zweijährige Kräuter mit weißen Doldenblüten; die mittlere Blüte hat dunklere Blütenblätter *(Möhrenblüte)*, 2- bis 3fach gefiederte Laubblätter und Klettenfrüchte; unterscheidet sich von der † Karotte durch eine spindelförmige, verholzte Pfahlwurzel.

Mohrenfalter (Erebia), artenreiche Gatt. vorwiegend schwärzl. bis rotbrauner Augenfalter, v. a. in Gebirgen, Tundren und nördl. Regionen der Nordhalbkugel (in Deutschland rd. 25 Arten von 3–5 cm Spannweite); Flügel mit mehreren kleinen Augenflecken in einer (meist) dunkleren Binde. Der weit verbreitete **Waldteufel** (Erebia aethiops) besiedelt neben dem kleineren **Alpenmohrenfalter** (Erebia triarius) auch die Gebirge.

Möhrenfliege † Nacktfliegen.

Mohrenhirse, svw. † Sorghumhirse.

◆ (Durrha, Sorg[h]um durrha) Art der Sorghumhirse, v. a. in den Trockengebieten Afrikas und Asiens; 1–5 m hohe, anspruchslose Kulturpflanze mit markigem Stengel, maisähnl., jedoch schmäleren Blättern und großer Rispe mit (im Ggs. zur Echten Hirse und Borstenhirse) zwei Ährchen an jedem Rispenast; in den Anbaugebieten wichtiges Brotgetreide, in N-Amerika als Futterpflanze angebaut.

Mohrenkopf, mit Schokoladenkouvertüre überzogenes, mit Schlagsahne gefülltes Biskuitgebäck.

◆ svw. † Negerkuß.

Mohrenmaki † Lemuren.

Mohr (Paul Siebeck), J. C. B. † Verlage (Übersicht).

Mohrrübe, svw. † Karotte.

Mohrsche Waage [nach F. Mohr] (Westphalsche Waage), Gerät zur Bestimmung der Dichte von Flüssigkeiten durch Messung des Auftriebs, den ein Probekörper in der Flüssigkeit erfährt.

Mohs, Friedrich, * Gernrode 29. Jan. 1773, † Agordo (Prov. Belluno) 29. Sept. 1839, dt. Mineraloge. - Prof. in Graz, Freiberg und Wien; führte eine Mineralklassifikation auf Grund äußerer Kennzeichen ein; entwickelte 1812 die nach ihm ben. Härteskala († Härte).

Mohshärte [nach F. Mohs] † Härte.

Moi, Daniel Arap ['mɔʊɪ], * Sacho (Distrikt Baringo) 1924, kenian. Politiker. - 1945–55 Lehrer, dann bis 1963 Mgl. des Legislativrats, 1960/61 Vors. der KADU (Kenya African Democratic Union). 1961/62 Erziehungsmin., 1962–64 Min. für innere Selbstverwaltung; schloß sich 1964 der KANU (Kenya African National Union) an; 1964–67 Innenmin., seit 1967 Vizepräs. (und Innenmin.); nach dem Tod von J. Kenyatta seit Okt. 1978 Staatspräs. und Oberbefehlshaber der Streitkräfte.

Moiety [engl. 'mɔɪətɪ, zu lat. medietas „die Mitte"] (Mrz. Moieties), als Hälfte eines Stammes oder einer Siedlung ausgebildete Sozialeinheit. Die M.angehörigkeit des einzelnen wirkt sich u. a. bei Heiratsregelungen, Zeremonien und Wettkämpfen aus. Sie wird in der väterl. oder mütterl. Linie vererbt.

Mo i Rana [norweg. 'mu:], norweg. Ind.ort in der Gem. Rana (25 500 E) am Ranafjord; Museum; große Kokerei, chem. Ind.

Mohrsche Waage. Der Probekörper P ist durch das Gegengewicht G im Gleichgewicht, wenn er sich in Luft befindet; sein Auftrieb, der durch Aufsetzen von Reitergewichten Rg auf den Waagebalken gemessen wird, ist ein Maß für die Dichte der Flüssigkeit

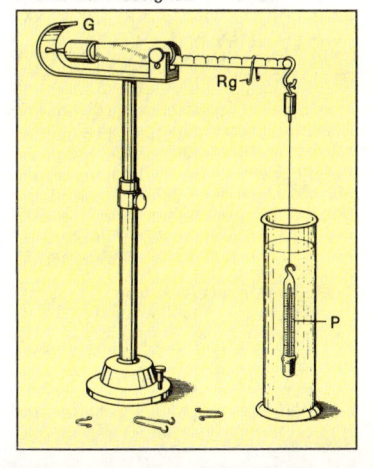

Moiré

Moiré [moaˈreː; frz., zu engl. mohair (↑ Mohair)], in der *Textiltechnik* Bez. für ein mattschimmerndes Muster, das feinen Wellen oder einer Holzmaserung ähnelt, und für ein derartiges Muster aufweisende Stoffe.
◆ in der *Drucktechnik* Bez. für eine störende Musterbildung, die durch falsche Rastereinstellung entsteht (v. a. beim Mehrfarbendruck).

Moiren, Schicksalsgöttinnen der griech. Mythologie. „Moira" bedeutete eigtl. den dem einzelnen Menschen (auch der Gottheit) vom Schicksal zugewiesenen, unabänderl. „Teil" im Ordnungs- und Sinnganzen des Kosmos, dann dieses „Schicksal" selbst, dessen Walten oft in Ggs. zu dem der Götter steht. Personifikation und mytholog. Systematisierung bedingten die Vorstellung von drei Schwestern, Töchtern des Zeus und der Themis: **Klotho** (die „Spinnerin" des Lebensfadens), **Lachesis** (die „Zuteilerin" des Lebensloses) und **Atropos** (die „Unabwendbare", die den Faden durchschneidet).

Moissan, Henri [frz. mwaˈsã], * Paris 28. Sept. 1852, † ebd. 20. Febr. 1907, frz. Chemiker. - Prof. an der Sorbonne; arbeitete v. a. über Fluor- und Cyanverbindungen und versuchte Diamanten künstl. herzustellen. 1906 erhielt M. den Nobelpreis für Chemie.

Moissejew, Igor Alexandrowitsch [russ. majˈsjejɪf], * Kiew 21. Jan. 1906, sowjet. Tänzer, Ballettmeister und Choreograph. - Tanzte 1924–39 am Bolschoi-Theater in Moskau und übernahm 1937 die choreograph. Leitung des Staatl. Volkstanzensembles, mit dem er in aller Welt gastierte.

Moissi, Alexander, * Triest 2. April 1880, † Wien 22. März 1935, öster. Schauspieler italien. Herkunft. - Trat 1906 endgültig in das Ensemble Max Reinhardts ein; u. a. interpretierte M. den Oswald in Ibsens Drama „Die Gespenster" (1906), Romeo (1907), Hamlet (1912), Tasso (1913) und - sein größter Erfolg - Fedja in L. Tolstois Drama „Der lebende Leichnam" (1913) sowie zeitgenöss. Rollen, u. a. den Jedermann 1920–32 bei den Salzburger Festspielen; sensibler „impressionist." Starschauspieler.

Moivre, Abraham de [frz. mwaːvr], * Vitry-le-François 26. Mai 1667, † London 27. Nov. 1754, frz. Mathematiker. - Mgl. der Royal Society. In seinem Hauptwerk „The doctrine of chances" (1718) baute M. die Wahrscheinlichkeitsrechnung aus. Der von ihm 1707 gefundene Lehrsatz (Moivresche Formeln) wurde erst von L. Euler ausgewertet.

Mojave Desert [engl. moʊˈhɑːvi ˈdɛzət], Trockengebiet in S-Kalifornien, besteht aus flachen Becken, die durch niedrige Bergrücken getrennt sind; Wüstensteppenvegetation; abgebaut werden die Salze ausgetrockneter Salzseen.

mokant [frz.], spöttisch, höhnisch; sich **mokieren,** sich abfällig bzw. spöttisch äußern.

Mokassin [indian.-engl.], urspr. ein aus einem Stück angefertigter absatzloser Wildlederschuh der nordamerikan. Indianer; heute bequemer Straßenschuh mit zusätzl. Sohle und flachem Absatz.

Mokassinschlangen (Dreieckskopfottern, Agkistrodon), Gatt. bis über 1,5 m langer, meist lebendgebärender Grubenottern mit rd. 10 Arten, v. a. in Steppen, Halbwüsten, Wäldern und Feldern Amerikas und Asiens; mit leicht nach oben gekrümmter Schnauzenspitze und auffallend schwarzbraunem Hinteraugenstreif; Giftwirkung des Bisses selten tödlich. Die bis 75 cm lange **Halysschlange** (Agkistrodon halys) kommt v. a. in Steppen, z. T. auch in Halbwüsten und Wäldern des äußersten SO Europas bis O-Asien vor; rötl. bis graubraun mit dunklerer und hellerer Flecken- und Querbindenzeichnung.

Mokick [Kw. aus Moped und Kickstarter] ↑ Kraftrad.

Mokka, Hafenort am Roten Meer in der Arab. Republik Jemen. Hatte als bed. Kaffeeexporthafen um die Jh.wende 50 000 E.

Mokka [nach dem gleichnam. Ort], bes. starker aromat. Kaffee.

Mokpo [korean. mɔkphɔ], Hafenstadt an der SW-Küste der Republik Korea, 221 800 E. Handels- und neben Pusan und Inchon wichtigster Fischereihafen Süd-Koreas.

Mokscha [Sanskrit „Erlösung"], im Hinduismus die Erlösung als Befreiung aus dem Kreislauf der Geburten.

Mol, belg. Gemeinde im Kempenland, 28 m ü. d. M., 29 000 E. Kernforschungszentrum, Glas-, Tabak- u. a. Ind. - Got. Kirche mit Turm (15. Jh.) und Glockenspiel.

Mol [gekürzt aus Molekulargewicht], Einheitenzeichen mol; diejenige Stoffmenge einer Substanz, die aus ebenso vielen Teilchen besteht, wie Atome in 12/1000 Kilogramm des Nuklids ^{12}C enthalten sind (das sind $6,022 \cdot 10^{23}$ Atome; ↑ Avogadro-Konstante). Früher wurde M. auch definiert als die Menge einer Substanz, der die relativen Molekülmasse der Substanz in Gramm entspricht *(Grammolekül).* Z. B. entspricht 1 mol Wasser (Molekülmasse 18,02) 18,02 g Wasser.

Molalität [lat.], Konzentrationsangabe für Lösungen; Angabe in Mol gelöster Stoff pro Kilogramm Lösungsmittel (mol/kg).

molare Größen [lat./dt.], auf die Stoffmenge 1 Mol bezogene Größen; z. B. das *Molvolumen* (molares Volumen), Einheit m^3/mol. Das *Molnormvolumen* (molares Normvolumen) eines idealen Gases, das Molvolumen im Normzustand (Temperatur 0 °C, Druck 1,01325 bar) beträgt 22,414 l/mol.

Molaren [lat.], svw. Backenzähne (↑ Zähne).

Molarität [lat.], Konzentrationsangabe für Lösungen; wird in Mol gelöster Stoff pro m^3 bzw. l Lösung (mol/m^3 bzw. mol/l) angege-

Moldauische SSR

ben. Eine einmolare (1 m-) Lösung enthält 1 Mol eines gelösten Stoffes in 1 Liter.

Molasse [zu lat.-frz. mollasse „schlaff, sehr weich", in der nördl. Randsenke der Alpen im Jungtertiär abgelagerter Schichtenkomplex aus Sandsteinen und Konglomeraten, gegliedert durch zwei Meeresvorstöße (**Meeresmolasse**); Pechkohlen- und Erdölvorkommen.

Molay, Jacques Bernard de [frz. mɔˈlɛ] (Jakob von M.), * Molay (Region Franche-Comté) um 1243, † Paris 18. März 1314 (verbrannt), letzter Großmeister des Templerordens (seit 1298). - Beteiligte sich an den Kämpfen in Palästina; mußte seit 1302 nach Zypern zurückziehen; 1306 von Papst Klemens V. nach Frankr. berufen; 1307 zus. mit den frz. Templern auf Befehl Philipps IV. von Frankr. verhaftet und 1314 nach Widerruf seines (falschen) Geständnisses verbrannt.

Molche [zu althochdt. mol „Salamander, Eidechse"], Bez. für zahlr. fast stets im Wasser lebende Schwanzlurche, deren Schwanz oft seitl. zusammengedrückt ist; z. B. viele Querzahnmolche, Lungenlose M., *Echte M.* (*Wassermolche;* mit den einheim. Arten Kammmolch, Bergmolch, Teichmolch, Fadenmolch).

Molchfische (Lepidosirenidae), Fam. aalförmiger, kleinschuppiger Lungenfische mit fünf Arten in stehenden Süßgewässern Afrikas und S-Amerikas; paarige Flossen fadenförmig. Der **Schuppenmolch** (Lepidosiren paradoxa) überdauert die Austrocknung eines Gewässers in einer Schleimkapsel im Schlamm. Der **Leopardlungenfisch** (Protopterus aethiopicus) gräbt sich zu Beginn der Trockenzeit in den Schlamm ein.

Molcho, Samy, * Tel-Aviv 24. Mai 1936, israel. Pantomime. - 1957 erste pantomim. Solo-Abende; seit 1960 in Europa mit Wohnsitz in Wien; 1961 Prof. am Max-Reinhardt-Seminar Wien; eröffnete dort 1977/78 die erste Pantomimenschule in dt.sprachigen Raum. Auch Schauspieler und Regisseur.

Moldanubikum [nach den Flüssen Moldau und Donau (lat. Danubius)], Teil des †Variskischen Gebirges.

Moldau [rumän. Moldova], rumän. Geb. zw. den Ostkarpaten im W, der sowjet. Grenze im N und O und der Walachei im S. Die M. besteht aus dem an den Ostkarpaten vorgelagerten Hügelland und dem östl. der Moldawa und des Sereth anschließenden Hochland. Das Klima ist kontinental. Im Hügelland werden Getreide- und Obstbau sowie Gemüse-, Sonnenblumen- und Zuckerrübenanbau. Vorkommen von Erdöl, Braunkohle und Salz. Im Hochland zusätzl. Kartoffel-, Flachs-, Hanf-, Tabak- und Weinanbau; Viehzucht. Größte Stadt ist Jassy.
Geschichte: Im 12. und 13. Jh. bestanden im Gebiet der M. einheim. Zwergstaaten. 1352/53 (oder 1354) entstand am Oberlauf des Sereth der spätere Feudalstaat M. als Grenzmark, die dem Maramureşer Dragos vom ungar. König als Lehen übergeben wurde. Die Unabhängigkeit von Ungarn erlangte die M. 1359 unter dem Maramureşer Woiwoden Bogdan (I.), der den Enkel des Dragos vertrieb. Unter seinen Nachfolgern wurden die Grenzen bis zum Dnjestr erweitert, in der Zeit Alexanders des Guten (⌑ 1400–32) bis zum Schwarzen Meer. Ein kultureller, wirtsch. und polit. Höhepunkt war die Zeit Stephans d. Gr. (⌑ 1457–1504). 1504 mußte sich Bogdan II. zu einem Tribut an das Osman. Reich verpflichten; erhielt gleichzeitig aber auch eine Garantieerklärung für die Grenzen der M. und für eine unabhängige Verwaltung und Gesetzgebung. Unter den Nachfolgern Bogdans wurde der Einfluß der Osmanen auf die inneren Verhältnisse des Ft. M. immer stärker und führte schließl. 1711 zur Einsetzung der griech. Phanarioten als Fürsten. Mit dem Beginn der russ. Expansionspolitik im frühen 18. Jh. wurde die M. eines der wichtigsten Objekte in der osman.-russ. Auseinandersetzung. 1775 mußte das Osman. Reich die Bukowina an Österreich abtreten; 1792 erhielt Rußland das Küstenland bis zum Dnjestr, 1812 schließl. Bessarabien; S-Bessarabien verlor es jedoch wieder an die M. (1856). 1862 proklamierte A. I. Cuza den aus M. und Walachei gebildeten, seit 1859 angestrebten Staat Rumänien. - ↑auch Bessarabien, ↑Bukowina, ↑Moldauische SSR.
⎕ Völkl, E.: *Das rumän. Ft. M. u. die Ostslaven im 15. bis 17. Jh.* Wsb. 1975.

M. (tschech. Vltava), linker und längster Nebenfluß der Elbe in der ČSSR, entsteht aus zwei Quellflüssen im Böhmerwald, mündet bei Mělník, 440 km lang. Am Oberlauf mehrere Kraftwerke.

Moldauisch, Sprache von etwa 2,5 Mill. Menschen in der Moldauischen SSR und anderen Teilen der UdSSR; mit dem Rumänischen bis auf wenige phonet. und lexikal. Abweichungen und zahlr. slaw. Elemente ident., jedoch in kyrill. Schrift geschrieben.

Moldauische SSR, Unionsrepublik im SW des europ. Teils der Sowjetunion, deren W-Grenze gegen Rumänien bildet der Pruth, sonst ist die M. SSR ganz von der Ukrain. SSR eingeschlossen; 33 700 km², 4,11 Mill. E (1985). Hauptstadt Kischinjow.
Landesnatur: Zw. Pruth und Dnjestr bildet das Geb. der M. SSR eine langgestreckte, schwach wellige Lößebene, gegliedert durch tief eingeschnittene Erosionsschluchten.
Klima, Vegetation: Von N nach S Übergang vom Waldsteppen- zum Steppenklima. Fast das gesamte Geb. wird landw. genutzt, die urspr. krautreiche Federgrassteppe und der Wald wurden stark zurückgedrängt.
Bevölkerung: Die M. SSR ist die am dichtesten bevölkerte Unionsrepublik (64% Mol-

337

dauer, 14% Ukrainer sowie Russen, Gagausen und Juden). Die M. SSR verfügt über 8 Hochschulen, die Akad. der Wiss. der M. SSR in Kischinjow unterhält 17 Institute.
Wirtschaft: Die Landw. wird durch Böden und Klima begünstigt. Überregionale Bed. haben v. a. der Wein- und Obstbau. Außerdem Anbau von Getreide, Sonnenblumen, Zuckerrüben, Gemüse, Tabak, Kartoffeln, Pflanzen zur Gewinnung äther. Öle und Futterpflanzen; bed. Viehhaltung. Die Ind. verarbeitet landw. Erzeugnisse, außerdem Maschinen- und Gerätebau, chem., Textil-, Bekleidungs-, Leder- und Baustoffindustrie.
Geschichte: 1924 als Moldauische ASSR errichtet, sollte die sowjet. Ansprüche auf Bessarabien dokumentieren und eine moldauische Irredenta in Rumänien wachhalten. 1940 mit den nach ultimativer Forderung von Rumänien abgetretenen Gebieten Bessarabiens und nördl. Bukowina zur M. SSR vereinigt. Im 2. Weltkrieg von Rumänien 1941–44 besetzt und seinem Staatsgebiet eingegliedert; nach Rückeroberung durch die Rote Armee (1944) im alten Umfang rekonstituiert und im Pariser Friedensvertrag vom Febr. 1947 von Rumänien endgültig als Teil der UdSSR anerkannt.

Moldavit [nach den Fundorten an der Moldau] ↑ Tektite.

Molde, norweg. Stadt am Moldefjord. 21 100 E. Hauptstadt des Verw.-Geb. Møre og Romsdal, Museum, Jazzfestival; Textilfabriken; Knotenpunkt des Schiffs-(Fähr-) und Straßenverkehrs. - 1742 Stadtrechte.

Molden, Fritz, * Wien 8. April 1924, östr. Verleger. - Begann als Zeitungs-Hg., 1962–70 eigene Druckerei, 1964 gründete er den *Verlag F. M.* in Wien (Niederlassungen in München und Glarus); in dem v. a. Sachbücher und belletrist. Werke erscheinen. 1982 ging der Verlag in Konkurs; der Münchner Teilbereich wurde jedoch in dem neugegr. *Molden Verlag S. Seewald GmbH* weitergeführt. M. ist seitdem als Schriftsteller tätig.

Moldoveanu, mit 2 543 m höchster Berg Rumäniens, in den Südkarpaten.

Moldt, Ewald, * Greifswald 22. April 1927, dt. Diplomat und Politiker (SED). - Seit 1952 im diplomat. Dienst der DDR; 1965 Botschafter in Bukarest. 1970 stellv. Außenmin., seit Juli 1978 Leiter der Ständigen Vertretung der DDR in Bonn.

Mole [zu griech. mýlē „Mißgeburt"] (Molenei, Fehlei, Abortivei), durch genet. Schäden oder exogene Faktoren (Sauerstoffmangel, Strahlenschäden u. a.) fehlentwickeltes Ei, das schon während der ersten Schwangerschaftswochen zugrunde geht; wahrscheinl. Ursache von rund 50% aller Spontanaborte.

Mole [italien., zu lat. moles „wuchtige Masse, Damm"], in das Wasser hineinragendes Uferbauwerk zum Schutz eines Hafens gegen Versandung infolge des Küstenstroms

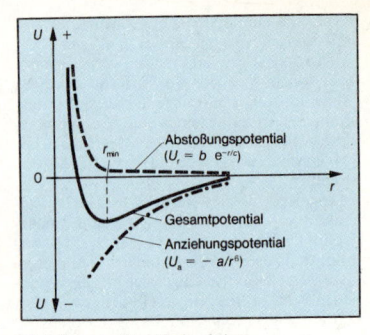

Molekularkräfte. Verlauf des Potentials U der anziehenden und abstoßenden Anteile (U_a und U_r) sowie des Gesamtpotentials in Abhängigkeit vom Abstand r zweier Moleküle (a, b, c, Konstanten, r_{min} Gleichgewichtsabstand)

und gegen Wellenschlag; begeh- und befahrbar, oft als Anlegeplatz geeignet.

Molekül [frz., zu lat. moles „Masse, Klumpen"] (Molekel), aus mindestens zwei Atomen zusammengesetztes, nach außen neutrales (als *M.ion* elektr. geladenes) kleinstes Teilchen eines Stoffes. M. sind entweder aus gleichartigen Atomen aufgebaut, z. B. die sog. elementaren Gase wie Wasserstoff (H_2), Sauerstoff (O_2) und andere Stoffe wie Phosphor (P_4) und Schwefel (S_8), oder sie bestehen aus verschiedenartigen Atomen und bilden dann die kleinsten Einheiten der chem. Verbindungen. Die Atome im M. werden durch die starken Kräfte der ↑ chemischen Bindung (Atombindung, Koordinationsbindung) zusammengehalten, während zw. den Molekülen die schwächeren ↑ Molekularkräfte wirken, die auch den Zusammenhalt der **Molekülkristalle**, in deren Kristallgitter die Gitterpunkte von valenzmäßig abgesättigten Molekülen besetzt sind, bewirken. Die M.struktur läßt sich mit Röntgen-, Elektronen- und Neutronenbeugung, Ultraviolett-, Infrarot-, Raman- und Mikrowellenspektroskopie sowie durch Messung des elektr. Dipolmoments untersuchen. Da bei der Vereinigung der Atome zu M. die Bindungsenergie frei wird, sind M. energieärmer als die Atome, aus denen sie aufgebaut sind, ihre Stabilität ist jedoch sehr unterschiedlich. Die Masse der M. (meßbar mit Hilfe der Massenspektrometrie) liegt zw. 10^{-24} und 10^{-20}, bei Makro-M. bei ca. 10^{-8} g. Die Größe schwankt zw. 10^{-8} und 10^{-3} cm (bei fadenförmigen Makro-M.).
Geschichte: Der Begriff M. wurde 1618 von dem dt. Arzt und Philosophen D. Sennert geprägt. Nachdem J. Dalton Anfang des 19. Jh. ein chem. Atommodell entwickelt hatte, formulierte A. Avogadro 1811 seine Mole-

külhypothese (↑Avogadrosches Gesetz).
📖 *Kober, F.: Symmetrie der M. Ffm. 1983. - Franke, H. W.: Die M. Bln. 1980. - Beyermann, K.: M.modelle. Weinheim 1979. - Borsdorf, R., u.a.: Einf. in die M.symmetrie. Weinheim 1975. - Gillespie, R.: M.geometrie. Dt. Übers. Weinheim 1975. - Hellwege, K. H.: Einf. in die Physik der Molekeln. Bln. u.a. 1974.*

molekular [lat.], in Form von Molekülen vorliegend.

Molekularbewegung ↑Brownsche Molekularbewegung.

Molekularbiologie, Wissenschaftszweig der modernen Biologie, der (in Zusammenarbeit mit Chemie und Physik) die Lösung biolog. Probleme auf molekularer Ebene anstrebt. Der Schwerpunkt der molekularbiolog. Forschungen liegt heute auf dem Gebiet der Molekulargenetik (↑Genetik).

molekulardispers [lat.] ↑Dispersion.

Molekularelektronik ↑Mikroelektronik.

Molekulargenetik ↑Genetik.

Molekulargewicht, bisher übl. Bez. für die relative ↑Molekülmasse.

Molekulargewichtsbestimmung, ältere Bez. für ↑Molekülmassenbestimmung.

Molekularität [lat.] ↑Reaktionskinetik.

Molekularkräfte (zwischenmolekulare Kräfte), den Zusammenhalt (Kohäsion) von Atomen oder Molekülen eines flüssigen oder festen Stoffs bewirkende Kräfte (Kohäsionskräfte), die dem Zerreißen, Zerschneiden oder Zerbrechen Widerstand entgegensetzen. M. bewirken ebenfalls die Haftung (Adhäsion) zw. sich berührenden Körpern bzw. zw. Festkörpern und Flüssigkeiten, was beim Kleben und Kitten ausgenutzt wird. Die M. sind elektr. Natur und werden entweder (bei polaren Molekülen) durch das permanente Dipolmoment, durch Induktion eines Dipolmoments in polarisierbaren Molekülen, oder durch ↑Dispersionskräfte, das heißt durch Schwankungen der Ladungsverteilung hervorgerufen, wobei in den Nachbarteilchen Dipolmomente induziert werden. Die gegenseitige Anziehung zw. Atomen und Molekülen wird aber bei zunehmender Annäherung durch Abstoßungskräfte abgeschwächt, die mit abnehmendem Abstand exponentiell zunehmen.

Molekularpumpe ↑Vakuumtechnik.

Molekularsiebe (Molekülsiebe), Adsorptionsmittel mit bes. dimensionierter Porenstruktur zur selektiven Trennung von Lösungen, Flüssigkeits- oder Gasgemischen. Als M. dienen v. a. künstl. ↑Zeolithe, die nach Erhitzen auf 200–500 °C poröse Kristalle bilden. Die Poren besitzen ein einheitl. Durchmesser von 0,3–0,9 nm. M. dienen der Trocknung und Reinigung von Gasen, dem Entwässern von Flüssigkeiten und als Trägermaterial für Katalysatoren.

Molekularstrahlen (Molekülstrahlen), Ströme von aus neutralen Molekülen bzw. Atomen (*Atomstrahlen*) bestehenden Gasteilchen, die sich in einem Vakuum mit annähernd gleicher Flugrichtung bewegen.

Molekularstrahlmethode ↑Atomstrahlresonanzmethode.

Molekularverstärker, svw. ↑Maser.

Molekülgitter, die Kristallgitter von Molekülkristallen (↑Molekül).

Molekülkolloide ↑Kolloid.

Molekülkristalle ↑Molekül.

Molekülmasse, (absolute M.) die Summe der absoluten ↑Atommassen der Atome des Moleküls in Gramm.
♦ (relative M.) die Summe der relativen ↑Atommassen der ein Molekül aufbauenden Atome. Gemäß der Empfehlung der Internat. Union für Reine und Angewandte Physik (IUPAP) und Reine und Angewandte Chemie (IUPAC) soll M. anstelle der Bez. **relatives Molekulargewicht** verwendet werden, wenn die Angaben sich auf das Kohlenstoffnuklid ^{12}C und dessen relative Atommasse 12,0000 beziehen.

Molekülmassenbestimmung, die Bestimmung der relativen Molekülmasse (des Moleculargewichts) chem. Verbindungen einerseits mit Hilfe der Massenspektroskopie, andererseits mit Hilfe der Zustandsgleichung für ideale Gase, sofern sich die Substanz unzersetzt in gasförmigen Zustand überführen läßt:

$$M = \frac{mRT}{pV}$$

(M = Molekülmasse, m = Masse der Gasmenge, V = Volumen der Gasmenge, T = Temperatur, p = Druck, R = Gaskonstante). Bei Stoffen, die sich nicht unzersetzt in den gasförmigen Zustand überführen lassen, bestimmt man die relative Molekülmasse aus der beim Lösen der Substanz auftretenden Siedepunktserhöhung (*Ebullioskopie*), Gefrierpunktserniedrigung (*Kryoskopie*) und Dampfdruckerniedrigung. Bei hochmolekularen Verbindungen wird zur M. die Sedimentationsgeschwindigkeit in der Ultrazentrifuge oder die Viskosität der Substanz in einem Lösungsmittel gemessen. Dabei läßt sich nur eine mittlere relative Molekülmasse ermitteln, da die einzelnen Moleküle hochpolymerer Stoffe unterschiedl. Masse haben.

Molekülspektroskopie ↑Spektroskopie.

Molekülspektrum, die Gesamtheit der Spektrallinien, die von den Molekülen eines Stoffes emittiert oder absorbiert werden; sie bilden insgesamt ein Bandenspektrum.

Molekülstrahlen, svw. ↑Molekularstrahlen.

Molekülstrahlresonanz, die mit Molekularstrahlen durchgeführte ↑Atomstrahlresonanzmethode.

Molekuhr ↑Atomuhr.

Molenaer, Jan Miense [niederl. ˈmoːlə-

Moles

na:r], *Haarlem um 1610, †ebd. 15. Sept. 1668, niederl. Maler. - ∞ mit der Malerin Judith † Leyster; tätig in Haarlem und Amsterdam; beeinflußt von F. Hals; nach Gesellschaftsstücken malte er später unter Einfluß von A. van Ostade u. a. bäuerl. Genreszenen.

Moles, Abraham A. [frz. mol], *1920, frz. Informationstheoretiker. - 1955–60 Direktor der „Enzyklopädie des Atomzeitalters" in Genf; 1960–69 Prof. an der Hochschule für Gestaltung in Ulm; danach Prof. an der Univ. Straßburg, wo er das Inst. für Sozialpsychologie leitet. Mitbegr. der Informationsästhetik; verfaßte u. a. „Informationstheorie und ästhet. Wahrnehmung" (1958), „Soziodynamik der Kultur" (1975).

Moleskin ['mo:lskın, engl. 'moʊlskın „Maulwurfsfell"], (Deutschleder, Englischleder, Pilot) schwerer Stoff für Berufskleidung aus Baumwolle (oder Chemiefaser) mit hoher Schuß- und geringer Kettdichte.
◆ (Taschenatlas) glatter Taschenfutterstoff aus Baumwolle (oder Chemiefaser) in dichter Atlasbindung.

Moletronik [Kw. aus **Mole**kularelek**tronik**] † Mikroelektronik.

Molfetta, italien. Hafenstadt in Apulien, 16 m ü. d. M., 65 600 E. Kath. Bischofssitz; Priesterseminar; Fischgroßmarkt; Werft, Weinkellereien. - Bei M. lag eine bed. neolith. Siedlung (Rundhütten, bemalte Keramik, Gräberfeld). M. erscheint im 12. Jh. als **Melficta** (vorher Melfi). - Roman. Alter Dom (12./13. Jh.).

Molière [frz. mo'ljɛ:r], eigtl. Jean-Baptiste Poquelin, ≈ Paris 15. Jan. 1622, †ebd. 17. Febr. 1673, frz. Komödiendichter und Schauspieler. - Begründer der klass. frz. Komödie. Sohn eines wohlhabenden Tapezierers; ab 1636 Rechtsstudium in Orléans; erwarb dort 1641 die Lizentiatenwürde; gründete 1643 in Paris u. a. mit Madeleine (*1618, †1672) und Joseph (*1616, †1659) Béjart die Truppe des „Illustre Théâtre"; bereiste nach dessen Schließung (1645) mit einer Wandertruppe unter dem Namen M. die frz. Provinz, wo er Szenarios und Farcen nach dem Muster der Commedia dell'arte und sein erstes Stück „Der Unbesonnene" (Uraufführung 1653, gedruckt 1663) verfaßte. Ab 1658 mit seiner Truppe ständig in Paris; heiratete 1662 Armande Béjart (*1642, †1700). Trotz mannigfacher Widerstände von bestehender Theater stand das von M. 1665–73 als „Troupe du roi" unter königl. Schutz. M. gilt als größter Komödienschreiber in der Geschichte des neuzeitl. europ. Theaters; der Umfang seines Werkes (erhalten sind insges. 32 Stücke) reicht, formal gesehen, von der effektsicheren Farce über die freiere [Prosa]komödie bis zur „haute comédie" in Versen, die unter Beachtung der drei Einheiten in 5 Akten abläuft. Inhaltl. gesehen steht neben der reinen, vorwiegend dreiaktigen Situationskomödie (Possen, Farcen), wie z. B. „Der Arzt wider Willen" (1667), „George Dandin" (1669), die meist einaktige Sittenkomödie, die Modetorheiten zur Zeit Ludwigs XIV. geißelt (u. a. „Die lächerl. Preziösen", 1659) und die universal-zeitlose „klass." fünfaktige Charakterkomödie mit ihrer lebenswahren Heraushebung des Allgemeinmenschlichen und Typischen („Der Misanthrop", 1667, dt. 1912, 1742 u. d. T. „Der Menschenfeind"; „Der Geizige", Uraufführung 1668, gedruckt 1682; „Tartuffe", 1669). Für Hoffeste schrieb M. 13 Komödien, in denen der Dialog durch Gesangs- und Balletteinlagen, die mehr oder weniger in das Bühnengeschehen integriert sind, unterbrochen wird und zu denen ab 1664 v. a. J.-B. Lully die Musik schrieb. M. wurde damit zum Schöpfer der Gatt. der „comédie-ballet" (u. a. „Der Bürger als Edelmann", 1672; „Der eingebildete Kranke", 1673). Die „Helden" dieser Stücke sind die Natur, das Logisch-Vernünftige handelnde (typisierte) Gestalten, die M. der Lächerlichkeit preisgibt und durch sie Mißstände seiner Zeit und allg. menschl. Schwächen anprangert.

Weitere Werke: Die Schule der Ehemänner (Kom., 1661), Die Schule der Frauen (Kom., 1663), Don Juan (Kom., Uraufführung 1665, gedruckt 1682), Amphitryon (Kom., 1668).

📖 *M. Hg. v. R. Bader. Darmst. 1980. - Hartau, F.: M. Rbk. 1976. - Robra, K.: J.-B. M., Philosophie u. Gesellschaftskritik. Tüb. 1969 (mit Bibliogr.).*

Molinismus, Bez. für die Gnadenlehre des span. Jesuiten L. de Molina (*1535, †1600), nach der Gott allein (nicht Christus und der Hl. Geist) das unendl. Zwischenreich kennt. Eventualentscheidungen kennt („Scientia media"). Die Freiheit des Menschen schließt seine volle souveräne Entscheidungskraft ein, die auch nach dem Sündenfall unversehrt ist; der Gnade Gottes ergreift den Menschen schon vor dessen Zustimmung. Mit dieser Verhältnisbestimmung von Gnade und Freiheit stand der M. in Widerspruch zu der v. a. von den span. Dominikanern unter D. Báñez vertretenen thomist. Schullehre und löste damit zw. beiden Richtungen in den Jahren 1597–1607 den sog. **Gnadenstreit** aus: Die thomist. Dominikaner nannten die Jesuiten (die Vertreter des M.) Pelagianer, die Jesuiten die Dominikaner Kalvinisten. Der Gnadenstreit endete mit dem Verbot der gegenseitigen Verketzerung durch Paul V. (1607), ohne sachl. je entschieden worden zu sein.

Molise, mittelitalien. Region, 4 438 km², 332 700 E (1985), Hauptstadt Campobasso. Das Geb. von M. erstreckt sich vom Neapolitan. Apennin bis zur Adriaküste. Überwiegend Agrarland (Getreide, Wein, Obst).

Molke (Molken, Käsewasser), bei der Käserei nach Ausfällen des Kaseins zurückbleibende grünl. Flüssigkeit mit einem hohen Ge-

Mollmaus

halt an Milchzucker, der aus M. gewonnen wird. M. wurde früher als Abführmittel verwendet.

Molkerei (Meierei, milchwirtschaftl. Betrieb), Betrieb, in dem die aus den umliegenden Gebieten gesammelte frische Milch zum Verkauf bearbeitet oder zu Butter, Käse oder anderen Milchprodukten weiterverarbeitet wird. Die vollen Kannen gehen über ein Förderband der M. auf die Waage, wo Proben auf Fettgehalt und Verschmutzung entnommen werden, von dort über einen Milchsammeltank in den *Wärmeaustauscher* und von hier in die *Zentrifuge*. Die entrahmte Magermilch wird zur Sterilisierung auf 80 °C erhitzt. Ein Teil wird im Walzentrockner zu Magermilchpulver, ein anderer zu Frischkäse verarbeitet, ein dritter durch Zusatz von Rahm auf einheitl. Fettgehalt gebracht und als Trinkmilch abgegeben. Der Rahm wird gekühlt und dient zur Herstellung von Trinkmilch, Süßrahm für Schlagsahne oder zum Buttern. M.maschinen und -geräte werden v. a. aus Chromnickelstahl hergestellt.

Moll, Balthasar Ferdinand, * Innsbruck 4. Jan. 1717, † Wien 3. März 1785, östr. Barockbildhauer. - M. setzte die barocke Tradition G. R. Donners fort, u. a. Sarkophag für Maria Theresia und Franz I. (1754; Kapuzinergruft, Wien).

M., Oskar, * Brieg bei Glogau 21. Juli 1875, † Berlin 19. Aug. 1947, dt. Maler. - Schüler u. a. von Matisse, dazu traten seit 1923 Einflüsse des Kubismus; dekorative Landschaften und Figurenkompositionen in lebhafter Farbskala.

Moll [zu lat. mollis „weich"], Bez. des sog. „weichen" oder „weibl." Tongeschlechts im Bereich der tonalen Musik. Gegenüber dem †Dur ist die M.tonart (ausgehend vom Grundton) grundsätzl. durch die kleine Terz definiert.

Molla (Mullah) [pers., zu arab. al-mawla „der Herr"], Titel der untersten Stufe der schiit. Geistlichen (Iran, Irak); von Sunniten als Ehrenbez. für islam. Würdenträger und Gelehrte gebraucht (Türkei, Irak).

Molldreiklang (Mollakkord), Zusammenklang von Prime, kleiner Terz und reiner Quinte; Prime kann jeder Ton der chromat. Skala sein.

Moll-Drüsen [nach dem niederl. Ophthalmologen J. A. Moll, *1832, †1914] (Glandulae ciliares), Schweißdrüsen, die in die Haarbälge der Wimpern münden.

Möllemann, Jürgen, * Augsburg 15. Juli 1945, dt. Politiker (FDP). Lehrer; seit 1972 MdB; seit 1983 Landesvors. der FDP NRW; 1982–87 Staatsmin. im Auswärtigen Amt; seit 1987 Bundesmin. für Bildung und Wissenschaft.

Mollenhauer, Klaus, * Berlin 31. Okt. 1928, dt. Erziehungswissenschaftler. - Prof. in Kiel, Frankfurt und seit 1972 in Göttingen; arbeitet auf dem Gebiet der pädagog. Wissenschaftstheorie und Sozialisationsforschung; schrieb u. a. „Einführung in die Sozialpädagogik" (1965), „Umwege" (1986).

Moller, Georg, * Diepholz 21. Jan. 1784, † Darmstadt 13. März 1852, dt. Baumeister. - Schüler von F. Weinbrenner; ab 1810 hess. Hofbaumeister in Darmstadt; spätklassizist. Bauten, u. a. in Darmstadt Theater (1818–20; Außenarchitektur erhalten), Ludwigskirche (1822–38; 1947–59 wiederaufgebaut); weitere zahlr. Bauten, bes. auch seine Straßen und Platzanlagen in Darmstadt zerstört; Plan (1835) für das Schloß in Wiesbaden; Theater in Mainz (1829–33). Hg. der „Denkmäler der dt. Baukunst" (1812–36).

Möller, Alex, * Dortmund 26. April 1903, † Karlsruhe 2. Okt. 1985, dt. Politiker. - 1928–33 MdL in Preußen; 1945–69 Generaldirektor der Karlsruher Lebensversicherung AG; Mgl. der Verfassunggebenden Landesversammlungen, 1946–61 MdL in Württemberg-Baden bzw. Bad.-Württ.; 1958–73 Mgl. des Präsidiums und des Parteivorstands der SPD, 1961–76 MdB; 1969–71 Bundesmin. der Finanzen, seit 1973 Vors. der Kontrollkommission der SPD; 1977 wirtschaftspolit. Berater des ägypt. Präs. A. As Sadat.

Möller [dän. 'møl'ər], Herman[n], * Hjerpsted (Gemeinde Hoyer) 13. Jan. 1850, † Frederiksberg 5. Okt. 1923, dän. Sprachwissenschaftler. - Ab 1888 Prof. in Kopenhagen; bed. Forschungen zum Ablaut; schuf die sichersten Grundlagen zur Vergleichung der indogerman. mit den semit. Sprachen.

M., Poul Martin, * Uldum bei Vejle 21. März 1794, † Kopenhagen 13. März 1838, dän. Schriftsteller. - Begründete den dän. Phantastenroman; Lyriker, Novellist und Essayist zw. Romantik und Realismus.

Mollet, Guy [frz. mɔ'lɛ], * Flers (Orne) 31. Dez. 1905, † Paris 3. Okt. 1975, frz. sozialist. Politiker; schloß sich 1923 der SFIO und der C.G.T. an, arbeitete seit 1942 in der Widerstandsbewegung; ab 1944 Bürgermeister von Arras, ab 1946 Abg.; 1946–69 Generalsekretär der SFIO, zeitweilig Vizepräs. der von ihm mitgegr. Sozialist. Internat.; 1946/47 Staatsmin., 1950/51 Min. für Angelegenheiten des Europarates; 1949–56 Mgl., 1954–56 Präs. der Beratenden Versammlung des Europarates; 1956/57 Min.präsident.

Mollhausen, Balduin, * bei Bonn 27. Jan. 1825, † Berlin 28. Mai 1905, dt. Schriftsteller. - Ausgedehnte Forschungsreisen in Nordamerika, Teilnehmer an verschiedenen Expeditionen; schrieb außer zahlr. Reiseschilderungen v. a. unter Indianern, Pionieren und Einwanderern spielende Romane und Novellen, z. B. „Der Halbindianer" (R., 1862), „Die Mandanenwaise" (R., 1865; Neuausgabe 1974), „Die Kinder des Sträflings" (R., 1876; Neuausgabe 1974).

Mollmaus †Schermaus.

Mölln

Mölln, Stadt im Naturpark Lauenburg. Seen, Schl.-H., 18 m ü. d. M., 15 900 E. Museum; Kneippkurort, Textilind., Eisengießerei. - Entstand um 1200 planmäßig um die Kirche herum; Stadtrecht seit 1224. - Spätroman. Nikolaikirche (13. Jh.), an der Außenwand Grabstein Till Eulenspiegels; altes Stadtbild mit Giebelhäusern; got. Backsteinrathaus (v. a. 14. Jh.).

Mollusken [lat.], svw. ↑Weichtiere.

Molluskizide [lat.] ↑Schädlingsbekämpfungsmittel.

Mollymauk [engl.] (Schwarzbrauenalbatros, Diomedea melanophrys), etwa 85 cm langer, gelbschnäbeliger, oberseits dunkelgrauer, unterseits weißer Albatros der Südsee.

Molnár [ungar. 'molna:r], Albert, ungar. Reformator, ↑Szenczi Molnár, Albert.

M., Ferenc (Franz), * Budapest 12. Jan. 1878, † New York 1. April 1952, ungar. Schriftsteller. - Emigrierte auf Grund rass. Verfolgung 1940 in die USA; erster internat. Erfolg mit dem Jugendroman „Die Jungens der Paulstraße" (1907); v. a. bed. als Verf. bühnenwirksamer, der westeurop. Gesellschafts- und Boulevardkomödie verpflichteter Stücke wie „Der Teufel" (1907), „Liliom" (1909). - *Weitere Werke:* Der Schwan (Dr., 1920), Gefährtin im Exil (Autobiogr., 1951).

Molo, Walter Reichsritter von, * Sternberg (= Sternberk, Nordmähr. Gebiet) 14. Juni 1880, † Hechendorf bei Murnau 27. Okt. 1958, dt. Schriftsteller. - 1928-30 Präs. der Preuß. Dichterakademie, lebte ab 1933 zurückgezogen auf seinem Gut; Verfasser biograph. Romane, u. a. „Klaus Tiedemann, der Kaufmann" (1908, 1912 u. d. T. „Die Lebenswende", 1928 u. d. T. „Das wahre Glück"); auch Dramen und Lyrik.

Moloch, svw. ↑Dornteufel.

Moloch [griech., zu pun. molk „Opfer"], Bez. für ein Opfer (v. a. Kinder[verbrennungs]opfer) bei Puniern und im A. T.; bes. Baal Hammon dargebracht; später mißdeutet als Name eines Gottes; in übertragener Bed. Bez. für verschlingende Macht.

Molokai [engl. moʊləˈkɑːɪ] ↑Hawaii.

Molokanen [russ.], Angehörige einer christl. Sekte, Mitte des 18. Jh. in Rußland als Reaktion auf den Rigorismus der Duchoborzen entstanden.

Molopo, period. fließender rechter Nebenfluß des Oranje, entspringt östl. von Mafeking, bildet die Grenze zw. Botswana und der Republik Südafrika, mündet 100 km westl. von Upington, etwa 1 000 km lang.

Molosser, antiker Volksstamm in Epirus im Gebiet der heutigen Ioannina; in hellenist. Zeit hatten M. die polit. Führungsrolle in Epirus (z. B. Pyrrhus).

Molosser [nach den Molossern], doggenähnl. Wach- und Kampfhunde der alten Römer; mit mächtigem Körper; stammten aus Epirus (Griechenland).

Molotow, Wjatscheslaw Michailowitsch [russ. 'molətəf], eigtl. W. M. Skrjabin, * Kukarka (= Sowetsk, Gebiet Kirow) 9. März 1890, † Moskau 8. Nov. 1986, sowjet. Politiker. - Seit 1906 Bolschewik; einer der engsten Mitarbeiter Stalins; 1921-57 Mgl., 1921-30 auch Sekretär des ZK der KPdSU; 1926-57 Mgl. des Politbüros bzw. des Präsidiums des ZK; 1930-41 Vors. des Rates der Volkskommissare, ab 1941 stellv. Vors.; 1939-49 und 1953-56 Außenmin.; als Machtrivale und scharfer Kritiker der Entstalinisierungs- und Koexistenzpolitik Chruschtschows Ende Juni 1957 aller Führungsämter enthoben, danach bis 1961 als Diplomat tätig; 1962 als „Parteifeind" aus der KPdSU ausgeschlossen.

Molotowcocktail […tɔf ˈkɔktɛɪl; nach W. M. Molotow], mit einem Öl-Benzin-Gemisch gefüllte Flasche mit einfacher Zündvorrichtung; wird wie eine Handgranate verwendet.

Molprozent ↑Konzentration.

Moltebeere [skand., eigtl. „weiche Beere"] (Multebeere, Torfbeere, Rubus chamaemorus), auf der Nordhalbkugel vorkommendes, krautiges Rosengewächs ohne Stacheln; mit kurzen, einjährigen Sprossen, einfachen Blättern und einzelnen weißen Blüten. Die orangegelben Sammelfrüchte (mit großen Samen) werden in Skandinavien gesammelt und wie Obst verwendet. In Deutschland kommt die M. nur vereinzelt in den Mooren Oldenburgs vor.

Moltke, seit der Mitte des 13. Jh. nachweisbares, weitverzweigtes mecklenburg. Uradelsgeschlecht. Bed. Vertreter:

M., Adam Wilhelm Graf von, * Einsiedelsborg (Fünen) 25. Aug. 1785, † Kopenhagen 15. Febr. 1864, dän. Politiker. - Führte als Min.präs. (1848-52) die Umwandlung Dänemarks in eine konstitutionelle Monarchie durch.

M., Helmuth Graf von (seit 1870), * Parchim 26. Okt. 1800, † Berlin 24. April 1891, preuß. Generalfeldmarschall (seit 1871). - M. trat 1822 als Leutnant in preuß. Dienste und wurde bereits 1828 in den Großen Generalstab berufen. Als Ausbilder und Berater der Armee des Osman. Reiches (1835-39) lernte er die weltpolit. Bedingungen der europ. Staatensystems kennen. 1857 wurde er Chef des Großen Generalstabes (bis 1888). An der Heeresreform (1860-66) war M. unbeteiligt, er konzentrierte sich auf die Reorganisation des Generalstabes und auf die Schulung des Generalstabsnachwuchses. Ab 1864 erlangte M. auch Einfluß auf die militär. Operationen; aus seinem Einfluß resultierten Anlage und Verlauf des Dt. Krieges 1866 und des Dt.-Frz. Krieges 1870/71 sowie die starke Stellung des Generalstabes bis in die Zeit der Weimarer Republik hinein. - M., der 1867-91 MdR (Konservativer) war, begriff die Strategie als ein System von Aushilfen. Wegen der Vielzahl

der zu berücksichtigenden Faktoren hielt er nur den Beginn eines Feldzuges für planbar. Daher sah er seine Aufgabe v. a. in der umfassenden Vorbereitung der militär. Auseinandersetzung unter Ausnutzung aller techn. Möglichkeiten. Den Unterführern gewährte er weitgehende Handlungsfreiheit in der Durchführung des Kampfauftrages. Mit diesen Prinzipien wurde M. in seiner Zeit zum Vorbild in der Führung moderner Massenheere.
📖 *Stadelmann, R.: M. u. der Staat. Krefeld 1950.*

M., Helmuth von, * Gersdorf bei Bad Doberan 25. Mai 1848, † Berlin 18. Juni 1916, preuß. General. - Neffe von Helmuth Graf von M.; ab 1906 Chef des Generastabs der Armee; nach der Marneschlacht durch E. von Falkenhayn ersetzt.

M., Helmuth James Graf von, * Gut Kreisau (Schlesien) 11. März 1907, † Berlin-Plötzensee 23. Jan. 1945 (hingerichtet), dt. Jurist und Widerstandskämpfer. - Großneffe von Helmuth Graf von M.; 1939–44 Sachverständiger für Kriegs- und Völkerrecht beim Oberkommando der Wehrmacht. Versammelte als Gegner des NS den Kreisauer Kreis um sich; nach dem 20. Juli 1944 zum Tode verurteilt.

Moltmann, Jürgen, * Hamburg 8. April 1926, dt. ev. Theologe. - Seit 1967 Prof. für systemat. Theologie in Tübingen. Im Mittelpunkt seines Werkes steht die theolog. Entfaltung der christl. Hoffnung als der Zukunft, die für die Kirche wie für den einzelnen Gläubigen Offenheit für die Zukunft, damit auch für polit. Engagement, ermöglicht. - *Werke:* Theologie der Hoffnung (1965), Kirche in der Kraft des Geistes (1975).

molto (di molto) [italien.], sehr bzw. viel, z. B. in Verbindung mit musikal. Tempo- und Vortragsbezeichnungen: *m. allegro* oder *allegro di m., m. legato.*

Molton [frz., zu lat. mollis „weich"], meist beidseitig gerauhtes Gewebe aus Baumwolle (seltener Chemiefasern); v. a. verwendet für Bettücher, Einlagen, Bügeldecken, Druck-, Dekatiertücher usw.

Moltopren ⓦ [Kw.], Handelsbez. für Schaumstoffe aus Polyurethanen.

Molukken, indones. Inselgruppe im O des Malaiischen Archipels, zw. Celebes und Neuguinea, bildet eine Prov. von 83 675 km² und 1,4 Mill. E (1980), Verwaltungssitz Ambon (auf Ambon). Die gebirgeten Inseln, z. T. mit aktiven Vulkanen, sind in mehreren Bögen angeordnet. Die Ceramsee trennt die nördl. M. (größte Insel Halmahera) von den südl. M. (größte Insel Ceram). Das Klima ist vom Monsun geprägt. Im S gibt es trop. Regenwald in den höchsten Gebirgslagen, sonst Monsunwald, meist aber Sekundärvegetation, im N v. a. trop. Regenwald, an den Küsten vielfach Mangrovewald. Die Bev. ist überwiegend malaiisch-papuan. Herkunft, an den Küsten z. T. mit portugies. und niederl. Einschlag. Islam und Christentum sind verbreitet. Die Bed. der für die Geschichte der M. entscheidenden Gewürzpflanzen (Gewürznelken und Muskatnuß) ist stark zurückgegangen. Vorherrschend ist die Selbstversorgerwirtschaft.

Geschichte: Gehörten im 14. Jh. zu Majapahit; schon seit dem 11. Jh. in den Gewürzhandel einbezogen (deshalb auch **Gewürzinseln** gen.). 1511 ließen sich die Portugiesen nieder, konnten sich zwar gegenüber den Spaniern (1521–1663) behaupten, mußten aber vor den Niederländern kapitulieren, die seit 1599 Stützpunkte errichteten, ab 1605 Portugiesen und Briten vertrieben und die M. vollständig seit 1667 beherrschten; während der Napoleon. Kriege brit.; bis 1863 besaß die niederl. Vereinigte Ostind. Kompanie das Gewürzmonopol. 1942–45 waren die M. jap. besetzt. Die Ausrufung der zentralist. Republik Indonesien 1950 veranlaßte die christl. Ambonesen zu einem Aufstand, doch konnte sich die Republik der Süd-Molukken nur bis Jahresende halten. - ↑ auch Ambonesen.

Molukkenkakadu ↑ Kakadus.
Molukkenkrebse ↑ Pfeilschwanzkrebse.
Molukkensee, Teil des Australasiat. Mittelmeers zw. Celebes, den N-Molukken und den Talaudinseln, maximal 4 810 m tief.
Molvolumen ↑ molare Größen.
Molwärme ↑ spezifische Wärme.

Molybdän [zu griech.-lat. molybdaena als Bez. für bleiähnl. Stoffe], chem. Symbol Mo, metall. Element aus der VI. Nebengruppe des Periodensystems der Elemente; Ordnungszahl 42, mittlere Atommasse 95,94, Dichte 10,2 g/cm³, Schmelzpunkt 2 617 °C, Siedepunkt 4 612 °C. M. ist ein silberweißes bis graues, chem. beständiges Schwermetall, das sich nur in oxidierenden Säuren löst. M. kommt in seinen Verbindungen zwei- bis sechswertig vor, wobei die höchste Wertigkeitsstufe ist die beständigste. Die Verbindungen sind meist farbig. M. ist ein ziemt. seltenes Metall; es kommt in der Natur v. a. in Form des Disulfids (Molybdänglanz) sowie als Bleimolybdat (Wulfenit) vor. M. ist für Pflanzen und Tiere ein Spurenelement. Die Gewinnung von M. geschieht durch Abrösten des Disulfids zu M.trioxid, das durch Wasserstoff zum Metall reduziert wird. M. wird v. a. zur Herstellung von Molybdänstählen verwendet, die sich durch hohe Korrosionsbeständigkeit, Festigkeit und Zähigkeit auszeichnen. In der Luft- und Raumfahrttechnik werden die bes. leichten Legierungen von M. mit hochschmelzenden Metallen wie Niob und Wolfram verwendet.

Molybdänglanz (Molybdänit), glänzendes, undurchsichtiges, bläul., meist in blättrigen Aggregaten vorkommendes, hexagonales Mineral der chem. Zusammensetzung MoS₂; Mohshärte 1–1,5, Dichte 4,7–5,0 g/cm³.

Molybdänsulfide

Molybdänglanz. Hexagonaler Kristall von flacher Tracht und tafeligem Habitus auf Granit

Wichtigstes Molybdänerz; Hauptvorkommen in den USA, in Australien und Norwegen.

Molybdänsulfide, Verbindungen des Molybdäns mit Schwefel. Bed. hat das *Molybdän(IV)-sulfid (Molybdänsulfid)*, MoS_2, eine weiche, graphitähnl. Substanz, die in der Natur in Form von ↑Molybdänglanz vorkommt und als Schmierstoff und Korrosionsschutzmittel verwendet wird.

Molybdatrot, [griech.-lat./dt.], rotes Farbpigment aus Mischkristallen von Bleichromat, Bleisulfat und Bleimolybdat im Verhältnis 7:2:1. M. wird zur Herstellung von Malerfarben sowie zum Einfärben von Kunststoffen verwendet.

Mombasa, Hafenstadt am Ind. Ozean, Kenia, 341000 E. Prov.hauptstadt, Sitz eines kath. und eines anglikan. Bischofs. Kaffeehandel mit Aufbereitungsanlagen, Nahrungsmittelind., Zementwerk, Stahlwalzwerk mit Drahtzieherei, Aluminiumwalzwerk, Kfz.-montage, Erdölraffinerie; Ex- und Importhafen für Kenia, Uganda (Eisenbahnlinie) und Rwanda; bedeutender Fremdenverkehr (Badestrände); internat. ✈. - Entstand im 11. Jh. als arab.-pers. Niederlassung; 1505 von den Portugiesen erobert, geplündert und teilweise zerstört; führte lange den Widerstand der ostafrikan. Städte gegen die Portugiesen, die M. erst 1592 fest in die Hand bekamen und 1593 das Fort Jesus errichteten; ab 1886 unter brit. Einfluß; gehörte seit 1895 zum Protektorat Ostafrika (ab 1920 Kronkolonie Kenia).

Mombert, Alfred, * Karlsruhe 6. Febr. 1872, † Winterthur 8. April 1942, dt. Dichter. - 1899–1906 Rechtsanwalt; widmete sich danach nur noch seiner Dichtung sowie naturwiss. und philosoph. Problemen. Lehnte 1933, trotz Gefährdung wegen seiner jüd. Abstammung und Ausschluß aus der dt. Dichterakademie, eine Emigration ab; 1940/41 im KZ Gurs in S-Frankreich. Ekstat.-visionärer, frühexpressionist. Lyriker und Dramatiker. - *Werke:* Die Schöpfung (Ged., 1897), Der Denker (Ged., 1901), Die Blüte des Chaos (Ged., 1905), Aeon (Dramentrilogie, 1907–11), Sfaira der Alte (Dichtung, 2 Tle., 1936–42), Briefe an Vesanta (hg. 1965).

Mombinpflaume [indian.-span./dt.], Bez. für zwei, heute häufig in den Tropen kultivierte Arten der Gatt. ↑Balsampflaume. Die **Rote Mombinpflaume** (Rote Balsampflaume, Rote Ciruela, Spondias purpurea) wird wegen der eßbaren purpurroten Früchte in Mexiko und den NW-Staaten S-Amerikas angebaut. Die **Gelbe Mombinpflaume** (Gelbe Ciruela, Gelbe Balsampflaume, Schweinspflaume, Spondias mombin) hat gelbe, herb schmeckende, etwa pflaumengroße Früchte und wird im trop. Amerika, in W-Afrika und auf Java kultiviert.

Moment [zu lat. momentum, eigtl. „Bewegung"], allg.: Augenblick, Zeitpunkt; kurze Zeitspanne. Der **psych. Moment** ist die kleinste noch wahrnehmbare Zeiteinheit (subjektives Zeitquant); beim Menschen etwa $1/16$ s; nach H. Frank kann in dieser Zeit eine Ja/Nein-Information vergegenwärtigt werden;
♦ entscheidender Umstand; Merkmal; [wichtiger] Gesichtspunkt;
♦ in der *Physik* allg. das Produkt zweier physikal. Größen, von denen eine die Dimension einer Länge (bzw. der Potenz einer Länge) hat. Beispiele für physikal. M. sind das M. einer Kraft F *(Kraft-M.): $r \times F$* (↑auch Drehmoment) und das M. der Bewegungsgröße p *(Impuls-M.* oder ↑Drehimpuls): $r \times p$. Das *elektr. M.* zweier punktförmiger Ladungen $+Q$ und $-Q$ im Abstand l ist $m_e = Ql$ (der Vektor l weist von der negativen zur positiven Ladung), das *magnet. M.* eines magnet. Dipols analog $m_m = pl$, wenn p seine Polstärke ist; diese M. werden auch als elektr. bzw. magnet. Dipol-M. (↑Dipol) bezeichnet.

Momentensatz, physikal. Lehrsatz: Die zeitl. Änderung des Gesamtdrehimpulses L (↑Drehimpuls) eines mechan. Systems ist gleich dem resultierenden ↑Moment M (Kraftmoment) der äußeren Kräfte: $dL/dt = M$.

Moment musical [frz. mɔmãmyzi'kal], lyr. Charakterstück, ohne feststehende Form, meist für Klavier; bekannt ist die *Moments musicaux* von F. Schubert, bei dessen sechs Klavierstücken op. 94 (1828) die Bez. erstmals auftauchte.

MO-Methode, Abk. für Molekülorbitalmethode, ↑Quantenchemie.

Mommsen, Theodor, * Garding 30. Nov. 1817, † Charlottenburg (= Berlin) 1. Nov. 1903, dt. Historiker. - Prot. Pfarrerssohn; 1848 Prof. für röm. Recht in Leipzig, 1851 wegen seines Engagements in der Märzrevolution amtsenthoben; 1852 Prof. in Zürich, 1854 in Breslau. 1858 wurde er Beamter (später Sekretär) der Preuß. Akademie der Wiss., 1861 Prof. für röm. Geschichte in Berlin. Im

Monaco

Preuß. Abg.haus (1863–66 für die Dt. Fortschrittspartei, 1873–79 als Nat.liberaler) und im Reichstag (1881–84 als Sezessionist) war M. mit seinem demokrat.-nat. Ideal von Freiheit und Einheit Gegner des polit. und sozialen Systems Bismarcks. Seine polit. Überzeugungen prägten auch sein wiss. Werk; v. a. seine „Röm. Geschichte" (Bd. 1–3, 1854–56, Bd. 5, 1885), für die ihm 1902 der Nobelpreis für Literatur verliehen wurde. Seine wiss. Leistungen waren grundlegend für Epigraphik (Corpus Inscriptionum Latinarum), Numismatik und Rechtsgeschichte („Röm. Staatsrecht", 1871–88; „Röm. Strafrecht", 1899).
📖 *Wickert, L.: T. M. Eine Biogr. Ffm. 1959–80. 4 Bde.*

Mömpelgard, dt. Name der Gft. Montbéliard (um die gleichnamige Stadt seit dem 10. Jh.) des Kgr. Burgund, die 1397/1409 durch Heirat an Württemberg kam (bis 1793).

Momper, Joos (Josse, Joes) de [niederl. ˈmɔmpər], * Antwerpen 1564, † ebd. 5. Febr. 1635, niederl. Maler. - Knüpfte an Breughel d. Ä. an, der ihm z. T. Staffagefiguren malte. Gewaltige manierist. Gebirgslandschaften mit raumtief sich verengenden Ausblicken auf gelbgrüne Mittelgründe und blaue Fernen.

M., Walter, * Sulingen 21. Febr. 1945, dt. Politiker (SPD). - Politologe; seit 1975 Mgl. des Berliner Abgeordnetenhauses, dort seit 1985 Fraktionsvors.; seit 1986 Landesvors. der Westberliner SPD; seit März 1989 Regierender Bürgermeister von Berlin (West).

Mon, Franz, eigtl. F. Löffelholz, * Frankfurt am Main 6. Mai 1926, dt. Schriftsteller. - Verlagslektor; bed. Vertreter der konkreten Poesie. - *Werke:* artikulationen (Gedichte und Essays, 1959), Herzzero (R., 1968), das Gras wies wächst (Hörsp., 1969), Texte über Texte (Essays, 1970), Hören und sehen vergehen oder In einen geschlossenen Mund kommt keine Fliege... (Stück, 1978), Es liegt noch näher. 9 Texte aus den 50ern (1984).

Mon (Talaing), Volk in Hinterindien, das eine M.-Khmer-Sprache spricht. - Stammen aus W-China; wanderten an den Flüssen nach S bis zum Irawadi- und Menamdelta und zum Isthmus von Kra; seit der 1. Hälfte des 1. Jt. v. Chr. von der dort. Hochkultur beeinflußt, übernahmen den Hinajana-Buddhismus; anfangs vom Reich Fu-nan abhängig, gründeten nach dessen Untergang (6. Jh. n. Chr.) eigene Staaten (wichtigste Zentren Lop Buri, Lamphun, Thaton [nnw. von Moulmein], Martaban [bei Moulmein], Pegu); unterlagen nach langen krieger. Auseinandersetzungen (11.–18. Jh.) den von N eingedrungenen Birmanen (letzte Zeit der Unabhängigkeit 1740–57) und paßten sich ihnen an (heute in Birma, am Golf von Martaban, bes. um Moulmein, etwa 400 000 M.) und wanderten nach Thailand aus.

Møn [dän. mœːn], dän. Ostseeinsel, mit der nw. liegenden Insel Seeland durch eine Brücke verbunden, an der O-Küste das 128 m hohe Kliff Møns Klint. Hauptort Stege an der NW-Küste.

mon..., Mon... ↑ mono..., Mono...

Monaco, Lorenzo ↑ Lorenzo Monaco.

M., Mario Del, italien. Sänger, † Del Monaco, Mario.

Monaco

(amtl.: Principauté de M.), konstitutionelle Erbmonarchie in Südeuropa, an der Côte d'Azur, bei 43° 44′ n. Br. und 7° 25′ ö. L. **Staatsgebiet:** Enklave im frz. Dep. Alpes-Maritimes. **Fläche:** 1,95 km². **Bevölkerung:** 27 100 E (1982), 13 897 E/km². **Verwaltungssitz:** Monaco. **Verwaltungsgliederung:** 3 Munizipien. **Amtssprache:** Frz. **Nationalfeiertag:** 19. Nov. **Währung:** Frz. Franc (FF). **Internat. Mitgliedschaften:** Sonderorganisationen der UN. **Zeitzone:** MEZ.

M. besteht aus drei baul. miteinander verwachsenen Siedlungen: das auf einem ins Meer vorspringenden Kap gelegene **Monaco,** der Regierungssitz, **La Condamine** mit Handels- und Jachthafen und das Seebad **Monte Carlo** mit Spielkasino (gegr. 1863) und Kongreßzentrum (1978). Kath. Bischofssitz; Inst. für Fremdenverkehr, Akad. für Bildhauer, Musikakad.; ozeanograph. Museum, prähistor.-anthropolog. Höhlenmuseum; Staatsbibliothek; Theater, Oper; botan. Garten, Zoo; Autorennstrecke (auf städt. Straßen).

Wirtschaft: Grundlage ist der ganzjährige Fremdenverkehr; außerdem Parfüm-, Nahrungs- und Genußmittelind., Werften, Töpferei- und Juwelierhandwerk, Briefmarkenverkauf (Sammelobjekt); Währungs- und Zollunion mit Frankreich.

Geschichte: M. wurde im 5. Jh. v. Chr. von der phokäischen Kolonie Massalia (= Marseille) aus gegr. und war v. Chr. den Römern als *Monoeca Herculis portus* bekannt. Im 13. Jh. war es Zufluchtsort der Grimaldi, die M. 1454 gewannen. 1793–1814 unter frz. Herrschaft; 1865 Zollunion mit Frankr.; Albert I. (⚭ 1889–1922) erließ 1911 eine Verfassung. Nach dem Vertrag mit Frankr. vom 17. Juli 1918 kommt M. beim Aussterben der Grimaldi unter frz. Protektorat. 1962 wurde die neue Verfassung angenommen, die die Rechte des Nat.rats stärkte. Im Steuerabkommen von 1963 wurden die in M. geltenden Steuervorteile, die dem frz. Fiskus Gelder entzogen hatten, teilweise aufgehoben.

Politisches System: Nach der Verfassung vom 17. Dez. 1962 ist M. eine erbl. konstitutionelle Monarchie. *Staatsoberhaupt* und oberster Inhaber der Exekutivgewalt ist der Fürst (seit 1949 Rainier III.); er übt zus. mit dem Parlament die *Legislative* aus. Auf Vorschlag der frz. Reg. ernennt der Fürst einen Staatsmin.

Monade

zum Chef der *Exekutive*, der zus. mit 3 Reg.räten den Reg.rat (Conseil de Gouvernement) bildet und vom Vertrauen des Fürsten abhängig ist und ihm verantwortl. ist. Das Parlament, der Nat.rat (Conseil National), besteht aus 18 Abg., die für 5 Jahre gewählt werden; das Recht zur Gesetzesinitiative hat der Fürst. In allen wichtigen Entscheidungen (Unterzeichnung internat. Verträge u. a.) muß der Fürst einen Kronrat (Conseil de la Couronne) konsultieren, dessen 7 Mgl. auf 3 Jahre vom Fürsten berufen werden. Wichtigste *Partei* ist die „Union nationale et démocratique", die seit den Wahlen 1978 alle 18 Parlamentssitze innehat. Außenpolit. Vertretung durch Frankr. - Die *Verwaltung* der Gemeinden des Ft. besteht aus einem Bürgermeister und einem gewählten Gemeinderat. Grundlage der *Rechts*prechung ist der Code Louis (1919). Das Gerichtswesen ist am frz. Vorbild orientiert. Es gibt keine *Streitkräfte*, sondern nur rd. 200 Mann Polizei.

📖 *Robert, J.-B.: Histoire de M. Paris 1973. - Ollivier, G.: La principauté de M. Paris 1961.*

Monade [zu griech. monás „Einheit"], die Einheit, das Einfache, Unteilbare. In der antiken Philosophie ist M. das, durch das jeder existierende Gegenstand als *ein* Gegenstand bezeichnet wird; in der ma. Philosophie synonym mit ↑Substanz. Systemat. Gewicht gewinnt der Ausdruck „M." erst bei ↑ Leibniz im Zusammenhang einer Rekonstruktion des klass. Substanzbegriffs („individuelle Substanz"). Ab 1696 verwendet ihn Leibniz anstelle seiner früheren Redeweise von „substantiellen Atomen", „formalen Atomen" oder „metaphys. Punkten" (Ggs. „materielle Atome"), um mit ihm die Aufgabe der Konstruktion begriffl. Einheiten, die keine phys. Einheiten geben könne, zu formulieren (**Monadentheorie, Monadenlehre**).

Monagas [span. moˈnaɣas], Staat in Venezuela, 28 900 km², 388 500 E (1980), Hauptstadt Maturín. M. liegt im O der Llanos.

Monaghan [engl. ˈmɔnəhən], Stadt in NO-Irland, am Ulsterkanal, 6 200 E. Verwaltungssitz der Gft. M.; kath. Bischofssitz; theolog. Seminar. - M. entwickelte sich um ein im 9. Jh. gegr. Kloster, das 1161 Franziskanerkloster wurde.

M., Gft. in NO-Irland, an der Grenze gegen Nordirland, 1 291 km², 51 200 E (1981), Verwaltungssitz M. Eiszeitl. überformte Ebenen sowie ein Hügelland im S prägen das Landschaftsbild. Grünland nimmt rund 94 % der landw. Nutzfläche ein; Milchwirtschaft, ferner Schweine- und Geflügelhaltung. Molkerei-, Schuh-, Textil-, Möbel- und Zementind. - M. gehörte im Altertum zu Ulster und kam 332 zum neugegr. Kgr. Oriel. In der Mitte des 17. Jh. kam M. unter engl. Herrschaft.

Monarch [griech.] ↑ Danaiden (ein Schmetterling).

Monarch [griech.] ↑ Monarchie.

Monarchen (Monarchinae) [griech.], Unterfam. etwa 15–53 cm (einschl. Schwanz) langer Singvögel (Fam. Fliegenschnäpper) mit mehr als 50 Arten, v. a. in Wäldern Afrikas (südl. der Sahara) und S-Asiens; ♂♂ prächtig gefärbt und, bes. bei den durch eine Haube gekennzeichneten **Paradiesschnäppern** (Schopfschnäpper, Terpsiphone), mit stark verlängerten Mittelschwanzfedern.

Monarchianismus [griech.], Hauptrichtung der Antitrinitarier in der christolog. Streitigkeiten des 2. und 3. Jh.: Christus ist wahrer Mensch, von einer unpersönl. göttl. Kraft erfüllt; durch diese vergottet, wurde er von Gott adoptiert.

Monarchie [zu griech. monarchía „Alleinherrschaft"], nach Aristoteles („Politik") im Unterschied zu Aristokratie und Demokratie diejenige Staatsform, in der ein einzelner, die **Monarch,** die Herrschaft ausübt. Von der älteren Tyrannis und der modernen Diktatur, die auch Alleinherrschaften sind, unterscheidet sich die M. durch ihre im übernatürl. Bereich verankerte Legitimation, die auf sakraler Bindung beruht: entweder als göttl. Verehrung des Monarchen (Altägypten, Hellenismus, China bis 1911) oder in der Form der christl. M., nach der der Herrscher der Beauftragte oder das Werkzeug Gottes ist (v. a. ma. Königtum, Gottesgnadentum des Absolutismus). - Die Nachfolge in der M. wird durch Wahl oder durch Erbnachfolge geregelt. In der *Erb-M*. übernimmt der erbberechtigte Thronfolger nach dem Tod des Monarchen unmittelbar die Herrschaft, entweder nach männl. Erbfolge (z. B. im Hl. Röm. Reich und im Dt. Reich) oder auch nach weibl. Erbfolge (z. B. in Großbrit. und in den Niederlanden).

Nach dem Kriterium der Machtbefugnis wird in der Neuzeit zw. absoluter, konstitutioneller und parlamentar. M. unterschieden. Die *absolute* M. wurde zur vorherrschenden Staatsform in den kontinentaleurop. Staaten des 16. bis 18. Jh. Ihre histor. Leistung bestand in der Umwandlung des ma. Feudalstaates zum modernen, zentralist. organisierten Militär-, Wirtschafts- und Verwaltungsstaat und der Schaffung der Voraussetzungen für die staatsbürgerl. Gleichheit. Die *konstitutionelle* M. nahm unter Weiterführung vorabsolutist. Traditionen, so der Beschränkung des monarch. Gewalt durch das Mitentscheidungsrecht der Stände (Herrschaftsverträge, Wahlkapitulationen), seit dem 17. Jh. von England/Großbrit. ihren Ausgang und wurde im 19. Jh. die vorherrschende Staatsform auf dem Kontinent. In den dt. Ländern sicherte bis 1918 das gegen die demokrat.-konstitutionellen Ideen von 1789 entwickelte **monarchische Prinzip,** nach dem die alleinige und einheitl. Staatsgewalt in der Hand des Monarchen liegt, der seine Befugnisse durch eine Verfassung verbindl. beschränken kann, die jedoch

Monat

immer nur Begrenzung, niemals Grundlage der Staatsgewalt des Monarchen bleibt, dem monarch. Gedanken den Vorrang vor allen Ansprüchen der Volksvertretung. In der *parlamentar. M.*, die in Großbrit. zu Beginn des 19. Jh. aus der konstitutionellen M. hervorging, übt der Monarch nur noch repräsentative Funktionen aus, während die Staatsleitung in den Händen der dem Parlament verantwortl. Reg. liegt. Der fundamentale Prozeß der Demokratisierung hat der M. weithin die soziale Basis entzogen.

📖 *Kammler, H.: Die Feudalmonarchien. Köln 1974. - Fusilier, R.: Les monarchies parlementaires. Paris 1960. - Loewenstein, K.: Die M. im modernen Staat. Ffm. 1952.*

Monarchist [griech.], Bez. für einen Anhänger der monarch. Regierungsform.

Monarchomachen [griech.], erstmals 1600 von dem Schotten W. Barclay (* 1546, † 1608) gebrauchte Bez. für eine Gruppe von Staatstheoretikern und polit. Publizisten, die das Souveränitätsproblem des frühmodernen Staates im Frankr. der Hugenottenkriege durch die Begründung der Volkssouveränität zu lösen versuchten; doch kannten sie keinen auf Gleichheit abhebenden Volksbegriff. Ihr Ziel war keineswegs die Abschaffung der Monarchie, sondern die Einschränkung der fürstl. Gewalt durch die Stände im Sinne der Theorie der Herrschaftsverträge. Dominierendes Thema war das Problem der Absetzung und der Tötung tyrann. Herrscher (Tyrannenmord), insbes. nach der Bartholomäusnacht (1572), die publizist. Verbreitung der schon vorher konzipierten Lehre der M. beschleunigte. Das von den M. geforderte Widerstandsrecht leitete sich, konfessionell gesehen, aus der Gegnerschaft zum kath. Königtum und, sozialgeschichtl. betrachtet, aus dem Wunsch nach Bewahrung ständ.-adliger Rechte gegenüber der fürstl. Zentralgewalt ab. - Hauptvertreter: F. Hotman („Franco-Gallia", 1573), T. Beza („De jure magistratum in subditos", 1576), Junius Brutus (Pseud.; „Vindiciae contra tyrannos", 1579).

Monasterium [griech.-lat., zu griech. *monázein* „allein leben, sich absondern"], Bez. der Wohnung von Mönchen und Nonnen († auch Kloster).

Monastir, Stadt in Tunesien, am Mittelmeer, 27 000 E. Hauptstadt des Gouvernements M.; Lehrerseminar; Thunfischkonservenfabrik, Spinnerei und Weberei, Fischereihafen; Seebad, internat. ⚓. - In der Antike **Ruspina,** strateg. Ausgangspunkt von Cäsars Afrikafeldzug; erhielt den Namen M. nach einem frühchristl. Kloster. - Islam. Klosterburg (älteste Teile um 795), heute Museum. **M.,** jugoslaw. Stadt, † Bitola.

monastisch [griech.-lat.], svw. mönchisch.

Monat [zu althochdt. *manod* (zu † Mond)], ein durch den Umlauf des Mondes um die Erde definiertes Zeitintervall. Je nach Wahl des Bezugspunktes oder der Bezugslinie, gegenüber denen ein voller Umlauf gezählt wird, ergeben sich verschiedene M.längen: **tropischer Monat,** 27 d (= Tage) 7 h 43 min 4,7 s; **siderischer Monat,** 27 d 7 h 43 min 11,5 s; **synodischer Monat,** 29 d 12 h 44 min 2,9 s; **drakonitischer Monat,** 27 d 5 h 5 min 35,8 s; **anomalistischer Monat,** 27 d 13 h 18 min 33,2 s († auch Mond, Tabelle).

Im Kalenderwesen verstand man unter M. früher stets den synod. M., wobei 12 synod. M. das Mondjahr bildeten. In dem heute durch ein festes Sonnenjahr gekennzeichneten Kalender sind die M. zu 28 Tagen (Februar; in Schaltjahren 29 Tage), zu 30 Tagen (April, Juni, September, November) bzw. zu 31 Tagen (Januar, März, Mai, Juli, August, Oktober, Dezember) festgelegt.

Geschichte: Der synod. M. wurde urspr. von allen Völkern der Zeitrechnung zugrundegelegt. Als M.beginn galt das Neulicht nach dem Neumond; der M. begann also mit der Abenddämmerung des ersten Tages des Neulichtes. Bereits von den Sumerern wurden schon im 3. Jt. v. Chr. feste M.längen von 29 und 30 Tagen verwendet. Die Griechen nah-

Monatsbilder. Brüder von Limburg,
Der Monat Oktober.
Chantilly, Musée Condé

Monatsbilder

men einen regelmäßigen Wechsel von 29 und 30 Tagen vor ("hohler" bzw. "voller" M.) und unterschieden zw. kalendar. und tatsächl. Neumond. Bei den Römern erfolgte die Zählung in den (urspr. durch die Mondphasen gegebenen) Abschnitten: Kalenden, Nonen, Iden. Bei allen indogerman. Völkern war die Zweiteilung des M. durch den Vollmond üblich. Die M.namen beziehen sich auf bestimmte Tätigkeiten, Witterungsverhältnisse oder kult. Feste (und die darin verehrten Gottheiten) oder werden fortlaufend gezählt (wie der 5. bis 10. Monat des altröm. Kalenders).

Monatsbilder, die den ma. Handschriften häufig beigegebenen Kalendarien, Stundenbücher, Psalterien wurden oft - nach griech.-röm. Tradition - mit Miniaturen von Tierkreiszeichen und M. geschmückt, die z. B. auch an Kirchenportalen auftauchen. Diese M. wurden seit dem 13. Jh. durch zunehmendes Wirklichkeitsinteresse szen.-genrehaft belebt und insbes. durch die Brüder von ↑Limburg zu entscheidenden Voraussetzungen für die Landschafts- und Genremalerei. - Abb. S. 347.

Monatsblutung, svw. ↑Menstruation.

Monatssteine (Glückssteine), bestimmte Edelsteine, die dem Geburtsmonat zugeordnet werden und dem Träger Glück bringen sollen: Topas (Jan.), Chrysopras (Febr.), Hyazinth (März), Amethyst (April), Jaspis (Mai), Saphir (Juni), Smaragd (Juli), Chalcedon (Aug.), Karneol oder Sarder (Sept.), Sardonyx (Okt.), Chrysolith (Nov.), Aquamarin oder Beryll (Dezember).

monaural [griech./lat.], in der *medizin. Technik* ein Ohr bzw. das Gehör auf einer Seite betreffend. In der *Elektronik* Aufnahme bzw. Wiedergabe (z. B. auf Schallplatten [Mono] oder Tonband) über nur einen Kanal, im Ggs. zur Stereophonie.

Monazit [zu griech. monázein „einzeln sein" (mit Bezug auf die Seltenheit)], glänzendes, durchscheinendes, hellgelbes bis dunkelbraunes Mineral (Mohshärte 5-5,5, Dichte 4,8-5,5 g/cm^3), das v. a. aus Phosphaten von Metallen der seltenen Erden und des Thoriums besteht. M. kommt in Form gelbbrauner Körner in sauren magmat. Gesteinen sowie in Dünen- und Flußsanden (Monazitsand) vor. M. ist das wichtigste Mineral zur Gewinnung von Cer und anderen Seltenerdmetallen sowie von Thorium. Hauptfundgebiete sind Florida und Idaho, Brasilien, Ceylon, Australien und der Ural.

Monbijou [frz. mõbi'ʒu „mein Kleinod"], Name von Lustschlössern; z. B. Schloß M. in Berlin, 1703 von J. F. N. Eosander erbaut (1958 abgerissen).

Moncalieri, italien. Stadt in Piemont, 5 km sö. von Turin, 41 m ü. d. M., 64 000 E. Pharmazeut. und Zündholzind. - Seit 1272 savoyisch, 1619 Stadt. - M. wird überragt vom ehem. königl. Schloß (13., 15. und 17. Jh.).

Mönch von Salzburg (Johann von Salzburg, Hermann von Salzburg), mittelhochdt. Liederdichter vom Ende des 14. Jh. - Bes. wertvoll sind die erhaltenen Melodien seiner von der späthöf. Dichtung beeinflußten geistl. und weltl. Lieder.

Mönch, Berg der Finsteraarhorngruppe in den Berner Alpen, Schweiz, 4 099 m hoch, stark vergletschert.

Mönch [zu griech. monachós „Einsiedler"], Mgl. einer religiösen Gemeinschaft, deren asket.-religiösen Forderungen (↑Mönchtum) er sich freiwillig meist lebenslang unterwirft.

Mönche (Mönchseulen, Cucullia), weltweit verbreitete Schmetterlingsgatt. der Eulenfalter mit 26 überwiegend unscheinbar gefärbten Arten in M-Europa; Flügelspannweite 4-6 cm; dämmerungs- und nachtaktive Tiere mit kapuzenartig aufrichtbaren Haarbüscheln am Brustteil und (bei Ruhe) steil dachförmig zusammengelegten Flügeln; Raupen meist bunt, fressen an Kräutern und Stauden.

Mönchengladbach (früher München-Gladbach), Stadt im Niederrhein. Tiefland, NRW, 35-101 m ü. d. M., 254 600 E. Abteilung M. der Fachhochschule Niederrhein (Textil- und Bekleidungstechnik); Theater; Museen; Textilprüfungsanstalt; Evangel. Bildungs- und Pflegeanstalt Hephata; Sitz der NATO- und brit. Hauptquartiere; Sitz von Wirtschaftsvereinigungen; botan. Garten, Tierpark, Fabrikation und Verarbeitung von Seide, Kunstfasern und Wollstoffen; Maschinenbau, Kabel-, Werkzeug- u. a. Industrie.

Geschichte: Um die in der 2. Hälfte des 10. Jh. gegr. Benediktinerabtei (1802/03 aufgehoben) wuchs das als Marktort 1183 erstmals erwähnte **Gladbach** (**Monich Gladesbach** erstmals 1300); Stadtrecht wahrscheinl. um 1365; wurde durch Entwicklung der Textilind. (Anfänge im MA) zum „Rhein. Manchester". 1929-33 mit Rheydt zu Gladbach-Rheydt vereinigt. 1975 wurden **Rheydt** (1180 erstmals erwähnt, im 15. Jh. festungsartig ausgebaut, seit 1856 endgültig Stadt) und **Wickrath** eingemeindet.

Bauten: Das Münster ist eine spätroman. Basilika (1228-39) mit roman. Westwerk und got. Chor (1256-1300); ehem. Abteigebäude (17. Jh.; heute Rathaus). Im Stadtteil **Neuwerk** ehem. Benediktinerinnenstift mit roman. Kirche (12. Jh.), im Stadtteil **Rheindahlen** Pfarrkirche mit roman. Westturm (12. Jh.). Im Stadtteil **Rheydt** Schloß (15./16. Jh.; heute Museum). Museum Abteiberg (1976-82).

Mönchsaffe ↑ Schweifaffen.

Mönchseulen, svw. ↑ Mönche.

Mönchsgeier ↑ Geier.

Mönchsgrasmücke ↑ Grasmücken.

Mönchskopf ↑ Trichterling (ein Pilz).

Mönchspfeffer (Vitex), Gatt. der Eisenkrautgewächse mit über 200 Arten in den Tropen und Subtropen; Bäume oder Sträucher mit gegenständigen Blättern, kleinen, weißen, gelbl. oder blauen Blüten und kleinen Steinfrüchten. Eine bekannte Art ist das **Keuschlamm** (Vitex agnus-castus) aus dem Mittelmeergebiet und Z-Asien; 2–4 m hoher Strauch mit handförmig geteilten Blättern; Blüten klein, violett, blau, rosa oder weiß, in dichten Blütenständen. Die Steinbeerenfrüchte dieser alten Kulturpflanze werden in südl. Ländern als Pfefferersatz verwendet.

Mönchsrobben (Monachinae), Unterfam. oberseits braungrauer bis schwärzl., unterseits weißl., in ihren Beständen stark bedrohter Robben mit drei Arten in trop. und subtrop. Meeren; im Mittelmeer und Schwarzen Meer als einzige Art die 2–4 m lange, fast überall gesetzl. geschützte **Mittelmeermönchsrobbe** (Monachus monachus).

Mönchssittich ↑ Keilschwanzsittiche.

Mönchtum, in der *Religionsgeschichte* weit verbreitete Erscheinung einer von Männern, seltener von Frauen, vorübergehend oder auf Lebenszeit gewählten besitz- und ehelosen Existenzweise rein religiöser Zielsetzung, die im Eremitentum, in Wanderaskese oder in klösterl. Gemeinschaft realisiert wird. Klass. Land des M. ist Indien. Dschainismus und Buddhismus sind ihrem Ursprung und Wesen nach typ. Mönchsreligionen: Allein der Mönch kann die unmittelbare Erlösung erlangen. Im tibet. Lamaismus („gelbe Kirche") übernahmen Mönche auch die staatl. Macht. In Japan ist der Zen-Buddhismus die gegenwärtig bedeutendste Form des M. - Im *Christentum* ist die älteste Form des M. das Leben als Anachoret („Zurückgezogener") oder Eremit („Wüstenbewohner"). Das M. verbreitete sich rasch in Ägypten, Palästina und Syrien, wo sich im 5.Jh. u.a. die Sonderform der Säulenheiligen (Stylieten) bildete. Durch Basilius d. Gr. († 379) wurde das ↑ Koinobitentum in die hellenist. Welt eingeführt; die auf ihn zurückgehenden Regeln sind in griech. M., in dem es Orden im abendländ. Sinn nicht gibt, allein maßgebend. Im 14.Jh. entstanden die ↑ idiorrhythmischen Klöster. - Im Abendland faßte das M. seit etwa 370 Fuß. Die spezif. abendländ. Gestalt gab Benedikt von Nursia dem M. mit der für das Kloster Montecassino aufgestellten Regel (Benediktregel), die bis ins 12.Jh. vorherrschend war (↑ auch Orden). - Die Kirchen der *Reformation* lehnen das M. als Ausdruck des Strebens nach selbsterwählter Heiligkeit ab; dem M. ähnl. ev. Lebensformen finden sich in den ↑ Kommunitäten.

📖 *Bertouch, E. v.: Mönchs- u. Ritterorden. Mchn. 1984. - Frank, K. S.: Grundzüge der Gesch. des christl. M. Darmst.*[4]*1983. - M. u. Gesellschaft im Früh-MA. Hg. v. F. Prinz. Darmst. 1976. - Askese u. M. in der Alten Kirche. Hg. v. K. S. Frank. Darmst. 1975. - Frank, K. S.: Frühes M. im Abendland. Mchn. u. Zürich 1975. 2 Bde.*

Mönchziegel ↑ Dachziegel.

Mond [zu althochdt. mano, eigtl. wohl „Wanderer am Himmel"], allg. Bez. für einen Trabanten oder Satelliten (natürl. Begleiter) eines Planeten.

◆ (Erdmond, Erdtrabant, lat. Luna) der natürl. Satellit der Erde.

Mondbahn und Mondbewegung: der M. bewegt sich auf einer nahezu kreisförmigen Ellipsenbahn um die Erde. Wie bei allen Himmelskörpern, die in ellipt. Bahnen umlaufen, schwankt die „wahre" Bahngeschwindigkeit period. um eine „mittlere" Geschwindigkeit; dieser Effekt wird als **große Ungleichheit** bezeichnet. Die Entfernung zw. Erd- und M.mittelpunkt schwankt während eines Umlaufs zw. 406 700 km (Apogäum) und 356 400 km (Perigäum). Andere Änderungen und Schwankungen in der Bewegung des M. werden durch die Gravitationswirkung der Sonne bzw. durch die Bewegung der Erde um die Sonne verursacht. Von Bedeutung sind u. a. zwei Änderungen der räuml. Lage der M.bahn: das **Rückwärtsschreiten der Knoten** (d. h. der beiden Schnittpunkte der M.bahn mit der Ekliptik) in 18,6 Jahren um 360° und **die Bewegung der Apsidenlinie** der M.bahnellipse: die vom Frühlingspunkt längs der Ekliptik bis zum aufsteigenden Knoten und von dort aus längs der Bahn bis zum Perigäum, der Erdnähe, gezählte „Länge des Perigäums" durchläuft in 8,85 Jahren alle Werte von 0° bis 360°. Als **Evektion** wird eine period. Störung der großen Ungleichheit bezeichnet, die auf der unterschiedl. gegenseitigen Stellung von Sonne, M. und ↑ Apsidenlinie der M.bahn beruht. Die **Variation** ist eine Beschleunigung und Abbremsung des M. in seiner Bahn mit halbmonatiger Periode. Daneben führt der M. eine *Rotationsbewegung* um seine Achse aus. Er wendet der Erde immer dieselbe Seite zu *(gebundene Rotation);* Rotationszeit gleich der mittleren sider. Umlaufszeit von 27,32 Tagen. Da die Bewegung des M. in seiner ellipt. Bahn ungleichmäßig ist, die Rotation aber gleichmäßig erfolgt, kann ein Beobachter auf der Erde, wenn der M. im Perigäum steht, mehr von der rechten M.seite, wenn er im Apogäum steht, mehr von der linken Seite erblicken (**Libration in Länge**). Eine **Libration in Breite** kommt dadurch zustande, daß die Rotationsachse des M. nicht senkrecht auf seiner Bahnebene steht; dadurch kann man im Laufe eines Monats zeitweilig über den Nordpol bzw. über den Südpol hinwegsehen. Durch diese Librationseffekte kann man etwa 59% der Oberfläche des M. einsehen. Zu den auffälligsten Erscheinungen auf Grund der unterschiedl. Stellung von Sonne, Erde und M. zueinander gehören neben der Gezeiten und Finsternissen die **Lichtphasen** des Mondes, insbes. *Voll-*

Mond

mond, *Halbmond* und *Neumond*. Da der M. kein selbstleuchtender Himmelskörper ist, sondern von der Sonne angestrahlt wird, sind die M.phasen von der Stellung dieser beiden Himmelskörper abhängig. Ein vollständiger Ablauf aller Lichtphasen wird **Lunation** genannt. Die Trennlinie zw. beleuchtetem und unbeleuchtetem Teil der M.scheibe bezeichnet man als **Terminator.** Aus der Stellung Sonne–Mond ergibt sich ferner, daß der zunehmende M. nur am Abendhimmel, der abnehmende M. nur am Morgenhimmel stehen kann. - Die bei M.aufgang bzw. -untergang zu beobachtende starke Vergrößerung der M.scheibe ist eine opt. Täuschung.

Mondoberfläche: Die Oberfläche des M. kann, da eine Atmosphäre fehlt, von der Erde aus ungehindert betrachtet werden. Von der Erde aus sind Details der Bodenformen auf

Mond. Der Mondlauf im Anblick von Norden auf die Mondbahnebene. Im äußeren Ring die Mondphasen, wie sie von der Erde aus zu sehen sind (links); Aufnahme von Apollo 8 am 24. Dezember 1968. In der Bildmitte erkennt man das Mare Smythii und das Mare Marginis, im unteren Bildteil das Mare Crisium und das Mare Foecunditatis (mit dem großen Krater Langrenus) und am unteren Bildrand rechts das Mare Nectaris (unten)

Mond

Entfernung, Bahn und Größe des Mondes	
mittlere Entfernung von der Erde	384 405 km
größte Entfernung von der Erde	406 700 km
kleinste Entfernung von der Erde	356 400 km
Neigung der Bahn gegen die Ekliptik	5° 8′ 43,4″
Neigung des Mondäquators gegen die Ekliptik	1° 31′ 22″
siderische Umlaufzeit	27,321 66 mittlere Tage
tropische Umlaufzeit	27,321 58 mittlere Tage
anomalist. Umlaufzeit	27,554 55 mittlere Tage
synod. Umlaufzeit	29,530 59 mittlere Tage
Umlaufzeit des Knotens	18,613 4 trop. Jahre
Umlaufzeit des Perigäums	8,847 9 trop. Jahre
Halbmesser	1 738,0 km
Umfang	10 920 km
Oberfläche	$3,796 \cdot 10^7$ km^2
Volumen	$2,199 \cdot 10^{10}$ km^3
Masse	$7,350 \cdot 10^{25}$ g
mittlere Dichte	3,341 g/cm^3
Schwerebeschleunigung an der Oberfläche	1,62 m/s^2

der M.oberfläche bis zur Größe von etwa 100 m und Erhebungen von einigen Metern Höhe zu erkennen. Zu den *Großformen* zählen die schon mit bloßem Auge wahrnehmbaren dunklen Flecken, die je nach Größe als Meer (lat. **Mare** [Mrz. Maria]; auch **Oceanus**), Meerbusen (**Sinus**), Sumpf (**Palus**) oder See (**Lacus**) bezeichnet wurden, sowie die als **Terrae** (Einz. Terra) bezeichneten, relativ hellen Flächen mit inselartigen Strukturen mit deutl. Relief. Die Maria sind relativ dunkle, tiefliegende, oft völlig eben erscheinende Areale. Zu den Terrae gehören die M.gebirge (z. B. Alpen, Apennin, Kaukasus und Pyrenäen). Zu den *Kleinstrukturen* zählen die *Rillen*, grabenförmige schmale Rinnen mit glatten Rändern, ihre Breite liegt bei 1 km, ihre Länge kann mehrere Kilometer erreichen; sie sind häufig von zahlr. Kleinstkratern besetzt. Von diesen Rillen sind die *Spalten* und *Klüfte* zu unterscheiden, die auf Spannungen im Gestein hindeuten. Weiter sind die lunaren *Täler* zu nennen, die steil begrenzte Rinnen mit flachem Boden darstellen. Häufig sind ringförmige und *polygonale M.formen*, die je nach Größe als *Krater*, *Ringgebirge* oder *Wallebene* bezeichnet werden. Über die *Entstehung* des M. und der M.formen gibt es eine Vielzahl sich zum Teil widersprechender Theorien: Die gleichzeitige Bildung von Erde und M. als Doppelplanet, die Herauslösung des M. aus der Erdkruste oder der Einfang des M. durch die Erde. - Die Meinungen über die Entstehung der M.formen lassen sich zurückführen auf die sog. **Impakthypothese** (Einschlag von Meteoriten oder gar von Planetoiden), auf die Hypothese von einer vulkanolog. Entstehungsursache der Formen (**Vulkantheorie**) sowie auf die Vorstellung, daß riesige Gasblasen in einer noch nicht erstarrten Oberfläche aufplatzten und die Krater bildeten (**Magmatheorie**). Die Zerstörung der vorhandenen M.formen wird durch Meteoriteneinschlag, vulkan. Kräfte sowie durch Temperaturgegensätze bewirkt. Die M.oberfläche (an den bisher von Menschen aufgesuchten Landestellen) aus regellos verteilten Gesteinsbruchstücken, die von mikroskop. Staubkorngröße bis zur Größe von Felsbrocken mit 0,8 m Durchmesser variieren. Diese Gesteinstrümmer bilden eine Schuttschicht, die an der Oberfläche porös, mit zunehmender Tiefe aber schnell dichter gepackt ist und fest wird. Die Masse dieses *Lunarregoliths* besteht aus M.staub, in dem die größeren Gesteinsbrocken eingebettet liegen. Die zur Erde gebrachten Gesteinsproben können eingeteilt werden in feinkörnige bis mittelkörnige, blasige, kristalline, magmat. Gesteinsbrocken, in Breccien (aus Bruchstücken verschiedenen Gesteins, durch feinen M.staub zusammengebacken) sowie in M.staub (Teilchendurchmesser unter 1 cm). Die kristallinen Brocken sind magmat. Ursprungs. Die Hauptminerale sind auch auf der Erde als gesteinsbildend bekannt; jedoch wurden neue, auf der Erde unbekannte Minerale gefunden, die Kombinationen von Titan, Magnesium, Eisen, Aluminium und einigen anderen Elementen darstellen. Insgesamt konnten in den Bodenproben 68 Elemente nachgewiesen werden. Es wurden keine Spuren von Leben oder organ. Verbindungen entdeckt. Auch konnte kein Wasser nachgewiesen werden. - Die Gesteinsbrocken zeigen millimetergroße Aufschlagstellen von Mikrometeoriten. Die Mikrometeorite verdampfen beim Aufprall und schmelzen zudem noch einen Teil des getroffenen Gesteins um. Dieses geschmolzene Gestein ist in Form von Glasperlen im Mondstaub nachweisbar. Überraschende Ergebnisse erbrachten die Altersbestimmungen an M.proben. Als Entstehungsalter für die magmat. Steine aus dem Mare Tranquillitatis wurden 3,7 Mrd. Jahre ermittelt. Gesteinsproben aus dem Oceanus Procellarum ergaben ein um eine Mrd. Jahre geringeres Alter; d. h., das Magma, aus dem diese Steine stammen, ist zu einem viel späteren Zeitpunkt aufgeschmolzen worden. Der M.staub zeigt Alterswerte zw. 1,6 und 4,5 Mrd. Jahren.

Geschichte: Der M. und seine Phasen waren

Mondadori S.p.A.

in allen frühen Kulturen Maß für den Monat und damit auch für den Kalender. Die M.finsternisse gaben daneben Anlaß zu einer für die Voraussage der M.örter brauchbaren Berechnung der M.bahn. Die Evektion als größte M.störung ist bereits von Hipparch entdeckt worden; die Variation wurde von T. Brahe entdeckt und von I. Newton erklärt. Die von G. Galilei entdeckte Libration konnte von J. Hevelius und T. Mayer erklärt werden. Daß der M. kein selbstleuchtendes Gestirn ist und auf welche Weise die M.phasen und -finsternisse entstehen, erklärte bereits Anaxagoras. Seine Annahme von Unebenheiten auf dem M. wurde 1610 von Galilei durch Fernrohrbeobachtungen bestätigt. Die M.-phasen wurden als lumineszierende Anregung durch das Sonnenlicht (Stoiker) oder mittels eines zusätzl. halben Hohlkugelkörpers (Alhazen) erklärt, bis die prinzipielle Erdartigkeit des M. spekulativ (N. Kopernikus, G. Bruno, J. Kepler) und empir. (Galilei) nachgewiesen wurde. Eine erste (grobe) *Karte des M.* schuf Galilei. Die M.topographie wurde bes. durch J. Hevelius, G. B. Riccioli (auf ihn geht die noch heute gültige Nomenklatur zurück), G. D. Cassini, J. H. Lambert, T. Mayer (Einführung der M.koordinaten), J. H. Schröter, W. Beer, J. H. von Mädler, J. F. J. Schmidt u. a. gefördert. - Die ersten photograph. Aufnahmen stammen von H. Draper. Heute werden ird. Teleskopaufnahmen durch Aufnahmen (auch Fernseh- und Filmbilder) aus unbemannten und bemannten M.sonden ergänzt. Die erste Aufnahme der Rückseite des M. lieferte 1959 die sowjet. M.sonde Lunik 3. Die erste Landung von Menschen auf dem M. erfolgte am 20. Juli 1969.
📖 *Moore, P.: Der M. Dt. Übers. Freib. 1982. - Guest, Y. E./Greeley, R.: Geologie auf dem M. Dt. Übers. Stg. 1979. - Ringwood, A. E.: Origin of the earth and moon. Bln. u. a. 1979. - Hantzsche, E.: Doppelplanet Erde-M. Lpz. ²1973. - Meißner, R.: Der M. Ffm. 1969. - Bülow, K. v.: Die M.landschaften. Mannheim u. a. 1969. - Giese, R.-H.: Erde, M. u. benachbarte Planeten. Mannheim u. a. 1969. - Link, F.: Der M. Bln. u. a. 1969. - Güttler, A./Petri, W.: Der M. Kulturgesch. u. Astronomie des Erdtrabanten. Hdbg. 1962.*

Mondadori S.p.A., Arnoldo ↑ Verlage (Übersicht).

Mondale, Walter Frederick [engl. 'mɒndeɪl], * Ceylon (Minn.) 5. Jan. 1928, amerikan. Politiker (Demokrat. Partei). - Jurist; Senator für Minnesota 1964-77; setzte sich für die Verringerung der Militärausgaben und für eine fortschrittl. Sozialgesetzgebung ein; 1977-81 Vizepräs. der USA.

mondän [frz., zu lat. mundus „Welt"], von aufwendiger Eleganz, nach Art der großen Welt.

Mondbein ↑ Handwurzel.

Mondbohne (Duffinbohne, Limabohne, Phaseolus lunatus), in den Tropen und Subtropen angebaute Bohnenart, deren grüne Hülsen und reife, weiße Samen wie die der Gartenbohne genutzt werden (dunkelfarbige Samen sind giftig).

Monde, Le [frz. lə 'mõ:d „Die Welt"], frz. Tageszeitung, ↑ Zeitungen (Übersicht).

Mondfinsternis ↑ Finsternis.

Mondfische (Klumpfische, Molidae), Fam. 0,8-3 m langer Knochenfische (Ordnung Haftkiefer) mit nur wenigen Arten in warmen und gemäßigten Meeren; Hochseefische mit seitl. stark zusammengedrücktem, im Umriß meist eiförmigem Körper; am bekanntesten der **Sonnenfisch** (Mondfisch i. e. S., *Meermond, Mola mola*), 2-3 m lang, Höchstgewicht 1 t, dunkelbraun bis grau, Rückenflosse weit nach hinten gerückt.
◆ ↑ Glanzfische.

Mondfleck, svw. ↑ Mondvogel (ein Schmetterling).

Mondhornkäfer (Copris), Gatt. glänzend schwarzer Blatthornkäfer mit mehreren Arten, v. a. in gemäßigten Eurasiens und Afrikas; mit halbmondförmigem Kopfschild und längerem (♂) oder kürzerem (♀) Horn auf der Stirn.

Mondidole, vorgeschichtl. Fundgattung von tönernen Gebilden mit hornartig ausgezogenen seitl. Spitzen, aus der Urnenfelder- und bes. der Hallstattzeit M-Europas; Form- und Fundumstände deuten auf symbol. Gehalt.

Mondjahr ↑ Jahr.

Mondkalb, volkstüml. Bez. für eine Mißgeburt bei Rindern.

Mondkult, rituelle Verehrung des Mondes, dessen Zu- und Abnehmen mit menschl., animal. und vegetativem Wachsen und Vergehen in enger Verbindung gesehen wird. Dabei gilt der Mond häufig als personale Gottheit, wie in Ägypten der Mondgott Thot, in Griechenland die tausendende Selene, in Rom die Luna. Im semit. Bereich war der M. weit verbreitet; meist wurde der Mond unter dem Namen Sin verehrt. Ein großes Verbreitungsgebiet des M. ist ferner Afrika südl. der Sahara. Dort besteht zuweilen noch heute die Sitte des ununterbrochenen Trommelns und Tanzens während der Vollmondnächte.

Mondlandefähre ↑ LM.

Mondovi, italien. Stadt im östl. Piemont, am Ellera, 395-559 m ü. d. M., 22 500 E. Kath. Bischofssitz. Stahlwerk, pharmazeut., chem. und Papierind. - Als **Monte di Vico** 1198 gegr. - In der Oberstadt liegt der barocke Dom (18. Jh.).

Mondpreise, Bez. für bewußt überhöht angesetzte, empfohlene Preise, durch die der Hersteller dem Handel die Möglichkeit geben wollen, mittels starker Unterbietung den Eindruck bes. günstiger Preise zu erwecken.

Mondraute (Traubenraute, Botrychium), Gatt. der Natternzungengewächse; mit mehr als 30 Arten fast über die ganze Erde verbreitet; niedriger Farn mit nur einem, in einen sterilen und einen fertilen Ast gegabelten Blatt. Am bekanntesten ist die auf Trockenrasen und in Gebüschen wachsende **Echte Mondraute** (Botrychium lunaria).

Mondrian, Piet [niederl. ˈmɔndriːaːn], * Amersfoort 7. März 1872, † New York 1. Febr. 1944, niederl. Maler. - Nach einer vom Kubismus bestimmten Periode entstanden 1914 in Paris die ersten rein geometr. Kompositionen. 1917 begr. M. mit van Doesburg die Kunstzeitschrift „De Stijl" (↑ auch Stijl-Gruppe). 1920–38 lebte M. wieder in Paris und gelangte über London 1940 nach New York. Die Spannung seiner Gemälde beruht auf einem System horizontaler und vertikaler Linien und dem Gleichgewicht reiner Flächenbeziehungen. Er bezeichnet seine Flächenkunst als „Neoplastizismus", die Tiefenwirkung beruht auf ↑ Farbenperspektive. - *Werke:* Komposition mit Rot, Gelb und Blau (1921; Den Haag, Gemeente Museum), Broadway Boogie-Woogie (1942/43; New York, Museum of Modern Art).

Mondsame (Menispermum), Gatt. der **Mondsamengewächse** (Menispermaceae; 67 Gatt. mit über 400 Arten) mit zwei Arten: *Menispermum dauricum* (von Sibirien bis Japan) und *Menispermum candense* (östl. N-Amerika). Beide Arten sind auch in M-Europa kultivierte, winterharte Schlingpflanzen.

Mondsee, See im oberöstr. Salzkammergut, 481 m ü. d. M., 11,4 km lang, 2,3 km breit, bis 68 m tief, Abfluß durch die Seeache zum Attersee. - Beim Ausfluß des M. ausgedehnte Uferrandsiedlung (Pfahlbau) des Jungneolithikums (3. Jt. v. Chr.), namengebend für die **Mondseegruppe.**

Mondsonde ↑ Raumsonden.

Mondstein ↑ Feldspäte.

Mondsucht ↑ Schlafwandeln.

Mondvogel (Mondfleck, Phalera bucephala), 5–6 cm spannender Nachtschmetterling (Fam. Zahnspinner) in Auwäldern, Heiden und Parklandschaften Europas und N-Asiens; mit großem, rundem, gelbem Halbmondfleck an der Spitze der grauen Vorderflügel; täuscht in der Ruhestellung mit eng anliegenden Flügeln ein trockenes Zweigstück vor; Flugzeit Mai bis Juli.

Mondzyklus, Bez. für den Zeitraum von 19 Jahren, nach dessen Verstreichen die Mondphasen (Vollmond, Neumond) wieder auf die gleichen Kalenderdaten fallen.

Monegassen, die Einwohner Monacos.

Monem [griech.], svw. ↑ Morphem.

Monenergetismus (Monergetismus) [griech.], Bez. für die Auffassung, daß der aus göttl. und menschl. Natur bestehende Christus alles durch *eine* Energie (griech. mía enérgeia) gewirkt habe. Diese Formel stellt den Beginn des monothelet. Streites (↑ Monotheletismus) dar.

monepigraphische Münzen [griech./ dt.], Münzen, die ausschließl. Schrift, keinerlei Bilder und sonstige Symbole zeigen (bes. aus dem islam. Bereich).

Monergole [Kw.] ↑ Raketentreibstoffe.

Monet, Claude [frz. mɔˈnɛ], * Paris 14. Nov. 1840, † Giverny (Eure) 6. Dez. 1926, frz. Maler. - Erste Anregungen zu Freilichtstudien gaben ihm J. Boudin und später bes. auch J. B. Jongkind. Wichtig wurde auch die Auseinandersetzung mit Courbet und Manet und 1870 die Begegnung mit Werken Turners in London. 1874 wurde von seinem Bild „Impression, soleil levant" (1872, Paris, Musée Marmottan) der Name Impressionisten für die Gruppe junger Freilichtmaler, mit denen er malte und ausstellte, abgeleitet. Sein Interesse gilt Atmosphäre und Licht. Unter Auflösen der Konturen läßt er das Flimmern von Luft und Licht erstehen. In Serienbildern (seit 1890) registriert er in zykl. Wiederholungen eines einzigen Motivs die Veränderungen während der Tageszeiten. In seinem Spätwerk gelangte er bis an die Auflösung

Piet Mondrian,
Tableau I (1921). Köln,
Wallraf-Richartz-Museum

des Gegenständlichen, insbes. in seinen ekstat. Bildern von seinen Seerosen- und Lilienteichen (seit 1899). - *Werke:* Camille (Das grüne Kleid) (1866, Bremen, Kunsthalle), Das Frühstück (1868, Frankfurt, Städel), Die Seinebrücke von Argenteuil (1874, Paris, Louvre), Der Bahnhof von Saint-Lazare (1877, Chicago, Art Institute), Die Kathedrale von Rouen (1894, Louvre), Seerosenfolge (1915–23, Paris, L'Orangerie). - Abb. S. 356.

Moneta, Ernesto Teodoro, * Mailand 20. Sept. 1833, † ebd. 10. Febr. 1918, italien. Journalist und Politiker. - Pazifist; 1867–96 Hg. der Zeitung „Il Secolo"; begr. die Friedensorganisation „Unione lombarda per la pace e l'arbitrato"; 1907 Friedensnobelpreis (mit L. Renault).

Moneymaker [engl. 'mʌnɪmeɪkə, eigtl. „Geldmacher"], abwertende Bez. für einen Großverdiener.

Monferrato, italien. Hügelland zw. Po und unterem Tanaro, bis 716 m hoch; Weinbau.

Monge, Gaspard [frz. mõːʒ], Graf von Péluse, * Beaune 9. Mai 1746, † Paris 28. Juli 1818, frz. Mathematiker. - Prof. an der Militärschule in Mézières und an der École polytechnique; 1799 wurde M. Direktor des von Napoleon I. errichteten ägypt. Instituts in Kairo. - M. begr. die darstellende Geometrie. 1783 synthetisierte er (unabhängig von A. Lavoisier) Wasser aus Wasserstoff und Sauerstoff.

Mongo (Lolo), Bantustamm im N von Zaïre; überwiegend Waldlandpflanzer (Maniok, Bananen), Kleinviehhaltung.

Mongolei, zentralasiat. Geb., polit. in die Mongol. VR (Äußere M.) und die chin. Autonome Region Innere M. gegliedert. Von nomad. Völkern prototürk. und protomongol. Herkunft besiedelt; gehörte seit 209 v. Chr. zum Hunnenreich, 407–552 zum Staat der Awaren, 730 zum Reich der Uiguren, das die Kirgisen 840 zerstörten; im frühen 13. Jh. unter Dschingis-Khan Zentrum für die Bildung eines mongol Großreichs, in der Folge in Teilreiche unter einem Großkhan aufgegliedert; 1260 Nebenland der mongol. Yüankaiser in China, die nach ihrer Vertreibung (1368) in die M. flüchteten; seit dem 17. Jh. Teil des chin. Mandschureiches; 1911 löste sich die Äußere M. von China (1924 Ausrufung der Mongol. VR); Teile der bei China verbliebenen Inneren M. waren mit jap. Hilfe als Innermongol. Föderation 1937–45 autonom; 1947 wurde die Innere M. eine der 5 Autonomen Regionen Chinas.

Mongolen, zum tungiden Zweig der mongoliden Rasse gehörende Völkergruppe mit mongol. Sprache in Zentralasien. In der Mongol. VR bilden die M. das Staatsvolk, in der Inneren Mongolei und in anderen chin. Prov. dagegen nur eine Minderheit. Typ. Wirtschaftsform ist die Viehzucht, die aus geograph. Gründen unterschiedl. weite Wanderungen erfordert. Die damit verbundene nomadisierende Lebensweise wurde nach Durchsetzung sozialist. Staatsordnungen stark eingeschränkt. An die Stelle der traditionellen Jurte sind heute vielfach feste Häuser in Dauersiedlungen getreten. Altüberlieferte Bräuche, wie Reiterspiele, Ringkämpfe und Bogenschießen, werden weiterhin gepflegt. Der urspr. Schamanismus wurde seit dem 13. Jh. zunehmend durch den Islam und dieser seit dem 16. Jh. durch den lamaist. Buddhismus verdrängt. - Urspr. wurde die Bez. M. nur auf einen nomadisierenden Stamm am oberen Amur angewandt, durch Dschingis-Khan auf das ganze Volk ausgedehnt; die M. schufen zw. 1211/20 ein Weltreich, das ab 1260 nach der Eroberung ganz Chinas unter Khubilai in 3 Teilreiche zerfiel: das der ↑Goldenen Horde, das der ↑Ilkhane und in die Mongolei mit China. - Karte S. 358 f.
📖 *Heissig, W.: Die M. Ein Volk sucht seine Gesch.* Düss. 1979. - *Tucci, G./Heissig, W.: Die Religionen Tibets u. der Mongolei.* Stg. 1970. - *Spuler, B.: Gesch. der M.* Zürich u. Mchn. 1968.

Mongolenfalte (Indianerfalte), Hautfalte bes. bei Mongoliden, die den inneren Augenwinkel vom Oberlid her überlagert.

Mongolenfleck (blauer Fleck, Steißfleck), pigmentierter Fleck über der unteren Lendenwirbelsäule oder dem Kreuzbein bei Neugeborenen; häufig bei Mongoliden und einigen Negriden, vereinzelt auch bei Europiden. Der M. verblaßt meist in den ersten Lebensjahren.

Mongolide (mongolider Rassenkreis), Bez. für die sog. **gelbe Rasse** als eine der drei menschl. Großrassen. Die M. sind hauptsächl. über Asien (Tungide, Sinide u. a.), Indonesien und Ozeanien (Polyneside, Malayide u. a.) sowie über Amerika (Eskimide, Nord- und Südindianide) verbreitet. Charakterist. für die M. ist ein flaches Gesicht mit niedriger Nasenwurzel, betonte Jochbögen, flachliegende Lidspalte (Mongolenfalte), dickes, straffes, dunkles Haar, dunkle Augen, gelbbräunl. Haut, i. d. R. kurzer, untersetzter Wuchs.

mongolische Literatur, neben umfangreichen Heldenliedern, die auch heute noch von Rhapsoden vorgetragen werden, ist sie reich an ritualist., schamanist. beeinflußter Zeremonialdichtung, Segenssprüchen und Ansprachen, Weisheitssprüchen, Rätseln, Sprichwörtern und Liedern. Bes. Raum nimmt auch die gnom.-didakt. Dichtung ein. Ein großer Teil der früheren, durch die Aufnahme und Verarbeitung ind.-tibet. und buddhist. Motive gekennzeichneten Literatur ist anonym. Große Bed. kommt der in zahlr. Handschriften erhaltenen Geschichtsliteratur zu. Als der im 17./18. Jh. einsetzenden Rezeption von Prosaerzählungen ind.-tibet. Ursprungs und chin. Romane entwickelte sich

Mongolische Volksrepublik

die reiche Prosaliteratur der Gegenwart. Die Hinwendung zur modernen Literatur erfolgte unter Daschdorziin Nacagdorz (* 1906, † 1937), der in seinen realist. Erzählungen bes. die alte feudalist.-theokrat. Ordnung in der Mongolei anprangerte. 1934 schrieb er ein Libretto für die erste mongol. Oper. Mit seinen Erzählungen und Übersetzungen zählt Zendiin Damdinsüren (* 1908) zu den Wegbereitern der neuen Literaturbewegung in der Mongol. VR, die v. a. folklorist. Novellen und Erzählungen sowie histor., wiss.-phantast. und Zeitromane hervorbrachte.

⌑ *Heissig, W.: Die mongol. Heldenepen - Struktur u. Motive.* Wsb. 1979. - *Heissig, W.: Gesch. der m. L.* Wsb. 1972.

Mongolischer Altai ↑ Altai.

mongolische Sprachen, zu den altaischen Sprachen gehörende Gruppe von Sprachen und Dialekten, die typolog. zu den agglutinierenden Sprachen gehören (Bildung von Wörtern und Formen durch Hinzufügen von Suffixen). Die mongol. Schriftsprache hat im Laufe der Jh. verschiedene Entwicklungsphasen durchgemacht. Nach der *frühen präklass. Periode* (13./14. Jh.), in der die Niederschrift unter Benutzung der uigur. Schrift geschah, wurde in der darauffolgenden *präklass. Periode* (15.–17. Jh.) die Sprache durch die Aufnahme volkssprachl. Züge beeinflußt, während ältere Sprachfomen meist nur in der religiösen Übersetzungsliteratur bewahrt blieben. Die *klass. Schriftsprache* entstand zw. dem 17. und dem 20. Jh., durch die großen religiösen Übersetzungswerke des „Kandschur" und des „Tandschur" geformt, wobei die orthograph. Unsicherheiten der älteren Sprachformen ausgemerzt, neue Wörter sowie eine starre Grammatik eingeführt wurden. - Die m. S. werden in das Westmongol. und das Ostmongol. eingeteilt. Zum Westmongol. zählt das von den Kalmücken des Wolgagebietes vorwiegend gesprochene *Kalmückische* und das in eine Reihe von Dialekten zerfallende Oiratische der westl. Mongol. Volksrepublik und Sinkiangs. Mit Ostmongolisch bezeichnet man die ostwärts davon verbreiteten m. S.: die südmongol. Dialekte der in China lebenden Stämme, unter ihnen Ordos, Tümet, Tschahar und Kharatsin, das Khalkha der Mongol. VR und die nordmongol. Dialekte der Burjäten. Isolierte Sprachen sind das *Mogholi* der Moghol Afghanistans, das *Monguor* des chin.-tibet. Grenzgebietes sowie das *Daghurische* im NO von China, das eine selbständige Sprache darstellt.

Mongolische Volksrepublik

(amtl.: Bügd Nairamdach Mongol Ard Uls), VR in Zentralasien, zw. 41° 32' und 52° 06' n. Br. sowie 87° 47' und 119° 54' ö. L. **Staatsgebiet:** Es grenzt im N an die Sowjetunion, im O, S und W an China. **Fläche:** 1 565 000 km². **Bevölkerung:** 1,85 Mill. E (1984), 1,2 E/km². **Hauptstadt:** Ulan Bator. **Verwaltungsgliederung:** 18 Verw.-Geb. und 3 Stadtgebiete. **Amtssprache:** Mongolisch. **Nationalfeiertage:** 11. Juli (Nationaltag) und 26. Nov. (Gründungstag der VR). **Währung:** Tugrig (Tug.) = 100 Mongo. **Internat. Mitgliedschaften:** UN, COMECON. **Zeitzone:** MEZ + 6 Std.

Landesnatur: Die M. V. nimmt das Hochland ein, das sich zw. Sibirien und der Gobi (von N nach S rd. 1 250 km) sowie Großem Chingan und Mongol. Altai (von O nach W rd. 2 400 km) erstreckt. 85% des Landes liegen oberhalb 1 000 m. Der O wird von flachwelligen Rumpfflächen eingenommen; sie werden gegliedert durch Senken, in denen Salzsümpfe und -seen liegen. Nach S allmähl. Übergang in die Gobi. Der W ist überwiegend gebirgig. Die höchsten Erhebungen liegen im z. T. vergletscherten Mongol. Altai (bis 4 356 m), der anschließende Gobialtai erreicht 3 957 m ü. d. M. und löst sich nach SO in einzelne Bergzüge und Einzelberge auf. Im nö. Vorland des Mongol. Altai liegt eine abflußlose Beckenzone mit den größten Seen des Landes (meist Salzseen). Sie setzt sich nach SO im sog. Tal der Gobiseen fort. Diese Senkenzone trennt das Altaisystem von dem bis 4 031 m hohen Changaigebirge sowie dem bis 2 751 m hohen Kenteigebirge. Das nördl. Gebirgsland wird von der Selenga und ihren Nebenflüssen zum Baikalsee entwässert.

Klima: Extrem kontinentales, winterkaltes Trockenklima mit langen, niederschlagsarmen Wintern, kurzen, warmen Sommern und kurzen Übergangsjahreszeiten. Die Niederschläge nehmen von N nach S ab.

Vegetation: Im N greift die sibir. Taiga auf das Staatsgebiet über. Sie geht nach S in die Gebirgswaldsteppe und Gebirgssteppe über, anschließend Kurzgrassteppe, deren Fläche im O des Landes bes. breit entwickelt ist. Mit zunehmender Trockenheit folgt Wüstensteppe. Rd. 15% des Landes sind Kies- und Steinwüste.

Tierwelt: Streng geschützt sind Schneeleopard, Prschewalskipferd, Wildkamel, Mongol. Halbesel, Saiga u. a. seltene Tiere. Die M. V. besitzt eines der ältesten Naturschutzgebiete (1778 gegr.).

Bevölkerung: Rd. 87% sind Mongolen. Angehörige von Turkvölkern, Chinesen, Russen u. a. sind ethn. Minderheiten. In den am Ackerbau mögl. ist, leben 10–20 E/km², in der Gobi etwa 0,1 E/km². Etwa 52% der Bev. leben in Städten. Der Übergang von der nomadisierenden zur kollektiven Viehhaltung, der 1960 abgeschlossen war, hatte die Anlage von Dauersiedlungen zur Folge. Die lamaist. Klöster wurden aufgelöst bis auf eines in Ulan Bator. Allg. Schulpflicht besteht vom 8.–14. Lebensjahr. Von 8 Hochschulen hat eine Univ.rang (in Ulan Bator; gegr. 1942).

355

Mongolische Volksrepublik

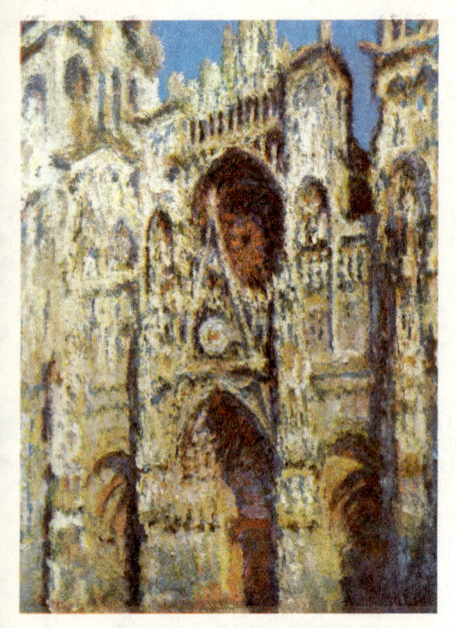

Claude Monet, Die Kathedrale von Rouen in der Mittagssonne (1894). Paris, Louvre

Wirtschaft: Wichtigster Zweig ist die Landw., v. a. die Viehzucht. Gehalten werden Rinder, Pferde, Schafe, Ziegen, Kamele, Jaks, v. a. in Staatsgütern auch Schweine und Geflügel. Intensiver Ackerbau ist nur im N, in den z. T. terrassierten Flußtälern, mögl. Angebaut werden Getreide, Kartoffeln, Futterpflanzen und Gemüse. Die reichen Bodenschätze sind erst z. T. erschlossen, v. a. Braun- und Steinkohlenabbau sowie die Ausbeutung von Kupfer-, Molybdän-, Wolfram-, Zink-, Mangan- und Eisenerzen sowie Flußspat. Die Ind. konzentriert sich in den Räumen Ulan Bator, Darhan und Choibalsan. Nahrungsmittel-, Textil-, Leder-, Baustoffind. und Holzverarbeitung sind die wichtigsten Industriezweige.

Außenhandel: Wichtigste Partner sind die COMECON-Länder, an deren Spitze die UdSSR steht. Ausgeführt werden in die BR Deutschland Kupfer- und Molybdänerze, Pelzfelle und Wolle, sie liefert in die M. V. Farb- und Gerbstoffe, Maschinen, Kfz. u. a.

Verkehr: Die Transmongol. Eisenbahn ist an die Transsib bei Ulan-Ude angeschlossen und führt über Ulan Bator nach SO an die chin. Grenze, urspr. bis Peking. Choibalsan ist durch eine Stichbahn mit der Transsib verbunden. Das gesamte Streckennetz beträgt 1 585 km. Das rd. 75 000 km lange Straßennetz verfügt über rd. 10 000 km ganzjährig befahrbare Straßen. In abgelegenen Gegenden spielt der Karawanenverkehr eine Rolle. V. a. dem Güterverkehr mit der UdSSR dient die Binnenschiffahrt auf der Selenga und dem Orchon. Alle Prov.hauptstädte verfügen über ✈, die Hauptstadt über einen internat. ✈.

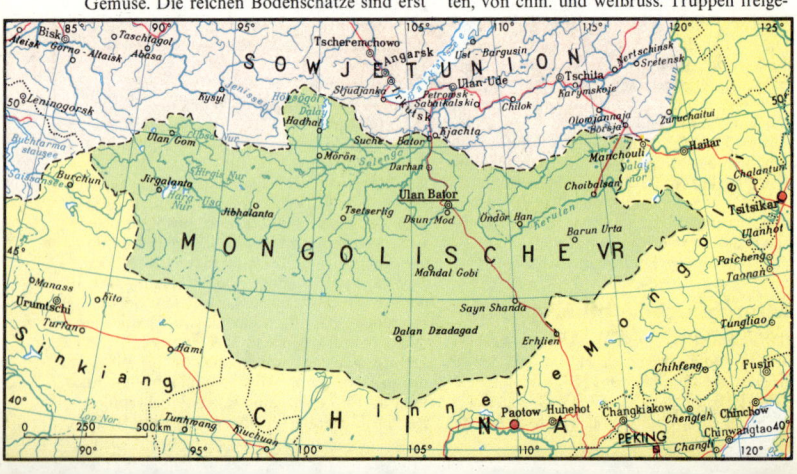

Geschichte: Nachdem durch die chin. Revolution die Ch'ingdyn. (Mandschudyn.; 1644–1911) abgesetzt worden war, erklärte sich die Äußere Mongolei 1911 als von China unabhängig. Sie errichtete eine Monarchie und setzte den höchsten lamaist. Geistlichen der nördl. Mongolei als Herrscher ein. Ab 1920 formierte sich unter sowjetruss. Einfluß und unter der Führung von Suhe Bator (* 1893, † 1923) eine revolutionäre Bewegung, die durch den nochmaligen Verlust der Unabhängigkeit (chin. Besetzung 1915–19) gefördert worden war. In schweren Kämpfen wurde das Land, z. T. mit Hilfe sowjetruss. Einheiten, von chin. und weißruss. Truppen freigekämpft. Am 26. Nov. 1924 erfolgte die Gründung der M. V. unter starkem Einfluß der UdSSR. Die Bedrohung durch das nach NO-China (Staat Mandschukuo 1932–45) und der Inneren Mongolei expandierende Japan (1932–36) gab in den Jahren 1937–39 Anlaß zu Säuberungsaktionen und zur Entmachtung der lamaist. Kirche. 1945 nahmen Truppen der M. V. am sowjet. Vormarsch das von Japan besetzte N-China teil, nachdem die M. V. gemeinsam mit der UdSSR Japan den Krieg erkärt hatte; im Okt. 1945 stellte ein Volksentscheid die völlige Unabhängigkeit der M. V. her, die von China im Jan. 1946 anerkannt und im sowjet.-chin. Vertrag von 1950 nochmals bestätigt wurde. 1952 wurde mit China ein Vertrag über wirtsch. und kulturelle Zusammenarbeit sowie 1962 ein Grenzvertrag unterzeichnet; der 1946 mit der Sowjetunion geschlossene Freundschaftsvertrag wurde 1966 erneuert, 1962 trat die M. V. dem COMECON bei. Im Zuge des seit den 1960er Jahren sich vertiefenden sowjet.-chin. Gegensatzes kam es zu Spannungen auch zw. der M. V. und der VR China, das 1969 den Grenzvertrag von 1962 für ungültig erklärte und Gebietsforderungen stellte. Der langjährige Staats- und Parteichef J. Zedenbal wurde 1984 vom Amt des 1. Sekretärs der Mongol. Revolutionären Volkspartei (seit 1958) und dem Vors. des Großen Volkschurals (seit 1974) abgelöst. In beiden Ämtern folgte ihm Min.präs. S. Batmunch nach; neuer Reg.chef wurde D. Sodnom. Anfang 1990 demonstrierten Oppositionsgruppen gegen die Alleinherrschaft der MRVP und für mehr Demokratie. Im Febr. 1990 kam es zur Gründung der ersten Oppositionsparteien. Mitte März traten Staatschef S. Batmunch, mit ihm das gesamte Politbüro der MRVP sowie Reg.chef D. Sodnom zurück. G. Orchibal wurde neuer Parteichef und am 21. März 1990 Staatspräs., S. Gunjaadorj neuer Min.präs.; der Führungsanspruch der MRVP soll aus der Verfassung gestrichen und noch 1990 freie Parlamentswahlen durchgeführt werden.

Politisches System: Auf Grund der Verfassung vom 6. Juli 1960 ist die M. V. ein nach sowjet. Vorbild organisierter, von einer kommunist. Partei geführter „sozialist. Staat der Arbeiter, Araten (Hirten und Bauern) und der werktätigen Intelligenz". *Staatsoberhaupt* ist der Vors. des Präsidiums des Großen Volkschurals. Beim großen Volkschural als dem obersten Staatsorgan liegt die *Legislative*. Seine 370 auf 4 Jahre gewählten Mgl. sind den Wählern gegenüber rechenschaftspflichtig und abberufbar. Er hat die verfassunggebende Gewalt, entscheidet (formal) über die Richtlinien der Politik, verabschiedet Gesetze, bewilligt den Staatshaushalt und beschließt den Wirtschaftsplan. Er tritt zweimal im Jahr zus., dazwischen fungiert sein Präsidium als permanentes Beschlußorgan. Der vom Großen Volkschural gewählte Min.rat (Reg.) ist die Spitze der *Exekutive*. Bis Febr. 1990, als die Mongol. Demokrat. Partei und die Sozialdemokrat. Bewegung der Mongolei gegr. wurden, war die Mongol. Revolutionäre Volkspartei (MRVP) die einzige *Partei*. Der Zentralrat der *Gewerkschaften* arbeitet mit der MRVP zusammen. *Verwaltungs*mäßig ist die M. V. in 18 Verw.-Geb. (Aimak) und 3 Stadtgebiete untergliedert. Die *Rechts*prechung ist dreistufig organisiert: Bezirksvolksgerichte, Aimak- und Stadtgerichte, Oberster Gerichtshof. Die Richter werden von den Churalen gewählt. Die Stärke der *Streitkräfte* beträgt rd. 24 500 Mann (davon rd. 3 500 Mann Luftwaffe).

 Lörine, L.: Histoire de la Mongolie des origines à nos yours. Budapest 1984. - Jagchid, S./Hyer, P.: Mongolia's culture and society. Boulder (Co.) 1980. - Korostovetz, I.J.: Von Cinggis Khan zur Sowjetrepublik. Bln u. New York Nachdr. 1974. - Barthel, H.: Land zw. Taiga u. Wüste. 50 Jahre freie Mongolei. Gotha u. Lpz. 1971.

Mongolismus [mit Bezug auf die mongolenähnl. Kopf- und Gesichtsbildung] (mongoloide Idiotie, Mongoloidismus, Down-Syndrom, Langdon-Down-Krankheit), auf einer Genommutation (Trisomie, d. h. dreifaches Vorhandensein des Chromosoms 21) beruhende Form des Schwachsinns mit der angeborenen Neigung zur Fehlentwicklung zahlr. Organe und Gewebe. U. a.: Kurzköpfigkeit mit abgeflachtem Hinterkopf, Schlitzaugen mit nach unten und innen gerichteter schräger Lidspalte, Schielen, vergrößerte Zunge, Heiserkeit, Schlaffheit der Muskulatur, verzögerte Entwicklung, verminderte Infektabwehr. - Eine Heilung des M. ist nicht möglich.

Mongoloide, Bez. für Angehörige einer nicht (rein) mongoloiden Menschenrasse, wenn sie Körper- (insbes. Gesichts-)merkmale aufweisen, die für ↑ Mongolide charakterist. sind.

Mongo-Nkundu, Untergruppe der Bantusprachen, ben. nach den beiden Hauptsprachen dieser Gruppe; gesprochen in Zaïre von etwa 216 000 Sprechern.

Mongu, Hauptort der Westprov. von Sambia, 1 067 m ü. d. M., 24 900 E. Viehhaltung und Hirseanbau. 15 km nw. von M., am Sambesi, liegt **Lealui,** die Residenz des Litunga (König) von Barotseland.

Monheim, Stadt am Rhein, gegenüber von Dormagen, NRW, 40 400 E. U. a. Erdölraffinerie, chem. Ind., Papierherstellung. - Um 1150 erstmals gen.; 1951 mit **Baumberg,** 1960 mit **Hitdorf** (Stadtrecht seit 1857) vereinigt. - Die Pfarrkirche Sankt Gereon ist bis auf den mächtigen roman. W-Turm (12. Jh.) ein Neubau von 1951–53; sog. Schelmenturm (Torturm 15. Jh.).

Monier, Joseph [frz. mɔˈnjɛ], * Saint-Quentin-la-Poterie (Gard) 8. Nov. 1823, † Paris 13. März 1906, frz. Gärtner. - Sein Versuch, unzerbrechl. Blumenkübel durch Einfügen ei-

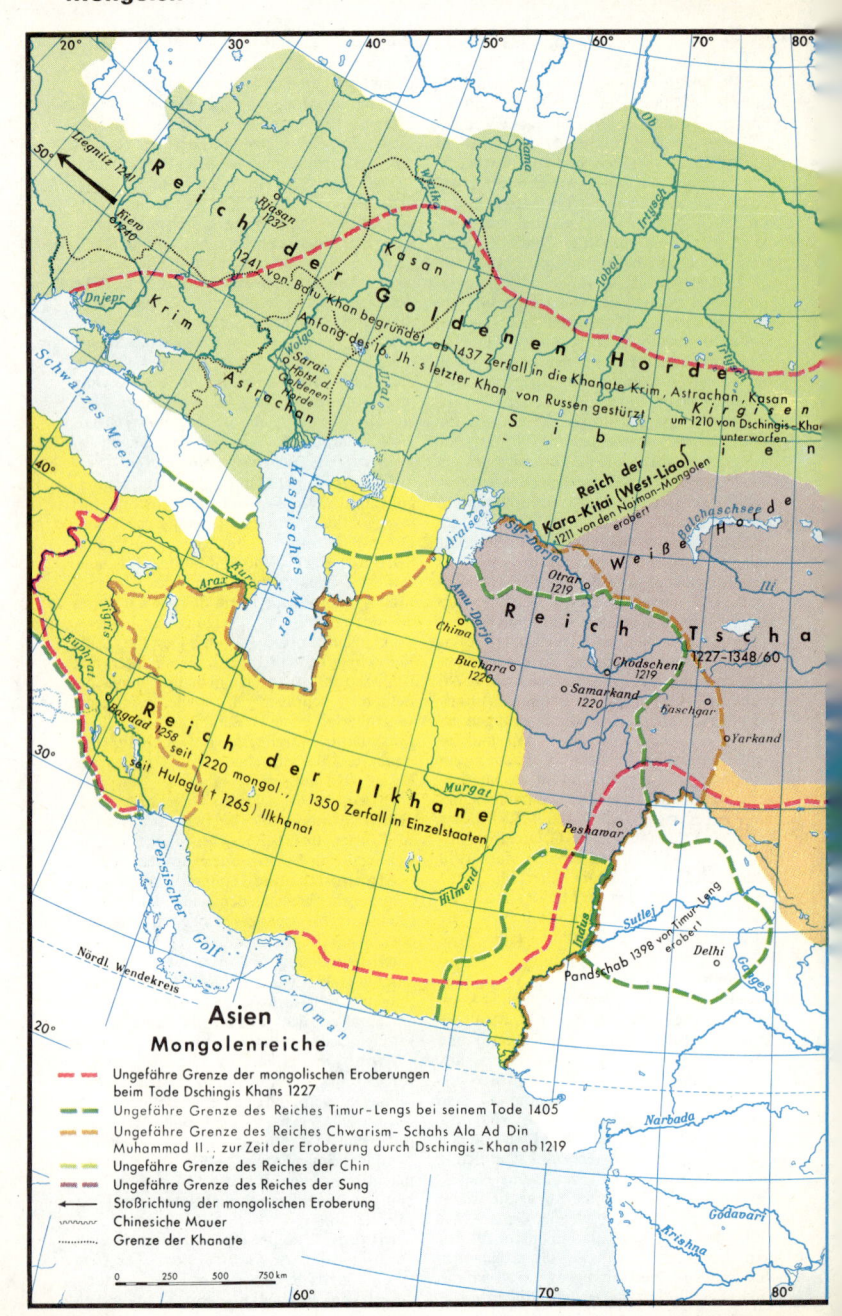

Mongolen

Asien
Mongolenreiche

- ――― Ungefähre Grenze der mongolischen Eroberungen beim Tode Dschingis Khans 1227
- ――― Ungefähre Grenze des Reiches Timur-Lengs bei seinem Tode 1405
- ――― Ungefähre Grenze des Reiches Chwarism-Schahs Ala Ad Din Muhammad II. zur Zeit der Eroberung durch Dschingis-Khan ab 1219
- ――― Ungefähre Grenze des Reiches der Chin
- ――― Ungefähre Grenze des Reiches der Sung
- ← Stoßrichtung der mongolischen Eroberung
- ᨠᨠᨠ Chinesische Mauer
- ...... Grenze der Khanate

Reich der Goldenen Horde — von Batu Khan begründet, Anfang des 16. Jh.s Zerfall in die Khanate Krim, Astrachan, Kasan, ab 1437 letzter Khan von Russen gestürzt

Liegnitz 1241
Kiew 1240
Rjasan 1237
1240
Kasan
Krim
Astrachan
Sarai (Hpst. d. Goldenen Horde)
Dnjepr — Wolga — Kama — Ob — Irtysch — Tobol

Sibirien

Kirgisen um 1210 von Dschingis-Khan unterworfen

Reich der Kara-Kitai (West-Liao) 1211 von den Naiman-Mongolen erobert

Weißer Hd (Balchaschsee)

Reich Tscha 1227–1348/60

Otrar 1219
Chodschent 1219
Samarkand 1220
Buchara 1220
China
Kaschgar
Yarkand

Reich der Ilkhane — seit 1220 mongol., 1350 Zerfall in Einzelstaaten
Bagdad 1258, seit Hulagu (†1265) Ilkhanat

Schwarzes Meer — Kaspisches Meer — Aralsee
Tigris — Euphrat — Kura — Araxes — Amu-Darja — Syr-Darja — Murgab — Hilmend — Indus — Sutlej — Ganges

Peshawar
Pandschab 1398 von Timur-Leng erobert
Delhi

Persischer Golf — G. v. Oman
Nördl. Wendekreis

Narbada — Godavari — Krishna

0 250 500 750 km

Mongolen

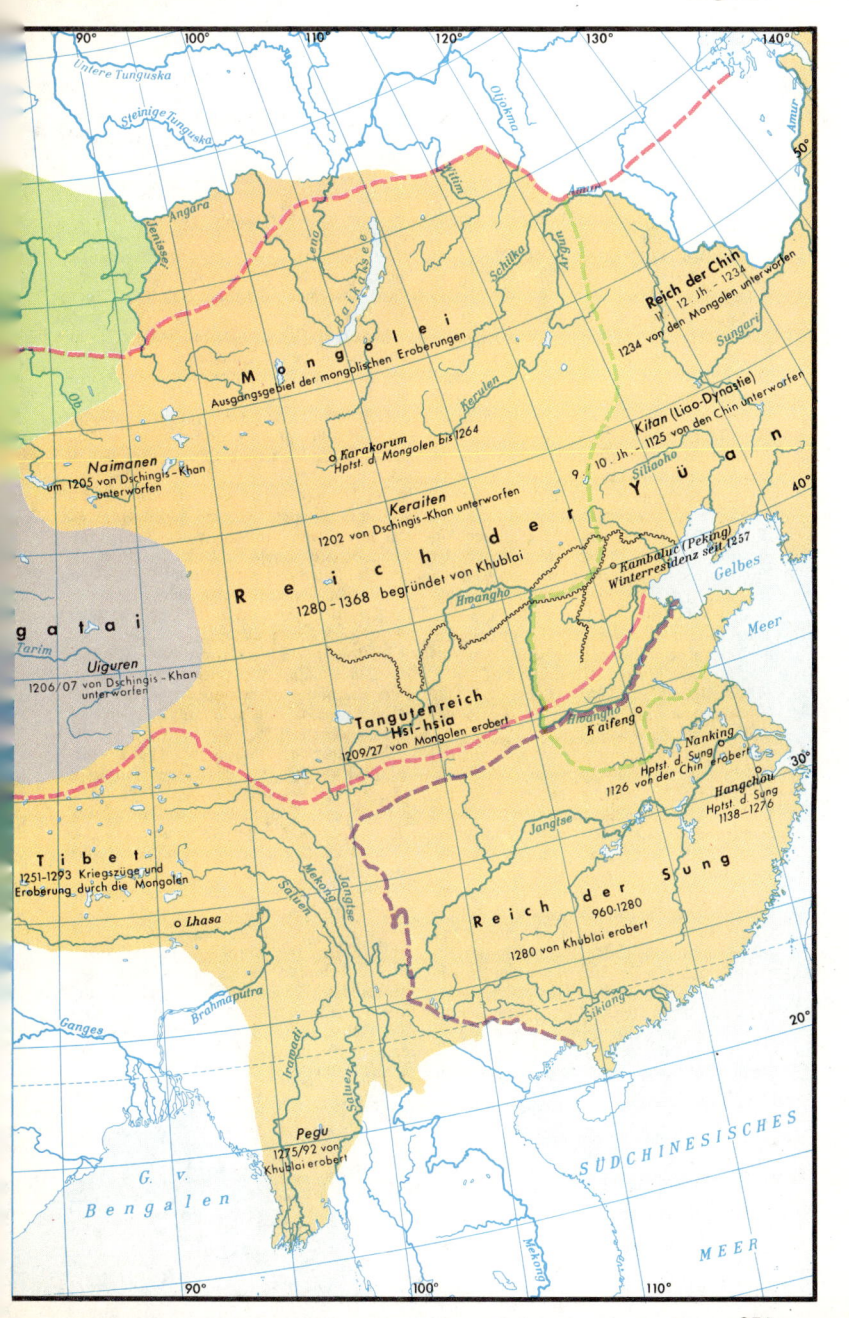

Mongolei
Ausgangsgebiet der mongolischen Eroberungen

Reich der Chin
11.–12. Jh. 1234
1234 von den Mongolen unterworfen

o Karakorum
Hpt.st. d. Mongolen bis 1264

Naimanen
um 1205 von Dschingis-Khan unterworfen

Kitan (Liao-Dynastie)
9., 10. Jh. – 1125 von den Chin unterworfen

Keraiten
1202 von Dschingis-Khan unterworfen

Reich der Yüan
1280–1368 begründet von Khublai

Kambaluk (Peking)
Winterresidenz seit 1257

gatai

Uiguren
1206/07 von Dschingis-Khan unterworfen

Tangutenreich Hsi-hsia
1209/27 von Mongolen erobert

Kaifeng

Nanking
Hpt.st. d. Sung
1126 von den Chin erobert

Hangchou
Hpt.st. d. Sung
1138–1276

Tibet
1251–1293 Kriegszüge und Eroberung durch die Mongolen

o Lhasa

Reich der Sung
960–1280
1280 von Khublai erobert

Pegu
1275/92 von Khublai erobert

G. v. Bengalen

SÜDCHINESISCHES MEER

nes Drahtnetzes in die Zementwände der Kübel herzustellen, führte zur Erfindung des Eisenbetons (↑Stahlbeton).

Moniereisen (Monierstahl) [nach J. Monier], ältere Bez. für die im Stahlbetonbau verwendeten Stahlstäbe (Betonstahl).

monieren [lat.], mahnen, beanstanden; **Monitum,** Mahnung, Rüge, Beanstandung.

Monierzange [nach J. Monier], zum Verdrillen und Abkneifen von Drähten verwendete Zange mit langen Griffen.

Monika, weibl. Vorname (Bed. und Herkunft unklar).

Monika (Monnika), hl., *Tagaste (= Souk-Ahras) um 330, † Ostia (= Rom) 387, Mutter des Augustinus. - Von Haus aus Christin, verheiratet mit dem zunächst heidn. Decurio Patricius, von Augustinus in seinen „Confessiones" verewigt. Sie folgte ihm nach Rom und Mailand bis zu seiner Bekehrung. - Fest: 27. August.

Moniliakrankheit [lat./dt.], durch Arten der Schlauchpilzgatt. Sclerotinia hervorgerufene häufigste Krankheit des Kern- und Steinobstes mit zwei Erscheinungsformen; als Blütenfäule mit Eintrocknen der Blütenblätter, der grünen Blätter *(Blattdürre),* der Triebspitzen *(Spitzendürre)* und ganzer Zweige und als Fruchtfäule; dabei zeigen sich später dunkler werdende Fäulnisstellen mit konzentr. Ringen von Schimmelpilzkonidien (v. a. bei Kernobst) auf den Früchten, die oft als blauschwarze Mumien hängenbleiben.

Moniliasis [lat.], svw. ↑Soor.

Monique [frz. mɔ'nik], frz. Form des weibl. Vornamens Monika.

Monismus [zu griech. mónos „allein"] (Alleinheitslehre), im Ggs. zum ↑Dualismus jede philosoph. oder religiöse Auffassung, die Bestand oder Entstehung der Welt aus einem Stoff, einer Substanz oder einem Prinzip erklärt. In der Philosophie wird unterschieden zw. ontolog. und erkenntnistheoret. M.: Der *ontolog. M.* ist Materialismus (Materie als Substanz) oder Spiritualismus (Geist als Substanz). Der *erkenntnistheoret. M.* betont lediglich die Einheitlichkeit der Erscheinungswelt. - Der M. stellte in unterschiedlichsten Varianten v. a. um 1900 eine weitverbreitete Bewegung dar, die weitgehend als Religionsersatz diente. Sie erreichte ihren Höhepunkt in Deutschland mit der Gründung des ↑Monistenbundes. *Religionsgeschichtl.* ist der M. in reinster Form in der Identitätsphilosophie der ↑Upanischaden vertreten.

Monistenbund [griech./dt.], von E. Haeckel und A. Kalthoff 1906 in Jena gegr. Vereinigung von Freidenkern mit dem Ziel, eine monist. Weltanschauung (↑Monismus) auf der Basis der Alleingültigkeit der Naturgesetze und eine entsprechende monist. Religiosität zu begründen und zu propagieren. Nach 1920 erfolgte die Rezeption sozialist. und pazifist. Denkelemente, wobei die Entwicklung einer Sozialethik, der Weltfriedensgedanke, die Gegnerschaft gegen Antisemitismus und Rassismus im Vordergrund standen. - ↑ auch Freidenker.

Monitor [lat. „Erinnerer, Mahner"], im *Militärwesen* svw. ↑ Kanonenboot.

♦ (Bildkontrollempfänger) in der *Elektro- und Nachrichtentechnik* allg. eine Kontroll- oder Prüfeinrichtung. I. e. S. im Fernsehstudio ein Kontrollempfänger, auf dessen Bildschirm das vom Sender gerade abgestrahlte Bild zu sehen ist.

♦ in der *Kernphysik* und *Kerntechnik* ein einfaches Strahlennachweis- und Meßgerät, das mit einem Zählrohr, einer Ionisationskammer oder einem Szintillationszähler als Strahlungsdetektor ausgerüstet ist. Bei Überschreiten eines bestimmten Schwellenwertes der Dosisleistung wird im allg. ein opt. oder akust. Signal ausgelöst.

♦ im *Bergbau* ein Wasserwerfer zur hydromechan. Gewinnung von Lockergestein, Kohle oder Erz mittels Druckwasserspülung.

♦ im *Feuerlöschwesen* ein mobiler oder ortsfest installierter Löschmittelwerfer.

Moniuszko, Stanislaw [poln. mɔ'nju∫kɔ], *Ubiel (= Ubel) bei Minsk 5. Mai 1819, † Warschau 4. Juni 1872, poln. Komponist. - Gilt mit seinen Opern (u. a. „Halka", 1848, erweitert 1858) und etwa 300 Liedern als Begründer eines nationalpoln. Musikstils.

Moniz, António Caetano de Abreu Freire Egas [portugies. mu'ni∫], *Avanca (Distr. Aveiro) 29. Nov. 1874, † Lissabon 13. Dez. 1955, portugies. Neurologe und Politiker. - Prof. in Lissabon; 1918 auch Außenmin. seines Landes. 1935 führte er die erste ↑ Leukotomie durch und eröffnete damit der Medizin das Gebiet der Psychochirurgie. Er erhielt dafür 1949 (zus. mit W. R. Hess) den Nobelpreis für Physiologie oder Medizin.